Kurzlehrbücher
für das juristische Studium

Emmerich
Unlauterer Wettbewerb

Unlauterer Wettbewerb

Ein Studienbuch

von

Dr. Volker Emmerich

em. o. Professor an der Universität Bayreuth
Richter am Oberlandesgericht a. D.

10., völlig neu bearbeitete Auflage, 2016

C. H. BECK

www.beck.de

ISBN 978 3 406 67890 5

Wilhelmstraße 9, 80801 München
Druck und Bindung: Nomos Verlagsgesellschaft mbH & Co. KG
In den Lissen 12, D-76547 Sinzheim

Satz: Jung Crossmedia Publishing GmbH
Gewerbestraße 17, 35633 Lahnau

Umschlaggestaltung: Martina Busch, Grafikdesign, Homburg Saar

Gedruckt auf säurefreiem, alterungsbeständigem Papier
(hergestellt aus chlorfrei gebleichtem Zellstoff)

Vorwort

Im Mittelpunkt der Neuauflage steht die UWG-Novelle von 2015, die eine weitgehende Neubearbeitung des Buchs erforderlich machte. Ich habe die Gelegenheit genutzt, das Buch in allen Teilen gründlich zu überarbeiten und auf den Stand von Anfang des Jahres 2016 zu bringen.

Bayreuth, im Januar 2016 *Volker Emmerich*

Inhaltsverzeichnis

Vorwort ... V
Abkürzungsverzeichnis ... XVII
Verzeichnis der zitierten und weiterführenden Literatur ... XXI

1. Kapitel. Grundlagen

§ 1. Einführung ... 1
I. Abgrenzung, Begriff ... 1
II. Geschichte des UWG bis 2004 ... 2
1. Anfänge ... 2
2. UWG von 1896 ... 2
3. UWG von 1909 ... 3
4. Die Entwicklung bis 2004 ... 5
5. UWG von 2004 ... 6
III. Europäische Union ... 7
IV. Spätere Änderungen ... 9

§ 2. Internationales Wettbewerbsrecht ... 11
I. Internationale Abkommen ... 11
1. Pariser Verbandsübereinkunft ... 11
2. WIPO, TRIPs ... 11
II. Rechtsvergleichung ... 12
1. Österreich ... 12
2. Schweiz ... 13
3. Frankreich ... 13
4. Italien ... 14
5. Belgien ... 15
6. Niederlande ... 15
7. Spanien ... 15
8. Vereinigtes Königreich ... 16

§ 3. Zweck, Grundbegriffe ... 18
I. Überblick ... 18
II. Die Schutzgutdiskussion unter dem alten Recht ... 19
III. Heutiger Zweck ... 20
IV. Grundbegriffe ... 21
1. Verbraucher ... 21
2. Unternehmer ... 22
3. Mitbewerber ... 23
4. Marktteilnehmer ... 25
5. § 2 Abs. 1 Nr. 8 und 9 UWG ... 25

§ 4. Anwendungsbereich, geschäftliche Handlung ... 26
I. Überblick ... 26
II. Geschäftlicher Verkehr ... 28

III. Verhalten einer Person vor, bei oder nach einem Geschäftsabschluss 30
1. Verhalten einer Person 30
2. Objektiver Zusammenhang mit der Förderung des Absatzes oder des Bezugs von Waren 30
3. Vor, bei oder nach einem Geschäftsabschluss 32
IV. Sonderfälle, insbesondere Medien 33
V. Öffentliche Hand 34
1. Zulässigkeit 35
2. Anwendungsbereich des Wettbewerbsrechts 36
3. Schranken 37
4. Beispiele 38
VI. Internationales Privatrecht 39
1. Überblick 39
2. Früherer Rechtszustand, Marktortprinzip 40
3. Rom II-Verordnung 40

§ 5. Unlauterkeit 43
I. Überblick 43
II. Von der Anstandsformel zum funktionalen Verständnis der Generalklausel 44
III. Systematik 47
IV. Unlauterkeit (§ 3 Abs. 1 UWG) 49
V. Verbrauchergeneralklausel (§ 3 Abs. 2 und Abs. 4 UWG) 51
VI. Bedeutung des GWB 53
VII. Relevanzkriterien 54
1. Überblick 54
2. § 3 Abs. 1 UWG von 2015 55
3. § 3 Abs. 2 UWG 56

2. Kapitel. Verletzung von Interessen der Mitbewerber (B2B)

§ 6. Gezielte Behinderung von Mitbewerbern (§ 4 Nr. 4 UWG) 59
I. Überblick 59
II. Tatbestand 59
III. Preisunterbietung 61
1. Überblick 61
2. Vernichtungsabsicht 63
3. Sonstige Fälle 64
IV. Boykott 65
V. Verletzung von Preis- und Vertriebsbindungssystemen 66
1. Überblick 66
2. Kontrolle 67
3. Lückenlosigkeit 68
4. Außenseiter 68
VI. Abwerbung von Kunden 71
1. Grundsätzliche Zulässigkeit 71
2. Kundenfang 73

VII. Abwerbung von Arbeitnehmern ... 74
VIII. Missbrauch von Zeichenrechten ... 76

§ 7. Vergleichende Werbung ... 78
I. Überblick, Geschichte ... 78
II. Begriff ... 81
1. Überblick ... 81
2. Werbung ... 81
3. Bezugnahme auf Mitbewerber ... 82
4. Vergleich ... 84
5. Eigenvergleich ... 85
6. Systemvergleich ... 85
7. Kritisierende und persönliche Werbung ... 86
8. Unternehmensbezogene Werbung ... 87
III. Zulässigkeitsvoraussetzungen ... 87
1. Zweck ... 87
2. § 6 Abs. 2 Nr. 1 UWG ... 88
3. § 6 Abs. 2 Nr. 2 UWG ... 89
4. § 6 Abs. 2 Nr. 3 UWG ... 91
5. § 6 Abs. 2 Nr. 4 UWG ... 92
6. § 6 Abs. 2 Nr. 5 UWG ... 94
7. § 6 Abs. 2 Nr. 6 UWG ... 95
8. Irreführungsverbot ... 96
IV. Rechtsfolgen ... 97

§ 8. Maßnahmen im Stufenwettbewerb ... 98
I. Überblick ... 98
II. Direktverkäufe ... 99
III. Bestechung ... 99
1. Überblick ... 99
2. § 299 StGB ... 100
3. Bestechungsähnliche Maßnahmen ... 102
IV. Missbrauch der Nachfragemacht ... 103

§ 9. Geschäftsehrverletzung und Anschwärzung ... 105
I. Überblick ... 105
II. Konkurrenzen ... 105
III. Geschäftliche Handlung ... 107
IV. Geschäftsehrverletzung (§ 4 Nr. 1 UWG) ... 108
V. Anschwärzung (§ 4 Nr. 2 UWG) ... 109
1. Überblick ... 109
2. Tatbestand ... 109
3. Beweislast ... 113
4. Ausnahmen ... 113
5. Rechtsfolgen ... 114

§ 10. Geheimnisverrat ... 116
I. Überblick ... 116
II. Geschäftsgeheimnis ... 118

III. Geheimnisverrat durch Beschäftigte (§ 17 Abs. 1 UWG) 120
1. Täter ... 120
2. Dauer des Schutzes ... 121
3. Verbotene Handlung ... 122
4. Rechtsfolgen ... 122
IV. Ausspähung und Verwertung von Geheimnissen (§ 17 Abs. 2 UWG) ... 123
1. Überblick ... 123
2. Ausspähung (§ 17 Abs. 2 Nr. 1 UWG) ... 123
3. Unbefugte Verwertung und Mitteilung (§ 17 Abs. 2 Nr. 2 UWG) ... 125
4. Rechtsfolgen ... 126
V. Vorlagenfreibeuterei ... 127
1. Schutzgegenstand ... 127
2. Verbotene Handlung ... 128
3. Rechtsfolgen ... 128
VI. Zivilrechtlicher Schutz ... 128

§ 11. Ausbeutung fremder Leistungen ... 131
I. Überblick, Problematik ... 131
II. Konkurrenzen ... 133
III. Herkunftstäuschung ... 135
1. Überblick ... 135
2. Wettbewerbliche Eigenart ... 136
3. Nachahmung ... 138
4. Vermeidbare Herkunftstäuschung ... 139
5. Nachahmung fremder Werbung ... 142
IV. Rufausbeutung und Rufbeeinträchtigung ... 143
1. Rufausbeutung ... 143
2. Rufbeeinträchtigung ... 145
V. Unredliche Kenntniserlangung ... 145
VI. Behinderung ... 146
VII. Ersatzteile ... 146
VIII. Leistungsschutzrechte, Unmittelbare Leistungsübernahme ... 148
IX. Rechtsfolgen ... 149
1. Unterlassungsanspruch ... 149
2. Schadensersatzansprüche ... 150
3. Dauer ... 150

3. Kapitel. Die Verletzung von Interessen der Abnehmer

§ 12. Aggressive Geschäftspraktiken (§ 4a UWG) ... 151
I. Überblick ... 151
II. Mittel (§ 4a Abs. 1 UWG) ... 153
III. Fallgruppen ... 155
1. Situationsbedingte Schutzbedürftigkeit ... 155
2. Nr. 28 des Anhangs zu § 3 Abs. 3 UWG ... 157
3. Einflussnahme in menschenverachtender Weise ... 159

4. Gewährung von Vorteilen an Interessenwahrer Dritter 160
5. Kaufzwang, übertriebenes Anlocken 160
6. Gefühlsbetonte Werbung 162
7. Einsatz von Laienwerbern 163
IV. Die Streichung von § 4 Nr. 3–6 UWG 164

§ 13. Unzumutbare Belästigungen 167
I. Überblick 167
II. Grundtatbestand (§ 7 Abs. 1 UWG) 169
1. § 7 Abs. 1 S. 1 UWG 169
2. § 7 Abs. 1 S. 2 UWG 170
3. Beispiele für § 7 Abs. 1 UWG 171
III. Regeltatbestände des § 7 Abs. 2 UWG 174
1. Briefwerbung 174
2. Telefonwerbung 175
3. E-Mail-Werbung 177
4. Transparenzgebot (§ 7 Abs. 2 Nr. 4 UWG) 179

§ 14. Irreführung 180
I. Überblick 180
II. Geschäftliche Handlung 183
1. Begriff 183
2. Nur sachliche Angaben 184
III. Unrichtigkeit 185
1. Überblick 185
2. Verbraucherleitbild 188
3. Irreführungsquote 191
IV. Irreführung durch Unterlassen (§ 5a UWG) 192
1. Überblick, Geschichte 192
2. Grundtatbestand (§§ 5 Abs. 1, 5a Abs. 1 UWG) 194
3. Besonderheiten für das Verhältnis zu Verbrauchern (B2C) 196
4. Transparenzgebote 199
V. Einzelfragen 202
1. Blickfangwerbung 202
2. Mehrdeutigkeit 203
3. Fortwirkung 204
4. Bedeutungswandel 205
5. Umweltwerbung 205
6. Fachausdrücke 206
7. Verweisende Verbrauchervorstellungen 207
8. Verdeckte Werbung, Schleichwerbung 208
VI. Relevanz 211
VII. Interessenabwägung 212
VIII. Beweis 214
1. Beweismittel 214
2. Beweislast 215
IX. Rechtsfolgen 216

1. Unterlassungsanspruch 216
2. Schadensersatz 217
3. Nichtigkeit 217
4. Strafrechtliche Folgen (§ 16 Abs. 1 UWG) 218

§ 15. Irreführung: Beispiele 220
I. Überblick 220
II. Vorräte 221
1. Lockvogelangebote 221
2. Menge, Verfügbarkeit 222
III. Beschaffenheit 223
1. Überblick 223
2. Eigenschaften 224
3. Kunststoffe 225
4. Lebensmittel 225
5. Genussmittel 226
6. Heilmittel 227
IV. Ursprung 228
1. Überblick 228
2. Völkerrecht 229
3. Unionsrecht 230
4. Konkurrenzen 231
5. Erscheinungsformen 233
6. Gattungsbezeichnungen 235
7. Irreführung 236
8. Rechtsfolgen 238
9. Betriebliche Herkunftsangaben 238
V. Testergebnisse 239
VI. Geschäftliche Verhältnisse 241
1. Überblick 241
2. Alleinstellungswerbung 241
3. Firmenzusätze 244
4. Alter 245
5. Berufsbezeichnungen 246
6. Irreführung über den gewerblichen Charakter der geschäftlichen Handlung 247
7. Schutzrechtsbehauptungen 248
VII. Weitere Fälle 248
1. Überblick 248
2. Ausnutzung der Spiellust 249
3. Schneeballsysteme 250

§ 16. Preiswerbung 252
I. Überblick 252
II. Irreführung über die Preise 253
1. Preiswahrheit (§ 5 Abs. 1 S. 2 Nr. 2 UWG) 253
2. Preissenkungen (§ 5 Abs. 4 UWG) 256
III. Preisangabenverordnung 257

1. Überblick, Unionsrecht ... 257
2. Anwendungsbereich ... 258
IV. Angabe des Endpreises ... 260
1. Kredite ... 262
2. Rechtsfolgen ... 264

§ 17. Besondere Verkaufsveranstaltungen ... 265
I. Geschichte ... 265
II. Beispiele ... 266
III. Insbesondere Räumungsverkäufe ... 266

§ 18. Geschäftliche Bezeichnungen ... 267
I. Überblick ... 267
II. Schutzsubjekt ... 268
III. Schutzobjekt ... 270
1. Überblick ... 270
2. Besondere Geschäftsbezeichnungen ... 270
3. Domainnamen ... 273
4. Firmenschlagworte, Firmenbestandteile ... 278
5. Geschäftsabzeichen ... 279
6. Titel ... 280
IV. Dauer des Schutzes ... 283
1. Beginn ... 283
2. Ende ... 284
V. Verwechslungsgefahr ... 284
1. Überblick ... 284
2. Anwendungsbereich ... 285
3. Begriff ... 286
4. Titel ... 288
VI. Unbefugter Gebrauch ... 288
1. Prioritätsgrundsatz ... 288
2. Lizenzverträge ... 289
3. Interessenverletzung (§ 12 BGB) ... 290
4. Gleichgewichtslagen ... 290
VII. Der Schutz bekannter geschäftlicher Bezeichnungen ... 294
VIII. Rechtsfolgen ... 297

4. Kapitel. Die Verletzung von Interessen der Allgemeinheit

§ 19. Allgemeine Marktbehinderung ... 299
I. Einleitung, Problematik ... 299
II. Tatbestand ... 300
III. Verteilung von Originalware ... 302
IV. Verteilung von Presseerzeugnissen ... 304

§ 20. Rechtsbruch ... 308
I. Überblick ... 308
II. Entwicklung ... 309
III. Vereinbarkeit mit der UGP-Richtlinie ... 312

IV. Tatbestandsmerkmale ... 314
1. Verstoß gegen eine gesetzliche Vorschrift ... 314
2. Regelung des Marktverhaltens ... 315
3. Interesse der Marktteilnehmer ... 317
4. Zuwiderhandlung, Relevanzkriterium ... 318
V. Beispiele ... 319
1. Überblick ... 319
2. Berufsspezifische Vorschriften ... 320
3. Produktspezifische Vorschriften ... 320
4. Vertriebsbezogene Vorschriften ... 321
VI. Berufsrecht ... 322
1. Überblick ... 322
2. Ärzte ... 323
3. Rechtsanwälte ... 324
VII. Verhaltenskodizes ... 326

5. Kapitel. Sanktionen

§ 21. Unterlassungs- und Beseitigungsanspruch ... 331
I. Überblick ... 331
II. Unterlassungsanspruch ... 333
1. Wiederholungsgefahr ... 333
2. Klageantrag ... 335
III. Vorbeugender Unterlassungsanspruch ... 336
IV. Beseitigungsanspruch ... 336
V. Unterwerfungserklärung ... 338
1. Begriff, Rechtsnatur, Zustandekommen ... 338
2. Einseitige Unterwerfungserklärung ... 340
3. Rechtsfolgen ... 341
4. Drittunterwerfung ... 342
VI. Täter, Teilnehmer, Störer ... 343
1. Teilnehmer ... 343
2. Störer ... 344
VII. Haftung für Dritte ... 347
1. Überblick ... 347
2. Voraussetzungen ... 348
VIII. Abwehreinwand ... 350

§ 22. Klagebefugnis ... 351
I. Überblick ... 351
II. Mitbewerber ... 352
III. Wirtschafts- und Berufsverbände ... 354
1. Überblick ... 354
2. Rechtsnatur ... 355
3. Voraussetzungen ... 356
IV. Qualifizierte Einrichtungen ... 359

V. Kammern ... 361
VI. Missbrauch ... 361
1. Zweck ... 361
2. Anwendungsbereich ... 362
3. Begriff ... 363
4. Rechtsfolgen ... 365

§ 23. Schadensersatz und Gewinnabschöpfung ... 366
I. Überblick ... 366
II. Schadensersatzanspruch ... 367
1. Voraussetzungen ... 367
3. Objektive Schadensberechnung ... 369
3. Konkurrenzen ... 371
III. Auskunftsanspruch ... 372
1. Überblick ... 372
2. Unselbständiger Auskunftsanspruch ... 373
3. Selbständiger Auskunftsanspruch ... 374
IV. Gewinnabschöpfung ... 375
1. Überblick ... 376
2. Vorsätzlicher Verstoß ... 378
3. Der erzielte Gewinn zu Lasten einer Vielzahl von Abnehmern ... 378
4. Beweislast, Auskunftsanspruch ... 380
5. Gläubigermehrheit ... 380
6. Aufwendungsersatz ... 381
V. Bereicherungsanspruch ... 381
VI. Verjährung ... 382
1. Überblick ... 382
2. Anwendungsbereich ... 383
3. Beginn ... 384

§ 24. Strafrechtliche Sanktionen ... 385

6. Kapitel. Verfahrensfragen

§ 25. Abmahnung ... 387
I. Überblick ... 387
II. Erforderlichkeit ... 389
III. Inhalt ... 390
IV. Rechtsnatur ... 390
V. Kosten ... 391
VI. Unberechtigte Abmahnung ... 393

§ 26. Einstweilige Verfügung ... 394
I. Überblick ... 394
II. Anwendungsbereich ... 394
III. Dringlichkeitsvermutung ... 395

IV. Verfahren 397
V. Vollziehung 397
VI. Rechtsbehelfe 398
VII. Abschlussverfahren 398
VIII. Schutzschrift 400

§ 27. Sonstige Verfahrensfragen 402
I. Einigungsstellen 402
II. Zuständigkeit 402
1. Sachliche Zuständigkeit 402
2. Örtliche Zuständigkeit 403
III. Streitwert 404

Stichwortverzeichnis 407

Abkürzungsverzeichnis

aA	anderer Ansicht
abl.	ablehnend
ABl.	Amtsblatt
AEUV	Vertrag über die Arbeitsweise der EU
aF	alte Fassung/alte Folge
AfP	Archiv für Presserecht
AG	Aktiengesellschaft
allg.	allgemein
ÄndG	Änderungsgesetz
AnwBl.	Anwaltsblatt
AO	Anordnung/Abgabenordnung
Aufl.	Auflage
B2B	Business to Business
B2C	Business to Consumer
BAGE	Entscheidungen des Bundesarbeitsgerichts
BAnz.	Bundesanzeiger
BayObLGSt	Entscheidungen des Bayerischen Obersten Landesgerichts in Strafsachen
BayObLGZ	Entscheidungen des Bayerischen Obersten Landesgerichts in Zivilsachen
BB	Betriebs-Berater (Zeitschrift)
Bd.	Band
BGBl.	Bundesgesetzblatt
BGE	Entscheidungen des Schweizerischen Bundesgerichts
BGHSt	Entscheidungen des Bundesgerichtshofs in Strafsachen
BGHZ	Entscheidungen des Bundesgerichtshofs in Zivilsachen
BKartA	Bundeskartellamt
Bl.	Blatt
BMJ	Bundesminister für Justiz
BMWi	Bundesminister für Wirtschaft und Technologie
BR-Drs.	Bundesratsdrucksache
BReg	Bundesregierung
BSGE	Entscheidungen des Bundessozialgerichts
BT-Drs.	Bundestagsdrucksache
BVerfGE	Entscheidungen des Bundesverfassungsgerichts
BVerwGE	Entscheidungen des Bundesverwaltungsgerichts
DAR	Deutsches Autorecht (Zeitschrift)
DB	Der Betrieb (Zeitschrift)
ders.	derselbe
dh	das heißt
Die AG	Die Aktiengesellschaft (Zeitschrift)
dies.	dieselbe/n
Diss.	Dissertation
DJ	Deutsche Justiz
DJZ	Deutsche Juristen-Zeitung
EBOR	European Business Organization Law Review
Einf.	Einführung
Einl.	Einleitung
EU	Europäische Union
EuG	Gericht der Europäischen Union
EuGH	Europäischer Gerichtshof
EuZW	Europäische Zeitschrift für Wirtschaftsrecht

f./ff. . . . . folgende
FG . . . . Festgabe
FLF . . . . Finanzierung, Leasing, Factoring (Zeitschrift)
FS . . . . Festschrift

GebrMG . . . . Gebrauchsmustergesetz
gem. . . . . gemäß
GewArch . . . . Gewerbearchiv (Zeitschrift)
grdl. . . . . grundlegend
grds. . . . . grundsätzlich
Gruchot . . . . Beiträge zur Erläuterung des deutschen Rechts, begründet von *Gruchot*
GRUR . . . . Gewerblicher Rechtsschutz und Urheberrecht (Zeitschrift)
GRUR-RR . . . . . GRUR-Rechtsprechungs-Report
GRURAusl/Int . . . GRUR Ausländischer/Internationaler Teil
GWB . . . . Gesetz gegen Wettbewerbsbeschränkungen

H. . . . . Heft
Hdb. . . . . Handbuch
hM . . . . herrschende Meinung
Hrsg. . . . . Herausgeber
Hs. . . . . Halbsatz

idF . . . . in der Fassung
idR . . . . in der Regel
iE . . . . im Ergebnis
insb. . . . . insbesondere
iS . . . . im Sinne
iSd . . . . im Sinne der/des
iVm . . . . in Verbindung mit

JBl. . . . . Juristische Blätter (Österreich)
JR . . . . Juristische Rundschau (Zeitschrift)
JurJb. . . . . Juristenjahrbuch
JuS . . . . Juristische Schulung (Zeitschrift)
JW . . . . Juristische Wochenschrift (Zeitschrift)
JZ . . . . Juristenzeitung (Zeitschrift)

K&R . . . . Kommunikation und Recht (Zeitschrift)
KartRdsch . . . . . . Kartellrundschau (Zeitschrift)
KG . . . . Kammergericht

li. . . . . links/linke(r)
LM . . . . *Lindenmaier-Möhring*, Nachschlagewerk des BGH (bis 2002)
LZ . . . . Leipziger Zeitschrift für deutsches Recht

MA . . . . Der Markenartikel (Zeitschrift)
MarkenR . . . . Markenrecht
maW . . . . mit anderen Worten
MDR . . . . Monatsschrift für Deutsches Recht (Zeitschrift)
MMR . . . . Multimedia und Recht (Zeitschrift)
mN . . . . mit Nachweisen
MuW . . . . Markenschutz und Wettbewerb (Zeitschrift)
mwN . . . . mit weiteren Nachweisen

nF . . . . neue Folge/neue Fassung
NJ . . . . Nederlandse Jurisprudentie
NJW . . . . Neue Juristische Wochenschrift (Zeitschrift)

NJW-RR . . . . NJW-Rechtsprechungs-Report
NJWE-WettbR . . . NJW-Entscheidungsdienst Wettbewerbsrecht
Nr. . . . . Nummer(n)
NVwZ . . . . Neue Zeitschrift für Verwaltungsrecht
NZG . . . . Neue Zeitschrift für Gesellschaftsrecht

o. . . . . oben
ö. . . . . österreichisch
ÖBl. . . . . Österreichische Blätter für gewerblichen Rechtsschutz und Urheberrecht
OGH . . . . österreichischer Oberster Gerichtshof
OLGZ . . . . Entscheidungen der Oberlandesgerichte in Zivilsachen
öWiBl . . . . Wirtschaftsrechtliche Blätter (Österreich)

PatG . . . . Patentgesetz
PBefG . . . . Personenbeförderungsgesetz
PVÜ . . . . Pariser Verbandsübereinkunft zum Schutze des gewerblichen Eigentums von 1883

r. . . . . rechts/rechte(r)
RabattG . . . . Rabattgesetz
RabelsZ . . . . Zeitschrift für ausländisches und internationales Privatrecht, begründet von *Rabel*
RAnz . . . . Reichsanzeiger
RDG . . . . Rechtsdienstleistungsgesetz
RefE . . . . Referentenentwurf
RegE . . . . Regierungsentwurf
RGBl. . . . . Reichsgesetzblatt
RGZ . . . . Entscheidungen des Reichsgerichts in Zivilsachen
Rn. . . . . Randnummer(n)
RStV . . . . Rundfunkstaatsvertrag

s. . . . . siehe
S. . . . . Seite
schweiz. . . . . schweizerische/s
SEW . . . . Sociaal Economische Wetgeving
Slg. . . . . Sammlung der Rspr. des EuGH
SonderGA . . . . . . Sondergutachten
Sp. . . . . Spalte
str. . . . . streitig
SZ . . . . Entscheidungen des österreichischen OGH in Zivilsachen

Tz. . . . . Textziffer

u. . . . . unten, und
Ufita . . . . Archiv für Urheber-, Film-, Funk- und Theaterrecht
UGP-Richtlinie . . Richtlinie über unlautere Geschäftspraktiken von 2005
unstr. . . . . unstreitig
UrhRG . . . . Urheberrechtsgesetz
UWG . . . . Gesetz gegen den unlauteren Wettbewerb
UWG aF . . . . UWG von 1909
UWG nF . . . . UWG von 2004/2008/2015

vgl. . . . . vergleiche
VO . . . . Verordnung
Vorbem. . . . . Vorbemerkung
Voraufl. . . . . Vorauflage (9. Aufl. dieses Buches)

WiB .... Wirtschaftsrechtliche Beratung
wistra .... Zeitschrift für Wirtschaft, Steuer und Strafrecht
WiVerw .... Wirtschaft und Verwaltung (Beilage zum GewArch)
WM .... Wertpapiermitteilungen (Zeitschrift)
WRP .... Wettbewerb in Recht und Praxis (Zeitschrift)
WuM .... Wohnungswirtschaft und Mietrecht (Zeitschrift)
WuW .... Wirtschaft und Wettbewerb (Zeitschrift)
WuW/E .... Entscheidungssammlung der WuW

zB .... zum Beispiel
ZGR .... Zeitschrift für Unternehmens- und Gesellschaftsrecht
ZHR .... Zeitschrift für das gesamte Handels- und Wirtschaftsrecht
ZIP .... Zeitschrift für Wirtschaftsrecht
ZLR .... Zeitschrift für Lebensmittelrecht
ZMR .... Zeitschrift für Miet- und Raumrecht
ZSR .... Zeitschrift für schweizerisches Recht
ZStW .... Zeitschrift für die gesamte Strafrechtswissenschaft
ZugabeVO ..... Zugabeverordnung
ZUM .... Zeitschrift für Urheber- und Medienrecht
zust. .... zustimmend

Verzeichnis der zitierten und weiterführenden Literatur

Ahrens	*Ahrens,* Der Wettbewerbsprozess, Ein Praxishandbuch, 7. Aufl. 2014
Baumbach, Kommentar	*Baumbach,* Kommentar zum Wettbewerbsrecht, 1929 (2. Aufl. 1932)
Beater	*Beater,* Unlauterer Wettbewerb, 1. Aufl. 2011
Böhm	*Böhm,* Wettbewerb und Monopolkampf, 1933/1964 (Neuausgabe: 1. Aufl. 2010)
Ekey	*Ekey/Klippel/Kotthoff/Meckel/Plaß,* Wettbewerbsrecht, 2. Aufl. 2005
Fezer	*Fezer* (Hrsg.), Lauterkeitsrecht: UWG, Kommentar, 2. Aufl. 2010
Gloy	*Gloy/Loschelder/Erdmann* (Hrsg.), Handbuch (Hdb.) des Wettbewerbsrechts, 4. Aufl. 2010
Graf Lambsdorff, Hdb.	*Graf Lambsdorff,* Handbuch des Wettbewerbsverfahrensrechts, 2000
Harte-Bavendamm/Henning-Bodewig	*Harte-Bavendamm/Henning-Bodewig* (Hrsg.), Gesetz gegen den unlauteren Wettbewerb (UWG), Kommentar, 3. Aufl. 2013
Immenga/Mestmäcker	*Immenga/Mestmäcker* (Hrsg.), Wettbewerbsrecht, Kommentar, 5. Aufl. 2012/13
Isay	*Isay,* Das Rechtsgut des Wettbewerbsrechtes, 1933
Kartellrecht	*Emmerich,* Kartellrecht, 13. Aufl. 2014
Kirchberger	*Kirchberger,* Unlauterer, sittenwidriger und unerlaubter Wettbewerb, 1931
Kohler	*Kohler,* Der unlautere Wettbewerb, 1914
Köhler/Bornkamm	*Köhler/Bornkamm* (Hrsg.), Gesetz gegen den unlauteren Wettbewerb: UWG, Kommentar, 33. Aufl. 2015
Koppensteiner	*Koppensteiner,* Markenrecht: Österreichisches und europäisches Wettbewerbsrecht, 4. Aufl. 2012
Lange/Klippel/Ohly, Geistiges Eigentum	*Lange/Klippel/Ohly,* Geistiges Eigentum und Wettbewerb, 2009
Lobe, Bd. I	*Lobe,* Die Bekämpfung des unlauteren Wettbewerbs Bd. 1: Der unlautere Wettbewerb als Rechtsverletzung nach dem BGB und den Nebengesetzen, 1907
MüKoUWG	*Heermann/Schlingloff* (Hrsg.), Münchener Kommentar zum Lauterkeitsrecht, 2. Aufl. 2014
Nerreter, Grundlagen	*Nerreter,* Allgemeine Grundlagen eines deutschen Wettbewerbsrechts, 1936
Ohly/Sosnitza	*Ohly/Sosnitza* (Hrsg.), Gesetz gegen den unlauteren Wettbewerb: UWG, Kommentar, 6. Aufl. 2014
Teplitzky	*Teplitzky,* Wettbewerbsrechtliche Ansprüche und Verfahren, 11. Aufl. 2016
Ulmer/Reimer	*Ulmer/Reimer,* Das Recht des unlauteren Wettbewerbs in den Mitgliedstaaten der EWG, Bd. 3: Deutschland, 1968

1. Kapitel. Grundlagen

§ 1. Einführung

I. Abgrenzung, Begriff

Gegenstand dieses Buchs sind die auf verschiedene Gesetze und Verordnungen verteilten Rechtsvorschriften zur Regelung oder besser zur Verhinderung unlauteren Wettbewerbs. Im Mittelpunkt des Buchs steht deshalb eine Erläuterung des Gesetzes gegen den unlauteren Wettbewerb (UWG) von 2004 in der Fassung von 2015. Ergänzend berücksichtigt werden insbesondere noch die Preisangabenverordnung von 1985 sowie das MarkenG von 1994, das letztere freilich nur, soweit in ihm mehrere, traditionell hierher gerechnete Materien wie etwa der Schutz der geschäftlichen Bezeichnungen und der geographischen Herkunftsangaben eine Regelung gefunden haben (→ § 15 Rn. 28ff.; → § 18). 1

Das UWG von 2004 wendet sich ebenso wie seine beiden Vorläufer, die Gesetze von 1896 und 1909, gegen bestimmte Handlungen von Unternehmen im Wettbewerb, die vom Gesetzgeber als nachteilig für die Allgemeinheit, die Mitbewerber und die Verbraucher eingestuft werden (s. die §§ 1 und 3 UWG). Man bezeichnet das so umschriebene Rechtsgebiet üblicherweise als **Wettbewerbsrecht** oder, seltener, als **Lauterkeitsrecht.** Vorzugswürdig ist die zuletzt genannte Bezeichnung der Materie, weil der Begriff „Wettbewerbsrecht" vielfach auch als Oberbegriff für das Lauterkeits- und das Kartellrecht verwandt wird. 2

Nicht zuletzt darin kommt die enge Verwandtschaft des Lauterkeitsrechts mit dem **Kartellrecht** zum Ausdruck. Sie beruht vor allem darauf, dass sich auch das Kartellrecht mit dem Verhalten von Unternehmen im Wettbewerb befasst. Jedoch geschieht dies hier, jedenfalls vorrangig, unter einem anderen Aspekt als bei dem herkömmlichen Lauterkeitsrecht. Dem Kartellrecht geht es in erster Linie darum, willkürliche **Beschränkungen** des Wettbewerbs durch die Unternehmen zu verhindern, dh sicherzustellen, dass es überhaupt Wettbewerb gibt, in dem dann auch Raum für die Anwendung des UWG ist. Paradigmata sind das Kartellverbot sowie das Verbot von Unternehmenszusammenschlüssen, durch die der Wettbewerb auf einem Markt bedroht wird (s. die §§ 1, 36 GWB; Art. 101 AEUV; Art. 2 FKVO). Dies ändert indessen nichts daran, dass es zwischen UWG und GWB **vielfältige Überschneidungen** gibt, insbesondere bei den verschiedenen Missbrauchs-, Behinderungs- und Diskriminierungsverboten des Kartellrechts (§§ 18–21 GWB; Art. 102 AEUV), sodass beide Materien immer mehr zusammenwachsen (s. im Einzelnen → § 5 Rn. 33ff.). 3

Der Begriff „unlauterer Wettbewerb" ist eine Übersetzung des französischen Begriffs **„concurrence déloyale".** Daran wird deutlich, dass die ganze Materie ihren Ursprung letztlich in der Praxis der französischen Gerichte hat, die, gestützt auf die Generalklausel des Art. 1382 Code civil, seit Beginn des 19. Jahrhunderts ein ausdifferenziertes System von Regeln über das Verhalten von Unternehmen im Wettbewerb entwickelt haben, die dann im Laufe der Zeit unter der Bezeichnung „concurrence déloyale" zusammengefasst wurden (→ § 2 Rn. 9f.). 4

5 Aus der französischen Praxis, die ja ohnehin linksrheinisch lange Zeit maßgebend war, ist die Materie dann – auf einigen Umwegen – nach Deutschland gelangt (→ Rn. 6ff.). Dieser Umstand erklärt zugleich den engen Zusammenhang, der bis auf den heutigen Tag zwischen dem Lauterkeitsrecht und dem Deliktsrecht besteht. Tatsächlich ist das Lauterkeitsrecht seinem Grundverständnis nach nichts anderes als eine besondere Erscheinungsform des **Deliktsrechts der Unternehmen.**

II. Geschichte des UWG bis 2004

1. Anfänge

6 Die Frage einer wirksamen Bekämpfung des unlauteren Wettbewerbs stellte sich in Deutschland in voller Schärfe erstmals nach Einführung der Gewerbefreiheit im gesamten Reichsgebiet im Jahre 1871, weil dadurch infolge des Zusammentreffens gleich mehrerer günstiger Umstände starke Kräfte freigesetzt wurden, die zu einer stürmischen wirtschaftlichen Entwicklung führten. Die Folge war eine erhebliche Zunahme des Wettbewerbs und damit eben auch des unlauteren Wettbewerbs, wobei vor allem die anschwellende Verbreitung *irreführender Wettbewerbsformen* auf eine wachsende Kritik in der Öffentlichkeit stieß.[1] Zugleich setzte damals auch auf breiter Front die für die deutsche Wirtschaftsentwicklung der folgenden Jahrzehnte kennzeichnende *Kartellierung* ganzer Branchen ein.

7 Gegenüber beiden Entwicklungen erwies sich die Rechtsprechung als nahezu hilflos. Das Reichsgericht billigte nicht nur die rasch fortschreitende Vermachtung der Märkte durch Kartelle,[2] sondern lehnte für den Regelfall erstaunlicherweise auch jeden Schutz des Wettbewerbs gegen unlautere Machenschaften ab. Es vertrat die Auffassung, der Begriff des unlauteren Wettbewerbs sei dem deutschen Recht – im Gegensatz zum französischen – fremd.[3] Zu diesem verblüffenden Ergebnis gelangte das RG aufgrund eines Umkehrschlusses aus dem bereits reichsrechtlich geregelten Firmen- und Markenrecht,[4] indem es annahm, hierdurch seien der Schutz der Verbraucher gegen Irreführungen und damit der unlautere Wettbewerb überhaupt abschließend geordnet.

2. UWG von 1896

8 Die Folge der geschilderten Entwicklung war, dass es in Deutschland keinen speziellen Schutz gegen unlauteren Wettbewerb gab. Dieser Zustand galt allgemein als unhaltbar. Gleichwohl näherte sich der Gesetzgeber dem Problem der gesetzlichen Zügelung des unlauteren Wettbewerbs nur zögernd und widerwillig.[5] Der erste Schritt auf diesem steinigen Weg war die Verabschiedung des Warenzeichengesetzes im Jahre 1894,[6] bei dessen Erörterung im Reichstag die Reichsregierung zur Beruhigung der Öffentlichkeit zugleich erstmals ankündigte, in Kürze auch den Entwurf eines UWG vorlegen zu wollen. Obwohl schon damals vielfach gefordert, scheute die Reichsregierung

---

[1] Vgl. die Schilderung bei *v. Stechow,* Das UWG vom 27. Mai 1896 – Entstehungsgeschichte und Wirkung, 2002, S. 103, 132ff.

[2] RGZ 38, 155.

[3] RGZ 3, 67 (69); 18, 93 (99ff.); 20, 71 (75f.); s. dazu die Kritik bei *Baumbach,* Kommentar, S. 123; *Kohler,* S. 33ff.; *Lobe,* GRUR 1931, 1215; *Wadle,* JuS 1996, 1064 (1065f.).

[4] MarkenschutzG v. 30.11.1874, RGBl. S. 143; s. *Wadle,* JuS 1974, 761.

[5] S. zum Folgenden ausführlich *v. Stechow,* UWG von 1896, S. 155ff.

[6] RGBl. S. 441.

jedoch zunächst noch vor der Einführung einer Generalklausel zurück, um den Wettbewerb nicht übermäßig zu regulieren. Die Folge war, dass sich das schließlich im Mai 1896 verabschiedete erste UWG[7] noch auf eine Reihe von Einzeltatbeständen beschränkte, unter denen die Verbote der Irreführung, der Anschwärzung und der üblen Nachrede, des Missbrauchs gewerblicher Kennzeichnungsmittel und des Geheimnisverrats herausragten.[8]

Wichtig ist festzuhalten, dass schon damals in der breiten öffentlichen Diskussion über das neue Gesetz die Forderung nach einer gesetzlichen Regelung des Wettbewerbs gleichermaßen mit der Notwendigkeit eines Schutzes der „anständigen" Gewerbetreibenden gegen unlautere Machenschaften ihrer Konkurrenten wie mit der des Schutzes der Allgemeinheit gegen jede Form der Irreführung begründet wurde. An der Wiege des UWG stand maW von Anfang an – entgegen einer nach wie vor verbreiteten Meinung[9] – gleichberechtigt der Gedanke des Konkurrenten- oder Mittelstandsschutzes wie der des Verbraucherschutzes. Bei dieser doppelten Zielsetzung ist es im Grunde bis heute geblieben (s. § 1 UWG von 2004), nur, dass in der Folgezeit in der Diskussion zunächst der Gedanke eines deliktrechtlichen Mittelstandsschutzes über das UWG ganz in den Vordergrund getreten war (→ Rn. 10ff.). Der Gedanke des Verbraucherschutzes mittels des UWG gewann erst viel später wieder Bedeutung (→ § 3), und zwar in einem solchen Ausmaß, dass demgegenüber der an sich gleichberechtigte Gedanke des Konkurrentenschutzes mittlerweile immer mehr in den Hintergrund zu geraten droht. 9

3. UWG von 1909

Da das UWG von 1896 von vornherein nicht als abschließende Regelung gedacht gewesen war,[10] sah sich die Rechtsprechung nach Inkrafttreten des BGB im Jahre 1900 endgültig nicht mehr gehindert, zur Ausfüllung der verbliebenen Schutzlücken auf das Deliktsrecht des BGB zurückzugreifen. Im Mittelpunkt des Interesses stand dabei zunächst, insofern durchaus in Übereinstimmung mit dem Willen der Väter des BGB,[11] das Verbot der vorsätzlichen sittenwidrigen Schädigung Dritter durch § 826 BGB. Jedoch erwies sich § 826 BGB wegen des Vorsatzerfordernisses alsbald als *zu eng,* um einen nachhaltigen Schutz der Gewerbetreibenden gegen unlautere Machenschaften ihrer Konkurrenten auch jenseits des UWG zu ermöglichen, da ein Schädigungsvorsatz in der Regel nicht nachzuweisen war. 10

In der Literatur setzten deshalb schon kurz nach Inkrafttreten des BGB Bemühungen ein, neben § 826 BGB auch die Vorschrift des § 823 Abs. 1 BGB für den Schutz des lauteren Wettbewerbs zu aktivieren. Vor allem hier hat man die Wurzeln für die die folgenden Jahrzehnte beherrschende Diskussion über das Schutzgut des Lauterkeitsrechts zu suchen (→ § 3). Denn eine Anwendung des § 823 Abs. 1 BGB kam im vorliegenden Zusammenhang nur in Betracht, wenn es gelang, als Schutzgut des Wettbewerbsrechts ein absolutes Recht der Konkurrenten im Sinne des § 823 Abs. 1 BGB 11

---

7 Reichsgesetz v. 27.5.1896, RGBl. S. 145.

8 S. *v. Stechow,* UWG von 1896, S. 216ff.; *Wadle,* JuS 1996, 1064 (1066f.).

9 S. statt aller *Henning-Bodewig,* GRUR 2013, 238.

10 S. die Denkschrift zum UWG von 1896, abgedruckt bei *Lobe* Bd. III; vgl. auch *ders.,* GRUR 1931, 1216.

11 Motive Bd. II, S. 726.

nachzuweisen. Insbesondere das Persönlichkeitsrecht[12] sowie das Recht am Unternehmen[13] wurden in diesem Zusammenhang diskutiert (→ § 3 Rn. 6).

12 Hätten die Bemühungen um die Anerkennung derartiger „Rechte" der Konkurrenten als absolute Rechte im Sinne des § 823 Abs. 1 BGB Erfolg gehabt, so wäre in Deutschland ebenso wie etwa in Frankreich (→ § 2 Rn. 9 f.) auch ohne wettbewerbsrechtliche Generalklausel ein umfassender Schutz des lauteren Wettbewerbs allein aufgrund des allgemeinen Deliktsrechts möglich gewesen.[14] Tatsächlich ist jedoch die Rechtsprechung der Literatur auf diesem Wege nie gefolgt. Das Reichsgericht erkannte zwar das sog Recht am eingerichteten und ausgeübten Gewerbebetrieb als „absolutes" Recht im Sinne des § 823 Abs. 1 BGB an, beschränkte dessen Schutzbereich jedoch zunächst streng auf unmittelbar gegen den Bestand des Unternehmens gerichtete Eingriffe, sodass Maßnahmen des unlauteren Wettbewerbs damit nur in Ausnahmefällen erfasst werden konnten.

13 Trotz unleugbarer Fortschritte blieb die Rechtslage daher insgesamt unbefriedigend, sodass in der Öffentlichkeit der Ruf nach einer Reform des UWG von 1896 immer lauter wurde, wobei es vor allem um die Einführung einer Generalklausel ging. Unter dem Eindruck dieser Diskussion und zahlreicher dahin zielender Anträge im Reichstag legte die Reichsregierung schließlich 1906 den Entwurf eines Reformgesetzes vor, wobei sie jedoch erstaunlicherweise zunächst an dem System der Einzeltatbestände festhielt.[15] Die Entscheidung zugunsten der Einführung einer Generalklausel fiel erst im Reichstag, und zwar in erster Linie im Interesse eines umfassenden Konkurrenten- oder Mittelstandsschutzes gegen alle Formen unlauterer Konkurrenz.[16]

14 Primäre Aufgabe des neuen UWG vom 7. Juni 1909[17] war es dementsprechend, die Lücken zu schließen, die sich bei dem bisherigen Schutz der Gewerbetreibenden gegen unlautere Machenschaften ihrer Konkurrenten aufgrund des alten UWG von 1896 und des BGB ergeben hatten. Der Sache nach erreichte der Gesetzgeber dies, indem er in § 826 BGB das hinderliche Vorsatzerfordernis für Wettbewerbshandlungen im geschäftlichen Verkehr strich (§ 1 UWG von 1909).

15 In den ersten Jahren nach Inkrafttreten des neuen UWG war die Rechtsprechung bei der Anwendung der Generalklausel ausgesprochen zurückhaltend. Dies änderte sich erst mit Beginn der zwanziger Jahre des vorigen Jahrhunderts. Seitdem entwickelte sich aufgrund der Generalklausel ein selbst für den Fachmann kaum noch überschaubares, bis in die kleinsten Verästelungen ausdifferenziertes System von Verhaltensnormen für Unternehmen im Wettbewerb. Die „große" Generalklausel des § 1 UWG von 1909 (= § 3 UWG von 2004) war so zur *königlichen Norm* des Wettbewerbsrechts geworden, die zusammen mit der „kleinen" Generalklausel des § 3 UWG von 1909 (= § 5 UWG von 2004) die gesamte Materie beherrschte. Auch dies ist freilich mittlerweile bereits Rechtsgeschichte, wie die folgenden Ausführungen zeigen werden.

---

[12] *Lobe* Bd. I, S. 141, 174 ff.

[13] *Baumbach* Kommentar, S. 125 ff.

[14] So in der Tat *Lobe* Bd. 1, S. 193, 221 ff.; *ders.*, GRUR 1931, 1215 (1216 f.); *Baumbach* Kommentar, S. 125, 131, 158 ff.

[15] S. zum Folgenden *Osterrieth*, GRUR 1909, 399; *Ohly*, Richterrecht, S. 202 f.; *v. Stechow*, UWG von 1896, S. 304 ff.

[16] S. den Abdruck der Reichstagsdebatte in GRUR 1909, 106.

[17] RGBl. 1909 I 499.

4. Die Entwicklung bis 2004

Das UWG von 1909 ist bis zum Ende des zweiten Weltkrieges nur in untergeordneten Punkten geändert worden, die hier keiner weiteren Erwähnung bedürfen. Festzuhalten ist aus den dreißiger Jahren des letzten Jahrhunderts lediglich die Ergänzung des Gesetzes durch zwei Nebengesetze, die die Aufgabe hatten, in der damaligen Wirtschaftsnot bestimmte mittelständische Schichten des Handels gegen besonders aggressive Wettbewerbsmethoden ihrer großbetrieblichen Konkurrenten zu schützen. Gemeint sind die Zugabeverordnung vom 9. März 1932[18] und das Rabattgesetz vom 25. November 1933.[19] Beide Gesetze zeigten in der Folgezeit, obwohl inzwischen längst überholt, ein erstaunliches Beharrungsvermögen, weil sie sich in der Hand der vielen Wettbewerbsfeinde in Deutschland als ein ausgezeichnetes Mittel zur Behinderung neuer und ungewohnter Wettbewerbsmethoden im Handel erwiesen hatten. Die Folge war, dass ihre (überfällige) Aufhebung erst im Jahre 2001 gelang (→ Rn. 19). 16

Erst nach dem letzten Krieg ist auch das UWG von 1909 selbst wiederholt in wichtigen Punkten geändert worden. Hervorzuheben ist zunächst das Änderungsgesetz vom 26. Juni 1969,[20] durch das eine Entwicklung eingeleitet wurde, die das UWG immer mehr seiner eigentlichen Aufgabe zu entfremden drohte. Denn die damals in das Gesetz eingefügten §§ 6a und 6b bezweckten nicht mehr den Schutz des fairen Wettbewerbs, sondern – ganz im Gegenteil – den Schutz bestimmter (mittelständischer) Unternehmen *gegen* den Wettbewerb, indem sie verschiedene neue, als solche völlig unbedenkliche Vertriebsformen, nämlich den Direktvertrieb des Großhandels und den Kaufscheinhandel, allein wegen ihrer Gefährlichkeit für die genannten Unternehmen weitgehend untersagten (→ § 8 Rn. 5 ff.). 17

Die nicht abreißenden Bemühungen um eine Verstärkung des Mittelstandsschutzes verlagerten sich in den folgenden Jahren zunächst auf das GWB. Vor allem die zweite GWB-Novelle von 1973 und die vierte Novelle von 1980 standen ganz im Zeichen dieser Zielsetzung. Das UWG kam erst wieder Ende der siebziger Jahre in das Visier der Mittelstandsschützer, als sich herausstellte, dass die Änderungen des GWB (zunächst) nicht den gewünschten Erfolg hatten. Die Verabschiedung der nächsten UWG-Novelle gelang jedoch erst im Jahre 1986.[21] Kern dieser Novelle waren die (1994 wieder gestrichenen) Verbote der Werbung mit mengenmäßigen Beschränkungen und der Werbung für Preissenkungen durch Gegenüberstellung des alten und des neuen Preises (§§ 6d und 6e UWG von 1986). Zugleich wurden durch das zweite Gesetz zur Bekämpfung der Wirtschaftskriminalität[22] ein Verbot der progressiven Kundenwerbung in das UWG eingefügt (§ 6c) und die Strafvorschrift des § 17 UWG gegen Betriebsspionage zum Schutze der deutschen Wirtschaft deutlich verschärft (→ § 10; § 13 Rn. 11). 18

Erst im Jahre 1994 kam es durch den „Widerruf" der unglücklichen §§ 6d und 6e UWG von 1986 zu einer zaghaften Umkehrung der geschilderten Entwicklung vom Wettbewerbs- zum Wettbewerberschutz.[23] Die Streichung des § 6c UWG folgte im 19

[18] RGBl. 1932 I 121.
[19] RGBl. 1933 I 1011.
[20] BGBl. 1969 I 633.
[21] BGBl. 1986 I 1169; s. *Emmerich,* FLF 1987, 64.
[22] BGBl. 1986 I 721.
[23] BGBl. 1994 I 1738; s. *Emmerich,* FLF 1995, 32, 70.

Jahre 1998.[24] Weitere wichtige Änderungen brachte das Jahr 2000. Den Reigen eröffnete diesmal die Änderung der PreisangabenVO durch eine Verordnung vom 28. Juli 2000,[25] die so umfangreich ausfiel, dass eine neue Bekanntmachung der PreisangabenVO erforderlich wurde.[26] Nur wenige Wochen später folgte bereits das Gesetz zur vergleichenden Werbung vom 1. September 2000,[27] durch das im UWG erstmals ausdrücklich die Zulässigkeit der vergleichenden Werbung geregelt wurde (→ § 7). Schließlich gelang im Jahre 2001 endlich auch die schon lange überfällige Aufhebung der ZugabeVO und des Rabattgesetzes,[28] sodass seitdem (endlich) wieder Zugabe- und Rabattfreiheit in Deutschland herrschen (→ § 6 Rn. 10; → § 12 Rn. 25 ff.).

5. UWG von 2004

20 Im Jahre 2004 wurde schließlich das UWG von 1909 durch ein ganz neues Gesetz abgelöst. Zu dieser Reform hatten unterschiedliche Entwicklungen geführt. Als erstes zu nennen sind hier die in den neunziger Jahren des vergangenen Jahrhunderts erstmals ernsthaft eingeleiteten Bemühungen um eine umfassende Liberalisierung des deutschen Wettbewerbsrechts, gipfelnd zuletzt in der Aufhebung der ZugabeVO und des RabattG im Jahre 2001 (→ Rn. 19). Weitere Anstöße zur Liberalisierung des Wettbewerbsrechts gingen von einer von der Bundesregierung bei dem Bundesminister der Justiz eingesetzten „Arbeitsgruppe Wettbewerbsrecht“ aus, die Vorschläge für eine Reform des Wettbewerbsrechts unter Berücksichtigung der parallelen Entwicklung auf europäischer Ebene ausarbeiten sollte.[29] Die Arbeitsgruppe holte zu diesem Zweck zwei umfangreiche Gutachten von *Fezer*[30] sowie von *Schricker* und *Fr. Henning-Bodewig* ein,[31] die als Grundlage für ihre Arbeit dienten. Beide Gutachten betonten die Notwendigkeit einer weiteren Liberalisierung und Modernisierung des deutschen Wettbewerbsrechts im Anschluss an die europäische Entwicklung und machten dafür weitreichende Vorschläge. Ein bereits ausformulierter Vorschlag für ein neues UWG wurde zugleich aus dem Kreis der Mitglieder der Arbeitsgruppe Wettbewerbsrecht vorgelegt.[32] Ergebnis dieser und weiterer Bemühungen war der Regierungsentwurf (RegE) eines UWG vom 7. Mai 2003,[33] der schließlich am 8. Juli 2004 in Kraft getreten ist.[34]

21 Das neue UWG von 2004 hatte nur wenige Jahre unverändert Bestand, da es schon wenige Jahre nach seinem Inkrafttreten wiederholt in wichtigen Punkten, insbesondere aufgrund der Entwicklung auf der Unionsebene geändert werden musste (→ Rn. 29 f.). Deshalb ist hier jetzt zunächst ein Blick auf die in den letzten Jahren erheblich verstärkten Bemühungen der Europäischen Kommission um eine Harmonisierung des Wettbewerbsrechts der Mitgliedstaaten zu werfen (→ Rn. 22 ff.).

[24] BGBl. 1998 I 1474; s. im Übrigen Voraufl., S. 8.

[25] BGBl. 2000 I 1238.

[26] BGBl. 2000 I 1244; → § 16 Rn. 17.

[27] BGBl. 2000 I 1374; s. dazu die Begr. zum RegE, BT-Drs. 14/2959.

[28] Gesetze v. 23.7.2001, BGBl. 2001 I 1661 und 1663; s. dazu die Begr. des RegE in BT-Drs. 14/5594 und 5441.

[29] S. die Begr. zum RegE des neuen UWG, BT-Drs. 15/1487, S. 12 f.; *Sosnitza*, GRUR 2003, 739 f.

[30] WRP 2001, 989.

[31] WRP 2001, 1367.

[32] S. *Köhler/Bornkamm/Henning-Bodewig*, WRP 2002, 1317.

[33] BT-Drs. 15/1487 = BR-Drs. 301/03.

[34] S. den Bericht des Rechtsausschusses, BT-Drs. 15/2795; BGBl. 2004 I 1414.

III. Europäische Union

Materialien: Europäische Kommission, Grünbuch über kommerzielle Kommunikation vom 8. Mai 1996, KOM(96) 192 endg.; Grünbuch zum Verbraucherschutz in der Europäischen Union, KOM(2001) 531 endgültig = BR-Drs. 851/01; Mitteilung zu den Folgemaßnahmen zum Grünbuch über den Verbraucherschutz, KOM(2002) 289 endgültig; Vorschlag einer Richtlinie über unlautere Geschäftspraktiken, KOM (2003) 356 endgültig = BR-Drs. 471/03; Mitteilung über Verkaufsförderung im Binnenmarkt, BR-Drs. 853/01.

Das Unionsrecht nimmt heute auf vielfältige Weise auf das nationale Wettbewerbsrecht Einfluss. Grund dafür ist vor allem das seit vielen Jahren von der Kommission energisch verfolgte Projekt der **Harmonisierung der Wettbewerbsgesetze** der Mitgliedstaaten im Binnenmarkt. Die Kommission ist, gewiss zu Recht, der Auffassung, dass die divergierenden Wettbewerbsgesetze der Mitgliedstaaten (→ § 2 Rn. 5 ff.) ein schwerwiegendes Hindernis für die Verwirklichung des Binnenmarktes bilden, weil sie die Unternehmen nachhaltig an grenzüberschreitenden Aktivitäten hindern. 22

Die Kommission hatte deshalb bereits in den sechziger Jahren des vorigen Jahrhunderts aufgrund insbesondere umfangreicher Vorarbeiten des **Max-Planck-Instituts in München**[35] ein umfassendes Programm für die Angleichung der nationalen Wettbewerbsgesetze entwickelt. Das Vorhaben kam jedoch bereits zu Beginn der siebziger Jahre des vorigen Jahrhunderts aus im Einzelnen umstrittenen Gründen wieder ins Stocken. Die Kommission gab deshalb im Laufe der siebziger Jahre ihren bisherigen umfassenden Ansatz zur Angleichung der nationalen Wettbewerbsgesetze der Mitgliedstaaten wieder auf und beschränkte sich stattdessen fortan im Wesentlichen auf den ihr vordringlich erscheinenden Aspekt des **Verbraucherschutzes.** Erstes Ergebnis dieser Bemühungen war die **Richtlinie über irreführende Werbung** von 1984, die freilich (zunächst) nahezu keinen Einfluss auf die Wettbewerbsgesetze der Mitgliedstaaten hatte.[36] Das sollte sich erst ändern, als es dreizehn Jahre später gelang, auch die **vergleichende Werbung** in die Richtlinie einzubeziehen.[37] Weitere Aspekte der Materie wurden zugleich (immer nur unter Verbraucherschutzgesichtspunkten) in einer Vielzahl anderer Richtlinien und Verordnungen mitgeregelt. Das Ergebnis war jedoch eine heillose **Rechtszersplitterung.** Die Kommission räumte schließlich selbst ein, dass die Vielzahl dieser sich zudem noch häufig überschneidenden Verordnungen und Richtlinien zu einem „komplizierten und schwer verständlichen Regelungsrahmen" geführt habe.[38] Abhilfe tat deshalb not. Zu diesem Zweck verfolgte die Kommission zunächst nebeneinander zwei unterschiedliche Ansätze für die Angleichung der Wettbewerbsgesetze der Mitgliedstaaten, wofür meistens als Grund die konkurrierende Zuständigkeit zweier verschiedener Generaldirektionen der Kommission genannt wird.[39] 23

Der erste neue Regelungsansatz bestand in dem Erlass einer umfassenden Richtlinie über unlautere Geschäftspraktiken im Binnenmarkt (nur) für den Geschäftsverkehr zwischen Unternehmen und Verbrauchern, also nur für den sogenannten „business to 24

[35] S. zusammenfassend *Ulmer,* Das Recht des unlauteren Wettbewerbs in den Mitgliedstaaten der EWG, Bd. I: Vergleichende Darstellung, 1965.
[36] ABl. 1984 L 250/17; s. dazu *Heister,* Harmonisierung?, 2004.
[37] S. die Richtlinie über vergleichende Werbung vom 6. 10. 1997, ABl. 1997 L 290/18 und dazu → § 7.
[38] So wörtlich Grünbuch zum Verbraucherschutz, S. 5.
[39] Es geht um die Rivalität der GD Wettbewerb und der GD SANCO.

consumer-Bereich" oder neudeutsch: „B2C-Bereich" auf der Grundlage eines generellen Verbots unlauterer Geschäftspraktiken.[40] Der zweite Regelungsansatz bestand dagegen in dem von der Kommission im Jahre 2001 vorgelegten Entwurf einer Verordnung über Verkaufsförderung im Binnenmarkt.[41]

25 Gelungen ist allein die Verabschiedung der **Richtlinie über unlautere Geschäftspraktiken vom 11. Mai 2005,**[42] die am 12. Dezember 2007 in Kraft getreten ist (Art. 19 der Richtlinie), während die Verordnung über Verkaufsförderung im Binnenmarkt wohl gescheitert ist. Die Richtlinie über unlautere Geschäftspraktiken, gewöhnlich einfach **UGP-Richtlinie** genannt, verbietet generell unlautere Geschäftspraktiken (Art. 5 Abs. 1). Maßstab sollen in erster Linie die Erfordernisse der beruflichen Sorgfalt sein (Art. 5 Abs. 2). Erscheinungsformen sind insbesondere irreführende und aggressive Geschäftspraktiken (Art. 5 Abs. 4), die sodann in den Art. 6–9 im Einzelnen erläutert werden. Ergänzend enthält die Richtlinie einen Anhang, in dem 31 irreführende und aggressive Geschäftspraktiken aufgezählt werden, die „unter allen Umständen", dh immer und ohne Rücksicht auf die Umstände des Einzelfalls verboten sind (Art. 5 Abs. 4, sog schwarze Liste).

26 Die UGP-Richtlinie bezweckt nach ihrem Art. 4 eine **Vollharmonisierung** des Lauterkeitsrechts in der Union, sodass seitdem das Lauterkeitsrecht in den Mitgliedstaaten, soweit es um den Schutz der Verbraucher gegen unlautere Praktiken von Unternehmen geht (B2C), weder hinter der Richtlinie zurückbleiben noch auch über diese hinausgehen darf[43]. Gleichwohl ist die Richtlinie in den Mitgliedstaaten in sehr unterschiedlicher Form umgesetzt worden[44]. Man muss vor allem ein integratives und ein duales Modell der Umsetzung unterscheiden. Von einem **integrativen Modell** spricht man, wenn ein Mitgliedstaat bei der Umsetzung der Richtlinie an der *einheitlichen Regelung* des Wettbewerbsrechts für das Verhältnis der Unternehmen zu Verbrauchern (B2C) und zu anderen Unternehmen (B2B) festhält und die Durchsetzung des Wettbewerbsrechts im Wesentlichen den Betroffenen überlässt. Vertreter dieses Modells sind neben Deutschland und Österreich (→ Rn. 28) zum Beispiel noch Belgien, Spanien und Schweden. Die Anhänger eines **dualen Modells,** insbesondere Frankreich und Italien, haben sich dagegen für *unterschiedliche gesetzliche Regelungen* für die beiden Bereiche (B2B und B2C) entschieden.

27 Richtlinien sind für die Mitgliedstaaten nach Art. 288 Abs. 3 AEUV nur hinsichtlich des zu erreichenden Zieles verbindlich, überlassen den Mitgliedstaaten jedoch die Wahl der Form und der Mittel der Umsetzung. Wie groß der sich daraus ergebende *Gestaltungsspielraum* der Mitgliedstaaten bei der Umsetzung der UGP-Richtlinie tatsächlich ist, ist jedoch noch nicht endgültig geklärt, vor allem, weil mit dieser Richtlinie letztlich eine *Vollharmonisierung* des Wettbewerbsrechts der Mitgliedstaaten, freilich nur im B2C-Bereich angestrebt wird,[45] sodass die **Kommission** darauf drängt,

[40] KOM(2003) 356 endgültig.

[41] ABl. 2002 C 75/11 = Mitteilung der Kommission über Verkaufsförderung im Binnenmarkt KOM (2001) 546 endgültig = BR-Drs. 853/01, S. 31 ff.

[42] ABl. 2005 L 149/22.

[43] *EuGH* Slg. 2009, I-2193 Tz. 51 = EuZW 2009, 370 – VTB-VAB/Galatea/Sanoma; Slg. 2010, I-217 = NJW 2010, 1867 Tz. 41 = JuS 2011, 77 – Plus; Slg. 2010, I-10909 = EuZW 2010, 947 Tz. 27, 30 = GRUR 2011, 76 – Mediaprint/Österreich Zeitungsverlag, ebenso zB *BGH* NJW 2011, 2653 Tz. 18.

[44] S. zB *Henning-Bodewig,* GRURInt 2010, 271; *dies.,* GRUR 2013, 238.

[45] Vgl. einerseits sehr großzügig *Glöckner,* GRUR 2013, 224; *Hetmank,* GRUR 2015, 323; andererseits sehr eng immer wieder insbesondere zB *Köhler,* GRUR 2012, 1023 und WRP 2015, 1037 mN.

dass sich die Mitgliedstaaten bei der Umsetzung der Richtlinie möglichst eng an deren Wortlaut halten (→ Rn. 28). Außerdem ist auf jeden Fall wegen der Verbindlichkeit der *Ziele* der Richtlinie für die Mitgliedstaaten (Art. 288 Abs. 3 AEUV) das nationale Wettbewerbsrecht durchgängig im Lichte der Richtlinie auszulegen (sog **richtlinienkonforme Auslegung**)[46]. Die Auslegung der Richtlinie durch den **EuGH** hat infolgedessen überragende Bedeutung für die Interpretation und die Fortentwicklung des Wettbewerbsrechts in den Mitgliedstaaten erlangt.

Die Mitgliedstaaten haben die UGP-Richtlinie unter Berufung auf ihre Freiheit bei der 28
Wahl der Form und der Mittel der Umsetzung (Art. 288 Abs. 3 AEUV) sowie auf die Unbestimmtheit der Generalklauseln der Richtlinie im Ergebnis sehr unterschiedlich umgesetzt, sodass das Ziel einer *Vollharmonisierung* des Lauterkeitsrechts in den Mitgliedstaaten der Union bisher *nicht* erreicht wurde. Aus diesem Grund hat die Kommission die Umsetzung der Richtlinie in mehreren Mitgliedstaaten beanstandet und für den Fall, dass die Mitgliedstaaten ihr Wettbewerbsrecht nicht entsprechend den Vorstellungen der Kommission der Richtlinie anpassen, die Einleitung von Vertragsverletzungsverfahren angekündigt. Zu den betroffenen Mitgliedstaaten gehörte auch Deutschland, da die Kommission der Meinung war, dass das UWG von 2004 in der Fassung von 2008 (→ Rn. 29) in mehreren Punkten der Richtlinie widersprach.[47] Um einem Vertragsverletzungsverfahren der Kommission vorzubeugen, wurde schließlich das Gesetz im Jahre 2015 erneut in wichtigen Punkten geändert (→ Rn. 30).

IV. Spätere Änderungen

Bei dem ersten Versuch der Umsetzung der UGP-Richtlinie in **deutsches Recht** im 29
Jahre 2008 hatte sich der Gesetzgeber noch durchgängig von dem Bestreben leiten lassen, die Änderungen des UWG auf das unbedingt notwendige Ausmaß zu beschränken und im Übrigen so weit wie möglich an dem UWG von 2004 festzuhalten. Nicht zuletzt deshalb wurde insbesondere die für das deutsche Recht bis heute kennzeichnende *einheitliche Anwendung* des UWG auf das Verhältnis von Unternehmen zu Verbrauchern (B2C) *und* zu Unternehmen (B2B) beibehalten (sog integratives Modell)[48]. Jedoch wurde das UWG erstmals nach dem Vorbild der Richtlinie um einen **Anhang** ergänzt, der in 30 Beispielstatbeständen einzelne geschäftliche Handlungen aufführt, die (nur) im Verhältnis zu Verbrauchern (B2C) stets unzulässig sind (§ 3 Abs. 3; sog schwarze Liste).[49]

Auch in der Folgezeit ist das UWG nicht zur Ruhe gekommen, sondern mehrfach er- 30
neut geändert worden. Beispielhaft genannt seien die Änderungen aufgrund des Gesetzes zur Umsetzung der Verbraucherrechte-Richtlinie von 2013[50]. Besonders tief-

[46] S. zB *Fezer,* WRP 2010, 677; *Glöckner,* GRUR 2013, 224; *Henning-Bodewig,* GRURInt 2010, 541; *Köhler,* in: Augenhofer, Europäisierung, S. 101; *Leistner,* ZEuP 2009, 56; *Mand,* JZ 2010, 337.

[47] S. dazu von Seiten des BMJ *Timm-Wagner,* GRUR 2013, 245 sowie noch *Glöckner,* GRUR 2013, 224; Harte-Bavendamm/Henning-Bodewig/*ders.,* Einl. UWG Rn. B 440ff.; *Henning-Bodewig,* GRUR 2013, 238; Harte-Bavendamm/Henning-Bodewig/*Keller,* Einl. Rn. A 53ff.; *Köhler,* GRUR 2012, 1023; Harte-Bavendamm/Henning-Bodewig/*Podszun,* § 3 Rn. 38ff.

[48] Gesetz v. 29.12.2008, BGBl. 2008 I 2949; s. dazu die Begr. zum RegE BT-Drs. 16/10145 sowie den Ausschussbericht, BT-Drs. 16/11070.

[49] Überblick zB bei *Alexander,* GRURInt 2010, 1025.

[50] Gesetz v. 20.9.2013, BGBl. 2013 I 3642; dazu zB *Alexander,* WRP 2014, 501.

greifende Änderungen des Gesetzes brachte sodann das **2. Änderungsgesetz** von 2015, das aufgrund der bereits erwähnten Beanstandungen der Kommission nötig wurde (→ Rn. 28). Der Referentenentwurf dieses Gesetzes vom Herbst 2014[51] hatte noch ein überwiegend kritisches Echo gefunden.[52] Der **Regierungsentwurf** vom Januar 2015[53] unterschied sich deshalb bereits in wichtigen Punkten von dem Referentenentwurf.[54] Seine endgültige Fassung erhielt das Gesetz erst in den **Ausschussberatungen.**[55] Die schließlich Gesetz gewordenen Änderungen betreffen insbesondere die §§ 2, 3, 3a, 4 und 4a des Gesetzes sowie noch einzelne Nummern des Anhangs. Auf die Einzelheiten wird jeweils im Zusammenhang einzugehen sein. Das neue Gesetz wurde am 2.12.2015 verkündet und ist am 3.12.2015 in Kraft getreten.[56]

[51] RefE, WRP 2014, 1373 = GRUR 2014, 1180.

[52] S. dazu zB *Alexander,* WRP 2014, 1384; *Fritzsche,* WRP 2014, 1392; *Glöckner,* WRP 2014, 1398; *Henning-Bodewig,* WRP 2014, 1407; *Köhler,* WRP 2014, 1410; *Sack,* WRP 2014, 1418; *Schlingloff,* WRP 2014, 1424.

[53] RegE, BT-Drs. 18/4535 = GRUR 2015, 341 = WRP 2015, 263.

[54] S. dazu insbesondere *Henning-Bodewig,* GRURInt 2015, 529; *Hetmank,* GRUR 2015, 323; *Kirchhoff,* WRP 2015, 659; *Köhler,* WRP 2015, 275; *ders.,* WRP 2015, 1037; *Ohly,* WRP 2015, 1443; *Sosnitza,* GRUR 2015, 318; *Sack,* WRP 2015, 663.

[55] Ausschussbericht, BT-Drs. 18/6571; s. dazu *Alexander,* WRP 2015, 1448.

[56] BGBl. 2015 I 2158; s. dazu *Alexander,* WRP 2016, 139; *Köhler,* NJW 2016, 593; *Ohly,* GRUR 2016, 3.

§ 2. Internationales Wettbewerbsrecht

I. Internationale Abkommen

Literatur: *Bodenhausen,* PVÜ, Kommentar, 1971; *Baudenbacher/Simon* (Hrsg.), Neueste Entwicklungen im europäischen und internationalen Immaterialgüterrecht, 2002; *Henning-Bodewig,* GRUR Int 2013, 1; *Miosga,* Internationaler Marken- und Herkunftsschutz, 1967; *Schricker/Henning-Bodewig* (Hrsg.), Neuordnung des Wettbewerbsrechts, 1999; *Troller,* Die mehrseitigen völkerrechtlichen Verträge im gewerblichen Rechtsschutz und Urheberrecht, 1965.

1. Pariser Verbandsübereinkunft

Die großen Unterschiede zwischen den Wettbewerbsrechten der verschiedenen Län- 1
der waren und sind ein erhebliches Handelshindernis. Es hat deshalb immer wieder Versuche zu einer Vereinheitlichung der Wettbewerbsgesetze zumindest der westlichen Industrienationen gegeben. Erstes und wichtigstes Ergebnis dieser Bemühungen war die Pariser Verbandsübereinkunft **(PVÜ) von 1883,** die für Deutschland in der Stockholmer Fassung vom 14. Juni 1967 gilt.[1] Durch die PVÜ ist ein völkerrechtlicher Verband mit eigenen Organen geschaffen worden, aufgrund dessen die Mitgliedstaaten seit 1900 zu einem Schutz der Verbandsangehörigen gegen unlauteren Wettbewerb verpflichtet sind (Art. 2 PVÜ).

Die PVÜ (die in der Praxis nur wenig beachtet wird) stellt im Kern ein internationales 2
Wettbewerbsgesetz dar. Ihre Grundlage ist der **Grundsatz der Inländergleichbehandlung,** der jede Diskriminierung von Ausländern im Verhältnis zwischen den Mitgliedstaaten auf dem Gebiet des Wettbewerbsrechts untersagt. Für die Angehörigen der EU-Staaten ergibt sich dasselbe bereits aus dem (vorrangigen) Diskriminierungsverbot des Art. 18 AEUV. Hinzu tritt (seit 1911) die wichtige Verpflichtung der Mitgliedstaaten, den Angehörigen der anderen Mitgliedstaaten auch tatsächlich einen **wirksamen Rechtsschutz** gegen unlauteren Wettbewerb durch geeignete Rechtsbehelfe zu gewähren (Art. 10bis Abs. 1 und 10ter PVÜ). Die Einzelheiten regeln die Abs. 2 und 3 des Art. 10bis PVÜ. **Art. 10bis Abs. 2 PVÜ** definiert (seit 1925) den unlauteren Wettbewerb als „jede Wettbewerbshandlung, die den anständigen Gepflogenheiten (usages honnêtes) in Gewerbe und Handel zuwiderläuft". Abs. 3 der Vorschrift in der Fassung von 1958 fügt noch **drei Regelbeispiele** hinzu. Unlauterer Wettbewerb sind danach insbesondere Handlungen, die geeignet sind, in irgendeiner Weise Verwechslungen mit der Niederlassung, den Erzeugnissen oder der gewerblichen oder kaufmännischen Tätigkeit eines Wettbewerbers hervorzurufen (Abs. 3 Nr. 1), ferner falsche Behauptungen im geschäftlichen Verkehr über Wettbewerber (Abs. 3 Nr. 2) sowie irreführende Angaben oder Behauptungen im Wettbewerb (Abs. 3 Nr. 3).[2]

2. WIPO, TRIPs

Die PVÜ, ein völkerrechtlicher Verband, wurde ursprünglich durch ein Büro des Ver- 3
bandes mit Sitz in Bern verwaltet. 1970 ging die Verwaltung auf die World Intellectual Property Organisation **(WIPO)** mit Sitz in Genf über. Grundlage ist das Übereinkommen zur Errichtung der Weltorganisation für geistiges Eigentum von 1967.[3] Die WIPO hat 1996 sogenannte **Model Provisions on Protection Against Unfair Com-**

---

1 BGBl. 1970 II 391.

2 S. dazu mN insbesondere *Henning-Bodewig,* GRURInt 2012, 997 (1000, 1003f.).

3 BGBl. 1970 II 295.

petition vorgelegt, worunter Beispielsfälle zur weiteren Konkretisierung des Art. 10bis PVÜ zu verstehen sind. Die WIPO versucht auf diese Weise, auf eine Harmonisierung der Wettbewerbsrechte der Mitgliedstaaten hinzuarbeiten, nachdem vorausgegangene weitergehende Versuche zur Angleichung der Wettbewerbsgesetze gescheitert waren.[4]

4 Wegen der nur schwer zu überwindenden Widerstände vieler Länder gegen jede Harmonisierung des Wettbewerbsrechts ist es auch im Rahmen des Abkommens über handelsbezogene Aspekte der Rechte des geistigen Eigentums **(TRIPs)** von 1994 nicht zu einer weiteren Annäherung der Wettbewerbsrechte der Mitgliedstaaten gekommen. Das TRIPs konzentriert sich vielmehr im Wesentlichen auf Patente, Marken- und Urheberrechte und erfasst den unlauteren Wettbewerb nur am Rande durch den in seine Regelung einbezogenen Schutz geographischer Angaben und Geschäftsgeheimnisse.[5]

II. Rechtsvergleichung[6]

1. Österreich

Literatur: *Feil,* Bundesgesetz gegen den unlauteren Wettbewerb, Eisenstadt 1986; *Fritz/Gamerith,* Wettbewerbsrecht, 4. Aufl. 2004; *Koppensteiner,* Österreichisches und europäisches Wettbewerbsrecht, 3. Aufl. 1997; *ders.,* in: Augenhofer, Europäisierung, 2009, S. 85; *Krejci/Kessler/Augenhofer,* Lauterkeitsrecht im Umbruch, 2005; *Rüffler,* Wettbewerbsrecht – UWG, in: Koppensteiner (Hrsg.), Österreichisches und europäisches Wirtschaftsprivatrecht Teil 6/2, 1998; *Wiltschek,* UWG, 7. Aufl. 2003.

5 Von allen ausländischen Rechtsordnungen weist das österreichische Wettbewerbsrecht die engste Verwandtschaft mit dem deutschen Recht auf, da Vorbild des österreichischen **UWG von 1923** das deutsche UWG von 1909 war. Das österreichische Wettbewerbsrecht wurde und wird daher ebenso wie das deutsche von einer **Generalklausel** beherrscht, die zudem ursprünglich wörtlich mit § 1 UWG aF übereinstimmte, ergänzt durch eine Reihe von Einzeltatbeständen. Dieselbe weitgehende Übereinstimmung zwischen beiden Rechtsordnungen bestand lange Zeit bei den **Nebengesetzen.** Die Entwicklung begann in Österreich ebenso wie in Deutschland mit einem Verbot von Zugaben durch das Zugabengesetz vom 3. 8. 1934.[7] 1940 wurde außerdem unser Rabattgesetz in Österreich eingeführt, von dessen Fesseln für den Wettbewerb sich freilich Österreich wesentlich früher als Deutschland wieder zu befreien vermochte. Hinzu trat schließlich noch 1977 das Bundesgesetz zur Verbesserung der Nahversorgung und der Wettbewerbsbedingungen,[8] das sich speziell gegen solche Verhaltensweisen wendet, die bei uns unter dem Stichwort des Missbrauchs der Nachfragemacht erörtert werden.

6 Wegen der weitgehenden Übereinstimmung in der Gesetzgebung in Deutschland und in Österreich, in deren Mittelpunkt in beiden Ländern dieselbe Generalklausel stand

[4] S. im Einzelnen *Glöckner,* in: Baudenbacher/Simon, Neueste Entwicklungen, S. 239 (243 ff.); *Henning-Bodewig,* in: Schricker/Henning-Bodewig, Neuordnung des Wettbewerbsrechts, S. 21 (37 ff.).

[5] S. *Glöckner,* Europäisches Lauterkeitsrecht, 2006, S. 244 ff.; *Henning-Bodewig,* GRURInt 2014, 997 (1000, 1003 f.).

[6] Überblicke bei Ekey/*Klippel ua,* S. 847 ff.; Ohly/Sosnitza/*Ohly,* Einf. B Rn. 31 ff.; *Glöckner,* Europäisches Lauterkeitsrecht, S. 329, 341 ff.; Harte-Bavendamm/Henning-Bodewig/*Henning-Bodewig ua,* Einl. Rn. F 1 ff. (S. 3421 ff.); Köhler/Bornkamm/*Köhler,* Einl. Rn. 4.1 ff. (S. 61 ff.); *Lettl,* Der lauterkeitsrechtliche Schutz, S. 151–299.

[7] BGBl. 1934 II 196.

[8] BGBl. 1977 I 392 mit späteren Änderungen.

(§ 1 UWG aF), verwundert es nicht, dass auch die **Rechtsprechung** in beiden Ländern auf vielen Gebieten zu im Wesentlichen identischen Ergebnissen bei der Auslegung der beiden Gesetze gelangte. Die Rechtsprechung des österreichischen **OGH** konnte und kann daher in großem Umfang zur Auslegung des deutschen Lauterkeitsrechts zusätzlich herangezogen werden.[9]

Die **UGP-Richtlinie** wurde in Österreich durch die UWG-Novelle von 2007, in Kraft getreten am 12.12.2007, umgesetzt. Die Novelle hat weitreichende Änderungen des UWG gebracht.[10] Hervorzuheben sind folgende Punkte: § 1 Abs. 1 UWG übernimmt seitdem die Generalklausel des Art. 5 der UGP-Richtlinie, während die Definitionen des Art. 2 der Richtlinie durch § 1 Abs. 4 UWG übernommen wurden. § 1a UWG wendet sich außerdem erstmals im Anschluss an die Art. 8 und 9 der Richtlinie gegen aggressive Geschäftspraktiken; zugleich wurde § 2 UWG über irreführende Geschäftspraktiken den Art. 6 und 7 der Richtlinie angepasst. Die §§ 1a Abs. 3 und 2 Abs. 2 UWG fügen hinzu, dass die in dem neuen Anhang zu dem UWG angeführten Geschäftspraktiken als aggressiv und irreführend gelten. Dieser Anhang entspricht dem Anhang I zu der UGP-Richtlinie. 7

2. Schweiz

Literatur: *Baudenbacher,* Lauterkeitsrecht, 2001; *ders.,* Das neue schweizerische UWG in der europäischen Rechtsentwicklung, 1988; *ders.* (Hrsg.), Das UWG auf neuer Grundlage, 1989; *ders.,* Suggestivwerbung und Lauterkeitsrecht, 1978; *v. Büren/David,* Schweizerisches Immaterialgüter- und Wettbewerbsrecht Bd. 5/1: Wettbewerbsrecht, 1998; *David,* Schweizerisches Wettbewerbsrecht, 3. Aufl. 1997.

Das geltende schweizerische UWG stammt aus dem Jahre 1986.[11] Es enthält ebenso wie das deutsche und das österreichische UWG in Art. 2 eine Generalklausel, die auf einen Verstoß gegen die Grundsätze von Treu und Glauben abstellt. In den folgenden Art. 3–8 sowie 16–18 findet sich sodann ein langer Katalog derartiger unlauterer Verhaltensweisen, der zeigt, dass sich die Ergebnisse der schweizerischen Rechtsprechung insgesamt weitgehend mit denen der deutschen und der österreichischen decken. Die wichtigsten Beispiele sind irreführende Angaben in der Werbung, täuschende Zugaben, aggressive Vertriebsmethoden, ungenaue Preisangaben, die Verleitung zum Vertragsbruch, Bestechungsversuche, die Verleitung von Arbeitnehmern zum Verrat von Geschäftsgeheimnissen, die Verwertung fremder Arbeitsergebnisse, die rechtswidrige Ausnutzung fremder Fabrikations- oder Geschäftsgeheimnisse sowie der Verstoß gegen gesetzlich bindende Arbeitsbedingungen. 8

3. Frankreich

Literatur: *Baumann,* GRURInt 1975, 367; *ders./Uhlig,* GRURInt 1978, 398; *Ebenroth/Strittmater,* Französisches Wettbewerbsrecht und Kartellrecht im Markt der Europäischen Union, 1995; *Langer,* WRP 1991, 11; *Szönyi,* GRURInt 1996, 83; *Ulmer/Kraßer,* Das Recht des unlauteren Wettbewerbs in den Mitgliedstaaten der EWG, Bd. 4: Frankreich, 1967; *Schwent,* Der Leistungswettbewerb als ein geschütztes Rechtsgut des deutschen und des französischen Wettbewerbsrechts, 1991; *Vogel,* Französisches Wettbewerbs- und Kartellrecht, 2015.

---

[9] Überblick zuletzt zB bei *Wiltschek/Majchrzak,* WRP 2011, 994; 2012, 893; 2013, 1004; 2014, 926; 2015, 957, 1068.

[10] S. zB *Koppensteiner,* in: Augenhofer, Europäisierung, 2009, S. 85.

[11] Gesetz v. 19.12.1986, BGBl. 1987 I 27 = GRUR 1987, 159.

9 Frankreich, das Mutterland des Lauterkeitsrechts,[12] folgt, wie bereits betont (→ § 1 Rn. 26), bei der Umsetzung der UGP-Richtlinie dem dualen Modell, wobei es für das Verhältnis von Industrie und Handel **(B2B)** nur wenige Sonderregelungen gibt. Hervorzuheben ist die Regelung der missbräuchlichen Ausnutzung von Nachfragemacht seit 2001 in den Art. L 410–1 bis L 470–8 des Code de commerce. Eine ergänzende Regelung hat außerdem die vergleichende Werbung in einem Gesetz von 1992 gefunden.[13] Soweit diese Sonderregelungen nicht eingreifen, stützt sich die Rechtsprechung nach wie vor auf die beiden deliktsrechtlichen **Generalklauseln** der Art. 1382 und 1383 des Code civil, sodass die ganze Materie bis heute stark richterrechtlich geprägt ist.[14] Die wichtigsten Tatbestände sind die Irreführung, die sogenannte Störung der Ordnung eines Unternehmens oder des Marktes, zB durch die Abwerbung von Arbeitnehmern oder durch Betriebsspionage, ferner die Verunglimpfung von Konkurrenten sowie der sogenannte wirtschaftliche Parasitismus, insbesondere durch die Nachahmung fremder Produkte.[15]

10 Ganz anders verhält es sich dagegen mit dem Verhältnis der Unternehmen zu den Verbrauchern **(B2C).** Maßgebend ist hier in erster Linie der umfangreiche Code de la consommation von 1993,[16] der bestimmte Handelspraktiken aufzählt, die immer als wettbewerbswidrig gelten. In diesem Rahmen erfolgte auch die Umsetzung der UGP-Richtlinie.

4. Italien

Literatur: *Bastian,* Werberecht in Italien, 1996; *dies.,* in: Schricker/Henning-Bodewig, Neuordnung, 1999, S. 199; *Cataldo,* GRURInt 2007, 185; *Kindler,* Italienisches Handels- und Wirtschaftsrecht, 2002, Tz. 181ff. (S. 123ff.); *Schaltenberg,* Die Bekämpfung irreführender und unlauterer Werbung in Italien, 1988; *Schultz,* WRP 1991, 556; *Ulmer/Schricker,* Das Recht des unlauteren Wettbewerbs in den Mitgliedstaaten der EWG, Bd. V: Italien, 1965.

11 Die Rechtslage in Italien stimmte ursprünglich im Ausgangspunkt mit der in Frankreich überein, weil man hier zur Bekämpfung des unlauteren Wettbewerbs zunächst ebenfalls auf die deliktsrechtlichen Generalklauseln zurückgriff. Jedoch wurden diese Vorschriften bei ihrer Anwendung auf Maßnahmen des unlauteren Wettbewerbs von Anfang an deutlich enger als in Frankreich interpretiert, sodass die ganze Materie in Italien traditionell eine viel geringere Bedeutung als in Frankreich oder auch in Deutschland erlangt hat. Dazu mag auch beitragen, dass die freiwillige Selbstkontrolle namentlich der Werbung in Italien eine erhebliche Rolle spielt.

12 Bei der Umsetzung der UGP-Richtlinie folgte Italien ebenso wie Frankreich (→ Rn. 9) dem dualen Modell. Der Anwendungsbereich der wettbewerbsrechtlichen Vorschriften des **Codice civile** von 1942 wurde dementsprechend auf das Verhältnis zwischen Unternehmen beschränkt **(B2B).** Ergänzend gelten verschiedene Einzelregelungen, die freilich zum Teil auch Bedeutung für das Verhältnis zu Verbrauchern haben **(B2C).** Im Mittelpunkt steht hier dagegen der Codice del Consumo von 2007, in dessen Rahmen mittlerweile auch die Richtlinie umgesetzt wurde. Die Durchsetzung die-

[12] Der deutsche Begriff unlauterer Wettbewerb ist eine Übersetzung des französischen Begriffs der „concurrence déloyale"; → § 1 Rn. 5.

[13] GRURInt 1992, 688.

[14] S. im Einzelnen *Vogel,* Französisches Wettbewerbs- und Kartellrecht, 2015, S. 38ff.

[15] *Vogel,* Französisches Wettbewerbs- und Kartellrecht, 2015, S. 51ff.

[16] JO 1993p. 10538.

ses Gesetzes ist in erster Linie Aufgabe der staatlichen Wettbewerbsaufsicht, der Autoritá Garante della Concorrenza e del Mercato.

5. Belgien

Literatur: *Van den Burgh,* GRURInt 1991, 192; 1992, 803; *Bodewig,* GRUR 1979, 461; *Francq,* FS Schricker, 2005, S. 681; *Henning-Bodewig,* GRURInt 1994, 455; *ders.,* GRUR 2013, 1266; *Stuyck,* GRURInt 1976, 520; *Ulmer/Schricker,* Das Recht des unlauteren Wettbewerbs in den Mitgliedstaaten der EWG, Bd. II/1: Belgien, 1967; *Wohlgemuth,* WRP 1992, 457.

Rechtsgrundlage des Schutzes des lauteren Wettbewerbs waren in **Belgien** ebenso wie 13
in Frankreich ursprünglich die deliktsrechtlichen Generalklauseln des Code civil. An ihre Stelle war aber schon 1934 durch die Königliche Verordnung Nr. 55 zum Schutze der Produzenten ein spezielles Wettbewerbsgesetz getreten. Maßgebend ist heute nach verschiedenen weiteren Vorläufern das umfangreiche **Gesetz über Handelspraktiken und den Verbraucherschutz von 2010,** mit dem auch die UGP-Richtlinie umgesetzt wurde

Das Gesetz von 2010 enthält *zwei* Generalklauseln nebeneinander, deren unterschied- 14
liche Fassung die Problematik der Umsetzung der Richtlinie in einem integrativen Modell verdeutlicht (→ § 1 Rn. 26). Die Verbrauchergeneralklausel findet sich in Art. 84 des neuen Gesetzes und entspricht im Wesentlichen dem Art. 5 der Richtlinie, während die Generalklausel für den B2B-Bereich, die sog Unternehmer- oder Mittbewerbergeneralklausel, in Art. 95 des Gesetzes weiterhin auf die anständigen Handelspraktiken („usages honnêtes du marché") als Maßstab abstellt. Ergänzende Regelungen zum Verbraucherschutz finden sich – ebenso wie zB in Deutschland – insbesondere noch im Code civil.

6. Niederlande

Literatur: *Henning-Bodewig,* GRURInt1993, 126; *Mehring,* WRP 1990, 477; *Ulmer/Baeumer,* Das Recht des unlauteren Wettbewerbs in den Mitgliedstaaten der EWG, Bd. II/2: Niederlande, 1967.

Die Niederlande kennen bisher keine umfassende Gesetzgebung gegen den unlauteren 15
Wettbewerb. Es existieren lediglich einige spezielle Bestimmungen im Strafrecht und im Gewerberecht.[17] Im Übrigen aber greift die Praxis auf die Generalklausel des Art. 6:162 des Bürgerlichen Gesetzbuches (BW) zurück, die durch einige spezielle Bestimmungen gegen irreführende Reklame in den Art. 6:194–6:196 BW ergänzt wird. In diesem Rahmen wurde 2008 auch die UGP-Richtlinie durch Einfügung der neuen Art. 6:193a–6:193j in das BW umgesetzt. Daneben kommt nach wie vor der freiwilligen Selbstkontrolle durch die Wirtschaft, organisiert in einem regelrechten Instanzenzug, eine erhebliche Bedeutung zu, während die staatlichen Gerichte nur selten in wettbewerbsrechtlichen Streitigkeiten angerufen werden.

7. Spanien

Literatur: *Berg,* Das neue spanische UWG von 1991, 1997; *Devesa,* GRURInt 1990, 208; *Fröhlingsdorf,* RIW 1991, 987; *Leible,* ZVglRWiss 1991 (1992), 96; *Lema-Lastres,* GRURInt 1992, 183; *Nordemann,* FS Frhr. v. Gamm, 1990, S. 109; *Wirth,* Das neue Recht des unlauteren Wettbewerbs in Spanien, 1996.

[17] Übersicht bei Ekey/*Noordenbos/Abeln,* Anh. III, S. 909 Rn. 3 ff.; Harte-Bavendamm/Henning-Bodewig/*Henning-Bodewig,* Einl. Rn. F 424 ff.

16 In Spanien ist die gesamte Materie 1991 in dem Gesetz über den unlauteren Wettbewerb umfassend in bemerkenswert liberaler Weise geregelt worden.[18] Vorbild des neuen Gesetzes war das schweizerische UWG. Die Generalklausel findet sich in Art. 5 des Gesetzes, an den sich zahlreiche Einzeltatbestände in den Art. 6–17 anschließen. Neben dem Gesetz von 1991 gibt es ein besonderes Werbegesetz von 1988 zur Umsetzung der Richtlinie über irreführende Werbung. Der Verbraucherschutz hat dagegen seine Regelung in Spanien ebenso wie in Frankreich (→ Rn. 9f.) getrennt vom Wettbewerbsschutz in dem Verbraucherschutzgesetz von 1984 gefunden. In diesem Gesetz wurden auch Teile der UGP-Richtlinie umgesetzt. Das Verhältnis zwischen den genannten Gesetzen zur Regelung des Wettbewerbs ist nur schwer durchschaubar.

8. Vereinigtes Königreich

Literatur: *Bodewig,* GRURInt 2004, 543; *Boyle,* WRP 1990, 159; *Ebenroth/Durach,* Das Wettbewerbsrecht und Kartellrecht Großbritanniens im Markt der EU, 1995; *Hartlage,* Vergleichende Werbung in England und Deutschland, 1997; *Kampermann/Sanders,* Unfair Competition Law, 1997; *Ohly,* Richterrecht und Generalklausel im Recht des unlauteren Wettbewerbs, 1997, S. 19ff.; *ders.,* GRURInt 1993, 730; *ders./Spencer,* GRURInt 1999, 681; *Ulmer/v. Westerholt,* Das Recht des unlauteren Wettbewerbs in den Mitgliedstaaten der EWG, Bd. 6: Vereinigtes Königreich von Großbritannien und Nordirland, 1981; *v. Westerholt,* Die Passing-off-Klage im englischen Recht, 1977.

17 In Großbritannien hat der Verbraucherschutz (B2C; → Rn. 18) eine völlig andere Entwicklung als der **Konkurrentenschutz** genommen. In dem zuletzt genannten Bereich **(B2B)** haben es die englischen Gerichte bisher durchweg abgelehnt, auf der Basis des allgemeinen Deliktsrechts eine wettbewerbsrechtliche Generalklausel zu entwickeln, da dies in ihren Augen die Befugnisse der Gerichte überschritte.[19] Da auch Art. 10bis der Pariser Verbandsübereinkunft, obwohl für Großbritannien bindend, bislang nicht in nationales Recht umgesetzt wurde, hat das englische Recht bis heute *nur verschiedene Einzeltatbestände* entwickelt, die sich ursprünglich nahezu ausschließlich gegen täuschende Angaben wandten, durch die eine Verwechslungsgefahr heraufbeschworen wurde (sog *passing-off*). Erst im Laufe der Zeit ist sodann, zT durch Spezialgesetze, zT durch die Rechtsprechung, eine Reihe weiterer Tatbestände hinzugekommen, die wie zB die Anschwärzung von Mitbewerbern nach kontinentaleuropäischem Verständnis zum Lauterkeitsrecht gehören. Weitere Materien sind lediglich straf- oder verwaltungsrechtlich geregelt, wobei zu beachten ist, dass diese Vorschriften (anders als im deutschen Recht) *keine* zivilrechtliche Klagemöglichkeit gewähren. Zu dem Bild gehört schließlich noch die große Rolle, die nach wie vor die kaufmännische Selbstkontrolle durch Standesorganisationen spielt.[20]

18 Während somit der Konkurrentenschutz über das Wettbewerbsrecht bislang nur schwach ausgeprägt ist, hat der davon getrennt gesehene **Verbraucherschutz (B2C)** im Vereinigten Königreich eine umso größere Bedeutung. Es gibt dazu eine Vielzahl ausgesprochen umfangreicher Gesetze, die sich gegen die unterschiedlichsten Formen irreführender Werbung wenden. Zur Umsetzung der verschiedenen Richtlinien der EU wurden diese Gesetze in den Jahren 2008 und 2009 durch zwei Gesetze zur Kontrolle irreführender Werbung und zum Schutze der Verbraucher gegen unfaire Han-

[18] Gesetz Nr. 3/91 v. 10.1.1991, GRURInt 1991, 551.

[19] S. *Ohly,* Richterrecht, S. 19ff.; *ders.,* GRURInt 1993, 730 (733).

[20] S. zum Ganzen *Ohly,* Richterrecht, S. 46ff.; *ders.,* GRURInt 1993, 730 (735ff.); Harte-Bavendamm/Henning-Bodewig/*Bodewig,* Einl. Rn. F 229ff.

delspraktiken ergänzt. Mit dem zuletzt genannten Gesetz wurde auch die UGP-Richtlinie weitgehend wörtlich umgesetzt. Zugleich wurden Teile der vorausgegangenen Verbraucherschutzgesetze in die Regelung miteinbezogen, sodass die Materie inzwischen eine gewisse Konsolidierung erfahren hat.

§ 3. Zweck, Grundbegriffe

Literatur: *Beater,* Verbraucherschutz- und Schutzzweckdenken im Wettbewerbsrecht, 2000; *Böhm,* Wettbewerb und Monopolkampf, 1932; *Glöckner,* Europäisches Lauterkeitsrecht, 2006; *Isay,* Das Rechtsgut des Wettbewerbsrechts, 1933; *Kirchberger,* Unlauterer, sittenwidriger und unerlaubter Wettbewerb, 1931; *Kummer,* Anwendungsbereich und Schutzgut der privatrechtlichen Rechtssätze gegen unlauteren und gegen freiheitsbeschränkenden Wettbewerb, Bern 1960; *Leistner,* Richtiger Vertrag und lauterer Wettbewerb, 2007; *Lettl,* Der lauterkeitsrechtliche Schutz vor irreführender Werbung in Europa, 2004; *ders.,* Das neue UWG, 2004; *Lobe,* Der unlautere Wettbewerb, Bd. I, 2007; *Lux,* Der Tatbestand der allgemeinen Marktbehinderung, 2006; *Merz,* Vorfeldthese, 1988; *Rüffler,* Verbraucherschutz durch Lauterkeitsrecht, in: Aicher/Holoubeck, Der Schutz von Verbraucherinteressen, 2000, S. 193; *Sambuc,* Folgenerwägungen im Richterrecht, 1977; *Schrauder,* Wettbewerbsverstöße als Eingriffe in das Recht am Gewerbebetrieb, 1970; *Schill,* Der Einfluß der Wettbewerbsideologie des Nationalsozialismus auf den Schutzzweck des UWG, 2004; *Ulmer,* Sinnzusammenhänge im modernen Wettbewerbsrecht, 1932.

I. Überblick

1 **Zweck** des UWG ist nach § 1 S. 1 der Schutz der Mitbewerber, der Verbraucher sowie der sonstigen Marktteilnehmer vor unlauteren geschäftlichen Handlungen. S. 2 der Vorschrift fügt hinzu, dass das Gesetz zugleich das Interesse der Allgemeinheit an einem unverfälschten Wettbewerb schützt.

2 Vergleichbare Vorschriften waren den beiden **Vorgängern** des heutigen UWG, dem UWG von 1896 und dem von 1909 noch fremd gewesen. Ihren Zweck konnte man nur mittelbar aus dem Namen der beiden Gesetze erschließen („Gesetz *gegen* den unlauteren Wettbewerb"), durch den klargestellt wurde, dass Zweck beider Gesetze letztlich (nicht anders als heute) der umfassende **Schutz des lauteren Wettbewerbs** war, und zwar, wie sich aus der Entstehungsgeschichte der beiden Gesetze ergibt, *gleichermaßen* im Interesse der *Konkurrenten* wie im Interesse der *Verbraucher.* Entgegen vielfältigen Behauptungen war weder das UWG von 1896 noch das von 1909 jemals als reiner deliktischer Konkurrentenschutz konzipiert; vielmehr stand daneben von Anfang an gleichberechtigt der Verbraucherschutz als Gesetzeszweck. In der öffentlichen Diskussion über die beiden Gesetze verdrängte der Gedanke des Verbraucherschutzes sogar häufig den des Konkurrentenschutzes (→ § 1 Rn. 8, 10ff.).

3 § 2 Abs. 1 UWG fügt die **Definition** verschiedener Grundbegriffe des Gesetzes hinzu. Die Liste umfasste ursprünglich nur die Begriffe „Wettbewerbshandlung" (Nr. 1), „Marktteilnehmer" (Nr. 2), „Mitbewerber" (Nr. 3) sowie „Nachricht" (Nr. 4). Für die Definition des Begriffs des Verbrauchers und des Unternehmers verwies das Gesetz in § 2 Abs. 2 von 2004 ferner auf die §§ 13 und 14 BGB. Im Jahre 2008 wurden zwecks Anpassung an die UGP-Richtlinie in § 2 Abs. 1 UWG die Nr. 1 („geschäftliche Handlung") geändert und die Liste der Definitionen um die Begriffe „Verhaltenskodex" (Nr. 5), „Unternehmer" (Nr. 6) und „fachliche Sorgfalt" (Nr. 7) ergänzt. Durch das 2. Änderungsgesetz von 2015 wurde schließlich der Katalog der Definitionen erneut, diesmal um eine Definitionen der Begriffe der „wesentlichen Beeinflussung des wirtschaftlichen Verhaltens der Verbraucher" (Nr. 8) sowie der geschäftlichen Entscheidung (Nr. 9) erweitert. Außerdem wurde der Begriff der „fachlichen Sorgfalt" in der Nr. 7 des § 2 durch den nach Meinung der Gesetzesverfasser passenderen Begriff der „unternehmerischen Sorgfalt" ersetzt.

Der wichtigste der genannten Grundbegriffe ist der der „geschäftlichen Handlung" (§ 2 Abs. 1 Nr. 1 UWG idF von 2008), weil mit der Definition der geschäftlichen Handlung zugleich über den Anwendungsbereich des Gesetzes entschieden wird. Deshalb soll dazu erst weiter unten Stellung genommen werden (→ § 4 Rn. 4 ff., 18 f.). Die Bedeutung des Begriffs der „unternehmerischen Sorgfalt" (§ 2 Abs. 1 Nr. 7 UWG) liegt außerdem im Wesentlichen bei der Definition der Unlauterkeit durch § 3 UWG und soll deshalb dort erörtert werden (→ § 5 Rn. 29 ff.). Im vorliegenden Zusammenhang ist daher nur auf die anderen genannten Grundbegriffe einzugehen, soweit für das Verständnis des Gesetzes insgesamt erforderlich (→ Rn. 12 ff.). 4

II. Die Schutzgutdiskussion unter dem alten Recht

In der Schutzgutdiskussion, die die ersten Jahrzehnte des zwanzigsten Jahrhunderts beherrschte, ging es, genau besehen, um zwei Fragen, nämlich einmal um die Frage nach den Schutzsubjekten und zum anderen um die davon zu trennende Frage nach den Schutzobjekten des Wettbewerbsrechts, dh die Frage nach den jeweils geschützten Rechtsgütern der verschiedenen Schutzsubjekte. Vorrangig war die Frage nach den **Schutzsubjekten.** Insoweit stand die Frage im Vordergrund, ob sich insbesondere das UWG von 1896 in einem deliktsrechtlichen Konkurrentenschutz erschöpfte oder ob mit ihm zusätzlich ein Schutz der Verbraucher und der Allgemeinheit bezweckt wurde. Je nachdem, wie man diese Frage beantwortete, musste auch die Antwort auf die Frage nach den jeweils geschützten Rechtsgütern unterschiedlich ausfallen. 5

Rückte man den deliktsrechtlichen Konkurrentenschutz in den Vordergrund, so spitzte sich die Frage nach dem Schutzobjekt auf die Frage zu, **welches Rechtsgut der Mitbewerber,** und zwar insbesondere durch das UWG von 1896, geschützt werden sollte (s. schon → § 1 Rn. 10 ff.). Vor allem zwei Auffassungen standen sich in dieser früher als fundamental angesehenen Frage gegenüber. Durchaus herrschend war die auch heute noch gelegentlich vertretene Auffassung, geschütztes Rechtsgut, dh Schutzobjekt des UWG, sei in erster Linie das **Persönlichkeitsrecht** der durch unlautere Handlungen anderer Unternehmen geschädigten Mitbewerber.[1] Die zweite Hauptrichtung in der Literatur sah dagegen in dem **Unternehmen** der durch unlautere Handlungen betroffenen Gewerbetreibenden das durch das UWG letztlich geschützte Rechtsgut.[2] 6

Bereits durch die Einführung der Generalklausel im Jahre 1909 war diese Diskussion im Grunde gegenstandslos geworden, weil nämlich der umfassende Schutz der Konkurrenten gegen unlauteren Wettbewerb – unter der Geltung der Generalklausel – fortan nicht mehr von der Anwendbarkeit des § 823 Abs. 1 BGB (der allein absolute Rechte schützt) abhängig war (→ § 1 Rn. 11 f.). Folgerichtig trat an die Stelle der engen Schutzgutdiskussion in den vorausgegangenen Jahren in zunehmendem Maße die umfassendere Frage nach dem **Zweck** des Gesetzes.[3] Weitgehend durchgesetzt hatte sich zuletzt ein sogenanntes **sozialrechtliches Verständnis** des Gesetzes, das die verschiedenen *geschützten Interessen* der Schutzsubjekte in den Vordergrund rückte, ohne 7

[1] *Kohler,* S. 18 ff.; *Kirchberger,* S. 56, 60, 77 ff.; *Kummer,* Anwendungsbereich, S. 77 ff.; *Lobe* Bd. I, S. 174 ff., 183 ff.; *Nerreter* Grundlagen, S. 86, 94 ff.; zustimmend einmal RGZ 135, 385 (395).

[2] *Baumbach* Kommentar, S. 125 ff.; *Callmann,* Der unlautere Wettbewerb, 2. Aufl. (1932), S. 31 ff.; offenbar auch *Ulmer,* Sinnzusammenhänge, S. 7 f.

[3] Grdl. *E. Ulmer,* GRUR 1937, 769 (772 f.).

zu verlangen, dass sich diese geradezu zu subjektiven Rechten verdichtet haben mussten.[4]

8 Seitdem wurde es üblich, als Zweck des UWG einen *umfassenden Interessen-* oder *Institutionenschutz* zu bezeichnen. Damit sollte zum Ausdruck gebracht werden, dass es die vorrangige Aufgabe des UWG sei, durch die Aufstellung von Verhaltensnormen gleichermaßen im Interesse der Mitbewerber wie der übrigen Marktbeteiligten *und* der Allgemeinheit – im Zusammenwirken mit dem GWB – die Funktionsfähigkeit unserer Wettbewerbsordnung sicherzustellen (sog **Schutzzwecktrias**).[5]

III. Heutiger Zweck

9 Angesichts der geschilderten Entwicklung (→ Rn. 5ff.) verwundert es nicht, dass sich auch die Verfasser des UWG von 2004 ausdrücklich die Vorstellung von der **„Schutzzwecktrias"** zueigen gemacht haben.[6] § 1 S. 1 und 2 UWG bestimmt deshalb, dass das Gesetz dem Schutze der Mitbewerber, der Verbraucher und der sonstigen Marktteilnehmer vor unlauteren geschäftlichen Handlungen dient *und* zugleich das Interesse der Allgemeinheit an einem unverfälschten Wettbewerb schützt. Die Gesetzesverfasser haben hinzugefügt, der Schutz „sonstiger allgemeiner Interessen" sei dagegen *nicht* Aufgabe des Wettbewerbsrechts.[7]

10 Dies zu betonen, ist deshalb so wichtig, weil früher die Rechtsprechung angesichts der Unfassbarkeit beliebiger, sonstiger Allgemeininteressen immer wieder der Gefahr erlegen war, bloße **Gruppeninteressen,** sofern sie sich nur lautstark genug zu artikulieren verstanden, mit den Interessen der Allgemeinheit gleichzusetzen – mit der fatalen Folge, dass dann die genannten Gruppeninteressen (als angebliche Allgemeininteressen) über das UWG und damit im Ergebnis *gegen* den Wettbewerb geschützt wurden.[8] Dafür ist heute kein Raum mehr. Das einzige legitime **Allgemeininteresse,** das mit dem UWG verfolgt werden darf, ist vielmehr nach § 1 S. 2 UWG das Interesse der Allgemeinheit an einem unverfälschten, dh freien und lauteren Wettbewerb. Sämtliche aufgrund des UWG entwickelten Verhaltensnormen müssen sich diesem Zweck unterordnen; keine darf dagegen verstoßen.[9]

11 Ob der so verstandene Zweck des UWG mit dem der **UGP-Richtlinie** von 2005 in jeder Hinsicht vereinbar ist, ist offen. **Zweck** der Richtlinie ist es nach ihrem Art. 1 (nur), durch die Angleichung der Rechts- und Verwaltungsvorschriften der Mitglied-

[4] S. dazu insb. RGZ 79, 321 (325); 120, 47 (49); BGHZ 43, 278 (282f.) = NJW 1965, 1325 = JuS 1965, 457 Nr. 5; BGHZ 51, 236 (242) = NJW 1969, 744 = JuS 1969, 389 Nr. 7; BGHZ 54, 188 (190f.) = NJW 1970, 1738; BGHZ 56, 18 (19) = NJW 1971, 1216; *Beater,* FS Erdmann, 2002, S. 513 (527ff.); *Hefermehl,* FS R. Fischer, 1979, S. 197 (200ff.).

[5] BVerfGE 32, 311 (316) = NJW 1972, 573; BVerfGE 51, 193 (214f.) = NJW 1980, 383 (385); BVerfGE 102, 347 = NJW 2001, 591 – Benetton; *BVerfG* NJW 2001, 3403 (3404); BGHZ 35, 329 (333) = NJW 1962, 37; *OGH* SZ Bd. 71 (1998 I) Nr. 36 S. 207 (210) = ÖBl. 1998, 193; *Beater,* Verbraucherschutz und Schutzzweckdenken im Wettbewerbsrecht, 2000; *ders.,* JZ 1997, 916; *Hefermehl,* (1.) FS Nipperdey, 1955, S. 283 (285ff.); *L. Raiser,* in: Summum ius summa inuria, 1963, S. 145ff.

[6] S. die Begr. von 2003, BT-Drs. 15/1487, S. 12f. (r. Sp. u.), 13 (r. Sp., 1. Abs.), 15 (r. Sp., vorletzter Abs.).

[7] Begr., BT-Drs. 15/1487, S. 15f.

[8] S. *Emmerich,* in: Giger/Linder, Sozialismus – Ende einer Illusion, 1988, S. 625; *ders.,* FS Gernhuber, 1993, S. 857; *Sosnitza,* Wettbewerbsbeschränkungen durch die Rechtsprechung, 1995.

[9] Zutreffend *Podszun,* WRP 2009, 509; *Scherer,* WRP 2006, 401; *Wuttke,* WRP 2007, 119 (120ff.).

staaten über unlautere Geschäftspraktiken, die die wirtschaftlichen Interessen der Verbraucher beeinträchtigen, zu einem reibungslosen Funktionieren des Binnenmarkts und zum Erreichen eines hohen Verbraucherschutzniveaus beizutragen. Im Mittelpunkt der Richtlinie stehen mithin der umfassende Verbraucherschutz sowie die Gewährleistung des reibungslosen Funktionierens des Binnenmarkts, und zwar gerade durch den Schutz des lauteren Wettbewerbs. Die Bundesregierung hatte daraus 2008 den Schluss gezogen, dass der Schutzzweck der Richtlinie von der weiteren Schutzzweckbestimmung des § 1 UWG bereits mitumfasst werde, und deshalb seinerzeit auf eine Anpassung des § 1 UWG an Art. 1 der Richtlinie verzichtet.[10] Das kann man so sehen; aber ebenso richtig ist auch, dass durch die Beschränkung des Anwendungsbereichs der Richtlinie auf den B2C-Bereich, ferner durch die starke Betonung des Verbraucherschutzes als des vorrangigen Zwecks der Richtlinie und infolge der überragenden Bedeutung der Auslegung der Richtlinie für die des UWG insgesamt die Gewichte immer mehr auch bei dem UWG in Richtung des Verbraucherschutzes als der *primären* Schutzrichtung verschoben werden dürften.

IV. Grundbegriffe

1. Verbraucher[11]

Das UWG beschränkt seinen Schutzbereich an mehreren Stellen auf „Verbraucher" (s. **12**
insbesondere §§ 1, 2 Nr. 8 sowie § 7 Abs. 2 Nr. 2 UWG). Für die Definition des Verbraucherbegriffs verweist das Gesetz zugleich in § 2 Abs. 2 UWG auf § 13 BGB. Verbraucher ist danach jede natürliche Person, die ein Rechtsgeschäft zu Zwecken abschließt, die *überwiegend* weder ihrer gewerblichen noch ihrer selbständigen beruflichen Tätigkeit zugerechnet werden können. Diese Definition des Verbraucherbegriffs deckt sich nicht völlig mit der der UGP-Richtlinie in Art. 2 lit. a, nach der als Verbraucher jede natürliche Person gilt, die im Geschäftsverkehr zu Zwecken handelt, die nicht ihrer gewerblichen, handwerklichen oder beruflichen Tätigkeit zugerechnet werden können. Darunter fallen nach der Rechtsprechung des EuGH sämtliche nicht gewerblich oder beruflich Tätigen.[12] Auf eine Anpassung des deutschen Verbraucherbegriffs an den der Richtlinien wurde 2008 gleichwohl verzichtet, weil der deutsche Begriff (§ 13 BGB) *umfassender* als der der Richtlinie sei und deshalb beibehalten werden könne.[13]

Bei **natürlichen Personen** ist im Zweifel von der Verfolgung privater, nicht geschäft- **13**
licher Zwecke auszugehen, sodass sie grundsätzlich als **Verbraucher** und nicht als Unternehmer tätig werden.[14] Durch die Einfügung des Wortes „überwiegend" in § 13 BGB im Jahre 2014 ist außerdem klargestellt worden, dass es im Falle der gleichzeitigen Verfolgung privater und beruflicher Zwecke durch eine Person darauf ankommt, welcher Zweck überwiegt.

---

[10] Begr. zum RegE, BT-Drs. 16/10145, S. 11 (r. Sp.).

[11] S. dazu insb. *Bülow,* WM 2014, 1; *Hoffmann,* WM 2006, 560; *K. Schmidt,* JuS 2006, 1.

[12] *EuGH* Slg. 1993, I-139 Tz. 22 = NJW 1993, 1251; *EuGH* NJW 2014, 288 Tz. 33 = GRUR 2013, 1159 – BKK II.

[13] Begr. von 2008, BT-Drs. 16/10145, S. 11.

[14] *BGH* NJW 2009, 3780 Tz. 10ff.; NJW 2013, 2107 Tz. 18.

2. Unternehmer

14 Den Gegensatz zu den Verbrauchern (→ Rn. 12f.) bilden die Unternehmer (§ 2 Nr. 6 UWG), die ihrerseits in zwei Gruppen zerfallen, nämlich einmal die Mitbewerber im Sinne des § 2 Nr. 3 UWG (→ Rn. 18ff.) sowie die sonstigen gewerblichen Marktteilnehmer nach § 2 Nr. 2 (→ Rn. 22). Unternehmer ist nach § 2 Nr. 6 UWG von 2008 jede natürliche oder juristische Person, die geschäftliche Handlungen im Rahmen ihrer gewerblichen, handwerklichen oder beruflichen Tätigkeit vornimmt, *und* jede Person, die im Namen oder Auftrag einer solchen Person handelt. Diese Definition des Unternehmerbegriffs deckt sich im Wesentlichen mit Art. 2 lit. b der Richtlinie, wonach als Gewerbetreibender jede natürliche oder juristische Person gilt, die im Geschäftsverkehr im Rahmen ihrer gewerblichen, handwerklichen oder beruflichen Tätigkeit handelt, sowie außerdem noch jede Person, die *im Namen oder Auftrag* des Gewerbetreibenden handelt. Statt von „Gewerbetreibenden" spricht die Richtlinie häufig auch von „Unternehmen". Beide Begriffe werden mit anderen Worten in der Richtlinie synonym verwandt.

15 Der Unternehmensbegriff wird im Wettbewerbs- und Kartellrecht in der Regel betont weit ausgelegt, um den verschiedenen Wettbewerbsgesetzen einen möglichst umfassenden Anwendungsbereich zu sichern. In einer ersten Annäherung fällt daher unter den Unternehmensbegriff **jede selbständige wirtschaftliche Tätigkeit** in der Erzeugung oder dem Vertrieb von Waren oder in der Erbringung von Dienstleistungen. Auf das Vorliegen eines in kaufmännischer Weise eingerichteten Geschäftsbetriebs kommt es ebenso wenig an wie auf das Vorliegen oder Fehlen der Gewinnerzielungsabsicht.[15] Davon geht im Prinzip auch der BGH aus.[16] Wer sich am wirtschaftlichen Verkehr beteiligt, muss eben das UWG ebenso wie das GWB oder die Steuergesetze beachten.[17] Daraus folgt zugleich, dass bei allen Kaufleuten analog den §§ 343 und 344 HGB der nötige Zusammenhang ihrer geschäftlichen Handlungen mit ihrer gewerblichen Tätigkeit **vermutet** wird.[18] Für die Annahme eines Unternehmers genügen dabei bereits vorbereitende Tätigkeiten wie zB die Anmietung eines Geschäftslokals; denn auch dies ist kein privater Verbrauch mehr.[19] Weitere **Beispiele** sind eine umfangreiche Verkaufstätigkeit über eBay[20] sowie die professionelle Einwerbung von Spenden.[21]

16 Gleichstehen nach § 2 Abs. 1 Nr. 6 UWG im Anschluss an Art. 2 lit. b der Richtlinie außerdem Personen, die **im Namen oder im Auftrag eines Unternehmers** handeln. Auch sie treffen damit jetzt die Pflichten von Unternehmern auf Grund des UWG, dessen Anwendungsbereich dadurch – im Interesse eines umfassenden Verbraucherschutzes – deutlich ausgeweitet wurde. Die Einzelheiten sind umstritten, da § 2 Abs. 1 Nr. 6 UWG schwerlich die Bedeutung haben kann, den Anwendungsbereich

[15] S. Kartellrecht, § 3 Rn. 24ff., § 20 Rn. 4ff.

[16] *BGH* GRUR 2012, 288 Tz. 11, 14ff. = WRP 2012, 309 – BKK I.

[17] BGHZ 162, 253 (256f.) = NZM 2005, 342; BGHZ 167, 40 (44f. Tz. 14–16) = NJW 2006, 2250 = JuS 2006, 930; *OLG Frankfurt a. M.* NJW 2005, 1438 = GRUR-RR 2005, 319; *Köhler,* WRP 2009, 499 (502).

[18] *BGH* ZIP 2011, 1571 Tz. 19.

[19] BGHZ 162, 253 (256f.) = NZM 2005, 342.

[20] *OLG Frankfurt a. M.* GRUR 2004, 1042; *Fischer,* WRP 2008, 193 mwN.

[21] *Köhler,* GRUR 2008, 281 (283).

des UWG auf sämtliche Mitarbeiter eines Unternehmens einschließlich insbesondere der *Arbeitnehmer* auszudehnen.[22] Der EuGH beschränkt deshalb den Anwendungsbereich des Gesetzes insoweit auf andere *Unternehmen,* die gerade im Namen oder Auftrag eines Unternehmens (und deshalb zur Förderung des Absatzes dieses anderen Unternehmens) tätig werden, während es nicht genügen soll, dass ihnen das andere Unternehmen lediglich ein Entgelt für ihre (fremdnützige) Tätigkeit zahlt.[23]

Es gibt darüber hinaus auch Fälle, in denen die Unternehmensqualität einer juristi- 17
schen Person im Anwendungsbereich des UWG möglicherweise anders als im Kartellrecht zu beurteilen ist. Ein in letzter Zeit viel diskutiertes Beispiel sind die **gesetzlichen Krankenkassen,** durchweg Körperschaften des öffentlichen Rechts (§ 4 SGB V).[24] Obwohl die Krankenkassen heute in einem lebhaften Wettbewerb um Mitglieder stehen, lehnten es doch die Sozialgerichte bisher selbst bei irreführenden Behauptungen einer Krankenkasse im Wettbewerb mit anderen, zB über das Leistungsspektrum, konsequent ab, das UWG auf die Beziehungen zwischen den Krankenkassen anzuwenden.[25] Durch die 8. GWB-Novelle von 2013 sollte deshalb (wieder) die Anwendbarkeit des Wettbewerbsrechts auch auf die gesetzlichen Krankenkassen klargestellt werden. Indessen scheiterte dieses Vorhaben der Bundesregierung schließlich an dem Widerstand der wettbewerbsfeindlichen Länder. § 4 Abs. 3 S. 2 SGB V von 2013 bestimmt seitdem, dass Krankenkassen zur Abwehr unzulässiger Werbemaßnahmen anderer Krankenkassen einen Unterlassungsanspruch haben, für den § 12 Abs. 1–3 UWG entsprechend gelten soll. Dieser eigenartigen Regelung war jedoch nur eine kurze Lebensdauer vergönnt, da der EuGH 2013 auf Vorlage des BGH[26] entschied, dass die Krankenkassen *Unternehmen* im Sinne der Richtlinie und damit auch des UWG sind,[27] sodass das Wettbewerbsrecht (selbstverständlich) zB auf irreführende Behauptungen der Krankenkassen im Wettbewerb um Mitglieder Anwendung findet.[28] § 4 Abs. 3 S.2 SGB V ist damit obsolet.

3. Mitbewerber

Innerhalb der Unternehmer im Sinne des § 2 Abs. 1 Nr. 6 UWG unterscheidet das 18
Gesetz, wie bereits betont (→ Rn. 14), weiter zwischen den Mitbewerbern (§ 2 Abs. 1 Nr. 3) und den sonstigen gewerblichen Marktteilnehmern (§ 2 Abs. 1 Nr. 2). Mitbewerber ist nach § 2 Abs. 1 Nr. 3 UWG jeder Unternehmer in dem genannten Sinne (→ Rn. 14ff.), der mit einem oder mehreren anderen Unternehmern als Anbieter oder Nachfrager von Waren oder Dienstleistungen in einem *konkreten Wettbewerbsverhältnis* steht. Alle anderen Unternehmer sind dagegen sonstige Marktteilnehmer im Sinne des § 2 Abs. 1 Nr. 2 UWG (→ Rn. 22).

---

[22] S. *Koch,* FS Köhler, 2014, S. 359 (364f.); Köhler/Bornkamm/*Köhler,* § 2 Rn. 55; Ohly/Sosnitza/*Sosnitza,* § 2 Rn. 91.

[23] *EuGH* GRUR 2013, 1245 Tz. 38f. = WRP 2013, 1575 – Good News II mAnm *Koch,* FS Köhler, 2014, S. 359.

[24] S. zum Folgenden Kartellrecht, § 37 Rn. 5ff.; Immenga/Mestmäcker/*Emmerich,* § 130 Rn. 28ff.; *Becker/Schweitzer,* NJW 2014, 269.

[25] BSGE 82, 78 (81) = NJW 1999, 892.

[26] *BGH* GRUR 2012, 288 = WRP 2014, 309 – BKK I.

[27] *EuGH* NJW 2014, 288 Tz. 25ff. = GRUR 2013, 1159 – BKK II; Immenga/Mestmäcker/*Emmerich,* § 130 Rn. 36b.

[28] *BGH* NJW 2014, 2283 = GRUR 2014, 682 Tz. 15ff. = WRP 2014, 835 – Nordjob-Messe; GRUR 2014, 1120 Tz. 16ff. – BKK III.

19 Bei dem Begriff des Mitbewerbers handelt es sich um einen Zentralbegriff des UWG, weil die Mitbewerber neben den Verbrauchern das **zweite „eigentliche" Schutzsubjekt** des Gesetzes sind (§ 1 S. 1 UWG und dazu → Rn. 5, 9ff.). Dies kommt an zahlreichen Stellen des Gesetzes deutlich zum Ausdruck (s. § 5 Abs. 2 und § 6 sowie insbesondere noch § 4 Nr. 1–4 und § 8 Abs. 3 Nr. 1 UWG). Kennzeichnendes Merkmal ist nach § 2 Abs. 1 Nr. 3 UWG, dass der Mitbewerber zu dem Unternehmen, um dessen geschäftliche Handlungen es geht, in einem konkreten Wettbewerbsverhältnis steht und deshalb durch die möglichen Wettbewerbsverstöße des fraglichen Unternehmens in besonderem Maße betroffen sein kann.[29] Eine Person muss also, um als Mitbewerber qualifiziert werden zu können, zunächst die Voraussetzungen des *Unternehmerbegriffs* der Nr. 6 der Vorschrift erfüllen (→ Rn. 14f.). Wer schon nicht Unternehmer im Sinne des UWG ist, kann erst recht nicht Mitbewerber sein.[30] Hinzukommen muss noch, dass zwischen den Beteiligten ein *konkretes Wettbewerbsverhältnis* besteht (→ § 17 Rn. 16).

20 Der Begriff des konkreten Wettbewerbsverhältnisses stammt aus der Rechtsprechung zu § 13 UWG aF und umschrieb dort den Kreis der durch eine Wettbewerbshandlung *unmittelbar Verletzten,* die in jedem Fall klagebefugt waren (→ § 22 Rn. 6). Dasselbe bestimmt heute ausdrücklich § 8 Abs. 3 Nr. 1 iVm § 2 Abs. 1 Nr. 3 UWG (dazu → § 20 Rn. 7ff.). Ein konkretes Wettbewerbsverhältnis wird seitdem allgemein angenommen, wenn sich zwischen den Vorteilen, die ein Unternehmen aus einem Wettbewerbsverstoß zieht, und den Nachteilen der dadurch betroffenen anderen Unternehmen eine **Wechselbeziehung** besteht, wofür in der Regel Voraussetzung ist, dass sie sich an **dieselben Abnehmer oder Lieferanten** wenden. Ein derartiges Wettbewerbsverhältnis kann auch zwischen Unternehmern auf verschiedenen Wirtschaftsstufen oder in verschiedenen Branchen bestehen, sofern nur die Unternehmen im konkreten Einzelfall tatsächlich in Wettbewerb miteinander treten.[31] Den Kern des Begriffs bilden damit sämtliche *Konkurrenten* eines Unternehmens *auf einem* bestimmten sachlich und räumlich *relevanten Markt,* die in ihren Marktchancen durch den Verstoß eines Unternehmens gegen das UWG objektiv betroffen sein können, dh sämtliche Unternehmen, die auf einem solchen Markt gleichartige Waren oder Dienstleistungen innerhalb desselben Abnehmerkreises abzusetzen versuchen.[32] Alle anderen Unternehmen sind dagegen als sonstige Marktteilnehmer im Sinne des § 2 Abs. 1 Nr. 2 UWG einzustufen (→ Rn. 22).

21 Der UGP-Richtlinie ist der Begriff des Mitbewerbers fremd, einfach deshalb, weil sich ihr Anwendungsbereich auf das Verhältnis von Unternehmen zu Verbrauchern (B2C) beschränkt, während die Richtlinie auf das Verhältnis zwischen konkurrierenden Unternehmen, um das es im Kern bei dem Begriff des Mitbewerbers geht (B2B), grundsätzlich keine Anwendung findet. Anders verhält es sich dagegen mit der **Richtlinie über irreführende und vergleichende Werbung** von 2006. Da diese Richtlinie gerade das Verhältnis zwischen Unternehmen (B2B) regelt, verwendet sie den Begriff

[29] S. die Begr., BT-Drs. 15/1487, S. 16 („Zu Nr. 3"), 22 (r. Sp. „Zu Nr. 1").

[30] *OLG Hamburg* GRUR-RR 2005, 167; *OLG Düsseldorf* GRUR 2006, 779.

[31] S. insb. *Beater,* WRP 2009, 768; *Köhler,* WRP 2009, 499.

[32] S. im Einzelnen → § 22 Rn. 7ff.; *BGH* GRUR 2012, 193 Tz. 17 = WRP 2012, 201 (203) – Sportwetten im Internet II; GRUR 2014, 573 Tz. 15ff. = WRP 2014, 552 (553f.) – Werbung für Fremdprodukte; GRUR 2014, 1114 Tz. 24ff. = WRP 2014, 1307 (1308f.) – nickelfrei; *OLG Frankfurt* WRP 2016, 267 (268 Tz. 6); *Köhler,* WRP 2009, 499 (506f.).

des Mitbewerbers folgerichtig in Art. 2 lit. e bei der Definition der vergleichenden Werbung. Mitbewerber in diesem Sinne sind nach dem EuGH solche Unternehmen, die *substituierbare Waren oder Dienstleistungen* auf dem Markt anbieten.[33] Diese Definition hat eine lebhafte Diskussion über die Frage ausgelöst, welche Folgerungen aus ihr für die Auslegung des Begriffs des Mitbewerbers im UWG zu ziehen sind.[34] Sicher ist nur, dass das Begriffsverständnis des EuGH jedenfalls für die Auslegung des § 5 Abs. 2 und des § 6 UWG verbindlich ist, weil diese beiden Vorschriften auf der genannten Richtlinie von 2006 beruhen (→ § 17 Rn. 16).

4. Marktteilnehmer

Marktteilnehmer sind nach § 2 Abs. 1 Nr. 2 UWG *neben* Mitbewerbern (→ Rn. 18ff.) 22
und Verbrauchern (→ Rn. 12ff.) alle Personen, die als Anbieter oder Nachfrager von Waren oder Dienstleistungen tätig sind. Darunter fallen somit sämtliche Unternehmen im Sinne des § 2 Abs. 1 Nr. 6 UWG (→ Rn. 14ff.), die nicht zugleich Mitbewerber im Sinne des § 2 Abs. 1 Nr. 2 UWG sind (→ Rn. 14).[35]

Beispiele sind Lieferanten von Unternehmen sowie gewerbliche Verbraucher ohne Rücksicht auf ihre Rechtsform.[36]

5. § 2 Abs. 1 Nr. 8 und 9 UWG

Durch die zweite Novelle von 2015 ist der Katalog der Definitionen von Grundbegrif- 23
fen im UWG im Anschluss an Art. 2 lit. e und lit. k der Richtlinie noch um Definitionen der Begriffe „wesentliche Beeinflussung des wirtschaftlichen Verhaltens der Verbraucher (§ 2 Abs. 1 Nr. 8 UWG) und des Begriffs „geschäftliche Entscheidung“ erweitert worden (§ 2 Abs. 1 Nr. 9 UWG).[37] Unter der **wesentlichen Beeinflussung des wirtschaftlichen Verhaltens eines Verbrauchers** ist danach die Vornahme einer geschäftlichen Handlung zu verstehen, mit der der Zweck verfolgt wird, die Fähigkeit des Verbrauchers, eine informierte Entscheidung zu treffen, spürbar zu beeinträchtigen und damit den Verbraucher zu einer geschäftlichen Entscheidung zu veranlassen, die er andernfalls nicht getroffen hätte. Dagegen definiert das Gesetz den Begriff der **geschäftlichen Entscheidung** jetzt als jede Entscheidung eines Verbrauchers oder eines sonstigen Marktteilnehmer darüber, ob, wie und unter welchen Bedingungen er ein Geschäft abschließen, eine Zahlung leisten, eine Ware oder Dienstleistung erhalten oder abgeben oder ein vertragliches Recht im Zusammenhang mit einer Ware oder Dienstleistung ausüben will, unabhängig davon, ob der Verbraucher oder der sonstige Marktteilnehmer sich entschließen, tätig zu werden. Durch beide Definitionen soll der möglichst umfassende Anwendungsbereich des Gesetzes abgesichert werden.

---

33 *EuGH* Slg. 2007, I-3115 Tz. 28, 32ff. = EuZW 2007, 379 (380f.) = GRUR 2007, 511 – De Landtsheer.

34 S. im Einzelnen *Alexander,* Schadensersatz und Abschöpfung, 2010, S. 203ff.; *Beater,* WRP 2009, 768; *Blankenburg,* WRP 2008, 186; *Dreyer,* GRUR 2008, 123; *Köhler,* WRP 2009, 499; *Sack,* WRP 2008, 1141.

35 *Beater,* WRP 2009, 768.

36 Ohly/Sosnitza/*Sosnitza,* § 2 Rn. 51.

37 Vgl. die Begr. zum RegE, BT-Drs. 18/4534, S. 10; den Ausschussbericht, BT-Drs. 18/6571, S. 14.

§ 4. Anwendungsbereich, geschäftliche Handlung

I. Überblick

1 Das UWG wendet sich zum Schutz von Mitbewerbern, Verbrauchern oder sonstigen Marktteilnehmern gemäß § 1 S. 1 allein gegen unlautere „geschäftliche Handlungen“. Der Begriff der geschäftlichen Handlung erweist sich damit als Zentralbegriff des UWG, dem die Aufgabe zukommt, den **Anwendungsbereich** des Gesetzes (als besonderes Deliktsrecht der Unternehmen) von dem des allgemeinen Deliktsrechts abzugrenzen.[1] Aus den §§ 16 Abs. 2 und 18 Abs. 1 UWG folgt außerdem, dass sich der Anwendungsbereich des Gesetzes grundsätzlich auf den „geschäftlichen Verkehr“ beschränkt. Geschäftliche Handlungen im geschäftlichen Verkehr umschreiben mithin den Anwendungsbereich des Gesetzes.

2 Als **geschäftliche Handlung** im Sinne des UWG gilt nach § 2 Abs. 1 Nr. 1 Hs. 1 jedes Verhalten einer Person zugunsten des eigenen oder eines fremden Unternehmens vor, bei oder nach einem Geschäftsabschluss, das mit der Förderung des Absatzes oder des Bezugs von Waren oder Dienstleistungen oder mit dem Abschluss oder der Durchführung eines Vertrags über Waren oder Dienstleistungen objektiv zusammenhängt; Hs. 2 der Vorschrift fügt noch hinzu, dass als Waren auch Grundstücke und als Dienstleistungen auch Rechte und Verpflichtungen gelten. Dem Begriff der geschäftlichen Handlung entspricht auf Unionsebene der Begriff der **Geschäftspraktiken** (oder auch geschäftliche Praktiken). Die Definition dieser Begriffe findet sich in Art. 2 lit. d der Richtlinie. Eine Geschäftspraxis ist danach – entsprechend der Beschränkung des Anwendungsbereichs der Richtlinie auf das Verhältnis zwischen Unternehmen und Verbrauchern (B2C) – jede Handlung, Unterlassung, Verhaltensweise oder Erklärung, kommerzielle Mitteilung einschließlich Werbung und Marketing eines Gewerbetreibenden, die unmittelbar mit der Absatzförderung, dem Verkauf oder der Lieferung eines Produkts an Verbraucher zusammenhängt. Der Erwägungsgrund Nr. 7 zu der UGP-Richtlinie fügt noch hinzu, die Richtlinie beziehe sich (nur) auf Geschäftspraktiken, die in *unmittelbarem* Zusammenhang mit der Beeinflussung der geschäftlichen Entscheidungen des Verbrauchers in Bezug auf Produkte stehen (S. 1 des Erwägungsgrundes), nicht dagegen auf Geschäftspraktiken, die vorrangig anderen Zielen dienen wie etwa bei kommerziellen, für Investoren gedachten Mitteilungen, zB durch Jahresberichte oder Unternehmensprospekte (S. 2 des Erwägungsgrundes). Nach S. 3 des Erwägungsgrundes Nr. 7 zu der Richtlinie bezieht sich die Richtlinie ferner nicht auf die gesetzlichen Anforderungen in Fragen der guten Sitten und des Anstands, die in den Mitgliedstaaten sehr unterschiedlich seien.

3 Der Begriff der geschäftlichen Handlung ist 2008 im Zuge der Anpassung des UWG an die UGP-Richtlinie an die Stelle des herkömmlichen Begriff der *Wettbewerbshandlung* getreten, mit dem früher der Anwendungsbereich des UWG und seiner Nebengesetze umschrieben wurde. Die genaue Reichweite des neuen Begriffs der geschäftlichen Handlung bzw. der Geschäftspraxis ist noch nicht endgültig geklärt.[2] Bei dem

---

[1] *BGH* NJW 2013, 2756 = GRUR 2013, 945 Tz. 18 = WRP 2013, 1183 – Standardisierte Mandatsbearbeitung.

[2] Ebenso zB *Glöckner,* FS Köhler, 2014, S. 159; *Koch,* FS Köhler, 2014, S. 359 sowie zB *Glöckner,* WRP 2009, 1179; *ders./Henning-Bodewig,* WRP 2005, 1311 (1325 ff.); *Hoeren,* WRP 2009, 789; *Köhler,*

Versuch einer näheren Umschreibung der beiden Begriffe ist in erster Linie von der Rechtsprechung des EuGH auszugehen.[3] Zu beachten bleibt freilich, dass der Anwendungsbereich des UWG aufgrund des integrativen Ansatzes des Gesetzes, dh aufgrund der Einbeziehung auch des Verhältnisses zwischen Unternehmen (B2B) in den Anwendungsbereich, deutlich *weiter* als der der Richtlinie ist, sodass sich schon deshalb der deutsche Begriff der geschäftlichen Handlung nicht völlig mit dem der Geschäftspraktiken im Sinne der Richtlinie decken kann.[4]

Nach der **Rechtsprechung des EuGH** zeichnet sich die UGP-Richtlinie im Interesse 4
eines umfassenden Verbraucherschutzes grundsätzlich durch einen „besonders weiten sachlichen Anwendungsbereich" aus.[5] Deshalb fallen nach Meinung des Gerichtshofes unter den Begriff der Geschäftspraxis alle Verhaltensweisen von Unternehmen, die sich in den Rahmen der Geschäftsstrategie eines Gewerbetreibenden einfügen und unmittelbar mit der Absatzförderung und dem Verkauf von Waren oder Dienstleistungen gerade dieses Unternehmens (nicht also dritter Unternehmen) zusammenhängen.[6] Als entscheidend sieht der Gerichtshof den *unmittelbaren* Zusammenhang der fraglichen Handlung insbesondere mit dem Absatz der Produkte oder der Dienstleistungen des betreffenden Unternehmens an (vgl. Erwägungsgrund Nr. 7 S. 1 der UGP-Richtlinie).[7]

Beispiele für Geschäftspraxis sind die Werbung für einen Ausverkauf,[8] Preisausschreiben oder Gewinnspiele, die mit dem Absatz von Waren verbunden sind, Zugaben aller Art, die Verbrauchern bei dem Bezug von Waren versprochen werden,[9] sowie sogar Auskünfte, die ein Unternehmen einem Verbraucher nach Abschluss eines Vertrages über dessen Rechte erteilt, wobei die Häufigkeit der Auskünfte ebenso wenig eine Rolle spielt die Anzahl der betroffenen Verbraucher.[10]

Anders hat der EuGH dagegen einmal für den Abdruck werbender Artikel durch eine 5
Zeitung entschieden, die von den „beworbenen" Unternehmen lediglich bezahlt wurden, weil dadurch nicht, jedenfalls nicht in erster Linie der Absatz der Zeitung selbst, sondern der Absatz der die Artikel bezahlenden Unternehmen, somit *dritter* Unternehmen gefördert werde.[11] Im Schrifttum ist diese unnötig restriktive Auslegung des Begriffs der geschäftlichen Handlung auf verbreitete **Kritik** gestoßen, vor allem, weil

WRP 2007, 1393; 2009, 109 und 898; *ders.*, FS Doepner, 2008, S. 31; *Scherer,* WRP 2009, 761; *Sosnitza,* WRP 2008, 1014 (1016f.).

[3] *BGH* NJW 2013, 2756 Tz. 19 = GRUR 2013, 945; GRUR 2014, 1120 Tz. 15 = WRP 2014, 1364 (1365) – BKK II; GRUR 2015, 694 Tz. 22 = WRP 2015, 856 (858) – Bachblüten; *Koch,* FS Köhler, 2014, S. 359 (368).

[4] ZB *BGH* GRUR 2014, 879 Tz. 13 = WRP 2014, 1058 – Good News III; GRUR 2014, 1120 Tz. 15 = WRP 2014, 1304 (1305) – BKK II; GRUR 2015, 694 Tz. 22 = WRP 2015, 856 (858) – Bachblüten; *Koch,* FS Köhler, 2014, S. 359 (367f.).

[5] StRspr, zB *EuGH* GRUR 2015, 600 Tz. 34 = WRP 2015, 698 (700) – UPC.

[6] *EuGH* Slg. 2010, I-217 Tz. 36ff. = NJW 2010, 1867 = EuZW 2010, 183 = JuS 2011, 77 – Plus; Slg. 2010, I-10909 = EuZW 2010, 947 Tz. 18ff. – Mediaprint/Österreich Verlag; *EuGH* GRUR 2013, 1245 Tz. 36ff. = WRP 2013, 1575 – Good News II (auf Vorlage des *BGH* GRUR 2012, 1219 = WRP 2012, 1059 – Good News I); GRUR 2013, 297 Tz. 26 = WRP 2013, 460 – Köck; GRUR 2015, 600 Tz. 34f. = WRP 2015, 698 (700) – UPC.

[7] *EuGH* GRUR 2013, 1245 Tz. 40ff. = WRP 2013, 1575 – Good News II; vgl. aber → § 3 Rn. 16.

[8] *EuGH* GRUR 2013, 297 Tz. 26 = WRP 2013, 460 – Köck.

[9] *EuGH* Slg. 2010, I-217 Tz. 36ff. = NJW 2010, 1867 = EuZW 2010, 183 = JuS 2011, 77 – Plus; Slg. 2010, I-10909 = EuZW 2010, 947 Tz. 18ff. – Mediaprint/Österreich Verlag.

[10] *EuGH* GRUR 2015, 600 Tz. 37ff. = WRP 2015, 698 (700) – UPC.

[11] *EuGH* GRUR 2013, 1245 Tz. 41ff. = WRP 2013, 1575 – Good News II.

(natürlich) auch die Förderung des Absatzes anderer Unternehmen letztlich immer zugleich mittelbar der Förderung des Absatzes der eigenen Waren des Unternehmens dient, und sei es auch nur durch zusätzliche Einnahmen.[12] Der **BGH** ist deshalb in diesem Punkt dem EuGH gleichfalls nicht gefolgt, in erster Linie, weil der Begriff der geschäftlichen Handlung im UWG mit Rücksicht auf den weiteren Anwendungsbereich des Gesetzes im Vergleich mit der Richtlinie notwendigerweise *umfassender* als im Rahmen der Richtlinie interpretiert werden müsse, sodass in der Tat nichts hindere, die Förderung des Wettbewerbs *dritter* Unternehmen, zB durch Nennung ihres Namens als Sponsoren in einer Zeitung, ebenfalls als geschäftliche Handlung im Sinne des UWG zu qualifizieren, zumal dadurch mittelbar auch der Wettbewerb der Zeitung gefördert wird.[13] Mit dem deshalb vom BGH favorisierten objektiven oder funktionalen Verständnis des Begriffs der geschäftlichen Handlung können wohl schon wegen des Verzichts auf ohnehin nur schwer fassbare subjektive Merkmale alle herkömmlichen Fallgruppen erfasst werden,[14] während weltanschauliche, wissenschaftliche, redaktionelle oder verbraucherpolitische Äußerungen von Unternehmen und anderen Personen ebenso wie früher schon nicht dem UWG unterfallen (→ Rn. 6, 12, 15ff.).

6 Die Annahme einer geschäftlichen Handlung im Sinne des § 2 Abs. 1 Nr. 1 UWG setzt somit im Einzelnen voraus, dass sich (1.) das fragliche Verhalten überhaupt in einem geschäftlichen Verkehr (und nicht außerhalb desselben) abspielt (→ Rn. 6f.), dass es sich (2.) um ein beliebiges Verhalten einer Person zugunsten des eigenen oder eines fremden Unternehmens, und zwar vor, bei oder nach einem Geschäftsabschluss handelt (→ Rn. 9, 13ff.), sowie dass (3.) dieses Verhalten mit der Förderung des Absatzes oder des Bezugs von Waren oder Dienstleistungen und mit dem Abschluss oder der Durchführung eines Vertrags über Waren oder Dienstleistungen objektiv (oder unmittelbar) zusammenhängt (→ Rn. 10f.). Besonderheiten gelten (4.) für die Stellungnahmen der Medien, der Wissenschaft und der Kirchen zu wettbewerbsrelevanten Fragen, da das UWG hier nur mit im Einzelnen umstrittenen Restriktionen Anwendung finden kann (→ Rn. 15ff.).

II. Geschäftlicher Verkehr

7 Raum für die Anwendung des UWG ist von vornherein nur dort, wo es überhaupt einen durch das UWG schützenswerten *Wettbewerb* gibt, dh nur im geschäftlichen oder wirtschaftlichen Verkehr (→ Rn. 1).[15] Darin kommt zum Ausdruck, dass sich der Anwendungsbereich des Gesetzes grundsätzlich auf *unternehmerisches* Handeln im Wettbewerb beschränkt (→ § 3 Rn. 15f.), dh auf die selbständige Teilnahme am wirtschaftlichen Verkehr, und zwar im weitesten Sinne. Es genügt dafür jede selbständige, in irgendeiner Form der Förderung eines Geschäftszwecks dienende Tätigkeit mit Marktbezug.[16] Den Gegensatz bilden der private Verbrauch, zB private Geschäfte

[12] *Alexander,* WRP 2013, 1578; *Glöckner,* FS Köhler, 2014, S. 159; *Koch,* FS Köhler, 2014, S. 369.

[13] → Rn. 12, 15f.; *BGH* GRUR 2014, 1245 Tz. 13f. = WRP 2014, 1058 – Good News III; GRUR 2015, 694 Tz. 26 = WRP 2015, 856 (858f.) – Bachblüten.

[14] Ebenso *BGH* NJW 2011, 2653 Tz. 17.

[15] S. statt aller *Fezer,* FS Schricker, 2005, S. 671; *Henning-Bodewig,* GRUR 2013, 26 (28f.); Ohly/Sosnitza/*Sosnitza,* § 2 Rn. 7ff.

[16] RGZ 79, 321 (322); 108, 272 (274); BGHZ 19, 299 (304) = NJW 1956, 339; BGHZ 26, 52 (58) = NJW 1958, 459; *BGH* LM § 1 UWG Nr. 109 = GRUR 1962, 45; LM § 3 UWG Nr. 346 = NJW-

von Kaufleuten,[17] sowie insbesondere der gesamte weite Bereich der hoheitlichen Tätigkeit des Staates (→ Rn. 19ff.). Gleichstehen Tätigkeiten von Unternehmen, die unmittelbar auf einer hoheitlichen Anordnung des Staates beruhen.[18] Die **Abgrenzung** kann ausgesprochen schwierig sein, da im Einzelfall auch sogenannte Privatleute ebenso wie der Staat unternehmerisch tätig werden können – und dann selbstverständlich ebenso wie andere Unternehmen das UWG zu beachten haben. Entscheidend ist in solchen Fällen allein, ob das fragliche Verhalten von „Privatleuten" oder des Staates einen Marktbezug besitzt und die Merkmale unternehmerischen Verhaltens in Gestalt einer geschäftlichen Handlung aufweist (§ 2 Abs. 1 Nr. 3 und Nr. 6 UWG). Während bei Privatleuten, etwa bei einzelnen Verkäufen von Waren auf Märkten oder über Ebay, Zurückhaltung in der Annahme unternehmerischen oder gewerblichen Verhaltens am Markt geboten ist,[19] verhält es sich insoweit bei der verbreiteten unternehmerischen Tätigkeit des Staates zum Schutze der Bürger ganz anders (s. im Einzelnen → Rn. 19ff.).

Auch das Verhalten von Unternehmen wird nicht in seiner gesamten Breite 8
anhand des UWG kontrolliert; eine Teilnahme am geschäftlichen Verkehr im Sinne des Gesetzes liegt vielmehr lediglich dann vor, wenn die fragliche Handlung einen **Marktbezug** aufweist, dh gerade als Betätigung am Markt nach außen hervortritt. Bloße *innerbetriebliche* Vorgänge, wie zB eine Weisung an die Mitarbeiter oder Rundschreiben an die Vertreter, werden nicht erfasst, solange von ihnen nicht wenigstens mittelbare Wirkungen auf Dritte ausgehen können.[20] Ebenso eingestuft werden reine *Produktionsprozesse,* weil hier gleichfalls noch der Kontakt zum Markt fehlt.[21] Keine Rolle spielt dagegen, ob mit der fraglichen Tätigkeit eine **Gewinnerzielung** beabsichtigt wird oder nicht. Auch gemeinnützige Organisationen, die sich wirtschaftlich betätigen, müssen bei ihrer Tätigkeit das UWG beachten.[22]

Ein **Beispiel** ist die Erbringung von Alten- und Pflegeleistungen durch eine kirchliche Gemeinde.[23]

Eine Handlung im geschäftlichen Verkehr wird insbesondere bei jeder Form der **Re-** 9
klame für das eigene oder ein fremdes Geschäft angenommen, selbst wenn dies im Rahmen privater Unterhaltungen, in einem Fernsehinterview oder in einer Pressekonferenz geschieht, zu der ein Wirtschaftsverband eingeladen hat.[24] Auch **Wirtschaftsverbände** handeln im geschäftlichen Verkehr, wenn sie, etwa durch die Kritik an den Produkten der Konkurrenten ihrer Mitglieder, in den Wettbewerb zugunsten ihrer

RR 1993, 1063; *OGH* SZ Bd. 51 (1978) Nr. 171, S. 756 (765) – Kindergartenbau; ÖBl. 1998, 232 (236); 1998, 335 (336) – Notruf I und II; 2000, 213f. – Betriebsrat aktuell.

17 *BGH* LM § 3 UWG Nr. 346 = NJW-RR 1993, 1063 (1064).

18 *BGH* NJW 2006, 1804 = GRUR 2006, 428 – Abschleppanordnung der Polizei.

19 Ausf. *Henning-Bodewig,* GRUR 2013, 26 (28ff.).

20 BGHZ 144, 252 (262) = NJW 2000, 3351 = JuS 2001, 191 Nr. 14 – Abgasemissionen; *BGH* LM § 3 UWG Nr. 346 = NJW-RR 1993, 1063 (1064); LM § 1 UWG Nr. 220 = NJW 1970, 2294; *OLG Koblenz* NJW-RR 1988, 558; *OGH* ÖBl. 2000, 262f. – ORKY; 2002, 291f. – Schulungsveranstaltung; *Schünemann,* WRP 2003, 16.

21 BGHZ 144, 252 (262) = NJW 2000, 3351 = JuS 2001, 191 Nr. 14 – Abgasemissionen.

22 *OGH* ÖBl. 1998, 232 (236) – Notruftelefon I.

23 *OLG Stuttgart* NJW-RR 2001, 1697.

24 BGHZ 136, 111 (116f.) = NJW 1997, 3302 – Kaffeebohne; *BGH* GRUR 1960, 384 (386); 1964, 208 (209); *OLG Hamburg* NJW-RR 2006, 1637 = GRUR 2006, 377 – falsche ad-hoc-Meldung.

Mitglieder eingreifen.[25] Anders verhält es sich dagegen bei der politischen Auseinandersetzung der Verbände und Parteien; sie bleibt außerhalb der Reichweite des UWG.[26]

III. Verhalten einer Person vor, bei oder nach einem Geschäftsabschluss

1. Verhalten einer Person

10 Dass UWG steuert (zusammen mit dem Kartellrecht) das Verhalten von Unternehmen am Markt (→ Rn. 8) gegenüber anderen Unternehmen (B2B) sowie gegenüber Verbrauchern (B2C). Das Gesetz erfasst folglich grundsätzlich in dem genannten Rahmen jedes mögliche Verhalten eines Unternehmens ohne Unterscheidung zwischen positiven Handlungen und Unterlassungen. § 2 Abs. 1 Nr. 1 Hs. 1 UWG bringt diesen umfassenden Anwendungsbereich dadurch zum Ausdruck, dass die Vorschrift als geschäftliche Handlung im Sinne des Gesetzes (ohne weitere Differenzierung) jedes beliebige „Verhalten einer Person" bezeichnet, das mit der Förderung des Absatzes oder des Bezugs von Waren oder Dienstleistungen oder mit dem Abschluss oder der Durchführung eines Vertrags über Waren oder Dienstleistungen objektiv zusammenhängt. Diese sehr allgemeine Formulierung wurde seinerzeit mit Bedacht gewählt, um neben dem positiven Tun auch **Unterlassungen** als geschäftliche Handlungen erfassen zu können, jedenfalls, wenn die Unterlassung gegen eine Handlungs- oder Erfolgsabwendungspflicht verstößt.[27] Paradigma ist die Irreführung insbesondere von Verbrauchern durch die Unterlassung einer gebotenen Aufklärung unter Verstoß gegen § 5a UWG. Weiteres Tatbestandsmerkmal einer geschäftlichen Handlung im Sinne des Gesetzes ist insbesondere der objektive Zusammenhang der Handlung mit der Förderung des Absatzes oder des Bezugs von Waren oder Dienstleistungen oder mit dem Abschluss oder der Durchführung eines Vertrages über Waren oder Dienstleistungen (→ Rn. 11 ff.), und zwar vor, bei oder nach einem Geschäftsabschluss (→ Rn. 14 ff.).

2. Objektiver Zusammenhang mit der Förderung des Absatzes oder des Bezugs von Waren

11 Weiteres Tatbestandsmerkmal einer geschäftlichen Handlung ist nach § 2 Abs. 1 Nr. 1 Hs. 1 UWG, dass das Verhalten einer Person (→ Rn. 10) dem eigenen oder einem fremden Unternehmen dient, und zwar insbesondere durch die Förderung des Absatzes oder des Bezugs von Waren oder Dienstleistungen. Daraus folgt als erstes, dass das fragliche Verhalten einen **Marktbezug** aufweisen muss, indem es objektiv zur Förderung der Position des eigenen *oder* eines fremden Unternehmens im Wettbewerb geeignet ist (→ Rn. 8). Die wichtigsten Erscheinungsformen eines marktbezogenen Verhaltens in dem genannten Sinne sind die **Werbung** und die sonstige kommerzielle Kommunikation sowie überhaupt der gesamte weite Bereich des **Marketings** (→ Rn. 9; s. Art. 2 lit. d der UGP-Richtlinie).

12 Hinzukommen muss ferner, dass das marktbezogene Verhalten eines Unternehmens, um das es jeweils geht (→ Rn. 11), gerade in einem **objektiven Zusammenhang** mit der Förderung des Bezugs oder des Absatzes von Waren oder Dienstleistungen oder

[25] RGZ 79, 321 (322); *BGH* LM § 3 UWG Nr. 120 = NJW 1973, 279; LM § 1 UWG Nr. 719 = NJW-RR 1997, 104; *OLG Stuttgart* NJW 1987, 1490; *Ellscheid,* GRUR 1972, 284.

[26] → Rn. 15 ff.; *OGH* ÖBl. 2000, 213 f.; öWiBl 2000, 239.

[27] Köhler/Bornkamm/*Köhler,* § 2 Rn. 13; Ohly/Sosnitza/*Sosnitza,* § 2 Rn. 20.

mit dem Abschluss eines Vertrags oder der Durchführung eines Vertrages über Waren oder Dienstleistungen steht. Das Merkmal des objektiven Zusammenhangs wird vom BGH heute unter Abwendung von dem früher vorherrschenden subjektiven Verständnis des Begriffs der Wettbewerbshandlung **objektiv-funktional** interpretiert (→ Rn. 5).[28] Entscheidend ist mit anderen Worten, ob die betreffende Handlung bei objektiver Betrachtungsweise darauf gerichtet ist, durch die Beeinflussung der Entscheidungen der Verbraucher oder der sonstigen Marktteilnehmer (s. § 4 Nr. 1 sowie § 2 Abs. 1 Nr. 8 UWG von 2015) objektiv den Bezug oder den Absatz von Waren oder Dienstleistungen zu fördern. Bereits die Gesetzesverfasser hatten den Unterschied zwischen dem heutigen Begriff der geschäftlichen Handlung und dem früheren Begriff der Wettbewerbshandlung in dem **Verzicht auf die subjektive Komponente** der Wettbewerbshandlung im Sinne des UWG von 1909 und 2004 gesehen.[29] Mit der geschäftlichen Handlung ist folglich ein unternehmerisches oder gewerbliches (marktbezogenes)Verhalten einer beliebigen natürlichen oder juristischen Person gemeint, durch das die Interessen anderer Unternehmen überhaupt tangiert werden können, weil zu diesen ein **Wettbewerbsverhältnis** besteht, wofür es bereits ausreicht, wenn sich Waren oder Leistungen gegenüberstehen, die einander nach der Verkehrsanschauung im Absatz behindern können, mögen auch die unmittelbaren Abnehmer unterschiedlichen Verkehrskreisen angehören (sogenanntes **mittelbares Wettbewerbsverhältnis**).[30]

Bereits nach dem früheren engeren Verständnis des Begriffs der Wettbewerbshandlung konnten deshalb von Fall zu Fall selbst Angehörige verschiedener Wirtschaftsstufen oder Branchen in einem Wettbewerbsverhältnis stehen, sofern sie sich nur mit ihren Angeboten konkret an dieselben Kunden wandten.[31] Das hatte und hat nichts Verwunderliches an sich, wenn man bedenkt, dass die Unternehmen in einer Wettbewerbsordnung mit ihren Aktionen ihre Wettbewerbsbeziehungen letztlich selbst definieren. 13

Ein Wettbewerbsverhältnis wurde aus diesem Grund schon in der Praxis zum UWG von 1909 **zum Beispiel** bejaht zwischen dem Rundfunk und den Veranstaltern von Unterhaltungsabenden[32] oder den Zeitungen bei der Verbreitung von Nachrichten,[33] weiter zwischen privaten Fernsehveranstaltern und den Anbietern sogenannter Werbeblocker (weil sich beide mit ihren Angeboten an dieselben Zuschauer wenden),[34] außerdem zwischen Tageszeitungen und Anzeigenblättern,[35] ferner zwischen Rechtsanwälten und

[28] *BGH* NJW 2013, 2756 = GRUR 2013, 945 Tz. 17ff. = WRP 2013, 1183 – Standardisierte Mandatsbearbeitung; GRUR 2015, 694 Tz. 21 = WRP 2015, 856 (858) – Bachblüten; *OLG Karlsruhe* GRUR-RR 2010, 47 (48); *Köhler*, WRP 2009, 898.

[29] Begr. von 2008, BT-Drs 16/10145, S. 20f.

[30] BGHZ 18, 175 (181f.) = NJW 1955, 1753; *BGH* LM § 3 UWG Nr. 203 = NJW 1983, 2505; LM § 1 UWG Nr. 500 = NJW-RR 1989, 360; LM § 1 UWG Nr. 514 = NJW 1989, 1060; *OGH* ÖBl. 1997, 78 (86).

[31] Bekannte Beispiele in BGHZ 93, 96 (97f.) = NJW 1986, 379 – Dimple; *BGH* LM § 1 UWG Nr. 240 = GRUR 1972, 553 – Statt Blumen Onko Kaffee; LM § 1 UWG Nr. 445 = MDR 1987, 27 – Gastrokritiker; LM § 1 UWG Nr. 466 = NJW-RR 1987, 875 – Rentenberatungsaktion; LM § 1 UWG Nr. 540 = NJW-RR 1990, 479; NJW 2004, 3032 (3033) – Werbeblocker; WRP 2015, 1326 (1328 Tz. 19) = GRUR 2015, 1129 – Hotelbewertungsportal.

[32] BGHZ 39, 352 (356) = NJW 1963, 1742 = JuS 1963, 451 Nr. 5; BGHZ 110, 278 (281ff.) = NJW 1990, 3133 = JuS 1991, 79 Nr. 10 – ZDF.

[33] RGZ 128, 330 (340f.).

[34] *BGH* NJW 2004, 3032 (3033f. Tz. 15) = GRUR 2004, 877.

[35] BGHZ 19, 392 (394f.) = NJW 1956, 588.

Inkassostellen oder Umschuldungsunternehmen[36] sowie bei der Anlehnung an den Ruf einer anderen Ware zwecks Ausbeutung dieses Rufs für den Absatz der eigenen Waren, selbst wenn es sich dabei um Waren aus ganz verschiedenen Branchen handelt.[37] Ein Wettbewerbsverhältnis wurde dagegen **zum Beispiel verneint** zwischen Rechtsanwälten und einem juristischen Schreibbüro[38] oder Zeitungen, die abstrakte Rechtsauskünfte erteilen,[39] in beiden Fällen, weil sich die Beteiligten mit ihren Angeboten an völlig unterschiedliche Verkehrs- und Kundenkreise wenden.

Aus dem Gesagten folgt bereits, dass Äußerungen im geschäftlichen Verkehr, bei denen bei objektiver Betrachtung **andere Zwecke** deutlich im Vordergrund stehen, mit denen zB vorrangig der Zweck der Information Dritter oder der Öffentlichkeit verfolgt wird, keine geschäftlichen Handlungen darstellen (→ Rn. 5, 16ff.).

3. Vor, bei oder nach einem Geschäftsabschluss

14 Schließlich ist noch zu beachten, dass § 2 Abs. 1 Nr. 1 UWG das Verhalten von Unternehmen unter den genannten Voraussetzungen (→ Rn. 10ff.) gleichermaßen *vor, bei oder nach* einem Geschäftsabschluss erfasst. Die Ausdehnung des Begriffs der geschäftlichen Handlung auf Verhaltensweisen bei und nach einem Geschäftsabschluss ist neu, weil nach früherem Verständnis durchweg das Vorliegen einer Wettbewerbshandlung für den Regelfall verneint wurde, wenn nicht mehr vorlag, als dass ein Unternehmen seine vertraglichen Pflichten *nicht oder schlecht erfüllte,* weil solches Verhalten keinen Bezug auf die Konkurrenten hat und sich auch auf ihre Stellung im Wettbewerb nicht auswirken konnte.[40] Dagegen können heute auf der Basis des § 2 Abs. 1 Nr. 1 UWG in freilich umstrittenem Umfang Störungen bei der *Durchführung* eines Vertrages nicht nur mit dem BGB, sondern auch mit dem UWG als unlautere geschäftliche Handlungen erfasst werden.[41] Die **Rechtsprechung** greift in solchen Fällen (neben dem BGB) auf das UWG vor allem in Fällen zurück, die durch die Einflussnahme auf geschäftliche Entscheidungen der Verbraucher gekennzeichnet sind, insbesondere, wenn die angestrebte Entscheidung der Verbraucher geeignet ist, dem Unternehmen Kosten zu ersparen und dadurch seine Position im Wettbewerb zu verbessern.[42]

15 Ein gesetzliches **Beispiel** findet sich in Nr. 27 des Anhangs zu § 3 UWG, nach der sämtliche Maßnahmen stets unlauter sind, durch die die Verbraucher von der Durchsetzung ihrer vertraglichen Rechte aus einem Versicherungsvertrag dadurch abgehalten werden sollen, dass von ihnen bei der Geltendmachung ihrer Ansprüche die Vorlage von Unterlagen verlangt wird, die zum Nachweis ihrer Ansprüche nicht erforderlich sind, oder dass Schreiben zur Geltendmachung ihrer Ansprüche systematisch nicht beantwortet werden. Gleichstehen generell **falsche Auskünfte** eines Unternehmens nach Abschluss eines Vertrages über die Rechte und Pflichten des Vertragspartners und ins-

[36] *OLG Köln* GRUR 1987, 377 (378); *LG Aachen* NJW-RR 1987, 1326.

[37] BGHZ 93, 96 (97f.) = NJW 1986, 379 – Dimple; → § 11 Rn. 25ff.

[38] *OLG Hamburg* NJW-RR 2003, 763.

[39] *BGH* LM § 13 UWG Nr. 31 = NJW 1981, 1616.

[40] *BGH* NJW 2002, 3408 (3409) = GRUR 2002, 1093; NJW 2007, 3002 (3003f. Tz. 12ff.) = GRUR 2007, 805; GRUR 2009, 876 (877 Tz. 14) – Änderung der Voreinstellung II; NJW 2015, 2192 Tz. 15.

[41] S. dazu *Gomille,* WRP 2009, 535 (531); *Glöckner,* WRP 2000, 1175 (1181); *Isele,* GRUR 2009, 727; *Köhler,* WRP 2009, 101 (111); 2009, 898; *Scherer,* WRP 2009, 761.

[42] *EuGH* GRUR 2015, 600 Tz. 34ff., 37 = WRP 2015, 698 (700) – UPC; *BGH* GRUR 2009, 876 (877 Tz. 25) – Änderung der Voreinstellung II; NJW 2011, 76 Tz. 18 = GRUR 2010, 1117 = JuS 2011, 753; GRUR 2012, 82 Tz. 15 – Auftragsbestätigung; NJW 2013, 2756 Tz. 26 = GRUR 2013, 945 – Standardisierte Mandatsbearbeitung.

besondere der Verbraucher.[43] Weitere wichtige Beispiele sind dem Gesetz widersprechende Gewährleistungsausschlüsse in den Geschäftsbedingungen von Unternehmen, weil solche Klauseln geeignet sind, die Verbraucher von der Geltendmachung ihnen zustehender Gewährleistungsansprüche abzuhalten,[44] sowie überhaupt sämtliche Versuche der Einflussnahme auf Entscheidungen der Verbraucher über die Leistung von Zahlungen oder die Abnahme der Ware, über die Ausübung von Optionen, über die Übernahme zusätzlicher Verpflichtungen oder über die Berufung auf Verjährung (vgl. Erwägungsgrund Nr. 7 S. 1 der UGP-Richtlinie).[45]

IV. Sonderfälle, insbesondere Medien

Die weite Definition des Begriffs der geschäftlichen Handlung durch § 2 Abs. 1 Nr. 1 UWG wirft vor allem bei Äußerungen der Medien, der Wissenschaft, der Politik und der Kirchen zu Wettbewerbsfragen Probleme auf, da das UWG gewiss nicht die Möglichkeit zu eine Zensur derartiger Äußerungen eröffnen soll. In den fraglichen Fällen ist daher große Zurückhaltung bei der Annahme einer geschäftlichen Handlung geboten, um zu verhindern, dass es über die Anwendung des Wettbewerbsrechts zu einer mit den Art. 4 und 5 GG unvereinbaren Beschränkung der Presse-, Wissenschafts- oder Religionsfreiheit kommt. 16

Das Problem ist nicht neu. Bereits unter der Geltung des UWG von 1909 hatte die damals übliche subjektive Färbung des Begriffs der Wettbewerbshandlung (durch die Betonung des Erfordernisses einer Wettbewerbsabsicht) nicht zuletzt den Zweck, Äußerungen in den Medien, der Politik, der Wissenschaft oder durch die Kirchen, bei denen typischerweise eine Wettbewerbsabsicht fehlt, sondern andere Zwecke im Vordergrund stehen, aus dem Anwendungsbereich des Wettbewerbsrechts mit seiner strengen Haftung für Äußerungen (s. insbesondere § 4 Nr. 7 und 8 UWG von 1909) auszuklammern. Daran wollten die Verfasser des UWG von 2008 trotz des Übergangs zu einem objektiven Begriff der geschäftlichen Handlung im Ergebnis nichts ändern.[46] 17

Deshalb besteht im Ergebnis Übereinstimmung darüber, dass das UWG auch weiterhin auf kritische Stellungnahmen zu Wettbewerbsfragen in der Politik, in den Medien, in der Wissenschaft oder seitens der Kirchen letztlich nur mit erheblichen Einschränkungen angewandt werden kann.[47] Wo aber genau die **Grenze** verläuft, ist nach wie vor offen. Zum Teil wird erwogen, den gebotenen Grundrechtsschutz – nach Bejahung des Vorliegens einer geschäftlichen Handlung – erst bei der Auslegung der einzelnen Vorschriften des UWG zu berücksichtigen.[48] Wegen des damit verbundenen Verlusts an Rechtssicherheit liegt es indessen näher, ebenso wie früher bereits bei dem Begriff der geschäftlichen Handlung anzusetzen und einen **objektiven Zusammenhang** der Stellungnahmen insbesondere mit geschäftlichen Entscheidungen der Verbraucher (s. Erwägungsgrund Nr. 7 S. 1 der UGP-Richtlinie) nur zu bejahen, wenn 18

[43] *EuGH* GRUR 2015, 600 Tz. 34ff., 37 = WRP 2015, 698 (700) – UPC.
[44] *BGH* NJW 2011, 76 Tz. 18 = GRUR 2010, 1117 = JuS 2011, 753; NJW 2013, 2756 Tz. 26 = GRUR 2013, 945 – Standardisierte Mandatsbearbeitung; *OLG München* NJW-RR 2010, 251.
[45] S. insb. *Köhler,* WRP 2009, 898ff.; *Scherer,* WRP 2009, 761.
[46] S. die Begr. von 2008, BT-Drs. 16/10145, S. 22f.
[47] *Glöckner,* WRP 2009, 1175; *Gomille,* WRP 2009, 525; Köhler/Bornkamm/*Köhler,* § 2 Rn. 63, 67ff.; *Kulka,* DB 2008, 1548; Ohly/Sosnitza/*Sosnitza,* § 2 Rn. 35f.; *ders.,* WRP 2008, 1014.
[48] *Glöckner,* WRP 2009, 1175 (1182ff.).

bei objektiver Betrachtungsweise (ausnahmsweise) bei den fraglichen Stellungnahmen der *Zweck* im Vordergrund steht, die geschäftlichen *Entscheidungen* der Verbraucher im Interesse bestimmter Unternehmen zu *beeinflussen* und nicht etwa einen Beitrag zur öffentlichen Meinungsbildung zu leisten. Bei einem redaktionellen Beitrag in einer Zeitschrift ist deshalb ein objektiver Zusammenhang mit der Förderung des Absatzes eines fremden Unternehmens zu verneinen, wenn der Beitrag allein der Information und der Meinungsbildung der Adressaten dient.[49]

Ein viel diskutiertes **Beispiel** ist die Förderung des Absatzes von Inserenten durch gleichzeitige positive Berichterstattung über deren Unternehmen in der Presse, natürlich auch zu dem Zweck, Inserenten zu gewinnen.[50]

19 Im Regelfall ist somit für die Anwendung des UWG kein Raum, wenn eine Zeitung durch eine Stellungnahme in den Wettbewerb zwischen Gewerbetreibenden eingreift.[51] Das gilt selbst bei einer polemischen Kritik an bestimmten Unternehmen, solange es sich dabei nur um einen sachlichen Beitrag zu einer die Öffentlichkeit interessierenden Frage handelt.[52] Weitere **Beispiele** für die Unanwendbarkeit des UWG in derartigen Fällen sind die Veröffentlichung eines Rechtsanwaltsrankings durch einen Verlag,[53] die Einrichtung eines Informationsdienstes im Internet, der Preisvergleiche durchführt,[54] sowie die Veröffentlichung von Testergebnissen über die Umweltverträglichkeit von Produkten in einer Zeitschrift.[55] Ebenso zu behandeln sind grundsätzlich die üblichen Kapitalmarktinformationen der Presse[56] sowie die Kritik an Unternehmen und ihren Produkten seitens der **Wissenschaft.**[57] Eine *andere* Beurteilung kommt in derartigen Fällen nur in Betracht, wenn zB eine Zeitung bewusst unwahre Behauptungen aufstellt, um damit einzelne Unternehmen im Wettbewerb zu fördern oder andere zu schädigen.[58] Gleich steht die pauschale oder sachlich nicht gerechtfertigte Abwertung der Konkurrenten.[59]

V. Öffentliche Hand

Literatur: *Emmerich,* Das Wirtschaftsrecht der öffentlichen Unternehmen, 1969; *ders.,* Der unlautere Wettbewerb der öffentlichen Hand, 1969; *ders.,* FS Raiser, 2004, S. 645; *ders./Steiner,* Möglichkeiten und Grenzen der wirtschaftlichen Betätigung der öffentlich-rechtlichen Rundfunkanstalten, 1986; *Grundmann,* Die öffentlich-rechtlichen Rundfunkanstalten im Wettbewerb, 1990; *Klein,* Die Teilnahme des

[49] *BGH* GRUR 2012, 74 Tz. 15f. = WRP 2014, 76 (80) – Coaching Newsletter; *OLG Karlsruhe* NJW-RR 2010, 47 (48); *OLG Frankfurt* WM 2016, 352.

[50] → 20 Rn. 35ff.; *BGH* GRUR 2014, 879 Tz. 14 = WRP 2014, 1058 – Good News III.

[51] *BVerfG* GRUR 2008, 81 (82); *BGH* LM § 1 UWG Nr. 656 = NJW-RR 1995, 42; LM § 1 UWG Nr. 672 = NJW-RR 1995, 301 (302) = GRUR 1995, 270; LM § 1 UWG Nr. 730 = NJW 1997, 1304 = GRUR 1997, 473; LM § 1 UWG Nr. 739 = NJW-RR 1997, 1401 – Emil Grünbär; LM § 1 UWG Nr. 763 = NJW-RR 1998, 831 – Azubi; NJW 2002, 2882 (2884) – Wir Schuldenmacher; *OGH* ÖBl. 1996, 194 (198).

[52] *BGH* und *OGH* (vorige Fn.); ebenso für die satirische Kritik eines Fernsehsenders an einem anderen Sender *BGH* LM § 23 UrhG Nr. 15 = NJW 2001, 603 (606).

[53] *BGH* NJW 2006, 2764 (2765 Tz. 23ff.) = GRUR 2006, 875.

[54] *OLG Hamburg* NJW-RR 2004, 1558 (1560f.).

[55] *OLG Frankfurt a. M.* GRUR-RR 2007, 16.

[56] *Klöhn,* ZHR 172 (2008), 388 (402ff.); *Zeidler,* WM 2008, 238.

[57] BGHZ 65, 325 (328) = NJW 1976, 620 = JuS 1976, 329 Nr. 6 mwN; *BGH* GRUR 1962, 34 (36); *OLG Düsseldorf* GRUR 1999, 770.

[58] *BGH* LM § 1 UWG Nr. 665 = NJW-RR 1995, 42; *OLG Frankfurt* WM 2016, 352.

[59] *BGH* LM Art. 5 GG Nr. 56 = NJW 1982, 637 (638); *OLG Hamburg* NJW-RR 2004, 199 (200).

Staates am wirtschaftlichen Wettbewerb, 1968; *Kluth,* Grenzen kommunaler Wettbewerbsteilnahme, 1988; *Poppen,* Der Wettbewerb der öffentlichen Hand, 2007; *Schachtschneider,* Staatsunternehmen und Privatrecht, 1986; *Schliesky,* Öffentliches Wettbewerbsrecht, 1997; *Schricker,* Wirtschaftliche Tätigkeit der öffentlichen Hand und unlauterer Wettbewerb, 2. Aufl. 1987; *Stober/Vogel* (Hrsg.), Wirtschaftliche Betätigung der öffentlichen Hand, 2000.

1. Zulässigkeit

Die Zulässigkeitsgrenzen für die wirtschaftliche Betätigung des Staates werden in erster Linie vom öffentlichen Recht gezogen, sodass dieser Fragenkreis das Wettbewerbsrecht nur am Rande berührt, nämlich nur dann, wenn Verstöße gegen öffentlichrechtliche Vorschriften über die Zulässigkeit der wirtschaftlichen Betätigung der öffentlichen Hand zugleich als Wettbewerbsverstöße im Sinne des UWG qualifiziert werden können.[60] Diskutiert wird dies in erster Linie für Verstöße gegen die Wirtschaftsbestimmungen der **Gemeindeordnungen der Länder,** die durchweg der wirtschaftlichen Betätigung der Gemeinden (mit unterschiedlicher Akzentsetzung) verhältnismäßig enge Grenzen setzen,[61] und zwar nicht nur, wie immer wieder behauptet wird, zum Schutze der Gemeinden vor sich selbst durch die Eingehung übermäßiger wirtschaftlicher Risiken, sondern gleichermaßen zum Schutze der Privatwirtschaft gegen die überhandnehmende Kommunalwirtschaft mit ihren inhärenten Wettbewerbsvorteilen.[62] Deshalb lag und liegt es an sich nahe, bei einer Verletzung der Gemeindeordnungen durch die Kommunen (und vergleichbarer Bestimmungen) zugleich einen Verstoß gegen das Wettbewerbsrecht unter dem Gesichtspunkt der **Unlauterkeit durch Rechtsbruch** anzunehmen (vgl. § 3a UWG und dazu → § 20).[63] 20

Eine Zeitlang schienen die Gerichte auch in der Tat zu einem derartigen Schutz der Privatwirtschaft über das Wettbewerbsrecht bereit zu sein, da sie bis in die achtziger Jahre hinein immer wieder einmal aufgrund der Generalklausel geprüft hatten, ob die wirtschaftliche Betätigung der öffentlichen Hand durch das öffentliche Recht gedeckt ist sowie, ob durch die fragliche Tätigkeit wegen der Wettbewerbsvorteile des Staates eine *ernste Gefahr für den Bestand* des freien Leistungswettbewerbs heraufbeschworen wird.[64] Freilich wurde es dabei meistens bereits als ausreichend für die Zulässigkeit der wirtschaftlichen Betätigung der öffentlichen Hand angesehen, sofern sie nur mit ihrer Tätigkeit irgendwelche **öffentlichen Zwecke** verfolgte oder wenn sonst wirtschaftlich vernünftige Gründe für ihre Tätigkeit sprachen, vorausgesetzt freilich, dass die fragliche Tätigkeit nicht zu einer Gefährdung des Wettbewerbsbestandes führte oder über das Maß des sachlich Gebotenen hinausging.[65] Als unbedenklich galten (und gelten) 21

[60] Vgl. zum Folgenden auch Immenga/Mestmäcker/*Emmerich,* § 130 Rn. 1ff: Kartellrecht, § 20 Rn. 13ff.

[61] S. zB Art. 87 BayGO; § 107 NRWGO; § 102 BWGO; § 121 HessGO.

[62] S. die Nachweise für Art. 87 BayGO in *OLG München* GewA 2000, 279 = NVwZ 2000, 825 = OLGR 2000, 271; für NRW *OVG Münster* NVwZ 2003, 1520; *Frenz,* WRP 2008, 73; für Hessen *Hauck,* WRP 2006, 323 (325f.).

[63] S. *Ackermann,* FS Tilmann, 2003, S. 73; *Emmerich,* AG 1985, 293; *Doepner,* FS Helm, 2002, S. 47 = GRUR 2003, 825 (826f.); *ders.,* WRP 2003, 1292.

[64] BGHZ 82, 375 (389ff.) = NJW 1982, 2117 = JuS 1982, 942 Nr. 8 – Brillen-Urteil; BGHZ 120, 228 (234ff.) = NJW 1993, 852 = JuS 1993, 696 Nr. 11 – Guldenburg; BGHZ 123, 157 (161ff.) = NJW 1993, 2680 = JuS 1994, 81 (82) Nr. 11 – Abrechnungs-Software; *BGH* LM § 1 UWG Nr. 785 = NJW-RR 1999, 767 (768) = GRUR 1999, 167 – Verwaltungsstellenleiter; ebenso auch *OGH* ÖBl. 2003, 233 (236).

[65] BGHZ 123, 157 (161ff.) = NJW 1993, 2680 = JuS 1994, 81 Nr. 11 – Abrechnungs-Software; *BGH* LM § 1 UWG Nr. 519 = NJW-RR 1989, 1120 – Bestattungsunternehmen III; NJW-RR 2009, 691

insbesondere auch die **wirtschaftlichen Hilfstätigkeiten** der öffentlichen Hand, für die die ausgreifenden wirtschaftlichen Aktivitäten der öffentlich-rechtlichen Rundfunkanstalten in Gestalt der sogenannten Randnutzung des Sendegutes in den unterschiedlichsten Formen nur ein Beispiel unter vielen sind.[66]

22 Von Seiten des öffentlichen Rechts war die geschilderte Praxis der ordentlichen Gerichte (→ Rn. 21) schon früh als Übergriff in die Zuständigkeit der Verwaltungsgerichte **kritisiert** worden,[67] während im Schrifttum zum Wettbewerbsrecht die Meinungen geteilt waren. Bei den Kritikern stand die Überlegung im Vordergrund, dass das UWG ausschließlich die Aufgabe habe, das Marktverhalten der Unternehmen, das sogenannte **Wie** zu regeln, nicht dagegen den Marktzutritt, das **Ob,** dessen Regelung allein Sache des öffentlichen Rechts sei, sodass das Urteil der Unlauterkeit nur an Verstöße gegen solche gesetzlichen Vorschriften anknüpfen könne, die gerade das Marktverhalten der Unternehmen regeln, während unter diesem Gesichtspunkt die Verletzung von Vorschriften über den Marktzutritt irrelevant sei.[68]

23 Der **BGH** schloss sich dieser Auffassung (→ Rn. 22) erstmals in dem Elektroarbeiten-Urteil von 2002 für Verstöße gegen die Bayerische Gemeindeordnung an.[69] Trotz der verbreiteten (und berechtigten) Kritik[70] an dieser Auffassung folgten ihr schließlich auch die Verfasser des UWG von 2004, wie aus § 3a UWG zu folgern ist (→ § 20 Rn. 13ff., 22). Deshalb ist es heute überwiegende Meinung, dass insbesondere Verstöße der öffentlichen Hand gegen die Wirtschaftsbestimmungen der Gemeindeordnungen nicht über § 3a UWG sanktioniert werden können.[71]

2. Anwendungsbereich des Wettbewerbsrechts

24 Auch die Anwendbarkeit des Wettbewerbsrechts auf die öffentliche Hand setzt nach § 1 Abs. 1 Nr. 1 UWG voraus, dass die fragliche Betätigung der öffentlichen Hand zugleich eine **geschäftliche Handlung** im Sinne des Gesetzes darstellt. Insoweit gelten an sich keine Besonderheiten (s. deshalb → Rn. 5ff.). Das UWG ist daher zB anwendbar, wenn eine Gemeinde in ihrem Mitteilungsblatt Reklame für bestimmte Unternehmen macht, mit denen sie zusammenarbeitet, ohne deren Konkurrenten über-

= GRUR 2009, 606 Tz. 14; dazu *Broß,* FS Piper, 1996, S. 107 (112ff.); ebenso *OGH* SZ Bd. 68 I Nr. 78, S. 461 (470f.) = ÖBl. 1996, 81 (85f.) – Städtische Bestattung; ÖBl. 2000, 28 (30).

[66] BGHZ 120, 228 (234ff.) = NJW 1993, 852 = JuS 1993, 696 Nr. 11 – Guldenburg; *BGH* NJW 2003, 586 (588) = GRUR 2003, 164– Altautoverwertung; LM § 1 UWG Nr. 863 (Bl. 4) = NJW 2002, 1718 – Elternbriefe; zur Kritik s. *Emmerich/Steiner,* Möglichkeiten und Grenzen der wirtschaftlichen Betätigung der öffentlich-rechtlichen Rundfunkanstalten, 1986; *Emmerich,* AG 1985, 293 (299f.); *ders.,* AfP 1986, 206.

[67] So insb. *Badura,* DÖV 1998, 818; *Pagenkopf,* GewA 2000, 177; *Quack,* FS Trinkner, 1995, S. 265; *Tettinger,* NJW 1998, 3473; *Warnecke,* JuS 2003, 958.

[68] → § 20 Rn. 8f. sowie insbesondere *Köhler,* WRP 1999, 1205; *ders.,* GRUR 2001, 777; 2004, 381; *ders.,* NJW 2002, 2761; *ders.,* FS Schmitt Glaeser, 2003, S. 499.

[69] BGHZ 150, 343 (346ff.) = NJW 2002, 2645 = JuS 2002, 1233 Nr. 11; BGHZ 156, 379 (390f.) = GRUR 2004, 255; *BGH* GRUR 2005, 960 = WuW/E DER 1555.

[70] *OLG Düsseldorf* WuW/E Verg 611 = ZIP 2002, 1661 (1655ff.); *Ackermann,* FS F. Tilmann, 2003, S. 73 (80ff. mwN); *Dettmar,* Unlauterer Wettbewerb durch Rechtsbruch, 2007, S. 94, 103ff., 163, 189ff.; *Doepner,* WRP 2003, 1292 (1298ff.); *Frenz,* WRP 2002, 1367; *Fuchs,* FS Brohm, 2002, S. 275; *Götting,* FS Schricker, 2005, S. 689 (695, 702f.); *Piper,* FS Erdmann, 2002, S. 679 = WRP 2002, 1197.

[71] S. statt aller *Hauck,* WRP 2006, 323 (327f.); *Köhler,* GRUR 2004, 381 (384f.); Köhler/Bornkamm/*Köhler,* § 4 Rn. 11.47; Ohly/Sosnitza/*Ohly,* § 4 Rn. 11/5 und 11/20; *Scherer,* WRP 2006, 401 (405).

haupt zu erwähnen.[72] Zu beachten ist indes, dass das Wettbewerbsrecht – als Sonderdeliktsrecht – zum Privatrecht gehört. Seine Anwendbarkeit auf die wirtschaftliche Betätigung der öffentlichen Hand setzt deshalb voraus, dass es sich bei den jeweils betroffenen Wettbewerbsbeziehungen überhaupt um **privatrechtlich geordnete Rechtsverhältnisse** handelt, während das Wettbewerbsrecht auf öffentlich-rechtlich geregelte Beziehungen des Staates zu seinen Konkurrenten keine Anwendung findet.[73] Die **Abgrenzungskriterien** haben im Laufe der Zeit gewechselt. Heute findet das UWG auf die Wettbewerbsbeziehungen der öffentlichen Hand zu ihren privaten Konkurrenten grundsätzlich selbst dann Anwendung, wenn die *Leistungs*beziehungen öffentlich-rechtlich geregelt sind, sofern nur die öffentliche Hand und ihre privaten Konkurrenten auf demselben Markt Leistungen anbieten, zwischen denen die Nachfrager frei wählen können.[74]

Deshalb hindert zB der Umstand, dass die Ausstrahlung der Sendungen seitens der öffentlich-rechtlichen **Rundfunkanstalten** (angeblich) hoheitlich erfolgt, nicht die Anwendung des privaten Wettbewerbsrechts auf die Beziehungen der Rundfunkanstalten zu den anderen Anbietern konkurrierender Unterhaltungs- und Werbeleistungen. Ebenso irrelevant für das UWG ist der Umstand, dass die Beziehungen der gesetzlichen **Krankenkassen,** durchweg Körperschaften des öffentlichen Rechts, zu ihren Mitgliedern öffentlich-rechtlich gestaltet sind, sodass das UWG heute auch auf die Wettbewerbsbeziehungen der Krankenkassen untereinander (wieder) anwendbar ist; die entgegenstehende Vorschrift des § 4 Abs. 3 S. 2 SGB V von 2013 ist mit Rücksicht auf die abweichende Rechtsprechung des EuGH obsolet (→ § 3 Rn. 17). 25

3. Schranken

Für die öffentliche Hand gelten im Wettbewerb aufgrund des UWG (mindestens) **dieselben Schranken** wie für ihre privaten Konkurrenten. Eine Rechtfertigung von Wettbewerbsverstößen durch die Berufung auf die (angebliche) Verfolgung öffentlicher Zwecke kommt nicht in Betracht, da nur der Gesetzgeber selbst die öffentliche Hand von der Bindung an die für alle geltenden Gesetze im Wettbewerb dispensieren kann (Art. 3 Abs. 1 GG).[75] Eine andere Frage ist, ob sich nicht aus dem UWG für die öffentliche Hand mit Rücksicht auf ihre vielfältigen Vorteile im Wettbewerb **zusätzliche Schranken** ergeben können. Die überwiegende Meinung verneint dies zwar mit dem formalen Argument, die öffentliche Hand könne sich ebenso wie die Privatwirtschaft am Wettbewerb beteiligen, sodass sie gegenüber der letzteren auch nicht benachteiligt werden dürfe.[76] Dagegen sprechen indessen die zahlreichen **Wettbewerbsvorteile** der öffentlichen Hand, die eine Gleichstellung mit der Privatwirtschaft im Wettbewerb ausschließen, sodass bei der öffentlichen Hand durchaus Handlungen, 26

[72] *BGH* GRUR 2013, 301 Tz. 21 f. = WRP 2013, 491 – Solarinitiative.

[73] Anders *Schliesky,* Öffentliches Wettbewerbsrecht, 1997; *ders.,* DVBl. 1999, 78.

[74] BGHZ(GS) 97, 312 (313 ff.) = NJW 1986, 2359; 66, 229 (235 f.) = NJW 1976, 1794 = JuS 1976, 751 Nr. 8; BGHZ 67, 81 (86 ff.) = NJW 1976, 2941; BGHZ 37, 1 (15 ff.) = NJW 1962, 1295 = JuS 1962, 264 Nr. 8; BGHZ 39, 352 (356) = NJW 1963, 1742 = JuS 1963, 451 Nr. 7; BGHZ 82, 375 (382 ff.) = NJW 1982, 2117 = JuS 1982, 942 Nr. 8 – Brillen; BGHZ 110, 278 (284) = NJW 1990, 3199 = JuS 1991, 79 Nr. 10 – ZDF; *BGH* NJW 1993, 2680 (2681) = JuS 1994, 83 Nr. 11 – Abrechnungs-Software; wegen der Einzelheiten s. Immenga/Mestmäcker/*Emmerich,* § 130 Rn. 9 ff.

[75] Ebenso *Schünemann,* WRP 2001, 466 f.; str.

[76] Statt aller zB *Fuchs,* FS Brohm, 2002, S. 275 (287).

die bei ihren privaten Konkurrenten (noch) unbedenklich sein mögen, als unlauter zu qualifizieren sein können.[77]

27 Daraus folgt vor allem, dass bei der öffentlichen Hand anders als im Regelfall (→ § 20 Rn. 15, 18 ff.) grundsätzlich **jede Verletzung gesetzlicher Vorschriften** als unlauter anzusehen ist, da es nicht angeht, dass sich die öffentliche Hand im Wettbewerb mit ihren privaten Konkurrenten über die von ihr selbst erlassenen Gesetze nach Belieben hinwegsetzt.[78] Selbst wenn man (zu Unrecht) die Meinung vertreten wollte, dass eine solche Auslegung mit § 3a UWG unvereinbar ist, hindert hier doch nichts den Rückgriff auf die Generalklausel des § 3 Abs. 1 UWG.[79] Mit § 3 Abs. 1 UWG kann aus diesem Grunde zB durchaus den üblichen Verstößen der öffentlich-rechtlichen **Rundfunkanstalten** gegen die vielfältigen Werbeverbote begegnet werden, die sich für sie aus den unterschiedlichsten Rechtsquellen ergeben, von Richtlinien der Europäischen Union bis hin zu den Rundfunkstaatsverträgen. Dasselbe gilt etwa für eine mit dem Medienrecht nicht mehr vereinbare, übermäßige Ausdehnung der wirtschaftlichen Betätigung der Anstalten, insbesondere durch die sich immer deutlicher abzeichnenden Übergriffe auf den Zeitungsmarkt – finanziert durch Gebühren, sprich: Steuern.[80] Auch das aus Art. 5 Abs. 1 S. 2 GG abgeleitete Gebot der **Staatsferne der Presse** gehört hierher; es handelt sich dabei um eine Marktverhaltensregelung im Sinne des § 3a UWG, sodass private Mitbewerber sich über § 3a und § 8 Abs. 1 und Abs. 3 Nr. 1 UWG gegen den Vertrieb von Presseartikeln durch Unternehmen wenden können, die unter maßgeblichem Einfluss der öffentlichen Hand stehen.[81]

4. Beispiele

28 Gegen § 3 Abs. 1 UWG verstößt insbesondere ein **Missbrauch der staatlichen Machtmittel** oder der staatlichen Autorität zur Unterstützung öffentlicher Unternehmen im Wettbewerb.[82] Der öffentlichen Hand, zB einer Gemeinde ist es zwar grundsätzlich gestattet, mit der privaten Wirtschaft zusammenzuarbeiten und die Öffentlichkeit darüber in angemessener Form zu informieren; dagegen verletzt sie ihre Pflicht zu einer neutralen Amtsführung und handelt deshalb unlauter (§ 3 Abs. 1 UWG), wenn sie in amtlichen Mitteilungen einzelne Unternehmen geradezu empfiehlt, ohne deren Konkurrenten überhaupt zu erwähnen.[83] Weitere Beispiele für un-

[77] Vgl. *Emmerich,* Der unlautere Wettbewerb, S. 31 ff.

[78] *Emmerich,* AG 1985, 293 (298); *ders./Steiner,* Möglichkeiten und Grenzen, S. 37 ff.; ähnlich *Schünemann,* WRP 2001, 466 (469 f.).

[79] Ebenso *Sack,* BB 2003, 1073 (1077).

[80] BGHZ 110, 278 (285 ff.) = NJW 1990, 3199 = JuS 1991, 79 Nr. 10 – ZDF; BGHZ 117, 353 (357 ff.) = NJW 1992, 2089 = JuS 1993, 164 Nr. 12 – Ereignis-Sponsoring; BGHZ 120, 228 (235 ff.) = NJW 1993, 852 = JuS 1993, 696 Nr. 11 – Guldenburg; *BGH* GRUR 2015, 1468 = WRP 2015, 1222 – Tagesschau-App.

[81] *BGH* GRUR 2012, 778 Tz. 9 ff. = WRP 2012, 935 (936) – Einkauf aktuell.

[82] BGHZ 150, 343 (349) = NJW 2002, 2645 = JuS 2002, 1233 Nr. 11 – Elektroarbeiten; *BGH* LM § 1 UWG Nr. 771 = NJW-RR 1998, 1497 (1498) – 1000 DM-Umweltbonus; LM § 1 UWG Nr. 789 = NJW-RR 1999, 1490 (1492 ff.) = GRUR 1999, 594 (597 ff.) – Holsteiner Pferd; GRUR 2009, 606 Tz. 20 = NJW-RR 2009, 691: NJW 2009, 3365 Tz. 16 f.; *OGH* ÖBl. 1990, 55 = GRURInt 1991, 309 – PSK; ÖBl. 1996, 234 (236) – Zimmerpreisliste; 2000, 28 (30 f.) – Forstpflanzen II; 2003, 233 (236 ff.) – Therme L.; *Emmerich,* Der unlautere Wettbewerb, S. 69 ff.; *Schünemann,* WRP 2001, 466 (468).

[83] *BGH* GRUR 2013, 301 Tz. 29 ff. = WRP 2013, 491 (494) – Solarinitisative; ebenso schon *BGH* LM § 1 UWG Nr. 863 (Bl. 2) = NJW 2002, 1718; NJW 2009, 3365 Tz. 16 ff. – Auskunft der IHK; *OLG Köln* GRUR 1991, 381 = WRP 1991, 259.

lautere Verhaltensweisen der öffentlichen Hand sind die Begünstigung einer kommunalen Gesellschaft, die sich als Schilderpräger betätigt, oder einzelner privater Hersteller von Schildern durch eine Gemeinde im Rahmen ihrer Kraftfahrzeug-Zulassungsstelle mit der Folge der Verdrängung der anderen Hersteller[84] sowie die Nutzung amtlich erlangter Informationen zur Förderung des Wettbewerbs öffentlicher Unternehmen.[85]

Gegen die §§ 3 Abs. 1 und 4 Nr. 10 UWG verstoßen ferner **Preisunterbietungen** öffentlicher Unternehmen, die mit Mitteln finanziert werden, die den betreffenden Unternehmen für andere öffentliche Zwecke zur Verfügung gestellt wurden.[86] Daher handelt eine Ersatzkasse zB unlauter, wenn sie im Wettbewerb mit privaten Krankenversicherern Dumping-Tarife einsetzt, die aus Beiträgen der Pflichtversicherten subventioniert werden.[87] 29

VI. Internationales Privatrecht

1. Überblick

Geschäftliche Handlungen machen nicht an den Grenzen eines Staates halt, sondern können ohne Weiteres auch auf andere Staaten ausstrahlen. Ein einfaches **Beispiel** ist die Werbung eines deutschen Unternehmens im Internet, im Fernsehen oder in der Presse gleichzeitig in mehreren deutschsprachigen Ländern. In solchen Fällen muss entschieden werden, welche der betroffenen Rechtsordnungen auf die fragliche Wettbewerbshandlung Anwendung finden soll. Das ist eine Frage des internationalen Privatrechts, speziell des sogenannten internationalen Wettbewerbsprivatrechts, das darüber entscheidet, welches Recht in Fällen mit Auslandsberührung Anwendung findet. 30

Das Wettbewerbsrecht gehört auch international-privatrechtlich zum **Deliktsrecht,** entsprechend seinem herkömmlichen Verständnis als Sonderdeliktsrecht der Unternehmen. Aus diesem Grund bildet das internationale Wettbewerbsprivatrecht einen Teil des internationalen Deliktsrechts, das in den letzten Jahren wiederholt grundlegende Änderungen erfahren hat, sodass man hier heute sorgfältig zwischen Alt- und Neufällen zu unterscheiden hat. Stichtag ist der 11.1.2009. Bei **Altfällen,** also Fällen aus der Zeit vor dem 11.1.2009, richtet sich das anwendbare Recht infolge der Neuregelung des internationalen Deliktrechts im Jahre 1999 durch das Gesetz zum internationalen Privatrecht für außervertragliche Schuldverhältnisse nach den **Art. 40 und 41 EGBGB,** die zur Bestimmung des anwendbaren Rechts in erster Linie an den **Begehungs- oder Tatort** anknüpften, sodass im Ausland begangene Wettbewerbsverstöße grundsätzlich nur nach *ausländischem* Wettbewerbsrecht zu beurteilen waren, während sich die Beurteilung im Inland begangener Wettbewerbsverstöße ohne Rücksicht auf die Nationalität der beteiligten Unternehmen allein nach *deutschem* Recht richtete (→ Rn. 32 f.).[88] Bei **Neufällen** 31

[84] *BGH* NJW 2003, 752 (754) – Schilderprägebetrieb; *OLG Köln* GRUR 1991, 381 = WRP 1991, 259.
[85] *BGH* LM § 1 UWG Nr. 863 (Bl. 4 f.) = NJW 2002, 1718 – „Elternbriefe".
[86] *Emmerich,* Der unlautere Wettbewerb, S. 24, 52 ff.; *Schünemann,* WRP 2001, 466 (467 f.); sehr eng *OLG Hamburg* WuW/E DER 4512 (4516 f.) – Elbphilharmonie; *OGH* ÖBl. 2000, 107 (109).
[87] *BGH* LM § 180 RVO Nr. 1 = NJW 1982, 2125 – Kinderbeiträge; *OGH* ÖBl. 1996, 234 (236) – Zimmerpreisliste.
[88] So BGHZ 14, 286 (291) = NJW 1954, 1931; BGHZ 21, 266 (270) = NJW 1956, 1676; BGHZ 35, 329 (333) = NJW 1962, 37; BGHZ 40, 391 (393 ff.) = NJW 1964, 969; BGHZ 113, 11 (14 f.) = NJW 1991, 1054; *BGH* LM § 13 UWG Nr. 91 = NJW 1998, 1227 (1228).

aus der Zeit nach dem 10.1.2009 ist dagegen mittlerweile gemäß Art. 3 Nr. 1 lit. a EGBGB an die Stelle der genannten Vorschriften des EGBGB mit Vorrang die **Rom II-Verordnung Nr. 864/2007** über das auf außervertragliche Schuldverhältnisse anwendbare Recht vom 11. Juli 2007[89] getreten, die heute einheitlich für sämtliche Mitgliedstaaten der EU (mit Ausnahme Dänemarks) das internationale Deliktsrecht einschließlich des internationalen Wettbewerbsrechts regelt. Einschlägig ist im vorliegenden Zusammenhang insbesondere Art. 6 Abs. 1 und 2 iVm Art. 4 der Verordnung (→ Rn. 35 ff.).

2. Früherer Rechtszustand, Marktortprinzip

32 In Wettbewerbsfällen mit Auslandsberührung richtete sich das anwendbare Recht bis Anfang des Jahres 2009 gemäß Art. 40 und 41 EGBGB von 1999 nach dem sogenannten **Begehungs- oder Tatort** (→ Rn. 31). Bei der Bestimmung des Begehungsortes tendierte die Rechtsprechung ursprünglich zu einer betont weiten Auslegung. So sollte zB bereits die bloße Vornahme von *Vorbereitungshandlungen* im Inland für die Anwendung deutschen Rechts genügen.[90] Wegen der häufig nur schwer erträglichen Konsequenzen wurde diese Rechtsprechung jedoch später wieder *aufgegeben.* Seitdem galt als Tat- oder Begehungsort nur noch derjenige Ort, an dem die speziellen wettbewerbsrechtlichen Interessen der beteiligten Unternehmen aufeinander stoßen, dh der Ort, an dem **tatsächlich** der **Wettbewerb** stattfindet.[91] Dieser Ort wird allgemein als Marktort bezeichnet, das zugrundeliegende Prinzip daher als **Marktortprinzip.**

33 Der Marktort befindet sich, wenn der Wettbewerbsverstoß im Kern in einer unzulässigen **Einflussnahme auf** die **Abnehmer** besteht, überall dort, wo um die Abnehmer geworben wird.[92] Dagegen wird in den Fällen, deren Schwerpunkt bei der **Behinderung von Konkurrenten** liegt, die Handlung als an dem Ort begangen angesehen, an dem der betroffene Konkurrent an der Teilnahme am Wettbewerb gehindert wird. In den **Ausbeutungsfällen** wird als Begehungsort schließlich derjenige Ort betrachtet, an dem das sklavisch nachgeahmte Erzeugnis abgesetzt wird, mag auch die Herstellung selbst in einem anderen Land erfolgt sein.[93] Auf einen Wettbewerb deutscher und ausländischer Unternehmen um deutsche Touristen in Spanien findet danach zB allein *spanisches* Wettbewerbsrecht Anwendung, selbst wenn die Waren später in Deutschland ausgeliefert werden.[94]

3. Rom II-Verordnung[95]

34 Seit dem 11.1.2009 sind gemäß Art. 3 Nr. 1 lit. a EGBGB an die Stelle der Art. 40 und 41 EGBGB von 1999 (→ Rn. 32 f.) die Art. 4 und 6 der Rom II-Verordnung

[89] ABl. 2007 L 199/40.

[90] *BGH* LM § 1 UWG Nr. 22 = GRUR 1955, 411.

[91] BGHZ 35, 329 (333 f.) = NJW 1962, 37 – Kindersaugflaschen; ebenso sodann BGHZ 40, 391 (395 f.) = NJW 1964, 969; BGHZ 113, 11 (15 f.) = NJW 1991, 1054 = JuS 1991, 605 Nr. 10; BGHZ 167, 91 (100 f. Tz. 25 ff.) = NJW 2006, 2630; BGHZ 185, 66 (69) = NJW 2010, 3780 – Ausschreibung in Bulgarien; *BGH* NJW 2007, 596 (597 Tz. 11) = GRUR 2007, 245; NJW 2010, 3780, *OGH* ÖBl. 2003, 133 (135 f.).

[92] BGHZ 113, 11 (15 f.) = NJW 1991, 1054; ebenso für § 5 UWG *BGH* LM § 1 UWG Nr. 369 = GRUR 1982, 495 (497 f.); s. im Einzelnen *Dethloff,* Europäisierung des Wettbewerbsrechts, 2001; S. 59 ff., 65 ff.; Köhler/Bornkamm/*Köhler,* Einl. Rn. 5.7.

[93] BGHZ 35, 329 (334 ff.) = NJW 1962, 37.

[94] BGHZ 113, 11 (15 f.) = NJW 1991, 1054 = JuS 1991, 605 Nr. 10.

[95] S. dazu *Ahrens,* FS Tilmann, 2003, S. 739; *Handig,* GRURInt 2008, 24; Harte-Bavendamm/Henning-Bodewig/*Glöckner,* Einl. Rn. C 8 ff. (S. 183 ff.): *Hein,* ZvglRWiss 102 (2003), 528; *Junker,* NJW 2007, 3675; Köhler/Bornkamm/*Köhler,* Einl. Rn. 5, 27 ff.; Ohly/Sosnitza/*Ohly,* Einf. Rn. B 13 ff.; *Sack,* WRP

Nr. 864/2007 (im Folgenden immer: VO) getreten. Danach ist bei Wettbewerbsverstößen mit Auslandsbezug zwischen marktbezogenen und betriebs- oder konkurrentenbezogenen Wettbewerbsverstößen zu unterscheiden. Bei den marktbezogenen Verstößen, solchen also, durch die vornehmlich die Interessen der **Verbraucher** betroffen werden, ist weiterhin im Grundsatz nach Art. 6 Abs. 1 VO von dem **Marktortprinzip** auszugehen (→ Rn. 32f.; → Rn. 35f.).

Art. 6 Abs. 1 VO bestimmt, dass auf außervertragliche Schuldverhältnisse aus unlauterem Wettbewerbsverhalten das Recht desjenigen Staates anzuwenden ist, in dessen Gebiet die Wettbewerbsbeziehungen oder die kollektiven Interessen der Verbraucher beeinträchtigt worden sind oder doch wahrscheinlich beeinträchtigt werden. Art. 6 Abs. 4 VO fügt hinzu, dass abweichende Vereinbarungen (anders als im Regelfall, s. Art. 14 VO) insoweit nicht zulässig sind.[96] Art. 6 Abs. 1 VO enthält eine Präzisierung des Art. 4 der VO, der in Abs. 1 bei Delikten mit Auslandsberührung grundsätzlich den Tat- oder Begehungsort bei der Rechtswahl für maßgeblich erklärt.[97] 35

Soweit es sich um geschäftliche Handlungen vor Vertragsschluss handelt, entspricht die Regelung des Art. 6 Abs. 1 VO nach allgemeiner Meinung dem zuvor schon in Deutschland anerkannten **Marktortprinzip.**[98] Wegen der Einzelheiten kann folglich auf die Ausführungen zu dem Marktortprinzip verwiesen werden (→ Rn. 32f.). Deutsches Wettbewerbsrecht findet daher **zB** Anwendung bei einer Werbung ausländischer Apotheken gegenüber deutschen *Abnehmern* über ein Call Center, über das Internet oder über die Medien,[99] bei dem Verweis auf Geschäftsbedingungen in den Angeboten ausländischer Fluggesellschaften im Internet gegenüber deutschen Abnehmern[100] sowie bei unrichtigen Behauptungen einer ausländischen Fluggesellschaft über andere Unternehmen ebenfalls im Internet.[101] Maßgebend für die Rechtswahl ist maW bei sämtlichen geschäftlichen Handlungen gegenüber potentiellen Abnehmern der Ort, an dem auf die Entschließungen der Kunden eingewirkt werden soll.[102] Liegt dieser Ort (auch) in Deutschland, so ist – zum Schutze deutscher Abnehmer – deutsches Wettbewerbsrecht anzuwenden. 36

Eine abweichende Regelung gilt nach **Art. 6 Abs. 2 VO,** wenn ein unlauteres Wettbewerbsverhalten *ausschließlich* die Interessen eines *bestimmten Wettbewerbers* beeinträchtigt. In diesem Fall ist Art. 4 der Verordnung anwendbar, sodass nach Abs. 2 dieser Vorschrift in erster Linie das Recht des gemeinsamen gewöhnlichen Aufenthalts der Beteiligten maßgebend ist; hilfsweise gilt das Recht des Erfolgsortes (Art. 4 Abs. 1 VO), sofern nicht der Verstoß offensichtlich eine engere Verbindung zu einer anderen 37

2008, 1405; *ders.,* GRURInt 2012, 601; Staudinger/*Fezer/Koos,* Internationales Wirtschaftsrecht, 2010, Rn. 637ff. (S. 323ff.).

[96] Ebenso schon nach früherem Recht *BGH* GRUR 2013, 421 Tz. 10 = WRP 2013, 479 (481) – Pharmazeutische Beratung.

[97] Erwägungsgrund Nr. 21 S. 1 zu der VO; *BGH* WRP 2009, 1640 Tz. 19.

[98] So ausdrücklich BGHZ 194, 354 (358 Tz. 15) = GRUR 2013, 417; Köhler/Bornkamm/*Köhler,* Einl. Rn. 5.34; Ohly/Sosnitza/*Ohly,* Einf. Rn. B 15, 17f.; Harte-Bavendamm/Henning-Bodewig/*Glöckner,* Einl. Rn. C 133ff.

[99] BGHZ 194, 354 (358 Tz. 15) = GRUR 2013, 417; *BGH* GRUR 2013, 421 Tz. 10 = WRP 2013, 479 (481) – Pharmazeutische Beratung.

[100] *BGH* WRP 2009, 1045 Tz. 19.

[101] *BGH* NJW 2014, 2504 (2507 Tz. 37f.).

[102] BGHZ 185, 66 (68f. Tz. 10) = NJW 2010, 3780 – Ausschreibung in Bulgarien.

Rechtsordnung aufweist (Art. 4 Abs. 3 VO).[103] Überwiegend werden Art. 6 Abs. 2 VO solche Fälle zugeordnet, deren Schwerpunkt in einer „gezielten" Behinderung eines Konkurrenten besteht (sog **bilaterales Wettbewerbsverhalten**).[104]

Beispiele sind die Fälle der Abwerbung von Mitarbeitern, der Industriespionage, des Verrats von Geschäftsgeheimnissen oder der Verleitung von Mitarbeitern zum Vertragsbruch.[105]

Soweit dagegen durch das fragliche Verhalten *zugleich* die Interessen der **Verbraucher** betroffen sind, wie zB bei Boykottaufrufen, Schutzrechtsverwarnungen oder irreführenden Behauptungen gegenüber der Allgemeinheit, bleibt es bei der Anwendung des Art. 6 Abs. 1 VO und damit bei der Maßgeblichkeit des **Marktortprinzips.**[106]

38 Besondere Schwierigkeiten bereitet nach wie vor insbesondere die Behandlung der sogenannten **Multistate-Fälle,** dh von Wettbewerbsverstößen in Medien, die über eine Vielzahl von Staaten verbreitet werden. Paradigma ist die **Werbung im Internet,** bei der es nach dem Gesagten zur parallelen Anwendbarkeit einer Vielzahl nationaler Wettbewerbsordnungen kommen kann.[107] Folgerichtig haben die deutschen Gerichte bisher auf die Internetwerbung aus dem Ausland durchweg (auch) deutsches Recht angewandt, wenn die Werbung (unter anderem) gezielt für den deutschen Markt bestimmt war und sich dort auswirkte.[108] Befriedigend ist das kaum, sodass in derartigen Fällen auf die Dauer wohl nur der Übergang zu dem **Herkunftslandprinzip** weiterhilft, nach dem im Binnenmarkt nach der Harmonisierung des Lauterkeitsrechts – freilich bisher nur für den Bereich B2C – allein das Recht an dem Ort des Sitzes des jeweiligen Täters maßgebend ist. Dieses Regelungsmuster liegt tatsächlich bereits der Fernsehrichtlinie von 1989 in der Fassung von 1997,[109] der Richtlinie über den Satellitenrundfunk von 1993[110] sowie der Richtlinie über den elektronischen Geschäftsverkehr, der sogenannten E-Commerce-Richtlinie von 2000 zugrunde.[111] Für das Lauterkeitsrecht ist es der Kommission dagegen bisher nicht gelungen, gegen den Widerstand der Mitgliedstaaten ebenfalls die Anwendung des Herkunftslandprinzips durchzusetzen.[112]

---

103 *Sack,* GRURInt 2012, 601 (604).

104 *Sack,* GRURInt 2012, 601 (604ff.).

105 *Sack,* GRURInt 2012, 601 (606ff.).

106 BGHZ 185, 66 (72) = NJW 2010, 3780 Tz. 19; Ohly/Sosnitza/*Ohly,* Einf. Rn. B 16.

107 S. dazu *Ahrens,* FS Tilmann, 2003, S. 739 (751f.); *Apel/Grapperhaus,* WRP 1999, 1247; *Dethloff,* NJW 1998, 1596 (1601f.); *dies.,* JZ 2000, 179, 181ff.; *dies.,* Europäisierung des Wettbewerbsrechts, 2001, S. 122, 292ff.; *Glöckner,* ZVglRWiss 99 (2000), 278; *Mankowski,* GRURInt 1999, 909; *Ohly,* WRP 2006, 1401; *Ruess/Patzak,* RDV 2003, 167; *Sack.* WRP 2015, 1281; 2015, 1417.

108 Beispiele → Rn. 37 sowie in BGHZ 167, 91 (98 Tz. 21) = NJW 2006, 2630 (2632); *BGH* LM § 1 UWG Nr. 772 (Bl. 2 R) = NJW 1998, 2531– Co-Verlagsvereinbarung; NJW 2007, 596 (597 Tz. 13) = GRUR 2007, 245.

109 ABl. 1989 L 298/23; 1997 L 202/60.

110 ABl. 1993 L 248/15.

111 ABl. 2000 L 178/1.

112 *Henning-Bodewig,* GRURInt 2004, 183 (187, 193).

§ 5. Unlauterkeit

Literatur (Auswahl): *Anders,* Subjektive Elemente des Sittenwidrigkeitsbegriffs des § 1 UWG, 2000; *Böhm,* Wettbewerb und Monopolkampf, 1933/1964; *Dohrn,* Die Generalklausel der Richtlinie über unlautere Geschäftspraktiken – ihre Interpretation und Umsetzung, 2008; *Freiberger,* Der Wahrheitsgrundsatz und die Pflicht zur Wahrhaftigkeit im Wettbewerbsrecht, 1938; *Glöckner,* Europäisches Lauterkeitsrecht, 2006; *Hefermehl,* Konkretisierung der wettbewerbsrechtlichen Generalklausel, in: Gewerblicher Rechtsschutz und Urheberrecht in Deutschland, Bd. 2, 1991, S. 897; *Hilly/Henning-Bodewig* (Hrsg.), Lauterkeitsrecht und Aquis Communitaire, 2009; *Isay,* Rechtsnormen und Entscheidung, 1929; *ders.,* Das Rechtsgut des Wettbewerbsrechts, 1933; *Keßler/Micklitz,* Die Harmonisierung des Lauterkeitsrechts in den Mitgliedstaaten der EU und die Reform des UWG, 2003; *Kirchberger,* Unlauterer, sittenwidriger und unerlaubter Wettbewerb, 1931; *Lobe,* Der unlautere Wettbewerb, Bd. I, 1907; *Lux,* Der Tatbestand der allgemeinen Marktbehinderung, 2006; *Merz,* Die Vorfeldthese, 1988; *Mestmäcker,* Der verwaltete Wettbewerb, 1984; *Nipperdey,* Wettbewerb und Existenzvernichtung, 1930 = KartRdsch 1930, 127; *Ohly,* Richterrecht und Generalklausel im Recht des unlauteren Wettbewerbs, 1997, S. 205ff.; *Sambuc,* Folgenerwägungen im Richterrecht, 1977; *Schnieders,* Allgemeininteresse im Wettbewerbsrecht, 1999; *Schricker,* Gesetzesverletzung und Sittenverstoß, 1970; *ders./Henning-Bodewig* (Hrsg.), Neuordnung des Wettbewerbsrechts, 1999; *Schwent,* Der Leistungswettbewerb als ein geschütztes Rechtsgut des deutschen und französischen Wettbewerbsrechts?, 1991; *Sosnitza,* Wettbewerbsbeschränkungen durch die Rechtsprechung, 1995; *Teubner,* Standards und Direktiven in Generalklauseln, 1971; *Ulmer,* Sinnzusammenhänge im modernen Wettbewerbsrecht, 1932; *Wunderle,* Verbraucherschutz im Europäischen Lauterkeitsrecht, 2009.

I. Überblick

Die zentrale Vorschrift des UWG ist der § 3. Während diese Vorschrift jedoch in ihrer ursprünglichen Fassung im Anschluss an § 1 UWG von 1909 nur *eine* umfassende Generalklausel enthielt, finden sich heute in § 3 seit 2008 aufgrund der Anpassung an die UGP-Richtlinie nebeneinander *zwei* Generalklauseln. Nach § 3 Abs. 1 UWG sind unlautere geschäftliche Handlungen unzulässig. Abs. 2 der Vorschrift fügt hinzu, dass geschäftliche Handlungen *gegenüber Verbrauchern* unzulässig sind, wenn sie nicht der unternehmerischen Sorgfalt entsprechen und geeignet sind, das wirtschaftliche Verhalten der Verbraucher wesentlich zu beeinflussen. Auf welche Verbraucher oder Verbrauchergruppen dabei abzustellen ist, ergibt sich im Einzelnen aus § 3 Abs. 4 UWG. 1

Die Generalklausel des § 3 UWG steht heute – anders als zB noch unter dem UWG von 1909 – nicht mehr allein, sondern wird im unmittelbaren Anschluss an § 3 UWG in den Vorschriften der §§ 3a–6 Abs. 2 UWG durch die Aufzählung verschiedener **Beispielstatbestände** zur Umsetzung der Art. 6–9 der UGP-Richtlinie erläutert. Davon zu unterscheiden sind die Fälle des § 3 Abs. 3 UWG und des § 7 UWG sowie die Straftatbestände der §§ 16–19 UWG. Nach § 3 Abs. 3 UWG sind die im **Anhang** aufgeführten geschäftlichen Handlungen gegenüber Verbrauchern stets unzulässig, sodass in diesen Fällen die sonst erforderliche Prüfung der sogenannten Verbraucherrelevanz der geschäftlichen Handlung entfällt. Ebenso verhält es sich im Ergebnis in den Fällen unzumutbarer Belästigungen nach **§ 7 UWG,** die ebenfalls generell unzulässig sind, sodass es sich bei § 7 UWG (der nicht auf § 3 UWG Bezug nimmt) um einen selbstständigen Verbotstatbestand handelt. Hinzu kommen noch die Straftatbestände der §§ 16–18 UWG, sodass das UWG heute vier (oder bei Mitzählung der Straftatbestände sogar fünf) verschiedene Verbotstatbestände enthält. 2

Der skizzierte Aufbau des UWG im Anschluss an die Richtlinie nötigt zu einem **dreistufigen Prüfungsschema** in Wettbewerbssachen. Auf der ersten Stufe ist zu prüfen, 3 ob einer der stets unzulässigen Tatbestände des Anhangs zu § 3 Abs. 3 UWG erfüllt ist. „Stets unzulässig" (so § 3 Abs. 3 UWG) bedeutet, dass die Erfüllung des Tatbestandes der einzelnen Nummern des Anhangs nicht davon abhängig ist, ob eines der Relevanzkriterien des Gesetzes erfüllt ist oder ob zusätzlich ein Verstoß gegen die unternehmerische Sorgfalt vorliegt; vielmehr ist *jede* geschäftliche Handlung eines Unternehmers gegenüber Verbrauchern per se unzulässig und verboten, wenn sie einen der im Anhang zu § 3 Abs. 3 aufgezählten Tatbestände erfüllt.[1] Wenn dagegen keiner dieser Tatbestände vorliegt, sind auf der nächsten Stufe die Beispielstatbestände der §§ 3a–6 und 7 UWG (sowie ergänzend die Straftatbestände der §§ 16–18 UWG) mit ihren unterschiedlichen Relevanz- und Unwertkriterien zu prüfen. Nur wenn auch die Prüfung der Beispielstatbestände negativ ausfällt, kommt schließlich heute noch auf der letzten Stufe ein Rückgriff auf die Unternehmergeneralklausel des § 3 Abs. 1 UWG oder die Verbrauchergeneralklausel des § 3 Abs. 2 und Abs. 4 UWG in Betracht.

4 Die beiden Generalklauseln des Gesetzes in § 3 Abs. 1 und § 3 Abs. 2 und Abs. 4 UWG haben damit heute im Ergebnis nur noch eine verhältnismäßig **beschränkte praktische Bedeutung** in verschiedenen, zudem durchweg problematischen Fallgruppen, die mit den §§ 3a–7 UWG nicht erfasst werden können. Das stellt eine völlige Umkehrung der Verhältnisse im Vergleich mit der Situation unter dem Gesetz von 1909 dar, unter dessen Geltung die ganze Materie fast komplett beinahe einhundert Jahre lang von der alten Generalklausel des § 1 von 1909 dominiert wurde.[2] Dies legt es nahe, die Diskussion des heutigen § 3 UWG mit einem Rückblick auf die Entwicklung der Interpretation der Generalklausel seit Inkrafttreten des alten Gesetzes von 1909 zu beginnen.

II. Von der Anstandsformel zum funktionalen Verständnis der Generalklausel

5 Nach § 1 UWG von 1909 konnte auf Unterlassung und Schadensersatz in Anspruch genommen werden, wer Wettbewerbshandlungen vornahm, „die gegen den guten Sitten verstoßen".[3] Die Diskussion über die Auslegung dieser sog *Sittenwidrigkeitsklausel* beherrschte buchstäblich für fast 100 Jahre die wettbewerbsrechtliche Auseinandersetzung, in der die unterschiedlichsten Ansätze zur Präzisierung der Sittenwidrigkeitsklausel entwickelt und wieder verworfen wurden. Vorbild des § 1 UWG von 1909 war § 826 BGB. So erklärte es sich, dass die sogenannte **Anstandsformel**[4] über Jahrzehnte hinweg die Rechtsprechung zu § 1 UWG von 1909 und sodann zunächst auch zu § 3 UWG von 2004 beherrscht hatte. Eine weitere Auseinandersetzung mit dieser Praxis lohnt sich im Wettbewerbsrecht indessen nicht mehr, weil der BGH im Jahr 2006 die Anstandsformel mit einer Handbewegung in die Rechtsgeschichte verabschiedet hat – mit der (zutreffenden) Begründung, dass der Wettbewerb in bedenklicher Weise beschränkt werde, wenn das Übliche zur Norm erhoben würde.[5]

---

[1] S. zB *Köhler,* FS Bornkamm, 2014, S. 393.

[2] Das Nachschlagewerk des BGH („LM") verzeichnet von 1950 bis zu seiner Einstellung aus Mangel an Abnehmern im Jahre 2002 883 Entscheidungen des BGH zu § 1 UWG von 1909.

[3] RGBl. S. 499.

[4] Nach der Anstandsformel ist Maßstab der Sittenwidrigkeit „das Anstandsgefühl aller billig und gerecht Denkenden" (Motive Bd. II, S. 727).

[5] BGHZ 166, 154 (161 f. Tz. 19) = NJW 2006, 2627 = JuS 2006, 1030 Nr. 11 – Probeabonnement.

Die geschilderte Wendung der Rechtsprechung (→ Rn. 5) deckte sich durchaus mit den Intentionen der **Verfasser des UWG von 2004,** die zu § 3 UWG bemerkt hatten, der Begriff der Unlauterkeit löse den bisher verwandten Begriff der guten Sitten ab; unlauter seien alle Handlungen, die den anständigen Gepflogenheiten in Handel, Gewerbe, Handwerk oder selbständiger beruflicher Tätigkeit zuwiderlaufen.[6] Die Gesetzesverfasser nahmen damit ebenso wie wenig später der BGH[7] ausdrücklich Bezug auf Art. 10bis Abs. 2 PVÜ, nach dem jede Wettbewerbshandlung unlauter ist, „die den anständigen Gepflogenheiten in Gewerbe und Handel zuwiderläuft" (→ § 2 Rn. 1 f.). In dieselbe Richtung weist heute die neue Definition der unternehmerischen Sorgfalt in § 2 Abs. 1 Nr. 7 UWG in der Fassung von 2015 durch die Betonung der „anständigen Marktgepflogenheiten" als Sorgfaltsmaßstab. 6

Mit **Gepflogenheiten** („usages") bezeichnet man gemeinhin die *in der Gesellschaft* entwickelten und anerkannten Regeln für das äußere Verhalten der Menschen. Legt man dieses Begriffsverständnis dem Art. 10bis PVÜ und im Anschluss daran der wettbewerbsrechtlichen Generalklausel (§ 3 Abs. 1 UWG) zugrunde, so bedeutete dies der Sache nach nichts anderes als eine Interpretation der Generalklausel iS eines Verweises auf derartige geschäftliche Gepflogenheiten, für die sich im vorliegenden Zusammenhang der Begriff **Konventionalnormen** eingebürgert hat. Stattdessen böte sich auch der Begriff „Geschäftsmoral" an. Die Generalklausel hätte dann die Aufgabe, die im Geschäftsleben oder allgemeiner: in der Wirtschaft selbst entwickelten Regeln für das Verhalten der Unternehmen, dh die Konventionalnormen, zu verrechtlichen, freilich *nur,* sofern es sich dabei zugleich um *„anständige"* Regeln („usages honnêtes") handelt.[8] 7

Die deshalb nötige Unterscheidung zwischen „anständigen" und (wenn man so will) „unanständigen", dh unlauteren Gepflogenheiten oder Regeln dürfte im Ergebnis kaum weniger schwierig sein als die zwischen lauteren und unlauteren oder sittengemäßen und unsittlichen oder sittenwidrigen Wettbewerbshandlungen. Dies gibt Anlass zu einem kurzen Ausblick auf die wichtigsten weiteren, zur Konkretisierung der wettbewerbsrechtlichen Generalklausel entwickelten Ansätze, von denen heute freilich nur noch das funktionale Verständnis des § 3 UWG ernsthaft diskutiert wird (→ Rn. 9 f.). 8

Das UWG ist nach seiner Überschrift ein Gesetz *„gegen* den unlauteren Wettbewerb", dh schlicht ein Gesetz zum Schutze des lauteren Wettbewerbs (s. § 1 UWG und dazu → § 3 Rn. 9 ff.). Folgerichtig verbietet das Gesetz in § 3 Abs. 1 – in Übereinstimmung mit Art. 5 Abs. 1 der UGP-Richtlinie – generell „unlautere geschäftliche Handlungen". Aus § 1 S. 2 UWG ergibt sich zugleich, dass das Gesetz das Gegenteil des unlauteren Wettbewerbs in erster Linie in einem „unverfälschten Wettbewerb" sieht. Eine Vorstellung über das, was das Gesetz unter unlauterem Wettbewerb (§ 3 UWG) versteht, kann man folglich nur gewinnen, wenn man sich zuvor ein Bild von dem **„unverfälschten Wettbewerb"** verschafft, dessen Schutz nach § 1 S. 2 UWG die vorrangige Aufgabe des Gesetzes ist. Oder anders ausgedrückt: **Referenzsystem** für die Konkretisierung des Begriffs der Unlauterkeit in § 3 Abs. 1 UWG können allein die 9

[6] Begr. von 2003, BT-Drs. 15/1487, S. 16 (l. Sp. o. 2. Abs.).

[7] BGHZ 168, 314 (321 Tz. 29) = NJW 2006, 3490 (3492) = JuS 2007, 398 Tz. 16 – Kontaktanzeigen.

[8] So zB *v. Godin,* GRUR 1966, 129; *Henning-Bodewig,* GRURInt 2012, 997 (1002, 1005 f.); 2014, 997; 2015, 529; *Kirchberger,* Unlauterer, gesetzwidriger und unerlaubter Wettbewerb, 1931, S. 25, 47 ff.; *Lobe,* Gruchot 72 (1932), 145 (152 ff.); *Teubner,* Standards, S. 65 ff.

dem UWG letztlich zugrundeliegenden **Vorstellungen von unverfälschtem Wettbewerb** sein, zu deren Präzisierung in erster Linie auf die UGP-Richtlinie sowie auf die Beispielstatbestände der §§ 3a–6 sowie auf § 7 UWG zurückzugreifen sein wird.

10 Referenzsystem zur Konkretisierung des Begriffs der Unlauterkeit in § 3 Abs. 1 UWG sollte deshalb in erster Linie das durch das UWG und unsere Rechtsordnung in ihrer Gesamtheit konstituierte **System unverfälschten Wettbewerbs** sein, aus dem die Maßstäbe für die Beurteilung der Unlauterkeit von Wettbewerbshandlungen abzuleiten sind, unlauter deshalb, weil sie in besonders schwerwiegender Weise mit den Gesetzmäßigkeiten und der Funktionsweise eines solchen Systems unverfälschten Wettbewerbs unvereinbar sind und sie deshalb eine so schwerwiegende **Störung der Wettbewerbsordnung** darstellen, dass ein Eingreifen des Gesetzes erforderlich wird, wofür in erster Linie von den Beispielstatbeständen des UWG auszugehen sein dürfte. Dieses sogenannte funktionale Verständnis des UWG hatte sich im Anschluss an *Franz Böhm*[9] schon unter dem alten UWG von 1909 weitgehend durchgesetzt.[10]

11 Damit ist zugleich gesagt, dass unsere Vorstellungen über die Funktionsbedingungen und die Funktionsweise eines Systems unverfälschten Wettbewerbs auch die **Maßstäbe** abgeben, anhand derer überprüft werden kann, ob die wie immer ermittelten Gepflogenheiten in Handel und Industrie zugleich auch *anständige* Marktgepflogenheiten sind (Art. 10bis Abs. 2 PVÜ und § 2 Abs. 1 Nr. 7 iVm § 3 Abs. 2 UWG). Diese Überprüfung und allgemeiner: die Konkretisierung der sich aus dem funktionalen Verständnis des UWG ergebenden Maßstäbe zur Kontrolle unternehmerischen Verhaltens im Einzelfall sind die ureigene **Aufgabe der Rechtsprechung** und hier insbesondere des BGH – woraus sich die zentrale Rolle der Rechtsprechung bei der Entfaltung und Fortentwicklung des Lauterkeitsrechts erklärt. Im Schrifttum wird dies allgemein als **Rechtsfortbildungsauftrag** der Rechtsprechung, insbesondere im Wege der Konkretisierung der Generalklauseln, umschrieben. Auch die Verfasser der zweiten Novelle von 2015 haben diese Aufgabe der Rechtsprechung im Zusammenhang mit § 3 Abs. 1 UWG erneut ausdrücklich bekräftigt.[11]

12 Im Ergebnis sind es somit insbesondere zwei Parameter oder **Maßstäbe,** an denen sich die Gerichte bei der ihnen vom Gesetzgeber übertragenen Aufgabe der Konkretisierung der Generalklauseln des § 3 Abs. 1 und Abs. 2 UWG zu orientieren haben: einmal das herkömmliche *funktionale Verständnis* der Generalklauseln und der vom Gesetz jetzt ausdrücklich in Bezug genommenen anständigen Marktgepflogenheiten, zum anderen – und zwar mit Vorrang – wegen der notwendigen Richtlinienkonformi-

[9] *Böhm,* Wettbewerb und Monopolkampf, 1933/1964, S. 104, 124, 273f.

[10] *Baudenbacher,* Suggestivwerbung, 1978, S. 134ff.; *Emmerich,* FS Gernhuber, 1993, S. 857 (859ff.); *ders.,* FG 50 Jahre BGH, Bd. II, 2000, S. 627 (631ff.); *Hefermehl,* in: Gewerblicher Rechtsschutz und Urheberrecht in Deutschland, Bd. II, 1991, S. 897 (903ff.); *Koppensteiner,* öWiBl. 1995, 1; *Lux,* Tatbestand, S. 333, 348ff.; *Merz,* Vorfeldthese, 1988, S. 61, 198, 262ff.; *Möschel,* Pressekonzentration und Wettbewerbsgesetz, 1978, S. 139ff.; Harte-Bavendamm/Henning-Bodewig/*Podszun,* § 3 Rn. 108ff.; ebenso zB *BVerfG* NJW 2001, 3403 (3404f.) = GRUR 2001, 1058 – Therapeutische Äquivalenz; NJW 2002, 1187 (1188f.) = GRUR 2002, 455 – Tier- und Artenschutz; NJW 2003, 277 (278) = WRP 2003, 69 – Juve-Handbuch; ebenso: *OGH* ÖBl. 2003, 238 (240); 2006, 169 (170); WuW 2008, 911 (912) = WuW/E KRInt 217 (218f.); – zur Entwicklung der Rechtsprechung des *BGH* s. *Emmerich,* FG 50 Jahre BGH, Bd. II, 2000, S. 627 mN.

[11] Ausschussbericht, BT-Drs. 18/6571, S. 14f. („Zu Nr. 2 Abs. 21"); ebenso auch schon 2003 die Begr., BT-Drs. 15/1487, S. 16 (r. Sp.).

tät der Auslegung des UWG (→ § 1 Rn. 27) die *UGP-Richtlinie.* Nicht zufällig war es daher gerade die Forderung der Kommission nach möglichst vollständiger Umsetzung der Richtlinie, die letztlich zu der zweiten Novelle von 2015 geführt hat.[12]

III. Systematik

Das **UWG von 2004** hatte die Sittenwidrigkeitsklausel des § 1 UWG von 1909 zunächst in § 3 durch eine **Unlauterkeitsklausel** ersetzt, weil der Maßstab der guten Sitten antiquiert wirke. Im Zuge der weiteren Anpassung des UWG an die UGP-Richtlinie wurde sodann 2008 die Generalklausel des § 3 Abs. 1 UWG durch eine spezielle Regelung allein für das Verhältnis zu Verbrauchern in Abs. 2 S. 1 der Vorschrift ergänzt, nach der geschäftliche Handlungen in diesem Verhältnis „jedenfalls" dann unzulässig (weil unlauter) sein sollten, wenn sie nicht der für den Unternehmer geltenden fachlichen Sorgfalt entsprechen (sog Unwertkriterium) *und* dazu geeignet sind, die Fähigkeit des Verbrauchers zu rationalen Entscheidungen zu beeinträchtigen (sog Relevanzkriterium). 13

Mit dieser eigenartigen Regelung, eigenartig wegen des Nebeneinanders zweier Generalklauseln in den Abs. 1 und 2 des § 3 UWG, hatte sich Deutschland seinerzeit für das integrative und gegen das duale Modell bei der Umsetzung der Richtlinie entschieden, gekennzeichnet durch die gleichzeitige Regelung des Fragenkreises für den B2B- und den B2C-Bereich in einem Gesetz, mit sämtlichen damit notwendigerweise verbundenen Komplikationen (→ § 1 Rn. 26). Zu diesen Komplikationen gehört insbesondere das Problem, in welchem Verhältnis die beiden in § 3 UWG zusammengefassten Generalklauseln (§ 3 Abs. 1 und Abs. 2 und 4 UWG) zueinander stehen. 14

Im **Schrifttum** fanden sich zu dem Verhältnis zwischen § 3 Abs. 1 und § 3 Abs. 2 UWG idF von 2008 sehr unterschiedliche Auffassungen.[13] Nahe lag zunächst die Auffassung, dass § 3 Abs. 2 UWG lediglich eine **Präzisierung** oder Konkretisierung der „eigentlichen" Generalklausel des § 3 Abs. 1 UWG speziell für den B2C-Bereich darstellte.[14] Nach anderen enthielt dagegen das UWG im Grunde im Anschluss an die Richtlinie **zwei verschiedene Gesetze,** die nur äußerlich aus Gründen der Tradition und der Praktikabilität zusammengefasst wurden, nämlich ein UWG für den B2C-Bereich und ein zweites für den B2B-Bereich, sodass auf den B2C-Bereich allein die Vorschrift des § 3 Abs. 2 UWG (unter Ausschluss des § 3 Abs. 1 UWG) Anwendung finden sollte.[15] Eine dritte Meinung wollte schließlich streng zwischen den verschiedenen Tatbeständen des UWG trennen, die **je eigene Verbotstatbestände** seien. Konkret gesprochen bedeutete dies, dass im B2C-Bereich die § 3 Abs. 2 und 4, § 3 Abs. 3, die §§ 3a–6 und § 7 UWG selbstständig nebeneinander stehen, sodass sich die Bedeutung des § 3 Abs. 2 und 4 UWG auf die eines Auffang- und Sperrtatbestandes beschränkte.[16] 15

[12] So ausdrücklich die Begr. v. 2015, BT-Drs. 18/4535, S. 1, 8; der Ausschussbericht von 2015, BT-Drs. 18/6571, S. 1.

[13] Überblicke bei *Köhler,* WRP 2010, 1293 (1296ff.); *Scherer,* WRP 2010, 586; vgl. außerdem *Köhler,* GRUR 2010, 767; 2011, 478; Köhler/Bornkamm/*ders.,* § 3 Rn. 6ff., § 4 Rn. 1.5; Harte-Bavendamm/Henning-Bodewig/*Podszun,* § 3 Rn. 1, 34, 49, 73ff.; Ohly/Sosnitza/*Sosnitza,* § 3 Rn. 4ff.; MüKoUWG/*ders.,* § 3 Rn. 16, 109ff.

[14] In diesem Sinne insb. *Scherer,* WRP 2010, 586; Ohly/Sosnitza/*Sosnitza,* § 3 Rn. 4ff.

[15] So insb. *Fezer,* WRP 2009, 1163; 2010, 677; *ders.,* § 3 Rn. 31ff.

[16] So wiederholt *Köhler,* WRP 2010, 1293 (1296ff.); *ders.,* GRUR 2010, 767; 2011, 478.

16 Im Zuge der Arbeiten an der zweiten Novelle von 2015 war zunächst beabsichtigt gewesen, erstmals in § 3 Abs. 2 und in § 3 Abs. 3 des Entwurfs eine Verbraucher- und eine Unternehmergeneralklausel nebeneinander zu stellen und die Rolle des unveränderten § 3 Abs. 1 auf die einer Rechtsfolgenanordnungen zu beschränken.[17] Später ist man indessen davon wieder abgekommen und hat sich im Wesentlichen mit einer weiteren Präzisierung der Verbrauchergeneralklausel in § 3 Abs. 2 und Abs. 4 zwecks Anpassung an die Richtlinie begnügt. In dem Ausschussbericht vom November 2015[18] heißt es dazu, § 3 Abs. 1 des Gesetzes enthalte in erster Linie für den Geltungsbereich der Richtlinie eine Regelung der Rechtsfolgen; außerhalb des Anwendungsbereichs der UGP-Richtlinie und der Irreführungsrichtlinie von 2006 fungiere § 3 Abs. 1 des Gesetzes außerdem als Auffangtatbestand für nicht geregelte Fälle, wobei es der Rechtsprechung überlassen bleiben solle, gegebenenfalls „angemessene Spürbarkeitserfordernisse", dh Relevanzkriterien, aufzustellen. Eine besondere Unternehmergeneralklausel für das Verhältnis zu Mitbewerbern und sonstigen Marktteilnehmern (wie noch im Regierungsentwurf geplant) sei neben dem Auffangtatbestand des § 3 Abs. 1 entbehrlich.

17 Damit steht nunmehr fest, dass im Verhältnis zwischen Unternehmen und sonstigen Marktteilnehmern mit Ausnahme der Verbraucher **(B2B)** allein die „große" Generalklausel des **§ 3 Abs. 1 UWG** anzuwenden ist, konkretisiert durch die verschiedenen Beispielstatbestände in § 3a, § 4 Nr. 1–4, § 4a und in § 6 Abs. 2 Nr. 3–6 UWG, wobei zu beachten ist, dass sich die Beispielstatbestände der §§ 3a–6 Abs. 2 UWG nicht streng auf die Bereiche B2C und B2B aufteilen lassen, manche Beispielstatbestände vielmehr durchaus Fallgestaltungen aus *beiden* Bereichen umfassen, worauf bei der Anwendung Rücksicht zu nehmen ist. Beispiele sind insbesondere § 3a, § 4a, § 5 und § 5a sowie § 6 Abs. 2 UWG.

18 Was sodann den Anwendungsbereich der Richtlinie, dh den Bereich **B2C** angeht, so steht aufgrund des dreistufigen Aufbaus des Gesetzes (→ Rn. 3) fest, dass in jedem Fall von den Tatbeständen des **Anhangs** (§ 3 Abs. 3 UWG) und sodann von den **Beispielstatbeständen** der §§ 3a, 4a–6 Abs. 2 UWG sowie von § 7 UWG auszugehen ist. Soweit diese Tatbestände auf der UGP- oder auf der Irreführungsrichtlinie von 2006 beruhen, bedarf es daneben keiner zusätzlichen Prüfung des Unwertkriteriums des § 3 Abs. 2 (durch Missachtung der Regeln unternehmerischer Sorgfalt im Sinne des § 2 Abs. 1 Nr. 7 UWG), weil die Einzeltatbestände der beiden Richtlinien die Voraussetzungen einer unerlaubten geschäftlichen Handlung nach der Rechtsprechung des EuGH abschließend normieren.[19] Hinsichtlich der Relevanzkriterien gilt dasselbe, jedenfalls soweit die Tatbestände der Richtlinie eigene Relevanzkriterien enthalten. Die Bedeutung der Vorschrift des § 3 Abs. 2 UWG beschränkt sich daher in der Tat auf die eines **Auffang- und Sperrtatbestandes** für den Bereich **B2C** – womit zugleich gesagt ist, dass die praktische Bedeutung des § 3 Abs. 2 in der Fassung von 2008 und 2015 gering sein dürfte.[20]

[17] Begr. v. 2015, BT-Drs. 18/4535, S. 10ff.; s. dazu *Henning-Bodewig,* GRURInt 2015, 529; *Hetmank,* GRUR 2015, 323; *Kirchhoff,* WRP 2015, 659; *Köhler,* WRP 2015, 275; 2015, 1037; *Sack,* WRP 2015, 663; *Sosnitza,* GRUR 2015, 318.

[18] BT-Drs. 18/6571, S. 14f.

[19] → § 13 Rn. 5; grdl. *EuGH* GRUR 2014, 493 Tz. 25ff. = WRP 2014, 933 – Posteshop.

[20] Ebenso im Kern *Köhler,* WRP 2010, 1293; 2014, 259 (262); *ders.,* GRUR 2010, 767; 2011, 428; Harte-Bavendamm/Henning-Bodewig/*Podszun,* § 3 Rn. 58ff. und *Scherer,* WRP 2010, 586; dagegen *Fezer,* WRP 2010, 677.

IV. Unlauterkeit (§ 3 Abs. 1 UWG)

Nach § 3 Abs. 1 UWG von 2008/2015 sind unlautere geschäftliche Handlungen unzulässig. Diese Vorschrift wirft ebenso wie ihr Vorläufer, der § 3 UWG von 2004, als erstes die Frage auf, anhand welcher **Kriterien** die Unlauterkeit einer Wettbewerbshandlung zu beurteilen ist. Hier ist davon auszugehen, dass weder mit § 3 UWG von 2004 noch mit § 3 Abs. 1 UWG von 2008/2015 eine grundlegende Änderung der Praxis zum UWG für den B2B-Bereich bezweckt war.[21] Folgerichtig favorisiert die überwiegende Meinung für § 3 Abs. 1 UWG von 2008/2015 weiterhin ein **funktionales Verständnis.**[22] Referenzsystem für die Beurteilung der Zulässigkeit einer Wettbewerbshandlung bleibt somit – entsprechend § 1 S. 2 UWG – das **System unverfälschten Wettbewerbs,** wie es durch unsere Rechtsordnung und insbesondere durch das GG, den AEUV und das GWB konstituiert wird (zum GWB s. noch → Rn. 28 ff.), wobei zu beachten ist, dass dem § 3 Abs. 1 UWG heute nur noch die Funktion eines **Auffangtatbestandes** zukommt, wenn der fragliche Fall unter keinen der Tatbestände des Gesetzes subsumiert werden kann, in seinem Unrechtsgehalt jedoch einem der genannten Tatbestände nahekommt.[23] Dabei ist ein **strenger Maßstab** anzulegen, wozu nicht zuletzt – neben der gebotenen umfassenden Berücksichtigung der vorrangigen grundrechtlichen und unionsrechtlichen Wertungen – der von den Gesetzesverfassern 2003 mit dem neuen UWG ausdrücklich verfolgte Zweck der weiteren Liberalisierung des Wettbewerbsrechts nötigt.[24] 19

Jede auf die Generalklausel gestützte Entscheidung und jede aus ihr abgeleitete Norm müssen sich insbesondere in dem durch **das GG und das Unionsrecht** vorgezeichneten Rahmen halten.[25] Das BVerfG hat dies wiederholt für die Grundrechte des Art. 4 Abs. 2 GG,[26] des Art. 12 GG[27] sowie insbesondere des Art. 5 Abs. 1 GG[28] angemahnt. Ebenso wenig geht es nach dem Gesagten an, etwa ein Verhalten, das durch das Unionsrecht gebilligt wird, aufgrund der Generalklausel zu verbieten[29] oder Vorschriften, die gegen die Verfassung oder das Unionsrecht verstoßen, über das UWG (§§ 3, 20

---

21 Begr: von 2008, BT-Drs. 16/10145, S. 13, 22.

22 So zB *Henning-Bodewig,* WRP 2010, 1094; Köhler/Bornkamm/*Köhler,* § 3 Rn. 63 ff.; *Scherer,* WRP 2010, 586; Harte-Bavendamm/Henning-Bodewig/*Podszun,* § 3 Rn. 109 ff.; Ohly/Sosnitza/*Sosnitza,* § 3 Rn. 10 f., 13; MüKoUWG/*Sosnitza,* § 3 Rn. 26 ff.

23 Ebenso Ausschussbericht, BT-Drs. 18/6571, S. 14 f. („Zu Nr. 2 Zu Abs. 1"); BGHZ 168, 314 (321 Tz. 29) – Kontaktanzeigen; 171, 73 (89 f. Tz. 21) – Außendienstmitarbeiter; 175, 238 (242 f. Tz. 15 f.) – Oddset; *BGH* NJW 2009, 3365 Tz. 12 = GRUR 2009, 1080 – Auskunft der IHK; s. *Emmerich,* JuS 2009, 282 mN.

24 Begr. von 2003, BT-Drs. 15/1487, S. 12 ff.

25 BGHZ 130, 5 (8 ff.) = NJW 1995, 2486 – Busengrapscher; BGHZ 130, 196 (200) = NJW 1995, 2488 = JuS 1995, 1041 Nr. 11 – Benetton I; BGHZ 149, 247 (257 ff.) = NJW 2002, 1200 = JuS 2002, 715 Nr. 4 – HIV Positive II; *BGH* LM § 138 (Cf.) BGB Nr. 14 = NJW 1986, 2944 = GRUR 1986, 763 = JuS 1987, 64 Nr. 2 – Praxisverkauf; LM § 1 UWG Nr. 691 = NJW 1995, 2492 = GRUR 1995, 604 – Benetton II; LM § 1 UWG Nr. 693 = NJW 1995, 2490 = GRUR 1995, 595 – Benetton III; BGHZ 175, 238 (243 Tz. 16) – Oddset; statt aller MüKoUWG/*Sosnitza,* § 3 Rn. 44 ff.

26 BVerfGE 24, 236 (251 f.) = NJW 1969, 31.

27 BVerfGE 32, 311 (317 f.) = NJW 1972, 573.

28 BVerfGE 7, 198 (206, 215) = NJW 1958, 257 – Lüth; BVerfGE 102, 347 (359 ff.) = NJW 2001, 591 (592 ff.) – Benetton-Werbung; BVerfGE 107, 273 (280 ff.) = NJW 2003, 1303 = GRUR 2003, 442 – Benetton-Werbung II; *Säcker,* WRP 2004, 1199 ff.

29 So für die vergleichende Werbung BGHZ 138, 55 (64) = NJW 1998, 2208 = JuS 1998, 956 Nr. 13; wegen der Einzelheiten → § 7.

3a) zu sanktionieren.[30] Wichtiger noch ist es zu betonen, dass jede aufgrund der Generalklausel entwickelte Verhaltensnorm ständig von neuem darauf hin überprüft werden muss, ob sie die **Funktionsfähigkeit** eines durch den Wettbewerb gesteuerten **Wirtschaftssystems** fördert oder behindert.[31] Regeln, die die Funktionsfähigkeit des Systems beeinträchtigen, wie zB der Schutz von Preis- und Vertriebsbindungssystemen gegen Außenseiter (→ § 6 Rn. 24ff.), müssen deshalb (endlich) aufgegeben werden. Die Generalklausel darf insbesondere nicht als bequemes Vehikel zur Unterdrückung des bloß unerwünschten oder unbequemen Wettbewerbs missbraucht werden.[32] Ebenso wenig ist heute noch Raum dafür, bloße Geschmacklosigkeiten in der Werbung, über die man immer streiten kann, zu Sittenverstößen hochzustilisieren, um sie verbieten zu können.[33] Das steht seit der aufsehenerregenden Auseinandersetzung zwischen dem BGH und dem BVerfG um die Schockwerbung der Firma *Benetton* fest.[34]

21 Im Schrifttum wird diskutiert, zur Präzisierung der Generalklausel des § 3 Abs. 1 UWG ergänzend auf Verstöße gegen die **unternehmerische Sorgfalt** im Sinne des § 2 Abs. 1 Nr. 7 UWG abzustellen.[35] Die Vorschrift definiert die unternehmerische Sorgfalt als denjenigen Standard an Fachkenntnissen und Sorgfalt, von dem billigerweise angenommen werden kann, dass ein Unternehmer ihn in seinem Tätigkeitsbereich nach Treu und Glauben unter Berücksichtigung der „anständigen" Marktgepflogenheiten einhält. Das Gesetz verweist damit letztlich auf Art. 10bis Abs. 2 PVÜ sowie auf die von den Unternehmen in einem System unverfälschten Wettbewerbs im Interesse ihrer Mitbewerber, der sonstigen Marktteilnehmer und der Allgemeinheit zu beachtenden **Verhaltenspflichten im Wettbewerb,** deren Einhaltung von einem hinreichend fachkundigen und sorgfältigen Unternehmer auf seinem Tätigkeitsgebiet billigerweise erwartet werden kann. Die Ergebnisse dürften sich weithin mit dem herkömmlichen Verständnis der Generalklausel decken.[36]

22 Die Charakterisierung des § 3 Abs. 1 UWG von 2008 als **Auffangtatbestand** für Fälle unlauteren Wettbewerbs gegenüber Konkurrenten und sonstigen Marktteilnehmern (B2B), die nicht schon unter die Einzeltatbestände des Gesetzes fallen (s. §§ 4–6, 7 und 16–19 UWG), wirft die Frage auf, in welcher der herkömmlichen **Fallgruppen,** weil von den Einzeltatbeständen nicht erfasst, die Generalklausel heute überhaupt noch Bedeutung hat.[37] Genannt werden in diesem Zusammenhang in der Regel die

[30] BGHZ 175, 238 (242f. Tz. 15f.) = GRUR 2008, 438– Oddset.

[31] *Fr. v. Hayek,* Recht, Gesetzgebung und Freiheit, Bd. II: Die Illusion der sozialen Gerechtigkeit, 1981, S. 75ff.; ebenso *OGH* ÖBl. 1998, 14 (16).

[32] Ebenso BGHZ 15, 356 (365) = NJW 1955, 377 – Progressive Kundenwerbung; BGHZ 34, 264 (270) = NJW 1961, 1207 – Einpfennig Süßwaren; BGHZ 43, 278 (283) = NJW 1965, 1325 = JuS 1965, 457 Nr. 5 – Kleenex; *BGH* LM § 1 UWG Nr. 240 = GRUR 1972, 553 – Statt Blumen Onko-Kaffee; *Mestmäcker,* Der verwaltete Wettbewerb, 1984, S. 10ff.

[33] Ebenso BGHZ 130, 5 (8ff.) = NJW 1995, 2486 – Busengrapscher; *OLG München* NJW-RR 1997, 107; *Fezer,* NJW 2001, 580; → § 12.

[34] S. einerseits BGHZ 130, 196 = NJW 1995, 2488 = JuS 1995, 1041 Nr. 11; BGHZ 149, 247 (257ff.) = NJW 2002, 1200 = JuS 2002, 715 Nr. 14; *BGH* LM § 1 UWG Nr. 691 = NJW 1995, 2492 = GRUR 1995, 600; LM § 1 UWG Nr. 693 = NJW 1995, 2490 = GRUR 1995, 595; vgl. auch BGHZ 136, 295 (301ff.) = NJW 1997, 3304; andererseits BVerfGE 102, 347 = NJW 2001, 591; BVerfGE 107, 275 (280ff.) = NJW 2003, 3304; Darstellung der Auseinandersetzung bei *Emmerich,* JuS 1995, 1041; 2002, 715; zuletzt *Säcker,* WRP 2004, 1199.

[35] Harte-Bavendamm/Henning-Bodewig/*Podszun,* § 3 Rn. 105f.; anders offenbar *Köhler,* WRP 2012, 22 (31).

[36] *Henning-Bodewig,* GRURInt 2014, 997; 2015, 529 (533f.).

[37] S. Harte-Bavendamm/Henning-Bodewig/*Podszun,* § 3 Rn. 83ff.; MüKoUWG/*Sosnitza,* § 3 Rn. 127ff.

Verletzung wettbewerblicher Verkehrspflichten, der Schutz von Preis- und Vertriebsbindungen gegen Außenseiter, die Rufausbeutung, der wettbewerbsrechtliche Leistungsschutz, unberechtigte Schutzrechtsverwarnungen und die sogenannte allgemeine Marktstörung, durchweg problematische Fallgruppen, auf die im jeweiligen Zusammenhang einzugehen sein wird.

Die Rechtsprechung hatte früher die Beurteilung einer Wettbewerbshandlung als sittenwidrig (§ 1 UWG aF) nicht allein von objektiven, sondern auch von **subjektiven Voraussetzungen,** dh von der Kenntnis der die Sittenwidrigkeit begründenden Tatumstände abhängig gemacht, weil über die Sittenwidrigkeit einer Handlung nur aufgrund ihres Gesamtcharakters nach Inhalt, Zweck und Beweggrund des Täters entschieden werden könne.[38] In der Literatur war diese Auffassung schon früher überwiegend auf Ablehnung gestoßen.[39] Deshalb hat sie mittlerweile auch der BGH aufgegeben.[40] Seitdem steht fest, dass der Begriff der Unlauterkeit **objektiv** zu verstehen ist, dass es mit anderen Worten nur darauf ankommt, ob eine geschäftliche Handlung geeignet ist, die Interessen von Marktteilnehmern spürbar zu beeinträchtigen.[41] 23

V. Verbrauchergeneralklausel (§ 3 Abs. 2 und Abs. 4 UWG)

Die zweite Generalklausel des heutigen UWG, die sogenannte **Verbraucher**- oder auch **„Verbraucherschutzgeneralklausel“,** findet sich in § 3 Abs. 2 und Abs. 4 UWG idF von 2015. Danach sind geschäftliche Handlungen gegenüber Verbrauchern unzulässig, wenn sie nicht der unternehmerischen Sorgfalt entsprechen (sog Unwertkriterium) und dazu geeignet sind, das wirtschaftliche Verhalten des Verbrauchers im Sinne des § 2 Abs. 1 Nr. 8 UWG wesentlich zu beeinflussen (zu dem sog Relevanzkriterium → Rn. 31 f.). Auf welche Verbraucher oder Verbrauchergruppen dabei abzustellen ist, ergibt sich im Einzelnen aus § 3 Abs. 4 UWG. Unter der für einen Unternehmer geltenden **Sorgfalt** ist nach § 2 Abs. 1 Nr. 7 UWG der Standard an Fachkenntnissen und Sorgfalt zu verstehen, von dem billigerweise angenommen werden kann, dass ein Unternehmer ihn in seinem Tätigkeitsbereich gegenüber Verbrauchern nach Treu und Glauben unter Berücksichtigung der anständigen Marktgepflogenheiten einhält. Wie schon im Einzelnen ausgeführt, handelt es sich bei § 3 Abs. 2 und Abs. 4 UWG um einen Auffang- und Sperrtatbestand für den Bereich B2C (→ Rn. 18). 24

Es hat deshalb nichts Verwunderliches an sich, dass § 3 Abs. 2 UWG in der Rechtsprechung bisher nur eine *untergeordnete Rolle* gespielt hat.[42] Danach widerspricht es beispielshalber der für ein Unternehmen geltenden unternehmerischen Sorgfalt, wenn ein Unternehmen in seiner Werbung zum Schutz der Verbraucher aufgestellte gesetz- 25

[38] So RGZ 80, 219 (221); 150, 1 (3, 5 f.); BGHZ 10, 228 (232) = NJW 1953, 1665; BGHZ 34, 264 (271 f.) = NJW 1961, 1207 – Einpfennig Süßwaren; BGHZ 117, 115 (117 f.) = NJW 1992, 2700 – Pullovermuster; *OGH* ÖBl. 1992, 21; 1992, 268.

[39] *Anders,* Subjektive Elemente, 2000, S. 168 ff.; *Katzenberger,* Recht am Unternehmen und unlauterer Wettbewerb, 1967, S. 110, 129; *Sack,* NJW 1985, 761 (768 f.).

[40] BGHZ 171, 73 (80 ff. Tz. 21 ff.) = NJW 2007, 2999 = JuS 2007, 1155 Nr. 13 – Außendienstmitarbeiter; *BGH* NJW 2009, 3365 (3367 Tz. 21) = GRUR 2009, 1080 = WRP 2009, 1369 – Auskunft der IHK.

[41] *BGH* NJW 2009, 3365 (3367 Tz. 21) = GRUR 2009, 1080 = WRP 2009, 1369 – Auskunft der IHK.

[42] S. mN MüKoUWG/*Sosnitza,* § 3 Rn. 64.

liche Informationspflichten verletzt,[43] wenn es mit den §§ 307ff. BGB unvereinbare Geschäftsbedingungen verwendet[44] oder wenn es mit dem Absatz gekoppelte Gewinnspielangebote macht, von denen eine ganz ungewöhnliche Anlockwirkung ausgeht,[45] während die üblichen Übertreibungen in der Werbung (die niemand ernst nimmt) unbedenklich sind.[46] Als weiterer Anwendungsfall des § 3 Abs. 2 UWG wird im Schrifttum ein unternehmerisches Verhalten genannt, durch welches die Verbraucher unter übermäßigen Druck gesetzt oder systematisch überrumpelt werden.[47]

26 Zum Verständnis der Generalklausel des § 3 Abs. 2 UWG muss man sich vergegenwärtigen, dass es die Aufgabe des UWG ist, das Verhalten der Unternehmen im Wettbewerb zu steuern. Zu diesem Zweck enthält das Gesetz in den §§ 3a–7 und 16–18 Vorschriften, die die Unternehmen bei ihren Wettbewerbshandlungen in einem System unverfälschten Wettbewerbs zu beachten haben (§ 1 S. 2 UWG).[48] Aber diese Vorschriften sind angesichts der Vielgestaltigkeit des Wettbewerbs und wegen des ständigen Auftauchens neuer Wettbewerbsformen stets *lückenhaft*. Deshalb bestimmt das Gesetz ergänzend in der Generalklausel des § 3 Abs. 2 für das Verhältnis der Unternehmen zu den Verbrauchern, dass dort, wo keiner der Einzeltatbestände des Gesetzes eingreift, bei der deshalb nötigen Präzisierung der Generalklausel durch die Entwicklung neuer Tatbestände unlauteren Verhaltens seitens der Gerichte von den in den §§ 2 Abs. 1 Nr. 7 und 3 Abs. 2 UWG genannten **Maßstäben** auszugehen ist, wobei vorrangig auf viele andere Gesetze zurückzugreifen ist, die unternehmerisches Verhalten regeln, vom GWB über das BGB (§§ 307ff., 311 Abs. 2 BGB) bis zur PreisangabenVO (vgl. auch § 3a UWG). Wo es aber auch an derartigen Gesetzen fehlt, müssen die notwendigen Verhaltensregeln von den Gerichten selbst anhand der Wertungen, die dem UWG und der UGP-Richtlinie und damit insbesondere § 2 Abs. 1 Nr. 7 und § 3 Abs. 2 UWG zugrundeliegen, entwickelt werden. Dabei ist, sofern ausnahmsweise einmal feststellbar, nicht zuletzt an die **auf einem Markt vorherrschenden Vorstellungen** (Gepflogenheiten) über ein anständiges (korrektes) Verhalten gegenüber Verbrauchern anzuknüpfen.[49]

27 Aus dem Gesagten (→ Rn. 26) folgt, dass das Gesetz mit der **„unternehmerischen" Sorgfalt** in § 2 Abs. 1 Nr. 7 und in § 3 Abs. 2 schlicht die „sorgfältige" Beachtung der genannten mit Treu und Glauben vereinbaren Verhaltensregeln für Unternehmen im Wettbewerb meint – nicht mehr und nicht weniger. So erklärt sich auch das zusätzliche Erfordernis, dass es zugleich auf das Maß an *Fachkenntnissen* ankommen soll, das von einem Unternehmen auf seinem Tätigkeitsgebiet billigerweise erwartet werden kann (§ 2 Abs. 1 Nr. 7 UWG). Bei dem Unwertkriterium der unternehmerischen Sorgfalt handelt es sich mit anderen Worten um einen normativen Maßstab, dessen

[43] *OLG Köln* WRP 2013, 370 (371f.) – amazon.

[44] *Alexander*, WRP 2012, 515 (520) im Anschluss an *EuGH* WRP 2012, 547 Tz. 37ff. = GRUR 2012, 639.

[45] So jedenfalls BGHZ 187, 231 (240 Tz. 26) = GRUR 2011, 532 = WRP 2011, 557 – Millionen-Chance II.

[46] *BGH* NJW 2014, 2279 Tz. 25 = GRUR 2014, 686 = WRP 2014, 831 – Goldbärenbarren.

[47] So insb. *Köhler*, GRUR 2010, 767 (773f.); 2011, 478 (482f.); *ders.*, WRP 2012, 22.

[48] Vgl. zum Folgenden insbesondere *Alexander*, WRP 2012, 515 (520f.); *Kulka*, DB 2008, 1548 (1554f.); *Köhler*, GRUR 2010, 767 (773f.); 2011, 478 (482f.); 2012, 22; Köhler/Bornkamm/*ders.*, § 2 Rn. 129ff., § 3 Rn. 39ff.; Ohly/Sosnitza/*Sosnitza*, § 3 Rn. 78; *ders.*, WRP 2008, 1014 (1018).

[49] Ebenso schon BGHZ 168, 314 (321 Tz. 29) = NJW 2006, 3490 = GRUR 2006, 1042 = JuS 2007, 398 – Kontaktanzeigen.

Anforderungen sich allein funktional, dh entsprechend unseren Vorstellungen von einem unverfälschten Wettbewerb (§ 1 S. 2 UWG) bestimmen lassen. Letztlich geht es damit bei § 3 Abs. 2 UWG um die Postulate einer europäischen **Geschäftsethik,** verstanden als Teil des Systems unverfälschten Wettbewerbs (§ 1 S. 2 UWG).[50]

VI. Bedeutung des GWB

Bei der Anwendung des UWG und insbesondere bei der Generalklausel des § 3 Abs. 1 UWG im B2B-Bereich darf man das UWG nicht isoliert sehen, sondern muss es als Teil einer umfassenden, auf den Schutz des freien und lauteren Wettbewerbs sowie der Verbraucher gerichteten Rechtsordnung begreifen. Damit kommt vor allem auch das GWB in den Blick, das, im Kern übereinstimmend mit dem UWG (s. § 1 UWG), gleichfalls den Schutz des unverfälschten und lauteren Wettbewerbs sowie der Verbraucher, insbesondere gegen jede Form des Machtmissbrauchs, bezweckt (s. insbesondere die §§ 19–21, 29 und 31 Abs. 3 GWB idF von 2013). Die Folge ist, dass in zahlreichen Fällen beide Gesetze *nebeneinander* anwendbar sind. Paradigmata für die hier auftauchenden **Konkurrenzprobleme** sind einerseits der Boykott und andererseits die Behinderung anderer Unternehmen im Wettbewerb, beides Tatbestände, die gleichermaßen, wenn auch unter unterschiedlichen Blickwinkeln, vom UWG (§§ 3, 4 Nr. 4) wie vom GWB (§§ 19 Abs. 1 und 2 Nr. 1, 20 und 21 Abs. 1) erfasst werden. 28

In derartigen Konkurrenzfällen sind UWG und GWB grundsätzlich als **gleichberechtigte Teile** einer umfassenden, auf den Schutz des freien und lauteren, dh unverfälschten Wettbewerbs, gerichteten Wettbewerbsordnung zu begreifen (so § 1 S. 2 UWG). Diese sogenannte **Konvergenzthese** entbindet indessen nicht von der sorgfältigen Prüfung jedes einzelnen Konkurrenzfalles darauf hin, ob seine Lösung beiden Gesetzen *nebeneinander* oder vorrangig dem einen *oder* dem anderen Gesetz allein zu entnehmen ist. Einheitslösungen verbieten sich hier von selbst, weil keines der beiden Gesetze den generellen Vorrang vor dem anderen beanspruchen kann, sodass in jedem Einzelfall eine *praktische Lösung* des Konkurrenzproblems unter genauer Berücksichtigung der beiden Gesetze jeweils zugrundeliegenden gesetzgeberischen Wertungen zu suchen ist. Ziel muss es sein, jeweils Lösungen zu finden, durch die der umfassende Schutz des unverfälschten Wettbewerbs (§ 1 S. 2 UWG) möglichst weitgehend verwirklicht wird – soweit dem nicht im Einzelfall vorrangige andere gesetzliche Wertungen entgegenstehen.[51] 29

Dies bedeutet nicht zuletzt, dass sämtliche Versuche, das UWG im Ergebnis gegen das GWB auszuspielen, dh vom GWB bewusst offengehaltene Freiräume für den Wettbewerb über das UWG doch wieder zu schließen, um so den Wettbewerb zusätzlich beschränken zu können, zurückzuweisen sind. Hierher gehört insbesondere die sogenannte **Vorfeldthese.** Kern dieser These ist die Annahme, dass das UWG einen zusätzlichen Schutz des Wettbewerbs auch gegenüber solchen Maßnahmen von Unternehmen übernehmen könne, bei denen das GWB (noch) nicht eingreift.[52] Gegen derartige Vorstellungen spricht vor allem, dass auf dem Weg über die Generalklausel 30

[50] *Henning-Bodewig,* WRP 2010, 1094 (1103 ff.); 2011, 1014; *dies.,* GRURInt 2014, 997; 2015, 529.

[51] S. im Einzelnen *Emmerich,* in: Augenhofer, Europäisierung, 2009, S. 73.

[52] Insb. *Ulmer,* AfP 1975, 885 f.; *ders.,* Schranken zulässigen Wettbewerbs marktbeherrschender Unternehmen, 1977, S. 103 f.; *ders.,* GRUR 1977, 577.

(§ 3 UWG) nicht in einen vom GWB mit Bedacht freigegebenen Wettbewerbsraum eingegriffen werden darf. Ein **zusätzlicher Wettbewerbsschutz** über § 3 UWG kommt daher nur dort (ausnahmsweise) in Betracht, wo solcher Schutz mit Sinn und Zweck der Verbote des GWB vereinbar ist. Ein Beispiel ist der **Boykott,** da der offenbar zu eng geratene Boykotttatbestand des § 21 Abs. 1 GWB keine Sperrwirkung gegenüber § 3 und § 4 Nr. 4 UWG entfaltet, sondern im Gegenteil über das UWG erweitert werden muss (→ § 6 Rn. 21 ff.).

VII. Relevanzkriterien[53]

1. Überblick

31 Das UWG enthält seit der 2. Novelle von 2015 in der Generalklausel des § 3 Abs. 2 sowie in einer Reihe der Beispielstatbestände der §§ 3a–6 Abs. 2 unterschiedliche Relevanzkriterien, durch die Bagatellfälle von der Anwendung des Gesetzes ausgeschlossen werden sollen. Dagegen verzichtet das Gesetz in den Fällen des § 3 Abs. 3 sowie des § 7 ganz auf ein Relevanzkriterium; Verstöße gegen die genannten Vorschriften sind vielmehr „stets unzulässig" (so § 3 Abs. 3 UWG). Die unterschiedlichen Relevanzkriterien gehen vor allem auf die **UGP-Richtlinie von 2005** zurück und müssen deshalb in erster Linie im Lichte des **Zwecks** der Richtlinie gesehen werden, den Verbrauchern in der EU eine informierte selbstständige Entscheidung über die konkurrierenden Angebote der Unternehmer zu ermöglichen, frei von Druck, Irreführung und Belästigungen (Art. 1 der Richtlinie). Die Verfasser der Richtlinie hielten deshalb eine Reaktion der Rechtsordnung von vornherein nur für erforderlich, wenn die Auswirkungen einer geschäftlichen Praxis auf die Verbraucher überhaupt „als wesentlich anzusehen sind" und nicht als „unerheblich" vernachlässigt werden können.[54]

32 Die größte praktische Bedeutung haben die Relevanzkriterien folgerichtig bei den Bestimmungen zum Schutz der Verbraucher, dh im Bereich **B2C.** Dabei muss man unterscheiden: Soweit die Beispielstatbestände der §§ 3a–6 Abs. 2 UWG eigene Relevanzkriterien enthalten, wie insbesondere § 3a, § 4a Abs. 1 S. 2, § 5 Abs. 1 S. 2 sowie § 5a Abs. 2 S. 1 Nr. 2 UWG, sind allein diese maßgebend und im Lichte des § 2 Abs. 1 Nr. 8 und Nr. 9 UWG sowie der Richtlinie auszulegen. Die vom Gesetz gewählten Relevanzkriterien divergieren dabei je nach den Umständen. Während § 3a auf die spürbare Beeinträchtigung der Interessen der Verbraucher oder der sonstigen Marktteilnehmer einschließlich der Mitbewerber abstellt, kommt es nach dem neuen § 4a Abs. 1 S. 2 auf die Eignung der aggressiven geschäftlichen Handlung an, die Entscheidungsfreiheit der Verbraucher oder der sonstigen Marktteilnehmer erheblich zu beeinträchtigen (vgl. Art. 8 Abs. 1 der Richtlinie). Dagegen stellen die Vorschriften des § 5 Abs. 1 S. 1 und des § 5a Abs. 2 S. 1 Nr. 2 im Anschluss an Art. 5 Abs. 2 lit. b der Richtlinie darauf ab, ob die irreführende geschäftliche Handlung geeignet ist, den Verbraucher zu einer Entscheidung zu veranlassen, die er andernfalls nicht getroffen hätte. Lediglich in den Fällen, in denen heute noch im Bereich B2C Raum für die Anwendung des Auffangtatbestandes des § 3 Abs. 2 ist, verwendet das Gesetz das Relevanzkriterien

[53] S. dazu insb. *Fezer,* WRP 2006, 781; 2010, 677; *Heermann,* GRUR 2004, 694; *Köhler,* GRUR 2005, 1; *ders.,* WRP 2008, 10; 2010, 1293; 2014, 259; *Kulka,* DB 2008, 1548; *Lettl,* GRUR 2004, 449; *Lux,* Tatbestand, S. 368 ff.; *Mankowski,* WRP 2008, 15; *Scherer,* WRP 2008, 563; 2010, 586; *Sosnitza,* WRP 2008, 1014.

[54] S. die Erwägungsgründe Nr. 6 S. 2 sowie Nr. 8 und 14 der Richtlinie.

der Eignung der geschäftlichen Handlung zur wesentlichen Beeinflussung des wirtschaftlichen Verhaltens des Verbrauchers im Sinne des § 2 Abs. 1 Nr. 8 UWG. Wieder anders ist die Rechtslage schließlich in den Fällen, in denen allein der Bereich **B2B** betroffen ist, dh bei den Vorschriften des § 3 Abs. 1 und des § 4, mit denen ausschließlich ein Schutz der Mitbewerber und der sonstigen Marktteilnehmer bezweckt wird. In diesen Fällen verzichtet das Gesetz seit der zweiten Novelle von 2015 ganz auf Relevanzkriterien und überlässt es der Rechtsprechung, „gegebenenfalls angemessene Spürbarkeitserfordernisse aufzustellen"[55] (→ Rn. 33).

2. § 3 Abs. 1 UWG von 2015

Die Generalklausel des § 3 Abs. 1 UWG enthält seit der zweiten Novelle von 2015 *kein* Relevanzkriterium mehr (→ Rn. 32). Zuvor hatte das Gesetz in § 3 Abs. 1 von 2008 dagegen noch darauf abgestellt, ob die fragliche unlautere geschäftliche Handlung geeignet ist, die Interessen von Mitbewerbern oder sonstigen Marktteilnehmern (sowie Verbrauchern) spürbar zu beeinträchtigen (ebenso heute § 3a UWG). Da zu vermuten ist, dass sich die Gerichte bei der ihnen nunmehr übertragenen Entwicklung von Relevanzkriterien bei der Generalklausel an der vorausgegangenen Praxis zu § 3 Abs. 1 UWG von 2008 orientieren werden (die ohnehin für § 3a UWG Bedeutung behält), erscheint hier ein kurzer Rückblick auf die Auslegung des früheren § 3 Abs. 1 UWG von 2008 angebracht. 33

Vorläufer des § 3 Abs. 1 UWG von 2008 waren § 3 UWG von 2004 und § 13 Abs. 2 UWG von 1909 in der Fassung von 1994 gewesen. In der Praxis zu diesen Vorschriften war geklärt, dass allein relevant die durch das UWG geschützten wettbewerblichen Interessen der Mitbewerber, der Verbraucher und der sonstigen Marktteilnehmer sind, während beliebige andere Interessen außen vor bleiben.[56] Nur wenn also das Interesse der Genannten an der Aufrechterhaltung eines Systems unverfälschten Wettbewerbs bedroht ist, war daher Raum für die Anwendung der Generalklausel. Ausreichend war aber bereits die bloße **Eignung** der Wettbewerbshandlung zur Bedrohung dieser Interessen, sodass die Interessenbeeinträchtigung zwar noch nicht eingetreten zu sein brauchte, aber doch nach den Umständen wahrscheinlich sein, dh ernstlich drohen musste. Hinzukommen musste schließlich noch, dass die drohende oder wahrscheinliche Beeinträchtigung der Interessen **spürbar,** dh nicht völlig unerheblich ist. 34

Bei der Annahme einer in diesem Sinne spürbaren Beeinträchtigung der geschützten Interessen der Mitbewerber, der Verbraucher oder der sonstigen Marktteilnehmer verfuhren die Gerichte bisher in der Regel ausgesprochen *großzügig,* sodass die Relevanz- oder auch Bagatellklausel trotz ihrer Einführung bereits im Jahre 2004 insgesamt bisher nur **geringe praktische Bedeutung** erlangt hatte.[57] In zahlreichen Fällen sind die Gerichte auf die Klausel überhaupt nicht eingegangen, sondern haben ihre Erfüllung angesichts der Schwere des Falles *einfach unterstellt.*[58] In den wenigen verbleibenden Fällen begnügten sich die Gerichte in der Regel, nicht immer mit ganz *niedrigen Anforderungen* an die Erheblichkeit der Wettbewerbsbeeinträchtigung, wobei insbeson- 35

[55] Ausschussbericht, BT-Drs. 18/6571, S. 150.

[56] Ebenso Köhler/Bornkamm/*Köhler,* § 3 Rn. 112ff.; *Kulka,* DB 2008, 1555f.; Harte-Bavendamm/Henning-Bodewig/*Podszun,* § 3 Rn. 137f.; *Sosnitza,* WRP 2008, 1019; Ohly/Sosnitza/*Sosnitza,* § 3 Rn. 46.

[57] Übersicht zB bei Harte-Bavendamm/Henning-Bodewig/*Podszun,* § 3 Rn. 137ff.; Ohly/Sosnitza/*Sosnitza,* § 3 Rn. 59f.

[58] *Köhler,* GRUR 2005, 1 (6f.); *ders.,* WRP 2008, 10f.

dere auf die Zahl der Beteiligten und ihre Umsätze, ihre Marktstärke, die jeweils erzielten Vorteile im Wettbewerb, die Marktanteile, die Schwere des Verstoßes, ein etwaiges Verschulden, die hartnäckige Wiederholung von Verstößen und dergleichen mehr abgestellt wurde.[59]

36 Eine gewisse, wenngleich beschränkte Bedeutung hatte die Relevanz- oder Bagatellklausel lediglich in den **Rechtsbruchfällen** des § 3a UWG erlangt, in denen das Gesetz folgerichtig auch in der Fassung der zweiten Novelle von 2015 an ihr ausdrücklich festgehalten hat. Der Grund dürfte sein, dass es hier die Relevanzklausel den Gerichten ermöglicht, beiläufige Verstöße gegen belanglose gesetzliche Vorschriften ohne Relevanz für das Marktgeschehen, durch die tatsächlich niemand in irgendeiner Hinsicht geschädigt werden kann, aus dem Anwendungsbereich des Gesetzes auszuklammern. Wichtig ist das etwa für **geringfügige Verstöße** gegen die PreisangabenVO, gegen die GewO oder gegen die ApothekenbetriebsVO.[60] Es darf angenommen werden, dass die Gerichte an dieser Praxis auch unter dem neuen Recht (§ 3a UWG) festhalten werden, da mit der Änderung der Textes der §§ 3 Abs. 1 und 3a UWG keine sachliche Änderung bezweckt wurde.

3. § 3 Abs. 2 UWG

37 Die Verbrauchergeneralklausel des § 3 Abs. 2 UWG stellt heute ebenso wie § 3 Abs. 1 UWG (→ Rn. 33ff.) einen praktisch wenig bedeutsamen Auffangtatbestand für einige eigenartige Fallgruppen dar (→ Rn. 18). Das Gesetz knüpft insoweit in § 3 Abs. 2 von 2015 an den früheren § 3 Abs. 2 von 2008 an, nach dem unlautere geschäftliche Handlungen gegenüber Verbrauchern unzulässig waren, wenn sie (1.) dazu geeignet sind, die Fähigkeit von Verbrauchern, sich aufgrund von Informationen zu entscheiden, spürbar zu beeinträchtigen, und sie damit (2.) zu einer geschäftlichen Entscheidung zu veranlassen, die sie andernfalls nicht getroffen hätten, wobei auf den durchschnittlichen Verbraucher oder, wenn sich die geschäftliche Handlung an eine bestimmte Gruppe von Verbrauchern wendet, auf ein durchschnittliches Mitglied dieser Gruppe abzustellen war (§ 3 Abs. 2 S. 1 und 2 UWG von 2008). War vorhersehbar, dass die geschäftliche Handlung nur eine besonders schutzbedürftige, eindeutig identifizierbare Gruppe von Verbrauchern betraf, so kam es stattdessen auf die Sicht eines durchschnittlichen Mitglieds dieser Gruppe an (§ 3 Abs. 2 S. 3 UWG von 2008).[61]

38 Geblieben ist von der doppelten Eignungsprüfung nach § 3 Abs. 2 UWG von 2008 lediglich die Prüfung der Eignung zur wesentlichen Beeinflussung des wirtschaftlichen Verhaltens der Verbraucher (§ 3 Abs. 2 iVm § 2 Abs. 1 Nr. 7 und Nr. 8 UWG von

---

[59] *BGH* GRUR 2008, 186 (188 Tz. 25) = WRP 2008, 220 – Telefonaktion – im Anschluss an BGHZ 133, 316 (318) = NJW 1997, 1702 – Altunterwerfung I; BGHZ 149, 247 (270ff.) = NJW 2002, 1200 = JuS 2002, 715 Nr. 5 – HIV-Positive II; *BGH* LM PreisangabenVO 1985 Nr. 25 = NJW-RR 1997, 1133 (1135) = GRUR 1997, 767 – Brillenpreise II; LM § 13 UWG Nr. 88 (Bl. 2 R) = NJW 1998, 822 = GRUR 1998, 487 – Professorentitel.

[60] *BGH* LM § 13 UWG Nr. 98 (Bl. 2) = NJW 1999, 2195 = GRUR 1999, 762 = WRP 1999, 854 – Herabgesetzte Schlußverkaufspreise; LM PreisangabenVO 1985 Nr. 28 = NJW-RR 1998, 1574 = GRUR 1998, 955 – Flaschenpfand II; LM PreisangabenVO 1985 Nr. 32 (Bl. 3f.) = NJW-RR 2001, 1693 = GRUR 2001, 1166 – Fernflugpreise; GRUR 2009, 881 (883 Tz. 17) = WRP 2009, 1089 – Überregionale Krankentransporte; *OLG Köln* NJW-RR 2002, 1337 (1339); *OLG Oldenburg* NJW-RR 2008, 290; *OLG Brandenburg* NJW-RR 2008, 714.

[61] Dazu insbesondere *Köhler,* WRP 2014, 259.

2015). Der Begriff des **wirtschaftlichen Verhaltens** ist in diesem Zusammenhang ganz weit auszulegen (vgl. für die wirtschaftliche Entscheidung Art. 2 lit. k der Richtlinie und § 2 Abs. 1 Nr. 9 UWG). Darunter fallen nicht nur die endgültige Entscheidung des Verbrauchers über den Abschluss eines Vertrages, zB eines Kauf- oder Dienstvertrages, sondern auch sämtliche vorausgehende und begleitende Entscheidungen wie etwa der Entschluss zum Betreten eines Geschäftes.[62] Geschäftliche Handlungen gegenüber Verbrauchern, die nicht der unternehmerischen Sorgfalt entsprechen, sind folglich unlauter, wenn sie zumindest geeignet sind, das wirtschaftliche Verhalten der Verbraucher in diesem umfassenden Sinne zu beeinflussen, indem die Verbraucher zB veranlasst werden, ein Geschäftslokal zu betreten oder geschäftliche Kontakte aufzunehmen (§ 3 Abs. 2 UWG). **Maßstab** ist nach § 3 Abs. 2 S. 2 UWG ein durchschnittlicher, dh hinreichend informierter und zu rationalen Entscheidungen befähigter Verbraucher; lediglich dann, wenn sich die geschäftliche Handlung, in erster Linie also die Werbung, allein an eine bestimmte **Gruppe** von Verbrauchern, zB nur an Jugendliche wendet, kommt es auf einen durchschnittlichen Vertreter gerade dieser Gruppe an.

Besonderheiten gelten, wenn für den Unternehmer „vorhersehbar" ist, dass seine ge- **39**
schäftliche Handlungen „nur" das wirtschaftliche Verhalten einer eindeutig identifizierbaren Gruppe von Verbrauchern wesentlich beeinflussen, die aufgrund von „geistigen oder körperlichen Beeinträchtigungen[63], Alter oder Leichtgläubigkeit **besonders schutzbedürftig** sind. In diesem Fall ist nach § 3 Abs. 4 S. 2 UWG von 2015 für die Frage, ob die betreffende geschäftliche Handlung zur wesentlichen Beeinflussung des wirtschaftlichen Verhaltens der Verbraucher geeignet ist, allein auf die Sicht eines durchschnittlichen Mitglieds gerade dieser Gruppe (und damit nicht auf den „normalen" Durchschnittsverbraucher) abzustellen. Im Schrifttum wird zum Teil die Befürchtung geäußert, dass § 3 Abs. 4 S. 2 UWG zu einer **Gefahr für** die Zulässigkeit der **Werbung** insbesondere in den **Massenmedien** werden könne, weil bei dieser Werbung eigentlich immer „vorhersehbar" sei, dass sie auch Verbraucher betrifft, die infolge körperlicher Beeinträchtigungen, zB wegen starker Seh- oder Hörbehinderung oder infolge einer ausgesprochenen Leseschwäche oder geistiger Defekte, ebenso aber auch wegen ihrer Jugend oder ihres Alters, besonders schutzbedürftig sind. Es wird deshalb eine **ganz restriktive Interpretation** der Vorschrift gefordert, insbesondere durch ihre Beschränkung auf Fälle, in denen die Werbung objektiv darauf abzielt, die genannten besonders schutzbedürftigen Verbrauchergruppen speziell anzusprechen.[64] Nach Meinung des BGH kommt eine Anwendung des § 3 Abs. 2 S. 3 UWG gleichfalls nur in Betracht, wenn die fragliche geschäftliche Handlung voraussichtlich und vorhersehbar *allein* das geschäftliche Verhalten einer besonders schutzbedürftigen Verbrauchergruppen wesentlich beeinflusst, woran es bei einer an die *ganze* Familie gerichteten Werbung fehlen soll, sodass in derartigen Fällen der gebotene besondere Schutz etwa von Kindern oder Jugendlichen über § 4a des Gesetzes und Nr. 28 des Anhangs zu bewerkstelligen sei.[65]

---

[62] *EuGH* GRUR 2014, 196 Tz. 36f. = WRP 2014, 161 (163) – Trento Sviluppo.

[63] Es soll nicht verschwiegen werden, dass es die Verfasser der zweiten Novelle für angebracht hielten, „den sprachlich überholten Begriff Gebrechen (den das Gesetz bisher verwandt hatte) durch den moderneren Ausdruck Beeinträchtigungen" zu ersetzen (so der Ausschussbericht, BT-Drs. 18/6571, S. 15 „Zu Abs. 5"): So zerstört man willkürlich die Sprache, die Seele eines Volkes.

[64] Ausführlich *Scherer,* WRP 2008, 563 (571); Ohly/Sosnitza/*Sosnitza,* § 3 Rn. 84.

[65] *BGH* NJW 2014, 2279 Tz. 16f. = GRUR 2014, 636 = WRP 2014, 831 – Goldbärenbarren.

2. Kapitel. Verletzung von Interessen der Mitbewerber (B2B)

§ 6. Gezielte Behinderung von Mitbewerbern (§ 4 Nr. 4 UWG)

I. Überblick

Nach § 4 Nr. 4 UWG (= § 4 Nr. 10 UWG 2004/2008) handelt unlauter im Sinne des § 3 Abs. 1 UWG, wer Mitbewerber durch eine geschäftliche Handlung gezielt behindert. Besondere Relevanzkriterien kennt das Gesetz dabei – entgegen der ursprünglichen Absicht der Verfasser der zweiten Novelle von 2015[1] – nicht mehr, sodass deren Entwicklung, soweit erforderlich, Sache der Rechtsprechung ist (→ § 5 Rn. 31 ff.). 1

§ 4 Nr. 4 UWG ist bedenklich weit formuliert. Gelegentlich wird die Vorschrift aus diesem Grund geradezu als **kleine Generalklausel** bezeichnet.[2] Deshalb ist es nötig, sich bei der Anwendung des § 4 Nr. 4 immer wieder zu vergegenwärtigen, dass in einem Wettbewerbssystem Behinderungen und Schädigungen der Konkurrenten nicht etwa verboten oder auch nur bedenklich, sondern weithin unvermeidlich und daher für sich genommen grundsätzlich erlaubt sind. Ein von einem Unternehmen gegen bestimmte Konkurrenten „gezielt" vom Zaun gebrochener Preiskampf mag für diese noch so schmerzlich sein; allein *deshalb* ist eine Preisunterbietung jedoch noch nicht unlauter. Es müssen vielmehr stets noch **besondere Umstände** hinzukommen, die ausnahmsweise die Anwendung des § 4 Nr. 4 UWG auf Behinderungen von Konkurrenten im Wettbewerb rechtfertigen. 2

Die Vorschrift des § 4 Nr. 4 UWG stellt somit in erster Linie die Aufgabe, die besonderen Umstände, unter denen überhaupt (ausnahmsweise) erst eine Qualifizierung der gezielten Behinderung von Mitbewerbern als unlauter in Betracht kommen kann, näher zu umschreiben. Diese Aufgabe hat sich als ausgesprochen schwierig erwiesen. 3

II. Tatbestand

§ 4 Nr. 4 UWG wendet sich gegen die gezielte Behinderung von „Mitbewerbern". 4
Mitbewerber sind nach § 2 Abs. 1 Nr. 3 UWG nur solche Unternehmen, zu denen der Täter in einem konkreten Wettbewerbsverhältnis steht, die mit anderen Worten auf demselben Markt wie der Täter tätig sind (→ § 3 Rn. 18 ff.). Die Behinderung **anderer Unternehmen,** insbesondere also von Abnehmern oder Lieferanten, kann daher immer nur mit der Generalklausel des § 3 Abs. 1 UWG erfasst werden. Unter diese ist außerdem – im Gegensatz zu der individuellen Mitbewerberbehinderung – die sogenannte **allgemeine Marktbehinderung** zu subsumieren (dazu → § 19). Eine **Behinderung** von Mitbewerbern im Sinne des § 4 Nr. 4 UWG liegt in jeder Beeinträchtigung der wettbewerblichen Entfaltungsmöglichkeiten von Mitbewerbern durch eine Einwirkung auf ihre Wettbewerbsparameter, die über die mit jedem Wettbewerb verbundenen Beeinträchtigungen hinausgehen, und zwar in erster Linie bei dem Bezug der nötigen Ressourcen oder bei dem Absatz ihrer Produkte oder dem Angebot ihrer Leistungen am Markt; gleichsteht die Inanspruchnahme der Leistungen eines anderen

---

[1] S. die Begr. von 2015, BT-Drs 18/4535, S. 13 f., 25 = GRUR 2015, 341 = WRP 2015, 263 (269).
[2] ZB *Beater,* WRP 2011, 7.

Unternehmens ohne die Bereitschaft zur Bezahlung der dafür an sich fälligen Gegenleistung. Insgesamt wird damit der Begriff der Behinderung im denkbar weitesten Sinne interpretiert.[3]

5 Aber nicht jede derartige Behinderung von Mitbewerbern im Wettbewerb (→ Rn. 4) ist unlauter (s. schon → Rn. 1f.). Das Gesetz verlangt deshalb in § 4 Nr. 4 ausdrücklich eine **„gezielte" Behinderung.** Dies bedeutet nicht etwa, dass der Täter geradezu mit Absicht, dh „mit bösem, weil wettbewerbsfeindlichem Willen" gehandelt haben müsste. Der Begriff der gezielten Behinderung von Mitbewerbern wird vielmehr überwiegend *objektiv* im Sinne der der fraglichen Wettbewerbshandlung innewohnenden Tendenz, dh ihres (objektiven) Zwecks, verstanden,[4] der darauf gerichtet sein muss, die Mitbewerber an der Entfaltung ihrer Wettbewerbsparameter zu hindern und sie dadurch zu verdrängen oder doch die Mitbewerber daran zu hindern, ihre Leistungen am Markt durch eigene Anstrengungen in angemessener Weise zur Geltung zu bringen. Ob diese sehr allgemeinen Voraussetzungen des § 4 Nr. 4 UWG erfüllt sind, kann nur aufgrund einer **Gesamtwürdigung der Umstände** des Einzelfalls unter Abwägung der betroffenen Interessen der Beteiligten, der Verbraucher und der Allgemeinheit entschieden werden, sodass die Vorschrift nur anwendbar ist, wenn eine Abwägung ergibt, dass die fragliche Handlung ausnahmsweise mit den Grundsätzen eines hinreichend freien und fairen Wettbewerbs (s. § 1 UWG) nicht mehr zu vereinbaren ist.[5] Dies setzt in jedem Einzelfall eine sorgfältige Analyse der betroffenen Interessen des Täters, der Mitbewerber, der Verbraucher sowie der Allgemeinheit und anschließend deren Gewichtung und Abwägung anhand der Zwecke des Gesetzes voraus, um feststellen zu können, wann (ausnahmsweise) die Interessen der betroffenen Mitbewerber so deutlich überwiegen, dass unter dem Blickwinkel des Gesetzes und der UGP-Richtlinie eine Anwendung des § 4 Nr. 4 UWG gerechtfertigt erscheint.[6]

6 Die gezielte Behinderung eines Mitbewerbers kann sich auf sämtliche **Wettbewerbsparameter** beziehen – vom Absatz und Bezug über die Werbung, die Produktion und die Finanzierung bis hin zum Personal.[7] Im Vordergrund des Interesses steht die Behinderung der Mitbewerber bei **Bezug und Absatz.** Die wichtigsten hierher gehörenden Fallgruppen sind die Preisunterbietung (→ Rn. 8ff.), der Boykott (→ Rn. 18f.),

[3] ZB *BGH* NJW 2014, 1534 Tz. 28, 33f. = GRUR 2014, 393 = WRP 2014, 424 – wetteronline.de; NJW 2014, 3307 Tz. 23 = GRUR 2014, 735 – Flugvermittlung im Internet; GRUR 2015, 607 Tz. 16 = WRP 2015, 714 (715) – Uhrenankauf im Internet; → Rn. 6.

[4] BGHZ 171, 73 (80ff. Tz. 21ff.) = NJW 2007, 2999 = JuS 2007, 1155 – Außendienstmitarbeiter; dagegen zB *Beater,* WRP 2011, 7 (12).

[5] BGHZ 171, 73 (82 Tz. 23) = NJW 2007, 2999 = JuS 2007, 1155 – Außendienstmitarbeiter; BGHZ 178, 63 (70f. Tz. 25ff.) = NJW 2009, 1504 = JuS 2009, 1069 – Bundesligakarten; *BGH* NJW 2009, 2388 = WRP 2009, 803 = GRUR 2009, 685 (689 Tz. 41) – ahd.de; GRUR 2010, 346 Tz. 12 = WRP 2010, 633 – Rufumleitung; NJW 2004, 3032 (3034, l. Sp.) = GRUR 2004, 877 – Werbeblocker; NJW 2011, 3443 (3449f. Tz. 73f.) = GRUR 2011, 1018 = WRP 2011, 1469 – Automobil-Onlinebörse; NJW 2014, 1534 Tz. 28, 33f. = GRUR 2014, 393 = WRP 2014, 424 – wetteronline.de; NJW 2014, 3307 Tz. 23 = GRUR 2014, 735 = WRP 2014, 839 – Flugvermittlung im Internet; GRUR 2015, 607 Tz. 16f. = WRP 2015, 714 (715) – Uhrenankauf im Internet; ebenso auch: *OGH* ÖBl. 2002, 276 (278) – graz2003.com; ÖBl. 2002, 280 (282) – graz2003.at.

[6] Ausführlich *Beater,* WRP 2011, 7 (8ff.).

[7] So zB *BGH* NJW 2004, 3032 (3034, l. Sp.) = GRUR 2004, 877 = WRP 204, 1272 – Werbeblocker; NJW 2011, 3443 (3449f. Tz. 73f.) = WRP 2011, 1469 = GRUR 2011, 1018 – Automobil-Onlinebörse.

die Verletzung fremder Preis- und Vertriebsbindungssysteme (→ Rn. 23 ff.), die Abwerbung von Kunden (→ Rn. 34 ff.) sowie der Missbrauch von Zeichenrechten (→ Rn. 48 ff.) einschließlich der offenbar verbreiteten Registrierung fremder Unternehmenskennzeichen als Domainnamen (→ § 18 Rn. 33 ff.). Zu den **Betriebsstörungen** rechnet man ferner vornehmlich die Abwerbung von Mitarbeitern (→ Rn. 34 ff.) sowie die unberechtigte Abmahnung (dazu → § 25 Rn. 19 ff.). Die häufig in diesem Zusammenhang ebenfalls behandelte unberechtigte **Schutzrechtsverwarnung** gehört dagegen, jedenfalls nach bisher noch hM, – als Eingriff in den fremden Gewerbebetrieb – in erster Linie in den Zusammenhang des § 823 Abs. 1 BGB,[8] kann jedoch von Fall zu Fall durchaus auch von § 4 Nr. 2 oder Nr. 4 UWG erfasst werden.[9]

Die genannten Fallgruppen (→ Rn. 6) erschöpfen (natürlich) nicht den umfassend 7
formulierten Anwendungsbereich des § 4 Nr. 4 UWG. Weitere Fälle, die in jüngster Zeit wachsende Bedeutung erlangt haben, sind dadurch gekennzeichnet, dass sich Unternehmen **entgeltlich** angebotene **Leistungen** von Mitbewerbern durch zum Teil raffinierte Methoden **unentgeltlich** oder nur gegen unangemessen niedrige Entgelte zunutze machen, zum offenbaren Schaden ihrer Konkurrenten.[10]

Beispiele sind Maßnahmen in fremden Netzen mit dem Zweck, die Kunden eines anderen Mehrwertdiensteanbieters in das eigene Netz umzulenken,[11] sowie die Einrichtung einer sogenannten Tippfehler-Domain, um Kunden entgegen ihrem Willen auf andere Internetseiten mit Werbung umzulenken.[12] Als **unbedenklich** sieht es der BGH dagegen an, ein Internetportal zu betreiben, über das Kunden Flüge buchen können, deren Daten automatisch von den Internet-Portalen der Fluggesellschaften abgerufen werden.[13]

III. Preisunterbietung

1. Überblick

Das gleichsam klassische Mittel einer gezielten Behinderung der Mitbewerber im Ab- 8
satz (→ Rn. 6) ist die Unterbietung ihrer Preise, um ihnen ihre Kunden abspenstig zu machen. Das tut zwar weh, gehört aber zu den ureigensten Erscheinungsformen eines Systems unverfälschten Wettbewerbs (§ 1 S. 2 UWG) und ist deshalb **grundsätzlich unbedenklich** – wie in England bereits im Jahre 1410 in dem später berühmt gewordenen Schulmeisterfall entschieden wurde.[14] Selbstverständlich ist das Gesagte gleichwohl nicht, da die breite Front der Wettbewerbsfeinde in Deutschland immer auch und gerade den Preiswettbewerb im Auge hatte, zumal im Handel. Die Folge waren ständige gesetzliche Interventionen gerade *gegen* den Preiswettbewerb, beginnend mit dem unglücklichen **Rabattgesetz** von 1933,[15] welches – erstaunlicherweise – ein

[8] Grdl. BGHZ(GS) 164, 1 = NJW 2005, 3141 = JuS 2005, 1125 Nr. 4; *Emmerich,* Schuldrecht BT, 14. Aufl. 2015, § 22 Rn. 12.

[9] Wegen der Einzelheiten s. → § 9 Rn. 18.

[10] *BGH* GRUR 2010, 346 = WRP 2010, 633 – Rufumleitung; WuW/E DER 2963 (2971 ff.); MMR 2010, 786 = WM 2010, 1950 – SIM-Karte I und II (GSM-Gateway); NJW 2014, 1534 Tz. 28, 33 f. = GRUR 2014, 393 = WRP 2014, 424 – wetteronline.de.

[11] *BGH* NJW-RR 2009, 1493 (1495 f. Tz. 22, 26) = GRUR 2009, 876 = WRP 2009, 1086 – Änderung der Voreinstellung II; *OLG Stuttgart* MMR 2001, 398 = OLGR 2001, 73; NJW-RR 2003, 1273 ff.; *Berneke,* FS Doepner, 2008, S. 3.

[12] *BGH* NJW 2014, 1534 Tz. 28, 33 f. = GRUR 2014, 393 = WRP 2014, 424 – wetteronline.de.

[13] *BGH* NJW 2014, 3307 Tz. 23 = GRUR 2014, 735 = WRP 2014, 839 – Flugvermittlung im Internet.

[14] S. mwN *Mestmäcker,* Der verwaltete Wettbewerb, 1984, S. 159.

[15] RGBl. I 1011.

grundsätzliches Rabattverbot, das heißt ein Verbot von Preissenkungen im Einzelfall gebracht hatte.

9 Das Rabattverbot im Handel verdankte seine Entstehung letztlich dem vorausgegangenen Zugabeverbot durch die **ZugabeVO von 1932.**[16] Beide Gesetze zusammen führten zu einer schwerwiegenden Beschränkung des Preiswettbewerbs auf der Einzelhandelsstufe – und sind gerade deshalb von den Wettbewerbsfeinden in Deutschland „eisern" über Jahrzehnte hinweg verteidigt worden, sodass ihre **Aufhebung** erst nach mehreren Anläufen im Jahre 2001 gelang. Seitdem gibt es in Deutschland (endlich) keine gesetzlichen Beschränkungen der Gewährung von Rabatten und Zugaben mehr; vielmehr sind Rabatte und Zugaben heute ohne Rücksicht auf ihre Höhe und ihren Anlass grundsätzlich wieder *erlaubt.*[17] Eine andere Beurteilung kommt nur in Ausnahmefällen bei einer Irreführung der Verbraucher (§ 5 UWG) oder unter dem Gesichtspunkt des übertriebenen Anlockens in Betracht (§ 4a UWG von 2015).[18]

10 Die Aufhebung des überholten Rabattgesetzes und der ebenso überflüssigen ZugabeVO hatte deshalb so lange gedauert, weil seit den sechziger Jahren des vorigen Jahrhunderts auf den Gesetzgeber ein ständig wachsender Druck zu weiteren Interventionen *gegen* den Preiswettbewerb vom Handel und seinen Vertretern in Politik und Wissenschaft ausgeübt wurde.[19] Auslöser dieser Entwicklung war vor allem die zunehmende Verbreitung von **Sonderangeboten** im Handel, für die häufig mit Preisen „unter dem Einstandspreis" geworben wird. Die Folge waren vielfältige Versuche insbesondere der Mittelstandsvereinigungen in den großen Parteien, den Gesetzgeber zumindest zu einem Verbot des Verkaufs unter Einstandspreis zu bewegen.[20] Der Gesetzgeber kam diesen Wünschen indessen erst nach langem Zögern und mehreren halbherzigen Anläufen durch wiederholte Änderungen des GWB nach. Die einschlägige Regelung findet sich jetzt in § 20 Abs. 3 GWG idF von 2013. Nach § 20 Abs. 3 S. 2 Nr. 2 GWB liegt eine unbillige Behinderung im Sinne des S. 1 der Vorschrift auch dann vor, wenn (nur) ein *marktstarkes* Unternehmen Waren oder gewerbliche Leistungen nicht nur gelegentlich **unter Einstandspreis anbietet,** es sei denn, dies ist sachlich gerechtfertigt. Hinzu kam bereits 2007 noch, um das Maß voll zu machen, das (jetzt sogar unbefristete) Verbot des Verkaufs von **Lebensmitteln** unter Einstandspreis durch marktstarke Unternehmen (§ 20 Abs. 3 S. 2 Nr. 1 GWB).[21]

11 Damit ist die Grenze des in einer Wettbewerbsordnung Erträglichen endgültig überschritten,[22] womit zugleich gesagt ist, dass auch über § 4 Nr. 4 UWG der Preiswettbewerb nicht weiter als bereits durch das GWB geschehen eingeschränkt werden darf.[23]

[16] VO des Reichspräsidenten zum Schutze der Wirtschaft v. 9.3.1932, RGBl. I 121; s. dazu → § 12 Rn. 25 ff.; ausführliche Darstellung zuletzt bei *Emmerich,* Das Recht des unlauteren Wettbewerbs, 5. Aufl. 1998, S. 61, 156 ff.

[17] *BGH* GRUR 2004, 344 (345) = NJW-RR 2004, 687 = WRP 2004, 481 – Treue-Punkte II.

[18] S. dazu → § 12 Rn. 35 ff.; *BGH* GRUR 2004, 344 (345) = NJW-RR 2004, 687 = WRP 2004, 481; GRUR 2008, 530 (531 Tz. 12 ff.) = WRP 2008, 277; str.

[19] S. *Lehmann,* Verkauf unter Einstandspreis, 1979; *Sack,* BB 1988, Beil. 3 zu H. 11; *ders.,* WRP 1983, 63; *Ulmer,* FG Kummer, 1980, S. 565; *ders.,* WRP 1987, 299.

[20] Nachweise bei *Kreutzer,* WRP 1985, 467 (476); *Sack,* BB 1988, Beil. 3 zu H. 11, S. 3 ff.

[21] S. im Einzelnen Kartellrecht, § 28 Rn. 30 ff.

[22] Ebenso MK, SonderGA Nr. 47, 2007, WuW/E DEV 1381.

[23] Zutreffend *Alexander,* WRP 2010, 727 (732 f.).

Die „gezielte Behinderung“ von Konkurrenten durch die **Unterbietung ihrer Preise** ist daher, selbst wenn dabei der Einstandspreis oder die Selbstkosten unterschritten werden, grundsätzlich, dh von wenigen Ausnahmefällen abgesehen (→ Rn. 13ff.), *unbedenklich,* solange nicht im Einzelfall die Voraussetzungen der allgemeinen Marktbehinderung erfüllt sind (→ § 19) oder eines der Verbote des GWB (§ 19 Abs. 1 und 2 Nr. 1, § 20 Abs. 1 und 3) oder des AEUV (Art. 102) eingreift.[24] Ebenso wird, wie besonderer Hervorhebung bedarf, die Rechtslage grundsätzlich in unseren Nachbarländern Österreich und Schweiz beurteilt.[25]

Vor allem bei der Einführung neuer Produkte darf ein Kaufmann selbst für längere Zeit Anlaufverluste in Kauf nehmen, dh „unter seinen Kosten“ verkaufen, sofern er nur aufgrund einer kaufmännisch vernünftigen Kalkulation langfristig darauf hoffen darf, die Gewinnschwelle zu überschreiten.[26] Für eine **Preisdiskriminierung** zum Nachteil einzelner Abnehmer gilt nichts anderes.[27] Es spielt auch keine Rolle, ob durch die Preisunterbietung Konkurrenten geschädigt oder vom Markt verdrängt werden,[28] solange es sich nicht geradezu um einen Machtmissbrauch marktbeherrschender oder marktstarker Unternehmen handelt (§ 19 Abs. 2 Nr. 1 und § 20 Abs. 1 GWB sowie Art. 102 AEUV).[29] Für eine Anwendung des § 4 Nr. 4 UWG auf die Unterbietung der Preise von Konkurrenten bleibt daneben notwendigerweise nur ein schmaler Raum. Es handelt sich dabei um eine Reihe eigenartiger und durchweg umstrittener Fälle, unter denen die sogenannte Preisunterbietung in Vernichtungsabsicht herausragt (→ Rn. 13f.). 12

2. Vernichtungsabsicht

Im Anschluss an das Urteil des Reichsgerichts in dem sog Benrather-Tankstellenfall aus dem Jahre 1931[30] wird häufig insbesondere eine *Preisunterbietung in Vernichtungsabsicht* als unlauter bezeichnet.[31] Die Verfasser des UWG von 2004 sahen in diesem Fall geradezu das Paradigma einer gezielten Mitbewerberbehinderung im Sinne des § 4 Nr. 4 UWG.[32] Indessen kann schwerlich der bloße Umstand, dass ein Gewerbe- 13

[24] So auch *BGH* NJW 2005, 3718 (3720f.) = GRUR 2005, 1059 – Laborgemeinschaften; NJW 2006, 2120 (2121f. Tz. 13ff.) – GRUR 2006, 596 – 10% billiger; GRUR 2009, 416 = WRP 2009, 432 = JuS 2010, 168 – Küchentiefstpreis-Garantie; ebenso schon früher zB BGHZ 96, 337 (346ff.) = NJW 1986, 1877 = JuS 1986, 736 Nr. 11 – Abwehrblatt I usw. bis BGHZ 129, 203 (212) = NJW 1995, 2293 = JuS 1995, 1039 Nr. 10 – Hitlisten; *BGH* LM § 1 UWG Nr. 409 = NJW 1984, 1618 = WRP 1984, 136 = GRUR 1984, 204 = JuS 1984, 645 Nr. 8 – Verkauf unter Einstandspreis II.

[25] BGE 107 (1981) II, S. 277 (281ff.) – Denner; *OGH* SZ Bd. 20 (1938) Nr. 267, S. 582 (585); ÖBl. 1971, 11; 1972, 62; 1978, 148; 2000, 216 (217); GRURInt 1987, 433 – Mobilheim-Preise; ÖBl. 2002, 127 (128f.).

[26] BGHZ 96, 337 (346ff.) = NJW 1986, 1877 = JuS 1986, 736 Nr. 11 – Abwehrblatt II; BGHZ 111, 188 (190) = NJW 1990, 2468 = JuS 1991, 252 Nr. 12 – Anzeigenpreis.

[27] *BGH* LM § 1 UWG Nr. 61 = NJW 1958, 1140.

[28] *BGH* LM § 1 UWG Nr. 409 = NJW 1984, 1618 = WRP 1984, 136 = GRUR 1984, 204 = JuS 1984, 645 Nr. 8 – Verkauf unter Einstandspreis II/Braun-micron plus.

[29] BGHZ 85, 84 (95) = NJW 1983, 569 – ADAC.

[30] RGZ 134, 342; zustimmend RGZ 144, 42 (50).

[31] BGHZ 85, 84 (95) = NJW 1983, 569 – „ADAC“; BGHZ 96, 337 (347f.) = NJW 1986, 1877 = JuS 1986, 736 Nr. 11 – Abwehrblatt; BGHZ 111, 188 (190f.) = NJW 1990, 2468 = JuS 1991, 252 Nr. 12 – Anzeigenpreis I; BGHZ 116, 47 (55) = NJW 1992, 1817 = JuS 1992, 700 Nr. 9 – Stadtkurier; BGHZ 129, 203 (212f.) = NJW 1995, 2293 = JuS 1995, 1039 Nr. 10 – Hitlisten; *OGH* ÖBl. 1972, 62; 1978, 148; 2000, 216 (218); 2002, 127 (128f.).

[32] Begr., BT-Drs. 15/1487, S. 19 (l. Sp. o.).

treibender seine Mitbewerber vernichten möchte, ausreichen, um eine von ihm vorgenommene Preisunterbietung als unlauter zu brandmarken, weil sich das UWG nicht gegen die Gesinnung eines Gewerbetreibenden, sondern – unabhängig davon – gegen sein äußeres Verhalten wendet, vorausgesetzt, dass es mit den Gesetzmäßigkeiten eines Systems hinreichend freien und fairen Wettbewerbs unvereinbar ist.[33]

14 Zu der bloßen Vernichtungsabsicht müssen folglich noch **weitere, äußere Umstände** hinzutreten, wenn hier (ausnahmsweise) das Urteil der Unlauterkeit gerechtfertigt sein soll (§ 4 Nr. 4 UWG). Maßgebend sollten insoweit dieselben Erwägungen sein, die in diesem Zusammenhang im Rahmen der verschiedenen **kartellrechtlichen Missbrauchsverbote** der §§ 19 und 20 GWB sowie des Art. 102 AEUV angestellt zu werden pflegen, da auch das UWG hier nicht weiter als das Kartellrecht gehen darf, soll nicht der Preiswettbewerb auf dem Weg über das UWG übermäßig beschränkt werden (→ Rn. 17).[34]

3. Sonstige Fälle

15 Im Schrifttum fanden sich in der Diskussion zu dem alten UWG von 1909 noch zahlreiche weitere Vorschläge zur Einschränkung des Preiswettbewerbs über das Wettbewerbsrecht, vornehmlich unter dem Gesichtspunkt der **allgemeinen Marktbehinderung** (§ 3 Abs. 1 UWG; dazu → § 19). In ihrer Mehrzahl zielten sie darauf ab, noch über das Kartellrecht hinaus (s.§ 19 Abs. 2 und § 20 Abs. 1 und 3 GWB sowie Art. 102 AEUV) Preiskämpfen auch durch (noch) *nicht* marktmächtige Unternehmen über das UWG Grenzen zu ziehen, vorausgesetzt, dass sie die Gefahr einer schwerwiegenden Wettbewerbsbeschränkung heraufbeschwören, jedenfalls sofern dabei die (wie immer ermittelten) Selbstkosten oder der Einstandspreis des betreffenden Unternehmens unterschritten werden.[35]

16 Diese Vorschläge waren nicht ohne Widerhall in der Rechtsprechung geblieben. Der BGH hatte zwar betont, dass die Gesichtspunkte der Marktsättigung und der Verdrängung der Konkurrenten allein nicht zur Begründung der Unlauterkeit einer Preisunterbietung herangezogen werden könnten,[36] jedoch einschränkend hinzugefügt, dass ein systematischer Verkauf unter Einstandspreis dann als unlauter zu qualifizieren sei, wenn er zur Folge hat, die Konkurrenten vom Markt zu verdrängen und dadurch den Wettbewerb auf dem Markt völlig oder nahezu aufzuheben (sog **Gefährdung des Wettbewerbs** in seinem Bestand), oder wenn damit zu rechnen ist, dass Wettbewerber solche Preisaktionen in einem Ausmaße nachahmen, dass es zu einer gemeinschaftsschädlichen Störung des Wettbewerbs kommen kann (sog **gemeinschaftsschädliche Nachahmung**).[37]

17 Voraussetzung für die Annahme einer derartigen **gemeinschaftsschädlichen Preisunterbietung,** die an sich eine Fallgruppe der allgemeinen Marktstörung oder Marktbehinderung im Sinne der Generalklausel des § 3 Abs. 1 UWG von 2008/2015 darstellt,

[33] Ebenso *Koppensteiner,* öWiBl. 1995, 1 (4ff.).

[34] S. deshalb Kartellrecht, § 10 Rn. 50ff., § 27 Rn. 77ff.

[35] Insb. *Sack,* WRP 1983, 63 (70ff.); *ders.,* BB 1988 Beil. 3, 12ff., 30f. mwN.

[36] LM § 1 UWG Nr. 314 (Bl. 5) = NJW 1978, 2598 = WRP 1978, 806 = GRUR 1979,55 – Tierbuch.

[37] S. BGHZ 85, 84 (95) = NJW 1983, 569 – ADAC; BGHZ 96, 337 (346ff.) = NJW 1986, 1877 = JuS 1986, 736 Nr. 11 – Abwehrblatt II; BGHZ 111, 188 (190f.) = NJW 1990, 2468 = JuS 1991, 252 Nr. 12 – Anzeigenspreis I; BGHZ 116, 47 (55ff.) = NJW 1992, 1817 = JuS 1992, 700 Nr. 9 – Stadtkurier; BGHZ 129, 203 (212ff.) = NJW 1995, 2293 = JuS 1995, 1039 Nr. 10 – Hitlisten; *OGH* ÖBl. 2002, 127 (129).

ist dass die Preisunterbietung sachlich nicht gerechtfertigt ist *und* außerdem dazu führen kann, dass Mitbewerber vom Markt verdrängt werden und der Wettbewerb dadurch auf diesem Markt völlig oder doch nahezu aufgehoben wird.[38] Diese sehr engen Voraussetzungen für eine Anwendung der Generalklausel auf Preisunterbietungen im Wettbewerb sind im Grunde nur erfüllt, wenn (ausnahmsweise) für die Preisunterbietung kein anderer nachvollziehbarer Grund erkennbar ist als die Schädigung von Mitbewerbern unter Inkaufnahme massiver eigener Verluste. Es handelt sich dabei um eine Strategie, zu der, wenn überhaupt (das ist streitig), letztlich allein Großunternehmen auf hochkonzentrierten Märkten in der Lage sind, sofern es ihnen gelingt, einzelne Konkurrenten zu isolieren und so „gezielt" anzugreifen, Strategien also, die im Kartellrecht als Anwendungsfälle des **Machtmissbrauchs** durch marktbeherrschende Unternehmen im Sinne des § 19 GWB sowie des Art. 102 AEUV diskutiert werden (sogenannte **Kampfpreisunterbietung** oder predatory pricing),[39] – womit sich diese Fallgruppe im Grunde – im Rahmen der §§ 3 Abs. 1 und 4 Nr. 4 UWG – als überflüssig (oder genauer: deplaziert) erweist. Ohnehin sind sämtliche üblicherweise gegen den Verkauf unter Selbstkosten oder unter Einstandspreis vorgebrachten Einwände letztlich nicht haltbar.[40] Es gibt viele vernünftige Gründe, die einen Kaufmann veranlassen können, seine Einstandspreise kurz- oder mittelfristig zu unterschreiten. Für einen Einzelhändler kommt es ohnehin nur darauf an, ob er *insgesamt* seine Kosten zu decken vermag.[41]

IV. Boykott

Der Boykott ist ein weiteres, gleichsam „klassisches" Beispiel der gezielten Behinderung von Mitbewerbern in wettbewerbsfeindlicher Absicht, das folgerichtig auch die Gesetzesverfasser bei § 4 Nr. 4 UWG (ua) vor Augen hatten.[42] Man versteht darunter den **Aufruf** eines Unternehmens oder Unternehmensverbandes an andere Unternehmen, ihre *Geschäftsbeziehungen zu* einem *Dritten,* dem gezielt behinderten Mitbewerber, *abzubrechen* (vgl. § 21 Abs. 1 GWB). Zu einem Boykott gehören somit (mindestens) *drei* Personen, die als Verrufer (oder Boykottierer), Adressat oder Sperrer sowie Boykottierter (oder Verrufener) bezeichnet zu werden pflegen.[43] Die besondere Gefährlichkeit des Boykotts beruht gerade auf dieser Einschaltung Dritter in die Kampfmaßnahme, gegen die sich der Betroffene praktisch nicht wehren kann. 18

Die wichtigste Erscheinungsform des Boykotts bilden heute Aufrufe in Pressediensten der Wirtschaft, besonders wettbewerbsaktive Unternehmen zu sperren. Betroffen von derartigen Praktiken insbesondere des Fachhandels sind in erster Linie die großbetrieblichen Formen des Einzelhandels.[44] 19

---

[38] *BGH* GRUR 2009, 416 (418 Tz. 25) = WRP 2009, 432 = JuS 2010, 168 – Küchentiefstpreis-Garantie; s. im Einzelnen → § 19 Rn. 4ff.

[39] S. Kartellrecht, § 10 Rn. 50ff. und § 27 Rn. 77ff.

[40] *Eser,* BB 1985, 699; *Gröner/Köhler,* Der Selbstbedienungsgroßhandel, 1986, S. 136ff.; *Mestmäcker,* Der verwaltete Wettbewerb, 1984.

[41] Ebenso BGHZ 129, 203 (212) = NJW 1995, 2293 = JuS 1995, 1039 Nr. 10 – Hitlisten; *BGH* NJW 2006, 2120 (2121f. Tz. 19) = GRUR 2006, 596 – 10% billiger.

[42] Begr., BT-Drs. 15/1487, S. 19 (l. Sp. o. „Zu Nr. 10").

[43] S. Kartellrecht, § 29 Rn. 1ff.

[44] Beispiele in BVerfGE 62, 230 = NJW 1983, 1181; *BGH* LM § 1 UWG Nr. 326 = WuW/E BGH 1666 = GRUR 1980, 242 – Denkzettel-Aktion; LM § 1 UWG Nr. 414 = GRUR 1984, 461 = WRP 1984, 321 = NJW 1985, 60 – Kundenboykott; LM § 26 GWB Nr. 53 = GRUR 1985, 468 – Ideal-Standard.

20 Das Reichsgericht hatte den Boykott durchweg äußerst milde beurteilt. Einen Wandel hatten hier erst die alliierten Dekartellierungsgesetze mit ihrem generellen Boykottverbot eingeleitet. Seitdem wurde der Boykott auch in der deutschen Praxis für den Regelfall als Eingriff in den Gewerbebetrieb (§ 823 Abs. 1 BGB) und als Maßnahme des **Behinderungswettbewerbs** (§ 1 UWG aF) verboten. Eine andere Beurteilung wurde nur noch in Ausnahmefällen erwogen, vor allem bei einem Boykott zur Verteidigung gegen rechtswidrige Angriffe.[45]

21 Bei dieser grundsätzlich **negativen Bewertung** des Boykotts (→ Rn. 20) ist es bis heute geblieben, obwohl das GWB in § 21 Abs. 1 das generelle Boykottverbot der Dekartellierungsgesetze nicht übernommen hat.[46] Das gilt auch für Boykottaufrufe durch die Presse, etwa durch Brancheninformationsdienste, wie sie immer wieder im Kampf gegen sogenannte Außenseiter festzustellen sind. Art. 5 Abs. 1 GG steht nicht entgegen, jedenfalls, wenn von der Presse zugleich ein wirtschaftlicher Druck auf die Adressaten des Aufrufs ausgeübt wird, etwa durch den Appell an die Solidarität der Angehörigen eines Wirtschaftszweiges in einem Brancheninformationsdienst.[47] Unter dem UWG von 2004 hat sich an der grundsätzlich negativen Beurteilung des Boykotts als gezielter Mitbewerberbehinderung nichts geändert (§ 4 Nr. 4 UWG).

V. Verletzung von Preis- und Vertriebsbindungssystemen

1. Überblick

22 Unternehmen, die Preis- oder Vertriebsbindungssysteme praktizieren, können im Absatz dadurch (massiv) behindert werden, dass andere Unternehmen die gebundene Ware, neudeutsch häufig auch (hochtrabend) „Systemware" genannt, ohne Beachtung der Preis- oder Vertriebsbindung vertreiben und dadurch den gebundenen Abnehmern die weitere Beachtung der Preis- oder Vertriebsbindung erheblich erschweren, wenn nicht unmöglich machen (→ Rn. 26). Deshalb ist es verständlich, dass sich das bindende Unternehmen, zB der eine Vertriebsbindung praktizierende Markenartikelhersteller, ebenso wie die gebundenen Unternehmen, in erster Linie also seine Abnehmer, gegen die unliebsame Konkurrenz anderer, nicht gebundener Händler, der sogenannten Außenseiter, wehren wollen. Da zwischen den Beteiligten keine vertraglichen Beziehungen existieren, kommt als Anspruchsgrundlage allein das **Behinderungsverbot** des § 4 Nr. 4 UWG in Betracht.

[45] S. → § 21 Rn. 55; BGHZ 3, 270 (279ff.) = NJW 1952, 660; BGHZ 8, 142 (144f.) = NJW 1953, 297; BGHZ 13, 33 (37) = NJW 1954, 917; BGHZ 14, 163 (170f.) = NJW 1954, 1682; BGHZ 24, 200 (205ff.) = NJW 1957, 1315; *BGH* LM § 1 UWG Nr. 15 = NJW 1954, 147 – Innungsboykott.

[46] *BGH* LM § 1 UWG Nr. 326 = GRUR 1980, 242; LM § 14 UWG Nr. 8 = GRUR 1960, 331 (335); *OLG Düsseldorf* GRUR 1984, 131 (134); *OLG Frankfurt a. M.* WuW/E OLG 2535 (2536); WM 2016, 352; Köhler/Bornkamm/*Köhler*, § 4 Nr. 4 Rn. 122ff.; Ohly/Sosnitza/*Ohly*, § 4 Rn. 10/90; Köhler/Bornkamm/*Köhler*, § 4 Nr. 4 Rn. 122ff.; Ohly/Sosnitza/*Ohly*, § 4 Rn. 10/90; – ebenso für Österreich *OGH* SZ Bd. 53 (1980) Nr. 102, S. 444 (448f.) = ÖBl. 1981, 13 – Reiseveranstalter; *Koppensteiner*, § 33 Rn. 28; – anders aber zB Harte-Bavendamm/Henning-Bodewig/*Omsels*, § 4 Nr. 10 Rn. 240ff.

[47] BVerfGE 62, 230 = NJW 1983, 1181; *BGH* LM § 1 UWG Nr. 410 = NJW 1985, 62 = GRUR 1984, 214; LM § 26 GWB Nr. 53 = GRUR 1985, 468; kritisch dazu *Degenhardt*, FS Lukes, 1989, S. 287 (297ff.).

In der Frage, unter welchen **Voraussetzungen** in den genannten Fällen tatsächlich Raum für eine Anwendung des § 4 Nr. 4 UWG ist, stehen sich im Grunde *zwei* wettbewerbspolitische Positionen unversöhnlich gegenüber: auf der einen Seite die Ansicht, dass erlaubte Preis- und Vertriebsbindungssysteme eine **unternehmerische Leistung** darstellten, die Schutz nach dem UWG verdiene, und auf der anderen Seite die Auffassung, dass es nicht angehe, auf das Wettbewerbsrecht **Eingriffe in die gleiche Freiheit Dritter** im Widerspruch zu dem System unverfälschten Wettbewerbs zu stützen. In dieser Kontroverse haben sich die deutschen Gerichte letztlich immer wieder auf die Seite der preis- und vertriebsbindenden Unternehmen geschlagen und so aus dem UWG im Ergebnis ein Instrument zur Durchsetzung wettbewerbsbeschränkender Vertragssysteme gleichermaßen gegen die gebundenen Händler wie gegen die nicht gebundenen Außenseiter gemacht.[48] 23

Der ganze Fragenkreis hat freilich in den letzten Jahren kontinuierlich an praktischer Bedeutung eingebüßt, da das deutsche Recht heute eine **vertragliche Preisbindung** im Grunde nur noch für **Zeitungen und Zeitschriften** kennt (§ 30 GWB),[49] während die (wichtigere) **Buchpreisbindung** mittlerweile eine eigenständige Regelung in dem Buchpreisbindungsgesetz von 2002 gefunden hat, sodass es insoweit eines Rückgriffs auf das UWG (§ 4 Nr. 4, § 8) nicht mehr bedarf.[50] Von einer gewissen praktischen Relevanz ist seitdem nur noch die Frage der Durchsetzung von **Vertriebsbindungssystemen** über das UWG (§ 4 Nr. 4, § 8), soweit solche Systeme nach Kartellrecht (Art. 101 AEUV; §§ 1–3 GWB) noch zulässig sind.[51] Gleichstehen sogenannte **Eigen- oder Direktvertriebssysteme,** deren Kennzeichen darin besteht, dass der Anbieter seine Produkte direkt an die Verbraucher vertreibt, denen zugleich ein Weiterverkauf an gewerbliche Abnehmer untersagt wird.[52] 24

Ein **Beispiel** ist der Vertrieb von Karten für Bundesligaspiele durch den Veranstalter nur an Verbraucher, denen es durch die Geschäftsbedingungen des Veranstalters untersagt wird, die Karten weiterzuverkaufen.[53]

2. Kontrolle

Der Aufbau eines Preis- oder Vertriebsbindungssystems macht als erstes die Errichtung einer (teuren) Überwachungsorganisation erforderlich, damit der bindende Hersteller alsbald von etwaigen Verstößen gegen das System erfährt, um dagegen noch rechtzeitig einschreiten zu können, bevor sein System vollends zusammenbricht. Das häufigste Mittel hierfür sind **Testkäufe** bei den gebundenen Händlern. Einzelne Händler haben deshalb immer wieder versucht, sich gegen diese Form der Überwachung seitens der Hersteller durch Hausverbote für Testkäufer zu wehren, indessen vergeblich, da die Gerichte in der Regel Behinderungen von Testkäufen (zu Unrecht) als unlauter quali- 25

48 S. zum Folgenden *Emmerich,* FG 50 Jahre BGH, Bd. II, 2000, S. 627 (634 ff.); *ders.,* FS Erdmann, 2002, S. 561 ff.; Immenga/Mestmäcker/*Emmerich,* § 130 Rn. 99–117.

49 Wegen der Einzelheiten s. *Emmerich,* FS H.-P. Westermann, 2008, S. 899.

50 BGBl. I 3448, 3670; s. dazu *Emmerich,* FS Immenga, 2004, S. 111.

51 S. Kartellrecht, §§ 5 Rn. 15 ff., 27 Rn. 102 f.

52 BGHZ 178, 63 (71 f. Tz. 27) = NJW 2009, 1504 = GRUR 2009, 173 = WRP 2009, 177 = JuS 2009, 1063 – bundesligakarten.de; BGH NJW 2014, 3307 Tz. 32 ff. = GRUR 2014, 785 – Flugvermittlung im Internet.

53 BGHZ 178, 63 (71 f. Tz. 27) = NJW 2009, 1504 = JuS 2009, 1063 – bundesligakarten.de.

fizieren (§ 4 Nr. 4 UWG).[54] Dies bedeutet der Sache nach nichts anderes als die Zubilligung quasipolizeilicher Befugnisse an Unternehmen, die auf zweifelhafter vertraglicher Grundlage (s. Art. 101 Abs. 1 AEUV, § 1 GWB) Preis- oder Vertriebsbindungen praktizieren.[55]

3. Lückenlosigkeit

26 Sobald der Hersteller, auf welche Weise auch immer, von Verstößen eines der gebundenen Händler gegen die vertragliche Preis- oder Vertriebsbindung erfahren hat, kann er an sich aufgrund des Vertrages wie jeder andere Gläubiger auch von seinem Vertragspartner, dem gebundenen Händler, Unterlassung und Schadensersatz verlangen (§§ 311, 280, 249 BGB; ebenso für Bücher § 9 Abs. 1 BuchpreisbindungsG). Jedoch ist den Händlern die Einhaltung der *(vertraglichen)* Preis- oder Vertriebsbindung nur so lange zumutbar, wie das System zumindest **gedanklich lückenlos** aufgebaut ist.[56] Fehlt es daran, so werden die gebundenen Händler wieder *frei,* um sich ebenfalls dem dann neu entbrannten Wettbewerb stellen zu können (§§ 242, 273, 320 BGB). Dafür genügt es, dass auf dem betreffenden Markt „Systemware" in größerem Umfang bei Außenseitern auftaucht, während gelegentliche Verstöße, wie sie stets vorkommen, unerheblich sind. Sobald sie aber deutlich zunehmen, ist der Preis- oder Vertriebsbindungsvertrag gegenüber den gebundenen Händlern nicht mehr durchsetzbar.[57] Die **Beweislast** für die Lückenlosigkeit des Systems trägt das bindende Unternehmen.

4. Außenseiter

27 Der schwierigste Aspekt des ganzen Fragenkreises ist die Durchsetzung eines vertraglichen Bindungssystems gegen Außenseiter, die sich die gebundene Ware, wie immer, besorgen und außerhalb des „offiziellen" Vertriebssystems auf dem Markt absetzen, sodass das Bindungssystem – infolge seiner Lückenhaftigkeit (→ Rn. 26) – zusammenzubrechen droht (§§ 3 Abs. 1, 4 Nr. 4 UWG). Üblicherweise unterscheidet man in diesem Zusammenhang *drei* verschiedene Fallgestaltungen, für die sich die Bezeichnungen Schleichbezug, Verleitung gebundener Händler zum Vertragsbruch und Ausnutzung fremden Vertragsbruchs eingebürgert haben.

28 Im Gegensatz zu der an sich unbedenklichen bloßen Ausnutzung fremden Vertragsbruchs (s. aber → Rn. 29, 35) wird der **Schleichbezug** von Außenseitern, zB über Strohmänner, ebenso wie die **Verleitung** gebundener Händler **zum Vertragsbruch**

[54] BGHZ 43, 359 (364ff.) = NJW 1965, 1527 = JuS 1965, 456 Nr. 4 – Warnschild; BGHZ 117, 264 (269) = NJW 1992, 2292 – Nicola; *BGH* LM § 1 UWG Nr. 585 = NJW-RR 1991, 1512 = GRUR 1991, 483 – Testfoto; LM § 1 UWG Nr. 719 = NJW-RR 1997, 104 = WRP 1996, 1156 – Testfotos III; *OLG Hamburg* NJW 2007, 3361; *OGH* SZ Bd. 63 I (1990) Nr. 8, S. 51 (56f.); Ohly/Sosnitza/*Ohly,* § 4 Rn. 10/20ff.

[55] Kritisch auch *KG* WuW/E OLG 1131ff.

[56] BGHZ 142, 192 (198ff.) = NJW 1999, 3043 = JuS 2000, 194 Nr. 14 – Entfernung der Herstellungsnummer I; *BGH* LM § 1 UWG Nr. 801 = NJWE-WettbR 1999, 217 = GRUR 1999, 1113 – Außenseiteranspruch I; LM § 1 UWG Nr. 840 (Bl. 2ff.) = GRUR 2001, 448 = NJW-RR 2001, 1188 – Chanel; LM § 1 UWG Nr. 881 (Bl. 2 R ff.) = NJW-RR 2002, 1119 = GRUR 2002, 709 – Entfernung der Herstellungsnummer III.

[57] BGHZ 36, 370 (375f.) = NJW 1962, 1010; BGHZ 40, 135 (139ff.) = NJW 1964, 152 = JuS 1964, 122 Nr. 5; *BGH* LM § 1 UWG Nr. 140 = NJW 1964, 917 = GRUR 1964, 320 = WRP 1964, 161 – Maggi.

(zu Unrecht; → Rn. 37) überwiegend als grundsätzlich unlauter angesehen (§§ 3 Abs. 1, 4 Nr. 4 UWG).[58] Umstritten ist „lediglich“, ob auch in diesen Fällen der Schutz des Bindungssystems gegen Außenseiter dessen Lückenlosigkeit (→ Rn. 26) voraussetzt. Überwiegend wird die Frage heute zwar verneint,[59] indessen zu Unrecht, da ein lückenhaftes System bereits von den gebundenen Händlern selbst nicht mehr beachtet zu werden braucht, sodass für Außenseiter schwerlich etwas anderes gelten kann.[60]

Ein Fall des **Schleichbezugs** (unter Verstoß gegen § 4 Nr. 4 UWG) liegt beispielsweise vor, wenn ein gewerbliches Unternehmen in großem Umfang heimlich Karten für Bundesligaspiele, etwa über Strohmänner, aufkauft, um sie mit Gewinn weiterzuverkaufen, obwohl der Veranstalter die Karten im Direktvertrieb nur an Verbraucher unter gleichzeitiger Vereinbarung eines Verbots des Weiterverkaufs vertreibt,[61] immer vorausgesetzt, dass die fragliche vertragliche Regelung überhaupt wirksam ist und nicht etwa gegen das Kartellrecht oder gegen die §§ 307 ff. BGB verstößt.[62] Jenseits derartiger Fallgestaltungen ist jedoch die **praktische Bedeutung** der Fälle des Schleichbezugs und der Verleitung zum Vertragsbruch nur gering, weil sich ihre Voraussetzungen nur *selten* nachweisen lassen. Daher rührt die verbreitete Suche nach Abhilfemöglichkeiten, um den Herstellern die (erwünschte) Durchsetzung ihrer wettbewerbsbeschränkenden Vertragssysteme gegen **Dritte** weiter zu erleichtern. Im Vordergrund stand dabei über Jahrzehnte die **Qualifizierung** des **Vorsprungs,** den sich der Außenseiter vor den „systemtreuen“ Konkurrenten verschafft, als **unlauter,** sodass schließlich bei der *Preisbindung* bereits der *„Gesamttatbestand“* aus bloßer Ausnutzung fremden Vertragsbruchs und Unterbietung des gebundenen Preises als unlauter galt,[63] während bei *Vertriebsbindungen* darüber hinaus der bloße Vorsprung durch die Vervollständigung des Sortiments des Außenseiters im Verhältnis zu den übrigen, ebenfalls nicht belieferten Außenseitern für die Anwendung des § 1 UWG aF ausreichen sollte.[64] 29

Die **Kritik** an dieser Praxis hatte in den letzten Jahren ständig zugenommen. Auch in den meisten unserer Nachbarstaaten war sie zuletzt auf Ablehnung gestoßen.[65] 1999 gab der BGH deshalb seine bisherige Rechtsprechung zur Behandlung von Außenseitern (im Prinzip) mit der (zutreffenden) Begründung auf, durch sie werde bloßen ver- 30

[58] RGZ 148, 364 (367 ff.); BGHZ 178, 63 (69 ff. Tz. 22 f.) = NJW 2009 = GRUR 1988, 916 = WRP 1988, 734 – Schleichbezug, 1504 = JuS 2009, 1063 – bundesligakarten de; *BGH* LM § 1 UWG Nr. 496 = NJW-RR 1988, 1441; LM § 1 UWG Nr. 801 = NJWE-WettbR 1999, 217 = GRUR 1999, 1113 = WRP 1999, 1022 – Außenseiteranspruch I; *Lubberger,* WRP 2000, 139, 143; *Sack,* WRP 2000, 447, 455; *Tiemann,* WRP 2004, 289.

[59] *BGH* LM § 3 UWG Nr. 330 = NJW-RR 1992, 427 = GRUR 1992, 171 = WRP 1999, 165 – Vorgetäuschter Vermittlungsauftrag.

[60] *OLG Hamburg* GRUR 1988, 387 (389); *OLG Stuttgart* NJW-RR 1989, 1004 (1006).

[61] BGHZ 178, 63 (70 ff.) = NJW 2009, 1504 = JuS 2009, 1063 – Bundesligakarten (für den FC St. Pauli).

[62] BGH NJW 2014, 3307 Tz. 32 ff. = GRUR 2014, 785.

[63] RGZ 133, 330 (335 f.); 136, 65 (73); 151, 239 (243 f.); BGHZ 37, 30 (34 ff.) = NJW 1962, 1105; *BGH* LM § 1 UWG Nr. 140 = NJW 1964, 917 = GRUR 1964, 320 = WRP 1964, 161 – Maggi.

[64] BGHZ 37, 30 (34 ff.) = NJW 1962, 1105 – SB-Großhandel; *BGH* LM § 309 ZPO Nr. 3 = NJW-RR 1992, 1065 = GRUR 1992, 627 = WRP 1992, 557 – Pajero; WuW/E BGH 916 (920) = BB 1968, 143.

[65] *Schweiz. BGE* 114 (1988) II, 91 (98 ff.) – Dior; *OGH* SZ Bd. 58 (1985) Nr. 36, S. 176 (179 f.) – Grundig; *OGH* GRURAusl 1959, 243; ÖBl. 1987, 17 – Guerlain.

traglichen Bindungen im Ergebnis eine quasi-dingliche Wirkung zugebilligt, für die jede gesetzliche Grundlage fehle.[66]

31 Aber offenbar bekam der BGH später dann doch wieder „Angst vor der eigenen Courage“: Um Vertriebsbindungssysteme im Ergebnis nicht völlig „schutzlos“ zu lassen, verfiel er auf den Ausweg, es stattdessen fortan als grundsätzlich unlauteren Behinderungswettbewerb iSd § 4 Nr. 4 UWG einzustufen, wenn der Außenseiter **Kontrollnummern** des Herstellers beseitigt oder dergestalt veränderte Ware weitervertreibt. Auch eine Erschöpfung des Markenrechts des Herstellers wird in diesem Fall unter Berufung auf § 24 Abs. 2 MarkenG verneint. Die Folge ist, dass der Hersteller doch nach wie vor aufgrund des UWG (§§ 3, 4 Nr. 4 und § 8) und des MarkenG (§§ 14 Abs. 2, 24 Abs. 2) gegen Außenseiter vorgehen kann, selbst wenn sie lediglich fremden Vertragsbruch ausnutzen, vorausgesetzt, dass die Außenseiter, um ihre Bezugsquellen zu vertuschen, die Kontrollnummern der Hersteller beseitigen.[67] Zugleich wird die Position der Hersteller noch ohne jede gesetzliche Grundlage durch ausufernde Auskunftsansprüche gegen Außenseiter praeter legem erheblich verstärkt (→ § 23 Rn. 20ff.).

32 Die geschilderte neue Praxis des BGH (→ Rn. 31) kann gleichfalls *keine* Billigung finden, auch nicht, soweit die Anbringung von Chargennummern durch die Hersteller wie bei Kosmetika und Pharmazeutika auf Gesetz beruht.[68] Denn nichts hindert die Hersteller, ihre Kontrollnummern von den gesetzlich vorgeschriebenen Chargennummern zu trennen. Zu Recht hatte es der BGH früher selbst durchweg abgelehnt, in der bloßen Entfernung von Kontrollnummern eine sittenwidrige Behinderung des Vertriebsbinders zu sehen.[69] Niemand weiß, warum das auf einmal heute wieder anders sein soll, wenn man bedenkt, dass Kontrollnummern lediglich den Zweck haben, den Herstellern eine Verfolgung der Absatzwege ihrer Produkte über die verschiedenen Handelsstufen hinweg zu ermöglichen.

[66] BGHZ 143, 232 (240ff.) = NJW 2000, 2504 = JuS 2000, 1027 Nr. 12; BGHZ 178, 63 (73ff. Tz. 32ff.) = NJW 2009, 1504 – Bundesligakarten; *BGH* LM § 1 UWG Nr. 801 (Bl. 4 R) = NJWE-WettbR 1999, 217 = GRUR 1999, 1113 = WRP 1999, 1022; LM § 1 UWG Nr. 840 = GRUR 2001, 448 = NJW-RR 2001, 1188 – Chanel; LM § 1 UWG Nr. 881 (Bl. 2 R f.) = NJW-RR 2002, 1119 = GRUR 2002, 702 = WRP 2002, 947 – Entfernung der Herstellungsnummer III; zustimmend *Scherer,* WRP 2009, 518; *Sosnitza,* WRP 2009, 373.

[67] BGHZ 142, 192 (201ff.) = NJW 1999, 3043 = JuS 2000, 194 Nr. 14 – Entfernung der Herstellungsnummer I; BGHZ 143, 232 (243) = NJW 2000, 2504 = JuS 2000, 1027 Nr. 12 – Außenseiteranspruch II; BGHZ 148, 26 (32, 34) = GRUR 2001, 841– Entfernung der Herstellungsnummer II; *BGH* LM § 1 UWG Nr. 801 = NJWE-WettbR 1999, 217 = GRUR 1999, 1113 = WRP 1999, 1022 – Außenseiteranspruch I; LM § 1 UWG Nr. 840 (Bl. 2ff.) = GRUR 2001, 448 = NJW-RR 2001, 1188 – Kontrollnummerbeseitigung/Chanel; LM § 1 UWG Nr. 881 (Bl. 3ff.) = GRUR 2002, 702 = WRP 2002, 947 = NJW-RR 2002, 1119 – Entfernung der Herstellungsnummer IIII; *Bayreuther,* WRP 2000, 348; Ohly/Sosnitza/*Ohly,* § 4 Rn. 10/72ff.; *Omsels,* WRP 2004, 136 (141f.); *Sack,* WRP 2000, 447; *Schaffert,* FS Erdmann, 2002, S. 719.

[68] S. *Emmerich,* FS Erdmann, 2002, S. 561 (569f.); zustimmend *Teplitzky,* WRP 2003, 173 (179f.).

[69] So noch zutreffend BGHZ 104, 185 (191ff.) = NJW 1988, 3152; *BGH* LM § 3 UWG Nr. 332 = NJW-RR 1992, 804; LM § 253 ZPO Nr. 130 = NJW 1990, 3638 (3639).

VI. Abwerbung von Kunden

1. Grundsätzliche Zulässigkeit

Mitbewerber können ferner dadurch „gezielt" im Absatz behindert werden (§ 4 Nr. 4 UWG), dass ihre Kunden abgeworben werden. Gleichwohl kann keine Rede davon sein, die Abwerbung von Kunden sei grundsätzlich verboten, da der Kern des Systems unverfälschten Wettbewerbs im Sinne des § 1 S. 2 UWG gerade in dem Wettbewerb um Kunden besteht, und zwar insbesondere durch das Angebot einer nach Preis oder Qualität besseren Leistung, als sie von den Mitbewerbern den umworbenen Kunden angeboten wird. Dadurch wird zwar der Mitbewerber, der den fraglichen Abnehmer bisher beliefert hatte, möglicherweise „gezielt" behindert. Aber eine Anwendung des § 4 Nr. 4 UWG auf diese allseits erwünschte **Grundform des Wettbewerbs** scheidet im Regelfall offenkundig aus.[70] 33

An dieser Beurteilung ändert sich auch nichts, wenn der umworbene Abnehmer noch **vertraglich** an einen Mitbewerber **gebunden** ist, etwa durch einen langfristigen Vertrag. Vertragsbeziehungen entfalten Rechtswirkungen grundsätzlich nur zwischen den Vertragsparteien (vgl. Art. 1134 franz. Code civil). Dritte werden durch sie nicht betroffen und brauchen sie daher auch nicht zu beachten. Selbst die Aufforderung an die umworbenen Kunden, ihre Verträge mit Dritten zu *kündigen,* ist daher unbedenklich,[71] sodass zB Versicherungsunternehmen ihren neugeworbenen Kunden durchaus auch Hilfestellung bei der Kündigung ihrer früheren Verträge gewähren dürfen.[72] In den Wettbewerbsrichtlinien einer Branche, sogenannten Verhaltenskodizes iSd § 2 Abs. 1 Nr. 5 UWG, kann nichts Gegenteiliges bestimmt werden (§ 1 GWB und Art. 101 AEUV).[73] 34

Etwas anderes gilt selbst dann nicht, wenn die Kunden zu einem Zeitpunkt abgeworben werden, zu dem sie noch an einen Mitbewerber vertraglich *gebunden* sind, ohne rechtzeitig kündigen zu können. Denn die bloße **Ausnutzung fremden Vertragsbruchs** ist im Regelfall gleichfalls unbedenklich.[74] *Anders* kann es sich nur im Einzel- 35

[70] Statt aller *BGH* NJW 2004, 2385 – GRUR 2004, 704; NJW 2005, 2012 – GRUR 2005, 603; GRUR 2009, 416 Tz. 15f. – 13% billiger als jedes Angebot der Mitbewerber; NJW-RR 2009, 1633 Tz. 19f. = WRP 1999, 432 = JuS 2010, 468 – Küchentiefstpreis-Garantie; GRUR 2010, 346 (348 Tz. 15f.) = WRP 2010, 633 – Rufumleitung; NJW 2010, 3239 (3241f Tz. 30) = GRUR 2010, 939 = JuS 2011, 270 – Telefonwerbung nach Unternehmenswechsel; GRUR 2012, 645 Tz. 17 = WRP 2012, 817 (819) – Mietwagenwerbung; NJW 2014, 1534 Tz. 35f. = GRUR 2014, 393 = WRP 2014, 424 (427) – wetteronline.de.

[71] RGZ 144, 42 (49); *BGH* LM § 1 UWG Nr. 117 = NJW 1963, 107 = JuS 1963, 121 Nr. 4 – Zahnprothesen-Pflegemittel; LM § 1 UWG Nr. 132 = GRUR 1964, 215 = JuS 1964, 162 Nr. 4 – Milchfahrer; *BGH* LM § 1 UWG Nr. 864 (Bl. 2f.) = GRUR 2002, 548 = NJW-RR 2002, 1193.

[72] *RG* MuW 1934, 60; *BGH* LM § 1 UWG Nr. 166 (Bl. 4) = GRUR 1966, 509; LM § 13 GVG Nr. 153 = NJW 1981, 281; LM § 1 UWG Nr. 864 (Bl. 2 R) = GRUR 2002, 548 = NJW-RR 2002, 1193 – Mietwagenkostenersatz; NJW 2005, 2012 = GRUR 2005, 603; s. im Einzelnen *Sassel/Thiemann,* GRUR 2003, 921; *Fischer,* WRP 2005, 1230.

[73] → § 20 Rn. 39ff.; *BGH* LM § 1 UWG Nr. 864 (Bl. 3f.) = GRUR 2002, 548 = NJW-RR 2002, 1193 – Mietwagenkostenersatz; *Sosnitza,* Wettbewerbsbeschränkungen durch die Rechtsprechung, 1995, S. 222ff.

[74] BGHZ 171, 73 (77ff., Tz. 15ff.) = NJW 2007, 2999 = JuS 2007, 1155 Nr. 12 – Außendienstmitarbeiter; BGHZ 178, 63 (74 Tz. 35ff.) = NJW 2009, 1504 = JuS 2009, 1063 – Bundesligakarten; *BGH* LM § 1 UWG Nr. 288 = GRUR 1976, 372; GRUR 2010, 346 Tz. 15 = WRP 2010, 633 – Rufumleitung; NJW 2010, 3239 Tz. 30 = GRUR 2010, 939 = JuS 2011, 271 – Telefonwerbung nach Unternehmens-

fall verhalten, wenn auf die noch an einen Konkurrenten gebundenen Abnehmer *in unangemessener Weise eingewirkt* wird, um sie als Kunden zu gewinnen, wobei – neben der sogenannten Verleitung zum Vertragsbruch (→ Rn. 36) – insbesondere an eine **Irreführung** der abgeworbenen Kunden zu denken ist (§ 5 UWG).[75] Dagegen vermag die bloße **Kenntnis** des Abwerbenden von dem Vertragsbruch der Kunden oder auch die Planmäßigkeit seiner Vorgehensweise eine Anwendung des § 4 Nr. 4 UWG nicht zu rechtfertigen.[76] Selbst wenn etwa, um ein Beispiel zu nennen, in der Bierbranche die Respektierung der Ausschließlichkeitsbindungen zwischen Gastwirten und Brauereien üblich sein sollte, kann die bloße Belieferung eines noch an eine andere Brauerei gebundenen Gastwirts dennoch nicht als unlauter angesehen werden, solange nicht besondere Umstände hinzutreten.[77]

36 Im Gegensatz zu der nach dem Gesagten grundsätzlich unbedenklichen bloßen Ausnutzung eines fremden Vertragsbruchs (→ Rn. 35) wurde die (weitergehende) **Verleitung** eines Kunden zum **Vertragsbruch** bisher überwiegend, weil mit den „Gepflogenheiten eines anständigen Kaufmanns unvereinbar“, als unlauter angesehen.[78] Die Voraussetzungen sind streitig. Während das Schrifttum zum Teil für eine ganz weite Auslegung dieses Tatbestandes eintritt,[79] tendiert der BGH heute betont zur *Zurückhaltung.*[80] Eine (unlautere) Verleitung zum Vertragsbruch kommt danach nur in Betracht, wenn der Täter gezielt und bewusst auf den Vertragsbruch des anderen Teils hinwirkt,[81] während die bloße *Anfrage* bei möglichen Kunden, ob sie zu einem Vertragswechsel bereit sind, nicht bereits als „Verleitung“ ausgelegt werden darf; vielmehr handelt es sich dabei um eine legitime Vorgehensweise im Wettbewerb.[82]

37 Aber man darf hierbei nicht stehen bleiben. Tatsächlich gibt es *keinen vernünftigen Grund,* die sogenannte Verleitung zum Vertragsbruch anders als die „bloße“ Ausnutzung fremden Vertragsbruchs zu behandeln, zumal sich beide Fälle ohnehin kaum unterscheiden lassen.[83] Verträge binden Dritte nicht; sie brauchen Verträge zwischen anderen Personen nicht zu respektieren und können folglich ohne Bedenken auch eine vertraglich bereits anderweitig gebundene Partei auffordern, mit ihnen einen weiteren (selbstverständlich gültigen) Vertrag abzuschließen. Anders kann es sich nur im Einzelfall verhalten, wenn bei der Abwerbung von Kunden oder allgemeiner: bei der Ver-

wechsel; *OGH* ÖBl. 1991, 15 (17f.); 1995, 24 (29); 2003, 238 (239ff.); statt aller *Köhler,* GRURInt 2014, 1006 (1008f.); – anders zB *Rüffler,* öWiBl. 2013, 421.

75 So zB *BGH* NJW 2014, 1534 Tz. 35ff. = GRUR 2014, 393 = WRP 2014, 424 (427).

76 BGHZ 171, 73 (77ff. Tz. 14) – Außendienstmitarbeiter; 178, 63 (74f. Tz. 37f.) – bundesligakarten.de.

77 BGHZ 171, 73 (77) – Außendienstmitarbeiter gegen die frühere Rechtsprechung.

78 RGZ 149, 114 (119f.); *BGH* LM § 1 UWG Nr. 486 = NJW-RR 1988, 808; LM § 1 UWG Nr. 744 (Bl. 1 R f.) = NJW 1998, 76 = GRUR 1997, 920 = WRP 1997, 1176 – Automatenaufsteller; *OGH* SZ Bd. 47 (1974) Nr. 15, S. 83 (87); Bd. 58 (1985) Nr. 36, S. 176 (179f.) – Grundig; *OGH,* ÖBl. 1991, 15 (17f.); 1991, 224 (228); 1995, 24 (29); 1997, 17 (19).

79 *Lubberger,* WRP 2000, 139 (142f.); *Sack,* WRP 2000, 447 (452, 456).

80 *BGH* LM § 1 UWG Nr. 744 (Bl. 2.) = NJW 1998, 76 = GRUR 1997, 920 = WRP 1997, 1176 – Automatenaufsteller.

81 BGHZ 171, 73 (77 Tz. 14); *OGH* ÖBl. 1991, 224 (228); 1995, 24 (29); 1996, 23 (26); 2003, 238 (239).

82 *OLG Düsseldorf* NJW-RR 2003, 104; *Emmerich,* FS Erdmann, 2002, S. 561 (566, 569f.).

83 *Köhler,* FS Canaris I, 2007, S. 591; *Scherer,* WRP 2009, 518; *Sosnitza,* WRP 2009, 373.

leitung zum Vertragsbruch **verwerfliche Mittel,** wie die Täuschung der Kunden oder die Herabsetzung der Mitbewerber, angewandt werden.[84]

Ein **Beispiel** ist die Einrichtung einer sogenannten Tippfehler-Domain, durch die Kunden, die sich bei der Eingabe einer Internetadresse in voraussehbarer Weise verschrieben haben, auf ein anderes Internetportal mit Werbung umgelenkt werden sollen.[85]

Das Gesagte – grundsätzliche Zulässigkeit der Abwerbung von Kunden selbst unter Verleitung zum Vertragsbruch – gilt auch für **Arbeitnehmer,** die sich *selbständig* machen wollen. Solchen Arbeitnehmern ist es gleichfalls unbenommen, ihrem früheren Arbeitgeber Kunden abzuwerben, ebenso wie es ihnen gestattet ist, andere Arbeitnehmer ihres früheren Arbeitgebers zu sich „herüberzuziehen".[86] Genauso unbedenklich ist es, wenn frühere Arbeitnehmer eines Gewerbetreibenden nach ihrem Wechsel zu einem anderen Gewerbetreibenden Kunden ihres früheren Arbeitgebers ansprechen, um diese über ihren Wechsel zu informieren und zugleich als Kunden für ihren neuen Arbeitgeber zu gewinnen.[87] 38

Eine Anwendung der § 4 Nr. 4 UWG kommt auch hier nur in **Ausnahmefällen** in Betracht,[88] etwa, wenn der Arbeitnehmer noch vor seinem Ausscheiden bei seinem bisherigen Arbeitgeber in einem „Abschiedsbrief" an dessen Kunden auf seine neue Tätigkeit hinweist,[89] wenn er andere Arbeitnehmer seines früheren Arbeitsgebers veranlasst, pflichtwidrig bestimmte Hilfsmittel an ihn herauszugeben, damit er mit diesen sofort den Wettbewerb beginnen kann,[90] oder wenn er schlagartig den gesamten Kundenstamm seines früheren Arbeitgebers mitnimmt, indem er die Kunden einfach genauso wie bisher weiter beliefert, möglicherweise, ohne sie überhaupt über den Wechsel der Verhältnisse zu informieren. Ebenso wird es im Regelfall zu beurteilen sein, wenn er sich die Kenntnis der Kundenbeziehungen auf treuwidrige Weise verschafft hat, zB durch Mitnahme der Kundenlisten oder durch Abschrift der Kundenkartei.[91] 39

2. Kundenfang

Von Kundenfang, einer besonderen Fallgruppe der Abwerbung von Kunden (→ Rn. 33ff.), spricht man, wenn einem Mitbewerber seine Kunden sozusagen „vor der Nase weggeschnappt" werden, um sie sodann in das eigene Geschäft zu „lenken", indem sich ein Gewerbetreibender bildlich oder tatsächlich zwischen den Mitbewer- 40

[84] *BGH* LM § 1 UWG Nr. 864 (Bl. 2 R) = NJW-RR 2002, 1193 – Mietwagenkostenersatz; NJW 2014, 1534 Tz. 35ff. = GRUR 2014, 393 = WRP 2014, 424 (427) – wetteronline.de; *OLG Köln* WuM 1985, 333 (334).

[85] *BGH* NJW 2014, 1534 Tz. 35ff. = GRUR 2014, 393 = WRP 2014, 424 (427) – wetteronline.de.

[86] Insb. *BGH* NJW 2004, 2385 = GRUR 2004, 704; NJW 2010, 3239 Tz. 29f. = GRUR 2010, 939 = JuS 2011, 270 – Telefonwerbung nach Unternehemenswwechsel; zur Abwerbung von Arbeitnehmern s. im Übrigen → Rn. 42ff.

[87] *BGH* NJW 2010, 3239 Tz. 29f = GRUR 2010, 939 = JuS 2011, 270 – Telefonwerbung nach Unternehemenswwechsel.

[88] *OGH* ÖBl. 1995, 112 (115); 2001, 64 (65f.).

[89] *BGH* NJW 2004, 2385 (2386) = GRUR 2004, 704.

[90] *BGH* LM § 1 UWG Nr. 624 = NJW 1993, 1991.

[91] *BGH* LM § 1 UWG Nr. 132 = GRUR 1964, 215 = JuS 1964, 162 Nr. 4; LM § 1 UWG Nr. 794 (Bl. 2 R) = NJW-RR 1999, 1131 = GRUR 1999, 934; BAGE 14, 72 = NJW 1963, 1420 = JuS 1963, 411 Nr. 2; *OGH* ÖBl. 1995, 112 (115).

ber und dessen Kunden schiebt. Solches Verhalten gilt seit jeher als gezielte und damit grundsätzlich unlautere Behinderung von Mitbewerbern iSd § 4 Nr. 4 UWG.[92]

Beispiele: Hierher gehören etwa die Verteilung von EDV-Programmen an Ärzte, die bei der Ausstellung eines Rezepts sofort zu billigeren Konkurrenzprodukten führen,[93] sowie die bereits erwähnte Einrichtung einer Tippfehler-Domain.[94] Weitere **Beispiele** sind das Überkleben fremder Plakate[95] sowie das Abfangen fremder Frachtführer, die zu einem dritten Spediteur wollen, durch einen Abfertigungsspediteur,[96] **nicht** aber ohne Weiteres das bloße Abstellen eines Fahrzeugs in einer Parkbucht vor dem Geschäft der Konkurrenz[97] und insbesondere *nicht* die Verwendung fremder Marken als Suchwort für Anzeigen im Internet (sogenannte AdWord- oder Keyword-Werbung), wenn die Folge lediglich ist, dass bei Eingabe des Suchworts neben der Website des Markeninhabers eine Anzeige des Werbenden erscheint.[98] **Unbedenklich** ist es auch, wenn ein Mietwagenunternehmen seine Werbung im Telefonbuch neben der Werbung für Taxen unter dem Buchstaben „T" platziert, weil Verbraucher dadurch nicht getäuscht werden können.[99]

41 Davon zu trennen ist das sogenannte **Ansprechen von Passanten** in der Öffentlichkeit, und sei es auch in der weiteren Umgebung des Geschäfts eines Konkurrenten, dessen Beurteilung sich heute in der Mehrzahl der Fälle nach § 7 Abs. 1 UWG richtet, insbesondere, wenn der Werber nicht ohne Weiteres als solcher erkennbar ist (→ § 13 Rn. 27 f.). Die Grenzziehung kann im Einzelfall Schwierigkeiten bereiten. Für die Anwendung des § 4 Nr. 4 UWG dürfte hier nur Raum sein, wenn sich die Aktivitäten der Werber gezielt an die Kunden eines in der Nähe gelegenen Konkurrenten richten, zB durch das Ansprechen von Passanten oder durch die Verteilung von Handzetteln ausgerechnet vor der Tür eines Konkurrenten, Praktiken, die sich in jüngster Zeit offenbar wieder zunehmender Beliebtheit zu erfreuen scheinen.[100]

VII. Abwerbung von Arbeitnehmern

42 Der berufliche Aufstieg vollzieht sich heute in erster Linie durch einen Wechsel der Arbeitsstelle, sodass die Zulässigkeit der Abwerbung von Arbeitnehmern, etwa durch das Angebot höherer Bezüge, für das berufliche Fortkommen der Arbeitnehmer nicht ernstlich zweifelhaft sein kann, weil darin letztlich nur der erwünschte Wettbewerb der Unternehmen um ihre Produktionsfaktoren zum Ausdruck gelangt, der sie zum sparsamen Umgang mit den Produktionsfaktoren und generell mit den Ressourcen zwingt. Raum für eine abweichende Beurteilung ist ebenso wie bei der in mancher Hinsicht vergleichbaren Abwerbung von Kunden (→ Rn. 33) nur in **Ausnahmefällen**

[92] *BGH* LM § 1 UWG Nr. 442 = NJW 1986, 2053; GRUR 2009, 416 Tz. 16; NJW-RR 2009, 1493 (1495 Tz. 21) = GRUR 2009, 876 – Änderung der Voreinstellung II; GRUR 2010, 346 (348 Tz. 15) = WRP 2010, 633 – SIM-Karten; NJW 2011, 3032 (3034 Tz. 35) – Bananabay II; GRUR 2012, 177 = WRP 2012, 817 (819); NJW 2012, 19638 Tz. 17 = GRUR 2012, 645 = WRP 2012, 817 – Mietwagenwerbung; NJW 2014, 1534 = GRUR 2014, 393 Tz. 35 = WRP 2014, 424 (427) – wetteronline.de.

[93] *OLG Hamburg* NJW 2002, 1808 = GRUR 2002, 278; *OLG Frankfurt a. M.* GRUR 2001, 763.

[94] → Rn. 37; *BGH* NJW 2014, 1534 Tz. 34 ff. = GRUR 2014, 393 = WRP 2014, 424 – wetteronline.de.

[95] *OLG Stuttgart* NJW-RR 1996, 1515.

[96] *BGH* LM § 1 UWG Nr. 465 = NJW-RR 1987, 932.

[97] *OLG Hamm* GRUR 1989, 924.

[98] *BGH* NJW 2011, 3032 (3034 Tz. 35) = GRUR 2011, 828 = WRP 2011, 1160 – Bananabay II; *Hackbart,* WRP 2011, 1124; *Ohly,* GRUR 2009, 709; *Röhl,* NJW 2011, 3005; sehr str.

[99] *BGH* NJW 2012, 1963 Tz. 17 = GRUR 2012, 645 = WRP 2012, 817 – Mietwagenwerbung.

[100] *BGH* LM § 1 UWG Nr. 94 = NJW 1960, 1294; LM § 1 UWG Nr. 117 = NJW 1963, 107 = JuS 1963, 121 Nr. 4; *KG* GRUR 1984, 601; *OLG Koblenz* WRP 1974, 283 (285); *OLG Brandenburg* NJW 1996, 1514; *OLG Stuttgart* NJW-RR 1996, 1516; *OLG Köln* NJW-RR 2002, 547 = GRUR 2002, 641; *OGH* ÖBl. 1996, 180 (182); 1997, 61 (63).

unter dem Gesichtspunkt der gezielten Behinderung des bisherigen Arbeitgebers des abgeworbenen Arbeitnehmers, wobei davon auszugehen ist, dass grundsätzlich alle Arbeitgeber auf dem Markt für Arbeitskräfte Mitbewerber sind (§ 2 Abs. 1 Nr. 3, § 4 Nr. 4 UWG).

Die geringsten Bedenken bestehen naturgemäß gegen die Abwerbung von Arbeitnehmern, wenn sie sich *keines* Vertragsbruchs schuldig machen, sondern **ordnungsmäßig kündigen** und erst *nach* Ablauf der Kündigungsfrist bei ihrem bisherigen Arbeitgeber ausscheiden. Es ist selbstverständlich, dass der neue Arbeitgeber den Arbeitnehmern dann auch höhere Löhne oder sonstige Verbesserungen anbieten darf, um sie zum Überwechseln zu bewegen. Die Arbeitnehmer dürfen in einem solchem Fall außerdem ohne Weiteres in ihrem bisherigen Wirkungskreis gegen ihren früheren Arbeitgeber eingesetzt und zugleich in einem Rundschreiben den Kunden als „Ansprechpartner" empfohlen werden, selbst wenn den Kunden ihre frühere Tätigkeit bekannt ist.[101] Nur beim Vorliegen besonderer Umstände kann daher hier eine unlautere **Behinderung** von Mitbewerbern angenommen werden (§ 4 Nr. 4 UWG). Zu denken ist in diesem Zusammenhang zunächst an Fälle, in denen die Abwerbung mit einer Herabsetzung des Mitbewerbers (vgl. § 4 Nr. 1 und 2 UWG) oder mit einer Täuschung der abgeworbenen Arbeitnehmer verbunden ist.[102] 43

Unlauter ist die Abwerbung ferner, wenn mit ihr der Zweck verfolgt wird, mittels der abgeworbenen Arbeitnehmer **Geschäftsgeheimnisse** des Mitbewerbers auszuspionieren, oder wenn, zB durch die gleichzeitige Abwerbung einer **größeren Zahl** von Arbeitnehmern, systematisch versucht wird, einen bestimmten Mitbewerber zu schädigen und auf diese Weise aus dem Markt zu drängen. Besonders deutlich wird diese Zielsetzung, wenn die abgeworbenen Arbeitnehmer von dem neuen Arbeitgeber in Wirklichkeit gar nicht benötigt und deshalb tatsächlich nicht beschäftigt werden. In Ausnahmefällen kann unter diesen Voraussetzungen bereits die Abwerbung eines einzigen, besonders qualifizierten Arbeitnehmers für die Anwendung des § 4 Nr. 4 UWG ausreichen.[103] Auch an die Anwendung des § 826 BGB ist in derartigen Fallgestaltungen durchaus zu denken. 44

Besonderheiten gelten, wenn ein Arbeitnehmer von dem neuen Arbeitgeber oder in dessen Auftrag von Dritten, sog **Headhuntern,** gerade an seinem bisherigen Arbeitsplatz angesprochen wird. Die Gerichte halten in solchen Fällen lediglich eine *erste telefonische Kontaktaufnahme* mit dem Arbeitnehmer an dessen bisherigem Arbeitsplatz für unbedenklich, sofern sie sich darauf beschränkt, den Arbeitnehmer nach seinem Interesse an einer neuen Stelle zu befragen, diese kurz zu beschreiben und gegebenenfalls eine Kontaktmöglichkeit außerhalb des Unternehmens zu verabreden; dagegen werden längere Gespräche und insbesondere die Aufnahme von Verhandlungen als unlautere Behinderung des bisherigen Arbeitgebers des Arbeitnehmers eingestuft, 45

101 S. schon → Rn. 38 sowie *BGH* LM § 1 UWG Nr. 486 = GRUR 1988. 345 = NJW-RR 1988, 808 – Ansprechpartner; BAGE 13, 281 (284) = NJW 1963, 125 = JuS 1963, 121 Nr. 3; *OGH* ÖBl. 1991, 15 (17f.); 1996, 127 (128); *OLG Jena* NJW-RR 2003, 1125f.; *LG Heilbronn* NJW-RR 1999, 1567 = WRP 1999, 1190.

102 *OGH* ÖBl. 1996, 127 (128); 1997, 158 (160).

103 RGZ 149, 114 (117f.); *BGH* LM § 1 UWG Nr. 228 = GRUR 1971, 358; LM § 1 UWG Nr. 288 = GRUR 1976, 372 – Möbelentwürfe; LM § 1 UWG Nr. 328 = GRUR 1980, 259; *OGH* ÖBl. 1991, 15 (17ff.); 1997, 158 (160); 2000, 257f.; *Lindacher,* FS Erdmann, 2002, S. 647 (651ff.).

gegen die sich der Letztere nach § 4 Nr. 4 und § 8 UWG wehren könne.[104] Für eine Anwendung des § 7 Abs. 2 Nr. 2 UWG dürfte dagegen hier grundsätzlich kein Raum sein, weil die Arbeitnehmer mit derartigen Anrufen wohl immer einverstanden sein werden.[105]

46 Die Rechtslage ändert sich grundsätzlich auch dann nicht, wenn sich der abgeworbene Arbeitnehmer bei dem Arbeitsplatzwechsel eines **Vertragsbruchs** schuldig macht. Denn die bloße *Ausnutzung* eines fremden Vertragsbruchs kann hier – ebenso wie bei Abwerbung von Kunden – grundsätzlich *nicht* als unlauter angesehen werden (→ Rn. 36ff.), und zwar selbst dann nicht, wenn dem neuen Arbeitgeber der Vertragsbruch des von ihm abgeworbenen Arbeitnehmers bekannt ist.[106] Anders verhält es sich nach hM freilich, wenn der neue Arbeitgeber den Arbeitnehmer geradezu zum Vertragsbruch *verleitet,* zB durch die Zahlung von Prämien oder durch die Übernahme etwaiger Schadensersatzpflichten.[107] Aus den bereits genannten Gründen (→ Rn. 38) ist diese Praxis nicht unbedenklich.

47 Liegen (ausnahmsweise) die Voraussetzungen des § 4 Nr. 4 UWG vor, so kann der frühere Arbeitgeber von dem neuen Arbeitgeber an sich **Unterlassung und Schadensersatz** fordern (§§ 8 und 9 UWG iVm §§ 249, 252 BGB). Jedoch wird ein auf Entlassung des abgeworbenen Arbeitnehmers gerichteter Ersatzanspruch allgemein aus naheliegenden Gründen verneint. Der frühere Arbeitgeber kann daher von dem neuen Arbeitgeber in der Regel nur verlangen, den unlauter abgeworbenen Arbeitnehmer vorübergehend nicht oder jedenfalls nicht in seinem alten Tätigkeitskreis gegen ihn einzusetzen.[108]

VIII. Missbrauch von Zeichenrechten

48 Eine individuelle Mitbewerberbehinderung im Sinne des § 4 Nr. 4 UWG kann schließlich noch in einem zweckwidrigen Einsatz von Unternehmenskennzeichen oder Marken zur Behinderung von Mitbewerbern liegen. In solchen Fällen bleibt immer ein Rückgriff auf das UWG (§§ 3, 4 Nr. 4) zum Schutze der dadurch betroffenen Mitbewerber möglich (s. § 2 MarkenG).[109] Der wichtigste Fall ist der, dass ein Gewerbetreibender Marken entgegen ihrer eigentlichen Funktion dazu missbraucht, für Konkurrenten **künstliche Marktzutrittssperren** zu errichten.[110] Auch § 54 Abs. 1

[104] BGHZ 158, 174 = NJW 2004, 2080 = JuS 2004, 830 Nr. 12; *BGH* NJW 2006, 1665 = GRUR 2006, 426 (427); NJW 2008, 855 = GRUR 2008, 262.

[105] *Sosnitza/Kostuch,* WRP 2008, 166 (169f.).

[106] BGHZ 171, 73 (77f., 79ff.) = NJW 2007, 2999 = JuS 2007, 1155 Nr. 13 – Außendienstmitarbeiter.

[107] *BGH* LM § 1 UWG Nr. 104 = NJW 1961, 1308; LM § 1 UWG Nr. 288 = GRUR 1976, 372; *OLG Koblenz* GRUR 1988, 43 (44); *Lindacher,* FS Erdmann, 2002, S. 647 (651ff.); Ohly/Sosnitza/*Ohly,* § 4 Rn. 10/28a.

[108] *BGH* LM § 1 UWG Nr. 104 = NJW 1961, 1308; LM § 1 UWG Nr. 208 = NJW 1970, 471 – Bierfahrer; LM § 1 UWG Nr. 228 = GRUR 1971, 358; *OLG Frankfurt a. M.* NJW-RR 1994, 627 (628); *OGH* ÖBl. 1996, 127 (129f.).

[109] BGHZ 150, 82 (93) = NJW 2002, 3332 – Adlon; *BGH* GRUR 2008, 621 (623 Tz. 21) – Akademiks; NJW-RR 2010, 851 Tz. 40 = GRUR 2010, 642 = JuS 2010, 736 – Fußball-WM.

[110] BGHZ 46, 130 (132ff.) = NJW 1967, 495 = JuS 1967, 140 Nr. 7 – Modess; BGHZ 150, 82 (93) = NJW 2002, 3332 – Adlon; *BGH* LM § 9 MarkenG Nr. 36 = NJW-RR 2001, 179 (180) – EQUI 2000; GRUR 2004, 790 (793) = WRP 2004, 1032; NJW-RR 2005, 914 (015) – Colour of Elegance; GRUR 2008, 621 (623f. Tz. 20, 26); 2008, 917 (918 Tz. 20, 23) = NJW-RR 2009, 114 – EROS;

MarkenG steht dann einer auf § 3 Abs. 1 und § 4 Nr. 4 UWG gestützten Klage auf Einwilligung in die Löschung des Zeichens nicht entgegen (§ 2 MarkenG).[111]

Ein **Beispiel** aus jüngster Zeit ist die Verhinderung der grundsätzlich zulässigen AdWords-Werbung eines Uhrenhändlers für den Ankauf gebrauchter Rolex-Uhren (→ Rn. 40) seitens der Firma ROLEX unter Berufung auf ihre Markenrechte, weil die Sperrwirkung der Marke hier entgegen ihrer Funktion allein zu dem Zweck eingesetzt wird, dem Uhrenhändler den Marktzugang zu versperren, vermutlich, weil der Hersteller auch diesen Markt für sich monopolisieren möchte.[112]

Mitbewerber können außerdem dadurch gezielt behindert werden, dass man ihre Zeichen beseitigt oder in ihrer Kennzeichnungskraft beeinträchtigt. Das UWG (§ 4 Nr. 4) greift daher ein, wenn ein Unternehmen bei der Reparatur fremder Produkte die **Marke** des Herstellers **beseitigt** und stattdessen sein eigenes Zeichen anbringt[113] oder wenn durch die Verwendung fremder Wortzeichen als Gattungsbegriffe deren Entwicklung zum **Gattungsbegriff** gefördert wird, weil damit dem fremden Zeichen seine Kennzeichnungskraft genommen würde.[114] 49

NJW-RR 2010, 851 Tz. 51 = GRUR 2010, 642 = JuS 2010, 736 – Fußball-WM: *OGH* SZ Bd. 71 (1998 I) Nr. 33, S. 194 (197 f.) = ÖBl. 1998, 229 – Nintendo; *OGH* EvBl. 2000 Nr. 4 = ÖBl. 2000, 25 (27 f.) = öWiBl. 1999, 570 – Pinkplus; ÖBl. 2000, 71 f. – Adolf Loos.

111 *BGH* LM § 9 MarkenG Nr. 36 = NJW-RR 2001, 179 (180) – EQUI 2000.

112 *BGH* GRUR 2015, 607 Tz. 26 ff., 32 = WRP 2015, 714 (716) – Uhrenankauf im Internet.

113 *BGH* LM § 1 UWG Nr. 241 = GRUR 1972, 558; NJW-RR 2005, 46 (47 f.); *Waibel,* Warenzeichenrechtliche und wettbewerbsrechtliche Fragen, 1977, S. 204 ff.

114 RGZ 117, 498; *BGH* LM § 1 UWG Nr. 128 = GRUR 1964, 82 – Lesering; *Tilmann,* Die geographische Herkunftsangabe, 1976, S. 255 ff.

§ 7. Vergleichende Werbung

Literatur zum früheren Recht: *Eichmann,* Die vergleichende Werbung in Theorie und Praxis, 1967; *Freiberger,* Der Wahrhaftigkeitsgrundsatz und die Pflicht zur Wahrhaftigkeit im Wettbewerbsrecht, 1938; *Kerber,* Evolutionäre Marktprozesse und Nachfragemacht, 1989; *Krüger,* Die Zulässigkeit vergleichender Werbung aufgrund gemeinschaftsrechtlicher Vorgaben, 1996; *Meyer,* Die kritisierende vergleichende Werbung, 1991; *Reimer,* Persönliche und vergleichende Werbung in der deutschen und französischen Rechtsprechung, 1955; *Roth,* EG-Binnenmarkt und Werberecht, 1990.
Zum neuen Recht: *Berlit,* Vergleichende Werbung, 2002; *Dilly,* Das Irreführungsverbot in Art. 3a der Richtlinie über irreführende und vergleichende Werbung, 2001; *Freund,* Vergleichende Werbung nach der Richtlinie 97/55/EG und der UWG-Novelle, 2001; *Hasselblatt,* Vergleichende Werbung in der Europäischen Gemeinschaft, 2002; *Heister,* Harmonisierung des Rechts der vergleichenden Werbung durch die Richtlinie 97/55/EG?, 2004; *Kienle,* Gewerbliche Kritik zum Schutz von Gesundheit und Umwelt, 2001; *Lettl,* Der lauterkeitsrechtliche Schutz vor irreführender Werbung in Europa, 2004.

I. Überblick, Geschichte

1 Von vergleichender Werbung spricht man gemeinhin, wenn ein Unternehmen in seiner Werbung seine Leistung derjenigen seiner Konkurrenten gegenüberstellt, natürlich in erster Linie zu dem Zweck, auf diese Weise in besonderem Maße die Vorzüge des eigenen Angebots herausstreichen zu können. Die gesetzliche Regelung der vergleichenden Werbung findet sich heute in den §§ 6 und 5 Abs. 3 UWG. Die vergleichende Werbung ist danach grundsätzlich *erlaubt,* wenn sie sachlich, verhältnismäßig und nicht irreführend ist. Das war nicht immer so, wie ein kurzer Rückblick auf die verschlungene Entwicklung von Rechtsprechung und Gesetzgebung zur vergleichenden Werbung zeigt.[1]

2 Unter den Gesetzen von 1896 und 1909 gingen Literatur und Rechtsprechung ursprünglich selbstverständlich davon aus, dass die vergleichende Werbung wie jede andere Form der Werbung erlaubt ist, solange sie nicht irreführend ist. Das änderte sich erst in den zwanziger Jahren des vorigen Jahrhunderts, in erster Linie unter dem Eindruck zweier bekannter Aufsätze von *Kohler* und *Lobe* aus dem Jahre 1917, in denen sie übereinstimmend die Auffassung vertraten, es entspreche guter kaufmännischer Sitte, sich in der Werbung ausschließlich mit der *eigenen* Leistung zu profilieren; anders gewendet habe jeder Gewerbetreibende ein Recht darauf, im Wettbewerb von negativen Wertungen seiner Konkurrenten verschont zu bleiben.[2] Diese „Argumentation“ hatte das **Reichsgericht** seinerzeit so überzeugt, dass es Schritt für Schritt bis 1931 zu einem grundsätzlichen **„Verbot“** der vergleichenden Werbung gelangt war, von dem es nur noch wenige Ausnahmen geben sollte.[3] Daran hielt auch der **BGH** zunächst fest.[4] Erst seit Beginn der sechziger Jahre hatte er unter dem Eindruck der wachsenden Kritik des Schrifttums[5] ein wenig seine rigide Praxis gelockert. Seitdem stellte er in der Regel darauf ab, ob ein **hinreichender Anlass zum Vergleich** der eige-

---

[1] Dazu ausführlich Köhler/Bornkamm/*Köhler,* § 6 Rn. 2 ff.; Fezer/*Koos,* § 6 Rn. 1 ff.; Ohly/Sosnitza/*Ohly,* § 6 Rn. 4 ff.; Harte-Bavendamm/Henning-Bodewig/*Sack,* § 6 Rn. 1 ff.
[2] *Kohler,* MuW 1917, 127 (128 f.); *Lobe,* MuW 1917, 129 (131).
[3] *RG* MuW 1931, 627 = GRUR 1931, 1299 – Hellegold; ebenso *RG* GRUR 1942, 366.
[4] BGHZ 3, 270 (280) = NJW 1952, 660; BGHZ 14, 163 (171) = NJW 1954, 1682 – „Constanze I und II“.
[5] S. *Lindacher,* FS Brandner, 1996, S. 399 (405 ff.); *J. Meyer,* Vergleichende Werbung, passim, insb. S. 163 ff. mN aus der umfangreichen Literatur zu dem Fragenkreis.

nen Ware oder Leistung mit derjenigen eines Konkurrenten bestand.[6] Diese restriktive Praxis gab der BGH erst im Jahre 1998 unter dem Eindruck der Entwicklung auf Unionsebene auf, indem er – in einer Kehrtwendung um 180° – die kritisierende vergleichende Werbung auf einmal für *zulässig* erklärte, sofern im Einzelfall die Voraussetzungen der (ersten) Richtlinie von 1997 über irreführende Werbung (→ Rn. 3) erfüllt waren.[7]

Letzte Ursache für diese erstaunliche Entwicklung war die Politik der **Kommission,** die schon früh im Interesse der Förderung des Wettbewerbs im Binnenmarkt die generelle Zulassung der vergleichenden Werbung auf Unionsebene durchzusetzen versucht hatte. Wegen des energischen Widerstands ausgerechnet Deutschlands, das merkwürdigerweise unter allen Umständen an dem grundsätzlichen Verbot der vergleichenden Werbung festhalten wollte, vermochte sich indessen die Kommission mit ihrer Forderung nach Zulassung der vergleichenden Werbung erst im Jahre 1997 durchzusetzen. Zu diesem Zweck wurde in die Richtlinie von 1984 über irreführende Werbung ein neuer Art. 3a eingefügt, der erstmals die Zulässigkeitsvoraussetzungen der vergleichenden Werbung einheitlich regelte. Die Umsetzung in deutsches Recht folgte im Jahr 2000 auf dem Weg der Einfügung zweier neuer Vorschriften in das alte UWG von 1909. 3

Die erste Richtlinie von 1984 (in der Fassung von 1997) wurde im Jahre 2006 durch eine **neue Richtlinie über irreführende und vergleichende Werbung** ersetzt.[8] Die neue Richtlinie, die nur für den Bereich B2B gilt (Art. 1), regelt nebeneinander die Frage, wann eine irreführende Werbung vorliegt, und die Frage, unter welchen Voraussetzungen eine vergleichende Werbung zulässig ist.[9] **Vergleichende Werbung** ist nach Art. 2 lit. c der Richtlinie jede Werbung, die unmittelbar oder mittelbar einen Mitbewerber oder die Erzeugnisse oder Dienstleistungen, die von einem Mitbewerber angeboten werden, erkennbar macht. Voraussetzung ihrer **Zulässigkeit** ist unter anderem, dass die Werbung nicht irreführend im Sinne der Art. 6 und 7 der UGP-Richtlinie ist (Art. 4 lit. a der Richtlinie) – mit der Folge, dass insoweit die Art. 6 und 7 der UGP-Richtlinie auf einmal auch für den Bereich B2B gelten.[10] 4

Mit der Richtlinie von 2006 ist (ebenso wie mit der vorausgegangenen UGP-Richtlinie von 2005) eine **Vollharmonisierung** der Vorschriften über vergleichende Werbung in den Mitgliedstaaten der EU bezweckt, sodass die Mitgliedstaaten die Zulässigkeit der vergleichenden Werbung nicht abweichend von der Richtlinie regeln dürfen, weder strenger noch großzügiger als die Richtlinie.[11] Der Sache nach bedeutet dies, 5

[6] So zB BGHZ 42, 134 (147 f.) = NJW 1964, 2247 = JuS 1965, 76 Nr. 6; BGHZ 49, 325 (329) = NJW 1968, 746 = JuS 1968, 337 Nr. 6; BGHZ 50, 1 (3 ff.) = NJW 1966, 1419 usw. bis zuletzt *BGH* LM § 1 UWG Nr. 708 (Bl. 4 R) = NJW-RR 1996, 1190 = GRUR 1996, 502 (506) – Energiekosten-Preisvergleich I; LM § 1 UWG Nr. 724 (Bl. 2 R) = NJW-RR 1997, 424 (425) = GRUR 1997, 304 = WRP 1997, 179 – Energiekosten-Preisvergleich II.

[7] BGHZ 138, 55 (59 ff.) = NJW 1998, 2208 = JuS 1998, 956 Nr. 13 – Testpreis-Angebote; BGHZ 139, 378 (381 ff., 385 f.) = NJW 1999, 948 – Vergleichen Sie; BGHZ 158, 26 = NJW 2004, 1951 (1952) – Genealogie der Düfte; ebenso *OGH* ÖBl. 1999, 82 = WBl. 1999, 131 = GRURInt 1999, 794 – „AMC/AMI"; ÖBl. 1999, 184 (186) = WBl. 1999, 230.

[8] ABl. 2006 L 376/21.

[9] *EuGH* GRUR 2014, 493 Tz. 22 ff. = WRP 2014, 933 – Posteshop.

[10] Zu den Konsequenzen s. *Köhler*, GRUR 2013, 761; *Pfeifer*, WRP 2011, 1.

[11] *EuGH* Slg. 2003, I-3127 (3144 ff. Tz. 37, 44) = EuZW 2003, 377 = GRUR 2003, 533 – Pippig Augenoptik/Hartlauer; *EuGH* Slg. 2010. I-11761 = GRUR 2011, 159 (161 Tz. 27) – Lidl/Vierzon.

dass der positiv formulierte Katalog der Zulässigkeitsvoraussetzungen der vergleichenden Werbung in Art. 4 der Richtlinie zugleich einen *Verbotskatalog* enthält, dass mit anderen Worten vergleichende Werbung grundsätzlich *nur* unter den in der Richtlinie *positiv formulierten* Voraussetzungen (und sonst eben nicht) zulässig ist.[12] Die Vorschriften der Richtlinie über die vergleichende Werbung wurden durch § 5 Abs. 3 und § 6 UWG von 2008 in deutsches Recht umgesetzt.

6 Die komplizierte gesetzliche Regelung der vergleichenden Werbung kann im Einzelfall mit dem **MarkenG** kollidieren, weil, wovon auch das UWG selbst ausgeht (s. § 6 Abs. 2 Nr. 3 und 4), eine vergleichende Werbung häufig gar nicht ohne Bezugnahme auf fremde Unternehmenskennzeichen oder Marken zur Bezeichnung der verglichenen Produkte auskommen wird. In solchen Fällen stellt sich die Frage nach dem **Verhältnis** des § 6 UWG zu den Verbotstatbeständen der §§ 14 und 15 MarkenG.[13] Man muss hier zwei Fallgestaltungen unterscheiden: Der erste Fall ist dadurch gekennzeichnet, dass die vergleichende Werbung nicht gegen § 6 Abs. 2 UWG (= Art. 4 der Richtlinie von 2006) verstößt und deshalb **zulässig** ist. Für diesen Fall kommt dem Zeichenschutz einschließlich des Markenrechts nach dem Erwägungsgrund Nr. 15 zu der Richtlinie von 2006 *kein Vorrang* vor dem Lauterkeitsrecht zu. Auch wenn im Einzelfall der Tatbestand der §§ 14 und 15 MarkenG erfüllt sein sollte, bleibt es daher doch bei der *Zulässigkeit* der vergleichenden Werbung.[14] Wenn dagegen die vergleichende Werbung **unzulässig** ist, weil sie nicht die Voraussetzungen des § 6 Abs. 2 UWG und des Art. 4 der Richtlinie von 2006 erfüllt, spricht am meisten für eine **Anspruchskonkurrenz** von Lauterkeits- und Zeichenrecht, da der gesetzlichen Regelung nichts für einen Vorrang des UWG oder des MarkenG entnommen werden kann (s. § 2 MarkenG).[15]

7 Die Vorschrift des § 6 UWG enthält in Übereinstimmung mit der Richtlinie über irreführende Werbung von 2006 kein **Relevanzkriterium.** Die Anwendung des § 6 setzt daher nicht die Prüfung eines besonderen Spürbarkeitserfordernisses voraus. Die Frage war früher umstritten, weil in § 6 Abs. 2 vielfach ein Hinweis auf § 3 Abs. 1 UWG von 2008 mit seinen besonderen Relevanzkriterien gesehen wurde.[16] Durch die Änderung des § 3 Abs. 1 im Zuge der zweiten Novelle von 2015 ist die Frage jetzt jedoch im Sinne des Textes geklärt worden.[17]

[12] Sehr str., s. *Sack,* GRUR 2004, 89 (91 ff.); *ders.,* WRP 2015, 130 (131); Harte-Bavendamm/Henning-Bodewig/*Sack,* § 6 Rn. 18 ff. mN.

[13] S. Köhler/Bornkamm/*Köhler,* § 6 Rn. 23 ff.; Ohly/Sosnitza/*Ohly,* § 6 Rn. 19 ff.; *Ohly,* FS Doepner, 2008, S. 51; *Sack,* WRP 2011, 288 mN.

[14] *EuGH* Slg. 2008, I-4254 Tz. 40 ff. = EuZW 2008, 443 – O 2; Slg. 2009, I 5226 Tz. 54, 69 = EuZW 2009, 573 – L'Oréal; *BGH* NJW 2010, 2213 (2215 Tz. 26) = GRUR 2010, 343 = WRP 2010, 527 – Oracle; GRUR 2015, 1136 = WRP 2015, 1336 (1338 f. Tz. 16 ff.) – Staubsaugerbeutel im Internet; *Sack,* WRP 2013, 8 (10 f.).

[15] → § 18 Rn. 4 f.; zB *Sack,* WRP 2011, 288; ebenfalls sehr str.

[16] S. Köhler/Bornkamm/*Köhler,* § 6 Rn. 10 ff.; *Sack,* WRP 2015, 130 f.

[17] Ebenso schon die Begr. von 2015, BT-Drs. 18/4535, 17 (1. Abs.).

II. Begriff

1. Überblick

Vergleichende Werbung ist nach § 6 Abs. 1 UWG (= Art. 2 lit. c der Richtlinie von 2006) jede Werbung, die unmittelbar oder mittelbar einen Mitbewerber *oder* die von einem Mitbewerber angebotenen Waren oder Dienstleistungen erkennbar macht. Die Annahme einer vergleichenden Werbung im Sinne des Gesetzes erfordert somit die Erfüllung von (mindestens) *zwei* Tatbestandsmerkmalen: Es muss sich einmal bei der fraglichen geschäftlichen Handlung um eine **„Werbung"** handeln (→ Rn. 10f.). Und diese Werbung muss zum anderen unmittelbar oder mittelbar einen **Mitbewerber** oder die von diesem angebotenen **Waren** oder Dienstleistungen **erkennbar** machen (→ Rn. 13ff.). Als drittes ungeschriebenes Tatbestandsmerkmal muss nach heute hM noch das Vorliegen eines **Vergleichs** zwischen den Mitbewerbern oder ihren Angeboten hinzukommen (→ Rn. 18ff.). 8

Die Einzelheiten sind streitig, da unter einen sehr weit gefassten Begriff der vergleichenden Werbung möglicherweise auch mehrere herkömmliche Formen der Werbung fallen, die in dem Katalog der Zulässigkeitsvoraussetzungen (§ 6 Abs. 2 UWG und Art. 4 der Richtlinie) nicht berücksichtigt sind, sodass ihre rechtliche Behandlung heute offen ist. Hervorzuheben sind die **persönliche** und die **unternehmensbezogene** sowie zumindest einzelne Erscheinungsformen der **anlehnenden** vergleichenden Werbung (s. dazu → Rn. 23ff.). 9

2. Werbung

Erstes Merkmal der vergleichenden Werbung ist nach § 6 Abs. 1 UWG, dass es sich bei der fraglichen geschäftlichen Handlung überhaupt um eine „Werbung" im Sinne des Gesetzes handelt. Das Gesetz sagt jedoch nicht ausdrücklich, wann eine geschäftliche Handlung im Sinne des § 2 Abs. 1 Nr. 1 (dazu → § 4 Rn. 1ff.) zugleich als „Werbung" im Sinne des § 6 Abs. 1 UWG einzustufen ist. Deshalb wird zur Präzisierung des Begriffs allgemein auf Art. 2 lit. a der Richtlinie über irreführende Werbung von 2006 zurückgegriffen. Dies ist schon deshalb gerechtfertigt, weil mit § 6 UWG nicht zuletzt der Zweck verfolgt wird, die Richtlinie von 2006 in deutsches Recht umzusetzen (→ Rn. 5). Art. 2 lit. a der Richtlinie definiert als Werbung jede Äußerung bei der Ausübung eines Handels oder Gewerbes „mit dem Ziel", den Absatz von Waren oder die Erbringung von Dienstleistungen zu fördern. Der Begriff wird idR ganz *weit* ausgelegt. Als **„Äußerung"** im Sinne der Richtlinie kommt daher jede beliebige Angabe gegenüber Dritten im Wettbewerb über den Werbenden oder sein Angebot in Betracht. Die Form spielt keine Rolle. Auch die Anwendung von Produktionsbezeichnungen oder Domainnamen gegenüber Dritten kann für die Annahme einer Äußerung und damit einer Werbung genügen, während die Anmeldung des Namens allein (als bloßer Formalakt) nicht ausreicht.[18] Es genügt, anders gewendet, im Grunde überhaupt **jede Form der kommerziellen Kommunikation.**[19] 10

---

[18] *EuGH* GRUR 2013. 1049 Tz. 35ff., 42, 46ff. = WRP 2013, 1161 (1163) – Belgian Electronic.

[19] *EuGH* Slg. 2009, I-5226 Tz. 52 = EuZW 2009, 572 – L'Oreal; GRUR 2013, 1049 Tz. 35ff. = WRP 2013, 1161 (1163) – Belgian Electronic; *BGH* NJW 2010, 2213 Tz. 27 = GRUR 2010, 343 = WRP 2010, 527 – Oracle.

11 Hinzukommen muss noch, dass die Äußerung **bei Ausübung** eines Handels, Gewerbes, Handwerks oder freien Berufs geschieht, und zwar mit dem **Ziel,** den Absatz von Waren oder die Erbringung von Dienstleistungen zu fördern (so Art. 2 lit. a der Richtlinie). Von dem Begriff der Werbung werden mithin lediglich solche Äußerungen von Unternehmen oder Gewerbetreibenden erfasst, die gerade in einem sachlichen oder funktionellen *Zusammenhang* mit dessen Gewerbe stehen und sich in den allgemeinen *Unternehmenszweck* der Absatzförderung einfügen.[20]

12 Zurückhaltung ist dagegen bei der Annahme einer Werbung im Sinne des § 6 UWG, schon mit Rücksicht auf die Art. 4 und 5 GG, bei **Vergleichen in den Medien,** zB bei einem Warenvergleich in der Presse, geboten (→ § 4 Rn. 20). Ohnehin wird bei derartigen Äußerungen in der Regel die Absicht fehlen, gerade den Absatz der verglichenen Waren oder Dienstleistungen zu fördern (→ Rn. 11). Ein Vergleich von Rechtsanwälten in der Presse fällt schon aus diesem Grund in aller Regel nicht in den Anwendungsbereich des § 6 UWG.[21] Dasselbe gilt gewöhnlich für Warenvergleiche durch neutrale **Testinstitute** und ähnliche Einrichtungen.[22] Anders ist die Rechtslage dagegen zu beurteilen, wenn Gewerbetreibende sich die Ergebnisse solcher Warenvergleiche für Werbezwecke zunutze machen; in diesem Fall müssen sie (selbstverständlich) auch den § 6 UWG beachten.

3. Bezugnahme auf Mitbewerber

13 Die Anwendung der Vorschriften über die vergleichende Werbung (§§ 5 Abs. 3, 6 UWG) setzt nach § 6 Abs. 1 UWG weiter voraus, dass die Werbung (→ Rn. 11) unmittelbar oder mittelbar einen Mitbewerber oder die von einem Mitbewerber angebotenen Waren oder Dienstleistungen *erkennbar* macht. Dazu ist einmal erforderlich, dass sich die Werbung auf einen Mitbewerber oder auf die von ihm angebotenen Waren oder Dienstleistungen bezieht (→ Rn. 14), *und* zum anderen, dass die Werbung den Mitbewerber oder dessen Angebote für die angesprochenen Verkehrskreise unmittelbar oder mittelbar erkennbar macht (→ Rn. 16).

14 Wer **Mitbewerber** des Werbenden ist, auf den sich nach dem Gesagten (→ Rn. 13) die Werbung beziehen muss, richtet sich im Rahmen des UWG an sich nach der Definition des Begriffs in § 2 Abs. 1 Nr. 3 UWG (dazu → § 3 Rn. 18 ff.). Auf der anderen Seite bleibt jedoch zu beachten, dass die Definition der vergleichenden Werbung in § 6 Abs. 1 UWG von 2008 auf Art. 2 lit. c der Richtlinien von 2006 zurückgeht (→ Rn. 10). Daraus ist der Schluss zu ziehen, dass für die Definition des Begriffs in § 6 Abs. 1 UWG vorrangig an die Rechtsprechung des EuGH zu der genannten Richtlinie und erst in zweiter Linie an die Praxis zu § 2 Abs. 1 Nr. 3 UWG (→ § 3 Rn. 18 ff.) anzuknüpfen ist.

15 Dies bedeutet, dass es – entsprechend der Rechtsprechung des EuGH – für die Annahme eines Mitbewerbers im Sinne der Richtlinien bereits genügt, wenn zwischen den Waren oder Dienstleistungen der verglichenen Unternehmen ein **„gewisser Grad der Substitution"** besteht.[23] Der Begriff des Mitbewerbers ist – anders gewen-

[20] Köhler/Bornkamm/*Köhler,* § 6 Rn. 60 ff.

[21] *BGH* NJW 2006, 2764 (2765 Tz. 22 ff.) = GRUR 2006, 875 – „RA-Ranking"; *OLG München* GRUR 2003, 719; dagegen *Köhler,* GRUR 2006, 310.

[22] *Sack,* WRP 2001, 327 (334 f.); wegen der Einzelheiten → § 15 Rn. 24 f.

[23] So *EuGH* Slg. 2007, I-3115 Tz. 28 ff. = EuZW 2007, 379 (380 f. Tz. 28 ff.) = GRUR 2007, 511 – De Landtsheer; zustimmend *BGH* GRUR 2012, 74 (76 Tz. 18) = WRP 2012, 77 (80) – Coaching Newsletter (beiläufig); kritisch dazu *Köhler,* GRUR-RR 2007, 337 (342) und WRP 2008, 414 f.

det – ganz *weit* auszulegen. Für eine Anwendung des § 6 UWG ist nur dann *kein* Raum mehr, wenn in der Werbung Unternehmen in Beziehung zueinander gesetzt werden, die tatsächlich *völlig verschiedenen Branchen* angehören, sodass der Durchschnittsverbraucher bereits auf den ersten Blick zu erkennen vermag, dass hier *keine ernsthaften Substitutionsbeziehungen* zwischen Konkurrenten angesprochen werden. Ein Beispiel ist der scherzhafte Vergleich eines Lottoscheins mit einem Wirtschaftsmagazin als Geldanlage.[24] Die Annahme einer vergleichenden Werbung scheidet ferner aus, wenn der Sache nach nicht mehr als eine Anpreisung der eigenen Waren oder Dienstleistungen im „Vergleich" zu dem nur allgemein in Bezug genommenen Angebot des Marktes vorliegt.[25]

Hinzukommen muss noch, dass die **„Mitbewerber"** (→ Rn. 14f.) oder die von ihnen angebotenen **Waren** oder Dienstleistungen in der Werbung unmittelbar oder mittelbar **„erkennbar"** gemacht werden. Dies bedeutet, dass sich für die angesprochenen Verkehrskreise die Bezugnahme auf bestimmte Mitbewerber oder deren Angebote aufdrängen muss, weil andernfalls von einem „Vergleich" zwischen dem Werbungstreibenden und seinen Angeboten auf der einen Seite und den Mitbewerbern und deren Angeboten auf der anderen Seite keine Rede mehr sein kann (→ Rn. 18f.). Handelt es sich bei den angesprochenen Verkehrskreisen um die **Verbraucher,** so ist entsprechend dem europäischen Verbraucherleitbild von dem durchschnittlich informierten und verständigen Verbraucher auszugehen, der zwischen den konkurrierenden Angeboten rational abzuwägen versteht.[26] 16

Ausreichend für die Annahme einer vergleichenden Werbung ist nach dem Wortlaut des § 6 Abs. 1 UWG und Art. 2 lit. c der Richtlinie von 2006 bereits eine bloße **mittelbare Bezugnahme** auf die Person oder die Leistungen eines Mitbewerbers. Deshalb muss die Bezugnahme nicht unbedingt durch eine namentliche Nennung des Mitbewerbers geschehen. Entscheidend ist vielmehr allein, ob die angesprochenen Verkehrskreise aufgrund der ganzen Umstände *ohne weiteres* die in Bezug genommenen Mitbewerber und ihre Angebote zu *erkennen* vermögen. Je nach den Umständen des Falles kann es dafür auch genügen, wenn in der Werbung die **Marken** oder sonstige **Unternehmenskennzeichen** der Mitbewerber genannt oder doch erkennbar in Bezug genommen werden, wenn **Abbildungen** der verglichenen Produkte gegenübergestellt werden oder wenn die Werbung in ihrer Diktion unübersehbar an eine vorausgegangene, weit verbreitete Werbung des betreffenden Mitbewerbers anknüpft.[27] Insoweit tritt der Zeichenschutz nach dem MarkenG hinter § 6 UWG zurück (→ Rn. 6). Es stellt daher zB vergleichende Werbung iSd § 6 UWG dar, wenn in dem Katalog eines Herstellers von **Zubehör oder Ersatzteilen** zugleich vermerkt wird, welche Maschi- 17

---

[24] *BGH* LM § 2 UWG Nr. 3 (Bl 2 R f.) = NJW 2002, 2781 = GRUR 2002, 828 – Lottoschein.

[25] *BGH* LM § 1 UWG Nr. 802 (Bl. 2 R f.) = NJW-RR 2000, 631 = GRUR 1999, 1099 – Generika-Werbung; LM § 1 UWG Nr. 854 (Bl. 3f.) = NJW-RR 2003, 38 = GRUR 2002, 75 – Soo billig; LM § 2 UWG Nr. 3 (Bl. 2 R f.) = NJW 2002, 2781 = GRUR 2002, 828 – Lottoschein; NJW 2002, 3399f. = GRUR 2002, 982 = WRP 2002, 1138 – Die Steinzeit ist vorbei; *Nordmann,* GRURInt 2002, 297 (299).

[26] *EuGH* Slg. 2003, I-3127 (3146 Tz. 44) – Pippig Augenoptik/Hartlauer; *Köhler,* GRUR 2005, 273 (277f.); *ders.,* WRP 2008, 414/415).

[27] *EuGH* Slg. 2008, I-4254 Tz. 40ff. = EuZW 2008, 443 (445f.) = GRUR 2008, 698 – O 2; *BGH* GRUR 2008, 628 (630 Tz. 20f.) = NJW-RR 2008, 1212 = = WRP 2008, 930 = JuS 2008, 943 Nr. 16 – Imitationswettbewerb.

nenteile eines anderen Herstellers mit den angebotenen Teilen ersetzt werden können, oder wenn für die Ersatzteile dieselben Bestellnummern verwendet werden, wie sie auch der Hersteller der Originalersatzteile verwendet, ergänzt lediglich um das Unternehmenskennzeichen des Herstellers der Ersatzteile. Regelmäßig liegt in solcher Werbung zugleich die Behauptung der sachlichen Gleichwertigkeit der verglichenen Teile, sodass die Werbung (nur) zulässig ist, wenn diese Behauptung zutrifft (§ 6 Abs. 2 Nr. 2 UWG).[28]

4. Vergleich

18 Nach dem Wortlaut des § 6 Abs. 1 UWG sowie des Art. 2 lit. c der Richtlinien von 2006 erschöpfen sich die Voraussetzungen einer vergleichenden Werbung im Sinne des Gesetzes in den genannten beiden Tatbestandsmerkmalen einer Werbung, die einen Mitbewerber oder dessen Angebote erkennbar macht (→ Rn. 8 ff.). Das ist deshalb auffällig, weil dadurch der Eindruck entstehen könnte, ein *Vergleich* mit den Angeboten des Werbenden sei entbehrlich (s. schon → Rn. 8). Zu Recht tritt jedoch das Schrifttum schon lange dafür ein, dass eine „vergleichende" Werbung zusätzlich immer einen Vergleich der Leistungen des in Bezug genommenen Mitbewerbers (→ Rn. 13 ff.) mit den eigenen Leistungen des Werbungstreibenden oder mit denen eines Dritten voraussetzt.[29] Tatsächlich ist die Vorstellung einer „vergleichenden" Werbung ohne Vergleich nur schwer nachvollziehbar. In dieselbe Richtung weist der Umstand, dass das Gesetz selbst in § 6 Abs. 2 Hs. 1 auf die Notwendigkeit eines „Vergleichs" als Voraussetzung der Anwendbarkeit der Nr. 1–6 des § 6 Abs. 2 abstellt. Die Rechtsprechung des BGH war zunächst gleichwohl unklar und widersprüchlich.[30] Ende des Jahres 2011 hat der **BGH** jedoch klargestellt, dass die Annahme einer vergleichenden Werbung im Sinne des Gesetzes neben der Erkennbarkeit konkreter Wettbewerber „zwingend einen Vergleich der von ihnen angebotenen, hinreichend austauschbaren Produkte" voraussetzt.[31]

19 Keine Rolle spielt, von wem die Initiative zu dem Vergleich ausgeht. Auch der sogenannte **Auskunftsvergleich** auf Anfrage eines Kunden fällt grundsätzlich unter das Gesetz, verlangt aber gegebenenfalls im Rahmen des § 6 Abs. 2 UWG eine besonders großzügige Beurteilung, weil Kunden (selbstverständlich) auch nach Merkmalen fra-

---

[28] → Rn. 21 f. sowie *EuGH* Slg. 2001, I-7972 (7986 ff. Tz. 31 ff.) = NJW 2002, 425 – Toshiba Europa/Katun Germany; Slg. 2006, I-2149 = EuZW 2006, 190 = GRUR 2006, 345 – Siemens/VIPA; *BGH* GRUR 2008, 628 (630 Tz. 20 f.) = NJW-RR 2008, 1212 = WRP 2008, 930 = JuS 2008, 943 Nr. 16 – Imitationswettbewerb; NJW 2003, 2680 (2681) = GRUR 2003, 445 – Ersetzt; dazu *Ohly,* GRUR 2007, 3; *Sack,* WRP 2004, 720; *Scherer,* GRUR 2012, 545 (547 f.).

[29] Köhler/Bornkamm/*Köhler,* § 6 Rn. 48 ff.; *Köhler,* WRP 2008, 414 (416 f.) und GRUR 2005, 273 (278 f.); *Ohly,* GRUR 2007, 3 (5); Ohly/Sosnitza/*Ohly,* § 6 Rn. 34, 36 ff.; Harte-Bavendamm/Henning-Bodewig/*Sack,* § 6 Rn. 81, 107 ff.; *ders.,* WRP 2004, 720 (722 f.); 2008, 170 (173 f.); anders dagegen zB *Fassbender,* EuZW 2005, 42; MüKoUWG/*Menke,* § 6 Rn. 148; *Peifer,* WRP 2011, 1.

[30] S. einerseits *BGH* NJW 2004, 1951 (1952); 2005, 1885 = GRUR 2005, 348; andererseits *BGH* NJW-RR 2005, 548 = GRUR 2005, 163; LM § 1 UWG Nr. 854 (Bl. 3 f.) = NJW-RR 2002, 38 (39) = GRUR 2002, 75 – Soo billig; LM § 2 UWG Nr. 3 (Bl. 2 R) = NJW 2002, 2781 = GRUR 2002, 828 – Lottoschein; NJW 2002, 3399 (3400) = GRUR 2002, 982 – Die Steinzeit ist vorbei; NJW-RR 2008, 851 (852 Tz. 15) = GRUR 2008, 443 = WRP 2008, 666 – Saugeinlagen.

[31] *BGH* GRUR 2012, 74 (76 Tz. 18) = WRP 2012, 77 (80) – Coaching Newsletter; zustimmend *Köhler,* WRP 2012, 83; *Scherer,* GRUR 2012, 545.

gen dürfen, die an sich nicht durch die Zulässigkeitsvoraussetzungen der Nr. 1 und Nr. 2 des § 6 Abs. 2 UWG gedeckt sind (→ Rn. 26).[32]

5. Eigenvergleich

Bei einer Reihe herkömmlicher Formen der Werbung ist umstritten, ob sie ebenfalls unter den zuvor entwickelten weiten Begriff der vergleichenden Werbung zu subsumieren sind. Das gilt zunächst für den sogenannten Eigenvergleich. Kennzeichen eines Eigenvergleichs ist die bloße Bezugnahme auf das *eigene* Angebot, etwa durch den Hinweis auf früher verlangte, höhere Preise oder auf das Fehlen bestimmter negativer Eigenschaften bei der eigenen Ware (im Gegensatz zu den nicht näher individualisierten Konkurrenzprodukten). Mangels einer zumindest mittelbaren Bezugnahme auf Mitbewerber (§ 6 Abs. 1 UWG) handelt es sich bei dem Eigenvergleich *nicht* um eine vergleichende Werbung im Sinne des Gesetzes, sodass gegen solche Werbung, sofern sie nicht irreführend ist (§§ 5 und 5a UWG), keine Bedenken bestehen.[33] 20

6. Systemvergleich

Vergleichbare Fragen wie bei dem Eigenvergleich (→ Rn. 20) stellen sich bei dem Systemvergleich, der sich von den in § 6 UWG geregelten Formen der vergleichenden Werbung dadurch unterscheidet, dass bei ihm eine Bezugnahme auf einen oder mehrere *konkrete* Mitbewerber fehlt. An deren Stelle tritt vielmehr die bloße (ausdrückliche oder konkludente) Bezugnahme auf andere **Produktions-, Transport- oder Vertriebssysteme** oder auf andere **Warenarten.**[34] 21

Beispiele sind der Vergleich der Werbung in Anzeigenblättern mit dem Einsatz von Vertretern,[35] die Werbung „Rinde statt Torf", weil damit nur zwei Methoden der Gartenbestellung gegenübergestellt werden,[36] ferner der Vergleich des Konsumsystems mit dem Einzelhandelssystem, der Vergleich zwischen Einweg- und Mehrwegflaschen[37] oder zwischen dem (fast) werbefreien Pay-TV und dem werbefinanzierten Privatfernsehen[38] sowie schließlich ein Vergleich zwischen den Energiepreisen, die sich bei dem Einsatz unterschiedlicher Energieträger ergeben.[39]

Die Vorschrift des § 6 UWG ist auf einen Systemvergleich grundsätzlich nur anwendbar, wenn in dem Vergleich – trotz äußerlicher Betonung des bloßen Vergleichs verschiedener Systeme – unmittelbar oder mittelbar die Mitbewerber oder deren Angebote erkennbar gemacht werden.[40] So verhält es sich zB, wenn dem Verkehr bekannt ist, dass auf einem Markt nur ganz wenige große Unternehmen tätig sind, die im Blickfeld der Öffentlichkeit stehen. Fehlt es aber hieran, so ist kein Raum für die An- 22

[32] *Sack,* WRP 2001, 327 (336); *Scherer,* WRP 2001, 89; anders *Henning-Bodewig,* GRURInt 1999, 384 (395).
[33] *BGH* LM § 1 UWG Nr. 734 = NJW-RR 1997, 1130 = GRUR 1997, 539 – Kraftfahrzeugwaschanlagen.
[34] *BGH* LM § 1 UWG Nr. 734 = NJW-RR 1997, 1130 = GRUR 1997, 539 – Kraftfahrzeugwaschanlagen; *OGH* ÖBl. 2000, 20 (23f.) – LKW-Entferner.
[35] *OLG Hamm* NJW-RR 1987, 33.
[36] *OLG Oldenburg* NJW 1987, 1272.
[37] *KG* GRUR 1995, 360.
[38] *OLG Frankfurt a. M.* NJW 1996, 468.
[39] *BGH* LM § 1 UWG Nr. 708 = NJW-RR 1996, 1190 = GRUR 1996, 502 (506) – Energiekosten-Preisvergleich I; LM § 1 UWG Nr. 724 = GRUR 1997, 304 = NJW-RR 1997, 424 – Energiekosten-Preisvergleich II.
[40] *Fassbender,* EuZW 2005, 42 (43f.); Ohly/Sosnitza/*Ohly,* § 6 Rn. 33f.

nahme einer vergleichenden Werbung im Sinne des § 6 UWG, sodass der bloße Systemvergleich *unbedenklich* ist, sofern er nicht irreführend ist (§§ 5 und 5a UWG). Ein wichtiges Beispiel ist der Vergleich von *Warengattungen* in der Werbung, sofern in ihr nicht zugleich ein Mitbewerber oder dessen Waren erkennbar gemacht werden.[41] Mangels Anwendbarkeit des § 6 UWG ist es ferner auch Eheanbahnungsinstituten unbenommen, vor den unseriösen Angeboten anderer Institute zu warnen, die es unstreitig gibt.[42] Voraussetzung der Zulässigkeit auch des Systemvergleichs ist aber, dass der Vergleich insgesamt ein *zutreffendes Bild* von den verglichenen Systemen oder Warenarten zeichnet, während der Vergleich gegen § 4 Nr. 2 und § 5 UWG verstößt, wenn durch einseitige Betonung der Vorzüge des eigenen Angebots und der Nachteile des fremden Angebots ein entstelltes Gesamtbild entsteht.[43] Unzulässig ist außerdem die pauschale Herabsetzung der anderen Systeme.[44]

7. Kritisierende und persönliche Werbung

23 Besonderheiten gelten für die kritisierende und die persönliche Werbung. Von einer **kritisierenden** Werbung spricht man, wenn sich die Werbung eines Gewerbetreibenden auf eine bloße Kritik an seinen Mitbewerbern beschränkt. Solche Werbung stellt – mangels eines Vergleichs (→ Rn. 18) – keine vergleichende Werbung im Sinne des Gesetzes dar, sodass sich ihre Zulässigkeit nur nach den allgemeinen Vorschriften der §§ 4 und 5 UWG beurteilt. Der mittelbare „reflexartige" Bezug auf die eigenen Leistungen des Werbungtreibenden (für die die fragliche Kritik natürlich nicht gelten soll) ändert daran nichts, weil allein darin noch kein ausdrücklicher oder konkludenter Vergleich mit den eigenen Leistungen des Werbungtreibenden gesehen werden kann.[45]

24 Eine **persönliche Werbung** ist anzunehmen, wenn sich ein Gewerbetreibender in der Werbung nicht mit den Leistungen, sondern mit der *Person* seiner Mitbewerber kritisch auseinandersetzt, indem er auf Eigenschaften der Mitbewerber hinweist, die geeignet sind, diese in den Augen der Öffentlichkeit zu diskreditieren. Bei einer derartigen Werbung handelt es sich im Grunde um einen bloßen Anwendungsfall der kritisierenden Werbung, sodass auch die rechtliche Behandlung dieselbe sein muss (→ Rn. 23).

Beispiele sind der Hinweis darauf, dass der Mitbewerber Ausländer oder vorbestraft ist, dass er einer anderen Rasse angehört oder dass seine Insolvenz bevorsteht.

Um vergleichende Werbung iSd § 6 UWG handelt es sich hier nur, wenn ausnahmsweise zugleich wenigstens mittelbar auf die persönlichen Eigenschaften des Werbungtreibenden selbst hingewiesen wird. In diesem Fall dürfte die Werbung heute wohl in

---

41 *EuGH* Slg. 2007, I- 3115 Tz. 51–56 = EuZW 2007, 379 (382) = GRUR 2007, 511 – De Landtsheer; *Köhler*, GRUR-RR 2007, 337 (342).

42 *OLG Stuttgart* NJW-RR 1992, 432 (433). Ein beliebtes Mittel ist in den Anzeigen der Abdruck hübscher Fotomodelle, die natürlich nicht „im Angebot" sind, sondern nur als Blickfang dienen.

43 BGHZ 49, 325 (329) = NJW 1968, 746; BGHZ 50, 1 (5f.) = NJW 1968, 1419; *BGH* LM § 1 UWG Nr. 708 = NJW-RR 1996, 1190 = GRUR 1996, 502 (506); LM § 1 UWG Nr. 720 = NJW 1996, 3153; LM § 1 UWG Nr. 724 = NJW-RR 1997, 224 = GRUR 1997, 304; GRUR 2003, 353 (354f.) = NJW-RR 2003, 544; GRUR 2003, 800 (801) = NJW-RR 2003, 1267 = WRP 2003, 1111 – Schachcomputer-Katalog.

44 *OLG Frankfurt a. M.* GRUR-RR 2001, 221.

45 *BGH* GRUR 2012, 74 (76 Tz. 19) = WRP 2012, 77 (80) – Coaching Newsletter; *Scherer*, GRUR 2012, 545 (548f.).

der Mehrzahl der Fälle an § 6 Abs. 2 Nr. 5 UWG scheitern (Herabsetzung oder Verunglimpfung der persönlichen Verhältnisse eines Mitbewerbers).

8. Unternehmensbezogene Werbung

Schwierige Fragen werfen ferner die Fälle der unternehmensbezogenen vergleichenden 25
Werbung auf. Als unternehmensbezogen bezeichnet man eine Werbung, die sich mit solchen Merkmalen des Unternehmens des erkennbar gemachten Mitbewerbers befasst, die, wie das Alter, die Größe oder der Sitz seines Unternehmens, zumindest auf den ersten Blick oder vordergründig, nichts oder nur wenig mit den Preisen oder den Eigenschaften der von ihm angebotenen Waren oder Dienstleistungen zu tun haben, die aber gleichwohl für die Wertschätzung eines Unternehmens in der Öffentlichkeit häufig eine nicht unerhebliche Rolle spielen. Die Problematik dieser Fälle beruht darauf, dass sich die Zulässigkeitsvoraussetzungen der vergleichenden Werbung nach § 6 Abs. 2 UWG ebenso wie nach Art. 4 der Richtlinie grundsätzlich nicht auf derartige Vergleiche beziehen, sondern nur auf die Vergleiche von Waren und Dienstleistungen (s. § 6 Abs. 2 Nr. 1 UWG und Art. 4 der Richtlinie).

In der Frage der rechtlichen Behandlung der unternehmensbezogenen vergleichen- 26
den Werbung muss man unterscheiden: Verhält es sich so, dass die dem ersten Eindruck nach allein unternehmensbezogene Werbung zugleich **mittelbar** einen **Vergleich** verschiedener, für die Kunden **relevanter Eigenschaften** der Produkte oder Leistungen der betreffenden Unternehmen enthält, zB durch konkludente Aussagen über die Qualität oder die Herstellung der Produkte, so hindert nichts eine (großzügige) Anwendung des § 6 Abs. 2 Nr. 1 und Nr. 2 UWG. Nur wo der Werbung auch bei einer weiten Auslegung keine derartigen mittelbaren Aussagen über die Produkte oder Leistungen der verglichenen Unternehmen entnommen werden können, dürfte die Werbung – mangels Erfüllung der Zulässigkeitsvoraussetzungen des § 6 Abs. 2 UWG – im Regelfall als *unlauter* zu behandeln sein. Einzuräumen ist indessen, dass es offenkundig Fälle gibt, in denen ein unternehmensbezogener Vergleich auch *jenseits* der in § 6 Abs. 2 UWG normierten Zulässigkeitsvoraussetzungen erlaubt sein sollte. Beispiele sind unternehmensbezogene **Abwehr**- oder **Auskunftsvergleiche.** Ob und wie man hier „helfen“ kann, ist noch offen. *Ein* denkbarer Weg wäre die Anerkennung weiterer Formen zulässiger Werbung jenseits des offenbar zu engen § 6 Abs. 2 UWG.[46]

III. Zulässigkeitsvoraussetzungen

1. Zweck

Liegt eine vergleichende Werbung im Sinne des § 6 Abs. 1 UWG vor (→ Rn. 7 ff.), so 27
richtet sich ihre Zulässigkeit nach *zwei* Maßstäben, nämlich nebeneinander nach den §§ 5 und 5a UWG (s. § 5 Abs. 3 UWG und dazu → Rn. 50 ff.) sowie nach § 6 Abs. 2 UWG (→ Rn. 29 ff.). Mit diesen Vorschriften wurde im Wesentlichen der Katalog der Zulässigkeitsvoraussetzungen des Art. 4 der Richtlinie von 2006 in deutsches Recht umgesetzt, mit denen unterschiedliche Zwecke verfolgt werden. Bei der Mehrzahl

[46] S. schon → Rn. 19 sowie im Einzelnen Köhler/Bornkamm/*Köhler,* § 6 Rn. 97; MüKoUWG/*Menke,* § 6 Rn. 145 ff.; Harte-Bavendamm/Henning-Bodewig/*Sack,* § 6 Rn. 117, 138 f.; *Scherer,* GRUR 2012, 545 (548 f.).

von ihnen steht deutlich der Zweck im Vordergrund, die vergleichende Werbung nach Möglichkeit auf Informationen zu beschränken, die für die Adressaten der Werbung, in erster Linie also für die Verbraucher, sinnvolle, weil für ihre geschäftlichen Entscheidungen brauchbare Informationen enthalten, und dabei eine Irreführung der Adressaten nach Möglichkeit zu verhindern.

28 Ganz andere, dazu entgegengesetzte Zwecke verfolgen dagegen die sogenannte Champagner-Klausel des Art. 4 lit. e sowie die Parfüm-Klausel des Art. 4 lit. g der Richtlinie, die beide auf französischen Druck hin in die Richtlinie aufgenommen wurden. Beide Klauseln haben eine ausgesprochen protektionistische Zielsetzung, nämlich den möglichst umfassenden Schutz der französischen Champagner- und Parfümhersteller gegen die Konkurrenz aus anderen Mitgliedstaaten der Union. In dieser wettbewerbsfeindlichen Zielsetzung der beiden Klauseln liegt auch der eigentliche Grund dafür, warum lediglich die **Parfüm-Klausel** mit § 6 Abs. 2 Nr. 6 UWG in deutsches Recht umgesetzt wurde (dazu → Rn. 48ff.), während auf eine Umsetzung der **Champagner-Klausel** des Art. 4 lit. g der Richtlinie als überflüssig verzichtet wurde. Nach der genannten Bestimmung muss sich der Vergleich bei Waren mit Ursprungsbezeichnungen auf Waren mit gleicher Bezeichnung beschränken. Diese Bestimmung wird freilich ohnehin durch den EuGH so restriktiv ausgelegt, dass ihr keine praktische Bedeutung mehr zukommt.[47]

2. § 6 Abs. 2 Nr. 1 UWG

29 Die praktisch bedeutsamste Erscheinungsform der vergleichenden Werbung ist die kritisierende vergleichende Werbung. Ihre Zulässigkeit setzt nach § 6 Abs. 2 Nr. 1 UWG (= Art. 4 lit. b der Richtlinie von 2006) als erstes voraus, dass sich der Vergleich auf Waren oder Dienstleistungen für den *gleichen Bedarf* oder *dieselbe Zweckbestimmung* bezieht. Durch diese Regelung soll der Vergleich auf **austauschbare** Waren oder Dienstleistungen beschränkt werden, weil ein „Vergleich" von Waren oder Leistungen, die verschiedenen Branchen angehören und tatsächlich nichts miteinander zu tun haben, keine verwertbaren Informationen für die Adressaten der Werbung und insbesondere für die Verbraucher liefert.[48] Bei der Würdigung der Regelung des § 6 Abs. 2 Nr. 1 UWG muss man beachten, dass bereits die Annahme einer vergleichenden Werbung voraussetzt, dass die Werbung einen *Mitbewerber* oder dessen Angebote erkennbar macht (§ 6 Abs. 1 UWG), wofür erforderlich ist, dass zwischen den Waren oder den Dienstleistungen der verglichenen Unternehmen „ein gewisser Grad von Substitution" besteht (→ Rn. 14f.). Wenn es bereits daran fehlt, stellt sich mit anderen Worten die Frage der Anwendbarkeit des § 6 Abs. 2 UWG von vornherein nicht. Sie taucht vielmehr erst auf, wenn es um einen Vergleich von Waren oder Dienstleistungen geht, die in dem genannten weiten Sinne überhaupt substituierbar sind. (Nur) in diesem Fall ist nach § 6 Abs. 2 Nr. 1 UWG *zusätzlich* erforderlich, dass die in der Werbung verglichenen Waren oder Dienstleistungen – kartellrechtlich gesprochen – zu **demselben** sachlich **relevanten Markt** gehören, weil sie für die angesprochenen Verkehrskreise *ohne Weiteres,* dh ohne psychische oder physische Anpassungslasten *austauschbar* sind.[49]

[47] *EuGH* Slg. 2007, I-3115 Tz. 57ff. = GRUR 2007, 511 – De Landtsheer; *Sack,* WRP 2008, 301.

[48] *BGH* LM § 2 UWG Nr. 3 (Bl 2 R f.) = NJW 2002, 2781 – Lottoschein; Harte-Bavendamm/Henning-Bodewig/*Sack,* § 6 Rn. 123.

[49] Begr., BT-Drs. 14/2959, S. 11 (l. Sp.); *BGH* LM § 2 UWG Nr. 3 (Bl. 2 R f.) = NJW 2002, 2781 = GRUR 2002, 828 = WRP 2002, 973 – Lottoschein.

Das Merkmal der Identität des Bedarfs oder der Zweckbestimmung, dh generell der **Austauschbarkeit** der Waren oder Dienstleistungen im Sinne des § 6 Abs. 2 Nr. 1 UWG, ist im Interesse der möglichst weitgehenden Zulässigkeit der vergleichenden Werbung grundsätzlich **weit** auszulegen.[50] Unbedenklich ist daher zB der Vergleich der Durchschnittspreise ganzer *Warenkörbe,* sofern diese nur aus jeweils austauschbaren Waren zusammengesetzt sind.[51] Unterschiede der Preise der verglichenen Lebensmittel sind genauso unerheblich wie Unterschiede hinsichtlich des Geschmacks oder des Genusses, sofern die Lebensmittel nur für die Verbraucher trotzdem austauschbar sind.[52] Ebenso zulässig ist der Vergleich von *Substitutionsprodukten* oder ganzer Warengattungen[53] sowie der Vergleich von *Markenartikeln* mit sogenannten „No-name-Produkten" oder mit Hausmarken.[54] Geht es um die Werbung für *Arzneimittel* gegen bestimmte Krankheiten, so sind außerdem sämtliche Arzneimittel austauschbar, zu deren Indikation die betreffende Krankheit gehört, mögen sie auch im Übrigen noch so große Unterschiede aufweisen.[55] Der Austauschbarkeit stehen ferner nicht unterschiedliche Gebindegrößen oder Vertriebsformen entgegen, sofern eben nur die verglichenen Waren für die Verbraucher austauschbar sind.[56] 30

3. § 6 Abs. 2 Nr. 2 UWG

Nächste Zulässigkeitsvoraussetzung einer kritisierenden vergleichenden Werbung ist nach § 6 Abs. 2 Nr. 2 UWG (= Art. 4 lit. c der Richtlinie von 2006), dass sich der Vergleich objektiv auf eine oder mehrere wesentliche, relevante, nachprüfbare und typische Eigenschaften der verglichenen Waren oder Dienstleistungen einschließlich des Preises bezieht. Mit dieser Regelung wird ebenso wie mit der der Nr. 1 des § 6 Abs. 2 UWG (→ Rn. 28) **bezweckt,** den angesprochenen Verkehrskreisen durch die Werbung für sie relevante Informationen zu verschaffen und sie zugleich vor einer Irreführung zu schützen (→ Rn. 29). Hinzu kommt hier noch der weitere Zweck, den betroffenen Mitbewerbern eine unnötige Belastung durch den Vergleich zu ersparen (sog **Verhältnismäßigkeitsgrundsatz**). Deshalb dürfen **nur nachprüfbare Eigenschaften** der fraglichen Waren oder Dienstleistungen einschließlich ihrer Preise und Preisbestandteile verglichen werden, während bloße Geschmacksfragen oder Werturteile vom Vergleich ausgeschlossen sind (→ Rn. 34). 31

Der Begriff der **Eigenschaften** in § 6 Abs. 2 Nr. 2 UWG ist grundsätzlich *weit* auszulegen. Es genügt deshalb, wenn die in der Werbung verglichenen Merkmale oder Umstände der Waren oder Dienstleistungen noch einen **nachprüfbaren Tatsachenkern** enthalten, sodass die angesprochenen Verkehrskreise aus der Angabe eine *nützliche Information* für die Entscheidung über den Erwerb der angebotenen Ware oder Dienst- 32

[50] *EuGH* Slg. 2006, I – 8501 Tz. 22f. = GRUR 2007, 69 = JuS 2007, 598 (600) Nr. 17 – Lidl Belgium; Slg. 2007, I-3115 Tz. 44ff. = EuZW 2007, 379 (381f.) = GRUR 2007, 511 – De Landtsheer; Slg 2010, I-11761 = GRUR 2011, 161 Tz. 27ff. – Lidl/Vierzon; *BGH* GRUR 2009, 418 (421 Tz. 26) = NJW-RR 2009, 470 = WRP 2ßß9, 304 – Fußpilz; *Köhler,* WRP 2008 414 (418); *Ohly,* GRUR 2007, 3.

[51] *EuGH* Urt. „Lidl Belgium" (vorige Fn.).

[52] *EuGH* Slg 2010, I-11761 = GRUR 2011, 161 Tz. 27ff. – Lidl/Vierzon.

[53] BGHZ 139, 378 (383f.) = NJW 1999, 948 – Vergleichen Sie.

[54] BGHZ 139, 378 (383f.) = NJW 1999, 948 – Vergleichen Sie; *BGH* GRUR 2007, 896 (898 Tz. 17) = WRP 2007, 1181 – Eigenpreisvergleich.

[55] *BGH* GRUR 2009, 418 (421 Tz. 26) = NJW-RR 2009, 470 = WRP 2009, 304 – Fußpilz.

[56] *OLG Frankfurt a. M.* GRUR 2001, 358; *OGH* ÖBl. 1999, 186 (186) = WBl. 1999, 230.

leistung entnehmen können.[57] Eigenschaften sind daher **zB** die Durchschnittspreise einzelner Warenkörbe von Supermärkten (s. schon → Rn. 30), die Duftnoten von Parfums,[58] die Struktur oder Zusammensetzung der Leserschaft einer Zeitung[59] sowie bestimmte Auswirkungen von Arzneimitteln.[60] Für Fachleute können außerdem die Umsätze oder der Umsatzzuwachs eines Unternehmens wichtige Informationen enthalten und damit Eigenschaften darstellen.[61]

33 In allen diesen Beziehungen muss man sich immer wieder vergegenwärtigen, dass die vergleichende Werbung eines Gewerbetreibenden als *„Werbung"* für sein Geschäft *nicht* mit einem objektiven und neutralen Vergleich von Waren oder Dienstleistungen durch die Presse oder durch ein unabhängiges Testinstitut verglichen werden darf. Deshalb besteht zwar ein **Wahrheitsgebot** (§ 5 Abs. 3 UWG), aber *kein Vollständigkeitsgebot,* sodass sich der Werbende auch auf den Vergleich *einzelner Eigenschaften* beschränken kann, vorausgesetzt freilich, dass dadurch nicht ein irreführender Gesamteindruck entsteht (§ 5 Abs. 3 UWG; → Rn. 50 f.).

34 Der Vergleich muss nach § 6 Abs. 2 Nr. 2 UWG ferner **objektiv** sein und sich auf wesentliche, relevante, nachprüfbare und typische Eigenschaften beziehen. Durch diese in mancher Hinsicht pleonastische Aufzählung „guter" Eigenschaften des Vergleichs soll im Grunde nur sichergestellt werden, dass die Verbraucher – bei aller unvermeidlichen Subjektivität eines Werbevergleichs – dem Vergleich doch immer noch für sie *verwertbare Informationen* entnehmen können (→ Rn. 27). Deshalb ist mit dem Erfordernis der **Objektivität und der Nachprüfbarkeit** des Vergleichs im Grunde (nur) gesagt, dass sich die vergleichende Werbung *nicht* in subjektiven *Werturteilen* des Werbungstreibenden erschöpfen darf,[62] sondern auf *identifizierbaren Tatsachen* beruhen muss, die gegebenenfalls von den Adressaten der Werbung oder von Dritten überprüft werden können. Bei einem Vergleich der Preise von Waren müssen diese deshalb individualisiert und konkret erkennbar sein.

35 Auf der anderen Seite dürfen die Anforderungen an die Objektivität und Nachprüfbarkeit des Vergleichs auch nicht überspannt werden. In jedem Fall genügt es, wenn in der Werbung angegeben wird, **wie und wo** die angesprochenen Verkehrskreise den Vergleich **nachprüfen** können. Sind die Adressaten der Werbung zu einer derartigen Nachprüfung nicht in der Lage, zB weil es sich um komplexe technische Fragen handelt, so genügt auch eine Nachprüfbarkeit durch Sachverständige.[63] Dem Verkehr kann insbesondere unbedenklich zugemutet werden, Kataloge kritisch zu verglei-

---

[57] *EuGH* Slg. 2006, I-8501 Tz. 57 ff. = GRUR 2007, 69 = JuS 2007, 598 (600) Nr. 17 – Lidl Belgium; BGHZ 158, 26 = NJW 2004, 1951 – Genealogie der Düfte; *BGH* NJW-RR 2005, 342 (344 f.) = GRUR 2005, 172 = WRP 2005, 207 – Stresstest; NJW-RR 2007, 1522 (1524) = GRUR 2007, 609 = WRP 2007, 772 – Umsatzzuwachs; GRUR 2010, 161 Tz. 27 = WRP 2010, 252 – Gib mal Zeitung; Harte-Bavendamm/Henning-Bodewig/*Sack,* § 6 Rn. 143 ff.

[58] BGHZ 158, 26 = NJW 2004, 1951 – Genealogie der Düfte.

[59] *BGH* GRUR 2010, 161 Tz. 27 = WRP 2010, 252– Gib mal Zeitung.

[60] *BGH* NJW-RR 2002, 982 (984) = GRUR 2002, 633 – Hormonersatztherapie; *OLG Hamburg* GRUR-RR 2001, 84 (85 f.).

[61] *BGH* NJW-RR 2007, 1522 (1524 Tz. 30) = GRUR 2007, 609 = WRP 2007, 772 – Umsatzzuwachs.

[62] *EuGH* Slg. 2006, I – 8501 Tz. 46 f. = GRUR 2007, 69 = JuS 2007, 598 – Lidl Belgium; *BGH* GRUR 2010, 161 Tz. 30 = WRP 2010, 252 – Gib mal Zeitung; NJW-RR 2010, 1191 (1192 Tz. 12) = GRUR 2010, 658 – Paketpreisvergleich; *Berlit,* WRP 2010, 1105 (1106); *Köhler,* WRP 2008, 414 (419).

[63] *EuGH* Slg. 2006, I- 8501 = GRUR 2007, 69 = JuS 2007, 598 (600) Nr. 17 – Lidl Belgium; *BGH* NJW-RR 2005, 342 (345) = GRUR 2005, 172 = WRP 2005, 207 – Stresstest; NJW-RR 2007, 1522

chen,[64] sonstige allgemein zugängliche Schriften einzusehen oder von anderen zugänglichen Informationsmöglichkeiten Gebrauch zu machen.[65]

Hinzukommen muss nach § 6 Abs. 2 Nr. 2 UWG ferner, dass die verglichenen Eigenschaften wesentlich und relevant sind. Sie sind **wesentlich,** wenn ihre Bedeutung für den jeweils angesprochenen Verkehr aus dessen Sicht im Hinblick auf die vorgesehene Verwendung des Produkts nicht völlig unerheblich ist. Sind die fraglichen Eigenschaften, auf die der Vergleich abstellt, in diesem Sinne wesentlich, so sind sie in aller Regel zugleich **relevant,** weil sie dann den Kaufentschluss einer nicht unerheblichen Zahl von Verbrauchern zu beeinflussen vermögen.[66] Beides kann je nach den angesprochenen *Verkehrskreisen* durchaus unterschiedlich zu beurteilen sein. So hat der BGH zB angenommen, dass die Einteilung von Parfums nach Duftnoten zwar für die Vertriebsunternehmen, nicht jedoch für die Endverbraucher eine wesentliche und relevante Eigenschaft darstelle.[67] Lediglich bei einem **Auskunftsvergleich** ist anzunehmen, dass *alle* Eigenschaften, auf die sich die Anfrage des Kunden bezieht, als wesentlich im Sinne des § 6 Abs. 2 Nr. 2 UWG einzustufen sind.[68] 36

Schließlich ist nach § 6 Abs. 2 Nr. 2 UWG noch erforderlich, dass die verglichenen Eigenschaften **typisch** sind. Das ist der Fall, wenn sie die Eigenart der verglichenen Produkte aus der Sicht der angesprochenen Verkehrskreise prägen und damit *aussagekräftig* für deren Wert und Brauchbarkeit sind. Durch die Beschränkung des Vergleichs auf derartige Eigenschaften soll vor allem ein *Vergleich mit Nebensächlichkeiten* ausgeschlossen werden, weil davon immer die Gefahr eines verzerrten Gesamteindrucks droht. Insgesamt ist es nicht falsch, wenn man insoweit von einem Gebot der **Sachlichkeit** des Vergleichs spricht. 37

4. § 6 Abs. 2 Nr. 3 UWG

Nach § 6 Abs. 2 Nr. 3 UWG darf der Vergleich im geschäftlichen Verkehr *nicht* zu einer **Gefahr von Verwechslungen** zwischen den verglichenen Parteien, den von ihnen angebotenen Waren oder Dienstleistungen oder den von ihnen verwendeten Kennzeichen führen. Schutzsubjekte sind hier allein die betroffenen Mitbewerber, die im Falle einer Verwechslung übermäßig behindert würden (vgl. § 4 Nr. 4 UWG). Mit § 6 Abs. 2 Nr. 3 UWG wurde Art. 4 lit. h der Richtlinie über irreführende Werbung von 2006 in deutsches Recht umgesetzt. Ob dies gelungen ist, bleibt offen.[69] Das Problem rührt daher, dass nach deutschem Verständnis (s. § 1 Nr. 3 MarkenG) zu den **„Kennzeichen"** auch die *geographischen Herkunftsangaben* oder Ursprungsbezeichnungen gerechnet werden, während die Richtlinie demgegenüber deutlich zwischen Kennzeichen und Ursprungsbezeichnungen unterscheidet (s. Art. 4 lit. c und f der 38

(1524 Tz. 31) = GRUR 2007, 605 = WRP 2007, 772 – Umsatzzuwachs; *Köhler,* WRP 2008, 414 (418 f.); *Ohly,* GRUR 2007, 3 (7 f.).

[64] *BGH* NJW-RR 2005, 342 (345) = GRUR 2005, 172 = WRP 2005, 207 – Stresstest; NJW-RR 2007, 1522 (1524 Tz. 31) = GRUR 2007, 605 = WRP 2007, 772 – Umsatzzuwachs.

[65] *OLG Hamburg* GRUR-RR 2001, 84 (86 f.).

[66] BGHZ 158, 26 (35) = NJW 2004, 1951 (1953) – Genealogie der Düfte; *BGH* NJW-RR 2005, 342 (344 f.) = WRP 2005, 172 – Stresstest; *OLG München* GRUR-RR 2003, 372 (373) – Branchentelefonbuch.

[67] BGHZ 158, 26 (35) = NJW 2004, 1951 (1953) – Genealogie der Düfte; *BGH* NJW-RR 2005, 342 (344 f.) = WRP 2005, 172 – Stresstest.

[68] *Nordmann,* GRURInt 2002, 297 (301); im Einzelnen str.

[69] S. zuletzt *Sack,* WRP 2015, 130 (132 f.).

Richtlinie), sodass unklar ist, ob Verwechslungen bei geographischen Herkunftsangaben oder Ursprungsbezeichnungen unter § 6 Abs. 2 Nr. 3 UWG fallen.[70] Hier spricht wohl das meiste dafür, auch bei § 6 Abs. 2 Nr. 3 UWG von dem weiten Kennzeichenbegriff des § 1 MarkenG auszugehen.

39 Folgt man der hier vertretenen Auslegung des § 6 Abs. 2 Nr. 3 UWG (→ Rn. 38), so überschneidet sich freilich der Tatbestand des § 6 Abs. 2 Nr. 3 UWG mit dem der §§ 14 Abs. 2 Nr. 2 und 15 Abs. 2 MarkenG. Hier ist daran zu erinnern, dass bei einer nach dem UWG zulässigen vergleichenden Werbung kein Raum für die Anwendung des MarkenG auf die Werbung ist (→ Rn. 6). Hinsichtlich des Begriffs der **Verwechslungsgefahr** im geschäftlichen Verkehr in § 6 Abs. 2 Nr. 3 UWG empfiehlt sich gleichfalls eine Anleihe im Markenrecht. Der Begriff umfasst daher gleichermaßen die Verwechslungsgefahr im engeren wie im weiteren Sinne (vgl. → § 18 Rn. 59 ff.).[71] Wegen aller diese Probleme, mit denen die Interpretation des § 6 Abs. 2 Nr. 3 nach wie vor belastet ist, war die praktische Bedeutung der Vorschrift bisher gering, wobei noch hinzukommt, dass im Verhältnis zu Verbrauchern (B2C) § 5 Abs. 1 S. 2 Nr. 1 und Abs. 2 grundsätzlich den Vorrang haben dürfte (str.; → § 15 Rn. 36).

5. § 6 Abs. 2 Nr. 4 UWG

40 Durch den Vergleich darf nach § 6 Abs. 2 Nr. 4 UWG nicht der Ruf des von einem Mitbewerber verwendeten Kennzeichens in unlauterer Weise ausgenutzt oder beeinträchtigt werden. Diese Vorschrift dient gleichzeitig der Umsetzung von Art. 4 lit. f und (zum Teil) von Art. 4 lit. d der Richtlinie über irreführende Werbung von 2006. Nach Art. 4 lit. d der Richtlinie setzt die Zulässigkeit der vergleichenden Werbung voraus, dass sie weder die Marken, die Handelsnamen oder andere Unterscheidungszeichen noch die Waren, die Dienstleistungen, die Tätigkeiten oder die Verhältnisse eines Mitbewerbers *herabsetzt* oder verunglimpft, während nach Art. 4 lit. f der Richtlinie erforderlich ist, dass die vergleichende Werbung nicht den Ruf der genannten Zeichen in unlauterer Weise *ausnutzt*. Schutzsubjekte sind auch hier allein die durch den Vergleich betroffenen Mitbewerber. Vergleichbare Regelungen finden sich insbesondere noch in § 4 Nr. 3 lit. b UWG (→ § 11 Rn. 30 ff.) sowie in § 15 Abs. 3 MarkenG (→ § 18 Rn. 78 ff.).

41 Aus dem Gesagten (→ Rn. 40) folgt, dass das Gesetz in § 6 Abs. 2 Nr. 4 UWG im Grunde zwei verschiedene Tatbestände regelt, für die sich die Bezeichnungen **Rufausnutzung** und **Rufbeeinträchtigung** eingebürgert haben. Die Nr. 4 des § 6 Abs. 2 UWG enthält damit insbesondere auch eine partielle Regelung der intrikaten Problematik der **anlehnenden vergleichenden Werbung,** nämlich insoweit, als es um die unlautere Ausnutzung oder Beeinträchtigung des Rufs fremder Kennzeichen geht.

42 Der Begriff der **Kennzeichen** sollte in diesem Zusammenhang ebenso weit wie in Nr. 3 des § 6 Abs. 2 UWG ausgelegt werden (→ Rn. 38).[72] Kennzeichen sind folglich entsprechend § 1 MarkenG gleichermaßen geschäftliche Bezeichnungen einschließlich des Namens und der Firma wie die Marken und die geographische Herkunftsangaben. Der Begriff wird weit ausgelegt; es genügt, wenn die angesprochenen Ver-

---

[70] S. Harte-Bavendamm/Henning-Bodewig/*Sack*, § 6 Rn. 167 ff.; *ders.*, WRP 2015, 130 (132 f.).

[71] Ausf. *Sack*, WRP 2013, 8 ff.

[72] Die Frage ist str., s. *Sack*, WRP 2015, 130 (132 f.).

kehrskreise das Zeichen als aus einem bestimmten Unternehmen stammend identifizieren.[73]

Eine **Rufausnutzung** liegt in erster Linie in den Fällen des sogenannten *Imagetransfers* vor, gekennzeichnet durch den Versuch, den guten Ruf des fremden Zeichens auf das eigene Angebot überzuleiten,[74] wobei der EuGH zu einer sehr weiten (nach manchen: zu weiten) Auslegung dieses Tatbestands tendiert.[75] Unklar ist dagegen, was das Gesetz unter einer **Rufbeeinträchtigung** versteht. Die überwiegende Meinung tendiert im Interesse der möglichst umfassenden Zulässigkeit der vergleichenden Werbung zu einer engen Auslegung des Begriffs, sodass für die Annahme einer Rufbeeinträchtigung nur Raum ist, wenn der Mitbewerber dem Spott oder der Lächerlichkeit preisgegeben oder wenn sein Ruf angegriffen und abgewertet wird.[76] 43

Die bloße, mit jeder **Nennung fremder Kennzeichen** verbundene Beeinträchtigung der Kennzeichnungskraft genügt dagegen allein ebenso wenig wie eine bloße Rufausbeutung zur Anwendung des § 6 UWG, sondern muss im Interesse der Förderung der vergleichenden Werbung und damit des Wettbewerbs grundsätzlich hingenommen werden.[77] **Zulässig** ist danach insbesondere die Verwendung fremder Katalog- oder Bestellnummern zur Kennzeichnung von **Ersatzteilen,** die geeignet sind, die Originalteile eines anderen Herstellers zu ersetzen.[78] Dasselbe gilt für die sonstige Werbung für Ersatzteile oder **Zubehör,** bei der zugleich auf die Hauptware oder deren Hersteller Bezug genommen wird.[79] Eine Anwendung des § 6 Abs. 2 Nr. 4 UWG ist in derartigen Fällen nur gerechtfertigt, wenn weitere, die Unlauterkeit des Verhaltens begründende Umstände hinzukommen (→ Rn. 45). Das Gesetz macht dies in § 6 Abs. 2 Nr. 4 UWG dadurch deutlich, dass nur eine Rufausnutzung oder Rufbeeinträchtigung gerade „in unlauterer Weise" verboten ist. 44

Ob die Rufausnutzung oder die Rufbeeinträchtigung **unlauter** im Sinne des § 6 Abs. 2 Nr. 4 UWG ist, lässt sich nach dem Gesagten (→ Rn. 44) bei Berücksichtigung des Zwecks der gesetzlichen Regelung (→ Rn. 27) nur aufgrund einer **umfassenden Interessenabwägung** im Einzelfall feststellen. Entscheidend ist, ob die Ausnutzung oder 45

[73] *BGH* GRUR 2011, 1158 Tz. 13 = NJW-RR 2012, 39 = WRP 2011, 1599 – Teddybär.

[74] *BGH* GRUR 2010, 161 Tz. 33 = WRP 2010, 252 – Gib mal Zeitung; GRUR 2011, 1158 Tz. 23 = NJW-RR 2012, 39 = WRP 2011, 1599 – Teddybär; GRUR 2015, 1136 = WRP 2015, 1336 (1338f. Tz. 29) – Staubsaugerbeutel im Internet; zustimmend *Ohly,* GRUR 2010, 166 (167); *Sack,* WRP 2011, 155 (159).

[75] *EuGH* Slg. 2009, I-5226 Tz. 41, 49 = EuZW 2009, 573 = GRUR 2009, 756 = WRP 2009, 930 – L'Oréal.

[76] *EuGH* Slg., 2009, I-5226 Tz. 39f. = EuZW 2009, 573 = GRUR 2009, 756 = WRP 2009, 930 – L'Oréal; *BGH* GRUR 2010, 161 Tz. 20 = WRP 2010, 252 – Gib mal Zeitung.

[77] → Rn. 6; *EuGH* Slg. 2001, I-7972 (7991ff. Tz. 52ff.) = NJW 2002, 425 – Toshiba Europe; Slg. 2006, I-2149 Tz. 14ff. = EuZW 2006, 190 – Siemens/VIPA; Slg. 2009, I-5226 Tz. 54 = EuZW 2009, 573 – L'Oréal; BGHZ 158, 26 = NJW 2004, 1951 – Genealogie der Düfte; *BGH* GRUR 2008, 628 Tz. 23ff. = NJW-RR 2008, 1212 = JuS 2008, 943 Nr. 16 – Imitationswerbung; GRUR 2011, 1158 Tz. 21 = NJW-RR 2012, 39 = WRP 2011, 1599 – Teddybär; Harte-Bavendamm/Henning-Bodewig/*Sack,* § 6 Rn. 191ff.; *ders.* WRP 2008, 301; 2011, 155 (158).

[78] *EuGH* Slg. 2001, I-7972 (7991ff. Tz. 52ff.) = NJW 2002, 425 – Toshiba Europe, Slg. 2006, I-2147 Tz. 14ff. = EuZW 2006, 190 = GRUR 2006, 345 – Siemens/VIPA; *BGH* GRUR 2011, 1158 Tz. 22 – 24 = NJW-RR 2012, 39 = WRP 2011, 1599 – Teddybär; *Ohly,* GRUR 2007, 3; *Sack,* GRUR 2004, 720.

[79] *BGH* NJW-RR 2005, 548 (550) = GRUR 2005, 163 – Aluminiumräder; GRUR 2015, 1136 = WRP 2015, 1336 (1338f. Tz. 29ff.) – Staubsaugerbeutel im Internet.

Beeinträchtigung des Rufs des fremden Kennzeichens durch dessen Verwendung in der vergleichenden Werbung geeignet, erforderlich und angemessen ist **(Verhältnismäßigkeitsprinzip).**[80] Daran fehlt es zB, wenn der Eindruck erweckt wird, zwischen den Beteiligten beständen rechtliche oder wirtschaftliche Beziehungen oder bei dem eigenen Produkt handele es sich um eine Verbesserung des Produkts des Konkurrenten.[81]

6. § 6 Abs. 2 Nr. 5 UWG

46 Durch den Vergleich dürfen ferner gemäß § 6 Abs. 2 Nr. 5 UWG (= Art. 4 lit. d der Richtlinie von 2006) nicht die Waren, Dienstleistungen, Tätigkeiten oder persönlichen oder geschäftlichen Verhältnisse eines Mitbewerbers herabgesetzt oder verunglimpft werden. **Herabsetzung** des Mitbewerbers bedeutet, dass der Mitbewerber oder seine Angebote in den Augen der angesprochenen Verkehrskreise *gezielt diskreditiert,* dh abgewertet werden, und zwar in einem Ausmaß, das für die Zwecke des Vergleichs nicht nötig und deshalb *übermäßig* ist (Verhältnismäßigkeitsgrundsatz). Die **Verunglimpfung** des Mitbewerbers und seines Angebots ist eine besonders schwere Form der Herabsetzung, gekennzeichnet dadurch, dass der Mitbewerber oder seine Angebote geradezu lächerlich oder verächtlich gemacht werden. § 6 Abs. 2 Nr. 5 UWG deckt sich weitgehend mit dem Verbot der Geschäftsehrverletzung in § 4 Nr. 1 UWG und geht für seinen Anwendungsbereich daher dieser Vorschrift vor.[82]

47 Bei der Würdigung dieses Tatbestandes muss man beachten, dass *jede* kritisierende vergleichende Werbung in irgendeiner Form mit einer Herabsetzung des negativ bewerteten Konkurrenzangebotes verbunden ist. *Diese* Form der „Herabsetzung", die jedem kritisierenden Vergleich immanent ist, kann daher nicht mit § 6 Abs. 2 Nr. 5 UWG gemeint sein, weil die Folge andernfalls die generelle Unzulässigkeit der kritisierenden vergleichenden Werbung wäre. § 6 Abs. 2 Nr. 5 UWG ist vielmehr nur anwendbar, wenn zu der bloßen Herabsetzung durch den kritisierenden Vergleich noch *weitere* Umstände hinzukommen, die das Verhalten des Vergleichenden geradezu als **unlauter** erscheinen lassen, weil er – über den Vergleich hinaus – in unnötiger Form, dh *unsachlich* oder *übermäßig,* den Konkurrenten oder seine Produkte angreift und in den Augen der angesprochenen Verkehrskreise herabsetzt.[83] Wichtigste Erscheinungs-

---

[80] *EuGH* Slg. 2009, I-5226 Tz. 44ff. = EuZW 2009, 573 = GRUR 2009, 756 = WRP 2009, 930 – L'Oréal; *BGH* GRUR 2015, 1136 = WRP 2015, 1336 (1338f. Tz. 29) – Staubsaugerbeutel im Internet; Köhler/Bornkamm/*Köhler,* § 6 Rn. 154ff.; Ohly/Sosnitza/*Ohly,* § 6 Rn. 63; Harte-Bavendamm/Henning-Bodewig/*Sack,* § 6 Rn. 193ff.; *ders.,* WRP 2011, 155 (159f.).

[81] *EuGH* Slg. 2009, I-5226 Tz. 39f. = EuZW 2009, 573 = GRUR 2009, 756 = WRP 2009, 930 – L'Oréal; BGHZ 139, 378 (386f.) = NJW 1999, 948 – Vergleichen Sie; BGHZ 158, 26 = NJW 2004, 1951 (1952) – Genealogie der Düfte.

[82] → § 9 Rn. 7; zB *BGH* GRUR 2012, 74 Tz. 17 = WRP 2012, 77 (80) – Coaching Newsletter.

[83] Begr., BT-Drs. 14/2959; S. 12; grdl. BGHZ 139, 378 (385ff.) = NJW 1999, 948 = – Vergleichen Sie; *BGH* LM § 2 UWG Nr. 2 (Bl. 3ff.) = GRUR 2002, 72 = NJW 2002, 376 – Preisgegenüberstellung im Schaufenster; NJW-RR 2002, 982 (984) = GRUR 2002, 633 – Hormonersatztherapie; GRUR 2008, 443 (444f. Tz. 18) = NJW-RR 2008, 851 (852) = JuS 2008, 943 Nr. 16 – Imitationswerbung; GRUR 2010, 161 Tz. 16 = WRP 2010, 252 – Gib mal Zeitung; *Nordmann,* GRURInt 2002, 297 (302); *Kießling/Kling,* WRP 2002, 615 (626f.); *Plaß,* NJW 2000, 3161 (3166f.); *Sack,* WRP 2000, 327 (346); Harte-Bavendamm/Henning-Bodewig/*ders.,* § 6 Rn. 207, 214ff.; *Wambrechtshamer,* ÖBl. 2000, 147 (152).

form ist eine grundlose *pauschale* Abwertung der Mitbewerber.[84] Deshalb reicht die bloße namentliche Nennung des Mitbewerbers oder seines Angebots allein *nicht* für die Anwendung der Nr. 5 des § 6 Abs. 2 UWG. Auch eine humorvolle oder ironische Formulierung des Vergleichs ist noch keine Herabsetzung.[85]Anders dagegen, wenn der Mitbewerber bewusst dem Spott des Publikums oder der Lächerlichkeit preisgegeben wird oder wenn der ironisch gemeinte Vergleich von den Adressaten ernst genommen und daher als abwertend verstanden werden muss.[86] Ein weiteres Beispiel ist die Bezeichnung der Konkurrenzprodukte als Nachahmung oder Imitation der eigenen Produkte (→ Rn. 48).

7. § 6 Abs. 2 Nr. 6 UWG

Die Zulässigkeit einer vergleichenden Werbung setzt nach § 6 Abs. 2 Nr. 6 UWG 48
schließlich noch voraus, dass eine Ware oder Dienstleistung in der Werbung *nicht* als Imitation oder Nachahmung einer unter einem geschützten Kennzeichen vertriebenen Ware oder Dienstleistung dargestellt wird (vgl. Art. 4 lit. g der Richtlinie). Die Auslegung dieser sogenannten, auf französischen Druck hin in die Richtlinie eingefügten **Parfumklausel** ist umstritten, weil der Wortlaut der Klausel offenlässt, welche Ware, die des Werbenden oder die seiner Mitbewerber, als Imitation oder Nachahmung bezeichnet werden muss, wenn die Nr. 6 des § 6 Abs. 2 UWG anwendbar sein soll. Hier ist daran zu erinnern, dass mit der genannten Bestimmung der Zweck verfolgt wird, den Herstellern sondergesetzlich *nicht* geschützter (französischer) Luxusprodukte wie eben Parfüms einen zusätzlichen Schutz gegen die Ausbeutung ihres guten Rufs zu gewähren (s. schon → Rn. 28). Daraus folgt, dass durch § 6 Abs. 2 Nr. 6 UWG allein dem *Werbenden* untersagt sein soll, sein *eigenes* Produkt als Nachahmung oder Imitation eines geschützten fremden Produkts zu bezeichnen, während die vergleichende Werbung durch den Hinweis auf den Charakter der Konkurrenzprodukte als Nachahmung der eigenen Produkte bereits unter § 6 Abs. 2 Nr. 5 UWG fällt (→ Rn. 47).[87] Der Tatbestand setzt nicht voraus, dass die eigenen Produkte geradezu *ausdrücklich* als Imitation ausgegeben werden; es genügt vielmehr, dass sich dies nur für die angesprochenen Verkehrskreise ohne Weiteres aus dem Kontext der Werbung ergibt.[88] Auf der anderen Seite muss aber noch stets hinzukommen, dass die Vorlage, als deren Nachahmung die eigene Ware in der Werbung bezeichnet wird, gerade unter

[84] *BGH* LM § 1 UWG Nr. 802 (Bl. 3 R) = NJW-RR 2000, 631 = GRUR 1999, 1099 – Generika-Werbung; LM § 1 UWG Nr. 845 (Bl. 2 R) = GRUR 2001, 752 = WRP 2001, 688 – Eröffnungswerbung; LM § 1 UWG Nr. 854 (Bl. 3 R) = NJW-RR 2002, 38 = GRUR 2002, 75 – Soo billig; LM § 2 UWG Nr. 3 (Bl. 3f.) = NJW 2002, 2781 = GRUR 2002, 828 = WRP 2002, 973 – Lottoschein; NJW 2002, 3399 (3400) = GRUR 2002, 982 = WRP 2002, 1138 – Die Steinzeit ist vorbei; Harte-Bavendamm/Henning-Bodewig/*Sack*, § 6 Rn. 216.

[85] *BGH* GRUR 2010, 161 Tz. 20 = WRP 2010, 252 – Gib mal Zeitung.

[86] *BGH* GRUR 2010, 161 Tz. 20 = WRP 2010, 252 – Gib mal Zeitung; *Ohly*, GRUR 2010, 266.

[87] *EuGH* Slg. 2009, I-5226 Tz. 73ff. = EuZW 2009, 573 (580) = GRUR 2009, 756 = WRP 2009, 930 (937f.) – L'Oréal; *BGH* GRUR 2008, 628 (630ff.) = NJW-RR 2008, 851 = JuS 2008, 943 Nr. 16 – Imitationswerbung; NJW 2010, 2213 Tz. 29 = GRUR 2010, 343 – Oracle; *Ohly/Spencer*, GRURInt 1999, 681 (694f.); *Nordmann*, GRURInt 2002, 293 (303); Harte-Bavendamm/Henning-Bodewig/*Sack*, § 6 Rn. 225ff.; *ders.*, WRP 2001, 327 (346f.); *Scherer*, WRP 2001, 89 (94f.); wohl auch *Wambrechtshamer*, ÖBl. 2000, 147 (153f.); anders *Henning-Bodewig*, GRURInt 1999, 385 (394); *Plaß*, NJW 2000, 3161 (3167); *dies.*, WRP 1999, 766 (771).

[88] *EuGH* Slg. 2009, I-5226 Tz. 73ff. = EuZW 2009, 573 (580) = WRP 2009, 930 (937f.) = GRUR 2009, 756 – L'Oréal; *BGH* GRUR 2008, 628 (630ff.) = NJW-RR 2008, 851 = JuS 2008, 943 Nr. 16 – Imitationswerbung; NJW 2010, 2213 Tz. 29 = GRUR 2010, 343 – Oracle.

einem **geschützten Kennzeichen** vertrieben wird. Gemeint sind damit, wie aus Art. 4 lit. g der Richtlinie von 2006 folgt, nach dem MarkenG geschützte Marken sowie geschützte Handelsnamen, insbesondere also ins Handelsregister eingetragene Firmen,[89] dies alles eben zu dem Zweck, den französischen Luxusprodukten mit ihren berühmten Namen einen umfassenden Schutz zu gewähren.

49 Es verstößt somit gegen § 6 Abs. 2 Nr. 6 UWG, die eigenen Produkte in der Werbung ausdrücklich oder konkludent geradezu als „Imitate oder Nachahmungen" der fremden (im Zweifel berühmten) Produkte hinzustellen.[90] Wichtig ist das vor allem bei der Werbung für Produkte, die fremde Luxusprodukte wie eben teuere Parfüms substituieren können[91] – immer vorausgesetzt, dass die nachgeahmten Produkte überhaupt unter einem geschützten Kennzeichen vertrieben werden. Zulässig bleibt dagegen die bloße Behauptung der **Gleichwertigkeit** der verglichenen Produkte, weil damit gerade nicht eine Nachahmung der anderen Produkte behauptet wird. **Ersatzteile und Zubehör** zu Produkten anderer Hersteller können daher ebenso wie schon bisher weiter als solche in der Werbung bezeichnet werden; jede andere Auslegung des § 6 Abs. 2 Nr. 5 UWG führte zu einer massiven Beeinträchtigung des Wettbewerbs – entgegen dem Liberalisierungszweck der ganzen Regelung.[92]

8. Irreführungsverbot[93]

50 Nach § 5 Abs. 3 UWG sind Angaben im Sinne des § 5 Abs. 1 S. 2 UWG auch Angaben im Rahmen der vergleichenden Werbung. Durch diese Bestimmung wurde Art. 4 lit. a der Richtlinie über irreführende Werbung von 2006 in deutsches Recht umgesetzt, nach der die vergleichende Werbung weder irreführend im Sinne der Richtlinie (Art. 2 lit. b und Art. 3) noch im Sinne der UGP-Richtlinie sein darf (Art. 6 und 7); aus Art. 8 Abs. 1 Unterabs. 2 der Richtlinie von 2006 folgt zugleich, dass mit der fraglichen Regelung eine **Vollharmonisierung** bezweckt ist, soweit es um die Anwendung des Irreführungsverbots auf die vergleichende Werbung geht (s. schon → Rn. 4). Im Lichte der Richtlinie von 2006 gesehen, besagt § 5 Abs. 3 UWG somit, dass die vergleichende Werbung weder im Verhältnis B2B noch im Verhältnis B2C irreführend im Sinne der §§ 5 und 5 a UWG sein darf. Wegen der Einzelheiten ist auf die Ausführungen zu dem Irreführungsverbot der §§ 5 und 5 a UWG zu verweisen (→ §§ 14–16). Hervorzuheben ist, dass der Kläger, der Unterlassung einer vergleichenden Werbung verlangt, die **Beweislast** trägt, wenn er bei einem Preisvergleich eines Mitbewerbers rügt, dass sein Angebot falsch oder unvollständig dargestellt worden sei.[94]

51 Bei der Anwendung der §§ 5 und 5 a UWG auf eine vergleichende Werbung ist zu beachten, dass dem Verkehr sehr wohl bekannt ist, dass Vergleiche von Werbungstreibenden (natürlich) nicht mit neutralen und vollständigen Warenvergleichen etwa in der Presse oder von Testinstituten „verglichen" werden dürfen und können. Deshalb ist es

89 Harte-Bavendamm/Henning-Bodewig/*Sack,* § 6 Rn. 226ff.; *ders.,* WRP 2015, 130 (132f.).

90 *BGH* GRUR 2008, 628 (630f. Tz. 23ff.) = NJW-RR 2008, 851 = JuS 2008, 943 Nr. 16 – Imitationswerbung; GRUR 2008, 726 (727) = WRP 2008, 936 = NJW-RR 2008, 1212 (1213f. Tz. 19) – Duftvergleich mit Markenparfum; GRUR 2011, 152 (156 Tz. 49) = WRP 2011, 223 – Kinderhochstuhl im Internet; GRUR 2011, 1153 (1155f. Tz. 25ff.) = WRP 2011, 1593– Création Lamis.

91 *BGH* s. vorige Fn.

92 Harte-Bavendamm/Henning-Bodewig/*Sack,* § 6 Rn. 232.

93 S. dazu insb. *Berlit,* WRP 2010, 1105; *Ohly,* GRUR 2003, 641; *Sack,* GRUR 2004, 89.

94 *BGH* GRUR 2013, 1059 Tz. 27ff. = WRP 2013, 1333 (1335) – Honorarfactoring.

grundsätzlich unbedenklich, wenn der Vergleich **unvollständig** ist und lediglich einzelne Merkmale betont, andere dagegen verschweigt, vorausgesetzt, dass durch den unvollständigen Vergleich nicht insgesamt ein *„schiefes Bild"* entsteht (→ Rn. 33).

Beispiele: Ein Vergleich der Preise von Waren oder Dienstleistungen der Konkurrenten ist irreführend, wenn dabei verschwiegen wird, dass erhebliche Unterschiede zwischen den Angeboten oder den Konditionen bestehen.[95] Ebenso ist es zu beurteilen, wenn ein Vergleich der Durchschnittspreise von Warenkörben bei den Verbrauchern falsche Vorstellungen über die Zusammensetzung der Warenkörbe oder über das sonstige Preisniveau des Werbungstreibenden hervorruft,[96] wenn für Arzneimittel mit inzwischen überholten oder unrichtigen Gutachten geworben wird,[97] wenn bei einem Preisvergleich auf der Seite des Werbungstreibenden wesentliche, kostenbildende Faktoren verschwiegen werden, sodass sich insgesamt ein falscher Gesamteindruck ergibt,[98] oder wenn in der Werbung für technische Produkte Testergebnisse in einer Weise mitgeteilt werden, die die Gefahr begründet, dass die angesprochenen Fachleute daraus unzutreffende Schlussfolgerungen ziehen werden.[99] 52

IV. Rechtsfolgen

Eine vergleichende Werbung, die gegen § 6 Abs. 2 UWG verstößt, stellt eine unlautere geschäftliche Handlung im Sinne des § 3 Abs. 1 UWG dar, sodass sie **unzulässig** ist, ohne dass es noch zusätzlich der Prüfung eines Relevanzkriteriums bedürfe (→ Rn. 7). Die weiteren Rechtsfolgen ergeben sich aus den §§ 8 ff. UWG. Im Schrifttum wird teilweise angenommen, dass Unterlassungsklage gemäß § 8 Abs. 3 Nr. 1 UWG allein die betroffenen *Mitbewerber,* nicht jedoch die sonstigen Klageberechtigten im Sinne des § 8 Abs. 3 Nr. 2–4 UWG erheben könnten, weil es den Mitbewerbern überlassen bleiben müsse, ob sie sich gegen die vergleichende Werbung wehren wollen oder nicht.[100] Diese Auffassung hat indessen mit Rücksicht auf den Zweck des § 6 UWG, auch im Interesse der Allgemeinheit die Lauterkeit des Wettbewerbs zu schützen, *nicht* die Zustimmung des **BGH** gefunden, sodass es bei der Anwendbarkeit des ganzen § 8 Abs. 3 UWG verbleibt.[101] 53

[95] *EuGH* Slg. 2010, I-11761 Tz. 41 ff. = GRUR 2011, 159 (162 f.) – Lidl/Vierzon; *BGH* NJW-RR 2010, 1191 Tz. 15 ff. = GRUR 2010, 658 – Paketpreisvergleich; GRUR 2013, 1059 Tz. 16 = WRP 2013, 1333 (1335) – Honorarfactoring; dazu *Berlit,* WRP 2010, 1105.

[96] *EuGH* Slg. 2006, I-8501 Tz. 83 = GRUR 2007, 63 = JuS 2007, 598 (600) Nr. 17 – Lidl Belgium; Slg. 2010, I-11761 = GRUR 2011, 159 (162 f. Tz. 41 ff.) – Lidl/Vierzon.

[97] *BGH* NJW-RR 2002, 982 (984) = GRUR 2002, 633 – Hormonersatztherapie; *OLG Hamburg* GRUR 2000, 530 (531).

[98] *OGH* ÖBl. 2002, 133 f. – Freiminuten; ÖBl. 2002, 273 (275) – BESTsale; wegen der Einzelheiten s. *Ohly,* GRUR 2003, 641; *Sack,* GRUR 2004, 89.

[99] *BGH* NJW-RR 2005, 342 (344 f.) = GRUR 2005, 172 – Stresstest.

[100] Ohly/Sosnitza/*Ohly,* § 6 Rn. 73 mN.

[101] *BGH* GRUR 2011, 1153 (1157 Tz. 51) = WRP 2011, 1593 – Création Lamis.

§ 8. Maßnahmen im Stufenwettbewerb

I. Überblick

1 Unter dem Begriff „Stufenwettbewerb" soll hier eine Reihe kritischer Wettbewerbsformen zusammengefasst werden, die ihren Schwerpunkt – jedenfalls auf den ersten Blick – nicht wie im Regelfall in den Beziehungen zwischen Unternehmen und Verbrauchern haben (B2C), sondern gleichsam eine „Stufe" höher in den Beziehungen zwischen den Herstellern, den Großhändlern und den Einzelhändlern. Die wichtigsten in diesem Zusammenhang zu erörternden Fallgestaltungen sind neben dem vielberufenen Missbrauch der Nachfragemacht (→ Rn. 2, 17 ff.) insbesondere noch die Problematik des **Direktvertriebs** der Hersteller oder des Großhandels „unter Umgehung des Einzelhandels" (dazu → Rn. 4 ff.) sowie die **„Bestechung"** der Abnehmer oder ihrer Mitarbeiter (→ Rn. 6 ff.). Die Frage, in welchem Umfang derartige Maßnahmen im Stufenwettbewerb zulässig sind, beurteilt sich in erster Linie nach § 4 Nr. 4 UWG. Denn in allen Fällen geht es letztlich um die Behinderung der Mitbewerber, und sei es auch auf dem „Umweg" über Unternehmen auf vor- oder nachgelagerten Wirtschaftsstufen (B2B).[1]

2 Unter dem Stichwort **„Missbrauch der Nachfragemacht"** werden vor allem die zahlreichen Versuche der großbetrieblichen Formen des Einzelhandels diskutiert, für sich besondere Vergünstigungen bei den Lieferanten durchzusetzen, um damit die eigene Position im Wettbewerb um die Verbraucher zu stärken. Die wichtigsten Erscheinungsformen derartiger, bei den Lieferanten durchgesetzter Vergünstigungen für einzelne bedeutende Nachfrager sind neben der Forderung nach zusätzlichen Rabatten insbesondere noch das sogenannte Anzapfen sowie die Funktionsverlagerung (→ Rn. 17).

3 Die genannten und andere Formen des Stufenwettbewerbs (→ Rn. 1 f.) standen in den siebziger und achtziger Jahren des vorigen Jahrhunderts im Mittelpunkt einer ausgedehnten wettbewerbspolitischen Diskussion, in der es letztlich um den Schutz des sogenannten „gesunden" Mittelstandes gegen ein als erdrückend empfundenes Übergewicht der großbetrieblichen Formen des Einzelhandels bei der Durchsetzung besonders günstiger Konditionen der Lieferanten ging. Damit überkreuzten sich vielfältige Initiativen der Verbände insbesondere des Einzelhandels, die sich letztlich ebenfalls gegen den als „übermäßig" empfundenen Wettbewerb, vor allem in Gestalt einer aggressiven Preispolitik, der großbetrieblichen Formen des Einzelhandels wandten. Diese Initiativen waren auch zunächst keineswegs erfolglos gewesen, sondern hatten bis in die achtziger Jahre des vorigen Jahrhunderts zu einer Reihe problematischer Änderungen des alten UWG geführt. Alle damals in das Gesetz eingefügten Vorschriften zum Schutze des Handels sind jedoch später wieder ersatzlos gestrichen worden, sodass es sich heute nicht mehr lohnt, auf diese grundsätzlich verfehlten Vorschriften zum Schutze des Handels *gegen* den Wettbewerb näher einzugehen.

---

[1] Ebenso die Begr., BT-Drs. 15/1487, S. 19 (l. Sp. o.).

II. Direktverkäufe

4 In einem System unverfälschten Wettbewerbs (§ 1 S. 2 UWG) müssen die Unternehmen in der Wahl ihrer Absatzwege frei sein, weil sich nur so im Laufe der Zeit an den Märkten im Wettbewerb die rationellsten Vertriebswege herausbilden können. Aus diesem Grund muss es Großhändlern und Herstellern grundsätzlich auch freistehen, ihre Waren „unter Umgehung des Zwischenhandels" *direkt* an die Verbraucher zu vertreiben, wenn sie dies für wirtschaftlich sinnvoll halten.[2] Dagegen bestehen selbst dann *keine* Bedenken, wenn der Hersteller oder Großhändler dabei zugleich die Preise der von ihm möglicherweise ebenfalls belieferten Händler unterbietet. All dies sind nur normale Auswirkungen des grundsätzlich erwünschten Wettbewerbs der Vertriebsformen.[3]

5 Eine andere Beurteilung kommt nur ausnahmsweise in Betracht, wenn der direkt vertreibende Hersteller oder Großhändler besondere, **zusätzliche Vorkehrungen** ergreift, um seine Direktgeschäfte nach Möglichkeit vor seinen Geschäftspartnern zu verheimlichen, und außerdem anzunehmen ist, dass die letzteren bei Kenntnis des Sachverhalts die Geschäftsbeziehungen zu ihm abgebrochen hätten (§§ 3 und 4 Nr. 4 UWG).[4]

III. Bestechung

1. Überblick

6 Hersteller und Großhändler beschränken sich in ihrem Wettbewerb um die Einzelhändler als Absatzmittler ebenso wenig wie andere Unternehmen auf die „reinen" Formen des Leistungswettbewerbs mit Preis und Qualität, sondern wenden noch eine Fülle sonstiger Maßnahmen zur Absatzförderung an. Das Spektrum solcher Maßnahmen reicht von der grundsätzlich unbedenklichen Veranstaltung von Preisausschreiben und Schaufensterwettbewerben bis hin zu der allgemein als inakzeptabel eingestuften Bestechung der Angestellten des Abnehmers. Um hier gegenzusteuern, hatte bereits das UWG von 1909 die aktive und die passive Bestechung der Angestellten des Abnehmers unter Strafe gestellt (§ 12 UWG aF). Vergleichbare Bestimmungen kennen das österreichische und das schweizerische Wettbewerbsrecht (vgl. § 10 öUWG; Art. 4 lit. b schweiz. UWG).[5] Trotz der großen Verbreitung der Bestechung hatte indessen § 12 UWG von 1909 nur ein Schattendasein gefristet. 1997 wurde die Vorschrift deshalb, sachlich kaum verändert, in das StGB eingerückt. Maßgebend sind seitdem die §§ 299–301 StGB.

7 Mit diesen Änderungen wurde **bezweckt,** die Missbilligung der Korruption im Geschäftswesen deutlicher als bisher zum Ausdruck zu bringen und die Verfolgung dieser Delikte zu erleichtern.[6] Im Jahre 2002 wurde die Regelung des § 299 Abs. 1 und 2 StGB außerdem aufgrund von Vorgaben der EU[7] durch Einfügung eines neuen

[2] Einzige gesetzliche Ausnahme in § 28 ArzneimittelG.

[3] S. *Biedenkopf,* JuS 1962, 65.

[4] BGHZ 28, 54 (58ff.) = NJW 1958, 1347; BGHZ 74, 215 (221) = NJW 1978, 1889; *BGH* LM § 3 UWG Nr. 69 (Bl. 3f.) = NJW 1965, 748 = GRUR 1965, 431 = JuS 1965, 325 Nr. 7 – Wickel-Sterne.

[5] Nach dem *OGH* (SZ Bd. 50 [1977] Nr. 21, S. 82 [84]) decken sich das deutsche und das österreichische Recht in diesem Punkt völlig.

[6] S. *Heermann,* WRP 2006, 8 (9f.); *Wolters,* JuS 1998, 1100 (1103).

[7] Richtlinie vom 22. Dezember 1998, ABl. 1998 L 358/2.

Abs. 3 auf *ausländischen* Wettbewerb erstreckt. **Geschützt** werden durch § 299 StGB gleichermaßen die Mitbewerber des Bestechenden wie die Geschäftsherren der bestochenen Mitarbeiter. Die Vorschriften bezwecken zugleich den Schutz des Interesses der Allgemeinheit an einem lauteren, dh freien und unverfälschten Wettbewerb.[8]

2. § 299 StGB

a) Tatbestand

8 An der Spitze der Regelung steht heute das Verbot der **passiven Bestechung** (§ 299 Abs. 1 StGB). Passive Bestechung liegt vor, wenn (nur) ein *Angestellter oder Beauftragter* eines geschäftlichen Betriebes im geschäftlichen Verkehr einen Vorteil für sich oder einen Dritten als *Gegenleistung* dafür fordert, sich versprechen lässt oder annimmt, dass er einen anderen (demnächst, in Zukunft) bei dem Bezug von Waren oder gewerblichen Leistungen im Wettbewerb in unlauterer Weise bevorzugt. Die Regelung der **aktiven Bestechung** findet sich dagegen seit 1997 in § 299 Abs. 2 StGB. Danach macht sich strafbar, wer im geschäftlichen Verkehr zu Zwecken des Wettbewerbs einem Angestellten oder Beauftragten eines geschäftlichen Betriebs einen Vorteil für diesen oder einen Dritten als Gegenleistung dafür anbietet, verspricht oder gewährt, dass er ihn oder einen Dritten bei dem Bezug von Waren oder gewerblichen Leistungen (demnächst) in unlauterer Weise bevorzuge (sog *Unrechtsvereinbarung*). Geschützt wird auf diese Weise heute (anders als früher) gleichermaßen der deutsche wie der ausländische Wettbewerb (→ Rn. 7).[9]

9 **Täter** der Bestechung kann jedermann sein; bestochen werden können dagegen allein **Angestellte oder Beauftragte** eines geschäftlichen Betriebes.[10] Den *Gegensatz* bilden der Betriebsinhaber[11] und die persönlich haftenden Gesellschafter der Betriebsgesellschaft[12] sowie etwa niedergelassene Ärzte im Rahmen der gesetzlichen Krankenversicherung, deren „Bestechung" folglich nicht unter § 299 StGB fällt.[13] Die Begriffe des Angestellten und des Beauftragten werden allgemein *weit* ausgelegt. Als **Beauftragter** im Sinne des Gesetzes gilt jeder, der, ohne Angestellter oder Inhaber des Betriebs zu sein, doch aufgrund seiner Stellung in dem Betrieb berechtigt und verpflichtet ist, auf die betrieblichen Entscheidungen hinsichtlich der Anschaffung von Waren oder der Beschaffung von Dienstleistungen Einfluss zu nehmen.[14]

Beispiele sind neben Treuhändern auch die Organmitglieder juristischer Personen,[15] die Beamten einer staatlichen Beschaffungsstelle oder eines Bauamts[16] sowie Handelsvertreter.[17]

10 Die verbotene Handlung besteht bei der **aktiven Bestechung** in dem Angebot, dem Versprechen oder dem Gewähren von Vorteilen. Darunter fallen zB auch Werbegeschenke,[18] Provisionen, Sondervergütungen, besondere Rabatte, die Verschaffung

---

[8] BGHSt 49, 214 = NJW 2004, 3129 (3133); *BGH* LM § 1 UWG Nr. 65 = GRUR 1959, 31; *OGH* SZ Bd. 50 (1977) Nr. 21, S. 82 (84); *Heermann* WRP 2006, 8 (9f.).

[9] BGHSt 52, 373 Tz. 50ff.= NJW 2009, 89 (92f.) – Siemens.

[10] Vgl. dazu BGHSt 2, 396 = NJW 1952, 898.

[11] *BGH* NJW 2013, 3590 Tz. 30 = NZG 2013, 1304.

[12] *Heermann*, WRP 2006, 8 (10).

[13] BGHSt (GS) 57, 202 Tz. 25, 29ff.= NJW 2012, 2530 (2533); str.

[14] BGHSt (GS) 57, 202 Tz. 30 = NJW 2012, 2530 (2533).

[15] *Pfeiffer*, FS v. Gamm, 1990, S. 133ff.

[16] BGHSt 10, 358 (365f.) = NJW 1957, 1604.

[17] *BGH* LM § 12 UWG Nr. 6 = GRUR 1968, 587.

[18] *OGH* SZ Bd. 50 (1977) Nr. 21, S. 84; zu den Verkaufsprämien → Rn. 15.

eines günstigen Darlehens, die Stundung einer Schuld, ja sogar immaterielle Vergünstigungen wie die Gewährung des Geschlechtsverkehrs.[19] Ausgenommen sind lediglich allgemein übliche Zuwendungen wie Trinkgelder oder Geschenke zu besonderen Anlässen, etwa zu Weihnachten oder Jubiläen.[20]

Zweck der aktiven Bestechung (→ Rn. 10) muss das Zustandekommen einer **Unrechtsvereinbarung** sein, gerichtet auf die *unlautere* Bevorzugung des Täters, dh des bestechenden Lieferanten, bei dem (zukünftigen) Bezug von Waren oder gewerblichen Leistungen. Gemeint ist damit eine sachfremde Entscheidung zwischen mindestens zwei Bewerbern, wofür folglich Wettbewerb und Benachteiligung mindestens eines Konkurrenten erforderlich sind.[21] Ein Beispiel ist die Zulassung des einen Bewerbers als möglicher Lieferant, wodurch der Täter, der betreffende Lieferant, bereits gegenüber anderen, nicht zugelassenen Lieferanten bevorzugt wird.[22] Die bezweckte Handlung, etwa die Erteilung eines Auftrages, muss aber immer noch in der *Zukunft* liegen. Hinzukommen muss außerdem noch, dass die Bevorzugung geradezu **unlauter** ist. Dies ist nur der Fall, wenn aufgrund der Vorteilsannahme die Gefahr einer sachwidrigen Entscheidung des Angestellten oder Beauftragten zum Nachteil seines Geschäftsherrn und der betroffenen Mitbewerber des Bestechenden besteht.[23] Dagegen verstößt die **Belohnung** für eine schon *vorgenommene* Handlung, wie die Erteilung eines Auftrags, die Durchführung von Kundendienstleistungen oder die Unterlassung von Mängelrügen, *nicht* gegen § 299 StGB,[24] wohl aber von Fall zu Fall gegen § 3 Abs. 1 UWG sowie gegen § 266 StGB.[25] 11

b) Rechtsfolgen

Die §§ 299 und 300 StGB sind Straftatbestände, deren Verletzung mit Freiheitsstrafe bis zu drei Jahren oder mit Geldstrafe geahndet wird, aber *keine gesetzlichen Verbote* im Sinne des § 134 BGB. Der von dem bestochenen Angestellten abgeschlossene Vertrag bleibt daher grundsätzlich wirksam, soweit nicht im Einzelfall § 138 BGB vorliegt oder der Angestellte seine Vertretungsmacht überschritten hat (§ 177 BGB).[26] 12

Die Bestechung der Mitarbeiter der Abnehmer stellt ferner eine gezielte **Behinderung der Mitbewerber** iSd § 4 Nr. 4 UWG dar, die durch solche Maßnahmen um die Chance eines Geschäftsabschlusses gebracht werden.[27] Wettbewerbshandlungen, die gegen § 299 StGB verstoßen, fallen daher grundsätzlich zugleich unter die §§ 3 und 4 Nr. 4 UWG. Anwendbar ist außerdem in aller Regel § 3a UWG iVm § 299 StGB.[28] 13

[19] S. *Pfeiffer,* FS v. Gamm, 1990, S. 133 (134f. mwN).
[20] *BGH* LM § 1 UWG Nr. 65 (Bl. 2 R) = GRUR 1959, 31; *OGH* SZ Bd. 50 (1977) Nr. 21, S. 85.
[21] BGHSt 49, 214 = NJW 2004, 3129 (3133).
[22] BGHSt 49, 214 = NJW 2004, 3129 (3133).
[23] *Fischer,* StGB, 56. Aufl. 2009, § 299 Rn. 16; Leipziger Kommentar zum StGB/*Tiedemann,* 11. Aufl. 1992ff., § 299 Rn. 36ff.
[24] *BGH* NJW 2013, 3590 Tz. 35f. = NZG 2013, 1304.
[25] *BGH* NJW 2013, 3590 Tz. 40ff. = NZG 2013, 1304.
[26] BGHZ 141, 357 (360f., 363f.) = NJW 1999, 2266 = JuS 2000, 87 Nr. 8; *BGH* NJW 2013, 3590 Tz. 41ff. = NZG 2013, 1304.
[27] *OGH* SZ Bd. 50 (1977) Nr. 21, S. 82 (84); *Pfeiffer,* FS v. Gamm, 1990, S. 130f.
[28] Köhler/Bornkamm/*Köhler,* § 4 Rn. 11.175; Ohly/Sosnitza/*Ohly,* § 4 Rn. 11/89.

3. Bestechungsähnliche Maßnahmen

14 Unter der Bezeichnung bestechungsähnliche Maßnahmen fasst man so unterschiedliche Vorgänge wie die Gewährung von Verkaufsprämien an Angestellte der Abnehmer oder die Veranstaltung von Preisausschreiben zwischen den Abnehmern zusammen.[29] Die Rechtsprechung steht insbesondere der Gewährung von **Verkaufsprämien an Angestellte** der Abnehmer *kritisch* gegenüber, weil hier nicht anders als im Falle der Bestechung die Gefahr drohe, dass infolgedessen die begünstigten Angestellten die Verbraucher nicht mehr sachgerecht beraten, sondern sich bei ihren Verkaufsbemühungen nur noch von der Aussicht auf die Verkaufsprämien leiten lassen.[30] Es genügt, in diesem Zusammenhang an die skandalöse „Beratungspraxis" der Banken auf Provisionsbasis zu erinnern, die zur Folge hat, dass sich die Banken bei ihren sogenannten Anlageempfehlungen (unter Verstoß gegen die §§ 31 ff. WpHG) nahezu ausschließlich an ihren Gewinninteressen und nicht an den Interessen ihrer Kunden orientieren.[31]

15 Einschlägig ist in solchen Fällen in erster Linie § 4 a UWG, weil und sofern die fragliche Maßnahme geeignet ist, die Entscheidungsfreiheit sonstiger Marktteilnehmer durch unangemessenen unsachlichen Einfluss zu beeinträchtigen. Dies setzt voraus, dass die Verbraucher tatsächlich erwarten, von den „bestochenen" Angestellten sachlich und nicht allein unter dem Gesichtspunkt der Erlangung von Verkaufsprämien beraten zu werden. Bei den Banken wird dies aufgrund ihrer verlogenen Werbung (Stichwort: „Beraterbank") wohl in der Tat häufig noch so sein, vielleicht auch noch hier und da bei dem Fachhandel mit wertvollen oder beratungsbedürftigen Produkten, darf aber keineswegs generell unterstellt werden, da der aufgeklärte Verbraucher heute weiß, dass Händler bei ihren „Empfehlungen" in erster Linie ihrem Interesse an der Erzielung eines möglichst hohen Gewinns folgen.[32] Selbst bei den Banken dürfte sich dies in letzter Zeit langsam aufgrund der nicht endenden Berichte über Skandale herumgesprochen haben.

16 Auf vergleichbare Maßnahmen gegenüber den **Händlern** dürfen diese Erwägungen (→ Rn. 15) *nicht* ohne Weiteres übertragen werden,[33] weil sich Kaufleute kaum durch Maßnahmen der fraglichen Art in ihrem unternehmerischen Verhalten beeinflussen lassen. Zulässig ist daher zB die Gewährung besonderer Vorteile an den Einzelhandel wie der gleichzeitige Vertrieb preisgünstiger branchenfremder Mitgehartikel.[34] Außerdem dürfen (natürlich) Hersteller und Großhändler Wettbewerbe, etwa um das schönste Schaufenster, oder Preisausschreiben zwischen ihren Kunden veranstalten.[35]

[29] S. im Einzelnen *Heermann,* WRP 2006, 6 (11 ff., 19 f.); *Steinbeck,* GRUR 2005, 15.

[30] *BGH* LM § 1 UWG Nr. 226 = GRUR 1971, 223; *OGH* SZ Bd. 50 (1977) Nr. 21, S. 84 = ÖBl. 1977, 105 – Auto-Klapprad; *OLG Köln* WuW/E OLG 2881; *OLG Hamburg* NJW-RR 2004, 117.

[31] S. MüKoUWG/*Emmerich,* § 311 BGB Rn. 108 ff.; *Emmerich,* FS Reuter, 2010, S. 957.

[32] S. *Heermann,* WRP 2006, 6 (11 ff., 19 f.); *Steinbeck,* GRUR 2005, 15.

[33] Anders *BGH* LM § 1 UWG Nr. 267 = GRUR 1974, 394.

[34] BGHZ 34, 264 (271 ff.) = NJW 1961, 1207.

[35] *BGH* LM § 1 UWG Nr. 71 = NJW 1959, 196 = GRUR 1959, 138 – Italienische Note; LM § 1 UWG Nr. 256 = NJW 1973, 621= GRUR 1973, 474 = WRP 1973, 152 – Preissausschreiben.

IV. Missbrauch der Nachfragemacht

Unter dem Stichwort Missbrauch der Nachfragemacht werden in erster Linie die vielfältigen Versuche der großbetrieblichen Formen des Einzelhandels diskutiert, für sich besondere Vergünstigungen bei den Lieferanten zu erwirken. Die wichtigsten Erscheinungsformen sind die Forderung zusätzlicher **Rabatte,** das **„Anzapfen"** der Lieferanten, etwa in Gestalt der Forderung von Eintrittsgeldern oder von Regal- und Schaufenstermieten, sowie die **„Funktionsverlagerung"** durch die Abwälzung insbesondere der Preisauszeichnung oder der Regalpflege auf die Hersteller. 17

Eine verbreitete Meinung unter Führung des Bundeswirtschaftsministers[36] betrachtet oder besser: betrachtete doch eine Zeitlang jedenfalls die genannten Formen des Anzapfens[37] und der Funktionsverlagerung[38] als *unlauter* (§ 1 UWG aF). Zu diesem Ergebnis hatten vielfältige Überlegungen geführt. Im Vordergrund stand die These von der **wachsenden Konzentration** auf den Handelsmärkten, die sich vor allem in dem Missbrauch der Nachfragemacht des Handels äußere. Diese Argumentation hatte zunächst auch den BGH so sehr überzeugt, dass er sich 1977 für *Schaufenstermieten*[39] und für *Eintrittsgelder*[40] der (damals) herrschenden Meinung angeschlossen hatte. Selbst die Verfasser des **UWG von 2004** sind noch davon ausgegangen, dass der Missbrauch der Nachfragemacht von Fall zu Fall gegen das Verbot der gezielten Behinderung von Mitbewerbern verstoßen könne (§ 4 Nr. 4 UWG).[41] Später rückte jedoch der **BGH** für die *Verlagerung der Preisauszeichnung* auf die Hersteller[42] sowie für die Forderung sogenannter *Eröffnungsrabatte* wieder deutlich von der (früher) herrschenden Meinung ab.[43] 18

Wegen dieser restriktiven Praxis des BGH richtet sich heute die Beurteilung der meisten Erscheinungsformen möglichen Missbrauchs der Nachfragemacht in erster Linie nach § 19 Abs. 2 Nr. 5 GWB iVm § 20 Abs. 2 GWB von 2013, wonach (nur) *marktbeherrschende* und *marktstarke* Unternehmen ihre Marktstellung nicht dazu ausnutzen dürfen, andere Unternehmen dazu aufzufordern oder zu veranlassen, ihnen ohne sachlich gerechtfertigten Grund Vorteile zu gewähren, wobei insbesondere an die erwähnten Formen des „Anzapfens" zu denken ist.[44] Da sich der Anwendungsbereich des (ohnehin viel zu weit geratenen) § 19 Abs. 2 Nr. 5 iVm § 20 Abs. 2 GWB ausdrücklich auf marktbeherrschende und marktstarke Unternehmen beschränkt, kann bei *anderen* Unternehmen eine Unlauterkeit des Anzapfens gemäß § 4 Nr. 4 oder § 4a UWG nur 19

[36] Sündenregister vom 17.11.1974, WRP 1975, 24.

[37] ZB *OLG Frankfurt a. M.* BB 1975, 715 = JuS 1975, 814 Nr. 12; *OLG München* NJW 1993, 1538 = GRUR 1972, 712; differenzierend *OGH* ÖBl. 1997, 161 (165f.) – 20 Jahre dm.

[38] *OLG Saarbrücken* BB 1977, 710.

[39] *BGH* LM § 1 UWG Nr. 298 = NJW 1977, 631= GRUR 1977, 257 = JuS 1977, 409 Nr. 9 – Schaufensteraktion.

[40] *BGH* LM § 1 UWG Nr. 299 = NJW 1977, 1242 = GRUR 1977, 619 JuS 1977, 410 Nr. 10 – Eintrittsgeld.

[41] Begr., BT-Drs. 15/1487, S. 19 (l. Sp. o.).

[42] *BGH* LM § 1 UWG Nr. 371 = NJW 1983, 171 = GRUR 1982, 677 = WRP 1982, 633 = JuS 1983, 150 Nr. 11.

[43] *BGH* LM § 1 UWG Nr. 377 = NJW 1983, 169 = GRUR 1982, 737= WRP 1983, 16 = JuS 1983, 150 Nr. 11 – Eröffnungsrabatt; vgl. aber für Werbekostenzuschüsse *OGH* ÖBl. 1997, 161 (165ff.) – 20 Jahre dm.

[44] S. Kartellrecht, § 27 Rn. 136ff.; *Köhler,* WRP 2005, 645 (648ff.); 2006, 139 (145f.).

angenommen werden, wenn *zusätzliche Unlauterkeitsmerkmale* vorliegen, wie insbesondere ein unlauterer Druck auf die Lieferanten, etwa durch die Bedrohung mit rechtswidrigen Maßnahmen (§ 4a UWG). Gleich stehen Maßnahmen zur gezielten Behinderung von Konkurrenten (§ 4 Nr. 4 UWG). Aber beides sind Ausnahmetatbestände, deren Nachweis nur selten gelingen wird. Ohnehin ist die immer noch verbreitete negative Beurteilung der meisten Erscheinungsformen des sogenannten Missbrauchs der Nachfragemacht sachlich kaum gerechtfertigt, weil es dabei der Sache nach im Grunde immer nur um einen Druck des Handels auf die Preise der Lieferanten geht, worin nichts anderes als der erwünschte Preiswettbewerb zum Ausdruck kommt.[45]

[45] MK, SonderGA 7, Tz. 78ff.; *Bontrup,* WRP 2006, 225; *Mestmäcker,* Der verwaltete Wettbewerb, 1984, S. 69, 260, 282ff.; *Sosnitza,* Wettbewerbsbeschränkungen durch die Rechtsprechung, 1995, S. 105ff.; *Merz,* Die Vorfeldthese, 1988, S. 146ff.; zurückhaltend auch *Köhler,* Wettbewerbs- und kartellrechtliche Kontrolle der Nachfragemacht, 1979, S. 19ff.

§ 9. Geschäftsehrverletzung und Anschwärzung

I. Überblick

1 Als besondere Erscheinungsformen der gezielten Mitbewerberbehinderung iSd § 4 Nr. 4 UWG regelt das Gesetz in § 4 Nr. 1 die Geschäftsehrverletzung, häufig auch Rufschädigung oder ähnlich genannt, sowie in § 4 Nr. 2 die sogenannte Anschwärzung, dh die Verbreitung unwahrer oder besser: unrichtiger Tatsachen über Mitbewerber. Eine **Geschäftsehrverletzung** begeht nach § 4 Nr. 1 UWG, wer die Kennzeichen, Waren, Dienstleistungen, Tätigkeiten oder persönlichen oder geschäftlichen Verhältnisse eines Mitbewerbers herabsetzt oder verunglimpft. Der Tatbestand der **Anschwärzung** ist dagegen nach § 4 Nr. 2 Hs. 1 UWG erfüllt, wenn ein Unternehmer über die Waren, Dienstleistungen oder das Unternehmen eines Mitbewerbers oder über den Unternehmer oder ein Mitglied der Unternehmensleitung Tatsachen behauptet oder verbreitet, die geeignet sind, den Betrieb des Unternehmens oder den Kredit des Unternehmers zu schädigen, *sofern* die Tatsachen nicht erweislich wahr sind.

2 § 4 Nr. 2 UWG entspricht dem früheren § 14 UWG von 1909, während die Nr. 1 des § 4 UWG neu ist. Ein mit § 4 Nr. 1 UWG nahezu wörtlich übereinstimmender Tatbestand findet sich für den speziellen Fall der vergleichenden Werbung in § 6 Abs. 2 Nr. 5 UWG (s. dazu schon → § 7 Rn. 46f.). In Österreich entspricht dem § 4 Nr. 2 UWG der § 7 öUWG; in der Schweiz findet sich eine vergleichbare Regelung in Art. 3 lit. a UWG von 1986.

3 § 4 UWG enthält ebenso wie die §§ 5, 5a und 6 Abs. 2 UWG nur **Beispielstatbestände** unlauteren Verhaltens im Sinne des § 3 Abs. 1 UWG, sodass in jedem Fall zusätzlich die **Voraussetzungen des § 3 UWG** erfüllt sein müssen, wenn die fragliche Handlung als unzulässiges unlauteres Verhalten qualifiziert werden soll.[1] Um diesen Zusammenhang klarzustellen, nimmt § 4 UWG durch die Formulierung „unlauter handelt" ausdrücklich auf § 3 Abs. 1 des Gesetzes Bezug. Daraus folgt vor allem, dass die Anwendung des § 4 Nr. 1 und Nr. 2 UWG in jedem Fall eine **geschäftliche Handlung** im Sinne des § 2 Abs. 1 Nr. 1 UWG voraussetzt. Die gegenwärtige Fassung des § 4 UWG beruht auf der zweiten Novelle von 2015; jedoch stimmen die Nr. 1 und Nr. 2 des § 4 UWG wörtlich mit der früheren Nr. 7 und Nr. 8 der Vorschrift überein. Sachliche Änderungen waren mit der Umstellung nicht beabsichtigt.[2]

II. Konkurrenzen

4 Die Tatbestände der Geschäftsehrverletzung und der Anschwärzung (§ 4 Nr. 1 und Nr. 2 UWG) überschneiden sich mit verschiedenen anderen Tatbeständen innerhalb und außerhalb des Gesetzes. Hervorzuheben sind aus dem UWG die Überschneidungen mit den §§ 5 und 6 Abs. 2 Nr. 5, aus dem MarkenG die Überschneidungen mit den §§ 14 Abs. 2 Nr. 3 und 15 Abs. 3 sowie aus dem BGB die Überschneidungen mit den §§ 823 Abs. 1 und 824 sowie in Ausnahmefällen mit § 826. Die vielfältigen, hier

---

[1] Begr. von 2008, BT-Drs. 16/10145, S. 22 (r. Sp. „Zu Nr. 4"); Begr. von 2015, BT-Drs. 18/4535, S. 13f. = GRUR 2015, 341 = WRP 2015, 263.

[2] Ausschussberich, BT-Drs. 18/6571, S. 15 („Zu Nr. 4").

auftauchenden Konkurrenzprobleme werfen schwierige Fragen auf, die noch nicht in jeder Hinsicht befriedigend gelöst sind.

5 Auszugehen ist davon, dass sich die Abgrenzung zwischen den Tatbeständen der Nr. 1 und Nr. 2 des § 4 UWG in erster Linie danach richtet, ob es sich bei den fraglichen Äußerungen eines Unternehmers um **(unrichtige) Tatsachenbehauptungen** (dann Nr. 2) oder um **Werturteile** handelt; im zweiten Fall findet allein die Nr. 1 des § 4 UWG Anwendung. Unklar ist die Einordnung des gleichsam dazwischen liegenden Falles, gekennzeichnet durch die **Herabsetzung** von Konkurrenten im Wege der Behauptung oder Verbreitung **wahrer** (oder besser: zutreffender) **Tatsachen,** zB durch die Werbung mit dem (zutreffenden) Hinweis auf die Störungsanfälligkeit der Konkurrenzprodukte. Auf diesen Fall werden zum Teil die Nr. 1 des § 4 UWG,[3] zum Teil die Nr. 4 des § 4 UWG[4] und gelegentlich auch beide Tatbestände nebeneinander angewandt.[5] Für das Ergebnis bedeutet dies keinen Unterschied, weil es sich gleichermaßen bei der Nr. 1 wie bei der Nr. 2 des § 4 UWG um bloße Anwendungsfälle der individuellen Mitbewerberbehinderung im Sinne der Nr. 4 des § 4 UWG und damit letztlich der Generalklausel des § 3 Abs. 1 handelt. In jedem Fall sind daher dieselben Maßstäbe heranzuziehen, sodass jedenfalls aus systematischen Gründen am meisten dafür spricht, die fraglichen Fälle in Abgrenzung zu der Nr. 2 und der Nr. 4 des § 4 UWG bei der Nr. 1 der Vorschrift anzusiedeln.

6 Andere Regeln gelten für die gleichfalls erforderliche Abgrenzung zwischen dem Tatbestand der Anschwärzung (§ 4 Nr. 2 UWG) und dem der **Irreführung** (§§ 5 und 5a). Hier ist zu beachten, dass sich § 4 Nr. 2 UWG allein gegen die Behauptung oder Verbreitung unwahrer Tatsachen gerade über **Mitbewerber** wendet. Demgegenüber bezieht sich § 5 UWG nur auf unrichtige Werbebehauptungen über die **eigenen** geschäftlichen **Verhältnisse** des Werbungstreibenden.[6] Im Einzelfall können beide Tatbestände freilich auch zusammentreffen, gegebenenfalls zugleich mit § 6 UWG, etwa, wenn im Rahmen einer vergleichenden Werbung gleichzeitig unrichtige Behauptungen über das eigene Angebot, über das Angebot von Mitbewerbern und über das Angebot Dritter aufgestellt werden.

7 Wieder andere Regeln gelten, wenn sich die Geschäftsehrverletzung im Rahmen einer **vergleichenden Werbung** zuträgt, insbesondere durch die Herabsetzung der Waren oder der persönlichen Verhältnisse des in dem Vergleich in Bezug genommenen Mitbewerbers. In diesem Fall wird in der Regel dem § 6 Abs. 2 Nr. 5 UWG als dem spezielleren Tatbestand der Vorrang vor dem allgemeinen § 4 Nr. 1 UWG zugebilligt (→ § 7 Rn. 46). Ebenso wird häufig für die Bestimmungen des **MarkenG** entschieden, soweit es um den Schutz der Wertschätzung, dh des Rufs bekannter Marken und geschäftlicher Bezeichnungen geht (§ 14 Abs. 2 Nr. 3 und § 15 Abs. 3 MarkenG).[7] Für

---

[3] Köhler/Bornkamm/*Köhler,* § 4 Rn. 7.5 f.; Ohly/Sosnitza/*Ohly,* § 4 Rn. 7/19 f.; Harte-Bavendamm/Henning-Bodewig/*Omsels,* § 4 Nr. 7 Rn. 21 ff.

[4] *BGH* GRUR 2009, 1186 (1188 Tz. 25) = WRP 2009, 1605 – Mecklenburger Obstbrände.

[5] *BGH* NJW 2010, 1968 (1971 Tz. 38) = GRUR 2010, 349 – EKW-Steuerberater.

[6] *OGH* ÖBl. 1991, 224 (227) – Diskontprodukt.

[7] → § 7 Rn. 41, → § 18 Rn. 4; *BGH* NJW 2005, 2856 (2858) = GRUR 2005, 583 – Lila Postkarte; *Bornkamm,* GRUR 2005, 97.

den wohl seltenen Sonderfall der Anschwärzung (§ 4 Nr. 2 UWG) im Rahmen einer vergleichenden Werbung ist die Frage dagegen nach wie vor umstritten.[8]

8 Das UWG enthält Sonderdeliktsrecht in Ergänzung zu den §§ 823ff. BGB. Dem UWG kommt deshalb **kein Vorrang vor dem BGB** zu. Soweit im Einzelfall Ansprüche aus § 4 Nr. 1 UWG mit deliktischen Ansprüchen aufgrund der §§ 823, 824 und 826 BGB zusammentreffen, stehen die verschiedenen Anspruchsgrundlagen selbstständig nebeneinander. Wichtig ist dies vor allem für Ansprüche wegen der Verletzung des allgemeinen **Persönlichkeitsrechts** (§ 823 Abs. 1 BGB), insbesondere bei der Veröffentlichung von Daten aus der Intim- oder Privatsphäre der Mitbewerber, während bei der Mitteilung von Tatsachen aus der Sozialsphäre der Mitbewerber, wozu vor allem eben ihre geschäftlichen Aktivitäten gehören, nur selten Raum für eine Anwendung des § 823 Abs. 1 BGB ist – immer vorausgesetzt, dass die mitgeteilten Tatsachen zutreffen.[9] Besonderheiten gelten lediglich für den Tatbestand des Eingriffs in den Gewerbebetrieb: Eine Anwendung des § 823 Abs. 1 BGB unter diesem Gesichtspunkt scheidet neben § 4 Nr. 1 und Nr. 2 UWG wegen der Subsidiarität des Unternehmensschutzes nach § 823 Abs. 1 BGB grundsätzlich aus.

III. Geschäftliche Handlung

9 Bei den Tatbeständen der Nr. 1 und der Nr. 2 des § 4 UWG handelt es sich um bloße Beispielsfälle unlauteren Verhaltens im Sinne des § 3 Abs. 1 UWG, sodass die Anwendung der beiden genannten Tatbestände voraussetzt, dass es sich bei dem fraglichen Verhalten eines Unternehmers überhaupt um eine geschäftliche Handlung im Sinne des § 2 Abs. 1 Nr. 1 UWG handelt (→ Rn. 3). Fehlt es schon daran, so kommt allein eine Anwendung des allgemeinen Deliktsrechts des BGB in Betracht (§§ 823, 824, 826; → Rn. 8). Der Begriff der geschäftlichen Handlung wird in § 2 Abs. 1 Nr. 1 UWG im Allgemeinen weit ausgelegt (→ § 4 Rn. 1ff.). Speziell im vorliegenden Zusammenhang, in dem es um Äußerungen über Mitbewerber und deren Unternehmen geht, muss jedoch mit besonderer Sorgfalt die Ausstrahlungswirkung der Grundrechte und vor allem des Art. 5 GG berücksichtigt werden, um eine übermäßige Beschränkung zumal der **Meinungsäußerungsfreiheit** zu vermeiden, und zwar insbesondere, wenn es um Äußerungen über Unternehmen in den **Medien** oder seitens der Wissenschaft oder der Kirchen geht (s. schon eingehend → § 4 Rn. 16).

10 Bereits unter der Geltung des § 14 UWG aF, des Vorläufers des heutigen § 4 Nr. 2 UWG, hatte die Notwendigkeit zur Beachtung der Ausstrahlungswirkung der Grundrechte (→ Rn. 9) dazu geführt, dass die Rechtsprechung bei der Annahme einer Wettbewerbshandlung ausgesprochen *restriktiv* verfuhr. Insbesondere das Vorliegen einer Wettbewerbsabsicht wurde grundsätzlich nur bejaht, wenn eine Wechselbeziehung zwischen der von dem Täter erstrebten Begünstigung und den dem betroffenen Mitbewerber zugefügten Schäden besteht, sodass es sich bei den Beteiligten in der Regel um auf derselben Marktstufe tätige *Konkurrenten* handeln musste.[10] Für die Anwendung des § 14 UWG aF war dagegen gewöhnlich kein Raum, wenn unrichtige Behauptungen über Lieferanten oder Kunden aufgestellt

[8] S. schon → Rn. 6 sowie Harte-Bavendamm/Henning-Bodewig/*Bruhn,* § 4 Nr. 2 Rn. 7.
[9] S. *Emmerich,* Schuldrecht BT, 14. Aufl. 2015, § 22 Rn. 23f.
[10] ZB *OLG München* GRUR-RR 2006, 268 (270ff.).

wurden,[11] wenn es sich um bloße unternehmensinterne Vorgänge ohne jede Außenwirkung handelte[12] oder wenn der Sache nach eine Pressefehde über Fragen von öffentlichem Interesse vorlag.[13] In solchen Fällen kam allein die Anwendung der §§ 823 Abs. 1 und 824 BGB in Betracht.

11 An der geschilderten restriktiven Linie der früheren Rechtsprechung bei der Anwendung des UWG auf Meinungsäußerungen zumal in den Medien (→ Rn. 10) ist auch unter dem neuen Recht festzuhalten. Dafür spricht einmal, dass Äußerungen der Politik, der Wissenschaft, der Kirchen und insbesondere der **Medien** über Unternehmen ohnehin grundsätzlich *außerhalb* des Anwendungsbereichs des UWG stehen und daher im Regelfall nicht an der Nr. 1 oder an der Nr. 2 des § 4 gemessen werden können, außer wenn die Medien mit solchen Äußerungen gezielt in den Wettbewerb zwischen bestimmten Unternehmen eingreifen.[14] Außerdem bleibt zu beachten, dass sich die Nr. 1 des § 4 UWG ebenso wie die Nr. 2 allein auf Äußerungen über als solche erkennbare *„Mitbewerber"* (iSd § 2 Abs. 1 Nr. 3 UWG) bezieht, sodass schon deshalb Stellungnahmen der Medien zu Fragen von allgemeinem politischen oder wirtschaftlichen Interesse ebenso wenig unter § 4 Nr. 1 oder Nr. 2 UWG subsumiert werden können wie etwa Behauptungen von Unternehmen über ihre Lieferanten oder Kunden oder generell über sonstige Unternehmen, zu denen kein unmittelbares Wettbewerbsverhältnis besteht (→ Rn. 10 sowie → § 4 Rn. 19).

IV. Geschäftsehrverletzung (§ 4 Nr. 1 UWG)

12 Nach § 4 Nr. 1 UWG handelt unlauter, wer die Kennzeichen, Waren, Dienstleistungen, Tätigkeiten oder persönlichen oder geschäftlichen Verhältnisse eines Mitbewerbers herabsetzt oder verunglimpft. Diese Begriffe sind hier ebenso wie in § 6 Abs. 2 Nr. 5 UWG auszulegen, wobei mit Rücksicht auf Art. 5 Abs. 1 GG *Zurückhaltung* geboten ist (s. deshalb auch → § 7 Rn. 46f.). Für die Annahme der **Herabsetzung** eines Mitbewerbers genügt daher nicht die bloße Kritik an dessen Kennzeichen, Leistungen oder Verhältnissen, sei es durch die Verbreitung zutreffender Tatsachen, sei es durch Werturteile (→ Rn. 5, 9).[15] Zu der bloßen Eignung der fraglichen Äußerung, die Wertschätzung oder den Ruf des erkennbar in Bezug genommenen Mitbewerbers zu beeinträchtigen, dh herabzusetzen, müssen vielmehr noch *besondere Umstände* hinzukommen, die die Kritik geradezu als in unangemessener Weise abfällig, abwertend und unsachlich, dh *unverhältnismäßig* erscheinen lassen, sodass es sich der Sache nach um eine *pauschale Abwertung* des betreffenden Mitbewerbers handelt, die ihn in den Augen der angesprochenen Verkehrskreise unsachlich und unverhältnismäßig diskreditieren soll.[16] Dies lässt sich nur aufgrund einer umfassenden Würdigung der Um-

[11] *BGH* LM § 1 UWG Nr. 65 = GRUR 1959, 31 – Feuerzeug als Werbegeschenk; LM § 14 UWG Nr. 4 = GRUR 1957, 93 = WRP 1957, 19 – Jugendfilmverleih.

[12] *OGH* ÖBl. 2002, 291 f. – Schulungsveranstaltung.

[13] *BGH* LM Art. 5 GG Nr. 56 = NJW 1982, 637 (638)= GRUR 1882, 234 – Großbanken Restquoten; anders nach den Umständen des Falles BGHZ 136, 111 (116ff.) = NJW 1997, 3302 – Kaffeebohne.

[14] → § 4 Rn. 16ff.; zB *OLG Frankfurt* WM 2016, 352; *Brammsen/Apel,* WRP 2009, 1464, 1470; Köhler/Bornkamm/*Köhler,* § 4 Rn. 7.10 und 8.11; Ohly/Sosnitza/*Ohly,* § 4 Rn. 7/9 und 8/9; Harte-Bavendamm/Henning-Bodewig/*Omsels,* § 4 Nr. 7 Rn. 15f.

[15] Begr., BT-Drs. 15/1487, S. 18 (r. Sp. o. „Zu Nr. 1").

[16] BGHZ 136, 111 (123f.) = NJW 1997, 3302 = WRP 2009, 747 – Kaffeebohne; *OGH* SZ Bd. 63 I (1999) Nr. 2, S. 7 (12f.); *OLG Hamburg* NJW-RR 2004, 199 (202f.) = GRUR 2004, 52.

stände des Einzelfalls unter Berücksichtigung der Ausstrahlungswirkung der Grundrechte und insbesondere des Art. 5 GG beurteilen.[17] Bei der **Verunglimpfung** eines Mitbewerbers handelt es sich um eine besonders schwere Form der Herabsetzung, gekennzeichnet dadurch, dass der Mitbewerber oder seine Angebote in den Augen des Adressaten der Äußerung geradezu lächerlich oder verächtlich gemacht werden (→ § 7 Rn. 46).

Die Voraussetzungen des § 4 Nr. 1 sind **zB** erfüllt, wenn über einen Konkurrenten ins Blaue hinein behauptet wird, er erwirke gezielt triviale, dh wertlose Patente, um andere Unternehmen am Marktzutritt zu hindern,[18] seine Produkte enthielten giftige Rückstände[19] oder seine Leistungen seien mangelhaft – bei gleichzeitig überhöhten Preisen.[20] Ein weiteres „schönes" Beispiel aus der älteren Rechtsprechung ist die „Behauptung", die Zeitung eines Konkurrenten tauge allein als „Toilettenpapier".[21] 13

Die **Rechtsfolgen** von Verstößen gegen § 4 Nr. 1 UWG ergeben sich im Einzelnen aus den §§ 8 und 9 S. 1 UWG. Dabei ist jedoch zu beachten, dass man *zutreffende* Tatsachenbehauptungen ebenso wenig wie Werturteile widerrufen kann, sodass sich hier die möglichen Sanktionen auf Unterlassungs- und Schadensersatzansprüche beschränken (§ 8 Abs. 1 und § 9 S. 1 UWG). 14

V. Anschwärzung (§ 4 Nr. 2 UWG)

1. Überblick

Nach § 4 Nr. 2 UWG handelt unlauter, wer über die Waren, die Dienstleistungen oder das Unternehmen eines Mitbewerbers oder über den Unternehmer oder Mitglieder der Unternehmensleitung Tatsachen behauptet oder verbreitet, die geeignet sind, den Betrieb des Unternehmens oder den Kredit des Unternehmers zu schädigen, sofern die *Tatsachen nicht erweislich wahr* sind (→ Rn. 16 ff.). Anders verhält es sich dagegen, wenn es sich um *vertrauliche Mitteilungen* handelt und der Mitteilende oder der Empfänger der Mitteilung an ihr ein berechtigtes Interesse hat; in diesem Fall ist die Handlung nur dann unlauter, wenn die Tatsachen der Wahrheit zuwider behauptet oder verbreitet wurden (→ Rn. 22 ff.). § 4 Nr. 2 UWG entspricht im Wesentlichen dem Tatbestand der sog Kreditgefährdung in § 824 BGB. Beide Vorschriften unterscheiden sich im Grunde nur durch die Regelung der Beweislast (→ Rn. 25) und stehen im Übrigen selbstständig nebeneinander. 15

2. Tatbestand

a) Tatsachen

Die Nr. 2 des § 4 UWG regelt in Abgrenzung zu Nr. 1 der Vorschrift (dazu → Rn. 12 ff.) nur die Behauptung oder Verbreitung nicht erweislich wahrer *„Tatsachen"*. Tatsachenbehauptungen iSd § 4 Nr. 2 Hs. 1 UWG sind im Gegensatz zu 16

[17] *BGH* NJW 2009, 2014 = GRUR 2005, 609 (610) – Sparberaterin II; NJW 2005, 2856 (2858) = GRUR 2005, 583 – Lila Postkarte; GRUR 2009, 1186 (1188 Tz. 25) = WRP 2009, 1505 – Mecklenburger Obstbrände; NJW 2010, 1968 (1971 Tz. 38) = GRUR 2010, 343 – EKW-Steuerberater; GRUR 2012, 74 (76 Tz. 22 ff.) = WRP 2012, 77 – Coaching Newsletter; Ohly/Sosnitza/*Ohly*, § 4 Rn. 7/12 ff.

[18] *OLG München* GRUR-RR 2006, 268 (270 ff.).

[19] *BGH* GRUR 2009, 1186 (1187 f. Tz. 20 ff.) = WRP 2009, 1505 – Mecklenburger Obstbrände.

[20] *BGH* NJW 2010, 1968 (1971 Tz. 37 f.) = GRUR 2010, 343 – EKW-Steuerberater.

[21] *OGH* ÖBl. 1991, 64 (66) – Kronenzeitung.

Werturteilen allein solche Äußerungen, deren **Wahrheitsgehalt** durch **Beweisaufnahme** mit den Mitteln der ZPO geklärt werden kann.[22] Dabei ist nicht von dem Verständnis auszugehen, das der Erklärende selbst (angeblich) mit seiner Äußerung verbunden hat, sondern von dem Sinn, der sich dem unbefangenen und meistens oberflächlichen Empfänger der Erklärung als nächster aufdrängen muss (sog *Empfängerhorizont*).[23] Bei einer Vielzahl gleichzeitig aufgestellter Behauptungen entscheidet der Gesamteindruck des Empfängers, sodass durchaus auch durch die Verbindung einzelner zutreffender Behauptungen mit anderen unrichtigen Behauptungen insgesamt ein *falscher* Gesamteindruck entstehen kann.[24]

17 Die Entscheidung über das Vorliegen eines Werturteils oder einer Tatsachenbehauptung wirft besondere Probleme auf, wenn in *einer* Äußerung Tatsachenbehauptungen und Werturteile *verbunden* werden (sogenannte **Mischäußerungen**). Während die Rechtsprechung in derartigen Fällen mit Rücksicht auf Art. 5 Abs. 1 GG deutlich dahin tendiert, darauf abzustellen, worauf das *Schwergewicht* der Äußerung liegt und ob sie danach im Kern unwahr ist (nur dann § 4 Nr. 2 UWG oder § 824 BGB),[25] sollte zum Schutz der Mitbewerber zwischen den tatsächlichen und den wertenden Bestandteilen der Äußerung wo immer möglich *getrennt* und die Ersteren selbstständig an § 4 Nr. 2 UWG gemessen werden.[26] Denn bei jeder anderen Lösung besteht unverkennbar die Gefahr, dass durch die jederzeit mögliche Verbindung unrichtiger Tatsachenbehauptungen mit möglichst vielen Werturteilen – eine beliebte Strategie der Presse zur Immunisierung ihrer Artikel – Äußerungen künstlich weithin dem Anwendungsbereich des § 4 Nr. 2 UWG sowie des § 824 BGB entzogen werden können.

18 Die Anwendung des § 4 Nr. 2 UWG setzt ferner voraus, dass sich die behaupteten oder verbreiteten Tatsachen gerade auf die Waren, Dienstleistungen oder das Unternehmen eines Mitbewerbers oder auf den Unternehmer oder auf ein Mitglied der Unternehmensleitung beziehen. Gemeint sind mit dieser Aufzählung im Grunde **alle geschäftlichen Verhältnisse** eines Mitbewerbers.[27] Es reicht aus, wenn die behaupteten oder verbreiteten Tatsachen einen deutlichen Bezug auf die geschäftlichen Verhältnisse eines Mitbewerbers, des Unternehmers oder eines Mitglieds der Unternehmensleitung aufweisen. Das Geschäft eines konkreten Mitbewerbers oder die **Person** des Inhabers dieses Geschäfts müssen deshalb **erkennbar** betroffen sein, wobei im Wesentlichen dieselben Regeln wie bei der Bezugnahme im Falle der vergleichenden Werbung gel-

[22] RGZ 101, 335 (337f.); BGHZ 3, 270 (273f.) = NJW 1952, 660 – Constanze I; BGHZ 45, 296 (304f.) = NJW 1966, 1617 – Höllenfeuer; BGHZ 65, 325 (328ff.) = NJW 1976, 620 = JuS 1976, 329 Nr. 6 – Warentest; *BGH* LM § 824 BGB Nr. 9 = NJW 1966, 2010 = JuS 1966, 494 Nr. 3; GRUR 2009, 1186 Tz. 15f. = WRP 2009, 1505 – Mecklenburger Obstbrände; *OGH* SZ Bd. 62 I (1989) Nr. 20, S. 127 (132); Bd. 63 I (1990) Nr. 2, S. 7 (11); *OGH* ÖBl. 1999, 186 (189) = GRURInt 2000, 558; *Brammsen/Apel,* WRP 2009, 1464, 1465; *Emmerich,* Schuldrecht BT, § 22 Rn. 24f., § 25 Rn. 15ff.; *Kübler,* AcP 172 (1972), 177 (199f.); *Tilmann,* NJW 1975, 761.

[23] *OGH* ÖBl. 1991, 224 (227) – Diskontprodukt; 2002, 287 – Bunte Pleite; enger mit guten Gründen *Brammsen/Apel,* WRP 2009, 1464f.

[24] *BGH* LM § 14 UWG Nr. 3 = GRUR 1954, 333 – Molkereizeitung; LM § 14 UWG Nr. 8 = GRUR 1960, 331 = WRP 1960, 157 – Schleuderpreise; LM § 1 UWG Nr. 65 = GRUR 1959, 31 – Feuerzeug als Werbegeschenk; *OGH* ÖBl. 1997, 69 (71).

[25] S. mN *Emmerich,* Schuldrecht BT, 14. Aufl. 2015, § 25 Rn. 15.

[26] *Brammsen/Apel,* WRP 2009, 1464, 1466.

[27] *Koppensteiner,* § 26 Rn. 10 (S. 580).

ten.[28] Allgemeine Vorwürfe gegen eine Vielzahl von Unternehmen rechtfertigen nicht die Anwendung des strengen § 4 Nr. 2 UWG.

Schließlich ist noch erforderlich, dass die fraglichen, auf einen Mitbewerber bezogenen 19
Tatsachen geeignet sind, den **Betrieb** des Unternehmens oder den **Kredit** des Unternehmers zu schädigen. Dafür genügt jede Tatsache, die geeignet ist, die Absatzchancen oder die Kreditwürdigkeit des Mitbewerbers in den Augen eines ins Gewicht fallenden Teiles der Öffentlichkeit zu beeinträchtigen.[29] Eine Ehrverletzung ist nicht erforderlich.

Beispiele: § 4 Nr. 2 UWG ist anwendbar, wenn behauptet wird, ein Konkurrent liefere mangelhafte oder 20
wertlose Ware,[30] seine Ware sei ein bloßes „Diskontprodukt“,[31] bei 60 % seiner Waren ergäben sich Reklamationen der Kunden,[32] ein Auktionshaus sei eine regelrechte „Hehlerbude“,[33] er bezahle seine Schulden nicht mehr und gegen ihn sei ein Insolvenzantrag gestellt worden,[34] sowie eine Zeitschrift habe einen Bericht gefälscht.[35] Der Vorwurf eines *Vertragsbruchs* oder einer Rechts- oder Gesetzesverletzung gehört gleichfalls hierher, sofern dadurch die Vorstellung konkreter tatsächlicher Vorgänge hervorgerufen wird und es sich nicht nur um eine bloße rechtliche Wertung im Wege der Subsumtion handelt. Beispiele sind der Vorwurf, ein Konkurrent halte bei seiner Produktion bestimmte Grenzwerte für schädliche Stoffe nicht ein,[36] er verstoße gegen das UWG oder das StGB, etwa durch das Schmieren der Angestellten der Kunden (§ 299 StGB),[37] oder er habe sich der Unterschlagung, des Treuebruchs oder der Preisschleuderei schuldig gemacht.[38]

b) Insbesondere Schutzrechtsverwarnung

Unter einer Schutzrechtsverwarnung versteht man die Erklärung, ein Mitbewerber 21
verletze ein Schutzrecht, in erster Linie also ein Patent des Erklärenden. Bei der wettbewerbsrechtlichen Behandlung muss man unterscheiden: Wurde lediglich der vermeintliche **Eingreifer,** zB der Patentverletzer, aufgefordert, zu der Frage der möglichen Schutzrechtsverletzung aus seiner Sicht Stellung zu nehmen, so fehlt es wohl in der Mehrzahl der Fälle bereits an einer geschäftlichen Handlung iSd § 2 Abs. 1 Nr. 1 UWG,[39] jedenfalls aber an der für die Anwendung des § 4 Nr. 2 UWG erforderlichen Drittbezogenheit der Erklärung (→ Rn. 23). Zudem liegt meistens auch keine Behauptung von Tatsachen vor, wenn um unterschiedliche rechtliche Wertungen gestritten wird. In diesen Fällen ist daher im Regelfall nur Raum für die Anwendung des § 823 Abs. 1 BGB unter dem Gesichtspunkt des Eingriffs in den Gewerbebetrieb.[40]

---

[28] S. im Einzelnen → § 7 Rn. 13 ff.: *Brammsen/Apel,* WRP 2009, 1464 (1467 f.).

[29] *Brammsen/Apel,* WRP 2009, 1464 (1468); ebenso *OGH* SZ Bd. 63 I (1990) Nr. 110, S. 562 f.; ÖBl. 1973, 59 (60); 1984, 45.

[30] *OGH* ÖBl. 1973, 105.

[31] *OGH* ÖBl. 1991, 224 (227).

[32] *OLG Nürnberg* Urt. v. 30. 11. 1982 – 3 U 1479/82.

[33] *OGH* ÖBl. 1991, 58 (61).

[34] *OLG Hamburg* NJW-RR 2004, 199 (201 f.) = GRUR-RR 2004, 52; *OGH* ÖBl. 2002, 287 (289).

[35] *BGH* LM § 824 BGB Nr. 12 = NJW 1968, 644.

[36] *BGH* GRUR 2009, 1186 Tz. 15 f. = WRP 2009, 1505 – Mecklenburger Obstbrände; *OLG Hamburg* GRUR-RR 2004, 49.

[37] *BGH* LM § 1 UWG Nr. 65 = GRUR 1959, 31 – Feuerzeug als Werbegeschenk.

[38] S. *BGH* LM § 824 BGB Nr. 9 = NJW 1966, 2010 = JuS 1966, 494 Nr. 3; LM § 1004 BGB Nr. 106 = NJW 1970, 557.

[39] S. *BGH* LM § 97 UrhG Nr. 34 = NJW-RR 1997, 1404 – Mecki-Igel III; *OGH* ÖBl. 1999, 186 (189) = GRURInt 2000, 558; *OLG Karlsruhe* GRUR 1984, 143.

[40] *Emmerich,* Schuldrecht BT, 14. Aufl. 2015, § 22 Rn. 12.

22 Anders ist die Situation, wenn sich die Schutzrechtsverwarnung an *Dritte* richtet mit dem Zweck, sie von einem weiteren Geschäftsverkehr mit dem angeblichen Eingreifer abzuhalten (sog **Abnehmerverwarnung**). In derartigen Fällen wird zum Teil ebenfalls § 823 Abs. 1 BGB, teilweise aber auch § 4 Nr. 2 oder doch Nr. 4 UWG angewandt. Die deutsche Rechtsprechung bevorzugt, jedenfalls bisher (anders als die österreichische[41]), die Anwendung des § 823 Abs. 1 BGB unter dem Gesichtspunkt des Eingriffs in den Gewerbebetrieb des Schutzrechtinhabers.[42] Maßgeblich für die auffällige Zurückhaltung bei der Anwendung des § 4 Nr. 2 oder doch Nr. 4 UWG dürfte vor allem sein, dass häufig bereits zweifelhaft ist, ob überhaupt eine *Tatsachenbehauptung* oder lediglich ein *Werturteil* in Gestalt einer rechtlichen Beurteilung des Sachverhaltes vorliegt. Andere Gründe, wie die besondere Strenge der Regelung des § 4 Nr. 2 UWG, kommen hinzu. Der Anwendungsbereich des UWG (§ 4 Nr. 2 und Nr. 4) ist aber auf jeden Fall eröffnet, wenn es sich eindeutig um Tatsachenbehauptungen handelt, etwa, weil das behauptete Schutzrecht nichtig ist oder weil der behauptete Verstoß gegen das Schutzrecht offenbar nicht vom Schutzumfang des Rechts umfasst wird. Zu beachten bleibt, dass von dem Fall der unberechtigten Schutzrechtsverwarnung sorgfältig der der sonstigen unberechtigten oder unbegründeten *Abmahnung* unterschieden werden muss, weil diese allgemein wesentlich großzügiger als die Schutzrechtsverwarnung behandelt wird (→ § 25 Rn. 19ff.).

c) Behauptung, Verbreitung

23 Die verbotene Handlung besteht nach § 4 Nr. 2 Hs. 1 UWG in der Behauptung oder Verbreitung der fraglichen Tatsachen, die auf einen Mitbewerber bezüglich sind. Daraus wird allgemein der Schluss gezogen, dass die Äußerung **gegenüber Dritten** erfolgen muss, zumal sie auch nur dann für den betroffenen Mitbewerber schädlich sein kann (→ Rn. 19), während Äußerungen gegenüber dem Betroffenen selbst (einschließlich einer Schutzrechtsverwarnung; → Rn. 21) ebenso wenig wie interne Mitteilungen des Täters in den Anwendungsbereich des § 4 Nr. 2 UWG fallen.[43]

24 Eine Tatsache wird **behauptet,** wenn man sie gegenüber Dritten (→ Rn. 13) als eigenes Wissen hinstellt, während sie **verbreitet** wird, wenn man sie als fremde Mitteilung weitergibt.[44] Die Form, unter der dies geschieht, spielt keine Rolle. Es genügen auch die bloße Äußerung eines Verdachts,[45] die Einkleidung der Mitteilung in eine Frage oder bloße Andeutungen, ferner die Weitergabe kreditschädigender Tatsachen als bloßes Gerücht[46] sowie die Gestattung des Einblicks in eine schwarze Liste mit schlechten Schuldnern.[47] Keine (eigene) Behauptung ist dagegen die bloße Einstellung fremder Äußerungen über die Bewertung von Hotels in eine **Internetseite** für die

41 *OGH* ÖBl. 1999, 186 (189f.) = GRURInt 2000, 558 – Pat.pend.; ÖBl. 2000, 35 (38 mwN) – Spritzgusswerkzeuge; *Koppensteiner,* § 26 Rn. 9f. (S. 580).

42 Grdl. BGHZ (GS) 164, 1 (2, 5ff.) = NJW 2005, 3141 = JuS 2005, 1125 Nr. 4; *BGH* LM § 1004 BGB Nr. 106 = NJW 1979, 557; LM § 1 UWG Nr. 279 = NJW 1975, 923 = GRUR 1975, 316 – Metacolor; LM § 13 UWG Nr. 22 (Bl. 3 R) = NJW 1969, 2046 = GRUR 1969, 471 – Colle de Cologne; NJW-RR 2006, 621; 2006, 832; NJW 2006, 1432f. Tz. 13, 17f.

43 *Brammsen/Apel,* WRP 2009, 1464, 1465.

44 *BGH* WRP 2015, 1326 (1328ff. Tz. 25, 29ff.) = GRUR 2015, 1129 – Hotelbewertungsportal; *OGH* ÖBl. 1997, 69 (71).

45 *BGH* LM § 1 UWG Nr. 65 = GRUR 1959, 31; *OGH* (vorige Fn.).

46 *OGH* ÖBl. 1999, 186 (189ff.); 2000, 35 (38).

47 *BGH* LM § 14 UWG Nr. 19 = NJW 1995, 1965 = GRUR 1995, 427 – Schwarze Liste.

Bewertung von Hotels; auch eine Verbreitung fremder Äußerungen liegt darin nur im Falle der Verletzung spezifischer Überwachungspflichten des Betreibers der Internetseite, wie sie erst durch Hinweise auf die Unrichtigkeit der aufgestellten Behauptungen begründet werden.[48]

3. Beweislast

§ 4 Nr. 2 UWG wendet sich ebenso wie § 824 BGB nur gegen die Behauptung oder Verbreitung von Tatsachen, die *nicht erweislich wahr* sind. Die **Unwahrheit** der behaupteten Tatsachen gehört folglich zu den Anspruchsvoraussetzungen. Eine Besonderheit besteht lediglich insoweit, als die Beweislast für die Wahrheit oder Unrichtigkeit der behaupteten Tatsache anders als nach § 824 BGB nicht den Betroffenen trifft, über den etwas behauptet wird, sondern nach § 4 Nr. 2 UWG den **Erklärenden.** Ist die Wahrheit der behaupteten Tatsachen zwischen den Parteien streitig, so obliegt folglich dem Erklärenden, im Rechtsstreit also im Zweifel dem Beklagten, der Wahrheitsbeweis für *seine* Behauptungen, sodass die Klage gegen ihn schon Erfolg hat, wenn ihm, dem Beklagten, der Nachweis misslingt, dass *seine* Behauptungen zutreffen, selbst wenn er an sich Recht hatte.[49] Diese Verteilung der Beweislast gilt selbst dann, wenn der Beklagte negative Tatsachen wie zB die fehlende Lieferfähigkeit des Klägers behauptet.[50] Nur im Falle des § 4 Nr. 2 Hs. 2 UWG bleibt es bei der Beweislast des Klägers entsprechend § 824 BGB (→ Rn. 26f.). 25

4. Ausnahmen

Besonderheiten gelten, wenn es sich um vertrauliche Mitteilungen handelt und der Mitteilende oder der Empfänger der Mitteilung an dieser ein berechtigtes Interesse hat (§ 4 Nr. 2 Hs. 2 UWG). *Beide* Voraussetzungen müssen mithin zusammentreffen.[51] Ist dies der Fall, so kehrt sich die Beweislast für die Unrichtigkeit der behaupteten Tatsachen gegenüber dem Regelfall des § 4 Nr. 2 Hs. 1 UWG um (→ Rn. 25). Den Beweis für die Unrichtigkeit der behaupteten Tatsachen muss jetzt wieder ebenso wie im Regelfall nach § 824 BGB der **Betroffene,** im Rechtsstreit also der Kläger führen. 26

Als **vertraulich** gilt eine Mitteilung, die ausdrücklich oder den Umständen nach eindeutig nur für den Empfänger und nicht für einen größeren Kreis bestimmt ist.[52] Dies ist insbesondere bei Mitteilungen an Personen oder Stellen anzunehmen, die wie Rechtsanwälte, Steuerberater oder die meisten Behörden kraft Gesetzes zur Geheimhaltung verpflichtet sind.[53] Den Gegensatz bilden zB Rundschreiben an die Abnehmer, „öffentliche" Vorwürfe in der Mitgliederversammlung eines Unternehmensver- 27

[48] *BGH* NJW 2015, 3443 = GRUR 2015, 1129 = WRP 2015, 1326 (1328ff. Tz. 25, 29ff.) = GRUR 2015, 1129 – Hotelbewertungsportal mAnm *Fr. Hofmann;* WRP 2016, 187 = GRUR 2016, 209 Tz. 20 – Haftung für Hyperlink.

[49] *BGH* LM § 1 UWG Nr. 65 = GRUR 1959, 31 – Feuerzeug als Werbegeschenk; LM § 14 UWG Nr. 4 = GRUR 1957, 93; LM § 14 UWG Nr. 13 = NJW 1980, 941 = GRUR 1980, 116 – Textildrucke; *OGH* ÖBl. 1991, 58.

[50] *BGH* LM § 14 UWG Nr. 18 = NJW-RR 1993, 746 = GRUR 1993, 572 (mit Einschränkungen) – fehlende Lieferfähigkeit.

[51] *BGH* LM § 14 UWG Nr. 17 = NJW-RR 1992, 1392 (1393) = GRUR 1992, 860 – Bauausschreibungen; GRUR 1960, 331 (333) – WRP 1960, 157 – Schleuderpreise.

[52] *BGH* GRUR 1960, 135 – Druckaufträge.

[53] *Brammsen/Apel,* WRP 2009, 1464, 1469.

bandes,[54] das Schreiben eines Mitgliedes an einen Verband, das auch für Dritte bestimmt ist,[55] oder Mitteilungen eines Verbandes an seine Mitglieder.[56]

28 Hinzukommen muss noch, dass die vertrauliche Mitteilung der **Wahrnehmung berechtigter Interessen** dient. Dies lässt sich nur aufgrund einer umfassenden Interessenabwägung beurteilen, bei der gewöhnlich großzügig verfahren wird.[57] Jedoch ist die Aufstellung *unwahrer* Behauptungen in keinem Fall mehr durch die Wahrnehmung berechtigter Interessen gedeckt.[58]

5. Rechtsfolgen

a) Widerruf

29 Die Anschwärzung (§ 4 Nr. 2 UWG) besteht in der Behauptung oder Verbreitung nicht erweislich wahrer, dh unrichtiger Tatsachen. Die wichtigste Rechtsfolge der Anschwärzung ist dann der Anspruch des betroffenen Mitbewerbers auf Beseitigung der Rechtsverletzung durch Widerruf der zu Unrecht gegenüber Dritten über ihn aufgestellten Tatsachenbehauptungen (§ 8 Abs. 1 S. 1 UWG). Bei der bloßen *Verbreitung* unwahrer Tatsachen kann dagegen lediglich verlangt werden, dass der Täter gegenüber den Adressaten von den von ihm verbreiteten, dh weitergegebenen Tatsachen abrückt.[59] Die genannten Ansprüche bestehen selbst dann, wenn die unrichtige Behauptung von Angestellten oder Beauftragten des Gewerbetreibenden aufgestellt oder verbreitet wurde (§ 8 Abs. 2 UWG).[60]

30 Der Widerrufsanspruch setzt zwar kein Verschulden, wohl aber eine **fortwirkende Beeinträchtigung** voraus.[61] Stellt sich erst später die Unrichtigkeit der Behauptung heraus, so kann auch dann immer noch Widerruf verlangt werden.[62] Der Unterlassungsanspruch kann allein von dem betroffenen **Mitbewerber** selbst verfolgt werden (§ 8 Abs. 3 Nr. 1 UWG). Für eine Anwendung des § 8 Abs. 3 Nr. 2–4 UWG ist hier kein Raum, weil es dem Betroffenen überlassen bleiben muss, ob er gegen Behauptungen, die über ihn aufgestellt werden, überhaupt vorgehen will oder nicht.[63]

b) Schadensersatz

31 Während der Schadensersatzanspruch aufgrund des § 14 Abs. 1 S. 1 UWG von 1909 nur voraussetzte, dass dem Erklärenden der Wahrheitsbeweis nicht gelang, greift heute nach § 9 S. 1 UWG der Schadensersatzanspruch auch in den Fällen des § 4 Nr. 2 UWG nur ein, wenn der Täter **zumindest fahrlässig** gehandelt hat, weil er die Wahr-

54 *OLG Düsseldorf* GRUR 1985, 224.

55 *BGH* LM § 14 UWG Nr. 17 = NJW-RR 1992, 1392 = GRUR 1992, 860 – Bauausschreibungen.

56 *BGH* LM § 14 UWG Nr. 3 = GRUR 1954, 333; GRUR 1960, 331 (333) = WRP 1960, 157 – Schleuderpreise.

57 Vgl. *BGH* GRUR 1960, 135 (136) – Druckaufträge.

58 *BGH* LM § 14 UWG Nr. 1 = NJW 1951, 352; LM § 14 UWG Nr. 3 = GRUR 1954, 333.

59 *Brammsen/Apel,* WRP 2009, 1464, 1471.

60 *BGH* LM § 14 UWG Nr. 13 = NJW 1980, 941 = GRUR 1980, 116 – Textildrucke; → § 21 Rn. 49 ff.

61 → § 21 Rn. 26 ff. sowie *BGH* LM § 14 UWG Nr. 3 = GRUR 1954, 333; LM § 824 BGB Nr. 12 = NJW 1968, 644; LM § 1004 BGB Nr. 106 = NJW 1975, 557 – Remington; *OGH* ÖBl. 1991, 58 (62).

62 *BGH* LM § 14 UWG Nr. 6 = GRUR 1958, 448; LM § 1004 BGB Nr. 69 =NJW 1986, 2503 (2505); *OGH* ÖBl. 1991, 58 (62).

63 *Brammsen/Apel,* WRP 2009, 1464, 1471; Ohly/Sosnitza/*Ohly,* § 4 Rn. 8/18; str., anders zB Harte-Bavendamm/Henning-Bodewig/*Bruhn,* § 4 Nr. 8 Rn. 35.

heit der von ihm aufgestellten oder verbreiteten Tatsachen nicht mit der nötigen Sorgfalt geprüft hat (§ 276 Abs. 2 BGB).[64] Stammt die Erklärung von Angestellten oder Beauftragten, so haftet der Geschäftsinhaber auf Schadensersatz nur nach den §§ 31 oder 831 BGB. § 8 Abs. 2 UWG, der sich allein auf Unterlassungsansprüche nach § 8 Abs. 1 UWG bezieht, ist hier nicht anwendbar.[65]

[64] S. *Brammsen/Apel,* WRP 2009, 1464, 1471; Ohly/Sosnitza/*Ohly,* § 4 Rn. 8/18; str. wegen der daraus folgenden Haftungsrisiken für die Medien.

[65] *BGH* LM § 14 UWG Nr. 13 = NJW 1980, 941= GRUR 1980, 116 – Textildrucke; → § 21 Rn. 49 ff.

§ 10. Geheimnisverrat

Literatur: *Ann/Loschelder/Grosch,* Praxishandbuch Know-how-Schutz, 2010; *Dorner;* Know-how-Schutz im Umbruch, 2013; *Fezer,* Der wettbewerbsrechtliche Schutz der unternehmerischen Leistung, in: Gewerblicher Rechtsschutz und Urheberrecht in Deutschland, Bd. 2, 1991, S. 939; *Katzenberger,* Recht am Unternehmen und unlauterer Wettbewerb, 1967; *Kalbfus,* Know-how-Schutz zwischen Strafrecht und Zivilrecht, 2011; *Kochmann,* Schutz des Know-how gegen ausspähende Produktanalyse, 2009; *Öhler* (Hrsg.), Der strafrechtliche Schutz des Geschäfts- und Betriebsgeheimnisses in den Ländern der europäischen Gemeinschaft sowie in Österreich und der Schweiz, 1981; *Ruppe* (Hrsg.), Geheimnisschutz im Wirtschaftsleben, 1980; *Schrauder,* Wettbewerbsverstöße als Eingriffe in das Recht am Gewerbebetrieb, 1970; *Wiebe,* Know-how-Schutz von Computersoftware, 1993.

I. Überblick

1 Das UWG enthält in den §§ 17–19 einen in erster Linie strafrechtlich konzipierten Schutz von Geschäfts- und Betriebsgeheimnissen. Diese Regelung wurde notwendig, weil Unternehmen auch dadurch massiv im Wettbewerb behindert werden können, dass ihre Geschäfts- und Betriebsgeheimnisse, häufig der wertvollste Bestandteil ihres Geschäftskapitals, insbesondere von Konkurrenten ausgespäht und unbefugt verwertet werden. Das Gesetz ergänzt insoweit vor allem den im Übrigen sondergesetzlich geregelten Schutz technischer Lehren (PatG, GebrMG). Ihre Erklärung findet die Regelung ebenso in dem erheblichen wirtschaftlichen Wert derartiger Geheimnisse wie in ihrer leichten Verletzbarkeit.[1] Vergleichbare Vorschriften kennen deshalb auch das schweizerische und das österreichische Recht.[2]

2 § 17 UWG enthält im Einzelnen zwei sorgfältig zu unterscheidende Tatbestände. Der erste betrifft nur den Geheimnisverrat durch bei einem Unternehmen **beschäftigte** Personen **während** der Geltungsdauer ihres Dienstverhältnisses (§ 17 Abs. 1 UWG; → Rn. 11 ff.). Dagegen wendet sich der zweite Tatbestand (§ 17 Abs. 2 UWG) zwar an **jedermann** (einschließlich der Beschäftigten eines Geschäftsbetriebes), erfasst dafür jedoch **nur einzelne, besonders qualifizierte Fälle** der Ausspähung oder Verwertung fremder Geschäfts- oder Betriebsgeheimnisse (→ Rn. 20 ff.). Der Versuch ist in beiden Fällen strafbar (§ 17 Abs. 3 UWG). § 18 UWG regelt ergänzend die Strafbarkeit der sogenannten **Vorlagenfreibeuterei,** dh der unbefugten Verwertung oder Mitteilung dem Täter anvertrauter Vorlagen (→ Rn. 33 ff.). § 19 UWG erweitert schließlich die Strafbarkeit in den Fällen der §§ 17 und 18 UWG auf die Fälle der Verleitung und des Erbietens zu diesen Straftaten. Bei Verstößen gegen die genannten Vorschriften greifen neben den in den §§ 17–19 UWG vorgesehenen strafrechtlichen **Sanktionen** auch zivilrechtliche Sanktionen ein, da es sich bei den §§ 17–19 UWG um Marktverhaltensregeln im Sinne des § 3a UWG und zugleich um Schutzgesetze im Sinne des § 823 Abs. 2 BGB handelt (→ Rn. 10, 32 und 38). Ein ergänzender, rein **zivilrechtlicher Geheimnisschutz** kann sich ferner von Fall zu Fall über den engen (nach vielen: zu engen) Rahmen der §§ 17 und 18 UWG hinaus aus der Generalklausel der §§ 3 und 4 Nr. 4 UWG sowie aus den §§ 280 Abs. 1, 823 Abs. 1 und 826 BGB ergeben (dazu → Rn. 39 ff.). Die **praktische Bedeutung** der §§ 17 ff. UWG ist trotz der allseits betonten Notwendigkeit eines umfassenden Schutzes des Know-hows der deutschen

[1] S. *Ann,* GRUR 2014, 12; *Kiethe/Groeschke,* WRP 2005, 1358 f.; *Ohly,* GRUR 2014, 1; *Siems,* WRP 2007, 1146; *Schramböck,* ÖBl. 2000, 3.

[2] S. Art. 4 lit. c, Art. 5–7 schweiz. UWG, §§ 8, 11–13 öUWG; dazu *Koppensteiner,* § 28.

Unternehmen angesichts der notorischen Überlastung der Staatsanwaltschaften mit Gewalt- und Bandenkriminalität, die keine Zeit mehr für die Befassung mit Vorschriften wie § 17 UWG lässt, gering.

Die §§ 17–19 UWG entsprechen im Wesentlichen den früheren §§ 17–20a UWG 3 von 1909 in der Fassung von 1986. Der primär strafrechtlich konzipierte Schutz von Geschäfts- und Betriebsgeheimnissen, meistens einfach Know-how genannt, stößt heute weithin auf **Kritik,**[3] da es überfällig ist, den unter wettbewerbspolitischen Aspekten allein relevanten **zivilrechtlichen Schutz** von Know-how (endlich) in den Mittelpunkt der gesetzlichen Regelung zu rücken, wobei es darauf ankommt, das legitime Interesse der Unternehmen an dem Schutz ihres Know-hows mit dem ebenso legitimen Interesse der Allgemeinheit an der freien Zugänglichkeit des technischen und kaufmännischen Wissens, das nicht unter sondergesetzlichem Schutz steht, in ein vernünftiges Gleichgewicht zu bringen.

Die Kommission hat deshalb im November 2013 den Entwurf einer **Richtlinie** über 4 den Schutz vertraulichen Know-hows und vertraulicher Geschäftsinformationen (Geschäftsgeheimnisse) vorgelegt, der den genannten Zielen besser gerecht würde als das geltende deutsche Recht.[4] Der Entwurf der Richtlinie enthält in Art. 2 eine Definition der Geschäftsgeheimnisse, die sich eng an Art. 39 Abs. 2 des TRIPS-Abkommens anschließt (→ Rn. 6ff.). Verboten ist nach Art. 3 des Entwurfs grundsätzlich die rechtswidrige Nutzung und rechtswidrige Offenlegung von Geschäftsgeheimnissen, sofern nicht einer der Rechtfertigungsgründe des Art. 4 des Entwurfs eingreift. Ein Schutz von Geschäftsgeheimnissen entfällt danach insbesondere, wenn der angebliche Verletzer das Geschäftsgeheimnis unabhängig entdeckt oder geschaffen hat oder dieses durch sogenanntes Reverse Engineering eines allgemein zugänglichen Produkts erworben hat (→ Rn. 10). Die Rechtsfolgen der Verletzung eines Geschäftsgeheimnisses sollen nach den Art. 9ff des Entwurfs denen bei der Verletzung von Patenten angepasst werden.[5]

Ein besonders intrikates Problem bei der **gerichtlichen Durchsetzung** des Schutzes von 5 Geschäftsgeheimnissen, etwa im Wege der Schadensersatzklage gegen einen angeblichen Verletzer, ist, dass dies – schon mit Rücksicht auf § 253 ZPO – in aller Regel nicht ohne *Offenlegung* des Geschäftsgeheimnisses im Rechtsstreit möglich ist. Für den angeblichen Verletzer, der sich zur Verteidigung auf eigene Geschäftsgeheimnisse beruft, besteht dieselbe Problematik. Nicht zuletzt deshalb verzichten die Beteiligten vielfach zum Schutz ihrer Geschäftsgeheimnisse auf eine gerichtliche Durchsetzung ihrer Rechte. Um hier Abhilfe zu schaffen, schlägt der Entwurf der Richtlinie (→ Rn. 4) in Art. 8 eine weitgehende Einschränkung der Öffentlichkeit des Verfahrens sowie des Anspruchs der Beteiligten auf rechtliches Gehör vor.[6] Vor allem diese Vorschläge sind auf verbreitete Kritik gestoßen.[7] Reformen in der einen oder anderen Richtung sind jedoch unausweichlich, schon mit Rücksicht auf Art. 39 TRIPS, nach dem die Mitgliedstaaten, unter ihnen auch Deutschland, verpflichtet sind, geheime wertvolle Informationen, dh

---

[3] Zusammenfassend *Ohly,* GRUR 2014, 1.

[4] KOM(2013) 813 endgültig = BR-Drs. 786/13; s. dazu *Gärtner,* NZG 2014, 650; *Gaugenrieder,* BB 2014, 1987; *Ohly,* GRUR 2014, 1 (11f.); *Rauer,* GRUR-Prax 2014, 2; *Redeker/Pres/Gittinger,* WRP 2015, 681, 812.

[5] S. *Gärtner,* NZG 2014, 650 (651f.).

[6] Ausf. *Gärtner,* NZG 2014, 650 (652f.); *Redeker/Pres/Gittinger,* WRP 2015, 812.

[7] S. insbesondere BR-Drs. 786/13.

Know-how im Sinne des Art. 39 Abs. 2 TRIPS nach Maßgabe des Art. 10bis PVÜ im Rahmen ihrer Gesetzgebung zum Schutz des lauteren Wettbewerbs zu schützen.

II. Geschäftsgeheimnis

6 Das UWG wendet sich in den §§ 17 und 19 gegen den Verrat von Geschäfts- und Betriebsgeheimnissen, meistens abgekürzt einfach nur Geschäftsgeheimnisse oder Know-how genannt. Der Begriff des Geschäftsgeheimnisses ist damit der Kernbegriff der Materie. Eine gesetzliche Definition wird man gleichwohl im UWG vergebens suchen (s. aber → Rn. 7). In der *Rechtsprechung* wird ein Geschäftsgeheimnis meistens angenommen, wenn es sich um Informationen über Tatsachen handelt, die im Zusammenhang mit einem Geschäftsbetrieb stehen, *nicht offenkundig,* sondern nur einem eng begrenzten Personenkreis bekannt sind und nach dem bekundeten oder erkennbaren Willen des Betriebsinhabers geheim gehalten werden sollen, vorausgesetzt, dass der Betriebsinhaber ein berechtigtes Interesse an der Geheimhaltung hat, zB weil er nach dem Geheimnis erfolgreich arbeitet.[8] An das Vorliegen des *Geheimhaltungswillens* des Berechtigten werden durchweg keine hohen Anforderungen gestellt; der Geheimhaltungswille kann sich vielmehr ohne Weiteres auch aus den Umständen ergeben und wird in der Regel einfach unterstellt.[9]

7 Etwas anders werden die Akzente auf der Ebene des Völker- und des Unionsrechts gesetzt. Nach Art. 39 Abs. 1 des TRIPS sind die wesentlichen Merkmale eines Geschäftsgeheimnisses, dass die betreffende Information (1.) geheim, dh weder allgemein bekannt noch ohne Weiteres zugänglich ist, dass sie (2.) einen kommerziellen Wert hat, weil sie geheim ist, und dass sie (3.) Gegenstand von angemessenen Geheimhaltungsmaßnahmen ist. Mit Art. 39 Abs. 2 TRIPS stimmt weitgehend wörtlich Art. 2 des Entwurfs einer Richtlinie über den Schutz von Geschäftsgeheimnissen überein (s. schon → Rn. 4).[10] Die wesentlichen *Merkmale* eines Geschäftsgeheimnisses sind danach die fehlende Offenkundigkeit einer Information, die unter der Kontrolle eines Unternehmens steht, der besondere kommerzielle Wert der Information und das Vorliegen angemessener Geheimhaltungsmaßnahmen wie insbesondere Zugangskontrollen und die Vereinbarung von Geheimhaltungspflichten mit allen Personen einschließlich der Mitarbeiter des Unternehmens, die in Kontakt mit den sensiblen Informationen kommen können (sogenannte non-disclosure-Verpflichtungen).[11] Der Unterschied zu der herkömmlichen deutschen Definition (→ Rn. 6) besteht vor allem in der Ersetzung des subjektiven Erfordernisses eines Geheimhaltungswillens durch das objektive Merkmal angemessener Geheimhaltungsmaßnahmen, dem infolgedessen in Zukunft erhebliche Bedeutung zukommen dürfte.[12]

[8] *BGH* GRUR 2003, 356 (358) = NJW-RR 2003, 618 – Präzisionsmessgeräte; NJW 2006, 3424 (3425f. Tz. 19) = GRUR 2006, 1044 = WRP 2006, 1511 – Kundendatenprogramm; NJW 2009, 1420 Tz. 13 = GRUR 2009, 603= WRP 2009, 613 – Versicherungsuntervertreter; BAGE 41, 21 (29) = NJW 1983, 134; BAGE 57, 159 (167f.) = NJW 1988, 1686; *Kiethe/Groeschke,* WRP 2005, 1358 (1363f.); *Ohly,* GRUR 2014, 1 (4f.); *Többens,* WRP 2005, 552 (555f.).

[9] *BGH* NJW 2006, 3424 (3425f. Tz. 19) = GRUR 2006, 1044 = WRP 2006, 1511 – Kundendatenprogramm; Ohly/Sosnitza/*Ohly,* § 17 Rn. 11; *Többens,* WRP 2005, 552 (556).

[10] S. dazu *Gärtner,* NZG 2014, 650 (651f.); *Ohly,* GRUR 2014, 1 (4f.); *Redeker/Pres/Gittinger,* WRP 2015, 681 (682ff.).

[11] S. *Redeker/Pres/Gittinger,* WRP 2015, 681 (683ff.).

[12] S. *Ohly,* GRUR 2014, 1 (4f.); *Redeker/Pres/Gittinger,* WRP 2015, 681 (683ff. Tz. 8ff.).

Die geheim zu haltende Tatsache braucht nicht etwa neu und eigentümlich iSd Patentrechts zu sein; es genügt vielmehr, dass nur einem kleinen eingeweihten Kreis bekannt ist, dass in einem bestimmten Unternehmen ein an sich bekanntes Verfahren erfolgreich angewandt wird (sog **Betriebsbezogenheit**).[13] Dem entspricht in der Definition des TRIPS sowie der geplanten Richtlinie (→ Rn. 7) das Merkmal des **kommerziellen Wertes** der fraglichen Informationen, wofür es ausreicht, dass sich ein Verrat der Informationen für den Berechtigten nachteilig auswirken kann.[14] 8

Die Vorschrift des § 17 Abs. 1 UWG unterscheidet im Einzelnen zwischen Geschäfts- und Betriebsgeheimnissen. Der Unterschied besteht darin, dass sich **Betriebsgeheimnisse** auf den technischen Betriebsablauf, insbesondere also auf das Herstellungsverfahren beziehen, während **Geschäftsgeheimnisse** den allgemeinen kaufmännischen Geschäftsverkehr des Unternehmens betreffen.[15] Praktische Bedeutung kommt der Unterscheidung nicht zu, weil das Gesetz beide Formen von Geheimnissen gleich behandelt. 9

Den Gegensatz bilden **offenkundige Tatsachen,** deren Kenntnis sich jeder Fachmann ohne besondere Mühe allein aufgrund des vorbekannten und jedermann zugänglichen Fachwissens, in erster Linie also durch Auswertung der ohne Weiteres zugänglichen Fachliteratur erarbeiten kann.[16] Umstritten ist in diesem Zusammenhang insbesondere die zutreffende rechtliche Behandlung des sogenannten **Reverse Engineering.** Nach bisher hM kann auch in einem derartigen Fall ein Geschäftsgeheimnis angenommen werden, sofern nur die Aufdeckung der in dem Produkt verborgenen Informationen einen gewissen Aufwand erfordert und nicht unerhebliche Schwierigkeiten bereitet.[17] Jedoch sollte heute im Interesse des technischen Fortschritts, soweit derartige Analyseverfahren ohne ungewöhnlichen Aufwand verfügbar sind, kein Raum mehr für die Annahme eines Geschäftsgeheimnisses sein.[18] Durch die geplante Richtlinie soll dies in Art. 4 klargestellt werden.[19] 10

Beispiele für *Betriebsgeheimnisse* sind außer Konstruktionsverfahren für Maschinen[20] noch chemische Verfahren und Mischungen sowie Rezepte, Modelle und Entwürfe. *Geschäftsgeheimnisse* sind dagegen zB Kundenlisten, vor allem, weil bisherige Kunden auch in Zukunft als Abnehmer in Betracht kommen,[21] Ange-

[13] *BGH* GRUR 2008, 727 (728f. Tz. 19) = NJW-RR 2008, 1214 (1215 Tz. 19) = WRP 2008, 1085 – Schweißmodulgerät; GRUR 2003, 356 (358) = NJW-RR 2003, 618 – Präzisionsmessgeräte; *Többens,* WRP 2005, 552 (556).

[14] *BGH* NJW 2006, 3424 (3425f. Tz. 19) = GRUR 2006, 1044 = WRP 2009, 613 – Kundendatenprogramm.

[15] BAGE 57, 159 (168) = NJW 1988, 1686.

[16] *BGH* NJW 2006, 3424 Tz. 19 = GRUR 2006, 1044 = WRP 2006, 1511 – Präzisionsmessgerät; NJW 2009, 1420 Tz. 13 = GRUR 2009, 603 = WRP 2009, 613 – Versicherungsuntervertreter; NJW-RR 2009, 1633 Tz. 20 = GRUR 2009, 1075 = WRP 2009, 1377 – Betriebsbeobachtung; GRUR 2012, 1048 Tz. 20f. = WRP 2012, 1230 (1232) – Movicol.

[17] RGZ 149, 329 (334).

[18] *Kiethe/Groeschke,* WRP 2005, 1358 (1364); *Ohly,* GRUR 2014, 1 (7f.); ausf. *Schweyer,* Die rechtliche Bewertung des Reverse engineering in Deutschland und den USA, 2012; sehr str.

[19] *Redeker/Pres/Gittinger,* WRP 2015, 681 (687f.).

[20] *BGH* GRUR 2003, 356 (358) = NJW-RR 2003, 618 – Päzisionsmessgerät.

[21] *BGH* LM § 1 UWG Nr. 794 = NJW-RR 1999, 1131 = GRUR 1999, 934 – Weinberater; GRUR 2003, 453 = WRP 2003, 642 = NJW-RR 2003, 833 – Verwertung von Kundenlisten; NJW 2006, 3424 Tz. 19 = GRUR 2006, 1044 = WRP 2006, 1511 – Kundendatenprogramm; NJW 2009, 1420 Tz. 13 = GRUR 2009, 603 = WRP 2009, 613 – Versicherungsuntervertreter; NJW-RR 2009, 1633 Tz. 20 = GRUR 2009, 1075 = WRP 2009, 1377 – Betriebsbeobachtung.

bots- und Ausschreibungsunterlagen sowie Preislisten,[22] *nicht* dagegen eine durch Meinungsumfragen (die jedermann möglich sind) ermittelte Störanfälligkeit von Konkurrenzprodukten[23] oder auch die Identität von Kunden, die durch die bloße Beobachtung des Geschäfts des Konkurrenten, die gleichfalls jedermann zu jeder Zeit möglich ist, ermittelt wird.[24]

III. Geheimnisverrat durch Beschäftigte (§ 17 Abs. 1 UWG)

1. Täter

11 Nach § 17 Abs. 1 UWG macht sich eine bei einem Unternehmen *beschäftigte* Person strafbar, wenn sie ein Geschäfts- oder Betriebsgeheimnis, das ihr im Rahmen ihres Dienstverhältnisses anvertraut oder zugänglich geworden ist, gerade *während* der Geltungsdauer ihres Dienstverhältnisses unbefugt an jemanden zu Zwecken des Wettbewerbs, aus Eigennutz, zugunsten eines Dritten oder in der Absicht, dem Inhaber des Unternehmens Schaden zuzufügen, mitteilt. Als Täter dieses Tatbestandes kommen mithin nur Beschäftigte eines Unternehmens in Betracht (→ Rn. 12); strafbar ist ferner nur der Verrat gerade von Geschäfts- oder Betriebsgeheimnissen (→ Rn. 6f.) und auch dies nur *während* der Dauer des Dienstverhältnisses, also nicht mehr nach dem Ausscheiden des Beschäftigten bei dem betreffenden Unternehmen (→ Rn. 14f.). Nach dem Ausscheiden greift allein der engere Abs. 2 des § 17 UWG ein (→ Rn. 20ff.). Unberührt bleiben aber in jedem Fall die ergänzenden zivilrechtlichen Ansprüche insbesondere aufgrund der §§ 280 Abs. 1, 823 Abs. 1 und 826 BGB (→ Rn. 39ff.).

12 Das Verbot des Verrats von Geschäftsgeheimnissen gilt nach § 17 Abs. 1 UWG nur für Personen, die gerade bei dem Unternehmen beschäftigt sind, das Inhaber des Geschäftsgeheimnisses ist. **Beschäftigter** eines Unternehmens im Sinne des § 17 Abs. 1 UWG ist, wer mit dem Betriebsinhaber, dem Unternehmer, einen privatrechtlichen Dienst- oder Geschäftsbesorgungsvertrag abgeschlossen hat. Zu den möglichen Tätern im Sinne des § 17 Abs. 1 UWG gehören daher neben den Arbeitern, Angestellten und sonstigen Mitarbeitern eines Unternehmers einschließlich etwa unselbstständiger Handelsvertreter insbesondere noch die Vorstands- und Aufsichtsratsmitglieder einer AG sowie die Geschäftsführer einer GmbH.[25] *Keine* tauglichen Täter iSd § 17 Abs. 1 UWG sind dagegen der Inhaber des Betriebes sowie die Gesellschafter des Unternehmens, selbst wenn sie sich die Kenntnis des Geheimnisses unbefugt verschafft haben, ferner selbstständige Gewerbetreibende wie zB Handelsvertreter[26] sowie schließlich Rechtsanwälte und Steuerberater, weil sie – als Selbstständige – keine Beschäftigten des Unternehmens, das Inhaber des Geschäftsgeheimnisses ist, sind.[27]

13 Das Geheimnis muss dem Beschäftigten außerdem gerade im Rahmen, dh vermöge seines Dienstverhältnisses mit dem Unternehmen anvertraut oder zugänglich gewor-

[22] BayObLGSt 2000, 131 (132f.) = WRP 2001, 285; *OLG München* NJW-RR 1996, 1134.
[23] *OLG Stuttgart* GRUR 1982, 315 (316).
[24] *BGH* NJW-RR 2009, 1633 Tz. 19ff. = GRUR 2009, 1075 = WRP 2009, 1377 – Betriebsbeobachtung.
[25] *BGH* NJW 2009. 1420 Tz. 10f. = GRUR 2009, 603 = WRP 2009, 613 – Versicherungsuntervertreter; Köhler/Bornkamm/*Köhler*, § 17 Rn. 14; Ohly/Sosnitza/*Ohly*, § 17 Rn. 11.
[26] *BGH* NJW 2009, 1420 Tz. 10f. = GRUR 2009, 603 – Versicherungsuntervertreter.
[27] *BGH* NJW 2009, 1420 Tz. 10f. = GRUR 2009, 603 – Versicherungsuntervertreter; *OGH* GRURInt 1963, 451; ÖBl. 1972, 72; *Kiethe/Groeschke*, WRP 2005, 1358 (1363); *Többens*, WRP 2005, 552 (556).

den sein. Erforderlich ist also ein **ursächlicher Zusammenhang** zwischen dem Dienstverhältnis und der Kenntniserlangung. Diese Voraussetzung ist auch erfüllt, wenn das Geheimnis von dem Beschäftigten selbst stammt, sodass Diensterfindungen ebenso wie andere Geheimnisse unter § 17 Abs. 1 UWG fallen,[28] wobei ergänzend das Gesetz über Arbeitnehmererfindungen von 2002 zu beachten ist. Das Vorliegen eines Betriebs- oder Geschäftsgeheimnisses wird (natürlich) nicht dadurch ausgeschlossen, dass die betreffenden Umstände den Beschäftigten des Betriebs bekannt sind.[29]

2. Dauer des Schutzes

Der Verrat des Geheimnisses ist dem Beschäftigten nach § 17 Abs. 1 UWG *nur während der Geltungsdauer* seines Dienstverhältnisses verboten. Maßgebend ist die *rechtliche,* nicht die tatsächliche Dauer des Dienstverhältnisses, sodass der Geheimnisschutz (erst) mit Vertragsbeendigung endet. Die Verletzung *nachvertraglicher* Geheimhaltungsgebote stellt dagegen lediglich eine Vertragsverletzung nach § 280 Abs. 1 BGB dar, auf die § 17 Abs. 1 UWG nicht anwendbar ist.[30] Dies gilt auch dann, wenn die Vertragsbeendigung auf einer Kündigung des Arbeitgebers beruht.[31] 14

Der Beschäftigte ist somit **nach** seinem **Ausscheiden** in der Verwertung seiner Kenntnisse und Erfahrungen grundsätzlich **frei,** soweit sich nicht aus den Abreden der Parteien oder aus speziellen gesetzlichen Regelungen wie insbesondere den §§ 24 und 26 ArbnErfG oder den §§ 84 Abs. 2, 90 HGB etwas anderes ergibt[32] oder doch im Einzelfall die besonderen Voraussetzungen des § 17 Abs. 2 UWG erfüllt sind.[33] Der Gesetzgeber wollte auf diese Weise verhindern, dass Arbeitnehmer durch einen nachwirkenden Geheimnisschutz übermäßig in ihrem beruflichen Fortkommen behindert werden.[34] Macht sich der Arbeitnehmer selbständig, so darf er daher auch die Erfahrungen nutzen oder mit ihnen werben, die er während seiner früheren Tätigkeit als Arbeitnehmer erworben hat.[35] Ein über die §§ 17–19 UWG hinausgehender zusätzlicher zivilrechtlicher Geheimnisschutz kommt daher gegenüber ausgeschiedenen Arbeitnehmern immer nur unter besonderen Umständen in Betracht (im Einzelnen → Rn. 39). 15

[28] *Koppensteiner,* § 28 Rn. 7; *Többens,* WRP 2005, 552 (556); wohl auch *BGH* GRUR 1977, 539 (insoweit nicht in LM § 17 UWG Nr. 8 = NJW 1977, 1062 abgedruckt).

[29] *BGH* GRUR 2003, 356 (358) = NJW-RR 2003, 618 – Präzisionsmessgeräte.

[30] Vgl. *BGH* LM § 17 UWG Nr. 1 = NJW 1955, 463 = GRUR 1955, 402 – Anreißgerät; LM § 1 UWG Nr. 858 (Bl. 3ff.) = GRUR 2002, 91 – Spritzgießwerkzeuge; NJW 2009, 1420 Tz. 15 = GRUR 2009, 603 = WRP 2009, 613 – Versicherungsuntervertreter; BAGE 41, 21 (27f.) = NJW 1983, 134 = JuS 1983, 394 Nr. 10; BAGE 57, 159 (170) = NJW 1988, 1686.

[31] BGHZ 38, 391 (394f.) = NJW 1963, 856 = JuS 1963, 291 Nr. 7; *BGH* LM § 17 UWG Nr. 1 = NJW 1955, 463 = GRUR 1955, 402 – Anreißgerät; LM § 17 UWG Nr. 2 = GRUR 1955, 424 – Möbelpaste.

[32] S. dazu zB *BGH* NJW 2009, 1420 Tz. 15f. = GRUR 2009, 603 = WRP 2009, 613 – Versicherungsuntervertreter.

[33] S. dazu → Rn. 21, 31ff.; *BGH* NJW 2009, 1420 Tz. 15 = GRUR 2009, 603 = WRP 2009, 613 – Versicherungsuntervertreter.

[34] *BGH* LM § 1 UWG Nr. 858 (Bl. 3ff.) = GRUR 2002, 91 – Spritzgießwerkzeuge.

[35] *BGH* LM § 1 UWG Nr. 858 (Bl. 3ff.) = GRUR 2002, 91 – Spritzgießwerkzeuge; LM § 1 UWG Nr. 62 = GRUR 1958, 553 = WRP 1958, 238 – Saugrohr.

3. Verbotene Handlung

16 Die verbotene Handlung besteht nach § 17 Abs. 1 UWG in der *unbefugten Mitteilung* des Geschäftsgeheimnisses an einen Dritten durch den Beschäftigten während der Geltungsdauer seines Dienstverhältnisses, und zwar zu Zwecken des Wettbewerbs, aus Eigennutz, zugunsten eines Dritten oder in der Absicht, dem Inhaber des Unternehmens Schaden zuzufügen. Unter einer **Mitteilung** ist jede Bekanntmachung des Geheimnisses durch den Beschäftigten an einen Dritten zu verstehen, die die Ausnutzung des Geheimnisses ermöglicht.[36] Gleichsteht die eigene Verwertung des Geheimnisses durch den Beschäftigten noch während der Geltungsdauer seines Dienstverhältnisses.[37]

17 Die Form der Mitteilung spielt keine Rolle; entscheidend ist nur die Offenlegung des Geheimnisses gegenüber einem Dritten, immer vorausgesetzt, dass der Beschäftigte bei der Mitteilung unbefugt und **zu Zwecken** des Wettbewerbs, aus Eigennutz, zugunsten eines Dritten oder in Schädigungsabsicht gehandelt hat. Der erstrebte **Vorteil** braucht kein wirtschaftlicher zu sein; vielmehr genügen auch sonstige Vorteile wie zB die Hebung des Ansehens. Dagegen werden Mitteilungen aus bloßem Leichtsinn, aus Geschwätzigkeit oder Prahlerei nicht erfasst.[38] **Unbefugt** ist die Mitteilung, wenn sie gegen eine vertragliche Geheimhaltungspflicht des Beschäftigten verstößt und auch kein Rechtfertigungsgrund wie zum Beispiel Notwehr eingreift.[39] **Ausnahmen** von der Geheimhaltungspflicht können sich im Einzelfall aus dem Prozessrecht, aus strafrechtlichen Regelungen oder zB daraus ergeben, dass der andere Teil einen wirksamen Anspruch auf die Mitteilung des Geheimnisses hatte.[40]

4. Rechtsfolgen

18 Der Geheimnisverrat durch Beschäftigte sowie der Versuch dazu sind **strafbar** (§ 17 Abs. 1 und 3 UWG). Die Tat ist ein Vergehen, sodass für die **Anstiftung** § 26 StGB gilt. Unter Strafe gestellt sind durch § 19 UWG außerdem die versuchte Anstiftung sowie eine Reihe vergleichbarer Fälle. In besonders schweren Fällen, wozu vor allem die Verwertung des Geheimnisses im Ausland gehört, kann die Strafe nach § 17 Abs. 4 UWG verschärft werden. Im Regelfall wird die Tat nur auf **Antrag** verfolgt (§ 17 Abs. 5 UWG). Eine Ausnahme gilt jedoch, wenn ein besonderes öffentliches Interesse an der Strafverfolgung besteht.

19 Die **zivilrechtlichen Folgen** des Geheimnisverrats durch Beschäftigte ergeben sich aus dem Vertrag (§ 280 Abs. 1 BGB), aus § 3a UWG, weil es sich bei § 17 UWG um eine Marktverhaltensregelung handelt, sowie aus § 823 Abs. 2 BGB, da § 17 Abs. 1 UWG Schutzgesetz ist.[41] Der Betriebsinhaber kann folglich Unterlassung und Schadensersatz verlangen, wobei heute meistens die **dreifache Schadensberechnung** nach dem entgangenen Gewinn (§ 252 BGB), nach dem Gewinn des Täters (§ 687 Abs. 2

36 Ohly/Sosnitza/*Ohly*, § 17 Rn. 15; *Többens*, WRP 2005, 552 (557).
37 S. *Koppensteiner*, § 28 Rn. 10 (S. 590).
38 *RG* DJZ 1932, Sp. 1150.
39 BAGE 57, 159 (167ff.) = NJW 1988, 1686; *Ohly*, GRUR 2014, 1 (9ff.); Ohly/Sosnitza/*Ohly*, § 17 Rn. 15.
40 *BayObLG* BB 1988, 1769; Ohly/Sosnitza/*Ohly*, § 17 Rn. 26ff.
41 ZB Harte-Bavendamm/Henning-Bodewig/*Harte-Bavendamm*, § 17 Rn. 43; *Ohly*, GRUR 2014, 1 (8ff.).

BGB) oder nach einer angemessenen Lizenzgebühr zugelassen wird.[42] Als Hilfsanspruch steht ihm ein **Auskunftsanspruch** zu, der teilweise auf § 249 Abs. 1 BGB (unter dem Gesichtspunkt der Folgenbeseitigung), zum Teil auf eine Analogie zu den §§ 687 Abs. 2, 681 und 666 BGB gestützt wird.[43] Bei der Zubilligung von Auskunftsansprüchen ist freilich im vorliegenden Zusammenhang stets Zurückhaltung geboten, wenn man vermeiden will, dass Prozesse wegen angeblicher Verletzung von Geschäftsgeheimnissen lediglich zur Aussperrung von Konkurrenten missbraucht werden – häufig das eigentliche Ziel derartiger Rechtsstreitigkeiten.

IV. Ausspähung und Verwertung von Geheimnissen (§ 17 Abs. 2 UWG)

1. Überblick

Der Anwendungsbereich des § 17 Abs. 1 UWG beschränkt sich auf die unbefugte 20
Mitteilung von Geschäftsgeheimnissen gerade durch Beschäftigte während der Dauer ihres Beschäftigungsverhältnisses bei dem Inhaber des Geschäfts- oder Betriebsgeheimnisses (→ Rn. 14f.). In anderen Fällen der Industriespionage kommt dagegen eine Bestrafung des Täters nur unter den zusätzlichen Voraussetzungen des § 17 Abs. 2 UWG in Betracht, die sich zwar vielfältig überschneiden, gleichwohl aber – als Straftatbestände von bedenklicher Weite und Unbestimmtheit – sorgfältig unterschieden werden müssen.

Der erste Tatbestand ist die sogenannte **Ausspähung,** bei der es um die unbefugte Ver- 21
schaffung oder Sicherung des Geschäftsgeheimnisses durch bestimmte technische Mittel geht (§ 17 Abs. 2 Nr. 1 lit. a–c; → Rn. 22ff.). Der zweite Tatbestand umfasst dagegen ganz allgemein die unbefugte **Verwertung oder Mitteilung** von Geschäftsgeheimnissen (§ 17 Abs. 2 Nr. 2 UWG; dazu → Rn. 26ff.). Der Versuch ist in beiden Fällen strafbar (§ 17 Abs. 3 UWG). Täter kann jedermann sein, *einschließlich* der unter § 17 Abs. 1 UWG fallenden Beschäftigten. Lediglich dann, wenn die Mitteilung gerade *während* des Dienstverhältnisses erfolgt, geht der strengere Abs. 1 dem Abs. 2 vor.

2. Ausspähung (§ 17 Abs. 2 Nr. 1 UWG)

a) Verschaffung

Die verbotene Ausspähung im Sinne des § 17 Abs. 2 Nr. 1 UWG besteht in der unbe- 22
fugten Verschaffung *oder* Sicherung eines Geschäfts- oder Betriebsgeheimnisses, und zwar gerade durch die in den lit. a–c der Vorschrift genannten Mittel oder Verfahren, vorausgesetzt, dass der Täter zu Zwecken des Wettbewerbs, aus Eigennutz, zugunsten eines Dritten oder in der Absicht, dem Inhaber des Unternehmens Schaden zuzufügen, gehandelt hat. Der Täter muss folglich, wenn § 17 Abs. 2 Nr. 1 UWG anwendbar sein soll, mit „bösem Willen“ und unbefugt gehandelt haben. Letzteres ist der Fall, wenn er unter Verletzung des berechtigten Geheimhaltungsinteresses des Geheimnis-

[42] RGZ 144, 41 (52f.); *BGH* NJW 2006, 3424 (3425 Tz. 17) = GRUR 2006, 1044 = WRP 2006, 1511 – Kundendatenprogramm; *BAG* ZIP 1986, 1352; *Kiethe/Groeschke,* WRP 2005, 1358 (1361, 1368ff.).

[43] *BGH* NJW 2006, 3424 (3425 Tz. 17) = GRUR 2006, 1044; 2012, 1048 Tz. 27 = WRP 2012, 1230 (1232) – Movicol; im Einzelnen str.

trägers handelt, ohne ausnahmsweise einen Rechtfertigungsgrund in Anspruch nehmen zu können.

23 Strafbar macht zunächst die Verschaffung des Geheimnisses unter Einsatz der in der Nr. 1 lit. a und b des § 17 Abs. 2 UWG genannten besonderen Mittel und Verfahren, nämlich durch **Anwendung technischer Mittel (lit. a)** oder durch die **Herstellung einer verkörperten Wiedergabe des Geschäftsgeheimnisses (lit. b).** Mit der Anwendung technischer Mittel (lit. a) ist in erster Linie der Einsatz von *Geräten* wie zB Fotoapparaten, Filmkameras oder Sendern gemeint. Dagegen hat die lit. b des § 17 Abs. 2 Nr. 1 UWG mit der Herstellung einer verkörperten Wiedergabe des Geschäftsgeheimnisses vorrangig eine *Vergegenständlichung* des Geheimnisses mit dem Zweck im Auge, das Geheimnis festzuhalten, um es anschließend anderen offenbaren zu können.

Beispiele sind die Ablichtung oder Kopie von Unterlagen, ebenso aber zB auch die bloße Abschrift von Kundenkarteien, etwa durch Beschäftigte, während die Speicherung solcher Daten im Gedächtnis (selbstverständlich) jedermann erlaubt bleibt.[44]

Ein *Beschäftigter*, der während der Geltungsdauer seines Dienstverhältnisses die Namen und Adressen von Kunden aus den Kundenlisten in seine privaten Unterlagen überträgt, um sie später verwerten zu können, macht sich folglich auch *nach* seinem Ausscheiden bei seinem früheren Arbeitgeber durch die Verwertung der genannten Daten nach § 17 Abs. 2 Nr. 1 lit. b UWG strafbar.[45]

24 Mit **lit. c (Wegnahme einer Sache, in der das Geheimnis verkörpert ist)** erfasst das Gesetz schließlich Maßnahmen, mit denen jemand ein Geheimnis so an sich bringt, dass er es anschließend selbst verwerten oder an Dritte weitergeben kann. Der Begriff der Wegnahme ist hier derselbe wie in § 242 StGB, sodass die bloße Unterschlagung von Unterlagen, die sich bereits im Besitz des Täters befinden, von dem Straftatbestand des § 17 Abs. 2 Nr. 1 UWG nicht erfasst wird,[46] wohl aber die Aneignung von Unterlagen oder Sachen wie zB Maschinen, in denen das Betriebs- oder Geschäftsgeheimnis verkörpert ist.

b) Geheimnissicherung

25 Gleichsteht die unbefugte Geheimnissicherung, und zwar gerade mit den genannten Mitteln (s. § 17 Abs. 2 Nr. 1 lit. a–c UWG). Damit sollen Täter erfasst werden, die das Geheimnis zwar an sich schon kennen, sich indessen eine genaue oder bleibende Kenntnis, insbesondere in Form einer verkörperten Wiedergabe, verschaffen.[47] Auch dagegen verstößt die bereits erwähnte Übertragung von Daten aus Kundenlisten in die privaten Unterlagen eines Beschäftigten (→ Rn. 23), während die bloße Mitnahme von Unterlagen, die sich berechtigterweise bereits im Besitz des Beschäftigten befinden, nicht erfasst wird.[48]

---

44 *BGH* LM § 1 UWG Nr. 794 (Bl. 2 R) = NJW-RR 1999, 1131 = GRUR 1999, 934 – Weinberater; NJW-RR 2003, 833 = GRUR 2003, 453 = WRP 2003, 642 – Verwertung von Kundenlisten; NJW 2006, 3424 (3425 Tz. 13) = GRUR 2006, 1044 = WRP 2006, 1511 – Kundendatenprogramm; NJW 2009, 1420 (1421 Tz. 15) = GRUR 2009, 603 = WRP 2009, 613 – Versicherungsuntervertreter.

45 S. → Rn. 26; *BGH* (vorige Fn.).

46 *BGH* GRUR 2012, 1048 Tz. 14 = WRP 2012, 1230 (1231) – Movicol; BayObLGSt 1991, 147 (151 f.) = GRUR 1991, 694.

47 *BGH* GRUR 2012, 1048 Tz. 14 = WRP 2012, 1230 (1231) – Movicol; *Többens*, WRP 2005, 552 (557).

48 *BGH* GRUR 2012, 1048 Tz. 14 = WRP 2012, 1230 (1231) – Movicol.

3. Unbefugte Verwertung und Mitteilung (§ 17 Abs. 2 Nr. 2 UWG)

Nach § 17 Abs. 2 Nr. 2 UWG ist schließlich noch die unbefugte Verwertung und Mitteilung von Geschäfts- und Betriebsgeheimnissen zu Zwecken des Wettbewerbs, aus Eigennutz, zugunsten eines Dritten oder in Schädigungsabsicht selbständig unter Strafe gestellt, *vorausgesetzt,* dass der Täter das Geheimnis gerade (1.) durch eine der in § 17 Abs. 1 UWG bezeichneten Mitteilungen oder (2.) durch eine eigene oder fremde Handlung unter Verstoß gegen § 17 Abs. 2 Nr. 1 UWG erlangt oder sich (3.) „sonst unbefugt" verschafft oder gesichert hat. Man spricht deshalb hier auch von **Geheimnishehlerei.** 26

Bei der Geheimnishehlerei handelt es sich um einen **Auffangtatbestand** von generalklauselartiger Weite, durch den der Schutz von Geschäfts- und Betriebsgeheimnissen umfassend abgesichert werden soll. Da es sich um einen Straftatbestand handelt, muss man – trotz des Charakters der Vorschrift als Generalklausel – sorgfältig die Grenzen des Tatbestandes beachten: Die strafbare Handlung besteht in der unbefugten Verwertung oder Mitteilung eines Geschäftsgeheimnisses an einen Dritten (→ Rn. 28), vorausgesetzt, dass der Täter (das kann jedermann sein) das Geheimnis durch eine gegen § 17 Abs. 1 oder § 17 Abs. 2 Nr. 1 UWG verstoßende Handlung erlangt *oder* sich sonst unbefugt verschafft oder gesichert hat (→ Rn. 29 ff.). 27

Die strafbare Handlung besteht im Falle des § 17 Abs. 2 Nr. 2 UWG in der unbefugten Verwertung oder Mitteilung des Geheimnisses an einen Dritten, welches der Täter auf einem der in § 17 Abs. 2 Nr. 2 UWG genannten Wege erlangt hat (→ Rn. 29 ff.). **Verwertung** ist eine über das bloße Innehaben des Geheimnisses hinausgehende Tätigkeit, die darauf abzielt, das Geheimnis wirtschaftlich zu nutzen, während mit **Mitteilung** jede Weitergabe des Geheimnisses an Dritte gemeint ist, und zwar unbefugt, dh ohne Rechtfertigungsgrund, und zudem **zu Zwecken** des Wettbewerbs, aus Eigennutz, zugunsten eines Dritten oder in Schädigungsabsicht. Kein Raum für die Anwendung des § 17 Abs. 2 Nr. 2 UWG ist dagegen bei einer Mitteilung des Geheimnisses durch den Berechtigten selbst[49] oder im Falle der bloßen Beobachtung des Geschäfts eines Konkurrenten, um Informationen über dessen Kunden zu erhalten.[50] 28

Die unbefugte Verwertung oder Mitteilung des Geheimnisses an einen Dritten (→ Rn. 28) ist zunächst strafbar, wenn das Geheimnis unter **Verstoß gegen § 17 Abs. 1 UWG** erlangt ist, wobei eigene und fremde Verstöße gleichstehen (→ Rn. 11 ff., 16 f.). Hierher gehört vor allem der Kenntniserwerb durch einen Geheimnisverrat eines Beschäftigten (§ 17 Abs. 1 UWG). Die Vorschrift des § 17 Abs. 2 Nr. 2 UWG greift ferner ein, wenn der Täter Know-how unbefugt verwertet oder mitteilt, das er durch eine eigene oder fremde Handlung unter **Verstoß gegen § 17 Abs. 2 Nr. 1 UWG** erlangt hat, also zum Beispiel durch die Verwendung technischer Mittel oder durch die Wegnahme einer Sache (§ 17 Abs. 2 Nr. 1 lit. a oder lit. c UWG), und zwar entweder durch den Täter selbst oder durch einen Dritten, der dem Täter das Geheimnis mitgeteilt hat (→ Rn. 23 ff.). 29

[49] BAGE 41, 12 = NJW 1983, 134 = JuS 1983, 394 Nr. 10.

[50] *BGH* NJW-RR 2009, 1633 (1634 Tz. 19 ff.) = GRUR 2009, 1975 = WRP 2009, 1075 – Betriebsbeobachtung.

30 Um den Geheimnisschutz möglichst umfassend zu gestalten, greift die Strafvorschrift nach der Generalklausel des § 17 Abs. 2 Nr. 2 Fall 3 UWG schließlich noch ein, wenn der Täter (der das Geheimnis unbefugt verwertet oder mitteilt) dieses sich **sonst unbefugt verschafft oder gesichert** hat. Die Gesetzesverfasser wollten damit ergänzend *jeden sonstigen Fall des unbefugten Erlangens* (einschließlich der unbefugten Ausspähung) erfassen, selbst wenn die Ausspähung nicht in einer der besonders gefährlichen Formen der Nr. 1 des § 17 Abs. 2 UWG vorgenommen wurde.[51] Darunter fällt folglich *jede rechtswidrige,* dh gegen den Willen des Berechtigten verstoßende und nicht ausnahmsweise erlaubte *Verschaffung oder Sicherung* des Geheimnisses, wobei Gesetzes- und Vertragsverletzungen des Täters (nicht Dritter) gleichstehen.[52] Gedacht ist hier in erster Linie an den Einsatz gesetzes-, sitten- oder vertragswidriger Mittel wie Hausfriedensbruch, Betrug, Erpressung oder Bestechung.[53]

31 Eine *unbefugte Verschaffung* liegt **zum Beispiel** vor, wenn sich ein Unternehmen von einem Angestellten des Konkurrenten eine Kartei oder ein Magnetband mit Kundenadressen besorgt, um diese auszuwerten.[54] Denn hier verstößt der Angestellte seinerseits gegen § 17 Abs. 1 UWG. Ebenso ist es zu beurteilen, wenn ein Mitarbeiter einer Zeitung vor deren Erscheinen einem Dritten Anzeigenaufträge verrät, die anschließend umgehend von diesem Dritten ausgenutzt, dh verwertet werden,[55] oder wenn ein Beschäftigter nach seinem Ausscheiden aus einem Dienstverhältnis aus ihm vorliegenden Unterlagen seines früheren Arbeitgebers ein Betriebsgeheimnis entnimmt und dieses verwertet oder einem Dritten mitteilt.[56] Weitere Beispiele sind das systematische, unredliche Sammeln betriebsgeheimer Unterlagen durch einen Beschäftigten, um die eigenen Kenntnisse zu festigen und zu vertiefen,[57] die Auswertung solcher Unterlagen mit dem Ziel, sich aus ihnen Kundenlisten zu fertigen, um mit diesen Kunden nach dem Ausscheiden aus dem Dienst des Berechtigten selbst geschäftliche Kontakte aufnehmen zu können,[58] sowie die Ausspähung und Einprägung des Geheimnisses während Lizenzverhandlungen durch den Verhandlungspartner, sofern die Verhandlungen später scheitern.[59]

4. Rechtsfolgen

32 Die Rechtsfolgen eines Verstoßes gegen § 17 Abs. 2 UWG entsprechen denen eines Verstoßes gegen § 17 Abs. 1 UWG (s. deshalb im Einzelnen → Rn. 18f.). Außerdem dürfen die Kenntnisse, die unter Verstoß gegen § 17 Abs. 2 UWG erlangt wurden, nicht verwandt werden. Die mittels dieser Kenntnisse erzielten Ergebnisse sind gleichfalls rechtswidrig, sodass von ihnen kein Gebrauch gemacht werden darf; das gilt sogar für eigene Entwicklungen unter Verwendung der fraglichen Kenntnisse.[60]

---

[51] S. den Ausschussbericht, BT-Drs. 10/5058, S. 40f.
[52] Harte-Bavendamm/Henning-Bodewig/*Harte-Bavendamm,* § 17 Rn. 31ff.; *Többens,* WRP 2005, 552 (557).
[53] Ohly/Sosnitza/*Ohly,* § 17 Rn. 21.
[54] *BGH* NJW 1992, 1776; NJW-RR 2003, 833f. = GRUR 1992, 452 = WRP 1992, 642 – Verwertung von Kundenlisten.
[55] BayObLGSt 2000, 131 (133f.) = WRP 2001, 285.
[56] *BGH* GRUR 2012, 1048 Tz. 17 = WRP 2012, 1230 (1231) – Movicol.
[57] BGHSt 13, 133 = NJW 1960, 207; *OGH* ÖBl. 1966, 90.
[58] *BGH* NJW 2006, 3424 (3425 Tz. 11–14) = GRUR 2006, 1044 = WRP 2006, 1511 – Kundendatenprogramm.
[59] *BGH* LM § 17 UWG Nr. 5 = NJW 1960, 1999 = GRUR 1961, 40 – Wurftaubenpresse.
[60] *BGH* LM § 17 UWG Nr. 10 = GRUR 1985, 294 – Füllanlage; *OLG München* NJW-RR 1996, 1134.

V. Vorlagenfreibeuterei

1. Schutzgegenstand

§ 18 Abs. 1 UWG, ein erstmals 1909 nach verbreiteten Klagen des Stickerei- und Spitzengewerbes in das Gesetz eingefügter Straftatbestand, untersagt die unbefugte Verwertung oder Mitteilung von Vorlagen oder Vorschriften technischer Art, die im geschäftlichen Verkehr anvertraut worden sind, zu Zwecken des Wettbewerbs oder aus Eigennutz. Der Versuch ist heute – anders als früher – ebenfalls strafbar (§ 18 Abs. 2 UWG). Die Tat wird jedoch grundsätzlich nur auf Antrag verfolgt (§ 18 Abs. 3 UWG). Ein mit § 18 UWG verwandter Tatbestand findet sich insbesondere noch in § 4 Nr. 3 lit. c UWG (s. dazu → § 11 Rn. 36f.). 33

Der Schutz des § 18 UWG beschränkt sich auf im geschäftlichen Verkehr anvertraute Vorlagen oder Vorschriften technischer Art. **Vorlagen** in diesem Sinne sind Gegenstände, die bei der Herstellung neuer Gegenstände als Vorbild oder Muster dienen und eine technische Idee verkörpern, während unter **Vorschriften technischer Art** iSd § 18 Abs. 1 UWG Anweisungen an den menschlichen Geist über technische Vorgänge zu verstehen sind.[61] 34

Als **Beispiele** nennt das Gesetz selbst „insbesondere" Zeichnungen, Modelle, Schablonen, Schnitte und Rezepte. Außerdem gehören hierher noch Computerprogramme, Modelle für Damenkostüme,[62] Pläne für einen Computerarbeitstisch[63] und sonstige technische Unterlagen, Zeichnungen und Vorschriften,[64] **nicht** dagegen die bloßen Vorschläge einer Werbeagentur für einen Firmenslogan oder ein Signet.[65]

Die Anwendung des § 18 Abs. 1 UWG setzt ferner voraus, dass die fraglichen Vorlagen oder Vorschriften (→ Rn. 34) dem Täter **im geschäftlichen Verkehr anvertraut** worden sind. Dazu ist erforderlich, dass sie ihm im Zusammenhang mit einem geschäftlichen Kontakt mit der Verpflichtung überlassen wurden, sie allein im Interesse des Anvertrauenden zu verwerten und nach Möglichkeit vertraulich zu behandeln.[66] Wichtigster Anwendungsfall ist die Mitteilung während Vertragsverhandlungen oder im Rahmen einer vertraglichen Beziehung.[67] Auf **Arbeitnehmer,** denen Vorlagen während ihres Dienstverhältnisses anvertraut werden, ist die Vorschrift dagegen mangels eines geschäftlichen Verkehrs iSd § 18 Abs. 1 UWG nicht anwendbar.[68] Die Geheimhaltungspflichten von Arbeitnehmern richten sich allein nach § 17 UWG. 35

Die Anvertrauung der Vorlagen oder Vorschriften (→ Rn. 35) setzt voraus, dass die fraglichen Regeln und Anleitungen *nicht offenkundig* und für jedermann zugänglich sind. Denn was offenkundig ist, kann man nicht einem anderen iSd § 18 Abs. 1 36

[61] *KG* GRUR 1988, 702 (703); Harte-Bavendamm/Henning-Bodewig/*Harte-Bavendamm,* § 18 Rn. 4; Ohly/Sosnitza/*Ohly,* § 18 Rn. 4f.

[62] *OLG Hamm* NJW-RR 1990, 1380.

[63] *OLG Hamm* NJW-RR 1992, 552.

[64] *OLG München* NJWE-WettbR 1997, 38f.

[65] Anders *KG* GRUR 1988, 702.

[66] *Brammsen/Apel,* WRP 2016, 18; Ohly/Sosnitza/*Ohly,* § 18 Rn. 6.

[67] *BGH* LM § 18 UWG Nr. 3 = NJW 1960, 2000 = GRUR 1960, 554 – Handstrickverfahren; LM § 18 UWG Nr. 4 = GRUR 1964, 31 – Petromax II.

[68] *OGH* ÖBl. 2003, 18 – Castello I; 1992, 109 (113) – Prallbecher; *Koppensteiner,* § 28 Rn. 16 (S. 592); Harte-Bavendamm/Henning-Bodewig/*Harte-Bavendamm,* § 18 Rn. 6; Ohly/Sosnitza/*Ohly,* § 18 Rn. 6; str.

UWG „anvertrauen".[69] Der Schutz eines anvertrauten Geheimnisses entfällt mithin, sobald es offenkundig wird.[70] Umstritten ist, ob noch hinzukommen muss, dass es sich bei den Vorlagen oder Vorschriften zugleich um **Geschäftsgeheimnisse** iSd § 17 UWG handelt. Überwiegend wird die Frage verneint, weil § 18 Abs. 1 UWG nicht ausdrücklich auf § 17 UWG Bezug nimmt. Tatsächlich lässt sich indessen der weitgehende strafrechtliche Schutz der Vorlagen oder Vorschriften technischer Art durch § 18 UWG sachlich wohl nur rechtfertigen, wenn es sich dabei zugleich um Geschäftsgeheimnisse handelt.

2. Verbotene Handlung

37 Die strafbare Handlung besteht in der **unbefugten Verwertung oder Mitteilung** der anvertrauten Vorlagen zu Zwecken des Wettbewerbs oder aus Eigennutz. Diese Begriffe sind hier ebenso wie in § 17 Abs. 2 Nr. 2 UWG zu verstehen (→ Rn. 28 f.). § 18 Abs. 1 UWG ist folglich erfüllt, wenn von dem in der Vorlage verkörperten Gedanken in irgendeiner Form Gebrauch gemacht wird, selbst wenn es sich dabei um eine freie Bearbeitung handelt.[71] Die Werbung in Zeitschriften für Produkte, die nach den überlassenen Plänen hergestellt wurden, fällt gleichfalls unter das Verbot des § 18 Abs. 1 UWG.[72]

3. Rechtsfolgen

38 Die strafrechtlichen Folgen sind dieselben wie bei § 17 UWG (→ Rn. 18). Die zivilrechtlichen Folgen ergeben sich in der Regel aus der Verletzung vertraglicher oder vorvertraglicher Pflichten (§§ 280 und 311 Abs. 2 BGB), aus § 3 a UWG und aus § 823 Abs. 2 BGB. Fertigt der Täter von überlassenen Plänen zu Unrecht Kopien, so kann der Berechtigte von ihm auch Unterlassung der Benutzung der Kopien verlangen.[73]

VI. Zivilrechtlicher Schutz

39 Die §§ 17 und 18 UWG regeln lediglich den *strafrechtlichen* Geheimnisschutz, sodass durch sie ein weitergehender *zivilrechtlicher* Schutz von Geheimnissen nicht ausgeschlossen wird. Als Anspruchsgrundlagen kommen hier neben der Generalklausel des § 3 UWG insbesondere noch § 4 Nr. 3 lit. c und Nr. 4 UWG sowie die §§ 823 Abs. 1 und 826 BGB in Betracht, da die unbefugte Ausspähung oder Verwertung fremder Geschäftsgeheimnisse je nach den Umständen des Falles gleichermaßen als gezielte Mitbewerberbehinderung (§§ 3, 4 Nr. 3 lit. c und Nr. 4 UWG)[74] wie als Eingriff in den fremden Gewerbebetrieb oder als vorsätzliche sittenwidrige Schädigung qualifiziert werden können (§§ 823 Abs. 1 und 826 BGB). Dabei müssen jedoch die in den

[69] S. BGHZ 82, 369 (372) = NJW 1982, 937; *OLG Hamm* NJW-RR 1992, 552 (553); *OLG München* NJWE-WettbR 1997, 38 (39); Harte-Bavendamm/Henning-Bodewig/*Harte-Bavendamm,* § 18 Rn. 5; Ohly/Sosnitza/*Ohly,* § 18 Rn. 4 f.; *Többens,* WRP 2005, 552 (559).

[70] *BGH* LM § 18 UWG Nr. 2 = NJW 1958, 671 = GRUR 1958, 297 – Petromax I; LM § 18 UWG Nr. 3 = NJW 1960, 2000 = GRUR 1960, 554 – Handstrickverfahren; *OLG München* NJWE-WettbR 1997, 38 (39); Harte-Bavendamm/Henning-Bodewig/*Harte-Bavendamm,* § 18 Rn. 5.

[71] *BGH* LM § 18 UWG Nr. 3 (Bl. 3) = NJW 1960, 2000 = GRUR 1960, 554 – Handstrickverfahren.

[72] *OLG Hamm* NJW-RR 1992, 552.

[73] *OLG Hamm* NJW-RR 1990, 1380.

[74] *BGH* NJW-RR 2009, 1633 (1634 Tz. 20) = GRUR 2009, 1075 = WRP 2009, 1075 – Betriebsbeobachtung.

§§ 17 und 18 UWG zum Ausdruck gelangten Wertungen des Gesetzgebers beachtet werden (→ Rn. 14f.). Im Mittelpunkt des Interesses steht infolgedessen die Frage, unter welchen Voraussetzungen der „Geheimnisverrat" durch Arbeitnehmer nach ihrem Ausscheiden bei ihrem früheren Arbeitgeber gegen § 4 Nr. 4 UWG oder gegen die §§ 823 Abs. 1 und 826 BGB verstößt.[75]

40 Die gesetzliche Regelung des Geheimnisschutzes in den §§ 17 und 18 UWG beruht auf der Entscheidung des Gesetzgebers, dass **Arbeitnehmer nach** ihrem **Ausscheiden** aus einem Arbeitsverhältnis grundsätzlich in der Verwertung ihrer Kenntnisse im Interesse ihres beruflichen Fortkommens **frei** sein sollen, sofern sie ihre Kenntnisse nicht geradezu auf unredliche Weise erlangt haben (§ 17 Abs. 2 UWG) oder vertraglich eine entsprechende Verpflichtung für die Zeit nach ihrem Ausscheiden bei dem Arbeitgeber eingegangen sind (→ Rn. 15).[76] Daraus folgt, dass einem Arbeitnehmer ohne besondere Abreden jenseits der Fälle des § 17 UWG eine Verwertung seiner Kenntnisse nach seinem Ausscheiden aufgrund des UWG (§ 4 Nr. 4) oder des BGB (§§ 823 Abs. 1, 826) *nur in Ausnahmefällen* aufgrund besonderer Umstände, die sein Verhalten geradezu als unredlich oder sittenwidrig erscheinen lassen, verboten werden darf.[77]

41 Ob dies der Fall ist, lässt sich nur im Einzelfall aufgrund einer umfassenden **Interessenabwägung** beurteilen, bei der die Akzente in Literatur und Rechtsprechung je nach den Umständen des Falles und der Gewichtung der tangierten Interessen durchaus unterschiedlich gesetzt zu werden pflegen. Wer den gebotenen Schutz der Unternehmen gegen jede Form des Geheimnisverrats in den Vordergrund rückt, wird von vornherein zu einer großzügigeren Bejahung des ergänzenden zivilrechtlichen Geheimnisschutzes als derjenige tendieren, der vorrangig an die Wertungen der §§ 17–19 UWG anknüpft, sodass von Fall zu Fall die unterschiedlichsten Gesichtspunkte Bedeutung erlangen können. Hervorzuheben sind vor allem Art und Dauer der Beschäftigung des Arbeitnehmers, das ihm eingeräumte besondere Vertrauen, seine Mitwirkung an der Entwicklung des Geheimnisses, die Umstände, unter denen er von dem Geheimnis Kenntnis erlangt hat oder unter denen er von ihm Gebrauch macht, eine etwaige Schädigungsabsicht, die Bedeutung des Geheimnisses für den Arbeitgeber sowie schließlich das Ausmaß, in dem der Arbeitnehmer auf die Verwertung seiner Kenntnisse für sein Fortkommen angewiesen ist.[78]

42 Eher noch engere Schranken als bereits bei ausgeschiedenen Arbeitnehmern (→ Rn. 40f.) sind einem zusätzlichen zivilrechtlichen Schutz von Geheimnissen gegenüber **Dritten** auf dem Wege über die §§ 3 und 4 Nr. 3 lit. c und Nr. 4 UWG oder die §§ 823 Abs. 1 und 826 BGB zu ziehen. Bei ausgeschiedenen Arbeitnehmern kann

[75] S. dazu *Fezer,* FS Traub, 1994, S. 81ff.; Harte-Bavendamm/Henning-Bodewig/*Harte-Bavendamm,* § 17 Rn. 43ff.; *Ohly,* GRUR 2014, 1 (9ff.); *Schlötter,* Der Schutz von Betriebs- und Geschäftsgeheimnissen und die Abwerbung von Arbeitnehmern, 1997.

[76] *BGH* LM § 1 UWG Nr. 858 (Bl. 3ff.) = GRUR 2002, 91 (1827ff.) – Spritzgießwerkzeuge; NJW 2006, 3424 (3425 Tz. 13) = GRUR 2006, 1044 = WRP 2006, 1511 – Kundendatenprogramm; NJW 2009, 1420 (1421 Tz. 13) = GRUR 2009, 603 = WRP 2009, 163 – Versicherungsuntervertreter; BAGE 57, 159 = NJW 1988, 1686.

[77] *BGH* (vorige Fn.).

[78] Beispiele in RGZ 166, 199; BGHZ 38, 391 (393ff.) = NJW 1963, 856 = JuS 1963, 291 Nr. 7; *BGH* LM § 1 UWG Nr. 383 = GRUR 1983, 179 (181) – Stapel-Automat; LM § 1 UWG Nr. 858 (Bl. 4ff.) = GRUR 2002, 91 – Spritzgießwerkzeug; BAGE 41, 12 = NJW 1983, 134 = JuS 1983, 394 Nr. 10; BAGE 57, 159 = NJW 1988, 1686.

vielfach der von der arbeitsrechtlichen Rechtsprechung betonte Gesichtspunkt nachwirkender Treuepflichten zu einem Überwiegen der Interessen des früheren Arbeitgebers bei der stets gebotenen Interessenabwägung führen (→ Rn. 40 f.). Dieser Aspekt entfällt indessen bei beliebigen Dritten, sodass hier noch größere Zurückhaltung bei der Bejahung eines ergänzenden zivilrechtlichen Geheimnisschutzes als bereits bei ausgeschiedenen Arbeitnehmern geboten ist (str.). Zwar ist es sicher unlauter (§ 4 Nr. 4 UWG), wenn ein Gewerbetreibender Arbeitnehmer in den Betrieb eines Mitbewerbers einschleust mit dem Auftrag, dort Geschäftsgeheimnisse auszuspionieren (s. § 17 Abs. 2 Nr. 1 UWG).[79] Im Übrigen aber muss es grundsätzlich dabei bleiben, dass das gesamte technische und sonstige Wissen, das nicht durch Sondergesetze geschützt ist, frei ist und daher von jedermann verwertet werden darf, solange nicht geradezu der Tatbestand der §§ 17 Abs. 2 und 18 Abs. 1 UWG erfüllt ist oder ein Fall der sogenannten sklavischen Nachahmung vorliegt (§ 4 Nr. 3 UWG und dazu → § 11).

[79] *BGH* LM § 1 UWG Nr. 260 = GRUR 1973, 483 – Betriebsspionage (ein nahezu unglaublicher Fall).

§ 11. Ausbeutung fremder Leistungen

Literatur: *Baudenbacher,* Das UWG auf neuer Grundlage, 1989; *Beater,* Nachahmen im Wettbewerb, 1995; *Fock,* Der unmittelbare wettbewerbliche Leistungsschutz, 2008; *Glöckner,* Europäisches Lauterkeitsrecht, 2006; *Grünberger,* Schutz geschäftlicher Kennzeichen gegen Parodie im deutschen und amerikanischen Recht, 1991; *Keller,* Der Schutz eingetragener Marken gegen Rufausnutzung nach deutschem und europäischem Recht, 1994; *Knies,* Der wettbewerbliche Leistungsschutz – Eine unzulässige Rechtsfortbildung?, 1996; *Lange/Klippel/Ohly* (Hrsg.), Geistiges Eigentum und Wettbewerb, 2009; *Lobe,* Der unlautere Wettbewerb, Bd. I, S. 51 ff.; *Maierhofer,* Geschmacksmusterschutz und UWG-Leistungsschutz, 2006; *Mayrhofer,* Rufausbeutung im Recht des unlauteren Wettbewerbs, 1995; *Sambuc,* Der UWG-Nachahmungsschutz, 1996; *Thomasberger,* Rufausbeutung im Wettbewerbsrecht, 1993; *Walch,* Ergänzender Leistungsschutz nach § 1 UWG, 1991.

I. Überblick, Problematik

Nach § 4 Nr. 3 UWG handelt unlauter (im Sinne des § 3 Abs. 1 UWG), wer als Unternehmer Waren oder Dienstleistungen anbietet, die eine Nachahmung der Waren oder Dienstleistungen eines Mitbewerbers sind, sofern noch besondere qualifizierende Umstände hinzutreten. Es sind dies der Reihe nach die Herbeiführung einer vermeidbaren Täuschung der Abnehmer über die betriebliche Herkunft der fraglichen Waren oder Dienstleistungen (sogenannte **Herkunftstäuschung** nach lit. a des § 4 Nr. 3 UWG), die unangemessene Ausnutzung oder Beeinträchtigung der Wertschätzung der nachgeahmten Ware oder Dienstleistung (sogenannte **Rufausbeutung** nach lit. b des § 4 Nr. 3 UWG) sowie die unredliche Erlangung der für die Nachahmung erforderlichen Kenntnisse oder Unterlagen (häufig **Industriespionage** genannt, lit. c des § 4 Nr. 3 UWG). Praktische **Bedeutung** hat in der gewärtigen Praxis vor allem der Fall der Herkunftstäuschung im Sinne des § 4 Nr. 3 lit. a UWG und zwar in Gestalt der Nachahmung bekannter Produkte, wobei die Rechtsprechung in der Bejahung eines ergänzenden wettbewerbsrechtlichen Leistungsschutzes oft bedenklich weit geht. Mit dem genannten Tatbestand trifft häufig auch der Tatbestand der Rufausbeutung im Sinne des § 4 Nr. 3 lit. b UWG zusammen, während der Tatbestand der Industriespionage (§ 4 Nr. 3 lit. c UWG) heute neben dem Geheimnisschutz nach § 17 UWG (dazu → § 10) nur eine untergeordnete Rolle spielt.[1] 1

Das UWG von 1909 enthielt noch keine vergleichbaren Vorschriften, sodass der **wettbewerbsrechtliche Nachahmungs- oder** besser: **Leistungsschutz** seinerzeit allein auf die Generalklausel des § 1 UWG aF gestützt werden konnte. Auf dieser Grundlage war von der Rechtsprechung bereits früh eine Reihe von Fallgestaltungen herausgearbeitet worden, in denen die Nachahmung sondergesetzlich nicht geschützter Waren oder Dienstleistungen (ausnahmsweise) wegen der besonderen Umstände, unter denen die Nachahmung erfolgte, – trotz der grundsätzlichen Nachahmungsfreiheit – als sittenwidrig galt. Die wichtigsten **Fallgruppen** waren die Begründung einer vermeidbaren Herkunftstäuschung, die Ausbeutung des guten Rufs der nachgeahmten Waren oder Dienstleistungen sowie die Verschaffung der für die Nachahmung erforderlichen Kenntnisse auf unredliche Weise, insbesondere durch die Erschleichung fremder Betriebsgeheimnisse oder durch Vertrauensbruch. Es ist leicht zu erkennen, dass § 4 Nr. 3 lit. a–c UWG unmittelbar an die genannten Fallgruppen anknüpft.[2] Es verwun- 2

---

[1] S. zB *Hohlweck,* WRP 2015, 934 (935).

[2] Begr., BT-Drs. 15/1487, S. 18 (r. Sp. „Zu Nr. 3" Abs. 1).

dert deshalb nicht, dass die Rechtsprechung die Vorschrift des § 4 Nr. 3 UWG durchgängig im Lichte der früheren Praxis (auf der die Vorschrift beruht) auslegt.[3] Die gegenwärtige Fassung der Vorschrift beruht auf der zweiten Novelle von 2015, durch die der bisherige § 4 Nr. 9 UWG durch den wortgleichen § 4 Nr. 3 UWG ersetzt wurde. Eine sachliche Änderung war mit dieser (durch die Streichung der Nr. 1–6 des früheren § 4 UWG bedingten) Umstellung nicht beabsichtigt.

3 Die **Problematik** des ergänzenden wettbewerbsrechtlichen Leistungsschutzes nach § 4 Nr. 3 UWG beruht darauf, dass solcher Leistungsschutz immer Gefahr läuft, die Grenzen zu überspielen, die der Gesetzgeber bewusst dem sondergesetzlich geregelten Leistungsschutz insbesondere durch das PatG oder das UrhRG im Interesse des freien Wettbewerbs gezogen hat – mit der notwendigen Folge, dass dadurch der Wettbewerb – durch die Einschränkung der grundsätzlichen Nachahmungsfreiheit – weiter als eigentlich vom Gesetzgeber gewollt eingeschränkt wird.[4] Um dies zu erkennen, muss man sich Folgendes vergegenwärtigen:

4 Der Gesetzgeber hat bewusst durch Sondergesetze wie das Patentgesetz (PatG) oder das Urheberrechtsgesetz (UrhRG) nur einzelnen, für die Allgemeinheit als besonders wertvoll angesehenen Leistungen unter engen Voraussetzungen durch die Zubilligung von **Ausschließlichkeitsrechten** einen zudem durchweg zeitlich begrenzten Schutz vor Nachahmung gewährt – dies einfach deshalb, weil letztlich jedermann auf den Leistungen seiner Vorfahren und Mitmenschen aufbaut, sodass der gesamte wirtschaftliche, technische und kulturelle Fortschritt zum Erliegen käme, wenn es nicht zulässig wäre, sich die Leistungen anderer zunutze zu machen, soweit und solange nicht gerade ein sondergesetzlicher Schutz besteht.[5] Daraus ergibt sich zugleich, dass die **Nachahmung** fremder Leistungen grundsätzlich **erlaubt** und erwünscht (und nicht etwa verboten) ist, soweit eben kein Sondergesetz wie insbesondere das PatG oder das UrhRG eingreift.

5 Die Frage ist, was aus dem Gesagten für die **Auslegung des UWG** folgt. In dieser Frage stehen sich bis heute mehrere grundverschiedene Positionen unversöhnt gegenüber.[6] Eine verbreitete Meinung hält den sondergesetzlich geregelten Leistungsschutz *nicht* für *ausreichend* und tendiert deshalb – in freilich unterschiedlichem Umfang – dahin, entweder über die Generalklausel des § 3 Abs. 1 UWG oder durch Anwendung des § 4 Nr. 3 UWG (in „Ergänzung" zu den genannten Sondergesetzen) **weitere** wettbewerbsrechtliche **Leistungsschutzrechte** einzuführen, um so der „echten unternehmerischen Leistung" „endlich" den ihr gebührenden umfassenden Schutz im deutschen Recht zu verschaffen,[7] und zwar nach einer verbreiteten Mei-

[3] So zB *BGH* NJW-RR 2008, 124 (125 Tz. 19) = GRUR 2008, 795 = JuS 2008, 472 Nr. 15 – Handtaschen; GRUR 2009, 79 (82 Tz. 25) = WRP 2009, 76 – Gebäckpresse; NJW-RR 2010, 339 (341 Tz. 20) = GRUR 2010, 80 = WRP 2010, 94 – LIKEaBIKE; GRUR 2012, 1155 Tz. 16 = WRP 2012, 1379 (1381) – Sandmahlkasten; GRUR 2013, 951 Tz. 14 = WRP 2013, 1188 (1190) – Regalsystem; GRUR 2013, 1052 Tz. 14 = WRP 2013, 1339 (1340) – Einkaufswagen III.

[4] So auch die Begr., BT-Drs. 15/1487, S. 18 (r. Sp. „Zu Nr. 3" Abs. 1).

[5] Ebenso grdl. Bonito Boats v. Thunder Craft Boats, 489 US (1989), 141 = S.Ct. 109, 971.

[6] S. *Ohly,* WRP 2008, 177 (184f.); *ders.,* in: Lange/Klippel/Ohly, Geistiges Eigentum und Wettbewerb, 2009, S. 99 (105ff.); *Emmerich,* JuS 2012, 258.

[7] So *Fezer,* in: Gewerblicher Rechtsschutz und Urheberrecht in Deutschland, Bd. II, 1991, S. 939 (952ff.); *ders.,* in: Baudenbacher/Simon, Neueste Entwicklungen im europäischen und internationalen Immaterialgüterrecht, 2000, S. 167; *ders.,* WRP 2006, 781 (789f.); 2012, 1321ff.; *Glöckner,* Europäisches Lau-

nung sogar in möglichst großem Umfang oder doch – nach anderen – zumindest in Ausnahmefällen, soweit im Interesse der Allgemeinheit erforderlich, um vom Gesetzgeber bei der Regelung der Immaterialgüterrechte übersehene „Lücken" zu schließen.[8]

Demgegenüber ist daran festzuhalten, dass die Anerkennung neuer Leistungsschutzrechte grundsätzlich dem **Gesetzgeber vorbehalten** ist (Art. 14 GG). Ihre Einführung allein über die wettbewerbsrechtlichen Generalklauseln (§§ 3 Abs. 1, 4 Nr. 3 UWG) bedeutete einen sachlich durch nichts zu rechtfertigenden Eingriff in die Prärogative des Gesetzgebers.[9] Nachahmen ist eben nicht etwa verboten, sondern grundsätzlich *erlaubt* und auch erwünscht als Basis jeden menschlichen Fortschritts,[10] sodass man mit dem UWG immer nur im Einzelfall gegen die *Art und Weise* der Nachahmung intervenieren kann – ganz entsprechend § 4 Nr. 3 UWG.[11] 6

II. Konkurrenzen

§ 4 Nr. 3 UWG kann im Einzelfall mit einer Reihe weiterer Vorschriften aus dem UWG oder aus anderen Gesetzen zusammentreffen, woraus sich schwierige Konkurrenzprobleme ergeben. Kritisch ist vor allem das Verhältnis des § 4 Nr. 3 UWG zur UGP-Richtlinie von 2005 und zur Richtlinie über irreführende Werbung von 2006 (§ 6 UWG; → Rn. 8 f.) sowie zum MarkenG (→ Rn. 10). 7

Der Klärung bedarf zunächst das Verhältnis des § 4 Nr. 3 UWG zur **UGP-Richtlinie,** da sich die Richtlinie mit der Problematik des Nachahmungsschutzes allein unter dem Gesichtspunkt der Irreführung der Verbraucher in Art. 6 Abs. 1 lit. b beschäftigt. Welche Folgerungen daraus zu ziehen sind, ist offen. Nach Meinung des BGH gehört die Vorschrift des § 4 Nr. 3 UWG *insgesamt* dem **B2B-Bereich** an, sodass sie durch die UGP-Richtlinie in keiner Weise berührt werde.[12] Dafür spricht, dass § 4 Nr. 3 UWG lediglich ein besonderer Anwendungsfall der kleinen Generalklausel des § 4 Nr. 4 UWG darstellt und ebenso wie diese jedenfalls in erster Linie einen **Schutz der Mitbewerber** gegen die wettbewerbswidrige Ausbeutung ihrer Leistungen oder ihres Rufs 8

terkeitsrecht, 2006, S. 591 ff.; *Götting/Hettmank,* WRP 2013, 421; *Keller,* FS Erdmann, 2002, S. 595 (601 ff.); *Köhler,* WRP 1999, 1075; *ders.,* GRUR 2007, 548; *ders.,* in: Lange/Klippel/Ohly, Geistiges Eigentum, S. 89; *Sambuc,* Der UWG-Nachahmungsschutz, 1996; *Sack,* ZHR 160 (1996), 493.

[8] Im zweiten Sinne insb. zuletzt *Peukert,* WRP 2010, 316 (320); *Ruess/Slopek,* WRP 2011, 834 (841 ff.); noch wesentlich enger dagegen zB *Nemeczek,* WRP 2010, 1204 mN; zurückhaltend auch *Sambuc,* FS Bornkamm, 2014, S. 455.

[9] Ebenso *Beater,* Nachahmen im Wettbewerb, 1995, S. 344 ff.; *Emmerich,* FS Gernhuber, 1993, S. 857 (863 ff.); *ders.,* in: FG 50 Jahre BGH, Bd. II, 2000, S. 627 (633); *Ohly,* FS Ullmann, 2006, S. 295; *ders.,* WRP 2008, 177 (184 f.); *ders.,* in: Lange/Klippel/Ohly, Geistiges Eigentum, S. 99 (106 ff.); *Rößler,* GRUR 1995, 549; *Walch,* Ergänzender Leistungsschutz; ebenso im Grundsatz die Begr., BT-Drs. 15/1487, S. 18 (r. Sp. „Zu Nr. 3" Abs. 1).

[10] S. grdl. Bonito Boats v. Thunder Craft Boats, 489 US (1989), 141 = S.Ct. 109, 971.

[11] Ebenso ausdrücklich BGHZ 138, 143 (150) = NJW 1998, 3773 – Les-Paul-Gitarren; BGHZ 141, 329 (340) = NJW 1999, 2898 – Tele-Info-CD; *BGH* GRUR 2007, 984 (985 Tz. 20) = WRP 2007, 1455 – Gartenliege; GRUR 2009, 79 (82 Tz. 26) = WRP 2009, 76 – Gebäckpresse; *OGH* ÖBl. 2002, 87 (89 f.) – Studioline.

[12] *BGH* NJW-RR 2010, 339 (340 Tz. 17) = GRUR 2010, 80 = WRP 2010, 94 – LIKEaBIKE; NJW-RR 2011, 45 (46 Tz. 18) = GRUR 2010, 1125 = WRP 2010, 1465 – Femur-Teil; GRUR 2011, 79 Tz. 24 = WRP 2011, 51 – Markenheftchen; *Alexander,* WRP 2013, 1425 (1426 f.); *Hohlweck,* WRP 2015, 934 (935).

durch nachahmende Unternehmen bezweckt. Nicht zu übersehen ist freilich, dass § 4 Nr. 3 lit. a UWG, der sich gegen eine vermeidbare Täuschung der Abnehmer über die betriebliche Herkunft von Waren oder Dienstleistungen wendet, damit gewiss auch einen Schutz der *Abnehmer* eben gegen solche Täuschungen bezweckt,[13] – womit doch Art. 6 Abs. 1 lit. b der **UGP-Richtlinie** ins Spiel kommt, der durch § 5 Abs. 1 S. 2 Nr. 1 und Abs. 2 UWG in deutsches Recht umgesetzt wurde. Da mit der UGP-Richtlinie eine Vollharmonisierung bezweckt ist, müsste daraus an sich der Vorrang des § 5 Abs. 1 S. 2 Nr. 1 und Abs. 2 vor § 4 Nr. 3 lit. a UWG zu folgern sein, soweit diese Vorschrift in Gestalt des Verbots der Herkunftstäuschung ebenfalls ein Irreführungsverbot für das Verhältnis zu Verbrauchern enthält.[14] Diese Auffassung hat sich indessen bisher nicht durchzusetzen vermocht.

9 Nicht anders verhält es sich im Ergebnis, soweit die Werbung für nachgeahmte Produkte unter den weiten Begriff der **vergleichenden Werbung** in § 6 Abs. 1 UWG fällt (→ § 7 Rn. 8f.). Soweit das der Fall ist, bleibt zu beachten, dass die **Richtlinie** über irreführende Werbung von 2006 (auf der § 6 UWG beruht) ebenfalls eine Vollharmonisierung bezweckt, sodass heute § 6 UWG eine *abschließende* Regelung der Zulässigkeit der vergleichenden Werbung enthält. Für eine Anwendung des § 4 Nr. 3 UWG dürfte daneben kein Raum mehr sein.[15] Die Rechtsprechung nimmt jedoch auch darauf bisher keine Rücksicht und hält deshalb an der Anwendbarkeit des § 4 Nr. 3 UWG neben § 6 des Gesetzes fest.[16]

10 Noch nicht endgültig geklärt ist ferner das Verhältnis des § 4 Nr. 3 UWG zum **MarkenG,** weil sich in diesem Gesetz gleichfalls verschiedene Tatbestände finden, die deutliche Parallelen zu § 4 Nr. 3 UWG aufweisen (s. insbesondere § 14 Abs. 2 Nr. 3 und § 15 Abs. 3 MarkenG; dazu → § 18 Rn. 75ff.). Die überwiegende Meinung ging hier früher von einem **Vorrang des MarkenG** vor dem UWG aus und ließ deshalb lange Zeit einen Rückgriff auf das UWG im Regelfall nur zu, wenn zusätzliche, über das MarkenG hinausgehende Unlauterkeitsmerkmale vorlagen,[17] erkannte aber schon immer Ausnahmen für das Verhältnis des MarkenG speziell zu § 4 Nr. 3 UWG an, weil es bei der zuletzt genannten Vorschrift nicht um einen Kennzeichenschutz, sondern um den davon zu trennenden Produktschutz im Verhältnis B2B gegen Nachahmungen gehe.[18] Diese Auffassung, die sich unmittelbar auf § 2 MarkenG stützen konnte, hat sich mittlerweile weitgehend durchgesetzt (→ § 18 Rn. 4f.).

[13] *Köhler,* WRP 2012, 638 (644f.); *Sack,* GRUR 2015, 442; *Scherer,* WRP 2009, 1446.

[14] So insbesondere *Köhler,* WRP 2012, 638 (644f.); *Sack,* GRUR 2015, 442 (443f.).

[15] *Alexander,* WRP 2013, 1425 (1427); *Hohlweck,* WRP 2015, 934 (936); *Rohnke,* FS Bornkamm, 2014, S. 443 (444).

[16] *Hohlweck,* WRP 2015, 934 (936).

[17] ZB BGHZ 147, 56 (60f.) = NJW 2002, 372 = JuS 2002, 1027 – Tagesschau; BGHZ 181, 77 (90 Tz. 40) = GRUR 2009, 1183 – DAX; *BGH* GRUR 2007, 339 (342 Tz. 23) = WRP 2007, 313 – Stufenleiter; *Bornkamm,* GRUR 2005, 97; *ders.,* FS v. Mühlendahl, 2005, S. 9; Köhler/Bornkamm/*Köhler,* § 4 Rn. 9.9ff.; *Stieper,* WRP 2006, 291 (300ff.).

[18] *BGH* GRUR 2008, 793 Tz. 26 = WRP 2008, 1196 (1198) – Rillenkoffer; *Hohlweck,* WRP 2015, 934 (935f.).

III. Herkunftstäuschung

1. Überblick

Ein wettbewerbsrechtlicher Leistungsschutz kommt nach § 4 Nr. 3 lit. a UWG zunächst in Betracht, wenn jemand (durch eine geschäftliche Handlung im Sinne des § 2 Abs. 1 Nr. 1 UWG) Waren oder Dienstleistungen anbietet, die eine *Nachahmung* der Waren oder Dienstleistungen eines Mitbewerbers (§ 2 Abs. 1 Nr. 3 UWG) darstellen, *vorausgesetzt,* dass er dadurch eine *vermeidbare Täuschung* der Abnehmer *über* die betriebliche *Herkunft* dieser Waren oder Dienstleistungen herbeiführt. Ebenso wie bereits unter dem UWG von 1909 setzt der ergänzende wettbewerbsrechtliche Leistungsschutz somit *dreierlei* voraus:[19] Die nachgeahmten Waren (oder Dienstleistungen) müssen erstens eine gewisse *wettbewerbliche Eigenart* aufweisen, weil nur mit im Verkehr bekannten und geschätzten Produkten überhaupt konkrete Herkunftsvorstellungen des Verkehrs verbunden sein können (→ Rn. 14ff.). Die Produkte müssen zweitens (vorsätzlich) *nachgeahmt* worden sein (→ Rn. 20f.); und dadurch muss drittens die Gefahr einer *vermeidbaren Herkunftstäuschung* der Abnehmer begründet werden (→ Rn. 22ff.). 11

Geschützt werden in erster Linie Waren aller Art (zu den Dienstleistungen → Rn. 8).[20] An die Art der geschützten Waren werden keine besonderen Anforderungen gestellt. Insbesondere wird kein Unterschied zwischen technischen und nichttechnischen, insbesondere künstlerischen Werken gemacht.[21] Selbst ein simpler Sandmalkasten genießt den Schutz des § 4 Nr. 3 UWG, sofern nur die Voraussetzungen dieser Vorschrift erfüllt sind.[22] 12

Soweit das UWG in § 4 Nr. 3 darüber hinaus auch die Nachahmung von **Dienstleistungen** erfasst, hat die Vorschrift bisher nahezu keinerlei praktische Bedeutung erlangt.[23] Vorstellbar ist ohnehin lediglich in Ausnahmefällen die unangemessene Ausnutzung der Wertschätzung von Dienstleistungen im Sinne des § 4 Nr. 3 lit. b UWG; aber auch insoweit ist die Rechtsprechung ausgesprochen restriktiv.[24] Die Anfertigung von Filmaufzeichnungen **sportlicher Veranstaltungen** gehört gleichfalls nicht hierher, da es sich bei solchen Filmaufzeichnungen um eine eigene Leistung desjenigen 13

[19] S. zB BGHZ 161, 204 (211ff.) = NJW-RR 2005, 983 = JuS 2005, 755 Nr. 11 – Lego III; *BGH* NJW-RR 2008, 124 (125f. Tz. 22ff.) = GRUR 2008, 795 = JuS 2008, 472 Nr. 6 – Handtaschen; GRUR 2008, 793 Tz. 27ff. = WRP 2008, 1196 (1198f.) – Rillenkoffer; GRUR 2009, 79 (82f. Tz. 27ff.) = WRP 2009, 75 – Gebäckpresse; NJW-RR 2009, 1703 Tz. 12 = GRUR 2009, 1069 – Knoblauchwürste; NJW-RR 2010, 339 (341 Tz. 21) = GRUR 2010, 80 = WRP 2010, 94 – LIKEaBIKE; GRUR 2012, 1155 Tz. 16 = WRP 2012, 1379 – Sandmahlkasten; GRUR 2013, 951 Tz. 14 = WRP 2013, 1188 – Regalsystem; GRUR 2013, 1052 Tz. 15 = WRP 2013, 1339 – Einkaufswagen III; wN bei *Alexander,* WRP 2013, 1425, 1555ff.

[20] *BGH* GRUR 2012, 1155 Tz. 19 = WRP 2012, 1379 – Sandmalkasten.

[21] RGZ 144, 41 (47ff.) – Hosenträger; BGHZ 50, 125 (130f.) = NJW 1968, 1474 – Pulverbehälter; BGHZ 21, 266 (269ff.) = NJW 1956, 1676; BGHZ 35, 341 (348f.) = NJW 1961, 2107; *BGH* LM § 1 UWG Nr. 351 = NJW 1981, 2252 = GRUR 1981, 517 = WRP 1981, 514 – Rollhocker; LM § 1 UWG Nr. 492 = NJW-RR 1988, 1122 = GRUR 1988, 620 = WRP 1988, 654 – Vespa-Roller; *OGH* ÖBl. 1981, 115 = GRURInt 1982, 64; ÖBl. 1982, 64 = GRURInt 1982, 676; ÖBl. 1985, 24 = GRURInt 1985, 684 (689); ÖBl. 1991, 209 (212).

[22] *BGH* GRUR 2012, 1155 Tz. 19 = WRP 2012, 1379 – Sandmahlkasten.

[23] *Hohlweck,* WRP 2015, 930; Ohly/Sosnitza/*Ohly,* § 4 Rn. 9.28.

[24] BGHZ 181, 77 (91f. Tz. 44ff.) = GRUR 2009, 1183 – DAX.

handelt, der die Aufzeichnungen vornimmt.[25] Im Schrifttum wird deshalb vielfach gefordert, einen zusätzlichen wettbewerbsrechtlichen Leistungsschutz aufgrund der Generalklausel des § 3 Abs. 1 für besonders herausragende und aufwendige Veranstaltungen anzuerkennen.[26] Tatsächlich besteht dafür weder ein Bedürfnis noch überhaupt eine rechtliche Möglichkeit (→ Rn. 4 f.).

2. Wettbewerbliche Eigenart[27]

14 Bei der wettbewerblichen Eigenart der nachgeahmten Erzeugnisse handelt es sich um ein ungeschriebenes Tatbestandsmerkmal, dessen Notwendigkeit sich daraus ergibt, dass ein Schutz gegen eine Herkunftstäuschung durch Nachahmungen allein bei solchen Waren (oder Dienstleistungen) in Betracht kommt, bei denen der Verkehr überhaupt auf die Herkunft achtet, weil sie eine gewisse Eigenart aufweisen, die auf ihre Herkunft hinweist. Wettbewerbliche Eigenart wird deshalb grundsätzlich nur solchen Erzeugnissen zugebilligt, deren konkrete Ausgestaltung *geeignet* ist, im Verkehr *auf ihre betriebliche Herkunft hinzuweisen* und mit denen der Verkehr daher besondere **Herkunfts- oder Gütevorstellungen** verbindet.[28] Wird ein fremdes Erzeugnis nur *teilweise* übernommen, so setzt die Anwendung des § 4 Nr. 3 UWG außerdem voraus, dass die wettbewerbliche Eigenart gerade auf den übernommenen Teilen beruht.[29] Auf der anderen Seite kann freilich die wettbewerbliche Eigenart eines Produkts auch gerade auf der Kombination mehrerer technischer oder ästhetischer Merkmale beruhen.[30] Maßgebend sind immer die Umstände des Einzelfalls.

15 Es genügt „eine *gewisse Bekanntheit* bei nicht unerheblichen Teilen der angesprochenen Verkehrskreise".[31] Bei Luxuswaren kommt es folglich nur auf die Bekanntheit bei dem kleinen Kreis der Personen an, die sich für derartige Produkte ernsthaft als Käufer interessieren.[32] Volle Verkehrsgeltung ist *nicht* erforderlich; vielmehr wird jedes überhaupt nur *im Inland bekannte und geschätzte Produkt* über § 4 Nr. 3 UWG gegen Nachahmung geschützt.

16 Hinzukommen muss noch, insbesondere bei technischen Produkten, dass ihre Bekanntheit, ihr guter Ruf, gerade auf den *eigenen* Anstrengungen des Herstellers, auf

[25] BGHZ 187, 255 (259) = NJW 2011, 1811 Tz. 16 = JuS 2012, 258 – Hartplatzhelden.de.

[26] S. ausführlich zuletzt mN *Fezer,* WRP 2012, 1173, 1321.

[27] S. dazu zuletzt *Aigner/Müller-Broich,* WRP 2008, 438; *Alexander,* WRP 2013, 1425 (1423 ff.); *Fischer,* GRUR 2015, 1160; *Hohlweck,* WRP 2015, 934 (937 f.); *Nemeczek,* WRP 2010, 1315; *Rohnke,* FS Bornkamm, 2014, S. 443 (445 ff.); kritisch *Sack,* GRUR 2015, 442 (447 ff.).

[28] Vgl. zB BGHZ 138, 143 (148) = NJW 1998, 3773 – Les-Paul-Gitarren; BGHZ 141, 329 (340) = NJW 1999, 2898 – Tele-Info-CD; *BGH* GRUR 2008, 793 Tz. 29 f. = WRP 2008, 1196 (1199) – Rillenkoffer; GRUR 2012, 1155 Tz. 19 = WRP 2012, 1379 – Sandmahlkasten; NJW-RR 2010, 53 Tz. 10 = GRUR 2009, 1073 = WRP 2009, 1372 – Ausbeinmesser; NJW-RR 2010, 339 (341 Tz. 21) = GRUR 2010, 80 – LIKEaBIKE; NJW-RR 2011, 45 (46 Tz. 21) = GRUR 2010, 1125 = WRP 2010, 1465 – Femur Teil; GRUR 2012, 1155 Tz. 19 ff = WRP 2012, 1379 – Sandmalkasten; GRUR 2013, 951 Tz. 19 ff. = WRP 2013, 1188 – Regalsystem; GRUR 2013, 1052 Tz. 18 ff. = WRP 2013, 1339 – Einkaufswagen III; GRUR 2015, 909 Tz. 10 ff. = WRP 2015, 1090 (1091 f.) – Exzenterzähne; ebenso zB *OGH* ÖBl. 2002, 87 (89 f.) – Studioline; wN bei *Alexander,* WRP 2013, 1425.

[29] BGHZ 141, 329 (340) = NJW 1999, 2898 – Tele-Info-CD; ausführlich zu dieser schwierigen Frage *Aigner/Müller-Broich,* WRP 2008, 438 (442 ff.).

[30] *BGH* GRUR 2015, 909 Tz. 20 = WRP 2015, 1090 (1092) – Exzenterzähne.

[31] So *BGH* GRUR 2010, 80 = NJW-RR 2010, 339 (342 Tz. 36) = WRP 2010, 94 – LIKEaBIKE; *Hohlweck,* WRP 2015, 934 (937) mit Zahlen.

[32] Ausführlich *Aigner/Müller-Broich,* WRP 2008, 438.

dessen Investitionen beruht, weil sonst ein wettbewerbsrechtlicher „Leistungsschutz“ nicht gerechtfertigt ist.[33] Eine zufällige – durch die Gunst der Umstände erlangte – Bekanntheit genießt keinen Schutz nach dem UWG.

Bei technischen Produkten darf die wettbewerbliche Eigenart außerdem *nicht* gerade aus solchen Merkmalen hergeleitet werden, die **technisch bedingt** sind und zum freien Stand der Technik gehören, sodass der Rückgriff auf solche Merkmale für *jeden* Hersteller unausweichlich, weil notwendig ist (→ Rn. 19); die wettbewerbliche Eigenart technischer Produkte kann vielmehr allein mit solchen Merkmalen begründet werden, die zwar vielleicht ebenfalls technisch bedingt, indessen bei dem gegenwärtigen Stand der technischen Lehre *frei wählbar oder austauschbar* sind.[34] Bei der Anwendung dieser Regeln verfährt die Rechtsprechung jedoch häufig erstaunlich *großzügig*. So soll es bei Produktlinien bereits genügen, wenn die einzelnen zu der Produktlinie gehörenden Produkte gemeinsam bestimmte charakteristische Merkmale aufweisen, um wettbewerbliche Eigenart aller Produkte bejahen zu können.[35] Außerdem soll auch nichts dagegen sprechen, die wettbewerbliche Eigenart von Produkten, die früher Patentschutz genossen, nach Ablauf des Patents gerade auf diejenigen technischen Merkmale zu stützen, die zuvor patentiert waren.[36] Das läuft im Ergebnis auf eine nicht vertretbare Verlängerung des Patentschutzes auf dem Umweg über § 4 Nr. 3 UWG hinaus. 17

Dagegen hält die Rechtsprechung– unter vielfachem Widerspruch des Schrifttums[37] – bisher (zu Recht) daran fest, dass das fragliche Erzeugnis **im Inland** in dem Augenblick der Markteinführung der Nachahmung[38] tatsächlich bereits **bekannt** sein muss, da andernfalls eine Täuschung der Abnehmer über die Herkunft nicht vorstellbar sei.[39] Wird ein Produkt bereits *vor* seiner allgemeinen *Markteinführung* oder unmittelbar danach nachgeahmt, ist infolgedessen – mangels Bekanntheit des Produkts am Markt – noch *kein* Raum für die Anwendung des § 4 Nr. 3 UWG,[40] wohl aber für die des § 5 Abs. 1 S. 2 Nr. 1 und Abs. 2 UWG, weil für die Anwendung des Irreführungsverbots bereits die bloße *Eignung* zur Irreführung genügt.[41] Eine Bekanntheit allein im **Ausland** bleibt ebenfalls außer Betracht. Im Inland nicht bekannte ausländische Produkte genießen hier keinen Schutz gegen Nachahmung aufgrund des UWG, mögen sie in ihrem Herkunftsland auch noch so bekannt sein.[42] 18

[33] *Hohlweck,* WRP 2015, 934 (937 mN); str.

[34] S. zB GRUR 2006, 79 (80 Tz. 19, 82 Tz. 35) = NJW-RR 2006, 435 = WRP 2007, 313 – Stufenleiter; GRUR 2007, 984 Tz. 20 = = WRP 2007, 1455 – Gartenliege; NJW-RR 2010, 339 (341 Tz. 27ff.) = GRUR 2010, 80 – LIKEaBIKE; NJW-RR 2011, 45 (46 Tz. 22f.) = GRUR 2010, 1125 – Femur-Teil; GRUR 2012, 1155 Tz. 27ff = WRP 2012, 1379 – Sandmalkasten; GRUR 2013, 951 Tz. 19ff. = WRP 2013, 1188 – Regalsysteme; GRUR 2015, 909 Tz. 17ff. = WRP 2015, 1090 (1092) – Exzenterzähne; *Fischer,* GRUR 2015, 1140.

[35] *BGH* GRUR 2008, 793 Tz. 29f. = WRP 2008, 1196 (1199) – Rillenkoffer.

[36] *BGH* GRUR 2015, 909 Tz. 22ff. = WRP 2015, 1090 (1092f.) – Exzenterzähne.

[37] S. *Heermann,* WRP 2004, 263 (271); *Osterrieth,* FS Tilmann, 2003, S. 221 (230f.).

[38] *BGH* GRUR 2007, 339 (343 Tz. 39) = WRP 2007, 313 – Stufenleiter.

[39] Zuletzt *BGH* LM § 1 UWG Nr. 861 (Bl. 4) = GRUR 2002, 275 – Noppenbahnen; LM § 1 UWG Nr. 868 (Bl. 2 R) = NJW-RR 2002, 1261 = GRUR 2002, 629 – Blendsegel; LM § 1 UWG Nr. 879 (Bl. 3 R) = NJW-RR 2002, 1332 = GRUR 2002, 820 – Bremszangen; NJW-RR 2005, 1126 (1127) = GRUR 2005, 600 (5602); GRUR 2009, 79 (82f. Tz. 31f.) = WRP 2009, 76 – Gebäckpresse.

[40] S. *OLG Nürnberg* NJW-RR 1986, 1489; *OGH* ÖBl. 1996, 292 (296); str.

[41] S. dazu *Köhler,* GRUR 2009, 445; *Scherer,* WRP 2009, 1446.

[42] *OGH,* ÖBl. 1996, 292 (296).

19 Zwischen den einzelnen Tatbestandsmerkmalen des § 4 Nr. 3 UWG (wettbewerbliche Eigenart, Nachahmung und Herkunftstäuschung) besteht eine sogenannte **Wechselwirkung** derart, dass, je stärker etwa die wettbewerbliche Eigenart einer Ware ist, umso geringere Anforderungen an die übrigen Tatbestandsmerkmale gestellt werden können – und umgekehrt.[43] Dies bedeutet, dass das Ausmaß der wettbewerblichen Eigenart eines Erzeugnisses den **Umfang des Nachahmungsschutzes** bestimmt. Bei Erzeugnissen mit nur *geringer* wettbewerblicher Eigenart ist der Nachahmungsschutz über § 4 Nr. 3 lit. a UWG entsprechend beschränkt;[44] umso strengere Anforderungen sind mit anderen Worten an die Annahme einer Herkunftstäuschung zu stellen.[45] Auch die Umkehrung dieses Satzes ist richtig: Je *größer* die wettbewerbliche Eigenart eines Erzeugnisses ist, desto geringere Anforderungen sind an die Art und Weise und die Intensität der Nachahmung sowie an die besonderen wettbewerblichen Umstände der Nachahmung zu stellen.

20 *Keinen* Schutz genießen bloße **Ideen** und sonstige **Anweisungen an** den menschlichen **Geist** einschließlich insbesondere technischer Lehren, die zum Stand der Wissenschaft gehören und deshalb für jedermann frei zugänglich bleiben müssen.[46] Auch darauf beruht der bereits erwähnte Grundsatz, dass technisch bedingte Merkmale eines Erzeugnisses nicht zur Begründung der wettbewerblichen Eigenart dieses Erzeugnisses herangezogen werden dürfen (→ Rn. 16). Frei sind daher zB Werbeideen (→ Rn. 28f.), technische Lehren[47] oder neue Moderichtungen.[48] Selbst wer durch solche Ideen einen neuen Markt erschließt, muss es sich gefallen lassen, dass die Konkurrenten alsbald in diesen Markt eindringen (→ Rn. 43f.).

3. Nachahmung

21 Der wettbewerbsrechtliche Leistungsschutz eigenartiger Waren oder Dienstleistungen (→ Rn. 14ff.) setzt nach § 4 Nr. 3 lit. a UWG weiter voraus, dass der Täter die eigenartigen fremden Waren (oder Dienstleistungen) *nachahmt und* gerade durch das Angebot der nachgeahmten Erzeugnisse eine vermeidbare *Täuschung* der Abnehmer über die betriebliche Herkunft der fraglichen Waren herbeiführt. Unter Nachahmung versteht man das Arbeiten nach fremdem Vorbild.[49] Dies hat eine objektive und eine subjektive Seite. Objektiv genügt es für die Annahme einer Nachahmung, wenn die **we-**

[43] *BGH* LM § 1 UWG Nr. 799 = NJW-RR 2000, 338 = GRUR 1999, 1106 – Rollstuhl; LM § 1 UWG Nr. 868 (Bl. 2 R) = NJW-RR 2002, 1261 = GRUR 2002, 629 – Blendsegel; GRUR 2006, 79 (80 Tz. 19) = WRP 2006, 75 – Jeans; GRUR 2007, 339 (342 Tz. 24) = WRP 2007, 313 – Stufenleiter; GRUR 2007, 984 (985 Tz. 14) = WRP 2007, 1455 – Gartenliege; WRP 2007, 1076 = NJW-RR 2008, 124 (125f. Tz. 22) = JuS 2008, 472 Nr. 15 – Handtaschen; GRUR 2008, 793 Tz. 27 = WRP 2008, 1196 (1198) – Rillenkoffer; GRUR 2015, 909 Tz. 9 = WRP 2015, 1090 (1091) – Exzenterzähne; *Aigner/Müller-Broich,* WRP 2008, 438 (440ff.).

[44] *OGH* ÖBl. 2004, 18 – Generica-Tabelle.

[45] *KG* NJW-RR 1988, 1126 (1128).

[46] *BGH* LM § 1 UWG Nr. 861 (Bl. 3f.) = GRUR 2002, 275 – Noppenbahnen; LM § 1 UWG Nr. 868 (Bl. 4) = NJW-RR 2002, 1261 = GRUR 2002, 629 – Blendsegel; LM § 253 ZPO Nr. 143 = GRUR 2000, 86 (90) – Laubhefter.

[47] *BGH* LM § 1 GeschmMG Nr. 14 = GRUR 1977, 547 für die Idee, mehrere Kerzen an einen Docht hintereinander zu reihen; *OLG Nürnberg* NJW-RR 1986, 1489 für die Idee, Plüschfiguren zu einem Ball umzukrempeln.

[48] BGHZ 35, 341 (349) = NJW 1961, 2107; *BGH* LM § 1 UWG Nr. 203 = GRUR 1969, 292 – Buntstreifensatin I und II; LM § 1 UWG Nr. 316 = GRUR 1979, 119 – Modeschmuck.

[49] *Alexander,* WRP 2013, 1425 (1430f.).

sentlichen Teile zB einer fremden komplexen Maschine **nachgebaut** werden, *sofern* sich gerade mit diesen Teilen die maßgeblichen Herkunfts- und Gütevorstellungen des Verkehrs verbinden, während eine Nachahmung *anderer* Teile irrelevant ist.[50] Nachahmung ist daher zwar das Nachschnitzen einer fremden Skulptur,[51] nicht jedoch der Nachbau fremder Möbel oder eine Nachahmung fremder Handtaschen, sofern dabei die eigenartigen Merkmale gerade nicht übernommen werden.[52] Eine Nachahmung scheidet ferner aus, wenn dem Verkehr bekannt ist, dass neben Originalen auch Nachahmungen am Markt sind, sodass er sich zunächst Klarheit über die Herkunft der ihm angebotenen Erzeugnisse verschaffen muss, wenn es ihm darauf ankommt.[53] Dies wird gerade bei begehrten Luxusartikeln häufig der Fall sein, da jedermann weiß, dass diese durchweg sofort in großem Umfang kopiert werden. Man denke nur an teure Parfums oder Uhren.

22 Subjektiv setzt die Nachahmung eines fremden Erzeugnisses ferner einen entsprechenden **Vorsatz** voraus.[54] Eine unbewusste „Nachahmung" gibt es nicht; vielmehr handelt es sich dann um die unbedenkliche, erneute Auffindung einer bereits von einem anderen gefundenen Gestaltungsmöglichkeit, um das bloße Nachdenken von anderen schon gedachter Gedanken, ohne welches es keinen menschlichen Fortschritt gäbe.[55] *Nicht* erforderlich ist dagegen eine besondere Täuschungs- oder Behinderungsabsicht.[56]

4. Vermeidbare Herkunftstäuschung

a) Herkunftstäuschung

23 Die Anwendung des § 4 Nr. 3 lit. a UWG setzt schließlich noch voraus, dass gerade *durch* das Angebot der nachgeahmten eigenartigen Erzeugnisse eine vermeidbare Täuschung der Abnehmer über die betriebliche Herkunft der fraglichen Waren herbeigeführt wird. Nach dem Wortlaut des Gesetzes muss es zwar bereits zu einer derartigen Herkunftstäuschung gekommen sein; jedoch sollte auch hier ebenso wie in vergleichbaren Fallgestaltungen bereits die bloße *Gefahr* einer Herkunftstäuschung genügen.[57]

24 Die vermeidbare Gefahr einer Herkunftstäuschung iSd § 4 Nr. 3 lit. a UWG wird grundsätzlich nach denselben **Kriterien** wie eine Verwechslungsgefahr im Sinne des Kennzeichenschutzrechts beurteilt (→ § 18 Rn. 55 ff.). Deshalb ist nicht anders als im Kennzeichenrecht zwischen einer Herkunftstäuschung im engeren und einer solchen

[50] BGHZ 141, 329 (340) = NJW 1999, 2898 – Tele-Info-CD; *BGH* GRUR 1984, 597 – vitra programm; NJW-RR 2008, 124 (126 Tz. 32) = GRUR 2007, 795 = JuS 2008, 472 Nr. 15 – Handtaschen.

[51] BGHZ 44, 288 (297 f.) = NJW 1966, 542 = JuS 1966, 250 Nr. 4 – Apfelmadonna.

[52] *BGH* GRUR 1984, 597 – vitra programm; LM § 1 UWG Nr. 868 (Bl. 3 ff.) = NJW-RR 2002, 1261 = GRUR 2002, 629 – Blendsegel; NJW-RR 2008, 124 (126 Tz. 32) = GRUR 2007, 795 = JuS 2008, 472 Nr. 15 – Handtaschen; kritisch dazu *Aigner/Müller-Broich,* WRP 2008, 438.

[53] *BGH* NJW-RR 2008, 124 (126 Tz. 39) = GRUR 2007, 795 = JuS 2008, 472 Nr. 15 – Handtaschen.

[54] *BGH* NJW-RR 2008, 1726 = GRUR 2008, 1115 (1117 Tz. 24 ff.) – ICON; *OGH* ÖBl. 1982, 64 = GRURInt 1982, 676 (677); ÖBl. 1991, 209 (212); 1991, 213 (215); 1992, 109 (112); 1995, 281 (284); 2004, 18; *Koppensteiner,* öWiBl. 1995, 1 (4).

[55] *Alexander,* WRP 2013, 1425 (1430).

[56] Vgl. BGHZ 50, 125 (131 f.) = NJW 1968, 1474 = GRUR 1968, 591 – Pulverbehälter.

[57] *BGH* GRUR 2007, 339 (342 Tz. 24, 343 Tz. 39) = WRP 2007, 313 – Stufenleiter; *Sack,* GRUR 2015, 442 (445).

im weiteren Sinne zu unterscheiden.[58] Eine Herkunftstäuschung im *weiteren* Sinne liegt zB vor, wenn der Verkehr die Nachahmung für ein unter einer Zweitmarke vertriebenes Produkt des Originalherstellers hält oder wenn er von wirtschaftlichen oder organisatorischen Beziehungen zwischen den beteiligten Unternehmen ausgeht;[59] es handelt sich dabei freilich um Ausnahmefälle.[60] Als maßgeblicher **Zeitpunkt** für die Beurteilung einer Herkunftstäuschung galt bisher der des Vertragsabschlusses, sodass eine spätere Täuschung irrelevant war.[61] Ob daran heute noch festgehalten werden kann, ist mit Rücksicht auf die Anpassung des § 2 Abs. 1 Nr. 1 UWG an Art. 2 lit. d der UGP-Richtlinie noch offen.[62] Zu denken ist in diesem Zusammenhang etwa an die Forderung von Nachbesserungen oder die Bestellung von Ersatzteilen.[63]

25 Abzustellen ist auf die jeweils **angesprochenen Verkehrskreise;** nur auf deren Täuschung kommt es an.[64] Eine Verwechslungsgefahr scheidet folglich aus, wenn der einzige in Betracht kommende Abnehmer die konkurrierenden Produkte vor seiner Entscheidung über die Anschaffung genauestens prüft[65] oder wenn als Abnehmer lediglich **Fachleute** in Betracht kommen, die über die Marktverhältnisse ohnehin umfassend informiert sind und die hochkomplexe Produkte nur nach genauester Untersuchung auf Eignung und Qualität auswählen.[66] Entscheidend ist letztlich der **Gesamteindruck,** den die Verpackung, die Aufmachung und die Kennzeichnung der Ware hervorrufen.[67] Erkennt der Verkehr ohne Weiteres die Unterschiede zwischen den Waren oder den Kennzeichnungen, so kann keine Nachahmung vorliegen.[68] Von Fall zu Fall kann dafür bereits die Hervorhebung der unterschiedlichen Namen der Hersteller der Produkte auf der Verpackung genügen.[69] Auch bei billigen Nachah-

[58] *BGH* LM § 1 UWG Nr. 832 = GRUR 2001, 251 (253) = NJW-RR 2001, 405 – Messerkennzeichnung; LM § 1 UWG Nr. 835 = NJW-RR 2001, 823 = GRUR 2001, 443 – Viennetta; *OGH* ÖBl. 1998, 17 (21) – Schokobananen; 1999, 12 (13) – Gamma; 1999, 191 (193) – Red Puma.

[59] *BGH* NJW-RR 2009, 1704 Tz. 15 = GRUR 2009, 1069 – Knoblauchwürste; *Alexander,* WRP 2013, 1425, 1430.

[60] S. *BGH* GRUR 2014, 1215 Tz. 43 = WRP 2014, 1458 (1462) – Olympia-Rabatt.

[61] BGHZ 161, 204 (211 f.) = NJW-RR 2005, 983 = JuS 2005, 755 Nr. 10 – Lego III; *BGH* GRUR 2007, 339 (3443 Tz. 39) = WRP 2007, 313 – Stufenleiter; GRUR 2008, 793 Tz. 33 = WRP 2008, 1096 (1099 f.) – Rillenkoffer.

[62] *BGH* GRUR 2008, 793 Tz. 33 = WRP 2008, 1096 (1099 f.) – Rillenkoffer; NJW-RR 2011, 45 (47 f. Tz. 35) = GRUR 2010, 1125 = WRP 2010, 1465 – Femur-Teil.

[63] *Alexander,* WRP 2013, 1425, 1431.

[64] *BGH* NJW-RR 2011, 45 (47 Tz. 30) = GRUR 2010, 1125 = WRP 2010, 1465 – Femur-Teil.

[65] *OGH* ÖBl. 1999, 12 (13) – Gamma (für Schultische).

[66] *BGH* LM § 3 UWG Nr. 267 = NJW-RR 1988, 876 = GRUR 1988, 385 = WRP 1988, 371 – Wäsche-Kennzeichnungsbänder; NJW-RR 2011, 45 (47 Tz. 30) = GRUR 2010, 1125 = WRP 2010, 1465 – Femur-Teil: für hochspezialisierte Fachärzte (die niemand täuschen kann); GRUR 2013, 1052 Tz. 37 = WRP 2013, 1339 (1342) – Einkaufswagen III: für professionelle Einkäufer großer Einzelhandelsketten.

[67] *BGH* LM § 1 UWG Nr. 832 = NJW-RR 2001, 405 = GRUR 2001, 251 (253) – Messerkennzeichnung; NJW-RR 2008, 124 (126 Tz. 39) = GRUR 2007, 795 = JuS 2008, 472 Nr. 15 – Handtaschen; NJW-RR 2010, 339 (342 Tz. 17 ff.) = GRUR 2010, 80 – LIKEaBIKE; GRUR 2015, 909 Tz. 33 ff. = WRP 2015, 1090 (1094) – Exzenterzähne.

[68] *BGH* NJW-RR 2008, 124 (126 Tz. 39) = GRUR 2007, 795 = JuS 2008, 472 Nr. 15 – Handtaschen; *OGH* ÖBl. 1999, 191 (193 f.) – Red Puma.

[69] *BGH* LM § 1 UWG Nr. 835 = NJW-RR 2001, 823 = GRUR 2001, 443 – Viennetta.

mungen bekanntermaßen teurer Luxusartikel scheidet eine Herkunftstäuschung in aller Regel aus, weil die Verbraucher diese Unterschiede kennen.[70]

b) Vermeidbarkeit

Eine Herkunftstäuschung (→ Rn. 22f.) ist nach § 4 Nr. 3 lit. a UWG nur relevant, wenn sie vermeidbar war. Eine nach den Umständen nicht zu vermeidende Herkunftstäuschung muss im Interesse des technischen und wirtschaftlichen Fortschritts hingenommen werden. Die Prüfung dieser Frage erfordert eine umfassende **Abwägung der Interessen** aller Beteiligten unter Einbeziehung der Interessen der Allgemeinheit.[71] Ist die Gestaltung des fremden Erzeugnisses **technisch** oder durch die vorherrschende **Mode bedingt,** so kann sich der Nachahmer dieser Gestaltung daher bedienen, da § 4 Nr. 3 UWG nicht dazu führen darf, technische Gestaltungen oder Moderichtungen für bestimmte Unternehmen zu monopolisieren, die sich ihrer (mehr oder minder zufällig) als erste bedient haben; eine daraus resultierende unvermeidliche Verwechslungsgefahr muss vielmehr im Interesse der freien Zugänglichkeit wechselnder Moden oder technischer Lehren ebenfalls hingenommen werden.[72] Jedoch werden an die Vermeidbarkeit der Herkunftstäuschung in diesen Fällen umso strengere **Maßstäbe** angelegt, je höher der Grad der Nachahmung ist. Bei einer fast identischen Übernahme prägender technischer Elemente eines fremden eigenartigen Produkts verlangt die Rechtsprechung entsprechend große Anstrengungen des nachahmenden Unternehmers zur Vermeidung einer Herkunftstäuschung – oder die Wahl anderer technische Lösungen:[73] auch dies im Grunde eine Ausdehnung eines nicht oder nicht mehr bestehenden sondergesetzlichen Schutzes auf dem (Um-)Weg über § 4 Nr. 3 lit. a in den an sich schutzrechtsfreien Raum (die nicht hingenommen werden sollte). 26

Auf der anderen Seite bleibt es aber dabei, dass es jedermann gestattet ist, **Ersatzteile** und Zubehör zu fremden nicht geschützten Produkten herzustellen (→ Rn. 39ff.). Deshalb muss es ihm auch erlaubt sein, eine Gestaltung zu wählen, die überhaupt erst eine Kombination der verschiedenen Produkte ermöglicht, selbst wenn dadurch eine Herkunftstäuschung infolge der Übernahme bestimmter Gestaltungsmerkmale der anderen Ware begründet wird (→ Rn. 39f.).[74] 27

Das Gesagte bedeutet im Ergebnis, dass ein Nachahmer, wenn die Nachahmung eines fremden schutzwürdigen Erzeugnisses eine Verwechslungsgefahr begründet, (nur) *alles ihm Mögliche und Zumutbare* tun muss, um der Gefahr einer Herkunftstäuschung zu begegnen.[75] Der „Vorwurf" unlauteren Verhaltens (§ 4 Nr. 3 lit. a UWG) ist erst ge- 28

---

[70] → Rn. 17; *Aigner/Müller-Broich,* WRP 2008, 438 (441).

[71] BGH GRUR 2013, 951 Tz. 35ff. = WRP 2013, 1188 – Regalsystem; *Sack,* GRUR 2015, 442 (446f.).

[72] Vgl. *BGH* LM § 1 UWG Nr. 810 = GRUR 2000, 521 (525) = NJW-RR 2001, 614 – Modulgerät; LM § 253 ZPO Nr. 143 = GRUR 2002, 86 (90f.) = WRP 2001, 1294 – Laubhefter; LM § 1 UWG Nr. 879 (Bl. 2 R f.) = NJW-RR 2002, 1332 = GRUR 2002, 820 – Bremszangen; GRUR 2007, 339 (344 Tz. 44) = WRP 2007, 313 – Stufenleiter; *OGH* SZ Bd. 49 (1976) Nr. 65, S. 309 (316f.) für die funktionsbedingte Gestaltung von Produkten.

[73] So ausf. *BGH* GRUR 2015, 909 Tz. 36 = WRP 2015, 1090 (1094) – Exzenterzähne.

[74] *BGH* GRUR 2013, 951 Tz. 35ff. = WRP 2013, 1188 – Regalsystem; *Hohlweck,* WRP 2015, 934 (939f.).

[75] S. *BGH* LM § 1 UWG Nr. 791 = NJW-RR 1999, 984 (986)= GRUR 1999, 751 = WRP 1999, 816 – Güllepumpen; GRUR 2015, 909 Tz. 33ff. = WRP 2015, 1090 (1094) – Exzenterzähne; *OGH* ÖBl. 2004, 18 – Generica-Tabelle.

rechtfertigt, wenn er es auf eine mit zumutbaren Mitteln vermeidbare Herkunftstäuschung ankommen lässt, da dann deutlich wird, dass es ihm in erster Linie darum geht, an dem fremden Ruf zu partizipieren. Vor allem in Fragen der ästhetischen Gestaltung kann danach gewöhnlich ein größerer **Abstand** als bei technischen Lösungen verlangt werden, weil hier meistens mehrere gleichwertige Gestaltungsmöglichkeiten bestehen.[76]

5. Nachahmung fremder Werbung

29 Werbeideen sind ebenso wie beliebige sonstige Ideen „frei" und können daher von jedermann „nachgeahmt" werden, da ein bloßer Ideenschutz dem deutschen Recht fremd ist (→ Rn. 19).[77]

Beispiele sind die gestalterischen Grundideen einer Werbung wie etwa die Abbildung von Tieren und Landschaften auf der Verpackung von Lebensmitteln[78] oder Ideen für Sendungen im Fernsehen.[79]

So ärgerlich solche Nachahmung für einen Unternehmer im Einzelfall auch sein mag, so sehr muss doch daran festgehalten werden, dass das UWG nicht dazu herhalten darf, Ideen und Gedanken einschließlich Werbeideen oder Werbesprüchen für bestimmte Unternehmen zu monopolisieren; vielmehr kann auch hier immer nur im Einzelfall die **Art und Weise der Nachahmung** unter besonderen, zusätzlichen Umständen als unlauter qualifiziert werden (§ 4 Nr. 3 UWG),[80] etwa, wenn die Folge eine **vermeidbare Herkunftstäuschung** ist, weil der Nachahmende bewusst darauf aus ist, sich das bei der Kundschaft bestehende Erinnerungsbild der nachgeahmten Werbung zunutze zu machen (§ 4 Nr. 3 lit. a UWG).[81] Voraussetzung dafür ist, dass die nachgeahmte Werbemaßnahme wegen ihrer wettbewerblichen Eigenart überhaupt geeignet ist, sich dem Gedächtnis des Publikums einzuprägen.[82]

30 In Ausnahmefällen ist es auch möglich, die Übernahme fremder Werbesprüche oder Inserate unter dem Gesichtspunkt der **Rufausbeutung** nach § 4 Nr. 3 lit. b UWG zu bekämpfen, vorausgesetzt, dass die übernommene Werbung ganz eigenartig ist und eine überragende Verkehrsgeltung erlangt hat.[83] Zur Verhinderung unbegründeter

[76] BGHZ 50, 125 (128ff.) = NJW 1968, 1474; *BGH* LM § 1 UWG Nr. 351 = NJW 1981, 2252 (2253) = GRUR 1981, 517 = WRP 1981, 514 – Rollhocker; NJW-RR 1986, 1041 = WRP 1986, 377 = GRUR 1986, 673 (675) – Beschlagprogramm; *OGH* ÖBl. 1998, 17 (21) – Schokobananen; 2001, 116 – Norweger-Pullover; GRUR 2015, 909 Tz. 34 = WRP 2015, 1090 (1094) – Exzenterzähne.

[77] BGHZ 18, 175 (183f.) = NJW 1955, 1753; *OLG Frankfurt a. M.* WRP 1973, 162; NJW-RR 1987, 559; *OLG Hamburg* GRUR 1990, 627 = NJW-RR 1990, 1261; *OLG Düsseldorf* GRUR 1993, 128.

[78] *BGH* NJW-RR 2009, 1703 Tz. 21f. = GRUR 2009, 1069 = WRP 2009, 1374 – Knoblauchwürste.

[79] *OLG München* NJW-RR 1993, 619; *OGH* ÖBl. 1995, 14 (20); 1995, 281 (283) – Hit auf Hit.

[80] *RG* GRUR 1944, 88 (90); *BGH* LM § 1 UWG Nr. 728 = NJW-RR 1997, 741 = GRUR 1997, 308 (für den Werbespruch: „Wärme fürs Leben"); GRUR 1961, 244 (245) – natürlich in Revue; *Heermann,* WRP 2004, 263 (270ff.).

[81] *OGH* ÖBl. 1995, 281 (283) – Hit auf Hit; 1997, 194 (197) – Magic Joy; *Heermann,* WRP 2004, 263 (270ff.).

[82] *BGH* GRUR 1961, 244 (245) (hier verneint für den Werbespruch „natürlich in Revue"); *OLG Köln* GRUR 2000, 1096 (sogar für Kleinanzeigen).

[83] S. → Rn. 25 sowie *OLG Düsseldorf* GRUR 1993, 128; *OLG Karlsruhe* GRUR 1995, 429 = NJW-RR 1996, 298; *OLG Köln* GRUR 1934, 758 für den Werbespruch – Schmiegsam wie ein Frühlingsfalter bin ich im Forma-Büstenhalter; *LG München* GRUR 1953, 184 für den Spruch – Lass Dir raten, trinke Spaten; *LG Köln* NJW 1965, 1667 = JuS 1966, 38f. Nr. 2 für den Werbespruch – 4711 immer dabei; *OGH* ÖBl. 1991, 217 – Übernahme von Inseraten; 1995, 14 (20); 1995, 281 (283f.) – Hit für Hit.

Meinungsmonopole ist hier jedoch große Zurückhaltung geboten. Im Einzelfall kann die Nachahmung fremder Werbemaßnahmen schließlich noch unlauteren **Behinderungswettbewerb** darstellen (§ 4 Nr. 4 UWG).

Beispiele sind die sofortige Nachahmung jeder wie immer gearteten Werbemaßnahme eines Mitbewerbers, um diesem die Durchsetzung am Markt unmöglich zu machen,[84] oder die Eintragung der werbeträchtigen Schöpfung eines Künstlers ohne dessen Erlaubnis als Marke, nur zu dem Zweck, den Künstler an der wirtschaftlichen Verwertung seiner Schöpfung zu hindern.[85]

IV. Rufausbeutung und Rufbeeinträchtigung

1. Rufausbeutung

31 Nach § 4 Nr. 3 lit. b UWG handelt ferner unlauter, wer Waren anbietet, die eine Nachahmung der Waren oder Dienstleistungen eines Mitbewerbers darstellen, sofern er dadurch die Wertschätzung der nachgeahmten Ware unangemessen ausnutzt *oder* beeinträchtigt (sog Rufausbeutung und Rufbeeinträchtigung). Sonderregelungen finden sich für die **vergleichende Werbung** in § 6 Abs. 2 Nr. 4 UWG (s. dazu → § 7 Rn. 40 ff.) sowie im **MarkenG** in den §§ 14 Abs. 2 Nr. 3, 15 Abs. 3 und 127 Abs. 3. Das Verhältnis dieser sich vielfach überschneidenden Tatbestände zueinander ist umstritten. Richtigerweise dürfte davon auszugehen, dass § 6 Abs. 2 Nr. 4 UWG den Vorrang vor § 4 Nr. 3 UWG hat, weil § 6 Abs. 2 Nr. 4 auf der Werberichtlinie von 2006 beruht, die eine Vollharmonisierung des Wettbewerbsrechts bezweckt. Dagegen verdrängt das MarkenG heute den § 4 Nr. 3 lit. b UWG nach mittlerweile wohl hM nicht mehr (→ Rn. 10).

32 Die Fälle der **Rufausbeutung** (oder Rufausnutzung) sind dadurch gekennzeichnet, dass der gute Ruf, der mit einem fremden Namen oder mit fremden Erzeugnissen verbunden ist, gerade durch deren Nachahmung auf die eigene Leistung übergeleitet werden soll.[86] Es geht dabei im Wesentlichen um **drei** verschiedene **Fallgestaltungen:**[87] Die erste Fallgruppe ist dadurch charakterisiert, dass mit der Nachahmung zwecks Rufausbeutung eine **Herkunftstäuschung** verbunden ist, sodass es zu einer Verwechslung der nachgeahmten Produkte mit den dem Verkehr bekannten und geschätzten Originalen kommt (dazu → Rn. 11 ff.). In diesem Fall findet zugleich § 4 Nr. 3 lit. a UWG Anwendung.[88] Es dürfte sich dabei um die mit Abstand häufigste Fallgestaltung handeln, sodass sich insoweit § 4 Nr. 3 lit. b UWG im Grunde als entbehrlich erweist.

33 In der zweiten Fallgruppe der Rufausbeutung geht es um die **Anlehnung an fremde Ware,** insbesondere durch die Bezugnahme auf im Verkehr bekannte und geschätzte Konkurrenzprodukte zur Empfehlung der eigenen Ware, indem diese etwa als *„gleichwertig“* oder *„ebenso gut“* wie die bekannten und erkennbar gemachten, nachgeahmten *Konkurrenzprodukte* hingestellt wird, und zwar zu dem Zweck, die mit einem im Verkehr bekannten Produkt verbundenen Qualitätsvorstellungen auf das eigene Produkt

---

84 *BGH* GRUR 1961, 244 (246) – natürlich in Revue; *OLG Hamburg* NJW-RR 1990, 1261.

85 *BGH* LM § 1 UWG Nr. 86/87 = NJW 1960, 37 = GRUR 1960, 144 für den Namen „Bambi“.

86 Begr., BT-Drs. 15/1487, S. 18 (r. Sp. „Zu Nr. 3b“); zur Kritik an dieser Fallgruppe s. statt aller *Ohly,* in: Lange/Klippel/Ohly, Geistiges Eigentum, S. 99 (113 f.).

87 *Alexander,* WRP 2013, 1425 (1431 f.); *Hohlweck,* WRP 2015, 934 (936 ff.); *Rohnke,* FS Bornkamm, 2014, S. 443 (449 ff.: besonders weitgehend).

88 *BGH* NJW-RR 2011, 45 (48 Tz. 41) = GRUR 2010, 1125 = WRP 2010, 1465 – Femur-Teil; GRUR 2013, 1052 Tz. 38 ff. = WRP 2013, 1339 (1342) – Einkaufswagen III.

überzuleiten (sog **Imagetransfer**).[89] Es handelt sich dabei um eine besonders diffuse und problematische Fallgruppe, sodass bei ihrer Annahme *Zurückhaltung* geboten ist. Auf keinen Fall genügt es für die Anwendung dieses eigenartigen Tatbestandes, wenn lediglich positive Assoziationen zu fremden geschätzten Gegenständen oder Einrichtungen geweckt werden.[90]

34 Das Gesetz bringt die Notwendigkeit der Zurückhaltung bei der Anwendung des Tatbestandes dadurch zum Ausdruck, dass es sich in § 4 Nr. 3 lit. b ausdrücklich nur gegen eine *„unangemessene"* Rufausbeutung wendet, woraus der Schluss zu ziehen ist, dass in jedem Fall eine sorgfältige **Abwägung der Interessen** der Beteiligten unter Berücksichtigung der Umstände des Einzelfalls geboten ist.[91]

Beispiele für eine in diesem Sinne unangemessene Rufausbeutung sind die Werbung für eigene Produkte unter Benutzung der Abbildungen berühmter fremder Waren,[92] die Eintragung eines Namens als Marke, der von einem anderen Unternehmen für andere Waren bekannt gemacht wurde,[93] die Ausnutzung des Titels einer beliebten Fernsehserie für die eigene Werbung,[94] die Bezeichnung von Fiat-Kraftfahrzeugen mit der Abkürzung „SL"[95] sowie die Herstellung von Klemmbausteinen in offener Anlehnung an die bekannten Lego-Steine.[96]

Jedoch kann durch deutliche Kennzeichnung der Ware die Unlauterkeit der Nachahmung in diesen Fällen leicht ausgeschlossen werden. Zulässig bleibt außerdem die Herstellung von Ersatzteilen und Zubehör zu bekannten und geschätzten Produkten anderer Hersteller (→ Rn. 39 ff.), selbst wenn damit notwendigerweise im Interesse der Absetzbarkeit der Ersatzteile oder des Zubehörs die Übernahme von Gestaltungsmerkmalen verbunden ist, die auf die Originalware hinweisen.[97]

35 Bereits die zuletzt genannte zweite Fallgruppe der Rufausbeutung (→ Rn. 32 f.) ist aus wettbewerbspolitischer Sicht wenig sinnfällig. In noch größerem Maße trifft dies für die dritte Fallgruppe der Rufausbeutung zu, die dadurch gekennzeichnet ist, dass billige Nachahmungen zu Luxusartikel auf den Markt geworfen werden, um es den Erwerbern zu ermöglichen, **bei Dritten** den **täuschenden Eindruck** zu erwecken, sie seien Besitzer der nachgeahmten Luxusartikel, zB sündhaft teurer Schweizer Uhren

[89] S. dazu schon → § 7 Rn. 40 ff. sowie BGHZ 161, 204 (215) = JuS 2005, 755 Nr. 11 – Lego III; BGHZ 187, 255 (260 f.) = NJW 2011, 1811 Tz. 18 = JuS 2012, 258 – Hartplatzhelden.de; *BGH* GRUR 2011, 79 Tz. 34 = WRP 2011, 851 – Markenheftchen; GRUR 2013, 1052 Tz. 37 = WRP 2013, 1339 (1342) – Einkaufswagen II; GRUR 2014, 1215 Tz. 21 ff. = WRP 2014, 1458 (1460) – Olympia-Rabatt; GRUR 2015, 909 Tz. 40 = WRP 2015, 934 (937 f.) – Exzenterzähne; *Hohlweck,* WRP 2015, 934 (937 f., 939 f.).

[90] BGHZ 161, 204 (215) = JuS 2005, 755 Nr. 11 – Lego III; *BGH* NJW-RR 2003, 1551 (1553) = GRUR 2003, 973 – Tupperwareparty; *BGH* GRUR 2014, 1215 Tz. 23, 27 = WRP 2014, 1458 – Olympia-Rabatt; kritisch *Rohnke,* FS Bornkamm, 2014, S. 443 (451).

[91] ZB *BGH* GRUR 2014, 1215 Tz. 21 ff. = WRP 2014, 1458 (1460) – Olympia-Rabatt; GRUR 2015, 909 Tz. 40 = WRP 2015, 934 (937 f.) – Exzenterzähne.

[92] Unlauter nach BGHZ 86, 90 (94 ff.) = NJW 1983, 1431 – Rolls-Royce; *BGH* LM § 823 (Ag) BGB Nr. 13 = NJW-RR 1987, 1389 = GRUR 1987, 711 = WRP 1987, 667 – Camel tours; LM § 1 UWG Nr. 475 = NJW-RR 1988, 644 = GRUR 1988, 453 – Champagner; *OLG München* NJW-RR 1987, 1122 = GRUR 1987, 299 – Opium.

[93] *BGH* NJW 1986, 379 (380 f.) = GRUR 1985, 550 (553) – Dimple (insoweit nicht in BGHZ 93, 96 [99] abgedruckt).

[94] *LG München I* GRUR 1989, 60 – Wetten dass.

[95] BGHZ 113, 115 (126 ff.) = NJW 1991, 3212.

[96] BGHZ 161, 204 (214 f.) = NJW-RR 2005, 983 = GRUR 2005, 349 – Klemmbausteine III.

[97] *BGH* GRUR 2013, 951 Tz. 36 ff. = WRP 2013, 1188 (1192 f.) – Regalsystem.

oder ebenso teurer modischer Artikel berühmter Häuser.[98] Die Erweckung bloßer Assoziationen an fremde Artikel genügt dafür freilich nicht (→ Rn. 32). Ohnehin ist es gewiss nicht die Aufgabe des Wettbewerbsrechts, es den Menschen zu verbieten, gegenüber Dritten anzugeben, wenn sie dies denn für notwendig halten.

2. Rufbeeinträchtigung

Bei der unangemessenen Rufbeeinträchtigung hat man vor allem Fälle im Auge, die 36
dadurch charakterisiert sind, dass durch den Vertrieb der nachgeahmten Produkte (angeblich) der **Ruf der Originalware Schaden** erleidet. Das ist vor allem vorstellbar, wenn die Gefahr einer Verwechslung der minderwertigen Imitation mit der Originalware besteht, sodass (wiederum) zugleich der Tatbestand des § 4 Nr. 3 lit. a UWG erfüllt ist. Daneben wird die Gefahr einer Rufbeeinträchtigung noch diskutiert, wenn die Originalware durch die Nachahmungen Gefahr läuft, ihrer Exklusivität und damit ihres Prestigewertes beraubt zu werden, indem sie zB im Wege ihrer Nachahmung lächerlich oder sogar verächtlich gemacht wird oder indem doch der Ruf ihrer besonderen Qualität zerstört wird.[99] So soll es sich zB verhalten, wenn für ein hochkomplexes Produkt eine fast identische Nachahmung auf den Markt geworfen wird, die nicht denselben Qualitätsstandards wie das Original genügt.[100]

Weitere **Beispiele** sind die Bezeichnung (ausgerechnet) von Kondomen als „Nivea“,[101] der Vertrieb von Kondomen als Scherzartikel in Faltschachteln mit der sinnigen Aufschrift „Mars macht mobil bei Sex, Sport und Spiel“,[102] die Bezeichnung von Hunde- und Katzenfutter als „Mac Dog“ und „Mac Cat“,[103] der massenhafte Vertrieb billiger Nachahmungen von Luxusuhren in Kaffeegeschäften[104] sowie die Nachbildung künstlerisch wertvoller Möbel durch minderwertige Imitationen.[105] Als **unbedenklich** wurde dagegen zB angesehen der Nachbau berühmter Rennwagen als Modelle für Autorennbahnen.[106]

V. Unredliche Kenntniserlangung

Nach § 4 Nr. 3 lit. c UWG handelt schließlich noch unlauter, wer die für die Nachah- 37
mung fremder Waren oder Dienstleistungen erforderlichen Kenntnisse oder Unterlagen unredlich erlangt hat. Die Gesetzesverfasser hatten hier Fälle im Auge, in denen sich der Nachahmer die für die Nachahmung erforderlichen Kenntnisse durch *Erschleichung* eines fremden Betriebsgeheimnisses oder durch *Vertrauensbruch* ver-

[98] *BGH* LM § 1 UWG Nr. 424 (Bl. 3) = NJW 1986, 381 = GRUR 1986, 876 – Tchibo/Rolex; NJW-RR 2008, 124 (127f. Tz. 44f.) = GRUR 2007, 795 = WRP 2007, 1076 = JuS 2008, 472 Nr. 15 – Handtaschen; *OLG Düsseldorf* GRUR-RR 2012, 200; 2012, 352 – Tablet-PC I und II; *Alexander,* WRP 2013, 1425, 1432; *Hohlweck,* WRP 2015, 934 (938 Tz. 20ff.); *Rohnke,* FS Bornkamm, 2014, S. 443 (448ff.).

[99] *BGH* LM § 1 UWG Nr. 424 (Bl 3 R) = NJW 1986, 381 = GRUR 1986, 876 – Tchibo/Rolex; NJW-RR 2008, 124 (128 Tz. 48) = GRUR 2007, 795 = WRP 2007, 1076 = JuS 2008, 472 Nr. 15 – Handtaschen; NJW-RR 2011, 45 (49 Tz. 51) = GRUR 2010, 1125 = WRP 2010, 1465 – Femur-Teil; *Hohlweck,* WRP 2015, 934 (936f.); Ohly/Sosnitza/*Ohly,* § 4 Rn. 9/70; besonders weitgehend *Rohnke,* FS Bornkamm, 2014, S. 443 (450ff.).

[100] *BGH* NJW-RR 2011, 45 (49 Tz. 51) = GRUR 2010, 1125 = WRP 2010, 1465 – Femur-Teil.

[101] *BGH* LM § 1 UWG Nr. 670 = NJW 1995, 871 = GRUR 1995, 57 = WRP 1995, 92 – Markenverunglimpfung II; *OLG Hamburg* GRUR 1993, 132.

[102] BGHZ 125, 91 (101ff.) = NJW 1994, 1954 = JuS 1994, 985 Nr. 10.

[103] BGHZ 138, 349 (358) = NJW 1998, 3781.

[104] *BGH* LM § 1 UWG Nr. 424 = NJW 1986, 381 = GRUR 1986, 876 – Tchibo/Rolex.

[105] *BGH* NJW 1987, 2678 (2679) = GRUR 1987, 903 – Le Corbusier-Möbel.

[106] BGHZ 126, 208 (212ff.) = NJW-RR 1994, 1323 = JuS 1995, 170 Nr. 3 – Mac Laren/Carrera.

schafft.[107] Man spricht in diesen Fällen auch von Industriespionage. Ihre praktische Bedeutung ist offenbar ganz gering.

38 Der wettbewerbsrechtliche Leistungsschutz auf der Grundlage des § 4 Nr. 3 lit. c UWG ergänzt den strafrechtlichen Schutz von Geschäfts- und Betriebsgeheimnissen aufgrund der §§ 17 Abs. 2 und 18 UWG (→ § 10 Rn. 20, 33 ff.). Jedoch ist der Tatbestand des **Erschleichens** weiter als der Tatbestand des Geheimnisverrats nach den §§ 17 Abs. 2 oder 18 UWG und greift zB auch ein in Fällen der Abwerbung von Arbeitnehmern allein zu dem Zweck, von ihnen Betriebsgeheimnisse auszuspähen,[108] oder in Fällen der Entwendung der nötigen Unterlagen bei einem Mitbewerber.[109] Der Tatbestand des **Vertrauensbruchs** ist dagegen in der Regel gegeben, wenn der Täter die fraglichen Kenntnisse zunächst redlich erlangt hatte, etwa im Rahmen von Vertragsverhandlungen oder einer Vertragsdurchführung, und erst später diese Kenntnisse missbräuchlich zum Schaden des anderen Teils verwertet.[110] Dieser Fall weist eine enge Verwandtschaft mit dem Fall der Vorlagenfreibeuterei des § 18 UWG auf (s. deshalb auch → § 10 Rn. 33 ff.).

VI. Behinderung

39 § 4 Nr. 3 UWG enthält in den lit. a–c keine abschließende Aufzählung der Fälle, in denen ein wettbewerbsrechtlicher Leistungsschutz in Ergänzung der Sondergesetze in Betracht kommt, sodass daneben in anderen Fallgestaltungen immer noch ein Rückgriff auf die Generalklauseln des **§ 3 Abs. 1** und des **§ 4 Nr. 4 UWG** möglich bleibt. Jedoch ist für die Annahme einer gezielten Mitbewerberbehinderung im Falle der Nachahmung fremder Produkte mit Rücksicht auf die grundsätzliche Nachahmungsfreiheit nur in *Ausnahmefällen* Raum.[111] Der wichtigste Fall ist die systematische Behinderung eines Konkurrenten durch die **fortgesetzte Kopie seiner Produkte,** sodass es ihm unmöglich gemacht wird, sich auf dem Markt einen eigenen Ruf zu schaffen, zB durch die systematische Nachahmung aller eigenartigen Schmuckstücke eines Konkurrenten.[112] Die praktische Bedeutung auch dieser Fallgruppe ist ganz gering.

VII. Ersatzteile[113]

40 Aus der grundsätzlichen Zulässigkeit selbst des maßstabgetreuen Nachbaues gemeinfreier fremder Erzeugnisse (→ Rn. 1 f.) folgt, dass es jedermann auch erlaubt ist, **Er-**

[107] Begr., BT-Drs. 15/1487, S. 18 (r. Sp. u.); RGZ 135, 385 (395); 144, 41 (52); *BGH* LM § 1 UWG Nr. 57 = GRUR 1958, 351 – Deutschlanddecke; LM § 17 UWG Nr. 5 = NJW 1960, 1999 = GRUR 1961, 40 – Wurftaubenpresse; GRUR 2003, 356 (357 f.) = NJW-RR 2003, 618 – Präzisionsmessgeräte; *OGH* ÖBl. 1999, 12 (13 f.) – Gamma; *Alexander,* WRP 2013, 1425, 1432.

[108] → § 6 Rn. 42 ff.; *Götting/Hetmank,* WRP 2013, 421.

[109] *BGH* GRUR 2003, 356 (357 f.) = NJW-RR 2003, 618 = WRP 2003, 500 – Präzisionsmessgeräte.

[110] *BGH* GRUR 2003, 356 (357 f.) = NJW-RR 2003, 618 = WRP 2003, 500 – Präzisionsmessgeräte.

[111] *BGH* NJW-RR 2008, 124 (128 Tz. 50 f.) = GRUR 2007, 795 = WRP 2007, 1076 = JuS 2008, 472 Nr. 15 – Handtaschen.

[112] *BGH* LM § 1 UWG Nr. 31 = GRUR 1960, 244 – Simili-Schmuck; BGHZ 35, 341 (349) = NJW 1961, 2107; BGHZ 44, 288 (300) = NJW 1966, 542; *BGH* LM § 1 UWG Nr. 879 (Bl. 4 f.) = NJW-RR 2002, 1332 = GRUR 2002, 820 – Bremszangen; *Bopp,* GRUR 1997, 34 (38 ff.).

[113] S. dazu insb. *Hohlweck,* WRP 2015, 934; *Ohly,* FS Ullmann, 2006, S. 795; *Sack,* FS Erdmann, 2002, S. 697; *Waibel,* Warenzeichenrechtliche und wettbewerbsrechtliche Fragen des Ersatzteile-, Zubehör- und Reparaturgewerbes, 1977.

satzteile und Zubehör zu fremden Erzeugnissen herzustellen und zu vertreiben.[114] Soweit erforderlich, um die Kompatibilität der verschiedenen Produkte herzustellen, dürfen für die Ersatzteile oder das Zubehör auch Gestaltungselemente verwendet werden, die notwendigerweise auf die Originale hinweisen, selbst wenn dadurch eine Verwechslungsgefahr begründet werden sollte; § 4 Nr. 3 lit. a UWG muss insoweit im Interesse der Wettbewerbsfreiheit zurücktreten (→ Rn. 36). Der Hersteller der Ersatzteile oder des Zubehörs darf ferner in seiner **Werbung** auf das Original Bezug nehmen, um die Verwendbarkeit seiner Teile als Ersatzteile oder Zubehör zu dem Original zu verdeutlichen, indessen nur in einer Weise, die jede Anlehnung oder Ausbeutung des Rufs der Originalteile vermeidet.[115]

In der Werbung darf ferner nicht der *Eindruck* erweckt werden, die fraglichen Teile 41
stammten von dem Originalhersteller (§ 5 Abs. 1 S. 2 Nr. 1 und Abs. 2 UWG). Außerdem muss eine *Gefährdung* der Benutzer der Originalware vermieden werden. Die Herstellung minderwertiger Ersatzteile, deren Verwendung die Sicherheit der Verwendung des Hauptproduktes beeinträchtigt, verstößt (auch) gegen § 3 Abs. 1 UWG.[116] Ein derartiger Fall liegt zB vor, wenn ein Unternehmen Nachschlüssel zu fremden Schließanlagen herstellt, mit denen es möglich ist, unberechtigt weitere Türen zu öffnen.[117]

Von der grundsätzlichen Zulässigkeit der Herstellung und des Vertriebs von Ersatztei- 42
len und Zubehör zu fremden Erzeugnissen hatte der BGH eine Zeitlang eine Ausnahme für die eigenartigen Fälle des **Einschiebens in eine fremde Serie** gemacht. Wichtigster Fall war die Herstellung von Klemmbausteinen, die mit den bekannten Legobausteinen kompatibel sind.[118] Der BGH hat dieses Verhalten als unlauter bezeichnet, letztlich, weil dadurch die „Erfinder" der Legobausteine um ihren verdienten Lohn gebracht würden (sogenannte **Lego-Doktrin**). Da die Folge indessen die Begründung eines Monopols für den Hersteller wäre, der mehr oder weniger zufällig einen neuen Markt als erster erschlossen hat, lässt der BGH heute solchen Schutz, wenn überhaupt, so nur noch für einen *eng begrenzten Zeitraum* zu.[119] Aber auch dafür fehlt im Grunde, soweit kein sondergesetzlicher Schutz, etwa nach dem Gebrauchsmustergesetz, eingreift, jede Grundlage; eine abweichende Beurteilung kann höchstens im Einzelfall unter dem Gesichtspunkt der Rufbeeinträchtigung in Betracht kommen.[120]

[114] BGHZ 187, 255 (265)= NJW 2011, 1811 Tz. 28 = JuS 2012, 258 – Hartplatzhelden.de.

[115] So sehr restriktiv *BGH* LM § 1 UWG Nr. 712 = NJW-RR 1996, 1196 = GRUR 1986, 781 = WRP 1986, 713 – Verbrauchsmaterialien OEM.

[116] S. BGHZ 27, 264 (267f.) = NJW 1958, 1486; BGHZ 41, 55 (58) = NJW 1964, 920; *BGH* LM § 1 UWG Nr. 406 = GRUR 1984, 282 – Zusatzgeräte zu Kameras; LM § 1 UWG Nr. 546 = NJW-RR 1990, 1128 = GRUR 1990, 909 = WRP 1990, 683 – Rollen-Clips; LM § 1 UWG Nr. 810 (Bl. 4ff.) = GRUR 2000, 521 – Modulgerüst; *OGH* SZ Bd. 62 II (1989) Nr. 207, S. 390 (394f.); *Schweiz. BGE* 116 II (1990), 471 (475f.) – Volvo.

[117] *OGH* ÖBl. 1991, 221 (224) – Nachschlüssel.

[118] BGHZ 27, 264 (270ff.) = NJW 1958, 1486; BGHZ 28, 387 (395f.) = NJW 1959, 578; BGHZ 41, 55 (59f.) = NJW 1964, 920 – Klemmbausteine I; *BGH* LM § 1 UWG Nr. 304 = GRUR 1977, 666 – Einbauleuchten; LM § 1 UWG Nr. 602 = NJW-RR 1992, 1067 = GRUR 1992, 619 – Klemmbausteine II; LM § 1 UWG Nr. 810 = GRUR 2000, 521 = WRP 2000, 493 – Modulgerüst.

[119] BGHZ 161, 204 (213) = NJW-RR 2005, 983 = JuS 2005, 755 Nr. 11 – Lego III; ebenso schon wohl *BGH* LM § 1 UWG Nr. 810 = GRUR 2000, 521 = WRP 2000, 493 – Modulgerüst; NJW-RR 2005, 686 = GRUR 2005, 166 – Barbie-Puppen.

[120] S. zuletzt *Hohlweck,* WRP 2015, 934 (939 mN).

VIII. Leistungsschutzrechte, Unmittelbare Leistungsübernahme

43 Die Gerichte haben vielfach von der „bloßen" Nachahmung fremder Erzeugnisse (→ Rn. 11 ff.) die sogenannte unmittelbare oder glatte Leistungsübernahme unterschieden. Paradigma ist oder war doch früher die einfache **Vervielfältigung** fremder eigenartiger Erzeugnisse auf technischem Wege, zB durch Nachgießen, Abschreiben, Kopieren oder fotomechanischen Nachdruck. Gleich stand ferner die Aufzeichnung fremder unkörperlicher Leistungen, zB der Darbietungen ausübender Künstler, durch Dritte, um sie anschließend selbst auszuwerten. Solches Verhalten wurde als grundsätzlich *unlauter* eingestuft, weil es gegen die guten Sitten im Wettbewerb verstoße (§ 1 UWG von 1909), sich Leistungen, die erfahrungsgemäß nur gegen eine angemessene Vergütung zur Verfügung gestellt werden, ohne Erlaubnis des Berechtigten anzueignen und kostenlos zur Förderung des eigenen Gewinnstrebens auszunutzen.[121] Das Ergebnis war in jedem Fall ein unmittelbarer und zudem **zeitlich nicht begrenzter Leistungsschutz** über das UWG gegen jede Form der Nachahmung der jeweils geschützten Leistung.

44 Wichtigstes Beispiel ist oder besser: war zuletzt der generelle lauterkeitsrechtliche Schutz von **Modeneuheiten** gegen ihre sofortige Nachahmung, der seine „Rechtfertigung" seinerzeit vor allem in der Erwägung fand, dass ein Geschmacksmusterschutz für Modeneuheiten aus praktischen Gründen oder wegen der fehlenden Neuheit der „Modeneuheit" häufig ausscheidet.[122] Diese Fallgruppe hat sich indessen mittlerweile durch die Einführung des nichteingetragenen Gemeinschaftsgeschmackmusters auf Grund der Verordnung Nr. 6/2002[123] erledigt.

45 Die spätere Rechtsprechung des **BGH** ist unklar und wird unterschiedlich interpretiert.[124] Neben Urteilen, die für eine *Aufgabe* der ohnehin nur schwer nachvollziehbaren *Unterscheidung* zwischen der Nachahmung fremder Erzeugnisse und ihrer unmittelbaren Übernahme sprechen,[125] stehen andere, in denen der BGH weiterhin den *Unterschied* zwischen der Nachahmung fremder Leistungen und der unmittelbaren Übernahme des Leistungsergebnisses eines Dritten betont, und zwar mit der Begründung, der unmittelbare Schutz des Leistungsergebnisses als solcher sei – im Gegensatz zur identischen Nachahmung fremder Leistungen – *nicht* Gegenstand des § 4 Nr. 3 UWG. Ein derartiger Schutz, dann wohl auf der Grundlage der Generalklausel des § 3 Abs. 1 UWG, komme vielmehr nur bei einem *überwiegenden Interesse des Betroffenen* in Betracht, woran es fehle, wenn ein Rechtsschutz auf andere Weise möglich sei, in dem Fall des Schutzes von **Sportveranstaltungen** über das Hausrecht des Veranstal-

[121] RGZ 73, 294 (297 ff.); BGHZ 33, 20 (28 f.) = NJW 1960, 2043; BGHZ 33, 38 (45 f.) = NJW 1960, 2048; BGHZ 37, 1 (20) = NJW 1962, 1295 = JuS 1962, 364 Nr. 8 – AKI; BGHZ 39, 352 (355 ff.) = NJW 1963, 1742 = JuS 1963, 451 Nr. 5; *OGH* SZ 53 (1980) Nr. 35, S. 156 (161) = ÖBl. 1980, 97; *OGH* ÖBl. 2003, 18 – Castello I; statt aller Harte-Bavendamm/Henning-Bodewig/*Sambuc,* § 4 Nr. 3 Rn. 53, 187 ff.

[122] BGHZ 60, 168 (171) = NJW 1973, 800 = JuS 1973, 577 Nr. 4; BGHZ 117, 115 (119 f.) = NJW 1992, 2700; *BGH* LM § 1 UWG Nr. 390 = GRUR 1983, 377; LM § 1 UWG Nr. 407 = GRUR 1984, 453; *OLG Hamburg* GRUR 1986, 83; *OLG München* GRUR 1995, 276.

[123] ABl. 2002 L 3/1; s. *Osterrieth,* FS Tilmann, 2003, S. 221; *Ohly,* GRUR 2007, 731.

[124] S. zB *Sack,* FS Erdmann, 2002, S. 697 (711 ff.).

[125] ZB BGHZ 51, 41 (45 ff.) = NJW 1969, 46 – Reprint; BGHZ 141, 329 (340 ff.) = NJW 1999, 2898 – Tele-Info-CD; *BGH* NJW 1992, 1316 (1317) – Leitsätze (insoweit nicht in BGHZ 116, 136 veröffentlicht).

ters.[126] Tatsächlich besteht für die Anerkennung eines unmittelbaren Leistungsschutzes auf der Grundlage der Generalklausel des § 3 Abs. 1 UWG weder aus wettbewerbspolitischer noch aus rechtssystematischer Sicht ein Bedürfnis, aus wettbewerbspolitischer Sicht nicht, weil jenseits der Immaterialgüterrechte der Wettbewerb eben frei sein soll, und aus rechtssystematischer Sicht nicht, weil der Gesetzgeber von 2004 entgegen vielfacher Forderungen während der Gesetzesberatungen gerade die Einführung eines unmittelbaren Leistungsschutzes über das UWG *abgelehnt* hat (→ Rn. 3 f.).

IX. Rechtsfolgen

1. Unterlassungsanspruch

Die Rechtsfolgen eines Verstoßes gegen § 4 Nr. 3 UWG ergeben sich aus den §§ 8 und 46
9 UWG. In Betracht kommen folglich in erster Linie Unterlassungs- und Schadensersatzansprüche sowie hilfsweise Auskunfts- und Bereicherungsansprüche.[127]. Jedoch werden Unterlassungsansprüche in den Fällen einer unlauteren Nachahmung – abweichend von § 8 Abs. 3 UWG – gewöhnlich allein dem **Hersteller** der nachgeahmten Waren zugebilligt, und zwar aus der einfachen Überlegung heraus, dass ihm die Entscheidung überlassen bleiben muss, ob er überhaupt gegen die Nachahmung vorgehen oder diese gestatten will, gegebenenfalls gegen entsprechende Lizenzgebühren.[128] *Nicht* aktivlegitimiert sind daher insbesondere die *Händler,* selbst wenn sie durch den Vertrieb der nachgeahmten Produkte gleichfalls behindert wurden.[129]

Der (klageberechtigte; → Rn. 45) *Hersteller* kann von dem Nachahmer aufgrund des 47
§ 8 Abs. 1 UWG allein **Unterlassung des Vertriebs** der nachgeahmten Erzeugnisse, *nicht* auch Unterlassung ihrer Herstellung oder ihrer Benutzung verlangen, weil Herstellung und Benutzung auf dem Boden des Grundsatzes der Nachahmungsfreiheit an sich erlaubt sind und eine andere Beurteilung nur im Falle des Vertriebs der Produkte unter den qualifizierenden Umständen des § 4 Nr. 3 UWG in Betracht kommt.[130] Ein Anspruch auf **Vernichtung** der nachgeahmten Stücke scheidet aus den genannten Gründen gleichfalls aus; der Hersteller kann vielmehr nur verlangen, dass die genannten Produkte vom Markt genommen und nicht mehr weiter vertrieben werden.[131]

Unter den Voraussetzungen des § 4 Nr. 3 UWG handelt auch der **Händler** unlauter, 48
der solche Produkte in *Kenntnis* der die Unlauterkeit begründenden Umstände weiter vertreibt. Der Hersteller des nachgeahmten Produkts kann daher gegen den Händler gleichfalls aufgrund des UWG vorgehen, selbst wenn der betreffende Händler die

[126] → Rn. 3 ff.; BGHZ 187, 255, (260, 262 ff.) = NJW 2011, 1811 Tz. 17, 23 ff. = JuS 2012, 258 – Hartplatzhelden.de; ebenso wohl *BGH* GRUR 2011, 79 Tz. 26, 34 ff. = WRP 2011, 51 – Markenheftchen; dazu insbesondere *Fezer,* WRP 2012, 1173, 1321; *Ohly,* GRUR 2010, 487; 2011, 439; *Ruess/Slopek,* WRP 2011, 834, alle mN.

[127] → §§ 21–23 sowie zB *Alexander,* WRP 2013, 1425 (1438); Harte-Bavendamm/Henning-Bodewig/*Sambuc,* § 4 Nr. 3 Rn. 192 ff.

[128] So zB BGHZ 117, 115 (118 ff.) = NJW 1992, 2700 – Pullovermuster; BGHZ 162, 246 (252) = NJW 2005, 1788; *OGH* ÖBl. 2000, 118 (119); *Wiltschek,* FS Koppensteiner, 2001, S. 507 (515 ff.); kritisch *Sack,* GRUR 2015, 442 (450).

[129] *BGH* GRUR 2009, 416 Tz. 23 = WRP 2009, 432 = JuS 2010, 168 – Küchentiefstpreis-Garantie; Köhler/Bornkamm/*Köhler,* § 4 Rn. 9.86; Ohly/Sosnitza/*Ohly,* § 4 Rn. 9/84; Harte-Bavendamm/Henning-Bodewig/*Sambuc,* § 4 Nr. 3 Rn. 200 f.; anders zB *Spätgens,* FS Erdmann, 2002, S. 727 mwN.

[130] Köhler/Bornkamm/*Köhler,* § 4 Rn. 9.80; Ohly/Sosnitza/*Ohly,* § 4 Rn. 9/86.

[131] *BGH* GRUR 2012, 1155 Tz. 36 = WRP 2012, 1379 (1383) – Sandmalkasten.

maßgebliche Kenntnis erst nachträglich erlangt hat.[132] Soweit nach dem Gesagten (→ Rn. 45 f.) über das UWG der Vertrieb von Waren aus anderen Mitgliedstaaten der EU im Inland untersagt werden kann, steht dem auch der AEUV nicht entgegen.[133]

2. Schadensersatzansprüche

49 Hat der Nachahmer oder der Händler (→ Rn. 45, 47) schuldhaft gehandelt, so kommen außerdem **Schadensersatzansprüche** in Betracht (§ 9 S. 1 UWG in Verb. mit den §§ 276 und 249 ff. BGB). Da aber nicht schon die Herstellung, sondern erst der Vertrieb der nachgeahmten Waren gegen das Gesetz verstößt (§ 4 Nr. 3 UWG; → Rn. 46), beginnt die Schadensersatzpflicht nicht vor der Aufnahme des Vertriebs der nachgeahmten Waren im Inland.[134] Für die Ermittlung des Schadensumfangs werden die Grundsätze der **dreifachen Schadensberechnung** herangezogen.[135] Vor allem darauf beruht die eigenständige Bedeutung des § 4 Nr. 3 UWG insbesondere neben § 5 Abs. 1 S. 2 Nr. 1 und Abs. 2 UWG. Der Schutz des Herstellers des Originalprodukts wird weiter dadurch verstärkt, dass ihm die überwiegende Meinung zusätzlich auch **Bereicherungsansprüche** zubilligt (§ 812 Abs. 1 S. 1 Fall 2 BGB).[136]

3. Dauer

50 Der wettbewerbsrechtliche Leistungsschutz über § 4 Nr. 3 UWG bedarf – darüber besteht Einigkeit – ebenso wie der sondergesetzliche Schutz einer zeitlichen Begrenzung.[137] Die Rechtsprechung hat jedoch bislang **feste zeitliche Grenzen** nur für die „echten" Leistungsschutzrechte, insbesondere bei Modeneuheiten entwickelt,[138] während sie in allen anderen Fällen ganz auf die Umstände des Einzelfalles abstellt.[139] Als äußerste Grenze kommt jedoch in jedem Fall der entsprechende **sondergesetzliche Schutz** in Betracht kommt.[140]

---

[132] BGHZ 117, 115 (118 ff.) = NJW 1992, 2700 – Pullovermuster; *OGH* ÖBl. 2000, 118 (119); Ohly/Sosnitza/*Ohly,* § 4 Rn. 9.85; *Wiltschek,* FS Koppensteiner, 2001, S. 507 (515 ff.).

[133] *EuGH* Slg. 1982, 706 (717 Tz. 9 ff.).

[134] *BGH* NJW-RR 2003, 1482 (1483) = GRUR 2003, 892 – Alt-Luxemburg.

[135] → § 23 Rn. 15 ff.; *BGH* NJW 2007, 1524 Tz. 21 = GRUR 2007, 431 = WRP 2007, 533 – Steckverbinder-Gehäuse; *Loschelder,* NJW 2007, 1503; Ohly/Sosnitza/*Ohly,* § 4 Rn. 9/88; Harte-Bavendamm/Henning-Bodewig/*Sambuc,* § 4 Nr. 3 Rn. 211.

[136] Ohly/Sosnitza/*Ohly,* § 4 Rn. 9/89 mwN; → § 23 Rn. 43 ff.

[137] S. *Erdmann,* FS Vieregge, 1995, S. 197 (206 ff.); *Keller,* FS Erdmann, 2002, S. 595 (611); *Ohly,* in: Lange/Klippel/Ohly, Geistiges Eigentum, S. 115; Harte-Bavendamm/Henning-Bodewig/*Sambuc,* § 4 Nr. 3 Rn. 221 ff.

[138] → Rn. 36; BGHZ 60, 168 (171) = NJW 1973, 800 = JuS 1973, 577 Nr. 4; *OLG München* GRUR 1995, 276; *OLG Stuttgart* NJW-RR 1995, 497; *OLG Düsseldorf* NJW-RR 1991, 1457.

[139] S. Ohly/Sosnitza/*Ohly,* § 4 Rn. 9/105 ff.

[140] *Ohly,* in: Lange/Klippel/Ohly, Geistiges Eigentum, S. 115; Ohly/Sosnitza/*Ohly,* § 4 Rn. 9/82.

3. Kapitel. Die Verletzung von Interessen der Abnehmer

§ 12. Aggressive Geschäftspraktiken (§ 4a UWG)

Literatur: *Busch,* Informationspflichten im Wettbewerbs- und Vertragsrecht, 2008; *Freiberger,* Der Wahrhaftigkeitsgrundsatz und die Pflicht zur Wahrhaftigkeit im Wettbewerbsrecht, 1938; *Kunz,* Das allgemeine Übermaßverbot im bürgerlichen Recht und seine Auswirkungen auf das „übertriebene Anlocken" im Wettbewerbsrecht, 1980; *Lehmann,* Die Werbung mit Geschenken, 1974; *Lettl,* Der lauterkeitsrechtliche Schutz vor irreführender Werbung in Europa, 2003; *Lobe,* Der unlautere Wettbewerb, Bd. 1, 1907, S. 56ff.

I. Überblick

Das UWG dient neben dem Schutz der Mitbewerber und der sonstigen Marktteilnehmer (s. dazu → §§ 6–11) vor allem auch dem Schutz der Verbraucher vor unlauterem Wettbewerb (§ 1 S. 1 UWG; → § 3 Rn. 5, 9ff.). Im Vordergrund des Interesses steht dabei der Schutz zumal der Verbraucher vor einer unsachlichen Beeinflussung ihrer Entscheidungsfreiheit. Die größte Gefahr droht der Entscheidungsfreiheit der Verbraucher sowie auch der sonstigen Marktteilnehmer von einer Täuschung über für sie relevante Tatsachen. Deshalb steht naturgemäß das umfassende Irreführungsverbot der §§ 5 und 5a ganze Mittelpunkt der Materie (dazu → §§ 14–16). Insbesondere die Verbraucher bedürfen indessen darüber hinaus auch eines wirksamen Schutzes gegen die Ausübung von Druck, gegen oft subtile Formen des Zwangs und der Nötigung, ferner gegen eine übermäßige Belästigung durch Werbemaßnahmen und gegen „Übersteigerungen" der sogenannten Wertreklame sowie gegen die verwerfliche Ausnutzung ihrer Unerfahrenheit, um nur die wichtigsten Fälle zu nennen. Dies ist neben § 7 vor allem die Aufgabe des neuen § 4a von 2015 (wegen weiterer Fälle s. außerdem noch → § 13). 1

Hintergrund der Änderung des UWG durch die Einfügung eines neuen § 4a im Zuge der zweiten Novelle von 2015 war die wiederholte Kritik der Kommission an der mangelhaften Umsetzung der UGP-Richtlinie nicht zuletzt durch Deutschland gewesen (→ § 1 Rn. 28). Deshalb hatte sich die Bundesregierung schließlich entschlossen, entsprechend den Wünschen der Kommission die Art. 8 und 9 der Richtlinie durch den neuen § 4a UWG weitgehend wörtlich umzusetzen, um ein erneutes Vertragsverletzungsverfahren zu vermeiden.[1] 2

In dem Referentenentwurf zu der 2. Novelle von 2015 war außerdem vorgesehen gewesen, mit Rücksicht auf die Einführung einer gegen aggressive Geschäftspraktiken gerichteten Vorschrift (jetzt § 4a) die Nr. 1 und die Nr. 2 des bisherigen § 4 als überflüssig zu streichen.[2] **§ 4 Nr. 1** von 2008 hatte sich gegen Beeinträchtigungen der Entscheidungsfreiheit der Verbraucher oder sonstiger Marktteilnehmer durch die Ausübung von Druck, in menschenverachtender Weise oder durch sonstigen unangemessenen unsachlichen Einfluss gewandt, während **§ 4 Nr. 2** von 2008 geschäftliche Handlungen untersagt hatte, die geeignet waren, körperliche Gebrechen, das Alter, die Unerfahrenheit, die Leichtgläubigkeit, die Angst oder Zwangslage speziell von Ver- 3

---

[1] Begr. von 2015, BT-Drs. 18/4535, S. 15f. = GRUR 2015, 341 = WRP 2015, 263.

[2] RefE WRP 2014, 1373 (1378).

brauchern auszunutzen. Die praktische Bedeutung beider Vorschriften blieb freilich in den Jahren von 2008–2015 trotz ihrer umfassenden Formulierung gering.[3]

4 Im Schrifttum war deshalb die ursprünglich geplante Streichung der Nr. 1 und der Nr. 2 des § 4 neben dem neuen § 4a im Interesse der Vereinfachung der gesetzlichen Regelung überwiegend begrüßt worden.[4] Gleichwohl hatte die Bundesregierung zunächst in dem Regierungsentwurf von 2015 an den beiden genannten Beispielstatbestände des § 4 doch mit der Begründung festgehalten, ihr Regelungsbereich gehe über die aggressive Beeinflussung des Verbraucherverhaltens hinaus; außerdem solle der hervorgehobene Schutz besonders verletzlicher Verbrauchergruppen durch § 4 Nr. 2 von 2008 aus verbraucherschutzpolitischen Gründen beibehalten werden.[5] Im Schrifttum war jedoch der Verzicht auf die Streichung der Nr. 1 und der Nr. 2 des § 4 nahezu einhellig kritisiert worden, weil neben dem vorrangigen § 4a im Verhältnis B2C kein Raum für eine Anwendung der Nr. 1 oder der Nr. 2 des § 4 aF verbleibe.[6] Im Zuge der weiteren Beratungen des Entwurfs setzte sich diese Auffassung dann offenbar allgemein durch, sodass der frühere § 4 schließlich auf eine Regelung des Mitbewerberschutzes beschränkt wurde (jetzt § 4 Nr. 1–4). Zugleich wurde als Ausgleich für die Streichung der Nr. 1 und der Nr. 2 des früheren § 4 der Schutzbereich des neuen § 4a auf sonstige Marktteilnehmer ausgedehnt.[7] Die früher mit § 4 Nr. 1–5 erfassten Fälle müssen heute folglich, soweit möglich, unter § 4a subsumiert werden.

5 § 4a wendet sich gegen aggressive geschäftliche Handlungen gegen Verbraucher und sonstige Marktteilnehmer wie etwa gewerbliche Abnehmer oder Lieferanten. Nach § 4a Abs. 1 S. 1 handelt unlauter (im Sinne des § 3 Abs. 1, sodass die geschäftliche Handlung unzulässig ist), wer eine aggressive geschäftliche Handlung vornimmt, die geeignet ist, den Verbraucher oder den sonstigen Marktteilnehmer zu einer geschäftlichen Entscheidung zu veranlassen, die er andernfalls nicht getroffen hätte (sogenanntes Relevanzkriterium). Wann eine geschäftliche Handlung in diesem Sinne als aggressiv anzusehen ist, ergibt sich im Einzelnen aus § 4a Abs. 1 S. 2 UWG, nach dem eine geschäftliche Handlung aggressiv ist, wenn sie geeignet ist, die Entscheidungsfreiheit des Verbrauchers oder des sonstigen Marktteilnehmers erheblich zu beeinträchtigen, und zwar (1.) durch Belästigung, (2.) durch Nötigung einschließlich der Anwendung körperlicher Gewalt sowie (3.) durch unzulässige Beeinflussung (→ Rn. 8 ff.). Eine unzulässige Beeinflussung liegt nach S. 3 des § 4a Abs. 1 vor, wenn der Unternehmer eine Machtposition gegenüber dem Verbraucher oder dem sonstigen Marktteilnehmer zur Ausübung von Druck, und zwar auch ohne Anwendung oder Androhung von körperliche Gewalt, in einer Weise ausnutzt, die die Fähigkeit des Verbrauchers oder des sonstigen Marktteilnehmers zu einer informierten Entscheidung wesentlich einschränkt.

6 Bei der Prüfung, ob diese (engen) Voraussetzungen für die Annahme einer aggressiven geschäftlichen Handlung erfüllt sind, ist nach Abs. 2 der Vorschrift (= Art. 9 der Richtlinie) insbesondere abzustellen (1.) auf Zeitpunkt, Ort, Art und Dauer der Handlung,

[3] S. Voraufl., S. 156, 173 ff.

[4] *Alexander,* WRP 2014, 1384 (1389 f.); *Fritzsche,* WRP 2014, 1392 (1396); *Glöckner,* WRP 2014, 1399 (1404 f.); *Köhler,* WRP 2014, 1410; *Ohly,* GRUR 2014, 1137 (1142 f.); *Scherer,* WRP 2015, 148.

[5] Begr. von 2015, BT-Drs. 18/4535, S. 15 = GRUR 2015, 341 = WRP 2015, 263.

[6] S. *Kirchhoff,* WRP 2015, 659 (616); *Köhler,* WRP 2015, 275 (277 f.); *Hetmank,* GRUR 2015, 323 (328); *Sosnitza,* GRUR 2015, 318 (320 f.).

[7] Ausschussbericht, BT-Drs. 18/6571, S. 15 f.; dazu insbesondere *Fritzsche,* WRP 2016, 1; *Köhler,* NJW 2016, 593; *Ohly,* GRUR 2016, 3.

(2.) auf die Verwendung drohender oder beleidigender Formulierungen oder Verhaltensweisen, (3.) auf die bewusste Ausnutzung von konkreten Unglückssituationen oder Umständen von solcher Schwere, dass sie das Urteilsvermögen des Verbrauchers oder des sonstigen Marktteilnehmers beeinträchtigen, um dessen Entscheidung zu beeinflussen, (4.) auf belastende oder unverhältnismäßige Hindernisse nicht vertraglicher Art, mit denen der Unternehmer den Verbraucher oder den sonstigen Marktteilnehmer an der Ausübung seiner vertraglichen Rechte zu hindern versucht, wozu auch das Recht gehört, den Vertrag zu kündigen oder zu einer anderen Ware oder Dienstleistung oder einem anderen Unternehmer zu wechseln, sowie (5.) auf die Drohung mit rechtlich unzulässigen Handlungen. Im Anschluss an den früheren (2015 gestrichenen) § 4 Nr. 2 von 2008 fügt S. 2 des § 4a Abs. 2 UWG noch hinzu, dass zu den Umständen, die nach der Nr. 3 des § 4a Abs. 2 UWG zu berücksichtigen sind, insbesondere geistige und körperliche Beeinträchtigungen, das Alter, die geschäftliche Unerfahrenheit, die Leichtgläubigkeit, die Angst und die Zwangslage von Verbrauchern gehören, um klarzustellen, dass die „besonders verletzbaren Verbraucher auch nach § 4a UWG angemessen vor aggressiven geschäftlichen Handlungen geschützt sind".[8]

Nach dem Gebot der richtlinienkonformen Auslegung (→ § 1 Rn. 27) muss § 4a vor 7
allem im Licht der Vorschriften der **UGP-Richtlinie** über aggressive Geschäftspraktiken ausgelegt werden. Die aggressiven Geschäftspraktiken zerfallen nach der Richtlinie in zwei Gruppen, solche, die immer unlauter sind, und solche, bei denen es auf die Umstände des Einzelfalls ankommt. *Immer* unlauter sind die in den Nr. 24ff des Anhangs I der Richtlinie aufgezählten (seltenen) Praktiken, die ihre Entsprechung in den Nr. 24ff. des Anhangs zu § 3 Abs. 3 UWG finden. Bei sämtlichen anderen aggressiven Praktiken kommt es nach Art. 5 Abs. 4 lit. b der Richtlinie darauf an, ob im Einzelfall die Voraussetzungen der Art. 8 und 9 der Richtlinie (= § 4a UWG) erfüllt sind; nicht erforderlich ist dagegen, dass zusätzlich auch die Voraussetzungen der Generalklausel des Art. 5 Abs. 2, insbesondere also ein Verstoß gegen die Erfordernisse der beruflichen Sorgfalt vorliegen, da die *Generalklausel* nach der Rechtsprechung des EuGH *nur subsidiäre Bedeutung* hat, also allein dann eingreift, wenn keine irreführende oder aggressive Geschäftspraxis im Sinne der Art. 6–9 der Richtlinie vorliegt.[9]

II. Mittel (§ 4a Abs. 1 UWG)

Das Gesetz wendet sich in § 4a Abs. 1 S. 2 im Anschluss an Art. 8 der Richtlinie gegen 8
drei besonders hervorgehobene Mittel der aggressiven Beeinträchtigung der Entscheidungsfreiheit der Verbraucher oder der sonstigen Marktteilnehmer. Es sind dies der Reihe nach eine Belästigung der Adressaten der geschäftlichen Handlung, zB der Werbung (§ 4a Abs. 1 S. 2 Nr. 1 UWG), weiter eine Nötigung der Adressaten, und zwar einschließlich der Anwendung körperlicher Gewalt (Nr. 2), sowie allgemein jede sonstige unzulässige Beeinflussung (Nr. 3), wobei sich im Einzelnen aus S. 3 des § 4a Abs. 1 UWG ergibt, wann eine unzulässige Beeinflussung in diesem Sinne anzunehmen ist.[10] Der Begriff der **Belästigung** (Nr. 1 des § 4a Abs. 1 S. 2 UWG) dürfte im

[8] So wörtlich der Ausschussbericht von 2015, BT-Drs. 18/6571, S. 16 („Zu Nr. 5" 2. Abs.).

[9] *EuGH* WRP 2014, 38 Tz. 39ff. = GRUR 2013, 1157 – CHS/Team 4; ebenso Begr. von 2015, BT-Drs. 18/4535, S. 15 = GRUR 2015, 341 = WRP 2015, 263.

[10] Wegen der Einzelheiten s. insbesondere *Fritzsche,* WRP 2016, 1, 3ff.

Wesentlichen wie in § 7 des Gesetzes zu verstehen sein (s. deshalb → § 13 Rn. 10f.), sodass darunter – in einer ersten Annäherung – grundsätzlich alle geschäftlichen Handlungen fallen, an denen der Adressat offensichtlich nicht interessiert ist, die ihm mit anderen Worten aufgedrängt oder geradezu aufgezwungen werden. Der Begriff der **Nötigung** dürfte in der Nr. 2 des § 4a Abs. 1 S. 2 UWG dagegen ebenso wie in § 123 Abs. 1 BGB zu verstehen sein; Beispiele finden sich insbesondere in der Nr. 25 und der Nr. 26 des Anhangs zu § 3 Abs. 3 UWG (→ Rn. 9). Kern der **unzulässigen Beeinflussung** im Sinne der Nr. 3 des § 4a Abs. 1 S. 2 UWG, im Grunde eine weitere Generalklausel, ist schließlich nach der Definition des S. 3 des § 4a Abs. 1 UWG die Ausnutzung einer Machtposition zur Ausübung von Druck, durch die die Fähigkeit der Verbraucher oder der sonstigen Marktteilnehmer zu einer informierten Entscheidung wesentlich eingeschränkt wird. Maßgebend sind die Umstände des Einzelfalls, wobei Abs. 2 der Vorschrift die wichtigsten dabei jeweils zu berücksichtigenden Umstände aufzählt.[11]

9 Orientiert man sich an der bisherigen Rechtsprechung insbesondere zu § 4 Nr. 1 und Nr. 2 UWG von 2004 und 2008, so dürfte der Schluss gerechtfertigt sein, dass es in der Mehrzahl der Fälle einer aggressiven geschäftlichen Praxis um die Ausnutzung einer beliebigen vorübergehenden oder dauernden Machtposition zur **Ausübung eines unzulässigen Drucks** insbesondere auf die Verbraucher geht, um diese zu einer geschäftlichen Entscheidung zu veranlassen, die sie in Wirklichkeit gar nicht wollen. Die vom Gesetz in der Nr. 2 des § 4a Abs. 1 S. 2 besonders hervorgehobenen Fälle der Nötigung und der Anwendung von Gewalt sind offensichtlich nur besondere Anwendungsfälle der so verstandenen unzulässigen Beeinflussung durch die Ausnutzung einer Machtposition zur Ausübung von Druck im Sinne der Nr. 3 der Vorschrift. Im Kern geht es dabei nach den bisherigen Erfahrungen um (durchaus seltene) Fallgestaltungen, die dadurch charakterisiert sind, dass die Verbraucher in eine **Zwangslage** versetzt werden, aus der sie sich in der Regel nur noch durch den Abschluss eines Vertrags befreien können, sodass ihnen eine rationale, allein an ihren Interessen orientierte Entscheidung nicht mehr möglich ist. **Beispiele** finden sich insbesondere in den Nr. 25 und 26 des Anhangs zum UWG (§ 3 Abs. 3 UWG). Stets unlauter sind danach die Erweckung des Eindrucks, der Verbraucher könne bestimmte Räumlichkeiten nicht ohne vorherigen Vertragsabschluss verlassen **(Nr. 25 des Anhangs),** sowie die Missachtung der Aufforderung des Verbrauchers, dessen Wohnung zu verlassen oder dorthin nicht zurückzukehren **(Nr. 26 des Anhangs).** Diese Fälle deuten darauf hin, dass der Begriff der unzulässigen Beeinflussung durch Druckausübung *restriktiv* zu interpretieren ist. Erforderlich ist ein solches Ausmaß von Druck, dass dadurch die Entscheidungsfreiheit der Abnehmer tatsächlich beeinträchtigt werden kann.[12] Dabei ist vor allem an die **Nötigung** der Verbraucher durch die Androhung eines empfindlichen Übels für den Fall zu denken, dass sie nicht die gewünschte geschäftliche Handlung vornehmen.[13]

Beispiele sind die Androhung eines Inkassounternehmens (im Auftrag anderer Unternehmen, § 8 Abs. 2 UWG), für den Fall, dass eine offene Forderung nicht umgehend beglichen wird, den Namen des Schuldners einer Organisation zur Überwachung „fauler" Schuldner, insbesondere der sogenannten SCHUFA mitzuteilen, sowie ferner die Androhung des Besuchs eines Schuldners durch ein „auf Inkasso spezialisier-

[11] Dazu ebenfalls *Fritzsche,* WRP 2016, 1, 5ff.

[12] *Fritzsche,* WRP 2016, 1, 4f.; Ohly/Sosnitza/*Sosnitza,* § 4 Rn. 1/9.

[13] *BGH* NJW 2015, 3508 Tz. 14, 17, 31 = GRUR 2015, 1134 = WRP 2015, 1341 – Schufa-Hinweis.

tes Mitarbeiterteam in den Abendstunden", weil dadurch offenbar ein unzulässiger, weil rechtswidriger Druck auf die Adressaten zur Bezahlung ihrer Schulden (eine geschäftliche Handlung) ausgeübt werden soll.[14]

Der Gesichtspunkt der Druckausübung steht auch im Vordergrund, wenn sich die Werbung gezielt an **Kinder** wendet, nicht, um diese zum Kauf bestimmter Artikel zu animieren (→ Rn. 16ff.), sondern um sie zu veranlassen, ihrerseits *Druck auf ihre Eltern* zum Abschluss von Verträgen auszuüben. Das ist jedenfalls dann bedenklich, wenn der Druck auf die Eltern ein solches Ausmaß annimmt, dass sie in ihrer freien Willensentscheidung beeinträchtigt werden, etwa, weil sich der Werbungstreibende die für eine Schule typische Gruppendynamik zunutze macht, sodass die Eltern schließlich gar nicht mehr anders können, als sich im Interesse ihrer Kinder an der fraglichen Aktion zu beteiligen (→ Rn. 18).[15] 10

Als *unbedenklich* eingestuft wurden dagegen die bloße Ausnutzung von Stolz und Ehrgeiz der Werbeadressaten, etwa durch das Versprechen einer Belohnung für besondere Leistungen in Gestalt einer Preisreduzierung,[16] ebenso aber auch die Werbung mit aleatorischen Anreizen, etwa durch die Werbebehauptung „jeder 100. Einkauf gratis",[17] ferner die Werbung „ohne 19% Mehrwertsteuer",[18] sowie ein verkapptes Gratisangebot von Zeitungen durch den Vertrieb über sogenannte stumme Verkäufer, denen jedermann die Zeitung entnehmen kann, ohne zu bezahlen, wenn er dies denn will,[19] und zwar in allen drei Fällen, weil von einer Ausschaltung der Rationalität der Nachfrageentscheidung der Verbraucher in ihnen mangels jeder Ausübung von Druck keine Rede sein könne. Abweichend beurteilt wurde lediglich einmal die Weglassung eines zum Schutze der Verbraucher erforderlichen Warnhinweises oder die Erweckung des unzutreffenden Eindrucks der gesundheitlichen Unbedenklichkeit des Genussmittels.[20] 11

III. Fallgruppen

1. Situationsbedingte Schutzbedürftigkeit

Im Anschluss an den früheren § 4 Nr. 2 UWG von 2008 stellt ferner der Schutz besonders verletzbarer Verbraucher ein besonderes Anliegen des Gesetzes dar (→ Rn. 6). Es geht dabei vor allem um den Schutz gebrechlicher oder alter Menschen, ebenso aber auch um den Schutz vor der Ausnutzung der Unerfahrenheit oder Leichtgläubigkeit bestimmter Verbraucher sowie insbesondere um den Schutz vor der Ausnutzung 12

[14] *BGH* NJW 2015, 3508 Tz. 14, 17, 31 = GRUR 2015, 1134 = WRP 2015, 1341 – Schufa-Hinweis; *OLG München* NJW-RR 2010, 253 (254).

[15] So *BGH* GRUR 2008, 183 = WRP 2008, 214 (217 Tz. 14, 19ff.) – Tony Taler; *Steinbeck,* WRP 2008, 865 (867f.); großzügiger nach den Umständen des Falles *BGH* NJW 2006, 225 (227 Tz. 18f.) = GRUR 2006, 77 – Schulfotoaktion, weil hier der Druck auf die Eltern fehlte.

[16] *BGH* GRUR 2014, 1117 Tz. 26 = WRP 2014, 1301 (1302) – Zeugnisaktion.

[17] *BGH* NJW 2009, 2749 Tz. 12 = GRUR 2009, 875 = WRP 2009, 950 – Jeder 100. Kauf gratis; dagegen *Berlit,* WRP 2009, 1189 (1191).

[18] *BGH* NJW 2010, 3306 Tz. 15ff. = GRUR 2010, 1022 – ohne 19% MWSt.

[19] *BGH* GRUR 2010, 455 Tz. 17 = NJW-RR 2010, 917 = WRP 2010, 746 = JuS 2010, 826 – Stumme Verkäufer II.

[20] *BGH* NJW-RR 2007, 36 = GRUR 2006, 953 = WRP 2006, 1505 – Warnhinweis II: für Zigaretten; *Ernst,* WRP 2010, 1304 (1309ff.).

von Angst oder Zwangslagen (in die jeder einmal geraten kann; § 4a Abs. 2 S. 1 Nr. 3 und S. 2; → Rn. 13).

13 Unter die Ausnutzung von Angst und Zwangslagen der Verbraucher (sogenannte **situationsbedingte Schutzbedürftigkeit**)[21] fällt insbesondere die bewusste Ausnutzung von Unglücksituationen und vergleichbaren Umständen von besonderer Schwere (Art. 9 lit. c der Richtlinie, § 4a Abs. 2 Nr. 3 UWG). Unerheblich ist, *worauf* die Angst- oder Zwangslage beruht; entscheidend ist allein, ob ihre Folge ist, dass die Entscheidungsfreiheit der Verbraucher spürbar beeinträchtigt ist, sodass sie zu ihrem Nachteil in besonderem Maße dem Einfluss des Werbenden ausgesetzt sind. Dabei ist freilich von dem heutigen **Leitbild** des verständigen und informierten Verbrauchers auszugehen, der sich nicht ohne Weiteres durch künstliche Angstszenarien „ins Bockshorn jagen" und dergestalt etwa zu Panikkäufen verleiten lässt, sodass eine Anwendung des § 4a UWG unter dem Gesichtspunkt der Ausnutzung von **Angst** wohl nur noch in Betracht kommt, wenn dem Verbraucher konkrete Nachteile in der an ihn gerichteten Werbung angedroht werden.[22]

14 Schon eher ist es vorstellbar, dass es einem Gewerbetreibenden einmal gelingt, eine **Zwangslage** von Verbrauchern zu seinem Vorteil auszunutzen (§ 4a Abs. 2 Nr. 3). Zu Recht hat es der BGH zB wiederholt beanstandet, **Unfallopfer** unmittelbar an der Unfallstelle anzusprechen, um sie zur Erteilung eines Abschleppauftrages oder zum Abschluss von Miet- oder Reparaturverträgen zu veranlassen.[23] Denn durch solches Verhalten werden die Unfallopfer, die noch unter dem Eindruck des Unfalls stehen, in einer Situation überrumpelt, in der sie sich häufig nicht mehr frei entscheiden können. Gegen § 4a Abs. 2 Nr. 3 UWG verstößt ferner – aus denselben Gründen – das **Einspannen von Autoritätspersonen** für Werbezwecke, insbesondere, wenn die Verbraucher dadurch in eine Zwangslage versetzt werden sollen. Vorgesetzte, Lehrer oder Geistliche dürfen nicht ihre Autorität zur Werbung für bestimmte Produkte, möglicherweise noch gegen Provision, missbrauchen, weil dadurch die Entscheidungsfreiheit der Verbraucher in einer mit dem System freien und fairen Wettbewerbs unvereinbaren Weise beeinträchtigt wird.

Ein (abstoßendes) **Beispiel** ist der Einsatz von Pflegern für Behinderte als provisionsabhängige Vertreter für Behindertenhilfsmittel.[24]

15 Zu den aggressiven Geschäftspraktiken rechnet das Gesetz ferner in § 4a Abs. 2 S. 1 Nr. 3 und S. 2 die Ausnutzung **persönlicher Defizite,** die § 4a Abs. 2 S. 2 heute als geistige oder körperliche „Beeinträchtigungen", dh Gebrechen, Alter, geschäftliche Unerfahrenheit und Leichtgläubigkeit umschreibt. Bei der zutreffenden Würdigung dieses Tatbestandes ist zu beachten, dass Verbraucher nach dem heute maßgeblichen Verbraucherleitbild in aller Regel eben gerade *nicht* geschäftlich *unerfahren oder leichtgläubig* sind (→ Rn. 13). Eine Ausnahme bilden lediglich **besondere Verbraucher-**

[21] So *Heermann,* GRUR 2011, 781 (785).

[22] *Scherer,* WRP 2004, 1426; 2015, 148 (151).

[23] *BGH* LM § 1 UWG Nr. 277 = NJW 1975, 691 = GRUR 1975, 266 = WRP 1975, 213 – Werbung am Unfallort I; LM § 1 UWG Nr. 278 = NJW 1975, 689 = GRUR 1975, 264= WRP 1975, 212 – Werbung am Unfallort II; LM § 1 UWG Nr. 332 = NJW 1980, 1690 = GRUR 1980, 790 = WRP 1980, 392 – Werbung am Unfallort III; LM § 1 UWG Nr. 808 = NJW 2000, 586 = GRUR 2000, 235 = WRP 2000, 168 – Werbung am Unfallort IV.

[24] *OLG München* GRUR 1989, 280.

gruppen, denen es aus unterschiedlichen Gründen *insgesamt* an der nötigen geschäftlichen Erfahrung und Kritik fehlt.[25] Dafür reichen aber bloße mangelnde Kenntnisse über die Rechtsprechung zu einzelnen Fragen bei den Verbrauchern in keinem Fall aus.[26] Vor allem die Werbung gegenüber Kindern und Jugendlichen kann danach von Fall zu Fall als aggressive Geschäftspraktik eingestuft werden, wie aus der Nr. 28 des Anhangs zu § 3 Abs. 3 UWG (= Nr. 28 des Anhangs I zu der Richtlinie) zu folgern ist (→ Rn. 16ff.).[27]

2. Nr. 28 des Anhangs zu § 3 Abs. 3 UWG

Nach der Nr. 28 des Anhangs zu § 3 Abs. 3 UWG ist stets unzulässig die in eine Werbung einbezogene „unmittelbare" Aufforderung an Kinder, selbst die beworbene Ware zu erwerben oder die beworbene Dienstleistung in Anspruch zu nehmen *oder* ihre Eltern oder andere Erwachsene dazu zu veranlassen. Diese Vorschrift geht zurück auf die **Nr. 28 des Anhangs I** zu der Richtlinie, die freilich von einer „direkten" Aufforderung an die Kinder (statt von einer „unmittelbaren Aufforderung") spricht und hinzufügt, dass die Vorschrift des Art. 16 der Fernsehrichtlinie unberührt bleibe. An die Stelle der zuletzt genannten Vorschrift ist mittlerweile Art. 3e Abs. 1 lit. g der Richtlinie über audiovisuelle Mediendienste von 2010[28] getreten, der durch § 6 Abs. 2 des **Jugend-Mediendienste-Staatsvertrags (JMSt)** umgesetzt wurde. Art. 2 lit. i der genannten Richtlinie von 2010 fügt hinzu, dass unter der *Aufforderung zum Kauf* jede kommerzielle Kommunikation zu verstehen ist, die die Merkmale des Produkts und den Preis in einer Weise angibt, die den Mitteln der verwendeten kommerziellen Kommunikation angemessen ist und den Verbraucher dadurch in die Lage versetzt, einen Kauf zu tätigen,[29] während sich die Definition des Begriffs der *Werbung* in Art. 2 lit. a der Werberichtlinie von 2006 findet. Eine Definition des Begriffs der **„Kinder"** in der Nr. 28 des Anhangs fehlt dagegen in der Richtlinie und in dem UWG. Überwiegend werden darunter im Gegensatz zu Jugendlichen alle Minderjährigen unter 14 Jahren verstanden.[30] 16

Aus der Nr. 28 des Anhangs darf *kein generelles Verbot* der an Kinder gerichteten Werbung gefolgert werden, wohl aber ein Verbot direkter Kaufappelle an Kinder in der Werbung, dies deshalb, weil Kinder bis ungefähr 10 oder 12 Jahren nicht in der Lage sind, Werbung als solche zu erkennen und deshalb zutreffend mit der gebotenen Distanz zu würdigen. Eine **unmittelbare Aufforderung** an Kinder zum Erwerb von 17

---

25 Ebenso im Ergebnis *Engels/Salomon,* WRP 2004, 32; *Peterek,* WRP 2008, 714; *Scherer,* WRP 2004, 1355.

26 *BGH* NJW 2006, 2479 (2480 Tz. 19ff.) = GRUR 2006, 776 – Werbung für Klingeltöne; NJW 2007, 3570 (3572 Tz. 27) = GRUR 2007, 978 = WRP 2007, 1334 – Rechtsberatung durch Haftpflichtversicherer.

27 Dazu insb. *Alexander,* WRP 2014, 1410; *Baukelmann,* FS Ullmann, 2006, S. 587; *Böhler,* WRP 2011, 1028; *Dombrowski,* FS Ullmann, 2006, S. 599; *Fuchs,* WRP 2009, 255; *Gerecke,* NJW 2015, 3185; *Heermann,* GRUR 2011, 781; *Jahn/Palzer,* GRUR 2014, 332; *Köhler,* WRP 2008, 700; *ders.,* FS Ullmann, 2006, S. 685; *Mankowski,* WRP 2007, 1398; 2008, 421, *Scherer,* WRP 2004, 1355; 2004, 1426; 2005, 672; 2008, 430; *Stief,* Unlautere Werbung gegenüber Kindern und Jugendlichen, 2013.

28 ABl. 2010 L 95/1.

29 Das ist ganz weit auszulegen; so *EuGH* Slg. 2010, I-3903 = GRUR 2011, 930 (932ff.) – Ving; *BGH* NJW 2014, 1014 Tz. 23 = GRUR 2014, 298 = WRP 2014, 164 – Runes of Magic I.

30 Offen gelassen in *BGH* NJW 2014, 1014 Tz. 18ff. = GRUR 2014, 298 = WRP 2014, 164 – Runes of Magic I; GRUR 2014, 1233 Tz. 24 = NJW 2015, 485 = WRP 2014, 1447 – Runes of Magic II; NJW 2014, 3373 Tz. 16 = GRUR 2014, 1117 – Zeugnisaktion.

Waren oder Dienstleistungen liegt nur vor, wenn die Kinder in der Werbung *direkt* (und nicht verklausuliert und auf Umwegen) angesprochen werden (s. Nr. 28 des Anhangs I zu der Richtlinie). Eine *allgemein* an die Verbraucher gerichtete Werbung, die auch von Kindern wahrgenommen werden kann, genügt dagegen nicht.[31] Bei der Werbung muss es sich außerdem um einen direkten *Kaufappell* handeln, im Zweifel, aber nicht unbedingt erforderlich in der Form eines Imperativs, etwa nach dem Muster: „Hol dir" oder „Schnapp dir".[32] Schließlich ist noch erforderlich, dass sich die Aufforderung auf eine *genau bezeichnete Ware* oder Dienstleistung bezieht, während noch offen ist, ob dabei auch der Preis und die Konditionen genannt werden müssen; es reicht jedenfalls, wenn sich dies, Preis und Konditionen, bei einer Werbung im Internet leicht und unmittelbar über einen Link auf eine andere Seite ermitteln lässt.[33] Nicht ausreichend ist dagegen eine auf das gesamte Sortiment bezogene Werbung.[34]

18 Entsprechend eng zu fassen ist der andere in der Nr. 28 des Anhangs enthaltene Tatbestand, dh der Einsatz von Kindern als sogenannter **Kaufmotivatoren,** wobei hier noch hinzukommt, dass man von verständigen Eltern erwarten darf, dass sie sich dem werbeinduzierten Druck ihrer Kinder zum Kauf bestimmter Gegenstände zu widersetzen wissen.[35] Eine andere Beurteilung kommt nur in Betracht, wenn systematisch zB in einer Schule eine Drucksituation aufgebaut wird, der sich die Eltern im Interesse ihrer Kinder nicht mehr zu entziehen vermögen (→ Rn. 10).[36]

19 Aus § 3 Abs. 4 S. 2 UWG dürfte sich nichts anderes ergeben. Danach ist bei einer Werbung, die für den Unternehmer vorhersehbar nur das Verhalten von Kindern wesentlich beeinflusst, für die rechtliche Beurteilung auf die Sicht durchschnittlicher Vertreter der fraglichen Altersklasse abzustellen, wenn es um die Frage geht, ob durch die Werbung von dem Unternehmer bewusst insbesondere die geschäftliche Unerfahrenheit von Kindern ausgenutzt wird (§ 4a Abs. 2 S. 1 Nr. 3 und S. 2 UWG). Berücksichtigt man nämlich in der gebotenen Weise die erstaunliche Medienkompetenz, über die heute zahlreiche Kinder und Jugendliche verfügen, so ändert auch § 3 Abs. 4 S. 2 UWG im Ergebnis nichts daran, dass Werbung gegenüber Kindern und Jugendlichen grundsätzlich **erlaubt** ist, auch in Gestalt der **Wertreklame** bzw. von Verkaufsförderungsmaßnahmen, da jedenfalls Jugendliche über 14 Jahren in der Regel in der Lage sein werden, diese zutreffend zu beurteilen. Selbst für Jugendliche möglicherweise besonders attraktive Sammelaktionen machen davon keine Ausnahme.[37] Ein Beispiel ist die Werbung für Schokoriegel mit Sammelpunkten auf der Verpackung, die zum Erwerb eines Gutscheins für Bücher im Werte von 5 EUR berechtigen. Dagegen bestehen ebenso wenig Bedenken wie gegen eine Werbung mit Zugaben gegenüber Jugendlichen, solange die Jugendlichen nicht unter Druck gesetzt oder zu einem Kauf

[31] *BGH* NJW 2014, 1014 Tz. 19 = GRUR 2014, 298 = WRP 2014, 164 – Runes of Magic I; NJW 2014, 2279 Tz. 30f. = GRUR 2014, 686 – Goldbärenbarren; GRUR 2014, 1233 Tz. 26, 29ff. = NJW 2015, 485 = WRP 2014, 1447 – Runes of Magic II.

[32] *BGH* NJW 2014, 1014 Tz. 20f., 24ff. = GRUR 2014, 298 = WRP 2014, 164 – Runes of Magic I.

[33] *BGH* NJW 2014, 1014 Tz. 27ff. = GRUR 2014, 298 = WRP 2014, 164 – Runes of Magic I; GRUR 2014, 1233 Tz. 28ff. = NJW 2015, 485 = WRP 2014, 1447 – Runes of Magic II.

[34] *BGH* NJW 2014, 3373 Tz. 19 = GRUR 2014, 1117 – Zeugnisaktion.

[35] *BGH* GRUR 2008, 183 = WRP 2008, 214 Tz. 16, 19ff. – Tony Taler; *OLG Hamburg* NJW-RR 2005, 408; *Fuchs,* WRP 2009, 255 (263f.); *Köhler,* FS Ullmann, 2006, 685 (692); *Scherer,* WRP 2008, 430 (435f.).

[36] *BGH* GRUR 2008, 183 = WRP 2008, 214 Tz. 19ff. – Tony Taler.

[37] *Fuchs,* WRP 2009, 256 (260ff.).

über ihren Bedarf veranlasst werden und solange die nötige Transparenz gewährleistet ist.[38] Ebenso großzügig wird heute meistens auch die Werbung gegenüber **Kindern** (bis zu 14 Jahren) beurteilt, sofern sich nur die aus der Werbung gegebenenfalls für die Kinder ergebende Belastung durch die Anschaffung von Waren oder Dienstleistungen im Rahmen ihres üblichen Taschengeldes bewegt und die Belastung für Kinder eindeutig und verständlich offen gelegt wird.[39]

3. Einflussnahme in menschenverachtender Weise

§ 4 Nr. 1 UWG von 2004 wandte sich ferner gegen geschäftliche Handlungen, die ge- 20
eignet sind, die Entscheidungsfreiheit der Verbraucher oder sonstiger Marktteilnehmer in menschenverachtender Weise zu beeinträchtigen. Die Gesetzesverfasser hatten dabei vor allem die Fälle der **schockierenden,** der diskriminierenden und der grob geschmacklosen **Werbung** im Gegensatz zu der sonstigen gefühlsbetonten Werbung im Auge gehabt.[40] Während die Letztere heute für den Regelfall als unbedenklich eingestuft wird (→ Rn. 23), galten die verschiedenen Erscheinungsformen der menschenverachtenden Werbung als unlauter, sofern geeignet, die Entscheidungsfreiheit der Verbraucher spürbar zu beeinträchtigen. Fehlte es daran (wie in aller Regel), so blieb freilich schon immer nur der Rückgriff auf die Generalklausel des § 3 Abs. 1 UWG.[41]

Auslösend für die Aufnahme dieses Tatbestandes in das UWG von 2004 war letztlich 21
die Rechtsprechung des **BVerfG** gewesen, das wiederholt betont hatte, dass die Menschenwürde auch der Werbung eine absolute Grenze setze, die überschritten sei, sobald Menschen durch die Werbung erniedrigt, gebrandmarkt, verfolgt oder geächtet werden, wofür freilich bloße Geschmacklosigkeiten nicht ausreichten; eine Anwendung des UWG komme vielmehr erst in Betracht, wenn die Werbebotschaft den gebotenen *Respekt für andere Menschen* vermissen lasse, indem sie die Betroffenen verspottet, verhöhnt, erniedrigt oder das dargestellte Leid verharmlost.[42]

Durch die 2. Novelle von 2015 ist der frühere § 4 Nr. 1 von 2004 ersatzlos gestrichen 22
worden, weil der Schutz der Verbraucher vor menschenverachtenden geschäftlichen Handlungen durch die Generalklausel des § 3 Abs. 1 gewährleistet sei.[43] Eine menschenverachtende Werbung kann nur angenommen werden, wenn durch die Werbung bestimmte Menschen oder Menschengruppen herabgewürdigt oder diskriminiert werden. Zu denken ist hier wohl in erster Linie an die Diskriminierung von Ausländern, an die Herabsetzung bestimmter Rassen oder Religionen sowie an die Diskriminierung von Behinderten oder Frauen.[44]

---

[38] *BGH* NJW-RR 2006, 409 Tz. 21 = GRUR 2006, 161 – Zeitschrift mit Sonnenbrille; GRUR 2009, 71 = WRP 2009, 45 Tz. 16 ff. – Schoko-Riegel; *Fuchs,* WRP 2009, 256 (260 ff.).

[39] *BGH* NJW 2014, 2279 Tz. 35 ff. = GRUR 2014, 686 – Goldbärenbarren; NJW 2014, 3373 Tz. 28 ff. = GRUR 2014, 1117 – Zeugnisaktion.

[40] Ausschussbericht, BT-Drs. 15/2795, S. 21 (l. Sp. u. [„Zu § 4 Nr. 1“]); Ohly/Sosnitza/*Sosnitza,* § 4 Rn. 1/37 ff.

[41] Ohly/Sosnitza/*Sosnitza,* § 4 Rn. 1/46 f.

[42] BVerfGE 102, 347 (366 f.) = NJW 2001, 591 – Benetton I; BVerfGE 107, 275 = NJW 2003, 1303 (1304 f.) – Benetton II; ebenso Ausschussbericht von 2004, BT-Drs. 15/2795, S. 21 (l. Sp. u.) sowie schon BGHZ 130, 5 (7 ff.) = NJW 1995, 2486 – Busengrapscher.

[43] So der Ausschussbericht von 2015, BT-Drs. 18/6571, S. 15 („Zu Nr. 4“ 2. Abs.).

[44] *Fezer,* WRP 2001, 989 (1017 f.); *Scherer,* WRP 2007, 594 (598 ff.).

23 Den Gegensatz bildet die lediglich **geschmacklose Werbung.**[45] Sexuelle Anspielungen, wie sie in der heutigen Werbung allgegenwärtig sind, verstoßen noch nicht gegen das UWG. Die Grenze zur menschenverachtenden und deshalb unlauteren Werbung wird erst bei Übertreibungen der Werbung mit anzüglich-obszönen Themen überschritten, wenn dadurch zugleich die Menschenwürde insbesondere von Frauen tangiert wird, indem sie durch die Werbung zu bloßen Sexualobjekten degradiert werden.[46] Praktische Bedeutung haben diese Fälle bisher (erfreulicherweise) nicht erlangt.

4. Gewährung von Vorteilen an Interessenwahrer Dritter

24 Im Gegensatz zu den Fällen der Einflussnahme in menschenverachtender Weise (→ Rn. 21ff.) spielten bis zur 2. Novelle von 2015 im Anwendungsbereich des früheren § 4 Nr. 1 UWG die Fälle der Gewährung von Vorteilen an Interessenwahrer Dritter erstaunlicherweise eine erhebliche Rolle. Es geht dabei um Fälle, die dadurch gekennzeichnet sind, dass **Ärzten, Rechtsanwälten oder Steuerberatern** von gewerblichen Anbietern *Prämien* für die Vermittlung von Aufträgen seitens ihrer Mandanten versprochen werden. Das Anstößige dieser Fälle liegt freilich nicht in einer Beeinträchtigung der Entscheidungsfreiheit der genannten Berufsträger, sondern darin, dass sie durch derartige Prämien veranlasst werden, sich entgegen ihren vertraglichen und berufsrechtlichen Pflichten bei ihren Ratschlägen nicht allein an den Interessen ihrer Patienten oder Mandanten, sondern, und zwar vorrangig, an ihren eigenen Gewinninteressen zu orientieren.[47] Deshalb hatten diese Fälle in Wirklichkeit mit dem früheren § 4 Nr. 1 nicht das Geringste zu tun. Sie gehörten und gehören vielmehr in den Anwendungsbereich des **§ 3a UWG** in Verbindung mit den jeweils verletzten berufsrechtlichen Vorschriften.[48]

5. Kaufzwang, übertriebenes Anlocken

25 Als weitere Fallgruppe, in der früher gelegentlich auf § 4 Nr. 1 UWG von 2004 rekurriert wurde, ist hier noch auf die Fälle des sogenannten psychischen Kaufzwangs und des übertriebenen Anlockens einzugehen. Es waren nicht zuletzt diese Fälle, derentwegen die Bundesregierung ursprünglich im Zuge der Überlegungen zur zweiten Novelle von 2015 an § 4 Nr. 1 neben dem neuen § 4a festhalten wollte, da es sich dabei um Fälle der Beeinträchtigung der Entscheidungsfreiheit der Verbraucher durch sonstigen, unangemessenen, unsachlichen Einfluss handele, in denen solcher Einfluss nicht zugleich als aggressiv im Sinne des § 4a UWG eingestuft werden könne.[49]

26 Bei dem sogenannten **psychischen Kaufzwang** hat oder besser: hatte man Fallgestaltungen im Auge, die dadurch gekennzeichnet sind, dass „mit außerhalb der Sache liegenden Mitteln der Einflussnahme derart auf die Willensentscheidung des Umworbenen eingewirkt wird, dass dieser zumindest anstandshalber nicht umhin kann, auf das

---

[45] Ausschussbericht, BT-Drs. 15/2795, S. 21.

[46] *Fezer,* WRP 2001, 989 (1017f.); zu eng BGHZ 130, 5 (7ff.) = NJW 1995, 2486 – Busengrapscher.

[47] *BGH* NJW 2005, 3718 = GRUR 2005, 1059 – Quersubventionierung von Laborgemeinschaften I; NJW 2009, 3097 Tz. 10ff. = GRUR 2009, 969 – Winteraktion; NJW-RR 2010, 1059 Tz. 13 = GRUR 2010, 365, 531 – Quersubventionierung von Laborgemeinschaften II; NJW-RR 2011, 260 Tz. 14ff. = GRUR 2010, 850 = WRP 2010, 1139 – Brillenversorgung II; GRUR 2012, 1050 Tz. 22ff. = WRP 2012, 1226 (1228) – Dentallabor.

[48] *John,* WRP 2011, 147 (150ff.).

[49] So die Begr. von 2015, BT-Drs. 18/4535, S. 15.

Angebot einzugehen",[50] zB weil er bei Ablehnung des Angebots Nachteile in Gestalt des Verlusts an Wertschätzung befürchten muss oder weil der Werbungstreibende für diesen Fall die Gefahr des Verlustes seines Arbeitsplatzes oder seines Lebensunterhalts an die Wand malt (s. dazu Anhang Nr. 30). Von einem **übertriebenen Anlocken** spricht man dagegen, wenn ein Gewerbetreibender seinen Kunden „übermäßige" oder „übertriebene" Vorteile im Falle einer Kontaktaufnahme in Aussicht stellt, wodurch er sie (angeblich) von der sachlichen Prüfung der sich gegenüberstehenden Angebote abhält, sodass seine Mitbewerber keine Chancen mehr haben, mit ihren an sich gleichwertigen Angeboten zum Zuge zu kommen.[51] Derartigen Vergünstigungen für die Abnehmer stand die Rechtsprechung lange Zeit ausgesprochen kritisch gegenüber. Hatten die Vergünstigungen ein solches Gewicht, dass von ihnen – in den Augen der Gerichte! – die Gefahr ausging, dass letztlich die rationale Entscheidungsfähigkeit der Verbraucher ausgeschaltet wird,[52] so waren sie (früher!) schnell mit einem Verbot zur Hand.

„Folgerichtig" nahm der BGH früher gelegentlich einen „unangemessenen unsachlichen Einfluss" im Sinne des § 4 Nr. 1 von 2004 an, wenn der Einfluss durch die genannten Formen der Wertreklame ein solches Ausmaß erreichte, dass er geeignet erschien, die freie Entscheidung der Verbraucher zu beeinträchtigen, sodass die *Rationalität* ihrer Entscheidung *ausgeschaltet* wurde oder doch „völlig in den Hintergrund trat".[53] 27

Beispiele waren die Ankündigung übermäßiger und zudem zeitlich streng limitierter Rabatte[54] sowie das Angebot der Rückzahlung des gesamten Kaufpreises für die Anschaffung neuer Möbel, sofern die deutsche Fußballnationalmannschaft Europameister werden sollte.[55] Ein **Gegenbeispiel** ist das zeitlich begrenzte Angebot eines Rabattes in Höhe des Mehrwertsteuersatzes, dh von 19%.[56]

Diese ganze, aus heutiger Sicht nur noch schwer nachzuvollziehende Praxis war Ausdruck eines grundsätzlich verfehlten Paternalismus, da es schlichtweg nicht vorstellbar ist, dass bei denkenden Menschen in den genannten Fällen die Rationalität ihrer Entscheidung durch die fraglichen Werbeangebote ausgeschaltet werden könnte.[57] Die Fälle des übertriebenen Anlockens und des psychischen Kaufzwanges sollten deshalb endlich in die Rechtsgeschichte verabschiedet werden. Bei besonders schutzbedürftigen Verbrauchergruppen wie etwa bei Kindern bleibt im Übrigen immer der Rückgriff 28

[50] So wörtlich *BGH* NJW 2002, 3401 (3403) = GRUR 2002, 1000 – Testbestellung; ebenso *BGH* LM § 1 UWG Nr. 766 (Bl. 1 R) = NJW-RR 1998, 1199 = GRUR 1998, 735 = WRP 1998, 724 = JuS 1998, 1164 Nr. 8 – Rubbelaktion; LM § 1 UWG Nr. 816 (Bl. 3) = NJW-RR 2000, 1136 = GRUR 2000, 820 – Space Fidelity Peep-Show; *Steinbeck,* GRUR 2005, 540 (545 f.).

[51] S. *Emmerich,* FS Piper, 1996, S. 171 ff.

[52] S. die Begr. von 2003, BT-Drs. 15/1487, S. 17 (r. Sp. o.).

[53] S. → Rn. 16 sowie speziell für das übertriebene Anlocken *BGH* NJW-RR 2004, 1557 = GRUR 2004, 960 = WRP 2004, 1359 – 500 DM-Gutschein für Autokauf; NJW 2005, 3718 = GRUR 2005, 1059 – Quersubvention von Laborgemeinschaften I; GRUR 2006, 86 – Sonntagsrabatt; NJW 2006, 1739 = GRUR 2006, 511 – Umsatzsteuererstattungsmodell; und für den psychischen Kaufzwang *BGH* GRUR 2008, 183 = WRP 2008, 214 – Tony Taler; zuletzt noch 2015 *BGH* NJW 2015, 3508 Tz. 14 = GRUR 2015, 1134 = WRP 215, 1341 – Schufa-Hinweis.

[54] *BGH* GRUR 2006, 86 – Sonntagsrabatt.

[55] *OLG Hamm* NJW-RR 2009, 1203 (1204).

[56] *BGH* NJW 2010, 3306 Tz. 15 ff. = GRUR 2010, 1022; dagegen *Möller,* NJW 2010, 3308.

[57] Ebenso zB *Henning-Bodewig,* WRP 2006, 621 (627, l. Sp. o.); *Steinbeck,* GRUR 2005, 540 (545 f.); *dies.,* WRP 2008, 865 (869 f.) sowie *Emmerich,* FS Piper, 1996, S. 171 ff. mN.

auf die Generalklausel des § 3 Abs. 1 UWG möglich, sollte tatsächlich im Einzelfall einmal eine abweichende Entscheidung zu deren Schutz geboten sein. Mit § 4a haben diese Fälle jedenfalls endgültig nichts mehr zu tun.

6. Gefühlsbetonte Werbung

29 Von gefühlsbetonter (oder auch: gefühlsbezogener) Werbung spricht man, wenn sich die Werbung nicht auf die sachliche Information der angesprochenen Verkehrskreise beschränkt, sondern, zumindest auch, in irgendeiner Form an die **Gefühle** der Adressaten **appelliert.** Die gefühlsbetonte Werbung ist überaus verbreitet. Eine Werbung durch ausschließlich sachliche Information kommt im Grunde nur zwischen Unternehmen (von Fachleuten für Fachleute) vor, während die Verbraucherwerbung in aller Regel, auch oder allein, die Gefühle der Verbraucher anspricht und dafür in wachsendem Maße auf sachliche Aussagen verzichtet, womit zugleich erreicht wird, dass kein Raum für die Anwendung der (gefürchteten) §§ 5 und 5a UWG bleibt. Das ist letztlich auch der Grund dafür, warum sich die Werbung zunehmend in inhaltslose, unüberprüfbare Aussagen flüchtet, die bei den Verbrauchern lediglich eine *positive „Stimmung"* für ein Produkt hervorrufen sollen.[58] Geht dies so weit, dass versucht wird, unter Ausschaltung der Bewusstseinskontrolle direkt das Unterbewusstsein der Verbraucher anzusprechen, so spricht man auch von **Suggestivwerbung.** Diese Form der Werbung hat jedoch bislang in Deutschland nur eine marginale Rolle gespielt[59] sodass sie im Folgenden vernachlässigt werden kann.

30 Entsprechend der Varianz der Gefühlswelten der Verbraucher gibt es unterschiedliche **Erscheinungsformen** der gefühlsbetonten Werbung.[60] Neben dem Appell an edle Gefühle stehen die Ausnutzung von Angst, die gesundheits- und die umweltbezogene Werbung sowie die geschmacklose und die anstößige Werbung. Eine besondere Fallgruppe bildet die schockierende, diskriminierende oder menschenverachtende Werbung (dazu schon → Rn. 20ff.). Bei den meisten genannten Spielarten der gefühlsbetonten Werbung handelt es sich schon auf den ersten Blick um nichts anderes als bloße Erscheinungsformen der allgemein als unbedenklich angesehenen **Imagewerbung,** deren Kern in einem sogenannten Imagetransfer besteht. In besonderem Maße gilt das für die sogenannte gefühlsbetonte Werbung im engeren Sinne, die dadurch gekennzeichnet ist, dass in der Werbung *„edle Gefühle"* der Verbraucher angesprochen werden, um die damit verbundenen positiven Bewertungen auf das „beworbene" Produkt „überzuleiten".

31 Eine weitere heute beliebte Variante der gefühlsbetonten Werbung ist das sogenannte **Sozio-, Sport-, Kultur- und Umweltsponsoring,** bei dem die Förderung der genannten Belange durch den Werbungstreibenden für Zwecke der Werbung eingesetzt wird.[61] Auch hier lassen sich unterschiedliche Erscheinungsformen ausmachen: Zunächst gibt es Fälle, in denen das in der Werbung herausgestellte Engagement nur

[58] Daher die verbreiteten Hinweise auf Sonnenschein, Glück, Liebe, Jugend oder Gesundheit in der Werbung.

[59] S. ausführlich *Baudenbacher,* Suggestivwerbunmg und Lauterkeitsrecht, 1978; *Ernst,* WRP 2010, 1304.

[60] Überblick bei *Ernst,* WRP 2010, 1304; Köhler/Bornkamm/*Köhler,* § 4 Rn. 1.217ff.; Ohly/Sosnitza/*Sosnitza,* § 4 Rn. 1/125ff.; *Scherer,* Verbraucherwerbung, 1996, S. 204ff.; *Seichter,* WRP 2007, 230; Harte-Bavendamm/Henning-Bodewig/*Stuckei,* § 4 Nr. 1 Rn. 146ff.

[61] Ausführlich *Ernst,* WRP 2010, 1304; *Heermann,* WRP 2014, 897 (901ff.).

und gerade *durch* den Kauf der fraglichen Produkte des werbenden Unternehmens erreicht werden kann; man spricht dann auch von *erlösbezogener Werbung.* Davon zu trennen sind die Fälle, in denen ein Unternehmen nur *allgemein* mit seinem Engagement wirbt, etwa durch den Hinweis auf die Mitgliedschaft oder die Unterstützung entsprechender Einrichtungen oder Verbände, – wiederum im Grunde nichts anderes als Erscheinungsformen der herkömmlichen Imagewerbung.

Die frühere Rechtsprechung stand der gefühlsbetonten Werbung in dem genannten Sinne (→ Rn. 29f.) ausgesprochen *kritisch* gegenüber.[62] Diese restriktive Praxis gehört jedoch mittlerweile der Vergangenheit an, seitdem das **BVerfG** Ende des Jahres 2000 unter Berufung auf Art. 5 Abs. 1 GG die bisherige negative Beurteilung der gefühlsbetonten Werbung verworfen hat, weil es sich bei ihr im Grunde um nichts anderes als um eine besondere Erscheinungsform der allgemein geübten und als zulässig angesehenen Imagewerbung handele.[63] Der **BGH** behandelt seitdem die gefühlsbetonte Werbung als grundsätzlich *zulässig,* solange nicht mit ihr im Einzelfall eine *Irreführung* der Verbraucher über die Art oder das Ausmaß zB der Förderung von Umweltprojekten durch den Werbungstreibenden verbunden ist, wobei zu beachten ist, dass eine allgemeine Aufklärungspflicht in der Werbung bisher nicht anerkannt wird, sodass es darauf ankommt, ob im Einzelfall ausnahmsweise die Voraussetzungen des § 5a UWG für eine Irreführung durch Unterlassen erfüllt sind.[64] Auch diese Fälle haben mit anderen Worten heute mit § 4a nichts mehr zu tun. Ebenso verhält es sich im Regelfall mit dem Einsatz von Laienwerbern (→ Rn. 33ff.). 32

7. Einsatz von Laienwerbern

In den vorliegenden Zusammenhang gehört schließlich noch der Einsatz sogenannter Laienwerber. Gemeint sind damit *Privatleute,* die von Gewerbetreibenden durch das Inaussichtstellen von Prämien oder Provisionen dazu veranlasst werden sollen, sich selbst nachhaltig um den Vertrieb der Produkte ihrer „Auftraggeber" zu bemühen. Die wirtschaftliche Bedeutung des Einsatzes von Laienwerbern ist heute erheblich; entsprechend vielgestaltig sind die **Erscheinungsformen.**[65] Sie reichen von den bekannten Sammelbestellern der Versandhäuser über „nebenberufliche" Versicherungs- und Bankvertreter, die häusliche Kosmetikberatung und die sogenannte Partywerbung bis hin zur progressiven Kunden- und Mitarbeiterwerbung, bei der den Beteiligten für den Fall der Werbung weiterer „Laienwerber" 33

[62] So insb. BGHZ 112, 311 (314f.) = NJW 1991, 701 – Biowerbung; BGHZ 130, 196 (201f.) = NJW 1995, 2488 = JuS 1995, 141 Nr. 11 – Benetton I/Ölverschmutzte Ente; BGHZ 149,247 (257ff.) = NJW 2002, 1200 = JuS 2002, 715 Nr. 14 – Benetton IV; *BGH* LM § 1 UWG Nr. 685 = NJW 1995, 1964 = GRUR 1995, 742 – Arbeitsplätze bei uns; LM § 1 UWG Nr. 691= NJW 1995, 2492 = GRUR 1995, 600 – HIV Positive; LM § 1 UWG Nr. 693 = NJW 1995, 2490 = GRUR 1995, 595 – Kinderarbeit; LM § 1 UWG Nr. 802 =NJW-RR 1999, 831 (832) = GRUR 1999,1099 (1100) – Generika-Werbung; *Ernst,* WRP 2010, 1304 (1309ff.).

[63] BVerfGE 102, 347 = NJW 2001, 591 – Benetton; BVerfGE 107, 275 (280f.) = NJW 2003, 1303 (1304) – Benetton; *BVerfG* NJW 2002, 1187 (1189) = GRUR 2002, 455 – Tier- und Artenschutz.

[64] BGHZ 164, 153 (157f.) = NJW 2006, 149 – Artenschutz; *BGH* NJW 2007, 919 (920f.) = GRUR 2007, 247 = JuS 2007, 694 (696 Nr. 14) – Krombacher Regenwaldprojekt I; NJW 2007, 922 = GRUR 2007, 251 = WRP 2007, 308 – Krombacher Regenwaldprojekt II; *OLG Hamburg* NJW 2003, 407 = GRUR-RR 2003, 51 – Bringt die Kinder durch den Winter; s. mN *Ernst,* WRP 2010, 1304 (1310ff.); *Seichter,* WRP 2007, 230.

[65] S. *Ulrich,* FS Piper, 2006, S. 495 (502ff.).

zusätzliche Prämien versprochen werden (vgl. § 16 Abs. 2 UWG und dazu → § 13 Rn. 1 ff.).

34 Die überwiegende Meinung stand früher sämtlichen genannten Formen der Laienwerbung ausgesprochen *kritisch* gegenüber. Im Ergebnis näherte sich die Rechtsprechung schließlich immer mehr einem generellen **Verbot** des Einsatzes von Laienwerbern, sofern diesen nur irgendwie nennenswerte Prämien oder Provisionen für ihren Einsatz versprochen wurden.[66] Für ein derartiges Verbot im Widerspruch zu Art. 12 Abs. 1 GG fehlte indessen jede Grundlage. Unter dem neuen Recht gab deshalb der **BGH** seine bisherige kritische Haltung gegenüber der Laienwerbung auf, sodass diese Vertriebsmethode heute (wieder) als grundsätzlich **zulässig** gilt, solange nicht im Einzelfall (ausnahmsweise) bei dem gesamten System die Voraussetzungen des § 4a oder der §§ 5, 5a und 7 Abs. 1 UWG erfüllt sind.[67] Ein Verbot der Laienwerbung kommt mit anderen Worten nur noch in Ausnahmefällen Betracht, wenn das System darauf angelegt ist, seinen Charakter als Mittel der Werbung für ein bestimmtes Unternehmen zu verschleiern (§ 5a UWG)[68] oder wenn mit ihm die Gefahr einer Irreführung (§ 5 UWG) oder einer unzumutbaren Belästigung der Verbraucher (§ 7 Abs. 1 UWG) verbunden ist, während für eine Anwendung des § 4a Abs. 1 S. 2 Nr. 1 UWG daneben nur noch in Fällen einer besonders aggressiven, dh hartnäckigen und aufdringlichen Vorgehensweise der Laienwerber Raum sein dürfte.

35 Von der Frage nach der Zulässigkeit des Einsatzes von Laienwerbern für ein bestimmtes Produkt zu trennen ist die Beurteilung **wettbewerbswidriger Handlungen der Laienwerber** im Einzelfall, zB in Gestalt einer Belästigung oder Irreführung einzelner von ihnen angesprochener Kunden (§§ 5 und 7 UWG). Dafür haftet der betreffende Laienwerber selbst, wenn er nicht nur privat, sondern im geschäftlichen Verkehr tätig wird (→ § 4 Rn. 4. ff.). Ist dies der Fall, so kann neben ihm außerdem der Unternehmer, der sich der Laienwerber als Absatzmittler bedient, für die Wettbewerbsverstöße der Laienwerber verantwortlich sein (§ 8 Abs. 2 UWG).[69]

IV. Die Streichung von § 4 Nr. 3–6 UWG

36 Durch die 2. Novelle von 2015 sind nicht nur die früheren Nr. 1 und Nr. 2 des § 4 UWG gestrichen worden, die wenigstens teilweise in dem neuen § 4a UWG aufgegangen sind (→ Rn. 12, 20 ff.), sondern auch die früheren Nr. 3–6 der Vorschrift, durchweg, weil es sich dabei letztlich um Irreführungstatbestände handelte, sodass zum Schutze insbesondere der Verbraucher die (ebenfalls durch die 2. Novelle geänderten) § 5 und § 5a UWG vollauf ausreichten (dazu → §§ 14–17).[70] Soweit danach noch Schutzlücken verbleiben, hindert im Einzelfall nichts einen Rückgriff auf die beiden Generalklauseln des § 3 Abs. 1 und Abs. 2 UWG (dazu → § 5).[71]

---

[66] Ebenso *Ulrich*, FS Piper, 2006, S. 495 (499 f.); *Hartlage*, WRP 1997, 1 (3 ff.).

[67] *BGH* NJW 2006, 3203 = GRUR 2006, 949 = WRP 2006, 1370 = JuS 2007, 396 Nr. 15 – Kunden werben Kunden; Harte-Bavendamm/Henning-Bodewig/*Stuckei*, § 4 Nr. 1 Rn. 162 ff.

[68] Ohly/Sosnitza/*Sosnitza*, § 4 Rn. 1/159.

[69] *Isele*, WRP 2010, 1215; Ohly/Sosnitza/*Sosnitza*, § 4 Rn. 1/161 f.

[70] So der Ausschussbericht von 2015, BT-Drs. 18/6571, S. 15 („Zu Nr. 4").

[71] Ebenso *Fritzsche*, WRP 2016, 1 (7).

Nach dem früheren § 4 Nr. 3 UWG handelte unlauter, wer den Werbecharakter von geschäftlichen Handlungen verschleierte. Eine danach grundsätzlich unzulässige, weil unlautere verdeckte Werbung, häufig auch **Schleichwerbung** genannt, lag vor, wenn die Adressaten der Werbung, Verbraucher wie Gewerbetreibende, den geschäftlichen Charakter der Werbung nicht eindeutig und klar zu erkennen vermochten.[72] Eine entsprechende neue Regelung findet sich jetzt in § 5a Abs. 6 UWG, der erst durch die zweite Novelle in das Gesetz eingefügt wurde (dazu → § 14 Rn. 69). 37

Nach § 4 Nr. 4 UWG aF handelte ferner unlauter, wer bei Verkaufsförderungsmaßnahmen wie Preisnachlässen oder Rabatten, Zugaben oder Geschenken die Bedingungen für ihre Inanspruchnahme nicht klar und eindeutig angab. Eine ergänzende Sonderregelung speziell für Preisausschreiben und Gewinnspiele mit Werbecharakter fand sich in der Nr. 5 des § 4 UWG aF, wonach unlauter handelte, wer bei Preisausschreiben oder Gewinnspiele mit Werbecharakter die Teilnahmebedingungen nicht klar und eindeutig angab. Aus beiden Vorschriften folgte ein sogenanntes **Transparenzgebot** für die genannten Verkaufsförderungsmaßnahmen, das, soweit noch erforderlich, jetzt in den §§ 5, 5a und 3 Abs. 2 UWG zu verankern ist (dazu → § 14 Rn. 35ff.). 38

Schließlich enthielt das UWG früher noch in § 4 Nr. 6 UWG aF ein sogenanntes **Koppelungsverbot.** Nach dieser Vorschrift handelte unlauter, wer die Teilnahme (nur) von Verbrauchern an einem Preisausschreiben oder Gewinnspiel von dem Erwerb einer Ware oder der Inanspruchnahme einer Dienstleistung abhängig machte, außer wenn das Preisausschreiben oder Gewinnspiel naturgemäß mit der Ware oder der Dienstleistung verbunden ist. Dieses strikte Koppelungsverbot war indessen nach der Rechtsprechung des EuGH mit der UGP-Richtlinie unvereinbar.[73] Anders verhält es sich lediglich für die Koppelung der Teilnahme von Verbrauchern an Preisausschreiben oder Gewinnspielen mit der Inanspruchnahme gerade von *Finanzdienstleistungen* wie zB Versicherungen, wie aus Art. 3 Abs. 9 der Richtlinie folgt.[74] Der BGH hatte aus der Rechtsprechung des EuGH bereits 2014 den Schluss gezogen, dass der (frühere) § 4 Nr. 6 UWG richtlinienkonform dahin ausgelegt werden müsse, dass die Gewinnkoppelung nur dann unzulässig, weil unlauter ist, wenn sie im Einzelfall eine unlautere Geschäftspraxis im Sinne des § 3 Abs. 2 UWG darstellt, insbesondere also dann, wenn sie gegen die unternehmerische Sorgfalt verstößt.[75] Die Folge war, dass § 4 Nr. 6 UWG aF jede praktische Bedeutung eingebüßt hatte, sodass seine Streichung durch die 2. Novelle nur folgerichtig war.[76] 39

[72] *BGH* GRUR 2012, 184 Tz. 18 = NJW 2012, 1449 = WRP 2012, 194 – Branchenbuch Berg; GRUR 2013, 644 Tz. 14, 23f. = WRP 2013, 764 (765f.) – Preisrätselgewinnauslobung V.

[73] *EuGH* Slg. 2010, I-245 = NJW 2010, 1867 = JuS 2011, 77 – Plus; ebenso schon *EuGH* Slg. 2009, I-2993 = EuZW 2009, 370 = GRUR 2009, 599 – VTB-VAB; Slg. 2010, I-10909 = GRUR 2011, 76 = WRP 2011, 45 – Mediaprint; BGHZ 187, 231 (236ff. Tz. 15ff.) = GRUR 2011, 532. = JuS 2011, 1036 – Millionenchance II; *BGH* NJW 2014, 2279 = GRUR 2014, 686 = WRP 2014, 831 Tz. 11 – Golbärenbarren; *Alexander,* WRP 2014, 1010.

[74] *EuGH* GRUR 2013, 1154 Tz. 21ff. = WRP 2013, 1308 – Citroën.

[75] *BGH* NJW 2014, 2279 Tz. 11 = GRUR 2014, 686 = WRP 2014, 831 – Goldbärenbarren; *Alexander,* WRP 2014, 1010 (1012f.); *Berlit,* WRP 2011, 1225; *Köhler,* GRUR 2011, 478; *Pauli,* WRP 2011, 1232.

[76] Begr. von 2015, BT-Drs. 18/4535, S. 14; anders noch der RefE von 2014, WRP 2014, 1374 (1378).

40 Ein Verstoß gegen die unternehmerische Sorgfalt durch ein Koppelungsgeschäft im Sinne des § 3 Abs. 2 kommt zB in Betracht, wenn der Unternehmer Verbraucher ohne Not unter Druck setzt oder die Verbraucher sonst überrumpelt.[77] Jedoch wird es sich dabei um **Ausnahmefälle** handeln. Vor allem die Gesichtspunkte des psychischen Kaufzwangs und des übertriebenen Anlockens dürften im vorliegenden Zusammenhang wohl endgültig ausgedient haben (→ Rn. 20, 25 ff.), wenn man bedenkt, dass niemand gezwungen ist, an Preisausschreiben oder Gewinnspielen teilzunehmen.[78] Unbedenklich sind insbesondere die herkömmlichen und üblichen Preisrätsel in Zeitschriften.[79]

[77] *Köhler,* GRUR 2011, 478 (482 ff.).
[78] *Berlit,* WRP 2005, 1213 (1216 f.).
[79] S. die Begr., BT-Drs. 15/1487, S. 18 (l. Sp. u.), 41 (l. Sp. „Zu Nr. 82" 3. Abs.); *Berlit,* WRP 2005, 1243 (1247 f.).

§ 13. Unzumutbare Belästigungen

I. Überblick

Nach § 7 Abs. 1 S. 1 UWG ist eine geschäftliche Handlung unzulässig, durch die ein Marktteilnehmer in unzumutbarer Weise belästigt wird. S. 2 der Vorschrift fügt seit 2008 hinzu, dass dies insbesondere für Werbung gilt, obwohl erkennbar ist, dass der angesprochene Marktteilnehmer diese Werbung nicht wünscht. **Beispiele** enthält das Gesetz in den Nr. 1–4 des § 7 Abs. 2 UWG. Die wichtigsten Fälle sind die (unerwünschte) Telefonwerbung (§ 7 Abs. 2 Nr. 2 UWG; → Rn. 24ff.) sowie die Fax- und E-Mail-Werbung (§ 7 Abs. 2 Nr. 3 UWG; → Rn. 30ff.). Ergänzt wird die Regelung durch einen Auffangtatbestand in § 7 Abs. 2 Nr. 1 UWG für andere Formen der Fernabsatzwerbung (→ Rn. 21f.) sowie noch in § 7 Abs. 2 Nr. 4 UWG durch ein Verbot der anonymen elektronischen Direktwerbung (→ Rn. 34ff.). § 7 Abs. 3 UWG enthält schließlich eine praktisch wenig bedeutsame Ausnahme von § 7 Abs. 2 Nr. 3 UWG (→ Rn. 33). 1

Anders als unter dem UWG von 2004 enthält § 7 seit 2008 keinen Hinweis mehr auf § 3 UWG, sodass heute *in jedem Fall* eines Verstoßes gegen diese Vorschrift, dh ohne Wertungsmöglichkeit im Einzelfall von der **Unzulässigkeit** der fraglichen geschäftlichen Handlung auszugehen ist, und zwar auch dann, wenn nur eine einzige Handlung gegen die genannte Vorschrift verstößt.[1] Folgerichtig bestimmt § 7 Abs. 2 Hs. 1 UWG, dass bei Vorliegen eines der Beispielstatbestände „stets" eine Unzumutbarkeit (und damit zugleich Unzulässigkeit) der Belästigung im Sinne des Abs. 1 anzunehmen ist. Diese Gesetzestechnik machte es außerdem nötig, in den §§ 8, 9 und 10 UWG neben der Generalklausel des § 3 UWG immer zugleich den § 7 UWG als Verbotstatbestand zu erwähnen. 2

Die **UGP-Richtlinie** enthält keinen mit § 7 UWG vergleichbaren Tatbestand, sondern erfasst die Belästigung von Verbrauchern nur unter engen Voraussetzungen in den Art. 8 und 9 als besondere Erscheinungsformen aggressiver Geschäftspraktiken. Beispiele für derartige belästigende Geschäftspraktiken finden sich insbesondere in den Nr. 25, 26 und 29 des Anhangs I der Richtlinie. Die Nr. 26 des Anhangs I wurde zum Teil durch § 7 Abs. 2 Nr. 1 und Nr. 2 UWG umgesetzt, während sich die anderen Verbotstatbestände in den Nr. 25, 26 und 29 des Anhangs zu § 3 Abs. 3 UWG wiederfinden. **Nr. 25 des Anhangs** untersagt es, den Eindruck zu erwecken, der Verbraucher könne bestimmte Räumlichkeiten nicht ohne vorherigen Vertragsabschluss verlassen, während die **Nr. 26 des Anhangs** es als stets unzulässig bezeichnet, die Aufforderung des Verbrauchers, seine Wohnung zu verlassen, zu missachten, außer bei Besuchen zur rechtmäßigen Durchsetzung vertragliche Verpflichtungen. Die Nr. 29 des Anhangs zu § 3 Abs. 3 des Gesetzes idF von 2015 untersagt schließlich noch die Aufforderung zur Bezahlung, Aufbewahrung oder Rücksendung nicht bestellter, aber gelieferter Waren oder erbrachter Dienstleistungen. § 7 UWG dient zugleich der Umsetzung des Art. 13 der Datenschutzrichtlinie vom 12.7.2002,[2] der den Mitgliedstaaten für die 3

---

[1] Begr. von 2008, BT-Drs. 16/10145, S. 28ff.; vgl. auch für die frühere Bagatellklausel des § 3 Abs. 1 UWG von 2008 *BGH* NJW 2010, 3239 = WRP 2010, 1249 = GRUR 2010, 939 Tz. 18 = JuS 2011, 270 – Telephonwerbung nach Unternehmenswechsel; GRUR 2013, 1259 Tz. 22 = WRP 2013, 1579 (1581) – Empfehlungs-E-Mail.

[2] ABl. 2002 L 201/37; s. dazu *Leistner/Pothmann,* WRP 2003, 815 (821ff.).

Telefonwerbung eine Wahlmöglichkeit zwischen der Opt-in- und der Opt-out-Regelung eröffnet. Trotz der geschilderten Abweichungen von der Richtlinie ist die Vorschrift des § 7 durch die 2. Novelle von 2015 nicht geändert worden, dies wohl auch deshalb, weil die Abweichungen zumindest partiell auf die Ausnahmetatbestände des Erwägungsgrundes Nr. 7 S. 3–5 zu der Richtlinie gestützt werden können.[3]

4 Aus dem Gesagten (→ Rn. 3) folgt zugleich die enge Verwandtschaft des § 7 mit dem neuen § 4a von 2015, da sich beide Vorschriften letztlich gegen eine unzumutbare Belästigung insbesondere der Verbraucher wenden (vgl. § 4a Abs. 1 S. 2 Nr. 1 und → § 12 Rn. 8 f.). Die wohl unvermeidliche Folge dürfte sein, dass in zahlreichen Fällen in Zukunft beide Vorschriften nebeneinander anwendbar sind (sogenannte **Doppelregelung**).

5 § 7 UWG regelt verschiedene Aspekte der **Direktwerbung,** häufig auch (neudeutsch) Direktmarketing genannt, einschließlich insbesondere des sogenannten Telemarketings in Gestalt der **Telefon- und** der **E-Mail-Werbung.** Alle genannten Formen der Werbung erfreuen sich heute bei der werbenden Wirtschaft wegen der Vermeidung von Streuverlusten infolge der durch sie ermöglichten unmittelbaren Ansprache der Adressaten der Werbung großer Beliebtheit, bedeuten jedoch zugleich vielfach für die Adressaten eine erhebliche *Belästigung.* Daraus ergibt sich die Problematik der ganzen Materie. Paradigmata sind die unerwünschte Telefon- und E-Mail-Werbung.

6 Die Zulässigkeit der genannten Absatzinstrumente war und ist aus den genannten Gründen (→ Rn. 5) umstritten und in der Tat zweifelhaft. Namentlich die deutsche Rechtsprechung hatte ihnen gegenüber von Anfang an eine ausgesprochen *kritische Haltung* eingenommen und sie im Verhältnis zu Verbrauchern letztlich nur noch nach deren vorheriger *Einwilligung* zugelassen, um die Privatsphäre der Verbraucher nach Möglichkeit gegen das ungewollte Eindringen von Werbungstreibenden zu schützen. Die Rechtslage in Deutschland unterschied sich infolgedessen in diesem Punkt grundlegend von der in den meisten anderen Mitgliedstaaten der Europäischen Union, in denen das Telemarketing grundsätzlich *erlaubt* ist, solange sich die Adressaten die Werbung nicht ausdrücklich verboten haben. Man spricht insoweit auch von einer **Opt-out-Regelung** gegenüber der in Deutschland praktizierten **Opt-in-Regelung.** Während der Beratungen zu dem neuen UWG von 2004 war es eine der am meisten umstrittenen Fragen, ob Deutschland nach dem Vorbild anderer Länder ebenfalls zu der Opt-out-Regelung übergehen oder an der bisherigen strengen Opt-in-Regelung zum Schutze der Verbraucher festhalten soll. Durchgesetzt hatte sich schließlich der Standpunkt der Bundesregierung, die für die **Beibehaltung der Opt-in-Regelung** plädierte.[4]

7 Trotz der Entscheidung für die Beibehaltung der Opt-in-Regelung hat § 7 UWG bisher nicht zu einer spürbaren Eindämmung insbesondere der von den Verbrauchern zunehmend als Belastung empfundenen Telefonwerbung geführt.[5] 2009 wurde deshalb § 7 Abs. 2 Nr. 2 UWG nochmals verschärft; zugleich wurde die unerlaubte Telefonwerbung erstmals zu einer Ordnungswidrigkeit umgestaltet (§ 20 Abs. 1 UWG).

[3] S. *Köhler,* WRP 2015, 798; 2015, 1311 (1317 f.).

[4] S. die Begr. von 2003, BT-Drs. 15/1487, S. 21 („Zu Nr. 2" und „Zu Nr. 3"); zustimmend *Köhler,* FS Koppensteiner, 2001, S. 431.

[5] S. *Fezer,* WRP 2007, 855; *Mankowski,* WRP 2008, 15.

Außerdem wurde das BGB in wichtigen Punkten geändert, um die Position der Verbraucher gegenüber Geschäftsabschlüssen am Telefon zu verbessern (§§ 312c ff. BGB idF von 2014). An der wenig erfreulichen Praxis, gekennzeichnet durch eine immer mehr überhandnehmende Telefonwerbung, häufig automatisch gesteuert aus dem fernen Ausland, hat all dies, bisher jedenfalls, nahezu nichts geändert.

II. Grundtatbestand (§ 7 Abs. 1 UWG)

1. § 7 Abs. 1 S. 1 UWG

Nach § 7 Abs. 1 S. 1 UWG ist eine geschäftliche Handlung iSd § 2 Abs. 1 Nr. 1 UWG, durch die ein Marktteilnehmer in unzumutbarer Weise belästigt wird, (immer) unzulässig. Der wichtigste Anwendungsfall ist nach S. 2 der Vorschrift eine Werbung entgegen dem erkennbaren Willen des angesprochenen Marktteilnehmers, also nicht nur der Verbraucher, sondern auch sonstiger Abnehmer (§ 2 Abs. 1 Nr. 2 UWG; → Rn. 12f.). Weitere Beispielstatbestände, in denen eine unzumutbare Belästigung im Sinne des § 7 Abs. 1 S. 1 „stets" anzunehmen ist, finden sich in § 7 Abs. 2 Nr. 1–4 sowie außerdem in dem Anhang zu § 3 Abs. 3 des Gesetzes insbesondere in den Nr. 25, 26 und 29 (→ Rn. 4 und → Rn. 17). 8

Der S. 1 des § 7 Abs. 1 UWG enthält im Grunde eine **weitere Generalklausel** neben § 3 UWG durch das generelle Verbot jeder unzumutbaren Belästigung eines Marktteilnehmers durch eine geschäftliche Handlung im Sinne des § 2 Abs. 1 Nr. 1 UWG, ergänzt durch unterschiedliche Beispielstatbestände. Die Regelung von Belästigungen in § 7 und im Anhang des Gesetzes wiederholt damit im Kern den für das UWG heute kennzeichnenden **dreistufigen Aufbau:** Tatbestände, in denen *stets* eine unzulässige geschäftliche Handlung anzunehmen ist, *Beispielstatbestände* für die verschiedenen Generalklauseln, in denen es auf die Umstände des Einzelfalls ankommt, sowie reine *Generalklauseln* wie eben § 7 Abs. 1 S. 1 neben § 3 Abs. 1 und Abs. 2 des Gesetzes. Die erste Stufe bilden hier die genannten Tatbestände des Anhangs zu § 3 Abs. 3 sowie des § 7 Abs. 2 des Gesetzes, während sich ein Beispielstatbestand der Generalklausel des § 7 Abs. S. 1 auf der zweiten Stufe in § 7 Abs. 1 S. 2 findet. Nur wenn auch ein derartiger Tatbestand nicht eingreift, kommt ein Rückgriff auf eine der *Generalklauseln,* insbesondere also § 7 Abs. 1 S. 1 UWG in Betracht. 9

Die Generalklausel des § 7 Abs. 1 S. 1 UWG wendet sich gegen die unzumutbare Belästigung eines Marktteilnehmers durch eine geschäftliche Handlung. Erstes Tatbestandsmerkmal ist somit die Belästigung eines Marktteilnehmers durch eine geschäftliche Handlung im Sinne des § 2 Abs. 1 Nr. 1 des Gesetzes. Unter einer **Belästigung** versteht man in § 7 Abs. 1 S. 1 eine geschäftliche Handlung, die dem Empfänger aufgedrängt wird und die bereits wegen ihrer Art und Weise unabhängig von ihrem Inhalt als störend empfunden wird.[6] 10

Beispiele sind neben der unerwünschten Telefon- und E-Mail-Werbung (§ 7 Abs. 2 Nr. 2 und Nr. 3 UWG; → Rn. 21ff.) die Zusendung nicht bestellter Waren (→ Rn. 17), unangemeldete Besuche von Vertretern (→ Rn. 19), Werbewurfsendungen entgegen einem Aufkleber auf dem Briefkasten (→ Rn. 14, 23), das Ansprechen von Passanten auf öffentlichen Straßen (→ Rn. 15) sowie die Aufforderung zur Abgabe

[6] *BGH* NJW 2011, 3159 = GRUR 2011, 747 = WRP 2011, 1054 Tz. 17 – Kreditkartenübersendung; Köhler/Bornkamm/*Köhler,* § 7 Rn. 19ff.; Harte-Bavendamm/Henning-Bodewig/*Schöler,* § 7 Rn. 41ff.; Ohly/Sosnitza/*Ohly,* § 7 Rn. 24; *Reich,* GRUR 2011, 589 (590ff.).

von Meinungsäußerungen, wenn dafür eine teure Mehrwertdiensterufnummer gewählt werden muss.[7] Unzulässig sind solche Belästigungen freilich nur, wenn sie für den Betroffenen zugleich unzumutbar sind (→ Rn. 11).

11 Die **Unzumutbarkeit** der Belästigung lässt sich immer nur im Einzelfall aufgrund einer umfassenden *Abwägung* der sich gegenüberstehenden Grundrechte und Interessen der Beteiligten unter Berücksichtigung der auf die Liberalisierung des Wettbewerbsrechts gerichteten Zielsetzung des Gesetzes auf der einen Seite und auf der anderen Seite des gebotenen umfassenden Schutzes der Adressaten gegen eine Belästigung, insbesondere durch eine Überflutung mit Werbemaßnahmen in ihrer Privatsphäre, beurteilen. **Maßstab** ist entsprechend dem heutigen Verbraucherleitbild (→ § 14 Rn. 15 ff.) das Empfinden des verständigen Durchschnittsverbrauchers oder Marktteilnehmers. Unzumutbar ist daher nur, was aus seiner Sicht *schlechthin inakzeptabel* ist, während es hier auf die besondere Empfindlichkeit einzelner – im Interesse der Freiheit des Wettbewerbs – nicht ankommen kann.[8] Aus S. 2 des § 7 Abs. 1 UWG folgt außerdem, dass die Unzumutbarkeit der belästigenden Werbung insbesondere anzunehmen ist, wenn die geschäftliche Handlung dem erkennbaren **Willen** des Adressaten **widerspricht,** vor allem also, wenn er sich die geschäftliche Handlung ausdrücklich oder konkludent verbeten hat (→ Rn. 12 f.).

2. § 7 Abs. 1 S. 2 UWG

12 Der wichtigste Anwendungsfall der Generalklausel des § 7 Abs. 1 S. 1 UWG (→ Rn. 8) ist nach S. 2 des § 7 Abs. 1 UWG eine Werbung, obwohl erkennbar ist, dass der angesprochene Marktteilnehmer diese Werbung nicht wünscht. Zu beachten ist, dass der S. 2 des § 7 Abs. 1 UWG lediglich einen Anwendungsfall des S. 1 der Vorschrift enthält („… insbesondere …"), sodass seine Anwendung immer noch zusätzlich voraussetzt, dass der Betroffene, in erster Linie also der Adressat, durch die seinem Willen widersprechende Werbung auch tatsächlich *unzumutbar belästigt* wird (→ Rn. 10 f.).

13 Was unter **Werbung** iSd § 7 Abs. 1 S. 2 UWG zu verstehen ist, ergibt sich in erster Linie aus Art. 2 lit. a der Werberichtlinie von 2006, nach dem Werbung im Kern jede geschäftliche Handlung mit dem Ziel der *Absatzförderung* ist. Der Begriff wird ganz weit ausgelegt. Er umfasst insbesondere auch die mittelbare Absatzförderung, zB im Wege der Imagewerbung oder des Sponsoring,[9] sowie darüber hinaus sogar die Nachfrage von Unternehmen bei anderen Unternehmen oder Freiberuflern über die Lieferung von Waren oder die Erbringung von Dienstleistungen, weil die Nachfrage von Unternehmen nach Waren oder Dienstleistungen letztlich gleichfalls der Förderung ihres Absatzes dient.[10] Der wichtigste Anwendungsbereich des § 7 Abs. 1 S. 2 UWG ist die auf Absatzförderung gerichtete **Werbung gegenüber** einzelnen individualisier-

[7] Begr. BT-Drs. 15/1487, S. 21, 41.

[8] *BGH* GRUR 2010, 1113 Tz. 15 = WRP 2010, 1502 – Grabmalwerbung; NJW 2011, 3159 = GRUR 2011, 747 Tz. 17 = WRP 2011, 1054 – Kreditkartenübersendung; Ohly/Sosnitza/*Ohly,* § 7 Rn. 25 ff.

[9] *BGH* GRUR 2008, 628 (630 Tz. 17) = WRP 2008, 930 = JuS 2008, 943 – Imitationswerbung; GRUR 2013, 1259 Tz. 17 f. = WRP 2013, 1579 (1581) = VersR 2014, 1462 – Empfehlungs-E-Mail; ausführlich *Hornung/Hofmann,* WRP 2014, 910; *Lettl,* WRP 2009, 1315 (1319 ff.); kritisch *Schirmbacher/Schätzle,* WRP 2014, 1143 ff.

[10] → § 14 Rn. 12; *BGH* NJW 2008, 2997 f. Tz. 9 ff. = GRUR 2008, 923 = WRP 2008, 1328 – Faxanfrage im Autohandel; NJW 2008, 2999 f. Tz. 12 ff. = GRUR 2008, 925 = WRP 2008, 1330 – FC Troschenreuth; *Lettl,* WRP 2009, 1315 (1321 ff.); zweifelnd Ohly/Sosnitza/*Ohly,* § 7 Rn. 35.

ten **Verbrauchern** oder Verbrauchergruppen. Bezweckt wird mit § 7 Abs. 1 S. 1 und 2 UWG in erster Linie ein **Schutz der Privatsphäre** der Verbraucher gegen ein Eindringen aufdringlicher und belästigender Werbemethoden.[11]

Ein **Beispiel** sind Anrufe eines Versicherungsunternehmens bei einzelnen Kunden, um ihnen eine Vertragsänderung oder den Abschluss eines neuen Vertrags anzubieten.[12]

Nach § 7 Abs. 1 S. 2 UWG stellt die Werbung für den Adressaten im Zweifel insbesondere dann eine unzumutbare Belästigung dar, wenn für den Werbenden **erkennbar** ist, dass der Adressat die **Werbung nicht wünscht.** Dies ist anzunehmen, wenn er der Werbung ausdrücklich oder konkludent gegenüber dem Werbenden widersprochen hat, zB durch einen Aufkleber auf seinem Briefkasten oder durch seine Eintragung in eine sogenannte Robinson-Liste im Sinne des Art. 7 Abs. 2 der Richtlinie über den elektronischen Geschäftsverkehr von 2000.[13] 14

3. Beispiele für § 7 Abs. 1 UWG

a) Ansprechen von Passanten[14]

Jedermann weiß, welche Belästigung es darstellen kann, von Verkäufern ungewollt auf der Straße angesprochen oder gar bedrängt und verfolgt zu werden. Die überwiegende Meinung geht deshalb heute ebenso wie bereits unter dem UWG von 1909[15] mit guten Gründen für den Regelfall bei dem Ansprechen von Passanten durch Unternehmer auf der Straße zu Werbezwecken von einer unzumutbaren Belästigung aus (§ 7 Abs. 1 UWG). So verhält es sich auf jeden Fall, wenn der Werbende (oder auch Werber), der Passanten auf der Straße anspricht, für den Angesprochenen nicht ohne Weiteres, dh schon auf den ersten Blick als solcher **erkennbar** ist, ferner wenn dem Angesprochenen, zB in einer engen Straße oder in einem Verkehrsmittel, ein **Ausweichen** nicht möglich ist, sowie wenn der Werber den eindeutig zum Ausdruck gebrachten entgegenstehenden Willen des Angesprochenen missachtet, indem er ihn zum Beispiel am Weitergehen hindert oder gar verfolgt.[16] 15

Ein Gegenbeispiel ist das Ansprechen von Besuchern auf **Messen und Märkte,** wo jedermann mit einem derartigen Verhalten von Gewerbetreibenden rechnet, sodass er sich dadurch auch nicht belästigt fühlen kann.[17] Einen umstrittenen Grenzfall bildet die ärgerliche **Scheibenwischerwerbung.** Obwohl von der Rechtsprechung früher meistens geduldet, sollte sie heute doch generell als geradezu klassische unzumutbare Belästigung im Sinne des § 7 Abs. 1 UWG, gegen die man sich nicht wehren kann, verboten werden. 16

[11] *Köhler,* WRP 2015, 798 (800).

[12] *OLG Frankfurt a. M.* NJW-RR 2005, 1400 = GRUR 2005, 964; *OLG Köln* NJW 2005, 2786.

[13] ABl. 2000 L 178/1; Ohly/Sosnitza/*Ohly,* § 7 Rn. 32f.

[14] *Ehlers,* WRP 1983, 187; *Harting,* CC 2005, 340; *Isele,* GRUR 2008, 1061; *Nippe,* WRP 2007, 19 (33f.); *Omsels,* WRP 2004, 136; *Scherer,* Verbraucherwerbung, S. 133f.; *Schwab,* GRUR 2002, 579.

[15] ZB *OLG Düsseldorf* NJW-RR 1986, 531; anders aber etwa *OLG Frankfurt a. M.* NJW-RR 2001, 1050f. = GRUR 2002, 639; MMR 2002, 232.

[16] *BGH* NJW 2004, 2593 = GRUR 2004, 699 = WRP 2004, 1160 = JuS 2004, 1014 Nr. 7 – Ansprechen in der Öffentlichkeit I; NJW 2005, 1050 (1051f.) = GRUR 2005, 443 = WRP 2005, 485 – Ansprechen in der Öffentlichkeit II; *OLG Frankfurt a. M.* GRUR 2008, 353 = JuS 2008, 847 Nr. 15.

[17] Vgl. *BGH* LM § 1 UWG Nr. 94 = NJW 1960, 1294; LM § 1 UWG Nr. 146 = NJW 1965, 628 = GRUR 1965, 315 = WRP 1965, 95; LM § 1 UWG Nr. 277 = NJW 1975, 691 = GRUR 1975, 266 = WRP 1975, 213 – Werbung am Unfallort II.

b) Zusendung unbestellter Waren[18]

17 Die Zusendung unbestellter Waren gilt als weiterer Anwendungsfall des § 7 Abs. 1 S. 2 UWG, weil hier gleichfalls meistens von einem entgegenstehenden Willen des Empfängers auszugehen sein dürfte.[19] Eine gesetzliche Sonderregelung für das Verhältnis zu Verbrauchern findet sich in der **Nr. 29 des Anhangs** zu § 3 Abs. 3 UWG in der Fassung von 2015. Danach ist die Aufforderung zur Bezahlung nicht bestellter, aber gelieferter Waren oder erbrachter Dienstleistungen oder eine Aufforderung zur Rücksendung oder Aufbewahrung solcher Sachen stets unzulässig.

Ein **Beispiel** ist Zusendung nicht bestellter Zeitschriften mit der Ankündigung der weiteren Belieferung, wenn der Verbraucher nicht binnen einer bestimmten Frist widerspricht.[20]

18 Jenseits der Nr. 29 des Anhangs folgt die *grundsätzliche Unzulässigkeit* der Zusendung nicht bestellter Waren aus der Überlegung, dass durch derartige Absatzmethoden der Empfänger, soweit heute nicht § 241 a BGB eingreift, in die Zwangslage versetzt wird, sich letztlich zwischen der Aufbewahrung, der Rücksendung oder der Bezahlung der von ihm nicht bestellten Waren entscheiden zu müssen.[21] Eine abweichende Beurteilung kommt im Wesentlichen nur in zwei Fällen in Betracht. Der erste Fall liegt vor, wenn es sich um geringwertige Verbrauchsgüter des täglichen Bedarfs handelt, bei denen der Empfänger zugleich darauf hingewiesen wurde, dass ihn weder eine Aufbewahrungs- noch eine Rücksendungs- oder Zahlungspflicht trifft.

Ein **Beispiel** ist die unbestellte Zusendung einer Kreditkarte durch eine Bank, die ohne Ausfüllung des zugehörigen Vertrags durch den Empfänger wertlos ist und zudem von dem Empfänger mühelos entsorgt werden kann.[22]

Der zweite Ausnahmefall setzt voraus, dass zwischen den Beteiligten bereits eine laufende Geschäftsverbindung besteht, aufgrund derer der Absender annehmen darf, dass der Empfänger die Ware wünscht.[23]

c) Haustürwerbung[24]

19 Unter Haustürwerbung versteht man in erster Linie die Werbung für den Absatz von Waren oder die Erbringung von Dienstleistungen durch unerbetene Besuche

[18] S. dazu *Bunte,* FS Gaedertz, 1992, S. 87; *Köhler,* GRUR 2012, 217; *Lorenz,* JuS 2000, 833; *Nippe,* WRP 2007, 19 (36); *Scherer,* Verbraucherwerbung, S. 138; *Schwung,* JuS 1985, 449; *Sosnitza,* BB 2000, 2317.

[19] *BGH* GRUR 2012, 82 Tz. 16 = WRP 2012, 198 – Auftragsbestätigung; Harte-Bavendamm/Henning-Bodewig/*Schöler,* § 7 Rn. 109 ff.

[20] *BGH* GRUR 2012, 82 Tz. 12 = WRP 2012, 198 – Auftragsbestätigung.

[21] *BGH* LM § 1 UWG Nr. 610 = NJW 1992, 3040 = GRUR 1992, 858 = WRP 1992, 692 – Gutscheinübersendung; *OLG Köln* NJW-RR 2002, 474 (473) – Vermieter-Brief.

[22] *BGH* NJW 2011, 3159 = GRUR 2011, 747 Tz. 19, 21, 26 f. = WRP 2011, 1054 – Kreditkartenübersendung.

[23] *BGH* LM § 1 UWG Nr. 77 = GRUR 1959, 277; LM § 1 UWG Nr. 145 = NJW 1965, 630 – Taxibestellung; LM § 1 UWG Nr. 155 = NJW 1965, 1662; LM § 1 UWG Nr. 247 = NJW 1972, 2124; LM § 1 UWG Nr. 295 = NJW 1976, 1977 = GRUR 1977, 157 = WRP 1956, 551 – Filmzusendung; LM § 1 UWG Nr. 610 = NJW 1992, 3040 = GRUR 1992, 858 = WRP 1992, 692 – Gutscheinübersendung; *OGH* ÖBl. 1996, 275 (276).

[24] S. dazu *Nippe,* WRP 2007, 19 (33 f.); *Reich,* Die wettbewerbsrechtliche Beurteilung der Haustürwerbung in Deutschland, 2011; *dies.,* GRUR 2011, 589; *Scherer,* Verbraucherwerbung, S. 114 ff.; *Ulrich,* FS Vieregge, 1995, S. 101.

von Vertretern. Obwohl derartige Besuche von Vertretern eine erhebliche Belastung darstellen können, geht doch die Rechtsprechung bisher von der grundsätzlichen **Zulässigkeit** dieser Form des Direktmarketings aus, selbst wenn der Vertreter von sich aus den Kunden aufsucht, weil dies allgemein üblich und zudem ausdrücklich gewerberechtlich gestattet sei (s. §§ 55ff. GewO).[25] Eine abweichende Beurteilung wird nur erwogen, wenn besondere Umstände vorliegen. So verhält es sich insbesondere, wenn der Vertreterbesuch auf täuschende oder sonst zu missbilligende Weise vorbereitet wird, weil dadurch der Kunde in seiner freien Entscheidung, den Vertreter an der Haustür abzuweisen, beeinträchtigt wird (§ 7 Abs. 1 UWG).

Ein **Beispiel** ist die Veranstaltung von Preisausschreiben, bei denen die Gewinne durch Vertreter überbracht werden.[26]

Ausgesprochen kritisch stehen die Gerichte ferner mit Rücksicht auf den „Ernst" oder die „Heiligkeit" des Todes der Werbung für **Bestattungsaufträge** oder **Grabmäler** durch Hausbesuche gegenüber, da es ihrer Meinung nach unlauter ist, bei (noch) lebenden Personen für den Abschluss von Bestattungsverträgen zu werben[27] sowie nach dem Todesfall die Hinterbliebenen durch Vertreterbesuche zu belästigen, um Bestattungsaufträge oder Aufträge für Grabdenkmäler zu erlangen.[28]

Zu dieser Frage ist daran festzuhalten, dass mit der Haustürwerbung durch Vertreter 20
in aller Regel eine **schwerwiegende Störung der** grundsätzlich schutzwürdigen **Privatsphäre** der Verbraucher verbunden ist, die die Verbraucher nicht hinzunehmen brauchen. Das zeigt auch deutlich der Vergleich mit § 7 Abs. 2 Nr. 2 UWG, da die Haustürwerbung wohl kaum großzügiger als die Telefonwerbung beurteilt werden kann. Wenn schon die Letztere nur mit vorheriger Einwilligung der Verbraucher zulässig ist, kann für die Haustürwerbung schwerlich etwas anderes gelten.[29] Ausnahmen von der grundsätzlichen Unzulässigkeit der Haustürwerbung sind freilich denkbar. Wo etwa der Vertrieb landwirtschaftlicher Produkte an der Haustür allgemein üblich ist, kann man ohne weiteres eine mutmaßliche Einwilligung der Verbraucher in den Besuch der Vertreter annehmen.[30]

---

25 BGHZ 54, 188 (193) = NJW 1970, 1738; *BGH* LM § 1 UWG Nr. 643 = NJW 1994, 1071 = GRUR 1994, 380 – Lexikothek; LM § 1 UWG Nr. 654 = NJW 1994, 2028 = GRUR 1994, 818 – Schriftliche Voranmeldung.

26 *BGH* LM § 1 UWG Nr. 247 = NJW 1972, 2124 – Gewinnübermittlung.

27 *BGH* LM § 1 UWG Nr. 26 = GRUR 1955, 541 – unbestellte Hausbesuche; LM § 1 UWG Nr. 179 = GRUR 1967, 430 = NJW 1967, 1420 – Grabsteinaufträge.

28 BVerfGE 32, 311 = NJW 1972, 573; RGZ 145, 396 (402); BGHZ 56, 18 (20f.) = NJW 1971, 1216; *BGH* LM § 1 UWG Nr. 26 = GRUR 1955, 541 – unbestellte Hausbesuche; LM § 1 UWG Nr. 179 = GRUR 1967, 430 = NJW 1967, 1420 – Grabsteinaufträge; *OLG Oldenburg* GRUR 1987, 300; *OLG Hamburg* GRUR 1988, 144.

29 Köhler/Bornkamm/*Köhler,* § 7 Rn. 46ff.; *Nippe,* WRP 2007, 19 (36); Ohly/Sosnitza/*Ohly,* § 7 Rn. 80; noch enger *Reich,* Haustürwerbung, 2011; *dies.,* GRUR 2011, 589 (593ff. mwN).

30 *Nippe,* WRP 2007, 19 (36); Ohly/Sosnitza/*Ohly,* § 7 Rn. 80.

III. Regeltatbestände des § 7 Abs. 2 UWG

1. Briefwerbung[31]

21 Das Gesetz enthält neben dem Beispielstatbestand des § 7 Abs. 1 S. 2 (→ Rn. 12ff.) In Abs. 2 der Vorschrift eine Reihe weiterer Beispielstatbestände, deren Besonderheit darin besteht, dass unter den hier genannten Voraussetzungen (§ 7 Abs. 2 Nr. 1–4) „stets", dh generell ohne Berücksichtigung der Umstände des Einzelfalls, eine unzumutbare Belästigung im Sinne des § 7 Abs. 1 UWG anzunehmen ist (→ Rn. 9). Der erste Fall (§ 7 Abs. 2 Nr. 1) betrifft die herkömmliche Briefwerbung. insbesondere mittels Drucksachen, Standardbriefen und Katalogen.

22 Nach § 7 Abs. 2 Nr. 1 ist eine unzumutbare Belästigung von Verbrauchern insbesondere anzunehmen bei Werbung unter Verwendung eines in der Nr. 2 oder Nr. 3 des § 7 Abs. 2 *nicht* aufgeführten, für den Fernabsatz geeigneten Mittels der kommerziellen Kommunikation, durch die ein Verbraucher hartnäckig angesprochen wird, obwohl er dies erkennbar nicht wünscht. Durch diese Vorschrift wird teilweise die Nr. 26 des Anhangs I der Richtlinie umgesetzt (→ Rn. 19). Was in diesem Sinne für den Fernabsatz geeignete Mittel der kommerziellen Kommunikation sind, ergibt sich im Einzelnen aus Art. 2 Nr. 4 der Fernabsatz-Richtlinie von 1997[32] in Verbindung mit dem Anhang I zu dieser Richtlinie. Entscheidendes Merkmal der für den Fernabsatz geeigneten kommerziellen Kommunikation ist danach die Kommunikation *ohne gleichzeitige körperliche Anwesenheit* der Beteiligten. Von diesen Formen der Werbung erfasst das Gesetz in der Nr. 2 und der Nr. 3 des § 7 Abs. 2 UWG die Telefon-, Fax- und E-Mail Werbung, sodass unter die Nr. 1 des § 7 Abs. 2 insbesondere die herkömmlichen Brief- und Briefkastenwerbung, fallen.

23 Die genannten Erscheinungsformen der Brief- und Briefkastenwerbung (→ Rn. 22) sind nach § 7 Abs. 2 Nr. 1 UWG (nur) unzulässig, wenn ein Verbraucher durch sie *„hartnäckig"*, dh wiederholt, angesprochen wird, obwohl er dies erkennbar nicht wünscht, wofür bei der Briefkastenwerbung bereits ein Sperrvermerk auf dem Briefkasten genügt (→ Rn. 10, 14),[33] während in den sonstigen Fällen dieselben Regeln wie bei § 7 Abs. 1 S. 2 UWG anzuwenden sind (→ Rn. 12).

Ein **Beispiel** für eine nach § 7 Abs. 2 Nr. 1 UWG unzulässige Briefwerbung ist die wahllose Abladung von Werbewurfsendungen im Eingangsbereich von Mehrfamilienhäusern, weil hier ohne weiteres von einem entgegenstehenden Willen des Vermieters und der Mieter ausgegangen werden kann.[34] **Unbedenklich** ist es dagegen, den Hinterbliebenen vierzehn Tage nach dem Tode eines Angehörigen Werbedrucksachen zur Erlangung von Aufträgen für Grabsteine zu übersenden[35] oder in Patienteninformationsblättern von Krankenhäusern für Bestattungsunternehmen zu werben.[36]

Ebenso wurde die Rechtslage schon im Wesentlichen unter der Geltung des § 1 UWG von 1909 beurteilt.[37]

[31] S. dazu *Hanloser,* DB 2009, 663; *Nippe,* WRP 2007, 19; *Scherer,* Verbraucherwerbung, S. 81ff.; *Wasse,* WRP 2010, 191.

[32] ABl. 1997 L 144/19 mit späteren Änderungen.

[33] Begr. von 2003, BT-Drs. 15/1487, S. 41; Ohly/Sosnitza/*Ohly,* § 7 Rn. 37ff.; *Wasse,* WRP 2010, 191 (196f.).

[34] Begr. von 2003, BT-Drs. 15/1487, S. 41 (r. Sp. u. „Zu Nr. 12").

[35] *BGH* GRUR 2010, 1113 Tz. 17ff. = WRP 2010, 1502 – Grabmahlwerbung.

[36] *LG Hamburg* NJW-RR 1989, 488.

[37] BGHZ 106, 229 (232ff.) = NJW 1989, 902; *OLG Karlsruhe* NJW-RR 1990, 244; *OLG Hamburg* NJW-RR 1989, 873.

2. Telefonwerbung[38]

a) Überblick

Nach § 7 Abs. 2 Nr. 2 UWG ist eine unzumutbare Belästigung im Sinne des § 7 Abs. 1 UWG ferner stets anzunehmen bei einer Werbung mit Telefonanrufen gegenüber einem Verbraucher ohne dessen vorherige ausdrückliche Einwilligung oder gegenüber einem sonstigen Marktteilnehmer ohne dessen zumindest mutmaßliche Einwilligung (sog *cold-calling*). Ergänzend bestimmt § 20 Abs. 1 Nr. 1 des Gesetzes seit 2009, dass ordnungswidrig handelt, wer vorsätzlich oder fahrlässig entgegen § 7 Abs. 2 Nr. 2 UWG gegenüber einem Verbraucher ohne dessen vorherige ausdrückliche Einwilligung mit einem Telefonanruf wirbt. Die gesetzliche Regelung **bezweckt** in erster Linie den Schutz der Privatsphäre der Verbraucher. Trotz ihrer ständigen Verschärfung wird sie indessen in der Praxis nach wie vor im denkbar größten Umfang missachtet, wie jedermann nahezu täglich selbst feststellen kann. 24

Die Vereinbarkeit des § 7 Abs. 2 Nr. 2 UWG mit der **UGP-Richtlinie** ist umstritten.[39] Das Problem rührt daher, dass nach der Nr. 26 S. 1 des Anhangs I zu der Richtlinie die Telefonwerbung ebenso wie die gleichstehenden anderen Formen der Fernabsatzwerbung grundsätzlich *erlaubt* und nur im Falle gerade *eines hartnäckigen und unerwünschten Ansprechens* des Verbrauchers verboten ist. Mit diesem ganz engen Verbot der Telefonwerbung der Richtlinie ist das generelle Verbot des § 7 Abs. 2 Nr. 2 des UWG nur schwer zu vereinbaren. Gleichwohl geht die überwiegende Meinung von der Vereinbarkeit des § 7 Abs. 2 Nr. 2 des Gesetzes mit der Richtlinie aus, einmal unter Hinweis auf den Erwägungsgrund Nr. 7 S. 4–6, nach dem Regelungen unberührt bleiben, bei denen es in erster Linie um Anforderungen in Fragen der guten Sitten und des Anstands geht, von allem aber, weil die Richtlinie die Datenschutzrichtlinie von 2002 unberührt lässt, durch deren Art. 13 Abs. 3 und 5 den Mitgliedstaaten zumindest in Bezug auf natürliche Personen die Möglichkeit eröffnet wurde, zwischen einer Opt-in- oder einer Opt-out-Lösung zu wählen.[40] Der **BGH** hat daraus den Schluss gezogen, dass die Wahlmöglichkeit zwischen der Opt-in- und der Opt-out-Lösung den Mitgliedstaaten in Bezug auf natürliche Personen erhalten bleiben sollte, sodass die Nr. 26 des Anhangs I zu der Richtlinie nur Bedeutung für juristische Personen sowie diejenigen Mitgliedstaaten hat, die sich für die Opt-out-Lösung entschieden haben.[41] 25

b) Verbraucher

Nach § 7 Abs. 2 Nr. 2 UWG ist eine Telefonwerbung gegenüber einem Verbraucher *ohne* dessen vorherige ausdrückliche *Einwilligung* „stets" eine unzumutbare Belästigung und deshalb nach § 7 Abs. 1 S. 1 UWG *unzulässig*. Der Begriff der **Werbung** ist 26

[38] S. dazu insb. *Engels/Stulz-Herrnstadt,* WRP 2005, 1218; *Fezer,* WRP 2007, 855; 2010, 1075; *Köhler,* FS Koppensteiner, 2001, S. 431; *ders.,* WRP 2012, 1329; 2013, 567; *Leistner,* Richtiger Vertrag und lauterer Wettbewerb, 2007, S. 572ff.; *ders./Pothmann,* WRP 2003, 815; *Lettl,* WRP 2009, 1315; *Nippe,* WRP 2007, 19; *Schaffert,* FS Köhler, 2014, S. 585; *Scherer,* Verbraucherwerbung, S. 100ff.

[39] S. dazu ausführlich *Köhler,* WRP 2012, 1329; 2013, 567; Köhler/Bornkamm/*ders.,* § 7 Rn. 120ff.; *Schaffert,* FS Köhler, 2014, S. 585.

[40] Ebenso wohl Erwägungsgrund Nr. 14 S. 7 und 8.

[41] *BGH* NJW 2011, 2657 Tz. 23ff. = GRUR 2011, 936 = WRP 2011, 1153 – Double-opt-in-Verfahren; *OLG Köln* WRP 2012, 725 (728); *Fezer,* WRP 2010, 1075 (1079ff.); *Lettl,* WRP 2009, 1315 (1317ff.); Köhler/Bornkamm/*Köhler,* § 7 Rn. 122ff.

hier ebenso weit wie in § 7 Abs. 1 S. 2 UWG zu verstehen (→ Rn. 13).[42] Adressat der Werbung muss außerdem ein **Verbraucher** im Sinne des § 2 Abs. 2 UWG in Verbindung mit § 13 BGB sein.[43] Liegt nach dem Gesagten eine Telefonwerbung gegenüber einem Verbraucher vor, so setzt deren Zulässigkeit nach der Nr. 2 des § 7 Abs. 2 eine vorherige Einwilligung des Verbrauchers voraus, um dem Eingriff in die Privatsphäre des Verbrauchers durch den Anruf die Rechtswidrigkeit zu nehmen (→ Rn. 27).

27 Bei der **Einwilligung** handelt es sich um eine einseitige Erklärung, durch die der Übergriff des Werbungstreibenden in die geschützte Privatsphäre des angerufenen Verbrauchers durch die Telefonwerbung erlaubt wird.[44] Die Einwilligung muss **ausdrücklich** sein, wodurch konkludente Erklärungen ausgeschlossen werden. Besondere Formvorschriften bestehen nicht; erforderlich ist lediglich, dass die Einwilligung **vor** dem **Anruf** erklärt wird (s. § 183 S. 1 BGB). Eine nachträgliche Zustimmung des Verbrauchers genügt nicht.[45] Die Einwilligung ist außerdem jederzeit widerruflich (§ 183 S. 1 BGB). Eine durch Täuschung, insbesondere über den Charakter des Anrufs, erwirkte Einwilligung ist unwirksam und nimmt dem Werbeanruf nicht seine Unzulässigkeit.[46]

28 Die Einwilligung in weitere Anrufe kann im Zusammenhang mit anderen Geschäften grundsätzlich auch durch **AGB** eingeholt werden, vorausgesetzt dass dem Verbraucher durch die Geschäftsbedingungen tatsächlich die Möglichkeit eröffnet wird, durch eine *gesonderte* Erklärung der Telefonwerbung zuzustimmen, insbesondere durch Ankreuzen eines entsprechenden Feldes in dem Formular, während jede Opt-out-Lösung an § 307 BGB scheitert.[47] Üblich ist vor allem die Veranstaltung von Gewinnspielen, um über die Spielbedingungen die nötige Einwilligung der Verbraucher für spätere Werbeanrufe zu erhalten.[48]

c) Sonstige Marktteilnehmer

29 Die Rechtslage bei sonstigen Marktteilnehmern, insbesondere also bei gewerblichen Abnehmern unterscheidet sich nur insofern von der bei Verbrauchern (→ Rn. 26 ff.), als hier auch eine **mutmaßliche (vorherige) Einwilligung** in den Werbeanruf genügt, um diesem die Rechtswidrigkeit zu nehmen (§ 7 Abs. 2 Nr. 2 UWG). Dies wird mit Rücksicht auf die Erfordernisse der Praxis und die Rechtslage in den übrigen Mitgliedstaaten der EU zunehmend großzügiger gehandhabt.[49] Es genügt, wenn aufgrund tatsächlicher Umstände ein *sachliches Interesse* des Anzurufenden an dem Anruf vermutet

[42] *Fezer,* WRP 2009, 1315 (1319 ff.); für enge Auslegung dagegen zB *Schirmbacher/Schätzle,* WRP 2014, 1143 f.

[43] Ausführlich *Fezer,* WRP 2009, 1315 (1322 ff.); Harte-Bavendamm/Henning-Bodewig/*Schöler,* § 7 Rn. 231.

[44] *Fezer,* WRP 2010, 1075 (1088 ff.); *Lettl,* WRP 2009, 1315 (1324 ff.); *Schirmbacher/Schätzle,* WRP 2014, 1143 (1148 ff.); Harte-Bavendamm/Henning-Bodewig/*Schöler,* § 7 Rn. 241 ff.

[45] *OLG Köln* NJW 2005, 2786; anders *Leistner/Pothmann,* WRP 2003, 815 (826 f.).

[46] S. im Einzelnen *Köhler,* FS Koppensteiner, 2001, S. 431 (441 ff.).

[47] BGHZ 177, 255 (263 Tz. 27 ff.) = NJW 2009, 56 – Payback; *BGH* NJW 2011, 2657 (2659 f. Tz. 37 ff.) = GRUR 2011, 936 = WRP 2011, 1153 – Double-opt-in-Verfahren; *OLG Hamburg* NJW-RR 2009, 1705 (1706 f.); *Jankowski,* GRUR 2010, 495; *Pauli,* WRP 2009, 1192; *Schirmbacher/Schätzle,* WRP 2014, 1143 (1148 ff.); Harte-Bavendamm/Henning-Bodewig/*Schöler,* § 7 Rn. 255 ff.; *Wahl,* WRP 2010, 599.

[48] *Pauli,* WRP 2009, 1192; für Unzulässigkeit *OLG Düsseldorf* WRP 2016, 364 (365 f.).

[49] *Fezer,* WRP 2010, 1075 (1091 ff.).

werden kann, sodass der Anruf in seinem konkreten Interessenbereich liegt.[50] Dabei ist auf die Umstände vor dem Anruf sowie auf Art und Inhalt der Werbung abzustellen. Maßgeblich ist das Empfinden eines durchschnittlichen Marktteilnehmers. Eine mutmaßliche Einwilligung ist danach zB anzunehmen, wenn bekannt ist, dass ein Unternehmen bestimmte Waren sucht oder absetzen will oder wenn sich Mitarbeiter eines Unternehmens selbstständig machen oder den Arbeitgeber wechseln und dies den bisherigen Geschäftspartnern mitteilen wollen.[51] Die **Beweislast** für das Vorliegen der Voraussetzungen der Zulässigkeit eines Werbeanrufs nach § 7 Abs. 2 Nr. 2 UWG trägt der Werbende.[52] Ist die Telefonwerbung danach unzulässig, so können insbesondere Mitbewerber und Verbände nach § 8 Abs. 3 UWG von dem Werbungstreibenden Unterlassung verlangen.[53] Außerdem kommt die Festsetzung einer Geldbuße nach § 20 des Gesetzes in Betracht. Unterlassungsansprüche der von den unzulässigen, weil belästigenden Anrufen betroffenen Verbraucher ergeben sich dagegen nur im Einzelfall unter dem Gesichtspunkt des Eingriffs in das Persönlichkeitsrecht aus den §§ 823 Abs. 1 und 1004 BGB.[54]

3. E-Mail-Werbung[55]

a) § 7 Abs. 2 Nr. 3 UWG

Nach § 7 Abs. 2 Nr. 3 UWG ist eine unzumutbare und damit stets unzulässige Be- 30
lästigung im Sinne des Abs. 1 der Vorschrift ferner bei Werbung unter Verwendung von automatischen Anrufmaschinen, Faxgeräten oder elektronischer Post anzunehmen, insbesondere also bei Werbung mittels E-Mail und SMS, ohne dass eine vorherige ausdrückliche Einwilligung der Adressaten vorliegt, wobei hier anders als bei der Telefonwerbung (s. § 7 Abs. 2 Nr. 2 UWG) *nicht* zwischen Verbrauchern und sonstigen Marktteilnehmern unterschieden wird. Das Gesetz hat sich damit ebenso wie bei der Telefonwerbung im Anschluss an die vorausgegangene Rechtsprechung zum UWG von 1909[56] für die sogenannte **Opt-in-Lösung** entschieden, vor allem deshalb, weil die Bundesregierung bei jeder anderen Lösung eine erhebliche Vermehrung der unerwünschten E-Mail-Werbung befürchtete, die zu einer unzumut-

---

[50] *BGH* LM § 1 UWG Nr. 849 (Bl. 2 R) = NJW-RR 2002, 326 = GRUR 2001, 1181 – Telefonwerbung für Blindenwaren; NJW 2004, 1655 (1656) = GRUR 2004, 517 = JuS 2004, 732 Nr. 12 – E-Mail-Werbung; NJW 2010, 3239 Tz. 20f., 29 = GRUR 2010, 939 = WRP 201, 1249 = JuS 2011, 270 – Telefonwerbung nach Unternehmerwechsel.

[51] *BGH* NJW 2010, 3239 Tz. 29 = GRUR 2010, 939 = WRP 2010, 1249 = JuS 2011, 270 – Telefonwerbung nach Unternehmerwechsel.

[52] *BGH* NJW 2011, 2657 (2659 Tz. 30f.) = GRUR 2011, 936 = WRP 2011, 1153 – Double-opt-in-Verfahren.

[53] *BGH* GRUR 2013, 1170 (1171f. Tz. 10, 16f.) = WRP 2013, 1461 = NJW-RR 2014, 554 –Telefonwerbung für DSL-Produkte; ebenso *Schaffert,* FS Köhler, 2014, S. 585 (589ff.); dagegen *Köhler,* WRP 2013, 1464f.

[54] Köhler/Bornkamm/*Köhler,* § 20 Rn. 10.

[55] S. dazu zB *Brömmelmeyer,* GRUR 2006, 285; *Fezer,* WRP 2003, 127; *Gruber,* FS Koppensteiner, 2001, S. 381; *Henning-Bodewig,* GRURInt 2004, 183; *Leistner/Pothmann,* WRP 2003, 815; *Lettl,* GRUR 2000, 977; *Remmert,* MMR 2003, 314; *Schirmbacher/Schätzle,* WRP 2014, 1143; *Schrick,* MMR 2000, 399; *Splittgerber ua,* WRP 2006, 178; *Weber,* WRP 2010, 462, *Ziem,* MMR 2000, 129.

[56] BGHZ 103, 203 (207ff.) = NJW 1988, 1670; *BGH* LM § 1 UWG Nr. 700 = NJW 1996, 660 = GRUR 1996, 208 = WRP 1996, 100 – Telefax-Werbung I; NJW 2004, 1655 (1656f.) = GRUR 2004, 517 = JuS 2004, 732 Nr. 12 – E-Mail-Werbung I.

baren Belästigung der Adressaten werde, auch und gerade im geschäftlichen Verkehr.[57]

31 Die Zulässigkeit der E-Mail-Werbung (sowie der gleichstehenden anderen Formen der Werbung[58]) setzt daher heute – ebenso wie die der Telefonwerbung (nur) gegenüber Verbrauchern – ausnahmslos eine **vorherige ausdrückliche Einwilligung** des Adressaten voraus. Hinsichtlich der Einzelheiten orientiert sich die Rechtsprechung in erster Linie an Art. 2 S. 2 lit. f der Datenschutzrichtlinie von 2002 in Verbindung mit dem Erwägungsgrund Nr. 17 zu dieser Richtlinie, wonach eine *spezifische Angabe* erforderlich ist, die freilich auch in dem Markieren eines Feldes auf einer Internet-Website bestehen kann, sodass ebenso wie bei der Telefonwerbung (→ Rn. 28) in jedem Fall eine *gesonderte* Erklärung nötig ist, die insbesondere in Geschäftsbedingungen nicht mit anderen Erklärungen verbunden werden darf.[59] Wichtig ist, dass dies hier – insofern anders als bei der Telefonwerbung (→ Rn. 29) – auch für **sonstige Marktteilnehmer** gilt. Für eine Rechtfertigung des Eingriffs mittels unerwünschter E-Mail-Werbung durch eine konkludente oder mutmaßliche Einwilligung ist somit generell kein Raum mehr. Zu beachten bleibt aber in jedem Fall der Ausnahmetatbestand des § 7 Abs. 3 UWG (→ Rn. 33).

32 Ohne vorherige ausdrückliche Einwilligung ist die E-Mail-Werbung somit – immer vorbehaltlich des Ausnahmetatbestandes des § 7 Abs. 3 UWG (→ Rn. 33) – **unzulässig** (§ 7 Abs. 2 Nr. 3 iVm Abs. 1 UWG). Die **Rechtsfolgen** ergeben sich vornehmlich aus den §§ 8 und 9 UWG, wobei vor allem an Unterlassungsansprüche der Mitbewerber und der Verbände aufgrund des § 8 Abs. 3 Nr. 1 und Nr. 2 zu denken ist. Soweit kein Raum für die Anwendung des § 8 Abs. 3 UWG ist, tendiert die Rechtsprechung zur Annahme eines Eingriffs in den Gewerbebetrieb des Adressaten, sodass ferner Unterlassungsansprüche der Adressaten aufgrund des § 823 Abs. 1 BGB in Betracht kommen.[60] Für die weiteren Rechtsfolgen gilt dasselbe wie bei § 7 Abs. 2 UWG (→ Rn. 29). Anders verhält es sich jedoch unter den Voraussetzungen des Ausnahmetatbestandes des § 7 Abs. 3 UWG (→ Rn. 33).

b) § 7 Abs. 3 UWG

33 § 7 Abs. 3 UWG enthält eine Ausnahme von der Regel des § 7 Abs. 2 Nr. 3 UWG, wonach vor allem die E-Mail-Werbung nur bei vorheriger ausdrücklicher Einwilligung des Adressaten zulässig ist (→ Rn. 30 ff.). Die Vorschrift geht zurück auf Art. 13 Abs. 2 der Datenschutzrichtlinie von 2002. Nach dieser Bestimmung kann ein Unternehmen, wenn es von seinen Kunden im Zusammenhang mit dem Verkauf eines Produkts oder einer Dienstleistung deren elektronische Kontaktinformationen für elektronische Post erhalten hat, diese zu Direktwerbung für eigene ähnliche Produkte oder Dienstleistungen, dh für sog *Substitutes,* verwenden, vorausgesetzt, dass die Kun-

---

[57] So die Begr., BT-Drs. 15/1487, S. 21 (r. Sp. „Zu Nr. 3" 2. Abs.); ebenso *BGH* NJW 2006, 3781 (3782 Tz. 9) = GRUR 2006, 1640 – Telefax-Werbung II; NJW 2009, 2958 Tz. 12, 14 = GRUR 2009, 980 – E-Mail-Werbung II; GRUR 2013, 1259 Tz. 20 f. = WRP 2013, 1579 (1581) – Empfehlungs-E-Mail: s. *Leistner/Pothmann,* WRP 2003, 815 (826 ff.); *Sosnitza,* GRUR 2003, 739 (744).

[58] S. dazu im Einzelnen *Schirmbacher/Schätzle,* WRP 2014, 1143 ff.

[59] BGHZ 177, 253 (263 Tz. 27 ff.) = NJW 2008, 3055 – Payback.

[60] *BGH* NJW 2009, 2958 Tz. 12 ff. = GRUR 2009, 980 = WRP 2009, 1246 – E-Mail-Werbung II; GRUR 2013, 1259 Tz. 15 ff. = WRP 2013, 1579 (1581) – Empfehlungs-E-Mail, str., anders zB Ohly/Sosnitza/*Ohly,* § 7 Rn. 17.

den klar und deutlich die Möglichkeit erhalten, eine derartige Nutzung ihrer elektronischen Kontaktinformationen bei deren Erhebung und bei jeder Übertragung gebührenfrei und problemlos abzulehnen. Dem entsprechen die einzelnen Voraussetzungen des Ausnahmetatbestandes nach § 7 Abs. 3 Nr. 1–4 UWG.[61]

4. Transparenzgebot (§ 7 Abs. 2 Nr. 4 UWG)

Nach § 7 Abs. 2 Nr. 4 lit. a–c UWG ist eine unzumutbare Belästigung bei einer Werbung mit einer Nachricht im Sinne des § 2 Abs. 1 Nr. 4 UWG schließlich noch im Falle eines Verstoßes gegen die verschiedenen Transparenzgebote des Gesetzes anzunehmen. Durch diese Regelung soll der verbreiteten Unsitte begegnet werden, bei der Werbung mittels elektronischer Post den Absender zu verschweigen, um den Adressaten die Möglichkeit der Abwehr zu nehmen. Derartige Praktiken sind insbesondere bei der Faxwerbung festzustellen (die fast immer aus dem Ausland stammt), kommen aber auch sonst vor.[62] Vergleichbare Regelungen finden sich insbesondere in § 312d BGB sowie in § 6 Abs. 2 des Telemediengesetzes (TMG). 34

Der erste Fall einer unzulässigen Werbung mit einer Nachricht liegt vor, wenn bei der Werbung die Identität des Absenders, in dessen Auftrag die Nachricht übermittelt wird, verschleiert oder verheimlicht wird (§ 7 Abs. 2 Nr. 4 lit. a UWG). Bei einer Werbung durch E-Mail muss daher deutlich gesagt werden, für welches Unternehmen geworben wird. Zugleich muss der kommerzielle Charakter der Mitteilung eindeutig klargestellt werden (→ Rn. 36). 35

Der zweite Fall einer unzulässigen Werbung mit einer Nachricht ist insbesondere bei einem Verstoß gegen § 6 Abs. 1 TMG gegeben (§ 7 Abs. 2 Nr. 4 lit. b UWG). **§ 6 Abs. 1 TMG** enthält ein weiteres Transparenzgebot für die kommerzielle Kommunikation. Dies bedeutet vor allem, dass der Empfänger der Mitteilung in der Lage sein muss zu erkennen, dass es sich nicht um private Kommunikation handelt. Außerdem muss der Werbende eindeutig identifizierbar sein. 36

Der dritte Fall einer unzulässigen Werbung mit einer Nachricht ist gegeben, wenn **keine gültige Adresse** vorhanden ist, an die der Empfänger einer Werbenachricht die Aufforderung zur Einstellung solcher Nachrichten richten kann (§ 7 Abs. 2 Nr. 4 lit. c UWG).[63] Dadurch soll die *Durchsetzung* der Ansprüche gegen den Werbenden *erleichtert* werden. Der Adressat muss deshalb jederzeit die Möglichkeit haben, die Einstellung der Nachrichten zu verlangen, auch wenn er zuvor entsprechend § 7 Abs. 2 Nr. 2 oder Nr. 3 UWG seine Einwilligung erklärt hatte. Hinzukommen muss noch, dass für die Aufforderung zur Einstellung solcher Nachrichten nur die Kosten für den *Basistarif* für die Übermittlung einer derartigen Erklärung anfallen dürfen. Dem widerspricht es zB, wenn eine teure Mehrwertdiensterufnummer angerufen werden muss.[64] 37

---

[61] Wegen der Einzelheiten s. zB *Leistner/Pothmann,* WRP 2003, 815 (827f.); *Splittgerber* ua, WRP 2006, 178 (180f.).

[62] S. *Ernst,* NJW 2006, 3782; *Schirmbacher/Schätzle,* WRP 2014, 1143 (1150).

[63] S. Köhler/Bornkamm/*Köhler,* § 7 Rn. 212; *Schirmbacher/Schätzle,* WRP 2014, 1143 (1150f.).

[64] *Splittgerber* ua, WRP 2006, 178 (181f.).

§ 14. Irreführung

Literatur: Allgemein zu § 5 UWG: *Alexander,* Vertrag und unlauterer Wettbewerb, 2002; *Baudenbacher,* Suggestivwerbung und Lauterkeitsrecht, 1978; *ders.,* Das UWG auf neuer Grundlage, 1988; *Beater,* Verbraucherschutz und Schutzzweckdenken im Wettbewerbsrecht, 2000; *Busch,* Informationspflichten im Wettbewerbs- und Vertragsrecht, 2008; *Dethloff,* Europäisierung des Wettbewerbsrechts, 2001; *Drexl,* Die wirtschaftliche Selbstbestimmung des Verbrauchers, 1998; *Freiberger,* Der Wahrhaftigkeitsgrundsatz und die Pflicht zur Wahrhaftigkeit im Wettbewerbsrecht, 1938; *Glöckner,* Europäisches Lauterkeitsrecht, 2006; *Hösl,* Interessenabwägung und rechtliche Erheblichkeit bei § 3 UWG, 1986; *Jänisch,* Überhöhte Verbotsstandards im UWG?, 1993; *Kemper,* Beweisprobleme im Wettbewerbsrecht, 1992; *Lettl,* Der lauterkeitsrechtliche Schutz vor irreführender Werbung in Europa, 2003; *ders.,* Das neue UWG, 2004; *Lindacher,* Lockvogel- und Sonderangebote, 1979; *Meyer,* Kennzeichnung importierter Lebensmittel, 1992; *Nagel,* Werbeverbote, 1992; *Reese,* Grenzüberschreitende Werbung in der EG, 1994; *Reich,* EG-Binnenmarkt und Werberecht, 1990; *Sack,* Unlauterer Wettbewerb und Folgeverträge, 1974; *Schuhmacher,* Verbraucherschutz bei Vertragsanbahnung, Wien 1983; *Schwarze* (Hrsg.), Werbung und Werbeverbote im Lichte des europäischen Gemeinschaftsrechts, 1999; *Sosnitza,* Wettbewerbsbeschränkungen durch die Rechtsprechung, 1995; *Spliethoff,* Verkehrsauffassung und Wettbewerbsrecht, 1992; *Tamm,* Verbraucherschutzrecht, 2011; *Waibel,* Warenzeichenrechtliche und wettbewerbsrechtliche Fragen des Ersatzteile-, Zubehör- und Reparaturgewerbes, 1977.
Zum Unionsrecht außerdem noch: *Beater,* Verbraucherschutz und Schutzzweckdenken im Wettbewerbsrecht, 2000; *Heister,* Harmonisierung des Rechts der vergleichenden Werbung durch die Richtlinie 97/55/EG?, 2004; *Jänisch,* Überhöhte Verbotsstandards?, 1993; *Keßler/Micklitz,* Die Harmonisierung des Lauterkeitsrechs in den Mitgliedstaaten der Europäischen Gemeinschaft und die Reform des UWG, 2003; *Reich,* EG-Binnenmarkt und Werberecht, 1990; *Trägner,* Das Verbot irreführender Werbung nach § 3 UWG im Europäischen Binnenmarkt, 1993.

I. Überblick

1 Nach § 5 Abs. 1 S. 1 UWG idF der 2. Novelle von 2015 handelt unlauter, wer eine irreführende geschäftliche Handlung vornimmt, die geeignet ist, den Verbraucher oder sonstigen Marktteilnehmer zu einer geschäftlichen Entscheidung zu veranlassen, die er andernfalls nicht getroffen hätte. S. 2 der Vorschrift fügt hinzu, dass eine geschäftliche Handlung irreführend ist, wenn sie unwahre Angaben *oder* sonstige zur Täuschung geeignete Angaben über die im Folgenden aufgelisteten sogenannten Bezugspunkte enthält. Die wichtigsten dieser *Bezugspunkte* sind – zusammengefasst – die wesentlichen Merkmale der Ware oder Dienstleistung, und zwar im weitesten Sinne (Nr. 1 des § 5 Abs. 1 S. 2 UWG), der Anlass des Verkaufs und der Preis oder die Art und Weise, wie er berechnet wird (Nr. 2), die geschäftlichen Verhältnisse (Nr. 3), Aussagen oder Symbole, die im Zusammenhang mit Sponsoring stehen oder sich auf eine Genehmigung beziehen (Nr. 4), die Notwendigkeit einer Leistung (Nr. 5), die Einhaltung eines sogenannten Verhaltenskodexes (Nr. 6) sowie die Rechte der Verbraucher bei Leistungsstörungen (Nr. 7). Nach Abs. 2 der Vorschrift ist eine geschäftliche Handlung ferner irreführend, wenn sie eine Verwechslungsgefahr hervorruft. Irreführend kann außerdem das Verschweigen von Tatsachen sein, sofern eine Aufklärungspflicht besteht (§ 5a UWG idF der 2. Novelle). Keine Rolle spielen die Mittel der Irreführung (§ 5 Abs. 3 UWG). Erforderlich ist lediglich, dass es sich um eine geschäftliche Handlung iSd § 2 Abs. 1 Nr. 1 UWG handelt (→ § 4). Zahlreiche Beispiele für eine (stets unzulässige) Irreführung finden sich in den Nr. 1–24 des Anhangs zu § 3 Abs. 3 UWG. Keine Irreführung ist dagegen die Verwendung von Namen, die sich zu bloßen Beschaffenheitsangaben verwandelt haben (§ 126 Abs. 2 MarkenG).

Bei einem Verstoß gegen § 5 UWG kommen als **Sanktion** in erster Linie Unterlassungsansprüche der betroffenen Mitbewerber und der Verbände des § 8 Abs. 3 UWG in Betracht (§ 8 Abs. 1 UWG; → §§ 21, 22). Bei Verschulden ist der Täter den Mitbewerbern außerdem schadensersatzpflichtig, wobei jedoch Beschränkungen zugunsten der Presse zu beachten sind (§ 9 S. 1 und 2 UWG; → § 23 Rn. 8ff.). Die Irreführung ist nach § 16 Abs. 1 UWG ferner strafbar, sofern der Täter durch unwahre Angaben irreführend wirbt und er in der Absicht gehandelt hat, den Anschein eines besonders günstigen Angebots hervorzurufen, vorausgesetzt, dass die wissentlich unwahren Angaben in öffentlichen Bekanntmachungen oder in Mitteilungen erfolgt sind, die für einen größeren Kreis von Personen bestimmt sind. § 16 Abs. 1 UWG ist Schutzgesetz iSd § 823 Abs. 2 BGB. 2

Grundlage der §§ 5 und 5a UWG sind in erster Linie die **UGP-Richtlinie von 2005** 3 sowie ergänzend die **Werberichtlinie** von 2006.[1] Während die Werberichtlinie von 2006 den Schutz der *Mitbewerber* gegen irreführende Werbung bezweckt (Art. 1 der Werberichtlinie), hat die UGP-Richtlinie allein den Schutz der *Verbraucher* gegen jede Form der Irreführung im Auge (Art. 1 der UGP-Richtlinie). Anders als bei aggressiven Geschäftspraktiken besteht somit auf dem weiten Gebiet der Irreführung auch in dem Bereich *B2B* eine unionsrechtliche Regelung, an der sich das deutsche Recht messen lassen muss. Im Gegensatz zu der UGP-Richtlinie, die für den *B2C*-Bereich eine *Voll*harmonisierung des Lauterkeitsrechts gebracht hat, bezweckt freilich die Werberichtlinie von 2006 für den Bereich *B2B* grundsätzlich nur eine *Mindest*harmonisierung, sodass die Mitgliedstaaten berechtigt bleiben, (nur) bei dem Schutz der Mitbewerber gegen Irreführungen auch über die Richtlinie hinauszugehen.

Nach Art. 6 Abs. 1 Hs. 1 der **UGP-Richtlinie** gilt eine Geschäftspraxis als irreführend, 4 wenn sie falsche Angaben enthält oder sonst zur Täuschung des Durchschnittsverbrauchers über einen der verschiedenen Bezugspunkte geeignet ist *und* sie ihn obendrein zu einer geschäftlichen Entscheidung veranlasst, die er ansonsten nicht getroffen hätte. **Maßstab** ist nach den Erwägungsgründen zu der Richtlinie grundsätzlich ein *Durchschnittsverbraucher,* der „angemessen gut unterrichtet und angemessen aufmerksam und kritisch ist“.[2] Eine Liste in jedem Fall verbotener und deshalb vorrangig zu prüfender irreführender Geschäftspraktiken findet sich in den **Nr. 1–23 des Anhangs I** zu der Richtlinie. – Art. 2 lit. b der **Werberichtlinie** von 2006 fügt (für den B2B-Bereich) hinzu, dass irreführende Werbung jede Werbung ist, die in irgendeiner Weise die Adressaten täuscht oder zu täuschen geeignet ist und die infolgedessen deren wirtschaftliches Verhalten beeinflussen kann, oder aus diesen Gründen einen Mitbewerber schädigt oder schädigen kann.

Die Vorschriften der §§ 5 und 5a UWG sind erst durch die beiden Novellen von 2008 5 und 2015 schrittweise den genannten beiden Richtlinien angepasst worden. Dabei wurde ebenso wie bei den aggressiven Geschäftspraktiken auf eine Unterscheidung zwischen dem B2B- und dem B2C-Bereich verzichtet, weil die UGP-Richtlinie von 2005 die weitergehende Regelung enthalte, sodass deren Umsetzung durch die §§ 5 und 5a UWG automatisch den B2B-Bereich mitumfasse.[3] Das **Relevanzkriterium**

[1] ABl. 2006 L 376/21.
[2] Erwägungsgrund Nr. 18 S. 2.
[3] S. ausführlich die Begr. von 2008, BT-Drs. 16/10145, S. 16, 23ff.; sowie *Busch,* Informationspflichten im Wettbewerbs- und Vertragsrecht, 2008, S. 66ff.; *Sosnitza,* WRP 2008, 1014 (1027ff.).

des Art. 6 Abs. 1 Hs. 1 der UGP-Richtlinie, wonach in jedem Fall zusätzlich zu der Täuschung erforderlich ist, dass der Verbraucher durch sie tatsächlich oder voraussichtlich zu einer geschäftlichen Entscheidung veranlasst wird, die er ansonsten nicht getroffen hätte, bezieht sich nach der Rechtsprechung des EuGH auch auf den Fall, dass die Werbung falsche Angaben enthält.[4] *Nicht* erforderlich ist dagegen zusätzlich ein Verstoß gegen die **unternehmerische Sorgfalt** im Sinne des § 3 Abs. 2 S. 1 UWG, weil Art. 6 der Richtlinie die Voraussetzungen einer verbotenen Irreführung *abschließend* normiert.[5]

6 Der **Wahrheitsgrundsatz** ist einer der wichtigsten Grundsätze des Wettbewerbsrechts überhaupt, da eine zutreffende Information der Abnehmer und insbesondere der Verbraucher über die konkurrierenden Angebote der Gewerbetreibenden eine *unabdingbare Funktionsbedingung* eines Systems hinreichend freien und fairen Wettbewerbs ist (§ 1 S. 2 UWG), einfach deshalb, weil ohne den Besitz solcher Informationen die Abnehmer ihre Schiedsrichterrolle im Wettbewerb nicht sachgerecht auszuüben vermögen.[6] Das Täuschungsverbot bildete deshalb bereits den Kern des **ersten UWG von 1896,** an dessen Stelle später die sogenannte kleine Generalklausel des **§ 3 UWG von 1909** getreten war, die allgemein als Vorläufer der heutigen Regelung angesehen wird, trotz deren unionsrechtlicher Prägung.

7 Die **überragende Bedeutung,** die das UWG dem Täuschungsverbot im Wettbewerb beimisst, kommt – außer in den §§ 5, 5a und 16 UWG – noch in einer Reihe weiterer Vorschriften zum Ausdruck. Hervorzuheben sind die Nr. 1–3 des § 4 UWG sowie § 7 Nr. 4 UWG.[7] **Bezweckt** wird mit den §§ 5 und 5a UWG nach dem Gesagten gleichermaßen der Schutz der Mitbewerber wie der der Verbraucher und der Allgemeinheit (s. § 1 UWG). § 5 UWG greift deshalb zB selbst dann ein, wenn durch die fragliche Werbebehauptung überhaupt kein Mitbewerber des Gewerbetreibenden verletzt wurde, etwa, weil sie alle gleichfalls irreführende Behauptungen in ihrer Werbung aufstellen.[8]

8 Der **Schutz der Verbraucher** gegen die vielfältigen Formen von Irreführungen insbesondere durch die Werbung wird häufig – trotz der üblichen weiten Auslegung der §§ 5 und 5a UWG – immer noch als *unbefriedigend* angesehen. Das Irreführungsverbot des UWG ist deshalb in den letzten Jahren durch eine ständig wachsende Zahl von **Sonderregelungen,** vor allem des Lebensmittel- und Heilmittelwerberechts, ergänzt worden, durch die zur Verbesserung des Verbraucherschutzes das Irreführungsverbot des UWG zum Teil wiederholt und verschärft, zum Teil aber auch bestimmte Formen der Werbung überhaupt verboten wurden. Ein Beispiel für die Wiederholung und Verschärfung des Irreführungsverbots ist die kapitalmarktrechtliche Regelung des **§ 31 Abs. 2 S. 1 WpHG.** Alle Informationen einschließlich der Werbung, die Wertpa-

[4] *EuGH* GRUR 2014, 196 Tz. 25 ff. = WRP 2014, 161 (163) – Trento Sviluppo.

[5] → § 5 Rn. 18; grdl. *EuGH* GRUR 2013, 1157 Tz. 35 ff. = WRP 2014, 38 (40 f.) – CHS/Team4; *EuGH* GRUR 2014, 196 Tz. 34 = WRP 2014, 161 (163) – Trento Sviluppo; ebenso Begr. von 2015, BT-Drs. 18/4535, S. 15 = GRUR 2015, 341 = WRP 2015, 263; zust. *Keller,* FS Bornkamm, 2014, S. 381 (393 f.); *Köhler,* GRUR 2015, 275 (277); *Sosnitza,* GRUR 2015, 318 (321).

[6] Ausführlich zum Stand der modernen Informationstheorie s. *Beater,* FS Tilmann, 2003, S. 87; *Kroeber-Riehl/Weinberg,* Konsumentenverhalten, 7. Aufl. 1999; *Lettl,* Der lauterkeitsrechtliche Schutz, 2003, S. 78 ff.; *ders.,* FS Bornkamm, 2014, S. 407 (409 f.); *Ohly,* FS Bornkamm, 2014, S. 423 (424 f.).

[7] S. dazu im Einzelnen schon → §§ 9, 12 und 13 Rn. 1 ff.

[8] *BGH* LM § 1004 BGB Nr. 32 = GRUR 1958, 30.

pierdienstleistungsunternehmen, insbesondere also Banken ihren Kunden zugänglich machen, müssen danach redlich und eindeutig und dürfen nicht irreführend sein. Eine spezielle Regelung hat außerdem die **Fernsehwerbung** in der Richtlinie vom 3. Oktober 1989 zur Koordinierung der Rechts- und Verwaltungsvorschriften über die Ausübung der Fernsehtätigkeit gefunden,[9] die mittlerweile wegen der Zuständigkeit der Länder für diese Materie durch den Rundfunkstaatsvertrag in deutsches Recht umgesetzt wurde.

II. Geschäftliche Handlung

1. Begriff

Das Gesetz wendet sich in S. 1 des § 5 Abs. 1 UWG unter bestimmten Voraussetzungen gegen irreführende geschäftliche Handlungen. S. 2 der Vorschrift fügt hinzu, dass eine geschäftliche Handlung irreführend ist, wenn sie unwahre oder sonstige zur Täuschung geeignete *Angaben* über die im Einzelnen aufgeführten sogenannten Bezugspunkte enthält. Darunter fallen nach § 5 Abs. 3 UWG auch Angaben im Rahmen vergleichender Werbung (→ § 7 Rn. 29) sowie bildliche Darstellungen und sonstige Veranstaltungen, die darauf zielen und geeignet sind, solche Angaben zu ersetzen. 9

Was eine **geschäftliche Handlung** im Sinne des § 5 Abs. 1 S. 1 UWG ist, ergibt sich im Einzelnen aus § 2 Abs. 1 Nr. 1 des Gesetzes (→ § 4 Rn. 8 ff.). Kern des Begriffs ist das Verhalten einer Person zu Gunsten des eigenen oder eines fremden Unternehmens, das mit der Förderung des Absatzes oder des Bezugs von Waren oder Dienstleistungen zusammenhängt. Die wichtigste Erscheinungsform eines derartigen Verhaltens eines Unternehmers ist (natürlich) die **Werbung** für eigene oder fremde Produkte oder Dienstleistungen. Ebenso wie schon unter dem UWG von 1896 und von 1909 liegt daher der Schwerpunkt des Anwendungsbereichs der §§ 5 und 5 a UWG bei der **irreführenden Werbung.** Werbung ist nach Art. 2 lit. a der Werberichtlinie von 2006 jede Äußerung bei der Ausübung eines Handels, Gewerbes, Handwerks oder freien Berufs mit dem Ziel, den *Absatz* von Waren oder die Erbringung von Dienstleistungen zu fördern, dh *jede Information der Abnehmer über* das eigene oder ein fremdes *Angebot zwecks Absatzförderung,* gleichgültig durch welche Mittel (s. § 5 Abs. 3 UWG). Zwischen schriftlicher und mündlicher Werbung wird ebenso wenig unterschieden wie hinsichtlich des verwandten Mediums. Es spielt keine Rolle, ob die Werbung durch Auslagen im Schaufenster oder auf Ausstellungen, über Plakate, mittels Anzeigen oder im Rundfunk erfolgt. Der Begriff wird insgesamt ganz *weit* ausgelegt. Er umfasst insbesondere auch die *mittelbare Absatzförderung,* zB in Gestalt der Imagewerbung oder des Sponsoring, ohne sich doch völlig mit dem (noch weiteren) Begriff der geschäftlichen Handlung zu decken.[10] 10

Aus § 5 Abs. 1 S. 1 und S. 2 sowie aus § 5 Abs. 3 UWG folgt außerdem ebenso wie aus § 16 Abs. 1 UWG, dass den Kern der Werbung die **„Angaben“** über bestimmte *Tatsachen* wie zB die Merkmale der Waren oder Dienstleistungen, den Anlass des Verkaufs und den Preis sowie die geschäftlichen Verhältnisse des Werbenden bilden. Denn eine Werbung kann nur irreführend sein, wenn die in ihr enthaltenen „Angaben“ über tat- 11

[9] ABl. 1989 L 298/23; dazu zB *Gundel,* EWS 2004, 398.

[10] S. schon → § 13 Rn. 28; insbesondere *BGH* GRUR 2013, 1259 Tz. 17 = WRP 2013, 1579 (1581) – Empfehlungs-E-Mail.

sächliche Verhältnisse nicht zutreffen (→ Rn. 16ff.).[11] Den Gegensatz zu Angaben über geschäftliche Verhältnisse bilden subjektive **Meinungen** wie insbesondere Werturteile oder bloße Werbeappelle, die folglich *nicht* von § 5 UWG erfasst werden (→ Rn. 13ff.).

12 Nach Art. 2 lit. a der Werberichtlinie von 2006 fällt unter dem Begriff der Werbung (im Sinne der Richtlinie) nur eine Äußerung im wirtschaftlichen Verkehr mit dem Ziel der Förderung des **Absatzes** von Waren oder der Erbringung von Dienstleistungen. Die (umgekehrte) Werbung von Abnehmern gegenüber *Lieferanten* (die es gleichfalls gibt) ist daher nicht Gegenstand der Richtlinie. Die hierin liegende Beschränkung des Begriffs der Werbung auf die *Absatz*förderung hat jedoch der deutsche Gesetzgeber in § 2 Abs. 1 Nr. 1 UWG nicht übernommen (wozu er nach Art. 8 Abs. 1 S. 1 der Werberichtlinie von 2006 berechtigt war), sodass mit § 5 UWG auch der andere Fall, dh die **Bezugsförderung,** insbesondere die Werbung von Unternehmern um Produktionsfaktoren, erfasst werden kann.[12] Dasselbe gilt für die Werbung von Wirtschaftsverbänden zu Gunsten ihrer Mitglieder, immer vorausgesetzt, dass es sich bei der Werbung zugleich um eine geschäftliche Handlung im Sinne des § 2 Abs. 1 Nr. 1 des Gesetzes handelt (→ § 4 Rn. 18ff.).

2. Nur sachliche Angaben

13 Eine Werbung ist gemäß § 5 Abs. 1 S. 2 UWG irreführend, wenn sie „unwahre" oder „sonstige zur Täuschung geeignete Angaben" enthält. Unwahr oder zur Täuschung geeignet kann eine Angabe nur sein, wenn sie eine **sachliche Information** enthält, die sich bei ihrer Nachprüfung als *falsch* erweist, dies einfach deshalb, weil Meinungen und insbesondere Werturteile, das Gegenteil sachlicher Angaben (→ Rn. 11), mangels eines allgemein akzeptierten Maßstabes für Werturteile nicht „falsch" und deshalb auch nicht irreführend sein können.[13] Unter das Irreführungsverbot des § 5 UWG fallen daher allein solche Werbebehauptungen oder Werbeangaben, die einen **sachlichen Kern** haben und durch Beweisaufnahme auf ihre Richtigkeit hin überprüft werden können, die mit anderen Worten dem *Wahrheitsbeweis* mit den Mitteln der ZPO zugänglich sind (→ Rn. 16ff.). In Grenzfällen kommt es darauf an, ob die von der Werbung jeweils angesprochenen Verkehrskreise die Werbeaussage ernst nehmen, weil sie mit ihr eine *sachlich nachprüfbare Vorstellung* verbinden oder nicht.[14] Ein sachlicher Kern kann sich auch in allgemeinen Werturteilen und Anpreisungen verstecken, sodass diese dann ebenfalls eine Angabe iSd § 5 UWG darstellen.[15]

Ein bizarres **Beispiel** aus der Rechtsprechung zu § 3 UWG von 1909 war die Werbung für Teigwaren aus Trockenei mit Hühnergegacker, die als irreführend eingestuft wurde, weil dadurch (angeblich) bei den Ver-

[11] Ebenso die Begr. von 2003, BT-Drs. 15/1487, S. 19 (l. Sp. „Zu § 5"); *BGH* NJW 2007, 3570 (3572 Tz. 29f.) = GRUR 2007, 978 = WRP 2007, 1334 – Rechtsberatung durch Haftpflichtversicherer.

[12] *Lettl,* Der lauterkeitsrechtliche Schutz vor irreführender Werbung, 2003, S. 169.

[13] ZB *BGH* NJW 2007, 3570 (3572 Tz. 29f.) = GRUR 2007, 978 = WRP 2007, 1334 – Rechtsberatung durch Haftpflichtversicherer; *Lettl,* FS Bornkamm, 2014, S. 407 (412ff.); anders zB *Becker,* WRP 2015, 139ff. (nicht überzeugend).

[14] ZB *Lettl,* FS Bornkamm, 2014, S. 407 (412ff.).

[15] BGHZ 43, 140 (142) = NJW 1965, 967 – Lavamat II; *BGH* LM § 3 UWG Nr. 102 = GRUR 1970, 424 – Melitta-Kaffee; LM § 3 UWG Nr. 393 = NJW-RR 1997, 1192 = GRUR 1997, 666 = WRP 1997, 724 – Umweltfreundliches Reinigungsmittel; *OGH* SZ Bd. 52 (1979) Nr. 94, S. 447 (451).

brauchern der falsche Eindruck erweckt wurde, die fraglichen Teigwaren seien statt aus Trockenei aus dem wesentlich teureren Frischei hergestellt.[16]

Einen sachlichen Kern enthält ferner meistens die **Alleinstellungs-** oder **Spitzenstellungswerbung,** vorausgesetzt, dass sie von den Verbrauchern ernst genommen wird (→ Rn. 13) *und* dass es im Verkehr anerkannte Normen gibt, an Hand derer überprüft werden kann, ob einem Unternehmen die von ihm behauptete Spitzenstellung tatsächlich zukommt (→ § 15 Rn. 60 ff.). An § 5 UWG können daher zwar Werbebehauptungen gemessen werden wie, ein Magazin sei „Marktführer", eine Fahrschule weise ganz überdurchschnittliche Erfolge auf oder ein Notebook sei das Beste, weil dies, bei dem Magazin anhand der Auflage, bei der Fahrschule anhand der Prüfungsergebnisse und bei dem Notebook anhand seiner Leistungen, verifiziert werden kann,[17] *nicht* dagegen die Behauptung eines Nahrungsmittelherstellers, seine Kindernahrung sei die „Beste", da es dafür – angesichts der ganz unterschiedlichen Ernährungsgewohnheiten von Säuglingen – keine allgemein anerkannten Maßstäbe gibt.[18] Dasselbe gilt für ein sogenanntes „Ranking" von Rechtsanwälten durch eine Zeitung, weil es sich auch dabei um bloße Werturteile handelt.[19] 14

Eine (nachprüfbare) Angabe kann ferner in einer **Unternehmens-** oder in einer **Warenbezeichnung** liegen. Die Bezeichnung ist daher – ohne Rücksicht auf ihre firmen- oder markenrechtliche Zulässigkeit – irreführend, wenn sie bei den angesprochenen Verkehrskreisen unzutreffende Vorstellungen über die Herkunft oder die Qualität der Ware hervorruft.[20] Das gilt selbst dann, wenn die Bezeichnung erst nachträglich, zB durch einen Wechsel in der Inhaberschaft des Unternehmens, irreführend geworden ist, während sie ursprünglich nicht zu beanstanden war.[21] Eine relevante Angabe in der Werbung iSd § 5 UWG kann dagegen nicht mehr angenommen werden, wenn sich die Werbung auf bloße **Werbeappelle** wie „den und keinen anderen"[22] oder „kein Geld verschenken, an X denken"[23] beschränkt oder wenn sie nur noch allgemeine Vorstellungen von Luxus und Wohlstand hervorruft.[24] 15

III. Unrichtigkeit

1. Überblick

Des Gesetz wendet sich in § 5 Abs. 1 S. 1 unter bestimmten Voraussetzungen gegen „irreführende" geschäftliche Handlungen und fügt in S. 2 der Vorschrift hinzu, dass eine geschäftliche Handlung irreführend ist, wenn sie unwahre *oder* zur Täuschung geeignete Angaben über die im Gesetz im Einzelnen aufgezählten Umstände, die soge- 16

[16] *BGH* GRUR 1961, 544 – Hühnergegacker; *OGH* ÖBl. 1970, 21 – Eigold. – Derartige Urteile, zB über das Hühnergegacker als Werbung, können heute wohl allgemein nur noch fassungsloses Kopfschütteln auslösen; ebenso zu Recht *Ohly,* FS Bornkamm, 2014, S. 423 (426).

[17] BGHZ 156, 250 (256) = NJW 2004, 1163 – Marktführerschaft; *OGH* ÖBl. 1995, 67 (70); 2001, 76 (77) – Skilehrer; ÖBl. 2003, 233 (234) – das beste Notebook; s. im Übrigen → § 15 Rn. 60 ff.

[18] *BGH* GRUR 1965, 363 – Fertigbrei; *OGH* ÖBl. 2001, 68 – bestes Magazin.

[19] *OLG München* GRUR 2003, 719 (721).

[20] → § 15 Rn. 65 ff. sowie im einzelnen *Sack,* WRP 2014, 1130.

[21] BGHZ 10, 196 (201 f.) = NJW 1953, 1348 – Dun-Europa; BGHZ 44, 16 (19 f.) = NJW 1965, 1853 – de Paris; BGHZ 53, 339 (343 ff.) = NJW 1970, 1364 – Euro-Spirituosen; *BGH* GRUR 2007, 1079 (1081 Tz. 24) = WRP 2007, 1346 – Bundesdruckerei.

[22] BGHZ 43, 140 (142) = NJW 1965, 967 – Lavamat II.

[23] *BGH* LM § 1 UWG Nr. 224 = NJW 1971, 378 = GRUR 1971, 164 – Discount.Geschäft.

[24] *BGH* GRUR 1963, 482 (484) für die Bezeichnung „Hollywood Duftschaumbad".

nannten Bezugspunkte, enthält (§ 5 Abs. 1 S. 2 Nr. 1–7 UWG). Man muss folglich (objektiv) unwahre und lediglich im Einzelfall zur Täuschung geeignete Angaben unterscheiden (ebenso Art. 6 Abs. 1 Hs. 1 der UGP-Richtlinie). Der Unterschied besteht darin, dass die zur Täuschung geeigneten Angaben durchaus auch objektiv zutreffend sein können, sofern sie nur von den Adressaten möglicherweise falsch verstanden werden und nur deshalb zur Täuschung geeignet sind. Die Voraussetzungen für die Annahme der Irreführung eines relevanten Anteils der Adressaten der Werbung sind in beiden Fällen naturgemäß verschieden. Dies bedeutet im Einzelnen:

17 Irreführend, weil unwahr sind zunächst Angaben durch eine geschäftliche Handlung und insbesondere in der Werbung, wenn sie **mit** der **Wirklichkeit** schon objektiv **nicht übereinstimmen,** wenn zB die in der Werbung genannten Merkmale oder Preise einer Ware nicht zutreffen. Verstehen freilich die angesprochenen Verkehrskreise die Werbung gleichwohl *richtig,* etwa, weil sie die Übertreibung unschwer zu erkennen vermögen, so liegt – trotz der Unwahrheit der Angaben – keine (relevante) Irreführung vor. Es handelt sich dann vielmehr um den (seltenen) Fall der *unschädlichen Falschbezeichnung,* gekennzeichnet dadurch, dass es im Sinne des § 5 Abs. 1 S. 1 Hs. 2 UWG an der Eignung der Irreführung, die Adressaten zu einer geschäftlichen Entscheidung zu veranlassen, die sie andernfalls nicht getroffen hätten, fehlt. Oder anders gewendet: Die unzutreffende Angabe in der Werbung war dann nicht relevant für die Entscheidung der Adressaten, sodass das immer zusätzlich zu beachtende Relevanzkriterium des § 5 Abs. 1 S. 1 UWG in der Fassung von 2015 nicht erfüllt ist.

18 Aber auch sachlich an sich **zutreffende Angaben** können (der 2. Fall) nach den gesamten Umständen *zur Täuschung* der Durchschnittsverbraucher über die im Gesetz genannten Bezugspunkte *geeignet* sein (§ 5 Abs. 1 S. 2 UWG), sofern nämlich die Adressaten die Werbung in einer Weise verstehen, bei der sie unwahr und deshalb zu ihrer Täuschung geeignet ist.[25] Die Prüfung, ob dies der Fall ist, setzt deshalb als erstes die Ermittlung voraus, **wie** die jeweils angesprochenen Verkehrskreise, in erster Linie also die Durchschnittsverbraucher die Werbung überhaupt **verstehen.** Anschließend ist sodann der auf diese Weise ermittelte Sinn der Werbung anhand der tatsächlichen Verhältnisse auf seine Richtigkeit zu überprüfen. Beides klingt zwar einfach, ist aber tatsächlich häufig ungewöhnlich schwierig, weil man über den Sinn einer Werbung ebenso wie über das, was „wirklich" ist, sehr verschiedener Meinung sein kann.

19 Die Gerichte prüfen die Unrichtigkeit von Werbebehauptungen gewöhnlich in **drei Schritten:**[26] Als erstes wird geklärt, **an welche Verkehrskreise** sich eine Werbung überhaupt wendet, da es auf der Hand liegt, dass etwa *Fachleute* eine bestimmte Angabe in der Werbung durchweg ganz anders aufnehmen und verstehen werden als das breite Publikum.[27] Entsprechendes gilt, wenn sich die Werbung nur an *Teile* des allgemeinen Publi-

[25] ZB *BGH* GRUR 2013, 1254 Tz. 15f. = WRP 2013, 1596 (1598) – Matratzen Factory Outlet; GRUR 2014, 88 Tz. 30, 32 = WRP 2014, 57 (60f.) = NJW-RR 2014, 609 – Vermittlung von Nettopolicen; WRP 2016, 331 (333 Tz. 26) – Piadina-Rückruf.

[26] S. *BGH* (vorige Fn.) sowie zB *BGH* NJW-RR 2005, 684 = GRUR 2005, 442 = WRP 2005, 474 – Irreführende Fahrradwerbung; NJW 2005, 2229 (2230) = GRUR 2005, 690 – Internet-Versandhandel; NJW 2007, 919 (922 Tz. 32) = GRUR 2007, 247 = JuS 2007, 694 – Krombacher Regenwaldprojekt I; GRUR 2007, 251 (253 Tz. 30ff.) = WRP 2007, 368 – Krombacher Regenwaldprojekt II; GRUR 2015, 906 Tz. 18 = WRP 2015, 1098 (1100) – Tip der Woche; zB Köhler/Bornkamm/*Bornkamm,* § 5 Rn. 2.74ff.; *Lettl,* FS Bornkamm, 2014, S. 407 (417f.).

[27] *BGH* NJW-RR 2007, 1522 (1523 Tz. 15, 18) = GRUR 2007, 605 = WRP 2007, 772 – Umsatzzuwachs.

kums wendet, bei denen spezielle Vorkenntnisse vorausgesetzt werden können, oder wenn durch die Werbung vorrangig umgekehrt *besonders schutzwürdige Verbrauchergruppen* angesprochen werden, sodass dann jeweils auf das durchschnittliche Verständnis dieser Verbrauchergruppen abzustellen ist (§ 3 Abs. 4 UWG; Art. 5 Abs. 3 S. 1 der Richtlinie).[28] Auch die Frage, ob es sich um eine regional begrenzte oder für das gesamte Bundesgebiet bestimmte Werbung handelt, kann in diesem Zusammenhang eine Rolle spielen. In dem zuerst genannten Fall kommt es dann allein auf das Verständnis der Verbraucher in der betreffenden Region an.[29]

Der nächste Schritt besteht in der Prüfung, **wie** die jeweils angesprochenen Verkehrskreise (→ Rn. 19) die fragliche Behauptung **verstehen.** Denn *ausschließlich dieser Sinn* ist für die Anwendung des § 5 UWG maßgebend, während es nicht darauf ankommt, wie der Gewerbetreibende selbst seine Werbebehauptung verstanden wissen wollte oder welchen Sinn ihr Fachleute bei sorgfältiger Prüfung entnehmen.[30] Wendet sich die Werbung an das allgemeine Publikum oder an spezielle Verkehrskreise (→ Rn. 19), so kommt es darauf an, wie **Durchschnittsmitglieder** der jeweils angesprochenen Verkehrskreise die Werbung verstehen (§ 3 Abs. 4 UWG).[31] Und genau dies zu ermitteln, ist die eigentliche Schwierigkeit der ganzen Prozedur, da – natürlich – niemand dieses (hypothetische) Durchschnittsmitglied der angesprochenen Verkehrskreise und vor allem den Durchschnittsverbraucher kennt, sodass – bei Lichte besehen – auch niemand genau zu sagen vermag, wie er eine Werbung versteht.[32] 20

Das schwierigste Problem bei der Anwendung des Irreführungsverbots besteht folglich in der Ermittlung des Verständnisses einer Angabe in der Werbung durch das durchschnittliche Mitglied der jeweils angesprochenen Verkehrskreise (s. § 3 Abs. 4 UWG). Dies hängt einmal von dem der Anwendung des Irreführungsverbots zu Grunde gelegten **Verbraucherleitbild,** zum anderen von der für maßgeblich erachteten **Irreführungsquote** ab. Damit hat es folgende Bewandtnis: 21

Das durchschnittliche Mitglied des fraglichen Verkehrskreises und insbesondere der vielberufene durchschnittliche Verbraucher (s. § 3 Abs. 4 S. 1 UWG) sind **theoretische Konstrukte,** die man unterschiedlich interpretieren kann, je nachdem welche Eigenschaften man dem Durchschnittsverbraucher zubilligt. Man kann ihn insbesondere als aufmerksam oder unaufmerksam, dumm oder gebildet, sorgfältig oder flüchtig beschreiben. Je nachdem kommt man zu ganz unterschiedlichen Ergebnissen bei der Ermittlung des üblichen Verständnisses einer Angabe in der Werbung seitens der angesprochenen Verkehrskreise und eben insbesondere der Verbraucher. Man spricht insoweit von unterschiedlichen **Verbraucherleitbildern** (→ Rn. 24 ff.). 22

Aber damit ist man noch nicht am Ende. Denn auch nach der Verständigung auf ein bestimmtes Verbraucherleitbild bleibt es dabei, dass die wie immer definierten **Durchschnittsverbraucher** eine Angabe in der Werbung durchaus *unterschiedlich* verstehen 23

---

[28] Ausführlich *Scherer,* WRP 2008, 563.

[29] *BGH* LM § 3 UWG Nr. 194 = GRUR 1983, 32 (33 f.) = GRUR 1983, 203 – Stangenglas I (für: „Das helle Obergärige").

[30] *OGH* ÖBl. 2001, 114 (115) – Risikoloses Probetragen.

[31] Ebenso Erwägungsgrund Nr. 18 S. 2 der UGP-Richtlinie.

[32] S. *Doepner,* FS Lieberknecht, 1997, S. 165 ff.; *Helm,* WRP 2005, 931; *Omsels,* GRUR 2005, 546; *Spliethoff,* Verkehrsauffassung und Wettbewerbsrecht, 1992; *Ulbrich,* WRP 2005, 940; *Tilmann,* FS Piper, 1996, S. 481 ff.

können, die einen richtig, die anderen falsch, und zwar möglicherweise noch in unterschiedlichem Sinne falsch. Dann muss entschieden werden, **wie hoch** für die Anwendung des Irreführungsverbots **der Anteil** derjenigen Verbraucher sein muss, die die Angabe (wie immer) falsch verstehen. Das ist die Frage nach der Relevanz der sogenannten **Irreführungsquote** (→ Rn. 29ff.).

2. Verbraucherleitbild[33]

24 Das Verbraucherleitbild liefert den **Maßstab,** anhand dessen überhaupt erst beurteilt werden kann, ob eine geschäftliche Handlung, in erster Linie also eine Angabe in der Werbung, zur Täuschung der Verbraucher geeignet ist. Naturgemäß gibt es unterschiedliche Verbraucherleitbilder. Die deutsche **Rechtsprechung** folgte ursprünglich einem *empirisch akzentuierten Leitbild* des Verbrauchers und orientierte sich deshalb bis zum Ende der neunziger Jahre nahezu ausschließlich an der Notwendigkeit, noch kleinste Minderheiten selbst gegen fernliegende Irreführungsgefahren zu schützen, sodass eine sachlich informierende Werbung zuletzt kaum mehr möglich war, da die Gefahr von Missverständnissen bei bestimmten Minderheiten niemals völlig ausgeschlossen werden konnte.[34] Erst unter dem Eindruck der Rechtsprechung des EuGH (→ Rn. 25ff.) gab der BGH in den neunziger Jahren des 20. Jahrhunderts dieses überholte Verbraucherleitbild schrittweise zu Gunsten eines *normativen* Leitbildes auf (→ Rn. 28). Die Einzelheiten sind nach wie vor ebenso umstritten wie die Konsequenzen der einzelnen Leitbilder.

25 Der **EuGH** hatte von Anfang an in seiner Rechtsprechung zum Lauterkeitsrecht im Interesse der gegenseitigen Durchdringung der Märkte in der Europäischen Union ein **normatives Verbraucherleitbild** favorisiert. Maßgebend war danach in Irrtumsfällen das Verständnis des „normal informierten und angemessen aufmerksamen, verständigen (oder auch: kritischen) Durchschnittsverbrauchers",[35] eines Verbrauchers also, der in der Lage ist, konkurrierende Angebote zu würdigen und sich zwischen ihnen unter Berücksichtigung seiner Präferenzen sinnvoll zu entscheiden, und zwar, wie der EuGH betonte, „unter Berücksichtigung sozialer, kultureller und sprachlicher Faktoren".[36]

26 Die **Konsequenzen** sind weitreichend: Stellt man bei der Prüfung der Irreführung auf einen informierten, verständigen und angemessen aufmerksamen Verbraucher ab, so werden Verbraucher, die diesen Anforderungen im Einzelfall oder generell nicht genügen, durch das Irreführungsverbot der §§ 5 und 5a *nicht* mehr geschützt. Wenn sie die Werbung infolge ihrer Defizite missverstehen und deshalb geschäftliche Entscheidungen treffen, die sie bei hinreichender Information und Aufmerksamkeit nicht getroffen

[33] S. dazu zuletzt *Böhler,* ZLR 2014, 27; *Helm,* WRP 2013, 710; *Jahn/Palzer,* K&R 2015, 444; *Lettl,* FS Bornkamm, 2014, S. 407; *Möstl,* WRP 2014, 906; *Ohly,* FS Bornkamm, 2014, S. 423; *Sack,* FS Köhler, 2014, S. 555; *Scherer,* WRP 2013, 705.

[34] S. mN *Emmerich,* FS Gernhuber, 1993, S. 857 (870); zustimmend zu dieser Analyse zuletzt zB *Böhler,* ZLR 2014, 27 (38ff.); *Jahn/Palzer,* K&R 2015, 444; *Möstl,* WRP 2014, 906; *Ohly,* FS Bornkamm, 2014, S. 423 (426f.); ebenso ausdrücklich *BGH* GRUR 2012, 1053 Tz. 19 = WRP 2012, 1216 (1217) – Marktführer Sport.

[35] Insb. *EuGH* Slg. 2006, I-8501 Tz. 78 = GRUR 2007, 69 = JuS 2007, 598 – Lidl Belgium; Slg. 2011, I-3908 = WRP 2012, 189 = GRUR 2011, 930 Tz. 22f. – Ving; ebenso zuvor schon zB *EuGH* Slg. 2000, I-135 (146 Tz. 27) = NJW 2000, 1173 – Estée Lauder/Lifting; zuletzt *EuGH* WRP 2015, 847 Tz. 36 – Teekanne.

[36] *EuGH* Slg. 2011, I-3908 = WRP 2012, 189 = GRUR 2011, 930 Tz. 22f. – Ving.

hätten (s. § 5 Abs. 1 S. 1 UWG idF von 2015), so müssen sie die Folgen mit anderen Worten selbst tragen. Die große Frage ist, ob dies in jeder Hinsicht gerechtfertigt und vertretbar ist. Die Diskussion über diese Frage ist in vollem Gange. Der EuGH hat sich bei seiner zumindest ursprünglich sehr strengen Praxis wohl in erster Linie von der Vorstellung leiten lassen, dass allein ein konsequent normatives Verbraucherleitbild gewährleistet, dass im Binnenmarkt eine informierende Werbung als Voraussetzung des Wettbewerbs und der gegenseitigen Durchdringung der Märkte überhaupt noch möglich ist. Von den Verbrauchern wird deshalb im Binnenmarkt erwartet, dass sie sich (ein wenig) informieren und der Werbung mit der gebotenen kritischen Aufmerksamkeit begegnen. Diese Einschränkung des Irreführungsverbots beruht letztlich auf einer Abwägung zwischen dem Interesse an einem möglichst umfassenden Verbraucherschutz und den zumindest partiell gegenläufigen Interesse der Allgemeinheit an der Förderung des Wettbewerbs im Binnenmarkt (s. auch → Rn. 64 ff.). Es verwundert deshalb nicht, dass sich die **UGP-Richtlinie** das normative Verbraucherleitbild des EuGH(nur) im Grundsatz ebenfalls zu eigen gemacht hat, freilich unter Betonung der Notwendigkeit, auf die Befindlichkeiten besonders schutzbedürftiger Verbrauchergruppen wie insbesondere Kinder oder alte und gebrechliche Personen die gebotene Rücksicht zu nehmen.[37] Im **Schrifttum** hat dies, zumal unter dem Eindruck der jüngsten Rechtsprechung des EuGH, zu einer breiten Diskussion über die Frage geführt, ob und gegebenenfalls in welchem Ausmaß das normative Verbraucherleitbild des Gerichtshofs um *empirische* Elemente anzureichern ist und in welchem Ausmaß in diesem Rahmen die ohnehin stets gebotene Interessenabwägung eine Korrektur des normativen Verbraucherleitbilds zu Gunsten des Verbraucherschutzes erlaubt.[38]

Die nicht abreißende Diskussion über diesen Fragenkreis ist in jüngster Zeit vor allem durch zwei Urteile des **EuGH** angeheizt worden, die verschiedentlich als partielle Abkehr von dem herkömmlichen normativen Verbraucherleitbild und als Übergang zu einem (mehr) *empirisch* akzentuierten Leitbild interpretiert werden.[39] Dagegen spricht freilich, dass der EuGH zugleich ausdrücklich an seiner bisherigen Praxis festgehalten hat,[40] sodass es ihm im Grunde wohl nur darum ging, vielleicht etwas stärker als bisher die Notwendigkeit zu betonen, bei der ohnehin stets nötigen Interessenabwägung die Besonderheiten der in sich sehr unterschiedliche Fallgestaltungen angemessen zu berücksichtigen,[41] woraus zB folgt, dass es nicht angeht, die Verbraucher trotz an sich zutreffender Produktinformation auf der Ware zugleich durch die sonstige Aufmachung der Ware geradezu bewusst in die Irre zu führen.[42] 27

[37] Erwägungsgründe Nr. 18 und 19 zu der Richtlinie.

[38] S. *Helm,* FS Tilmann, 2003, S. 135, bes. 140 f.; *ders.,* WRP 2005. 931; 2013, 710 (714 ff.); *Lettl,* Der lauterkeitsrechtliche Schutz, 2003, S. 173 ff.; *ders.,* GRURInt 2004, 85 (86, 90 ff.); *ders.,* FS Bornkamm, 2014, S. 407; *Ohly,* FS Bornkamm, 2014, S. 423; *Omsels,* GRUR 2005, 548; *Sack,* WRP 2004, 521 (523 ff.); *ders.,* WRP 2004, 521 (522 f.); *ders.,* FS Köhler, 2014, S. 555; *Ullmann,* GRUR 004, 817 (818 f.); *Seibt,* GRUR 2002, 465 (467 ff.).

[39] *EuGH* GRUR 2012, 1269 Tz. 49 f. = WRP 2012, 1509 – Purely Creative; WRP 2015, 847 = GRUR 2015, 701 = EuZW 2015, 562 – Teekanne.

[40] *EuGH* WRP 2015, 847 Tz. 36 = GRUR 2015, 701 = EuZW 2015, 562 – Teekanne.

[41] S. im Einzelnen *Böhler,* ZLR 2014, 27 (38 ff.); *Jahn/Palzer,* K&R 2015, 444; *Köhler,* GRUR 2012, 1211; *Scherer,* WRP 2013, 705, alle mwN.

[42] *EuGH* WRP 2015, 847 = GRUR 2015, 701 = EuZW 2015, 562 – Teekanne; *Jahn/Palzer,* K&R 2015, 444.

28 In dieselbe Richtung weist die Rechtsprechung des BGH, der Ende der Neunzigerjahre im Anschluss an die Rechtsprechung des EuGH (→ Rn. 25f.) ebenfalls zu dem **Leitbild** des *„durchschnittlich informierten und verständigen Verbrauchers"* übergegangen war, der der Werbung die *der Situation angemessenen Aufmerksamkeit* entgegenbringt.[43] Wendet sich die Werbung an Personen mit bestimmten Eigenschaften und Kenntnissen, so kommt es auf das Verständnis eines durchschnittlichen Mitglieds gerade dieser Gruppe an.[44] Sofern es sich dabei um rundum informierte Fachleute handelt, ist folglich das Verständnis eines durchschnittlich informierten, aufmerksamen und verständigen Fachmanns maßgeblich.[45] Auszugehen ist jeweils vom Wortsinn und sodann zu prüfen, ob auch der verständige durchschnittliche Verbraucher der angesprochenen Verkehrskreise die fragliche Werbung in diesem Sinne versteht.[46] Dabei kann es sich durchaus so verhalten, dass der verständige Durchschnittsverbraucher die Werbung nur *flüchtig* wahrnimmt, insbesondere, wenn es sich um sogenannte **„Erfahrungsgüter"** handelt, mit denen er vertraut ist, sodass dann auch allein der flüchtige Eindruck maßgebend ist.[47] Anders dagegen bei sogenannten **„Such- und Vertrauensgütern"**, dh bei solchen Gütern, die nicht spontan gekauft zu werden pflegen, sondern nur aufgrund einer sorgfältigen Prüfung der Marktlage (Paradigma: Autokauf), sodass in diesen Fällen von einer größeren Aufmerksamkeit des verständigen Durchschnittsverbrauchers als bei den Erfahrungsgütern ausgegangen werden kann.[48] Maßgeblich ist immer der **Gesamteindruck,** den die fragliche Werbung auf den jeweiligen Adressaten macht. Eine isolierte Betrachtung einzelner Angaben kommt nur in Betracht, wenn sie vom Verkehr ohne Zusammenhang mit den übrigen Angaben wahrgenommen werden.[49]

---

[43] Grdl. *BGH* LM § 3 UWG Nr. 429 (Bl. 3 R f.) = NJW-RR 2000, 1490 = GRUR 2000, 619 = WRP 2000, 517 – Orientteppichmuster; ebenso sodann BGHZ 148, 1 (7f.) = NJW 2001, 3262 = JuS 2002, 87 Nr. 9 – Mitwohnzentrale; BGHZ 156, 250 (252f.) = NJW 2004, 1163 – Marktführerschaft; zuletzt *BGH* GRUR 2007, 981 (982 Tz. 20) = WRP 2007, 1337 – 150% Zinsbonus; NJW 2007, 3002 (3004 Tz. 19) = GRUR 2007, 805 = WRP 2007, 1085 – Irreführender Kontoauszug; GRUR 2013, 1254 Tz. 16 = WRP 2013, 1596 (1598) – Matratzen Factory Outlet; WRP 2015, 1098 (1100 Tz. 22) = GRUR 2015, 906 – Tip der Woche; ebenso auch *OGH* ÖBl. 2001, 18 (21) – Lego-Klemmbausteine; 2001, 114 (115) – Risikoloses Probetragen; 2002, 71 – Teegetränk; s. *Artmann,* ÖBl. 1997, 10 (12); *Augenhofer,* ÖBl. 2001, 59; *Ullmann,* GRUR 2003, 817 (818f.); *Lettl,* GRUR 2004, 449 (456ff.).

[44] *BGH* NJW 2005, 3287 (3288) = GRUR 2005, 877 – Werbung mit Testergebnis; auch schon *BGH* NJW 2004, 439 = GRUR 2004, 162 – Mindestverzinsung.

[45] *BGH* NJW-RR 2007, 1522 (1523 Tz. 15, 18) = GRUR 2007, 605 = WRP 2007, 772 – Umsatzzuwachs.

[46] *BGH* NJW-RR 2003, 260 (261) = GRUR 2003, 247 – Thermalbad.

[47] *BGH* LM § 3 UWG Nr. 448 (Bl. 2 R f.) = NJW-RR 2002, 1122 = GRUR 2002, 715 = WRP 2002, 977 – Scanner-Werbung.

[48] So für die Rechtsberatung *BGH* LM § 3 UWG Nr. 443 (Bl. 4f.) = NJW 2001, 3193 = GRUR 2002, 81 = WRP 2002, 81 – Anwalts- und Steuerkanzlei; für den Erwerb eines Kraftfahrzeuges *BGH* NJW 2003, 2696 (2697) = GRUR 2003, 626 = WRP 2003, 742 – Umgekehrte Versteigerung II; NJW-RR 2011, 1408 Tz. 34 = GRUR 2011, 1050 – Ford-Vertriebspartner.

[49] *BGH* GRUR 2005, 438 (440f.) = WRP 2005, 480 – Epson Tinte; NJW-RR 2005, 684 = GRUR 2005, 442 – Direkt ab Werk; NJW 2005, 2229 (2230) = GRUR 2005, 690 – Internetversandhandel; GRUR 2007, 251 (253 Tz. 32) = WRP 2007, 308 – Krombacher Regenwaldprojekt II; GRUR 2007, 981 (982 Tz. 20) = WRP 2007, 1387 – 150% Zinsbonus; GRUR 2013, 1254 Tz. 15 = WRP 2013, 1596 (1598) – Matratzen Factory Outlet; GRUR 2014, 88 Tz. 30 = WRP 2014, 57 (61) – Vermittlung von Netto-Policen.

3. Irreführungsquote[50]

Auch der durchschnittlich informierte und verständige oder doch zumindest kritische Verbraucher (→ Rn. 28) bleibt ein Mensch, der sich irren kann. Die unvermeidliche Folge ist, dass die durchschnittlichen Mitglieder der jeweils angesprochenen Verkehrskreise eine Angabe in der Werbung *durchaus unterschiedlich verstehen* können.[51]. Wichtig ist das vor allem für an sich *zutreffende* Angaben in der Werbung, die (natürlich nicht von allen, sondern) lediglich von einem Teil der Adressaten missverstanden werden. 29

Ein **Beispiel** ist die Verwendung ausländischer Facharztbezeichnungen durch deutsche Ärzte, von denen jedenfalls ein Teil der angesprochenen Verbraucher vermutlich annimmt, sie seien mit deutschen Facharztbezeichnungen gleichwertig (wovon tatsächlich in zahlreichen Fällen keine Rede sein kann).[52]

In diesen eigentlich kritischen Fällen muss entschieden werden, ob derartige Fehlvorstellungen eines *Teils* der Adressaten überhaupt *relevant* sind (→ Rn. 30) und *wie hoch* gegebenenfalls der *Anteil* der sich irrenden Adressaten sein muss, der eine Anwendung des Irreführungsverbots zu rechtfertigen vermag (→ Rn. 31). Das ist die Frage nach der sogenannten **Irreführungsquote.**

Der verständige Durchschnittsverbraucher des heute überwiegend favorisierten normativen Verbraucherleitbilds ist eine **Kunstfigur.** Wie verständig, aufmerksam und vernünftig er tatsächlich im Einzelfall sein muss, um eine Werbung richtig verstehen zu können, entscheiden folglich die Gerichte von Fall zu Fall – und sonst niemand. Muss der verständige Durchschnittsverbraucher in ihren Augen bei angemessener Aufmerksamkeit (und ein wenig Nachdenken) eine bestimmte Angabe in der Werbung richtig verstehen, so ist die Sache damit – eigentlich – „erledigt", weil damit zugleich gesagt ist, dass eine Gefahr der Irreführung im Sinne des § 5 Abs. 1 in dem betreffenden Fall nicht besteht. Wenn dann tatsächlich einzelne Durchschnittsverbraucher doch getäuscht werden sollten, ist dies mit anderen Worten „ihr Problem", und zwar letztlich deshalb, weil sie, gemessen am Maßstab des normativen Verbraucherleitbildes, eben nicht die nötige Aufmerksamkeit aufgebracht und auch nicht richtig nachgedacht haben.[53] 30

Dieses Gesetzesverständnis hat sich indessen bisher nicht allgemein durchzusetzen vermocht. Stattdessen wird in Literatur und Rechtsprechung nach wie vor verbreitet die Forderung aufgestellt, im Interesse des umfassenden Verbraucherschutzes doch oder zusätzlich auf den „wirklichen" verständigen Durchschnittsverbraucher abzustellen und zu ermitteln, wie dieser die betreffende Werbung versteht, freilich wieder unter Ausklammerung wie immer abgegrenzter besonders unverständiger Minderheiten.[54] 31

[50] Dazu zB *Doepner,* FS Lieberknecht, 1997, S. 165ff.; *Helm,* FS Tilmann, 2003, S. 135 (144ff.); *Lettl,* Der lauterkeitsrechtliche Schutz, S. 91, 105, 173ff.; *Roth,* FS Mestmäcker, 1996, S. 725; *Sack,* WRP 2004, 85 (89ff.); *Sosnitza,* Wettbewerbsbeschränkungen durch die Rechtsprechung, 1995, S. 181ff.; *Tilmann,* FS Piper, 1996, S. 481; *ders./Ohde,* GRUR 1989, 229, 301; *Ullmann,* GRUR 2003, 817 (818f.).

[51] So zB *BGH* NJW 2004, 439 (440) = GRUR 2004, 162 = NZG 2004, 87 = WRP 2004, 225 – Mindestverzinsung; NJW-RR 2010, 1628 (1630 Tz. 25) = GRUR 2010, 1024 = WRP 2010, 1390 – Kieferorthopädie.

[52] S. den Fall Kieferorthopädie: *BGH* (vorige Fn).

[53] So *Lettl,* Der lauterkeitsrechtliche Schutz, S. 91, 105, 173ff.; *ders.,* GRURInt 2004, 85 (89f.); *Ulbrich,* WRP 2005, 940; *Ullmann,* GRUR 2005, 817.

[54] So zB *Helm,* FS Tilmann, 2003, S. 135.

Auch die **Gerichte** verfahren nach wie vor häufig auf diese Weise, wobei sie sich ursprünglich bereits damit begnügt hatten, dass ein nicht völlig unerheblicher Teil, nämlich ungefähr 10–15% der angesprochenen Verkehrskreise irregeführt wurden. Ob der restliche Teil der angesprochenen Verkehrskreise die Werbebehauptung ebenso, anders oder sogar richtig verstand, spielte dann keine Rolle, mochte dieser Teil auch zahlenmäßig bei weitem überwiegen.[55] Seit Aufgabe dieser Rechtsprechung durch Übergang zu dem normativen Verbraucherleitbild des EuGH (→ Rn. 28) unterscheiden die Gerichte dagegen vor allem nach der Art der Werbebehauptung.[56] Mit einer Quote von 10–15% der angesprochenen Verkehrskreise begnügen sie sich seitdem gewöhnlich nur noch, wenn es sich bei der fraglichen Werbebehauptung um schon für sich genommen unklare und missverständliche Behauptungen handelt, während der BGH bei sachlich an sich zutreffenden Behauptungen, die lediglich von einem Teil der Verbraucher missverstanden werden, meistens eine höhere Quote von 15–20% der Verbraucher als Eingriffsschwelle zugrunde legt.[57] Demgegenüber ist daran festzuhalten (→ Rn. 30), dass es in jedem Fall vollauf ausreichte, bei den Anforderungen an die Aufmerksamkeit des sorgfältigen und verständigen Durchschnittsverbrauchers angemessen die Besonderheiten der einzelnen Fallgruppen zu berücksichtigen. Daneben ist die Fixierung einer besonderen Irreführungsquote nicht nur überflüssig, sondern geradezu „irreführend".

IV. Irreführung durch Unterlassen (§ 5a UWG)

1. Überblick, Geschichte

32 § 5a UWG regelt im Anschluss an Art. 7 der UGP-Richtlinie den Sonderfall der Irreführung durch Unterlassen einer an sich gebotenen Aufklärung der Adressaten der Werbung über für sie relevante Punkte. Eine Irreführung durch Unterlassung konnte bereits unter dem früheren Recht bei Verletzung einer Aufklärungspflicht mit der kleinen Generalklausel des § 3 UWG von 1909 erfasst werden. Eine gesetzliche Regelung brachte erstmals 2004 das neue UWG in § 5 Abs. 2 S. 2 aF. Durch die erste Novelle von 2008 wurde diese Vorschrift sodann als neuer § 5a Abs. 1 verselbstständigt. Außerdem wurden die Abs. 2–4 hinzugefügt, mit denen Art. 7 der UGP-Richtlinie, freilich stark verkürzt umgesetzt werden sollte.[58] Die Folge war, dass die mangelhafte Umsetzung des Art. 7 der Richtlinie durch § 5a zur Einleitung eines Vertragsverletzungsverfahrens durch die Kommission Anlass gab. Durch die 2. Novelle von 2015 ist deshalb § 5a in Abs. 2–4 (endlich) weitgehend dem Art. 7 der Richtlinie angepasst und zugleich um die neuen Abs. 5 und 6 erweitert worden. Die Gesetzesverfasser haben dazu bemerkt, unter den Voraussetzungen des § 5a Abs. 2–6 sei ohne weiteres

[55] So zB BGHZ 13, 244 (253f.) = NJW 1954, 1566 – Cupresa; BGHZ 42, 134 (136ff.) = NJW 1964, 2247 = JuS 1965, 76 – 20% unter Richtpreis.

[56] So ausdrücklich *BGH* GRUR 2012, 1053, Tz. 19f. = WRP 2012, 1216 (1217f.) – Marktführer Sport; *Teplitzky,* FS Vieregge, 1995, S. 853.

[57] *BGH* LM § 3 UWG Nr. 384 = NJW 1996, 3419 = GRUR 1996, 985 = WRP 1996, 1156 – PVC-frei; LM § 3 UWG Nr. 419 = GRUR 2000, 73 (75) = WRP 2000, 1145 – Tierheilpraktiker; NJW-RR 2010, 1628 (1630 Tz. 25) = GRUR 2010, 1024 – Kieferorthopädie; GRUR 2012, 1053, Tz. 19f. = WRP 2012, 1216 (1217f.) – Marktführer Sport; NJW 2015, 704 (706 Tz. 20) = WRP 2015, 340 – Spezialist für Familienrecht; WRP 2016, 331 (333 Tz. 26) – Piadina-Rückruf.

[58] S. dazu *Alexander,* WRP 2012, 125; 2013, 716; *ders.,* GRURInt 2012, 1; *Körber/Heinlein,* WRP 2009, 780; *Steinbeck,* WRP 2011, 1221.

von einer unzulässigen geschäftlichen Handlung iSd § 3 Abs. 1 auszugehen, ohne dass es noch zusätzlich einer Prüfung weiterer Umstände wie insbesondere eines Verstoßes gegen die unternehmerische Sorgfalt bedürfte.[59] Der neue Abs. 6 ist erst in den Ausschussberatungen als Ersatz für die Streichung des früheren § 4 Nr. 3 hinzugefügt worden, der die Fälle der verdeckten oder verschleierten Werbung regelte (→ § 12 Rn. 36 ff.; → Rn. 69 ff.). Die Streichung des früheren § 4 Nr. 4 und Nr. 5 in den Ausschussberatungen wurde gleichfalls damit begründet, diese Fälle würden auch von den §§ 5 und 5a erfasst (→ Rn. 46 ff.).[60]

Die komplizierte Entstehungsgeschichte der Vorschrift des § 5a UWG hat dazu geführt, dass man bei der Anwendung des § 5a zwei verschiedene Tatbestände unterscheiden muss. Auszugehen ist von **Abs. 1** des § 5a, der gleichermaßen **für den B2B-Bereich wie für den B2C-Bereich** gilt und besagt, dass bei der Beurteilung der Frage, ob das Verschweigen einer Tatsache irreführend ist, insbesondere deren Bedeutung für die geschäftliche Entscheidung nach der Verkehrsauffassung sowie die Eignung des Verschweigens zur Beeinflussung der Entscheidung der Verbraucher oder der sonstigen Marktteilnehmer zu berücksichtigen sind.[61] Im Gegensatz zu Abs. 1 des § 5a gelten dagegen **Abs. 2–6** der Vorschrift allein für das Verhältnis zwischen Unternehmen und Verbrauchern **(B2C),** weil mit § 5a Abs. 2–6 die **Umsetzung** des Art. 7 der Richtlinie bezweckt wird und weil Abs. 6 der Vorschrift aus dem Jahre 2015 gleichfalls allein den Schutz der Verbraucher gegen verdeckte oder verschleierte Werbung im Auge hat. § 5a Abs. 2 S. 1 bestimmt zunächst, dass unlauter handelt, wer dem Verbraucher im konkreten Fall unter Berücksichtigung aller Umstände eine wesentliche Information vorenthält, die (1.) der Verbraucher je nach den Umständen benötigt, um eine informierte geschäftliche Entscheidung zu treffen, *und* deren Vorenthaltung (2.) geeignet ist, den Verbraucher zu einer geschäftlichen Entscheidung zu veranlassen, die er andernfalls nicht getroffen hätte (sogenannte **Vorenthaltung von Informationen**). Einzelheiten der Vorenthaltung regelt § 5a Abs. 2 S. 2, nach dem eine Vorenthaltung auch in den folgenden drei Fällen anzunehmen ist, nämlich (1.) bei Verheimlichung wesentlicher Informationen, (2.) bei Bereitstellung wesentlicher Informationen in unklarer, unverständlicher oder zweideutiger Weise, sowie (3.) im Falle der nicht rechtzeitigen Bereitstellung wesentlicher Informationen. 33

Abs. 3 und Abs. 4 der Vorschrift des § 5a regeln, **welche Informationen** als **wesentlich** im Sinne des § 5a Abs. 2 S. 1 Nr. 1 anzusehen sind. Die wichtigsten Punkte zählt § 5a Abs. 3 in den Nr. 1–5 für den Fall auf, dass Waren oder Dienstleistungen unter Hinweis auf deren Merkmale oder Preise so angeboten werden, dass ein durchschnittlicher Verbraucher das Geschäft abschließen kann (**„Aufforderung zum Kauf"** im Sinne der Art. 7 Abs. 4 Hs. 1 und 2 lit. i der Richtlinie). § 5a Abs. 4 verweist auf **Informationen,** die den Verbrauchern in der Werbung nach Unionsrecht oder nach nationalen Vorschriften zur Umsetzung unionsrechtlicher Richtlinien **nicht vorenthalten** werden dürfen. Wie aus Art. 7 Abs. 5 der Richtlinie folgt, wird damit in erster Linie auf die in dem **Anhang II** zu der Richtlinie aufgezählten Richtlinien – von der Fernabsatzrichtlinie über die Verbraucherkreditrichtlinie bis hin zu versicherungs- und ka- 34

[59] Begr. von 2015, BT-Drs. 18/4535, S. 15 ff.; Ausschussbericht von 2015, BT-Drs. 18/6571, S. 16 („Zu Nr. 7" Abs. 1); dazu *Alexander,* WRP 2016, 139; *Köhler,* NJW 2016, 593.

[60] Ausschussbericht von 2015, BT-Drs. 18/6571, S. 15 („Zu Nr. 4"), S. 16 („Zu Nr. 7" 5. Abs.).

[61] Dagegen für Beschränkung auf den B2B-Bereich *Alexander,* FS Bornkamm, 2014, S. 297 (300 ff.).

pitalmarktrechtlichen Regelungen – Bezug genommen.[62] Von Einzelfällen abgesehen, sind diese Richtlinien bereits in nationales Recht umgesetzt worden (s zB aus dem BGB die §§ 312d, 355, 482 und 492). Bei einem Verstoß gegen die genannten Vorschriften sind heute § 3a UWG und § 5a Abs. 4 UWG nebeneinander anwendbar.[63] Abs. 5 der Vorschrift bestimmt ergänzend, dass bei der Beurteilung, ob Informationen *vorenthalten* wurden, zu berücksichtigen sind: (1.) räumliche oder zeitliche Beschränkungen durch das für die geschäftliche Handlung gewählte Kommunikationsmittel sowie (2.) alle Maßnahmen des Unternehmers, um dem Verbraucher die Informationen auf andere Weise als gerade durch das Kommunikationsmittel nach der Nr. 1 des § 5a Abs. 5 zur Verfügung zu stellen. Der neue Abs. 6 der Vorschrift von 2015 wendet sich schließlich noch im Anschluss an den früheren § 4 Nr. 3 gegen die **Verschleierung der Werbung** durch die Bestimmung, dass unlauter handelt, wer den kommerziellen Zweck einer geschäftlichen Handlung nicht kenntlich macht, sofern sich dieser nicht unmittelbar aus den Umständen ergibt, und das Nichtkenntlichmachen geeignet ist, den Verbraucher zu einer geschäftlichen Handlung zu veranlassen, die er andernfalls nicht getroffen hätte.

2. Grundtatbestand (§§ 5 Abs. 1, 5a Abs. 1 UWG)

a) Aufklärungspflicht

35 Nach § 5a Abs. 1 UWG sind bei der Beurteilung, ob das Verschweigen einer Tatsache irreführend ist, insbesondere deren Bedeutung für die geschäftliche Entscheidung (der Verbraucher *oder* der sonstigen Marktteilnehmer; → Rn. 33) nach der Verkehrsauffassung sowie die Eignung des Verschweigens zur Beeinflussung der Entscheidung der Genannten zu berücksichtigen. Dabei wird als selbstverständlich vorausgesetzt, dass eine Irreführung im Sinne des § 5 Abs. 1 UWG ebenso wie andere Delikte auch durch *Unterlassen* begangen werden kann, vorausgesetzt, dass eine Handlungspflicht, hier durchgängig **Aufklärungspflicht** genannt, besteht. § 5a Abs. 1 UWG regelt lediglich in sehr allgemeiner Form, wann eine derartige Aufklärungspflicht in Betracht kommt.

36 Die Irreführung durch Unterlassen muss zunächst von der Irreführung durch **positives Tun** abgegrenzt werden (die keine Aufklärungspflicht voraussetzt). Die Unterscheidung ist schwierig, weil natürlich auch derjenige, der wichtige Einzelheiten verschweigt, immer etwas tut, – indem er nämlich (nur) über andere Dinge redet.[64] Entscheidend ist in solchen Fällen, worauf jeweils der **Schwerpunkt der Vorwerfbarkeit** liegt, auf der unwahren Angabe in der Werbung (§ 5 Abs. 1 S. 2 UWG) oder auf dem *Weglassen* oder Verheimlichen wesentlicher Einzelheiten (s. § 5a Abs. 2 S. 1). Nur in zweiten Fall ist Raum für die Anwendung des § 5a UWG, sodass es zusätzlich auf die Verletzung einer *Aufklärungspflicht* ankommt (→ Rn. 35).[65] Insbesondere bei lückenhaften und unvollständigen und gerade deshalb täuschenden Angaben in der Werbung bleibt es daher bei der Anwendung allein des (weitergehenden) § 5 Abs. 1 UWG. Auf § 5a Abs. 1 UWG muss nur rekurriert werden, wenn Aussagen zu wesentlichen Punkten ganz fehlen.[66] Auch wenn in der Werbung bloße **Selbstverständlichkeiten** in einer Weise herausgestellt werden, dass bei den über die Zusammensetzung

[62] S. Köhler/Bornkamm/*Bornkamm,* § 5a Rn. 41–54; Ohly/Sosnitza/*Sosnitza,* § 5a Rn. 34.
[63] Im Einzelnen str., s. *Alexander,* FS Bornkamm, 2014, S. 297 (307 ff.).
[64] S. dazu allgemein *Emmerich,* NJW 2011, 2321.
[65] *Steinbeck,* WRP 2011, 1221 f.
[66] *OLG Hamm* WRP 2010, 797 (799); 2010, 1275 (1278); GRUR-RR 2010, 443 f.

und die Wirkungsweise von Waren meistens nur ganz oberflächlich informierten Verbrauchern der falsche Eindruck entsteht, es handele sich dabei um einen besonderen Vorzug der Ware, handelt es sich richtiger Meinung nach um eine Irreführung durch *positives Tun* (vgl. Nr. 10 der Anhangs zu § 3 Abs. 3 UWG).[67] Jedoch darf auf freiwillige Sonderleistungen eines Unternehmers wie zB die Schätzung des Wertes von Edelmetallen selbst dann hingewiesen werden, wenn andere Händler derartige Leistungen gleichfalls erbringen.[68] Einem Rechtsanwalt ist es außerdem gestattet, auf seine (heute selbstverständliche) Zulassung zum OLG hinzuweisen, weil die neue Rechtslage noch keineswegs allgemein bekannt ist.[69]

Liegt danach eine Irreführung durch Unterlassen vor (→ Rn. 36), so muss als nächstes 37 geprüft werden, ob der Werbungstreibende durch diese Unterlassung ausnahmsweise eine **Aufklärungspflicht** verletzt hat. Bereits unter dem UWG von 1909 war anerkannt, dass die Werbung grundsätzlich nur zutreffend, dagegen **nicht** auch **vollständig** sein muss, weil kein vernünftiger Mensch von einem Werbungstreibenden eine neutrale Aussage über sämtliche Vor- und Nachteile seines Angebots erwartet, soweit nicht ausnahmsweise eine Aufklärungspflicht besteht.[70] Daran hat sich bis heute nichts geändert.[71] Nach wie vor kann eine Aufklärungspflicht in der Werbung nur angenommen werden, wenn sich eine solche ausnahmsweise **aus Gesetz, Vertrag oder Treu und Glauben** ergibt (§§ 241 Abs. 2 und 242 BGB). Dies ist insbesondere anzunehmen, wenn der verschwiegenen Tatsache nach der Verkehrsauffassung besondere Bedeutung zukommt, sodass ihr Verschweigen zur Irreführung der jeweiligen Adressaten der Werbung geeignet ist.[72]

b) Beispiele

Ein Unternehmen, das mit seinem **Engagement für ein Umweltprojekt** wirbt, ist nur 38 dann zu genaueren Angaben über Art und Ausmaß dieses Engagements in der Werbung verpflichtet ist, wenn die angesprochenen Verkehrskreise, insbesondere also die Durchschnittsverbraucher, mit der Werbung *konkrete Vorstellungen* verbinden, anhand derer dann auch die Werbung auf ihre Richtigkeit überprüft werden kann, sonst also *nicht.*[73] Bei der Werbung für **„EG-Neuwagen“,** die außerhalb des „offiziellen“ Ver-

---

67 *BGH* LM § 3 UWG Nr. 126 = GRUR 1973, 481 – Weingeist: für eine Spirituosenwerbung mit dem Hinweis, die Spirituosen enthielten Weingeist (dies trifft für alle Spirituosen zu); LM § 3 UWG Nr. 304 = NJW-RR 1990, 1254 = GRUR 1990, 1027 – incl. MWSt I; LM § 3 UWG Nr. 305 = NJW-RR 1990, 1255 = GRUR 1990, 1027 – incl. MWSt II; GRUR 2014, 498 Tz. 13 = WRP 2014, 556 – Kostenlose Schätzung; *Michalski,* BB 1992, 440.

68 *BGH* GRUR 2014, 498 Tz. 13 = WRP 2014, 556 – Kostenlose Schätzung.

69 *BGH* GRUR 2013, 950 Tz. 16ff. = NJW 2013, 2671 = WRP 2013, 1382 – auch zugelassen am OLG; s. dazu *Deckenbrock,* NJW 2013, 2673.

70 *BGH* LM § 1 UWG Nr. 484 = NJW-RR 1989, 234 = GRUR 1989, 234 – Krankenhaus-Fragebogen; LM § 1 UWG Nr. 850 (Bl. 5) = NJW-RR 2002, 329 = GRUR 2002, 182 – Das Beste jeden Morgen.

71 So die Begr. von 2004, BT-Drs. 15/1487, S. 19 (r. Sp. u.) entgegen verbreiteten Forderungen des Schrifttums, zB *Fezer,* WRP 2003, 127, bes. 142f.; *Keßler/Micklitz,* Harmonisierung des Lauterkeitsrechts, 2003, S. 68ff., 155; *Micklitz/Keßler,* GRURInt 2002, 885 (889f., 899).

72 *BGH* NJW 2007, 919 (921 Tz. 13, 24) = GRUR 2007, 247 = JuS 2007, 694 Nr. 11 – Krombacher Regenwaldprojekt I; GRUR 2007, 251 (252 Tz. 20) = WRP 2007, 308 – Krombacher Regenwaldprojekt II; NJW 2011, 2972 Tz. 21 = GRUR 2011, 845 – kein Telekomanschluß nötig.

73 *BGH* NJW 2007, 919 (921 Tz. 13, 24) = GRUR 2007, 247 = JuS 2007, 694 Nr. 11 – Krombacher Regenwaldprojekt I; GRUR 2007, 251 (252 Tz. 20) = WRP 2007, 308 – Krombacher Regenwaldprojekt II.

triebsnetzes von Kraftfahrzeughändlern aus anderen Mitgliedstaaten der Union parallel importiert werden, muss gleichfalls auf die dadurch verkürzte Garantiefrist sowie auf gewisse Ausstattungsunterschiede nicht generell, sondern nur dann hingewiesen werden, wenn es sich um *gravierende Punkte* handelt.[74] Das wird nur angenommen, wenn durch die sogenannte Tageszulassung in einem anderen Mitgliedstaat der Union die Garantiezeit um mehr als zwei Wochen verkürzt wird oder wenn die Ausstattungsunterschiede wesentliche Punkte betreffen, die der Verkehr wie zB einen Fahrerairbag heute als selbstverständlichen Bestandteil der Serienausstattung erwartet.

39 Ähnlich differenziert wird die Frage beurteilt, wann in der Werbung für bestimmte Produkte offengelegt werden muss, dass es sich um **Auslaufmodelle** handelt, Modelle also, die der Hersteller nicht mehr führt. Ein Hinweis darauf ist jedenfalls so lange nicht nötig, wie noch keine Nachfolgemodelle am Markt sind. Sobald aber Nachfolgemodelle angeboten werden und es dem Verkehr wie bei Haushaltsgroßgeräten, Computern und den meisten Geräten der Unterhaltungselektronik gerade darauf ankommt, immer das neueste Modell zu erhalten, muss in der Werbung klargestellt werden, dass die angebotenen Geräten nicht mehr die neuesten Modelle sind.[75] Handelt es sich um **Modeartikel,** bei denen das Publikum großen Wert auf Aktualität legt, so darf in der Werbung außerdem nicht unterdrückt werden, dass die angebotenen Artikel zu einer veralteten Kollektion gehören.[76] Dagegen ist kein Gewerbetreibender verpflichtet, in der Werbung sein **Herstellungsverfahren** zu offenbaren, weil dieses sein legitimes Geheimnis ist und die Verbraucher ohnehin nur die Wirkungen des Produkts interessieren.[77] Überhaupt besteht grundsätzlich keine Aufklärungspflicht hinsichtlich solcher Eigenschaften, die für den normalen Verbraucher unerheblich sind.[78]

3. Besonderheiten für das Verhältnis zu Verbrauchern (B2C)

40 Gegenüber Verbrauchern, dh im B2C-Bereich, sind ergänzend die **Abs. 2–6 des § 5a UWG** idF der 2. Novelle von 2015 zu beachten. Danach hat man drei Fälle zu unterscheiden. Abs. 2, 4 und 5 des § 5a UWG präzisieren zunächst (1.) die Voraussetzungen, unter denen im Verhältnis zu Verbrauchern *generell* eine Irreführung durch Unterlassen iSd § 5a Abs. 1 UWG anzunehmen ist (→ Rn. 41). Davon zu unterscheiden ist (2.) der Fall der Aufforderung zum Kauf im Sinne des Art. 7 Abs. 4 und des Art. 2 lit. i der Richtlinie, in dem zusätzlich die besonderen Aufklärungspflichten des § 5a Abs. 3 UWG zu beachten sind (→ Rn. 43f.). Einen weiteren Fall bildet schließlich (3.) die Verschleierung der Werbung gemäß § 5a Abs. 6 (→ Rn. 69ff.).

[74] *EuGH* Slg. 1992, I-146 (149ff. Tz. 12ff.) = EuZW 1993, 544 – Nissan; *BGH* LM § 3 UWG Nr. 421 = NJW 1999, 3267 = GRUR 1999, 1122 – EG-Neuwagen I; LM § 3 UWG Nr. 422 = NJW 1999, 3491 = GRUR 1999, 1125 = JuS 2000, 499f. Nr. 11 – EG-Neuwagen II; *Leible,* WRP 1997, 517.

[75] *BGH* LM § 3 UWG Nr. 415 = NJW 1999, 2193 = GRUR 1999, 760 – Auslaufmodelle II; LM § 3 UWG Nr. 417 = NJW 1999, 2190 = GRUR 1999, 757 – Auslaufmodelle I; LM § 3 UWG Nr. 428 = NJW-RR 2000, 1204 = GRUR 2000, 616 – Auslaufmodelle III.

[76] *OLG Hamm* GRUR 1983, 593 (594); anders für Sportschuhe *OLG Düsseldorf* GRUR 1987, 450 = NJW-RR 1988, 293; zur Werbung für Immobilien s. *Emmerich,* Mietrecht und Wettbewerbsrecht, in: Das Mietrecht in der Rechtsordnung, Partner im Gespräch, Bd. 43, 1994, S. 41 = Wohnen 1995, 499.

[77] *BGH* LM § 3 UWG Nr. 70 = GRUR 1965, 368 – Kaffee C (für einen besonders behandelten Kaffee).

[78] *BGH* LM § 3 UWG Nr. 118 = NJW 1972, 2125 – Skibindungen.

a) Vorenthaltung wesentlicher Informationen

41 Nach **§ 5a Abs. 2 S. 1 UWG** handelt unlauter, wer dem Verbraucher im konkreten Fall unter Berücksichtigung aller Umstände eine wesentliche Information vorenthält, die der Verbraucher (1.) je nach den Umständen benötigt, um eine informierte geschäftliche Entscheidungen zu treffen (Nr. 1 des § 5a Abs. 2 S. 1) und deren Vorenthaltung (2.) geeignet ist, den Verbraucher zu einer geschäftlichen Entscheidung zu veranlassen, die er andernfalls nicht getroffen hätte (Nr. 2 des § 5a Abs. 2 S. 1). Dabei sind nach § 5a Abs. 5 zu berücksichtigen, (1.) räumliche und zeitliche Beschränkungen durch das für die geschäftliche Handlung gewählte Kommunikationsmittel (wie insbesondere das Fernsehen) sowie (2.) alle Maßnahmen des Unternehmers, um dem Verbraucher die Informationen auf andere Weise als durch das Kommunikationsmittel nach Nr. 1 (etwa über das Internet) zur Verfügung zu stellen. Als Vorenthaltung von Informationen gelten gemäß § 5a Abs. 2 S. 2 insbesondere auch (1.) das Verheimlichen wesentlicher Informationen (Nr. 1 des § 5a Abs. 2 S. 2), (2.) das Bereitstellen solcher Informationen in unklarer, unverständlicher oder zweideutiger Weise (Nr. 2) sowie (3.) die nicht rechtzeitige Bereitstellung wesentlicher Informationen (Nr. 3).[79] Entscheidend ist letztlich, was das Gesetz in § 5a Abs. 2 S. 1 unter einer **wesentlichen Information** versteht. Denn in erster Linie danach richtet sich die Aufklärungspflicht gegenüber Verbrauchern (→ Rn. 42). Dabei sind im Einzelnen – genau besehen – drei Fälle oder Stufen von Aufklärungspflichten zu unterscheiden:[80]

42 Auszugehen ist (1. Schritt) von **§ 5a Abs. 4 UWG** (Art. 7 Abs. 5 der Richtlinie), wonach als wesentlich insbesondere diejenigen Informationen gelten, die den Verbrauchern nach Unionsrecht und nationalem Recht zur Umsetzung von Richtlinien nicht vorenthalten werden dürfen. Eine Aufzählung der einschlägigen Richtlinien findet sich im Anhang II zu der Richtlinie.[81] Jenseits dieser Fälle (2. Schritt) stellt die Rechtsprechung zur Beurteilung der Wesentlichkeit einer Information gemäß **§ 5a Abs. 2 S. 1 UWG** letztlich auf dieselben Umstände ab, die nach § 5a Abs. 1 UWG generell eine Aufklärungspflicht zu begründen vermögen (→ Rn. 37). Insoweit ist die Regelung der Abs. 1 und 2 des § 5a UWG im Grunde tautologisch. Maßgebend sind mit anderen Worten die Bedeutung des fraglichen Umstandes für eine informierte Entscheidung der Verbraucher sowie die Frage, ob der betreffende Punkt ungewöhnlich und unüblich ist, sodass die Verbraucher nicht mit diesen Umständen rechnen müssen, sondern eben gegebenenfalls eine Information darüber nach Treu und Glauben (§§ 241 Abs. 2 und 242 BGB) in der Werbung erwarten dürfen.[82] Das wird in der Rechtsprechung relativ *eng* ausgelegt, um eine „übermäßige" Ausdehnung von Aufklärungspflichten in der Werbung zu verhindern. Nicht alles, was irgendwie für die Entscheidung der Verbraucher bedeutsam sein kann, ist zugleich *wesentlich* im Sinne des § 5a Abs. 2 UWG, sondern nur dann, wenn der fragliche Umstand von so erheblichem Gewicht für die Entscheidung der Verbraucher ist, dass unter Berücksichtigung der beiderseitigen Interessen eine Information der Verbraucher darüber erwartet

[79] Begr. von 2008, BT-Drs. 16/10145, S. 25ff.; *Körber/Heinlein,* WRP 2009, 780 (784).

[80] S. dazu *Alexander,* FS Bornkamm, 2014, S. 297; Köhler/Bornkamm/*Bornkamm,* § 5a Rn. 39; Ohly/Sosnitza/*Sosnitza,* § 5a Rn. 7ff.; *Steinbeck,* WRP 2011, 1221 (1222ff.).

[81] S. dazu Köhler/Bornkamm/*Bornkamm,* § 5a Rn. 42–54; Ohly/Sosnitza/*Sosnitza,* § 5a Rn. 35.

[82] *BGH* GRUR 2010, 248 Tz. 31f. = WRP 2010, 370 (374) = NJW-RR 2010, 915 – Kamerakauf im Internet; NJW 2013, 314 Tz. 36 = GRUR 2012, 1257 = WRP 2013, 57 (59) – Zweigstellenbriefbogen; *OLG Hamm* WRP 2010, 797 (800).

werden kann.[83] Deshalb braucht zB auf dem Briefbogen einer Anwaltskanzlei keineswegs jeder einzelne Standort von Zweigniederlassungen der Kanzlei genannt zu werden,[84] wohl aber bei einer Werbung mit Testergebnissen selbst im Fernsehen die Fundstelle unmittelbar bei der Werbung, um den Verbrauchern eine leichte Nachprüfung und damit letztlich eine informierte Entscheidung zu ermöglichen.[85]

b) Aufforderung zum Kauf

43 Besonderheiten, gekennzeichnet durch nochmals gesteigerte Informationspflichten (3. Stufe), gelten nach **§ 5a Abs. 3 UWG** (Art. 7 Abs. 4 der Richtlinie), wenn Waren oder Dienstleistungen unter Hinweis auf deren Merkmale und Preis in einer dem verwendeten Kommunikationsmittel angemessenen Weise derart angeboten werden, dass ein durchschnittlicher Verbraucher das Geschäft abzuschließen vermag. Wie sich aus Art. 7 Abs. 3 der UGP-Richtlinie ergibt, ist damit eine **Aufforderung zum Kauf** im Sinne des Art. 2 lit. i der Richtlinie gemeint, dh jede Werbung („kommerzielle Kommunikation"), die die Merkmale des Produkts und den Preis in einer Weise angibt, die den Mitteln der verwendeten kommerziellen Kommunikation (Werbung) angemessen ist und den Verbraucher dadurch in die Lage versetzt, einen Kauf zu tätigen. Der Begriff ist im Interesse des umfassenden Verbraucherschutzes *weit* auszulegen. Die Aufforderung zum Kauf setzt nicht voraus, dass die Werbung tatsächlich die Möglichkeit zu einem Kauf bietet; es genügt vielmehr, wenn der Verbraucher so hinreichend über das beworbene Produkt und dessen Preis informiert wird, dass er eine informierte geschäftliche Entscheidung zu treffen vermag, weil ihm die wesentlichen Vertragsbestandteile bekannt sind; ein bindendes Angebot etwa im Sinne des § 145 BGB ist nicht erforderlich.[86]

Ein **Beispiel** ist die Werbung für Elektronikprodukte in einer Zeitung mit Abbildung der Produkte und Beschreibung ihrer Eigenschaften sowie unter Angabe des Preises und Nennung des Geschäfts.[87]

44 Liegt eine Aufforderung zum Kauf in dem genannten Sinne (→ Rn. 43) vor, so gelten die in § 5a Abs. 3 Nr. 1–5 UWG genannten Informationen grundsätzlich als **wesentlich** iSd § 5a Abs. 2 S. 1. Es sind dies der Reihe nach die wesentlichen Merkmale der Ware oder Dienstleistung, freilich nur in dem dieser *und* dem verwandten Kommunikationsmittel angemessenen Umfang (Nr. 1 des § 5a Abs. 3 UWG), die Identität und Anschrift des Unternehmers (Nr. 2), der Endpreis, und zwar einschließlich der Umsatzsteuer,[88] oder, wenn dies nicht möglich ist, die Art dessen Berechnung sowie die Nebenkosten (Nr. 3), die Zahlungs- und Lieferungsbedingungen (Nr. 4) sowie das Bestehen eines Rücktritts- oder Widerrufsrechts des Verbrauchers (Nr. 5).[89]

[83] *BGH* NJW 2013, 314 Tz. 36 = GRUR 2012, 1257 = WRP 2013, 57 (59) – Zweigstellenbriefbogen.

[84] *BGH* NJW 2013, 314 Tz. 26, 34ff. = GRUR 2012, 1257 = WRP 2013, 57 (59) – Zweigstellenbriefbogen.

[85] *BGH* GRUR 2010, 248 Tz. 31f. = WRP 2010, 370 (374) = NJW-RR 2010, 915 – Kamerakauf im Internet.

[86] *BGH* GRUR 2011, 82 Tz. 33 = WRP 2011, 55 – Preiswerbung ohne Umsatzsteuer; GRUR 2013, 1169 Tz. 10 = WRP 2013, 1459 = NZG 2014, 839 – Brandneu von der IFA; GRUR 2014, 584 Tz. 9 = WRP 2014, 686 = NJW-RR 2014, 860 – Typenbezeichnung.

[87] *BGH* GRUR 2013, 1169 Tz. 11ff. = WRP 2013, 1459 = NZG 2014, 839 – Brandneu von der IFA.

[88] *BGH* GRUR 2011, 82 Tz. 32 = WRP 2011, 55 – Preiswerbung ohne Umsatzsteuer.

[89] Wegen der Einzelheiten s. *Alexander,* WRP 2012, 125; *Körber/Heinlein,* WRP 2009, 780 (785ff.); Beispiele in *EuGH* Slg. 2011, I-3903 = WRP 2012, 189 = GRUR 2011, 930 (933ff. Tz. 42ff.) = JuS 2012, 651 – Ving.

Ein **Beispiel** für die Nr. 1 des § 5a Abs. 3 UWG ist die Typenbezeichnung von Elektrohaushaltsgeräten, weil sie die Identifizierung und die Individualisierung der gekauften Geräte erleichtert,[90] ein Beispiel für die Nr. 2 dagegen die Rechtsform des werbenden Unternehmens, da der Rechtsformzusatz Bestandteil der Firma ist, mittels derer die Identität des werbenden Unternehmens bestimmt werden kann.[91]

c) Entscheidungsrelevanz

Um die Anwendung des § 3 Abs. 1 UWG zu rechtfertigen, muss nach § 5a S. 2 S. 1 45
Nr. 2 von 2015 in jedem Fall des § 5a Abs. 2–5 (→ Rn. 40) noch hinzukommen, dass die Vorenthaltung einer wesentlichen Information geeignet ist, den Verbraucher zu eine Entscheidung zu veranlassen, die er andernfalls nicht getroffen hätte. Die Irreführung durch Unterlassung der gebotenen Information muss folglich **kausal** für die von den Verbraucher getroffene geschäftliche Entscheidung sein. Dasselbe wurde früher schon aus der Bezugnahme des § 5a Abs. 2 aF auf § 3 Abs. 2 aF gefolgert. Jedoch wurde in der Praxis die Entscheidungsrelevanz der Vorenthaltung wesentlicher Informationen meistens ohne weiteres unterstellt. einfach deshalb, weil eine wesentliche Information eben immer wichtig für die Entscheidungsbildung der Verbraucher ist (sonst wäre sie nicht „wesentlich").[92] Davon dürfte auch in Zukunft für den Regelfall auszugehen sein.

4. Transparenzgebote

Das Gesetz enthielt bis zur 2. Novelle von 2015 in § 4 Nr. 4 und Nr. 5 zwei Transpa- 46
renzgebote, bei denen es sich der Sache nach gleichfalls um Aufklärungspflichten im Sinne des § 5a handelte. Folgerichtig sind die beiden genannten Transparenzgebote durch die 2. Novelle von 2015 mit der Begründung ersatzlos gestrichen worden, beide Fälle würden „durch die allgemeinen Irreführungstatbestände des § 5 und des § 5a erfasst."[93] § 4 Nr. 4 aF bestimmte, dass unlauter handelt, wer bei Verkaufsförderungsmaßnahmen wie Preisnachlässen oder Rabatten Zugaben oder Geschenken die Bedingungen für ihre Inanspruchnahme nicht klar und eindeutig angibt. § 4 Nr. 5 aF fügte hinzu, dass es ferner unzulässig war, bei Preisausschreiben oder Gewinnspielen mit Werbecharakter die Teilnahmebedingungen nicht klar und eindeutig anzugeben. Beide Transparenzgebote oder Aufklärungspflichten ergeben sich jetzt – ebenso wie sonstige Aufklärungspflichten – aus § 5a Abs. 2, weil sie wesentliche Informationen zum Gegenstand haben, die die Verbraucher in der Regel benötigen, um eine informierte geschäftliche Entscheidung treffen zu können, wobei grundsätzlich von der Relevanz der vorenthaltenen Informationen auszugehen sein dürfte (→ Rn. 45).

Der **Anwendungsbereich** des früheren § 4 Nr. 4 UWG war denkbar weit. Erfasst 47
wurden sämtliche Formen von Verkaufsförderungsmaßnahmen, die ihrer Art nach mit Preisnachlässen, Zugaben oder Geschenken vergleichbar sind, weil sie dem Verbraucher für den Fall des Vertragsabschlusses eine *geldwerte Leistung in Aussicht stellen.* Darunter fiel im Grunde der ganze weite Bereich der **Wertreklame,** deren Kennzeichen gerade ist, dass dem Kunden für den Fall einer Kontaktaufnahme *oder* für den

[90] *BGH* GRUR 2014, 584 Tz. 15ff. = WRP 2014, 686 = NJW-RR 2014, 860 – Typenbezeichnung.

[91] *BGH* GRUR 2013, 1169 = WRP 2013, 1459 = NZG 2014, 839 – Brandneu von der IFA.

[92] So ausdrücklich *BGH* GRUR 2011, 82 Tz. 33 = WRP 2011, 55 – Preiswerbung ohne Umsatzsteuer; Köhler/Bornkamm/*Bornkamm,* § 5a Rn. 55–57; ebenso wohl schon *BGH* GRUR 2010, 248 Tz. 31 = WRP 2010, 370 (374) = NJW-RR 2010, 915 – Kamerakauf im Internet; *Körber/Heinlein,* WRP 2009, 780 (788); dagegen *Steinbeck,* WRP 2011, 1221 (1223f.).

[93] Ausschussbericht von 2015, BT-Drs. 18/6571, S. 15 („Zu Nr. 4", 5. Abs.).

Fall des Abschlusses eines Vertrages, gleichsam als **Belohnung,** unentgeltlich oder doch stark verbilligt die Gewährung zusätzlicher Vorteile versprochen wird. Die wichtigsten Erscheinungsformen sind neben den in § 4 Nr. 4 UWG aF früher beispielshalber genannten Verkaufsförderungsmaßnahmen noch Warenproben, (offene und verdeckte) Koppelungen (oder Koppelungsgeschäfte), Vorspannangebote sowie Werbefahrten. Werden solche Vergünstigungen planmäßig über einen längeren Zeitraum hinweg gewährt, um die Kunden an das Geschäft des Werbungstreibenden zu binden, so spricht man auch von **Kundenbindungsprogrammen.** Im Kern bestehen solche Programme gewöhnlich aus dem Versprechen von mit dem Umsatz in einer bestimmten Periode wachsenden Vergünstigungen für die Kunden. Paradigmata sind die bekannten Bonusprogramme der Fluggesellschaften, in denen der *BGH* noch 1999 einen (strafbaren!) Verstoß gegen die ZugabeVO sah,[94] eine heute, nur wenige Jahre später undenkbare Entscheidung.

48 Bei den **Preisnachlässen hatte** das Gesetz in erster Linie die herkömmlichen Rabatte im Auge (→ § 6 Rn. 8 ff.). Von **Werbegeschenken** spricht man dagegen, wenn durch die unentgeltliche Zuwendung von Waren die angesprochenen Verkehrskreise zum Bezug einer anderen Ware, der Hauptware oder Hauptleistung, zum Besuch einer Werbeveranstaltung oder zum Betreten eines Geschäftslokals veranlasst werden sollen. **Zugaben** unterscheiden sich von den Werbegeschenken insbesondere durch ihre „Koppelung" an den Bezug einer anderen Ware, ihre sogenannte *Akzessorietät.* Dementsprechend definierte der frühere § 1 ZugabeVO als Zugabe eine zu einer Hauptware (oder Hauptleistung) beliebiger Art zusätzlich gewährte Nebenware (oder Nebenleistung), *sofern* zwischen dem Bezug der Hauptware und dem der Nebenware ein innerer Zusammenhang der Art bestand, dass in den Augen der angesprochenen Verkehrskreise der Bezug der Nebenware von dem der Hauptware *abhängig* war; außerdem war noch erforderlich, dass die Nebenware *unentgeltlich* oder doch gegen ein bloßes Scheinentgelt angeboten wurde (§ 1 Abs. 1 S. 2 ZugabeVO).[95] Durch ihre Unentgeltlichkeit unterschieden sich die Zugaben ihrerseits von den **Koppelungsgeschäften.** Ein solches liegt vor, wenn die Lieferung einer Ware von *der gleichzeitigen* (entgeltlichen) *Abnahme einer anderen Ware* abhängig gemacht wird.

49 Allen genannten Formen der Wertreklame standen Gesetzgebung und Rechtsprechung lange Zeit ausgesprochen kritisch gegenüber. Ausdruck dieser wettbewerbsfeindlichen Haltung waren insbesondere die ZugabeVO sowie das RabattG von 1933. Erst seit Aufhebung beider Gesetze im Jahre 2001 änderte sich die Einstellung der Gerichte zu den verschiedenen Formen der Wertreklame. Sie gelten seitdem als grundsätzlich unbedenklich, solange eben nicht die Gefahr einer Irreführung der Verbraucher droht.[96] Deshalb das besondere Transparenzgebot des früheren § 4 Nr. 4, das schließlich mit der zweiten Novelle von 2015 in § 5a Abs. 2 aufgegangen ist, sodass die Rechtsprechung zu dem früheren § 4 Nr. 4 auch für die Auslegung des § 5a Abs. 2 ihre Bedeutung behalten dürfte.

50 Bereits in der Werbung für Verkaufsförderungsmaßnahmen müssen danach die *Bedingungen* für deren Inanspruchnahme, zB für einen Preisnachlass, *klar und eindeutig* an-

[94] *BGH* LM § 1 ZugabeVO Nr. 61 = NJW 1999, 1398 = JuS 1999, 711 Nr. 12 – Bonusmeilen.
[95] BGHZ 139, 368 (371 f.) = NJW 1999, 214 = JuS 1999, 297 Nr. 8; *BGH* LM § 1 ZugabeVO Nr. 61 = NJW 1999, 1398 = JuS 1999, 711 Nr. 12 – Bonusmeilen.
[96] Voraufl., S. 166.

gegeben werden, um dem Verbraucher eine informierte Entscheidung zu ermöglichen. Der Begriff der **Bedingungen** für die Inanspruchnahme der Verkaufsförderungsmaßnahmen wird ganz *weit* ausgelegt. Er umfasst sämtliche Voraussetzungen, die erfüllt sein müssen, damit die Verbraucher in den Genuss der Vergünstigung gelangen können.[97] **Beispiele** sind Angaben über den berechtigten Personenkreis, über die Geltungsdauer der Maßnahme, Beschränkungen hinsichtlich des Gegenstandes oder des Umfangs der Vergünstigungen (Stichwort: „Nur solange der Vorrat reicht") sowie deren Höhe[98] Außerdem muss bei der Werbung mit „Eröffnungs- oder Einführungspreisen" gesagt werden, wie lange oder in welchem Umfang die besonders niedrigen Preise gewährt werden.[99]

Soweit danach Angaben über die Bedingungen der Verkaufsförderungsmaßnahmen in 51
der Werbung erforderlich sind (→ Rn. 49), müssen diese ferner **klar und eindeutig,** dh für den durchschnittlichen Verbraucher ohne weiteres verständlich und leicht lesbar sein. Angaben, die kaum leserlich oder widersprüchlich sind, nutzen niemandem. *Einschränkungen* können sich aus der Art der für die Werbung gewählten Medien ergeben (§ 5a Abs. 5 Nr. 1). Bedeutung hat dies insbesondere für die *Fernsehwerbung,* in der wohl ein lesbarer Hinweis auf leicht zugängliche Quellen für weitere Bedingungen der Maßnahme, etwa im Internet, ausreichen dürfte.[100] Dies alles gilt indessen nur für die Werbung mit Verkaufsförderungsmaßnahmen. Eine **generelle Aufklärungs- oder Informationspflicht,** zumindest gegenüber Verbrauchern, in der Werbung besteht nicht.

Das ist zugleich der Grund, warum das Gesetz früher in § 4 Nr. 5 ein weiteres Trans- 52
parenzgebot für **Preisausschreiben und Gewinnspiele** mit Werbecharakter enthielt, wonach die Teilnahmebedingungen in der Werbung so **klar und eindeutig** formuliert werden mussten, dass die Gefahr einer Irreführung insbesondere der angesprochenen verständigen Verbraucher über die Teilnahmebedingungen ausgeschlossen war.[101] Dasselbe folgt heute aus § 5a Abs. 2 (→ § 15 Rn. 76ff.). Der Begriff der **Teilnahmebedingungen** ist in diesem Zusammenhang ganz *weit* auszulegen. Er umfasst sämtliche Voraussetzungen, die die Interessenten erfüllen müssen, um an dem Gewinnspiel teilnehmen zu können.[102] **Beispiele** sind neben der Teilnahmeberechtigung alle *Modalitäten* der Teilnahme, wozu auch gehört, wie die Gewinner ermittelt und gegebenenfalls benachrichtigt werden und ob für die Interessenten mit der Teilnahme *Kosten* verbunden sind.[103] Dasselbe gilt, wenn die Verbraucher über die Art oder die Höhe des *Gewinns* oder die *Dauer* der Veranstaltung getäuscht werden.[104] *Nicht* erfasst werden jedoch die tatsächlichen Gewinnchancen, da die Ungewissheit hierüber zum Charakter eines Preisausschreibens gehört.[105] Wenn sich der Unternehmer zunächst auf die bloße **Werbung** für ein (zukünftiges) Gewinnspiel beschränkt, genügen gleichfalls

[97] *BGH* GRUR 2010, 649 Tz. 18 = WRP 2010, 1017; NJW 2010, 618 Tz. 18 = GRUR 2010, 247.
[98] *BGH* GRUR 2010, 649 Tz. 18, 26.
[99] *BGH* NJW 2010, 618 = GRUR 2010, 647 = WRP 2010, 237 – Solange der Vorrat reicht.
[100] *Heermann,* WRP 2011, 688 (694ff.).
[101] Begr., BT-Drs. 15/1487, S. 17 (l. Sp. u. „Zu § 4").
[102] *BGH* GRUR 2011, 629 Tz. 21ff. = WRP 2011, 863.
[103] *BGH* NJW 2005, 3716 = GRUR 2005, 1061.
[104] BGHZ 147, 296 (301ff.) = NJW 2001, 1547; *Berlit,* WRP 2005, 1213 (1214).
[105] So die Begr., BT-Drs. 15/1487, S. 18 (l. Sp. o.).

Angaben darüber, wer wann und unter welchen Bedingungen an den Gewinnspielen teilnehmen kann.[106]

53 Die vom Veranstalter des Gewinnspiels nach dem Gesagten (→ Rn. 52) geschuldeten Angaben müssen **klar und eindeutig,** dh hinreichend wahrnehmbar und verständlich sein, wobei auf den durchschnittlichen Interessenten abzustellen ist.[107] Bei der Anwendung der Vorschrift ist jedoch auch auf das Werbemedium Rücksicht zu nehmen (§ 5a Abs. 5 Nr. 1). Wird im **Fernsehen** für ein Gewinnspiel geworben, so genügt es, wenn wegen der Teilnahmebedingungen eindeutig und leicht erkennbar auf eine Telefonnummer oder auf eine Internetadresse verwiesen wird oder wenn sich die Bedingungen aus überall erhältlichen Teilnahmekarten ergeben, sofern es sich nicht um überraschende Bedingungen handelt, die immer sofort genannt werden müssen.[108]

V. Einzelfragen

1. Blickfangwerbung

54 Von Blickfangwerbung spricht man, wenn in der Werbung einzelne Wörter besonders, eben „blickfangmäßig", zB durch eine besondere Schriftgröße oder auf eine andere vergleichbare Weise hervorgehoben werden. Enthalten die blickfangmäßig hervorgehobenen Wörter *eigene* sachliche *Angaben* (und nicht nur eine bloße Aufmerksamkeitswerbung), so müssen diese Werbeangaben schon *für sich allein zutreffend* sein. Eine etwaige Irreführung durch die Blickfangwerbung kann dann nicht mehr durch den übrigen Text der Werbeaussage, sofern und soweit dieser gewöhnlich nicht zur Kenntnis genommen wird, richtiggestellt werden.[109] Denn auch der verständige Durchschnittsverbraucher nimmt die Werbung nach Meinung der Gerichte „situationsbedingt" häufig nur oberflächlich wahr.[110]

55 Bei einer Blickfangwerbung für Kraftfahrzeuge mit **„Inklusivpreisen"** müssen deshalb die angegebenen Preise auch die Transportkosten enthalten; fehlt es daran, so kann die Irreführungsgefahr auch nicht durch einen Hinweis auf die Transportkosten in dem beigefügten kleingedruckten Text korrigiert werden.[111] Auf derselben Linie liegt es, wenn der BGH bei einem blickfangmäßig hervorgehobenen, überaus günstigen Angebot für *Computer* angenommen hat, für den Ausschluss der Irreführungsgefahr genüge es nicht, wenn erst im Fließtext darauf hingewiesen wird, dass sich die Preise ohne Monitor verstehen.[112] Und wenn für ein „komplettes Schlafzimmer mit Schrank und Bett" blickfangmäßig einschließlich entsprechender Bilder geworben wird, so muss das Bett

[106] *BGH* NJW 2008, 2509 = WRP 2008, 1114 = GRUR 2008, 724 (725 Tz. 13) – Urlaubsgewinnspiel.

[107] *BGH* GRUR 2011, 629 Tz. 21 ff. = WRP 2011, 863 – Einwilligungserklärung für Werkanrufe.

[108] *BGH* NJW 2010, 616 Tz. 15 ff. = GRUR 2010, 158 = WRP 2010, 238 – FSFA-WM-Gewinnspiel.

[109] *BGH* GRUR 2005, 438 (440) = WRP 2005, 480 – Epson Tinte; GRUR 2007, 981 (983 Tz. 23) = WRP 2007, 1339 = NJW 2008, 231 – 150% Zinsbonus; im Grundsatz auch *BGH* NJW 2015, 2263 Tz. 16 = GRUR 2015, 698 = WRP 2015, 851 (853) – Schlafzimmer komplett; WRP 2016, 184 (186) = GRUR 2016, 207 Tz. 16 ff. – All Net Flat; Ohly/Sosnitza/*Sosnitza,* § 5 Rn. 134 f.

[110] S. *BGH* LM § 3 UWG Nr. 448 (Bl. 2 R) = NJW-RR 2002, 1122 = GRUR 2002, 715 – Scanner-Werbung; kritisch *Wuttke,* WRP 2004, 820 (822 f.).

[111] *OLG Frankfurt a. M.* MDR 1985, 678 Nr. 71; ebenso für die Anzeigen von Versandunternehmen *BGH* LM § 1 UWG Nr. 609 = NJW 1992, 3093 (3094) = GRUR 1993, 53 – Ausländischer Inserent; *KG* NJW-RR 1990, 1325 (1326).

[112] *BGH* NJW-RR 2003, 404 (405) = GRUR 2003, 249 = WRP 2003, 379 – Preis ohne Monitor.

grundsätzlich vollständig sein, insbesondere also auch einen Lattenrost und Matratzen aufweisen, weil dies der Durchschnittsverbraucher dann erwartet.[113] Als irreführend wurde ferner die blickfangmäßig hervorgehobene Werbung „Direkt ab Werk, kein Zwischenhandel" beanstandet, weil bei den Verbrauchern dadurch der (unzutreffende) Eindruck erweckt werde, der Händler verkaufe zu Fabrikabgabepreisen.[114] Dasselbe gilt für die Blickfangwerbung eines Händlers als „Outlet" oder „Factory Outlet", der seine Waren tatsächlich überwiegend von dritten Herstellern bezieht und nur über seine Filialen vertreibt, weil die Verbraucher bei einer derartigen Werbung einen preisgünstigen Fabrikverkauf von Markenwaren erwarten, sodass die Werbung irreführend ist.[115]

Maßgebend sind immer die Umstände des Einzelfalls. Wichtig ist vor allem, welches 56 Maß von **Aufmerksamkeit** nach den Umständen des Falles von dem durchschnittlich informierten und verständigen Durchschnittsverbraucher verlangt werden kann und soll. Werden die in der Werbung besonders hervorgehobenen Angaben unübersehbar durch einen **Sternchenhinweis** oder auf andere Weise, bei der Werbung im Internet zB auf den nächsten Seiten, die bei einer Bestellung nicht übergangen werden können, wieder eingeschränkt, so ist kein Raum mehr für die Anwendung des Irreführungsverbots.[116] Eine große Rolle spielt in diesem Zusammenhang auch die Unterscheidung zwischen Erfahrungsgütern, mit denen die Verbraucher (mehr oder weniger) vertraut sind, und den in der Regel teuren **Vertrauens- und Suchgütern,** weil einer Werbung für die letzteren erfahrungsgemäß eine wesentlich größere Aufmerksamkeit als einer Werbung für Erfahrungsgüter entgegengebracht wird. Die Folge ist zB, dass bei Suchgütern wie eben Möbeln oder teuren Computern eine Blickfangwerbung ohne weiteres durch den zugehörigen Fließtext richtig gestellt werden kann, indem etwa darauf hingewiesen wird, dass die in einer Anzeige gezeigten Betten ohne Lattenrost und Matratzen oder ein Computer ohne Monitor angeboten werden.[117] Und bei einer Werbung für Kapitalanlagen mit dem Blickfang „150% Zinsbonus" erkennt der durchschnittlich aufmerksame Anleger sofort, dass damit (in der Tat leider) jedenfalls nicht die Zinsen gemeint sein können, sondern allenfalls ein Zinszuschlag.[118]

2. Mehrdeutigkeit

Besondere Schwierigkeiten ergeben sich, wenn die in der Werbung verwandten Be- 57 griffe mehrdeutig sind, dh wenn der Verkehr wie zB mit den Begriffen „Akademie" oder „Garantie" unterschiedliche Bedeutungen verbindet. Früher wurde vielfach angenommen, dass sich der Werbende in derartigen Fällen *jede* ihrer möglichen Bedeutun-

[113] *BGH* NJW 2015, 2263 Tz. 16 = GRUR 2015, 698 = WRP 2015, 851 (853) – Schlafzimmer komplett.
[114] *BGH* NJW-RR 2005, 684 = GRUR 2005, 442 – direkt ab Werk.
[115] → Rn. 49; *BGH* GRUR 2013, 1254 Tz. 16f., 20ff. = WRP 2013, 1596 – Matratzen Factory Outlet.
[116] *BGH* NJW 2015, 2263 Tz. 19f. = GRUR 2015, 698 = WRP 2015, 851 (853) – Schlafzimmer komplett; *OLG Hamm* NJW-RR 2010, 344 (345); Ohly/Sosnitza/*Sosnitza,* § 5 Rn. 135.
[117] BGHZ 139, 368 (376) = NJW 1999, 214 = JuS 1999, 297 Nr. 8 – Handy-Werbung; *BGH* LM § 3 UWG Nr. 316 = NJW-RR 1991, 751 = GRUR 1991, 554 – Bilanzbuchhalter; LM § 13 UWG Nr. 48 = NJW-RR 1990, 102 (105) = GRUR 1990, 282 – Wettbewerbsverein IV; LM § 3 UWG Nr. 431 = NJW 2000, 301 = GRUR 2000, 911 = WRP 2000, 1248 – Computerwerbung I; GRUR 2003, 163 (164) = WRP 2003, 273 – Computerwerbung II; NJW-RR 2003, 404 (405) = GRUR 2003, 249 = WRP 2003, 379 – Preis ohne Monitor; NJW 2015, 2263 Tz. 19f. = GRUR 2015, 698 = WRP 2015, 851 (853) – Schlafzimmer komplett; sehr eng jedoch *BGH* WRP 2016, 184 (186f.) = GRUR 2016, 207 Tz. 18 – All Net Flat.
[118] *BGH* NJW 2008, 231= GRUR 2007, 981 (983 Tz. 24) = WRP 2007, 1337 – 150% Zinsbonus.

gen zurechnen lassen müsse, sodass seine Werbung schon dann als irreführend angesehen wurde, wenn *nur eine* einzige der verschiedenen Bedeutungen mit der Wirklichkeit nicht übereinstimmte, mochten auch die anderen richtig sein.[119] Hat sich im Verkehr bei an sich mehrdeutigen Begriffen wie Outlet oder Factory Outlet eine einzige Bedeutung – in dem Beispiel die Bedeutung als Fabrikverkauf des Herstellers von Markenwaren – weitgehend durchgesetzt, so ist bei der Beurteilung der Werbung von diesem Verkehrsverständnis auszugehen, sodass ein abweichender Gebrauch der fraglichen Begriffe in der Werbung ebenfalls irreführend ist.[120]

58 Der vorliegende Fragenkreis ist wie nur wenige andere geeignet, die Unterschiede zwischen einem empirischen und einem normativen Verbraucherleitbild zu verdeutlichen: Wer zu einem empirischen Leitbild tendiert, wird den Umstand betonen, dass eben Verbraucher – mangels der nötigen Fachkenntnisse – viele Begriffe und insbesondere zahlreiche Fachausdrücke (→ Rn. 64ff.) missverstehen werden, sodass sie gegen diese Irrtümer, wie immer, geschützt werden müssen. Dagegen werden die Anhänger eines normativen Leitbilds darauf bestehen, dass der verständige und aufmerksame Verbraucher sich darum bemühen muss, mehrdeutige Begriffe und Fachausdrücke, die sich nicht gänzlich vermeiden lassen, wenn er sich ihrer bedient, richtig zu erfassen; verzichtet der Verbraucher darauf, so muss er eben die Konsequenzen – in Gestalt einer durch Irrtum möglicherweise beeinflussten geschäftlichen Entscheidung – tragen. Das gilt zumal bei teuren Such- und Vertrauensgütern. Auch kann einem Kaufmann schwerlich die Verwendung von eingebürgerten Begriffen verwehrt werden, selbst wenn sie mehrdeutig sind, sofern nur Teile des Verkehrs den Begriff richtig verstehen.[121]

3. Fortwirkung

59 Bei der Beurteilung der Richtigkeit von Werbebehauptungen muss ferner der *Zusammenhang mit früheren Werbeaussagen* desselben Werbungstreibenden berücksichtigt werden. Dies kann zur Folge haben, dass eine für sich genommen unbedenkliche Werbebehauptung infolge der Fortwirkung einer *früheren unrichtigen* Angabe immer noch (weiterhin) als irreführend anzusehen ist, weil sie bei den Verbrauchern die Erinnerung an die vorausgegangene, unrichtige Angabe hervorruft. Deshalb muss der Werbungstreibende in solchen Fällen einen deutlichen *Abstand* zu seinen früheren Angaben einhalten, will er nicht die Anwendung des § 5 UWG riskieren.[122]

60 Die Vorstellungen, die sich die Gerichte dabei gelegentlich von dem Erinnerungsvermögen der Verbraucher machten, standen häufig in einem merkwürdigen Kontrast zu der sonst meistens so stark betonten Flüchtigkeit und Oberflächlichkeit der Verbraucher bei der Betrachtung von Werbebehauptungen. So wurde zB bei Teigwaren eine Irreführung über die Verwendung von Frischei selbst bei der Abwandlung der Bezeich-

[119] BGHZ 27, 1 (9) = NJW 1958, 866; BGHZ 28, 1 (4ff.) = NJW 1958, 1819 – Buchgemeinschaft; *BGH* LM § 3 UWG Nr. 39 = GRUR 1960, 563 – Alterswerbung Sekt; LM § 3 UWG Nr. 199 = NJW 1983, 1327 = GRUR 1983, 254 = WRP 1983, 390 – Nachhilfeunterricht; *OGH* SZ Bd. 44 (1971) Nr. 176, S. 662 (666); 51 (1978) Nr. 86, S. 398 (401) – Blumenmarkt.

[120] *BGH* GRUR 2013, 1254 = WRP 2013, 1596 – Matratzen Factory Outlet.

[121] So für den Begriff „Akademie" *OLG Düsseldorf* GRUR 2003, 262.

[122] Zuletzt *BGH* GRUR 2011, 1153 (1155 Tz. 15ff.) = WRP 2011, 1593 – Création Lamis; GRUR 2014, 494 Tz. 16 = WRP 2014, 559 (561) – Diplomierte Trainerin.

nung „Eifein“ in „Ei wie fein“ bejaht.[123] Ebenso wenig fand die Abwandlung von „Plymouth Gin“ in „Plym-Gin“ für deutschen Gin Gnade vor den Augen des BGH,[124] in beiden Fällen mit der Begründung, durch die neue Bezeichnung werde unvermeidlich bei den Verbrauchern die Erinnerung an die frühere irreführende Bezeichnung hervorgerufen. Voraussetzung ist indessen, dass die früheren Angaben in einem solchen Umfang und in einer solchen Intensität verwandt wurden, dass sie sich einem erheblichen Teil der angesprochenen Verkehrskreise genügend eingeprägt haben, um fortwirken zu können.[125] Diese ganze Praxis ist verfehlt. Von dem verständigen und aufmerksamen Durchschnittsverbraucher kann wohl erwartet werden, dass er derartige Abwandlungen der Werbung zur Kenntnis nimmt und richtig würdigt.

4. Bedeutungswandel

Der Bedeutungsgehalt von Begriffen kann sich im Laufe der Zeit *ändern.* In solchen Fällen ist der Entscheidung allein derjenige Bedeutungsgehalt zu Grunde zu legen, den der Begriff im Zeitpunkt der letzten mündlichen Verhandlung der letzten Tatsacheninstanz hat.[126] Eine frühere Werbung mit seinerzeit zutreffenden, *nunmehr* aber *unrichtigen* Angaben zB über die Eigenschaften der Ware kann daher gegen das Irreführungsverbot verstoßen, *sofern* sie noch fortwirkt (sonst also nicht).[127] Stehen zur Zeit der Werbung infolge des Bedeutungswandels **mehrere Bedeutungen nebeneinander,** so muss die Werbebehauptung grundsätzlich sämtlichen unterschiedlichen Bedeutungen gerecht werden.[128] Jedoch ist in der Annahme eines Bedeutungswandels zumindest bei solchen Begriffen, auf die die Allgemeinheit angewiesen ist, *Zurückhaltung* geboten, um eine Monopolisierung einzelner Begriffe für bestimmte Unternehmen, etwa durch eine aufwendige Werbung, zu verhindern.[129] 61

5. Umweltwerbung

Die Mehrzahl der Verbraucher legt heute besonderen Wert auf die Umweltfreundlichkeit oder -verträglichkeit der Produkte. Daraus darf aber nicht eine generelle Aufklärungspflicht der Hersteller, etwa über die Umweltverträglichkeit ihrer Produkte gefolgert werden. Solange sich ein Produkt zulässigerweise am Markt befindet, bleibt es vielmehr dem Hersteller überlassen, ob er sich in seiner Werbung zu dieser Frage äußern will oder nicht. Er kann sich in seiner Werbung auch auf *einzelne Aspekte* der Materie unter Ausklammerung anderer Punkte beschränken. Erforderlich ist lediglich, dass seine **Angaben** über die Umweltverträglich seines Produktes, *wenn* er denn welche macht, **zutreffen.**[130] Insbesondere mit dem Umweltengel darf nur geworben wer- 62

[123] *BGH* LM § 823 (Bf) BGB Nr. 20 = NJW 1957, 1762 = GRUR 1958, 86 = WRP 1957, 361 – Eifein.

[124] *BGH* LM § 3 UWG Nr. 108 = GRUR 1971, 255 – Plym-Gin; vgl. auch für die Werbung für deutsche Salami mit den ungarischen Nationalfarben *BGH* LM § 3 UWG Nr. 175 = GRUR 1981, 666 – Ungarische Salami I; LM § 3 UWG Nr. 193 = GRUR 1982, 685 = WRP 1982, 648 – Ungarische Salami II.

[125] *BGH* GRUR 2014, 494 Tz. 16 = WRP 2014, 559 (561) – Diplomierte Trainerin.

[126] Weil nämlich Unterlassungsurteile in die Zukunft wirken.

[127] Ohly/Sosnitza/*Sosnitza,* § 5 Rn. 206.

[128] BGHZ 10, 196 (201 f.) = NJW 1953, 1348 – Dun-Europa; *BGH* LM § 3 UWG Nr. 80 = GRUR 1966, 445 – Glutamal.

[129] BGHZ 98, 65 (67 ff.) = NJW 1984, 3084 – Lakritz-Konfekt; *BGH* LM § 3 UWG Nr. 241 = NJW 1986, 2575 = GRUR 1986, 469 = WRP 1986, 322 – Stangenglas II.

[130] *BGH* LM § 3 UWG Nr. 374 = NJW 1996, 1135 = GRUR 1996, 290 – Umweltfreundliches Bauen; LM § 3 UWG Nr. 384 = NJW 1996, 3419 = GRUR 1996, 985 – PVC-frei.

den, wenn das fragliche Produkt tatsächlich die dafür maßgebenden Voraussetzungen erfüllt.[131]

63 Mit der **Umweltverträglichkeit** eines Produktes darf außerdem nur geworben werden, wenn die Verbraucher zugleich darüber informiert werden, *in welcher Hinsicht* das betreffende Produkt tatsächlich in besonderem Maße „umweltverträglich" sein soll oder wieso es zB für sich in Anspruch nehmen kann, „biologisch" zu sein. Ohne derartige Informationen verstößt solche Werbung gegen § 5a Abs. 1 UWG, weil sich unter den genannten unklaren Begriffen niemand etwas genaues und deshalb jeder etwas anderes vorstellt.[132] In der Werbung muss infolgedessen immer klargestellt werden, *worauf* sich die angebliche Umweltfreundlichkeit eines Produkts bezieht. Ein natürliches Mineralwasser darf daher als „Biomineralwasser" nur bezeichnet werden, wenn es gegenüber anderen natürlichen Mineralwässern besonders umweltfreundliche Eigenschaften aufweist, insbesondere wenn seine Belastung mit Rückständen und Schadstoffen weit unter der bei anderen natürlichen Mineralwässern üblichen Grenze liegt.[133]

6. Fachausdrücke

64 Zusätzliche Fragen stellen sich, wenn einzelne der angesprochenen Verbraucherkreise mit Fachausdrücken, die an sich einen eindeutigen, häufig sogar durch Gesetz fixierten Inhalt haben, doch (infolge mangelhafter Information) einen von dem Verständnis der Fachleute *abweichenden Sinn* verbinden. Hier muss entschieden werden, ob § 5 UWG zur Folge haben soll, dass dann den (natürlich informierten) Fachkreisen die Verwendung der genannten Begriffe ebenfalls verwehrt werden soll, um auch noch die letzte Gefahr einer Irreführung einzelner Verbrauchergruppen auszuschließen, oder ob diese (begrenzte) Irreführungsgefahr notgedrungen in Kauf zu nehmen ist.

65 Unter der Geltung des § 3 UWG von 1909 hatten die Gerichte in dieser Frage eine ausgesprochen restriktive Linie verfolgt. **Gesetzlich vorgeschriebene Bezeichnungen** durften zwar in jedem Fall verwandt werden, auch wenn sie von den angesprochenen Verkehrskreisen zum Teil falsch verstanden wurden. Anders verhielt es sich jedoch, wenn die fragliche Bezeichnung **nur erlaubt,** aber nicht vorgeschrieben ist, da dann nach Meinung der Gerichte eine etwaige, von dem gesetzlich fixierten Begriffsinhalt abweichende Verbrauchervorstellung grundsätzlich den *Vorrang* haben sollte, sodass Raum für die Anwendung des § 3 UWG aF blieb, jedenfalls, wenn den Herstellern eine abweichende Bezeichnung oder doch ein aufklärender Hinweis zumutbar war.[134] Aus diesem Grund sollte es zB unzulässig sein, für Brillen mit der Angabe „vom TÜV-geprüft" zu werben, sofern die Verbraucher aus dieser (tatsächlich vorgenommenen)

---

[131] *BGH* NJW 2014, 3033 Tz. 11 = GRUR 2014, 578 = WRP 2014, 697 – Umweltengel für Tragetasche.

[132] BGHZ 105, 277 (280ff.) = NJW 1989, 711 – Umweltengel; *BGH* LM § 3 UWG Nr. 282 = NJW 1989, 712 = WRP 1989, 163 – ... aus Altpapier; LM § 3 UWG Nr. 312 = NJW 1991, 1229 = WRP 1991, 159 = GRUR 1991, 550 – Zaunlasur; LM § 3 UWG Nr. 393 = NJW-RR 1997, 1192 = GRUR 1997, 666 – Umweltfreundliches Reinigungsmittel; *OLG Nürnberg* NJW-RR 1989, 813 = GRUR 1989, 686 – baubiologisch; GRUR 1989, 128; *OGH* SZ Bd. 63 II (1990) Nr. 168, S. 204 (205ff.); *OGH* ÖBl. 1995, 164 (166f.) – Bioziegel.

[133] BGHZ 194, 314 (326ff. Tz. 31ff.) = GRUR 2013, 401 = WRP 2013, 472 – Biomineralwasser.

[134] *BGH* LM § 3 UWG Nr. 34 = GRUR 1958, 492 für den Begriff „Pralinen"; BGHZ 104, 384 (386f.) = NJW 1988, 2954 für „Fachkrankenhaus".

Prüfung zu Unrecht eine besondere Qualität der Brillen folgern.[135] Wendet sich dagegen eine Werbebehauptung in erster Linie an Fachleute, bei denen eine Täuschungsgefahr ausgeschlossen ist, so konnte von den Verbrauchern schon immer erwartet werden, dass sie sich das nötige Fachwissen verschaffen, um in der Lage zu sein, die Werbebehauptung richtig zu würdigen.[136]

In derartigen Grenzfällen bewährt sich in besonderem Maße das heute überwiegend favorisierte flexible normative Verständnis des Verbraucherleitbilds, welches es ermöglicht, bei den Anforderungen an den verständigen und aufmerksamen Durchschnittsverbraucher die von Fall zu Fall mit unterschiedlichem Gewicht konkurrierenden Interessen der Beteiligten angemessen zu berücksichtigen. Danach liegt es – eigentlich – auf der Hand, dass es Unternehmen im Regelfall *nicht* verwehrt sein sollte, gesetzlich erlaubte Bezeichnungen zu verwenden, selbst wenn sie von einzelnen Verbrauchergruppen missverstanden werden, da es dem verständigen Durchschnittsverbraucher in der Regel möglich und zumutbar sein dürfte, sich über die zutreffende Bedeutung solcher Bezeichnungen zu informieren, insbesondere, wenn sich die Werbung überwiegend an Fachleute wendet.[137] 66

7. Verweisende Verbrauchervorstellungen

Wieder andere Fragen stellen sich in den (häufigen) Fällen, in denen die Verbraucher einfach darauf vertrauen, dass die Ware in ihrer Beschaffenheit den von irgendwelchen dafür zuständigen Stellen festgelegten, ihnen im Übrigen aber *unbekannten Normen* entspricht. Man spricht in solchen Fällen von verweisenden Verbrauchervorstellungen mit der Folge, dass die betreffende Ware dann eben den jeweils einschlägigen Normen entsprechen muss, widrigenfalls Raum für die Anwendung des § 5 UWG ist.[138] Nur die wenigsten Verbraucher dürften zB wissen, in welchen Verfahren und nach welchen Kriterien sogenannte **„Gütezeichen“** oder auch **Prüfzeichen** wie das bekannte „GS-Zeichen“ des TÜV verliehen werden; gleichwohl vertrauen sie bei der Verwendung solcher Zeichen in der Werbung darauf, dass sie von einer neutralen Stelle nach einem bestimmten Verfahren verliehen werden, sodass eine Irreführung vorliegt, wenn das bei dem betreffenden Zeichen nicht der Fall ist.[139] 67

Auch verweisende Verbrauchervorstellungen setzen freilich voraus, dass den Verbrauchern zumindest die **Existenz** einschlägiger Normen, wenn auch nicht deren Inhalt, bekannt ist.[140] Fehlt es auch daran, so bleibt nichts anderes mehr übrig, als schlicht darauf abzustellen, ob die Ware diejenigen Eigenschaften aufweist, die die *Verbraucher* in ihrer Mehrzahl üblicherweise von ihr *erwarten,* und zwar selbst dann, wenn in den 68

---

135 *BGH* LM § 3 UWG Nr. 313 = NJW-RR 1991, 428 = GRUR 1991, 552 = WRP 1991, 163 – TÜV-Prüfzeichen.

136 So BGHZ 27, 1 (13f.) = NJW 1958, 866 – Emaillelack; *BGH* GRUR 1981, 670 (671) = WM 1981, 1112 – Gemeinnützig.

137 Ebenso *Sack,* GRUR 2014, 609 (611ff. mN).

138 Vgl. *BGH* LM § 1 UWG Nr. 425 (Bl. 2f.) = GRUR 1985, 555 – Abschleppseile; LM § 3 UWG Nr. 328 = NJW 1992, 369 = GRUR 1992, 117 – IEC-Publikation; LM § 3 UWG Nr. 404 (Bl. 2f.) = GRUR 1998, 1043 = NJW-RR 1998, 1198 – GS Zeichen.

139 *BGH* LM § 3 UWG Nr. 404 = GRUR 1998, 1043 = NJW-RR 1998, 1198 – GS-Zeichen; *KG* NJW-RR 1987, 104.

140 *BGH* LM § 1 UWG Nr. 425 = GRUR 1985, 555 – Abschleppseile.

Verbrauchern unbekannten Normen gänzlich andere Anforderungen an das fragliche Produkt gestellt werden.[141]

8. Verdeckte Werbung, Schleichwerbung

a) Überblick, Anhang zu § 3 Abs. 3 UWG

69 Nach § 5a Abs. 6 UWG von 2015 handelt unlauter, wer den kommerziellen Zweck einer geschäftlichen Handlungen, insbesondere also der Werbung, nicht kenntlich macht, sofern sich dieser Zweck nicht unmittelbar aus den Umständen ergibt, und das Nichtkenntlichmachen geeignet ist, den Verbraucher zu einer geschäftlichen Entscheidung zu veranlassen, die er andernfalls nicht getroffen hätte. Diese Vorschrift ist erst durch die 2. Novelle von 2015 als Ersatz für den früheren § 4 Nr. 3 von 2004 in das Gesetz eingefügt worden, nach dem unlauter handelte, wer den Werbecharakter von geschäftlichen Handlungen verschleierte. Erst in den Ausschussberatungen ist dann § 4 Nr. 3 aF zum Schutze der Verbraucher durch den neuen § 5a Abs. 6 ersetzt worden, weil es auch bei dem Verbot verdeckter Werbung (häufig auch „Schleichwerbung" genannt) letztlich um den Schutz der Verbraucher vor Irreführungen, hier vor der Irreführung über den kommerziellen Charakter einer geschäftlichen Handlung gehe.[142] Durch die Regelung des Fragenkreises in einem neuen selbstständigen Abs. 6 des § 5a sollte zugleich klargestellt werden, dass es sich bei dem Verbot der verdeckten Werbung nicht um einen Unterfall der „Vorenthaltung von Informationen" handele, sondern um einen eigenständigen Tatbestand, der folgerichtig auch ein eigenes Relevanzkriterium enthält.[143]

70 Vorrangige Sonderregelungen zu § 5a Abs. 6 enthalten zunächst die **Nr. 11, 22 und 23 des Anhangs** zu § 3 Abs. 3 des Gesetzes. Nr. 11 des Anhangs wendet sich gegen die Tarnung der Werbung in den Medien als redaktionelle Beiträge, während die Nr. 22 des Anhangs die Tarnung von Werbematerial als Rechnungen verbietet. Die Nr. 23 des Anhangs untersagt schließlich generell die Verschleierung des geschäftlichen Charakters von Handlungen des Gewerbetreibenden. Weitere Sonderregelungen finden sich insbesondere in den **Presse- und Rundfunkgesetzen** der Länder, in dem **Rundfunkstaatsvertrag** von 2002, in dem Mediendienste-Staatsvertrag sowie in dem Telemediengesetz von 2007.[144] Alle diese Vorschriften schreiben im Ergebnis eine *strikte Trennung* zwischen der redaktionellen Berichterstattung in dem betreffenden Medium und der Werbung vor, um zu verhindern, dass der Werbung ein redaktioneller Anstrich gegeben wird.[145] Verstöße gegen die genannten Vorschriften können auch über **§ 3a UWG** sanktioniert werden.[146]

[141] BGHZ 28, 1 (5ff.) = NJW 1958, 1819 – Buchgemeinschaft; BGHZ 51, 295 (298) = NJW 1969, 976 – Scotch-Whisky; *BGH* LM § 1 UWG Nr. 169 = GRUR 1967, 30 – Rumverschnitt; LM § 3 UWG Nr. 126 = GRUR 1973, 481 – Weingeist; GRUR 2009, 970 = WRP 2009, 1095 = NJW-RR 2009, 1650 (1652 Tz. 23, 25) – Versicherungsberater.

[142] Ausschussbericht, BT-Drs. 18/6571, S. 15 („Zu Nr. 4" 4. Abs.).

[143] Ausschussbericht, BT-Drs. 18/6571, S. 16 („Zu Nr. 7" 5. Abs.).

[144] S. Harte-Bavendamm/Henning-Bodewig/*Frank,* § 4 Nr. 3 Rn. 4, 8ff.; Köhler/Bornkamm/*Köhler,* § 4 Rn. 3.5ff.

[145] Vgl. den Vorlagebeschluss des *BGH* GRUR 2012, 1056 – Good News I und *EuGH* GRUR 2013, 1249 = WRP 2013, 1575 – Good News II und dazu → § 4 Rn. 4ff. mN.

[146] *BGH* GRUR 2011, 163 Tz. 24 = WRP 2011, 210 – Flappe.

Nach der **Nr. 11 des Anhangs** zu § 3 Abs. 3 UWG ist stets unlauter der von einem Unternehmer bezahlte Einsatz redaktioneller Inhalte zu Zwecken der Verkaufsförderung, ohne dass sich dieser Zusammenhang aus dem Inhalt oder aus der Art der optischen und akustischen Darstellungen eindeutig ergibt (sog **als Information getarnte Werbung**). Durch dieses Verbot soll verhindert werden, dass der (bezahlten) Werbung über ihre Verbindung mit der redaktionellen Berichterstattung eine Bedeutung als objektiver Beitrag des betreffenden Mediums zum Meinungskampf gegeben wird, die ihr in Wirklichkeit nicht zukommt.[147] Die **Nr. 22 des Anhangs** wendet sich außerdem gegen die verbreitete Tarnung der Werbung als Zahlungsaufforderung. 71

Ein **Beispiel** ist die Werbung für eine Eintragung in ein Branchenverzeichnis durch die Versendung von Angeboten, die als Rechnungen oder als Korrekturabzüge getarnt sind.[148]

Der Tatbestand der **Nr. 11 des Anhangs** zu § 3 Abs. 3 UWG setzt *dreierlei* voraus: (1.) den Einsatz redaktioneller Beiträge insbesondere der Presse zu Zwecken der Absatzförderung, dh zur Werbung für ein Unternehmen, (2.) die unmittelbare oder mittelbare Bezahlung des Beitrags durch dieses Unternehmen, wobei vor allem an die Erteilung von Anzeigenaufträgen zu denken ist, sowie (3.) die mangelnde Erkennbarkeit des werblichen Charakters des fraglichen Beitrags für den durchschnittlichen Verbraucher. Ein Verstoß gegen die Nr. 11 des Anhangs liegt danach namentlich vor, wenn ein Werbetext als redaktioneller Beitrag getarnt und sein Charakter als bezahlte Anzeige nicht eindeutig, vor allem durch die ohne weiteres erkennbare Überschrift „Anzeige", klargestellt wird.[149] Weitere **Beispiele** sind das Verschweigen der Abhängigkeit der Redaktion von bestimmten Unternehmen, über die positiv berichtet wird, ferner ein übertriebenes Lob bestimmter Produkte im Rahmen der laufenden Berichterstattung[150] sowie die Verbindung von Anzeigen mit werbenden Texten in dem redaktionellen Teil.[151] Ebenso unzulässig ist es, in Zeitschriften einseitige Äußerungen eines Gewerbetreibenden als unabhängige Stellungnahmen des Herausgebers auszugeben.[152] Hilfsweise greift in diesen Fällen immer auch die Vorschrift des § 5a Abs. 6 UWG ein (→ Rn. 73 ff.). 72

[147] BGHZ 81, 247 (249 ff.) = NJW 1981, 2572 – Getarnte Werbung I; BGHZ 110, 278 (285 ff.) = NJW 1990, 3199 = JuS 1991, 79 Nr. 10 – ZDF; BGHZ 117, 353 (357 ff.) = NJW 1992, 2089 = JuS 1993, 164 Nr. 12 – Ereignissponsoring; *BGH* LM § 1 UWG Nr. 740 = NJW 1997, 2679 (2680) = GRUR 1997, 912 – Die Besten I; LM § 1 UWG Nr. 741 = NJW 1997, 2681 (2682) = GRUR 1997, 914 – Die Besten II; LM § 1 UWG Nr. 739 = NJW-RR 1997, 1401 = GRUR 1997, 907 = WRP 1997, 843 – Emil Grünbär-Club; LM § 253 ZPO Nr. 120 = NJW-RR 1998, 835 = GRUR 1998, 489 – Unbestimmter Unterlassungsantrag III.

[148] *BGH* GRUR 2012, 184 Tz. 18, 24 = NJW 2012, 1449 = WRP 2012, 174 – Branchenbuch Berg.

[149] *BGH* GRUR 2011, 163 Tz. 13 ff. = WRP 2011, 210 – Flappe; *OLG Düsseldorf* WRP 2009, 1155 und 1311; *OLG Hamburg* WRP 2010, 1183; Harte-Bavendamm/Henning-Bodewig/*Frank*, § 3 Abs. 3 Anhang Nr. 11 Rn. 14 ff. (S. 698 ff.); Köhler/Bornkamm/*Köhler*, Anhang zu § 3 Abs. 3 Rn. 11.1 ff.

[150] *BGH* LM § 1 UWG Nr. 647 = NJW 1994, 1536 = GRUR 1994, 445 – Beipackzettel; LM § 1 UWG Nr. 645 = NJW-RR 1994, 872 = GRUR 1994, 441 – Kosmetikstudio; LM § 1 UWG Nr. 735 = NJW-RR 1997, 934 = GRUR 1997, 541 – Produkt-Interview.

[151] *BGH* LM § 1 UWG Nr. 750 (Bl. 2 R. f.) = NJW 1998, 1144 = GRUR 1998, 471 – Modenschau im Salvatorkeller; LM § 1 UWG Nr. 756 (Bl. 3 R. f.) = NJW-RR 1998, 833 = GRUR 1998, 481 – Auto 94.

[152] *BGH* LM § 1 UWG Nr. 185 = GRUR 1968, 382 – Favorit II.

b) § 5a Abs. 6 UWG

73 § 5a Abs. 6 UWG wendet sich im Anschluss an § 4 Nr. 3 UWG aF gegen die Verschleierung des Werbecharakters geschäftlicher Handlungen im Sinne des § 2 Abs. 1 Nr. 1 des Gesetzes. Entgegen restriktiven Tendenzen in der Rechtsprechung des EuGH zu der UGP-Richtlinie wird der Begriff der **geschäftlichen Handlung** in Deutschland im vorliegenden Zusammenhang mit Rücksicht auf den weiteren Anwendungsbereich des UWG im Vergleich mit der Richtlinie *weit* ausgelegt und insbesondere auch auf die *Förderung fremden Absatzes* durch die Medien erstreckt (s. im Einzelnen → § 4 Rn. 5, 11 ff.). Wann eine geschäftliche Handlung **werbenden Charakter** hat, richtet sich in erster Linie nach Art. 2 lit. a der Werberichtlinie von 2006, sodass darunter jede Äußerung eines Unternehmers mit dem Ziel der Absatzförderung fällt. **Paradigmata** sind redaktionell „aufgemachte" Beiträge in den Medien, mit denen in Wirklichkeit für bestimmte Unternehmen geworben wird, die für die Aufnahme der fraglichen Beiträge in das Medium eine Gegenleistung erbringen, insbesondere in Gestalt von Aufträgen für Inserate oder der Bezahlung des Beitrags. Ein weiteres aktuelles Beispiel sind von Unternehmen manipulierte Produktbewertungen in den verschiedenen Internet-Foren.[153]

74 **Beispiele** einer unzulässigen Schleichwerbung sind die Verschleierung von Verkaufsveranstaltungen (Stichwort: Kaffeefahrten), die Veröffentlichung von Preisrätseln, bei denen die ausgelobten Waren (die von dem Hersteller zu diesem Zweck zur Verfügung gestellt wurden) in dem Begleittext besonders gelobt werden,[154] die Tarnung der Werbung als wissenschaftliche oder fachliche Äußerungen, außerdem das Vortäuschen neutraler Auskünfte durch Personen oder Institute, denen in der Öffentlichkeit ein besonderes Vertrauen in ihre Objektivität entgegengebracht wird (wie etwa Notare), ferner die Gewinnung von Adressen unter Verschweigung einer kommerziellen Absicht[155] sowie etwa noch der Abdruck eines fingierten „offenen Briefes" von Konkurrenten in einer Anzeige, in dem sich diese (angeblich) über die niedrigen Preise des Werbungstreibenden beschweren.[156] Dagegen ist es unbedenklich, bei potentiellen Kunden *Umfragen* zu veranstalten, wenn sich aus den Umständen klar ergibt, dass der Hersteller damit seinen eigenen Absatz fördern will; die Umfrage darf jedoch nicht als neutrale Meinungsumfrage von dritter Seite getarnt werden.[157]

75 In den vorliegenden Zusammenhang gehört ferner die verbreitete **Schleichwerbung im Fernsehen.**[158] Auch Spielfilme, die zugleich die Aufgabe haben, Werbung für die Produkte der Sponsoren zu machen, sind durchaus problematisch.[159] Ebenso wenig geht es an, im Fernsehen von Dritten gelieferte Werbespots als eigene Programmbeiträge des Senders auszugeben.[160] Handelt es sich bei dem Spielfilm freilich um ein Kunstwerk, so scheidet mit Rücksicht auf Art. 5 Abs. 3 GG ein Vertriebsverbot auf-

---

153 → § 15 Rn. 57; *Heermann,* WRP 2014, 509 (511 ff.).

154 *BGH* GRUR 2013, 644 = WRP 2013, 764 – Preisrätselgewinnauslobung V.

155 Begr., BT-Drs. 15/1487, S. 17 (r. Sp. „Zu Nr. 3").

156 *OGH* ÖBl. 1996, 120 (122).

157 *BGH* LM § 1 UWG Nr. 253 = NJW 1973, 43 = GRUR 1973, 268 – Verbraucher-Briefumfrage; *OLG Frankfurt a. M.* GRUR 1989, 845.

158 *Benz,* WRP 2003, 1160 (1172 ff.); Harte-Bavendamm/Henning-Bodewig/*Frank,* § 4 Nr. 3 Rn. 65, 101 ff.; *Henning-Bodewig,* BB 1986, Beil. 18 zu H. 33, S. 6 ff.; *dies.,* GRUR 1988, 867; *Rüggeberg,* GRUR 1988, 873; *Schertz,* Merchandising, 1997.

159 BGHZ 130, 205 (213 ff.) = NJW 1995, 3177 – Feuer, Eis und Dynamit I; *BGH* LM Art. 5 GG Nr. 87 = NJW 1995, 3182 = GRUR 1995, 750 – Feuer, Eis und Dynamit II; *OLG München* NJW-RR 2006, 768 f. = GRUR 2006, 603; *KG* NJW-RR 2006, 1633 (1634 f.) = GRUR 2007, 254.

160 *OLG München* NJW-RR 1992, 1460.

grund des UWG aus; jedoch können die Konkurrenten verlangen, dass in dem Film die Sponsoren ausdrücklich genannt werden.[161]

Neben den Medien ist in den genannten Fällen in der Regel auch das **werbungtreibende Unternehmen** für den Wettbewerbsverstoß verantwortlich (→ § 21 Rn. 41 ff.). Anders verhält es sich nur, wenn sich das Unternehmen darauf beschränkt hatte, der Zeitung Informationsmaterial zur Verfügung zu stellen und erst die Zeitung daraus eine redaktionell aufgezogene Werbung für das Unternehmen oder seine Produkte gemacht hatte.[162] 76

VI. Relevanz

Nach § 5 Abs. 1 S. 1 UWG idF der 2. Novelle von 2015 handelt unlauter (und damit gemäß § 3 Abs. 1 unzulässig), wer eine irreführende geschäftliche Handlung vornimmt, die geeignet ist, den Verbraucher oder sonstigen Marktteilnehmer zu einer geschäftlichen Handlung zu veranlassen, die er andernfalls nicht getroffen hätte. Entsprechende Relevanzkriterien enthalten für die Vorenthaltung wesentlicher Informationen ferner § 5a Abs. 2 S. 1 Nr. 2 sowie für die verdeckte Werbung § 5a Abs. 6 UWG, beide ebenfalls von 2015. Diese **Relevanzerfordernisse** (oder Relevanzkriterien) sind neu. § 5 Abs. 1 S. 1 idF der 1. Novelle von 2008 hatte sich noch auf einen (schwer verständlichen) Hinweis auf den früheren § 3 Abs. 1 beschränkt. Gleichwohl hatte sich bereits unter dem UWG von 2008 weithin die Auffassung durchgesetzt, dass das Irreführungsverbot der §§ 5 und 5a im Anschluss an Art. 6 Abs. 1 und Art. 7 Abs. 1 der UGP-Richtlinie sowie an Art. 2 lit. b der Werberichtlinie von 2006 als ungeschriebenes Tatbestandsmerkmal ein Relevanzerfordernis enthält, neben dem eine zusätzliche Prüfung der Spürbarkeit der Irreführung oder eines Verstoßes gegen die unternehmerische Sorgfalt (§ 3 Abs. 2) entbehrlich ist.[163] Dem haben sich auch die Verfasser der 2. Novelle angeschlossen.[164] 77

Die durch eine Täuschung hervorgerufene Fehlvorstellung des Adressaten und insbesondere des Durchschnittsverbrauchers muss sich folglich gerade auf Punkte beziehen, die das wirtschaftliche Verhalten der Adressaten tatsächlich beeinflussen können, die mit anderen Worten für deren wirtschaftliche Entscheidungen *relevant* sind.[165] Es genügt die *bloße Eignung* der irreführenden Werbung zur Täuschung der Adressaten und *zur Beeinflussung* ihres wirtschaftlichen Verhaltens. *Nicht* erforderlich ist zusätzlich der Nachweis, dass *tatsächlich* eine erhebliche oder doch nicht 78

[161] BGHZ 130, 205 (213 ff.) = NJW 1995, 3177 – Feuer, Eis und Dynamit I; *BGH* LM Art. 5 GG Nr. 87 = NJW 1995, 3182 = GRUR 1995, 750 – Feuer, Eis und Dynamit II.

[162] *BGH* LM § 1 UWG Nr. 647 = NJW 1994, 1536 = GRUR 1994, 445 – Beipackzettel; LM § 1 UWG Nr. 664 = NJW-RR 1994, 1385 = GRUR 1994, 820 – Produktinformation II; LM § 1 UWG Nr. 735 = NJW-RR 1997, 934 = GRUR 1997, 542 – Produkt-Interview.

[163] *BGH* NJW 2009, 2747 (2748 Tz. 18) = GRUR 2009, 888 = WRP 2009, 1080 – Thermoroll; GRUR 2012, 208 (212 Tz. 31 f.) = WRP 2012, 311 – 10% Geburtstagsrabatt; GRUR 2012, 286 Tz. 18 = WRP 2012, 464 – Falsche Suchrubrik; WRP 2012, 1523 Tz. 25 = GRUR 2012, 1273 – Stadtwerke Wolfsburg; GRUR 2012, 942 Tz. 11 = WRP 2012, 1014 – Neurologie Zentrum; WRP 2016, 331 (333 Tz. 22) – Piadina-Rückruf; Köhler/Bornkamm/*Bornkamm,* § 5 Rn. 2, 169 ff.; Ohly/Sosnitza/*Sosnitza,* § 5 Rn. 210 ff.

[164] Begr. von 2015, BT-Drs. 18/4535, S. 15 = WRP 2015, 263 = GRUR 2015, 341; Ausschussbericht, BT-Drs. 18/6571, S. 16 („Zu Nr. 6").

[165] *BGH* GRUR 2007, 1079 (1081 Tz. 26 ff.) = WRP 2007, 1346 – Bundesdruckerei.

ganz unerhebliche Zahl der (verständigen) Verbraucher getäuscht und in ihren Entscheidungen beeinflusst wurde, dh der Nachweis der Kausalität zwischen der Irreführung und dem konkreten Kaufentschluss der angesprochenen Kunden.[166] Außer Betracht bleibt aber eine Täuschung der Verbraucher über andere Punkte;[167] – vor allem darin liegt die praktische Bedeutung der gesetzlichen Regelung, wie die folgenden **Beispiele** zeigen:

79 Keinen Anlass für die Anwendung des Irreführungsverbotes sah der BGH zB in einem Fall, in dem in der Werbung ein Mobiltelefon der Marke „Nokia 1011" angeboten worden war, in dem Geschäft aber „nur" solche Geräte mit dem zusätzlichen Aufdruck „Telekom D 1367" vorhanden waren, weil dies ein völlig irrelevanter Umstand sei.[168] Ebenso wurde es beurteilt, als für reimportierte Kraftfahrzeuge mit dem Zusatz geworben wurde, „Tageszulassung 0 km", die rein formale „Tageszulassung" aber mehrere Tage gedauert hatte, weil es nur darauf ankomme, dass es sich tatsächlich um ein unbenutztes Neufahrzeug handelt.[169] Bei „Last-Minute-Angeboten" der Reisebüros wurde es ebenfalls als allein wichtig angesehen, ob es sich um besonders preisgünstige Restkontingente handelt, während die Zeitspanne zwischen dem Angebot und dem Antritt der Reise nahezu irrelevant sei.[170]

VII. Interessenabwägung[171]

80 Das Irreführungsverbot steht nicht allein im Raum, sondern kann von Fall zu Fall mit anderen Regelungen zum Schutz gleichrangiger Interessen und Rechtsgütern kollidieren. In derartigen Fällen kann das Irreführungsverbot (selbstverständlich) keinen unbedingten Vorrang vor anderen Regelungen beanspruchen; vielmehr führt dann kein Weg an einer **Abwägung** zwischen den kollidierenden Interessen und Rechtsgütern vorbei, um diese soweit wie möglich in Einklang zu bringen (sogenannte praktische Konkordanz).[172] Wegen dieser auf der Hand liegenden Zusammenhänge war schon unter dem UWG von 1909 weithin anerkannt, dass im Einzelfall eine Abwägung zwischen den jeweils kollidierenden Interessen und Rechtsgütern zu einer Einschränkung des Irreführungsverbotes führen kann. Daran hat sich bis heute nichts geändert, sodass es von Fall zu Fall durchaus geboten sein kann, mit Rücksicht auf kollidierende andere Interessen und Rechtsgüter eine an sich gegebene, meistens freilich ohnehin geringfügige Irreführungsgefahr hinzunehmen.[173]

[166] Begr., BT-Drs. 15/1487, S. 19 (l. Sp. u.).

[167] *BGH* LM § 3 UWG Nr. 391 = NJW 1997, 1370 = GRUR 1997, 380 – Füllanzeiger; WRP 2003, 747 (750) = GRUR 2003, 628 – Klosterbrauerei; NJW-RR 2002, 1686 (1687) = GRUR 2002, 1095 = WRP 2002, 1430 – Telefonische Vorratsanfrage; *OGH* ÖBl. 1991, 242 (243 f.); 1993, 66 (67).

[168] *BGH* LM § 3 UWG Nr. 406 = NJW 1998, 1953 = GRUR 1998, 949 = WRP 1998, 598 – D-Netz-Handtelefon.

[169] *BGH* LM § 3 UWG Nr. 432 = NJW 2000, 2821 = GRUR 2000, 914 = WRP 2000, 1129 – Tageszulassung II; vgl. auch *BGH* GRUR 2012, 286 Tz. 18 ff. = WRP 2012, 464 – Falsche Suchrubrik.

[170] *BGH* LM § 3 UWG Nr. 423 (Bl. 3) = NJW 2000, 588 = GRUR 2000, 239 = WRP 2000, 92 – Last-Minute-Reisen; zahlreiche weitere Beispiele bei *Sack*, GRUR 2014, 609.

[171] S. dazu *Hösl*, Interessenabwägung und rechtliche Erheblichkeit bei § 3 UWG, 1986, S. 97, 149 ff.; *Lettl*, FS Bornkamm, 2014, S. 407 (417 ff.); *Ohly*, FS Bornkamm, 2014, S. 423; *Sack*, WRP 2004, 521 (528 f.); *ders.*, GRUR 2014, 609; *ders.*, FS Köhler, 2014, S. 555; *Teplitzky*, FS Vieregge, 1995, S. 853; *Wuttke*, WRP 2004, 820 (826 ff.).

[172] S. insbesondere *Ohly*, FS Bornkamm, 2014, S. 423 ff.

[173] *EuGH* Slg. 2000, I-135 (146 Tz. 28) = NJW 2000, 1173 – Estée Lauder/Lifting; Slg. 2000, I-2322 (2336 Tz. 28) = GRURInt 2000, 756 – Darbo; BGHZ 198, 159 (181 Tz. 77) – Hard Rock Cafe; *BGH* GRUR 2003, 628 = WRP 2003, 747 (750 f.) – Klosterbrauerei; GRUR 2002, 1074 (1076) = WRP 2002, 1286 – Original Oettinger; GRUR 2007, 1079 (1082 Tz. 33 ff.) = WRP 2007, 1346 –

Zu denken ist hier in erster Linie an die Erfordernisse der Freiheit des Waren- und Dienstleistungsverkehrs in der Europäischen Union,[174] an grundrechtliche Wertungen[175] sowie an den Schutz besonderer Besitzstände[176] oder auch an die Notwendigkeit des allmählichen Aufbaus neuer Systeme, die nicht von Anfang an perfekt sein können.[177] 81

Deshalb darf **zB** ein Rechtsanwalt, der in großem Umfang Steuerberatung betreibt (wozu er als Anwalt selbstverständlich befugt ist), auf diesen tatsächlichen Schwerpunkt seiner Tätigkeit durch den Zusatz „Steuerbüro" zu dem Namen seiner Kanzlei hinweisen, selbst wenn ein erheblicher Teil der angesprochenen Verkehrskreise daraus den unzutreffenden Schluss ziehen sollte, in der fraglichen Kanzlei sei auch ein Steuerberater tätig.[178] Aus vergleichbaren Erwägungen heraus muss es „Tierheilpraktikern", die „lediglich" an einer privaten Schule für Naturheilverfahren ausgebildet wurden, gestattet sein, sich genauso zu bezeichnen, selbst wenn ein nicht völlig unerheblicher Teil der angesprochenen Verkehrskreise aus dieser Bezeichnung den unzutreffenden Schluss ziehen sollte, die betreffenden Personen verfügten nach Ablegung einer Prüfung über eine staatliche Erlaubnis.[179] Und Lohnsteuerhilfevereinen muss es – nach Aufhebung sämtlicher gesetzlichen Werbebeschränkungen – erlaubt sein, durch Anzeigen auf ihre Existenz hinzuweisen, ohne zugleich immer in umfangreiche Erörterungen darüber eintreten zu müssen, was ihnen jeweils das Steuerrecht erlaubt und was nicht, – solange sie eben keine falschen Angaben machen.[180]

Die schon früh anerkannte Notwendigkeit, die Verwendung unentbehrlicher *Fachausdrücke* notfalls auch um den Preis der Irreführung einzelner Adressaten, die diese Fachausdrücke missverstehen, offen zu halten, gehört letztlich gleichfalls in diesem Zusammenhang (→ Rn. 56ff.).

Über das Ergebnis besteht somit weitgehende Einigkeit; umstritten ist indessen die dogmatische „Verortung" der im Einzelfall nötigen Interessenabwägung in dem Tatbestand der §§ 5 und 5a.[181] Am meisten spricht hier wohl für eine zweispurige 82

Bundesdruckerei; WRP 2012, 1523 Tz. 27 = GRUR 2012, 1273 – Stadtwerke Wolfsburg; NJW 2013, 1373 Tz. 31, 35f. = GRUR 2013, 409 = WRP 2013, 496 – Steuerbüro; NJW-RR 2013, 748 Tz. 44 = WRP 2013, 499 (502f.) = GRUR 2013, 397 – Peek & Cloppenburg III; ein Beispiel bei → § 18 Rn. 75f.

[174] *EuGH* Slg. 2000, I-2322 (2336 Tz. 28) – Darbo; *BGH* LM § 3 UWG Nr. 421 = NJW 1999, 3267- GRUR 1999, 1112 = JuS 2000, 499 Nr. 11 – EU-Neuwagen I; LM § 3 UWG Nr. 422 = NJW 1999, 3491 = GRUR 1999, 1125 – EU-Neuwagen II.

[175] S. für Art. 12 Abs. 1 GG *BGH* LM § 3 UWG Nr. 306 = NJW-RR 1991, 494 = GRUR 1990, 1032 – Krankengymnastik; LM § 3 UWG Nr. 419 = NJW 2000, 870 = GRUR 2000, 73 – Tierheilpraktiker; GRUR 2011, 535 Tz. 21 = WRP 2011, 747 – Lohnsteuerhilfeverein Preußen; NJW 2013, 1373 Tz. 31, 35f. = GRUR 2013, 409 = WRP 2013, 496 – Steuerbüro.

[176] Vgl. BGHZ 198, 159 (181f. Tz. 77f.) – Hard Rock Cafe; *BGH* LM § 3 UWG Nr. 194 = GRUR 1983, 32 (34) für die Werbung für ein „helles obergäriges" Bier unter Verwendung eines langen Stangenglases; GRUR 2003, 628 = WRP 2003, 747 (750f.) für die seit Jahrzehnten eingebürgerte Bezeichnung einer Brauerei als „Klosterbrauerei", obwohl keine Verbindungen zu einem Kloster bestanden; GRUR 2002, 1074 (1076f.) = WRP 2002, 1286 – Original Oettinger; GRUR 2007, 1079 (1081 Tz. 33) = WRP 2007, 1346 – Bundesdruckerei; GRUR 2013, 397 Tz. 44 = WRP 2013, 499 (502f.) – Peek & Cloppenburg III für eine Werbung Gleichnamiger; kritisch *Loschelder,* FS Tilmann, 2003, S. 403 (407ff.).

[177] Vgl. für Abfallbeseitigungssysteme *BGH* NJW 2004, 2521 = GRUR 2004, 613 – Schlauchbeutel.

[178] *BGH* NJW 2013, 1373 Tz. 27, 31, 35f. = GRUR 2013, 409 = WRP 2013, 496 – Steuerbüro; *Sack,* GRUR 2014, 609 (615ff.).

[179] *BGH* LM § 3 UWG Nr. 419 (Bl. 3) = GRUR 2000, 73 = NJW 2000, 870 – Tierheilpraktiker.

[180] *BGH* GRUR 2011, 535 Tz. 17ff. = WRP 2011, 747 – Lohnsteuerhilfeverein Preußen.

[181] S. zuletzt insbesondere *Lettl,* FS Bornkamm, 2014, S. 407 (417ff.); *Ohly,* FS Bornkamm, 2014, S. 423; *Sack,* GRUR 2014, 609; *ders.,* FS Köhler, 2014, S. 555.

Vorgehensweise. In einer Vielzahl von Fällen dürfte tatsächlich eine Lösung bereits im Rahmen des heute überwiegend favorisierten flexiblen **normativen Verbraucherleitbilds** möglich sein (→ Rn. 24ff.), indem eben mit Rücksicht auf bestimmte andere Interessen und Rechtsgüter von dem hinreichend verständigen und aufmerksamen Durchschnittsverbraucher gewisse (meistens geringfügige) Anstrengungen bei der kritischen Würdigung insbesondere von Werbebehauptungen verlangt werden, sodass er folgerichtig *keinen* Schutz mehr durch das Irreführungsverbot genießt, wenn er selbst auf diese geringfügigen Anstrengungen verzichtet (mundus vult decipi).[182] In den verbleibenden Fällen wird man anzuerkennen haben, dass es sich bei der nötigen Interessenabwägung um ein **ungeschriebenes Tatbestandsmerkmal** handelt, das eine Anpassung der in bestimmten Zusammenhängen offenbar zu weit geratenen §§ 5 und 5a an kollidierende Interessen und Rechtsgüter erlaubt.[183]

VIII. Beweis[184]

1. Beweismittel

83 Die Anwendung des Irreführungsverbots wirft in zahlreichen Fallgestaltungen die Frage auf, wie die Adressaten eine bestimmte Angabe in der Werbung verstehen und, da die Adressaten die Werbung häufig genug in unterschiedlichem Sinne auffassen werden, wie hoch gegebenenfalls die letztlich entscheidende Irreführungsquote ist (→ Rn. 29ff.). Können die Gerichte im Rechtsstreit diese Frage nicht selbst beantworten (→ Rn. 84), so müssen sie Beweis erheben, wobei als Beweismittel in erster Linie Sachverständigengutachten in Gestalt **demoskopischer Gutachten** (§§ 402ff. ZPO)[185] sowie daneben von Fall zu Fall noch **Umfragen** bei den zuständigen Kammern und Verbänden in Betracht kommen.[186]

84 Umfragen bei Kammern und Verbänden sind unsicher und fehleranfällig, demoskopische Gutachten dagegen sehr teuer (und ebenfalls durchaus fehleranfällig). Wo immer möglich, **entscheiden** die Gerichte deshalb **selbst,** sofern sie zu den angesprochenen Verkehrskreisen gehören,[187] und zwar nicht nur, wenn sie die Eignung der fraglichen Werbebehauptung zur Irreführung *bejahen* wollen,[188] sondern heute – anders als früher – auch dann, wenn sie der Meinung sind, dass der verständige Durchschnittsver-

[182] Ebenso zB *Lettl,* FS Bornkamm, 2014, S. 407 (417ff.).

[183] S. *Ohly,* FS Bornkamm, 2014, S. 423; *Sack,* GRUR 2014, 609; *ders.,* FS Köhler, 2014, S. 555.

[184] *Borck,* GRUR 1982, 657; *Böhm,* GRUR 1986, 290; *Harmsen,* GRUR 1969, 251; *Kemper,* Beweisprobleme im Wettbewerbsrecht, 1992, S. 77, 213ff.; *Kur,* GRUR 1982, 663; *Schricker,* RabelsZ 40 (1976), 544; *Spliethoff,* Verkehrsauffassung und Wettbewerbsrecht, 1992; *Ullmann,* GRUR 1991, 789; 2003, 817; *Wuttke,* WRP 2004, 820.

[185] Beispiele für den Ausdruck „laufende Buchführung" *BGH* LM § 3 UWG Nr. 256 = NJW 1987, 2087 = GRUR 1987, 444 (446); für die Bezeichnung „Natursaft" *BGH* GRUR 1984, 465; sowie für die Bezeichnung „Das unmögliche Möbelhaus aus Schweden" *BGH* LM § 3 UWG Nr. 210 = GRUR 1984, 467.

[186] S. im Einzelnen Köhler/Bornkamm/*Bornkamm,* § 5 Rn. 3.16ff.; Ohly/Sosnitza/*Sosnitza,* § 5 Rn. 143ff.

[187] Köhler/Bornkamm/*Bornkamm,* § 5 Rn. 3.3ff.; Ohly/Sosnitza/*Sosnitza,* § 5 Rn. 136ff.

[188] *BGH* LM § 3 UWG Nr. 307 = NJW-RR 1990, 1376 = GRUR 1990, 607 – Meister Kaffee; LM § 3 UWG Nr. 333 = NJW 1992, 2231 = GRUR 1992, 450 – Beitragsrechnung; NJW 2012, 235 Tz. 14 = GRUR 2012, 215 = WRP 2012, 75 – Zertifizierter Testamentvollstrecker (für einen Rechtsanwalt); *Ullmann,* GRUR 1991, 789 (794).

braucher unter den gegebenen Umständen *nicht irregeführt* wird.[189] Eine Beweiserhebung namentlich durch eine Verkehrsbefragung kommt daneben heute nur noch in Ausnahmefällen in Betracht, vor allem, wenn die Richter den angesprochenen Verkehrskreisen fernstehen, sodass ihnen deren Anschauungen notwendigerweise fremd sind.[190]

2. Beweislast

Im Rechtsstreit muss grundsätzlich jede Partei die ihr günstigen Tatsachen vortragen 85
und gegebenenfalls beweisen. Von dieser allgemeinen Regel machen auch Rechtsstreitigkeiten wegen einer Verletzung des Irreführungsverbots – von dem Sonderfall der Werbung mit Preisherabsetzungen abgesehen (s. § 5 Abs. 4 UWG und dazu → § 16 Rn. 15) – keine Ausnahme. Konkret gesprochen bedeutet dies, dass im Rechtsstreit in aller Regel der **Kläger,** der, gestützt auf die §§ 5, 5a, 8 und 9 UWG, Unterlassung oder Schadensersatz verlangt, die Beweislast für die Voraussetzungen der §§ 5 und 5a, dh für die Unrichtigkeit der Werbebehauptungen des Beklagten trägt, weil es sich dabei um eine Anspruchsvoraussetzung handelt. Diese Verteilung der Beweislast ist jedoch für den Kläger häufig überaus *nachteilig,* da er gewöhnlich keinen Einblick in die Verhältnisse hat, über die der Beklagte in seiner Werbung Behauptungen aufgestellt hat.

Die geschilderte regelmäßige Verteilung der Beweislast in Rechtsstreitigkeiten 86
wegen einer Verletzung des Irreführungsverbots (→ Rn. 85) stellt durchaus eine Gefahr für die praktische Durchsetzung des Irreführungsverbotes dar. Das war auch den Verfassern der UGP-Richtlinie von 2005 und der Werberichtlinien von 2006 bewusst. Um hier Abhilfe zu schaffen, schreibt deshalb an sich Art. 7 lit. a der **Werberichtlinie von 2006** für den B2B-Bereich vor, dass die Mitgliedstaaten für derartige Fälle eine *Beweislastumkehr* zum Nachteil des Beklagten vorsehen müssen. Außerdem heißt es in dem Erwägungsgrund Nr. 21 S. 2 zu der **UGP-Richtlinie,** die Beweislast werde zwar grundsätzlich vom nationalen Recht bestimmt; die Gerichte sollten aber in die Lage versetzt werden, von den Gewerbetreibenden den Beweis für die Richtigkeit der von ihnen behaupteten Tatsachen zu verlangen.

Es ist umstritten, ob das deutsche Recht mit diesen unionsrechtlichen Vorgaben 87
(→ Rn. 86) im Einklang steht,[191] da die Gerichte zwar bisher auf der einen Seite an der grundsätzlichen Beweislast des Klägers festhalten (→ Rn. 85), jedoch auf der anderen Seite immer häufiger mit **Beweiserleichterungen** bis hin zu einer Beweislastumkehr „helfen", wenn der Kläger den maßgeblichen Geschehnissen völlig fernsteht, während der Beklagte unschwer Auskunft zu geben vermag, oder wenn der Beklagte einwendet, eine ursprünglich unstreitig unrichtige Behauptung sei nachträglich durch

[189] *BGH* LM § 863 zu § 1 UWG (Bl. 2 R f.) = NJW 2002, 1718 = GRUR 2002, 550 = WRP 2002, 527 – Elternbriefe; ebenso sodann *BGH* NJW-RR 2003, 260 (261) = GRUR 2003, 247 = WRP 2003, 257 – Thermalbad; insb. BGHZ 156, 250 (255) = NJW 2004, 1163 – Marktführerschaft; *BGH* GRUR 2007, 1079 (1082 Tz. 36) = WRP 2007, 1346 – Bundesdruckerei; GRUR 2013, 1254 Tz. 17 = WRP 2013, 1596 – Matratzen Factory Outlet.

[190] BGHZ 156, 250 (255) = NJW 2004, 1163 – Marktführerschaft; *Ullmann,* GRUR 2003, 817 (818 f.); *Wuttke,* WRP 2004, 820 (826).

[191] Bejahend Ohly/Sosnitza/*Sosnitza,* § 5 Rn. 113; zweifelnd Köhler/Bornkamm/*Bornkamm,* § 5 Rn. 3.20 ff.

eine Veränderung der Verhältnisse richtig geworden.[192] Behauptet zB ein Gewerbetreibender, der seinen Sitz schon immer in Köln hatte, er arbeite nach einem alten ostpreußischen Familienrezept, so muss er es sich gefallen lassen, dass seine Konkurrenten von ihm Aufklärung darüber verlangen, wie ausgerechnet er als „uralter" Kölner in den Besitz eines solchen Rezeptes gelangt sein will.[193] Diese Praxis mag zwar von Fall zu Fall zu einer Abmilderung der nachteiligen Folgen der generellen Belastung des Klägers mit der Beweislast führen; den Anforderungen des Unionsrechts (→ Rn. 86) wird indessen eine derartige auf wenige unklare Einzelfälle beschränkte Praxis schwerlich gerecht, da nach Unionsrecht wohl eine generelle Regelung des Fragenkreises erforderlich ist.

IX. Rechtsfolgen

1. Unterlassungsanspruch

88 Die Rechtsfolgen eines Verstoßes gegen das Irreführungsverbot der §§ 5 und 5a UWG richten sich nach den §§ 8–11 sowie ergänzend nach § 16 Abs. 1 UWG. Die wichtigste zivilrechtliche Rechtsfolge ist nach § 8 Abs. 1 UWG der Unterlassungsanspruch der Mitbewerber sowie der sonstigen Klageberechtigten des § 8 Abs. 3 UWG, vorausgesetzt, dass Wiederholungsgefahr besteht (s. dazu → § 21, → § 22 Rn. 6ff.). Ist durch die fragliche Handlung für die Mitbewerber eine Quelle fortlaufenden Störungen geschaffen worden, so tritt nach § 8 Abs. 1 S. 1 UWG neben den Unterlassungsanspruch ein **Beseitigungsanspruch** der Betroffenen (→ § 21 Rn. 21ff.).

Beispiele sind irreführende Angaben in Plakaten, die Eintragung einer irreführenden Firma ins Handelsregister oder die Versendung auf Täuschung der Adressaten angelegter angeblicher „Auftragsbestätigungen".[194]

89 Besonderheiten gelten mit Rücksicht auf Art. 5 Abs. 1 GG für die Haftung von **Presseunternehmen** für die Veröffentlichung irreführender Anzeigen Dritter als Störer (→ § 21 Rn. 43ff.). Solche Haftung kommt, um eine übermäßige Beschränkung der Pressefreiheit zu vermeiden, nur bei einer Verletzung ihrer *Prüfungspflicht* gegenüber den Anzeigen Dritter in Betracht, und auch dies nur, wenn es sich um grobe und eindeutige, unschwer erkennbare Verstöße gegen das Irreführungsverbot handelt (vgl. § 9 S. 2 UWG).[195]

---

[192] *BGH* LM § 3 UWG Nr. 205 = GRUR 1983, 650 – Kamera; LM § 1 UWG Nr. 371 = NJW 1983, 171 (172) = GRUR 1982, 677 – Unentgeltliche Übernahme der Preisauszeichnung; LM § 3 UWG Nr. 388 = NJW 1997, 464 (465) = GRUR 1997, 229 – Beratungskompetenz; LM § 3 UWG Nr. 399 = NJW-RR 1997, 1193 (1195) = GRUR 1997, 758 – Selbsternannter Sachverständiger; NJW-RR 2004, 616 (617) = GRUR 2004, 246 – Mondpreise; NJW 2014, 3033 Tz. 14f. = GRUR 2014, 578 = WRP 2014, 697 – Umweltengel für Tragetasche.

[193] *BGH* LM § 3 UWG Nr. 56 = GRUR 1963, 270 = NJW 1962, 2149 – Bärenfang.

[194] *BGH* LM § 1 UWG Nr. 762 = GRUR 1998, 415 = WRP 1998, 383 – Wirtschaftsregister; *Sack,* WRP 2004, 625 (634f.).

[195] → Rn. 91; *BGH* LM § 16 UWG Nr. 150 (Bl. 3) = NJW 1994, 2827 (2828) = GRUR 1994, 841 = WRP 1994, 739 – Suchwort; GRUR 2001, 529 (531) = WRP 2001, 531 = NJW-RR 2001, 1406 – Herz-Kreislauf-Studie; NJW-RR 2006, 1044 (1045 Tz. 13–16) = GRUR 2006, 429 = WRP 2006, 584 – Schlank-Kapseln.

2. Schadensersatz

90 Schuldhafte Verstöße von Unternehmern gegen das Irreführungsverbot der §§ 5 und 5a UWG können eine Schadensersatzpflicht des Täters nach sich ziehen (§ 9 S. 1 UWG; → § 23 Rn. 8ff.). § 9 S. 1 UWG billigt freilich Schadensersatzansprüche allein den durch die fragliche Werbung betroffenen **Mitbewerbern** zu. Dahinter steht die Entscheidung der Gesetzesverfasser, Schadensersatzansprüche der durch eine irreführende Werbung betroffenen **Verbraucher** auszuschließen, um eine unzumutbare Belastung der Wirtschaft durch eine Vielzahl derartiger Schadensersatzansprüche im Falle einer an die Allgemeinheit gerichteten, später als irreführend eingestuften Werbung zu vermeiden.[196] Auch ein allgemeines **Vertragsauflösungsrecht** der Verbraucher im Falle ihrer Täuschung durch irreführende Werbung ist seinerzeit letztlich abgelehnt worden.[197] Nach hM ist diese Regelung *abschließend,* sodass daneben für einen Rückgriff auf **§ 823 Abs. 2 BGB** ebenfalls *kein* Raum ist.[198] Diese Rechtslage ist wenig befriedigend; es kann insbesondere nicht ernstlich zweifelhaft sein, dass auch und gerade das Irreführungsverbot einen Schutz nicht zuletzt der Verbraucher bezweckt, sodass nichts entgegensteht, das Irreführungsverbot (ebenso wie schon immer § 16 Abs. 1; → Rn. 98) als **Schutzgesetz** zugunsten der Verbraucher anzuerkennen,[199] zumal allein auf diese Weise den Verbrauchern über § 249 BGB ein Weg eröffnet werden kann, sich von Verträgen zu lösen, zu deren Abschluss sie durch irreführende Werbung veranlasst wurden (→ Rn. 92).

91 Die Schadensersatzpflicht trifft in erster Linie denjenigen, der wusste *oder* wissen musste, dass die von ihm gemachten Angaben irreführend sind (§ 9 S. 1 UWG iVm § 276 BGB). Gegen verantwortliche Personen von periodischen Druckschriften kann der Anspruch auf Schadensersatz jedoch nur geltend gemacht werden, wenn sie *wussten,* dass die von ihnen gemachten Angaben irreführend waren (sog **Zeitungsprivileg** nach **§ 9 S. 2 UWG**). Zweck dieser Regelung ist es vor allem, die Aufnahme von Anzeigen durch die Presse von übermäßigen Haftungsrisiken freizustellen. Dadurch wird zugleich erreicht, dass die Presse gegenüber Anzeigenaufträgen nur eine *eingeschränkte Prüfungspflicht* auf grobe und unschwer erkennbare Verstöße gegen die Wettbewerbsgesetze trifft (→ Rn. 89).

3. Nichtigkeit

92 Die gesetzliche Regelung, insbesondere die Ablehnung eines allgemeinen Vertragsauflösungsrechtes der Verbraucher im Falle irreführender Werbung (→ Rn. 90), beruht auf der Vorstellung des Gesetzesverfasser, dass Verträge, deren Abschluss auf einer Irreführung der Abnehmer beruht, gleichwohl grundsätzlich *wirksam* sind, weil der Ver-

[196] S. die Begr. von 2003, BT-Drs. 15/1487, S. 22 („Zu § 8" 2. Abs.), 34, 43.

[197] Begr., BT-Drs. 15/1487, S. 14.

[198] S. die Begr. von 2003, BT-Drs. 15/1487, S. 22, 34, 43; *BGH* LM § 249 (D) BGB Nr. 14 = NJW 1974, 1503 = GRUR 1975, 150 = WRP 1974, 487 = JuS 1975, 52 Nr. 3 – Prüfzeichen; BGHSt 52, 227 Tz. 87 = WRP 2008, 1071 (1079) = GRUR 2008, 818 – Strafbare Werbung im Verdsandhandel; Köhler/Bornkamm/*Köhler,* Einl. Rn. 7.5; *ders.,* GRUR 2003, 265 (271); *Leistner,* Richtiger Vertrag und lauterer Wettbewerb, 2007, S. 567ff.; Ohly/Sosnitza/*Ohly,* Einf. Rn. D 62.

[199] Ebenso *OGH* SZ Bd. 71 (1998 I) Nr. 36, S. 207 (210) = ÖBl. 1998, 193; *Kessler,* WRP 2005, 272; *Mertens,* ZHR 139 (1973), 438; *Sack,* Unlauterer Wettbewerb und Folgevertrag, 1974; *ders.,* GRUR 2004, 625 (629ff.); *ders.,* WRP 2009, 1330; *ders.,* GRUR 2011, 953 (963); *Säcker,* WRP 2004, 1199 (1219f.); → § 21 Rn. 9; → § 23 Rn. 9.

tragsabschluss selbst und die nachfolgende Vertragsdurchführung ihrerseits nicht ebenfalls gegen das UWG verstoßen (§§ 134, 138 BGB).[200] Auch das ist wenig überzeugend; anders verhält es sich jedenfalls bei *betrügerischem Vorgehen* des Täters (§§ 138 und 826 BGB) sowie dann, wenn sein ganzes Verhalten darauf angelegt ist, den anderen Teil in eine **Vertragsfalle** zu locken. Verträge, die durch darauf abzielende, breit angelegte Täuschungsmanöver erreicht werden, sind nichtig, sofern nicht noch vor ihrem Abschluss die fortwirkende Täuschung der Vertragspartner durch ihre rechtzeitige Aufklärung beseitigt wurde (§§ 3, 5 UWG iVm §§ 134 und 138 BGB).[201]

Ein **Beispiel** ist die systematische Versendung von „Rechnungen" für angebliche Aufträge, wenn diese Aufträge durch ein irreführendes Formular erlangt wurden (ebenso die **Nr. 22 des Anhangs** zu § 3 Abs. 3 UWG).[202]

93 Betrügerische Verhaltensweisen einer Vertragspartei sind außerdem ein Umstand, der bei der Beurteilung der **Missbräuchlichkeit von Geschäftsbedingungen** im Verhältnis gegenüber Verbrauchern ins Gewicht fallen kann, da nach § 310 Abs. 3 Nr. 3 BGB bei der Beurteilung der unangemessenen Benachteiligung von Verbrauchern gemäß § 307 Abs. 1 und 2 BGB auch die den Vertragsschluss begleitenden Umstände zu berücksichtigen sind – wozu eben nicht zuletzt Verstöße des Klauselverwenders gegen die §§ 5 und 5a UWG gehören können.[203] Ein Beispiel sind Verstöße gegen § 5 Abs. 1 S. 2 Nr. 2 UWG durch die Verwendung betrügerischer Klauseln, mit denen der Zweck verfolgt wird, die wirklichen Preise zu verschleiern.[204]

4. Strafrechtliche Folgen (§ 16 Abs. 1 UWG)

94 Nach § 16 Abs. 1 UWG wird mit Freiheitsstrafe bis zu zwei Jahren oder mit Geldstrafe bestraft, wer in der Absicht, den Anschein eines besonders günstigen Angebots hervorzurufen, in öffentlichen Bekanntmachungen oder in Mitteilungen, die für einen größeren Kreis von Personen bestimmt sind, durch unwahre Angaben irreführend wirbt. Vergleichbare Regelungen kennen das österreichische und das schweizerische Recht (§ 4 Abs. 1 öUWG; Art. 23 schweiz. UWG).

95 § 16 Abs. 1 UWG baut unmittelbar auf dem Verbot der irreführenden Werbung (§ 5 Abs. 1 UWG) auf, verlangt jedoch zusätzlich, dass die fraglichen Angaben gerade in **öffentlichen Bekanntmachungen** oder in Mitteilungen gemacht werden, die für einen größeren Kreis von Personen bestimmt sind. Gemeint sind damit Angaben, die sich an die Allgemeinheit oder doch an eine unbegrenzte Öffentlichkeit wenden wie zB *Werbeanzeigen* in der Presse, Plakatanschläge, Mitteilungen an die Mitglieder großer Vereine, für die Öffentlichkeit bestimmte Prospekte, Hauszeitungen, Postwurfsen-

[200] BGHZ 123, 330 (336) = NJW 1993, 3329 – Folgeverträge I; BGHZ 147, 296 (302ff.) = NJW-RR 2001, 1547 – Gewinnzertifikate; *BGH* LM PreisangabenVO 1985 Nr. 26 (Bl. 4 R) = NJW 1999, 211 = GRUR 1999, 261 = WRP 1999, 94 = JuS 1999, 297 (298) Nr. 8 – Handy-Endpreis II; *Köhler,* GRUR 2003, 265; *Kohler,* JZ 2010, 767.

[201] BGHZ 147, 296 (302ff.) = NJW-RR 2001, 1547 – Gewinnzertifikate.

[202] BGHZ 123, 330 (334f.) = NJW 1993, 3329 – Folgeverträge II; *BGH* LM § 1 UWG Nr. 679 (Bl. 3f.) = NJW 1995, 1361 (1362f.) = GRUR 1995, 358 – Folgeverträge II; *OLG Schleswig* NJW-RR 1995, 1127; offengelassen aber in *BGH* LM § 1 UWG Nr. 762 (Bl. 2f.) = GRUR 1998, 415 = WRP 1998, 383 – Wirtschaftsregister; ausführlich *Alexander,* Vertrag und unlauterer Wettbewerb, 2002; *Sack,* GRUR 2004, 625 (626f.); *Scherer,* NJW 2009, 324 (329).

[203] *Alexander,* WRP 2012, 575.

[204] *EuGH* GRUR 2012. 639 Tz. 32, 43f. = WRP 2012, 547 (549f.) – Perenicova.

dungen, Werbefilme im Kino oder im Fernsehen sowie weithin verteilte Kataloge oder Preislisten.[205]

Außerdem ist erforderlich, dass die Angaben **unwahr und irreführend,** dh zur Irreführung geeignet sind. Dies bedeutet, dass die Strafbarkeit nach § 16 Abs. 1 UWG erst eingreift, wenn die Angabe tatsächlich *(objektiv) unwahr*[206] und außerdem im Sinne des § 5 UWG zur Irreführung der angesprochenen Verkehrskreise geeignet ist.[207] Keine Rolle spielt dagegen, ob das Angebot günstig ist oder nicht, da auch für ein wirklich günstiges Angebot nicht mit unwahren Angaben geworben werden darf.[208] Im Gegensatz zu dem Betrugstatbestand (§ 263 StGB) setzt § 16 Abs. 1 UWG jedoch nicht den Eintritt eines Vermögensschadens voraus.[209] 96

Beispiele sind die Verbreitung fingierter Gewinnmitteilungen, durch die die Empfänger zum Erwerb von Waren veranlasst werden sollen,[210] sowie die Werbung für sogenannte Kaffeefahrten mit betrügerischen Angaben über die Leistungen des Veranstalters und über die Gewinnmöglichkeiten bei einem während der Fahrt veranstalteten Gewinnspiel.[211]

In subjektiver Hinsicht setzt die Strafbarkeit zweierlei voraus: Die Angaben müssen einmal in der **Absicht** gemacht werden, den Anschein eines besonders günstigen Angebots hervorzurufen; zum anderen ist erforderlich, dass der Täter **wissentlich** gehandelt hat, sodass er die Unrichtigkeit seiner Angaben kennen musste. Während in der zuletzt genannten Hinsicht bedingter Vorsatz genügt, ist hinsichtlich der Hervorrufung eines günstigen Angebots Absicht im Sinne des direkten Vorsatzes erforderlich.[212] 97

§ 16 Abs. 1 UWG ist (unstreitig) **Schutzgesetz** iSd § 823 Abs. 2 BGB, sodass wenigstens unter den engen Voraussetzungen des § 16 Abs. 1 UWG auch Verbrauchern eigene Schadensersatzansprüche zustehen.[213] Meistens wird dann freilich ohnehin zugleich der Tatbestand des § 263 StGB erfüllt sein. 98

---

205 BGHSt 52, 227 Tz. 43f. = WRP 2008, 1071 (1075) = GRUR 2008, 818 – Strafbare Werbung im Versandhandel; *OLG Nürnberg* GRUR 1990, 141 (142); *OLG Zweibrücken* NJW-RR 1997, 175; *Pfeifer,* FS Lieberknecht, 1997, S. 207 (211f.).

206 *Alexander,* WRP 2004, 407 (413f.).

207 Im Einzelnen str., s. *Pfeifer,* FS Lieberknecht, 1997, S. 207 (210f.).

208 *OLG Celle* NJW 1987, 78.

209 Begr., BT-Drs. 15/1487, S. 26 (l. Sp. u.).

210 BGHSt 52, 227 Tz. 43f. = WRP 2008, 1071 (1075) = GRUR 2008, 818 – Strafbare Werbung im Versandhandel.

211 S. ausführlich *BGH* NStZ 2003, 39 = WRP 2002, 1432 – Kaffeefahrten.

212 S. *Pfeiffer,* FS Lieberknecht, 1997, S. 207 (215ff.).

213 BGHSt 52, 227 Tz. 87 = WRP 2008, 1071 (1079) = GRUR 2008, 818 – Strafbare Werbung im Versandhandel.

§ 15. Irreführung: Beispiele

I. Überblick

1 Das Gesetz enthält seit 2008 in den Nr. 1–24 des Anhangs zu § 3 Abs. 3 sowie in § 5 Abs. 1 S. 2 Nr. 1–7 und Abs. 2 eine Fülle von Beispielen irreführender geschäftlicher Handlungen. Zu beginnen ist jeweils mit einem Blick auf die stets unzulässigen im Anhang zu § 3 Abs. 3 aufgeführten Tatbestände irreführender geschäftlicher Handlungen. Nur wenn keiner dieser Tatbestände eingreift, sind die Beispiele ins Auge zu fassen, die das Gesetz mit großer Ausführlichkeit in § 5 Abs. 1 S. 2 und Abs. 2 aufzählt. Vorbilder dieser sogenannten **Bezugspunkte** sind für den B2C-Bereich Art. 6 Abs. 1 Hs. 2 und Abs. 2 der UGP- Richtlinie sowie für den B2B-Bereich Art. 3 lit. a–c der Werberichtlinie von 2006.

2 Unklar ist, ob die Aufzählung der Bezugspunkte in den Nr. 1–7 des § 5 Abs. 1 S. 2 UWG *abschließend* ist oder ob daneben ein Rückgriff insbesondere auf § 5 Abs. 1 S. 1 UWG (als Generalklausel) möglich bleibt.[1] Der Wortlaut des § 5 Abs. 1 S. 2 spricht eher für die Verneinung der Frage, weil in S. 2 des § 5 Abs. 1 das Wort „insbesondere“ fehlt. Die praktische Bedeutung der Frage ist freilich gering, da zumal die Nr. 1–3 des § 5 Abs. 1 S. 2 UWG so *umfassend* formuliert sind, dass kaum Fälle vorstellbar sind, die nicht von den in § 5 Abs. 1 S. 2 UWG aufgezählten Bezugspunkten erfasst würden. Die Bezugspunkte der Nr. 4–7 der Vorschrift sind aus demselben Grunde letztlich entbehrlich. Lediglich *eine* Einschränkung ist zu machen: Wie auch Nr. 3 des § 5 Abs. 1 S. 2 UWG verdeutlicht, muss es sich bei den relevanten Umständen, den sog Bezugspunkten, grundsätzlich um geschäftliche Verhältnisse gerade **des Werbenden selbst** handeln, während (negative) Werbebehauptungen über die Verhältnisse *Dritter* in der Regel *nicht* unter das Irreführungsverbot des § 5 UWG, sondern in erster Linie unter die Nr. 1 oder Nr. 2 des § 4 UWG zu subsumieren sind (→ Rn. 58). Ausnahmen können sich im Einzelfall aus § 5 Abs. 3 UWG ergeben, da nach dieser Vorschrift zu den Angaben im Sinne des Abs. 1 S. 2 des § 5 UWG auch Angaben im Rahmen **vergleichender Werbung** gehören, also einschließlich gegebenenfalls abwertender Angaben über die geschäftlichen Verhältnisse der *Mitbewerber,* sodass in diesen Fällen § 4 Nr. 1 und § 5 UWG zusammentreffen können (→ § 9 Rn. 5 ff.).

3 Eine erschöpfende Erörterung sämtlicher in § 5 Abs. 1 S. 2 Nr. 1–7 sowie in Abs. 2 UWG aufgezählten Bezugspunkte würde den Rahmen der Darstellung sprengen und ist auch nicht zur Verdeutlichung der Reichweite des Irreführungsverbots erforderlich. Die folgende Darstellung beschränkt sich deshalb auf die wichtigsten Fallgruppen im Anschluss an die bisherige Rechtsprechung zum Irreführungsverbot, wobei nicht streng der Aufzählung der Bezugspunkte in § 5 Abs. 1 und 2 UWG gefolgt werden soll, da sich diese vielfältig überschneiden und die meisten Fallgruppen daher unterschiedlichen Bezugspunkten zugeordnet werden können. Dies macht bereits ein Blick auf die Nr. 1 des § 5 Abs. 1 S. 2 UWG deutlich.

4 Die **Nr. 1 des § 5 Abs. 1 S. 2 UWG** zählt als „wesentliche Merkmale der Ware oder Dienstleistung“ die folgenden Bezugspunkte auf: „Verfügbarkeit, Art, Ausführung, Vorteile, Risiken, Zusammensetzung, Zubehör, Verfahren oder Zeitpunkt der Herstel-

---

[1] Dagegen *Sosnitza,* WRP 2008, 1014 (1028 f.); Ohly/Sosnitza/*Sosnitza,* § 5 Rn. 230, 236.

lung, Lieferung oder Erbringung, Zwecktauglichkeit, Verwendungsmöglichkeit, Menge, Beschaffenheit, Kundendienst und Beschwerdeverfahren, geographische oder betriebliche Herkunft, von der Verwendung zu erwartende Ergebnisse oder die Ergebnisse oder wesentlichen Bestandteile von Tests der Waren oder Dienstleistungen". Dies ist *umfassend* zu verstehen.[2] Ein großer Teil der „klassischen" Fallgruppen des Irreführungsverbots gehört deshalb bereits hierher. Ein Beispiel ist die altbekannte Frage, welche Warenmengen, dh welche *Vorräte* ein Gewerbetreibender mit Rücksicht auf die zu erwartende Nachfrage vorhalten muss (→ Rn. 5 ff.).

II. Vorräte

1. Lockvogelangebote

5 § 5 Abs. 1 S. 2 Nr. 1 UWG nennt als wesentliche Merkmale der Ware oder Dienstleistung, die Gegenstand einer Irreführung sein können, insbesondere die „Verfügbarkeit" und die „Menge" der angebotenen Waren. Vorrangige Sonderregelungen finden sich in den Nr. 5 und 6 des Anhangs zu § 3 Abs. 3 UWG. Während sich die Nr. 5 des Anhangs gegen sogenannte Lockvogel- oder auch kurz Lockangebote wendet, hat die Nr. 6 des Anhangs besonders aufdringliche und ärgerliche Formen solcher Angebote, neudeutsch häufig auch „bait-and-switch-Techniken" genannt, im Auge. Näherer Betrachtung bedürfen lediglich die Lockvogelangebote im Sinne der Nr. 5 des Anhangs.

6 Nach S. 1 der Nr. 5 des Anhangs liegt ein stets unzulässiges Angebot bei Warenangeboten im Sinne des § 5a Abs. 3 UWG zu einem bestimmten Preis vor, wenn der Unternehmer nicht darüber aufklärt, dass er hinreichende Gründe für die Annahme habe, dass er nicht in der Lage sein werde, diese oder gleichartige Waren (oder Dienstleistungen) für einen angemessenen Zeitraum in hinreichender Menge zum genannten Preis bereitzustellen oder bereitstellen zu lassen. S. 2 der Nr. 5 des Anhangs fügt hinzu, dass einen Unternehmer die Beweislast für die Angemessenheit der vorgehaltenen Menge trifft, wenn die Bevorratung kürzer als zwei Tage ist.

7 Bei der Bestimmung der Nr. 5 des Anhangs handelt es sich um einen Anwendungsfall des § 5a UWG, dh der **Irreführung durch Unterlassen.**[3] Die Aufklärungspflicht des Unternehmers wird begründet, wenn er nach den Umständen des Falles hinreichende Gründe für die Annahme nicht ausreichender Vorräte für mindestens zwei Tage hat. Unterlässt er in diesem Fall gleichwohl die gebotene Aufklärung der Adressaten über seine vermutlich nicht ausreichenden Vorräte, so handelt er stets unlauter (§ 3 Abs. 3 UWG). Unter den genannten Voraussetzungen kann folglich die Anwendung der Nr. 5 des Anhangs nur dadurch ausgeschlossen werden, dass der Werbungstreibende in der Werbung die konkrete Warenmenge angibt, über die er verfügt, oder durch andere *aufklärende Hinweise* Fehlvorstellungen der Verbraucher vorbeugt, und zwar klar formuliert, leicht lesbar und gut erkennbar.[4] Erst jenseits dieser Fälle ist dann Raum für die Anwendung der Nr. 1 des § 5 Abs. 1 S. 2 UWG.

---

2 S. Köhler/Bornkamm/*Bornkamm,* § 5 Rn. 4.1–4.265; Ohly/Sosnitza/*Sosnitza,* § 5 Rn. 228–421.

3 *BGH* GRUR 2011, 340 = WRP 2011, 459 = NJW-RR 2011, 398 Tz. 18 – Irische Butter.

4 *BGH* GRUR 2011, 340 = WRP 2011, 459 = NJW-RR 2011, 398 Tz. 18, 23 – Irische Butter.

2. Menge, Verfügbarkeit

8 Soweit kein Raum für die Anwendung der Nr. 5 und 6 des Anhangs ist (→ Rn. 5–7), bleibt bei einer Irreführung insbesondere der Verbraucher durch die Werbung über die Verfügbarkeit oder die Menge der „beworbenen" Waren oder Dienstleistungen (→ Rn. 11) immer noch der Rückgriff auf die Nr. 1 des § 5 Abs. 1 S. 2 UWG möglich. Während das Gesetz bei der *Verfügbarkeit* in erster Linie die Lieferfähigkeit und -bereitschaft des Werbungstreibenden im Auge hat, geht es bei der *Menge* vor allem um den Umfang der vorhandenen Vorräte. Im Ergebnis will das Gesetz hier verhindern, dass die durch die Werbung bei den durchschnittlichen Verbrauchern hervorgerufenen *Erwartungen* über die Lieferfähigkeit und Lieferbereitschaft des Werbungstreibenden *enttäuscht* werden, weil die vorhandenen Vorräte hinter den berechtigten Erwartungen der Verbraucher zurückbleiben, sodass sie letztlich leer ausgehen oder doch veranlasst werden, andere Waren zu kaufen, die sie ursprünglich nicht zu erwerben beabsichtigten.

9 Maßgebend sind die Umstände des Einzelfalls, dh welche **Erwartungen** bei den durchschnittlichen Verbrauchern hinsichtlich der vorhandenen Vorräte durch die Werbung hervorgerufen werden. Die Waren, für die ein Kaufmann wirbt, müssen danach grundsätzlich lieferbar sein; das Irreführungsverbot greift zB ein, wenn ein Kaufmann in seiner Werbung den Verkauf einer Ware von einem bestimmten Tag an ankündigt, an diesem Tag die Ware aber tatsächlich noch nicht vorhanden ist.[5] Aus demselben Grund dürfen in einen Katalog keine Waren aufgenommen werden, die bei Ausgabe oder Versendung des Katalogs überhaupt nicht verfügbar sind.[6] Anders zu behandeln ist lediglich die Werbung für besonders wertvolle und **teure Objekte** wie etwa Kraftfahrzeuge, Schmuck oder Luxus-Uhren, bei denen kein Verbraucher erwartet, dass der Werbungstreibende jede Produktvariante auf Lager hat, sodass es ihm nur auf die Bestellmöglichkeit bei dem Händler ankommt.[7]

10 Daraus folgt, dass die **Vorräte** an Waren, die der Unternehmer in seiner Werbung besonders herausstellt, grundsätzlich so umfangreich sein müssen, dass sie – bei Zugrundelegung der bisherigen Erfahrungen – für einen angemessenen Zeitraum, dh ungefähr **für zwei bis drei Tage** und nicht etwa lediglich für wenige Stunden ausreichen.[8] Eine *vorübergehende Erschöpfung* der Vorräte wegen einer völlig unerwarteten Nachfrage, wegen höherer Gewalt oder infolge des Leerkaufens des Geschäfts durch die Mitbewerber oder durch Testkäufer begründet jedoch noch nicht den Vorwurf der Irreführung.[9] Unbedenklich sind ferner klare und eindeutige **mengenmäßige Beschränkungen** für besonders günstige Angebote, da kein Verbraucher erwartet, dass

[5] *BGH* LM § 3 UWG Nr. 418 = NJW-RR 2000, 340 = GRUR 1999, 1011 (1012); LM § 3 UWG Nr. 434 (Bl. 3 R) = NJW-RR 2001, 329 = GRUR 2000, 911 (912) – Computerwerbung/Lieferstörung; LM § 3 UWG Nr. 435 = NJW-RR 2001, 620 (621) = GRUR 2000, 907 – Filialleiterfehler; NJW 2005, 2229 = GRUR 2005, 690 – Internet-Versandhandel; NJW 2007, 3573 (3574 Tz. 18) = GRUR 2007, 991 = WRP 2007, 1351 – Weltreiterspiele.

[6] *BGH* LM § 3 UWG Nr. 212 = NJW 1984, 52; LM § 3 UWG Nr. 203 = NJW 1983, 2505; NJW 2005, 2229 (2230 f.) = GRUR 2005, 690 – Internet-Versandhandel.

[7] *BGH* NJW 2007, 3573 (3574 Tz. 22 ff.) = GRUR 2007, 992= WRP 2007, 1351 – Weltreiterspiele; *v. Gierke,* GRUR 1996, 579 (581 ff.); *Sosnitza,* GRUR 2003, 739 (743).

[8] *OLG Hamm* NJW-RR 1986, 1368; 1986, 1372; 1995, 742.

[9] S. *BGH* LM § 3 UWG Nr. 234 = NJW 1985, 2333 – Tennisschuhe; LM § 3 UWG Nr. 248 = NJW-RR 1987, 102 – Tomatenmark; LM § 3 UWG Nr. 289 = NJW-RR 1989, 1122 – Fotoapparat; LM § 3

ein Kaufmann mehr als haushaltsübliche Mengen abzugeben bereit ist.[10] Ein Beispiel ist ein Hinweis in einer Werbung für besonders günstige Computer, dass „keine Mitnahmegarantie besteht; notfalls wird die Ware sofort bestellt".[11] Unschädlich sind ferner einzelne Fehldispositionen bei einer Werbung für zahlreiche verschiedene Waren.[12] Die **Beweislast** für derartige entlastende Umstände trägt jedoch der Werbungstreibende.[13]

§ 5 Abs. 1 S. 2 Nr. 1 UWG bezieht sich auch auf die Verfügbarkeit von **Dienstleistungen,** sodass ein Kaufmann, der zusammen mit dem Angebot medizinischer Geräte mit gesundheitsbezogenen Beratungsleistungen wirbt, dafür Sorge tragen muss, dass für derartige Beratungen qualifizierte Fachleute auf die Nachfrage von Kunden hin zumindest kurzfristig zur Verfügung stehen. Es reicht aus, wenn dies jederzeit nach einer Terminvereinbarung mit dem Kaufmann möglich ist. Die Leistungen von hochqualifizierten Fachleuten kann man eben nicht wie Massenwaren in Regalen beliebig stapeln.[14] 11

III. Beschaffenheit

1. Überblick

Das Gesetz wendet sich in § 5 Abs. 1 S. 2 sowie im Anhang zu § 3 Abs. 3 unter zahlreichen Aspekten ferner gegen eine Irreführung zumal der Verbraucher über die Beschaffenheit von Waren oder Dienstleistungen, die der Unternehmer in der Werbung besonders herausstellt. Vorrangige Sonderregelungen finden sich vor allem in den **Nr. 4, 9 und 24 des Anhangs** zu § 3 Abs. 3 UWG. Stets unzulässig sind danach unwahre Angaben über die Genehmigung eines Unternehmens oder seiner Waren durch eine öffentliche oder private Stellen (Nr. 4) oder über die Verkehrsfähigkeit einer Ware (Nr. 9) sowie unwahre Angaben über die Verfügbarkeit eines Kundendienstes in einem anderen Mitgliedstaat (Nr. 24), wodurch die üblichen Irreführungen im grenzüberschreitenden Verkehr bekämpft werden sollen. 12

Jenseits der genannten Irreführungstatbestände aus dem Anhang zu § 3 Abs. 3 (→ Rn. 12) ist Raum für die Anwendung des § 5 Abs. 1 S. 2 Nr. 1 UWG, wobei sich wiederum, diesmal unter dem Oberbegriff der *Beschaffenheit,* zahlreiche der hier genannten Bezugspunkte zusammenfassen lassen. Hervorzuheben sind die Zusammensetzung, das Verfahren, der Zeitpunkt der Lieferung, die Zwecktauglichkeit sowie Art und Ausführung der Waren. Auch diese Begriffe sind *umfassend* zu verstehen.[15] Erfasst werden der Sache nach *alle Angaben tatsächlicher Art,* die geeignet sind, die Ware oder 13

UWG Nr. 336 = NJW-RR 1992, 1318 – Clementinen; *OGH* SZ Bd. 53 (1980) Nr. 3, S. 16 (19); *OGH* ÖBl. 1992, 129 (130f.); 2000, 259 (260) – Computer-Verkaufsaktion.

[10] *BGH* NJW-RR 2004, 615 (616) = GRUR 2004, 343 = WRP 2004, 483 – Playstation; *OLG Karlsruhe* GRUR 1999, 769.

[11] *BGH* GRUR 2003, 163 (164) = WRP 2003, 273 – Computerwerbung II.

[12] *BGH* LM § 3 UWG Nr. 248 = NJW-RR 1987, 102; LM § 3 UWG Nr. 434 (Bl. 3 R) = NJW-RR 2001, 329 = GRUR 2000, 911 (912) – Lieferstörung.

[13] *BGH* LM § 3 UWG Nr. 248 = NJW-RR 1987, 102; LM § 3 UWG Nr. 434 (Bl. 3 R) = NJW-RR 2001, 329 = GRUR 2000, 911 (912) – Lieferstörung.

[14] *BGH* WRP 2013, 1336 Tz. 12ff. = GRUR 2013, 1056 – Meisterpräsenz.

[15] Ohly/Sosnitza/*Sosnitza,* § 5 Rn. 247ff.

Leistung in den Augen der Verbraucher in einem günstigen Licht erscheinen zu lassen.[16] Dafür nunmehr noch einige Beispiele aus der Rechtsprechung:

2. Eigenschaften

14 Gegen § 5 Abs. 1 S. 2 Nr. 1 UWG verstoßen vor allem solche Werbebehauptungen, die bei den Abnehmern unrichtige Vorstellungen über die Eigenschaften und insbesondere die **Qualität** der angebotenen Ware oder Dienstleistung einschließlich ihrer rechtlichen Eigenschaften hervorrufen können.[17] Eine Ware darf deshalb nur dann als *„neu"* ausgegeben werden, wenn sie „fabrikneu", dh neu hergestellt und noch nicht benutzt ist.[18] Im Regelfall ist es ferner unzulässig, bloße Durchschnittsware als „von hoher Qualität" anzupreisen.[19] § 5 UWG greift außerdem ein, wenn für Waren unter Hinweis auf bestimmte industrielle Normen oder Standards wie zB **DIN** geworben wird, die Ware jedoch tatsächlich diesen Normen oder Standards oder den zugrundeliegenden Fertigungsmethoden nicht entspricht.[20] In einer Werbung für elektronische Messgeräte muss daher auf eine eingeschränkte Leistungsfähigkeit der Geräte hingewiesen werden, selbst wenn sich die Werbung in erster Linie an Fachleute wendet.[21] Für **Dienstleistungen** gilt gleichfalls das Verbot einer Werbung mit irreführenden Angaben über wesentliche Merkmale der angebotenen Leistung, sodass zB Personen, die nur in begrenztem Umfang für buchhalterische Tätigkeiten zugelassen sind, nicht mit einer Bezeichnung werben dürfen, die den Eindruck erweckt, sie könnten auch Leistungen erbringen, die tatsächlich Steuerberatern vorbehalten sind.[22]

15 Besonders verbreitet sind Irreführungen über die Merkmale der Produkte im **Kraftfahrzeuggeschäft.** Ein „schönes" Beispiel ist die Werbung für einen Sportwagen mit einem extrem niedrigen Luftwiderstandsbeiwert (Cw), wenn dieser Wert nach einem ganz unüblichen und ungenauen Verfahren ermittelt wurde.[23] Für *Benzin* darf außerdem nicht unter Hinweis auf DIN-Normen geworben werden, wenn das an der betreffenden Tankstelle vertriebene Benzin tatsächlich nicht den DIN-Anforderungen entspricht.[24] Dagegen verstößt die Angabe der *Stärke* eines Kraftfahrzeugs allein in *„PS"* im Widerspruch zu dem sogenannten Meßeinheitengesetz von 1985[25] nicht gegen § 5 UWG, weil dem Verkehr der Unterschied zwischen „PS" und „kW" vertraut ist.[26] Zulässig ist es auch, in der Werbung für neue Modelle die erzielte Benzinersparnis unter Hinweis auf die Werte nach der DIN 7.300 herauszustellen, da die Verbraucher wissen, dass diese Werte im täglichen Verkehr ohnehin niemals zu erreichen

[16] So schon *RG* GRUR 1931, 396; BGHZ 51, 295 (298) = NJW 1969, 976 – Scotch Whisky; *OGH* ÖBl. 2003, 133 (134f.).

[17] ZB *BGH* GRUR 2015, 1019 Tz. 19 = WRP 2015, 1102 (1103f.) – Mobiler Buchhaltungsservice.

[18] *BGH* LM § 539 ZPO Nr. 24 = NJW 1995, 3124 = GRUR 1995, 610 – Neues Informationssystem.

[19] *KG* GRUR 1995, 133 (134f.).

[20] *BGH* LM § 3 UWG Nr. 231 = GRUR 1985, 973 – DIN 2093; LM § 3 UWG Nr. 328 = NJW 1992, 369 – IEC-Publikation; *OLG Nürnberg* GRUR 1990, 141 (142).

[21] *BGH* LM § 3 UWG Nr. 274 = NJW 1988, 2468 – Meßpuffer.

[22] So jedenfalls sehr eng *BGH* GRUR 2015, 1019 Tz. 19ff. = WRP 2015, 1102 (1103f.) – Mobiler Buchhaltungsservice.

[23] *KG* GRUR 1990, 133.

[24] *BGH* LM § 3 UWG Nr. 277 = NJW-RR 1988, 1443 – Benzinwerbung.

[25] BGBl. 1985 I 409.

[26] *BGH* LM § 1 UWG Nr. 636 = NJW 1994, 53.

sind.[27] Der sogenannte VW-Skandal des Jahres 2015 hat insoweit wohl jedem endgültig die Augen geöffnet.

3. Kunststoffe

16 Bei zahlreichen Produkten legt der Verkehr Wert auf den Umstand, ob sie *aus natürlichen Stoffen* hergestellt sind oder nicht. Kommt beides vor, so darf für Produkte aus Kunststoff keine Bezeichnung gewählt werden, die geeignet ist, einen Teil der angesprochenen Verkehrskreise über diesen Umstand irrezuführen. Das Irreführungsverbot greift ein, wenn für Produkte aus Kunststoff eine Bezeichnung gewählt wird, die bei einem erheblichen Teil der Durchschnittsverbraucher den Eindruck eines Produkts *aus natürlichen Stoffen* hervorrufen kann. Irreführend ist es daher zB, Metallgeschirr „Silberal" zu nennen,[28] für Plastikwaren eine Bezeichnung zu verwenden, die auf Leder hindeutet,[29] oder Phantasienamen für Kunststoffe mit den Zusätzen *„echt"* oder *„Original"* zu gebrauchen, weil der Verkehr aus solchen Zusätzen auf die Verwendung von Naturstoffen schließt.[30]

17 Bei mehrdeutigen, aber **eingebürgerten Bezeichnungen** muss oder besser: musste doch früher außerdem durch Zusätze klargestellt werden, dass die fraglichen Produkte aus Kunststoffen hergestellt sind.[31] Indessen darf man heute von dem verständigen Durchschnittsverbraucher doch wohl erwarten, sich klar zu machen, dass Kupferseide keine Naturseide sein kann, dass Kunststoff-Furniere schwerlich aus Holz bestehen werden und dass Betonklinker etwas anderes als Tonklinker sein dürften.[32]

4. Lebensmittel

18 Strenge Anforderungen hinsichtlich der Richtigkeit, Eindeutigkeit und Klarheit von Werbebehauptungen gelten ferner bei Lebensmitteln, weil die Verbraucher solche Angaben angesichts des wachsenden Gesundheitsbewusstseins besonders ernst zu nehmen pflegen.[33] Aus demselben Grund wird § 5 UWG auf diesem Gebiet durch eine ständig wachsende Zahl gesetzlicher **Sonderregelungen** ergänzt. Hervorzuheben ist das Lebensmittel-, Bedarfsgegenstände- und Futtermittelgesetzbuch **(LFGB)** von 2006[34] in der Fassung von 2013,[35] das in den §§ 11 und 12 ebenfalls verschiedene **Irreführungsverbote** speziell für Lebensmittel enthält. Diese Vorschriften beruhen auf unionsrechtlichen Vorgaben und enthalten deshalb eine grundsätzlich abschließende Regelung der Materie. Verstöße können über § 3a UWG sanktioniert werden, weil es

[27] *KG* GRUR 1984, 218.

[28] *BGH* LM § 3 UWG Nr. 15 = GRUR 1955, 251.

[29] *BGH* LM § 3 UWG Nr. 50 = GRUR 1961, 545 – Plastic Fölien; LM § 3 UWG Nr. 60 = GRUR 1963, 539 – echt skai; *OLG Hamburg* GRUR 1991, 240 – Recycling-Leder.

[30] *BGH* LM § 3 UWG Nr. 60 = GRUR 1963, 359 – echt skai; s. auch *OGH* ÖBl. 1997, 21 (22f.) – Original-Mozartkugeln; ÖBl. 2002, 130 – Original Turbogeräte.

[31] *BGH* LM § 3 UWG Nr. 40 = GRUR 1960, 567; LM § 3 UWG Nr. 87 = GRUR 1968, 200 für die Bezeichnungen „Kunstglas" und „Acrylglas".

[32] Anders früher BGHZ 13, 244 (254f.) = NJW 1954, 1566 – Cupresa; *BGH* LM § 3 UWG Nr. 86 = GRUR 1967, 600 – Kunststoffurnier (Rhenodur I); LM § 3 UWG Nr. 116 = GRUR 1972, 360 – Kunststoffglas; LM § 3 UWG Nr. 127 = GRUR 1974, 158 – Rhenodur II.

[33] *BGH* LM § 3 UWG Nr. 34 = GRUR 1958, 492 – Eispralinen; LM § 1 UWG Nr. 850 (Bl. 4 R) = GRUR 2002, 182 = NJW-RR 2002, 329 – Das Beste jeden Morgen; *OGH* SZ Bd. 32 (1959) Nr. 7, S. 19 (23) – Diätsalz.

[34] BGBl. 2006 I 945.

[35] BGBl. 2013 I 1426 mit Änderungen.

sich um *Marktverhaltensregeln* handelt. Daneben bleibt zwar § 5 UWG anwendbar; jedoch bestimmt sich bei Lebensmitteln die Reichweite des Irreführungsverbotes nach den §§ 11 und 12 LFGB.[36]

19 Die §§ 11 und 12 LFGB werden durch verschiedene Verordnungen und Gesetze ausgefüllt, in denen im Einzelnen geregelt ist, welchen Anforderungen bestimmte Produkte genügen müssen und welche Bezeichnungen für sie verwandt werden dürfen.[37] Ein Beispiel ist das **Weingesetz** in der Fassung von 2011[38] in Verbindung mit der Weinverordnung von 2002 in der Fassung der Bekanntmachung von 2009.[39] Hält sich der Kaufmann in seiner Werbung an diese Vorschriften, so liegt grundsätzlich keine Irreführung vor.[40] Ausnahmen sind nur denkbar, wenn der Verkehr bestimmte Begriffe gänzlich anders als gesetzlich fixiert versteht.[41]

20 Sind mit Lebensmitteln generell oder unter bestimmten Voraussetzungen **Gesundheitsgefahren** verbunden, so muss darauf zum Schutze der Verbraucher in der Werbung hingewiesen werden (§ 5a Abs. 3 Nr. 1 UWG).[42] Daher muss zB ein Kaufmann, der in seinen Regalen Waren stehen lässt, deren Mindesthaltbarkeitsdatum abgelaufen ist, auf diesen Umstand aufmerksam machen, weil die Verbraucher sonst davon ausgehen werden, dass die fragliche Ware noch frisch ist.[43] Ebenso wenig darf für Lebensmittel unter Hinweis auf einen **Zusatz** geworben werden, der gesetzlich verboten ist, weil damit bei den Verbrauchern der Eindruck erweckt werden könnte, es handele sich um einen Vorzug der Ware, gegen den keine Bedenken bestehen.[44]

5. Genussmittel

21 Bei Genussmitteln muss gleichfalls *jede Gefährdung der Gesundheit* der Verbraucher durch eine unzutreffende Werbung ausgeschlossen werden (§§ 5, 5a UWG). Deshalb ist es unzulässig, für *Spirituosen* mit Bezeichnungen zu werben, die den Eindruck erwecken, sie seien zur Förderung der Gesundheit geeignet.[45] Außerdem muss in der Werbung für *Zigaretten* deutlich sichtbar und leicht lesbar vor den Gefahren des Zigarettenrauchens gewarnt werden, um das Bewusstsein der Schädlichkeit des Rauchens wach zu halten.[46] In Jugendzeitschriften verstößt die Werbung für Zigaretten sogar generell gegen § 3 Abs. 2 UWG.[47] Bei sonstigen Genussmitteln darf die Werbung gleichfalls keinen falschen Eindruck hinsichtlich ihrer *Verträglichkeit* hervorrufen. Ist zB ein

[36] *BGH* GRUR 2002, 1091 (1092) = WRP 2002, 1267 – Bodensee-Tafelwasser; GRUR 2003, 628 = WRP 2003, 7457 (749) – Klosterbrauerei; *OLG Frankfurt a. M.* GRUR-RR 2001, 67 – Eschweger Klosterbräu; *Oelrichs,* WRP 2004, 863.

[37] Überblick bei Ohly/Sosnitza/*Sosnitza,* § 5 Rn. 253.

[38] BGBl. 2011 I 66 mit Änderungen.

[39] BGBl. 2009 I 827 mit Änderungen.

[40] *BGH* LM § 3 UWG Nr. 323 = NJW-RR 1991, 1392 – 40 % weniger Fett.

[41] → § 14 Rn. 60 ff.; vgl. für „Fruchtsäfte" *BGH* LM § 1 UWG Nr. 405 = GRUR 1984, 376 – Johannisbeer-Konzentrat.

[42] S. *BGH* LM § 1 UWG Nr. 405 = GRUR 1984, 376 – Johannisbeer-Konzentrat.

[43] *OLG Hamburg* NJW-RR 2002, 908 f.

[44] BGHZ 46, 305 (306 ff.) = NJW 1967, 675 für Eisenbeimischungen zu Salz.

[45] *BGH* LM § 1 UWG Nr. 337 = GRUR 1980, 797 – topfit Boonekamp.

[46] BGHZ 124, 230 (235 ff.) = NJW 1994, 730 = GRUR 1994, 219 – Warnhinweis.

[47] *BGH* LM § 1 UWG Nr. 642 = NJW 1994, 751 = GRUR 1994, 304 – Zigarettenwerbung in Jugendzeitschriften.

besonders behandelter Kaffee nur für *viele* Magenempfindliche bekömmlich, so darf nicht behauptet werden, dass er für *jedermann* bekömmlich sei.[48]

6. Heilmittel

a) HWG

Besonders strenge Regeln gelten für die Werbung für Heilmittel, um die Verbraucher vor den Gefahren eines Missbrauchs von Heilmitteln zu schützen. Maßgebend ist das **Heilmittelwerbegesetz (HWG)** von 1978 in der Fassung von 1994,[49] nach dem die *irreführende Werbung* für Arzneimittel, insbesondere gegenüber Verbrauchern, verboten (§ 3 HWG) und grundsätzlich auch strafbar ist (§§ 14 und 15 HWG). 22

Um eine Umgehung der Vorschriften des HWG (→ Rn. 22) zu verhindern, ist es nach **§ 11 Abs. 1 Nr. 4 LFGB** ferner verboten, Lebensmitteln in der Werbung den Anschein eines Arzneimittels zu geben. Bei Körperersatzmitteln wie zB Mitteln zum Aufbau von Muskeln ergibt sich daraus die häufig schwierige Frage, ob es sich bei ihnen noch um Lebensmittel handelt, für die geworben werden darf, oder schon um Arzneimittel, bei denen eine Werbung gegenüber den Verbrauchern verboten ist (→ Rn. 22). 23

Die **Abgrenzung** zwischen Arzneimitteln, Lebensmitteln oder kosmetischen Mitteln richtet sich nach der überwiegenden *Zweckbestimmung* des fraglichen Produkts, so, wie sie sich für den verständigen Durchschnittsverbraucher aufgrund der Verwendungsmöglichkeiten, der Verkehrsanschauung und der Werbung darstellt. **Arzneimittel** sind nach § 2 Abs. 1 Nr. 1 des Arzneimittelgesetzes **(AMG)** in der Fassung der Bekanntmachung von 2005[50] Stoffe, die dazu bestimmt sind, durch Anwendung im oder am menschlichen Körper Krankheiten zu heilen, zu lindern, zu verhüten oder zu erkennen; ausgenommen sind lediglich kosmetische Mittel (§ 2 Abs. 3 Nr. 2 AMG). Die genaue Grenzziehung ist vielfach nur mit Hilfe der medizinischen Wissenschaft möglich.[51] Die Vorschriften des LFGB und des AMG sind durchweg *Marktverhaltensregeln,* sodass Verstöße gegen sie auch über § 3a UWG sanktioniert werden können; wichtig ist dies vor allem wegen des erweiterten Klagerechts der Mitbewerber und Verbände aufgrund des § 8 Abs. 3 Nr. 1 und 2 UWG.[52] 24

b) UWG

Neben den genannten Sonderregelungen (→ Rn. 22f.) bleibt in jedem Fall das allgemeine Irreführungsverbot der §§ 5 und 5a UWG anwendbar (§ 17 HWG). Im Rahmen des § 5 UWG gelten gleichfalls **strenge Anforderungen** an die Zulässigkeit der 25

---

[48] Vgl. *BGH* LM § 3 UWG Nr. 70 = GRUR 1965, 368 – Kaffee C; LM § 3 UWG Nr. 149 = GRUR 1978, 252 – Kaffee-Hörfunkwerbung; GRUR 1973, 538f. – Idee Kaffee II; GRUR 1975, 664 = WRP 1976, 40 – Idee Kaffee III; GRUR 1976, 195 – Treffpunkt Mocca Press.

[49] BGBl. 1978 I 1677; 1994 I 3068, 3082; zuletzt geändert durch Gesetz v. 7.8.2013 (BGBl. I 3108).

[50] BGBl. 2005 I 3394 mit Änderungen.

[51] *BGH* LM § 1 UWG Nr. 678 (Bl. 2 R f.) = NJW 1995, 1615 = GRUR 1995, 419 – Knoblauchkapseln; LM § 1 UWG Nr. 812 (Bl. 2ff.) = NJW-RR 2000, 1284 = GRUR 2000, 528 = WRP 2000, 510 – L-Carnitin; LM § 1 UWG Nr. 837 (Bl. 1 R f.) = GRUR 2001, 450 – Franzbranntwein-Gel; NJW 2004, 3122 = GRUR 2004, 793 (795ff.) = WRP 2005, 1024 – Sportlernahrung II; GRUR 2004, 1037 (1038) = WRP 2004, 1481 – Johanniskraut; *Hagenmeyer/Hahn,* WRP 2008, 275; *Meyer/Preuß,* WRP 2003, 675; vgl. auch die Nahrungsergänzungsmittel-Richtlinie vom 10.6.2002, ABl. 2002 L 183/51.

[52] S. im Einzelnen Köhler/Bornkamm/*Köhler,* § 4 Rn. 11.135ff.; Ohly/Sosnitza/*Ohly,* § 4 Rn. 11/60ff.

Gesundheitswerbung.[53] Daher ist es zB verboten, für Arzneimittel mit neuen medizinischen Erkenntnissen zu werben, solange diese nicht allseits akzeptiert sind,[54] oder bei den Verbrauchern durch die „Garantie" eines bestimmten Erfolges bei Abmagerungskuren falsche Erwartungen zu wecken, da bekanntermaßen solche Garantie (leider) unmöglich ist.[55] Ebenso wenig ist es angängig, in der Werbung für Arzneimittel ihre „gute Verträglichkeit" herauszustellen, wenn Nebenwirkungen und Schäden bei langem Gebrauch nicht auszuschließen sind,[56] für Kosmetika mit der Behauptung zu werben, sie führten in kurzer Zeit zu einer erheblichen Verjüngung, wenn der Werbung zugleich ein wissenschaftlicher Anstrich gegeben wird, sodass die Verbraucher dies (entgegen allen schlechten Erfahrungen) ernstnehmen müssen,[57] oder einer Creme durch die Bezeichnung „Lifting" Wirkungen beizulegen, die sie tatsächlich nicht hat.[58] Irreführend ist außerdem die Bezeichnung eines Hautöls als „natürlich", wenn es überwiegend aus synthetischen Stoffen besteht.[59]

IV. Ursprung

Literatur: *Baumgärtel,* Schutz geographischer Bezeichnungen in Frankreich und Deutschland, 2002; *Beier,* Der Schutz geographischer Herkunftsangaben in Deutschland, 1963 = GRUR 1963, 169, 236; *Bornkamm/Schnepp,* Deutsche geographische Herkunftsangaben, 1992; *Simon,* in: Baudenbacher/Simon, Neueste Entwicklungen im Europäischen und internationalen Immaterialgüterrecht, Bd. 5, 2002, S. 159; *ders.,* in: Baudenbacher/Simon, Neueste Entwicklungen, Bd. 6, 2003, S. 345; *Tilmann,* Die geographische Herkunftsangabe, 1976; *ders.,* in: Gewerblicher Rechtsschutz und Urheberrecht in Deutschland, Bd. 2, 1991, S. 1007; *Ulmer/Reimer (Beier),* Unlauterer Wettbewerb, Tz. 673ff. (S. 463ff.).

1. Überblick

26 Das Gesetz nennt in § 5 Abs. 1 S. 2 Nr. 1 als weitere Merkmale, über die in der Werbung für Waren oder Dienstleistungen keine irreführenden Angaben gemacht werden dürfen, ihre geographische oder betriebliche Herkunft. Ergänzende Regelungen finden sich an mehreren Stellen innerhalb und außerhalb des UWG. Hervorzuheben ist zunächst § 5 Abs. 2 UWG, nach dem eine geschäftliche Handlung irreführend ist, wenn sie im Zusammenhang mit der Vermarktung von Waren oder Dienstleistungen einschließlich vergleichender Werbung eine Verwechslungsgefahr mit einer anderen Ware oder Dienstleistung oder mit der Marke oder einem anderen Kennzeichen eines Mitbewerbers hervorruft. § 6 Abs. 2 Nr. 3 UWG fügt hinzu, dass vergleichende Werbung unlauter ist, wenn der Vergleich im geschäftlichen Verkehr zu einer Gefahr von Verwechslungen zwischen dem Werbenden und einem Mitbewerber oder zwischen den von diesem angebotenen Waren oder Dienstleistungen oder den von ihnen verwendeten Kennzeichen führt (→ § 7 Rn. 38). In den vorliegenden Zusammenhang gehört ferner die Nr. 13 des Anhangs zu § 3 Abs. 3 UWG. Danach ist die Werbung

[53] *KG* NJW-RR 1991, 1449; 1992, 301.
[54] *OLG Köln* NJW-RR 1987, 1322; GRUR 2000, 154; *OLG Düsseldorf* GRUR 1990, 291 f. – „Rheumalana"; *OLG München* GRUR 1990, 294.
[55] *OLG Hamm* GRUR 1984, 140; *KG* NJW-RR 1987, 624; WRP 1990, 173; ebenso für eine angeblich zur Bekämpfung der Zellulitis geeignete Creme *OLG Köln* GRUR 2000, 154.
[56] *KG* NJW-RR 1992, 301; großzügiger für bloße Schmerzmittel *KG* NJW-RR 1989, 1446.
[57] *OLG München* GRUR 1993, 486.
[58] *BGH* LM § 1 UWG Nr. 733 = NJW-RR 1997, 931 (933) = GRUR 1997, 537 – Lifting Creme; *OLG Köln* GRUR 2000, 154.
[59] *OLG Nürnberg* GRUR 1989, 128; → Rn. 16f.

für eine Ware oder Dienstleistung, die der Ware oder Dienstleistung eines Mitbewerbers ähnlich ist, stets unlauter, wenn dies in der Absicht geschieht, über die betriebliche Herkunft der beworbenen Ware oder Dienstleistung zu täuschen. Weitere Regelungen zum Schutz geographischer Herkunftsangaben finden sich im Völkerrecht (→ Rn. 28f.), im Unionsrecht (→ Rn. 31f.) sowie insbesondere in den §§ 126–139 MarkenG (zu den Konkurrenzfragen → Rn. 34ff.).

§ 5 Abs. 1 S. 2 Nr. 1 unterscheidet geographische und betriebliche Herkunftsangaben 27
(zu den betrieblichen Herkunftsangaben → Rn. 56ff.). Unter **geographischen Herkunftsangaben** versteht man die Namen von Orten, Gegenden, Gebieten oder Ländern sowie sonstige Angaben oder Zeichen, die im geschäftlichen Verkehr zur Kennzeichnung der geographischen Herkunft von Waren oder Dienstleistungen benutzt werden (§ 126 Abs. 1 MarkenG). Die **Bedeutung** derartiger Herkunftsangaben nimmt im geschäftlichen Verkehr ständig zu:

2. Völkerrecht

Bei den völkerrechtlichen Regelungen zum Schutze geographischer Herkunftsangaben 28
hat man zweiseitige und mehrseitige Abkommen zu unterscheiden.[60] Unter den *mehrseitigen* Abkommen sind hervorzuheben die Pariser Verbandsübereinkunft **(PVÜ)** von 1893 (→ § 2 Rn. 1ff.), das Madrider Abkommen über die Unterdrückung falscher oder irreführender Herkunftsangaben von 1891 **(MHA),** dem Deutschland erst 1925 beigetreten ist, sowie das **TRIPS-Übereinkommen von 1994** über handelsbezogene Aspekte der Rechte des geistigen Eigentums, das einen Bestandteil der WTO bildet.[61] Die Bedeutung der genannten völkerrechtlichen Abkommen ist unterschiedlich. Während die PVÜ ebenso wie das MHA lediglich zur Beschlagnahme von Waren mit irreführenden Herkunftsangaben verpflichten, begründet das TRIPS-Übereinkommen erstmals eine umfassende **Verpflichtung** der Mitgliedstaaten zum **Schutz des geistigen Eigentums** nach den Grundsätzen der Inländergleichbehandlung und der Meistbegünstigung. Zum geistigen Eigentum in diesem Sinne zählen auch geographische Herkunftsangaben, sodass alle Mitgliedstaaten der WTO verpflichtet sind, diese Angaben durch ihre Gesetzgebung gegen irreführende und unlautere Werbung zu schützen.[62]

Die Einzelheiten ergeben sich aus den **Art. 22–24 des TRIPS-Übereinkommens.** 29
Geographische Angaben sind danach Angaben, die eine Ware als aus dem Hoheitsgebiet eines Mitglieds oder aus einer Gegend oder aus einem Ort in diesem Gebiet stammend kennzeichnen, wenn eine bestimmte Qualität, der Ruf oder eine sonstige Eigenschaft der Ware im Wesentlichen auf ihrer geographischen Herkunft beruht (Art. 22 Abs. 1). Diese geographischen Angaben sind aufgrund des Art. 22 Abs. 2 des TRIPS-Übereinkommens gegen die Benutzung irreführender Bezeichnungen und gegen unlautere geschäftliche Handlungen im Sinne des Art. 10bis PVÜ zu schützen. Deutschland ist den sich aus diesen Bestimmungen des TRIPS-Übereinkommens ergebenden Verpflichtungen unter anderem durch den Erlass der §§ 126–139 MarkenG nachgekommen.

---

[60] Überblick bei *Berg,* GRURInt 1996, 425 (428ff.); *v. Gamm,* FS Brandner, 1996, S. 375ff.; *Ulmer/Reimer/Beier,* Unlauterer Wettbewerb, Tz. 781ff.; *Tilmann,* Herkunftsangabe, S. 111, 371ff.; Ohly/Sosnitza/*Sosnitza,* § 5 Rn. 400ff.

[61] Anhang I C des Übereinkommens v. 15.4.1994, BGBl. II 1730.

[62] Ohly/Sosnitza/*Sosnitza,* § 5 Rn. 411ff.

30 Deutschland hat ferner mit mehreren Staaten zweiseitige Abkommen über den Schutz geographischer Herkunftsangaben abgeschlossen, von denen das wichtigste das **deutsch-französische Abkommen vom 8. März 1960** ist,[63] das als Muster für eine ganze Reihe vergleichbarer Abkommen mit anderen Staaten gedient hat.[64] Hervorzuheben sind die Abkommen mit Italien, Griechenland, der Schweiz, Spanien und Österreich. Alle diese Abkommen enthalten in ihren Anlagen lange **Listen geographischer Bezeichnungen** eines Vertragsstaates, denen auf dem Gebiet des anderen Vertragsstaates umfassender Schutz gewährt werden muss.[65] Aufgrund des Abkommens mit Frankreich ist zB die Bezeichnung „Champagner" französischem Schaumwein vorbehalten, sodass deutsche Schaumweine oder ähnliche Getränke nicht gleichfalls als „Champagner" bezeichnet werden dürfen.[66] Ähnliche Regelungen gelten etwa für die Bezeichnungen französischen Cognacs[67] oder aufgrund des Abkommens mit Italien für Parmaschinken.[68]

3. Unionsrecht

31 Die Stellung der geographischen Herkunftsangaben im Unionsrecht war lange Zeit unklar und umstritten, da unverkennbar ist, dass sie sich in besonderem Maße zur künstlichen Aufteilung des Binnenmarktes in nationale Märkte eignen. Gleichwohl entschied der EuGH 1992, dass auch der Schutz der einfachen geographischen Herkunftsangaben mit dem AEUV (Art. 36) vereinbar ist, selbst wenn sich daraus Hindernisse für den innergemeinschaftlichen Warenverkehr ergeben.[69] Etwas anderes gilt jedoch, wenn unionsrechtliche **Sonderregelungen** eingreifen, wie sie namentlich auf dem Gebiet des Lebens- und Genussmittelrechts bestehen. Die wichtigsten derartigen Sonderregelungen sind die Verordnung Nr. 1151/2012[70] über Qualitätsregelungen für Agrarerzeugnisse und Lebensmittel sowie die Verordnung Nr. 753/2002 für Wein und Spirituosen.[71]

32 Die hier allein interessierende **VO Nr. 1151/2012** hat nach französischem Vorbild ein **Registrierungsverfahren** zum Schutz (nur) von bestimmten qualifizierten geographischen Herkunftsangaben auf dem Gebiet der Agrarerzeugnisse und Lebensmittel einschließlich zB Bier gebracht. Im Einzelnen hat man Ursprungsbezeichnungen und geschützte geographische Angaben zu unterscheiden (Art. 5 der Verordnung). Entscheidend ist in jedem Fall, ob die fraglichen Produkte den Namen einer Gegend oder eines Ortes tragen, ob die Produkte der Herkunft aus diesem Gebiet besondere Eigenschaften oder eine besondere Qualität verdanken und ob sie in dem betreffenden

63 BGBl. 1961 II 22.

64 S. *v. Gamm,* FS Brandner, 1996, S. 375 (381 ff.); *Loschelder,* FS Erdmann, 2002, S. 387.

65 S. *Loschelder* (vorige Fn.), S. 389 f.

66 BGHZ 52, 216 (222 ff.) = NJW 1969, 2083 – Champagner-Weizenbier; *BGH* LM § 1 UWG Nr. 475 = NJW 1988, 674 = GRUR 1988, 453 – ein Champagner unter den Mineralwässern; NJW-RR 2006, 326 = GRUR 2005, 957 – Champagner-Bratbirne.

67 *OLG Frankfurt a. M.* GRUR 1987, 330 – Napoléon.

68 *OLG München* GRUR 1985, 564; 1987, 282.

69 Grdl. *EuGH* Slg. 1992, I-5553 (5562 ff. Tz. 28 ff.) = EuZW 1993, 66 – Exportur/Turron.

70 ABl. 2012 L 343/1; s. dazu *Ahrens,* Gewerblicher Rechtsschutz, 2008, § 49; *Dörre/Maaßen,* GRUR-RR 2008, 269; *Knaak,* GRURInt 2006, 893; *ders.,* in: Sosnitza, Aktuelle Probleme des deutschen und europäischen Lebensmittelrechts, 2007, S. 116; *McGuire,* WRP 2008, 620; Ohly/Sosnitza/*Sosnitza,* § 5 Rn. 314 ff.

71 ABl. 2002 L 118/1.

Gebiet auch tatsächlich hergestellt wurden. Ob diese Voraussetzungen erfüllt sind, wird in einem *zweistufigen Verfahren* auf Antrag zunächst von dem Mitgliedstaat und sodann von der Kommission geprüft. Bejaht die Kommission die Schutzvoraussetzungen, so wird die geographische Angabe in ein Register eingetragen und genießt anschließend umfassenden **Schutz** in der ganzen Union, sodass nur noch Erzeugnisse aus der betreffenden Region die Angabe verwenden dürfen (Art. 13f. der Verordnung). Ausführungsvorschriften finden sich in den §§ 130–135, 139 und 145 MarkenG. Die wichtigste Wirkung der Eintragung von Herkunftsangaben aufgrund der Verordnung besteht in dem *Vorrang* des Schutzes der Herkunftsangaben vor dem Grundsatz des freien Warenverkehrs. Die Verordnung verdrängt insoweit in ihrem Anwendungsbereich entsprechende nationale Regelungen ebenso wie bilaterale Abkommen.[72] Nach Meinung des EuGH gilt dasselbe sogar für (noch) *nicht eingetragene* qualifizierte geographische Herkunftsangaben; hinsichtlich dieser Herkunftsangaben enthält die Verordnung folglich gleichfalls eine *abschließende* Regelung.[73]

Von der Verordnung Nr. 1151/2012 *nicht* erfasst werden dagegen **einfache geographische Herkunftsangaben,** solche also, mit denen sich *keine* Qualitätsvorstellungen verbinden. Der Schutz dieser Herkunftsangaben richtet sich daher weiterhin *nach nationalem Recht,* in Deutschland mithin nach den §§ 126ff. MarkenG.[74] 33

4. Konkurrenzen

Dem Schutz geographischer und betrieblicher Herkunftsangaben dienen nebeneinander mehrere unterschiedliche Vorschriften innerhalb und außerhalb des UWG, wodurch schwierige Konkurrenzfragen aufgeworfen werden. Aus dem **UWG** gehören hierher insbesondere die Vorschriften des § 5 Abs. 1 S. 2 Nr. 1, des § 5 Abs. 2, des § 6 Abs. 2 Nr. 3 sowie des Anhangs Nr. 13 zu § 3 Abs. 3 und ergänzend noch § 4 Nr. 3 lit. a, während aus dem MarkenG vor allem die §§ 126ff. einschlägig sind. Der Klärung bedarf zunächst das Verhältnis der beiden Irreführungstatbestände des **§ 5 Abs. 1 S. 2 Nr. 1** und des **§ 5 Abs. 2 UWG** zueinander. Soweit sich diese beiden Tatbestände auf Herkunftsangaben beziehen, dürften sie sich in ihren Voraussetzungen, ihrer Schutzrichtung und in ihren Rechtsfolgen weitgehend decken,[75] sodass man sie ohne Bedenken *nebeneinander* anwenden kann; in der praktischen Rechtsanwendung wird aber wohl durchweg die Vorschrift des *§ 5 Abs. 1 S. 2 Nr. 1 UWG* bevorzugt werden, einfach, weil sie offenbar leichter zu handhaben ist als der andere Tatbestand (§ 5 Abs. 2 UWG).[76] 34

Klärungsbedürftig ist ferner das Verhältnis von § 5 Abs. 1 und Abs. 2 UWG zu den einschlägigen Vorschriften des **MarkenG.** Es geht dabei letztlich immer um die 35

---

[72] *McGuire,* WRP 2008, 620 (626); Ohly/Sosnitza/*Sosnitza,* § 5 Rn. 321 mN.

[73] *EuGH* Slg. 2009, I-7721 Tz. 107ff. = GRUR 2010, 143 – American Bud II; Ohly/Sosnitza/*Sosnitza,* § 5 Rn. 322; im Einzelnen str.

[74] *EuGH* Slg. 2000, I-909 (929ff. Tz. 41ff.) = EuZW 2001, 125 = GRUR 2001, 65 – Warsteiner; *BGH* LM § 126 MarkenG Nr. 2 (Bl. 2ff.) = NJW 2002, 600 = GRUR 2002, 160 – Warsteiner III; GRUR 2002, 1074 (1076ff.) = WRP 2002, 1236 – Original Oettinger; wegen der Einzelheiten s. *Emmerich,* JuS 1999, 84; *Loschelder,* FS Erdmann, 2002, S. 387 (390ff.); *ders.,* FS Tilmann, 2003, S. 403; Ohly/Sosnitza/*Sosnitza,* § 5 Rn. 318, 320.

[75] Köhler/Bornkamm/*Bornkamm,* § 5 Rn. 4.240a; MüKoUWG/*Busche,* § 5 Rn. 674; *Sack,* WRP 2014, 1130 (1134 Tz. 28); anders offenbar *Sambuc,* FS Köhler, 2014, S, 577.

[76] *Sack,* WRP 2014, 1130 (1134 Tz. 28).

schwierige Frage, ob den Beteiligten über das Lauterkeitsrecht ein Weg eröffnet werden soll, durch den Rückgriff auf das UWG (§ 5 Abs. 1 und Abs. 2) spezielle *markenrechtliche Wertungen* zu überspielen, aus denen sich Schranken für den Zeichenschutz nach dem MarkenG ergeben, etwa in Fällen der Gleichnamigkeit, der Verwirkung oder im Falle der Lizenzierung von Zeichenrechten. Um der infolgedessen naheliegenden Gefahr der Umgehung spezieller markenrechtlicher Wertungen auf dem Weg über das UWG zu begegnen, verfolgte die Rechtsprechung zunächst die Linie, dass MarkenG als *lex specialis* zu dem UWG zu behandeln, sodass auf das letztere nur rekurriert werden konnte, wenn das MarkenG keine Regelung enthielt.[77] Diese *Vorrangthese,* die schon immer mit § 2 Marken G kaum zu vereinbaren war, ist jedoch mittlerweile aufgegeben, – mit der Folge freilich, dass sich heute auch insoweit die Konkurrenzfrage in aller Schärfe stellt.[78] Hier ist daran zu erinnern, dass von Fall zu Fall auch der Schutz der Verbraucher gegen Irreführungen nach den § 5 und 5a aufgrund einer **Interessenabwägung** zum Schutz vorrangiger anderer Wertungen eingeschränkt werden kann (→ § 14 Rn. 64f.). Das eröffnet einen Weg, dort, wo man dies wie etwa in Gleichgewichtslagen für nötig hält, aufgrund einer Interessenabwägung den lauterkeitsrechtlichen Schutz von Herkunftsangaben gegen Irreführungen ebenso zu beschränken wie den parallelen markenrechtlichen Schutz von Kennzeichen.[79]

36 Unter den weiteren Konkurrenzfällen gilt als besonders schwer durchschaubar das Verhältnis zwischen dem allgemeinen Irreführungsverbot des § 5 Abs. 1 und Abs. 2 und dem speziellen Irreführungsverbot für die **vergleichende Werbung** in § 6 Abs. 2 Nr. 3 UWG. Hier ist beachten, dass die Schutzrichtung der genannten Normen unterschiedlich ist: Während § 6 Abs. 2 Nr. 3 UWG in erster Linie den Bereich B2B betrifft, steht bei § 5 UWG der Verbraucherschutz im Vordergrund, sodass in dem Bereich *B2C vorrangig § 5 UWG* angewendet werden sollte (→ § 7 Rn. 38).[80] Auf jeden Fall gilt solcher Vorrang für den Sonderfall der geradezu **beabsichtigten Irreführung** über die betriebliche Herkunft von Waren oder Dienstleistungen, die immer gegen die Nr. 13 des Anhangs zu § 3 Abs. 3 UWG verstößt, wobei es ausreicht, wenn der Werbungstreibende mit bedingtem Vorsatz hinsichtlich der Täuschung der Verbraucher handelt.[81] Was schließlich das Verhältnis des Irreführungsverbots (§ 5 Abs. 1 und Abs. 2) zu **§ 4 Nr. 3 lit. a UWG** angeht, so dürfte davon auszugehen sein, dass die genannten Vorschriften wegen ihrer unterschiedlichen Zwecke gleichberechtigt nebeneinander stehen.[82]

---

[77] So BGHZ 139, 138 (139f.) = NJW 1998, 3489 = JuS 1999, 84 Nr. 10 – Warsteiner II; BGHZ 173, 57 (66f. Tz. 31) = NJW-RR 2008, 57 = GRUR 2007, 884 – Cambrige Institute; Ohly/Sosnitza/*Sosnitza,* § 5 Rn. 707ff.

[78] BGHZ 198, 159 (176f. Tz. 60f.) = NJW-RR 2014, 479 = GRUR 2013, 1161 – Hard Rock Cafe; der Sache nach auch schon *BGH* GRUR 2013, 397 Tz. 40ff. = WRP 2013 499 (502) – Peek & Cloppenburg III; s. dazu insbesondere *Alexander,* FS Köhler, 2014, S. 23; Köhler/Bornkamm/*Bornkamm,* § 5 Rn. 4.212, 4.240ff.; MüKoUWG/*Busche,* § 5 Rn. 675f.; Harte-Bavendamm/Henning-Bodewig/*Dreyer,* § 5 Rn. J 10ff.; *Sambuc,* FS Köhler, 2014, S, 577; *Sack,* WRP 2014, 1130 (1134f.).

[79] BGHZ 198, 159 (177f. Tz. 67ff.) = NJW-RR 2014, 479 = GRUR 2013, 1161 – Hard Rock Café; der Sache nach auch schon *BGH* GRUR 2013, 397 Tz. 43ff. = WRP 2013 499 (502) – Peek & Cloppenburg III; *Alexander,* FS Köhler, 2014, S. 23 (27ff.); MüKoUWG/*Busche,* § 5 Rn. 676; Harte-Bavendamm/Henning-Bodewig/*Dreyer,* § 5 Rn. J 11ff.; *Sack,* WRP 2014, 1130 (1134ff.).

[80] Ausführlich *Alexander,* FS Köhler, 2014, S. 23 (32ff. mN).

[81] → Rn. 54a; BGHZ 198, 159 (179 Tz. 70) – Hard Rock Café.

[82] S. dazu mN *Alexander,* FS Köhler, 2014, S. 23 (29ff.); *Sambuc,* FS Köhler, 2014, S. 577ff.

5. Erscheinungsformen

a) Unmittelbare und mittelbare Herkunftsangaben

Geographische Herkunftsangaben sind nach § 126 Abs. 1 MarkenG die Namen von Orten, Gegenden, Gebieten oder Ländern sowie *sonstige* Angaben oder Zeichen, die im geschäftlichen Verkehr zur Kennzeichnung der (geographischen) Herkunft von Waren oder Dienstleistungen benutzt werden. Danach hat man im Einzelnen zwischen unmittelbaren und mittelbaren Herkunftsangaben (→ Rn. 38 f.) sowie zusätzlich gemäß § 127 MarkenG noch zwischen einfachen und qualifizierten Herkunftsangaben zu unterscheiden (→ Rn. 40 ff.). Im Rahmen des § 5 Abs. 1 S. 1 Nr. 1 und Abs. 2 UWG spielen diese Unterscheidungen freilich keine Rolle, sodass darauf hier nur kurz einzugehen ist.[83] 37

Von **unmittelbaren** Herkunftsangaben spricht man, wenn die fraglichen Angaben einen *geographischen Begriff* wie zB den Namen einer Landschaft oder einer Stadt enthalten, vorausgesetzt, dass die angesprochenen Verkehrskreise den betreffenden geographischen Begriff überhaupt noch in diesem Sinne verstehen (→ Rn. 43 ff.) *und* dass die Herkunftsangabe im geschäftlichen Verkehr auch tatsächlich als solche benutzt wird (§ 126 Abs. 1 MarkenG). *Nicht* erforderlich ist dagegen, dass die angesprochenen Verkehrskreise mit der geographischen Herkunftsangabe auch bestimmte, auf regionale oder örtliche Eigenheiten zurückzuführende *Qualitätsvorstellungen* verbinden (s. § 127 Abs. 2 MarkenG) oder dass sie erkennen, dass es sich bei der fraglichen Angabe gerade um die Bezeichnung eines Ortes oder einer Gegend handelt, solange nur nach der Verkehrsauffassung eine Herkunftsangabe und keine bloße Phantasiebezeichnung oder Gattungsbezeichnung vorliegt.[84] 38

Beispiele für unmittelbare Herkunftsangaben sind „Lübecker Marzipan,[85] Serie Westerwald,[86] Rüdesheimer Sekt,[87] Warsteiner“ und „Oettinger“ für Bier,[88] „(Hans) Stich-den-Buben“ für eine Weinberglage[89] sowie die Angabe „vom Nürnberger Christkindl Markt“.[90]

Um eine **mittelbare Herkunftsangabe** handelt es sich dagegen, wenn in der Angabe zwar geographische Begriffe fehlen, die angesprochenen Verkehrskreise jedoch *aus anderen Umständen* wie zB aus einer fremdsprachlichen Bezeichnung oder aus der Verwendung bestimmter Herkunftssymbole wie fremder Landesfarben auf die Herkunft der Ware aus einem bestimmten Ort oder einer bestimmten Gegend schließen. 39

Ein bekanntes **Beispiel** sind *Boxbeutelflaschen* für Wein, die im Verkehr allgemein als Hinweis auf die Herkunft des Weines aus dem Frankenland und aus verschiedenen badischen Gemeinden verstanden werden

[83] ZB Harte-Bavendamm/Henning-Bodewig/*Dreyer,* § 5 Rn. C 208 ff.

[84] → Rn. 45 ff.; BGHZ 139, 138 (140 ff.) = NJW 1998, 3489 = JuS 1999, 84 Nr. 10 – Warsteiner.

[85] *BGH* LM § 3 UWG Nr. 171 = GRUR 1981, 71 = WRP 1981, 18; *OLG Köln* GRUR 1983, 385.

[86] *OLG Koblenz* GRUR 1984, 745.

[87] *OLG Frankfurt a. M.* NJW-RR 1986, 667.

[88] BGHZ 139, 138 (141 f.) = NJW 1998, 3489 = JuS 1999, 84 Nr. 10; *BGH* LM § 126 MarkenG Nr. 2 (Bl. 2 unter 2 a) = NJW 2002, 600 (601) = GRUR 2002, 160 – Warsteiner III; GRUR 2002, 1074 (1075) = WRP 2002, 1286 – Original Oettinger.

[89] *BGH* LM § 2 MarkenG Nr. 1 = NJW-RR 2000, 1640 (1642) = GRUR 2001, 73 = WRP 2000, 1284: Hans-Stich-den-Buben war der Leibkoch eines badischen Markgrafen, der seinen Koch seinerzeit mit den fraglichen Lagen belehnt hatte.

[90] *OLG Nürnberg* GRUR 1987, 538.

und deshalb in aller Regel nicht für Weine aus anderen Gegenden verwandt werden dürfen.[91] Irreführend sind nach dem Gesagten ferner **zB** die Verwendung der ungarischen Nationalfarben für österreichische oder deutsche Salami,[92] eine französische Bezeichnung für einen deutschen Käse[93] oder eine deutsche Bezeichnung für ein jugoslawisches Bier,[94] weiter die Kennzeichnung deutscher oder österreichischer Produkte mit dem Schweizer Kreuz[95] sowie die Bezeichnung von Kosmetika, Modeartikeln, Spirituosen, Weinen oder Champagner mit englischen oder französischen Wörtern.[96]

b) Einfache und qualifizierte Herkunftsangaben

40 Nach § 127 MarkenG muss man ferner zwischen einfachen und qualifizierten geographischen Herkunftsangaben unterscheiden. Die **einfachen** geographischen Herkunftsangaben werden aufgrund des § 127 Abs. 1 MarkenG grundsätzlich nur gegen ihre irreführenden Verwendung für Waren oder Dienstleistungen aus einem anderen Gebiet geschützt (→ Rn. 45 ff.). Einen erweiterten Schutz genießen dagegen die **qualifizierten** geographischen Herkunftsangaben, die nach § 127 Abs. 2 MarkenG dadurch charakterisiert sind, dass die fraglichen Waren oder Dienstleistungen *besondere Eigenschaften* oder eine *besondere Qualität* aufweisen. Vor allem diese qualifizierten geographischen Herkunftsangaben repräsentieren häufig einen erheblichen Werbewert und gelten aus diesem Grund als in besonderem Maße schutzwürdig.[97] Deshalb bestimmt § 127 Abs. 2 MarkenG, dass die qualifizierten geographischen Herkunftsangaben auch für Waren oder Dienstleistungen aus dem *betreffenden* Gebiet nur benutzt werden dürfen, wenn sie die Eigenschaften oder die Qualität aufweisen, die die fraglichen, durch eine geographische Herkunftsangabe gekennzeichneten Waren oder Dienstleistungen besitzen und die ihr Ansehen ausmachen. Dabei kommt es nicht auf die Vorstellungen der Verbraucher, sondern darauf an, ob die betreffenden Waren oder Dienstleistungen *tatsächlich* besondere Eigenschaften aufweisen, die außerdem mit ihrer Herkunft zusammenhängen (str.).

41 Nochmals erweitert ist der Schutz schließlich bei den qualifizierten Herkunftsangaben, die einen **besonderen Ruf** genießen, da sie nach § 127 Abs. 3 und Abs. 4 Nr. 2 MarkenG auch ohne die Gefahr einer Irreführung dagegen geschützt werden, dass ihr Ruf oder ihre Unterscheidungskraft ohne rechtfertigenden Grund in unlauterer Weise ausgenutzt oder beeinträchtigt wird (→ § 11 Rn. 25 ff.). Für die Annahme einer *unlauteren Ausnutzung* des Rufs genügt jeder Versuch, den Ruf der betreffenden geographischen Herkunftsangabe auf die eigene Ware oder Dienstleistung überzuleiten, zB durch die Bezeichnung eines Mineralwassers als „Champagner"[98] oder durch den Vergleich eines Computers mit „Champagner" im Gegensatz zu „bloßem"

---

91 *BGH* LM § 3 UWG Nr. 110 = GRUR 1971, 313; LM § 3 UWG Nr. 159 = GRUR 1979, 415; einschränkend *EuGH* Slg. 1984, 1299 (1322 ff.) – Prantl; 1985, 3739 (3746 ff.) – Miro (Genever).

92 *BGH* LM § 3 UWG Nr. 175 = GRUR 1981, 666 – Ungarische Salami I; LM § 3 UWG Nr. 193 = GRUR 1982, 685 = WRP 1982, 648 – Ungarische Salami II; *OGH* SZ Bd. 44 (1971) Nr. 128, S. 466 (471).

93 *OLG Hamburg* GRUR 1988, 632.

94 *OGH* SZ Bd. 54 (1981) Nr. 97, S. 465 (466) – Markus Bier.

95 *OGH* ÖBl. 1979, 64 = GRURInt 1980, 242 (243) – Guhl.

96 BGHZ 44, 16 (18 ff.) = NJW 1965, 1853 – de Paris; *BGH* LM § 3 UWG Nr. 17 = GRUR 1956, 187 – English Lavender; LM § 3 UWG Nr. 105 = NJW 1970, 2105 = GRUR 1971, 29 – Deutscher Sekt; LM § 3 UWG Nr. 108 = GRUR 1971, 255 – Plym-Gin; WRP 2016, 331 (332 f. Tz. 19 ff.) – Piadina-Rückruf.

97 S. *Helm,* FS Vieregge, 1995, S. 335 (353 ff.); *Tilmann,* Herkunftsangabe, 1976, S. 15, 28 ff.

98 *BGH* LM § 1 UWG Nr. 475 = NJW 1988, 644 = GRUR 1988, 453 – ein Champagner unter den Mineralwässern; s. schon → Rn. 32.

Sekt.[99] Gleichsteht die *Beeinträchtigung* des Rufs dieser geographischen Herkunftsangaben, insbesondere durch ihre Verwässerung im Wege der Inflationierung durch die Verwendung für alle möglichen anderen Produkte.

6. Gattungsbezeichnungen

42 Nach § 126 Abs. 2 S. 1 MarkenG müssen von den geographischen Herkunftsangaben vor allem die Gattungsbezeichnungen unterschieden werden, früher häufig auch Beschaffenheitsangaben genannt. Gattungsbezeichnungen sind gemäß § 126 Abs. 2 S. 2 MarkenG solche Bezeichnungen, die ihre ursprüngliche Bedeutung als geographische Herkunftsangaben verloren haben und nur noch als Namen von Waren oder Dienstleistungen oder als Bezeichnungen oder Angaben der Art, der Beschaffenheit, der Sorte oder sonstiger Eigenschaften oder Merkmale von Waren oder Dienstleistungen dienen, dh sämtliche Bezeichnungen, bei denen die angesprochenen Verkehrskreise heute ganz überwiegend *nicht mehr an die Herkunft* der Ware aus einem bestimmten Gebiet, sondern nur noch an deren Beschaffenheit denken.[100]

43 Der Prozess der Umwandlung von Herkunftsangaben in Gattungsbezeichnungen wird allgemein als **Denaturierung** bezeichnet. Eine derartige Denaturierung wurde etwa für die Bezeichnungen „Steinhäger,[101] Kölnisch Wasser,[102] Dresdener Stollen"[103] oder „Maraschino" für einen Kirschlikör[104] sowie „Pilsener Bier" – bei Hinzufügung eines auf die deutsche Herkunft hindeutenden Zusatzes[105] – bejaht. In der Annahme einer Umwandlung von Herkunftsangaben in Gattungsbezeichnungen war die Praxis früher verhältnismäßig großzügig. Heute wird dagegen eine Denaturierung nur noch *selten* unter der Voraussetzung bejaht, dass die angesprochenen Verkehrskreise bis auf einen zu vernachlässigenden Rest tatsächlich in der fraglichen Angabe ausschließlich eine Gattungsbezeichnung und nicht mehr (zugleich) eine Herkunftsangabe sehen.[106]

44 Eine **Rückverwandlung** von Gattungsbezeichnungen in Herkunftsangaben ist gleichfalls möglich.[107] Bei der Annahme einer Rückverwandlung ist jedoch mit Rücksicht auf das Freihaltebedürfnis des Verkehrs und die Bedürfnisse der Rechtssicherheit *noch größere Zurückhaltung* als bereits bei der Annahme der vorausgegangenen Denaturierung geboten (→ Rn. 43), schon deshalb, weil zu Gattungsbezeichnungen gewordene Herkunftsangaben durch Zusätze wie *„echt"* oder *„original"* gewöhnlich ohne weiteres

[99] *BGH* LM § 127 MarkenG Nr. 5 (Bl. 2f.) = NJW-RR 2002, 685 = GRUR 2002, 426 – Champagner bekommen, Sekt bezahlen.

[100] *Helm,* FS Vieregge, 1995, S. 335 (342ff.).

[101] RGZ 137, 182; *BGH* LM § 3 UWG Nr. 22 = GRUR 1957, 128.

[102] *BGH* LM § 3 UWG Nr. 68 = NJW 1965, 630 = GRUR 1965, 317.

[103] So jedenfalls BGHZ 106, 101 (104ff.) = NJW 1989, 1804 = JuS 1990, 65 Nr. 10; *BGH* LM § 3 UWG Nr. 302 = NJW-RR 1990, 744 = GRUR 1990, 461 = WRP 1990, 411 – Dresdner Stollen I und II.

[104] *BGH* LM § 24 WZG Nr. 80 = GRUR 1982, 111 = WRP 1982, 214.

[105] RGZ 139, 363; weitere Beispiele in *BGH* GRUR 1977, 159 (160) für ostfriesischen Tee; LM § 3 UWG Nr. 104 = GRUR 1970, 517 für Kölsch-Bier; LM § 3 UWG Nr. 19 = GRUR 1956, 550 für die Bezeichnung „Tiefenfurter Bauernbrot" aus Berlin.

[106] BGHZ 106, 101 (104ff.) = NJW 1989, 1804 = JuS 1990, 65 Nr. 10 – Dresdener Stollen; *BGH* LM § 3 UWG Nr. 171 = GRUR 1981, 71 = WRP 1981, 18 – Lübecker Marzipan; LM § 8 MarkenG Nr. 8 = NJW-RR 2001, 1047 (1048) = GRUR 2001, 420 = WRP 2001, 546 – SPA; *OGH* SZ Bd. 41 (1968) Nr. 26, S. 82 (88) – Erlauer Rotwein; *Brandner,* FS Piper, 1996, S. 95 (102ff.).

[107] *Helm,* FS Vieregge, 1995, S. 335 (346f.).

wieder in Herkunftsangaben verwandelt werden können.[108] Deshalb sollte eine Rückverwandlung nur erwogen werden, wenn der deutlich überwiegende Teil der angesprochenen Verkehrskreise in der Angabe jetzt wieder eine Herkunftsangabe (und nicht mehr zugleich eine Gattungsbezeichnung) erblickt.[109]

7. Irreführung

45 Eine Irreführung über die geographische Herkunft von Waren (oder Dienstleistungen) im Sinne des § 5 Abs. 1 S. 2 Nr. 1 UWG liegt (1.) vor, wenn eine geschäftliche Handlung, insbesondere also die Werbung eines Unternehmers, unwahre oder zur Täuschung geeignete Angaben über die Herkunft der Ware (oder Dienstleistung) enthält. Gleich steht (2.) der Fall des Verschweigens der Herkunft der Ware, wenn es sich dabei im Sinne des § 5a Abs. 1 und Abs. 2 UWG um eine wesentliche Information handelt, wovon grundsätzlich auszugehen ist, wenn der fragliche Umstand für die Abnehmer, vor allem also für die Verbraucher bedeutsam ist (→ § 14 Rn. 32, 35ff.). In § 5 Abs. 2 wendet sich das Gesetz schließlich noch (3.) dagegen, dass die geschäftliche Handlung bei der Vermarktung von Waren (einschließlich der vergleichenden Werbung) eine Verwechslungsgefahr mit einer anderen Ware oder Dienstleistung oder mit der Marke oder mit einem anderen Kennzeichnen eines Mitbewerbers hervorruft (vgl. außerdem noch für betriebliche Herkunftsangaben die Nr. 13 des Anhangs und dazu → Rn. 54).

46 Insgesamt sind es somit *drei* verschiedene *Fälle,* in denen eine Irreführung über die geographische Herkunft insbesondere von Waren im Sinne der §§ 5 und 5a UWG in Betracht kommt.[110] Der erste Fall liegt vor, wenn bei den durchschnittlichen Adressaten der geschäftlichen Handlung, zB der Werbung, **unrichtige Vorstellungen über die Herkunft** der Ware hervorgerufen werden. Ein Beispiel ist die Bezeichnung einer Ware als deutsches Produkt, obwohl die Ware überwiegend aus dem Ausland stammt (→ Rn. 48), wobei es allein darauf ankommt, wie der durchschnittliche Adressat der Werbung die fragliche Angabe versteht (§ 5 Abs. 1 S. 2 Nr. 1).[111]

47 Das Irreführungsverbot greift ferner (2.) ein, wenn in Fällen, in denen es den Adressaten und vor allem den Verbrauchern wie zB bei Lebens- und Genussmitteln auf die Herkunft der Ware ankommt die wirkliche **Herkunft,** etwa aus dem fernen Ausland anstatt aus dem nahen Inland, **verschwiegen** wird (§ 5a Abs. 1 und Abs. 2 UWG). Ein Fall des § 5 Abs. 2 UWG ist schließlich (3.) anzunehmen, wenn die von dem Werbungstreibenden verwandte geographische **Herkunftsangabe** mit der eines anderen Unternehmers **verwechselt** werden kann, wobei der Begriff der Verwechslungsgefahr hier ebenso wie auch sonst im Zeichenrecht ausgelegt werden sollte (→ § 18

[108] *BGH* LM § 3 UWG Nr. 22 = GRUR 1957, 128 – Steinhäger; vgl. aber auch *BGH* LM § 24 WZG Nr. 80 = GRUR 1982, 111 = WRP 1982, 214 für „Maraschino".

[109] RGZ 137, 282 (291f.) und *BGH* LM § 3 UWG Nr. 22 = GRUR 1957, 128 für „Steinhäger"; RGZ 139, 363 (373ff.) für „Pilsener Bier"; BGHZ 106, 101 (103f.) = NJW 1989, 1804 = JuS 1990, 65 Nr. 10 und *BGH* LM § 3 UWG Nr. 302 = NJW-RR 1990, 744 für „Dresdner Stollen"; LM § 3 UWG Nr. 171 = GRUR 1981, 71 = WRP 1981, 18 für „Lübecker Marzipan"; LM § 3 UWG Nr. 68 = NJW 1965, 630 = GRUR 1965, 317 für „Kölnisch Wasser".

[110] S. *Büscher,* FS Erdmann, 2002, S. 237; Harte-Bavendamm/Henning-Bodewig/*Dreyer,* § 5 Rn. C 204ff.; *Helm,* FS Vieregge, 1995, S. 335; *Loschelder,* FS Tilmann, 2003, S. 403; *Omsels,* WRP 2006, 434; *Sack,* WRP 2014, 1130; *Sosnitza,* GRUR 2007, 462.

[111] Harte-Bavendamm/Henning-Bodewig/*Dreyer,* § 5 Rn. C 213.

Rn. 50).[112] Entscheidend ist mit anderen Worten, ob durch die Verwendung desselben oder eines verwechslungsfähigen Zeichens bei einem nicht unwesentlichen Teil der angesprochenen Verkehrskreise unrichtige Vorstellungen über die geographische Herkunft der Produkte hervorgerufen werden können,[113] wobei heute von dem Leitbild des durchschnittlich informierten, aufmerksamen und verständigen Verbrauchers auszugehen ist.[114]

Die **Bestimmung des Herstellungsorts** einer Ware kann im Einzelfall Schwierigkeiten bereiten, zum einen, weil die Herstellung von Waren in vielen Fällen einen mehraktigen Prozess darstellt, der an verschiedenen Orten abläuft, zum anderen, weil die genauen Grenzen eines Ortes oder einer Gegend oft kaum festzustellen sind. Maßgebend ist dann allein die **Verkehrsauffassung,** während die rechtlichen Grenzen einer Gemeinde oder gar die Katasterbezeichnungen hier ohne Belang sind. So denkt zB jedermann bei „Rüdesheimer Sekt" an Sekt aus Rüdesheim am Rhein und nicht an Sekt aus dem kleinen, unbekannten Rüdesheim an der Nahe, sodass die Herkunftsangabe „Rüdesheim" für Sekt „falsch", dh irreführend ist, wenn der Sekt nicht aus Rüdesheim am Rhein, sondern aus dem zuletzt genannten Ort an der Nahe stammt.[115] Erforderlich ist außerdem, dass an dem betreffenden Ort die *wesentlichen,* qualitätsbestimmenden *Produktionsprozesse* ablaufen. Daher dürfen nur solche Produkte die Bezeichnung „Made in Germany" tragen, deren für die Qualität letztlich entscheidenden Verarbeitungsprozesse in Deutschland stattfinden,[116] während es bei Wein allein auf den Ort ankommt, wo die Trauben geerntet werden,[117] sowie bei Bier auf den Ort der Brauerei.[118] Entsprechendes gilt für Dienstleistungen.[119] 48

Vor allem bei mittelbaren Herkunftsangaben kann eine Irreführung der angesprochenen Verkehrskreise über die Herkunft der Ware durch ihre Verwendung für aus anderen Gebieten stammende Produkte durch die Hinzufügung sogenannter **entlokalisierender Zusätze** wieder vermieden werden. Jedoch ist die Praxis bisher in der Annahme einer Entlokalisierung von Herkunftsangaben durch Zusätze ausgesprochen *zurückhaltend,* weil der Verkehr derartige Angaben häufig nur flüchtig und oberflächlich wahrzunehmen pflege.[120] Solche Zurückhaltung ist mit dem Leitbild des durchschnittlich informierten, aufmerksamen und verständigen Verbrauchers indessen schwerlich zu vereinbaren.[121] 49

---

[112] Ebenso grundsätzlich *EuGH* Slg. 2008, I-4231 Tz. 49 = GRUR 2008, 698 – O2; *BGH* NJW 2011, 3032 (3036 Tz. 36) = GRUR 2011, 828 = WRP 2011, 344 – Bananabay II; ausf. *Sack,* WRP 2013, 8 ff. mN; anders zT *Sambuc,* FS Köhler, 2014, S. 577.

[113] *BGH* LM § 38 MarkenG Nr. 8 = NJW-RR 2001, 1047 (1048) = GRUR 2001, 420 = WRP 2001, 546 – SPA.

[114] *BGH* LM § 126 MarkenG Nr. 2 (Bl. 3 R) = NJW 2002, 600 = GRUR 2002, 160 – Warsteiner III; GRUR 2002, 1074 (1076) = WRP 2002, 1286 – Original Oettinger; *Büscher,* FS Erdmann, 2002, S. 237 (242 f.); *Omsels,* WRP 2006, 434 (436 ff.); *Sosnitza,* GRUR 2007, 462 (463 f.); str.

[115] *OLG Frankfurt a. M.* NJW-RR 1986, 667.

[116] *OLG Frankfurt a. M.* GRUR 1991, 690; *OLG Stuttgart* NJW-RR 1995, 1128.

[117] *BGH* LM § 6 WeinG Nr. 1 = NJW 1961, 1160 = GRUR 1961, 477 – Forster Jesuitengarten; vgl. auch *BGH* LM § 3 UWG Nr. 166 = GRUR 1980, 299 = WRP 1980, 327 – Kellergeister.

[118] Ohly/Sosnitza/*Sosnitza,* § 5 Rn. 382.

[119] BGHZ 173, 57 (69 Tz. 37) = NJW-RR 2008, 57 = GRUR 2007, 884 – Cambridge Institute.

[120] BGHZ 44, 16 (22) = NJW 1965, 1853 – de Paris; *BGH* LM § 3 UWG Nr. 17 = GRUR 1956, 1087 – English Lavender; LM § 3 UWG Nr. 191 = GRUR 1982, 564 – Elsässer Nudeln; *Tilmann,* Herkunftsangaben, S. 191 ff.

[121] *Omsels,* WRP 2006, 434 (438, 441); *Sosnitza,* GRUR 2007, 462 (465); Ohly/Sosnitza/*ders.,* § 5 Rn. 357 ff.

8. Rechtsfolgen

50 Die Rechtsfolgen eines Verstoßes gegen § 5 Abs. 1 S. 2 Nr. 1 und Abs. 2 sowie gegen § 5a Abs. 1 und Abs. 2 UWG ergeben sich in erster Linie aus den §§ 8 und 9 UWG (→ §§ 21–23). Besonderheiten bestehen insoweit nicht. Soweit geographische Herkunftsangaben zugleich oder allein nach dem MarkenG geschützt sind, richten sich die Rechtsfolgen im Falle eines Verstoßes gegen § 127 MarkenG zusätzlich nach § 128 des Gesetzes. In Betracht kommen dann außerdem bei schuldhaftem Handeln des Täters Schadensersatzansprüche nach § 128 Abs. 2 MarkenG. Ergänzend greifen insbesondere Ansprüche auf Vernichtung und Rückruf widerrechtlich gekennzeichneter Waren (§ 18 MarkenG), Auskunftsansprüche (§ 19 MarkenG) sowie Ansprüche auf Vorlage und Besichtigung von Urkunden, Unterlagen und Sachen (§ 19a MarkenG) ein.

9. Betriebliche Herkunftsangaben

51 § 5 Abs. 1 S. 2 Nr. 1 UWG stellt den geographischen Herkunftsangaben die betrieblichen Herkunftsangaben gleich. Anwendbar sind daneben je nach den Umständen des Falles auch § 5 Abs. 2, § 5a Abs. 1 und Abs. 2, ferner § 6 Abs. 2 Nr. 3 sowie auch § 4 Nr. 3 lit. a UWG. Einen Sonderfall, gekennzeichnet durch die Absicht des Werbungstreibenden, über die betriebliche Herkunft der Ware oder Dienstleistung zu täuschen, regelt ergänzend die Nr. 13 des Anhangs zu § 3 Abs. 4 UWG (→ Rn. 54). Vorbild der komplizierten Regelung ist Art. 6 Abs. 1 lit. b der UGP-Richtlinie, der freilich statt von betrieblicher von kommerzieller Herkunft der Ware spricht.

52 Unter **betrieblichen Herkunftsangaben** versteht man Angaben aller Art, insbesondere in der Werbung, die nicht auf die Herkunft des Produkts aus einem geographischen Bezirk, sondern aus einem einzigen *Unternehmen* hinweisen. Der Begriff wird üblicherweise weit ausgelegt.[122] Als betriebliche Herkunftsangaben kommen daher Angaben aller Art in Betracht, sofern sie nur dem durchschnittlichen Adressaten der Werbung oder der sonstigen „kommerziellen Kommunikation" einen Hinweis auf die Herkunft der Ware (oder Dienstleistung) aus einem bestimmten Betrieb geben. Hervorzuheben sind neben Unternehmenskennzeichen und Marken auch die Produktgestaltung oder die Farben des Produktes sowie sogar Bestellnummern und E-Mail-Adressen.

Beispiele für derartige betriebliche Herkunftsangaben sind „Warsteiner Bier",[123] „Meißner Porzellan" oder „Rosenheimer Gummimäntel".[124]

53 Ein Schutz betrieblicher Herkunftsangaben aufgrund des Irreführungsverbots des UWG wurde früher in der Regel nur bejaht, wenn die Herkunftsangabe Kennzeichenschutz nach den §§ 14 oder 15 MarkenG besaß und sich mit ihr außerdem besondere Gütevorstellungen insbesondere der Verbraucher verbanden, die überhaupt erst einen zusätzlichen wettbewerbsrechtlichen Schutz nach den §§ 5, 8 und 9 UWG rechtfertigten.[125] Diese restriktive Auslegung der §§ 5 und 5a UWG wird heute überwiegend ab-

[122] ZB Harte-Bavendamm/Henning-Bodewig/*Dreyer,* § 5 Rn. C 220ff.; *Sack,* WRP 2014, 1130.

[123] BGHZ 139, 138 (142f.) = NJW 1998, 3489 = JuS 1999, 84 Nr. 11 – Warsteiner II.

[124] *BGH* LM § 3 UWG Nr. 30 = GRUR 1958, 39.

[125] BGHZ 139, 138 (142f.) = NJW 1998, 3489 = JuS 1999, 84 Nr. 11; *BGH* LM § 16 UWG Nr. 56a (Bl 3 R f.) = GRUR 1966, 257; LM § 1 UWG Nr. 736 = NJW 1997, 2379 = GRUR 1997, 754.

gelehnt, um die betrieblichen Herkunftsangaben im Ergebnis ebenso wie geographische Herkunftsangaben gegen jede irreführende Verwendung zu schützen.[126] Nur im Einzelfall kann daher eine Irreführung insbesondere der Verbraucher über die betriebliche Herkunft einer Ware aufgrund einer Interessenabwägung zum Schutz vorrangiger anderer Interessen hingenommen werden.

Ein **Beispiel** ist die (geringfügige) Gefahr, dass einzelne Verbraucher durch die Aufstellung roter Briefkästen seitens privater Konkurrenten der Post zu der Annahme verleitet werden könnten, es handele sich um Briefkästen der Post; denn bei solchen Fehlvorstellungen handelte es sich um nichts anderes als um „Nachwehen" des alten Postmonopols, die keinen Schutz verdienen.[127]

Einen besonderen Anwendungsfall der Täuschung über die betriebliche Herkunft 54
einer Ware regelt die **Nr. 13 des Anhangs** zu § 3 Abs. 3 UWG. Danach ist stets unzulässig die Werbung für eine Produktnachahmung in der Absicht, die Verbraucher über die betriebliche Herkunft zu täuschen. Voraussetzungen sind hier folglich Produktähnlichkeit und *Täuschungsabsicht,* wofür bereits bedingter Vorsatz des Werbungstreibenden hinsichtlich der Täuschung der Verbraucher ausreicht.[128]

V. Testergebnisse

§ 5 Abs. 1 S. 2 Nr. 1 UWG zählt zu den Merkmalen, über die in der Werbung keine 55
irreführenden Angaben gemacht werden dürfen, ferner die Ergebnisse sowie die wesentlichen Bestandteile von Tests der Waren oder Dienstleistungen. Vorrangige Sonderregelungen finden sich in der Nr. 2 und Nr. 4 des Anhangs zu § 3 Abs. 3 UWG. Nach der **Nr. 2 des Anhangs** ist stets unzulässig die Verwendung von Gütezeichen, Qualitätskennzeichen oder ähnlichem ohne die erforderliche Genehmigung, während sich die **Nr. 4 des Anhangs** gegen die unwahre Angabe wendet, eine Ware oder Dienstleistung sei von einer öffentlichen oder privaten Stelle bestätigt, gebilligt oder genehmigt worden oder den Bedingungen für die Bestätigung, Billigung oder Genehmigung werde entsprochen. Dadurch soll den verbreiteten Missbräuchen mit der Verwendung angeblicher Prüf- oder Gütezeichen begegnet werden (→ Rn. 57a).

Im Mittelpunkt des Interesses steht im vorliegenden Zusammenhang die Werbung 56
mit (natürlich guten) Ergebnissen von Untersuchungen der Waren durch irgendwelche Institute, dh mit sogenannten **Testergebnissen.** Paradigma sind die Tests der Stiftung *Warentest.*[129] Voraussetzung der Zulässigkeit der Werbung mit derartigen Testergebnissen ist insbesondere, dass der Bewertung ein *echter Test* „im Wege des Vergleichs mehrerer Produkte nach objektiven Kriterien" zugrunde liegt, dass *Neutralität und Unabhängigkeit* des den Test durchführenden Instituts sichergestellt sind und dass die

[126] Ebenso *Bärenfänger,* WRP 2011, 160 (163); Köhler/Bornkamm/*Bornkamm,* § 5 Rn. 4.209 ff.; *ders.,* GRUR 2011, 1; Harte-Bavendamm/Henning-Bodewig/*Dreyer,* § 6 Rn. C 218 ff.; *Köhler,* WRP 2009, 109 (114 f.); *Sack,* WRP 2014, 1130 (1131 ff.); Ohly/Sosnitza/*Sosnitza,* § 5 Rn. 415 ff.; wohl auch *BGH* GRUR 2011, 166 (167 Tz. 16 ff.) = WRP 2011, 89 – Rote Briefkästen.

[127] *BGH* GRUR 2011, 166 (168 Tz. 23 ff.) = WRP 2011, 89 – Rote Briefkästen; ebenso *BGH* GRUR 2012, 1273 Tz. 27 = WRP 2012, 1523 – Stadtwerke Wolfsburg; NJW 2013, 1373 Tz. 35 f. = GRUR 2013, 509 – Steuerbüro.

[128] S. schon → Rn. 36; BGHZ 198, 150 (179 Tz. 70) – Hard Rock Café; *Scherer,* NJW 2009, 324 (328); *Sosnitza,* WRP 2008, 1014 (1023).

[129] S. Stiftung Warentest, Bedingungen zur Werbung mit Untersuchungsergebnissen, 2008 (abgedruckt bei *Köhler/Bornkamm,* § 6 Rn. 213); *Hart/Silberer,* GRUR 1983, 641; *Schönewald,* WRP 2016, 319.

Ergebnisse *repräsentativ* sind.[130] Sind diese Voraussetzungen erfüllt, so darf sich jeder Kaufmann in der Werbung ohne weiteres mit Testergebnissen oder mit von dritter Seite vergebenen Prädikaten und Auszeichnungen schmücken, und zwar ohne zusätzlich darauf hinweisen zu müssen, ob er sich die Auszeichnung mit Mitbewerbern teilen muss und wie groß der Abstand zu den Produkten der Mitbewerber ist.[131]

57 Zulässig ist daher insbesondere die Werbung mit dem Testergebnis **„sehr gut“,** selbst wenn der Test schon längere Zeit zurückliegt, vorausgesetzt, dass das Produkt in der Zwischenzeit nicht geändert wurde und auch keine neuen Tests stattgefunden haben;[132] andernfalls muss darauf in der Werbung hingewiesen werden.[133] In der Anzeige sollte aber nach Möglichkeit die *Fundstelle* des Tests genannt werden.[134] Die Werbung ist dagegen zB **irreführend,** wenn das Ergebnis nicht repräsentativ ist, woran es zB fehlt, wenn bei einem Lohnsteuerhilfeverein nur einzelne von zahlreichen Geschäftsstellen und diese auch nur nach wenigen Merkmalen geprüft wurden, sodass es nicht angeht, anschließend das Ergebnis für den gesamten Verein zu verallgemeinern.[135] § 5 UWG greift ferner ein, wenn durch die Herausstellung des Testergebnisses **„gut“** der Eindruck erweckt wird, das Produkt gehöre zu einer Spitzengruppe, während tatsächlich zahlreiche andere Produkte als „sehr gut“ bewertet wurden.[136] Unbedenklich ist solche Werbung nur, wenn alle anderen Produkte gleichfalls höchstens als „gut“ eingestuft wurden.[137]

57a Dieselben Regeln wie bei der Werbung mit Testergebnissen (→ Rn. 57) sind bei einer Werbung mit **Prüf- oder Gütezeichen** zu beachten, soweit hier nicht ohnehin die Nr. 2 oder Nr. 4 des Anhangs zu § 3 Abs. 3 UWG eingreift (→ Rn. 55). Die Zulässigkeit der Werbung setzt folglich hier ebenfalls voraus, dass gerade die beworbene Ware (und nicht eine andere) von einer neutralen und kompetenten Stelle nach objektiven Kriterien geprüft wurde, während eine Irreführung anzunehmen ist, wenn das fragliche Zeichen (wie sehr häufig) zB gekauft oder durch Täuschung der prüfenden Stelle erlangt wurde.[138] Im Falle der verbreiteten Manipulation von Bewertungen und Prüfungen in Internet-Foren durch interessierte Unternehmen ist – neben § 5a Abs. 1 und Abs. 2 – insbesondere an die Anwendung von § 5a Abs. 6 UWG infolge der Verschleierung des Werbecharakters der Bewertungen zu denken.[139]

[130] *BGH* NJW 2005, 3287 (3288f.) = GRUR 2005, 877 = WRP 2005, 1247 – Werbung mit Testergebnissen; *OLG Koblenz* NJW-RR 1989, 166; *OLG München* NJW-RR 1990, 1325; 1997, 1330.

[131] *BGH* NJW-RR 2003, 1267 (1269) = GRUR 2003, 800 = WRP 2003, 1111 – Schachcomputerkatalog.

[132] *BGH* LM § 3 UWG Nr. 235 = NJW 1985, 2332 = GRUR 1985, 932 – Veralteter Test; *OLG Stuttgart* NJW-RR 1988, 234; *OLG Frankfurt a. M.* NJW-RR 1992, 492 = GRUR 1992, 538.

[133] *OLG Köln* GRUR 1988, 556.

[134] *BGH* LM § 1 UWG Nr. 575 = NJW-RR 1991, 1135 = GRUR 1991, 679 – Fundstellenangabe; NJW-RR 2010, 915 = GRUR 2010, 248 (251 Tz. 29ff.) = WRP 2010, 370 (373f.) – Kamerakauf im Internet.

[135] *BGH* NJW 2005, 3287 (3288f.) = GRUR 2005, 877 = WRP 2005, 1242 – Werbung mit Testergebnissen.

[136] *BGH* LM § 3 UWG Nr. 186 = NJW 1982, 1596 = GRUR 1982, 437 – Test gut.

[137] *OLG Köln* GRUR 1983, 514.

[138] *Fischer,* WRP 2009, 409; Ohly/Sosnitza/*Sosnitza,* § 5 Rn. 419f.

[139] → § 12 Rn. 32; *Heermann,* WRP 2014, 509 (511ff.).

VI. Geschäftliche Verhältnisse

1. Überblick

Nach § 5 Abs. 1 S. 2 Nr. 3 UWG sind bei der Beurteilung der Frage, ob eine Werbung irreführend ist, weiter die in ihr enthaltenen Angaben über die „Person, die Eigenschaften oder die Rechte" des Unternehmers zu berücksichtigen, meistens zusammenfassend – im Anschluss an § 3 UWG von 1909 und § 5 Abs. 2 S. 1 UWG von 2004 – „geschäftliche Verhältnisse" genannt, und zwar gerade des Unternehmers selbst, also desjenigen Gewerbetreibenden, um dessen irreführende Angaben in der Werbung es geht. Den Gegensatz bilden die geschäftlichen Verhältnisse beliebiger Dritter, sodass Aussagen über *Dritte* und insbesondere über *Mitbewerber* nicht unter § 5 Abs. 1 S. 2 Nr. 3 UWG zu subsumieren sind, sondern in erster Linie unter § 4 Nr. 1 oder Nr. 2 UWG (→ Rn. 2; ebenso Art. 6 Abs. 1 lit. f der UGP-Richtlinie) fallen.[140] Als **Beispiele** geschäftlicher Verhältnisse hebt das Gesetz besonders Identität und Vermögen des Unternehmers einschließlich der Rechte des geistigen Eigentums hervor (→ Rn. 73), weiter Befähigung, Auszeichnungen oder Ehrungen (→ Rn. 60ff.), ferner den Umfang der Verpflichtungen, Status, Zulassung, Mitgliedschaften oder Beziehungen sowie Beweggründe für die geschäftliche Handlung (→ Rn. 72) oder die Art des Vertriebs. Aus dem **Anhang** zu § 3 Abs. 3 UWG gehören in den vorliegenden Zusammenhang weiter insbesondere die **Nr. 9, Nr. 15 und Nr. 23.** Stets unzulässig sind danach unwahre Angaben über die Verkehrsfähigkeit von Waren (Nr. 9), unwahre Angaben über die Aufgabe oder die Verlegung des Geschäfts (Nr. 15) sowie die Täuschung über den geschäftlichen Charakter des Angebots (Nr. 23; → Rn. 72). 58

Der Anwendungsbereich der Nr. 3 des § 5 Abs. 1 S. 2 UWG ist nach dem Gesagten (→ Rn. 58) im Grunde ebenso weit und umfassend wie schon der der Nr. 1 des § 5 Abs. 1 S. 2 UWG (→ Rn. 23ff.). Die wichtigsten hierher gehörigen **Fallgruppen** sind nach den bisherigen Erfahrungen die Alleinstellungswerbung (→ Rn. 60ff.), die Werbung in Gestalt von Firmenzusätzen (→ Rn. 65), die Werbung mit dem Alter und mit besonderen Berufsbezeichnungen (→ Rn. 67f.) sowie noch Schutzrechtsbehauptungen (→ Rn. 73). 59

2. Alleinstellungswerbung

a) Begriff

Zu den Eigenschaften des Unternehmers iSd § 5 Abs. 1 S. 2 Nr. 3 UWG gehört insbesondere sein *Status,* dh die Stellung und der Rang seines Unternehmens am Markt, sodass auch die beliebte Allein- oder Spitzenstellungswerbung in den Anwendungsbereich des § 5 Abs. 1 S. 2 Nr. 3 UWG fällt. Von einer **Alleinstellungswerbung** spricht man, wenn ein Werbungstreibender in seiner Werbung für sich in einer bestimmten Beziehung eine die Gesamtheit der Konkurrenten *deutlich überragende Position* in Anspruch nimmt, indem er zB damit wirbt, sein Unternehmen sei das größte oder seine Waren seien die besten oder die billigsten oder er zahle für Altgold die besten Preisen,[141] immer vorausgesetzt, dass es sich dabei um **Angaben** iSd § 5 UWG, dh um sachlich nachprüfbare Tatsachenbehauptungen und nicht um bloße Werbeappelle 60

---

[140] Ebenso zB Harte-Bavendamm/Henning-Bodewig/*Dreyer,* § 5 Rn. E 1.

[141] So zB zuletzt *BGH* NJW 2015, 1249 = GRUR 2015, 186 = WRP 2015, 191 (192f. Tz. 10f.) – Wir zahlen Höchstpreise.

oder nicht ernstgemeinte Übertreibungen, handelt (→ § 14 Rn. 27ff. sowie → Rn. 62). Kennzeichen der **Spitzenstellungswerbung** ist es dagegen, dass ein Unternehmen für sich in Anspruch nimmt, zur Spitzengruppe der Mitbewerber zu gehören, etwa nach dem Motto: „keiner ist besser" – aber vielleicht durchaus genauso gut.[142]

61 Was jeweils vorliegt, richtet sich allein danach, *wie* die angesprochenen Verkehrskreise die Werbung *verstehen.*[143] Wendet sich die Werbung an die Allgemeinheit, so kommt es folglich auf das Verständnis des durchschnittlich aufmerksamen und verständigen Verbrauchers an,[144] wobei davon auszugehen ist, dass jedenfalls bei bekannten und seriösen Unternehmen die Behauptung einer Allein- oder Spitzenstellung vom Publikum im Regelfall durchaus *ernst genommen* wird.[145] Die Annahme einer **Alleinstellungswerbung** kommt danach insbesondere in Betracht, wenn ein Unternehmen in seiner Werbung den *Superlativ* oder den *Singular* verwendet, indem es zB „die gründlichste Rasur"[146] oder „den besten Preis einer Stadt"[147] verspricht. *Auch andere Formulierungen* können zur Annahme einer Alleinstellungswerbung führen; ein Beispiel ist die Werbung „Oddset, die Sportwette, nur bei Lotto", weil und sofern die Verbraucher dieser Werbung die (unzutreffende) Behauptung entnehmen, Sportwetten gebe es „nur bei Lotto".[148] Entsprechendes gilt etwa für die Werbebehauptung „Bielefelds große Zeitung", sofern sie nach den Umständen des Falles eine Alleinstellungswerbung durch die Behauptung enthält, es handele sich um *„die"* große Zeitung, dh um die größte Zeitung Bielefelds.[149] Und wenn ein Einzelhandelsunternehmen wie zB eine Kaufhauskette für sich in Anspruch nimmt, der „Marktführer Sport" zu sein, so verstehen die Verbraucher dies als die Behauptung, auf dem Einzelhandelsmarkt für Sportartikel den größten Marktanteil zu haben.[150] Genauso gut ist es aber auch möglich, dass die angesprochenen Verkehrskreise die Allein- oder Spitzenstellungswerbung nur noch als bloße Behauptung einer *besonderen Leistungsfähigkeit* des Werbungtreibenden auffassen. Wirbt zB ein Rechtsanwalt mit der Behauptung „optimale Interessenvertretung", so wird darin – trotz der Verwendung des Superlativs – allgemein nur noch die (zulässige) Behauptung einer „guten" Interessenvertretung gesehen.[151]

[142] S. *Schmelz/Haertel,* WRP 2007, 127 (128); Ohly/Sosnitza/*Sosnitza,* § 5 Rn. 636ff.

[143] *BGH* GRUR 2010, 352 Tz. 11 = WRP 2010, 636 (639) = NJW-RR 2010, 921 – Hier spiegelt sich Erfahrung; GRUR 2012, 1053 Tz. 14 = WRP 2012, 1216 (1217) – Marktführer Sport.

[144] *BGH* NJW-RR 2004, 1487 (1489) = GRUR 2004, 786 = WRP 2004, 1165 – Größter Online-Dienst; GRUR 2012, 1053 Tz. 14, 19 = WRP 2012, 1216 (1217) – Marktführer Sport.

[145] *BGH* LM § 3 UWG Nr. 95 = GRUR 1969, 415 – Größte Kaffeerösterei Europas; GRUR 2012, 1053 Tz. 22 = WRP 2012, 1216 (1217) – Marktführer Sport; *OGH* SZ Bd. 52 (1979) Nr. 94, S. 447 (451f.); ÖBl. 1962, 49 = GRURInt 1962, 459 (461) – besser klebt Plim.

[146] *OLG Hamburg* GRUR-RR 2005, 286 (287).

[147] *OLG Köln* GRUR-RR 2006, 203 (204).

[148] *BGH* NJW 2005, 150 (151) = GRUR 2005, 176 = WRP 2005, 94 – Nur bei Lotto.

[149] *BGH* LM § 3 UWG Nr. 26 = GRUR 1957, 600; vgl. auch für die Werbung „Überall Westfalen-Blatt" *BGH* LM § 3 UWG Nr. 211 = NJW 1984, 1106 = GRUR 1983, 588 sowie für die Werbung „das große deutsche Wörterbuch" *BGH* LM § 3 UWG Nr. 111 = GRUR 1971, 365; – anders aber nach den Umständen des Falles *BGH* LM § 3 UWG Nr. 409 (Bl. 2f.) = NJW 1998, 3349 = GRUR 1998, 951 für „FAZ – die große deutsche Tages- und Wirtschaftszeitung"; *OGH* ÖBl. 1991, 80 (81f.) für „Die Tageszeitung Österreichs".

[150] *BGH* GRUR 2012, 1053 Tz. 23ff. = WRP 2012, 1216 (1217) – Marktführer Sport; ebenso für „Neurologisch/Vaskuläres Zentrum" *BGH* GRUR 2012, 942 Tz. 19ff. = WRP 2012, 1094 (1095f.).

[151] *BGH* NJW 2005, 1644 (1645) = GRUR 2005, 520 = WRP 2005, 738 – Optimale Interessenvertretung; ebenso für die Internetwerbung mit dem „besten Preis" *OLG Hamm* NJW-RR 2010, 344 (345).

Eine Alleinstellungswerbung liegt **zB** vor, wenn ein großer Hersteller seine Schönheitscreme als „Creme Nr. 1" bezeichnet,[152] wenn er für die eigenen Preise mit Behauptungen wie „konkurrenzlos", „unerreicht günstig" oder „Preisknüller des Jahres" wirbt,[153] sowie, wenn für eine Fernsehzeitung der Titel „TV-more" gewählt wird, weil darin eine *nachprüfbare Angabe* über den Inhalt der Zeitschrift enthalten ist.[154] Weitere hierher gehörende Fälle sind Werbebehauptungen wie, ein bestimmtes technisches Produkt sei „unschlagbar",[155] ein Notebook sei „das Beste"[156] oder ein Software-Unternehmen besitze die „Technologieführerschaft",[157] in allen drei Fällen, weil es *technische Kriterien* gibt, an Hand derer diese Behauptungen verifiziert werden können (→ Rn. 63). Um bloße **unbedenkliche Übertreibungen** handelt es sich dagegen, wenn behauptet wird, eine bestimmte Kindernahrung sei die „beste", weil es dafür keinerlei anerkannte Maßstäbe gibt.[158] 62

b) Maßstab, Beweislast

Die Allein- oder Spitzenstellung eines Unternehmens oder eines Produkts kann man häufig nach durchaus unterschiedlichen **Kriterien** beurteilen. Dies bedeutet jedoch nicht, dass sich ein Werbungstreibender dann nach Belieben für seine Werbung den ihm jeweils gerade am günstigsten erscheinenden Maßstab aussuchen dürfte; vielmehr kommt es auch insoweit allein auf die *Vorstellungen der angesprochenen Verkehrskreise* an.[159] Für die Größe eines Unternehmens ist danach in erster Linie auf seinen *Umsatz* abzustellen,[160] während sich die Spitzenstellung einer Zeitung allein nach der Höhe ihrer *Auflage* in dem jeweiligen Sprachraum bemisst,[161] so, wenn zB ein politisches Magazin für sich nicht weniger als die „Marktführerschaft" reklamiert.[162] – Eine **Alleinstellung** darf ferner nur in Anspruch nehmen, wer in dem fraglichen Punkt seine Mitbewerber tatsächlich deutlich und nicht nur geringfügig übertrifft, vorausgesetzt außerdem, dass der Vorsprung die Aussicht auf eine gewisse Stetigkeit bietet, also nicht nur mehr oder weniger zufälliger und vorübergehender Natur ist.[163] Die verglichenen Unternehmen müssen ferner **zum selben Markt** gehören, wobei jedoch Systemunterschiede nicht notwendig der Annahme eines Marktes entgegenstehen, sofern sie für die Verbraucher wenig bedeutsam sind.[164] 63

---

[152] *OLG Hamburg* GRUR 1988, 554 = NJW-RR 1988, 1510.

[153] *OLG Stuttgart* NJW-RR 1988, 1192; 1988, 1254; *OLG Hamburg* GRUR 1988, 768; 1992, 126; NJW-RR 2005, 188 (189).

[154] *OLG Hamburg* NJW-RR 1995, 1444.

[155] *BGH* LM § 3 UWG Nr. 134 = GRUR 1975, 141 – Unschlagbar.

[156] *OGH* ÖBl. 2002, 233 (234).

[157] *OLG Hamburg* NJW-RR 2002, 184.

[158] *BGH* GRUR 1965, 363 (364 f.) – Fertigbrei.

[159] *BGH* LM § 3 UWG Nr. 102 = GRUR 1970, 425 = WRP 1970, 306 – Melitta-Kaffee; *OGH* ÖBl. 1987, 47; 1991, 74 (76 f.); 1991, 80 (81 f.).

[160] *BGH* LM § 3 UWG Nr. 95 = GRUR 1969, 415 = WRP 1969, 239 – Kaffeerösterei.

[161] BGHZ 156, 250 (256) = NJW 2004, 1163 – Marktführerschaft; *BGH* LM § 3 UWG Nr. 26 = GRUR 1957, 600 – Bielefelds große Zeitung; LM § 3 UWG Nr. 90 = GRUR 1968, 433 – Westfalen-Blatt II; LM § 3 UWG Nr. 91 = NJW 1968, 1088 = GRUR 1968, 440 – größte unabhängige Fachzeitschrift; *OLG Hamburg* NJW-RR 2006, 476 (477 f.); Ohly/Sosnitza/*Sosnitza*, § 5 Rn. 642.

[162] BGHZ 156, 250 (256) = NJW 2004, 1163 – Marktführerschaft für den FOCUS.

[163] *BGH* LM § 1 UWG Nr. 850 (Bl. 2 R) = GRUR 2002, 182 = NJW-RR 2002, 329 – Das Beste jeden Morgen; NJW-RR 2003, 1267 (1269) = GRUR 2003, 800 = WRP 2003, 1111 – Schachcomputerkatalog; NJW-RR 2004, 1487 (1489) = GRUR 2004, 786 = WRP 2004, 1165 – größter Online-Dienst; *Schmelz/Haertel*, WRP 2007, 127 (130).

[164] *BGH* LM § 3 UWG Nr. 331 = NJW-RR 1992, 619 = GRUR 1992, 404 – Systemunterschied.

64 Die **Beweislast** für die Unrichtigkeit der Alleinstellungswerbung trägt grundsätzlich der klagende Mitbewerber, der Unterlassung der Werbung verlangt. Jedoch trifft den Beklagten eine (sekundäre) Aufklärungspflicht, wenn der Kläger den maßgeblichen Verhältnissen ganz fernsteht, während der Beklagte seinerseits unschwer darüber Auskunft zu geben vermag, mit welcher Berechtigung er eine Alleinstellung in Anspruch nimmt. Dagegen bleibt es bei der grundsätzlichen Beweislast des Klägers, wenn ihm ein Nachweis der Unrichtigkeit der fraglichen Werbung des Beklagten ebenfalls ohne Weiteres möglich und zumutbar ist.[165] Behauptet zB ein Händler mit Altgold, er zahle Höchstpreise, so können Konkurrenten dies selbst ohne Weiteres aufgrund ihrer Marktkenntnisse nachprüfen, sodass es im Rechtsstreit bei ihrer vollen Beweislast verbleibt, wenn sie gegen die Alleinstellungswerbung des betreffenden Händlers als irreführend vorgehen wollen.[166]

3. Firmenzusätze

65 Eine Angabe im Sinne des § 5 Abs. 1 S. 2 Nr. 3 UWG über die Eigenschaften eines Unternehmers enthalten ferner Firmenzusätze, sodass Zusätze, die eine nicht vorhandene Eigenschaft oder Bedeutung des Unternehmens vorspiegeln, gegen § 5 Abs. 1 S. 2 Nr. 3 UWG verstoßen können.[167] Das Wettbewerbsrecht ergänzt insoweit das Firmenrecht (§ 18 HGB). Danach ist zB die Bezeichnung *„Fabrik"* solchen Unternehmen vorbehalten, die den Rahmen eines handwerklichen Betriebs deutlich übertreffen.[168] Die Bezeichnung *„Haus"* ist gleichfalls nur gerechtfertigt, wenn das fragliche Unternehmen nach Breite des Sortiments, Verkaufsfläche und Umsatz den Durchschnitt der Konkurrenz deutlich überragt.[169] Der Firmenzusatz *„Bundes-"* ist schließlich Unternehmen vorbehalten, an denen der Bund zumindest mehrheitlich beteiligt ist.[170] Der BGH hat daraus den Schluss gezogen, auch als *„Stadtwerke"* dürften sich nur Unternehmen bezeichnen, die sich mehrheitlich im Besitz der öffentlichen Hand befinden.[171] Dem ist mit Nachdruck zu widersprechen, weil damit über das UWG der verhängnisvollen Tendenz zur Rekommunalisierung der Versorgungswirtschaft – zum Nachteil des Wettbewerbs und der Steuerzahler (und zum Vorteil korrupter Politiker) – grundlos Vorschub geleistet wird.

66 Dieselben Regeln sind bei der Aufnahme von **Orts- oder Landesnamen** in die Firma zu beachten, *vorausgesetzt,* dass damit eine besondere, herausragende Stellung des betreffenden Unternehmens auf dem fraglichen Markt in Anspruch genommen wird.[172]

---

165 *BGH* NJW-RR 2010, 921 Tz. 22 = GRUR 2010, 352 = WRP 2010, 636 (640) – Hier spiegelt sich Erfahrung; NJW 2015, 1249 = GRUR 2015, 186 Tz. 10 = WRP 2015, 191 – Wir zahlen Höchstpreise; *OLG Hamm* NJW-RR 2010, 344 (345).

166 *BGH* NJW 2015, 1249 = GRUR 2015, 186 Tz. 10ff. = WRP 2015, 191 – Wir zahlen Höchstpreise.

167 BGHZ 44, 17 (19f.) = NJW 1965, 1853 – L'Oréal de Paris; *BGH* LM § 2 MarkenG Nr. 1 = NJW-RR 2000, 1640 (1641) = GRUR 2001, 73 = WRP 2000, 1284 – Stich den Buben; GRUR 2003, 448 = WRP 2003, 640 (641) – Gemeinnützige Wohnungsgesellschaft; GRUR 2007, 1079 (1081 Tz. 24) = WRP 2007, 1346 – Bundesdruckerei; GRUR 2012, 1273 Tz. 15 = WRP 2012, 1523 (1524) – Stadtwerke Wolfsburg.

168 *BGH* LM § 3 UWG Nr. 244 = NJW-RR 1986, 972 = GRUR 1086, 676 – Bekleidungswerk.

169 *BGH* LM § 3 UWG Nr. 141 = GRUR 1977, 503 – Datenzentrale; LM § 3 UWG Nr. 163 = GRUR 1989, 60 – 10 Häuser erwarten Sie; LM § 3 UWG Nr. 185 = GRUR 1982, 491 (492) = WRP 1982, 409 – Möbelhaus.

170 *BGH* GRUR 2007, 1079 (1081 Tz. 24) = WRP 2007, 1346 – Bundesdruckerei.

171 *BGH* GRUR 2012, 1273 Tz. 16ff. = WRP 2012, 1523 (1524) – Stadtwerke Wolfsburg.

172 S. Heymann/*Emmerich,* Kommentar zum HGB, 2. Aufl. (1996), § 18 Rn. 44ff.

Beispiele sind Firmen wie zB „Hamburger Volksbank, Oberhessische Bank" oder „Bayerische Bank" sowie „Bodenseekanzlei" für eine mittlere Sozietät von Rechtsanwälten[173] oder „Tauchschule Dortmund" für eine von drei Tauchschulen in Dortmund.[174]

Derartige Bezeichnungen sind nur zulässig, wenn das Unternehmen auf dem betreffenden Markt tatsächlich eine *besondere Bedeutung* hat oder eine *Sonderstellung* einnimmt.[175] Vergleichbare Schranken gelten für Firmenzusätze wie „**Deutsch-** oder **Euro-**": Auch sie sind nur erlaubt, wenn das Unternehmen nach Ausstattung, Umsatz und Größe auf den in Bezug genommenen Markt zugeschnitten ist und ein entsprechend umfangreiches Sortiment führt.[176] Sind diese Voraussetzungen nicht erfüllt, so verstößt die Firmenbildung (auch) gegen § 5 Abs. 1 UWG, sodass die Firma *gelöscht* werden muss (§ 8 Abs. 1 UWG).[177] Dasselbe gilt, wenn nur *nachträglich* die Voraussetzungen entfallen, unter denen der fragliche Zusatz früher zulässig war, sodass dann von diesem Zeitpunkt ab die Firma gegen § 5 Abs. 1 UWG verstößt.[178]

4. Alter

Mit dem Alter eines Unternehmens, einer besonders wichtigen Eigenschaft im Sinne des § 5 Abs. 1 S. 2 Nr. 3 UWG, darf nur geworben werden, wenn die Identität des Unternehmens in dem fraglichen Zeitraum nicht unterbrochen wurde, sodass die *Kontinuität* des Unternehmens *gewahrt* ist.[179] Die Werbung mit einer „alten Familientradition" verstößt daher gegen § 5 Abs. 1 UWG, wenn das betreffende Handwerk von der Familie tatsächlich in verschiedenen Unternehmen ausgeübt wurde.[180] Bezeichnet sich ein Unternehmen als „älteste Porzellanmanufaktur", so ist ferner ein *deutlicher Vorsprung* vor den Mitbewerbern erforderlich, weil sich mit dieser Angabe besondere Qualitätsvorstellungen des Publikums verbinden.[181] 67

Bei vielen Produkten wie zB Wein oder Sekt setzt die Zulässigkeit der Alterswerbung außerdem voraus, dass gerade auch die **Herstellung** des fraglichen Produkts bereits in dem Gründungszeitraum aufgenommen wurde. Hat die Herstellung tatsächlich erst später begonnen, so kann die Werbung mit dem an sich zutreffenden Gründungsdatum des Unternehmens irreführend sein, sofern es dem Verkehr in besonderem Maße auf die lange Erfahrung des Unternehmens mit der Herstellung des Produkts ankommt.[182] 68

---

173 *OLG Stuttgart* NJW 2005, 2273 (2274).

174 *OLG Hamm* GRUR-RR 2003, 289.

175 *BGH* LM § 3 UWG Nr. 64 = GRUR 1964, 314 – Kiesbaggerei; LM § 3 UWG Nr. 136 = GRUR 1975, 380 – Oberhessische; LM § 3 UWG Nr. 150 = GRUR 1978, 251 – Euro-Sport; GRUR 1977, 159 – Ostfriesische Teegesellschaft.

176 Vgl. für „Deutsch" *BGH* LM § 1 UWG Nr. 364 = GRUR 1982, 239 = WRP 1982, 319 – Allgemeine Deutsche Steuerberatungsgesellschaft; LM § 3 UWG Nr. 260 = NJW-RR 1987, 1178 = GRUR 1987, 638 – Deutsche Heilpraktiker.

177 → § 14 Rn. 77 und → § 21 Rn. 22 ff. sowie BGHZ 53, 339 (343 ff.) = NJW 1970, 1364 – Euro-Spirituosen; *BGH* LM § 3 UWG Nr. 150 = GRUR 1978, 251 – Euro-Sport; LM § 3 UWG Nr. 160 = GRUR 1979, 716 – Kontinent-Möbel; GRUR 2007, 1079 = WRP 2007, 1346 – Bundesdruckerei.

178 *BGH* GRUR 2003, 448 = WRP 2003, 640 (641 f.) – Gemeinnützige Wohnungsgesellschaft.

179 Ohly/Sosnitza/*Sosnitza,* § 5 Rn. 654 ff.

180 *BGH* LM § 24 WZG Nr. 80 = GRUR 1982, 111 – WRP 1982, 214 – Original-Maraschino; *OLG Hamburg* GRUR 1984, 290; *OLG Dresden* GRUR 1998, 171 – seit 1460.

181 *BGH* LM § 561 ZPO Nr. 62 = NJW-RR 1991, 1136 (1137) = GRUR 1991, 680 – Porzellanmanufaktur.

182 BGHZ 36, 252 = NJW 1962, 1103 = GRUR 1962, 310 (311 f.) – Gründerbildnis; *BGH* LM § 3 UWG Nr. 39 = GRUR 1960, 563 – Alterswerbung Sekt; GRUR 1961, 485 (487) – Fleischereimachi-

Aus demselben Grund darf für ein Mineralwasser mit dessen Alter nur geworben werden, wenn das jetzt angebotene Wasser mit dem alten, ursprünglichen Wasser im Wesentlichen übereinstimmt.[183] Dagegen darf (selbstverständlich) auch ein junges Unternehmen mit der „langjährigen Erfahrung und Kompetenz" seiner Mitarbeiter werben, wenn das Unternehmen diese Mitarbeiter zuvor von Konkurrenten abgeworben hatte.[184]

5. Berufsbezeichnungen

69 Das Gesetz zählt in § 5 Abs. 1 S. 2 Nr. 3 zu den Eigenschaften des Werbenden, über die nicht getäuscht werden darf, ferner seine „Befähigung". Die Werbung darf daher keine Angaben enthalten, die eine tatsächlich nicht vorhandene Befähigung des Werbungstreibenden vorspiegeln.[185] **Fachmann** darf sich zB nur nennen, wer tatsächlich überdurchschnittliche Erfahrungen hinsichtlich der betreffenden Waren und ihrer Verwendungsmöglichkeiten oder hinsichtlich der Dienstleistungen besitzt.[186] Die Bezeichnungen „geprüfter" oder *„staatlich geprüfter" Fachmann* sind sogar solchen Gewerbetreibenden vorbehalten, die eine staatliche oder staatlich anerkannte Prüfung über ihr Fachwissen abgelegt haben, aufgrund derer sie an Fachkenntnissen den Standard der Branche deutlich überragen.[187] Ebenso wenig dürfen Gewerbetreibende, die nicht in die Handwerksrolle eingetragen sind, in ihrer Werbung in irgendeiner Hinsicht den Eindruck erwecken, sie seien *selbständige Handwerker* und dürften dieselben Leistungen wie solche erbringen; das wird nicht nur aus § 5 Abs. 1 UWG, sondern in der Regel auch aus § 3a UWG in Verbindung mit der Handwerksordnung hergeleitet.[188]

70 Entsprechende Regeln gelten für **Sachverständige:** Wenn sie in ihrer Werbung auf ihre Anerkennung durch einen Verband oder eine sonstige Stelle hinweisen, erwartet der Verkehr ein besonderes, durch Prüfungen nachgewiesenes, den Standard der Kollegen erheblich übertreffendes Fachwissen.[189] Außerdem dürfen sie *Gutachten* unter Berufung auf ihre Bestellung zum Sachverständigen nur auf denjenigen Gebieten erstatten, für die sie tatsächlich öffentlich bestellt wurden, nicht dagegen auf anderen Gebieten.[190] Besonders streng sind die Anforderungen, wenn sich jemand als **Spezia-**

nen; LM § 3 UWG Nr. 170 = GRUR 1981, 69 = WRP 1981, 21 – Alterswerbung für Filialen (für die Übernahme einer großen Filialkette erst mehr als 100 Jahre nach Gründung des Stammhauses); LM § 12 BGB Nr. 15 = GRUR 1957, 342 für die Firma „Underberg sen." für ein neues junges Unternehmen.

183 *BGH* LM § 3 UWG Nr. 236 = GRUR 1986, 316 – Urselters.

184 *BGH* NJW-RR 2010, 921 Tz. 10ff. = GRUR 2010, 352 = WRP 2010, 636 (639f.) – Hier spiegelt sich Erfahrung.

185 Zahlreiche Beispiele bei Ohly/Sosnitza/*Sosnitza,* § 5 Rn. 602ff.; Harte-Bavendamm/Henning-Bodewig/*Weidert,* § 5 Rn. E 61ff.

186 *BGH* LM § 3 UWG Nr. 399 = NJW-RR 1997, 1193 (1194) = GRUR 1957, 758 – selbsternannter Fachmann; NJW-RR 1990, 678 – Buchführungshelfer; NJW 2012, 235 Tz. 11, 18 – Zertifizierter Testamentvollstrecker (für einen Rechtsanwalt); *OLG Nürnberg* GRUR 1985, 566.

187 *BGH* LM § 3 UWG Nr. 152 = GRUR 1978, 368 – Gemmologe; LM § 3 UWG Nr. 220 = NJW 1984, 2365 = GRUR 1984, 740 – Anerkannter Kfz-Sachverständiger.

188 *OLG Nürnberg* GRUR-RR 2007, 45; *OLG Jena* NJW-RR 2009, 975.

189 *BGH* LM § 3 UWG Nr. 220 = NJW 1984, 2365 = GRUR 1984, 740 – Anerkannter Kfz-Sachverständiger; *OLG Hamm* NJW-RR 1987, 232.

190 BGHZ 92, 30 (32f.) = NJW 1984, 2883 = GRUR 1985, 56 – Bestellter Kfz-Sachverständiger; *OLG Hamm* GRUR 1983, 673.

list bezeichnet. Dies wird, auch bei Rechtsanwälten oder Ärzten, nur zugelassen, wenn der Betreffende weit überdurchschnittliche praktische und theoretische Kenntnisse nachweisen kann, die im Grunde nur durch eine vieljährige, nahezu ausschließliche Tätigkeit auf dem fraglichen Gebiet erworben werden können. Dahinter steht natürlich auch das Bestreben, die Fachanwalts- und Facharztbezeichnungen umfassend gegen Missbräuche und Umgehungen zu schützen.[191] Auf derselben Linie liegt es, wenn es Anwälten und Zugehörigen verwandter Berufe im Falle einer Kooperation und insbesondere bei Bildung einer bloßen Bürogemeinschaft nicht gestattet wird, ihre Zusammenarbeit in einer Weise zu bezeichnen, die auf eine Sozietät und damit auf eine Haftungseinheit der Beteiligten hinweist; Beispiele für derartige, „echten" Sozietäten vorbehaltene Bezeichnungen sind „Rechtsanwälte und Notare" oder „Rechtsanwälte, Wirtschaftsprüfer und Steuerberater".[192] Zu beachten ist in diesem Zusammenhang stets, dass ohnehin zahlreiche **Berufsbezeichnungen** wie Arzt, Zahnarzt, Rechtsanwalt, Wirtschaftsprüfer oder Steuerberater durch Sondergesetze ausdrücklich Personen vorbehalten sind, die in bestimmter Weise qualifiziert sind, sodass sie schon deshalb selbst in ähnlicher Form nicht von weniger qualifizierten Personen verwandt werden dürfen (§ 3a UWG).

Durch **Angaben über den Inhaber** des Gewerbebetriebs dürfen die Verbraucher 71 gleichfalls nicht irregeführt werden.[193] Ein Ingenieurbüro darf aus diesem Grunde in seiner Bezeichnung nicht mit Namen und Titel des Gründers werben, wenn die jetzigen Inhaber nicht über dieselbe Qualifikation wie der Gründer verfügen.[194] Der bloße „Servicepartner" eines Kraftfahrzeugherstellers darf sich auch nicht als „Vertragspartner" des Herstellers bezeichnen, weil dadurch bei den angesprochenen Verkehrskreisen der Eindruck erweckt werden könnte, er sei „Vertragshändler" des Herstellers.[195] Und ein Rechenzentrum, das nach dem Steuerberatungsgesetz lediglich zur Durchführung mechanischer Arbeitsgänge bei der Führung von Büchern und Aufzeichnungen zugelassen ist, darf nicht damit werben, es übernehme für andere Unternehmen die „Finanzbuchführung, die Finanzbuchhaltung, die Lohnabrechnung oder die Einrichtung der Buchführung" (§ 5 Abs. 1 S. 2 Nr. 3 UWG).[196] Wer nur zur Hilfeleistung in Steuersachen befugt ist, darf für sein Gewerbe gleichfalls keine Bezeichnung wählen, die den Eindruck erweckt, ihm könne auch die umfassende Führung der Bücher übertragen werden, eine Befugnis, die tatsächlich allein Steuerberatern vorbehalten ist.[197]

6. Irreführung über den gewerblichen Charakter der geschäftlichen Handlung

Nach der **Nr. 23 des Anhangs** zu § 3 Abs. 3 UWG ist es stets unzulässig, den unzutref- 72 fenden Eindruck zu erwecken, der Unternehmer sei Verbraucher oder er werde nicht

[191] *OLG Nürnberg* GRUR-RR 2007, 292 = NJW 2007, 1984; *OLG Stuttgart* GRUR-RR 2008, 177; *OLG Karlsruhe* NJW 2009, 3663.

[192] *BGH* NJW-RR 2014, 611 Tz. 9ff. = GRUR 2014, 196 = WRP 2014, 557 (558f.) – Kooperation mit Wirtschaftsprüfern.

[193] *BGH* LM § 1 UWG Nr. 506 = NJW-RR 1989, 937 = WRP 1989, 516 – Vermögensberater; *Hönn,* ZHR 153 (1989), 386.

[194] *BGH* LM § 3 UWG Nr. 72 = GRUR 1965, 610 – Dipl. Ingenieur.

[195] *BGH* NJW-RR 2011, 1408 Tz. 2 = GRUR 2011, 1050 = WRP 2011, 1444 – Ford-Vertragspartner.

[196] *BGH* LM § 3 UWG Nr. 447 (Bl. 3f.) = NJW-RR 2002, 108= GRUR 2002, 77 – Rechenzentrum; ebenso für eine „Schuldnerberatung" *OLG Oldenburg* GRUR 2006, 605.

[197] So sehr eng *BGH* GRUR 2015, 1019 Tz. 19ff. = WRP 2015, 1102 (1103f.) – Mobiler Buchhaltungsservice.

geschäftlich tätig. In der Werbung von Kaufleuten darf folglich nicht der Eindruck einer *privaten Gelegenheit* hervorgerufen werden. Insbesondere Chiffre-Anzeigen von *Maklern,* etwa mit bloßer Angabe ihrer Telefonnummer, verstoßen gegen die Nr. 23 des Anhangs, weil dadurch Angebote von Privatleuten vorgetäuscht werden, die durchweg als besonders günstig gelten.[198] Außerdem muss in der Anzeige eindeutig zum Ausdruck kommen, dass Interessenten eine Provision zu zahlen haben.[199]

7. Schutzrechtsbehauptungen

73 Das Gesetz hebt in § 5 Abs. 1 S. 2 Nr. 3 als Rechte des Unternehmers, über die nicht irregeführt werden darf, ferner dessen „Rechte des geistigen Eigentums" hervor. Das Gesetz hat hier in erster Linie die Werbung mit Schutzrechtsbehauptungen im Auge. Gemeint ist damit insbesondere die Werbung unter Hinweis auf einen *gesetzlichen Schutz für das angebotene Produkt,* die sich deshalb großer Beliebtheit erfreut, weil sich mit solchen Angaben nach aller Erfahrung besondere Qualitätsvorstellungen der Verbraucher verbinden. Die Rechtsprechung achtet deshalb sorgfältig auf die Vermeidung jeder Irreführung der Abnehmer über diesen Punkt. Ein Gewerbetreibender, der lediglich eine Marke besitzt, darf zB sein Produkt nicht als „gesetzlich geschützt" bezeichnen, weil dabei der Verkehr an einen Patentschutz denkt.[200] Genauso negativ zu beurteilen ist die Verwendung des Zusatzes *„patented",* wenn der Verkehr dabei nach den Umständen an ein deutsches Schutzrecht denkt, während tatsächlich ein Patentschutz lediglich in den USA besteht (wo an die Gewährung von Patenten wesentlich geringere Anforderungen als in Deutschland gestellt werden).[201]

VII. Weitere Fälle

1. Überblick

74 Die Fülle der Beispiele irreführender geschäftlicher Handlungen ist schier unerschöpflich; nur kursorisch kann daher hier zum Schluss dieses Kapitels noch ein kurzer Überblick über weitere in § 5 Abs. 1 und im Anhang zu § 3 Abs. 3 UWG erfasste Fälle gegeben werden. Nach **§ 5 Abs. 1 S. 2 UWG** ist eine geschäftliche Handlung ferner irreführend, wenn sie zur Täuschung geeignete Angaben über folgende Punkte enthält: über Aussagen oder Symbole, die im Zusammenhang mit Sponsoring stehen oder die sich auf die Zulassung des Unternehmers oder seiner Produkte beziehen (§ 5 Abs. 1 S. 2 Nr. 4; Nr. 4 des Anhangs zu § 3 Abs. 3 UWG), über die Notwendigkeit einer Leistung, eines Ersatzteils, eines Austauschs oder einer Reparatur (Nr. 5 des § 5 Abs. 1 S. 2), über die Einhaltung eines Verhaltenskodexes, auf den sich der Unternehmer verpflichtet hat (Nr. 6 aaO.), sowie über die Rechte der Verbraucher bei Leistungsstörungen (Nr. 7 aaO.). Zulässig bleibt es aber, in der Werbung darauf hinzuweisen, dass die Rechte der Verbraucher bei Leistungsstörungen, insbesondere also ihre Gewährleistungsrechte, selbstverständlich bestehen, während es unzulässig ist, in der

[198] *BGH* LM § 3 UWG Nr. 261 = NJW 1987, 3196 = GRUR 1987, 748 – Getarnte Werbung II; LM § 3 UWG Nr. 298 = NJW-RR 1990, 423 = GRUR 1990, 377 – RDM; *KG* GRUR 1984, 137; NJW-RR 1987, 489; 1988, 878 (879); *OGH* SZ Bd. 53 (1980) Nr. 59, S. 269 (271); *OGH* ÖBl. 1981, 20.

[199] *BGH* LM § 3 UWG Nr. 315 = NJW-RR 1991, 561 = GRUR 1991, 324 – Finanz- und Vermögensberater.

[200] *BGH* LM § 3 UWG Nr. 23 = GRUR 1957, 358 – Kölnisch Eis; *OGH* ÖBl. 1962, 9 = GRURAusl 1961, 488.

[201] *BGH* LM § 3 UWG Nr. 221 = GRUR 1984, 741 – PATENTED.

Werbung die Behauptung aufzustellen, gesetzliche Rechte stellten eine Besonderheit des Angebotes dar, wofür es genügt, dass der Unternehmer in der Werbung den unzutreffenden Eindruck erweckt, er hebe sich durch die Gewährung besonderer Rechte an die Verbraucher von seinen Konkurrenten ab (Nr. 10 des Anhangs).[202] Hervorzuheben ist weiter die Vorschrift der Nr. 4 des § 5 Abs. 1 S. 2 UWG, die sich insbesondere gegen die in letzter Zeit viel diskutierten Fälle der Irreführung der Verbraucher über die Rolle eines Unternehmens als angeblicher **Sponsor** zB sportlicher Großveranstaltungen durch eine entsprechende Aufmachung der Werbung wendet, etwa durch Gewinnspiele in Verbindung mit der Verlosung begehrter Eintrittskarten, zu denen an sich allein Sponsoren Zugang haben (neudeutsch: *Ambush Marketing*).[203]

Zahlreiche Beispiele irreführender geschäftlicher Handlungen finden sich ferner in 75
weiteren Nummern des Anhangs zu § 3 Abs. 3 UWG. Stichwortartig hervorzuheben sind folgende Fälle: die Behauptung, eine Ware sei nur noch für sehr kurze Zeit verfügbar, um die Verbraucher unter Druck zu setzen (Nr. 7), die Erregung von Angst um die Gesundheit (Nr. 12), die Vorspiegelung positiver Wirkungen einer Ware auf die Gesundheit (Nr. 18), die Täuschung über die Marktbedingungen (Nr. 19) oder über die Unentgeltlichkeit der Leistung (Nr. 21) sowie noch die Vorspiegelung eines bereits abgeschlossenen Vertrages (Nr. 22).

2. Ausnutzung der Spiellust

Nach der Nr. 17 des Anhangs zu § 3 Abs. 3 UWG ist stets unlauter die unwahre An- 76
gabe oder das Erwecken des unzutreffenden Eindrucks, der Verbraucher habe bereits einen Preis gewonnen oder werde ihn gewinnen oder werde durch eine bestimmte Handlung einen Preis gewinnen oder einen sonstigen Vorteil erlangen, wenn es einen solchen Preis oder Vorteil tatsächlich nicht gibt, oder wenn jedenfalls die Möglichkeit, einen Preis oder sonstigen Vorteil zu erlangen, von der Zahlung eines Geldbetrags oder der Übernahme von Kosten abhängig gemacht wird. Mit dieser Bestimmung wurde, sprachlich etwas anders gefasst, die Nr. 31 des Anhangs I zu der UGP-Richtlinie in deutsches Recht umgesetzt. Die unterschiedliche Einordnung der Vorschrift im Anhang zum UWG (unter der Nr. 17) und in dem Anhang I zu der Richtlinie (unter der Nr. 31) beruht darauf, dass die Verfasser des UWG von 2008 in der Bestimmung eine **Erscheinungsform des Irreführungsverbots** sahen, während die Richtlinie die Bestimmung zu den Vorschriften über aggressive Geschäftspraktiken rechnet.[204] Der Tatbestand der Nr. 17 des Anhangs ist bereits erfüllt, wann immer die Erkundigung nach dem (angeblichen oder tatsächlichen) Preis oder dessen Entgegennahme mit irgendwelchen Kosten für den Verbraucher verbunden ist;[205] offen ist lediglich noch, ob dasselbe auch für die Abholung einer etwaigen gewonnenen Ware gilt.[206]

Ergänzend bestimmte früher § 4 Nr. 5 von 2008, dass unlauter handelt, wer bei Preis- 77
ausschreiben oder Gewinnspielen mit Werbecharakter die Teilnahmebedingungen nicht klar und eindeutig angibt (sogenanntes **Transparenzgebot**), Durch die zweite Novelle von 2015 ist diese Vorschrift indessen als überflüssig ersatzlos gestrichen wor-

202 *BGH* NJW 2014, 3095 Tz. 11ff. = GRUR 2014, 1007 = WRP 2014, 1054 – Geld-zurück-Garantie III.

203 S. mN *Becker,* WRP 2015, 139; *Heermann,* WRP 2012, 1035 (1041ff.).

204 S. *Köhler,* GRUR 2012, 1211.

205 *EuGH* GRUR 2012, 1269 Tz. 30ff. = WRP 2012, 1509 (1512f.) – Purely Creative; sehr str.

206 S. *Köhler,* GRUR 2012, 1211 (1213f.).

den, weil ihr Regelungsgehalt von den „allgemeinen Irreführungstatbeständen des § 5 und § 5a erfasst" werde.[207]

78 Preisausschreiben (§ 661 BGB) und Gewinnspiele (§§ 762f. BGB) sind herkömmliche und beliebte Mittel der Aufmerksamkeitswerbung, gegen die trotz des mit ihnen verbundenen Appells an die Spiellust der Abnehmer grundsätzlich nichts einzuwenden ist. Sie unterscheiden sich lediglich dadurch, dass bei den **Preisausschreiben** der Erfolg der Teilnahme an der Veranstaltung von den Kenntnissen oder Fähigkeiten der Teilnehmer abhängt, während bei den **Gewinnspielen** allein der Zufall über Erfolg oder Misserfolg entscheidet. Erscheinungsformen der Gewinnspiele sind insbesondere Glücksspiele, Lotterien und Ausspielungen.[208] Unter dem alten UWG von 1909 standen die Gerichte diesen Formen der Aufmerksamkeitswerbung ausgesprochen kritisch gegenüber,[209] während heute Bedenken nur noch bei einer Irreführung des Publikums über die Bedingungen der Teilnahme oder über die Gewinnmöglichkeiten bestehen. Angesichts dessen genügt als gesetzliche Regelung in der Tat vollauf ein auf § 5a Abs. 2 gestütztes **Transparenzgebot** hinsichtlich der Teilnahmebedingungen bei Preisausschreiben und Gewinnspielen mit Werbecharakter, dh bei Vorliegen einer geschäftlichen Handlung im Sinne des § 2 Abs. 1 Nr. 1 (wegen der Einzelheiten → § 14 Rn. 52f.).

3. Schneeballsysteme[210]

79 Das UWG wendet sich in § 16 Abs. 2 sowie in der Nr. 14 des Anhangs zu § 3 Abs. 3 schließlich noch gegen sogenannte Schneeballsysteme, häufig auch progressive Kundenwerbung oder Pyramidensysteme genannt. Nach **§ 16 Abs. 2 UWG** macht sich strafbar, wer es im geschäftlichen Verkehr unternimmt, Verbraucher zur Abnahme von Waren, Dienstleistungen oder Rechten durch das Versprechen zu veranlassen, sie würden entweder vom Veranstalter selbst oder von einem Dritten besondere Vorteile erlangen, wenn sie andere zum Abschluss gleichartiger Geschäfte veranlassen, die ihrerseits nach der Art dieser Werbung derartige Vorteile für eine entsprechende Werbung weiterer Abnehmer erlangen sollen. Die **zivilrechtlichen Folgen** eines Verstoßes gegen die Strafvorschrift des § 16 Abs. 2 UWG ergeben sich in erster Linie aus § 3a UWG (s. dazu → § 20). Anwendbar sind außerdem die §§ 134, 138 und 823 Abs. 2 BGB, sodass die Verträge zwischen dem Veranstalter des Systems und den in der Regel getäuschten Kunden nichtig sind und Schadensersatzansprüche gegen den Veranstalter nach sich ziehen können. Etwaigen Rückzahlungsansprüchen des Veranstalters steht § 817 S. 2 BGB entgegen.[211]

80 Schneeball- und Pyramidensysteme sind ausgeklügelte Absatzsysteme, mit denen letztlich der **Zweck** verfolgt wird, die Kunden ihrerseits zur Werbung immer neuer Kunden zu veranlassen. Deshalb wird den Kunden die Vergütung eines Teiles des Kaufpreises für jeden von dem Kunden geworbenen, weiteren Kunden versprochen, wobei den dergestalt geworbenen Kunden ihrerseits wiederum in Aussicht gestellt

[207] Ausschussbericht von 2015, BT-Drs. 18/6571, S. 15 („Zu Nr. 4" 5. Abs.).

[208] Die Einzelheiten sind str., s. *BGH* NJW 2008, 2672 Tz. 12 = GRUR 2008, 807= WRP 2008, 1175 – Millionenchance I; *Berlit,* WRP 2005, 1213.

[209] S. Voraufl., S. 181.

[210] S. dazu *Alexander,* WRP 2004, 407; *Brammsen/Apel,* WRP 2011, 400; *dies.,* GRURInt 2014, 1119; *Dornis,* WRP 2007, 1303; *Kunkel,* WRP 2008, 292; *Otto,* GRUR 1982, 274; *Olesch,* WRP 2007, 908.

[211] Köhler/Bornkamm/*Bornkamm,* § 16 Rn. 51; Ohly/Sosnitza/*Sosnitza,* § 16 Rn. 54f., beide mN.

wird, dass sie bei Werbung zusätzlicher Kunden ebenfalls einen Teil des Kaufpreises erstattet bekommen. Schneeball- und Pyramidensysteme unterscheiden sich nur danach, ob die weiteren Verträge ebenfalls mit dem Veranstalter des Systems oder mit den zunächst geworbenen Kunden auf den folgenden Absatzstufen abgeschlossen werden.[212] In beiden Erscheinungsformen sind derartige Absatzsysteme deshalb besonders *gefährlich,* weil sie den Kunden auf den ersten Blick *hohe Gewinnmöglichkeiten vorspiegeln,* während tatsächlich im Falle ihrer lawinenartigen Ausbreitung alsbald eine rapide Marktverengung eintritt, sodass zusätzlich geworbene Kunden praktisch keine Chancen mehr haben, neue Kunden zu werben.[213] Wegen dieser besonderen Gefährlichkeit der Schneeballsysteme hat der Gesetzgeber § 16 Abs. 2 UWG als **Unternehmensdelikt** ausgestaltet.

Der Anwendungsbereich der Vorschrift des § 16 Abs. 2 UWG beschränkt sich (ebenso wie der der Nr. 14 des Anhangs zu § 3 Abs. 3 UWG; → Rn. 82) auf **Verbraucher.** Die Initiatoren derartiger Absatzsysteme machen sich diesen Umstand in wachsendem Maße zunutze, um sich dem Anwendungsbereich der für sie so nachteiligen gesetzlichen Regelung zu entziehen, indem sie die Teilnehmer ihres Systems so schnell wie möglich zu „Existenzgründern" und damit zu Unternehmern „hochzustilisieren" versuchen, um sie so dem Schutzbereich des § 16 Abs. 2 UWG sowie der Nr. 14 des Anhangs zu entziehen (§ 2 Abs. 2 UWG iVm § 13 und § 14 BGB).[214] Um hier gegenzusteuern, lässt es der BGH für die Vollendung des Tatbestands des § 16 Abs. 2 UWG heute bereits genügen, wenn die Interessenten *erstmals* angesprochen werden, da sie in diesem Zeitpunkt auf jeden Fall noch Verbraucher sind.[215] 81

Die Strafvorschrift des § 16 Abs. 2 UWG wird ergänzt durch das ausnahmslose Verbot bestimmter Formen von Schneeballsystemen durch die **Nr. 14 des Anhangs** zu § 3 Abs. 3 UWG idF von 2015. Diese Vorschrift bestimmte ursprünglich, dass die Einführung, der Betrieb oder die Förderung eines Systems zur Verkaufsförderung unzulässig ist, das den Eindruck vermittelt, allein oder hauptsächlich durch die Einführung weiterer Teilnehmer in das System könne eine Vergütung erlangt werden. Die Nr. 14 des Anhangs zu § 3 Abs. 3 des Gesetzes geht zurück auf die Nr. 14 des Anhangs I zu der UGP-Richtlinie. Diese Vorschrift wird jedoch vom EuGH verhältnismäßig eng ausgelegt.[216] Die Anwendung des Verbots setzt danach voraus, dass von dem Verbraucher bei dem Beitritt zu dem System ein *finanzieller Beitrag* verlangt wird, gleich welcher Höhe, aus dem dann im Wesentlichen die Vergütungen für die übrigen Teilnehmer, die neue Teilnehmer geworben haben, finanziert werden. Entsprechend wurde die Nr. 14 des Anhangs durch die zweite Novelle geändert.[217] Seitdem heißt in der Nr. 14 des Anhangs, dass der Betrieb eines Schneeballsystemen stets unzulässig ist, bei dem von dem Verbraucher ein finanzieller Beitrag für die Möglichkeit verlangt wird, durch die Einführung weiterer Teilnehmer in das System eine Vergütung zu erlangen.[218] 82

[212] ZB *Brammsen/Apel,* WRP 2011, 400 (406).

[213] S. Ausschussbericht von 1986, BT-Drs. 10/5058, S. 38f.; Begr. von 2000, BT-Drs. 14/2959, S. 12f.; *EuGH* GRUR 2014, 680 Tz. 22 = WRP 2014, 816 (818) – 4finance.

[214] S. *Brammsen/Apel,* WRP 2011, 400 (403f.).

[215] BGHSt 56, 174 = NJW 2011, 1236 Tz. 23ff.

[216] *EuGH* GRUR 2014, 680 Tz. 20ff. = WRP 2014, 816 (818) – 4finance; s. dazu *Brammsen/Apel,* WRP 2014, 1119.

[217] Begr. von 2015, BT-Drs. 18/4535, S. 17.

[218] S. *Brammsen/Apel,* WRP 2014, 1119.

§ 16. Preiswerbung

I. Überblick

1 Die Gefahr einer Irreführung der Abnehmer und insbesondere der Verbraucher durch die Werbung ist besonders groß bei der Werbung mit angeblichen Preissenkungen. Deshalb nennt das Gesetz als Bezugspunkte für die Beurteilung der Irreführung zunächst in **§ 5 Abs. 1 S. 2 Nr. 2** unter anderem „den Anlass des Verkaufs wie das Vorhandensein eines besonderen Preisvorteils, den Preis oder die Art und Weise, in der er berechnet wird", sowie die „Bedingungen", unter denen die Waren geliefert oder die Dienstleistungen erbracht werden. **Abs. 4 der Vorschrift** fügt hinzu, dass bei der Werbung mit der Herabsetzung eines Preises eine Irreführung vermutet wird, sofern der (frühere) Preis nur für eine unangemessen kurze Zeit gefordert wurde, wobei die Beweislast für die Dauer der Preisforderung den Werbenden trifft (→ Rn. 14f.). Werden Waren oder Dienstleistungen unter Hinweis auf deren Merkmale und Preise so angeboten, dass ein durchschnittlicher Verbraucher das Geschäft abschließen kann, so müssen in der Werbung ferner nach **§ 5a Abs. 3 UWG** unter anderem genannt werden: der Endpreis oder die Art der Preisberechnung und die Nebenkosten (Nr. 3) sowie die Zahlungs- und Lieferungsbedingungen (Nr. 4; → § 14 Rn. 40, 48ff.). Vielfach wird außerdem § 6 UWG über die vergleichende Werbung einschlägig sein, sodass sich von Fall zu Fall daraus noch weitere Schranken für die Preiswerbung ergeben können (→ Rn. 8).

2 Einschlägig sind ferner verschiedene Bestimmungen des **Anhangs** zu § 3 Abs. 3 des Gesetzes, die – als per-se-Verbote – in jedem Fall vorrangig zu prüfen sind. Stets unzulässig sind danach vor allem das Angebot einer Ware oder Dienstleistung als „gratis, umsonst oder kostenfrei", wenn gleichwohl Kosten zu tragen sind **(Nr. 21),** die Übermittlung von Werbematerial unter Beifügung einer Zahlungsaufforderung, wenn damit der unzutreffende Eindruck vermittelt wird, die beworbene Ware oder Dienstleistung sei bereits bestellt **(Nr. 22),** sowie noch die Aufforderung zur Bezahlung nicht bestellter, aber gelieferter Waren oder erbrachter Dienstleistungen (**Nr. 29** idF von 2015; vgl. außerdem noch die Nr. 6 und die Nr. 15 des Anhangs). Vorbild des § 5 Abs. 1 S. 2 Nr. 2 UWG ist **Art. 6 Abs. 1 lit. d der UGP-Richtlinie.** Diese Vorschrift nennt als Bezugspunkte der Irreführung freilich nur den Preis, die Art der Preisberechnung und das Vorhandensein eines besonderen Preisvorteils, sodass im Schrifttum diskutiert wird, ob § 5 Abs. 1 S. 2 Nr. 2 in jeder Hinsicht mit der Richtlinie vereinbar ist.[1]

3 In den vorliegenden Zusammenhang gehört ferner die **PreisangabenVO von 1985** in der Fassung von 2010.[2] **Zweck** der PreisangabenVO ist es, bei der Werbung mit Preisangaben zum Schutze der Verbraucher Preiswahrheit und Preisklarheit zu gewährleisten. Dadurch soll zugleich die Stellung der Verbraucher gegenüber Handel und Gewerbe gestärkt und der Wettbewerb gefördert werden, indem den Verbrauchern die Möglichkeit zum jederzeitigen Preisvergleich eröffnet wird (wegen der Einzelheiten → Rn. 16ff.).

---

[1] S. Harte-Bavendamm/Henning-Bodewig/*Weidert,* § 5 Rn. D 3.

[2] BGBl. 1985 I 580; 2010 I 977; zuletzt geändert durch das Gesetz zur Umsetzung der Verbraucherrechte-Richtlinie von 2013 (BGBl. I 3642).

II. Irreführung über die Preise

1. Preiswahrheit (§ 5 Abs. 1 S. 2 Nr. 2 UWG)

a) Beispiele

Nach § 5 Abs. 1 S. 2 Nr. 2 UWG sind irreführend unter anderem unwahre oder zur Täuschung geeignete Angaben in der Werbung über den Preis, über das Vorhandensein eines besonderen Preisvorteils oder über die Art und Weise seiner Berechnung. Dies ist anzunehmen, wenn durch die fraglichen Angaben bei einem erheblichen Teil der angesprochenen Verkehrskreise unrichtige Vorstellungen über die Höhe des Preises, über das Vorhandensein besonderer Preisvorteile oder über die Berechnung der Preise, letzteres insbesondere bei Dienstleistungen, hervorgerufen werden, wobei von dem Leitbild des durchschnittlich informierten und verständigen Verbrauchers auszugehen ist.[3] Eine Irreführung über die Preise ist insbesondere auch dadurch möglich, dass die Verbraucher über die *Qualität* der zu einem bestimmten Preis angebotenen Ware irregeführt werden; in diesem Fall sind die Nr. 1 und Nr. 2 des § 5 Abs. 1 S. 2 UWG nebeneinander anwendbar. Insgesamt ist der Anwendungsbereich dieses Tatbestandes somit ausgesprochen *weit.* 4

Verbreitet sind zunächst Irreführungen über die **Dauer** von Preisaktionen, meistens zu dem Zweck, die Verbraucher unter Druck zu setzen. Preissenkungen, die schon längere Zeit zurückliegen oder die für eine längere Zeit oder sogar auf Dauer geplant sind, dürfen daher nicht als kurzfristige Sonderangebote ausgegeben werden.[4] Auch eine Werbung mit „Daueraktionspreisen" ist irreführend, wenn die Preise ständig geändert werden und nicht, wie die Verbraucher in diesem Fall erwarten, auf Dauer (konstant) niedrig gehalten werden.[5] 5

Eine verbotene Irreführung liegt ferner vor, wenn die an den Waren **ausgezeichneten Preise** höher sind als in der Werbung genannt.[6] Werden jedoch den Kunden an der Kasse ohne weiteres die niedrigeren Preise aus der Werbung in Rechnung gestellt, so fehlt es an einer relevanten Irreführung, weil die geschäftlichen Entscheidungen der Verbraucher dann nicht negativ beeinflusst wurden (§ 5 Abs. 1 S. 1 UWG).[7] Die Werbung *„dauernd billig"* ist nur zulässig, wenn das gesamte Angebot oder doch einzelne Waren für einen nennenswerten Zeitraum deutlich billiger als der Markt sind.[8] Mit „Fabrik- oder **Großhandelspreisen**" oder mit der Behauptung **„Direkt ab Werk"** darf ferner nur derjenige werben, dessen Preise tatsächlich den Einstandspreisen des Handels entsprechen,[9] Ebenso muss, wer **„Discountpreise"** ankündigt oder sein Geschäft als „Discountgeschäft" bezeichnet, mit seinen Preisen deutlich unter dem Niveau der Konkurrenz liegen. Dasselbe gilt für einen Gewerbetreibenden, der in seine 6

[3] S. mit Beispielen Köhler/Bornkamm/*Bornkamm,* § 5 Rn. 7.1 ff.; Ohly/Sosnitza/*Sosnitza,* § 5 Rn. 438 ff.; Harte-Bavendamm/Henning-Bodewig/*Weidert,* § 5 Rn. D 15 ff.; *Worok,* WRP 2004, 1431 (1439 f.).

[4] *OLG Frankfurt a. M.* GRUR 1996, 945.

[5] *OGH* ÖBl. 1991, 157 (159).

[6] *BGH* LM § 3 UWG Nr. 273 = NJW 1988, 1978 = GRUR 1988, 629 – Konfitüre.

[7] *BGH* NJW 2008, 1388 = GRUR 2008, 442 = WRP 2008, 659 – Fehlerhafte Preisauszeichnung.

[8] *OLG Frankfurt a. M.* GRUR 1991, 64.

[9] *BGH* NJW 2008, 1388 Tz. 10 f. = GRUR 2008, 442 = WRP 2008, 659 – Fehlerhafte Preisauszeichnung.

Firma den Bestandteil „Mehrwert" aufnimmt.[10] Schließlich gehört hierher noch die **Vorspiegelung einer Sonderveranstaltung** wie zB eines Saisonschlussverkaufs, obwohl die Preise überhaupt nicht oder nicht nennenswert reduziert wurden.[11]

7 Unzulässig sind ferner sämtliche Angaben in der Werbung, durch die bei den Verbrauchern **u**nzutreffende Vorstellungen über das Preisniveau des Unternehmers hervorgerufen werden können. In einem **Internetportal** für Preisvergleiche dürfen daher auch nicht kurzfristig niedrigere Preise als auf der Website des betreffenden Unternehmens genannt werden.[12] Ebenso unzulässig ist die Werbung mit Preisen ohne **Mehrwertsteuer,** wenn sich die Angebote auch an das allgemeine Publikum wenden.[13] Dasselbe gilt für die Werbung allein mit einzelnen besonders günstigen **Preisbestandteilen,** während weitere Preisbestandteile verschwiegen oder doch verschleiert werden, und dies selbst dann, wenn die zusätzlichen Kosten nur bei einem Teil der Adressaten der Werbung, nicht bei allen anfallen.[14]

8 Weitere hierher gehörige Beispiele sind die Preisschaukelei und die Preisspaltung. Von **Preisschaukelei** spricht man, wenn die Preise willkürlich, dh ohne erkennbare Gründe, wiederholt herauf- und herabgesetzt werden, während eine **Preisspaltung** vorliegt, wenn mit unterschiedlichen Preisen geworben oder die Ware im Geschäft unterschiedlich ausgezeichnet wird. In beiden Fällen liegt idR ein Verstoß gegen § 5 Abs. 1 S. 2 Nr. 2 UWG vor, weil dadurch die Verbraucher verunsichert und über das Preisniveau getäuscht werden können (und sollen).[15] Dagegen darf ein Kaufmann in verschiedenen Geschäften durchaus auch unterschiedliche Preise fordern; in teuren „A-Lagen" sind die Preise eben immer höher als in einem verwahrlosten Gewerbe- oder Industriegebiet.

b) Insbesondere Preisvergleiche

9 Eine besondere Erscheinungsform der Preiswerbung sind Preisvergleiche. Im Einzelnen hat man Vergleiche mit den Preisen der Konkurrenten, Vergleiche mit Preisempfehlungen des Herstellers (→ Rn. 10ff.) sowie Vergleiche mit den eigenen früheren Preisen des Werbungstreibenden selbst zu unterscheiden (→ Rn. 12ff.). Werden die eigenen Preise in der Werbung mit denen bestimmter Mitbewerber verglichen, so handelt es sich zugleich um eine **vergleichende Werbung** im Sinne des § 6 UWG (→ § 7). Daneben bleibt jedoch das Irreführungsverbot des § 5 und des § 5a UWG anwendbar (§ 5 Abs. 3 Fall 1 UWG). Es greift insbesondere ein, wenn die Angaben über die Preise der Mitbewerber oder über die eigenen Preise unzutreffend sind (§ 5 Abs. 1 S. 2 Nr. 2 UWG).

---

[10] *BGH* LM § 3 UWG Nr. 76a = GRUR 1964, 397; LM § 3 UWG Nr. 119 = NJW 1973, 93 = GRUR 1973, 534 – Mehrwert II; LM § 3 UWG Nr. 128 = GRUR 1974, 225 – Lager-Hinweiswerbung; LM § 1 UWG Nr. 224 = NJW 1971, 378 = GRUR 1971, 164 – Discount.

[11] → § 17; *Worok,* WRP 2004, 1431 (1439).

[12] *BGH* GRUR 2010, 936 Tz. 10ff. = WRP 2010, 1246 (1247f.) – Espressomaschine; GRUR 2010, 1110 Tz. 25ff. = WRP 2010, 1498 (1500) – Versandkosten bei Froogle.

[13] *BGH* GRUR 2011, 82 Tz. 28ff. = WRP 2011, 55 (58) – Preiswerbung ohne Umsatzsteuer.

[14] *BGH* GRUR 2010, 1110 Tz. 25ff. = WRP 2010, 1498 (1500) – Versandkosten bei Froogle; NJW 2011, 2787 (2789f. Tz. 21, 25ff.) = GRUR 2011, 742 = WRP 2011, 873 – Leistungspakete im Preisvergleich.

[15] *BGH* LM SonderveranstaltungsAO Nr. 11 = NJW 1974, 461 = WRP 1974, 149 – Campagne; LM § 1 UWG Nr. 439 = NJW-RR 1986, 526 = GRUR 1986, 322 – Unterschiedliche Preisankündigung; *OLG Hamm* GRUR 1990, 627 (628); s. im Einzelnen → Rn. 13ff.

10 Besonderer Beliebtheit erfreut sich nach wie vor die Werbung durch Vergleich der eigenen (niedrigen) Preise mit den höheren, vom Hersteller **empfohlenen Preisen,** zumal nach der grundsätzlichen Erlaubnis von Preisempfehlungen im Jahre 2005, soweit sie nicht im Einzelfall gegen § 1 GWB oder Art. 101 AEUV verstoßen.[16] Nach § 5 Abs. 1 S. 2 Nr. 2 UWG setzt die Zulässigkeit des Preisvergleichs in der Werbung lediglich die Klarstellung voraus, dass es sich bei den in Bezug genommenen Preisen um *unverbindliche Preisempfehlungen* gerade des *Herstellers* (und nicht etwa um gebundene Preise, um frühere Preise des Werbungstreibenden, um Preisempfehlungen Dritter oder um Preise der Konkurrenten) handelt,[17] während es nicht erforderlich ist, dass der Hersteller benannt wird.[18] Selbst die Abkürzung „UVP" genügt, da der Durchschnittsverbraucher heute (angeblich) weiß, dass damit „unverbindliche Preisempfehlungen des Herstellers" gemeint sind.[19] Nichts anderes gilt für die Bezugnahme auf *ehemalige* unverbindliche Preisempfehlungen des Herstellers, wenn und solange solche Bezugnahme den Verbrauchern noch eine Orientierung über den Marktpreis zu geben vermag.[20]

11 Irreführend ist dagegen die Bezugnahme auf vom Hersteller tatsächlich gar nicht empfohlene Preise oder auf von ihm bereits aufgegebene oder sonst obsolete Preisempfehlungen.[21] Dasselbe gilt, wenn der Markt über die Preisempfehlung hinweggegangen ist[22] oder wenn die Preisempfehlung nur gegenüber einem einzigen Händler ausgesprochen wurde, dem der Hersteller ein Alleinvertriebsrecht eingeräumt hatte, weil die Empfehlung dann niemanden über das Marktpreisniveau zu informieren vermag.[23] Hinzukommen muss schließlich noch, dass es sich bei den empfohlenen Preisen *nicht* um sogenannte Mondpreise handelt, dh um vom Hersteller willkürlich überhöht angesetzte Preise. Spannen zwischen 100% und 150% allein rechtfertigen freilich noch nicht die Annahme eines Mondpreises, wenn sich andere Händler trotz der Höhe der Spanne tatsächlich an die Empfehlung halten.[24] Die Beweislast für das Vorliegen derartiger Fälle, in denen die Bezugnahme auf eine Herstellerpreisempfehlung (ausnahmsweise) gegen § 5 Abs. 1 S. 2 Nr. 2 UWG verstößt, tragen die auf Unterlassung klagenden Mitbewerber (§ 8 Abs. 3 Nr. 1 UWG), weil sie hinsichtlich der Marktverhältnisse über dieselben Informationen wie der Beklagte verfügen, der mit Preisempfehlungen des Herstellers wirbt.[25]

---

16 S. Kartellrecht, § 26.

17 *OLG Köln* GRUR 1987, 447; *OLG München* NJW-RR 1988, 302; *OLG Hamburg* WuW/E OLG 3302.

18 *OLG Stuttgart* GRUR-RR 2001, 254 (255 f.) – Markenmöbel.

19 So sehr großzügig *BGH* GRUR 2007, 603 (604 f. Tz. 21 ff.) = WRP 2007, 769 – UVP.

20 *BGH* LM § 1 UWG Nr. 809 (Bl. 2 f.) = NJW 2000, 1417 = GRUR 2000, 436 – Ehemalige Herstellerpreisempfehlung.

21 *BGH* NJW-RR 2004, 980 = GRUR 2004, 437 – Fortfall einer Herstellerpreisempfehlung; LM § 1 UWG Nr. 809 (Bl. 2 f.) = NJW 2000, 1417 = GRUR 2000, 436 – Ehemalige Herstellerpreisempfehlung; LM § 3 UWG Nr. 440 = NJW 2001, 73 = GRUR 2001, 78 – Falsche Herstellerpreisempfehlung.

22 *BGH* LM § 1 UWG Nr. 809 (Bl. 1 f.) = NJW 2000, 1417 = GRUR 2000, 436 – Ehemalige Herstellerpreisempfehlung; GRUR 2003, 446 (447) = WRP 2003, 509 (510) – Preisempfehlung für Sondermodelle; NJW-RR 2004, 616 = GRUR 2004, 246 – Mondpreise?.

23 *BGH* LM § 3 UWG Nr. 445 (Bl. 2) = GRUR 2002, 95 = NJW-RR 2002, 249 – Preisempfehlungen bei Alleinvertrieb; GRUR 2003, 446 (447) = WRP 2003, 509 (510) – Preisempfehlung für Sondermodelle.

24 *BGH* LM § 3 UWG Nr. 172 = GRUR 1981, 137 – Tapetenpreisempfehlung.

25 → § 14 Rn. 75; *BGH* NJW-RR 2004, 616 (617) = GRUR 2004, 246 – Mondpreise?.

2. Preissenkungen (§ 5 Abs. 4 UWG)

12 Die Werbung mit einer Preissenkung ist gemäß § 5 Abs. 1 S. 2 Nr. 2 und § 5a UWG insbesondere irreführend, wenn die zum Vergleich herangezogenen *früheren Preise* überhaupt *nicht, nicht ernsthaft, nicht längere Zeit* oder *nicht in der letzten Zeit* verlangt wurden,[26] in jedem genannten Fall deshalb, weil durch solche Werbung die Verbraucher über die Preiswürdigkeit des neuen Angebots des Werbungstreibenden im Vergleich mit seinem bisherigen Angebot getäuscht werden. *Wie lange* der frühere, jetzt gesenkte Preis ernsthaft verlangt worden sein muss, um eine Irreführung durch die Werbung mit der Herabsetzung des Preises auszuschließen, hängt von den Umständen, in erster Linie von den Verhältnissen auf dem betreffenden Markt ab.[27] Die Angaben über die erforderliche **Dauer** schwanken; in der Regel bewegen sie sich je nach der Art der infrage stehenden Waren und den Marktverhältnissen zwischen vier und acht Wochen. Auf keinen Fall reicht es aber aus, wenn der frühere, mittlerweile herabgesetzte Preis lediglich wenige Tage verlangt wurde.

13 Weitere **Beispiele** für eine Irreführung durch die Werbung mit Preissenkungen sind eine Übertreibung hinsichtlich des Ausmaßes der Preissenkung, die Bezugnahme auf so unklare oder mehrdeutige Bezugsgrößen wie zB „Neupreise", etwa für Kraftfahrzeuge, sowie die Werbung mit angeblichen Preissenkungen, wenn der neue Preis dem alten entspricht, der nur zwischenzeitlich kurzfristig erhöht worden war.[28] Wird mit einem **„statt"-Preis** geworben, so muss angegeben werden, um was für einen Preis es sich handelt, wenn eine Irreführung vermieden werden soll.[29] Unzulässig sind ferner zB die Ankündigung einer Verkaufsaktion, ohne dass tatsächlich die Preise vorher gesenkt wurden,[30] die Werbung mit einer „radikalen" Preissenkung für Möbel, während tatsächlich die Preise lediglich um 10–20% herabgesetzt wurden,[31] sowie die Werbung für ein günstiges Angebot mehrerer gekoppelter Waren mit einem niedrigen Gesamtpreis, sofern diesem willkürlich überhöhte Einzelpreise gegenübergestellt werden, die ernstlich gar nicht verlangt werden.[32]

14 Die **Beweislast** für die Voraussetzungen einer Irreführung durch die Werbung mit Preissenkungen gegenüber Verbrauchern (→ Rn. 12f.) trägt der Kläger, der Unterlassung oder Schadensersatz verlangt (§§ 8 Abs. 1, 9 UWG; → Rn. 11). Sind dies Mitbewerber oder Verbände (§ 8 Abs. 3 Nr. 1 und 2 UWG), so müssen sie folglich vortragen und gegebenenfalls beweisen, dass die früheren, inzwischen angeblich massiv gesenkten Preise zuvor tatsächlich gar nicht, nicht ernsthaft oder nur für eine kurze Zeit verlangt worden waren, nur, um sie anschließend werbewirksam erheblich herabsetzen zu

---

[26] *BGH* LM § 3 UWG Nr. 131 = NJW 1974, 1822 = GRUR 1975, 78 – Preisgegenüberstellung; LM § 3 UWG Nr. 167 = NJW 1980, 2085 = GRUR 1980, 307 – Preisgegenüberstellung III; LM § 1 UWG Nr. 382 = GRUR 1983, 257 – bis zu 40%; LM § 3 UWG Nr. 378 = NJW-RR 1996, 1194 = GRUR 1996, 796 – Setpreis; LM § 3 UWG Nr. 413 = NJW-RR 1999, 982 = GRUR 1999, 507 – Teppichpreiswerbung; LM § 3 UWG Nr. 427 = NJW-RR 2000, 704 = GRUR 2000, 337 – Preisknaller; *OGH* ÖBl. 1991, 83 – Mondpreise?.

[27] *BGH* NJW 2009, 2541 Tz. 16 = GRUR 2009, 788 = WRP 2009, 951 – 20% auf alles; Harte-Bavendamm/Henning-Bodewig/*Weidert,* § 5 Rn. L 2 mN.

[28] *BGH* LM § 3 UWG Nr. 427 = NJW-RR 2000, 704 (705) = GRUR 2000, 337 – Preisknaller.

[29] *BGH* NJW 2005, 2550 (2552) = GRUR 2005, 692 (694) = WRP 2005, 1009 – „statt" Preis.

[30] *BGH* LM § 3 UWG Nr. 132 = NJW 1975, 120 = GRUR 1975, 262 – 10 DM-Schein.

[31] *BGH* LM § 3 UWG Nr. 161 = NJW 1979, 2245 = GRUR 1979, 716 – Kontinent Möbel.

[32] *BGH* LM § 3 UWG Nr. 214 = GRUR 1984, 212 – unechter Einzelpreis.

können. Dieser Beweis hat sich in der Mehrzahl der Fälle als ausgesprochen *schwierig* erwiesen, einfach deshalb, weil Dritte wie die Mitbewerber oder die Verbände in aller Regel keinen Einblick in die Entwicklung der Preise anderer Unternehmen besitzen. Deshalb bestimmt seit 2004 **§ 5 Abs. 4 S. 1 UWG,** dass eine **Irreführung** der Verbraucher durch die Werbung mit einer Preissenkung **vermutet** wird, sofern der später gesenkte Preis zuvor nur für eine *unangemessen kurze Zeit* gefordert wurdet. S. 2 der Vorschrift fügt noch hinzu, dass, wenn streitig ist, ob und in welchem Zeitraum der später gesenkte Preis gefordert wurde, die **Beweislast** denjenigen trifft, der mit der Preisherabsetzung geworben hat. § 5 Abs. 4 UWG gilt gleichermaßen für Preissenkungen, die sich auf einzelne Artikel beschränken, wie für Preissenkungen für das gesamte Sortiment.[33] In beiden Fällen ist der *ursprüngliche Preis,* auf den sich § 5 Abs. 4 S. 1 UWG bezieht, der unmittelbar vor der Preissenkung geforderte Preis, und zwar selbst dann, wenn er zugleich mit der Ankündigung der Preissenkung erhöht wurde, um diese besonders werbewirksam ausfallen zu lassen.[34]

Die praktische **Bedeutung** des § 5 Abs. 4 dürfte gering sein, da die Vorschrift *keinen Auskunftsanspruch* des Klägers hinsichtlich der Dauer der früheren Preisforderung des Beklagten begründet;[35] vielmehr trifft im Rechtsstreit den *Kläger* nach wie vor die **Darlegungslast** hinsichtlich der Dauer der früheren Preisforderung des Beklagten.[36] Der Kläger muss folglich substantiiert zu diesem Punkt vortragen, um überhaupt die gesetzliche Regelung des § 5 Abs. 4 UWG auszulösen. Erst wenn der Beklagte sodann den Vortrag des Klägers zur Dauer seiner früheren Preisforderung (substantiiert) mit dem Vortrag bestreitet, dass er den unmittelbar vor der Preissenkung geltenden Preis tatsächlich zuvor für eine *angemessene* Zeit gefordert habe, ist Raum für die **Beweislastumkehr** des § 5 Abs. 4 S. 2 UWG. Die Vermutung des § 5 Abs. 4 S. 1 UWG greift sodann ein, wenn dem Beklagten der Gegenbeweis nicht gelingt. In diesem Fall ist dann grundsätzlich auch von der **Relevanz** der Irreführung für die Entscheidungen der Verbraucher auszugehen.[37] 15

III. Preisangabenverordnung

1. Überblick, Unionsrecht

Die PreisangabenVO (im Folgenden immer: VO) ist eine *preisrechtliche* Regelung, die den **Zweck** hat, Preiswahrheit und Preisklarheit durch eine vollständige Information der Verbraucher über die Preise zu gewährleisten und damit zugleich den Wettbewerb zu fördern.[38] Gemessen an der Zahl der veröffentlichten Entscheidungen scheint ihre praktische **Bedeutung** nach wie vor erheblich zu sein.[39] Jedoch ist die **Vereinbarkeit** 16

[33] *BGH* NJW 2009, 2541 Tz. 13 = GRUR 2009, 788 = WRP 2009, 951 – 20 % auf alles.

[34] *BGH* NJW 2009, 2541 Tz. 15–17 = GRUR 2009, 788 = WRP 2009, 951 – 20 % auf alles; wegen der Einzelheiten s. *Engels/Salomon,* WRP 2004, 32; *Usselmann/Seichter,* WRP 2007, 1291; *Worok,* WRP 2004, 1431.

[35] Köhler/Bornkamm/*Bornkamm,* § 5 Rn. 7.77; Harte-Bavendamm/Henning-Bodewig/*Weidert,* § 5 Rn. L 8.

[36] Harte-Bavendamm/Henning-Bodewig/*Weidert,* § 5 Rn. L 8; anders zB Köhler/Bornkamm/*Bornkamm,* § 5 Rn. 7.80.

[37] *BGH* NJW 2009, 2541 Tz. 23 = GRUR 2009, 788 = WRP 2009, 951 – 20 % auf alles.

[38] → Rn. 3 sowie BGHZ 155, 301 (355) = NJW 2003, 3343 (3344); BGHSt 31, 91 = NJW 1982, 2010; *BGH* NJW 2008, 1384 (1386 Tz. 25) = GRUR 2008,84 = WRP 2008, 98 – Versandkosten; GRUR 2014, 576 Tz. 19 = WRP 2014, 689 (691) – 2 Flaschen gratis.

[39] S. zB *Eckert,* GRUR 2011, 678.

verschiedener Bestimmungen der Verordnung mit dem vorrangigen Unionsrecht in Gestalt der **UGP-Richtlinie** fraglich, seitdem die Übergangsfrist des Art. 3 Abs. 5 der Richtlinie am 13. Juni 2013 abgelaufen ist.[40] Das Problem hängt damit zusammen, dass nach Art. 3 Abs. 4 und Abs. 5 der UGP-Richtlinie seit Ablauf der Übergangsfrist der auf Vollharmonisierung abzielenden UGP-Richtlinie wohl der Vorrang vor der Preisangaben-Richtlinie von 1998[41] und damit auch der Vorrang vor der PreisangabenVO zukommt, die auf der zuletzt genannten Richtlinie von 1988 beruht.

17 Der Fragenkreis wird vor allem für die Bestimmungen des § 1 Abs. 1 S. 1 und Abs. 6 S. 3 sowie des § 2 Abs. 1 S. 1 der PreisangabenVO diskutiert. Hinsichtlich des § 1 Abs. 1 S. 1 der VO hat der BGH folgerichtig mittlerweile die Frage der Vereinbarkeit mit der UGP-Richtlinie dem EuGH zur Vorabentscheidung vorgelegt,[42] während er einen Konflikt zwischen der Verordnung und der Richtlinie für § 2 Abs. 1 S. 1 der Verordnung verneint, sodass die genannte Vorschrift uneingeschränkt weiter anwendbar bleibe.[43] Sollte sich herausstellen, dass tatsächlich einzelne Bestimmungen der PreisangabenVO über die UGP-Richtlinie hinausgehen, so sind die fraglichen Bestimmungen wegen ihrer Unvereinbarkeit mit dem vorrangigen Unionsrecht fortan *nicht mehr anwendbar,*[44] Eine (abgelegene) Sonderregelung (mit Vorrang vor der VO) findet sich außerdem zB in der Luftverkehrsdienste-Verordnung Nr. 1008/2008.[45]

2. Anwendungsbereich

18 Der Anwendungsbereich der Verordnung beschränkt sich entsprechend ihrem Zweck (→ Rn. 16) auf den geschäftlichen Verkehr mit **Letztverbrauchern** (§ 1 Abs. 1 S. 1 VO). Darunter fallen sämtliche Personen, die die Ware oder Leistung nicht weiter umsetzen, sondern für sich selbst verwenden.[46] Maßgebend ist die Sicht der Adressaten der Werbung. Deshalb gehört zu dem geschäftlichen Verkehr mit Letztverbrauchern auch die Werbung von Herstellern, Großhändlern und Einzelhändlern direkt gegenüber Verbrauchern,[47] zB eine Großhändlerwerbung gegenüber den Verbrauchern, die als Gemeinschaftswerbung der Händler auftritt.[48] *Keine* Anwendung findet die Verordnung dagegen auf den Verkehr zwischen Herstellern, Großhändlern und Einzelhändlern sowie im geschäftlichen Verkehr mit *gewerblichen Abnehmern* (§ 9 Abs. 1 Nr. 1 VO).

---

40 → Rn. 3; s. zum Folgenden insbesondere *Köhler,* WRP 2013, 723; *Omsels,* WRP 2013, 1286.

41 RL 98/6/EG, ABl. 1998 L 80/27 = EuZW 1998, 369.

42 *BGH* GRUR 2014, 1208 = WRP 2014, 1444 – Preis zuzüglich Überführung; für eine Verstoß gegen die UGP-Richtlinie insbesondere auch *Köhler,* WRP 2013, 723; Köhler/Bornkamm/*ders.,* Vorbem. PrAngVO Rn. 16b; *Omsels,* WRP 2013, 1286; Ohly/Sosnitza/*Sosnitza,* Einf. zur PrAngVO Rn. 13.

43 *BGH* GRUR 2014, 576 Tz. 18f. = WRP 2014, 689 (691) – 2 Flaschen gratis.

44 So insbesondere *Köhler,* WRP 2013, 723; Köhler/Bornkamm/*ders.,* Vorbem. PrAngVO Rn. 16b; ebenso wohl *BGH* GRUR 2014, 576 Tz. 18f. = WRP 2014, 689 (691) – 2 Flaschen gratis; str., zT anders *Omsels,* WRP 2013, 1286; Ohly/Sosnitza/*Sosnitza,* Einf. zur PrAngVO Rn. 13; wohl auch *Glöckner,* GRUR 2013, 568 (573ff.).

45 *OLG Köln* WRP 2016, 88; Köhler/Bornkamm/*Köhler,* Vorbem. 16 zu PrAngV.

46 *BGH* GRUR 2011, 82 Tz. 23 = WRP 2011, 56 (57) – Preiswerbung ohne Umsatzsteuer; *Eckert,* GRUR 2011, 678 (679).

47 BGHZ 139, 368 (375) = NJW 1999, 214 – Handy-Urteil I; *BGH* LM PreisangabenVO 1985 Nr. 32 (Bl. 2f.) = NJW-RR 2001, 1693 = GRUR 2001, 1166 – Fernflugpreise.

48 *BGH* LM PreisangabenVO 1985 Nr. 10 = NJW-RR 1990, 1374 = GRUR 1990, 1022 – Importeurwerbung.

Auch im geschäftlichen Verkehr mit Letztverbrauchern (→ Rn. 18) erfasst die Verordnung nicht jede Form der Werbung mit Preisangaben, sondern gemäß § 1 Abs. 1 S. 1 der VO *nur zwei* ganz bestimmte *Fälle,* nämlich erstens das gewerbs- oder geschäftsmäßige *Angebot* von Waren oder Leistungen gegenüber Letztverbrauchern (→ Rn. 20) sowie zweitens die Werbung gerade unter Angabe von *Preisen* (→ Rn. 21). 19

Der erste Anwendungsfall der VO ist nach § 1 Abs. 1 S. 1 das gewerbs- oder geschäftsmäßige oder sonstige regelmäßige **Angebot von Waren oder Leistungen** gegenüber Letztverbrauchern. Unter einem Angebot versteht man in diesem Zusammenhang eine Erklärung, durch die der Kunde, wenn auch nur rein tatsächlich, auf den Vertragsabschluss angesprochen wird, vorausgesetzt, dass das Angebot so *konkret* ist, *dass sich der Kunde* bereits auf seiner Grundlage über einen etwaigen Kauf *schlüssig* werden kann, sodass er im Grunde nur noch zuzugreifen braucht.[49] Der Begriff entspricht dem des Angebots von Waren in § 5a Abs. 3 Hs. 1 UWG.[50] 20

Beispiele sind eine Werbung der Telekom AG für einen ihrer Auskunftsdienste unter der Nennung der Telefonnummer[51] sowie die Werbung für Immobilien unter genauer Beschreibung des Grundstücks oder des Hauses bereits in der Anzeige.[52]

Den Gegensatz bildet eine Werbung, aufgrund derer ein Vertragsabschluss noch nicht möglich ist, weil noch zusätzliche Angaben oder weitere Verhandlungen erforderlich sind.[53]

Beispiele dafür sind eine Anzeige, in der lediglich ein Gutschein für den Kauf eines beliebigen Kraftfahrzeugs einer Marke angeboten wird,[54] sowie eine allgemeine Werbung für Kraftfahrzeuge,[55] eine Werbung für Kraftfahrzeuge unter Nennung lediglich des vom Hersteller empfohlenen Verkaufspreises, weil sich niemand an diese Preisempfehlungen hält,[56] sowie noch die Werbung für zahlreiche unterschiedliche Computer in einer Fachzeitschrift[57] oder für sonstige komplizierte, technische Produkte, die nicht ohne besondere Beratung gekauft zu werden pflegen.[58]

Liegt kein Angebot in dem genannten Sinne (→ Rn. 20) vor, so findet die Verordnung gemäß ihrem § 1 Abs. 1 S. 1 nur Anwendung, wenn ein Anbieter von Waren oder Leistungen gegenüber Letztverbrauchern gerade unter der **Angabe von Preisen** wirbt. Dafür genügt bereits die Werbung mit Preisbestandteilen oder mit sogenannten Ca.-Preisen.[59] *Keine* Angabe von Preisen ist dagegen die bloße Werbung mit einer Preiser- 21

[49] BGHZ 155, 301 = NJW 2003, 3443 (3444) – Telefonischer Auskunftsdienst; *BGH* LM § 3 UWG Nr. 208 = NJW 1983, 2703 = GRUR 1983, 661 = JuS 1985, 559 Nr. 10; LM PreisangabenVO 1985 Nr. 15 = NJW 1988, 2471 (2472) = GRUR 1988, 767 – qm-Preisangabe II; NJW-RR 2004, 1557 (1558) = GRUR 2004, 960 – 500 DM-Gutschein; GRUR 2014, 403 Tz. 8 = WRP 2014, 435 (436) – Der Neue.

[50] *BGH* GRUR 2014, 403 Tz. 8 = WRP 2014, 435 (436) – Der Neue; s. deshalb auch → § 14 Rn. 43.

[51] BGHZ 155, 301 = NJW 2003, 3343 (3344) – Telefonischer Auskunftsdienst.

[52] *KG* NJW 1983, 893; 1983, 894; *OLG Stuttgart* NJW-RR 1989, 917.

[53] *BGH* NJW-RR 2004, 1557 (1559) = GRUR 2004, 960 – 500 DM-Gutschein.

[54] *BGH* NJW-RR 2004, 1557 (1559) = GRUR 2004, 960 – 500 DM-Gutschein.

[55] *BGH* LM § 3 UWG Nr. 208 = NJW 1983, 2703 = GRUR 1983, 661 = JuS 1985, 559 – Sie sparen 4000 DM; *OLG Stuttgart* NJW-RR 1988, 358.

[56] *BGH* GRUR 2014, 403 Tz. 8 = WRP 2014, 435 (436) – Der Neue.

[57] *OLG Koblenz* NJW-RR 1987, 1129 = GRUR 1987, 449.

[58] *OLG Stuttgart* NJW-RR 1988, 1125.

[59] *BGH* LM PreisangabenVO 1985 Nr. 11 = NJW-RR 1991, 1192 = GRUR1991, 685 – Ca.-Preisangabe; GRUR 2015, 1240 Tz. 37 = WRP 2015, 1464 – Der Zauber des Nordens.

sparnis[60] oder die Nennung von Preisspannen in einer Werbung für verschiedene Kraftfahrzeugmodelle, sodass dann auch keine Verpflichtung zur Nennung des Endpreises besteht.[61] Dasselbe gilt für die Werbung für Kraftfahrzeuge unter Nennung lediglich der unverbindlichen Preisempfehlung des Herstellers, zumal bei Verbindung mit dem Hinweis, dass der endgültige Preis erst im Einzelfall von dem Händler auf Anfrage des Kunden genannt werde.[62]

IV. Angabe des Endpreises

22 Nach § 1 Abs. 1 S. 1 und Abs. 6 S. 2 VO muss im Verkehr mit Letztverbrauchern (→ Rn. 18f.) bei dem Angebot von Waren oder Leistungen ebenso wie bei der Werbung unter Angabe von Preisen (→ Rn. 20f.) der Bruttopreis, dh der **Endpreis** einschließlich der Mehrwertsteuer,[63] in deutlich lesbarer Weise genannt *und* außerdem den jeweils „beworbenen" Waren eindeutig zugeordnet werden, damit unmissverständlich klar ist, auf welche Waren sich die jeweilige Preisangabe bezieht.[64] Die Anforderungen der Rechtsprechung sind in allen diesen Beziehungen (bisher noch, → Rn. 16f.) ausgesprochen streng. Deshalb genügt die Nennung einzelner *Preisbestandteile* selbst dann nicht, wenn der Verbraucher ohne weiteres in der Lage sein sollte, diese zu dem Endpreis zu addieren.[65] Wird für einen *Neubau* mit einem bestimmten Preis geworben, so muss dieser Preis folglich das Grundstück und die Garage umfassen.[66] In der Werbung für *Flugreisen* müssen neben dem Flugpreis auch die Preise für die sonstigen Leistungen Dritter, die der Kunde in Anspruch nehmen muss, wie zB etwaige Flughafen- und Sicherheitsgebühren oder zusätzliche Steuern berücksichtigt und zu einem Endpreis zusammengefügt werden.[67] Entsprechendes gilt bei der Preiswerbung für *importierte Kraftfahrzeuge,* sodass hier der Endpreis die Kosten des Transports und der Überführung, der Umrüstung und einer etwa erforderlichen TÜV-Zulassung enthalten muss.[68] Anders verhält es sich einmal mit Kosten für **andere Produkte** wie insbesondere *Betriebskosten* oder Zubehör (→ Rn. 27), zum anderen mit **variablen Kosten** wie *Versandkosten,* da jedermann bekannt ist, dass diese von Fall zu Fall unterschiedlich anfallen können.[69]

23 Bei der Werbung für den Abschluss von **Fernabsatzverträgen** ist – in beiden Varianten des § 1 Abs. 1 der Verordnung – (ua) zusätzlich anzugeben, ob *Liefer- und Versand-*

---

[60] *BGH* LM § 3 UWG Nr. 208 = NJW 1983, 2703 = GRUR 1983, 661 = JuS 1985, 559 Nr. 10 – Sie sparen 4000 DM.

[61] *OLG Stuttgart* NJW-RR 1988, 358.

[62] *BGH* GRUR 2014, 403 Tz. 15ff. = WRP 2014, 435 (437f.) – Der Neue.

[63] *BGH* LM PreisangabenVO 1985 Nr. 18 = GRUR 1994, 222 = NJW-RR 1994, 301 – Flaschenpfand; *OLG Hamm* GRUR 1990, 629 (630).

[64] S. *Ott,* WRP 2003, 945 (950f.).

[65] *BGH* LM PreisangabenVO 1985 Nr. 32 = NJW-RR 2001, 1693 = GRUR 2001, 1166 – Fernflugpreise; *OLG Hamm* GRUR 1989, 362.

[66] *KG* GRUR 1983, 670; 1986, 550.

[67] *BGH* LM PreisangabenVO 1985 Nr. 32 (Bl. 2 R f.) = NJW-RR 2001, 1693 = GRUR 2001, 1166 – Fernflugpreise; NJW 2003, 3055 (3056) = WRP 2003, 1222 – Internet-Reservierungssystem.

[68] *BGH* LM § 1 UWG Nr. 389 = GRUR 1983, 443 = NJW 1983, 1558 – Kfz-Endpreis; LM § 1 UWG Nr. 400 = NJW 1983, 2705 = GRUR 1983, 658 – Herstellerpreisempfehlung; zur Vereinbarkeit mit der UGP-Richtlinie s. *BGH* GRUR 2014, 1208 Tz. 10 = WRP 2014, 1444 (1446) – Preis zuzüglich Überführung.

[69] *BGH* LM PreisangabenVO 1985 Nr. 24 = NJW 1997, 1782 = GRUR 1997, 479 (480) – Münzgold.

kosten anfallen, deren Höhe oder doch Berechnung dann ebenfalls genannt werden muss (§ 1 Abs. 2 VO), etwa in Gestalt eines Sternchenhinweises. Der Hinweis darf bei der Werbung im *Internet* und insbesondere über Preisvergleichsmaschinen nicht erst *nach* Auswahl eines Produktes, sondern muss zugleich mit der Werbung für das Produkt noch *vor* der Entscheidung der Kunden für ein Produkt gegeben werden.[70] Generell gilt, dass bei **Angeboten im Internet** insbesondere dafür Sorge getragen werden muss, dass die Angaben über die Versandkosten und die Umsatzsteuer leicht erkennbar und gut wahrnehmbar noch *vor* der Bestellung, wenn auch gegebenenfalls auf einer gesonderten Seite, gemacht werden.[71]

Soweit üblich, ist ferner die **Verkaufs- oder Leistungseinheit** anzugeben, auf die sich 24
die Preise beziehen (§ 1 Abs. 1 S. 2 VO). Ergänzend kann auf die Bereitschaft, über die Preise zu verhandeln, hingewiesen werden, etwa durch den Zusatz **„Verhandlungsbasis“** (§ 1 Abs. 1 S. 3 VO). **Änderungsvorbehalte** dürfen nur angebracht werden, wenn die Voraussetzungen des § 1 Abs. 5 der Verordnung erfüllt sind; weitere Ausnahmen ergeben sich für Reiseveranstalter aus § 4 Abs. 2 der BGB-InfoVO.[72]

Besonderheiten gelten nach § 2 der VO für Waren in **Fertigpackungen,** für lose Ware 25
sowie für vergleichbare Fallgestaltungen. In diesen Fällen muss neben dem Endpreis auch der **Grundpreis,** dh der *Preis je Mengeneinheit* einschließlich der Umsatzsteuer und sonstiger Preisbestandteile, und zwar in unmittelbarer Nähe des Endpreises angegeben werden.[73] Lediglich bei *loser* Ware kann sich der Werbungstreibende auf die Angabe des Grundpreises beschränken (§ 2 Abs. 1 und 2 VO). Als Mengeneinheiten dürfen grundsätzlich nur Kilogramm, Liter, Kubikmeter, Meter oder Quadratmeter sowie deren Unterteilungen verwandt werden (§ 2 Abs. 3 VO). Weitere umständebedingte Sonderregelungen betreffen **Energielieferungsverträge** (§ 3 VO) sowie die Preisauszeichnung im **Handel.** Hervorzuheben ist die Preisauszeichnungspflicht für ausgestellte Waren (§ 4 Abs. 1 VO). Bestimmte Waren wie zB Antiquitäten sind jedoch von dieser Pflicht ausgenommen (§ 9 Abs. 7 Nr. 1 VO).

Die Preisangabe muss, soweit erforderlich, vor allem den Grundsätzen der **Preisklarheit** 26
und Preiswahrheit entsprechen, wobei der *Endpreis* besonders *hervorzuheben* ist (§ 1 Abs. 6 S. 1 und S. 3 VO), um die Verbraucher in die Lage zu versetzen, die einzelnen Angebote ohne besondere Mühe zu vergleichen. Die jeweils erforderlichen Angaben, zB über die Versandkosten oder über die Umsatzsteuer, müssen außerdem dem Angebot oder der Werbung *eindeutig zugeordnet* sowie leicht erkennbar und *deutlich lesbar* sein (§ 1 Abs. 6 S. 2 VO). Dafür können aber auch ein besonderer Vermerk auf derselben Seite, zB in einer Fußnote mit Sternchen, oder bei Angeboten im Internet Angaben auf einer nachgeordneten Seite genügen, sofern ein unzweideutiger Link auf diese Seite verweist.[74] Die genann-

[70] *BGH* GRUR 2010, 251 Tz. 12ff. = NJW-RR 2010, 1051 = WRP 2010, 245 (246) – Versandkosten bei Froogle; GRUR 2010, 248 Tz. 20ff. = NJW-RR 2010, 915 = WRP 2010, 370 (373) – Kamerakauf im Internet.

[71] *BGH* NJW 2003, 3055 = GRUR 2003, 889 = WRP 2003, 1222 – Internet-Reservierungssystem, NJW 2008, 1384 (1387 Tz. 30ff.) = GRUR 2008, 84 – Versandkosten; *OLG Hamburg* NJW-RR 2004, 770; *Ott,* WRP 2003, 945 (950f.).

[72] *BGH* NJW 2010, 2521 = GRUR 2010, 652 Tz. 20f. = WRP 2010, 872 (876) – Costa del Sol.

[73] Zur Vereinbarkeit mit der UGP-Richtlinie s. *BGH* GRUR 2014, 576 Tz. 18 = WRP 2014, 689 (691) – 2 Flaschen gratis.

[74] *BGH* NJW 2008, 1384 (1385 Tz. 15, 1387 Tz. 29, 31) = GRUR 2008, 84 – Versandkosten; NJW 2008, 1595 (1596 Tz. 23) = GRUR 2008, 532 – Umsatzsteuerhinweis.

ten Anforderungen an die Angabe des Endpreises und der Preisbestandteile gelten allgemein, soweit die Verordnung überhaupt anwendbar ist, deshalb zB auch für die nach § 2 der Verordnung erforderliche Angabe des Grundpreises.[75] Die Anforderungen sind nur erfüllt, wenn die Angabe von einem Verbraucher mit normaler Sehkraft aus angemessener Entfernung ohne Hilfsmittel und ohne Mühe gelesen werden kann.[76] Alle genannten Angaben sind jedoch immer *nur für* die unmittelbar *angebotene* oder beworbene *Ware* erforderlich, *nicht* dagegen für andere Waren, selbst wenn sie mit der angebotenen Ware wie Betriebsstoffe, Verbrauchsmaterialien, **Zubehör oder Ersatzteile** unmittelbar zusammenhängen und vom selben Hersteller angeboten werden.[77]

27 Bei **Leistungen** können statt des Endpreises auch Stundensätze, Kilometersätze oder andere Verrechnungssätze verwandt werden (§ 1 Abs. 3 VO). In diesem Fall muss nach § 5 der Verordnung ein **Preisverzeichnis** aufgestellt und im Geschäftslokal ausgehängt werden, wovon es indessen zahlreiche **Ausnahmen** gibt (s. §§ 5 Abs. 2 und 9 Abs. 8 VO), zB für große Kraftfahrzeugvermieter, die sich damit begnügen können, umfassende Preisverzeichnisse bereitzuhalten oder einfach ins Internet zu stellen.[78] Was aus dieser komplizierten Regelung für die Leistungen des **Handwerks** folgt, ist noch nicht endgültig geklärt.[79] Eindeutig ist nur die Anwendbarkeit der Verordnung auf Warenhandwerker wie zB Bäcker und Konditoren sowie die Unanwendbarkeit jedenfalls des § 5 der Verordnung auf solche Handwerker, die aufgrund individueller Angebote tätig werden wie insbesondere die meisten Bauhandwerker (§ 9 Abs. 8 Nr. 1 VO). Sonderregelungen für **Gaststättenbetriebe,** Beherbergungsbetriebe und Tankstellen finden sich in den §§ 7 und 8 der Verordnung (zu den Banken → Rn. 28ff.).

1. Kredite

a) §§ 6–6b PreisangabenVO

28 Eine praktisch bedeutsame Sonderregelung findet sich für Kredite in § 6 der VO idF von 2009.[80] Die Vorschrift weicht insofern von § 1 der VO ab, als bei Krediten nicht der Endpreis, dh die Gesamtbelastung des Kreditnehmers über die gesamte Laufzeit,[81] sondern grundsätzlich „nur" der **„effektive Jahreszins"** zu nennen ist, um den Verbrauchern einen schnellen und einfachen Vergleich der Kreditangebote der Banken, und zwar – der Idee nach – aller Banken im Binnenmarkt, zu ermöglichen (§ 6 Abs. 1 und Abs. 4 der VO). Im Übrigen bleibt es jedoch bei der Geltung des § 1 Abs. 6 der VO, sodass auch die Angabe des effektiven Jahreszinses den Anforderungen der Preiswahrheit und Preisklarheit entsprechen muss. Die Angabe des Zinssatzes muss

[75] *BGH* NJW 2009, 3095 Tz. 12ff. = GRUR 2009, 982 – Hufpflege; GRUR 2013, 850 = WRP 2013, 1022 (1024) – Grundpreisangabe im Supermarkt.

[76] So sehr genau *BGH* GRUR 2013, 850 Tz. 13 = WRP 2013, 1022 (1024) – Grundpreisangabe im Supermarkt.

[77] *BGH* GRUR 2008, 729 (730 Tz. 15) = WRP 2008, 928 – Werbung für Telefondienstleistungen; GRUR 2010, 744 Tz. 29 = WRP 2010, 1023 – Sondernewsletter.

[78] *BGH* GRUR 2012, 1159 Tz. 11ff. = WRP 2012, 1384 (1385f.) – Preisverzeichnis bei Mietwagenangebot.

[79] Ausführlich *Widmann,* WRP 2010, 1443.

[80] S. *Köhler,* WM 2012, 149.

[81] Bei Nennung dieses Betrages, etwa bei einer langlaufenden Hypothek, würden viele Kreditnehmer sofort auf das Darlehen verzichten: oft ein Vielfaches der Darlehenssumme; s. *Köhler,* WM 2012, 149.

folglich *leicht erkennbar und deutlich lesbar* sein.[82] Eine parallele **materiell-rechtliche Regelung** für Verbraucherdarlehen enthält § 492 Abs. 2 BGB in Verb. mit Art. 247 §§ 6–13 EGBGB. Besonderheiten gelten für Bauspardarlehen und Überziehungskredite (§ 6 Abs. 7 und § 6b der Verordnung). Bei der Werbung für Kredite ist zusätzlich § 6a der Verordnung zu beachten.

Ein **Kredit** iSd § 6 VO ist nach den §§ 488 und 506 BGB jede entgeltliche vorüberge- 29
hende Überlassung von Geld an Letztverbraucher einschließlich insbesondere der reinen *Warenkredite* des Verkäufers, sodass § 6 VO selbst bei einer Stundung des Kaufpreises gegen ein zusätzliches Entgelt zu beachten ist.[83] Gleich stehen Mietkäufe, sofern für die Stundung des Kaufpreises ein Entgelt verlangt wird.[84] Weitere **Beispiele** für Kredite iSd § 6 VO sind neben Verbraucherdarlehen noch Kredite, die von Kreditkartenorganisationen ihren Kunden gewährt werden,[85] sowie von Kreditvermittlern angebotene Kredite.[86] Voraussetzung ist nur, dass der Händler den Kredit selbst gewährt. Weist er dagegen lediglich auf eine günstige Finanzierungsmöglichkeit durch eine Bank hin, so ist kein Raum für die Anwendung der Verordnung.[87]

In allen genannten Fällen ist nach § 6 Abs. 1 und Abs. 4 VO der **„effektive Jahres-** 30
zins" zu nennen. Darunter versteht die Verordnung die *Gesamtkosten* des Kredits für den Kreditnehmer einschließlich etwaiger Vermittlungskosten, ausgedrückt in einem *jährlichen Vomhundertsatz* (§ 6 Abs. 1 und 3 VO). Die (komplizierte) Berechnung hat aufgrund einer im Anhang zu der Verordnung angegebenen mathematischen Formel auf der Grundlage taggenauer Verrechnung aller Leistungen bei exponentieller Verzinsung auch im unterjährigen Bereich zu erfolgen (§ 6 Abs. 2 S. 2 und 3 VO). Die Berechnung muss so genau sein, dass der ausgezahlte Darlehensbetrag der mit dem Effektivzins abgezinsten Summe der Darlehensraten entspricht. Bei der Mehrzahl der Kredite ist die Berechnung nur mit einer aufwendigen EDV möglich.[88]

Der auf die genannte Weise berechnete Zinssatz muss in dem Kreditangebot ebenso 31
wie in dem Kreditvertrag nach § 6 Abs. 1 VO als „(anfänglicher) effektiver Jahreszins" *bezeichnet* werden. Abkürzungen sind erlaubt, sofern sie allgemein verständlich sind.[89] Um (gewollte) Irreführungen der Verbraucher zu vermeiden, ist die Praxis in diesem Punkt (zu Recht) sehr streng.[90] Nicht ausreichend ist daher zB die Bezeichnung als „Effektivzins" (an Stelle von effektiver *Jahres*zins), weil dieser Begriff auch auf die *gesamte* Laufzeit des Kredits bezogen werden kann.[91]

---

82 *OLG Düsseldorf* NJW-RR 1988, 233 = GRUR 1987, 727.

83 BGHZ 108, 39 (40ff.) = NJW 1989, 3016 – Stundungsangebote; *BGH* LM PreisangabenVO 1985 Nr. 7 = NJW-RR 1990, 1257 (1258) – Mietkauf; LM PreisangabenVO 1985 Nr. 20 = NJW-RR 1994, 302 = GRUR 1994, 311 – Finanzkaufpreis.

84 *BGH* LM PreisangabenVO 1985 Nr. 7 = NJW-RR 1990, 1257 (1258) – Mietkauf.

85 *OLG Düsseldorf* NJW-RR 1989, 871.

86 *BGH* LM § 1 UWG Nr. 335 = GRUR 1980, 304 = NJW 1980, 1388 effektiver Jahreszins bei Kreditangeboten; *KG* NJW-RR 1987, 1128.

87 *BGH* LM PreisangabenVO 1985 Nr. 16 = GRUR 1992, 857 = NJW-RR 1992, 1394 – Teilzahlungspreis I; LM § 3 UWG Nr. 340 = GRUR 1993, 127 = NJW-RR 1993, 226 – Teilzahlungspreis II.

88 Wegen der Einzelheiten s. *Wimmer,* WM 2001, 447 (448ff.); *ders.,* Die Bank 2000, 178; *ders.,* So rechnen Banken, 2000; *Völker,* PreisangabenR, 2. Aufl. 2002, § 6 Rn. 45ff.

89 *BGH* GRUR 1989, 59 = WRP 1989, 159 = NJW-RR 1989, 233 – anfänglicher effektiver Jahreszins; *OLG Hamburg* WM 1990, 416 = GRUR 1990, 631.

90 S. *OLG Saarbrücken* NJW-RR 1991, 162 (163); *KG* WM 1993, 501.

91 So sehr eng *BGH* LM § 1 UWG Nr. 707 = NJW 1996, 1759 = GRUR 1996, 421 – Effektivzins.

b) §§ 5, 5a UWG

32 § 6 der VO lässt – als bloße preisrechtliche Regelung – das Irreführungsverbot der §§ 5 und 5a UWG unberührt. Zinsangaben, die zur Irreführung des verständigen Durchschnittsverbrauchers geeignet sind, verstoßen daher ohne Rücksicht auf § 6 VO schon gegen das Irreführungsverbot des § 5 Abs. 1 S. 2 Nr. 2 UWG. So verhält es sich insbesondere, wenn in dem Vertrag die Gesamtkosten zu niedrig beziffert werden und deshalb ein falscher, weil ebenfalls zu niedriger effektiver Jahreszins ausgewiesen wird.[92] Ein weiteres Beispiel ist eine Werbung für eine riskante Kapitalanlage unter Nennung einer „Mindestverzinsung", die tatsächlich nach der Art der Anlage gar nicht garantiert werden kann,[93] während eine Werbung für eine Kapitalanlage mit „150 % Zinsbonus" unbedenklich ist, weil jeder durchschnittlich verständige Kapitalanleger weiß, dass das (in der Tat, leider) nicht der Zins, sondern nur ein Zinszuschlag sein kann.[94]

2. Rechtsfolgen

33 Verstöße gegen die Verordnung sind nach § 10 VO **Ordnungswidrigkeiten,** die nach dem WiStG von 1954 geahndet werden. Zugleich stellen Verstöße gegen die Verordnung im Regelfall unlautere geschäftliche Handlungen iSd **§ 3a UWG** dar, vorausgesetzt, dass die durch die Verordnung begründeten Informationspflichten eine Grundlage im Unionsrecht finden, weil andernfalls im B2C-Bereich heute für eine Anwendung des Lauterkeitsrechts kein Raum mehr ist (→ § 20 Rn. 14, 29). Zu beachten ist, dass neben § 3a UWG in einer Vielzahl von Fällen zugleich die §§ 5 Abs. 1 S. 2 Nr. 2 und 5a UWG bei der Begründung einer Irreführungsgefahr durch Verstöße gegen die Grundsätze der Preiswahrheit und -klarheit eingreifen (→ Rn. 4ff., 32).

---

[92] *EuGH* GRUR 2012, 639 Tz. 37, 41 = WRP 2012, 547 (549f.) – Perenicova; dazu *Alexander,* WRP 2012, 515 (517f.).

[93] *BGH* NJW 2004, 439f. = GRUR 2004, 162 – Mindestverzinsung; *Emmerich,* FS Reuter, 2010, S. 957 (964ff.).

[94] *BGH* NJW 2008, 231 = GRUR 2007, 981 (983 Tz. 24) – 150% Zinsbonus.

§ 17. Besondere Verkaufsveranstaltungen

I. Geschichte[1]

Besondere Verkaufsveranstaltungen wie Ausverkäufe, Räumungs- oder Schlussverkäufe sind ein beliebtes Werbemittel, weil sich zahlreiche Verbraucher von ihnen erhebliche Preisvorteile versprechen. Die Folge ist, dass jedenfalls früher mit solchen Verkaufsveranstaltungen *viel Missbrauch* getrieben wurde, sodass sich der Gesetzgeber seit Beginn des vorigen Jahrhunderts genötigt sah, auf diese Missbräuche im Rahmen des UWG und des Gewerberechts mit immer schärferen Eingriffen zu reagieren. Bereits das erste **UWG von 1896** enthielt deshalb ein Verbot unrichtiger Angaben über den Anlass oder den Zweck des Verkaufs. Die Wirkung blieb indessen gering; deshalb führte das **UWG von 1909** zusätzlich die Verpflichtung ein, bei Ausverkäufen und vergleichbaren Veranstaltungen den Ausverkaufsgrund anzugeben. Als sich auch diese Regelung als wenig wirksam erwies, griff der Gesetzgeber in den dreißiger Jahren des vorigen Jahrhunderts erneut wiederholt, vor allem im Gewerberecht, ein, bis schließlich **Sonderveranstaltungen** 1935 durch eine Verordnung generell verboten wurden.[2] 1

Nach verschiedenen weiteren gesetzgeberischen Interventionen[3] wurde die Materie schließlich im Jahre 1986 in den §§ 7 und 8 UWG aF vollständig neu geregelt.[4] In den folgenden Jahren nahm jedoch die **Kritik** an dieser restriktiven Regelung ständig zu.[5] Die Verfasser des **UWG von 2004** entschlossen sich deshalb zu einer ersatzlosen Streichung der alten §§ 7 und 8 UWG, weil zum Schutz der Verbraucher gegen Missbräuche das allgemeine Irreführungsverbot ausreiche.[6] 2

Seitdem findet sich im UWG als einzige einschlägige Vorschrift noch die **Nr. 15 des Anhangs** zu § 3 Abs. 3, die sich gegen die unwahre Angabe (in der Werbung) wendet, der Unternehmer werde demnächst sein Geschäft aufgeben oder verlegen. Diese Regelung ist heute wegen der auf Vollharmonisierung des Lauterkeitsrechts im Bereich B2C gerichteten Zielsetzung der UGP-Richtlinie *abschließend,* sodass jenseits des in der Nr. 15 des Anhangs geregelten Sonderfalles die wettbewerbsrechtliche Beurteilung besonderer Verkaufsveranstaltungen mit Notwendigkeit immer eine *Frage des Einzelfalles,* insbesondere anhand der §§ 4 und 5 UWG zu sein hat. Für *generelle Verbote* bestimmter besonderer Verkaufsveranstaltungen, wie es sie früher in großem Umfang gab (→ Rn. 2) und in anderen Ländern zT immer noch gibt, ist dagegen heute *kein* Raum mehr.[7] Es ist deshalb nur folgerichtig, dass sich die erste Novelle von 2008 darauf beschränkte, die Bezugspunkte des Irreführungsverbotes in § 5 Abs. 1 S. 2 Nr. 2 um das „Vorhandensein eines besonderen Preisvorteils" zu ergänzen, um eine Täuschung der 3

---

1 S. zum Folgenden auch *Worok,* WRP 2004, 1431.

2 Verordnung vom 4.7.1935, RAnz. Nr. 158.

3 S. insbesondere die VO über Sommer- und Winterschlussverkäufe von 1950, BAnz. Nr. 135; zuletzt gültig idF der VO vom 28.7.1969, BAnz. Nr. 138.

4 Wegen der Einzelheiten s. zB *v. Nieding/Amthor,* GRUR 2003, 833; *Nippe,* WRP 2003, 568; *Worok,* WRP 2004, 1431.

5 S. *Fezer,* WRP 2001, 989 (1001 ff.); *Köhler/Bornkamm/Henning-Bodewig,* WRP 2002, 1317 (1326); *v. Nieding/Amthor,* GRUR 2003, 833; dagegen jedoch *Sack,* BB 2003, 1073 (1074); sehr zurückhaltend auch *Nippe,* WRP 2003, 568.

6 Begr. von 2003, BT-Drs. 15/1487, S. 13 (l. Sp.).

7 *EuGH* GRUR 2013, 297 Tz. 35, 39 ff. = WRP 2013, 460 (461 f.) – Köck (für Österreich).

Verbraucher über den Anlass von Sonderangeboten besser als zuvor bekämpfen zu können, wobei die Gesetzesverfasser insbesondere die Werbung mit Scheininsolvenz-, Scheinsonder- und Scheinräumungsverkäufen im Auge hatten.[8] Die praktische Bedeutung des neuen Bezugspunkts scheint indessen gering geblieben zu sein, sodass die 2. Novelle von 2015 keine weitere Verschärfung der Rechtslage brachte.

II. Beispiele

4 Ernst zu nehmende Missbrauchsgefahren bestehen heute offenbar nur noch bei Räumungsverkäufen (→ Rn. 6f.), nicht dagegen bei sonstigen Sonderveranstaltungen einschließlich der Saisonschluss- und Jubiläumsverkäufe, sodass deren generelle Freigabe im Jahre 2004 nur zu begrüßen ist. Zur sachgerechten Regelung der Materie genügen daher heute in der Tat die Bestimmungen des § 5 Abs. 1 S. 2 Nr. 2 und Abs. 4 UWG sowie des § 5a UWG, weil damit jeder **Irreführung** der Verbraucher über den Anlass und die Art der Sonderveranstaltung sowie über das Ausmaß der dabei gewährten Vorteile begegnet werden kann.

5 **Beispiele** für derartige Irreführungen sind ein angeblicher Jubiläumsverkauf, obwohl kein ernstzunehmendes Jubiläum vorliegt, eine mit gewaltigem Aufwand angekündigte Sonderveranstaltung, bei der lediglich geringfügige Vorteile gewährt werden, die Ankündigung einer zeitlichen Begrenzung des Sonderangebots, obwohl von vornherein die Absicht besteht, die Aktion zu verlängern,[9] die unmittelbare oder mittelbare Werbung mit Fabrikabgabepreisen, obwohl tatsächlich die Einzelhandelsspanne einkalkuliert wurde,[10] sowie die Vortäuschung der Eigenschaft als Hersteller oder Großhändler, obwohl der Werbungstreibende überwiegend auf der Einzelhandelsstufe tätig ist.

III. Insbesondere Räumungsverkäufe

6 In manchen Branchen, allen voran dem Teppichhandel, werden offenbar Geschäfte häufig überhaupt nur eröffnet, um alsbald einen publikumswirksamen Räumungsverkauf durchführen zu können. Trotz dieser offenbar immer noch verbreiteten Missbräuche wurden 2004 auch Räumungsverkäufe generell freigegeben, weil die Gesetzesverfasser das gesetzgeberische Instrumentarium zur Bekämpfung der Missbräuche als ausreichend ansahen. Zur Begründung verwiesen sie vor allem auf das Irreführungsverbot der §§ 5 und 5a UWG sowie auf die Nr. 15 des Anhangs.[11]

7 Eine **Irreführung** ist insbesondere anzunehmen, wenn für einen Räumungsverkauf wegen Geschäftsaufgabe geworben wird, obwohl in Wahrheit gar keine Geschäftsaufgabe vorliegt (Nr. 15 des Anhangs; → Rn. 3). Vergleichbare Fälle sind die Werbung für einen Räumungsverkauf wegen Geschäftsaufgabe, dem schon wenig später eine Wiedereröffnung des Geschäfts in derselben oder in einer benachbarten Stadt folgt,[12] die Werbung für einen Räumungsverkauf wegen eines Schadensfalles wie Feuer, Wasser oder Sturm, in dem auch unbeschädigte Ware verkauft wird, sowie die Werbung für einen Räumungsverkauf wegen eines Umbaus, der später überhaupt nicht oder nur in wesentlich verkleinertem Umfang durchgeführt wird.

[8] Begr. von 2008, BT-Drs. 16/10145, S. 24 (l. Sp.).

[9] *BGH* GRUR 2012, 208 Tz. 18ff. = WRP 2012, 311 – 10% Geburtstagsrabatt; GRUR 2012, 213 Tz. 15ff. = WRP 2012, 316 – Frühlings-Special; Ohly/Sosnitza/*Sosnitza,* § 5 Rn. 412ff.

[10] *BGH* NJW-RR 2005, 684 = GRUR 2005, 442 – Direkt ab Werk.

[11] Begr. von 2008, BT-Drs. 15/1487, S. 14.

[12] S. *Nippe,* WRP 2003, 568 (580f.).

§ 18. Geschäftliche Bezeichnungen

Literatur (Auswahl): *Deutsch/Ellerbrock,* Titelschutz, Werktitel und Domainnamen, 2. Aufl. 2004; *Elsaesser,* Der Rechtsschutz berühmter Marken, 1959; *Heinrich,* Firmenwahrheit und Firmenbeständigkeit, 1982; *Klippel,* Der zivilrechtliche Schutz des Namens, 1985; *Knaak,* Das Recht der Gleichnamigen, 1979; *ders.,* Gewerblicher Rechtsschutz und Urheberrecht in Deutschland, Bd. 2, 1991, S. 971; *Kohl,* Die „Verwässerung" berühmter Kennzeichen, 1975; *Spliethoff,* Verkehrsauffassung und Wettbewerbsrecht, 1992; *Troller,* Kollision zwischen Firmen, Handelsnamen und Marken, 1980; *Weber,* Das Prinzip der Firmenwahrheit im HGB und die Bekämpfung irreführender Firmen nach dem UWG, 1984.

I. Überblick

1 Nach § 5 Abs. 2 UWG ist eine geschäftliche Handlung auch dann irreführend, wenn sie im Zusammenhang mit der Vermarktung von Waren oder Dienstleistungen einschließlich vergleichender Werbung eine Verwechslungsgefahr mit einer anderen Ware oder Dienstleistung oder mit der Marke oder einem anderen Kennzeichen eines Mitbewerbers hervorruft. Mit dieser im Jahre 2008 in das Gesetz eingefügten Bestimmung, durch die Art. 6 Abs. 2 lit. a der UGP-Richtlinie in deutsches Recht umgesetzt werden sollte, wurde die mittlerweile über 100 Jahre alte Tradition des Schutzes der Unternehmenskennzeichen (auch) über das UWG wieder aufgenommen. Sedes materiae war bis zum Erlass des MarkenG im Jahre 2004 die Vorschrift des § 16 UWG von 1909. Daneben diente dem Schutz von Unternehmenskennzeichen freilich auch noch eine ganze Reihe weiterer, sich vielfältig überschneidender Vorschriften, von denen die wichtigsten §§ 12 und 823 BGB und § 37 HGB sowie aus dem alten WZG noch die §§ 15, 24, 25 und 31 gewesen waren.[1] Wegen der sich aus dieser Gesetzeslage zwangsläufig ergebenden Konkurrenzprobleme hatte sich der Gesetzgeber im Jahre 1994 schließlich zu einer Bereinigung der Materie entschlossen, indem § 16 UWG von 1909 sowie die genannten Bestimmungen des alten WZG durch die neuen **§§ 5 und 15 MarkenG** ersetzt wurden. Unberührt blieben jedoch die Vorschriften des BGB (§§ 12 und 823) sowie des HGB (§§ 17 und 37). Und hinzu trat sodann 2008 (wieder) § 5 Abs. 2 UWG, wodurch unvermeidlich erneut schwierige **Konkurrenzfragen,** insbesondere zwischen MarkenG und UWG, aufgeworfen wurden (eingehend → § 15 Rn. 34–36).

2 Die Konkurrenzprobleme haben ihren Grund vor allem darin, dass zu den **Kennzeichen eines Mitbewerbers** im Sinne des § 5 Abs. 2 UWG sämtliche Unternehmenskennzeichen im Sinne des § 5 Abs. 2 MarkenG gehören,[2] dh alle Zeichen, die im geschäftlichen Verkehr als Name, als Firma oder als besondere Bezeichnung eines Geschäftsbetriebs oder eines Unternehmens benutzt werden (S. 1 des § 5 Abs. 1 MarkenG); gleichstehen im Falle ihrer Verkehrsgeltung die sogenannten Geschäftsabzeichen (S. 2 des § 5 Abs. 2 MarkenG).

3 Das MarkenG geht an sich an mehreren Stellen deutlich von einer **Konkurrenz** der verschiedenen in Betracht kommenden Vorschriften aus (§§ 2 und 19d). Dennoch entschied sich der BGH zunächst dafür, dem **MarkenG** ebenso wie hinsichtlich des

[1] Vgl. die Schilderung der Entwicklung bei *Hefermehl,* FS A. Hueck, 1959, S. 521; *Krüger-Nieland,* FS R. Fischer, 1979, S. 339.

[2] ZB MüKoUWG/*Busche,* § 5 Rn. 690; Harte-Bavendamm/Henning-Bodewig/*Dreyer,* § 5 Rn. J 21, 23; unstr.

Schutzes der geographischen Herkunftsangaben (→ § 15 Rn. 34–36) auch für den Schutz der geschäftlichen Bezeichnungen grundsätzlich den **Vorrang** vor dem UWG zuzubilligen. Ausgenommen wurden lediglich diejenigen Fälle, für die das MarkenG selbst gar keine Regelung enthält. Hervorzuheben sind die Verunglimpfung fremder Zeichen (§ 4 Nr. 1 UWG), die vergleichende Werbung (§ 6 Abs. 2 Nr. 3, 4 und 6 UWG) sowie alle Erscheinungsformen des Behinderungswettbewerbs (§ 4 Nr. 3 UWG).[3] An dieser (modifizierten) Vorrangthese hält der BGH auch heute noch für das Verhältnis des MarkenG zu § 12 BGB fest.[4] Dagegen hat er sie mittlerweile, wie bereits im Einzelnen ausgeführt (→ § 15 Rn. 34–36), für das Verhältnis des MarkenG zum UWG aufgegeben.[5] Der **lauterkeitsrechtliche Verwechslungsschutz** für Kennzeichen aller Art steht seitdem *gleichberechtigt* neben dem Schutz aufgrund der §§ 5 und 15 MarkenG.[6]

II. Schutzsubjekt

4 Die Voraussetzungen, unter denen Unternehmenskennzeichen geschützt werden, haben weder im BGB (§ 12) noch im HGB (§§ 17 und 18) oder ihm MarkenG (§§ 5 und 15) eine ausdrückliche Regelung gefunden, sodass insoweit letztlich auf allgemeine namensrechtliche Grundsätze zurückgegriffen werden muss. Träger oder **Inhaber des Rechts** an einem Unternehmenskennzeichen ist danach derjenige, der das fragliche Zeichen *als erster* im geschäftlichen Verkehr *berechtigterweise namensmäßig im Inland in Gebrauch genommen* hat. Zwischen natürlichen und juristischen Personen wird dabei ebenso wenig unterschieden wie zwischen Inländern und Ausländern (→ Rn. 7). Träger eines Zeichenrechts können daher alle rechtsfähigen und nichtrechtsfähigen Gebilde sein, die am geschäftlichen Verkehr teilnehmen. Die wichtigsten sind neben den Kapitalgesellschaften (AG und GmbH) die Personenhandelsgesellschaften (OHG und KG), die BGB-Außengesellschaft sowie der rechtsfähige und der nichtrechtsfähige Verein, immer vorausgesetzt, dass sie sich im geschäftlichen Verkehr betätigen.[7]

---

[3] BGHZ 138, 349 (351 f.) = NJW 1998, 3781 – MAC Dog; BGHZ 147, 56 (60 f.) = NJW 2002, 372 = JuS 2002, 1027 Nr. 10 – Tagesschau; BGHZ 149, 191 (195 f.) = NJW 2002, 2031 = JuS 2002, 1226 Nr. 5 – shell.de; *BGH* NJW 2005, 1196 = GRUR 2005, 430 = WRP 2005, 488 – mho.de; NJW 2008, 3716 Tz. 10 = GRUR 2008, 1099 = WRP 2008, 1520 – afilias.de; WRP 2009, 803 (807 Tz. 38) = GRUR 2009, 685 – ahd.de; zustimmend zunächst *Asendorf,* FS Raiser, 2005, S. 601 (611 ff.); *Bornkamm,* FS v. Mühlendahl, 2005, S. 9; *ders.,* GRUR 2005, 97; *Heermann,* ZEuP 2007, 535 (569 f.); *Ingerl,* WRP 2004, 809; *Lettl,* WRP 2008, 446.

[4] *BGH* NJW 2014, 1534 Tz. 16 = GRUR 2014, 393 = WRP 2014, 424 – wetteronline.de; GRUR 2014, 505 Tz. 8 = NJW-RR 2014, 611 = WRP 2014, 584 (585) – sr.de, im Anschluss an *BGH* NJW 2005, 1196 = GRUR 2005, 430 = WRP 2005, 488 – mho.de.

[5] Grdl. BGHZ 198, 159 (176 Tz. 60 f.) – Hard Rock Café; ebenso schon im Ergebnis *BGH* NJW-RR 2009, 1130 Tz. 57 = GRUR 2009, 672 – Ostsee-Post; GRUR 2013, 397 Tz. 40 ff. = WRP 2013, 499 (502) – Peek & Cloppenburg.

[6] Ebenso schon früher zB *Fezer,* WRP 2008, 1; *Knaak,* FS Beier, 1996, S. 243; *Lehmann,* FS Beier, 1996, S. 279; *Nägele,* GRUR 2007, 1007 sowie jetzt zB *Alexander,* FS Köhler, 2014, S. 23; *Becker,* WRP 2015, 139 (144 f.); *Sack,* WRP 2011, 288; 2013, 8; zT anders *Sambuc,* FS Köhler, 2014, S. 577.

[7] BGHZ 11, 214 (215) = NJW 1954, 388; BGHZ 43, 245 (252) = NJW 1965, 859 – GdP; *BGH* LM § 16 UWG Nr. 6 = GRUR 1953, 446; 2008, 1108 = WRP 2008, 1537 (1540 Tz. 29) – Haus und Grund; NJW-RR 2010, 1631 Tz. 13 = GRUR 2010, 1020 = WRP 2010, 1397 – Verbraucherzentrale; GRUR 2012, 534 Tz. 24 = WRP 2012, 1271 (1272) – Landgut Borsig; *KG* NJW 1988, 2892 = JuS 1989, 229 Nr. 4; *Kochendörfer,* WRP 2009, 239 (240 mwN).

Namens- und Kennzeichenschutz genießen danach **zB** Anwaltssozietäten,[8] Vereine wie das Deutsche Rote Kreuz[9] sowie die Vorgesellschaften zu einer AG oder GmbH; der Schutz beginnt hier bereits mit der Ingebrauchnahme des Namens durch die Vorgesellschaft und geht dann später nach Eintragung der Gesellschaft auf diese über.[10] Auch die **Körperschaften des öffentlichen Rechts** einschließlich der großen Kirchen sind nicht ausgenommen.[11] Gemeinden und Universitäten können daher Namensschutz für ihre Wappen in Anspruch nehmen, sofern das Wappen Unterscheidungskraft aufweist und zur namensmäßigen Kennzeichnung des Trägers geeignet ist.[12] Selbst die Bezeichnungen von einzelnen Häusern, Grundstücken oder Landgütern können unter diesen Voraussetzungen Schutz genießen, wenn der Eigentümer des Grundstücks daran (ausnahmsweise) ein berechtigtes Interesse hat und sich die fragliche Bezeichnung im Verkehr „als Name" des Grundstücks durchgesetzt hat.[13] 5

Die **Entstehung** des Rechts setzt keine Eintragung in ein öffentliches Register voraus. Das Recht an einem Unternehmenskennzeichen entsteht vielmehr ohne weiteres mit jedem rechtmäßigen *namensmäßigen Gebrauch* des Zeichens im geschäftlichen Verkehr *im Inland* (§ 5 Abs. 2 S. 1 MarkenG).[14] Der *Zeitpunkt* der Ingebrauchnahme des Zeichens im Inland bestimmt zugleich seinen Rang im Falle einer Kollision mit anderen Zeichen (§ 6 MarkenG; → Rn. 70 ff.). Dies alles gilt gleichermaßen für den Schutz der Unternehmenskennzeichen nach dem MarkenG (§§ 5, 6, 15 MarkenG) wie für den Schutz nach dem UWG (§ 5 Abs. 2) und nach dem BGB (§§ 12, 823 BGB). 6

Ausländern steht der Namens- und Zeichenschutz aufgrund des § 12 BGB und des MarkenG im Inland unter denselben Voraussetzungen wie Inländern zu (Art. 2, 8 PVÜ).[15] Keine Rolle spielt, ob der Ausländer nach seinem Heimatrecht überhaupt befugterweise einen bestimmten Namen führt. Entscheidend ist vielmehr allein, ob *im Inland* die *Voraussetzungen* für den Schutz des fraglichen Unternehmenskennzeichens vorliegen, dh, ob das Kennzeichen als solches schutzfähig und im Inland namensmäßig in einer Weise in Gebrauch genommen wurde, die auf die Aufnahme einer dauernden, wirtschaftlichen Tätigkeit schließen lässt.[16] In Kollisionsfällen kommt es für die 7

[8] *BGH* LM § 5 MarkenG Nr. 24 (Bl. 2) = NJW 2002, 2096 = GRUR 2002, 706 – vossius de; *OLG München* NJW-RR 1993, 621.

[9] BGHZ 126, 287 (291 f.) = NJW 1994, 2820 = JuS 1995, 167 Nr. 5 – Rotes Kreuz; *OLG München* NJW 2002, 613 – Literaturhaus.

[10] BGHZ 120, 103 (105 ff.) = NJW 1993, 459; BGHZ 136, 11 (18) = NJW 1997, 2948 – L'Orange.

[11] BGHZ 124, 173 (178 ff.) = NJW 1994, 245 = JuS 1994, 433 Nr. 3 – römisch-katholisch; BGHZ 161, 216 (220 f.) = NJW 2005, 978.

[12] S. für das Wappen der Universität Heidelberg BGHZ 119, 237 (245 f.) = NJW 1993, 918; für das Wappen der Stadt Düsseldorf *BGH* LM § 12 BGB Nr. 68 (Bl. 2 R f.) = GRUR 2002, 917 = WRP 2002, 1169 = NJW-RR 2002, 140 = JuS 2003, 401 Nr. 6; GRUR 2012, 534 Tz. 24 = WRP 2012, 1271 (1272) – Landgut Borsig.

[13] *BGH* GRUR 2012, 534 Tz. 25, 28 ff. = WRP 2012, 1271 (1272) – Landgut Borsig.

[14] *BGH* NJW 2008, 3716 Tz. 16 = GRUR 2008, 1099 = WRP 2008, 1520 (1521) – afilias.de; GRUR 2009, 685 = WRP 2009, 803 Tz. 17; *Deutsch,* FS Tilmann, 2003, S. 273 (275 ff.); *Knaak,* FS Beier, 1996, S. 243 (245 ff.); *Lehmann,* FS Beier, 1996, S. 279 (283).

[15] → § 2 Rn. 1 f.; BGHZ 130, 276 (281 ff.) = NJW 1995, 2985 – Torres; *OLG Frankfurt a. M.* GRUR 1984, 891 (894); *Beier/Kunz-Hallstein,* GRURInt 1982, 362; *Knaak,* in: Gewerblicher Rechtsschutz, Bd. 2, 1991, S. 971 (992 f.).

[16] ZB BGHZ 130, 276 (281 ff.) = NJW 1995, 2985 – Torres; BGH LM § 16 UWG Nr. 156 = NJW 1997, 2952 (2953) = GRUR 1997, 903 = WRP 1997, 1081 – Garonor; NJW 2008, 3716 Tz. 36 ff. = GRUR 2008, 1099 = WRP 2008, 1520 (1523 f.) – afilias.de.

Priorität auf den Zeitpunkt der namensmäßigen Ingebrauchnahme der Bezeichnung im *Inland* an, während es keine Rolle spielt, ob und wann im Ausland ein Namensrecht entstanden ist (§ 6 Abs. 3 MarkenG).[17]

III. Schutzobjekt

1. Überblick

8 Als geschäftliche Bezeichnungen werden nach § 5 Abs. 2 UWG ebenso wie nach § 5 Abs. 1 MarkenG und § 12 BGB alle Unternehmenskennzeichen geschützt. Zu den **Unternehmenskennzeichen** gehören gemäß § 5 Abs. 2 MarkenG der bürgerliche Name (§ 12 BGB), die Firma (§ 17 HGB), die besonderen Bezeichnungen eines Geschäftsbetriebes oder eines Unternehmens sowie die sonstigen Geschäftsabzeichen.

9 Mit dem **Namen** ist der bürgerliche Zwangsname gemeint, über den hier nicht weiter zu handeln ist. Auch zur **Firma** genügt der Hinweis auf § 17 Abs. 1 HGB, nach dem die Firma der Name eines Kaufmanns ist, unter dem er im Handel seine Geschäfte betreibt und die Unterschrift abgibt. Näherer Betrachtung bedürfen deshalb im Folgenden allein die besonderen Geschäftsbezeichnungen (→ Rn. 10ff.) einschließlich insbesondere der Domainnamen (→ Rn. 19f.), der Firmenschlagworte und Firmenbestandteile (→ Rn. 34ff.) sowie noch die sonstigen Geschäftsabzeichen (→ Rn. 35f.).

2. Besondere Geschäftsbezeichnungen

a) Voraussetzungen

10 § 5 Abs. 2 S. 1 MarkenG stellt die besonderen Geschäftsbezeichnungen, früher häufig auch Etablissementsbezeichnungen genannt, als Erscheinungsform der Unternehmenskennzeichen dem Namen und der Firma gleich. Daraus folgt, dass in § 5 Abs. 2 S. 1 MarkenG mit den besonderen Geschäftsbezeichnungen sämtliche **Zeichen mit Namensfunktion** außer gerade dem Namen und der Firma gemeint sind, dh alle Bezeichnungen eines Geschäfts, die neben dem Namen und der Firma zur Kennzeichnung oder *Individualisierung des Geschäfts* oder Unternehmens (im Gegensatz zu dessen Inhaber) dienen. Beispiele sind die besonderen Bezeichnungen von Gaststätten, Hotels, Apotheken, Theatern und Ingenieurbüros, die zwar (wie etwa die Gaststättenbezeichnung „Zum goldenen Löwen") nichts über deren Inhaber aussagen, im Verkehr aber doch zur Unterscheidung des betreffenden Unternehmens von anderen dienen.

11 Mit Rücksicht auf ihre Namensfunktion, dh auf ihre Funktion zur Individualisierung von Unternehmen (oder Unternehmensteilen) kommen als Geschäftsbezeichnungen grundsätzlich, wie insbesondere § 18 Abs. 1 HGB zeigt, nur solche Bezeichnungen oder Ausdrücke in Betracht, die Kennzeichnungseignung und Unterscheidungskraft besitzen.[18] Mit dem Erfordernis der **Kennzeichnungseignung** wird zum Ausdruck gebracht, dass als Unternehmenskennzeichen nur Zeichen geeignet sind, die im Ver-

[17] RGZ 109, 213; 117, 215 (218, 222ff.) – Eskimo Pie; BGHZ 8, 318 (319f.) = NJW 1953, 577; BGHZ 34, 91 (97) = NJW 1961, 668 – ESDE; BGHZ 75, 172 (176ff.) = NJW 1980, 522 – Concordia; *OLG Hamburg* GRUR 1990, 694.

[18] S. *v. Gamm,* WM 1985, 849 (853ff.); *Knaak,* in: Gewerblicher Rechtsschutz, Bd. 2, S. 971 (988ff.); *Kochendörfer,* WRP 2009, 239.

kehr *Namensfunktion* besitzen, dh allein sprachliche Bezeichnungen,[19] die zur Individualisierung oder Unterscheidung von Personen oder Unternehmen geeignet sind. Der Grund dafür ist einfach der, dass sich Menschen (bisher) nicht durch Bilder, sondern mit den Mitteln der Sprache zu verständigen pflegen.[20] Als ausreichend dafür werden heute aber (anders als früher) auch reine Buchstabenkombinationen wie zB „HM&A“ angesehen,[21] während sonstige Zeichen wie bloße Bilder, unaussprechbare Kürzel, Computerzeichen und dergleichen mehr – mangels Kennzeichnungseignung – ausscheiden. Bilder können nur als Marken geschützt werden.[22]

Zusätzlich erforderlich ist, dass das fragliche Zeichen (→ Rn. 11) **Unterscheidungskraft** besitzt. Damit soll zum Ausdruck gebracht werden, dass die gewählte Bezeichnung etwas *Besonderes oder Individuelles* an sich haben muss, sodass sie sich bereits ihrer Art nach dazu eignet, den **Träger** der Bezeichnung, das fragliche Unternehmen, von anderen Unternehmen zu unterscheiden, dh zu **individualisieren.**[23] Zeichen ohne jede Individualisierungsfunktion genießen daher keinen Schutz als besondere Geschäftsbezeichnungen, solange sie nicht Verkehrsgeltung besitzen (→ Rn. 14f.).[24] Das gilt insbesondere für geographische Angaben, für bloß beschreibende Angaben über den Gegenstand des Unternehmens, für Worte der Umgangssprache und reine Gattungsbegriffe sowie für verbreitete Vornamen in Alleinstellung.[25] 12

Bei der Bejahung der Unterscheidungskraft von Bezeichnungen verfährt die Rechtsprechung heute in der Regel großzügig, insbesondere, wenn es um die Bezeichnung von Verbänden und Vereinen geht.[26] Unterscheidungskraft besitzen insbesondere **Phantasiewörter,** und zwar einschließlich geographischer Angaben, wenn es sich bei ihnen wie zB bei den Zeichen „Arktis“ oder „Mars“ offenbar um reine Phantasiebezeichnungen handelt, weiter ungewöhnliche, einprägsame Abkürzungen, Wörter der Umgangssprache, wenn sie in ungebräuchlicher, zB sinnbildlicher Bedeutung oder in unüblichen Zusammenstellungen verwandt werden,[27] sowie ungebräuchliche und 13

[19] RGZ 163, 233 (236ff.); 171, 30 (32f.); 171, 67 (70); BGHZ 21, 66 (69, 73f.) = NJW 1956, 1557 – Buchgemeinschaften; *BGH* NJW-RR 2009, 327 = ZIP 2009, 168 Tz. 5, 10 – HM&A.

[20] BGHZ 14, 155 (159f.) = NJW 1954, 1681 – Farina.

[21] *BGH* ZIP 2009, 168, 169 Tz. 9f. = NJW-RR 2009, 327 Tz. 9ff.

[22] S. *BGH* ZIP 2009, 168, 169 Tz. 9f. = NJW-RR 2009, 327 Tz. 10 – HM&A; *KG* GmbHR 2008, 146f.; *Lutter/Welp,* ZIP 1999, 1073 (1074, 1077ff.).

[23] *BGH* ZIP 2009, 168, 169 Tz. 9f. = NJW-RR 2009, 327 Tz. 10 – HM&A; *BayObLG* NZG 2003, 1029 = GmbHR 2003, 1003 (1004) – Profihandwerker; *OLG Düsseldorf* NJW-RR 2003, 1006 (1007) – START; *OLG Brandenburg* NJW-RR 2008, 490 (491f.); *KG* GmbHR 2008, 146f.; *Kochendörfer,* WRP 2009, 239.

[24] *BGH* LM MarkenG Nr. 12 (Bl. 2) = NJW-RR 1996, 230 = GRUR 1996, 68 – Cotton Line; LM § 5 MarkenG Nr. 10 (Bl. 2f.) = NJW-RR 1997, 1402 = GRUR 1997, 845 – Immo-Data; *OGH* ÖBl. 1996, 143 (146f.).

[25] *BGH* LM § 16 UWG Nr. 99 = NJW 1987, 438 = GRUR 1988, 319 – Video-Rent; LM § 16 UWG Nr. 136 = NJW-RR 1992, 1454 = GRUR 1992, 865 – Volksbank; LM § 16 UWG Nr. 147 = NJW-RR 1994, 1255 = GRUR 1994, 905 – Schwarzwald-Sprudel; *OLG Dresden* GRUR 1997, 846 – Bauland; *OLG Düsseldorf* NJW-RR 2003, 106 (107) – START; *OLG Brandenburg* NJW-RR 2008, 490 (491f.); *KG* GmbHR 2008, 146f.; *OGH* ÖBl. 1995, 32 (33) – MOTO; 1995, 219 (223) – Skischule St. Anton; 1996, 143 (146f.) – Plus; 2002, 91 (93) – onlaw.

[26] So insb. *BGH* WRP 2008, 1537 (1540 Tz. 33) = GRUR 2008, 1108 – Haus und Grund III; NJW-RR 2010, 1631 Tz. 17ff. = GRUR 2010, 1020 – Verbraucher-Zentrale; *Kochendörfer,* WRP 2009, 139 (143f.).

[27] RGZ 163, 233 (238); 171, 30 (32f.); 171, 60 (70); 172, 129 (131f.); BGHZ 21, 66 (73) = NJW 1956, 1557; BGHZ 21, 182 (187ff.) = NJW 1956, 1595; BGHZ 24, 238 (241ff.) = LM § 12 BGB

eben deshalb individualisierende Wort- oder Buchstabenkombinationen.[28] Selbst Vornamen wird heute Unterscheidungskraft zugebilligt, sofern sie, wie zB „Raule", ganz ausgefallen sind.[29]

b) Verkehrsgeltung

14 Geschäftsbezeichnungen ohne die nötige Unterscheidungskraft (→ Rn. 11f.) sind nicht schlechthin von einem Schutz nach § 5 Abs. 2 UWG, § 12 BGB und § 15 MarkenG ausgeschlossen; sie genießen vielmehr ebenfalls den Schutz nach den genannten Vorschriften, sofern sie zusätzlich Verkehrsgeltung besitzen, dh sofern sie sich **im Verkehr** – trotz ihrer an sich fehlenden Unterscheidungskraft – als Bezeichnung für Unternehmen **durchgesetzt** haben.[30] Eine Ausnahme bilden lediglich die absolut schutzunfähigen Ausdrücke, die im Allgemeininteresse nicht monopolisiert werden dürfen. Beispiele sind Fachausdrücke, für die es keine Ersatzwörter gibt, sowie allgemein gebräuchliche Gattungsbezeichnungen.[31]

15 **Verkehrsgeltung** einer Bezeichnung ist anzunehmen, wenn die angesprochenen Personenkreise in dem fraglichen Wort *verbreitet* einen *Hinweis* auf ein bestimmtes Unternehmen sehen. Eine Allbekanntheit der Bezeichnung ist dafür zwar nicht erforderlich; der Teil der angesprochenen Kreise, der in dem Wort einen Hinweis auf das Unternehmen erblickt, muss jedoch *erheblich ins Gewicht fallen,* wobei die Anforderungen umso höher sind, je größer das Freihaltebedürfnis des Verkehrs ist.[32] Die untere Grenze für die nötige Bekanntheit des Zeichens dürfte in der Gegend von *25%* der jeweils angesprochenen Verkehrskreise liegen.[33] In Fällen eines besonderen Freihaltebedürfnisses der Allgemeinheit werden indessen auch wesentlich höhere Prozentsätze genannt, zB *deutlich über 50%.*[34]

16 Der Schutz im Verkehr bekannter Bezeichnungen **beginnt** in dem Augenblick, in dem sich erstmals ihre Verkehrsgeltung nachweisen lässt (→ Rn. 47f.). Dieser Zeitpunkt ist in Kollisionsfällen zugleich für die **Priorität** maßgebend (§ 6 Abs. 3 MarkenG).[35] Bejaht wurde Verkehrsgeltung **zB** für die Bezeichnung „Südwestfunk" einer Rundfunkanstalt[36] oder für die Buchstabenkombination „ALFA" als Kennzeichen der bekannten

Nr. 16 = GRUR 1957, 547 = WRP 1957, 265 – tabu I; *BGH* LM § 5 MarkenG Nr. 10 = NJW-RR 1997, 1402 = GRUR 1997, 845 – Immo-Data; *OGH* ÖBl. 1996, 143 (146f.) – Plus.

[28] → Rn. 34 sowie BGHZ 145, 279 = NJW 2001, 1868 – DBImmo; *BGH* WRP 2008, 1537 (1541 Tz. 34) = GRUR 2008, 1108 – Haus und Grund III; GRUR 2009, 685 Tz. 18 = WRP 2009, 803 – ahd.de; NJW-RR 2009, 327 = ZIP 2009, 168 – HM&A; *Kochendörfer,* WRP 2009, 139 (141ff.).

[29] *BGH* NJW 2009, 1756 Tz. 12 = GRUR 2009, 608 – raule.de.

[30] *v. Gamm,* WM 1985, 849 (853f.); *Knaak,* in: Gewerblicher Rechtsschutz, Bd. 2, S. 971 (990ff.).

[31] *OGH* ÖBl. 1991, 254 (255f.); 1992, 160 (163); 1995, 219 (222); 1996, 143 (147); 2002, 91, (93) – onlaw; sehr zurückhaltend für „Volksbank" auch *BGH* LM § 16 UWG Nr. 136 = NJW-RR 1992, 1454 = GRUR 1992, 865.

[32] *OGH* ÖBl. 1991, 251 – „New Line"; 1992, 54 (55) – NEMSA.

[33] *OLG Stuttgart* GRUR 1993, 494 (495).

[34] S. RGZ 172, 129 (132f.); BGHZ 16, 82 (89ff.) = NJW 1955, 380; BGHZ 21, 66 (74) = NJW 1956, 1557; BGHZ 21, 182 (193ff.) = NJW 1956, 1595 – Funkberater; BGHZ 74, 1 (5) = NJW 1979, 2311 – RBB (wonach ein „hoher Bekanntheitsgrad" erforderlich ist); *BGH* LM § 16 UWG Nr. 14 = GRUR 1955, 481 – Hamburger Kinderstube; *OGH* ÖBl. 1981, 106; 1991, 251 (253) – New Line. Zur Ermittlung mit den Methoden der Demoskopie s. *Pflüger,* GRUR 2004, 652.

[35] S. *OGH* SZ Bd. 53 (1980) Nr. 69, S. 312; Bd. 55 (1982) Nr. 43, S. 210.

[36] *OLG* Karlsruhe GRUR 1988, 394.

Alfa-Romeo-Autos.[37] Insgesamt ist die Praxis jedoch bei der Bejahung der Verkehrsgeltung einer Bezeichnung zu Recht ausgesprochen *zurückhaltend*.

c) Platzgeschäfte

Unternehmenskennzeichen werden grundsätzlich *bundesweit* geschützt. *Anders* verhält es sich lediglich, wenn ein an sich nicht unterscheidungskräftiges Zeichen nur in einem räumlich *begrenzten* Gebiet Verkehrsgeltung erlangt hat[38] sowie wenn es sich um ein sogenanntes Platzgeschäft handelt. Man versteht darunter Betriebe, von denen der Verkehr zwar annimmt, dass es **an jedem Ort nur einen** von ihnen mit demselben Namen gibt, bei denen jedoch niemand zugleich Verbindungen zwischen gleichnamigen Betrieben an verschiedenen Orten unterstellt. In nahezu jeder größeren Stadt gibt es zB ein „Parkhotel"; gleichwohl dürfte wohl kaum jemand auf die Idee kommen, alle diese „Parkhotels" gehörten zum selben Unternehmen. In derartigen Fällen beschränkt sich daher der räumliche Schutzbereich der jeweiligen Unternehmensbezeichnung auf den betreffenden Ort.[39] 17

Anders verhält es sich jedoch, wenn es sich um eine **besonders bekannte Bezeichnung** mit überragender Verkehrsgeltung oder doch um ein **größeres Unternehmen** handelt, das nach Art eines Filialbetriebes an zahlreichen Orten Gaststätten oder Hotels derselben Art unter derselben Bezeichnung betreiben will. Wegen der hier von vornherein die Grenzen eines Ortes überschreitenden Aktivitäten des Unternehmens erstreckt sich dann der geographische Schutzbereich von vornherein auf das gesamte Bundesgebiet.[40] 18

3. Domainnamen

a) Überblick

Das Internet-Zeitalter hat in Gestalt der Domainnamen eine neue, praktisch sehr bedeutsame Form der Unternehmenskennzeichen im Sinne des § 5 Abs. 2 MarkenG und damit auch des § 5 Abs. 2 UWG (sowie des § 12 BGB) hervorgebracht. Man versteht darunter die Internet-Adressen, die jeder benötigt, der am Internetverkehr teilnehmen möchte. Diese aus Wörtern und Buchstaben bestehenden und deshalb aussprechbaren **Internetadressen** müssen vor allem von den **IP-Nummern** unterschieden werden, bei denen es sich um die mit Telefonnummern vergleichbaren Adressen der verschiedenen an das Netz angeschlossenen **Computer** handelt. Die IP-Nummern setzen sich aus binären Zahlenkombinationen (0 und 1) zusammen und werden, um Verwechslungen im Netz zu vermeiden, von den nationalen Registrierungsagenturen *nur einmal* vergeben.[41] Wegen ihrer mangelnden Aussprechbarkeit und Anschaulichkeit treten jedoch im Verkehr neben oder besser: an die Stelle der IP-Adressen durchweg aussprechbare Buchstabenkombinationen, eben die Domainna- 19

[37] *OGH* ÖBl. 1995, 71 (72).

[38] *OGH* SZ Bd. 55 (1982) Nr. 43, S. 211.

[39] RGZ 171, 30 (34ff.) – Rauchfang; BGHZ 130, 134; *BGH* LM § 12 BGB Nr. 22 = GRUR 1959, 87 – Fischel; LM § 16 UWG Nr. 145 = NJW-RR 1993, 1065 = GRUR 1993. 923 – Pic Nic; LM MarkenG Nr. 6 = NJW-RR 1995, 1002 = GRUR 1995, 507 – City-Hotel/City-Hilton; NJW 2005, 1198 (1199) = GRUR 2005, 262.

[40] So die beiden tabu-Urteile BGHZ 24, 238 (243ff.) = GRUR 1957, 547; LM § 12 BGB Nr. 17 = GRUR 1957, 550 = WRP 1957, 264; ebenso *BGH* LM § 16 UWG Nr. 145 = NJW-RR 1993, 1065 = GRUR 1993, 923 – Pic Nic.

[41] Zu diesen technischen Gegebenheiten s. *Buchner*, GRUR 2006, 984.

men – oder kurz: *Domain* –, die bei ihrer Eingabe von speziellen Rechnern in die IP-Adressen umgerechnet werden.

20 Domänenamen und IP-Adressen werden von den verschiedenen nationalen **Registrierungsagenturen** verliehen. In Deutschland übt diese Funktion die DENIC eG aus, die bei der Technischen Hochschule Karlsruhe angesiedelt ist und auf privatrechtlicher Grundlage arbeitet. Sie *prüft,* wenn bei ihr ein Antrag auf Registrierung eines Domainnamens eingeht, mittels ihrer EDV allein die etwaige Priorität anderer Domainnamen. Zu einer weitergehenden Prüfung ist sie nur verpflichtet, wenn sie auf eine offenkundige und unschwer festzustellende Verletzung von Rechten Dritter durch einen angemeldeten Domainnamen hingewiesen wird. Registriert sie in einem derartigen Fall gleichwohl den fraglichen Domainnamen, so haftet sie als **Störerin** neben dem Anmelder aus der jeweils in Betracht kommenden zeichenrechtlichen Anspruchsgrundlage.[42]

21 Bei der **Bildung** von Domainnamen besteht, abgesehen von den hier nicht weiter interessierenden, technisch bedingten Top-Levels wie zB „eu", „de" oder „com", weitgehende Freiheit, eingeschränkt lediglich durch den Vorrang prioritätsälterer Domainnamen und anderer Zeichenrechte Dritter. Selbst die Anmeldung **reiner Gattungsbegriffe** oder rein beschreibender Wörter wie „mitwohnzentrale" oder „rechtsanwälte-notar" als Domainnamen gilt nach hM als grundsätzlich unbedenklich, weil der verständige Durchschnittsverbraucher (auf den hier ebenfalls abzustellen ist) heute wisse, dass er bei Eingabe derartiger Allgemeinbegriffe als Suchbegriffe immer nur auf einzelne Angebote unter vielen stoßen werde.[43] Eine Anwendung des § 4 Nr. 4 UWG unter dem Gesichtspunkt der **Behinderung** von Konkurrenten wird gleichfalls für den Regelfall abgelehnt, und zwar selbst dann, wenn sich ein einzelner Unternehmer gleich eine *Vielzahl* von Gattungsbegriffen in unterschiedlicher Schreibweise registrieren lässt.[44] Eine abweichende Beurteilung wird nur erwogen, wenn mit der Eintragung zahlreicher nur wenig variierter Domainnamen um einen Gattungsbegriff herum offenkundig der *Zweck* verfolgt wird, die *Mitbewerber* daran *zu hindern,* sich desselben Gattungsbegriffs als Domainname, etwa mit einem unterscheidungskräftigen Zusatz, zu bedienen, während die bloße Absicht, später Dritten die vorsorglich registrierten Domainnamen entgeltlich zur Nutzung anzubieten, unbedenklich sein soll.[45]

---

[42] BGHZ 148, 13 (18ff.) = NJW 2001, 3265 – ambiente.de; *BGH* NJW 2004, 1793 = GRUR 2004, 967 = WRP 2004, 769 – kurt-biedenkopf.de; NJW 2012, 2279 Tz. 24 = GRUR 2014, 651 = WRP 2014 1118 –regierungoberfranken.de; *OGH* SZ Bd. 74 (2001 II) Nr. 153, S. 224 (228f.) = ÖBl. 2002, 242 – fpoe.at.

[43] BGHZ 148, 1 (6ff.) = NJW 2001, 3262 = JuS 2002, 87 Nr. 9 – Mitwohnzentrale I; BGHZ 153, 61 (66ff.) = NJW 2003, 662 – presserecht.de; *BGH* NJW 2003, 504 (505) – rechtsanwälte.notar.de; NJW 2005, 1503 (1505) = GRUR 2005, 517 – Literaturhaus; NJW 2005, 2315 = GRUR 2005, 687 = WRP 2005, 893 – weltonline.de; NJW 2014, 1534 Tz. 41ff. = GRUR 2014, 393 = WRP 2014, 424 – wetteronline.de; ausführlich *Schmidt-Bogatzky,* GRUR 2002, 941.

[44] *BGH* NJW 2005, 1503 (1505) = GRUR 2005, 517; NJW 2005, 2315 = GRUR 2005, 687 = GRUR 2005, 893 – weltonline.de; WRP 2009, 803 (807f.) = GRUR 2009 683 – ahd.de; *OLG Köln* NJW-RR 2006, 479.

[45] *BGH* NJW 2005, 1503 (1505) = GRUR 2005, 517; WRP 2009, 803 (808f. Tz. 45f.) = GRUR 2009 683 – ahd.de; → Rn. 33.

Eine Anwendung des § 4 Nr. 4 UWG kommt ferner bei der Eintragung sogenannter **Tippfehler-Domains** in Betracht, mit denen bezweckt wird, Besucher stark frequentierter Internetseiten unter Ausnutzung typischer und häufiger Eingabefehler auf eine eigene Internetseite umzulenken.[46] Ist der gewählte Domainname geeignet, bei den Adressaten Fehlvorstellungen auszulösen, so liegt außerdem ein Verstoß gegen das **Irreführungsverbot** des § 5 Abs. 1 S. 2 Nr. 1 UWG vor,[47] so, wenn zB ein Lohnsteuerhilfeverein in seinen Domainnamen das Wort „Steuererklärungen" aufnimmt, obwohl er gar nicht zur Anfertigung von Steuererklärungen befugt ist (→ Rn. 24).[48] 22

b) Rechtsnatur

Ein Domainname ist zunächst einmal nichts anderes als eine bloße Internetadresse, deren Zuteilung auf einem privatrechtlichen, **Vertrag** mit einer Genossenschaft, der DENIC eG beruht. Durch den Vertrag wird ein Dauerschuldverhältnis zwischen dem Antragsteller und der DENIC begründet, aufgrund dessen die Letztere in begrenztem Umfang zur Prüfung des Antrags (→ Rn. 20) und zur Aufrechterhaltung der Eintragung verpflichtet ist. Der Vertrag dürfte deshalb als Werkvertrag oder als Auftrag zu qualifizieren sein (§ 631 BGB, str.). Bei der durch die Eintragung begründeten Rechtsstellung des Antragstellers, die als Domainname bezeichnet wird, handelt es sich lediglich um ein **vertragliches, dh relatives Nutzungsrecht** und nicht etwa um ein absolutes Recht im Sinne des § 823 Abs. 1 BGB.[49] Die sich aus den Verträgen mit der DENIC ergebenden Ansprüche des Berechtigten können nach § 857 ZPO **gepfändet** werden;[50] ihre Verwertung richtet sich nicht nach § 835 ZPO,[51] sondern nach § 844 ZPO und geschieht daher durch freihändige Veräußerung des Domainnamens.[52] 23

Der „Domainname" genießt – als weiteres Unternehmenskennzeichen (→ Rn. 19) – zeichenrechtlichen Schutz nach dem MarkenG (§§ 5, 15) und nach dem UWG (§ 5 Abs. 2) sowie grundsätzlich auch nach dem BGB (§ 12), jedenfalls, sobald er sich im Verkehr als **Unternehmenskennzeichen** durchgesetzt hat und nicht mehr als bloße Internetadresse verstanden wird (§ 5 Abs. 2 S. 2 MarkenG).[53] Dasselbe gilt, wenn der Domainname ein geschütztes Unternehmenskennzeichen enthält, insbesondere den *Namen* einer Person oder die *Firma* eines Kaufmanns, wie es offenbar die Regel ist. Ausgenommen von jedem zeichenrechtlichen Schutz sind jedoch Domainnamen, die allein aus Gattungsbegriffen oder rein beschreibenden Wörtern bestehen, weil diese im Allgemeininteresse freigehalten werden müssen (→ Rn. 15). Für die (leidige) **Kon-** 24

---

[46] *BGH* NJW 2014, 1534 Tz. 41 ff. = GRUR 2014, 393 = WRP 2014, 424 – wetteronline.de

[47] BGHZ 148, 1 (12 f.) = NJW 2001, 3262 = JuS 2002, 87 Nr. 9 – Mitwohnzentrale I.

[48] *OLG Nürnberg* GRUR 2002, 460.

[49] *BVerfG* NJW 2005, 589 = GRUR 2005, 261; BGHZ 192, 204 (210 Tz. 21, 23) = NJW 2012, 2034 – gewinn.de I; BGHZ 195, 195 (200 Tz. 19, 203 Tz. 30) = NJW 2013, 152 – gewinn.de II; *BGH* NJW 2005, 3353 = GRUR 2005, 969; NJW 2008, 3716 Tz. 21 = GRUR 2008, 1099 = WRP 2008, 1520 – afilias.de; WRP 2009, 803 (806 Tz. 31) = GRUR 2009, 685 – ahd.de; *Weisert,* WRP 2009, 128.

[50] BGHZ 192, 204 (213 Tz. 29) = NJW 2012, 2034 – gewinn.de I; *BGH* NJW 2005, 3353 = GRUR 2005, 969; s. dazu *Hartig,* GRUR 2006, 299; *Hoffmann,* MMR 2005, 685.

[51] So aber *BGH* NJW 2005, 3353 = GRUR 2005, 969.

[52] *Hartig,* GRUR 2006, 299 (301).

[53] *BGH* NJW 2005, 1198 = GRUR 2005, 262 = WRP 2005, 338 – soco.de; NJW-RR 2010, 462 Tz. 20 = GRUR 2010, 156 = WRP 2010, 266 – Eifel-Zeitung; *Buchner,* GRUR 2006, 984; *Fezer,* WRP 2000, 669; *Völker/Weidert,* WRP 1997, 652; *Wüstenberg,* GRUR 2003, 109.

kurrenzfrage gilt das bereits Gesagte (→ Rn. 4): Zwar (noch) Vorrang der §§ 5 und 15 MarkenG (nur) vor § 12 BGB, soweit das MarkenG eine eigene Regelung enthält,[54] jedoch parallele Anwendbarkeit des MarkenG und des **UWG,** sodass insbesondere ein Rückgriff auf die §§ 5 und 5a UWG möglich ist, wenn die Verwendung von Domainnamen die Gefahr einer *Irreführung* begründet.

25 Soweit hiernach ein zeichenrechtlicher Schutz von Domainnamen in Betracht kommt (→ Rn. 24), beginnt der Schutz mit der **Ingebrauchnahme** des Domainnamens im geschäftlichen Verkehr, wofür im Einzelfall auch die Ingebrauchnahme im Internet genügen kann (→ Rn. 47).[55] Dagegen reicht die bloße **Registrierung** des Domainnamens durch die DENIC eG für die Entstehung eines Zeichenrechts im Sinne des § 5 Abs. 2 MarkenG und des § 12 BGB nicht aus, weil allein dadurch noch kein absolutes Recht begründet wird (→ Rn. 23).[56] Lediglich bei einer Kollision von Domainnamen untereinander wird stattdessen häufig auch auf den früheren Zeitpunkt der Registrierung des Domainnamens als maßgeblichen Zeitpunkt abgestellt (→ Rn. 27).

c) Kollision mit Zeichenrechten

26 Die Registrierung eines bereits bestehenden fremden Namens oder Zeichenrechts als Domainname für einen nichtberechtigten Dritten stellt eine **Namensanmaßung** iSd § 12 BGB dar, durch die (schwerwiegend) die Interessen des Berechtigten verletzt werden.[57] Der Berechtigte kann in diesem Fall von dem Inhaber des Domainnamens im geschäftlichen Verkehr nach § 15 Abs. 2 MarkenG und sonst nach § 12 BGB (nur) **Unterlassung durch Löschung** des bereits registrierten Domainnamens verlangen, nicht dagegen dessen Übertragung, weil dadurch möglicherweise in Rechte Dritter eingegriffen würde (→ Rn. 89). Besonderheiten gelten ferner nach dem **Tode des Namensträgers,** weil mit dem Tod einer Person deren Namensrecht (als Persönlichkeitsrecht) grundsätzlich erlischt. Ein postmortaler Schutz des Namens gegen seine Verwendung durch Dritte als Domainnamen kommt höchstens für eine Übergangsfrist von 10 Jahren in Betracht.[58]

27 Kann sich der Inhaber des Domainnamens ebenfalls auf ein Zeichenrecht (§ 5 MarkenG, § 12 BGB) berufen (→ Rn. 24), so ist die dann eintretende **Kollision** mehrerer Zeichenrechte nach den allgemeinen zeichenrechtlichen Regeln zu lösen (→ Rn. 64ff.). Maßgebend ist mit anderen Worten im Regelfall der **Prioritätsgrundsatz,** sodass *ältere* Namens- und Zeichenrechte den *Vorrang* auch vor jüngeren Domainnamen haben.[59] Die Folge ist wiederum ein Löschungsanspruch nach § 15 Mar-

[54] ZB *BGH* NJW 2008, 3716 Tz. 10 = GRUR 2008, 1099 = WRP 2008, 1520 – afilias.de; NJW 2014, 1524 Tz. 16 = GRUR 2014, 393 = WRP 2014, 624 (625) – wetteronline.de.

[55] *BGH* NJW 2008, 3716 Tz. 22 = GRUR 2008, 1099 = WRP 2008, 1520 – afilias.de; GRUR 2009, 685 Tz. 20, 29ff. = WRP 2009, 803 (805f.) – ahd.de.

[56] *BGH* NJW 2008, 3716 Tz. 21 = GRUR 2008, 1099 = WRP 2008, 1520 – afilias.de.

[57] BGHZ 149, 191 (198ff.) = NJW 2002, 231 = JuS 2002, 1226 Nr. 5 – shell.de; BGHZ 155, 273 (275f.) = NJW 2003, 2978 = JuS 2004, 157 Nr. 3 – maxem.de; BGHZ 169, 193 (195 Tz. 7) = NJW 2007, 684 – kinski; BGHZ 171, 104 (107 Tz. 8, 11) = NJW 2007, 2633 = JuS 2008, 94 Nr. 15 – grundtke.de; *BGH* NJW 2012, 2279 Tz. 19 = GRUR 2012, 659 = WRP 2012, 1118 – regierungoberfranken.de; NJW-RR 2014, 611 Tz. 10ff. = GRUR 2014, 506 = WRP 2014, 584 (585f.) – sr.de; *OGH* SZ Bd. 71 (1998 I) Nr. 35, S. 201 (204ff.) = GRURInt 1999, 358 – jusline I.

[58] BGHZ 169, 193 (195ff. Tz. 8ff.) = NJW 2007, 684 – kinski-klaus.de.

[59] *BGH* NJW 2005, 1196 = GRUR 2005, 430; NJW 2006, 146 = GRUR 2006, 158; NJW 2007, 682 (683 Tz. 14, 18f.) = GRUR 2007, 259 – solingen.info; NJW 2008, 3716 (3717f.) = GRUR 2008, 1099 = WRP 2008, 1520 – afilias.de.

kenG und § 12 BGB (→ Rn. 26). Daher kann zB eine Gebietskörperschaft und insbesondere eine Gemeinde gegen die Verwendung ihres Namens in Domainnamen Dritter aufgrund des § 12 BGB einschreiten.[60] Das Prioritätsprinzip entscheidet schließlich auch bei **Kollisionen** identischer oder doch verwechslungsfähiger **Domainnamen** untereinander (im Netz).[61] Maßgeblicher Zeitpunkt ist der der Ingebrauchnahme der Domain im Netz.

Umstritten ist bisher noch der Fall der Kollision eines **älteren Domainnamens** mit jüngeren Zeichenrechten. Während hier eigentlich alles für einen Vorrang des absolut wirkenden jüngeren Zeichenrechts spricht, verlangt der BGH stattdessen eine **Interessenabwägung,** die meistens, aber nicht immer zu Gunsten des Inhabers des *Domainnamens* ausfallen soll, weil die im Zeitpunkt der Registrierung rechtmäßig begründete Domain nicht nachträglich rechtswidrig werden könne.[62] 28

Das Prioritätsprinzip (→ Rn. 27) versagt in einer Reihe eigenartiger Fallgestaltungen, insbesondere wenn die Beteiligten **gleichnamig** sind. In derartigen Fällen sind an Stelle des Prioritätsprinzips die auch sonst für die Fälle der Gleichnamigkeit maßgeblichen Grundsätze entsprechend anzuwenden (→ Rn. 70ff.), sodass eine Lösung nur im Einzelfall aufgrund einer umfassenden Interessenabwägung möglich ist, sofern nicht einer der Beteiligten unredlich gehandelt hat.[63] 29

d) Domaingrabbing

Unter Domaingrabbing versteht man die Registrierung von Domainnamen, die aus dem Namen, dem sonstigen Unternehmenskennzeichen oder der Marke eines anderen gebildet sind, nur zu dem **Zweck,** diesem Dritten die Verwendung seines Namens, seines Zeichens oder seiner Marke zur Bildung eines eigenen zugkräftigen Domainnamens unmöglich zu machen oder sich doch später die Erlaubnis dazu teuer abkaufen zu lassen. Man spricht in diesem Zusammenhang auch von Domain-Blockade und Domain-Vermarktung. Die Lösung dieser Fälle ergibt sich aus dem **Zeichenrecht,** sofern der Fall durch die Verwendung eines vorrangigen fremden Unternehmenskennzeichens zur Bildung des Domainnamens charakterisiert ist (→ Rn. 26). 30

Handelt der Täter im geschäftlichen Verkehr, so kann unter den genannten Voraussetzungen (→ Rn. 30) ferner ein unlauterer **Behinderungswettbewerb** anzunehmen sein (§ 4 Nr. 4 UWG), wozu jedoch in der Regel der Nachweis einer entsprechenden *Schädigungsabsicht* erforderlich ist, weil nur dann Raum für die Annahme eines Rechtsmissbrauchs ist, wobei die Rechtsprechung ausgesprochen restriktiv verfährt.[64] Indizien für eine Schädigungsabsicht sind je nach Umständen des Falles das Fehlen irgendeines er- 31

[60] *BGH* NJW 2007, 682 (683 Tz. 14, 18f.) = GRUR 2007, 259 – solingen.info; NJW 2006, 146 = GRUR 2006, 158 – segnitz.de; NJW 2012, 2279 Tz. 19 = GRUR 2012, 659 = WRP 2012, 1118 – regierungoberfranken.de; *OGH* SZ Bd. 74 (2001 II) Nr. 161, S. 276 (279ff.) – Bundesheer.

[61] *BGH* NJW 2002, 3551 (3554) = GRUR 2002, 898 – defacto; NJW 2004, 1793 (1794) = GRUR 2004, 967 = WRP 2004, 769 – kurt-biedenkopf.de.

[62] *BGH* NJW 2008, 3716 Tz. 30ff. = GRUR 2008, 1099 = WRP 2008, 1520 (1522f.) – afilias.de; GRUR 2009, 685 Tz. 42 = WRP 2009, 803 (808) – ahd.de.

[63] BGHZ 149, 191 (200ff.) = NJW 2002, 2031 = JuS 2002, 1226 Nr. 5 – shell.de; BGHZ 171, 104 (109ff. Tz. 16ff.) = NJW 2007, 2633; *BGH* NJW 2007, 682 (684 Tz. 24) = GRUR 2007, 259 = WRP 2007, 837 – solingen.info.

[64] So sehr eng *BGH* NJW 2005, 2315 = GRUR 2005, 687 = WRP 2005, 893 – weltonline.de; NJW 2008, 3716 Tz. 33 = GRUR 2008, 1099 = WRP 2008, 1520 (1523) – afilias.de; GRUR 2009, 685

kennbaren Interesses des Beklagten an dem Domainnamen in Verbindung mit dessen fehlender Benutzung, ferner die Eintragung mehrerer Domainnamen zu dem offenkundigen Zweck, den Inhaber des betreffenden Unternehmenskennzeichens oder der betreffenden Marke zu behindern (→ Rn. 22), sowie der alsbaldige Versuch, sich den Domainnamen von dem Berechtigten „abkaufen" zu lassen.

4. Firmenschlagworte, Firmenbestandteile

a) Abkürzungen

32 Im geschäftlichen Verkehr treten heute an die Stelle der oft sehr langen und umständlichen Firmen in wachsendem Maße Abkürzungen wie zB VW oder BMW oder auch **Firmenschlagworte** wie Opel oder Ford. Eine entsprechende Entwicklung ist bei Verbänden festzustellen, deren oft sehr lange Namen im geschäftlichen Verkehr zunehmend durch Kurzbezeichnungen wie zB „DFB" verdrängt werden. Derartige Abkürzungen, Kurzbezeichnungen und Firmenschlagworte genießen, wenn sie im Verkehr tatsächlich als eigene Unternehmenskennzeichen oder eben Namen verwandt werden, unter denselben Voraussetzungen wie sonstige Zeichen Namens- oder Zeichenschutz. Voraussetzung ist mithin, dass sie *Namensfunktion* haben *und* entweder unterscheidungskräftig sind oder Verkehrsgeltung besitzen.[65] Das gilt heute – anders als früher – auch für als solche nicht aussprechbare Buchstabenkombinationen (→ Rn. 12f.).

33 Der Schutz beginnt (spätestens) mit der **Ingebrauchnahme** des Zeichens im Inland (§ 6 Abs. 3 MarkenG).[66] Diese **Priorität** bleibt selbst dann erhalten, wenn später die Firma im Übrigen geändert wird, vorausgesetzt nur, dass das Schlagwort, die Kurzbezeichnung oder die Abkürzung unberührt bleiben.[67] Der Schutz setzt ferner nicht voraus, dass der Unternehmensinhaber das Schlagwort, die Kurzbezeichnung oder die Abkürzung selbst (zusätzlich) als weiteres Unternehmenskennzeichen herausgestellt hat. Zu einem derartigen Schutz kann es vielmehr *auch ohne sein Zutun* kommen, sofern sich nur der Verkehr von sich aus an das Zeichen als Kennzeichen oder Namen gewöhnt hat.[68] Jedoch bedarf in diesen Fällen mit Rücksicht auf das Freihaltebedürfnis des Verkehrs die **Verwechslungsgefahr** durchweg besonders sorgfältiger Prüfung. Sie sollte grundsätzlich nur bei *identischer* oder doch nahezu identischer *Verwendung* des Schlagworts, der Kurzbezeichnung oder der Abkürzung für solche Unternehmen oder Verbände bejaht werden, die zumindest in eng benachbarten Branchen tätig sind.[69]

Tz. 43ff. = WRP 2009, 803 (808f.) – ahd.de; *OGH* SZ Bd. 71 (1998 I) Nr. 35, S. 201 (206) – jusline I; ÖBl. 2002, 276 (278) – graz2003.com; 2002, 280 (282) – graz2003.at.

[65] BGHZ 11, 214 (216f.) = NJW 1954, 388 – KfA; *BGH* GRUR 2009, 685 Tz. 17 = WRP 2009, 803 – ahd.de; NJW-RR 2010, 1631 Tz. 13 = WRP 2010, 1397 – Verbraucherzentrale; NJW-RR 2014, 611 Tz. 10ff. = GRUR 2014, 506 = WRP 2014, 584 (585) – sr.de; *OGH* ÖBl. 1991, 247 (249) – Westside; 1992, 54 (55) – NEMSA.

[66] → Rn. 47f.; *BGH* LM § 16 UWG Nr. 128 = NJW-RR 1991, 1063 = GRUR 1991, 475 – Caren Pfleger; offen gelassen in *BGH* GRUR 2009, 685 Tz. 17 = WRP 2009, 803 – ahd.de; NJW-RR 2014, 611 Tz. 10ff. = GRUR 2014, 506 = WRP 2014, 584 (585) – sr.de.

[67] *BGH* LM § 16 UWG Nr. 153 = NJW-RR 1995, 873 = GRUR 1995, 505 = WRP 1995, 600 – Apiserum; *Plaß,* WRP 2001, 661 (671f.).

[68] RGZ 172, 129 (131) – Fettchemie; *BGH* LM § 12 BGB Nr. 38 = NJW 1970, 1270 = GRUR 1970, 481 – Weser-Klause; LM § 12 BGB Nr. 54 = NJW-RR 1988, 553 = GRUR 1988, 635 – Grundcommerz.

[69] So BGHZ 145, 279 (283f.) = NJW 2001, 1868 – DB Immobilienfonds; *BGH* LM § 5 MarkenG Nr. 20 (Bl. 2 R) = GRUR 2001, 1161 = WRP 2001, 1207 – CompuNet.

b) Firmenbestandteile

Firmenbestandteile werden von der Rechtsprechung auch *als Teil der Gesamtfirma* geschützt, sofern sie bereits für sich *allein* Kennzeichnungseignung und Unterscheidungskraft besitzen und geeignet sind, sich im Verkehr als schlagwortartiger Hinweis auf das Unternehmen durchzusetzen. Für das Eingreifen dieses *vorbeugenden* Kennzeichenschutzes genügt bereits die Gefahr einer Verwechslung des betreffenden Firmenbestandteils mit einem anderen Zeichen, ohne dass es noch zusätzlich auf eine Verwechslungsgefahr hinsichtlich der Gesamtfirma ankäme. Auch Verkehrsgeltung ist nicht Voraussetzung dieses eigenartigen Schutzes bloßer Firmenbestandteile.[70] Wegen der auf der Hand liegenden Bedenken gegen diese Praxis[71] versucht der BGH neuerdings, den Schutzbereich der Firmenschlagwörter und Abkürzungen wieder durch „strenge Anforderungen an die Verwechslungsgefahr" auf ein vertretbares Maß zurückzuführen.[72] 34

5. Geschäftsabzeichen

Nach § 5 Abs. 2 S. 2 MarkenG stehen den besonderen Geschäftsbezeichnungen (→ Rn. 10ff.) solche Geschäftsabzeichen und sonstige zur Unterscheidung des Geschäftsbetriebs von anderen Geschäftsbetrieben bestimmte Zeichen gleich, die innerhalb beteiligter Verkehrskreise als Kennzeichen des Geschäftsbetriebs gelten. Das Gesetz hat hier Zeichen beliebiger Art *ohne Namensfunktion* im Auge, die *neben* dem Namen oder der Firma aufgrund ihrer Verkehrsgeltung als **Hinweis auf** ein **Unternehmen** dienen.[73] 35

Als **Beispiele** für solche Zeichen nannte bereits die Begründung zu dem ersten UWG von 1896 eine besonders eindrucksvolle einheitliche Bekleidung der Angestellten des Geschäfts oder eine auffallende einheitliche Ausstattung der Geschäftswagen.[74] Weitere Beispiele sind eine einheitliche Gestaltung der Fassaden der Filialen,[75] einheitliche Fernsprechnummern,[76] Domainnamen sowie nach hM in Ausnahmefällen sogar Werbesprüche[77] oder Hausfarben,[78] nicht dagegen die bloße Bezeichnung von Sportereignissen, weil sie nicht auf einen Geschäftsbetrieb hinweist.[79]

---

70 So schon RGZ 114, 90 (95); BGHZ 43, 245 (252f.) = NJW 1965, 859 – GdP; BGHZ 124, 173 (178f.) = NJW 1994, 245 = JuS 1994, 433 Nr. 3 – römisch-katholisch; BGHZ 130, 276 (280) = NJW 1995, 2985 – Torres; *BGH* LM § 5 MarkenG Nr. 20 (Bl. 2 R) = GRUR 2001, 1161 – CompuNet; NJW 2002, 3552 (3553) = GRUR 2002, 898 – defacto.

71 S. *Knaak,* in: Gewerblicher Rechtsschutz, Bd. 2, S. 971 (994f.); *Plaß,* WRP 2001, 661 (665ff.).

72 BGHZ 145, 279 (283f.) = NJW 2001, 1868 – DB Immobilienfonds; *BGH* LM § 5 MarkenG Nr. 20 (Bl. 2 R) = GRUR 2001, 1161 – CompuNet.

73 BGHZ 8, 387 (389f.) = NJW 1953, 900 = GRUR 1953, 290 – Fernsprechnummer.

74 S. *Ulmer/Reimer,* Unlauterer Wettbewerb, 1968, Tz. 235 (S. 170) mwN.

75 Vgl. *BGH* LM § 16 UWG Nr. 21 = GRUR 1957, 281 – Karo As; LM § 1 UWG Nr. 302 = GRUR 1977, 614 – Gebäudefassade.

76 BGHZ 8, 387 (389f.) = NJW 1953, 900 = GRUR 1953, 290 – Fernsprechnummer.

77 *LG München* GRUR 1953, 184 – „Laß Dir raten, trinke Spaten"; *LG Köln* NJW 1965, 1667 = JuS 1966, 38 Nr. 2 – „4711 immer dabei"; *LG München I* GRUR 1989, 60 – Wetten, dass …; *OGH* SZ Bd. 59 (1986) Nr. 157, S. 788 (790f.) – Glanz ohne Kratzer; ÖBl. 1984, 106 – Das große Aroma.

78 *BGH* LM § 25 WZG Nr. 42 = GRUR 1968, 371 (374) – Maggi; LM § 1 UWG Nr. 736 = NJW 1997, 2379 (2380f.) = GRUR 1997, 754 – grau/magenta; ähnlich auch *BGH* LM § 24 WZG Nr. 115 = NJW-RR 1991, 1321 (1322f.) = GRUR 1992, 48 – frei öl.

79 *OLG Hamm* GRUR 1997, 297 – WM 94; *Heermann,* ZEuP 2007, 535 (560ff.); aA *OLG Hamm* GRUR-RR 2005, 223 – WM 2006.

36 Der Schutz der besonderen Geschäftsabzeichen setzt nach § 5 Abs. 2 S. 2 MarkenG **Verkehrsgeltung** voraus. Dafür genügt es, dass der Verkehr verbreitet der Annahme ist, die unter dem Zeichen vertriebenen Waren stammten aus derselben, wenn auch nicht näher bekannten Quelle. Unter dieser Voraussetzung unterscheidet sich dann der **Schutz** der besonderen Geschäftsabzeichen nicht von dem der anderen Unternehmenskennzeichen nach § 15 MarkenG, nach § 12 BGB und nach § 5 Abs. 2 UWG. Die praktische Bedeutung dieses eigenartigen Schutzes von Geschäftsabzeichen scheint heute nur noch gering zu sein.

6. Titel

a) Überblick, geschützte Werke

37 Zu den geschäftlichen Bezeichnungen zählt § 5 Abs. 1 MarkenG neben den bisher behandelten Unternehmenskennzeichen (→ Rn. 8 ff.) ferner die sogenannten **Werktitel.** Das Gesetz versteht darunter die Namen oder besonderen Bezeichnungen von Druckschriften, Filmwerken, Tonwerken, Bühnenwerken oder sonstigen vergleichbaren Werken (§ 5 Abs. 3 MarkenG). Der Schutz dieser Werktitel richtet sich nach bisher hM in erster Linie nach **§ 15 MarkenG.** Werktitel sind danach vor allem gegen die unbefugte Verwendung verwechslungsfähiger Titel im geschäftlichen Verkehr für andere Werke geschützt (§ 15 Abs. 2 MarkenG). Bei bekannten Titeln kommt außerdem nach § 15 Abs. 3 MarkenG ein ergänzender Schutz gegen die unlautere Ausnutzung oder Beeinträchtigung der Unterscheidungskraft oder der Wertschätzung des Titels in Betracht.

38 Einen Rückgriff auf das **BGB** und das **UWG** erwägt die Rechtsprechung daneben in die Regel nur, soweit das MarkenG keine Regelung enthält,[80] etwa außerhalb des geschäftlichen Verkehrs oder in Fällen einer wettbewerbswidrigen Behinderung des Inhabers der Titelrechte (§ 4 Nr. 4 UWG).[81] Diese Auffassung ist hier *ebenso wenig berechtigt* wie im sonstigen Zeichenrecht und mit Rücksicht auf Art. 6 Abs. 2 lit. a der UGP-Richtlinie von 2005 zumindest im B2C-Bereich auch nicht haltbar. Denn nach Art. 6 Abs. 2 lit. a der Richtlinie erstreckt sich der Schutz der Richtlinie und damit auch des UWG ausdrücklich unter anderem auf „Warennamen und andere Kennzeichen eines Mitbewerbers" – wozu eben sicher auch Titel gehören.

39 Titelschutz besteht nach § 5 Abs. 3 MarkenG für jede freigewählte Bezeichnung einer **Druckschrift,** eines Film- oder Tonwerkes, eines Bühnenwerkes oder eines vergleichbaren Werkes. Diese Begriffe werden durchweg *weit* ausgelegt. Als Druckschriften iSd § 5 Abs. 3 MarkenG gelten zB auch bloße Warenkataloge.[82]

40 Geschützt werden nach § 5 Abs. 3 MarkenG ferner mit Druckschriften sowie Film-, Ton- und Bühnenwerken **„vergleichbare Werke".** Nach Meinung des BGH fallen darunter alle immateriellen *Arbeitsergebnisse,* die als Gegenstand des Rechts- und Geschäftsverkehrs nach der Verkehrsanschauung kennzeichnungsfähig sind.[83] **Beispiele**

[80] S. schon → Rn. 4; BGHZ 147, 56 (60 f.) = NJW 2002, 372 = JuS 2002, 1027 Nr. 10 – Tagesschau; *BGH* NJW-RR 2010, 851 Tz. 40 = GRUR 2010, 642 = WRP 2010, 764 (767) – WM-Marken.

[81] ZB *BGH* NJW-RR 2010, 851 Tz. 40 = GRUR 2010, 642 = WRP 2010, 764 (767) = JuS 2010, 736 – WM-Marken; GRUR 2012, 1265 Tz. 30 = WRP 2012, 1526 (1530) – Stimmt's?

[82] *BGH* NJW-RR 2005, 1703 (1704) = GRUR 2005, 959 – FACTS II.

[83] *BGH* GRUR 2012, 1265 Tz. 30 = WRP 2012, 1526 (1530) – Stimmt's?

sind die Titel von Spielen oder Computerprogrammen.[84] *Nicht* hierher gehören dagegen die bloßen *Bezeichnungen von Veranstaltungen* wie Fußballspiele oder Konzerte, weil den verbreiteten Versuchen begegnet werden muss, bloße Spiel- oder Veranstaltungs*ideen* auf dem Weg über die §§ 5 Abs. 3 und 15 MarkenG zu monopolisieren.[85]

b) Begriff

Unter einem Titel versteht man jede **frei gewählte Bezeichnung** eines schutzfähigen Werks (→ Rn. 39f.), die neu und eigentümlich sowie dazu bestimmt und geeignet ist, das *Werk* (und *nicht* den Verfasser, den Herausgeber oder den Verleger) von anderen zu *unterscheiden, dh* im Verkehr zu individualisieren. Dies setzt – ebenso wie bei allen anderen geschützten Kennzeichen – voraus, dass der gewählte Titel Unterscheidungskraft oder Verkehrsgeltung besitzt.[86] Für die Bejahung der **Unterscheidungskraft** genügt es nach der betont großzügigen Praxis[87] bereits, wenn Worte der Umgangssprache wie etwa „Spiegel, Revue" oder „Nussknacker" in dem Titel in einem übertragenen (bildhaften) Sinne verwandt werden.[88] Unterscheidungskraft ist dagegen zu *verneinen,* wenn der Titel aus bloßen werkbezogenen Inhaltsangaben, Gattungsbezeichnungen oder sonstigen Wörtern der Umgangssprache besteht und auch sonst *nichts Individuelles* enthält.[89] Beispiele sind „Deutsche Illustrierte", „Verschenktexte"[90] oder „Fernsehwoche".[91] In diesen Fällen setzt der Schutz zusätzlich **Verkehrsgeltung** voraus. Maßgebend ist dafür (nur) die Bekanntheit des Titels bei den Abnehmern derartiger Druckschriften.[92] Dasselbe gilt für **Abkürzungen** von Titeln wie zB „FAZ", „JuS" oder „NJW". Sie können gleichfalls nur unter der Voraussetzung der Verkehrsgeltung in den Genuss des besonderen Titelschutzes gelangen.[93] – Der Titelschutz **entsteht** immer erst, wenn der Titel tatsächlich kennzeichenmäßig, dh als Werktitel verwandt wird,[94] oder Verkehrsgeltung erlangt (→ Rn. 47f.). 41

[84] BGHZ 121, 157 (159f.) = NJW 1993, 1465 – Zappel-Fisch; BGHZ 135, 278 (280ff.) = NJW 1997, 3313 – Powerpoint; *BGH* LM § 5 MarkenG Nr. 12 = NJW 1997, 3315= GRUR 1997, 902 = WRP 1997, 1181 – FTOS.

[85] *BGH* LM § 16 UWG Nr. 109 (Bl. 2) = NJW-RR 1989, 1201 = GRUR 1989, 626 (627); *Berberich,* WRP 2006, 1431; *Heermann,* ZEuP 2007, 535 (563ff.); *Loschelder,* FS Vieregge, 1995, S. 585 (591ff.); – anders aber offenbar *BGH* NJW-RR 2010, 851 Tz. 33 = GRUR 2010, 642 = WRP 2010, 764 (767) - JuS 2010, 736 – WM-Marken; *LG Düsseldorf* WRP 2006, 156 (159); *OLG Hamburg* GRUR-RR 2005, 223.

[86] Vgl. zB BGHZ 147, 56 (61f.) = NJW 2002, 372 = JuS 2002, 1027 Nr. 10 – Tagesschau; *BGH* LM § 5 MarkenG Nr. 21 (Bl. 3f.) = GRUR 2001, 1054 – Tagesreport; NJW 2003, 1869f. = WRP 2003, 644 – Winnetous Rückkehr; GRUR 2012, 1265 Tz. 19 = WRP 2012, 1526 (1530) – Stimmt's?.

[87] S. *BGH* NJW-RR 2010, 462 Tz. 14 = GRUR 2010, 156 = WRP 2010, 266: „geringe Anforderungen"; GRUR 2012, 1265 Tz. 19 = WRP 2012, 1526 (1530) – Stimmt's?.

[88] BGHZ 21, 85 (88f.) = NJW 1956, 1559 – Spiegel; BGHZ 26, 52 (60f.) = NJW 1958, 459 – Sherlock Holmes; BGHZ 68, 132 (138) = NJW 1977, 951 – Der 7. Sinn; *BGH* LM § 5 MarkenG Nr. 7 (Bl. 2 R) = GRUR 1997, 661 – Berliner Zeitung; GRUR 2012, 1265 Tz. 19 = WRP 2012, 1526 (1530) – Stimmt's?

[89] ZB *BGH* GRUR 2012, 1265 Tz. 19 = WRP 2012, 1526 (1530) – Stimmt's?

[90] *BGH* LM § 16 UWG Nr. 139 = NJW 1993, 1466 = GRUR 1993, 488 = WRP 1993, 348 – Verschenktexte II; s. zu diesem Fall ausführlich *Deutsch,* FS Tilmann, 2003, S. 273.

[91] *OGH* ÖBl. 1992, 160 (163).

[92] *BGH* LM § 16 UWG Nr. 139 = NJW 1993, 1466 = GRUR 1993, 488 = WRP 1993, 348 – Verschenktexte II.

[93] BGHZ 4, 167 (169) = NJW 1952, 503 – DUZ; *BGH* LM § 16 UWG Nr. 58 = GRUR 1968, 259 – NZ; LM § 16 UWG Nr. 134 = NJW-RR 1992, 1128 = GRUR 1992, 547 = WRP 1992, 759 – Morgenpost; *OLG Hamburg* NJW-RR 1986, 1233.

[94] *BGH* NJW-RR 2010, 462 Tz. 15 = GRUR 2010, 156 = WRP 2010, 266 – Eifel-Zeitung.

42 Was im Einzelnen als der **Titel** anzusehen ist und deshalb als solcher aus der oft umfangreichen Bezeichnung eines Werks geschützt wird, beurteilt sich nach der Verkehrsanschauung.[95] Der Titel muss – als „Name" des Werkes mit dem Zweck dessen Individualisierung – vor allem von der bloßen Beschreibung des Inhalts des Werkes unterschieden werden.[96]

43 Titel genießen grundsätzlich Schutz *nur* gegen die *titelmäßige Verwendung* unmittelbar verwechslungsfähiger Zeichen, dh gegen die Verwendung als Bezeichnung eines anderen vergleichbaren *Werks,* nicht jedoch gegen eine *sonstige* Verwendung desselben oder eines verwechslungsfähigen Zeichens.[97] Der Inhaber des Titelrechts (→ Rn. 46) kann sich insbesondere grundsätzlich nicht dagegen wehren, dass ganz *andere* Gegenstände, zB Getränke oder Schmuck, unter einem verwechslungsfähigen Zeichen vertrieben werden[98] oder dass sich ein anderer des fraglichen Zeichens als Namen bedient,[99] weil die Titel in aller Regel *keinen* Hinweis auf den hinter dem Werk stehenden *Verfasser, Verlag,* Hersteller oder Herausgeber enthalten.[100]

44 Anders kann es sich verhalten, wenn ein Titel *zugleich* die Funktion einer **Herkunftsbezeichnung** hat, weil der Verkehr aus der Verwendung des Titels auf die Herkunft des Werks aus einem bestimmten Gewerbebetrieb, namentlich aus einem bestimmten Verlag schließt.[101] Unter dieser Voraussetzung kommt dann auch ein weitergehender Schutz von Titeln gegen eine bloße mittelbare Verwechslungsgefahr durch ihre Verwendung für andere Produkte oder als Unternehmenskennzeichen für andere Unternehmen in Betracht.[102]

45 Selbständig schutzfähig sind auch **Neben- und Untertitel** von Zeitschriften und Büchern, außerdem die Titel selbständiger Beilagen oder verhältnismäßig selbständiger Abteilungen oder Rubriken in einer Zeitschrift,[103] weiter **Reihentitel,** worunter man die zusammenfassende Bezeichnung einer fortgesetzten Serie von Veröffentlichungen versteht,[104] sowie

[95] *BGH* LM § 1 WZG Nr. 12 (Bl. 3 R) = GRUR 1961, 232 – Hobby.

[96] *BGH* NJW-RR 2005, 1703 (1704) = GRUR 2005, 959 = WRP 2005, 1525 –FACTS II.

[97] → Rn. 66ff.; BGHZ 147, 56 (65) = NJW 2002, 372 = JuS 2002, 1027 Nr. 10 – Tagesschau; *BGH* LM § 5 MarkenG Nr. 21 (Bl. 4 R) = GRUR 2001, 1054 – Tagesreport; NJW 2005, 601 (602) = GRUR 2005, 264 – Telefon Sparbuch; NJW-RR 2010, 851 Tz. 37 = GRUR 2010, 642 = WRP 2010, 764 (767) = JuS 2010, 736 – WM-Marken.

[98] BGHZ 120, 228 (231 ff.) = NJW 1993, 852 = JuS 1993, 696 Nr. 11 – Guldenburg; bestätigt durch *BVerfG* NJW 1999, 709 – Guldenburg; *BGH* NJW 2005, 601 (602) = GRUR 2005, 264.

[99] *BGH* LM § 16 UWG Nr. 149 = NJW-RR 1994, 1460 = GRUR 1994, 908 – Wir im Südwesten.

[100] RGZ 112, 117 (118); 133, 189 (190); BGHZ 26, 52 (60) = NJW 1958, 459 – Sherlock Holmes; BGHZ 120, 228 (230) = NJW 1993, 852 = JuS 1993, 696 (697) Nr. 11 – Guldenburg; *BGH* NJW 2005, 601 (602) = GRUR 2005, 264 – Telefon Sparbuch.

[101] BGHZ 120, 228 (230f.) = NJW 1993, 852 – Guldenburg (für den Titel einer besonders erfolgreichen Fernsehserie, der infolgedessen zugleich als Hinweis auf das ZDF als Sender der Serie verstanden wurde); BGHZ 147, 56 (64) = NJW 2002, 372 = JuS 2002, 1027 Nr. 10 und *BGH* LM § 5 MarkenG Nr. 21 (Bl. 4) = GRUR 2001, 1054 für die Titel der Nachrichtensendungen der ARD „Tagesschau" und „Tagesreport"; NJW 2005, 601 (603) = GRUR 2005, 264 – Telefon Sparbuch.

[102] *BGH* NJW 2005, 601 (603) = GRUR 2005, 264 – Telefon Sparbuch.

[103] RGZ 133, 189 (190f.) – Kunstseidenkurier; *BGH* LM § 16 UWG Nr. 106 = NJW 1989, 391 = GRUR 1990, 218 – Verschenktexte I; NJW-RR 2010, 462 Tz. 15 = GRUR 2010, 156; 2012, 1265 Tz. 14ff. = WRP 2012, 1526 (1530) – Stimmt's?

[104] BGHZ 68, 132 (137) = NJW 1977, 951 – Der 7. Sinn; *BGH* LM § 16 UWG Nr. 106 = NJW 1989, 391 = GRUR 1990, 218 – Verschenktexte I.

schließlich noch die Titel von regelmäßig ausgestrahlten Hörfunksendungen[105] wie zB Nachrichtensendungen.[106]

c) Berechtigter

46 Inhaber der Titelrechte ist grundsätzlich derjenige, der das Werk erstmals zusammen mit dem Titel in der Öffentlichkeit in Gebrauch genommen hat, der mit anderen Worten im Sinne des Zeichenrechts die erste Benutzungshandlung vorgenommen hat.[107] Bei Büchern wird das idR der **Verfasser** sein.[108] Jedoch werden in der Praxis die Titelrechte in aller Regel vom Verfasser zusammen mit dem Verlagsrecht auf den Verleger oder bei Filmen auf den Produzenten übertragen.[109]

IV. Dauer des Schutzes

1. Beginn

47 Die Kollision von Zeichenrechten wird grundsätzlich nach dem Prioritätsprinzip gelöst (im Einzelnen → Rn. 69 ff.); das ist der Grund, warum im Zeichenrecht dem Zeitpunkt der Entstehung eines Rechts so große Bedeutung zukommt, da sich nach § 6 Abs. 3 MarkenG der Zeitrang von Zeichenrechten, die sog Priorität, nach dem Zeitpunkt bestimmt, zu dem das fragliche Recht nach seinem jeweiligen Entstehungstatbestand erworben wurde. Kommt danach verschiedenen Zeichenrechten derselbe Tag als ihr Zeitrang zu, so sind die Rechte nach § 6 Abs. 4 MarkenG gleichrangig, sodass sie gegeneinander keine Ansprüche begründen.

48 Zu beachten ist, dass § 6 Abs. 3 MarkenG keine eigene Regelung des Zeitpunkts enthält, zu dem Zeichenrechte erworben werden, sondern dafür lediglich auf die anderweitig geregelten **Entstehungstatbestände** verweist. Insoweit hat man vor allem zwischen dem Zwangsnamen und den Wahlnamen zu unterscheiden. **Zwangsname** ist allein der bürgerliche Name. Sein Schutz beginnt mit der Namensgebung. Alle anderen Namen und Kennzeichen sind dagegen **Wahlnamen.** Sie werden aus diesem Grunde grundsätzlich erst von dem Augenblick an geschützt, in dem sie *(im Inland)* freiwillig *in Gebrauch genommen* werden.[110] Hinzukommen muss noch, dass die Ingebrauchnahme des Zeichens im Inland *befugterweise* erfolgte und nicht etwa gegen ein Gesetz, gegen einen Vertrag oder gegen ein rechtskräftiges Urteil verstieß (→ Rn. 69 ff.).[111] Außerdem setzt der Schutz speziell von **Firmenrechten** in den Fällen der §§ 2 und 3 HGB zusätzlich die *Eintragung* der Firma ins Handelsregister voraus.[112] Hängt der Schutz von der

---

[105] *BGH* LM § 16 UWG Nr. 146 = NJW-RR 1993, 1319 = GRUR 1993, 769 (771) – Radio Stuttgart.

[106] BGHZ 147, 56 = NJW 2002, 372 = JuS 2002, 1027 Nr. 10 – Tagesschau; *BGH* LM § 5 MarkenG Nr. 21 = GRUR 2001, 1054 – Tagesreport; *BGH* LM § 16 UWG Nr. 108 = NJW-RR 1989, 120 (121) = GRUR 1989, 326 – Festival europ. Musik.

[107] S. *Deutsch,* FS Tilmann, 2003, S. 273, bes. 278 ff. mwN.

[108] *BGH* NJW 2005, 601 = GRUR 2005, 264 – Telefon Sparbuch.

[109] S. *BGH* LM § 16 UWG Nr. 106 = NJW 1989, 391 = GRUR 1990, 218 – Verschenktexte I.

[110] → Rn. 5; BGHZ 150, 82 (89) = NJW 2002, 3332 – Hotel Adlon; *BGH* NJW-RR 2005, 1350 (1352) = GRUR 2005, 513 – Seicom; NJW 2008, 3716 Tz. 16, 36 = GRUR 2008, 1099 = WRP 2008, 1520 – afilias.de; GRUR 2009, 685 Tz. 17 = WRP 2009, 863 (864) – ahd.de; NJW-RR 2010, 851 Tz. 36 = GRUR 2010, 692 = WRP 2010, 764 (767) – WM-Marken.

[111] S. zB *BGH* NJW-RR 2010, 462 Tz. 23 = GRUR 2010, 156 = WRP 2010, 267 (268) – Eifel-Zeitung.

[112] BGHZ 10, 196 (204) = NJW 1953, 1348 – Dun Europa; BGHZ 24, 238 (240) = LM § 12 BGB Nr. 16 = GRUR 1957, 547 – tabu I; *BGH* LM § 16 UWG Nr. 8 = GRUR 1954, 70 – Rohrbogen;

Verkehrsgeltung des Zeichens ab, so kann er schließlich erst beginnen, wenn sich das Zeichen im Verkehr durchgesetzt hat.[113]

2. Ende

49 Der Schutz dauert so lange fort, wie das Zeichen tatsächlich als solches im Inland gebraucht wird. Der Schutz endet dagegen, sobald die Bezeichnung endgültig **aufgegeben** oder das unter der Bezeichnung betriebene **Unternehmen eingestellt** wird, während eine bloße Veränderung der Rechtsform des Unternehmensträgers, zB eine Umwandlung nach dem UmwG, der erforderlichen Kontinuität nicht entgegensteht.[114] Gleich steht bei natürlichen Personen deren **Tod.** Unschädlich ist dagegen eine bloße **vorübergehende Stilllegung** des Betriebs, *sofern* für den Verkehr erkennbar nicht nur der Wille, sondern auch die Möglichkeit der Wiedereröffnung des Betriebes besteht und dieser im Wesentlichen in seinem Bestand erhalten bleibt.[115]

V. Verwechslungsgefahr

1. Überblick

50 Nach **§ 5 Abs. 2 UWG** ist eine Irreführung anzunehmen ist, wenn eine geschäftliche Handlung im Zusammenhang mit der Vermarktung von Waren oder Dienstleistungen einschließlich vergleichender Werbung eine Verwechslungsgefahr (unter anderem) mit der Marke oder dem Kennzeichen eines Mitbewerbers hervorruft. Im Falle vergleichender Werbung ist ergänzend § 6 Abs. 2 Nr. 3 zu beachten (→ § 7 Rn. 6, 35 f.). Die **praktische Bedeutung** der beiden genannten Vorschriften des UWG war bislang gering, nicht zuletzt wohl deshalb, weil die Rechtsprechung lange Zeit den Zeichenschutz nach dem MarkenG als vorrangig ansah, neben dem nur in Ausnahmefällen ein Rückgriff auf das UWG möglich sein sollte. Nachdem jedoch diese *Vorrangthese aufgegeben* ist (→ § 15 Rn. 35 f.), kann sich das jederzeit ändern. Im Rechtsstreit bilden Ansprüche, die nebeneinander auf das UWG (§ 5 Abs. 2) und auf das MarkenG (§ 15) gestützt werden, **unterschiedliche Streitgegenstände.**[116]

51 Der Zeichenschutz nach dem **MarkenG** knüpft daran an, dass der Zeicheninhaber an dem Zeichen nach § 15 Abs. 1 MarkenG ein ausschließliches Recht erwirbt. Dritten ist es deshalb untersagt, das fragliche Zeichen *oder* ein ähnliches Zeichen im geschäftlichen Verkehr unbefugt in einer Weise zu benutzen, die geeignet ist, *Verwechslungen* mit dem geschützten Zeichen hervorzurufen (§ 15 Abs. 2 MarkenG; → Rn. 53 ff.). Stehen sich im geschäftlichen Verkehr zwei verwechslungsfähige Zeichen gegenüber, so hat nach dem sogenannten **Prioritätsprinzip** grundsätzlich das ältere Zeichen den Vorrang (→ Rn. 64 ff.). Die Einzelheiten regelt § 6 MarkenG.

OLG München BB 1990, 1153 = WM 1990, 1965; Heymann/*Emmerich,* Kommentar zum HGB, § 17 Rn. 10.

[113] *BGH* LM § 12 BGB Nr. 55 = NJW-RR 1989, 1388 = GRUR 1989, 856 – Commerzbank.

[114] *BGH* LM § 16 UWG Nr. 86 = NJW 1983, 2382 = GRUR 1983, 303 – Concordia Uhren; LM § 16 UWG Nr. 119–121 = NJW-RR 1990, 1318 = GRUR 1990, 1042 – Datacolor.

[115] RGZ 170, 265 (274 f.); BGHZ 21, 66 (69 f.) = NJW 1956, 1557 – Hausbücherei; BGHZ 136, 11 (22 f.) = NJW 1997, 2948 – L'Orange; BGHZ 150, 82 (89 f.) = NJW 2002, 3332 – Hotel Adlon; *BGH* LM § 16 UWG Nr. 93 = GRUR 1985, 567; NJW-RR 2005, 1350 = GRUR 2005, 513 – Seicom.

[116] *BGH* NJW-RR 2009, 1130 Tz. 57 = GRUR 2009, 672 = WRP 2009, 824 (831) – Ostsee-Post.

UWG (§ 5 Abs. 2) und MarkenG (§ 15 Abs. 2) wenden sich somit, wenn auch unter zum Teil unterschiedlichen Voraussetzungen, letztlich übereinstimmend gegen die **Begründung einer Verwechslungsgefahr** mit der geschäftlichen Bezeichnung eines anderen Unternehmens durch eine geschäftliche Handlung. Der Begriff der Verwechslungsgefahr dürfte im Kern im Wettbewerbsrecht ebenso wie herkömmlich im Marken- und Zeichenrecht zu verstehen sein.[117] Ebenso wie im Markenrecht ist deshalb bei § 5 Abs. 2 UWG zwischen der unmittelbaren Verwechslungsgefahr und der Verwechslungsgefahr im weiteren Sinne zu unterscheiden (→ Rn. 56ff.).[118] 52

2. Anwendungsbereich

Der Anwendungsbereich des besonderen Irreführungsverbots des § 5 Abs. 2 UWG beschränkt sich auf **geschäftliche Handlungen** im Sinne des § 2 Abs. 1 Nr. 1 im Zusammenhang mit der Vermarktung von Waren oder Dienstleistungen, also insbesondere im Rahmen der Werbung oder der sonstigen kommerziellen Kommunikation im weitesten Sinne. Der Begriff wird in der Regel *weit* ausgelegt; außen vor bleiben im Grunde nur der Bereich der hoheitlichen und der rein privaten Tätigkeit sowie idR die Stellungnahmen der Medien, der Wissenschaft und der Kirchen zu allgemein interessierenden Fragen aus den Bereichen von Politik, Kultur, Wirtschaft und Wissenschaft (s. im Einzelnen → § 4). 53

Nach den §§ 14 Abs. 2 und 15 Abs. 2 **MarkenG** beschränkt sich der Zeichenschutz gleichfalls grundsätzlich auf den „geschäftlichen Verkehr". Der Begriff des **geschäftlichen Verkehrs** wird in diesem Zusammenhang üblicherweise ebenfalls *weit* ausgelegt, sodass darunter im Grunde der gesamte wirtschaftliche Verkehr im Gegensatz nur zu der rein privaten und der hoheitlichen Tätigkeit fällt. Ausgenommen sind außerdem ideelle, wissenschaftliche und politische Betätigungen.[119] *Jenseits* des so umschriebenen geschäftlichen Verkehrs richtet sich der Zeichenschutz im Einzelfall nach der Generalklausel des § 12 BGB iVm §§ 823 Abs. 1 und 1004 BGB (§ 2 MarkenG). 54

Das MarkenG schützt geschäftliche Bezeichnungen außerdem *allein* in ihrer Funktion als Mittel zur *Individualisierung* eines Geschäfts oder seines Inhabers (s. § 5 Abs. 2 MarkenG). Daraus wird überwiegend der Schluss gezogen, dass geschäftliche Bezeichnungen nach dem MarkenG grundsätzlich nur dagegen Schutz genießen, dass ein anderer ein verwechslungsfähiges Zeichen im geschäftlichen Verkehr (→ Rn. 54) gerade **namens- oder zeichenmäßig** verwendet. Denn nur von solchem Gebrauch kann eine Verwechslungsgefahr im Sinne des § 15 Abs. 2 MarkenG ausgehen, dh die Gefahr einer Zuordnung des so bezeichneten Geschäfts zu einem anderen Geschäft oder dessen Inhaber.[120] Dafür genügt freilich die bloße Gefahr, dass der Zeicheninhaber zu 55

[117] Ebenso *EuGH* Slg. 2008, I-4231 Tz. 49 = GRUR 2008, 698 – O2; *BGH* NJW 2011, 3032 (3036 Tz. 36) = GRUR 2011, 828 = WRP 2011, 344 – Bananabay II; *Alexander,* FS Köhler, 2014, S. 23 (28); *ders.,* WRP 2013, 1353 (1354); *Sack,* WRP 2013, 8; anders zB *Sambuc,* FS Köhler, 2014, S. 577 (578f.).

[118] *BGH* NJW 2011, 3032 (3036 Tz. 36) = GRUR 2011, 828 = WRP 2011, 344 – Bananabay II.

[119] Grdl. *EuGH* Slg. 2002, I-10299 (10314f. Tz. 40ff.) = EuZW 2003, 61 (63) – Arsenal.

[120] BGHZ 119, 237 (245f.) = NJW 1993, 918 – Universitätsemblem; BGHZ 161, 216 (220ff.) = NJW 2005, 978 (979) – Pro Fide Catholica; *BGH* LM § 16 UWG Nr. 152 = NJW-RR 1995, 357 = GRUR 1995, 156 – GARANT; LM MarkenG Nr. 12 (Bl. 3) = NJW 1996, 230 = GRUR 1996, 68 – Cotton Line; ebenso für Titel *BGH* LM § 15 MarkenG Nr. 17 (Bl. 3) = NJW-RR 1999, 1643 – Szene Ham-

Einrichtungen, Waren oder Leistungen in Beziehung gesetzt wird, mit denen er nichts zu tun haben will.[121] Ein Schutz nach § 15 MarkenG entfällt dagegen, wenn das verwechslungsfähige Zeichen *nicht* namens- oder zeichenmäßig, sondern *zu anderen Zwecken* verwandt wird (vgl. § 23 Nr. 2 MarkenG; str.).

3. Begriff

56 Innerhalb der Verwechslungsgefahr unterscheidet man üblicherweise zwischen der unmittelbaren Verwechslungsgefahr und der Verwechslungsgefahr im weiteren Sinne.[122] **Unmittelbare Verwechslungsgefahr** liegt vor, wenn ein nicht unerheblicher Teil der angesprochenen Verkehrskreise aus der Identität *oder* Ähnlichkeit der verwandten Unternehmenskennzeichen auf die *Identität* der so gekennzeichneten Unternehmen schließt, während **Verwechslungsgefahr im weiteren Sinne** bereits bejaht wird, wenn der Verkehr aufgrund der Ähnlichkeit der verwandten Zeichen annimmt, zwischen den Unternehmen beständen *besondere Beziehungen* vertraglicher, wirtschaftlicher oder organisatorischer Art.[123]

57 Der Schutz der Unternehmenskennzeichen nach dem UWG (§ 5 Abs. 2) und nach dem § 15 MarkenG setzt weder Warengleichartigkeit noch das Bestehen eines Wettbewerbsverhältnisses voraus. Es genügt vielmehr der namens- oder zeichenmäßige Gebrauch des verwechslungsfähigen Zeichens im geschäftlichen Verkehr (→ Rn. 53f.). Der Inhaber eines vorrangigen, weil älteren Zeichenrechts wird daher grundsätzlich auch gegen die Verwendung verwechslungsfähiger Zeichen **in anderen Branchen** geschützt, wobei bereits die bloße naheliegende *Gefahr* von Verwechslungen genügt, immer vorausgesetzt, dass im Anwendungsbereich des UWG noch die Eignung hinzu kommt, den Adressaten der Werbung, bei dem es sich um einen Verbraucher oder um einen sonstigen Marktteilnehmer handeln kann, zu einer geschäftlichen Entscheidung zu veranlassen, die er andernfalls nicht getroffen wird (§ 5 Abs. 1 S. 1 idF der 2. Novelle von 2015).

58 Eine Verwechslungsgefahr kann nach dem **Sinngehalt,** dem **Klang oder** dem **Erscheinungsbild** der einander gegenüberstehenden Zeichen anzunehmen sein, wobei schon Verwechslungsgefahr in *einer* dieser Beziehungen für die Anwendung des § 15 MarkenG oder § 5 Abs. 2 UWG genügt.[124] Eine Verwechslungsgefahr nach dem *Sinn* wird daher durch Unterschiede im Erscheinungsbild der Zeichen grundsätzlich nicht beseitigt. Maßgebend ist der *Gesamteindruck der Zeichen* auf den Durchschnittsbetrachter, der sich gewöhnlich an dem äußeren Klangbild orientiert, sodass in erster Linie von den *übereinstimmenden Bestandteilen* der Zeichen auszugehen ist. Sind es

---

burg; LM § 12 BGB Nr. 68 (Bl. 2 R ff.) = NJW-RR 2002, 1401 = GRUR 2002, 917 = JuS 2003, 401 Nr. 6 – Düsseldorfer Stadtwappen; *Knaak,* in: Gewerblicher Rechtsschutz, Bd. II, S. 971 (997ff.).

[121] ZB *BGH* LM § 16 UWG Nr. 149 = NJW-RR 1994, 1460 = GRUR 1994, 908 (910) – Wir im Südwesten.

[122] Insbesondere *BGH* NJW 2011, 3032 (3036 Tz. 36) = GRUR 2011, 828 = WRP 2011, 1160 – Bananabay II.

[123] BGHZ 21, 85 (90ff.) = NJW 1956, 1559 – Spiegel; BGHZ 28, 320 (322ff.) = NJW 1959, 675 – Quick; *BGH* NJW 2005, 601 (602f.) = GRUR 2005, 261 – Telefon Sparbuch; NJW-RR 2009, 757 Tz. 52, 70 = GRUR 2009, 484 = WRP 2009, 616 (622f.) – Metrobus; *OGH* ÖBl. 2004, 78 (79) – gotv; *Seibt,* GRUR 2004, 465 (469ff.).

[124] *BGH* LM § 25 WZG Nr. 116 = NJW 1992, 695 (696) = GRUR 1992, 110 = WRP 1992, 309 – dipa/dip; *OGH* GRURInt 1991, 378 (388); ÖBl. 1993, 156 (157).

diese, die den Gesamteindruck prägen, so spielen Unterschiede im Übrigen keine Rolle.[125]

Die Verwechslungsgefahr zweier Zeichen wird vor allem anhand der **drei Faktoren** Ähnlichkeit der einander gegenüberstehenden Zeichen, Kennzeichnungskraft der Zeichen und wirtschaftlicher Abstand der Tätigkeitsgebiete der Parteien beurteilt, wobei eine *Wechselwirkung* zwischen den genannten Faktoren besteht, sodass Defizite bei dem einen Faktor durch das zusätzliche Gewicht eines anderen Faktors ausgeglichen werden können.[126] Zu beginnen hat die Prüfung bei der **Ähnlichkeit der** sich gegenüberstehenden **Zeichen.** Am größten ist infolgedessen die Verwechslungsgefahr, wenn die Zeichen *identisch* oder doch nahezu identisch sind, während die Verwechslungsgefahr in dem Maße abnimmt, in dem die Zeichen voneinander abweichen, immer vorbehaltlich der Berücksichtigung der beiden anderen Faktoren, und zwar zunächst der **Kennzeichnungskraft** der fraglichen Zeichen, wobei man verschiedene Stufen unterscheidet, die meistens als mindere, normale und stärkere oder überdurchschnittliche Kennzeichnungskraft bezeichnet werden.[127] 59

Eine stärkere oder **überdurchschnittliche Kennzeichnungskraft** eines Zeichens kommt nur bei einer *Verkehrsdurchsetzung,* dh einer Bekanntheit bei den Adressaten und insbesondere bei den Verbrauchern von mindestens 50 % in Betracht, wobei auch das Freihaltebedürfnis des Verkehrs zu berücksichtigen ist. Nur wenn sich das Zeichen aus bloßen Gattungsbezeichnungen, Wörtern der Umgangssprache oder beschreibenden Angaben zusammensetzt, werden noch weit *höhere* Prozentsätze als Voraussetzung für die Annahme einer überdurchschnittlichen Kennzeichnungskraft genannt.[128] 60

Als letzter Faktor zur Beurteilung der Kennzeichnungskraft eines Zeichens ist das Ausmaß des **Abstandes** zwischen den Haupttätigkeitsgebieten der beteiligten Unternehmen zu berücksichtigen.[129] *Je* größer der Abstand zwischen den jeweiligen Tätigkeitsgebieten ist, desto weniger wird der Verkehr geneigt sein, aus der Verwendung ähnlicher oder selbst identischer Unternehmenskennzeichen auf Beziehungen zwischen den Unternehmen zu schließen. Bei völliger Branchenverschiedenheit scheidet selbst bei Verwendung identischer Zeichen grundsätzlich eine Verwechslungsgefahr aus. Verwechslungsgefahr ist umgekehrt selbst bei bloß ähnlichen Zeichen umso *eher* anzunehmen, je *näher* sich die Tätigkeitsgebiete der Unternehmen stehen, wobei auch die normale Ausdehnung ihrer Tätigkeitsgebiete zu berücksichtigen ist.[130] 61

[125] BGHZ 126, 287 (293f.) = NJW 1994, 2820 (2821) = JuS 1995, 167 Nr. 5 – Rotes Kreuz; *BGH* LM § 24 WZG Nr. 101 = NJW-RR 1989, 299 (300) – St. Petersquelle; WRP 2003, 1436 (1438) = GRUR 2004, 154 (156) – Kelly; NJW 2005, 601 (602f.) = GRUR 2005, 261 – Telefon Sparbuch.

[126] BGHZ 147, 56 (63f.) = NJW 2002, 372 = JuS 2002, 1027 Nr. 10 – Tagesschau; *BGH* GRUR 2004, 154 = WRP 2003, 1436 (1437) – Kelly; NJW 2003, 1869 (1870) = WRP 2003, 644 – Winnetous Rückkehr; NJW 2005, 601 (602f.) = GRUR 2005, 261– Telefon Sparbuch; NJW-RR 2009, 757 Tz. 23 = GRUR 2009, 484 = WRP 2009, 616 (622f.) – Metrobus.

[127] S. zB *BGH* LM § 24 WZG Nr. 116 = NJW 1992, 695 = GRUR 1992, 110 – dipa/dip; NJW 2003, 1869f. = WRP 2003, 644 – Winnetous Rückkehr.

[128] *BGH* NJW-RR 2009, 1130 Tz. 29–31 = GRUR 2009, 672 = WRP 2009, 824 (828) – Ostsee-Post.

[129] BGHZ 120, 103 = LM § 12 BGB Nr. 60 = NJW 1993, 459 = GRUR 1993, 404 – Columbus; *BGH* LM § 11 WZG Nr. 37 = NJW-RR 1990, 295 = GRUR 1990, 37 – Quelle; LM § 16 UWG Nr. 135 = NJW-RR 1992, 935 (936) = GRUR 1992, 550 – ac pharma; LM § 16 UWG Nr. 140 = NJW 1993, 553 = WRP 1993, 694 – apetito; *OGH* ÖBl. 1992, 152 (154ff.) – INA.

[130] BGHZ 15, 107 (110f.) = NJW 1955, 137 – Koma; BGHZ 19, 23 (26) = NJW 1956, 591 – Magirus; *BGH* LM § 24 WZG Nr. 106 = NJW-RR 1990, 335 = GRUR 1990, 367 – alpi; LM § 16 UWG

4. Titel

62 Dieselben Grundsätze wie vorstehend entwickelt (→ Rn. 56–61) sind bei der Prüfung der Verwechslungsfähigkeit von Werktiteln zu beachten (→ Rn. 37 f.). Das gilt auch für die Beschränkung des Schutzes auf eine **titelmäßige Verwendung** des verwechslungsfähigen Zeichens.[131] Titel werden außerdem, von Ausnahmefällen abgesehen, grundsätzlich nur gegen eine **unmittelbare Verwechslungsgefahr** durch die Verwendung identischer oder doch nahezu identischer Titel gerade für vergleichbare Werke geschützt,[132] wobei zu berücksichtigen ist, dass der Verkehr wegen der großen Ähnlichkeit zahlreicher Titel bereits auf *geringfügige Unterschiede* zwischen den Titeln achtet, sodass hier, anders als im sonstigen Zeichenrecht, von Fall zu Fall bereits kleine Unterschiede geeignet sein können (nicht müssen), eine Verwechslungsgefahr auszuschließen.[133] Die Unterscheidungskraft eines Titels kann ferner dadurch beeinträchtigt sein, dass noch zahlreiche andere, ähnliche Titel am Markt sind.[134]

63 Nur in Ausnahmefällen werden die Titel von Werken auch gegen die Verwendung verwechslungsfähiger Titel für **Werke anderer Art** geschützt, zB die Titel von Druckschriften gegen die Verwendung für Filme oder Bühnenwerke oder als Name einer Fernsehserie. Voraussetzung ist, dass dadurch der Eindruck einer Bearbeitung oder einer sonstigen Beziehung zwischen den Werken hervorgerufen werden kann (§ 5 Abs. 3 MarkenG).[135]

VI. Unbefugter Gebrauch

1. Prioritätsgrundsatz

64 „Wer zuerst zur Mühle kommt, der soll auch zuerst mahlen."
Eike von Repgow, Sachsenspiegel, 1230, II, 59, 4 (ed. *Cl. Schott,* Zürich, 1984, S. 147)

Wenn sich verwechslungsfähige Zeichen gegenüberstehen, muss entschieden werden, welchem Zeichenrecht, insbesondere welchem Namensrecht der Vorrang vor den anderen Zeichen gebührt. Nach deutschem Rechtsverständnis hat bei einer Kollision absoluter Rechte traditionell das **ältere Recht** den Vorrang (ausdrücklich § 804 Abs. 3 ZPO). Dieser sogenannte Prioritätsgrundsatz kommt auch in den Vorschriften der §§ 6, 14 und 15 MarkenG sowie außerhalb des geschäftlichen Verkehrs in § 12 BGB deutlich zum Ausdruck. Nur unter besonderen Umständen richtet sich die Lösung des Konflikts stattdessen nach anderen Regeln (→ Rn. 70 ff.).

Nr. 113–117 = NJW-RR 1990, 538 = GRUR 1992, 329 = WRP 1990, 613 – AjS; ausführlich *Seibt,* GRUR 2002, 465 (469 ff.); *Knaak,* in: Gewerblicher Rechtsschutz, Bd. II, S. 971 (999 ff.).

131 *BGH* LM § 5 MarkenG Nr. 17 (Bl. 3) = NJW-RR 1999, 1643 – Szene; str.

132 → Rn. 44 f. und → Rn. 63; zB *BGH* NJW 2005, 601 (602 f.) = GRUR 2005, 261 – Telefon Sparbuch.

133 *BGH* LM § 16 UWG Nr. 52 = NJW 1963, 1004 = GRUR 1963, 378 – Deutsche Zeitung; LM § 16 UWG Nr. 134 = NJW-RR 1992, 1128 = GRUR 1992, 547 – Morgenpost; NJW-RR 2010, 462 Tz. 14 = GRUR 2010, 156 = WRP 2010, 266 – Eifel-Zeitung; *OGH* SZ Bd. 41 (1968) Nr. 20, S. 61 (63).

134 Vgl. für die Titel Spiegel und Revue einerseits *BGH* NJW 1957, 909 = GRUR 1957, 275 – Star-Revue; GRUR 1975, 604= WRP 1976, 36 – Effecten Spiegel; andererseits BGHZ 21, 85 (93 ff.) = NJW 1956, 1559 – Spiegel.

135 RGZ 112, 117 (118 f.); BGHZ 26, 52 (62 f.) = NJW 1958, 459 – Sherlock Holmes; BGHZ 68, 132 (139 f.) = NJW 1977, 951 – Der 7. Sinn; *OGH* ÖBl. 2004, 78 – gotv.

Soweit sich der Zeichenschutz nach **§ 5 Abs. 2 UWG** richtet, kann nichts anderes gelten. Stehen sich zwei verwechslungsfähige Zeichen in einer Weise gegenüber, die die Gefahr einer Irreführung der Adressaten der Werbung eines der beteiligten Unternehmen begründet, so kann nicht einfach jedes Unternehmen von dem anderen nach den §§ 5 Abs. 2 und 8 Abs. 3 Nr. 1 UWG Unterlassung verlangen, sondern nur dasjenige, dessen Zeichen nach den genannten Regeln den Vorrang vor dem anderen besitzt. Insoweit ist von immanenten Schranken des Zeichenschutzes nach dem UWG (§§ 5 Abs. 2 und 6 Abs. 2 Nr. 3) auszugehen. Es ist nicht vorstellbar, dass die Rangfrage unter dem UWG anders als nach dem MarkenG oder dem BGB entschieden werden sollte. 65

2. Lizenzverträge

Die Benutzung eines fremden nachrangigen Zeichens ist nur „unbefugt", wenn sie dem Willen des Berechtigten widerspricht. Stimmt dieser dagegen der Benutzung seines Zeichens durch einen anderen zu, so ist die Benutzung erlaubt, womit auf jeden Fall einer Anwendung des § 15 Abs. 2 MarkenG oder des § 12 BGB der Boden entzogen wird. Darauf beruht die Möglichkeit von Lizenzen an geschäftlichen Bezeichnungen im Sinne des § 5 MarkenG.[136] Lizenzverträge sind in aller Regel Rechtspachtverträge im Sinne des § 581 BGB und begründen daher an sich keine Abwehrrechte gegen Dritte. Die Rechtsprechung wendet jedoch auf Lizenznehmer zu deren Schutz § 986 Abs. 1 BGB entsprechend an, sodass sie jedenfalls gegenüber solchen Dritten den *Vorrang* haben, im Verhältnis zu denen der *Lizenzgeber* ebenfalls die Priorität in Anspruch nehmen kann.[137] 66

Die **Problematik** von Lizenzen an geschäftlichen Bezeichnungen beruht darauf, dass sie leicht zu Verwechslungen zwischen den Vertragsparteien und damit zu einer *Irreführung* des Publikums führen können. Daraus kann indessen nicht der Schluss gezogen, dass Lizenzen grundsätzlich gegen § 5 Abs. 2 UWG in Verbindung mit § 134 BGB verstießen. Aus der grundsätzlichen Zulässigkeit von Lizenzen folgt vielmehr, dass die mit ihnen vielfach verbundene Irreführungsgefahr aufgrund der ohnehin stets erforderlichen Interessenabwägung (→ § 14 Rn. 64f.) in der Regel *hingenommen* werden muss. Eine abweichende Beurteilung kommt jedoch hier – im Rahmen des § 5 Abs. 2 UWG – in Betracht, wenn zusätzlich allgemeine Interessen durch täuschende Angaben über geschäftliche Verhältnisse verletzt werden, wozu gewöhnlich erforderlich ist, dass mit dem fraglichen Zeichen bestimmte *Gütevorstellungen* des Publikums verbunden sind, die infolge der Lizenzerteilung enttäuscht werden könnten (§ 5 Abs. 2 UWG, § 134 BGB).[138] Vor allem an diesen Grundsätzen wird (erneut) die *eigenständige Bedeutung* des Zeichenschutzes nach dem UWG deutlich. 67

---

[136] BGHZ 44, 372 (375ff.) = NJW 1966, 823 – Meßmer-Tee II; BGHZ 119, 237 (240f.) = NJW 1993, 918 – Universitätsemblem; BGHZ 122, 71 (73) = NJW 1993, 2236 – Decker; BGHZ 150, 82 (92) = NJW 2002, 3332 – Hotel Adlon.

[137] BGHZ 122, 71 (73ff.) = NJW 1993, 2236 – Decker; BGHZ 150, 82 (92) = NJW 2002, 3332 – Hotel Adlon; *BGH* LM § 16 UWG Nr. 148 = NJW-RR 1994, 1003 = GRUR 1994, 652 = WRP 1994, 536 – Virion; *OLG Düsseldorf* NJW-RR 2003, 106 (108) – START.

[138] BGHZ 44, 372 (377f.) = NJW 1966, 823 – Meßmer-Tee II; *BGH* LM § 12 BGB Nr. 67 (Bl. 3 R f.) = NJW 2002, 2093 = GRUR 2002, 703 = WRP 2002, 700 – Vossius und Partner; *OGH* ÖBl. 1992, 157 – Gullivers-Reisen; GesRZ 1993, 168 (170).

3. Interessenverletzung (§ 12 BGB)

68 Besonderheiten gelten im Anwendungsbereich des § 12 BGB. Denn der Zeichenschutz nach § 12 BGB, den die Gerichte bisher (zu Unrecht) als subsidiär gegenüber § 15 MarkenG ansehen (→ Rn. 4), setzt (zusätzlich) voraus, dass die Interessen des Berechtigten dadurch verletzt werden, dass ein anderer den gleichen Namen gebraucht. Zu dem Gebrauch eines verwechslungsfähigen Zeichens durch einen anderen muss hier folglich noch eine *Verletzung legitimer Interessen* des Berechtigten hinzukommen (§ 12 S. 1 Fall 2 BGB). Dafür ist erforderlich, dass die Verwendung eines Zeichens seitens eines anderen, des Prioritätsjüngeren geeignet ist, eine **namensmäßige Zuordnungsverwirrung** hervorzurufen, insbesondere, indem der Berechtigte durch die unbefugte Verwendung seines Namens zu bestimmten Einrichtungen, Gütern oder Erzeugnissen in Beziehung gesetzt wird, mit denen er nichts zu tun haben will. Ausreichend dafür ist schon der unzutreffende Eindruck des Verkehrs, der Namensträger habe dem prioritätsjüngeren Benutzer ein Recht zur Verwendung seines Namens erteilt, ein Eindruck, der auch bei der bloßen Verwendung ähnlicher, aber verwechslungsfähiger Zeichen entstehen kann.[139] Ein Beispiel für eine Interessenverletzung in dem genannten Sinne ist die Eintragung des Namens eines anderen ohne dessen Genehmigung als eigener Domainname.[140]

69 Der Zeichenschutz nach § 12 BGB führt infolge der üblichen weiten Auslegung des Begriffs der Interessenverletzung (→ Rn. 68) im Regelfall zu *denselben Ergebnissen* wie insbesondere die Anwendung der §§ 5 und 15 MarkenG. Von Fall zu Fall kann jedoch ein berechtigtes Interesse des prioritätsälteren Namensträgers an der Unterbindung der Verwendung seines Namens durch einen anderen außerhalb des geschäftlichen Verkehrs auch fehlen, etwa, wenn ein freigewählter Name von einem anderen Unternehmen bei völliger Branchenverschiedenheit als Beschaffenheitsangabe verwandt wird[141] oder wenn sich ein Studentenbund zu seiner Bezeichnung derselben Abkürzung wie ein Weltunternehmen bedient.[142]

4. Gleichgewichtslagen

a) Begriff, Interessenabwägung

70 Von einer Gleichgewichtslage spricht man, wenn mehrere Zeichen *nebeneinander* bestehen, *ohne* dass das eine den *Vorrang* vor dem anderen beanspruchen kann, sodass jeder Zeicheninhaber die Benutzung des anderen Zeichens trotz der Verwechslungsgefahr unter bestimmten Voraussetzungen dulden muss. Zu einer Situation dieser Art kann es aus unterschiedlichen Gründen kommen. Der erste derartige Fall ergibt sich aus § 6 Abs. 4 UWG, nach dem mehrere geschäftliche Bezeichnungen *denselben* Zeitrang haben, wenn sie *am selben Tag* durch Ingebrauchnahme im Inland *entstanden* sind – mit der Folge, dass sie gegeneinander keine Ansprüche begründen. Zu demsel-

[139] BGHZ 119, 237 (245f.) = NJW 1993, 918 – Universitätsemblem; BGHZ 149, 191 (198f.) = NJW 2002, 2031 = JuS 2002, 1226 Nr. 5 – shell.de; BGHZ 161, 216 (220f.) = NJW 2005, 978 (979) – Pro Fide Catholica; *BGH* LM § 12 BGB Nr. 68 (Bl. 3f.) = NJW-RR 2002, 1401 = GRUR 2002, 917 = WRP 2002, 1169 = JuS 2003, 401 Nr. 6 – Düsseldorfer Stadtwappen; NJW-RR 2011, 611 Tz. 14 = GRUR 2011, 506 = WRP 2011, 684 (685) – sr.de.

[140] → Rn. 26; *BGH* NJW-RR 2011, 611 Tz. 10ff., 28 = GRUR 2011, 506 = WRP 2011, 684 (685) – sr.de.

[141] *BGH* LM § 12 BGB Nr. 14 = NJW 1956, 1713 = GRUR 1957, 87 – Meisterbrand.

[142] *BGH* LM § 12 BGB Nr. 42 = GRUR 1976, 379 = WRP 1976, 102 – KSB.

ben Ergebnis kann im Einzelfall ferner § 21 MarkenG führen, der die besondere zeichenrechtliche **Verwirkung** regelt. Voraussetzung ist, dass der Inhaber einer an sich vorrangigen geschäftlichen Bezeichnung über längere Zeit hinweg das Aufkommen einer jüngeren verwechslungsfähigen Bezeichnung duldet; erstreckt sich diese *Duldung* über einen Zeitraum von *fünf* aufeinander folgenden *Jahren* trotz Kenntnis der Benutzung des prioritätsjüngeren Zeichens, so zieht dies die Gleichrangigkeit beider Zeichen nach sich (§ 21 Abs. 2 und 3 MarkenG).

Zu einer Gleichgewichtslage kann es außerdem kommen, wenn in unterschiedlichen 71
Teilen Deutschlands über längere Zeit hinweg zulässigerweise **nebeneinander** zwei **Unternehmen bestehen,** die dasselbe Unternehmenskennzeichen, insbesondere dieselbe Firma führen. Ein Beispiel ist die Koexistenz zweier Unternehmen in Nord- und Westdeutschland mit derselben Firma „Peek & Cloppenburg", die rechtlich und wirtschaftlich völlig unabhängig voneinander sind und deshalb ihre Tätigkeitsgebiete durch eine (durchaus problematische) Vereinbarung voneinander abgegrenzt haben (s. Art. 101 AEUV und § 1 GWB).[143] Ein weiteres bekanntes Beispiel sind die beiden weltweit tätigen (und deshalb häufig verwechselten) Pharma-Unternehmen Merck KG aA und Merck & Co., die zwar einen gemeinsamen Ursprung haben, heute aber völlig unabhängig voneinander bestehen. Dieselbe Situation kann sich ergeben, wenn mehrerer Tochtergesellschaften eines Konzerns, die alle die Firma der Muttergesellschaft in ihrer Firma führen, an unterschiedliche Personen veräußert werden.[144] In derartigen Fällen entstehen vor allem dann komplizierte Fragen, wenn die Gleichgewichtslage *nachträglich gestört* wird. Beispiele sind die Ausdehnung des Tätigkeitsgebiets des einen Unternehmens in das des anderen, die Verlegung seines Sitzes oder die Verstärkung der Ähnlichkeit der Zeichen,[145] ferner eine bundesweite Werbung des einen Unternehmens auch in dem Tätigkeitsgebiets des anderen Unternehmens[146] sowie schließlich die Wahl des fraglichen Zeichens als Domainnamen[147] oder dessen Eintragung als Marke.[148]

Die geschilderten **Kollisionsfälle** können nicht mehr einfach mit dem schematischen 72
Prioritätsprinzip gelöst werden, weil hier inzwischen die Inhaber der kollidierenden Zeichenrechte gleichermaßen einen *schutzwürdigen Besitzstand* erlangt haben, sodass letztlich ohne eine **Interessenabwägung** nicht auszukommen ist. Sie wird häufig, aber nicht notwendig dazu führen, dass dasjenige Unternehmen, das, etwa durch die Ausdehnung seines Tätigkeitsgebiets, die Verwechslungsgefahr überhaupt erst begründet oder doch später verstärkt hat, verpflichtet wird, alles ihm Zumutbare und Mögliche zur Vermeidung von Verwechslungen zu tun, wobei vor allem an die **Aufnahme unterscheidungskräftiger Zusätze** in die Firma zu denken ist.[149] Aber auch andere

---

143 S. dazu *BGH* GRUR 2010, 738 = WRP 2010, 880 (885) – Peek & Cloppenburg I; NJW-RR 2011, 1337 = GRUR 2011, 623 = WRP 2011, 886 – Peek & Cloppenburg II; NJW-RR 2031, 748 = GRUR 2013, 397= WRP 2013, 499– Peek & Cloppenburg III.

144 *OLG Düsseldorf* NZG 2008, 195 – Mannesmann.

145 *BGH* GRUR 2010, 738 Tz. 22 = WRP 2010, 880 (885) – Peek & Cloppenburg I.

146 *BGH* NJW-RR 2013, 748= GRUR 2013, 397= WRP 2013, 499– Peek & Cloppenburg III.

147 *BGH* GRUR 2010, 738 Tz. 29, 37 = WRP 2010, 880 (885) – Peek & Cloppenburg I.

148 *BGH* NJW-RR 2011, 1337 Tz. 38, 40, 50, 53 = GRUR 2011, 623 = WRP 2011, 886 – Peek & Cloppenburg II; NJW-RR 2011, 1488 Tz. 16, 20 = GRUR 2011, 835 = WRP 2011, 1171 – Gartencenter Pötschke.

149 RGZ 171, 321 (326f.) – Chempharm; BGHZ 16, 82 (91f.) = NJW 1955, 380 – Wickelsterne; BGHZ 74, 1 (7ff.) = NJW 1979, 2311 – RBB; *BGH* LM § 16 UWG Nr. 5 = GRUR 1953, 252 –

Lösungen kommen in Betracht (§ 242 BGB). Keines der beteiligten Unternehmen darf zB die Kollisionsgefahr dadurch künstlich erhöhen, dass es das fragliche Zeichen für sich auch noch zusätzlich als Marke eintragen lässt, sodass sich das andere betroffene Unternehmen dagegen mit der Klage auf Unterlassung wehren kann (§§ 5 Abs. 2, 8 Abs. 1 und 3 Nr. 1 UWG; § 15 MarkenG).[150]

b) Insbesondere Gleichnamigkeit

73 In jeder Stadt gibt es mehrere Menschen, die denselben Nachnamen haben. Wollen sie sich gewerblich betätigen, so war dies früher schon mit Rücksicht auf § 18 Abs. 1 HGB aF häufig nur möglich, wenn sie sich alle gleichermaßen ihres Namens zur Firmenbildung bedienten, sodass eine Kollision ihrer Firmenrechte nahezu unvermeidbar war. Um hier gegenzusteuern, bestimmte bereits § 30 Abs. 2 HGB, dass in solchen Fällen dann eben der *Prioritätsjüngere* verpflichtet ist, bei der Firmenbildung seinem Namen einen unterscheidungskräftigen Zusatz hinzuzufügen.[151] Im selben Sinne dürfte heute § 23 Nr. 1 MarkenG zu verstehen sein.

74 Nötig ist letztlich wohl stets eine **Interessenabwägung** (§§ 12, 242 BGB) Die Folge wird im Regelfall sein, dass jeder Beteiligte das ihm *Mögliche und Zumutbare* tun muss, um die nun einmal bestehende Verwechslungsgefahr nach Möglichkeit zu verringern.[152] In erster Linie wird dabei an die Aufnahme unterscheidungskräftiger **Zusätze** in eines oder auch beide Zeichen zu denken sein. Aber auch andere Lösungen kommen je nach den Umständen des Falls in Betracht; ein Beispiel sind aufklärende Hinweise in der Werbung, sofern diese auch in dem Tätigkeitsgebiet des anderen gleichnamigen Unternehmens verbreitet wird.[153]

75 Die **Verpflichtung** zu derartigen Maßnahmen trifft in erster Linie denjenigen, der durch sein Verhalten die Gleichgewichtslage gestört, insbesondere die Verwechslungsgefahr begründet oder doch gesteigert hat (§ 242 BGB). Meistens wird das der **prioritätsjüngere** Namensträger sein.[154] Notwendig ist dies indessen nicht; vielmehr kann

---

Weyland und Hoever; LM § 16 UWG Nr. 90 = NJW 1985, 741 = GRUR 1985, 72 – Consilia; LM § 16 UWG Nr. 123 = NJW-RR 1991, 364 = GRUR 1991, 155 – Rialto; NJW-RR 2006, 412 (413 f.) = GRUR 2006, 159 – hufeland.de; GRUR 2010, 738 = WRP 2010, 880 (885) – Peek & Cloppenburg I; NJW-RR 2011, 1337 = GRUR 2011, 623 = WRP 2011, 886 – Peek & Cloppenburg II; NJW-RR 2013, 748 Tz. 18 ff. = GRUR 2013, 397= WRP 2013, 499– Peek & Cloppenburg III; kritisch *Schmitt-Gaedke/Arz*, GRUR 2012, 565 mN.

[150] *BGH* NJW-RR 2011, 1337 Tz. 38, 40, 42 und 50 = GRUR 2011, 623 = WRP 2011, 886 – Peek & Cloppenburg II; NJW-RR 2011, 1488 Tz. 16, 20 ff. = GRUR 2011, 335 = WRP 2011, 1171 – Gartencenter Pötschke.

[151] RGZ 170, 265 (270, 273); BGHZ 130, 134 (137 ff.) = GRUR 1995, 754 – Altenburger Spielkarten; BGHZ 149, 191 (199 ff.) = NJW 2002, 2031 = JuS 2002, 1226 Nr. 5 – shell.de; *BGH* LM § 15 MarkenG Nr. 10 (Bl. 4 f.) = NJW 1998, 1150 (1151 f.) – Dr. St. Nachf.; LM § 5 MarkenG Nr. 24 (Bl. 2 R f.) = NJW 2002, 2096 = GRUR 2002, 706 – vossius.de; NJW 2008, 2923 (2925 Tz. 25) = GRUR 2008, 801 – Hansen Bau; GRUR 2010, 738 = WRP 2010, 880 (885) Tz. 18 ff. – Peek & Cloppenburg I; NJW-RR 2011, 1337 Tz. 36 ff. = GRUR 2011, 623 = WRP 2011, 886 – Peek & Cloppenburg II.

[152] ZB *BGH* NJW-RR 2013, 748 Tz. 18 ff. = GRUR 2013, 397= WRP 2013, 499– Peek & Cloppenburg III; kritisch *Schmitt-Gaedke/Arz*, GRUR 2012, 565 mN.

[153] *BGH* NJW-RR 2013, 748 Tz. 26 ff. = GRUR 2013, 397= WRP 2013, 499 – Peek & Cloppenburg III.

[154] So zB *BGH* LM § 15 MarkenG Nr. 10 (Bl. 4 f.) = NJW 1998, 1150 (1152) – Dr. St. Nachf.; LM § 5 MarkenG Nr. 24 (Bl. 2 R) = NJW 2002, 2096 = GRUR 2002, 706 – vossius.de; NJW 2008, 2923 (2925 Tz. 25) = GRUR 2008, 801 – Hansen Bau.

von Fall zu Fall **auch der Prioritätsältere** zu solchen Maßnahmen verpflichtet sein, etwa, wenn er es war, der durch die spätere Ausdehnung seiner Geschäftstätigkeit in räumlicher oder sachlicher Hinsicht die Verwechslungsgefahr begründet oder gesteigert hat.[155] Eine selbst dann noch *verbleibende* geringfügige *Verwechslungsgefahr* muss mit Rücksicht auf das Recht jedes Beteiligten zur Führung seines Namens gegebenenfalls *hingenommen* werden (§ 242 BGB).[156]

c) § 5 Abs. 2 UWG

Auch in den verschiedenen Gleichgewichtslagen (→ Rn. 70, 73 ff.) ist Raum für die Anwendung des Irreführungsverbots des § 5 Abs. 2 UWG neben dem MarkenG (§ 15) und dem BGB (§ 12).[157] Daraus darf indessen nicht der Schluss gezogen werden, dass die vorstehend entwickelten Regeln (→ Rn. 70 ff.) zu einer angemessenen Lösung der verwickelten Gleichgewichtslagen obsolet wären, da zu berücksichtigen bleibt, dass auch das Irreführungsverbot des § 5 Abs. 2 UWG im Einzelfall aufgrund einer **Interessenabwägung** eingeschränkt werden kann (→ § 14 Rn. 64). Das gilt selbst in den intrikaten Fällen der Gleichnamigkeit, sodass im Rahmen des § 5 Abs. 2 UWG letztlich dieselben Erwägungen wie im Rahmen des § 15 MarkenG und des § 12 BGB anzustellen sind – mit denselben Ergebnissen.[158] Gleichwohl kommt der Anwendung des § 5 Abs. 2 UWG auch hier neben dem MarkenG (§ 15) und dem BGB (§ 12) wegen des für das UWG kennzeichnenden weitgehenden Klagerechts der Mitbewerber und der Verbände (§ 8 Abs. 3) durchaus eigenständige Bedeutung zu. 76

Unredliches Verhalten bleibt immer verboten, und zwar gleichermaßen nach dem MarkenG (s. § 23 Abs. 2) wie nach dem BGB (§§ 12, 242, 826) und dem UWG (§§ 3 Abs. 1, 5 Abs. 2).[159] Ein solches liegt insbesondere vor, wenn mit der Zeichenwahl eine *Täuschung* des Publikums geradezu *bezweckt* wird (§ 5 Abs. 2 UWG).[160] **Beispiele** sind bloße Strohmanngründungen oder die Wahl eines zugkräftigen Namens als Firma in der offenkundigen Absicht, an der besonderen Werbekraft dieses Namens zu partizipieren und die damit verbundenen Gütevorstellungen des Publikums auszubeuten.[161] Gleich steht die systematische Steigerung der Verwechslungsgefahr durch einen der Namensträger, indem er die unterscheidenden Zusätze immer mehr in den Hintergrund rückt oder indem er sich auf andere Weise, zB durch die Wahl neuer verwechslungsfähiger Zeichen, systematisch dem anderen Zeichen annä- 77

[155] S. zB BGHZ 130, 134 (143 ff.) = GRUR 1995, 754 – Altenburger Spielkarten; BGHZ 149, 191 (200 f.) = NJW 2002, 2031 = JuS 2002, 1226 Nr. 5 – shell.de; *BGH* LM § 16 UWG Nr. 124 = NJW 1991, 1353 = GRUR 1991, 393 = WRP 1991, 222 – Ott International; LM § 16 UWG Nr. 131 = NJW-RR 1991, 1260 = GRUR 1991, 780 = WRP 1991, 645 – Transatlantische; LM § 16 UWG Nr. 143 = NJW-RR 1993, 934 = GRUR 1993, 579 – Römer.

[156] Ein Beispiel in *BGH* LM § 5 MarkenG Nr. 7 (Bl. 4) = GRUR 1997, 661 = WRP 1997, 751 – B. Z./Berliner Zeitung.

[157] Ebenso *BGH* NJW-RR 2013, 748 Tz. 42 ff. = GRUR 2013, 397= WRP 2013, 499 – Peek & Cloppenburg III.

[158] *BGH* NJW-RR 2013, 748 Tz. 43 ff. = GRUR 2013, 397= WRP 2013, 499– Peek & Cloppenburg III; *Alexander,* WRP 2013, 1553 (1555).

[159] *BGH* LM § 14 MarkenG Nr. 9 (Bl. 3 R f.) = NJW-RR 1999, 1344 = GRUR 1999, 992 – Big Pack.

[160] S. *OLG Köln* NJW 1984, 1358 = JuS 1984, 562 Nr. 10 – Tina Farina; *OGH* ÖBl. 1998, 43 (44) – Danzer; 1998, 298 (299 f.) – Hörmann.

[161] BGHZ 4, 96 (100 ff.) – Farina; *BGH* LM § 16 UWG Nr. 1 = NJW 1951, 520 = GRUR 1951, 410 – Luppy; LM § 12 BGB Nr. 35 = NJW 1966, 343 = GRUR 1966, 623 – Kupferberg; LM § 16 UWG Nr. 59 = NJW 1968, 349 = GRUR 1968, 212 – Hellige.

hert.[162] In derartigen Fällen kann auf § 5 Abs. 2 UWG auch das generelle **Verbot** der Verwendung des fraglichen Namens für die Firmenbildung gestützt werden (§ 134 BGB).

VII. Der Schutz bekannter geschäftlicher Bezeichnungen

78 UWG und MarkenG schützen geschäftliche Bezeichnungen einschließlich insbesondere der Kennzeichen von Unternehmen nicht nur gegen die Begründung einer Verwechslungsgefahr durch geschäftliche Handlungen (§ 5 Abs. 2 UWG und § 15 Abs. 2 MarkenG), sondern in verschiedenen Zusammenhängen auch noch gegen die **unlautere Ausnutzung oder Beeinträchtigung** ihres Werbewertes. Hervorzuheben sind die Bestimmungen des § 15 Abs. 3 MarkenG (→ Rn. 79 f.), des § 6 Abs. 2 Nr. 4 UWG sowie des § 4 Nr. 3 lit. b UWG (zu § 6 Abs. 2 Nr. 4 UWG → § 7 Rn. 40 ff., zu § 4 Nr. 3 lit. b UWG → § 11 Rn. 30 ff.).

79 Gemäß **§ 15 Abs. 3 MarkenG** ist es Dritten untersagt, im Inland bekannte geschäftliche Bezeichnungen einschließlich der Unternehmenskennzeichen oder ähnliche Zeichen im geschäftlichen Verkehr zu benutzen, soweit die Benutzung des Zeichens die Unterscheidungskraft oder die Wertschätzung der geschäftlichen Bezeichnung ohne rechtfertigenden Grund in unlauterer Weise ausnutzt *oder* beeinträchtigt, und zwar auch dann, wenn dadurch keine Verwechslungsgefahr begründet wird. Parallele Bestimmungen finden sich für Marken in § 14 Abs. 2 Nr. 3 MarkenG sowie für geographische Herkunftsangaben in § 127 Abs. 3 MarkenG (→ § 15 Rn. 43 f.). Soweit die genannten Vorschriften im Einzelfall zusammentreffen, ist grundsätzlich von ihrer parallelen Anwendbarkeit auszugehen (§ 2 MarkenG). Lediglich soweit die vergleichende Werbung nach § 6 UWG erlaubt ist, hat es dabei sein Bewenden, sodass dann aus dem MarkenG nichts anderes hergeleitet werden darf (→ § 7 Rn. 6).

80 Der Anwendungsbereich des § 15 Abs. 3 MarkenG beschränkt sich auf im Inland **bekannte geschäftliche Bezeichnungen** iSd §§ 1 Nr. 2 und 5 Abs. 1 MarkenG. Die Voraussetzungen sind umstritten. Mit Bezug auf die Parallelvorschrift des § 14 Abs. 2 Nr. 3 MarkenG hat sich der EuGH für eine betont *weite* Auslegung des Begriffs ausgesprochen. Für die Annahme einer bekannten Marke ist danach nicht mehr als deren *Bekanntheit bei einem wesentlichen Teil* der angesprochenen Verkehrskreise erforderlich, wofür auf die gesamten Umstände des Einzelfalls abzustellen sein soll.[163]

81 Demgegenüber wird der Begriff der bekannten geschäftlichen Bezeichnungen in § 15 Abs. 3 MarkenG zT im Anschluss an die frühere Rechtsprechung zum Schutz berühmter Zeichen mit überragender Verkehrsgeltung aufgrund des § 1 UWG von 1909 sowie der §§ 12 und 823 BGB auf Zeichen mit einem Bekanntheitsgrad von über 80 % beschränkt.[164] Richtiger Meinung nach dürfte der Begriff indessen aufgrund der Rechtsprechung des EuGH hier ebenso weit wie im Rahmen des § 14

[162] BGHZ 14, 155 (161 f.) = NJW 1954, 1681 – Farina II; *BGH* LM § 12 BGB Nr. 19 = NJW 1958, 217 = GRUR 1958, 143 – Schwardmann; LM § 16 UWG Nr. 63 = NJW 1970, 997; LM § 16 UWG Nr. 100 = NJW-RR 1987, 230 = GRUR 1987, 182 = WRP 1987, 30 – Stoll.

[163] *EuGH* Slg. 1999, I-5435 (5445 ff. Tz. 22 ff.) = EuZW 2000, 56 – General Motors/Chevy.

[164] S. insbesondere *OLG München* GRUR 1996, 63 (66) – Mac Fash; *OLG Düsseldorf* WRP 1997, 588 (599 ff.) – Mac Paint; *OLG Hamburg* NJW-RR 1997, 1265 – WM 1994; *Piper,* GRUR 1996, 429; *Sack,* GRUR 1995, 81; *Starck,* WRP 1996, 269 (273).

Abs. 2 Nr. 3 MarkenG zu verstehen sein (→ Rn. 80), sodass heute die **Bekanntheitsschwelle** bereits irgendwo in der Gegend von **30%** der angesprochenen Verkehrskreise anzusiedeln sein wird.

Beispiele sind die Firma „Shell“,[165] die Titel für die Nachrichtensendungen der ARD „Tagesschau“ und „Tagesthemen“[166] sowie die Marke „Milka“.[167]

Die bekannten geschäftlichen Bezeichnungen (→ Rn. 81) genießen (unter weiteren Voraussetzungen) einen zusätzlichen, dh über § 15 Abs. 2 MarkenG hinausgehenden **Schutz** nach § 15 Abs. 3 MarkenG in **vier** sich vielfältig überschneidenden **Tatbeständen.** Es sind dies der Reihe nach die unlautere Ausnutzung oder die unlautere Beeinträchtigung der *Unterscheidungskraft* sowie die unlautere Ausnutzung *oder* die unlautere Beeinträchtigung der *Wertschätzung* der fraglichen geschäftlichen Bezeichnung im geschäftlichen Verkehr, und zwar jeweils ohne rechtfertigenden Grund. Bei der Auslegung des § 15 Abs. 3 MarkenG ist die Rechtsprechung des **EuGH** zu den anderen vergleichbaren Bestimmungen (→ Rn. 78) zu beachten, weil die genannten Vorschriften des Wettbewerbsrechts (einschließlich des § 6 Abs. 2 Nr. 4 UWG) und des Markenrechts grundsätzlich *gleich auszulegen* sind.[168] Damit gewinnt die Rechtsprechung des EuGH insbesondere zu § 6 Abs. 2 Nr. 4 UWG unmittelbare Bedeutung auch für die Auslegung des § 15 Abs. 3 MarkenG (s. dazu deshalb auch schon → § 7 Rn. 40–45). 82

Von den vier in § 15 Abs. 3 Marken G aufgezählten Tatbeständen (→ Rn. 82) hat die größte praktische Bedeutung die sogenannte **Rufausbeutung,** gelegentlich auch Rufausnutzung genannt. Eine solche liegt nach § 15 Abs. 3 MarkenG vor, wenn die Benutzung der bekannten geschäftlichen Bezeichnung *oder* eines ähnlichen Zeichens im geschäftlichen Verkehr deren Wertschätzung in unlauterer Weise ausnutzt. Kern der Rufausbeutung ist folglich der sog **Imagetransfer,** dh der Versuch, durch die Verwendung eines mit der bekannten geschäftlichen Bezeichnung identischen oder ähnlichen Zeichens im geschäftlichen Verkehr den *guten Ruf,* der mit der fremden Bezeichnung verbunden ist, *auf sich überzuleiten,*[169] wobei der EuGH offenbar zu einer *weiten* Auslegung dieses Tatbestandes tendiert.[170] Kennzeichnend für diese Fälle ist mit anderen Worten der Versuch des Verletzers, sich im geschäftlichen Verkehr durch die Verwendung eines bekannten Zeichens an dessen guten Ruf „anzuhängen“, selbst wenn, etwa wegen der völligen Branchenverschiedenheit der Beteiligten, keine Verwechslungsgefahr im Sinne des § 15 Abs. 2 MarkenG besteht.[171] Hinzukommen muss aber in jedem Fall noch, dass der Imagetransfer auch **ohne rechtfertigenden Grund in unlauterer Weise** geschieht. Ob das der Fall ist, lässt sich nur im Einzelfall aufgrund einer umfassenden Interessenabwägung beurtei- 83

165 BGHZ 149, 191 (202f.) = NJW 2002, 2031 = JuS 2002, 1226 Nr. 5 – shell.de.

166 BGHZ 147, 56 (61) = NJW 2002, 372 = JuS 2002, 1027 Nr. 10 – Tagesschau; *BGH* LM § 5 MarkenG Nr. 21 (Bl. 3) = GRUR 2001, 1054 = WRP 2001, 1193 – Tagesreport.

167 *BGH* NJW 2005, 2856 (2857) = GRUR 2005, 583 = WRP 2005, 896 – Lila Postkarte.

168 *EuGH* Slg. 2009, I-5226 Tz. 77 = EuZW 2009, 756 = WRP 2009, 930 (938) – L'Oréal; *Sack,* WRP 2011, 155.

169 *BGH* NJW 2005, 2856 (2857) = GRUR 2005, 583 = WRP 2005, 896 – Lila Postkarte; GRUR 2010, 161 Tz. 33 = WRP 2010, 252 – Gib mal Zeitung.

170 *EuGH* Slg. 2009, I-5226 Tz. 41, 49 = EuZW 2009, 756 = WRP 2009, 930 (938) – L'Oréal; s. *Ohly,* GRUR 2010, 166 (167); *Sack,* WRP 2011, 155 (159).

171 *BGH* NJW 2005, 2856 (2857) = GRUR 2005, 583 = WRP 2005, 896 – Lila Postkarte.

len.[172] Unlauterkeit ist danach etwa zu *verneinen,* wenn allein aufgrund der Benutzung der bekannten geschäftlichen Bezeichnung eines anderen Unternehmens ein Markteintritt Dritter in einen bisher von dem Inhaber der bekannten geschäftlichen Bezeichnung monopolisierten Markt möglich ist.[173] Auf dem Briefpostmarkt kann sich zB ein neues Unternehmen neben der Deutschen Bundespost aufgrund der Gewöhnung der Verbraucher an das (grundlose) Postmonopol früherer Jahre nur betätigen, wenn es sich ebenfalls auf irgendeine Weise als „Post" bezeichnen darf.[174]

84 Von der Rufausbeutung oder -ausnutzung (→ Rn. 83) unterscheidet das Gesetz in § 15 Abs. 3 die unlautere **Ausnutzung der Unterscheidungskraft** einer bekannten geschäftlichen Bezeichnung, gelegentlich auch (unschön) Aufmerksamkeitsausbeutung genannt. Der **EuGH** spricht in diesem Fall, der sich allenfalls graduell von der Rufausbeutung (→ Rn. 83) unterscheidet, von „parasitärem Verhalten" oder „Trittbrettfahren" und sieht den Kern des Tatbestandes in dem grundlosen Vorteil, den ein Dritter im Verkehr aus der Benutzung des bekannten Zeichens eines anderen Unternehmens durch die Erhöhung der Aufmerksamkeit des Verkehrs zieht.[175] Es geht mit anderen Worten um Fälle, die dadurch gekennzeichnet sind, dass durch die Verwendung der bekannten geschäftlichen Bezeichnung eines anderen Unternehmens das besondere Maß an Aufmerksamkeit ausgenutzt wird, das mit der Verwendung bekannter geschäftlicher Bezeichnungen automatisch verbunden ist, – wodurch der Verletzer ebenfalls eine höhere Aufmerksamkeit als sonst möglich erreicht.[176]

85 Der dritte von § 15 Abs. 3 MarkenG erfasste Fall ist die unlautere Beeinträchtigung der Wertschätzung einer bekannten geschäftlichen Bezeichnung, die sogenannte **Rufbeeinträchtigung,** häufig auch Verunglimpfung oder Herabsetzung genannt. Es geht dabei im Kern um Fälle, die dadurch gekennzeichnet sind, dass durch die Verwendung des bekannten fremden Zeichens im geschäftlichen Verkehr für eigene Zwecke der gute Ruf des fremden Zeichens beeinträchtigt oder lächerlich gemacht wird (→ § 7 Rn. 40 f.). Bei der Annahme dieses Tatbestandes ist Zurückhaltung geboten.[177]

86 Der letzte hierher gehörige Fall ist die unlautere Beeinträchtigung der Unterscheidungskraft des bekannten geschäftlichen Zeichens ohne rechtfertigenden Grund. Gemeint ist damit der (besonders gefürchtete) Fall der **Verwässerung** bekannter geschäftlicher Bezeichnungen, zu der es vor allem durch ihre Inflationierung kommen kann (§ 15 Abs. 3 MarkenG). Der **EuGH** stellt insoweit in erster Linie darauf ab, ob die Benutzung des fraglichen Zeichens durch Dritte zur Auflösung der Identität des Zeichens und seiner Bekanntheit bei dem Publikum führen kann, indem die gedankliche Verbindung zwischen Zeichen und Unternehmen gelöst wird.[178] Auch in derartigen Fällen ist in der Regel nicht ohne eine umfassende *Interessenabwägung* auszukommen,

[172] → § 7 Rn. 40; *EuGH* Slg. 2009, I-5226 Tz. 44 ff. = EuZW 2009, 756 = WRP 2009, 930 (938) – L'Oréal.

[173] So für das Zeichen „Post" *BGH* NJW 2008, 2653 (2655 f. Tz. 21 ff., 30 f.) = GRUR 2008, 795 = WRP 2008, 1202 – POST I.

[174] *BGH* NJW 2008, 2653 (2655 f. Tz. 21 ff., 30 f.) = GRUR 2008, 795 = WRP 2008, 1202 – POST I.

[175] *EuGH* Slg. 2009, I-5226 Tz. 41 = EuZW 2009, 756 = WRP 2009, 930 (938) – L'Oréal.

[176] *BGH* NJW 2005, 2856 (2857) = GRUR 2005, 583 = WRP 2005, 896 – Lila Postkarte.

[177] S. auch → § 7 Rn. 37; *EuGH* Slg. 2009, I-5226 Tz. 40 = EuZW 2009, 756 = WRP 2009, 930 (938) – L'Oréal; *BGH* NJW 2005, 2856 (2857) = GRUR 2005, 583 = WRP 2005, 896 – Lila Postkarte; GRUR 2010, 161 Tz. 20 = WRP 2010, 252 – Gib mal Zeitung.

[178] *EuGH* Slg. 2009, I-5226 Tz. 39 = EuZW 2009, 756 = WRP 2009, 930 (938) – L'Oréal.

in deren Rahmen insbesondere das Freihaltebedürfnis der Allgemeinheit und die Grundgedanken des § 23 MarkenG zu berücksichtigen sind.[179]

VIII. Rechtsfolgen

Die Rechtsfolgen eines Verstoßes gegen § 5 Abs. 2 UWG ergeben sich aus den §§ 8 und 9 UWG sowie im Falle der parallelen Anwendbarkeit des § 15 Abs. 2 und Abs. 3 MarkenG zusätzlich aus § 15 Abs. 4–6 MarkenG. Die Rechtsfolgen bestehen somit im Kern nach beiden Gesetzen in Unterlassungs-, Beseitigungs- und Schadensersatzansprüchen des verletzten Zeicheninhabers (→ §§ 21–24). Jedoch decken sich die Rechtsfolgen nicht völlig, woraus sich vor allem die praktische Bedeutung der parallelen Anwendbarkeit des UWG und des MarkenG bei Zeichenverletzungen ergibt. 87

Die wichtigste Besonderheit der Rechtsfolgen aufgrund des UWG ist das **erweiterte Klagerecht** der Mitbewerber, der Verbände und der Kammern aufgrund des § 8 Abs. 3 UWG, das auch in den Fällen des § 5 Abs. 2 UWG eingreift (→ § 22) und das im MarkenG keine Parallele hat, da dieses Gesetz bei Verstößen gegen § 15 Abs. 2 und Abs. 3 allein dem *Inhaber* der geschäftlichen Bezeichnung Ansprüche gewährt (§ 15 Abs. 4 MarkenG). Auf der anderen Seite geht das MarkenG in verschiedenen Beziehungen in dem Schutz der Inhaber geschäftlicher Bezeichnungen aber auch deutlich über das UWG hinaus, insbesondere durch die Zubilligung eines **Vernichtungs- und Rückrufanspruchs** hinsichtlich der im Besitz oder Eigentum des Verletzers befindlichen, widerrechtlich gekennzeichneten Gegenstände (§ 18 Abs. 1 MarkenG), ferner in § 19 MarkenG durch die Gewährung von **Auskunftsansprüchen** sowie in § 19a MarkenG durch die Begründung von Ansprüchen auf **Vorlage und Besichtigung** von Urkunden und Sachen (vgl. außerdem § 19b MarkenG). 88

Ergänzend steht dem Verletzten nach beiden Gesetzen der **allgemeine Beseitigungsanspruch** zu (s. § 8 Abs. S. 1 UWG; §§ 2, 19d MarkenG iVm §§ 12, 823 Abs. 1 und 1004 BGB). Dieser Anspruch hat vor allem Bedeutung, wenn der Verletzer für sich bereits ein verwechslungsfähiges Zeichen ins Handels- oder Markenregister eintragen ließ. Mit dem Beseitigungsanspruch kann dann die **Löschung** dieser Eintragung verlangt werden. Ein weiteres Beispiel ist der Anspruch auf Abgabe einer Verzichterklärung gegenüber der DENIC bei widerrechtlicher Registrierung eines verletzenden Domainnamens (→ Rn. 26).[180] 89

UWG (§ 9 S. 1) und MarkenG (§ 15 Abs. 3) gewähren den Inhabern geschäftlicher Bezeichnungen außerdem einen **Schadensersatzanspruch,** wenn der Täter bei dem Verstoß gegen § 5 Abs. 2 UWG oder gegen § 15 Abs. 2 oder 3 MarkenG schuldhaft gehandelt hat (§§ 276, 249–252 BGB). Insoweit decken sich wieder im Prinzip die Rechtsfolgen nach beiden Gesetzen; indessen bestehen auch insoweit in den Einzelheiten wichtige Unterschiede. Denn anders als nach dem UWG (s. § 8 Abs. 2) gewährt das Markenrecht Ersatzansprüche auch, wenn die Verletzungshandlung schuldhaft 90

[179] BGHZ 147, 56 (67 ff.) = NJW 2002, 372 = JuS 2002, 1027 Nr. 10 – Tagesschau; BGHZ 149, 191 (203) = NJW 2002, 2031 = JuS 2002, 1226 Nr. 5 – shell.de; *BGH* LM § 5 MarkenG Nr. 21 (Bl. 5 ff.) = GRUR 2001, 1054 – Tagesreport; LM § 14 MarkenG Nr. 9 (Bl. 2 ff.) = NJW-RR 1999, 1344 = GRUR 1999, 992 – BIG PACK.

[180] BGHZ 149, 191 (204 ff.) = NJW 2002, 2031 = JuS 2002, 1226 Nr. 5 – shell.de.

von einem **Angestellten oder Beauftragten** des Betriebsinhabers begangen wurde (§ 15 Abs. 6 iVm § 14 Abs. 7 MarkenG; → § 21 Rn. 49ff.; → § 23 Rn. 8ff.).

91 Der Verletzte kann seinen **Schaden** nach dem ihm entgangenen Gewinn (§ 252 BGB), nach der Höhe einer angemessenen Lizenzgebühr oder nach dem Verletzergewinn berechnen (§ 15 Abs. 5 S. 2 iVm § 14 Abs. 6 S. 2 und 3 MarkenG). Daneben kann gegebenenfalls noch Ersatz des sogenannten **Marktverwirrungsschadens** gefordert werden, wobei vor allem an den Ersatz der Werbeaufwendungen zu denken ist, die der Verletzte machen musste, um den Verkehr über die Sachlage aufzuklären.[181]

[181] → § 23 Rn. 14; *BGH* LM § 242 (Cc) BGB Nr. 45 = NJW 1988, 2469 = GRUR 1988, 776 = WRP 1988, 665 – PPC; *OGH* SZ Bd. 54 (1981) Nr. 152, 746.

4. Kapitel. Die Verletzung von Interessen der Allgemeinheit

§ 19. Allgemeine Marktbehinderung

Literatur: *Bott,* Die Gratiszeitung im Spiegel des Wettbewerbs- und Verfassungsrechts, 2003; *Glöckner,* Europäisches Lauterkeitsrecht, 2006; *Jungk,* Die Ausübung wirtschaftlicher Macht als unlauterer Wettbewerb?, 1997; *Kübler,* Medienverflechtung, 1982; *Lux,* Der Tatbestand der allgemeinen Marktbehinderung, 2006; *Merz,* Die Vorfeldthese, 1988; *Mestmäcker,* Medienkonzentration und Meinungsvielfalt, 1978; *ders.,* Der verwaltete Wettbewerb, 1984; *Möschel,* Pressekonzentration und Wettbewerbsgesetz, 1978; *Pichler,* Das Verhältnis von Kartell- und Lauterkeitsrecht, 2009, *Sachon,* Wettbewerbsrechtliche Probleme des Vertriebs von Freistücken auf dem Fachzeitschriftenmarkt, 1980; *Sambuc,* Folgenerwägungen im Richterrecht, 1977; *Schmieders,* Allgemeininteressen im Wettbewerbsrecht, 1999; *Ulmer,* Schranken zulässigen Wettbewerbs marktbeherrschender Unternehmen, 1977; *ders.,* Programminformationen der Rundfunkanstalten in kartell- und wettbewerbsrechtlicher Sicht, 1983; *Wrage,* UWG-Sanktionen bei GWB-Verstößen?, 1984.

I. Einleitung, Problematik

Das UWG wendet sich in § 4 Nr. 4 idF von 2015 (= § 4 Nr. 10 aF) (nur) gegen die gezielte Behinderung gerade einzelner Mitbewerber des handelnden Unternehmers (→ § 6 Rn. 1 ff.). Keine Regelung haben dagegen bisher im Gesetz die schon unter dem UWG von 1909 diskutierten Fälle gefunden, in denen nicht die Behinderung einzelner Mitbewerber durch eine geschäftliche Handlung, wie etwa durch eine „gezielte" Preisunterbietung oder durch die Abwerbung von Kunden, im Vordergrund steht, sondern der „allgemeine" Eingriff in die Marktstruktur zum Nachteil des Systems unverfälschten Wettbewerbs (s. § 1 S. 2 UWG). 1

Die wichtigsten, hierher gehörigen **Fallgruppen** sind die massenhafte unentgeltliche Verteilung von Originalware (→ Rn. 9 ff.), die sogenannte gemeinschaftsschädliche Preisunterbietung (→ § 6 Rn. 9, 15 ff.) sowie die unentgeltliche Verteilung von Zeitungen und Zeitschriften auf dem Lesermarkt (→ Rn. 17 ff.) – alles Fälle, in denen es in der Tat durchweg vorrangig um den Schutz des Systems unverfälschten Wettbewerbs im Allgemeinen, dh des Leistungswettbewerbs selbst, und nicht etwa um den Schutz einzelner Mitbewerber oder gar der Verbraucher geht (die im Gegenteil durch solchen „Wettbewerbsschutz" häufig genug nur um günstige Bezugsmöglichkeiten gebracht werden). 2

In den genannten durchaus eigenartigen Fällen (→ Rn. 2) geht es letztlich um eine **Marktstrukturkontrolle** mit den Mitteln des UWG in Konkurrenz zu dem eigentlich für solche Kontrolle berufenen Kartellrecht auf der Grundlage des AEUV und des GWB. Zum Unterschied von den bekannten Fällen einer gezielten Behinderung bestimmter Mitbewerber im Sinne des § 4 Nr. 4 UWG spricht man in diesen Fällen meistens von einer allgemeinen Marktbehinderung oder auch Marktstörung. Auf eine Regelung dieser Fälle wurde bei der UWG-Reform von 2004 bewusst verzichtet, sodass sich ihre Beurteilung – im Anschluss an die Praxis zu § 1 UWG von 1909 – weiterhin nach der Generalklausel des **§ 3 Abs. 1 UWG** von 2008/2015 richtet.[1] 3

[1] S. die Begr. von 2003, BT-Drs. 15/1487 (l. Sp. o. „Zu Nr. 10").

4 Im Zuge der Arbeiten an der 2. Novelle von 2015 war ursprünglich geplant gewesen, nicht zuletzt für die hier interessierenden Fälle eine eigenständige Regelung in Gestalt einer sogenannten „Unternehmergeneralklausel“ (§ 3 Abs. 3 S. 2 des Regierungsentwurfs von 2015) einzuführen.[2] In den Ausschussberatungen wurde jedoch auf die Einführung mit derartigen Generalklausel wieder verzichtet, und zwar mit der Begründung, § 3 Abs. 1 des Gesetzes diene weiterhin als Auffangtatbestand für geschäftliche Handlungen, die von den nachfolgenden Bestimmungen nicht erfasst werden, wobei die Konkretisierung wie bisher Aufgabe der Rechtsprechung sei.[3] Angesichts dessen ist es, jedenfalls auf den ersten Blick, nur folgerichtig, dass die **Rechtsprechung** bisher im Grundsatz an der allgemeinen Marktbehinderung als einer besonderen Fallgruppe der Generalklausel (jetzt) des § 3 Abs. 1 UWG festgehalten hat, wobei sie jedoch heute die Voraussetzungen einer Anwendung der Generalklausel in aller Regel so eng definiert, dass die **praktische Bedeutung** der ganzen Fallgruppe mittlerweile gegen Null tendiert (→ Rn. 24).[4] Tatsächlich besteht indessen weder eine *Notwendigkeit noch* auch nur ein sachlicher *Grund* zur Beibehaltung der allgemeinen Marktbehinderung als einer besonderen Fallgruppe des Wettbewerbsschutzes auf der Grundlage der Generalklausel des § 3 Abs. 1 UWG.[5] Das ergibt sich bereits aus der einfachen Überlegung, dass die Marktstrukturkontrolle eine genuine Aufgabe der Kartellbehörden und der Kartellgerichte ist, insbesondere auf der Grundlage der §§ 19, 20 und 36 GWB sowie des Art. 102 AEUV und der FKVO, während die ordentlichen *Gerichte* in Wettbewerbsprozessen mit dieser Aufgabe *hoffnungslos überfordert* sind, da jede Marktstrukturkontrolle eine sorgfältige und umfassende Marktanalyse sowie eine (überaus schwierige) Folgenabschätzung voraussetzt, wofür den ordentlichen Gerichten in Wettbewerbsprozessen (ohne die Möglichkeit der Aufklärung von Amts wegen unter Mithilfe der Kartellbehörden) sämtliche Voraussetzungen fehlen. Dies wird eindrucksvoll durch die Beobachtung bestätigt, dass sich bisher eigentlich noch alle Prognosen der Gerichte, auf die sie in Fällen der allgemeinen Marktbehinderung ihre Entscheidungen gestützt hatten, als grundfalsch erwiesen haben (→ Rn. 7).

II. Tatbestand

5 Der BGH hat bisher in der Regel eine allgemeine Marktbehinderung angenommen, wenn ein für sich genommen noch nicht unlauteres, aber doch „bedenkliches“ Wettbewerbsverhalten allein *oder* in Verbindung mit gleichartigen Maßnahmen von Mitbewerbern die „ernstliche“ Gefahr begründet, den auf der unternehmerischen Leistung beruhenden Wettbewerb in erheblichem Maße einzuschränken. Für diese Gefahr müssten ebenso wie für die Annahme einer drohenden Nachahmung der fraglichen

[2] S. die Begr. von 2015, BT-Drs. 18/4535, S. 12f.

[3] Ausschussbericht von 2015, BT-Drs. 18/6571, S. 14f. („Zu Nr. 2 – Zu Abs. 1“).

[4] Zustimmend Köhler/Bornkamm/*Köhler,* § 4 Rn. 12.1ff.; *Koppensteiner,* WRP 2007, 475; Fezer/*Osterrieth,* § 4 – S. 1 Rn. 1, bes. Rn. 164ff.; *Schmieders,* Allgemeininteresse, 1999, S. 246ff.; wohl auch MüKoUWG/*Heermann,* §§ 1–7 Anhang B Rn. 1ff.; Harte-Bavendamm/Henning-Bodewig/*Omsels,* § 4 Nr. 10 Rn. 245ff.

[5] S. mN *Emmerich,* in: Augenhofer (Hrsg.), Die Europäisierung des Kartell- und Lauterkeitsrechts, 2009, S. 73 (79ff.); ebenso schon 1984 *Mestmäcker,* Der verwaltete Wettbewerb, 1984, S. 94ff.; *ders.,* WuW 2008, 6 (15ff.) sowie zB noch *Lahusen,* GRUR 2005, 221; *Lux,* Tatbestand, 2006, S. 385ff.; *Merz,* Die Vorfeldthese, 1988, S. 190ff.; Ohly/Sosnitza/*Ohly,* § 4 Rn. 10/95ff.; *ders.,* WRP 2008, 177 (179).

Maßnahmen durch die Mitbewerber „greifbare Anhaltspunkte" vorliegen, die nicht leichthin angenommen werden dürften. Deshalb könne das Vorliegen der genannten Voraussetzungen einer unzulässigen allgemeinen Marktbehinderung nur auf der Grundlage einer Gesamtwürdigung aller Umstände des Einzelfalls beurteilt werden, wobei auch die kollidierenden Grundrechtspositionen der Beteiligten sowie insbesondere die Wertungen des GWB berücksichtigt werden müssten.[6] Davon dürfte grundsätzlich auch weiterhin auszugehen sein.

Erste Voraussetzung für die Annahme einer allgemeinen Marktbehinderung ist somit, 6
dass es sich um ein zwar für sich genommen noch nicht unlauteres, aber unter Berücksichtigung der ordentlichen oder anständigen Marktgepflogenheiten (s. § 2 Abs. 1 Nr. 7 UWG und Art. 10bis PVÜ) doch **„bedenkliches" Wettbewerbsverhalten** handelt. Was darunter zu verstehen sein soll, ist freilich offen, da bisher sämtliche Kriterien fehlen, anhand derer die „Bedenklichkeit" einer (nota bene: grundsätzlich erlaubten!) Verhaltensweise im Wettbewerb beurteilt werden soll.

Als Ausweg aus diesem Dilemma (→ Rn. 6) bleibt im Augenblick wohl nichts anderes 7
übrig, als zu prüfen, ob das fragliche Verhalten unter eine der wenigen anerkannten **Fallgruppen** der allgemeinen Marktbehinderung subsumiert werden kann. Ist dies der Fall, so bedarf es weiter der Prüfung, ob von dem „bedenklichen" Verhalten (→ Rn. 6) eine „ernstliche", dh konkrete und nachweisbare, nicht nur vermutete oder gar unterstellte **Gefahr für** den **Bestand des Wettbewerbs** selbst (und nicht etwa für einzelne Mitbewerber) ausgeht, und zwar auf einem bestimmten *relevanten Markt,* für dessen Abgrenzung auf die im Kartellrecht entwickelten Maßstäbe zurückgegriffen werden kann.[7] Dabei hat man *zwei Fälle* zu unterscheiden: Es kann sich einmal so verhalten, dass die Gefahr für den Bestand des Wettbewerbs auf dem Verhalten des betreffenden **Unternehmens allein** beruht, bei dem es sich dann in aller Regel um ein marktbeherrschendes Unternehmen handeln dürfte, schon, weil von Aktionen anderer Unternehmen dem Wettbewerb wohl niemals eine ernstzunehmende Gefahr droht.[8] Davon zu trennen ist der andere Fall, dass die Gefahr für den Wettbewerb erst infolge der **Nachahmung** des bedenklichen Verhaltens des betreffenden Unternehmens durch dessen Mitbewerber begründet wird. Solche Nachahmungsgefahr darf nicht leichthin bejaht werden, sondern bedarf einer sorgfältigen Begründung im Einzelfall, – wogegen früher nur allzu oft verstoßen wurde mit der (peinlichen) Folge, dass sich die von den Gerichten in diesem Zusammenhang angestellten Prognosen später eigentlich immer als grundfalsch erwiesen haben (Beispiele → Rn. 9, 17 ff.).

Schließlich ist noch stets eine **umfassende Interessenwägung** unter Berücksichtigung 8
der Wertungen insbesondere des AEUV, des GG und des GWB erforderlich, um zu

[6] S. BGHZ 114, 82 (84) = NJW 1991, 2151 = JuS 1992, 79 Nr. 8 – Motorbootfachzeitschrift, sowie sodann insb. BGHZ 157, 55 (61) = NJW 2004, 2083 (2084) = JuS 2004, 920 Nr. 4 – 20 Minuten Köln; *BGH* WRP 2004, 246 (247) – Zeitung am Sonntag; NJW 2004, 3032 (3035) = GRUR 2004, 877 = WRP 2004, 1272 – Werbeblocker; GRUR 2009, 416 (418 Tz. 25) = WRP 2009, 432 – Küchentiefstpreis-Garantie; NJW-RR 2010, 917 Tz. 20, 25 = GRUR 2010, 544 = WRP 2010, 746 (748) = JuS 2010, 826 – Stumme Verkäufer II; zur sog gemeinschaftschädlichen Preisunterbietung s. schon → § 6 Rn. 15 ff.

[7] *OLG Stuttgart* NJWE-WettbR 1999, 200 (202) – Telefonbuchanzeigen; wegen der Einzelheiten s. Kartellrecht, § 27 Rn. 11 ff. (S. 305 ff.); kritisch Harte-Bavendamm/Henning-Bodewig/*Omsels,* § 4 Nr. 10 Rn. 250.

[8] Ebenso *BGH* GRUR 2009, 416 (418 Tz. 25) = WRP 2009, 432 – Küchentiefstpreis-Garantie.

verhindern, dass der Tatbestand der allgemeinen Marktbehinderung – auf Kosten des freien unverfälschten Wettbewerbs – übermäßig ausgedehnt wird.[9] Dazu nötigt im Übrigen bereits die Weite und Unbestimmtheit des Tatbestandes der allgemeinen Marktbehinderung, dessen Merkmale kaum greifbar sind.

III. Verteilung von Originalware

9 Von einer unentgeltlichen Verteilung von Originalware spricht man, wenn ein Unternehmer die *Ware selbst* (und nicht etwa bloße Warenproben oder Werbegaben) in größerem Umfang unentgeltlich an seine Kunden verteilt; gleich steht die unentgeltliche Abgabe von *Dienstleistungen.*[10] Für ein solches, auf den ersten Blick gewiss erstaunliches Verhalten kann es durchaus vernünftige **Gründe** geben. Vor allem bei der Einführung neuer Produkte ist es häufig unumgänglich, den Verbrauchern das Produkt zunächst einmal kostenlos zu überlassen, um ihnen Gelegenheit zu geben, sich mit dem neuen Produkt vertraut zu machen. Von Fall zu Fall kann auch noch eine Fülle anderer sinnvoller Überlegungen hinzukommen – bis hin zu der Notwendigkeit, ein überfülltes Lager so schnell wie möglich zu räumen, um Platz für neue Ware zu schaffen.[11]

10 Obwohl somit die unentgeltliche Abgabe von Waren oder Dienstleistungen wirtschaftlich im Einzelfall durchaus sinnvoll sein kann, stehen oder standen ihr doch die Gerichte zumindest früher gleich aus einer ganzen Reihe von Gründen ausgesprochen *kritisch* gegenüber. Neben den üblichen Vorbehalten gegen jede Form der Wertreklame, wobei vor allem an Topoi wie übertriebenes Anlocken oder psychischer Kaufzwang zu denken ist (→ § 12 Rn. 53ff.), kamen hier noch zwei weitere Erwägungen hinzu, die näherer Betrachtung bedürfen. Es waren dies zum einen eben der Gesichtspunkt der allgemeinen Marktbehinderung, zum anderen die Ausstrahlungswirkung der (früheren) ZugabeVO (→ Rn. 12ff.).

11 Bis zum Erlass der ZugabeVO im Jahre 1931 hatten die Gerichte grundsätzlich keine Bedenken gegen das Verschenken von Waren gehabt.[12] Erst unter dem Eindruck der unglücklichen **ZugabeVO** wandelte sich die Einstellung der Gerichte zu dem Fragenkreis, da sie nunmehr der Verordnung ein *negatives Urteil* des Gesetzgebers *über jede Form der unentgeltlichen Verteilung* von Waren entnahmen. Da sich jedoch die ZugabeVO nur gegen ganz bestimmte Formen der Wertreklame, keineswegs gegen alle richtete, mussten in anderen Fällen noch *weitere Gesichtspunkte* hinzukommen, wenn Raum für eine Anwendung der alten Generalklausel des § 1 UWG von 1909 sein sollte. Solche Gesichtspunkte waren freilich meistens schnell gefunden, wobei in den hier interessierenden Fällen der Topos der „Marktstörung" entgegen dem Leitbild eines auf Preis und Qualität aufbauenden Leistungswettbewerbs jeweils ganz im Vordergrund der Argumentation stand (→ Rn. 12).

[9] S. mN *Emmerich,* in: Augenhofer, Europäisierung, 2009 (o. Fn. 5), S. 73ff.

[10] *BGH* LM § 1 UWG Nr. 620 = NJW-RR 1993, 496 = GRUR 1993, 483 = WRP 1993, 312 – unentgeltliche Partnervermittlung; *OLG Düsseldorf* WRP 1999, 865 – Einen Tag kostenloses Telefonieren; *OLG München* NJWE-WettbR 1999, 199 – Stellenanzeigen im Internet; *OLG Stuttgart* NJWE-WettbR 1997, 103; 1999, 200 – Telefonbuchanzeigen.

[11] Vgl auch für eine unentgeltliche Partnervermittlung *BGH* LM § 1 UWG Nr. 620 = NJW-RR 1993, 496 = GRUR 1993, 483 = WRP 1993, 312.

[12] S. *Schricker,* AfP 2001, 101.

Die (angebliche) **„Marktstörung"** durch die massenhafte unentgeltliche Verteilung der Ware selbst wurde meistens mit einer drohenden *Marktverstopfung* zum Nachteil anderer Gewerbetreibender „begründet", namentlich im Falle einer *Nachahmung* dieser „Vertriebsmethode" durch andere Kaufleute. Hinzu kamen von Fall zu Fall noch die befürchtete *Gewöhnung der Verbraucher* an die ihnen unentgeltlich angebotenen Waren oder Leistungen sowie ihre unsachliche *Beeinflussung,* immer zum Nachteil der Mitbewerber, die dadurch entgegen dem Leitbild des Leistungswettbewerbs an der Erbringung ihrer (selbstverständlich entgeltlichen) Leistungen gehindert würden. So gelangten die Gerichte schließlich zu einem **grundsätzlich negativen Urteil** über die dauernde oder massenhafte unentgeltliche Abgabe der Originalware oder von Dienstleistungen, sofern davon eine „Marktstörung" drohte.[13] 12

Beispiele waren der „Vertrieb" einer Sonntagszeitung durch ungesicherte Verkaufshilfen, weil dabei von vornherein ein „Schwund" von 60% einkalkuliert war,[14] sowie die auf Dauer geplante unentgeltliche Veröffentlichung von Stellenanzeigen seitens der „Welt" im Internet, um ihre Konkurrenzsituation gegenüber der marktbeherrschenden „FAZ" zu verbessern.[15]

Eine großzügigere Beurteilung erfuhren nur solche Aktionen, bei denen der **Erprobungszweck** deutlich im Vordergrund stand. Handelte es sich zB um eine völlig neuartige Ware, für die der Markt überhaupt erst durch eine Gewöhnung der Verbraucher an sie erschlossen werden musste – bekanntestes Beispiel war die Verteilung des Allzwecktuchs „Kleenex" –, so wurde vorübergehend (ausnahmsweise) sogar die massenhafte Verteilung von Originalware hingenommen.[16] Erlaubt wurden außerdem (aus denselben Erwägungen heraus) die unentgeltliche Belieferung von Neuvermählten mit einer Tageszeitung für einen Monat[17] sowie überhaupt die unentgeltliche Verteilung von Presseerzeugnissen für einen in der Regel kurz bemessenen Erprobungszeitraum.[18] 13

Gegen die geschilderte, unnötig restriktive Praxis (→ Rn. 11–13) waren schon immer **Bedenken** erhoben worden, weil die zugrundeliegenden Annahmen über die Reaktionen der Konkurrenten und der Verbraucher sowie über die Auswirkungen auf die Märkte von Anfang an durchaus zweifelhaft waren.[19] Spätestens aber seit der **Aufhebung der ZugabeVO** im Juli 2001 war das bisherige negative Urteil der Gerichte über die Wertreklame einschließlich der unentgeltlichen Verteilung der Originalware endgültig *nicht mehr haltbar,* weil der Gesetzgeber damit klar zu erkennen gegeben hatte, dass er (wieder) grundsätzlich *keine* Bedenken gegen das Verschenken von Waren oder Dienstleistungen hat (→ § 12 Rn. 45 ff.). Schon aus in der Natur der Sa- 14

[13] BGHZ 23, 365 (370 ff.) = NJW 1957, 748 – Suwa; BGHZ 43, 278 (280 ff.) = NJW 1965, 1325 = JuS 1965, 457 Nr. 5 – Kleenex; *BGH* LM § 1 UWG Nr. 274 = GRUR 1975, 27 = WRP 1974, 574 – Colgate; *OGH* ÖBl. 2001, 69 – Trend-Treueaktion.

[14] *BGH* LM § 1 UWG Nr. 709 = NJW-RR 1996, 1188 = GRUR 1996, 778 – Stumme Verkäufer I; mittlerweile aufgegeben, → Rn. 16.

[15] *OLG München* NJWE-WettbR 1999, 199; ein weiteres Beispiel in *OLG Stuttgart* NJWE-WettbR 1997, 103; 1999, 200 f.

[16] BGHZ 43, 278 (280 ff.) = NJW 1965, 1325 = JuS 1965, 457 Nr. 5 – Kleenex.

[17] *BGH* LM § 3 UWG Nr. 26 = GRUR 1957, 600 = WRP 1957, 267 – Westfalen-Blatt.

[18] *OGH* SZ Bd. 61 (1988 I) Nr. 5, S. 19 (21 ff.) = ÖBl. 1988, 69 – Zeitungs-Superangebot.

[19] S. insb. *Jungk,* Die Ausübung wirtschaftlicher Macht, 1997, S. 43, 165 ff.; *Köhler,* WRP 2005, 645 (651); *Lehmann,* Die Werbung mit Geschenken, 1974, S. 166, 198 ff.; *Lux,* Tatbestand, S. 306, 372, 410, 415 ff.; *Mestmäcker,* Der verwaltete Wettbewerb, 1984, S. 94, 128, 148 ff.; *Merz,* Die Vorfeldthese, 1988, S. 254 ff.; Ohly/Sosnitza/*Ohly,* § 4 Rn. 12/99 ff.

che liegenden Gründen wird es sich dabei ohnehin immer um begrenzte Aktionen handeln, von denen die Verbraucher nur profitieren können.

15 Bei Lichte besehen können sich in der Tat Bedenken gegen die sogenannte massenhafte Verteilung von Originalware allein unter dem Gesichtspunkt einer Behinderung der Konkurrenten durch die **Versperrung des Marktzutritts** ergeben, wenn solche Aktionen von mächtigen Unternehmen unter Einsatz erheblicher Ressourcen ausgehen, sodass die sedes materiae richtigerweise bei den verschiedenen **Missbrauchs- und Behinderungsverboten** des GWB und des AEUV zu suchen sein dürfte (§ 19 Abs. 2, § 20 Abs. 1 und 3 GWB; Art. 102 AEUV). Die andauernde oder massenhafte Verteilung von Originalware sollte daher vernünftigerweise (nur) untersagt werden, wenn sie von marktstarken Unternehmen ausgeht und zu einer unbilligen Behinderung der Konkurrenten führt.

16 Allein unter den genannten engen Voraussetzungen für die Annahme eines Machtmissbrauchs (→ Rn. 15) ist folglich heute noch Raum für die Anwendung der **Generalklausel** des § 3 Abs. 1 UWG unter dem Gesichtspunkt der allgemeinen Marktbehinderung, weil nur dann die Rede davon sein kann, dass es sich um ein „bedenkliches" Verhalten handelt, durch das die ernstliche Gefahr einer erheblichen Einschränkung des Leistungswettbewerbs auf dem betreffenden Markt begründet wird (→ Rn. 4). Der BGH hatte deshalb bereits im Jahre 1992 keine Bedenken mehr gegen das Angebot einer unentgeltlichen Partnervermittlung (nur) für Kundinnen, um dem chronischen „Frauenmangel" in dieser Branche abzuhelfen.[20] Im Jahre 2009 hat er sodann auch seine kritische Haltung gegenüber einem Vertrieb von Zeitungen über ungesicherte Verkaufshilfen (→ Rn. 12) aufgegeben, weil keine Anhaltspunkte für eine Bedrohung des Wettbewerbs auf dem Pressemarkt durch solchen partiell unentgeltlichen Vertrieb einer Zeitung zu erkennen seien.[21] Die unentgeltliche Abgabe von Originalware führt daher ebenso wie die unentgeltliche Erbringung von Dienstleistungen (die gerade im Internet überaus verbreitet ist) nur noch in den genannten **Fällen eines manifesten Machtmissbrauchs** in den Anwendungsbereich der Generalklausel des UWG – und sollte auch dann besser dem Kartellrecht mit seinen überlegenen Ermittlungs- und Abhilfemöglichkeiten überlassen werden (→ Rn. 4, 15).

IV. Verteilung von Presseerzeugnissen

17 Die unentgeltliche Verteilung der Originalware stellt aus unmittelbar einleuchtenden Gründen an sich nur ein Randphänomen dar, das hier allein deshalb so ausführlich diskutiert wurde (→ Rn. 9–16), weil die zu dieser Fallgruppe entwickelten Regeln der Rechtsprechung später als Vorbild für die Behandlung einer im Grunde ganz anders gearteten Fallgruppe gedient haben. Gemeint ist die „unentgeltliche" Verteilung von Presseerzeugnissen, heute, neben den Fällen des Rechtsbruchs (→ § 20), die wohl wichtigste Fallgruppe, in der bisher zur Begründung der Unlauterkeit (§ 3 Abs. 1 UWG) vorrangig mit der Gefährdung von Allgemeininteressen operiert wird.

18 Die **Entwicklung** begann hier in den sechziger Jahren mit dem Aufkommen der Anzeigenblätter, setzte sich in den siebziger und achtziger Jahren mit der zunehmenden

[20] *BGH* LM § 1 UWG Nr. 620 = NJW-RR 1993, 496 = GRUR 1993, 483 = WRP 1993, 312.

[21] *BGH* NJW-RR 2010, 917 Tz. 22 ff. = GRUR 2010, 455 = WRP 2010, 746 (749) = JuS 2010, 826 – Stumme Verkäufer II; zustimmend Köhler/Bornkamm/*Köhler*, § 4 Rn. 12.24; s. dazu auch → Rn. 17 ff.

unentgeltlichen Verbreitung von Fachzeitschriften fort und hat mittlerweile auch den eigentlichen Zeitungsmarkt erreicht, auf dem vor allem unentgeltlich vertriebene Sonntagszeitungen ein wachsendes Gewicht erlangt haben. Die Gründe für diese Entwicklung sind vielfältig. Ganz im Vordergrund steht der Umstand, dass Presseverlage durchweg nicht nur auf einem, sondern auf *zwei* Märkten, nämlich auf dem **Leser-** *und* auf dem **Anzeigenmarkt** tätig sind, wobei der Anzeigenmarkt für die Mehrzahl der Verlage eine immer größere Bedeutung erlangt hat. Bei den meisten Zeitungen und Zeitschriften dürfte mittlerweile der Anteil der Anzeigenerlöse an den gesamten Erlösen bereits den der Verkaufserlöse (deutlich) übertreffen. Unter diesen Umständen konnte es nicht ausbleiben, dass sich immer mehr Verleger entschlossen, von vornherein auf den Wettbewerb um Abonnenten und Käufer zu verzichten und sich statt dessen auf den (für sie viel wichtigeren) *Wettbewerb um Anzeigenkunden* zu beschränken. Die Folge war die „kostenlose" Verteilung der Presseerzeugnisse an die Leser, die für die Verleger zudem den Vorteil hatte, ihnen eine hohe Auflage zu sichern, wodurch ihre Blätter wiederum (angeblich) an Attraktivität für Inserenten gewannen. So kam es zunächst zur stürmischen Verbreitung der Anzeigenblätter und in den letzten Jahren zunehmend zur unentgeltlichen Verteilung von Fachzeitschriften und anderen Blättern sowie schließlich sogar zu der „echter" Zeitungen.

Dies alles wurde nur deshalb zum Problem, weil die herkömmliche Presse (angeblich) 19
von der geschilderten Entwicklung eine Zeitlang eine unmittelbare **Bedrohung ihrer Existenzgrundlage** durch den Verlust von Verkaufs- *und* Anzeigenerlösen befürchtete. Sie versuchte deshalb immer wieder, gegen den unentgeltlichen Vertrieb der verschiedenen Presseerzeugnisse unter Berufung auf die Generalklausel des § 1 UWG von 1909 zu intervenieren. Nicht zuletzt dadurch ließen sich die Gerichte vorschnell dazu verleiten, eine Parallele zu den ihnen vertrauten Fällen der unentgeltlichen Verteilung von Originalware (→ Rn. 9 ff.) zu ziehen – mit der Folge, dass bis vor wenigen Jahren jedenfalls die unentgeltliche Verteilung „echter" Zeitungen nur in engen Grenzen, etwa zu Erprobungszwecken, zugelassen wurde, nicht aber, wenn die Aktion ein solches Ausmaß annahm, dass davon – nach Meinung der Gerichte – eine Gewöhnung des Publikums an den unentgeltlichen Bezug *oder* eine Marktverstopfung drohte.[22] Auch die Verfassung wurde in diesem Zusammenhang bemüht, indem man aus Art. 5 Abs. 1 GG eine **Garantie** (nur) der Institution der herkömmlichen (entgeltlichen) freien Presse herauslas, die in ihrem **Bestand** wegen ihrer Bedeutung für eine demokratische Gesellschaft nicht durch die unentgeltliche Verteilung von Presseerzeugnissen gefährdet werden dürfe.[23]

Offen blieb, wieso diese (angebliche) Institutsgarantie des Art. 5 Abs. 1 GG allein der 20
herkömmlichen Presse und nicht in gleichem Maße neuartigen Presseerzeugnissen wie eben Anzeigenblättern zugutekommen sollte. Auch die Prämisse dieser Praxis, nämlich

[22] *BGH* LM § 3 UWG Nr. 26 = GRUR 1957, 60 = WRP 1957, 227 – Westfalenblatt; LM § 1 UWG Nr. 301 = NJW 1977, 1060 = GRUR 1977, 608 = WRP 1977, 260 = JuS 1977, 688 Nr. 3 – Feld und Wald II; LM § 1 UWG Nr. 709 (Bl. 3 f.) = NJW-RR 1996, 1188 = GRUR 1996, 778 = WRP 1996, 829 – Stumme Verkäufer I; *OLG München* NJW-RR 1996, 490; *OLG Hamburg* WRP 1985, 89; NJW-RR 1987, 26; GRUR 1988, 135; *OGH* SZ Bd. 61 (1988 I) Nr. 5, S. 19 (21 ff.) = ÖBl. 1988, 69 – Zeitungs-Superangebot.

[23] Insb. BGHZ 116, 47 (54) = NJW 1992, 1817 = JuS 1993, 700 Nr. 9 – Stadtkurier; *BGH* LM § 1 UWG Nr. 422 = NJW 1985, 1624 = GRUR 1985, 881 = JuS 1985, 817 Nr. 11 – Bliestal Spiegel; ebenso *Ahrens,* WRP 1999, 123; *Teplitzky,* GRUR 1999, 108.

die Vergleichbarkeit der hier interessierenden Fälle mit denen der unentgeltlichen Verteilung von Originalware, traf nicht zu, da tatsächlich hier gar *nichts verschenkt* wird, vielmehr (natürlich) die Anzeigenkunden ihre Anzeigen weiterhin (teuer) bezahlen müssen, sodass es sich letztlich nur um die *Entwicklung eines neuen Vertriebskonzepts* handelte, das unmöglich nach denselben Regeln wie das Verschenken von Originalware beurteilt werden konnte.[24]

21 Die Gerichte gingen deshalb dazu über, zunächst für die Verteilung von Anzeigenblättern und sodann für die von Fachzeitschriften neue, besondere **Zulässigkeitsschranken** aus § 1 UWG aF zu entwickeln. Die Folge war, dass bei den **Anzeigenblättern** schließlich zwischen „reinen" Anzeigenblättern, die sich auf den Abdruck von Anzeigen beschränken, und „echten" Anzeigenblättern mit einem nicht unerheblichen redaktionellen Teil unterschieden wurde. Als unproblematisch galt seitdem jedenfalls die unentgeltliche Verteilung **„reiner"** Anzeigenblätter. Die Beurteilung der **echten** Anzeigenblätter schwankte dagegen wiederholt.[25] Zuletzt wurde aber auch sie nur noch dann als unlauter eingestuft, wenn durch sie eine ernste **Gefahr für** den **Bestand** der („echten") Tagespresse als Institution dh insgesamt heraufbeschworen wurde.[26] Da indessen von einer derartigen Gefahr offenkundig keine Rede sein konnte, war das Ergebnis, dass sich schließlich die „echten" Anzeigenblätter ebenfalls unbehindert entfalten konnten.

22 Eine vergleichbare Entwicklung vollzog sich nur wenig später in der Frage der unentgeltlichen Verteilung von **Fachzeitschriften:** Während der *BGH* ursprünglich auch insoweit eine ganz restriktive Haltung eingenommen hatte,[27] stellte er später gleichfalls ganz auf die Umstände des Einzelfalles ab.[28] Maßgebend war seitdem vor allem, ob durch die Gratisverteilung eine konkrete Gefahr für den Bestand des Wettbewerbs heraufbeschworen wird sowie, ob der redliche Verkehr das fragliche Vertriebssystem als marktgerecht ansieht und billigt.[29] Man braucht nicht lange nachzudenken, um zu erkennen, dass unter diesen Umständen auch über die unentgeltliche Verteilung von Fachzeitschriften sehr bald nicht mehr diskutiert wurde.

23 Eine weitere Liberalisierung bahnte sich mit dem Aufkommen der **„neuen" Offertenblätter** in der zweiten Hälfte der achtziger Jahre an. Man versteht darunter *entgeltlich* vertriebene Zeitschriften, die ausschließlich Anzeigen aufnehmen. Um ihnen eine möglichst große Verbreitung zu sichern, werden *private Kleinanzeigen* in ihnen häufig

[24] *Berst,* AfP 1999, 425; *Gounalakis/Rhode,* AfP 2000, 321; *Köhler,* WRP 1998, 455; Köhler/Bornkamm/*ders.,* § 4 Rn. 12.20ff., 29; *Lahusen,* GRUR 2005, 221 (223); Ohly/Sosnitza/*Ohly,* § 4 Rn. 10/103; *Schricker,* AfP 2001, 101; *Schmid,* WRP 2000, 991.

[25] Vgl. aus der uneinheitlichen Praxis einerseits BGHZ 51, 236 (244ff.) = NJW 1969, 744 = JuS 1969, 389 Nr. 7 – Stuttgarter Wochenblatt I; andererseits *BGH* LM § 1 UWG Nr. 232 = NJW 1971, 2025 = GRUR 1971, 477 = WRP 1971, 269 – Stuttgarter Wochenblatt II; GRUR 1973, 530 (531) – Crailsheimer Stadtblatt.

[26] *BGH* LM § 1 UWG Nr. 422 = NJW 1985, 1624 = GRUR 1985, 881 = JuS 1985, 817 Nr. 11 – Bliestal Spiegel.

[27] BGHZ 56, 327 (335f.) = NJW 1971, 2028 – Feld und Wald I; *BGH* LM § 1 UWG Nr. 223 = NJW 1971, 237 = GRUR 1971, 168= WRP 1971, 219 – Ärztekammer; LM § 1 UWG Nr. 301 = NJW 1977, 1060 = GRUR 1977, 608 = WRP 1977, 260 JuS 1977, 688 Nr. 3 – Feld und Wald II.

[28] BGHZ 81, 291 (293ff.) = NJW 1982, 335 = JuS 1982, 537 Nr. 10 – BÄKO-Informationen.

[29] Zustimmend *Ricker,* ZUM 1986, 247 (249ff.); ablehnend *Assmann/Brinkmann,* NJW 1982, 312.

unentgeltlich abgedruckt. Weil hier in der Tat nichts verschenkt wird, sahen die Gerichte von vorneherein keinen Anlass zum Einschreiten aufgrund des § 1 UWG aF.[30]

Damit war das Feld bereitet für eine Abkehr von der bisherigen restriktiven Haltung auch auf dem eigentlichen **Zeitungsmarkt.** Die Frage wurde akut, als Ende der neunziger Jahre in zunehmendem Maße „echte" unentgeltliche Zeitungen auftauchten, die ausschließlich über Anzeigen finanziert und kostenlos abgegeben wurden. Wieder intervenierte die herkömmliche Presse mit § 1 UWG von 1909, indessen nunmehr ohne Erfolg, weil es der BGH im Jahre 2003 (endlich) **ablehnte,** den Verlegern von entgeltlich vertriebenen Zeitungen einen **Vorrang** vor anderen Verlegern einzuräumen, ferner, weil das Wettbewerbsrecht nicht die Aufgabe habe, zu einer Konservierung bestehender Marktstrukturen beizutragen und das Aufkommen neuer Vertriebsformen – zum Nachteil des freien Wettbewerbs – zu behindern, sowie, weil nach wie vor jeder Beweis für eine konkrete Gefährdung des Bestandes der herkömmlichen Presse durch die neuen unentgeltlich verteilten Zeitungen fehle.[31] Selbst der partiell unentgeltliche Vertrieb an sich entgeltlicher Zeitungen über ungesicherte Verkaufshilfen begegnet seitdem keinen Bedenken mehr.[32] 24

Die Voraussetzungen für die Annahme einer allgemeinen Marktbehinderung (→ Rn. 4) liegen in den fraglichen Fällen – mangels einer erheblichen Gefahr für den Bestand des Leistungswettbewerbs auf dem Pressemarkt – in der Tat nicht vor. Eine andere Beurteilung kommt ebenso wie in den Fällen der massenhaften Verteilung von Originalware (→ Rn. 15 f.) lediglich in Betracht, wenn die betreffende Vertriebsform zu einer **unbilligen Behinderung der Konkurrenten** führt (§ 19 Abs. 2, § 20 Abs. 1 und 3 GWB; Art. 102 AEUV).[33] So kann es sich zB verhalten, wenn ein ohnehin schon marktbeherrschender Zeitungsverlag zusätzlich zur Herausgabe von Anzeigenblättern übergeht, um seine Macht auch auf diesen Nachbarmarkt zu erstrecken und durch dessen Monopolisierung die eigene Position auf dem Zeitungsmarkt abzusichern. Neben der Anwendung des Kartellrechts ist hier freilich ein Rückgriff auf die wettbewerbsrechtliche Generalklausel (§ 3 Abs. 1 UWG) im Grunde entbehrlich, sodass sich letztlich die ganze Fallgruppe der allgemeinen Marktbehinderung oder Marktstörung tatsächlich als **überflüssig** erweist. Die Zeit ist schlicht über sie hinweggegangen. 25

---

[30] *BGH* LM § 1 UWG Nr. 537 = NJW-RR 1990, 296 == GRUR 1990, 44= WRP 1990, 266 = JuS 1990, 1022 Nr. 11 – Annoncen-Avis; *OLG Düsseldorf* NJW-RR 1987, 294 und 620.

[31] BGHZ 157, 55 (63 ff.) = NJW 2004, 2083 (2085 f.) = JuS 2004, 920 Nr. 7 – 20 Minuten Köln; *BGH* WRP 2004, 746 (748 f.) – Zeitung am Sonntag; NJW-RR 2010, 917 Tz. 21 f. = GRUR 2010, 455 = WRP 2010, 746 = JuS 2010, 826 – Stumme Verkäufer II; ebenso *OGH* ÖBl. 2001, 69 – Format/Trend; 2003, 130 (132) – Lesezirkel.

[32] → Rn. 15; *BGH* NJW-RR 2010, 917 Tz. 21 f. = GRUR 2010, 455 = WRP 2010, 746 = JuS 2010, 826 – Stumme Verkäufer II.

[33] Ebenso im Grundsatz schon BGHZ 81, 291 (293 ff.) = NJW 1982, 335 = JuS 1982, 537 f. Nr. 10; BGHZ 116, 47 (52 ff.) = NJW 1992, 1817 = JuS 1992, 700 Nr. 9 – Stadtkurier; ausdrücklich sodann BGHZ 157, 55 (63 ff.) = NJW 2004, 2083 (2085 f.) = JuS 2004, 920 Nr. 7 – 20 Minuten Köln; *BGH* WRP 2004, 746 (748 f.) – Zeitung am Sonntag.

§ 20. Rechtsbruch

Literatur: *Elskamp,* Gesetzesverstoß und Wettbewerbsrecht, 2008; *Emmerich,* Der unlautere Wettbewerb der öffentlichen Hand, 1969; *ders./Steiner,* Möglichkeiten und Schranken der wirtschaftlichen Betätigung der öffentlich-rechtlichen Rundfunkanstalten, 1986; *Franke,* Arbeitsschutz und lauterer Wettbewerb, 1992; *Glöckner,* Europäisches Lauterkeitsrecht, 2006, S. 600ff.; *Höfinghoff,* Vorsprung durch Rechtsbruch in Deutschland und Spanien, 2004; *Jungk,* Die Ausübung wirtschaftlicher Macht als unlauterer Wettbewerb?, 1997, S. 102ff.; *Leistner,* Richtiger Vertrag und lauterer Wettbewerb, 2007; *Lux,* Der Tatbestand der allgemeinen Marktbehinderung, 2006; *Oesterhaus,* Die Ausnutzung des internationalen Rechtsgefälles und § 1 UWG, 1991; *Ring,* Wettbewerbsrecht der freien Berufe, 1989; *Graf v. Schall-Riaucour,* Wettbewerbsverstöße durch Verletzung außerwettbewerbsrechtlicher Normen, 1978; *Schnieders,* Die Verarbeitung von Allgemeininteressen im UWG, Jb. Junger Zivilrechtswiss. 1994, S. 103; *dies.,* Allgemeininteressen im Wettbewerbsrecht, 1999; *Schricker,* Gesetzesverletzung und Sittenverstoß, 1970; *Sosnitza,* Wettbewerbsbeschränkungen durch die Rechtsprechung, 1995; *Stutz,* Wertbezogene Normen und unlauterer Wettbewerb, 2004; *Terstegen,* Unlauterer Wettbewerb durch Steuerhinterziehung, 1971; *Ulmer,* Sinnzusammenhänge im modernen Wettbewerbsrecht, 1932; *v. Walter,* Rechtsmissbrauch als unlauteres Marktverhalten, 2007; *Wrage,* UWG-Sanktionen bei GWB-Verstößen?, 1984; *Zeppernick,* Vorsprung durch Rechtsbruch im Spannungsverhältnis zwischen Konkurrentenschutz und Popularklage, 2002; *Ziegler,* Der Vorsprung durch Rechtsbruch von Umweltschutzvorschriften, 1998.

I. Überblick

1 Nach § 3a UWG von 2015 (= § 4 Nr. 11 UWG von 2004) handelt unlauter, wer einer gesetzlichen Vorschrift zuwiderhandelt, „die auch dazu bestimmt ist, im Interesse der Marktteilnehmer das Marktverhalten zu regeln und der Verstoß geeignet ist, die Interessen von Verbrauchern, sonstigen Marktteilnehmern oder Mitbewerbern spürbar zu beeinträchtigen“. Mit dieser Vorschrift hatten die Gesetzesverfasser 2004 den (kühnen) Versuch unternommen, eine der am meisten umstrittenen Fragen des Wettbewerbsrechts, nämlich die Frage, wann ein **Gesetzesverstoß zugleich** die **Unlauterkeit** einer Wettbewerbshandlung nach sich zieht (§ 3 Abs. 1 UWG), gleichsam mit einem Federstrich zu lösen. Um die Tragweite der damit aufgeworfenen Fragen zu erkennen, muss man sich vergegenwärtigen, dass das Verhalten von Unternehmen in Deutschland durch eine Unzahl von zum großen Teil überflüssigen Normen reguliert wird. Das Spektrum reicht vom Steuerrecht über das ausufernde Gewerberecht und das Umweltschutzrecht bis hin zum Arbeits- und Sozialrecht. Umso dringlicher stellt sich naturgemäß die Frage, wie das Wettbewerbsrecht auf Verstöße von Unternehmen gegen eine der zahllosen Vorschriften des deutschen oder des europäischen Rechts reagieren soll.

2 Drei Antworten sind prinzipiell möglich: man kann entweder (1.) die Reaktion auf Gesetzesverletzungen den dafür in erster Linie berufenen Behörden und Gerichten überlassen und auf Interventionen des Wettbewerbsrechts völlig verzichten – mit der notwendigen Folge freilich, dass wegen der notorischen Überlautung der zuständigen Behörden und Gerichte zahlreiche Gesetzesverstöße letztlich ohne jede Sanktion bleiben werden. Um hier gegenzusteuern, kann man stattdessen auch (2.) jeden Vorsprung eines Unternehmens im Wettbewerb, der letztlich auf einer Gesetzesverletzung beruht (Paradigma: Steuerhinterziehungen), als unlauter qualifizieren, – sodass dann dagegen auch sämtliche Konkurrenten, Verbände und Kammern einschreiten können (§ 8 Abs. 3 UWG), eine gewiss ebenfalls nicht in jeder Hinsicht attraktive Perspektive. Als Ausweg bleibt damit nur (3.) der Versuch, einen Mittelweg zu finden, dh zwischen

den Gesetzesverletzungen, nach welchen Kriterien auch immer, zu differenzieren und lediglich in einzelnen besonders gelagerten Fällen Gesetzesverstöße zugleich über das UWG zu sanktionieren.

Dem ersten Weg, gekennzeichnet durch die grundsätzliche *Gleichsetzung* der Gesetzwidrigkeit mit der Unlauterkeit, sind vielfach die holländischen und die schweizerischen Gerichte gefolgt.[1] Auch in Deutschland hat dieses Gesetzesverständnis immer wieder Zustimmung gefunden,[2] zumindest für den Wettbewerb der öffentlichen Hand (→ § 4 Rn. 27). Die Gerichte sind dagegen nie so weit gegangen, generell die Gesetzwidrigkeit mit der Sittenwidrigkeit im Sinne des § 1 UWG von 1909 oder mit der Unlauterkeit im Sinne des § 3 Abs. 1 UWG von 2004 zu identifizieren, wollten aber auf der anderen Seite auch niemals die Reaktion auf Gesetzesverstöße im Wettbewerb ganz den dafür an sich berufenen Behörden und Gerichten überlassen, sodass sie sich genötigt sahen, *Kriterien zu entwickeln,* anhand derer es möglich sein sollte, innerhalb der Gesetzesverstöße von Unternehmen im Wettbewerb unter dem Gesichtspunkt ihrer wettbewerblichen Relevanz zu differenzieren. Die danach maßgeblichen Kriterien haben im Laufe der Zeit immer wieder gewechselt. Eine Zeitlang sind die Gerichte auf diese Weise bei der Bejahung der Sittenwidrigkeit eines Gesetzesverstoßes (§ 1 UWG von 1909) so weit gegangen, dass auf vielen Gebieten die Rechtslage doch im Ergebnis weitgehend der in Holland oder der Schweiz entsprach. Eine vergleichbare Entwicklung war in Österreich festzustellen.[3] Erst in den letzten Jahren vor Inkrafttreten des neuen Gesetzes hatte in der Rechtsprechung des **BGH** eine deutliche **Gegenbewegung** eingesetzt, deren Ergebnisse die Verfasser des neuen UWG 2004 mit § 4 Nr. 11 aF im Gesetz festschreiben wollten (→ Rn. 4 ff.), an dessen Stelle schließlich im Jahre 2015, um ein Relevanzkriterium ergänzt, der neue § 3a getreten ist. 3

II. Entwicklung[4]

Die frühere Rechtsprechung zu dem Fragenkreis der Unlauterkeit durch Rechtsbruch beruhte vor allem auf der bereits vom Reichsgericht[5] entwickelten Unterscheidung zwischen **wertbezogenen,** unmittelbar **wettbewerbsregelnden** sowie **wertneutralen Normen** in Verbindung mit dem sogenannten Vorsprungsgedanken. Die Generalklausel (§ 1 UWG von 1909) wurde danach ohne Weiteres „lediglich" bei Verstößen gegen sog *wertbezogene* oder gegen unmittelbar *wettbewerbsregelnde* Normen angewandt, während ein Verstoß gegen die Vielzahl der *wertneutralen* Vorschriften nur dann zur Anwendung der Generalklausel führen sollte, wenn sich der Gewerbetreibende bewusst, dh vorsätzlich und planmäßig, über die fragliche Vorschrift hinweggesetzt hatte, um sich einen *Vorsprung* vor seinen gesetzestreuen Konkurrenten zu ver- 4

[1] *Hoge Raad,* GRURAusl 1962, 330; 1961, 347 (348); BGE 71 (1945) II, 233 (235 f.); 83 (1957) II, 458 (464, 466); 86 (1960) II, 108 (117 ff.).

[2] So *Lobe,* Unlauterer Wettbewerb, Bd. I, 1907, S. 63 ff.; ebenso *Sack,* WRP 1985, 1 (9 ff.); *ders.,* NJW 1985, 761 (765, 768); s. aber *ders.,* WRP 1998, 683.

[3] S. *OGH* SZ Bd. 68 (1995 II) Nr. 168, S. 309 (314 f.) = ÖBl. 1996, 88 (90 f.) – Knoblauch Kapseln; *OGH* ÖBl. 2001, 63 f. – Teppichknoten; 2004, 20 (21 f.) – Interventionsstelle; 2004, 67; 2004, 68 (70); 2004, 71 (72) – Bauträgervertrag; 2004, 120 (123) – Fachmarktzentrum.

[4] S. zum Folgenden zB auch *Dettmar,* Rechtsbruch, S. 11 ff.; *Glöckner,* Europäisches Lauterkeitsrecht, S. 600 ff.; *Götting,* FS Schricker, 2005, S. 689; MüKoUWG/*Schaffert,* § 4 Nr. 11 Rn. 5 ff.

[5] RGZ 115, 319 (325 f.); 166, 315 (319 f.).

schaffen.[6] Ähnliche Regeln galten bei der Verletzung *tarifvertraglicher* Pflichten einer Partei,[7] während Verstöße gegen DIN-"Normen" oder gegen sogenannte Wettbewerbsrichtlinien von Verbänden (→ Rn. 41 ff.) ebenso wie reine Vertragsverletzungen allenfalls in Ausnahmefällen zugleich als sittenwidrig iSd § 1 UWG von 1909 eingestuft wurden.[8]

5 Zu den **wertbezogenen Normen** wurden einmal die sogenannten *sittlich fundierten Normen* gezählt, worunter man vor allem die Mehrzahl der strafrechtlichen Vorschriften einschließlich der Strafvorschriften zum Schutze der Jugend verstand,[9] zum anderen die Vorschriften zum Schutze überragend wichtiger Gemeinschaftsgüter wie der Umwelt, der Volksgesundheit und der Rechtspflege. Beispiele waren das frühere Rechtsberatungsgesetz von 1935 (an dessen Stelle mittlerweile das Rechtsdienstleistungsgesetz von 2008 getreten ist), das Apothekengesetz sowie die verstreuten Rechtsvorschriften, die die Ausübung der Heilkunde regeln. Unklar blieb dagegen bis zuletzt, was man sich unter den **unmittelbar wettbewerbsregelnden Vorschriften** eigentlich vorzustellen hatte; nicht gemeint waren jedenfalls offenbar die Vorschriften des GWB oder des AEUV.

6 Von dem verhältnismäßig kleinen Kreis der wertbezogenen oder unmittelbar wettbewerbsregelnden Normen (→ Rn. 5) musste die große Zahl der übrigen, den Wirtschaftsverkehr betreffenden Vorschriften unterschieden werden, in denen die Gerichte grundsätzlich nur sogenannte **wertneutrale Ordnungsvorschriften** erblickten, die den Schutz weithin beliebiger öffentlicher Interessen bezwecken. Hierher gehörte zunächst die Mehrzahl der *gewerberechtlichen Vorschriften.* Namentlich die Verletzung einer der vielen Anzeige- oder Genehmigungspflichten der GewO oder der Handwerksordnung führte „nur" dann zur Anwendung der Generalklausel des § 1 UWG von 1909, wenn damit ein **Vorsprung** vor den gesetzestreuen Konkurrenten angestrebt wurde.[10] Ebenso behandelt wurden etwa noch Verstöße gegen das Personenbeförderungsgesetz (PBefG) und gegen das LadenschlußG.

7 Es verwundert nicht, dass eine derart verwirrende Praxis niemanden zu überzeugen vermochte.[11] Deshalb änderte schließlich auch der BGH seine Rechtsprechung in mehreren Schritten. Der erste Schritt war die Beschränkung des Anwendungsbereichs des Rechtssatzes, dass ein Verstoß gegen wertbezogene Normen grundsätzlich die Anwendbarkeit der Generalklausel nach sich zieht (→ Rn. 5), auf nach außen gerichtete

[6] So zB BGHZ 79, 390 (399f.) = (vollständiger) NJW 1981, 2519 (2520) = GRUR 1981, 516 = JuS 1982, 305 Nr. 13 –Apotheken- und Steuerberatungsgesellschaft; BGHZ 109, 153 (162f.) = NJW 1990, 578 = WRP 1990, 282 – Anwaltswahl durch Mieterverein; BGHZ 110, 278 (289ff.) = NJW 1990, 3199 = JuS 1991, 79 Nr. 10 – ZDF.

[7] BGHZ 120, 320 (323ff.) = NJW 1993, 1010 = JuS 1993, 872 Nr. 11 – Tariflohnunterschreitung; *OGH* ÖBl. 1991, 67 (69).

[8] *BGH* LM § 1 UWG Nr. 473 = NJW 1987, 3132 = GRUR 1987, 832 = WRP 1987, 853 – Konkurrenzschutzklausel; LM § 1 UWG Nr. 655 = NJW-RR 1994, 1196 = WRP 1994, 640 = GRUR 1994, 640 – Ziegelvorhangfassade; *Mees,* FS Piper, 1996, S. 363 (367ff.).

[9] *OLG Hamburg* GRUR 1987, 381 (383); 1987, 543 (544).

[10] RGZ 115, 319 (325f.); 166, 315 (319f.); *BGH* LM § 1 UWG Nr. 127 = NJW 1963, 2021 = GRUR 1963, 578 = WRP 1963, 330 = JuS 1964, 38 Nr. 5 – Sammelbesteller; LM § 1 UWG Nr. 293 = NJW 1976, 1635 = GRUR 1976, 635 = WRP 1976, 546 – Sonderberater in Bausachen; LM § 1 UWG Nr. 479 = NJW 1988, 2243 = GRUR 1988, 310 = WRP 1988, 239 – Sonntagsvertrieb.

[11] Zur Kritik s. zB *Ring,* Wettbewerbsrecht der freien Berufe, 1984, S. 107ff.; *Schricker,* Gesetzesverletzung und Sittenverstoß, 1970, S. 21, 239ff.; *Stolterfoth,* FS Rittner, 1991, S. 695 (702ff.).

Handlungen, dh auf solche Handlungen, die einen deutlichen **Marktbezug** aufweisen. Solcher Marktbezug fehlte nach Meinung des BGH vor allem bei bloßen innerbetrieblichen Vorgängen wie dem Produktionsprozess, woraus sich zB ergeben sollte, dass Verstöße gegen *Umweltschutznormen,* die sich lediglich auf den Produktionsprozess auswirken, allein noch *nicht* die Anwendung des § 1 UWG von 1909 rechtfertigten.[12] Der zweite Schritt bei der Beschränkung des Anwendungsbereiches des Kreises der wettbewerbsrechtlich relevanten Normen bestand sodann darin, dass der BGH auch bei Verstößen gegen Normen mit Marktbezug zusätzlich verlangte, dass die fragliche Norm zumindest auch, dh in zweiter Linie **(sekundär)** einen **marktregelnden Zweck** oder eine marktordnende Schutzfunktion hat. Fehlte es daran, so zog ein Verstoß gegen sie gleichfalls nicht mehr automatisch die Anwendung der Generalklausel nach sich.[13]

Die geschilderte Rechtsprechungsänderung (→ Rn. 7) hatte vor allem bei der Beurteilung von Verstößen zumal öffentlicher Unternehmen gegen **Marktzutrittsregelungen** weitreichende Auswirkungen (vgl. schon → § 4 Rn. 19ff.), da der BGH in derartigen Fällen jetzt den Anwendungsbereich des § 1 UWG von 1909 folgerichtig streng auf Fälle beschränkte, in denen sich der Gesetzesverstoß gerade auf das **Wettbewerbsverhalten** selbst, dh auf den Auftritt des Unternehmens am *Markt* auswirkte, während das vorhergehende Verhalten wie der Marktzutritt oder die Produktion ebenso wie das nachfolgende Verhalten des Unternehmens aus der Betrachtung ausgeblendet wurden.[14] Abgekürzt unterscheidet man insoweit häufig auch zwischen dem **Ob und** dem **Wie** des Wettbewerbsverhaltens eines Unternehmens. 8

Die Konsequenzen zeigten sich vor allem bei Verstößen kommunaler Unternehmen gegen die Wirtschaftsbestimmungen der **Gemeindeordnungen,** weil der BGH hier aus seinem Ansatz den Schluss zog, dass derartige Verstöße *allein* den *Marktzutritt* und nicht etwa auch das nachfolgende Marktverhalten der kommunalen Unternehmen betreffen – mit der (fatalen) Folge, dass die Privatwirtschaft jetzt auf einmal *keinen Schutz* mehr gegen die Konkurrenz der öffentlichen Hand genoss (→ § 4 Rn. 22).[15] Nach einer seitdem ständig wiederholten Formel sollte vielmehr eine Anwendung der Generalklausel (§ 1 UWG von 1909) in den Fällen eines Gesetzesverstoßes nur noch in Betracht kommen, wenn von dem Verstoß zugleich eine **unlautere Störung des Wettbewerbs auf dem Markt** ausgeht. Es musste daher anhand einer am Schutzzweck des § 1 UWG von 1909 auszurichtenden Würdigung des Gesamtcharakters des Verhaltens geprüft werden, ob dieses durch den Gesetzverstoß das Gepräge eines wettbewerbsrechtlich unlauteren Verhaltens bekam. Der Gesetzesverstoß 9

[12] BGHZ 144, 255 (262f.) = NJW 2000, 3251 = JuS 2001, 191 Nr. 14 – Abgasemissionen; vgl. auch *OGH* ÖBl. 2004, 71 (72) – Bauträgervertrag.

[13] BGHZ 150, 343 (347f.) = NJW 2002, 2645 = JuS 2002, 1233 Nr. 11 – Elektroarbeiten; *BGH* LM § 1 UWG Nr. 838/839 (Bl. 3 R f.) = NJW 2001, 2089 = GRUR 2001, 354 = WRP 2001, 255 – Vielfachabmahner.

[14] So BGHZ 150, 343 (347) = NJW 2002, 2645 = JuS 2002, 1233 Nr. 11 – Elektroarbeiten.

[15] So für die bayer. Gemeindeordnung (GO) BGHZ 150, 343 (347ff.) = NJW 2002, 2645 = JuS 2002, 1233 Nr. 11 – Elektroarbeiten; für die nordrhein-westfälische GO *BGH* NJW 2003, 586 (587f.) = GRUR 2003, 164 = WRP 2003, 252 – Altautoverwertung; ebenso auch für Art. 87f Abs. 2 S. 1 GG BGHZ 156, 379 = NJW-RR 2004, 1178 = WuW/E DER 1206 = GRUR 2004, 255 (258) – Strom und Telefon I; *BGH* GRUR 2004, 259 (262) = WRP 2004, 382 = WuW/E DER 1210 – Strom und Telefon II.

allein genügte dafür nur, wenn die verletzte Norm zumindest auch eine **sekundäre auf die Lauterkeit** des Wettbewerbs **bezogene Schutzfunktion** hat.[16]

10 Der erforderliche „Wettbewerbsbezug" einer Norm wurde **zum Bespiel** *bejaht* bei der PreisangabenVO, weil sie den Wettbewerb zum Schutze der Verbraucher fördern solle,[17] bei den Vorschriften der Gebührenordnung für Architekten, die eine Unterschreitung der Mindestsätze verbieten, da dadurch ein ruinöser Preiswettbewerb zwischen den Architekten verhindert werden solle,[18] sowie bei § 59k BRAO über die Firmenbildung bei Rechtsanwaltsgesellschaften wegen seines Zwecks, eine Irreführung des Verkehrs zu verhindern.[19] Der nötige Wettbewerbsbezug wurde dagegen **zB verneint** für § 45 Abs. 1 Nr. 4 BRAO, nach dem ein Rechtsanwalt nicht tätig werden darf, wenn er in derselben Angelegenheit außerhalb seiner Anwaltstätigkeit bereits beruflich tätig war, weil diese Vorschrift nicht die Aufgabe habe, die Gegebenheiten eines bestimmten Marktes zu regeln.[20]

11 § 3a UWG (= § 4 Nr. 11 aF) geht letztlich auf Vorschläge des Schrifttums zurück, mit denen der Zweck verfolgt wurde, die geschilderte, neuere Rechtsprechung des BGH (→ Rn. 7ff.) im Gesetz festzuschreiben.[21] So erklärt sich die schließlich Gesetz gewordene **Beschränkung** des § 3a UWG (= § 4 Nr. 11 aF) **auf Marktverhaltensregelungen.** Zur Begründung haben die Gesetzesverfasser unter Bezugnahme auf das Elektroarbeiten-Urteil des *BGH* von 2002[22] ausgeführt, das Wettbewerbsrecht habe nach seinem Schutzzweck nicht die Aufgabe, Gesetzesverstöße generell zu sanktionieren; § 4 Nr. 11 aF beschränke sich deshalb auf Verstöße gegen Vorschriften, die „zumindest eine *sekundäre Schutzfunktion zu Gunsten des Wettbewerbs*" haben. Dazu könnten (ausnahmsweise) auch Marktzutrittsregelungen gehören, sofern sie nur ebenfalls eine auf die Lauterkeit des Wettbewerbs bezogene Schutzfunktion aufweisen und somit zugleich das Marktverhalten regeln.[23] Die während der Gesetzesberatungen insbesondere vom Bundesrat[24] geforderte Ausdehnung der Regelung auf alle Marktzutrittsregelungen ist am Widerstand der Bundesregierung gescheitert.[25] Durch die 2. Novelle von 2015 ist schließlich der frühere § 4 Nr. 11 von 2004 durch den wortgleichen § 3a ersetzt worden, ergänzt um ein Relevanzkriterium.[26]

III. Vereinbarkeit mit der UGP-Richtlinie

12 Die UGP-Richtlinie von 2005 enthält keine mit § 3a UWG vergleichbare Vorschrift. Dies hat Anlass zu der Frage gegeben, ob im **B2C-Bereich,** dh bei der Verletzung gesetzlicher Pflichten, die Unternehmen gegenüber Verbrauchern obliegen, heute noch

[16] So zB *BGH* NJW-RR 2003, 1685 (1686) = GRUR 2003, 969 = WRP 2003, 1350 – Ausschreibung von Vermessungsleistungen; NJW-RR 2004, 547 (548) = GRUR 2004, 247 = WRP 2004, 337 – Krankenkassenzulassung; NJW 2004, 1099 (1100) = GRUR 2004, 346 = WRP 2004, 485 – KPMG usw bis *BGH* GRUR 2015, 1228 Tz. 56 = WRP 2015, 1468 (1474) – Tagesschau App.

[17] BGHZ 155, 301 (305) = NJW 2003, 3343 – Telefonischer Auskunftsdienst.

[18] *BGH* NJW-RR 2003, 1685 (1686) = GRUR 2003, 969 (970) = WRP 2003, 1350 – Ausschreibung von Vermessungsleistungen.

[19] *BGH* NJW 2004, 1099f. = GRUR 2004, 346 = WRP 2004, 485 – KPMG.

[20] *BGH* LM § 1 UWG Nr. 838/839 (Bl. 3ff.) = NJW 2001, 289 = GRUR 2001, 354 = WRP 2001, 255 – Vielfachabmahner; zur Kritik s. zB *Stolterforth,* FS Rittner, 1991, S. 695 (702ff.).

[21] *Köhler/Bornkamm/Henning-Bodewig,* WRP 2002, 1317 (1319, 1326 Nr. 20).

[22] BGHZ 150, 343 = NJW 2002, 2645 = GRUR 2002, 825 = JuS 2002, 1233 Nr. 11.

[23] Begr. von 2003, BT-Drs. 15/1487, S. 19 (l. Sp.).

[24] Begr. (vorige Fn.), S. 31 (l. Sp.).

[25] Begr., BT-Drs. 15/1487, S. 41 (r. Sp. o.).

[26] S. den Ausschussbericht von 2015, BT-Drs. 18/6571, S. 15 („Zu Nr. 3").

Raum für die Anwendung des § 3a UWG ist.[27] Die Verfasser der 2. Novelle von 2015 haben dazu bemerkt, § 3a betreffe ganz überwiegend Bestimmungen außerhalb des Geltungsbereichs der Richtlinie und müsse im Übrigen im Einzelfall richtlinien-konform ausgelegt werden.[28] In der Tat muss man unterscheiden: Keine Probleme wirft die Vereinbarkeit des § 3a UWG mit der Richtlinie zunächst in denjenigen Bereichen auf, in denen die **Richtlinie** ihrerseits gar **nicht anwendbar** ist oder in denen sie doch abweichende unionsrechtliche oder nationale Regelungen einschließlich eben des § 3a UWG zulässt. Dazu gehören – neben dem Bereich **B2B** – nach Art. 3 Abs. 3 der Richtlinie insbesondere alle Vorschriften in Bezug auf die *Gesundheits- und Sicherheitsaspekte* von Produkten, wie zB das wichtige HWG,[29] Kennzeichnungsvorschriften des Lebensmittelrechts[30] sowie noch Vorschriften der Handwerksordnung (HdwO) zur Gewährleistung der Sicherheit und der Qualität der hergestellten Waren oder der angebotenen Dienstleistungen,[31] weiter die Vorschriften über das Zustandekommen von Verträgen (Art. 3 Abs. 2 der Richtlinie), *berufsrechtliche Regelungen* zB für Rechtsanwälte, Steuerberater oder Ärzte (Art. 3 Abs. 8 der Richtlinie)[32] sowie noch die gesetzlichen Anforderungen in Fragen der guten Sitten und des Anstands,[33] wobei vor allem an die Bestimmungen zum Schutze der Jugend oder gegen Diskriminierungen zu denken ist. Verstöße gegen die genannten Vorschriften können daher weiterhin, und zwar auch im Verhältnis zu Verbrauchern (B2C), mit § 3a UWG sanktioniert werden, weil insoweit die Richtlinie auf eine Vollharmonisierung des Lauterkeitsrechts in der Union verzichtet hat.

Anders ist die Situation dagegen bei Verstößen gegen **Informationspflichten,** durch 13
deren Erfüllung Verbrauchern eine sachgerechte Entscheidung ermöglicht werden soll. Verstöße gegen derartige Pflichten fallen unmittelbar in den Anwendungsbereich der Richtlinie (s. Art. 7 Abs. 5 der Richtlinie iVm Anhang II und dazu → § 14 Rn. 40ff.). Der **BGH** hat daraus den Schluss gezogen, dass Verstöße gegen Informationspflichten im Verhältnis zu Verbrauchern mit Rücksicht auf die mit der Richtlinie bezweckte Vollharmonisierung des Lauterkeitsrechts nur dann noch unter § 3a UWG subsumiert werden können, wenn die fraglichen Pflichten ihre **Grundlage im Unionsrecht** finden.[34] Ein Beispiel ist die **Preisangabenverordnung,** die auf einer Richtlinie von 1997 beruht (→ § 16 Rn. 3, 17ff.), sodass Verstöße gegen die genannte

[27] S. dazu *Glöckner,* GRUR 2013, 568; Köhler/Bornkamm/*Köhler,* § 4 Rn. 11.6a–p; *ders.,* WRP 2012, 638 (646ff.); MüKoUWG/*Schaffert,* § 4 Nr. 11 Rn. 15; Ohly/Sosnitza/*Ohly,* § 4 Rn. 11/6f.

[28] Ausschussbericht von 2015, BT-Drs. 18/6571, S. 15 („Zu Nr. 3").

[29] Art. 3 Abs. 3 der Richtlinie; Erwägungsgrund Nr. 9; *BGH* GRUR 2009, 881 Tz. 16 = WRP 2009, 1089 (1091) – Überregionale Krankentransporte; GRUR 2010, 1136 Tz. 13 = WRP 2010, 1422 – Unser Dankeschön; NJW-RR 2010, 1343 Tz. 39 = GRUR 2010, 749 = WRP 2010, 1030 (1034) – Erinnerungswerbung im Internet; NJW-RR 2011, 1125 (1129 Tz. 35) = GRUR 2011, 633 = WRP 2011, 858 – Bio Tabak; GRUR 2013, 857 Tz. 11 = WRP 2013, 1024 – Voltaren; GRUR 2015, 916 Tz. 15 = WRP 2015, 1095 (1097) – Abgabe ohne Rezept.

[30] *BGH* GRUR 2013, 739 Tz. 17ff. = WRP 2013, 902 (905) – Barilla.

[31] *BGH* GRUR 2013, 1056 Tz. 15 = WRP 2013, 1336 (1338) – Meisterpräsenz.

[32] → Rn. 32ff.; *BGH* NJW-RR 2010, 1628 Tz. 15 = GRUR 2010, 1024 = WRP 2010, 1390 (1391) – Master of Science Kieferorthopädie; GRUR 2015, 1237 (1239 Tz. 19) = WRP 2016, 41 – Erfolgsprämie für Kundengewinnung.

[33] Erwägungsgrund Nr. 7 S. 3.

[34] *BGH* NJW 2010, 2521 Tz. 11 = GRUR 2010, 652 = WRP 2010, 872 (875) – Costa del Sol; GRUR 2010, 1023 Tz. 26 = WRP 2010, 1023 (1026) – Sondernewsletter; GRUR 2010, 852 Tz. 15 = WRP 2010, 1143 (1144f.) – Gallardo Spyder; zT wohl abweichend *Köhler,* WRP 2012, 338 (346ff.).

Verordnung, soweit die Verordnung mit der Richtlinie übereinstimmt, mit § 3a UWG erfasst werden können, im Übrigen aber eben nicht.[35] Weitere Beispiele sind die §§ 475 Abs. 1 und 477 BGB (zur Umsetzung der Verbrauchsgüterkauf-Richtlinie)[36] sowie die §§ 312d–312g und 355 BGB, die auf die Fernabsatz-, die Verbraucherkredit- und die Verbraucherrechte-Richtlinie zurückgehen.[37]

14 In dieselbe Richtung weist die (in ihrer Reichweite freilich bisher noch wenig geklärte) Vorschrift des **Art. 3 Abs. 4 der UGP-Richtlinie,** nach der Bestimmungen des Unionsrechts, die *besondere Aspekte* unlauterer Geschäftspraktiken regeln, grundsätzlich den Vorrang vor der UGP-Richtlinie haben. Deshalb dürfte es mit der UGP-Richtlinie vereinbar sein, Verstöße gegen Vorschriften, die auf den in Art. 3 Abs. 4 der UGP-Richtlinie ins Auge gefassten speziellen Rechtsakten der Union beruhen, als Verstöße gegen § 3a UWG zu behandeln.

IV. Tatbestandsmerkmale

1. Verstoß gegen eine gesetzliche Vorschrift

15 Nach § 3a UWG handelt unlauter, wer „einer gesetzlichen Vorschrift zuwiderhandelt", vorausgesetzt, dass die fragliche gesetzliche Vorschrift dazu bestimmt ist, im Interesse der Marktteilnehmer das Marktverhalten zu regeln, und der Verstoß außerdem geeignet ist, die Interessen von Verbrauchern, sonstigen Marktteilnehmern oder Mitbewerbern spürbar zu beeinträchtigen (sogenanntes Relevanzkriterium; → Rn. 26). Erste Voraussetzung für die Anwendung des § 3a UWG ist folglich die Zuwiderhandlung, dh der Verstoß gegen eine gesetzliche Vorschrift, und zwar gerade durch eine **geschäftliche Handlung** im Sinne des § 2 Abs. 1 Nr. 1 UWG (→ § 4 Rn. 6, 9ff.). Die Beschränkung des Anwendungsbereichs des § 3a UWG auf geschäftliche Handlungen folgt unmittelbar aus der Bezugnahme auf § 3 Abs. 1 in § 3a UWG.[38]

16 **Gesetzliche Vorschrift** im Sinne des § 3a UWG ist **jede Rechtsnorm** mit Gültigkeit im Inland einschließlich des Gewohnheitsrechts, des Verordnungsrechts und der Satzungen der Körperschaften des öffentlichen Rechts wie zB der Berufsgenossenschaften oder der Kammern der freien Berufe (s. Art. 2 EGBGB).[39] Den Gegensatz bilden vor allem Verwaltungsanweisungen mit lediglich interner Wirkung, Wettbewerbsregeln von Verbänden (→ Rn. 41ff.), sonstige „private Normen" wie zB die DIN-Vorschriften (bei denen es sich um Empfehlungen sogenannter Sachverständiger handelt) sowie vertragliche Regelungen, Handelsbräuche und sonstige Übungen. Ob ein **Verstoß**

[35] *BGH* NJW 2010, 2521 Tz. 11 = GRUR 2010, 652 = WRP 2010, 872 (875) – Costa del Sol; GRUR 2012, 1159 Tz. 10 = WRP 2012, 1384 – Preisverzeichnis bei Mietwagenangebot; GRUR 2015, 1240 Tz. 18ff. = WRP 2015, 1464 – Der Zauber des Nordens.

[36] → Rn. 29 sowie *BGH* NJW 2011, 76 Tz. 16ff. = NJW 2010, 1117 = WRP 2010, 1474 (1476) = JuS 2011, 753 – Gewährleistungsausschluß im Internet; NJW-RR 2011, 335 (337 Tz. 23f.) = GRUR 2010, 1120 = WRP 2010, 1495 (1499) – Vollmachtsausweis; NJW 2012, 3577 Tz. 43 = GRUR 2012, 949 – Mißbräuchliche Vertragstrafe.

[37] *BGH* NJW 2010, 3566 = WRP 2010, 1517 = GRUR 2010, 1142 Tz. 12 – Holzhocker; NJW 2012, 1814 Tz. 15 = GRUR 2012, 643 = WRP 2012, 710 – Überschrift zur Widerrufsbelehrung; NJW 2012, 3577 Tz. 43 = GRUR 2012, 949 = WRP 2012, 1086 – Mißbräuchliche Vertragstrafe.

[38] MüKoUWG/*Schaffert,* § 4 Nr. 11 Rn. 43ff.

[39] S. Harte-Bavendamm/Henning-Bodewig/*v. Jagow,* § 4 Nr. 11 Rn. 13ff.; MüKoUWG/*Schaffert,* § 4 Nr. 11 Rn. 46ff.

gegen eine derartige Rechtsnorm vorliegt, haben die ordentlichen Gerichte im Wettbewerbsprozess aufgrund des UWG grundsätzlich selbstständig und ohne Bindung an die Rechtsauffassung anderer Stellen zu entscheiden, dies selbst dann, wenn Verstöße gegen die fragliche Rechtsnorm noch weitere Sanktionen nach sich ziehen, für deren Verhängung an sich andere Stellen zuständig sind (→ Rn. 1 ff.).[40] Beispiele sind die verbreiteten Verstöße gegen das Gewerberecht, in erster Linie also gegen die GewO oder die Handwerksordnung. Dagegen fehlt es bereits an dem Tatbestand einer Gesetzesverletzung, wenn sich der Täter auf eine **behördliche Genehmigung** berufen kann, die zwar möglicherweise fehlerhaft, aber deshalb nicht geradezu nichtig ist.[41] **Ohne** solche **Genehmigung** ist die fragliche Tätigkeit dagegen selbst dann verboten und deshalb unlauter (§ 3a UWG), wenn die Genehmigung zu Unrecht versagt wurde.[42]

Anders verhält es sich, wenn die in der verletzten Vorschrift vorgesehene Ordnung der **Sanktionen** als **abschließend** gedacht ist, sodass daneben ein Rückgriff auf die Sanktionen des UWG auf dem Weg über § 3a UWG ausscheidet. Dies wird heute insbesondere für das Verhältnis zum **GWB** angenommen, da das GWB in den §§ 32 ff. ein ausdifferenziertes Sanktionssystem enthält, dessen Beschränkungen, insbesondere was die Klagebefugnis Dritter angeht (s. § 33 Abs. 2 GWB idF von 2013), nicht durch die ergänzende Anwendung des UWG (s. §§ 3a, 8 Abs. 3) überspielt werden dürfen.[43] Eine abweichende Beurteilung kommt nur in Betracht, wenn das fragliche kartellrechtswidrige Verhalten zugleich einen selbstständigen UWG-Tatbestand erfüllt, wobei insbesondere an den Boykott oder an sonstige gezielte Behinderungen von Konkurrenten im Sinne des § 4 Nr. 4 UWG zu denken ist. 17

2. Regelung des Marktverhaltens

Die durch eine geschäftliche Handlung verletzte gesetzliche Vorschrift (→ Rn. 16 f.) muss, wenn Raum für die Anwendung der § 3a UWG sein soll, ferner „auch", dh unter anderem, dazu bestimmt sein, das Marktverhalten der Unternehmen zu regeln, und zwar gerade im Interesse der Marktteilnehmer. *Beides* ist also erforderlich, sowohl eine Regelung des Marktverhaltens durch die verletzte Vorschrift (→ Rn. 19 ff.) als auch eine entsprechende Schutzfunktion der Norm zu Gunsten anderer Marktteilnehmer (→ Rn. 22 f.). 18

Der Begriff des **Marktverhaltens** in § 3a UWG ist im UWG nicht definiert. Meistens wird darunter eine geschäftliche Handlung im Sinne des § 2 Abs. 1 Nr. 1 verstanden, die einen besonderen *Marktbezug aufweist* und der Förderung des Absatzes oder des Bezugs von Waren oder Dienstleistungen dient.[44] Die wichtigsten **Erscheinungsformen** sind das Angebot von und die Nachfrage nach Waren oder Dienstleistungen, die 19

---

40 Köhler/Bornkamm/*Köhler*, § 4 Rn. 11.18 ff.; Ohly/Sosnitza/*Ohly*, § 4 Rn. 11/11.

41 BGHZ 163, 265 (269) = NJW 2005, 2705 – Atemtest; *BGH* LM § 1 UWG Nr. 862. (Bl. 2 R f.) = NJW-RR 2002, 395 = GRUR 2002, 269 – Sportwetten I; GRUR 2015, 1228 Tz. 31 = WRP 2015, 1468 (1471) – Tagesschau App; WRP 2016, 44 Tz. 19 – Äquipotenzangabe in Fachinformation.

42 *BGH* NJW 2002, 2175 = GRUR 2002, 636 (637) = WRP 2002, 688 – Sportwetten II.

43 S. schon → § 5 Rn. 36 sowie insb. BGHZ 166, 154 (159 f. Tz. 13 ff.) = NJW 2006, 2627 = JuS 2006, 1030 – Probeabonnement; BGHZ 177, 150 (153) = GRUR 2008, 810 Tz. 11 = WRP 2008, 1182 – Kommunalversicherer; s. Kartellrecht, § 40 Rn. 27; Immenga/Mestmäcker/*Emmerich*, GWB, § 33 Rn. 114.

44 Harte-Bavendamm/Henning-Bodewig/*v. Jagow*, § 4 Nr. 11 Rn. 26 ff.; MüKoUWG/*Schaffert*, § 4 Nr. 11 Rn. 56; *Doepner*, WRP 2003, 1292 (1295 ff.); *Köhler*, GRUR 2004, 381 (383 ff.); *ders.*, FS Schmitt Glaeser, 2003, S. 499; Köhler/Bornkamm/*ders.*, § 4 Rn. 11.33 ff.; Ohly/Sosnitza/*Ohly*, § 4 Rn. 11/14 ff.

Werbung dafür sowie der Abschluss und die Durchführung von Verträgen (letzteres str.). Alle darauf bezüglichen Vorschriften fallen folglich unter § 3a UWG.

Beispiele sind die Regelung der Ladenzeiten oder der Werbung sowie die Begründung von Kennzeichnungs- oder Aufklärungspflichten.

20 Den Gegensatz zu dem Marktverhalten iSv § 3a UWG (→ Rn. 19) bilden die nicht nach außen hervortretenden Tätigkeiten, dh bloße **innerbetriebliche Vorgänge** wie die Organisation der Produktion oder die Einstellung von Arbeitnehmern.[45] Die Folge ist, dass die Verletzung gesetzlicher Vorschriften, die in erster Linie den *Produktionsprozess* oder die *Arbeitsbeziehungen* regeln, aus dem Anwendungsbereich des § 3a UWG auszuklammern sind (str.). **Beispiele** sind Vorschriften aus dem Bereich des Umweltschutzrechts, des Steuerrechts, des Arbeitsrechts (einschließlich des Tarifvertragsrechts) und des Urheberrechts, immer vorausgesetzt, dass bei der fraglichen Vorschrift nicht ausnahmsweise doch die Regelung der Marktverhältnisse im Vordergrund steht.[46] *Steuerrechtliche Vorschriften* sind selbst dann keine gesetzlichen Vorschriften mit Marktbezug im Sinne des § 3a UWG, wenn es sich bei ihnen um sogenannte *Lenkungssteuern* handelt, deren Zweck in der Subventionierung einzelner Unternehmen auf Kosten anderer besteht.[47] Dasselbe gilt für sämtliche anderen Normen, deren Zweck in der Subventionierung einzelner Unternehmen, in der Fernhaltung anderer Unternehmen oder in der *Regelung der Rahmenbedingungen* besteht.[48] Anders zu beurteilen sind allenfalls steuerrechtlicher Vorschriften, bei denen es sich wie bei der Tabaksteuer der Sache nach um Preisvorschriften handelt.[49]

21 Die Marktverhaltensregelungen müssen ferner von **Marktzutrittsregelungen** unterschieden werden, weil dem § 3a UWG, wie aus der Entstehungsgeschichte der Vorschrift zu folgern ist (→ Rn. 11 f.), die Einteilung der gesetzlichen Vorschriften in Marktzutritts- und Marktverhaltensregelungen zugrunde liegt.[50] Das praktisch bedeutsamste Beispiel sind die *kommunalrechtlichen Vorschriften* über die Zulässigkeit öffentlicher Unternehmen, sodass bei deren Verletzung nach hM heute keine Möglichkeit mehr für die Anwendung des § 3a UWG zum Schutze der Privatwirtschaft besteht (s. dagegen schon → § 4 Rn. 21 f.). Anders behandelt werden lediglich Verstöße gegen sogenannte Marktzutrittsregelungen mit *Doppelfunktion,* worunter man vor allem Vorschriften versteht, die als Voraussetzung für die Ausübung bestimmter Tätigkeiten den **Nachweis spezieller fachlicher Fähigkeiten** fordern, in erster Linie also Vorschriften, die wie bei Ärzten und Rechtsanwälten besondere Anforderungen an die Ausbildung stellen.[51] Für die somit notwendige Unterscheidung zwischen rei-

---

[45] Ausführlich Harte-Bavendamm/Henning-Bodewig/*v. Jagow,* § 4 Nr. 11 Rn. 26 ff.

[46] S. für umweltschutzrechtliche Vorschriften BGHZ 144, 255 (262 ff.) = NJW 2000, 3351 = JuS 2001, 191 Nr. 14 – Abgasemissionen; für das Tarifvertragsrecht BGHZ 120, 320 (323 ff.) = NJW 1993, 1010 = JuS 1993, 872 Nr. 11 sowie für das Urheberrecht BGHZ 140, 183 (188 f.) = NJW 1999, 1964 – Elektronische Pressearchive.

[47] *BGH* GRUR 2010, 654 Tz. 18 ff. = WRP 2010, 876 (878) – Zweckbetrieb.

[48] *BGH* GRUR 2010, 654 Tz. 18 ff. = WRP 2010, 876 (878) = JuS 2010, 1025 – Zweckbetrieb; GRUR 2015, 1228 Tz. 21 = WRP 2015, 1468 (1471) – Tagesschau App.

[49] S. *Emmerich,* JuS 2010, 1025.

[50] *BGH* GRUR 2015, 1228 Tz. 56 = WRP 2015, 1468 (1474) – Tagesschau App; Systematik bei *Doepner,* WRP 2003, 1292 (1297 f.).

[51] So die Begr., BT-Drs. 15/1487, S. 19 (l. Sp. „Zu Nr. 11"); *Bieler,* WRP 2008, 723 (725); *Dettmar,* Rechtsbruch, S. 162; *Köhler,* GRUR 2004, 381 (385); Köhler/Bornkamm/*ders.,* § 4 Rn. 11.49; Ohly/Sosnitza/*Ohly,* § 4 Rn. 11/19.

nen Marktzutrittsregelungen und solchen mit Doppelfunktion wird meistens im Anschluss an eine Bemerkung der Gesetzesverfasser (→ Rn. 11) darauf abgestellt, ob die fragliche Norm eine **auf die Lauterkeit** des Wettbewerbs **bezogene „sekundäre Schutzfunktion"** hat.[52] Im Wortlaut des § 3a UWG kommt dies nicht zuletzt darin zum Ausdruck, dass die Vorschrift nur Verstöße gegen gesetzliche Vorschriften erfasst, die gerade *im Interesse der Marktteilnehmer* das Marktverhalten von Unternehmen regeln (→ Rn. 22).

3. Interesse der Marktteilnehmer

Die Anwendbarkeit des § 3a UWG setzt weiter voraus, dass die Marktverhaltensregelung (→ Rn. 19–21) gerade „im Interesse der Marktteilnehmer" und nicht zum Schutze anderer Interessen erlassen wurde (vgl. auch § 823 Abs. 2 BGB). **Marktteilnehmer** sind nach § 2 Abs. 1 Nr. 2 UWG neben den Mitbewerbern und den Verbrauchern alle Personen, die als Anbieter oder Nachfrager von Waren oder Dienstleistungen tätig sind, im Ergebnis somit letztlich sämtliche **Unternehmer und Verbraucher** (→ § 3 Rn. 21). § 3a UWG besagt somit, dass von der gesetzlichen Regelung allein Verstöße gegen Marktverhaltensregelungen erfasst werden, mit denen zumindest auch der *Schutz* der genannten Personen, dh der *Verbraucher und* der *Unternehmer,* und zwar gerade mit Bezug auf ihren *Auftritt am Markt* (und nicht in anderen Beziehungen) *bezweckt* wird.[53] Den Gegensatz bilden die Interessen sonstiger Personen sowie vor allem der **Allgemeinheit,** sodass sämtliche Vorschriften zum Schutze von Interessen des Staates aus dem Anwendungsbereich des § 3a UWG herausfallen.[54] Erfasst werden vielmehr allein solche Vorschriften, mit denen zumindest auch ein *Individualschutz* gerade der Marktteilnehmer, dh der Unternehmer und der Verbraucher, und zwar in Bezug auf ihren Auftritt am Markt intendiert ist. Das ist es, was letztlich mit der vielzitierten Bemerkung der Gesetzesverfasser (→ Rn. 11, 21) gemeint ist, die fragliche Vorschrift müsse eine auf die Lauterkeit des Wettbewerbs bezogene sekundäre Schutzfunktion haben.[55] 22

Unternehmer und Verbraucher haben in diesem Sinne in erster Linie ein Interesse an einem fairen und freien, dh **unverfälschten Wettbewerb** auf allen Märkten (§ 1 UWG).[56] Nur auf diese Weise lässt sich in der Tat das Interesse der *Verbraucher* an einer unbeeinflussten, informierten und sachlichen Entscheidung realisieren, dessen Schutz heute zu den wichtigsten Anliegen des Gesetzes zählt.[57] § 3a UWG hat somit grundsätzlich nur solche Marktverhaltensregeln im Auge, die zumindest in zweiter Linie *(„sekundär")* auch einen *Schutz dieser Interessen* der Unternehmer und der Verbraucher an einem freien und fairen, dh unverfälschten Wettbewerb bezwecken. Eine derartige sekundäre Schutzfunktion wird beispielsweise den Vorschriften des Rechtsdienstleistungsgesetzes *(RDLG)* von 2008 zugebilligt, die, obwohl sie den Zugang zu 23

[52] *BGH* NJW 2005, 968 = GRUR 2005, 355 = WRP 2005, 330 – Testamentvollstreckung durch Steuerberater; NJW 2005, 969 = GRUR 2005, 353 = WRP 2005, 333 – Testamentvollstreckung durch Banken; GRUR 2010, 654 Tz. 18 = WRP 2010, 876 (878) – Zweckbetrieb; *BGH* GRUR 2015, 1228 Tz. 56 = WRP 2015, 1468 (1474) – Tagesschau App.

[53] *OLG Köln* NJW 2007, 3647 = JuS 2008, 566 Nr. 15.

[54] MüKoUWG/*Schaffert,* § 4 Nr. 11 Rn. 57ff.

[55] Ebenso zuletzt zB *BGH* GRUR 2015, 1228 Tz. 56 = WRP 2015, 1468 (1474) – Tagesschau App.

[56] *BGH* GRUR 2010, 654 Tz. 18 = WRP 2010, 876 (878) = JuS 2010, 1025 – Zweckbetrieb.

[57] *BGH* NJW 2011, 76 Tz. 24ff. = GRUR 2010, 1117 = WRP 2010, 1475 = JuS 2011, 753 – Gewährleistungssausschluß im Internet; *Scherer,* WRP 2006, 401 (403ff.).

dem Markt für Rechtsberatungen regeln (und deshalb Marktzutrittsregelungen darstellen), doch zugleich dem Verbraucherschutz dienen und deshalb eine auf die Lauterkeit des Wettbewerbs bezogene sekundäre Schutzfunktion aufweisen, die die Anwendbarkeit des § 3a UWG rechtfertigt.[58] Im Schrifttum wird diskutiert, ob darüber hinaus auch die Interessen der Verbraucher an dem *Schutz ihrer Rechtsgüter,* vom Eigentum bis zur Gesundheit von § 3a UWG erfasst werden.[59] Die Folge wäre freilich, dass das Tatbestandsmerkmal der Interessen der Marktteilnehmer in § 3a UWG jede begrenzende Funktion einbüßte.

24 Für die Anwendung des § 3a UWG ist dagegen **kein Raum,** wenn die verletzte Norm nicht, jedenfalls nicht primär die Aufgabe hat, das Marktverhalten der Unternehmen zu regeln und so auf dem Markt für gleiche Wettbewerbsbedingungen zu sorgen. Ein Beispiel sind die Vorschriften des **Straßenverkehrsrechts,** da sie in erster Linie bezwecken, nach Möglichkeit Gefahren für die Sicherheit und Leichtigkeit des Verkehrs abzuwenden, nicht jedoch den Wettbewerb regeln sollen, sodass bei Verstößen gegen diese Vorschriften der Anwendungsbereich des § 3a UWG nicht eröffnet ist.[60] Marktregelnde Zwecke werden ferner zB noch verneint bei den **§§ 20 und 21 BGB,** sodass Konkurrenten gegen eine nach Vereinsrecht an sich unzulässige wirtschaftliche Betätigung von Vereinen (bedauerlicherweise) nicht gestützt auf § 3a und § 8 UWG einschreiten können.[61]

4. Zuwiderhandlung, Relevanzkriterium

25 Für die Anwendung des § 3a UWG genügt grundsätzlich ein **objektiver Verstoß** gegen eine der genannten gesetzlichen Vorschriften (→ Rn. 15, 18ff.).[62] Nur wenn die Erfüllung des Tatbestandes der Vorschrift ihrerseits **Verschulden** verlangt, ist auch im Rahmen des § 3a UWG Verschulden erforderlich. Jenseits dieser Fälle spielt es außerdem keine Rolle, ob der Täter überhaupt *Kenntnis* von den maßgeblichen Umständen hatte.[63] Auf die Planmäßigkeit des Vorgehens des Täters kommt es heute – anders als früher – ebenso wenig wie auf die Frage an, ob er einen Vorsprung vor seinen Mitbewerbern durch die Gesetzesverletzung erzielen wollte.[64] Dem Täter stehen im Rahmen des § 3a UWG, da das UWG einen Teil des Deliktsrechts bildet, nach § 830 Abs. 2 BGB **Anstifter und Gehilfen** gleich,[65] während für die früher so beliebte **Störerhaftung** Dritter, die in irgendeiner Form an dem Gesetzesverstoß mitgewirkt

---

[58] *BGH* NJW 2005, 968 = GRUR 2005, 355 = WRP 2005, 330 – Testamentvollstreckung durch Steuerberater; NJW 2005, 969 = GRUR 2005, 353 = WRP 2005, 333 – Testamentvollstreckung durch Banken; GRUR 2011, 539 Tz. 25 = WRP 2011, 742 – Rechtsberatung durch Lebensmittelchemiker; NJW 2012, 1589 Tz. 18 = GRUR 2012, 405 = WRP 2012, 461 – Kreditkontrolle.

[59] So die wohl überwiegende Meinung, zB *Bieler,* WRP 2008, 723 (725ff.); *Dettmar,* Rechtsbruch, S. 163ff.; *Götting,* FS Schricker, 2005, S. 689 (703f.); *Günes,* WRP 2008, 731 (737ff.); Köhler/Bornkamm/*Köhler,* § 4 Rn. 11.35ff.

[60] *BGH* GRUR 2006, 872f. Tz. 15ff. = WRP 2006, 1117 für das verbotene Abstellen von Kfz-Anhängern mit Werbebildern auf Straßen.

[61] *BGH* LM § 21 BGB Nr. 7 = NJW 1986, 3201 = GRUR 1986, 823 – Fernsehzuschauer-Forschung; *K. Schmidt,* GS Walz, 2008, S. 677; anders noch *ders.,* ZIP 2007, 605 (612).

[62] BGHZ 163, 265 (270) = NJW 2005, 2705 = GRUR 2005, 778 – Atemtest I.

[63] MüKoUWG/*Schaffert,* § 4 Nr. 11 Rn. 88.

[64] Harte-Bavendamm/Henning-Bodewig/*v. Jagow,* § 4 Nr. 11 Rn. 39; MüKoUWG/*Schaffert,* § 4 Nr. 11 Rn. 84f.

[65] BGHZ 177, 150 (154f.) = GRUR 2008, 810 Tz. 14f. = WRP 2010, 1182 – Kommunalversicherer; *BGH* GRUR 2015, 1025 Tz. 16 = WRP 2015, 1085 (1086) – TV-Wartezimmer; *Dettmar,* Rechtsbruch, S. 160ff.; *Günes,* WRP 2008, 731 (735); Köhler/Bornkamm/*Köhler,* § 4 Rn. 11.21f.

haben, heute im Anwendungsbereich des § 3a UWG *kein* Raum mehr ist (→ § 21 Rn. 43ff.). An ihre Stelle ist die Haftung Dritter wegen der Verletzung eigener wettbewerbsrechtlicher Verkehrspflichten zur Vermeidung von Gesetzesverletzungen durch andere Personen getreten.[66]

§ 3a UWG setzt schließlich noch voraus, dass der Gesetzesverstoß geeignet ist, die Interessen von Verbrauchern, sonstigen Marktteilnehmen und Mitbewerbern spürbar zu beeinträchtigen. Bei diesem sogenannten **Relevanzkriterium** handelt es sich im Grunde um eine Bagatellklausel, durch die geringfügige Gesetzesverstöße ohne Relevanz für das Marktgeschehen aus dem Anwendungsbereich der Vorschrift ausgeklammert werden sollen. Bereits in der bisherigen Praxis ist das vielfach für die verbreiteten harmlosen Verstöße gegen die Preisangabenverordnung angenommen worden.[67] 26

V. Beispiele

1. Überblick

§ 3a UWG hat mittlerweile das Irreführungsverbot (§§ 5 und 5a UWG) aus der Position der am häufigsten angewandten Vorschrift des UWG verdrängt. Diese Entwicklung hat positive und negative Aspekte. Negativ fällt vor allem (wieder einmal) die drohende Gefahr einer Hypertrophie des Wettbewerbsrechts ins Gewicht. Positiv ist dagegen zu vermerken, dass die ständig zunehmende Intensivierung der Anwendung des § 3a UWG auf die Dauer durchaus zu einer spürbaren Verstärkung des Verbraucherschutzes führen kann, indem nämlich jetzt über § 3a und § 8 Abs. 3 UWG auch Mitbewerber und deren Verbände sowie die Kammern – häufig durchaus nicht uneigennützig – für die Durchsetzung der Vorschriften zum Schutze der Verbraucher und insbesondere der §§ 307ff. BGB sorgen (→ Rn. 31).[68] Bei der Durchsetzung der Wohlverhaltensregeln der §§ 31 ff. WpHG würde man sich ein vergleichbares Engagement der anderen Kreditinstitute und ihrer Verbände wünschen.[69] 27

Im Folgenden sollen – ohne Anspruch auf Vollständigkeit – lediglich einige Beispiele aus der Rechtsprechung zur weiteren Verdeutlichung des bisher Gesagten angeführt werden. Als praktisch hat sich dabei die **Aufteilung** in berufsspezifische Vorschriften (→ Rn. 29), produktspezifische Vorschriften (→ Rn. 30) sowie in vertriebs- und geschäftsbezogene Vorschriften erwiesen (→ Rn. 31).[70] Zu den berufsspezifischen Vorschriften gehören auch die besonderen berufsrechtlichen Regelungen für Rechtsanwälte, Ärzte und gleichstehende freie Berufe, auf die wegen ihrer praktischen Bedeutung später gesondert eingegangen werden soll (→ Rn. 32ff.). 28

---

[66] BGHZ 173, 188 (194ff. Tz. 22ff.) = NJW 2008, 758 = GRUR 2007, 890 = JuS 2008, 187 Nr. 16 – Jugendgefährdende Medien bei eBay; *BGH* GRUR 2015, 1025 Tz. 17 = WRP 2015, 1085 (1087) – TV-Wartezimmer.

[67] → § 16 Rn. 17ff.; *Berlit*, WRP 2003, 563 (566); *Dettmar*, Rechtsbruch, S. 167ff.; Harte-Bavendamm/Henning-Bodewig/*v. Jagow*, § 4 Nr. 11 Rn. 39.

[68] S. *Emmerich*, JuS 2008, 566; 2011, 753; *Köhler*, NJW 2008, 177.

[69] S. im Einzelnen *Emmerich*, FS Reuter, 2010, S. 957 mN; *Luy*, WM 2015, 422, str.

[70] S. zB Köhler/Bornkamm/*Köhler*, § 4 Rn. 11.59–11.180b; Ohly/Sosnitza/*Ohly*, § 4 Rn. 11/31–11/90; MüKoUWG/*Schaffert*, § 4 Nr. 11 Rn. 75–385; Harte-Bavendamm/Henning-Bodewig/*v. Jagow*, § 4 Nr. 11 Rn. 42–129.

2. Berufsspezifische Vorschriften

29 Zu den berufsspezifischen Vorschriften gehören außer den Berufsordnungen für die freien Berufe (dazu im Einzelnen → Rn. 32ff.) vor allem noch die Vorschriften, die zum Schutze des Publikums die Ausübung bestimmter Tätigkeiten von einer **staatlichen Genehmigung** abhängig machen. Paradigma ist die *Rechtsberatung*, die nach wie vor nur mit behördlicher Erlaubnis zulässig ist (s. § 3 RDLG von 2008).[71] Weitere Beispiele sind die landesrechtlichen Bestimmungen über die Genehmigungsbedürftigkeit von *Krankentransporten* durch private Unternehmen, weil damit auch der Schutz der Patienten bezweckt wird,[72] sowie die durch § 34c GewO vorgeschriebene Genehmigungspflicht für die *Versicherungsvermittlung*, gleichfalls, weil mit ihr vornehmlich ein Schutz der Versicherten gegen unseriöse Vermittlungen bezweckt wird.[73] Außerdem gehören hierher die vielfältigen **Werbeverbote** und -beschränkungen für bestimmte Berufe sowie vergleichbare Regelungen. **Beispiele** dafür sind die Kinder- und Jugendschutzbestimmungen in dem Staatsvertrag über den Jugendmedienschutz (JMStV)[74] sowie die Werbeverbote des HWG.[75] Marktverhaltensregelungen bilden schließlich zB noch die Bestimmungen des AMG über die *Preisbindung* für Arzneimittel,[76] ferner die Bestimmungen über das Verbot der Abgabe von Arzneimitteln ohne Rezept,[77] die Vorschriften des PBefG über die Regelung des Wettbewerbs zwischen Taxen und Mietwagen[78] sowie schließlich noch die verschiedenen *Mindestpreisvorschriften* zB für Rechtsanwälte, Steuerberater, Ärzte, Architekten und andere freie Berufe, weil sie einem ruinösen Preiswettbewerb der Berufsangehörigen vorbeugen und dergestalt nach Möglichkeit für gleiche Wettbewerbsbedingungen sorgen sollen.[79]

3. Produktspezifische Vorschriften

30 Zu den produktspezifischen Vorschriften zählen vor allem **Absatzbeschränkungen** sowie die immer zahlreicheren **Informations- und Kennzeichnungspflichten,** durch die insbesondere den Verbrauchern eine sachgerechte Entscheidung ermöglicht werden soll. **Beispiele** für diese Fallgruppe sind das Verbot der Werbung für im Inland nicht zugelassene *Arzneimittel* und das Verbot ihres Vertriebs (§ 21 AMG und § 3a HWG),[80] das Verbot der irreführenden Werbung für Arzneimittel durch die §§ 3 und 8 AMG[81] sowie die gesetzlichen Beschränkungen der Werbung für Ta-

[71] ZB *BGH* NJW 2009, 3242 Tz. 20 = GRUR 2009, 1077 = WRP 2009, 1380 (1383) – Finanz-Sanierung; GRUR 2012, 79 Tz. 11f. = WRP 2012, 964 – Rechtsberatung durch Einzelhandelsverband.

[72] *BGH* GRUR 2009, 881 Tz. 12ff. = WRP 2009, 1089.

[73] *BGH* GRUR 2013, 1250 Tz. 9 = WRP 2013, 1585 – Krankenzusatzversicherung, ebenso für die Eintragung in die Architektenliste *BGH* NJW-RR 2011, 43 (44f. Tz. 16, 19) = WRP 2010, 1481 – freier Architekt.

[74] *BGH* NJW 2009, 3511 (3516 Tz. 41ff.) = GRUR 2009, 845 = WRP 2009, 1001 – Internet-Videorecorder.

[75] BGHZ 180, 355 (359, 369ff.) = NJW-RR 2010, 181 = GRUR 2009, 984 – Festbetragfestsetzung.

[76] *BGH* GRUR 2010, 1136 Tz. 14ff. = WRP 2010, 1482 (1483) – Unser Dankeschön.

[77] *BGH* GRUR 2015, 916 Tz. 14 = WRP 2015, 1095 (1096) – Abgabe ohne Rezept.

[78] *BGH* GRUR 2015, 1235 Tz. 12 = WRP 2015, 1461 – Rückkehrverbot V.

[79] *BGH* NJW 2006, 3569 = GRUR 2006, 955 = WRP 2006, 1221 – Gebührenvereinbarung II; *KG* NJW-RR 2008, 910 (911); *Bieber*, WRP 2008, 723 (726).

[80] BGHZ 163, 265 (274) = NJW 2005, 2705 = GRUR 2005, 778 – Atemtest I; BGHZ 167, 91 (107f. Tz. 37) = NJW 2006, 2630 = GRUR 2006, 513 – Arzneimittelwerbung im Internet.

[81] *BGH* WRP 2016, 44 Tz. 13 – Äquipotenzangabe in Fachinformation.

bakerzeugnisse,[82] weil diese Vorschriften zum Schutz der Verbraucher die Gegebenheiten auf den betreffenden Märkten regeln. § 3a HWG greift ferner zB ein bei Verstößen gegen das Verbot der irreführenden Werbung für *Lebensmittel*, wobei vor allem an die vielfältigen Kennzeichnungs- und Informationspflichten bei der Herstellung und dem Vertrieb von Lebensmitteln, Getränken und sonstigen Nährmitteln zu denken ist,[83] überhaupt bei dem Vertrieb von Lebensmitteln unter Verstoß gegen das Lebensmittelrecht,[84] bei der Missachtung von Vertriebsbeschränkungen aus Gründen des *Jugendschutzes*,[85] bei Verstößen gegen die Vorschriften der Länderbauordnungen, nach denen bestimmte Bauprodukte nicht ohne Zulassung in den Verkehr gebracht werden dürfen,[86] bei Verstößen gegen die Bestimmungen über die Zulassung von Pflanzenschutzmitteln[87] oder über die Kennzeichnung von Textilien[88] sowie noch bei Verstößen gegen die Rücknahme- und Verwertungspflichten nach § 6 der Verpackungsverordnung, weil mit dieser Regelung nicht nur Zwecke des Umweltschutzes verfolgt werden, sondern auch für Wettbewerbsgleichheit zwischen den Konkurrenten auf dem Markt gesorgt werden soll.[89] Weitere **Beispiele** für gesetzliche Vorschriften im Sinne des § 3a UWG sind die Bestimmungen über die Verpflichtung der *Kraftfahrzeughersteller* und -händler, in der Werbung den Kraftstoffverbrauch und die Emissionen anzugeben, um den Verbrauchern eine informierte Kaufentscheidung zu ermöglichen,[90] sowie etwa noch das Durchführungsverbot des Art. 108 Abs. 3 S. 3 AEUV.[91]

4. Vertriebsbezogene Vorschriften

Die dritte große Fallgruppe bildet die Vielzahl der vertriebs- und geschäftsbezogenen Vorschriften, bei denen eigentlich durchweg der Verbraucherschutz als Zweck im Vordergrund steht. Hierher gehören insbesondere die Vorschriften der **PreisangabenVO**, bei deren Verletzung, soweit die Vorschriften auf dem Unionsrecht beruhen, ohne Ausnahme Raum für die Anwendung des § 3a UWG ist (→ Rn. 14 sowie → § 16 Rn. 24), sowie die Fülle der **Klauselverbote** des bürgerlichen Rechts, insbesondere also die §§ 307–309 und zB noch die §§ 355, 475 Abs. 1 und 477 Abs. 1 BGB, da sie durchgängig (auf der Grundlage des Unionsrechts in Gestalt von Richtlinien) einen Schutz der Verbraucher gegen unangemessene Geschäftsbedingungen und häufig 31

[82] *BGH* NJW-RR 2011, 1125 (1129 Tz. 21ff.) = GRUR 2011, 633 = WRP 2011, 858 – Bio Tabak; NJW-RR 2011, 1130 (1131 Tz. 35ff.) = GRUR 2011, 631 = WRP 2011, 870 – Unser wichtigstes Cigarettenpapier.

[83] §§ 11f. LFGB sowie eine große Zahl von DVO; *BGH* GRUR 2004, 1037 (1038) = WRP 2004, 1481 – Johanniskraut; GRUR 2008, 1118 (1119f. Tz. 15, 25) = NJW-RR 2009, 50 = WRP 2008, 1513 – MobilPlus-Kapseln; GRUR 2913, 789 Tz. 17ff. = WRP 2013, 902 – Barilla; NJW 2015, 166 Tz. 11f. = WRP 2014, 1453 – Energy & Wodka.

[84] *BGH* GRUR 2008, 625 (626 Tz. 11) = WRP 2008, 924 – Fruchtextrakt.

[85] BGHZ 173, 188 (199f. Tz. 34f.) = NJW 2008, 758 = JuS 2008, 187 Nr. 16 – eBay; *BGH* NJW 2008, 1882 (1886f. Tz. 49f.) = GRUR 2008, 534 (539) = WRP 2008, 771 – ueber18.de.

[86] *BGH* NJW 2006, 381 = WRP 2006, 79 = GRUR 2006, 82 (84f. Tz. 22ff.) – Betonstahl.

[87] *BGH* WRP 2016, 35 Tz. 22 – Deltametrin.

[88] *OLG Köln* WRP 2016, 90.

[89] *BGH* NJW-RR 2007, 335f. = GRUR 2007, 162 (163 Tz. 12) = WRP 2007, 177 – Mengenausgleich.

[90] *BGH* NJW-RR 2010, 1560 Tz. 15f. = GRUR 2010, 853 = WRP 2010, 1143 (1144) – Gallardo Spyder; NJW 2012, 2276 Tz. 23 = GRUR 2012, 842 = WRP 2012, 1076 – Neue Kraftfahrzeuge.

[91] BGHZ 188, 326 (341 Tz. 53) = GRUR 2011, 444 = EuZW 2011, 440 – Flughafen Frankfurt-Hahn; *OLG Stuttgart* WuW/E DER 4817 (4823) – Kreiskliniken Calw.

zugleich eine Stärkung des lauteren Wettbewerbs im Interesse der Mitbewerber bezwecken.[92]

VI. Berufsrecht

1. Überblick

32 Das UWG gilt auch für die freien Berufe. Es hat hier infolge der Vielzahl berufsrechtlicher Regelungen auf den unterschiedlichsten Ebenen – vom Unionsrecht bis hin zu den Satzungen der Kammern – sogar besondere Bedeutung, da Verstöße gegen derartige berufsrechtliche Regelungen in großem Umfang auch von den ordentlichen Gerichten über § 3a UWG sanktioniert werden können, wodurch sich für die übrigen Berufsangehörigen und ihre Kammern nach § 8 Abs. 3 UWG die (erwünschte) Möglichkeit eröffnet, selbst auf der Grundlage des UWG gegen (in ihren Augen!) „schwarze Schafe" unter den Berufsangehörigen vorzugehen.[93] Die UGP-Richtlinie steht nicht entgegen, weil die Richtlinie den weiten Bereich der reglementierten Berufe von ihrem Anwendungsbereich ausdrücklich ausgeklammert hat (Art. 3 Abs. 8 der Richtlinie), immer vorausgesetzt, dass die fragliche berufsrechtliche Regelung ihrerseits mit dem Unionsrecht vereinbar ist (→ Rn. 33).[94]

33 Das **Berufsrecht** der freien Berufe, in erster Linie also der Ärzte, Apotheker, Architekten, Rechtsanwälte, Notare, Steuerberater und Wirtschaftsprüfer, ist in einer Vielzahl sich überschneidender Gesetze geregelt. Hervorzuheben sind die verschiedenen Berufsordnungen und Kammergesetze der Länder und des Bundes sowie die auf den genannten Gesetzen beruhenden Satzungen der Kammern. Paradigmata sind die Bundesrechtsanwaltsordnung **(BRAO)** sowie die 1996 auf der Grundlage des § 59b BRAO von der Vertreterversammlung der Anwälte verabschiedete Berufsordnung für Rechtsanwälte **(BORA)**.[95] Hinzu tritt in jüngster Zeit mit wachsendem Gewicht das Unionsrecht; hervorzuheben ist die **Dienstleistungs-Richtlinie** vom 12. Dezember 2006,[96] die bis zum 28.12.2009 in deutsches Recht umzusetzen war.[97]

[92] S. schon → Rn. 14 mN; insb. *BGH* NJW 2011, 76 Tz. 16, 24ff. = GRUR 2010, 1117 = WRP 2010, 1425 = JuS 2011, 753 – Gewährleistungsausschluß im Internet; NJW-RR 2011, 335 (337 Tz. 21ff.) = GRUR 2010, 1120 = WRP 2010, 1495 – Vollmachtnachweis; GRUR 2012, 188 = WRP 2012, 975 Tz. 41, 43, 46 – Computer Bild; NJW 2010, 2521 Tz. 11f., 14 = GRUR 2010, 652 = WRP 2010, 872 (874) – Costa del Sol; NJW 2011, 2653 (2655 Tz. 22f.) = GRUR 2011, 638 = WRP 2011, 866 – Werbung mit Garantie; NJW 2012, 3577 Tz. 43ff. = GRUR 2012, 949 = WRP 2012, 1086 – Mißbräuchliche Vertragsstrafe.

[93] S. *Bieber,* WRP 2008, 723; zur Kritik s. *Büttner,* FS Vieregge, 1995, S. 99 (117ff.); *Kleine-Cosack,* NJW 2010, 1921; 2013, 272; *Krämer,* FS Piper, 1996 S. 327 (332ff.); *Pietzcker,* NJW 1982, 1840; *Schmidt,* AnwBl 1987, 127.

[94] *BGH* NJW 2009, 3582 Tz. 12 = GRUR 2009, 977 = WRP 2009, 1076 (1077) – Brillenversorgung; GRUR 2012, 79 Tz. 11f. = WRP 2012, 964 – Rechtsberatung durch Einzelhandelsverband; GRUR 2013, 1056 Tz. 15 = WRP 2013, 1336 – Meisterpräsenz; GRUR 2015, 283 Tz. 23 = WRP 2015, 344 (346) – Hörgeräteversorgung III; GRUR 2015, 1237 Tz. 19 = WRP 2016, 41 – Erfolgsprämie für Kundengewinnung.

[95] BRAK-Mitteilungen 1996, 241 = NJW 1997, Beilage zu H. 19.

[96] Richtlinie 2006/123/EG, ABl. 2006 L 376/26.

[97] S. die VO über Informationspflichten für Dienstleistungserbringer, DL-InfoVO; dazu zB *BGH* NJW 2013, 314 = GRUR 2012, 1275 = WRP 2013, 57 – Zweigstellenbriefbogen GRUR 2015, 1240 Tz. 23f. = WRP 2015, 1464 – Der Zauber des Nordens.

Das Berufsrecht der freien Berufe (→ Rn. 33) war bis vor wenigen Jahren stark *zunftsmäßig geprägt.* Ausdruck dieser wettbewerbsfeindlichen Grundtendenz des Berufsrechts waren umfassende Werbeverbote und zahlreiche weitere Wettbewerbsbeschränkungen. Davon ist unter dem **Deregulierungsdruck,** der vom Unionsrecht und von Art. 12 GG ausgeht, nicht viel geblieben.[98] Anders als früher ist den freien Berufen heute insbesondere die **Werbung** nicht mehr verboten sondern grundsätzlich *erlaubt.*[99] Denn nach Art. 24 der Dienstleistung-Richtlinie von 2006 sind generelle Verbote einer oder mehrerer Formen der Werbung grundsätzlich unzulässig, soweit die Verbote nicht im Einzelfall aus Gründen des Allgemeininteresses gerechtfertigt sind.[100] **Werbeverbote** für die Angehörigen der freien Berufe kommen daher heute nur noch bei einer konkreten Gefährdung unionsrechtlich geschützter Interessen wie zB der Unabhängigkeit der Anwaltschaft oder des Schutzes der Interessen der Verbraucher in Betracht.[101] 34

Soweit nach dem Gesagten (→ Rn. 33f.) heute noch Raum für spezielle berufsrechtliche Regelungen des Wettbewerbs bei freien Berufen ist, stellt sich unter dem Gesichtspunkt des **§ 3a UWG** die weitere Frage, ob die betreffende berufsrechtliche Vorschrift auch dazu bestimmt ist, gerade das Marktverhalten der Berufsangehörigen im Interesse der übrigen Marktteilnehmer zu regeln, dh ob sie eine zumindest *sekundäre, auf die Lauterkeit des Wettbewerbs bezogene Schutzfunktion* hat oder ob sie lediglich die internen Verhältnisse der Berufsangehörigen ohne Marktbezug regeln soll.[102] Marktverhaltensregelungen sind insbesondere sämtliche *Werbeverbote und -beschränkungen* der Berufsordnungen sowie die *Preisregelungen* der Gebührenordnungen, weil damit der Schutz der Verbraucher gegen eine Irreführung und der Schutz der übrigen Berufsangehörigen gegen einen ruinösen Preiswettbewerb bezweckt wird (→ Rn. 30),[103] *nicht* dagegen solche Vorschriften, die, wie zB die §§ 43a Abs. 4 und 45 Abs. 1 Nr. 4 BRAO, in erster Linie der Wahrung einer geordneten Rechtspflege und der Integrität der Anwaltschaft dienen. 35

2. Ärzte

Ärzten ist heute ebenso wie den anderen freien Berufen – ungeachtet möglicherweise immer noch abweichender berufsrechtlicher Regelungen – eine **Werbung** grundsätzlich **erlaubt** und kann nur im Einzelfall aus den genannten Gemeinwohlgrün- 36

[98] BVerfGE 76, 171 = NJW 1988, 191; BVerfGE 76, 196 = NJW 1988, 194; BVerfGE 82, 18 = NJW 1990, 2122.

[99] ZB BVerfGE 94, 372 = NJW 1996, 3067; BVerfGE 108, 150 = NJW 2003, 2520 – Sozietätswechsel; BVerfGE 111, 366 = NJW 2004, 3765; *BVerfG* NJW 2011, 2636 Tz. 41f., 45 und 49; NJW 2015, 1438 Tz. 24, 28 = WRP 2015, 562 – Werbetassen.

[100] *EuGH* Slg. 2011, I-2551 = EuZW 2011, 681 Tz. 27, 29 – französische Wirtschaftsprüfer.

[101] Grdl. BGHZ 199, 43 (49ff. Tz. 18, 20f.) = NJW 2014, 554 = GRUR 2014, 86 – Kommanditistenbrief; *BGH* NJW 2015, 704 Tz. 11ff. = WRP 2015, 340 – Spezialist für Familienrecht.

[102] S. *Bieber,* WRP 2008, 723; *Büttner,* FS Erdmann, 2002, S. 545 (557f.); *Frenzel,* Unlauterkeit anwaltlicher Berufrechtsverstöße, 2005; Harte-Bavendamm/Henning-Bodewig/*v. Jagow,* § 4 Nr. 11 Rn. 54; MüKoUWG/*Schaffert,* § 4 Nr. 11 Rn. 91ff.; *Ullmann,* GRUR 2003, 817 (822).

[103] ZB *BGH* NJW-RR 2003, 1685 (1686) = GRUR 2003, 969 = WRP 2003, 1350 – Ausschreibung von Vermessungsleistungen; NJW 2009, 3582 = GRUR 2009, 977 = WRP 2009, 1076 – Brillenversorgung; NJW-RR 2009, 1092 Tz. 11 = GRUR 2009, 383 = WRP 2009, 1092 – McDent; NJW 2010, 1968 Tz. 10 = GRUR 2010, 349 = WRP 2010, 518 – EKW-Steuerberater; NJW-RR 2010, 1628 Tz. 17 = GRUR 2010, 1024 = WRP 2010, 1390 – Master of Science Kieferorthopädie; NJW 2015, 704 Tz. 8f. = WRP 2015, 340 – Spezialist für Familienrecht.

den untersagt werden. Ärzte dürfen daher zB ebenso wie andere Gewerbetreibende in Anzeigen für sich werben, Informationsveranstaltungen für das Publikum anbieten und Gewinnspiele durchführen, um das Interesse des Publikums zu wecken.[104] Nichts hindert ferner etwa einen Zahnarzt, einem Patienten auf dessen Bitte hin einen alternativen Kostenvoranschlag für eine Zahnbehandlung zu machen, damit sich der Patient für das günstigste Angebot unter mehreren entscheiden kann.[105] Nur die sogenannte (gezielte) **Werbung um Praxis** gilt noch berufsrechtlich als verboten, gekennzeichnet dadurch, dass ein Arzt *von sich aus* an einen potenziell behandlungsbedürftigen Patienten herantritt, um ihm seine Dienste anzubieten.[106] Um die Wahlfreiheit der Patienten zwischen Ärzten, Apothekern sowie Heil- und Hilfsmittellieferanten nicht zu beeinträchtigen, bleibt es auch bei dem Verbot einer engen Kooperation von Ärzten und Apothekern[107] sowie bei dem Verbot der Empfehlung von Apothekern oder Heil- und Hilfsmittellieferanten seitens der Ärzte, während es den Ärzten selbstverständlich freisteht, ihren Patienten auf deren Bitte hin derartige Empfehlungen zu geben.[108] Verboten ist ferner die Übernahme wirtschaftlicher Verpflichtungen, durch die die Unabhängigkeit des Arztes bei der Behandlung der Patienten beeinträchtigt werden könnte; Beispiele sind die Vereinbarung eines Entgelts mit Dritten für die Zuweisung von Patienten sowie der Vertrieb von Waren im Zusammenhang mit der Erbringung ärztlicher Leistungen, während das bloße Angebot ärztlicher Leistungen auf entgeltlichen Internet-Plattformen – als bloße Werbung – unbedenklich ist.[109]

3. Rechtsanwälte

37 Rechtsanwälten ist heute ebenso wie Ärzten (→ Rn. 36) **Werbung,** gleichgültig in welcher Form, **gestattet,** soweit die Werbung über die berufliche Tätigkeit des Anwalts in Form und Inhalt sachlich unterrichtet und nicht auf die Erteilung eines Auftrags im Einzelfall gerichtet ist (§ 43b BRAO, § 6 Abs. 1 BORA).[110] Verboten ist dagegen neben der irreführenden *Werbung* insbesondere das reklamehafte „Sichherausstellen", während die Werbung um neue Mandanten selbst dann erlaubt ist, wenn bisher noch keine anwaltlichen Beziehungen zu den umworbenen Personen bestanden.[111]

[104] *BVerfG* NJW 2011, 2636; *BGH* NJW-RR 2009, 1553 = NJW 2009, 883 = WRP 2009, 1092 – McDent; Harte-Bavendamm/Henning-Bodewig/*v. Jagow,* § 4 Nr. 11 Rn. 55ff.; *Raschke* NJW 2015, 825.

[105] *BGH* NJW 2011, 2207 = GRUR 2011, 343 Tz. 12ff.= WRP 2011, 449 – 2. Zahnarztmeinung.

[106] ZB *BGH* NJW 2011, 2207 = GRUR 2011, 343 Tz. 15.= WRP 2011, 449 – 2. Zahnarztmeinung.

[107] *BGH* GRUR 2015, 1025 Tz. 15 = WRP 2015, 1085 (1086) – TV-Wartezimmer.

[108] *BGH* NJW 2011, 2211 (2213 Tz. 26ff.) = GRUR 2011, 345 = WRP 2011, 451 – Hörgeräte II; GRUR 2015, 283 Tz. 25f. = WRP 2015, 344 (346f.) – Hörgeräte III.

[109] *BGH* GRUR 2015, 1237 (1239 Tz. 19) = WRP 2016, 41 – Erfolgsprämie für Kundengewinnung.

[110] Wegen der Einzelheiten s. *Bieber,* WRP 2008, 723; *Büttner,* FS Vieregge, 1995, S. 99 (103ff.); *Frenzel,* Unlauterkeit anwaltlicher Berufrechtsverstöße, 2005; *Hartung,* NJW 2015, 74; Harte-Bavendamm/Henning-Bodewig/*v. Jagow,* § 4 Nr. 11 Rn. 64f.; *Kleine-Cosack,* NJW 2010, 1921; 2013, 272; *Krämer,* FS Piper, 1996, S. 327ff.; MüKoUWG/*Schaffert,* § 4 Nr. 11 Rn. 91ff.

[111] BVerfGE 111, 366 = NJW 2004, 3765 (Steuerberater); *BVerfG* NJW 2004, 2656; 2008, 838; 2008, 1298 (1299 Tz. 17ff.); *BGH* LM § 43b BRAO Nr. 12 (Bl. 2 R) = NJW 2002, 2642 – Vanity-Nummer; NJW 2005, 1644 (1645) = GRUR 2005, 520 = WRP 2005, 738 – Optimale Interessenvertretung; zu der problematischen Einzelfallmandatwerbung → Rn. 38.

Soweit danach noch **Schranken** für die Werbung der Rechtsanwälte (sowie der gleichstehenden anderen beratenden Berufe) existieren, müssen diese nach dem Gesagten (→ Rn. 32ff.) **restriktiv** gehandhabt werden.[112] Werbung ist eben grundsätzlich *erlaubt* und nur (ausnahmsweise) verboten, wenn sich durch eine Abwägung der Umstände des Einzelfalles eine konkrete Gefährdung der unionsrechtlich geschützten Interessen an der Unabhängigkeit, der Würde und der Integrität der Anwaltschaft, der Wahrung des Berufsgeheimnisses sowie an dem Schutz der Mandanten feststellen lässt.[113] Auch eine bloße Aufmerksamkeitswerbung ist Rechtsanwälten daher ebenso wie etwa die Abwerbung von Mandanten erlaubt.[114] Unzulässig bleibt jedoch mit Rücksicht auf die Würde der Anwaltschaft eine *reklamehafte Anpreisung,* zB eine reißerische oder sogar sexualisierende Schockwerbung, die noch durch entsprechende Bilder unterstrichen wird.[115] Das Gesagte gilt auch für die problematische *Einzelfallmandatswerbung.*[116] Ein Verbot kommt nur noch in Betracht, wenn im Einzelfall (ausnahmsweise) konkret eine Beeinträchtigung der Entscheidungsfreiheit der Mandanten durch ihre Belästigung, ihre Nötigung oder ihre Überrumpelung droht, wovon indessen beispielsweise keine Rede sein kann, wenn ein Rechtsanwalt einen potentiellen Mandanten, von dessen Beratungsbedarf er Kenntnis erlangt hat, sachlich über mögliche Abhilfemaßnahmen unter seiner Mitwirkung informiert.[117] 38

Erlaubt sind ferner zB die Werbung im Internet, auch in Gestalt von Internetauktionen,[118] sowie die Werbung durch Zeitungsanzeigen,[119] durch Rundschreiben bei potentiellen Mandanten[120] oder durch Reklameaufschriften auf Straßenbahnen.[121] Darin darf außerdem sachlich über die Tätigkeitsschwerpunkte des Anwalts in nachprüfbarer Form informiert werden.[122] Es bestehen auch keine Bedenken dagegen, dass ein Anwalt in seiner Internetwerbung den Mandanten eine „optimale Interessenvertretung" verspricht[123] oder dass eine Anwältin, die einen Interessenschwerpunkt im Sportrecht hat, mit ihren früheren sportlichen Erfolgen wirbt.[124] Denn wenn ein Anwalt besondere Qualifikationen erworben oder Auszeichnungen oder Titel erlangt hat, 39

---

[112] BGHZ 199, 43 (49 Tz. 14) = NJW 2014, 554 – Kommanditistenbrief; *BGH* NJW 2015, 72 Tz. 12 = DStR 2015, 495 – Werbetassen (Schockwerbung) I.

[113] BGHZ 199, 43 (49f. Tz. 14. 20f.) = NJW 2014, 554 – Kommanditistenbrief.

[114] *BGH* NJW 2009, 1968 Tz. 19–22 = GRUR 2009, 349 = WRP 2009, 518 (520) – EKW-Steuerberater; *KG* NJW 2011, 865; *OLG Köln* NJW-RR 2011, 1063.

[115] *BGH* NJW 2015, 72 Tz. 13ff. = DStR 2015, 495 – Werbetassen I; *BVerfG* NJW 2015, 1438 = WRP 2015, 562 – Werbetassen II.

[116] S. zB *BGH* NJW 2009, 1968 = GRUR 2009, 349 = WRP 2009, 518 (520) – EKW-Steuerberater mAnm *Kleine-Cosack,* NJW 2010, 1921; *KG* NJW 2011, 865; anders noch BGHZ 147, 71 = NJW 2001, 2087 (2089) – Anwaltswerbung II; LM § 1 UWG Nr. 848 = NJW 2001, 2886 (2887) = WRP 2002, 71 – Anwaltsrundschreiben.

[117] BGHZ 199, 43 (50ff. Tz. 21f.) = NJW 2014, 554 – Kommanditistenbrief.

[118] *BVerfG* NJW 2008, 838; 2008, 1298.

[119] *BVerfG* NJW 2001, 3324; *BGH* LM § 43b BRAO Nr. 6 = NJW 1997, 2522f.

[120] *BGH* LM § 1 UWG Nr. 848 = NJW 2001, 2086; NJW 2010, 1968 = GRUR 2010, 349 = WRP 2009, 518 – EKW-Steuerberater.

[121] BVerfGE 111, 366 = NJW 2004, 3765 (3767f.) (Steuerberater).

[122] *BGH* LM § 43b BRAO Nr. 6 = NJW 1997, 2522 (2523) – Anwaltswerbung in Zeitungsanzeigen; LM § 43b BRAO Nr. 5 = NJW 1997, 2682 (2683) = WRP 1997, 1074 – Forderungseinzug.

[123] *BVerfG* NJW 2003, 1307.

[124] *BVerfG* NJW 2003, 2816 (2817).

darf er darauf auch in angemessener Weise hinweisen.[125] Der BGH hat es einem Anwalt sogar gestattet, sich „Spezialist für Familienrecht" zu nennen, obwohl die Gefahr einer Verwechslung dieses selbstgewählten Titels mit dem von den Anwaltskammern verliehenen „Fachanwalt für Familienrecht" auf der Hand liegt.[126] Unbedenklich sind schließlich auch Informationsveranstaltungen von Rechtsanwälten über ihre Tätigkeitsbereiche in Verbindung mit einem Imbiss.[127] Dasselbe gilt grundsätzlich für Notare.[128]

40 Anwälte müssen bei ihrer Werbung ebenso wie andere Unternehmen das UWG und damit insbesondere das **Irreführungsverbot** der §§ 5 und 5a UWG beachten.[129] In der Praxis geht es meistens um die Gestaltung der *Briefbögen* der Rechtsanwälte, ein wichtiges Werbemittel. Jede Gestaltung des Briefkopfes, die auf eine tatsächlich nicht bestehende Sozietät oder auf eine nichtvorhandene Bedeutung oder Größe der Praxis hinweist, gerät daher leicht in Konflikt mit dem Irreführungsverbot.[130] Ebenso unzulässig ist schließlich eine *pauschale Herabsetzung* der Konkurrenten, indem ihnen etwa generell die nötige Qualifikation abgesprochen oder die Forderung überhöhter Honorare vorgeworfen wird (§ 4 Nr. 1 UWG).[131]

VII. Verhaltenskodizes[132]

41 Das Gesetz enthält seit 2004 erstmals verschiedene Vorschriften über sogenannte Verhaltenskodizes (s. vor allem § 2 Abs. 1 Nr. 5 und § 5 Abs. 1 S. 2 Nr. 6 sowie noch die Nr. 1 und die Nr. 3 des Anhangs zu § 3 Abs. 3 UWG). Das Gesetz versteht unter einem Verhaltenskodex Vereinbarungen oder Vorschriften über das Verhalten von Unternehmen (im Wettbewerb), zu denen sich die Unternehmen in Bezug auf einen Wirtschaftszweig oder auf einzelne geschäftliche Handlungen verpflichtet haben, ohne dass sich diese Verpflichtungen bereits aus einem Gesetz ergeben (§ 2 Abs. 1 Nr. 5 UWG, Art. 2 lit. f und lit. g der UGP-Richtlinie). Gemeint sind mit anderen Worten letztlich **private Sammlungen von Vorschriften** über das Verhalten von Unternehmen im Wettbewerb, und zwar in Ergänzung zu den einschlägigen gesetzlichen Regelungen, insbesondere also des UWG und seiner Nebengesetze.

---

125 *BVerfG* NJW 2003, 2816 (2817); NJW 2004, 2656 – Spezialist für Verkehrsrecht; *BGH* NJW 2007, 2334 (2335f. Tz. 12f.) – Fachanwälte; sehr eng dagegen *OLG Karlsruhe* NJW 2009, 3668 – Spezialist für Zahnarztrecht.

126 *BGH* NJW 2015, 704 (705 Tz. 13ff.) = WRP 2015, 340; dagegen *Remmertz*, NJW 2015, 707f.

127 BGHZ 147, 71 = NJW 2001, 2087 = GRUR 2002, 84 – Anwaltswerbung II gegen BGHZ 115, 105 (110ff.) = NJW 1991, 2641 – Anwaltswerbung I.

128 *OLG Celle* GRUR 2007, 76.

129 *BGH* NJW 2013, 314 = GRUR 2012, 1275 – Zweigstellenbriefbogen.

130 S. insb. BGHZ 119, 225 (235f.) = NJW 1993, 196 – Überörtliche Sozietät; *BGH* LM § 43b BRAO Nr. 2 = NJW 1996, 2308 = GRUR 1996, 917 = WRP 1996, 897 – Internationale Sozietät; LM § 3 UWG Nr. 400 = NJW 1997, 3236 = GRUR 1997, 925 = WRP 1997, 1064 – ausgeschiedener Sozius; NJW 1997, 3238 = GRUR 1997, 322 = WRP 1997, 1075 – Rechtsanwalt als Minister; LM § 3 UWG Nr. 443 = NJW 2001, 3193 = GRUR 2002, 81 = WRP 2002, 81 – Anwalts- und Steuerkanzlei; kritisch *Kleine-Cosack*, NJW 2013, 272.

131 *BGH* NJW 2010, 1968 Tz. 37f. = NJW 2010, 349 = WRP 2010, 518 (520) – EKW-Sreuerberater; *OLG Köln* NJW-RR 2011, 1062.

132 S. dazu insbesondere *Alexander*, GRURInt 2012, 965; *Bechtold*, WRP 2006, 1162; *Dreyer*, WRP 2007, 1294; Harte-Bavendamm/Henning-Bodewig/*Keller*, § 2 Rn. 163ff.; *Lamberti/Wendel*, WRP 2009, 1479; *Schmidhuber*, WRP 2010, 593.

Als **„Urheber"**, dh als derjenige, der einen Verhaltenskodex aufstellt, kommt nach Art. 2 lit. d der Richtlinie jede Rechtsperson einschließlich einzelner Unternehmen oder Gruppen von Unternehmen in Betracht.[133] In der Praxis stammen die Verhaltenskodizes oder Richtlinien nahezu ausschließlich von *Unternehmensverbänden* – gleichsam als Versuch eines privaten Wettbewerbsgesetzes für die in dem Verband zusammengeschlossenen Unternehmen. Erforderlich ist aber, dass sich der Verhaltenskodex gerade auf *geschäftliche Handlungen* im Sinne des § 2 Abs. 1 Nr. 1 UWG bezieht, sodass Regelwerke, denen dieser Bezug fehlt, nicht hierher gehören, weil ihre „Regeln" nicht den Anwendungsbereich des UWG betreffen. Beispiele sind technische Regelwerke, innerbetriebliche Regelungen, sogenannte Compliance-Programme sowie der bekannte Corporate Governance Kodex.[134] 42

Hinzukommen muss schließlich noch, dass sich die an der Aufstellung des Verhaltenskodexes beteiligten Unternehmen zu dessen Einhaltung „verpflichtet" haben (§ 2 Abs. 1 Nr. 5 UWG; Art. 2 lit. f der Richtlinie). Es ist umstritten, was damit gemeint ist; zum Teil wird angenommen, dass eine rechtlich bindende **Verpflichtung** aufgrund einer Vereinbarung der beteiligten Unternehmen oder eines wirksamen Verbandsbeschlusses vorliegen müsse.[135] Da indessen auch einzelne Unternehmen oder eine beliebige sonstige juristische Person einen Verhaltenskodex aufstellen können, wird man sich in der Regel mit einer *freiwilligen Selbstverpflichtung* begnügen müssen.[136] 43

Der Begriff des Verhaltenskodexes im Sinne des UWG ist weiter als der der **Wettbewerbsregeln** im Sinne der §§ 24–27 GWB, die unter engen Voraussetzungen vom Bundeskartellamt anerkannt werden können mit der Folge, dass das Bundeskartellamt gegen die Unternehmen, die sich an die Wettbewerbsregeln halten, fortan nicht mehr nach den §§ 32–34a GWB vorgehen kann (§ 26 Abs. 1 GWB). Voraussetzung ist vor allem, dass die Wettbewerbsregeln nicht gegen das GWB und das UWG verstoßen (§ 26 Abs. 2 GWB). Schon daraus folgt, dass sich die Verhaltenskodizes – als private „Normen" – strikt an die Vorgaben des Gesetzes halten müssen.[137] 44

Im Schrifttum wird der Begriff des Verhaltenskodexes darüber hinaus gelegentlich auf praktisch alle den Wettbewerb regelnden Vereinbarungen von Unternehmen erstreckt, einschließlich insbesondere wettbewerbsbeschränkender **Preisbindungs- und Vertriebsbindungsverträge.** Damit wird der Zweck verfolgt, den Unternehmen, die wettbewerbsbeschränkende Preis- und Vertriebsbindungssysteme praktizieren, einen Weg zu eröffnen, in Sonderheit aufgrund einer betont weiten Auslegung der Nr. 1 des Anhangs auch gegen *Außenseiter* aufgrund des UWG vorgehen zu können (dazu schon → § 6 Rn. 29ff.) – sodass aus dem UWG auf einmal ein Mittel zur Durchsetzung vielfach sogar nichtiger wettbewerbsbeschränkender Vereinbarungen würde.[138] Indessen sind Vertriebsvereinbarungen und sonstige wettbewerbsbeschränkende Verträge zwi- 45

---

133 Ausführlich *Alexander,* GRURInt 2012, 965, 966ff.

134 *Alexander,* GRURInt 2012, 965, 968; Harte-Bavendamm/Henning-Bodewig/*Keller,* § 2 Rn. 163.

135 Harte-Bavendamm/Henning-Bodewig/*Keller,* § 2 Rn. 165; MüKoUWG/*Bähr,* § 2 Rn. 298.

136 *Alexander,* GRURInt 2012, 965 (969).

137 S. im Einzelnen Kartellrecht, § 24; *Alexander,* ZWeR 2007, 239; *Sosnitza,* FS Bechtold, 2006, S. 515.

138 So allen Ernstes *Hoeren,* WRP 2009, 789 (793f.); *Lamberti/Wendel,* WRP 2009, 1479 (1481ff.); ähnlich auch *Scherer,* NJW 2009, 324 (326); dagegen zutreffend *Alexander,* GRURInt 2012, 965, 970f.; Köhler/Bornkamm/*Köhler,* § 2 Rn. 113ff.; *Schmidhuber,* WRP 2010, 593 (596ff.).

schen einzelnen Unternehmen offenkundig keine Verhaltenskodizes, da sie lediglich die Leistungsbeziehungen zwischen zwei Parteien regeln und *keinen Bezug auf die Lauterkeit geschäftlicher Handlungen* im Wettbewerb aufweisen. Verstöße gegen einen Verhaltenskodex können über das UWG nur sanktioniert werden, wenn sich der Verstoß zugleich als wettbewerbsbezogene, dh vom Schutzzweck des UWG erfasste Unlauterkeit erweist.[139]

46 **Praktische Bedeutung** bei der Ordnung des Wettbewerbs besitzen die Verhaltenskodizes insbesondere im Vereinigten Königreich, in Italien,[140] in Irland und in den Niederlanden. So erklärt sich unmittelbar die *positive Bewertung* von Verhaltenskodizes in den *Erwägungsgründen* zu der Richtlinie, in denen es heißt, in Branchen, in denen es „spezifische zwingende Vorschriften gibt", sei es zweckmäßig, dass aus Verhaltenskodizes „die Anforderungen an die berufliche Sorgfalt in dieser Branche ersichtlich sind"; durch die Kontrolle über die Einhaltung der Verhaltenskodizes seitens ihrer Urheber könnten zudem die Gerichte entlastet werden.[141]

47 Deutsche **Beispiele** für Verhaltenskodizes, hier meistens Wettbewerbsrichtlinien genannt, sind die Richtlinien des Zentralverbandes der deutschen Werbewirtschaft für redaktionell gestaltete Anzeigen von 1964 idF von 2003 und für die Werbung mit Zeitungs- und Zeitschriftenanalysen von 1970 (sogenannte ZAW-Richtlinien), die Wettbewerbsrichtlinien des Verbandes Deutscher Zeitschriftenverleger für den Vertrieb abonnierbarer Publikumszeitschriften (sogenannte VDZ-Wettbewerbsregeln),[142] der FSA-Kodex für die Arzneimittelindustrie,[143] die Richtlinien der Verlegerorganisationen für redaktionelle Hinweise in Zeitungen und Zeitschriften sowie die Wettbewerbsrichtlinien der Versicherungswirtschaft von 1977.[144]

48 Die genannten Richtlinien oder Verhaltenskodizes (→ Rn. 47) waren vor allem unter der Geltung der alten Generalklausel des § 1 UWG von 1909 in der Mehrzahl der Fälle nichts anderes als der unverhohlene Versuch, über die Präzisierung der Anschauungen der „anständigen Durchschnittsgewerbetreibenden" im Interesse der etablierten Branchenangehörigen und zum Nachteil von Newcomern **Einfluss auf die Rechtsprechung** zum UWG zu nehmen.[145] Darauf sind die Gerichte zwar nicht „hereingefallen"; aber sie haben doch immer wieder den Richtlinien eine gewisse *Indizwirkung* zugebilligt, wobei sie häufig viel zu unkritisch verfuhren.[146] So geht es zB (entgegen dem *KG*) gewiss nicht an, eine Werbung im Fernsehen unter Einsatz von Kindern allein deshalb als unlauter zu bezeichnen, weil damit gegen „Verhaltensregeln

139 So ausdrücklich *BGH* GRUR 2011, 431 Tz. 14 = WRP 2011, 444 = ZIP 2011, 590 (591) – FSA-Kodex; Köhler/Bornkamm/*Köhler,* § 2 Rn. 113, 115, § 3 Abs. 3 Anhang Rn. 1.6; *Schmidhuber,* WRP 2010, 593 (598).

140 S. *Lehmann,* Werbeselbstkontrolle in Italien und Deutschland, 2005; *dies.,* GRURInt 2006, 123.

141 Erwägungsgrund Nr. 20 S. 2 und 3 zu Richtlinie.

142 BAnz. 2003 Nr. 154; 2004 Nr. 81.

143 *BGH* GRUR 2011, 431 Tz. 11 = WRP 2011, 444 – FSA-Kodex.

144 Weitere Beispiele bei *Alexander,* GRURInt 2012, 965 (968); Harte-Bavendamm/Henning-Bodewig/*Keller,* § 2 Rn. 168–173; *Schmidhuber,* WRP 2010, 593 (596).

145 *Sosnitza,* Wettbewerbsbeschränkungen durch die Rechtsprechung, 1995, S. 216ff. mwN.

146 S. zB *BGH* LM § 1 UWG Nr. 641 (Bl. 1 R) = NJW 1994, 730 = GRUR 1994, 219 – Warnhinweis; LM § 1 UWG Nr. 864 = NJW-RR 2002, 1193 (1194) = GRUR 2002, 548 (550) – Mietwagenkostenersatz; *OLG Celle* NJW-RR 2003, 175; *OLG München* NJW-RR 2003, 405 (406); *OLG Hamburg* GRUR 2003, 811; *Piper,* GRUR 1990, 643 (648f.).

des deutschen Werberats", was immer das sein mag, verstoßen wird.[147] Die Verteilung einer Zeitung für eine längere Zeit als zwei Wochen ist auch nicht allein deshalb bedenklich, weil sie gegen irgendwelche „Vertriebsrichtlinien des Bundesverbandes deutscher Zeitungsverleger" verstößt.[148] Ebenso wenig ist die Bezeichnung einer Zigarette als „mild" nur deshalb unlauter, weil die Werte der Zigarette über den Grenzwerten in dem sogenannten „Mild-Abkommen" der Zigarettenindustrie liegen.[149] Zahlreiche weitere **Beispiele** für eine nicht zu billigende unkritische Übernahme von Wettbewerbsrichtlinien oder Verhaltenskodizes einzelner Branchen durch die Gerichte finden sich bis in die jüngste Zeit in der Rechtsprechung zu den Verhaltenskodizes insbesondere der Pharmaindustrie sowie der elektronischen Medien.[150] Zu Recht hat demgegenüber der **BGH** in den letzten Jahren mit zunehmender Schärfe betont, dass Verhaltenskodizes (selbst im Falle ihrer Anerkennung durch das BKartA aufgrund des § 26 Abs. 1 S. 1 GWB) allenfalls eine *ganz beschränkte indizielle Bedeutung* als Hinweis auf die in einer Branche als redlich angesehenen Gepflogenheiten zukommt; Verhaltenskodizes machen jedoch in keinem Fall die zusätzliche Prüfung entbehrlich, ob tatsächlich ein Verstoß gegen das UWG vorliegt.[151] Vor allem eine Gleichsetzung der Verhaltenskodizes mit gesetzlichen Vorschriften im Sinne des § 3a UWG kommt von vornherein nicht in Betracht.[152]

Nach § 5 Abs. 1 S. 2 Nr. 6 UWG ist eine geschäftliche Handlung auch dann **irreführend,** wenn sie unwahre Angaben über die Einhaltung eines Verhaltenskodexes enthält, auf den sich der Unternehmer verbindlich verpflichtet hat. Nach dem Anhang zu § 3 Abs. 3 UWG sind außerdem stets unzulässig unwahre Angaben eines Unternehmers, er gehöre zu den Unterzeichnern eines Verhaltenskodexes (Nr. 1) oder ein Verhaltenskodex sei von einer öffentlichen oder einer anderen Stelle gebilligt (Nr. 3). Im Übrigen beschränkt sich die **Bedeutung** der Verhaltenskodizes, wie nicht zuletzt aus den Erwägungsgründen zu der Richtlinie zu folgern ist,[153] im Wesentlichen darauf, die Anforderungen an die unternehmerische Sorgfalt in einzelnen Branchen im Sinne der §§ 2 Abs. 1 Nr. 7 und 3 Abs. 2 S. 1 UWG zu präzisieren. Übt der Urheber des Verhaltenskodexes auf gesetzlicher Grundlage eine Kontrolle über dessen Einhaltung aus so kann im Einzelfall noch eine gewisse beschränkte Entlastung der gerichtlichen Kontrolle über das Verhalten der Unternehmen im Wettbewerb hinzukommen. Eine weitergehende Wirkung besitzen die Verhaltenskodizes nicht.[154] 49

[147] So aber *KG* NJW-RR 1990, 680; NJW-RR 1992, 1396 = GRUR 1992, 632; s. *Benz,* WRP 2003, 1160 (1162); *Beckmann,* AfP 1992, 300.
[148] So *OLG München* NJW-RR 1996, 809 (810).
[149] So *BGH* LM § 1 UWG Nr. 622 = NJW-RR 1993, 617 = GRUR 1993, 756.
[150] Nachweis bei *Schmidhuber,* WRP 2010, 596 (l. Sp.).
[151] BGHZ 166, 154 (161 ff. Tz. 19 ff.) = NJW 2006, 2627 = JuS 2006, 1030 Nr. 11 – Probeabonnement; *BGH* NJW-RR 2007, 36 (37 Tz. 17) = GRUR 2006, 953 = WRP 2006, 1505 – Warnhinweis II; GRUR 2011, 431 Tz. 11 ff. = WRP 2011, 444 – FSA-Kodex; auch dagegen zutreffend *Alexander,* GRURInt 2012, 965 (971).
[152] *BGH* GRUR 2011, 431 Tz. 11 = WRP 2011, 444 – FSA-Kodex.
[153] Erwägungsgrund Nr. 20 S. 2 und 3.
[154] *Alexander,* GRURInt 2012, 965 (971 ff.).

5. Kapitel. Sanktionen

§ 21. Unterlassungs- und Beseitigungsanspruch

Literatur: *Ahrens,* Der Wettbewerbsprozess, 8. Aufl. 2013; *Bacher,* Die Beeinträchtigungsgefahr als Voraussetzung für Unterlassungsklagen, 1996; *Bastian,* Sanktionssysteme, in: Schricker/Henning-Bodewig (Hrsg.), Neuordnung des Wettbewerbsrechts, 1999, S. 199; *Fischer,* Schadensberechnung im gewerblichen Rechtsschutz, Urheberrecht und unlauteren Wettbewerb, 1962; *Fritzsche,* Unterlassungsanspruch und Unterlassungserklärung, 2000; *Grüber,* Die missbräuchliche Abmahnung und Verfahrenseinleitung im Wettbewerbsrecht, 1991; *Haines,* Bereicherungsansprüche bei Warenzeichenverletzungen und unlauterem Wettbewerb, 1970; *Kaiser,* Die Vertragsstrafe im Wettbewerbsprozeß, 1998; *Katzenberger,* Recht am Unternehmen und unlauterer Wettbewerb, 1967; *Keßler/Micklitz,* Die Harmonisierung des Lauterkeitsrechts in den Mitgliedstaaten der Europäischen Gemeinschaft und die Reform des UWG, 2003; *Krejci/Keßler/Augenhofer* (Hrsg.), Lauterkeitsrecht im Umbruch, 2005; *Mankowski,* Beseitigungsrechte, 2003; *Meier,* Wettbewerbsrechtliche Haftung geschäftsführender Organe, 1988; *Micklitz/Stadler,* Unrechtsgewinnabschöpfung, 2003; *Oppermann,* Unterlassungsanspruch und materielle Gerechtigkeit im Wettbewerbsprozess, 1993; *Picker,* Der negatorische Beseitigungsanspruch, 1972; *Sack,* Unlauterer Wettbewerb und Folgeverträge, 1974; *Teplitzky,* Wettbewerbsrechtliche Ansprüche und Verfahren, 11. Aufl. 2016; *Urbanczyk,* Zur Verbandsklage im Zivilprozess, 1981.

I. Überblick

Abweichend von seinen Vorgängern regelt das UWG von 2004 in seinem zweiten Kapitel (§§ 8–11) erstmals zusammenfassend auch die Rechtsfolgen von Verstößen gegen die Generalklausel des § 3 (in Verbindung mit den Beispielstatbeständen der §§ 3a, 4–6 UWG) sowie gegen § 7 UWG. An der Spitze der Regelung steht die Vorschrift des § 8 Abs. 1 S. 1 UWG, nach der auf **Beseitigung** und bei Wiederholungsgefahr auf **Unterlassung** in Anspruch genommen werden kann, wer eine nach § 3 oder § 7 UWG unzulässige geschäftliche Handlung vornimmt. S. 2 der Vorschrift fügt hinzu, dass der Unterlassungsanspruch bereits besteht, wenn eine derartige Zuwiderhandlung gegen § 3 oder gegen § 7 UWG erstmals droht. Nach Abs. 2 des § 8 UWG sind der Unterlassungs- und der Beseitigungsanspruch außerdem, wenn die Zuwiderhandlung in einem Unternehmen von einem Mitarbeiter oder Beauftragten begangen wird, auch gegen den Unternehmensinhaber begründet (→ Rn. 49 ff.). 1

Die Regelung der wichtigen Frage, *wem* jeweils der Unterlassungs- und der Beseitigungsanspruch zusteht, wer vor allem zur gerichtlichen Geltendmachung dieser Ansprüche befugt ist, findet sich in Abs. 3 des § 8 UWG, der im Kern mit dem früheren § 13 Abs. 2 UWG aF übereinstimmt (→ § 22). Hervorzuheben ist die erstmalige gesetzliche Regelung der Klagebefugnis des durch eine unlautere Wettbewerbshandlung unmittelbar verletzten Mitbewerbers in § 8 Abs. 3 Nr. 1 UWG. 2

Bei Verschulden des Täters tritt als weitere Sanktion von Verstößen gegen die Verbote der §§ 3 und 7 UWG neben den Unterlassungs- und den Beseitigungsanspruch ein **Schadensersatzanspruch** (nur) der durch die fragliche Handlung unmittelbar betroffenen Mitbewerber (§ 9 S. 1 UWG; → § 23 Rn. 8 ff.; zu den Verbrauchern → Rn. 7). Daneben kommt noch in bestimmten Fällen nach § 10 des Gesetzes eine **Gewinnabschöpfung** in Betracht, wenn der Täter vorsätzlich gehandelt hat und hierdurch auf Kosten einer Vielzahl von Abnehmern einen Gewinn erzielte (→ § 23 Rn. 27 ff.). Die 3

Regelung der **Verjährung** der sich aus den §§ 8, 9 und 10 Abs. 1 ergebenden Ansprüche findet sich in § 11 UWG (→ § 23 Rn. 45ff.). Durch die 2. Novelle von 2015 haben die genannten Vorschriften keine Änderung erfahren.

4 Bei der Durchsetzung des Gesetzes kommt seit jeher dem **Unterlassungsanspruch** der Mitbewerber sowie der in § 8 Abs. 3 UWG genannten Verbände und Einrichtungen die *größte praktische Bedeutung* zu. Die weiteren im UWG vorgesehenen, zivilrechtlichen und strafrechtlichen Sanktionen treten demgegenüber an Bedeutung deutlich zurück. Das gilt auch für den Schadensersatzanspruch des unmittelbar Verletzten (§ 9 S. 1 UWG), weil Ermittlung und Berechnung des Schadens in Wettbewerbssachen häufig erhebliche Schwierigkeiten bereiten (§§ 249–252 BGB; → § 23 Rn. 8ff.).

5 Bei einem Vergleich des geschilderten Sanktionssystems des UWG mit dem des GWB fällt vor allem das vollständige **Fehlen von Verwaltungszuständigkeiten** zur Durchsetzung des UWG auf. Es gibt insbesondere kein mit dem Bundeskartellamt vergleichbares Amt, das für die Überwachung der Einhaltung des UWG zuständig wäre. Die Durchsetzung der Verbote des UWG ist vielmehr, von den Strafvorschriften der §§ 16–19 UWG abgesehen, schon vom Gesetzgeber des ersten UWG von 1896 mit Bedacht *ausschließlich der privaten Initiative* der Betroffenen und ihrer Verbände *überlassen* worden, und zwar, wie die Unzahl von Klagen aufgrund des UWG zeigt, offenbar mit Erfolg.[1] Deshalb sahen auch die Verfasser des **UWG von 2004** keinen Anlass zur Aufgabe des bewährten deutschen Sanktionssystems.[2]

6 Daran hat im Ergebnis auch das Inkrafttreten der **UGP-Richtlinie** im Jahre 2005 nichts geändert. Zwar bestimmt Art. 11 Abs. 1 der Richtlinie, dass die Mitgliedstaaten im Interesse der Verbraucher sicherstellen müssen, dass geeignete und wirksame Möglichkeiten zur Bekämpfung unlauterer Geschäftspraktiken vorhanden sind, um die Einhaltung der Richtlinie durchzusetzen. Wegen des Widerstands Deutschlands und Österreichs schreibt die Richtlinie den Mitgliedstaaten indessen nicht die Einrichtung gerade einer Behörde zur Überwachung der Einhaltung der Richtlinie vor, sondern belässt ihnen weiterhin die Wahl zwischen einer gerichtlichen oder behördlichen Durchsetzung der Richtlinie (Art. 11 Abs. 1 Unterabs. 2 und 3 der Richtlinie). Die Verfasser der Novelle von 2008 haben daraus den Schluss gezogen, dass im deutschen Recht insoweit nach wie vor kein Anpassungsbedarf bestehe.[3] Daran hat sich durch die 2. Novelle von 2015 nichts geändert.

7 Die Regelung der Rechtsfolgen in den §§ 8–11 UWG ist nach der Vorstellung der Gesetzesverfasser *abschließend.* Sie haben deshalb die Auffassung vertreten, dass neben den Vorschriften des UWG für einen **Rückgriff auf** die deliktsrechtlichen Normen des **BGB** kein Raum sei, sodass zB die §§ 3–7 UWG, obwohl durch sie unbestreitbar auch die Verbraucher geschützt werden (§ 1 S. 1 UWG), nicht als *Schutzgesetze* zugunsten der Verbraucher im Sinne des § 823 Abs. 2 BGB interpretiert werden könn-

---

[1] S. auch → § 22 Rn. 1f.; zur Kritik dieses Sanktionssystems und zu Reformüberlegungen s. *Bastian,* in: Schricker/Henning-Bodewig, Neuordnung, S. 199; *Fritzsche,* Unterlassungsanspruch; *Mertens,* ZHR 139 (1975), 438; *Micklitz,* in: Krejci/Keßler/Augenhofer, Lauterkeitsrecht, S. 125; *Sack,* Unlauterer Wettbewerb und Folgeverträge, 1974; *ders.,* NJW 1975, 1303; *Schricker,* RabelsZ 36 (1972), 315; *ders.,* ZHR 139 (1975), 208; *Tonner,* NJW 1987, 1917.

[2] S. die Begr. zu § 8, BT-Drs. 15/1487, S. 22 (l. Sp. „Zu § 8" 1. Abs.).

[3] Begr. von 2008, BT-Drs. 16/10145 S. 18f.; ebenso wohl auch die Erwägungsgründe Nr. 9, 21 und 22 zu der Richtlinie.

ten.[4] Diese Auslegung der §§ 8–11 UWG ist keineswegs *zwingend* und richtiger Meinung nach abzulehnen (→ § 14 Rn. 74; → § 22 Rn. 5; → § 23 Rn. 2f.).

II. Unterlassungsanspruch

1. Wiederholungsgefahr

Nach § 8 Abs. 1 S. 1 UWG kann, wer eine nach § 3 oder § 7 unzulässige geschäftliche Handlung vornimmt, bei Wiederholungsgefahr auf Unterlassung in Anspruch genommen werden. Im Regelfall müssen folglich (nur) *drei* Voraussetzungen erfüllt sein, um einen Unterlassungsanspruch zu begründen: erstens eine geschäftliche Handlung, durch die eines der Verbote der §§ 3–7 UWG verletzt wird, häufig auch **Eingriff** genannt, zweitens **Rechtswidrigkeit** des Eingriffs und drittens **Wiederholungsgefahr** (→ Rn. 10ff.). Verschulden ist dagegen, wie der Vergleich zwischen § 8 Abs. 1 und § 9 S. 1 UWG zeigt, *nicht* erforderlich.[5] 8

Maßgebend für den in die Zukunft gerichteten Unterlassungsanspruch ist die Rechtslage im **Zeitpunkt** der letzten mündlichen Verhandlung der letzten Tatsacheninstanz. Hat sich in der Zwischenzeit die Rechtslage geändert, so kommt es infolgedessen darauf an, ob auch nach der *neuen* Rechtslage der Unterlassungsanspruch jetzt (noch) begründet ist. 9

Der Unterlassungsanspruch setzt Wiederholungsgefahr voraus weil er auf die Verhinderung *zukünftiger,* neuer Verstöße des Täters gegen das UWG zielt, die mit dem schon begangenen Verstoß übereinstimmen, sodass er von vornherein nur in Betracht kommt, wenn überhaupt die ernstliche Möglichkeit einer **Wiederholung** des Wettbewerbsverstoßes besteht, sonst dagegen nicht (§ 8 Abs. 1 S. 1 UWG).[6] Jedoch wird das Vorliegen der Wiederholungsgefahr bei Wettbewerbsverstößen grundsätzlich **vermutet,**[7] sodass im Regelfall nach einem Verstoß gegen das UWG oder seine Nebengesetze zur Beseitigung der Wiederholungsgefahr allein die Abgabe einer strafbewehrten **Unterlassungs- oder Unterwerfungserklärung** hinreicht (vgl. § 12 Abs. 1 S. 1 UWG und → Rn. 26ff.).[8] Gleich stehen grundsätzlich ein gegen den Beklagten im Hauptsacheverfahren bereits ergangenes **Unterlassungsurteil,** selbst wenn es von einem *Dritten* erwirkt wurde,[9] sowie ein umfassender gerichtlicher **Vergleich,** aus dem der Kläger sofort bei erneuten Verstößen des Beklagten vollstrecken kann (§ 794 Abs. 1 Nr. 1 ZPO).[10] 10

Nicht ausreichend zur Beseitigung der Wiederholungsgefahr sind dagegen in der Regel die bloße *Aufgabe* des rechtsverletzenden Verhaltens (weil dadurch noch nicht eine 11

[4] Begr. von 2003, BT-Drs. 15/1487, S. 22 (l. Sp.).

[5] *BGH* LM § 3 UWG Nr. 435 (Bl. 3f.) = NJW-RR 2001, 620 (621f.) = GRUR 2000, 907 = WRP 2000, 1258 – Filialleiter.

[6] BGHZ 117, 264 (271) = NJW 1992, 2292 (2294) – Nicola; *Fritzsche,* Unterlassungsanspruch, S. 148ff.; Harte-Bavendamm/Henning-Bodewig/*Bergmann/Goldmann,* § 8 Rn. 12f.

[7] S. zB *BGH* WRP 2016, 35 Tz. 51 – Deltametrin sowie statt aller Harte-Bavendamm/Henning-Bodewig/*Bergmann/Goldmann,* § 8 Rn. 13ff.

[8] Ebenso schon früher *BGH* LM § 3 UWG Nr. 408 (Bl. 2 R) = NJW-RR 1998, 1571 = GRUR 1998, 1045 = WRP 1998, 739 – Brennwertkessel; *BGH* WRP 2016, 35 Tz. 51 – Deltametrin.

[9] *BGH* NJW-RR 2003, 984 (985) = GRUR 2003, 451 = WRP 2003, 511 – Begrenzte Preissenkung; ausführlich *Bornkamm,* FS Tilmann, 2003, S. 769 (771ff.).

[10] *OGH* ÖBl. 2004, 77 – Tintenpatronen.

spätere Wiederholung ausgeschlossen wird)[11] oder die bloße *Erklärung* des Beklagten im Rechtsstreit, die fragliche Handlung fortan zu unterlassen, sofern der Beklagte gleichwohl an seinem Rechtsstandpunkt festhält. Wenn dagegen nach den Umständen eine Wiederholung der fraglichen Handlung eindeutig ausscheidet, besteht auch kein Anlass mehr für einen Anspruch auf Unterlassung der fraglichen Handlung in der Zukunft. So verhält es sich zB, wenn es sich eindeutig um einen *einmaligen,* auf absehbare Zeit *nicht wiederholbaren Verstoß* handelt[12] oder wenn aufgrund einer endgültigen Veränderung der Verhältnisse eine Wiederholung der Handlung ausscheidet. Ist dagegen eine Wiederherstellung des früheren Zustandes möglich, so besteht auch die Wiederholungsgefahr fort.[13] Deshalb reicht zB die bloße Einstellung der Produktion von Erzeugnissen, für die unter Verstoß gegen § 5 UWG geworben wurde, nicht für den Ausschluss der Wiederholungsgefahr, da die irreführende Werbung immer noch fortgesetzt werden kann, etwa für neue Produkte.[14]

12 Wird das Unternehmen, das einen Wettbewerbsverstoß begangen haben soll, mit einem anderen verschmolzen oder von einem anderen übernommen, so wird zum Teil analog § 8 Abs. 2 UWG, zum Teil analog § 25 HGB die Haftung für den Wettbewerbsverstoß auf den **Rechtsnachfolger** erstreckt, sodass dieser ebenfalls auf Unterlassung in Anspruch genommen werden kann.[15] Diese Auffassung hat indessen nicht die Billigung des **BGH** gefunden, nach dem im Falle der Rechtsnachfolge die Wiederholungsgefahr entfällt und auch für die Annahme einer Erstbegehungsgefahr (→ Rn. 19 ff.) grundsätzlich kein Raum mehr ist. Denn der Inhaberwechsel führe zu einer Veränderung in der Unternehmensleitung, sodass aus dem früheren Wettbewerbsverstoß keine Folgerungen für die Zukunft mehr gezogen werden könnten.[16] Auch eine **Abtretung** des Anspruchs ist nicht möglich, weil solche Abtretung entgegen § 8 Abs. 3 UWG zu einer Vermehrung der Anspruchsberechtigten führte.[17]

13 Bei der Wiederholungsgefahr handelt es sich um eine **(materielle) Anspruchsvoraussetzung,** bei deren Fehlen die Klage als *unbegründet* (und nicht etwa als unzulässig) abzuweisen ist.[18] Davon zu unterscheiden ist das **Rechtsschutzbedürfnis,** bei dem es sich um eine Voraussetzung der *Zulässigkeit* der Klage handelt. Das Rechtsschutzbedürfnis fehlt zB, wenn der Kläger bereits einen rechtskräftigen Titel in der Hand hat,

[11] *BGH* NJW 2009, 3514 (3516 Tz. 45) = GRUR 2009, 845 = WRP 2009, 1001 – Internet-Videorecorder.

[12] *BGH* LM § 1 UWG Nr. 593 = NJW-RR 1992, 617 = GRUR 1992, 318 = WRP 1992, 314 (für einen Verstoß im Rahmen eines Jubiläumsverkaufs).

[13] BGHZ 14, 163 (169) = NJW 1954, 1682; BGHZ 81, 222 (225 ff.) = NJW 1981, 2412; *BGH* LM § 13 UWG Nr. 18 = NJW 1965, 251= GRUR 1965, 155 = WRP 1965, 110 – Werbefahrer.

[14] *BGH* LM § 3 UWG Nr. 408 (Bl. 3) = NJW-RR 1998, 1571 = GRUR 1998, 1045 = WRP 1998, 739 – Brennwertkessel.

[15] Fezer/*Büscher,* § 8 Rn. 158; *Mels/Franzen,* GRUR 2008, 968 mN.

[16] BGHZ 172, 165 (167 f. Tz. 10 f.) = NJW 2008, 301 = GRUR 2007, 995 – Schuldnachfolge; *BGH* NJW-RR 2009, 536 (539 Tz. 39) = GRUR 2008, 1002 = WRP 2008, 1434 – Schuhpark; *Dornis/Förster,* GRUR 2006, 195 (196); Harte-Bavendamm/Henning-Bodewig/*Bergmann/Goldmann,* § 8 Rn. 20; *Köhler,* WRP 2010, 475; Ohly/Sosnitza/*Ohly,* § 8 Rn. 153.

[17] *BGH* NJW 2007, 3570 (3573 Tz. 33) = GRUR 2007, 978 = WRP 2007, 1334 – Rechtsberatung durch Haftpflichtversicherer; Köhler/Bornkamm/*Köhler,* § 8 Rn. 3.18 ff.; str., → Rn. 35.

[18] *BGH* LM § 1 UWG Nr. 250 = GRUR 1973, 208; LM § 1 ZugabeVO Nr. 38 = NJW 1983, 941 = GRUR 1983, 127 = WRP 1983, 91 – Vertragsstrafenversprechen; *OGH* SZ Bd. 56 (1983) Nr. 124, S. 548 (555); ÖBl. 1984, 135 = GRURInt 1985, 58 (59) – Pro Mota; *Teplitzky,* FS Köhler, 2014, S. 757 (765 f. mN), str.

aus dem er gegen den Beklagten vollstrecken kann, vorausgesetzt, dass es sich um einen *endgültigen Titel* handelt und der Streitgegenstand identisch ist (→ Rn. 15). Dagegen wird durch einen *vorläufigen Titel,* insbesondere aufgrund einer einstweiligen Verfügung, das Rechtsschutzbedürfnis für eine nachfolgende Unterlassungsklage in der Hauptsache grundsätzlich nicht ausgeschlossen; anders nur, wenn der Beklagte, etwa nach einem Abschlussschreiben des Klägers (→ § 25 Rn. 22ff.), auf die Einlegung von Rechtsbehelfen gegen den Titel verzichtet, sodass dieser endgültig wird.[19]

Ein bereits vorliegender Titel steht einer erneuten Klage nur entgegen, wenn der **Streitgegenstand** in beiden Rechtsstreitigkeiten derselbe ist (§§ 253, 261 und 322 ZPO). Während in der früheren Rechtsprechung der Streitgegenstand der Unterlassungsklage häufig sehr eng gefasst wurde (um Raum für eine neue Klage zu schaffen), erstreckt der BGH heute den Streitgegenstand grundsätzlich auf den gesamten *einheitlichen Lebenssachverhalt,* den konkreten Tatsachenkomplex, aus dem der Unterlassungsanspruch, wenn auch möglicherweise unter verschiedenen rechtlichen Gesichtspunkten, hergeleitet wird.[20] 14

2. Klageantrag

Der Unterlassungsanspruch richtet sich gegen die in der Zukunft *drohende* Wiederholung einer bestimmten Verletzungshandlung. Daher kann auch nur die Unterlassung *genau dieser Handlung* verlangt werden, nicht dagegen die Unterlassung anderer, möglicherweise ähnlicher Handlungen. In der Klage muss deshalb die Handlung, deren Unterlassung verlangt wird, möglichst eindeutig bestimmt werden, sodass die Verwendung unbestimmter Ausdrücke den Klageantrag unzulässig macht (§ 253 ZPO).[21] 15

Eine **Verallgemeinerung** des Antrags über den konkreten Verletzungstatbestand hinaus kommt nur in Betracht, wenn allein auf diese Weise das Charakteristische der einzelnen Verletzungshandlung sachgemäß hervorgehoben werden kann.[22] Es handelt sich dabei um eine „unendliche Geschichte", die in der Praxis die größten Schwierigkeiten bereitet – mit der grotesken Folge, dass in überaus zahlreichen Urteilen die Ausführungen zu der nötigen Bestimmtheit des Antrags (weit) mehr Raum in Anspruch nehmen als die Ausführungen zu dem den eigentlichen Anlass des Rechtsstreits bildenden Wettbewerbsverstoß. 16

In dem Unterlassungsurteil kann dem Kläger die Befugnis zugesprochen werden, das Urteil auf Kosten des Beklagten öffentlich bekannt zu machen (§ 12 Abs. 3 UWG). Die Anordnung der **Bekanntmachung** steht im Ermessen des Gerichts, sodass sie eine sorgfältige Interessenabwägung voraussetzt. 17

[19] *BGH* LM § 1 UWG Nr. 250 = GRUR 1973, 208; LM § 1 UWG Nr. 329 = NJW 1980, 1843 = GRUR 1980, 241 – Rechtsschutzbedürfnis; GRUR 1964, 274 (275) = WRP 1964, 248 – Möbelrabatt; NJW 1973, 901 = GRUR 1973, 384 = WRP 1973, 263 – Goldene Armbänder.

[20] BGHZ 194, 314 (323ff. Tz. 24ff.) = GRUR 2013, 401 = WRP 2013, 472 – Biomineralwasser; Harte-Bavendamm/Henning-Bodewig/*Bergmann/Goldmann,* § 8 Rn. 16; sehr str.

[21] *BGH* LM § 253 ZPO Nr. 94 = NJW 1991, 1114 = GRUR 1991, 254 = WRP 1991, 216 – Unbestimmter Unterlassungsantrag.

[22] *BGH* LM § 13 UWG Nr. 11 = GRUR 1961, 288; LM § 16 UWG Nr. 49 = NJW 1961, 1919 = GRUR 1962, 91 – Jenaer Glas; LM § 3 UWG Nr. 192 = GRUR 1982, 681 (683) = WRP 1982, 642 – Skistiefel.

III. Vorbeugender Unterlassungsanspruch

18 Eine Sonderform des Unterlassungsanspruchs ist der vorbeugende Unterlassungsanspruch. Er greift bereits ein, wenn ein Wettbewerbsverstoß lediglich *erstmals droht* (§ 8 Abs. 1 S. 2 UWG). Nach dem Motto „Vorbeugen ist besser als Heilen" braucht dann der durch die Handlung Bedrohte nicht erst deren Begehung „ruhig" abzuwarten, um sich anschließend dagegen wehren zu können, sondern kann sofort „vorbeugend" auf Unterlassung der erst drohenden Handlung klagen.

19 Der vorbeugende Unterlassungsanspruch setzt eine ernste und **greifbare Erstbegehungsgefahr,** dh die ernstzunehmende Gefahr eines baldigen Wettbewerbsverstoßes voraus.[23] Die Beweislast dafür trägt in vollem Umfang der Kläger, der den Anspruch geltend macht; eine Vermutung kommt ihm insoweit – anders als bei dem Unterlassungsanspruch (→ Rn. 10) – nicht zu Hilfe. Eine Erstbegehungsgefahr kann sich vor allem daraus ergeben, dass ein Gewerbetreibender bereits mit *Vorbereitungshandlungen* für einen Wettbewerbsverstoß begonnen hat oder dass er sich der *Befugnis* zur Vornahme bestimmter Handlungen *berühmt.* Bestreitet ihm der andere Teil, in erster Linie also ein Mitbewerber, diese Befugnis, so kann er sofort Unterlassung verlangen, sofern ihm von der Vornahme der fraglichen Handlung eine Verletzung seiner Rechte drohte.[24] Jedoch reicht die **bloße Rechtsverteidigung** in einem Rechtsstreit grundsätzlich noch nicht zur Begründung der Erstbegehungsgefahr aus, sofern nicht besondere Umstände vorliegen.

20 An die **Beseitigung** der Erstbegehungsgefahr sind hier niedrigere Anforderungen als sonst zu stellen (→ Rn. 11 f.). Es genügt dafür bereits, dass der andere Teil seinen wettbewerbswidrigen Standpunkt endgültig wieder aufgibt, zB durch die Klarstellung, dass die umstrittene Handlung von ihm auf keinen Fall vorgenommen werden wird.[25]

IV. Beseitigungsanspruch

21 Nach § 8 Abs. 1 S. 1 UWG kann derjenige, der eine nach § 3 oder § 7 UWG unzulässige geschäftliche Handlung vornimmt, von den in § 8 Abs. 3 UWG genannten Personen, Verbänden, Einrichtungen und Kammern nicht nur auf Unterlassung, sondern auch auf Beseitigung in Anspruch genommen werden, weil der Unterlassungsanspruch in bestimmten Fallgestaltungen allein nicht dem legitimen Schutzbedürfnis des Verletzten genügt. Hat zB ein Kaufmann für sich eine unzulässige Firma ins Handelsregister eintragen lassen (§ 5 UWG) oder hat er in seiner Werbung unrichtige Behauptungen über den Verletzten aufgestellt (§ 4 Nr. 2 UWG), so ist diesem wenig damit gedient, wenn der Täter nur verpflichtet wird, in Zukunft vergleichbare Störungen zu unterlassen; sein Interesse ist vielmehr vorrangig auf die zusätzliche Ver-

[23] BGHZ 117, 264 (271 f.) = NJW 1992, 2292 (2294); *BGH* LM § 1 UWG Nr. 555 = NJW 1990, 2469 = GRUR 1990, 687 =JuS 1991, 252 Nr. 12 – Anzeigenpreis II; LM § 7 UWG Nr. 12 = NJW-RR 1999, 1563 (1564) = GRUR 1999, 1ß97 = WRP 1999, 1133 – Preissturz ohne Ende.

[24] BGHZ 2, 394 (395 f.) = NJW 1951, 843; BGHZ 14, 163 (170) = NJW 1954, 1682; *BGH* LM § 1 UWG Nr. 372 = NJW 1983, 167 = JuS 1983, 470 Nr. 8 – Seniorenpaß; NJW-RR 2003, 830 (831) = NZG 2003, 396; *OGH* SZ Bd. 53 (1980) Nr. 147, S. 660 (662).

[25] *BGH* LM § 1 UWG Nr. 584 = NJW-RR 1992, 37= GRUR 1992, 116 – Topfgucker-Scheck; LM § 1 UWG Nr. 609 = NJW 1992, 3093 (3095) = GRUR 1993, 53 – Ausländischer Inserent; *Köhler,* NJW 1992, 137 (138 f.).

pflichtung des Täters gerichtet, außerdem die Folgen des ersten Eingriffs, der sich als Quelle fortlaufender, neuer Störungen erweist, *zu beseitigen.*

Diesem Zweck dient der Beseitigungsanspruch des § 8 Abs. 1 S. 1 UWG, bei dem es sich der Sache nach um eine besondere Erscheinungsform des Unterlassungsanspruchs handelt, sodass der Beseitigungsanspruch ebenso wenig wie der Unterlassungsanspruch Verschulden voraussetzt.[26] Beide Ansprüche zusammen bilden die wettbewerbsrechtlichen **Abwehransprüche.** Voraussetzung des Anspruchs ist lediglich, dass sich aus dem (objektiv rechtswidrigen) Wettbewerbsverstoß eine fortlaufende **Quelle rechtswidriger Störungen** ergibt *und* dass dem Verletzer die Beseitigung der Folgen seines Eingriffs möglich und **zumutbar** ist. Kein Raum für den Beseitigungsanspruch ist dagegen, wenn bereits weniger einschneidende Maßnahmen zur Störungsabwehr ausreichen.[27] 22

Der Beseitigungs- und der Unterlassungsanspruch stehen grundsätzlich selbständig nebeneinander, sodass sie im Rechtsstreit **verschiedene Streitgegenstände** bilden und in unterschiedlichen Fristen verjähren.[28] Anders verhält es sich nur (sodass sich im Ergebnis beide Ansprüche decken), wenn die Nichtbeseitigung einer Störungsquelle gleichbedeutend mit der Fortsetzung der Störung ist. Beispiele sind die Anbringung wettbewerbswidriger Plakate, Reklameschilder oder Firmen. In derartigen Fällen bilden im Rechtsstreit (ausnahmsweise) beide Ansprüche auch einen einheitlichen Streitgegenstand (str.). Die **Vollstreckung** richtet sich dann nach § 887 ZPO, während sonst Unterlassungstitel nach § 890 ZPO vollstreckt werden.[29] Das gilt auch im Falle der Verwendung wettbewerbswidriger Firmen.[30] 23

Die **Abgrenzung** des Beseitigungsanspruchs vom Schadensersatzanspruch bereitet bisweilen Schwierigkeiten.[31] Als Richtlinie sollte dienen, dass der Beseitigungsanspruch allein auf die Beseitigung einer in der Zukunft *fortwirkenden* Störungsquelle gerichtet ist, während die *Rückgängigmachung* schon *eingetretener* nachteiliger *Folgen* eines Wettbewerbsverstoßes allein auf dem Weg über den Schadensersatzanspruch möglich ist (§§ 249, 252 BGB). 24

Der **Inhalt** des Beseitigungsanspruchs richtet sich nach der Art der Störung. Je nach den Umständen kommen zB in Betracht die Rücknahme einer Markenanmeldung, die gegen ein vorrangiges Recht des Klägers verstößt,[32] ferner der Widerruf einer unberechtigten Schutzrechtsverwarnung,[33] die Löschung einer unzulässigen Firma sowie 25

---

[26] Ebenso ausdrücklich § 15 öUWG; vgl. auch Art. 9 Abs. 1 lit. b schweiz. UWG.

[27] *BGH* LM § 1 UWG Nr. 686/687 (Bl. 4f.) = GRUR 1995, 424 = WRP 1995, 489 = NJW-RR 1995, 810 – Abnehmerverwarnung; LM § 1 UWG Nr. 762 (Bl. 3 R) = GRUR 1998, 415 = WRP 1998, 383 – Wirtschaftsregister.

[28] *BGH* LM § 21 UWG Nr. 3 = NJW 1973, 2285 = WRP 1974, 30 – Brünova; *Lindacher,* GRUR 1985, 423; *v. Ungern-Sternberg,* GRUR 2009, 901, 1009.

[29] *Lindacher,* GRUR 1985, 423; zT anders *Köhler,* NJW 1992, 137 (139).

[30] *BGH* LM § 3 UWG Nr. 65 = GRUR 1964, 686 = WRP 1964, 349 – Glockenpackung II; LM § 1004 BGB Nr. 32 = NJW 1957, 1676; dagegen *Lindacher,* GRUR 1985, 423.

[31] S. *Frenzel,* WRP 2013, 1567; *Fritzsche,* Unterlassungsanspruch, S. 201 ff.

[32] *BGH* LM § 8 MarkenG Nr. 38 (Bl. 4) = NJW-RR 2001, 1047 = GRUR 2001, 420 = WRP 2001, 546 – Spa.

[33] *BGH* LM § 1 UWG Nr. 686/687 (Bl. 4f.) = GRUR 1995, 424 = NJW-RR 1995, 810 – Abnehmerverwarnung.

noch die Beseitigung täuschenden Werbematerials.[34] Die verlangten Maßnahmen müssen jedoch geeignet, verhältnismäßig und *zumutbar* sein, sodass es grundsätzlich dem Verpflichteten zu überlassen ist, wie er den von ihm geschaffenen, fortwirkenden rechtswidrigen Zustand beseitigen will.[35] Deshalb besteht grundsätzlich auch kein Anspruch auf eine sogenannte *berichtigende Aufklärung* durch eine öffentliche Korrektur unrichtiger Behauptungen in einer geschäftlichen Handlung, insbesondere also in der Werbung; anders wird nur in Fällen einer systematischen Täuschung der Abnehmer und der späteren Fruchtziehung aus der Täuschung entschieden.[36]

26 Der wichtigste Anwendungsfall des Beseitigungsanspruchs ist der **Widerrufsanspruch.** Der Widerrufsanspruch richtet sich gegen *unrichtige Tatsachenbehauptungen,* aus denen sich eine fortlaufende Quelle der Ehrverletzung oder der Schädigung ergibt. Beispiele sind unrichtige Werbebehauptungen (§ 5 UWG; s. aber → Rn. 25) sowie Verstöße gegen § 4 Nr. 2 UWG (Anschwärzung; → § 9 Rn. 13, 29 ff.). Den Gegensatz bilden bloße *Werturteile,* bei denen höchstens ein Unterlassungsanspruch in Betracht kommt, sofern an ihrer Aufrechterhaltung kein berechtigtes Interesse mehr besteht (zur Abgrenzung → § 9 Rn. 14 ff.; → § 14 Rn. 32 ff.).

27 Voraussetzung des Widerrufsanspruchs ist vor allem, dass die Tatsachenbehauptung **unrichtig** ist. Die *Beweislast* hierfür trägt, von dem Fall des § 4 Nr. 2 Hs. 1 UWG abgesehen (→ § 9 Rn. 20), der Kläger. Bleibt die Frage der Richtigkeit oder Unrichtigkeit der Behauptung offen, so kann kein Widerruf, sondern allenfalls die Erklärung verlangt werden, dass der Beklagte seine Behauptungen nicht mehr aufrechterhalte (→ § 9 Rn. 24 ff.).

28 Weitere Voraussetzung des Widerrufsanspruchs ist, dass von der unrichtigen Behauptung auch für die Zukunft schädigende Auswirkungen und damit eine **Beeinträchtigung** des Verletzten zu besorgen sind. Bloße Beeinträchtigungen in der Vergangenheit, die keine Nachwirkungen mehr äußern, genügen nicht.

V. Unterwerfungserklärung

1. Begriff, Rechtsnatur, Zustandekommen

29 Nach § 12 Abs. 1 S. 1 UWG sollen die zur Geltendmachung eines Unterlassungsanspruchs nach § 8 Abs. 3 UWG Berechtigten den Schuldner vor der Einleitung eines gerichtlichen Verfahrens abmahnen und ihm so Gelegenheit geben, den Streit durch Abgabe einer mit einer angemessenen Vertragsstrafe bewehrten „Unterlassungsverpflichtung“ beizulegen (zur Abmahnung → § 25). Der Gesetzgeber hat mit dieser Regelung 2004 eine Praxis gebilligt, die sich in Deutschland ungefähr seit den frühen siebziger Jahren des vorigen Jahrhunderts eingebürgert hatte und die ihren Grund letztlich in dem Umstand fand, dass in Wettbewerbsstreitigkeiten die einmal begründete **Wiederholungsgefahr** im Regelfall allein durch die vertragliche Übernahme einer durch eine angemessene Vertragsstrafe iSd § 339 BGB gesicherten („strafbewehr-

[34] *BGH* LM § 1 UWG Nr. 271 = GRUR 1974, 666 = NJW 1974, 1244 – Reparaturversicherung; LM § 1 UWG Nr. 762 (Bl. 3 f.) = GRUR 1998, 415 = WRP 1998, 383 – Wirtschaftsregister; *Köhler,* NJW 1992, 137 (139 ff.).

[35] *Frenzel,* WRP 2013, 1567 (1569).

[36] *BGH* LM § 1 UWG Nr. 762 = GRUR 1998, 415 = WRP 1998, 383 – Wirtschaftsregister; dagegen zutreffend *Frenzel,* WRP 2013, 1567; *Köhler,* Anm., LM § 1 UWG Nr. 762 (Bl. 4, 5 f.).

ten"), unbedingten **Unterlassungsverpflichtung beseitigt** werden kann, für die die Bezeichnungen Unterlassungserklärung, Unterwerfungserklärung oder Vertragsstrafenversprechen üblich sind (→ Rn. 10). Als **Vorteil** dieses Verfahrens gilt, dass es dem Gläubiger vielfach auf ebenso einfache wie effiziente Weise zu seinem Recht verhilft. **Problematisch** sind freilich die oft erstaunliche Höhe der Vertragsstrafe sowie der Umstand, dass die Vertragsstrafe dann obendrein noch häufig (ausgerechnet) einem Konkurrenten des Schuldners zufließt, sofern nämlich Adressat der Unterwerfungserklärung ein Mitbewerber ist (s. § 8 Abs. 3 Nr. 1 UWG).[37]

Bei der Unterwerfungserklärung oder Unterlassungsverpflichtung im Sinne des § 12 Abs. 1 S. 1 UWG dürfte es sich in der Regel um ein **abstraktes Schuldversprechen** iSd § 780 BGB handeln, durch das die übernommene Unterlassungspflicht – ohne Rücksicht auf die Rechtslage – neu, dh im Wege der Novation begründet wird.[38] Im Einzelfall kann auch ein Vergleich oder ein deklaratorisches Anerkenntnis vorliegen.[39] In jedem Fall ist aber ein **Vertrag** erforderlich;[40] durch eine bloße **einseitige Erklärung** kann nicht die Verpflichtung zur Zahlung einer Vertragsstrafe wirksam begründet (§§ 311 Abs. 1, 339 BGB), wohl aber gegebenenfalls die Wiederholungsgefahr beseitigt werden (→ Rn. 21, 34). 30

Das **Zustandekommen** des Vertrages über die Unterlassungsverpflichtung nach § 12 Abs. 1 S. 1 (→ Rn. 30) richtet sich nach den §§ 145 ff. BGB, wobei der Antrag häufig bereits in der Abmahnung des Gläubigers liegt.[41] Unterbreitet dagegen der Schuldner seinerseits auf die Abmahnung des Gläubigers hin diesem einen Antrag auf Abschluss eines Vertrages über die Unterwerfungserklärung, so ist für den Regelfall davon auszugehen, dass der Antrag des Schuldners entgegen § 147 BGB unbefristet ist und vom Gläubiger jederzeit nach § 151 BGB angenommen werden kann (s. im Einzelnen → Rn. 34).[42] Als abstraktes Schuldversprechen bedarf die Unterwerfungserklärung an sich der **Schriftform** (§ 780 BGB); häufig ist jedoch Raum für die Anwendung des § 350 HGB, sodass die Unterwerfungserklärung dann auch formlos, zB durch ein Fernschreiben, abgegeben werden kann; der Erklärende muss aber bereit sein, auf Verlangen des anderen Teils das Fernschreiben schriftlich zu bestätigen.[43] Für die **Auslegung** der Unterwerfungserklärung gelten keine Besonderheiten (§§ 133, 157 BGB).[44] Sie kann zB ergeben, dass mehrere zusammenhängende Verstöße gegen die Erklärung als Einheit zu behandeln sind (→ Rn. 37). 31

---

[37] Zu möglichen Alternativen s. *Köhler,* GRUR 2010, 6 (8 ff.).

[38] BGHZ 130, 288 (292 f.) = NJW 1995, 2788 – Kurze Verjährungsfrist; s. *Köhler,* FS v. Gamm, 1990, S. 57 ff.; *Porkant,* FS Erdmann, 2002, S. 863 (864 f.); *Teplitzky,* FS Köhler, 2014, S. 757 (758).

[39] *OLG Köln* GRUR 1984, 674; *OLG Frankfurt a. M.* GRUR 1986, 626 = NJW-RR 1986, 1164; *OLG Hamm* NJW-RR 1989, 489.

[40] ZB *BGH* NJW-RR 2010, 1127 Tz. 17, 21 = GRUR 2010, 365 = WRP 2010, 679 – Testfundstelle.

[41] *BGH* NJW-RR 2006, 1477 (1478 Tz. 14 f.) = GRUR 2006, 878 = WRP 2006, 1139 – Vertragsstrafenvereinbarung; NJW-RR 2010, 1127 = GRUR 2010, 355 = WRP 2010, 649 – Testfundstelle; *Porkant,* FS Erdmann, 2002, S. 863 (865 f.).

[42] *BGH* NJW-RR 2010, 1127 Tz. 21 = GRUR 2010, 355 = WRP 2010, 649 – Testfundstelle.

[43] *BGH* LM § 1 UWG Nr. 550 = NJW 1990, 3147 = GRUR 1990, 685 – Unterwerfung durch Fernschreiben; wegen der Einzelheiten s. *Porkant,* FS Erdmann, 2002, S. 863 (866 ff.).

[44] BGHZ 121, 13 (16 f.) = NJW 1993, 721; BGHZ 146, 318 (322) = NJW 2001, 2622 – Trainingsvertrag; *BGH* NJW-RR 2006, 1477 Tz. 14 f. = GRUR 2006, 878 = WRP 2006, 1139 – Vertragsstrafenvereinbarung; GRUR 2010. 167 Tz. 19 = WRP 2010, 100 – Unrichtige Aufsichtsbehörde.

32 Da an den Wegfall der Wiederholungsgefahr in der Regel **strenge Anforderungen** gestellt werden (→ Rn. 10f.), muss die Unterwerfungserklärung *eindeutig* und hinreichend bestimmt sein und den *ernstlichen Willen* des Schuldners erkennen lassen, die fragliche Handlung nicht oder nicht mehr zu begehen. Sie muss daher grundsätzlich den bestehenden Unterlassungsanspruch nach Inhalt und Umfang voll abdecken und uneingeschränkt, *unwiderruflich und unbedingt* sein.[45] Unterwirft sich der Schuldner nur hinsichtlich eines **Teils** der abgemahnten Wettbewerbsverstöße, so bleibt der Unterlassungsanspruch allein wegen des Rests bestehen und kann weiter gerichtlich verfolgt werden.[46] Die Verpflichtung zur Zahlung einer Vertragsstrafe kann ohne weiteres von der endgültigen Klärung einer umstrittenen Frage durch die Rechtsprechung oder von dem Fortbestand einer bestimmten Rechtslage abhängig gemacht werden.[47] Die jeweils erforderliche **Höhe** der Vertragsstrafe hängt von den Umständen ab; entscheidend sind vor allem Art, Schwere und Ausmaß der Zuwiderhandlung, das Verschulden des Täters sowie die Gefährlichkeit des Verstoßes für den Gläubiger.[48] Üblich sind heute Beträge zwischen 2.500 und 10.000 EUR.[49] Lediglich dann, wenn ihre Festsetzung im Verletzungsfalle dem Gläubiger oder einem Dritten übertragen wird, kann ihre Höhe zunächst offenbleiben; entspricht dann die spätere Bestimmung der Höhe der Vertragsstrafe nicht der Billigkeit, so entscheidet das Gericht (§§ 315 Abs. 3 S. 2, 317 BGB).[50]

33 Durch die Unterwerfungserklärung und ihre Annahme seitens des anderen Teils wird ein Dauerschuldverhältnis begründet, das bei Vorliegen eines wichtigen Grundes in angemessener Frist (außerordentlich) **gekündigt** werden kann (§ 314 BGB).[51] Ein *wichtiger Grund* liegt insbesondere vor, wenn sich nachträglich die Rechts- oder Sachlage zugunsten des Schuldners ändert, sodass das fragliche Verhalten fortan (wieder) erlaubt ist, oder wenn der Verband, der die Unterwerfungserklärung erwirkt hat, nachträglich seine Aktivlegitimation einbüßt.[52]

2. Einseitige Unterwerfungserklärung

34 Vergleichbare Wirkungen wie eine vertraglich begründete Unterlassungspflicht (→ Rn. 29ff.) kann im Einzelfall auch eine *einseitige* Erklärung des Schuldners haben,

---

45 *BGH* LM § 7 UWG Nr. 18 (Bl. 2) = GRUR 2002, 180 = NJW-RR 2002, 608 = WRP 2001, 1179 – Weit vor Winterschlußverkauf; zu den immer häufigeren Ausnahmen s. *Teplitzky,* FS Köhler, 2014, S. 757 (762).

46 *BGH* LM § 133 (C) BGB Nr. 114 = NJW-RR 2002, 1613 (1614) = GRUR 2003, 824 = WRP 2003. 1075 – Teilunterwerfung.

47 S. *BGH* LM § 1 UWG Nr. 626 = NJW-RR 1993, 1001 (1002) = GRUR 1993, 677 – Bedingte Unterwerfung.

48 *BGH* LM § 7 UWG Nr. 18 (Bl. 3) = NJW-RR 2002, 608 = GRUR 2002, 180; *Köhler,* NJW 1992, 137 (138).

49 S. *Hess,* WRP 2015, 317 (319 Tz. 19).

50 *BGH* LM § 315 BGB Nr. 35 = NJW 1985, 2021 = GRUR 1985, 937 – Vertragsstrafe bis zu II; NJW-RR 2010, 1127 Tz. 30 = GRUR 2010, 355 = WRP 2010, 649 (652) – Testfundstelle.

51 *BGH* NJW 2010, 1874 Tz. 15ff. = WRP 2010, 772 – Presserechtlicher Unterlassungsvertrag; *Porkant,* FS Erdmann, 2002, S. 863 (869f.).

52 BGHZ 133, 316 (320ff.) = NJW 1997, 1702; *BGH* LM § 13 UWG Nr. 93 = NJW 1998, 2439 = GRUR 1998, 953 – Altunterwerfung III; NJW 2010, 1874 Tz. 15ff. = WRP 2010, 772; *Gottschalk,* GRUR 2004, 827 (829f.); *Porkant,* FS Erdmann, 2002, S. 863 (870ff.); *Nordemann,* NJW 2001, 2505 (2508); zT abweichend *Köhler,* FG 50 Jahre BGH, Bd. I, 2000, S. 295 (310ff.).

wobei in erster Linie an eine vom Schuldner angebotene, vom anderen Teil aber (noch) nicht angenommene Unterwerfungserklärung zu denken ist. Voraussetzung ist, dass die Erklärung ernst gemeint ist und mit dem unbefristeten und unbedingten Angebot einer angemessenen Vertragsstrafe verbunden wird (§ 147 BGB; → Rn. 31), das der Gläubiger jederzeit nach § 151 BGB annehmen kann, sodass der Schuldner bei erneuten Verstößen immer damit rechnen muss, dass der Gläubiger – nach Annahme des Antrags gemäß § 151 BGB – von ihm die Bezahlung der „angebotenen" Vertragsstrafe verlangen wird. Unter diesen (engen) Voraussetzungen beseitigt dann nach hM ausnahmsweise auch eine *einseitige* Unterwerfungserklärung die Wiederholungsgefahr.[53]

3. Rechtsfolgen

Wenn der Schuldner gegen die in der Unterwerfungserklärung übernommene Unterlassungspflicht verstößt, hat der Gläubiger unterschiedliche Reaktionsmöglichkeiten. Er kann zunächst aufgrund des Vertrags *Erfüllung* durch Unterlassung der fraglichen Handlung verlangen. Dieser Anspruch ist im Regelfalle abtretbar (§§ 398, 399 BGB) und richtet sich auch gegen etwaige Rechtsnachfolger des Schuldners (§ 1922 BGB; § 25 HGB).[54] Stattdessen kann der Gläubiger aber auch die Zahlung der vereinbarten *Vertragsstrafe* (→ Rn. 36f.) oder Schadensersatz verlangen (§§ 280, 276 und 249ff. BGB). Der Erfüllungsanspruch sowie der Schadensersatzanspruch *verjähren* in der kurzen Frist des § 11 UWG.[55] Durch Verstöße gegen die übernommene Unterlassungspflicht wird zugleich erneut die Wiederholungsgefahr begründet, sodass zu ihrer Ausräumung jetzt wiederum die Übernahme einer Unterlassungsverpflichtung, und zwar nunmehr mit einer deutlich erhöhten Vertragsstrafe, erforderlich ist.[56] 35

Der Verfall der vereinbarten Vertragsstrafe setzt voraus, dass der Verpflichtete schuldhaft gehandelt hat (§ 339 BGB); sein **Verschulden** wird jedoch grundsätzlich vermutet.[57] Für Verstöße Dritter, zB seiner Werbeagentur oder der von ihm beauftragten Zeitung, muss der Verpflichtete nach § 278 BGB einstehen, eine besonders gefürchtete Folge einer strafbewehrten Unterwerfungserklärung.[58] Kein Raum ist dagegen jetzt mehr für die Anwendung des § 11 UWG; der Anspruch auf eine verwirkte Ver- 36

[53] *BGH* LM § 1 UWG Nr. 372 = NJW 1983, 167 = GRUR 1982, 688 – Senioren-Paß; LM § 1 UWG Nr. 410 = NJW 1985, 62 = GRUR 1984, 214 – Copy Charge; LM § 3 UWG Nr. 268 = NJW-RR 1988, 810 = GRUR 1988, 459 – Teilzahlungsankündigung; LM § 1 UWG Nr. 701 (Bl. 3 R) = NJW 1996, 723 = GRUR 1996, 290 – Wegfall der Wiederholungsgefahr; NJW-RR 2006, 1477 (1478 Tz. 20) = GRUR 2006, 878 – Vertragsstrafenvereinbarung; NJW-RR 2010, 1127 Tz. 21 = GRUR 2010, 355 = WRP 2010, 649 (651) – Testfundstelle; s. dazu einerseits Köhler/Bornkamm/*Bornkamm*, § 13 Rn. 1.116ff.; Harte-Bavendamm/Henning-Bodewig/*Brüning*, § 13 Rn. 128f.; *Bornkamm*, FS Tilmann, 2003, S. 769 (770, 774); *Fischer*, FS Piper, 1996, S. 205 (208f.); *Teplitzky*, FS Köhler, 2014, S. 757 (763f.); andererseits kritisch *Doepner*, FS Mes, 2009, S. 71 mN.

[54] Im Einzelnen str., s. *Dornis/Förster*, GRUR 2006, 195 (196f., 200f.); *Hess*, WRP 2015, 317 (319).

[55] BGHZ 130, 288 (293ff.) = NJW 1995, 2788 – Kurze Verjährung; *Köhler*, GRUR 1996, 231; *Ulrich*, WRP 1996, 391; früher sehr str.

[56] *BGH* LM § 1b AbzG Nr. 19 = NJW-RR 1990, 561 = GRUR 1990, 534 = WRP 1990, 622 – Abruf-Coupon; *KG* NJW-RR 1986, 1165; *OLG Hamm* NJW-RR 1991, 2377.

[57] *BGH* LM § 1 UWG Nr. 372 = NJW 1983, 167 = GRUR 1983, 688 = JuS 1983, 470 Nr. 8 – Seniorenpaß; s. dazu zB mN *Hess*, WRP 2015, 757 (760).

[58] *Hess*, WRP 2015, 757 (760).

tragsstrafe **verjährt** vielmehr – anders als der Erfüllungs- und der Schadensersatzanspruch (→ Rn. 36) – nach § 195 BGB in drei Jahren.[59]

37 Bei **wiederholten Verstößen** des Schuldners gegen die von ihm übernommene Unterlassungspflicht hängt es von den Umständen ab, ob der Gläubiger die Vertragsstrafe mehrfach oder nur einmal verlangen kann. Wichtig ist vor allem, ob die wiederholten Verstöße eine sogenannte *natürliche Handlungseinheit* bilden. Ist dies zu verneinen, so kommt es auf die Auslegung des Vertrags an, ob der Gläubiger in dem genannten Fall die Vertragsstrafe nur einmal oder mehrfach verlangen kann (sogenannte *rechtliche Handlungseinheit*).[60]

4. Drittunterwerfung

38 Unter dem Stichwort Drittunterwerfung werden unterschiedliche Fragen diskutiert. Zunächst geht es um die Frage, ob auch eine zuvor schon gegenüber einem **Dritten** abgegebene Unterwerfungserklärung geeignet ist, die Wiederholungsgefahr zugleich im Verhältnis zu anderen Anspruchsberechtigten zu beseitigen. Das Problem rührt daher, dass bei Wettbewerbsverstößen gemäß § 8 Abs. 3 UWG häufig eine Vielzahl von Personen und Verbänden anspruchsberechtigt ist, die alle unabhängig voneinander gegen den Täter vorgehen können (→ § 22). In solchen Fällen kommt es für die Frage des Fortbestandes der Wiederholungsgefahr trotz Abgabe einer Unterwerfungserklärung gegenüber einem Dritten allein darauf an, ob *sichergestellt* ist, dass der Dritte die Vertragsstrafe im Falle eines Verstoßes tatsächlich *durchsetzen* wird.[61] Fehlt es daran, so besteht die Wiederholungsgefahr fort.[62] Dasselbe gilt, wenn sich die Unterlassungserklärungen nicht decken.[63]

39 Davon zu trennen ist die Frage, ob die Wiederholungsgefahr auch dadurch beseitigt werden kann, dass die geforderte Unterwerfungserklärung nicht gegenüber dem Abmahnenden, sondern **gegenüber** einem **Dritten,** zB gegenüber einer karitativen Organisation, abgegeben wird.[64] Entscheidend ist hier, ob nach den Umständen des Falles die Unterwerfungserklärung gegenüber dem Dritten *ernst gemeint* ist und ob außerdem zu erwarten ist, dass der Dritte, dh der Adressat der Erklärung im Falle eines Verstoßes die Vertragsstrafe auch *tatsächlich einfordern* wird.[65] Wichtig ist dafür vor allem die *Person des Dritten,* dem gegenüber sich der Täter unterwirft. Handelt es sich dabei um einen seriösen **Wettbewerbsverband,** der über die nötige Organisation zur Aufdeckung und Verfolgung von Wettbewerbsverstößen verfügt, so spricht dies für die Ernsthaftigkeit der Unterwerfungserklärung; unter diesen Voraussetzungen beseitigt

---

59 BGHZ 130, 288 (295 f.) = NJW 1995, 2788; *BGH* LM § 1 UWG Nr. 582 (Bl. 3 R) = NJW-RR 1991, 1318 = GRUR 1992, 61 – Preisvergleichsliste; *Fischer,* FS Piper, 1996, S. 205 (215).

60 BGHZ 33, 163 (168) = NJW 1960, 2332; BGHZ 121, 13 (15 ff.) = NJW 1993, 721; BGHZ 146, 318 (325 ff.) = NJW 2001, 2622 – Trainingsvertrag; *Sosnitza,* FS Lindacher, 2007, S. 161.

61 BGHZ 149, 371 (375, 377 f.) = NJW 2002, 1494 – mißbräuchliche Mehrfachabmanung; zu der Frage, ob ein von einem Dritten erwirkter Titel die Wiederholungsgefahr beseitigen kann, s. schon → Rn. 11.

62 *BGH* LM § 242 (Be) BGB Nr. 58 = NJW 1987, 3251 = GRUR 1987, 640 = WRP 1987, 537 – Wiederholte Unterwerfung II; LM § 1 UWG Nr. 523 = NJW-RR 1989, 1313 = GRUR 1989, 758 – Gruppenprofil; *OLG Hamm* GRUR 1999, 361 (362).

63 *OLG Frankfurt a. M.* NJW-RR 1987, 1180; 1987, 1182; *KG* NJW-RR 1987, 1182 f.

64 Ausf. dazu *Eichelberger,* WRP 2009, 270.

65 *BGH* LM § 3 UWG Nr. 261 = NJW 1987, 3196 = GRUR 1987, 748 – Getarnte Werbung II; *OLG Hamburg* NJW-RR 1995, 678.

dann die Unterwerfungserklärung gegenüber dem Dritten zugleich die Wiederholungsgefahr gegenüber allen anderen Gläubigern iSd § 8 Abs. 3 UWG (sogenannte Wirkung erga omnes). Anders dagegen in der Regel bei einer Unterwerfung gegenüber beliebigen dritten Unternehmen, die selbst nicht abgemahnt hatten und deshalb offenkundig auch gar kein Interesse an der Verfolgung des Wettbewerbsverstoßes haben.[66] Bei Wirksamkeit der Unterwerfungserklärung gegenüber einem Dritten geht eine spätere Abmahnung anderer Gläubiger – mangels Fortbestandes der Wiederholungsgefahr – ins Leere und begründet auch keine Aufwendungsersatzansprüche nach § 12 Abs. 1 S. 2 UWG.[67]

VI. Täter, Teilnehmer, Störer

Das Wettbewerbsrecht bildet einen Teil des Deliktsrechts. Soweit das UWG keine Son- 40
derregelungen enthält, gelten daher die allgemeinen deliktsrechtlichen Grundsätze. Dies trifft insbesondere für die Frage zu, wer für einen Wettbewerbsverstoß als Täter oder Teilnehmer verantwortlich ist.[68] **Täter** eines Wettbewerbsverstoßes ist folglich in erster Linie derjenige, der die Zuwiderhandlung gegen eine wettbewerbsrechtliche Vorschrift selbst durch eine geschäftliche Handlung im Sinne des § 2 Abs. 1 Nr. 1 UWG begeht. Zwischen unmittelbaren Tätern, Mittätern (§ 830 Abs. 1 BGB) und mittelbaren Tätern wird dabei nicht unterschieden.[69] Gleich stehen nach § 830 Abs. 2 BGB etwaige Teilnehmer (→ Rn. 42).

Dem positiven Tun steht ferner das **Unterlassen** gleich, sofern den Täter eine Hand- 41
lungspflicht zur Abwehr von Gefahren für ein durch das UWG (§ 1) geschütztes Rechtsgut Dritter trifft. Eine derartige **Garantenstellung** kann sich insbesondere aus vorausgegangenem Tun ergeben (sogenannte Ingerenz). Dafür genügt die zurechenbare *Schaffung einer Gefahrenlage* für ein durch das UWG geschütztes Rechtsgut (§ 1).[70] Der Fragenkreis spielt heute eine erhebliche Rolle im Rahmen der an die Stelle der herkömmlichen Störerhaftung Dritter getretene Haftung für die Mitwirkung an Wettbewerbsverstößen anderer Personen (→ Rn. 43, 47 ff.).

1. Teilnehmer

Nach § 830 Abs. 2 BGB haften auch Anstifter und Gehilfen iSd §§ 26 und 27 StGB 42
gegebenenfalls für Wettbewerbsverstöße Dritter, an denen sie mitwirken (→ Rn. 40). Praktische Bedeutung hat vor allem die **Gehilfenhaftung** Dritter erlangt. Gehilfe ist nach § 27 StGB, wer vorsätzlich einem anderen zu dessen vorsätzlich begangener, rechtswidrigen Tat Hilfe leistet. Voraussetzung für die Haftung eines Dritten als Gehilfe für einen Wettbewerbsverstoß anderer Unternehmer ist somit **Vorsatz** des Gehil-

[66] *Teplitzky,* FS Köhler, 2014, S. 757 (760).

[67] *Eichelberger,* WRP 2009, 270 (275 ff.).

[68] So zB *BGH* GRUR 2011, 152 (154 Tz. 30) = WRP 2011, 223 – Kinderhochstuhl im Internet; s. im Einzelnen *Fürst,* WRP 2009, 378 (383 ff.); Harte-Bavendamm/Henning-Bodewig/*Bergmann/Goldmann,* § 8 Rn. 66 ff.; Köhler/Bornkamm/*Köhler,* § 8 Rn. 2.5 ff.; *Schack,* FS Reuter, 2010, S. 116; *Spindler,* GRUR 2011, 101.

[69] So *BGH* NJW-RR 2011, 398 (400 Tz. 27) = GRUR 2011, 340 = WRP 2011, 459 – Irische Butter; GRUR 2008, 530 Tz. 21 = WRP 2008, 777 (779) – Nachlaß bei der Selbstbeteiligung; GRUR 2011, 152 (154 Tz. 30) = WRP 2011, 223 – Kinderhochstuhl im Internet.

[70] BGHZ 180, 134 (138 ff. Tz. 16 ff.) = NJW 2009, 1960 – Halzband; ebenso schon *BGH* GRUR 2008, 530 Tz. 21 f. = WRP 2008, 777 (779) – Nachlass bei der Selbstbeteiligung.

fen, wozu auch das Bewusstsein der Rechtswidrigkeit, dh des Verstoßes des Haupttäters gegen das UWG gehört.[71] Die lediglich *fahrlässige* Mitwirkung an dem Wettbewerbsverstoß eines anderen begründet dagegen keine Haftung als Teilnehmer – wohl aber unter Umständen als *Störer* (→ Rn. 43ff.).

2. Störer

43 Der Kreis der für einen Wettbewerbsverstoß verantwortlichen Personen beschränkt oder beschränkte sich doch bisher nicht streng auf Täter und Teilnehmer iSd § 830 BGB (→ Rn. 40f.), sondern umfasste darüber hinaus auch noch die sogenannten Störer. Die Ursache für die Entwicklung dieses eigenartigen Rechtsinstituts hatte man vor allem in der Beschränkung der Gehilfenhaftung auf *vorsätzlich* handelnde Personen zu suchen (→ Rn. 42). Es ging dabei im Kern um die Ausdehnung der Haftung (nur) für die wettbewerbsrechtlichen **Abwehransprüche** auf Personen, denen an sich *kein* Wettbewerbsverstoß zur Last fällt (insbesondere, weil sie keine geschäftliche Handlung iSd § 2 Abs. 1 Nr. 1 UWG begangen haben), die aber *an dem Wettbewerbsverstoß* eines anderen auf die eine oder andere Weise *unvorsätzlich* (sonst § 830 Abs. 2 BGB) *mitgewirkt* haben. Paradigma ist die (höchstens fahrlässige) Mitwirkung Dritter bei Verstößen von Rechtsanwälten, Ärzten und sonstigen Freiberuflern gegen besondere berufsrechtliche Pflichten wie etwa den verschiedenen Werbeverbote des Berufsrechts, die auf diesem Wege immer wieder auf Dritte erstreckt wurden (→ § 20 Rn. 30ff.).

44 In diesen Fällen sollte nach einer bis vor wenigen Jahren ständig wiederholten Formel die Mithaftung als Störer jeden treffen, der auch *ohne Wettbewerbsförderungsabsicht* und *ohne Verschulden* an dem Wettbewerbsverstoß eines anderen in der Weise beteiligt ist, dass er in irgendeiner Weise **willentlich und adäquat-kausal** an der Herbeiführung der rechtswidrigen Beeinträchtigung **mitwirkte,** wofür bereits die Unterstützung oder Ausnutzung der Handlung eines eigenverantwortlich handelnden Dritten genügen sollte, sofern nur der als Störer in Anspruch Genommene die rechtliche *Möglichkeit zur Verhinderung* dieser Handlung hatte.[72] Um eine übermäßige Ausdehnung der Störerhaftung auf beliebige Dritte zu verhindern, wurde jedoch später, zumindest in bestimmten Fallgruppen, noch zusätzlich verlangt, dass den Dritten eine **Prüfungspflicht** trifft und dass ihm außerdem deren Erfüllung nach den Umständen des Falles überhaupt möglich und zumutbar war.[73] Weitere Voraussetzung war, dass wenigstens das Verhalten des „Haupttäters" gegen das UWG verstößt (sog **Akzessorietätserfordernis**). Fehlte es schon daran, so war auch für eine Anwendung des UWG auf Dritte als Störer kein Raum.[74]

---

[71] BGHZ 158, 236 (250) = NJW 2004, 3102 (3105); BGHZ 172, 119 (128f. Tz. 29–32) = NJW 2007, 2636 (2638); BGHZ 173, 188 (194 Tz. 21) = NJW 2008, 758 = JuS 2008, 187 Nr. 16 – Jugendgefährdende Schriften bei eBay; BGHZ 180, 134 (137f.) = NJW 2009, 1960 – Halzband; *BGH* GRUR 2011, 152 (154 Tz. 34ff.) = WRP 2011, 223 – Kinderhochstuhl im Internet.

[72] S. zB Harte-Bavendamm/Henning-Bodewig/*Bergmann/Goldmann,* § 8 Rn. 71ff.; Köhler/Bornkamm/*Köhler,* § 8 Rn. 2.2ff.; *Fürst,* WRP 2009, 378; *Fritzsche,* Unterlassungsanspruch, S. 428ff.; Ohly/Sosnitza/*Ohly,* § 8 Rn. 121ff.

[73] BGHZ 148, 13 (17f.) = NJW 2001, 3265 – ambiente.de; BGHZ 158, 236 (251) = NJW 2004, 3102 (3105); BGHZ 172, 119 (131f. Tz. 40f.) = NJW 2007, 2636 (2639); *BGH* LM § 43. b BRAO Nr. 12 zu (Bl. 2) = NJW 2002, 2642 = GRUR 2002, 902 – Vanity-Nummer; NJW-RR 2003, 1685 (1686f.) = GRUR 2003, 969 = WRP 2003, 1350 – Ausschreibung von Vermessungsleistungen; NJW 2006, 2764 (2766 Tz. 32) = GRUR 2006, 875 = WRP 2006, 1101 – RA-Rangliste.

[74] *BGH* LM § 1 UWG Nr. 730 = NJW 1997, 1304 (1305) = GRUR 1997, 473 – Versierter Ansprechpartner.

Störer in dem genannten Sinne (→ Rn. 44) sollten **zum Beispiel** neben dem Werbungstreibenden selbst sein: die ihn beratende Werbeagentur,[75] Großhändler und Hersteller neben einem werbungstreibenden Einzelhändler, wenn sie dessen Wettbewerbsverstoß, etwa durch die Verwendung irreführender Bezeichnungen, ermöglichen oder erleichtern,[76] der Klinikbetreiber neben seinen Ärzten im Falle berufswidriger Werbung der Ärzte[77] sowie bei Wettbewerbsverstößen durch sogenannte Kaffee- oder Einkaufsfahrten neben dem Veranstalter, zusätzlich der daran mitwirkende Omnibusunternehmer.[78] 45

Im Schrifttum war diese im Grunde schrankenlose Ausdehnung der Haftung für Wettbewerbsverstöße auf beliebige Dritte in jüngster Zeit auf zunehmende **Kritik** gestoßen.[79] Deshalb hatte der BGH schließlich in einer ganzen Reihe von Fällen ausdrücklich oder der Sache nach eine Mithaftung Dritter nur noch unter den Voraussetzungen des § 830 Abs. 2 BGB bejaht, dh wenn sie vorsätzlich als **Anstifter oder Gehilfen** an dem Wettbewerbsverstoß eines Dritten teilgenommen hatten.[80] 46

Es war unter diesen Umständen nur folgerichtig, dass der BGH schließlich 2007 die herkömmliche, sachlich kaum zu rechtfertigende Störerhaftung Dritter durch die *eigene* Haftung Dritter für die **Verletzung wettbewerbsrechtlicher Verkehrspflichten** ersetzte, die sich aus der zurechenbaren Begründung der Gefahr ergeben, dass andere Personen die durch das UWG geschützten Interessen von Marktteilnehmern (§ 1) verletzen können (→ Rn. 41).[81] Daneben ist nach Meinung des BGH heute (nur) im Bereich des *Verhaltensunrechts* (→ Rn. 48) für eine Störerhaftung Dritter kein Raum mehr[82] – sehr wohl aber (analog § 1004 BGB) weiterhin im Immaterialgüterrecht sowie bei der Verletzung von Persönlichkeitsrechten.[83] Bestand und Ausmaß der Verkehrspflichten hängen von den Umständen des Einzelfalls und insbesondere davon ab, was dem Verpflichteten jeweils möglich und zumutbar ist. Kern der Verkehrs- 47

[75] *OGH* ÖBl. 1984, 135 = GRURInt 1985, 58 (60).

[76] BGHZ 13, 244 (248) = NJW 1954, 1566; BGHZ 14, 163 (174) = NJW 1954, 1682; *BGH* LM § 1 UWG Nr. 214 = GRUR 1970, 510 – Fußstützen.

[77] *BGH* LM § 1 UWG Nr. 669 = NJW-RR 1995, 41 (42) = WRP 1994, 859 – GmbH-Werbung für Ärzte; LM § 253 ZPO Nr. 134 = NJW 2001, 1791 (1794) = GRUR 2001, 181 – dentalästhetica; *Piper,* FS Brandner, 1996, S. 449 (463 ff.).

[78] *BGH* LM § 1 UWG Nr. 495 = NJW-RR 1988, 1309 = GRUR 1988, 829 = WRP 1988, 688 – Verkaufsfahrten II; *OLG Frankfurt a. M.* NJW-RR 1992, 434.

[79] S. insb. *Ahrens,* FS Canaris Bd. I, 2007, S. 3; *Döring,* WRP 2007, 1131; *Fritzsche,* Unterlassungsanspruch, S. 440 ff.; *Harrer,* FS Koppensteiner, 2001, S. 401; *Jergolla,* WRP 2004, 655; *Köhler,* WRP 1997, 897; *Leistner,* WRP 2006, 801; *Schünemann,* WRP 1998, 120; *Spindler/Volkmann,* WRP 2003, 1.

[80] Beiläufig schon *BGH* LM § 1 UWG Nr. 788 (Bl. 3) = NJW 1999, 1784 = GRUR 1999, 504 = WRP 1999, 501 – Implantatbehandlungen; grdl. sodann BGHZ 155, 189 (194 f.) = NJW 2003, 2525 = JuS 2003, 1237 Nr. 17 – Buchpreisbindung; *BGH* GRUR 2003, 624 (626) = WRP 2003, 886 – Kleidersack.

[81] BGHZ 173, 188 (194 ff. Tz. 22 ff.) = NJW 2008, 758 = GRUR 2007, 890 – Jugendgefährdende Medien bei eBay; ebenso sodann BGHZ 201, 344 (347, 350 ff. Tz. 11, 21 ff.) = GRUR 2014, 883 = NJW-RR 2014, 1382 = WRP 2014, 1050 – Geschäftsführerhaftung; *BGH* GRUR 2013, 301 Tz. 51 f. = WRP 2013, 491 (495) – Solarinitiative; s. dazu *Ahrens,* WRP 2007, 1281; *Döring,* WRP 2007, 1131; *Emmerich,* JuS 2008, 187; Harte-Bavendamm/Henning-Bodewig/*Bergmann/Goldmann,* § 8 Rn. 81 ff.; Köhler/Bornkamm/*Köhler,* § 8 Rn. 2.4 ff.; *Köster/Jürgens,* MMR 2007, 639; *Köhler,* GRUR 2008, 1; Ohly/Sosnitza/*Ohly,* § 8 Rn. 123 ff.; *Spindler,* GRUR 2011, 101; insb. ganz ausführlich *Leistner/Stang,* WRP 2008, 533–555.

[82] BGHZ 180, 134 (138 ff. Tz. 16 ff.) = NJW 2009, 1960 – Halzband; *BGH* GRUR 2011, 152 (156 Tz. 48) = WRP 2011, 223 – Kinderhochstuhl im Internet; GRUR 2013, 301 Tz. 49 = WRP 2013, 491 (495) – Solarinitiative.

[83] ZB *BGH* NJW-RR 2009, 1413 Tz. 13 ff. – Focus Online.

pflichten ist in der Regel eine **Prüfungspflicht.** Ergibt sich bei solcher Prüfung, dass tatsächlich die Gefahr einer Beeinträchtigung wettbewerbsrechtlich geschützter Interessen von Marktteilnehmern besteht, so muss der Verpflichtete die ihm jeweils möglichen und zumutbaren Maßnahmen zur Gefahrenabwehr ergreifen.[84]

48 Im Schrifttum wird aus der neueren Rechtsprechung des BGH (→ Rn. 47) überwiegend der Schluss gezogen, dass im Anwendungsbereich des UWG heute *kein Raum* mehr für die Störerhaftung Dritter ist, weil es hier durchweg um *Verhaltensunrecht* geht.[85] An die Stelle der herkömmlichen Störerhaftung Dritter ist mit anderen Worten im Anwendungsbereich des UWG generell die Haftung Dritter als *Täter* für die **Verletzung eigener** Verkehrs- oder Verhaltenspflichten, insbesondere also **Prüfungspflichten** getreten, die zwar Verschulden voraussetzt, im Gegensatz zu der herkömmlichen Störerhaftung aber auch *Schadensersatzpflichten* des betreffenden Dritten nach sich ziehen kann. Bei diesen Verkehrs- oder Verhaltenspflichten handelt es sich der Sache nach um eine besondere Erscheinungsform der für einen Unternehmer geltenden *unternehmerische Sorgfalt* im Sinne des § 2 Abs. 1 Nr. 7 und des § 3 Abs. 2 UWG. Jeder Unternehmer ist mit anderen Worten verpflichtet, stets sorgfältig zu prüfen, ob sich durch seine Tätigkeit und insbesondere durch sein Geschäftsmodell die Gefahr von Wettbewerbsverstößen Dritter erkennbar erhöht. Ist dies der Fall, so muss er (aus Ingerenz) alles ihm Mögliche und Zumutbare tun, um derartigen Wettbewerbsverstößen Dritter vorzubeugen. Damit ist zugleich gesagt, dass sich die Haftung für die Verletzung wettbewerbsrechtlicher Verkehrs- und Verhaltenspflichten von vornherein auf Fälle beschränkt, in denen auch der als Täter in Anspruch genommene Dritte eine geschäftliche Handlung begangen hat (§ 2 Abs. 1 Nr. 1 UWG) und in denen in seiner Person außerdem alle sonstigen Merkmale erfüllt sind, die vorliegen müssen, um einen Verstoß gegen die §§ 3 und 7 UWG annehmen zu können (sehr str.). Denn andernfalls ist für eine Anwendung des § 2 Abs. 1 Nr. 7 und des § 3 Abs. 2 UWG kein Raum.

49 Für den Betreiber einer **Internet-Plattform** bedeutet das Gesagte zB, dass er die auf seiner Plattform angebotenen Inhalte auf ihre Zulässigkeit überprüfen muss; stellt sich dabei der jugendgefährdende Charakter bestimmter Inhalte heraus, so ist er verpflichtet, im Rahmen des ihm Möglichen und Zumutbaren die erforderlichen Maßnahmen zur Sperrung und Verhinderung derartiger Angebote zu ergreifen, da widrigenfalls er selbst als Täter für den Verstoß gegen das UWG haftet (§§ 3 Abs. 2 und 3a UWG).[86]

50 Die viel diskutierte Frage der persönlichen **Haftung der Mitglieder der Organe** juristischer Personen, deren Mitarbeiter Wettbewerbsverstöße begangen haben, insbesondere also der Geschäftsführer einer GmbH oder der Vorstandsmitglieder einer AG, gehört gleichfalls hierher.[87] Solche Haftung kommt (natürlich) in erster Linie in Betracht, wenn die fraglichen Personen *selbst Täter* sind, zB selbst eine irreführende

[84] BGHZ 173, 188 (201ff. Tz. 38ff.) = NJW 2008, 758 = GRUR 2007, 890 – Jugendgefährdende Medien bei eBay.

[85] Köhler/Bornkamm/*Köhler,* § 8 Rn. 2.14a ff.; Ohly/Sosnitza/*Ohly,* § 8 Rn. 123ff.; *Spindler,* GRUR 2011, 101 (105); anders *Fürst,* WRP 2009, 378; Harte-Bavendamm/Henning-Bodewig/*Bergmann/Goldmann,* § 8 Rn. 76; *Schack,* FS Reuter, 2010, S. 1167.

[86] BGHZ 173, 188 (194ff. Tz. 22ff.) = NJW 2008, 758 = GRUR 2007, 890.

[87] Grdl. BGHZ 201, 344 (350 Tz. 21ff.) = NJW-RR 2014, 1382 = GRUR 2014, 883 – Geschäftsführerhaftung; vgl. auch schon *BGH* NJW 2009, 3511 (3516 Tz. 47) = GRUR 2009, 845 = WRP 2009, 1001 – Internet-Videorecoder; Köhler/Bornkamm/*Köhler,* § 8 Rn. 2. 13d.

Werbekampagne oder die Behinderung von Konkurrenten veranlassen, sonst aber nur noch bei Verletzung von Verhaltenspflichten, die gerade den *Schutz Dritter* gegen Wettbewerbsverstöße ihrer Unternehmen *bezwecken,* wobei es sich je nach den Umständen um Prüfungs-, Überwachungs- oder Eingriffspflichten handeln kann. Für deren Annahme genügt die bloße *Kenntnis* von der Begehung von Wettbewerbsverstößen durch Mitarbeiter des Unternehmens *nicht;* vielmehr sind zusätzlich besondere Umstände erforderlich, um von dem Bestand von Verhaltenspflichten zum Schutz Dritter ausgehen zu können.

Ein **Beispiel** ist der erwähnte Fall des Vertriebs jugendgefährdende Schriften über ein dafür besonders geeignetes Internetportal (→ Rn. 49).

VII. Haftung für Dritte

1. Überblick

51 Nach § 8 Abs. 2 UWG (= § 13 Abs. 4 des UWG von 1909) ist der Unterlassungs- und der Beseitigungsanspruch auch gegen den Inhaber eines Unternehmens begründet, wenn die Zuwiderhandlung gegen § 3 oder gegen § 7 des Gesetzes in einem Unternehmen von einem seiner Mitarbeiter oder Beauftragten begangen wird. Vergleichbare Bestimmungen kennen insbesondere noch das MarkenG (§§ 14 Abs. 7, 15 Abs. 6 und 128 Abs. 3) sowie das UrhRG (§ 100 S. 1). Im Gegensatz etwa zu § 14 Abs. 7 MarkenG bezieht sich jedoch § 8 Abs. 2 UWG allein auf die wettbewerbsrechtlichen Abwehransprüche, nicht dagegen auch auf **Schadensersatzansprüche,** für die es mithin bei der Anwendbarkeit der (wesentlich engeren) §§ 31 und 831 BGB verbleibt.[88] Die **Wissenszurechnung** richtet sich gleichfalls nach den allgemeinen Regeln (§ 166 BGB); § 8 Abs. 2 UWG hat nicht etwa die Bedeutung, die Angestellten und Beauftragten zu Wissensvertretern des Inhabers zu machen.[89]

52 Durch § 8 Abs. 2 UWG soll verhindert werden, dass sich der Inhaber eines Unternehmens, dem ein Wettbewerbsverstoß regelmäßig zugutekommen wird, bei wettbewerbswidrigen Handlungen hinter von ihm abhängigen Dritten verstecken kann, indem er sich auf den Standpunkt zurückzieht, von allem nichts gewusst zu haben.[90] Deshalb bestimmt das Gesetz in § 8 Abs. 2, dass dem Unternehmensinhaber unter den dort genannten Voraussetzungen die Wettbewerbsverstöße seiner Mitarbeiter oder Beauftragten *wie eigene* zuzurechnen sind. Es wird mit anderen Worten so angesehen, als ob der Wettbewerbsverstoß von ihm *selbst* begangen worden sei, sodass sich (nur) die **Abwehransprüche** ohne Entlastungsmöglichkeit (auch) gegen ihn richten. Keine Rolle spielt, ob er von der fraglichen Handlung überhaupt Kenntnis hatte.[91]

---

[88] →Rn. 51; Begr., BT-Drs. 15/1487, S. 22 (r. Sp. „Zu Abs. 2"); Köhler/Bornkamm/*Köhler,* § 8 Rn. 2.36; Ohly/Sosnitza/*Ohly,* § 8 Rn. 144; *Reichelsdorfer,* WRP 2004, 828 (833ff.); dagegen aber *Alexander,* Schadensersatz und Abschöpfung im Lauterkeits- und Kartellrecht, 2010, S. 665ff.

[89] *BGH* LM § 1 UWG Nr. 22 (Bl. 4) = GRUR 1955, 411.

[90] RGZ 151, 287 (292) – Alpina; BGHZ 28, 1 (11) = NJW 1958, 1819; *BGH* NJW 2008, 300 (301) = GRUR 2007, 994 Tz. 19 – Gefälligkeit; NJW 2008, 301 (302 Tz. 12) = GRUR 2007, 995 – Schuldnernachfolge; *Alexander,* Schadensersatz, S. 660ff.; *Reichelsdorfer,* WRP 2004, 829 (830f.).

[91] *BGH* LM § 1 UWG Nr. 22 = GRUR 1955, 411; LM § 13 UWG Nr. 11 = GRUR 1961, 288 – Zahnbürsten; LM § 13 UWG Nr. 18 = NJW 1965, 251 = GRUR 1965, 155; *OGH* SZ Bd. 49 (1976) Nr. 148, S. 696; Bd. 52 (1979) Nr. 81, S. 384f.

53 Ein Rückgriff auf § 8 Abs. 2 UWG ist entbehrlich, wenn der Unternehmer *selbst* als **Täter** oder **Teilnehmer** für den fraglichen Wettbewerbsverstoß verantwortlich ist, etwa, weil er den Verstoß selbst veranlasst hat oder weil er ihm obliegende Verhaltens- oder Verkehrspflichten zum Schutze Dritter gegen Wettbewerbsverstöße aus seinem Unternehmen heraus verletzt hat.[92] In diesem Rahmen bleibt es dann auch bei der Anwendbarkeit der **§§ 31 und 831 BGB,** soweit es um die Haftung für Dritte geht. Wichtig ist dies mit Rücksicht auf § 8 Abs. 2 UWG freilich nur für etwaige Schadensersatzansprüche gegen den Unternehmer (§ 9 UWG).[93]

2. Voraussetzungen

a) „In einem Unternehmen"

54 Die Haftung des Unternehmensinhabers für Mitarbeiter und Beauftragte nach § 8 Abs. 2 UWG setzt als erstes voraus, dass der Wettbewerbsverstoß gerade „in einem (dh in seinem) Unternehmen" begangen wurde. Das ist nicht räumlich zu verstehen; vielmehr soll durch dieses Tatbestandsmerkmal lediglich die Tätigkeit der genannten Personen für den Inhaber von einer etwaigen *eigenen* wirtschaftlichen oder privaten Tätigkeit oder von ihrer Tätigkeit für einen beliebigen Dritten abgegrenzt werden.[94] § 8 Abs. 2 UWG ist danach insbesondere anwendbar, wenn es sich um eine Maßnahme handelt, die zum Aufgaben- und Tätigkeitskreis des Inhabers gehört und deren Ergebnisse daher letztlich ihm zugutekommen, weil der Mitarbeiter oder Beauftragte dabei als *Teil seiner Unternehmensorganisation* gehandelt hat.

55 Zur Unternehmensorganisation in diesem Sinne gehört auch der gesamte Bereich des **Vertriebs,** selbst wenn er in einer 100%-igen Tochtergesellschaft verselbständigt ist.[95] Dasselbe gilt für Franchisenehmer wegen ihrer Eingliederung in die Vertriebsorganisation des Franchisegebers und ihrer Abhängigkeit von dem letzteren.[96] *Kein* Raum für die Anwendung des § 8 Abs. 2 UWG ist dagegen zB bei einer *selbständigen* Hilfeleistung (auf eigene Rechnung) für Dritte in Steuersachen durch Mitarbeiter eines Lohnsteuer-Hilfevereins[97] oder im Falle eines eigenen Handels eines Mitarbeiters mit Waren, die er sich selbst zusätzlich beschafft hat.[98]

b) Mitarbeiter und Beauftragte

56 Nach § 8 Abs. 2 UWG haftet der Unternehmensinhaber nur für „Mitarbeiter oder Beauftragte". Beide Begriffe werden üblicherweise *weit* ausgelegt. Als **Mitarbeiter** gilt deshalb jeder, der aufgrund eines privatrechtlichen Dienstvertrages für den Inhaber tä-

---

92 → Rn. 40, 47 ff.; Harte-Bavendamm/Henning-Bodewig/*Bergmann/Goldmann,* § 8 Rn. 300.

93 S. zB im Einzelnen *Alexander,* Schadensersatz, S. 643, 658 ff.; Ohly/Sosnitza/*Ohly,* § 8 Rn. 140 ff.

94 BGHZ 180, 134 (138 Tz. 15) = NJW 2009, 1960 – Halzband; *BGH* NJW 2008, 300 (301 Tz. 19) = GRUR 2007, 994 – Gefälligkeit; Harte-Bavendamm/Henning-Bodewig/*Bergmann/Goldmann,* § 8 Rn. 318 ff.

95 → Rn. 53 sowie *BGH* LM § 13 UWG Nr. 54 = NJW 1990, 3204 = GRUR 1990, 1039 – Anzeigenauftrag; LM § 322 ZPO Nr. 154 = NJW 1999, 287 (289) = GRUR 1999, 183 = WRP 1998, 1171 – Ha-Ra/Haiva; NJW-RR 2005, 1489 (1490) = GRUR 2005, 864 – Meißner Dekor II; GRUR 2011, 543 Tz. 13= WRP 2011, 749 – Änderung der Voreinstellung III.

96 *BGH* LM § 13 UWG Nr. 71 = NJW 1995, 2355 = WRP 1995, 696 – Franchise-Nehmer.

97 *BGH* NJW 2008, 300 (301 Tz. 19) = GRUR 2007, 994 – Gefälligkeit.

98 RGZ 151, 287 (295) – Alpina; *BGH* LM § 13 UWG Nr. 14 = GRUR 1963, 434; LM § 13 UWG Nr. 15 = GRUR 1964, 263 – Unterkunde.

tig wird.[99] Dazu zählt zB auch ein weitgehend selbständiger Filialleiter.[100] **Beauftragter** ist dagegen jede sonstige Person, die aufgrund eines privatrechtlichen Vertrages, wenn auch nur gelegentlich, in die *Unternehmensorganisation* des Inhabers *eingegliedert* ist, sodass die Ergebnisse ihrer Handlungen letztlich dem Inhaber zugutekommen.[101] Dies können, wie die Beispiele von Vertriebstochtergesellschaften oder Franchisenehmern zeigen (→ Rn. 55), durchaus auch rechtlich selbständige Unternehmen sein, vorausgesetzt nur, dass der Unternehmer auf das in seine Vertriebsorganisation eingegliederte, aber rechtlich selbstständige Unternehmen einen bestimmenden und durchsetzbaren Einfluss besitzt, während es unerheblich ist, ob er von diesen Einfluss auch tatsächlich Gebrauch macht.[102]

Beauftragte sind danach **zB** Handelsvertreter[103] oder Händler, die in die Vertriebs- 57
organisation einer Einkaufsgemeinschaft oder in ein von einem Großhändler organisiertes Kaufscheinsystem eingegliedert sind,[104] ferner die Werbeagenturen im Verhältnis zu den Werbungstreibenden[105] sowie noch die Betreuungsfirmen des Bertelsmann-Leserings.[106] **Keine Beauftragten** sind dagegen Rechtsanwälte im Verhältnis zu den Mandanten,[107] die Medien im Verhältnis zu den Anzeigenkunden[108] sowie beliebige sonstige, rechtlich und wirtschaftlich selbstständige Zulieferer und Absatzmittler.[109]

c) Zuwiderhandlung

Letzte Voraussetzung der Anwendbarkeit des § 8 Abs. 2 UWG ist, dass der Mitarbeiter 58
oder Beauftragte (→ Rn. 56) eine Zuwiderhandlung, dh eine nach § 3 oder nach § 7 UWG unzulässige geschäftliche Handlung, (selbst) begangen hat, wobei zu beachten ist, dass eine geschäftliche Handlung nach § 2 Abs. 1 Nr. 1 UWG auch zugunsten eines „fremden“ Unternehmens, dh hier zugunsten des Unternehmers, für den der Mitarbeiter oder Beauftragte tätig ist, begangen werden kann. Fehlt es jedoch hieran

[99] *OLG Frankfurt a. M.* GRUR 1987, 549 (550); Harte-Bavendamm/Henning-Bodewig/*Bergmann/Goldmann,* § 8 Rn. 310.

[100] *BGH* LM § 3 UWG Nr. 435 (Bl. 3 R) = NJW RR 2001, 620 = GRUR 2000, 907 – Filialleiterfehler.

[101] *BGH* LM § 13 UWG Nr. 54 = NJW 1990, 3204 = GRUR 1990, 1029 – Anzeigenauftrag; LM § 13 UWG Nr. 71 = NJW 1995, 2355 = WRP 1995, 696 – Franchise-Nehmer.

[102] *BGH* GRUR 2011, 543 (544 Tz. 11, 13) = WRP 2011, 749 – Änderung der Voreinstellung III; *OLG Stuttgart* NJW-RR 2009, 913 (916); Harte-Bavendamm/Henning-Bodewig/*Bergmann/Goldmann,* § 8 Rn. 311 ff.

[103] *BGH* LM § 1 UWG Nr. 220 = NJW 1970, 2294 = GRUR 1971, 117 – Branchenverzeichnis; LM § 13 UWG Nr. 11 = GRUR 1961, 288; LM § 12 RabattG Nr. 1 = GRUR 1963, 438.

[104] RGZ 151, 287 (292 ff.) – Alpina; *BGH* LM § 13 UWG Nr. 15 = GRUR 1964, 263; LM § 322 ZPO Nr. 154 = NJW 1999, 287 (289) = GRUR 1999, 183 = WRP 1998, 1171 – Ha-Ra/Haiva.

[105] *BGH* LM § 1 UWG Nr. 250 = GRUR 1973, 208; LM § 13 UWG Nr. 54 = NJW 1990, 3204 = GRUR 1990, 1039 – Anzeigenauftrag; *OLG Stuttgart* NJW-RR 2009, 913 (916); *OGH* ÖBl. 1979, 70; 1991, 267; *Henning-Bodewig,* Die wettbewerbsrechtliche Haftung der Werbeagenturen, 1981, S. 24 f.

[106] BGHZ 28, 1 (11 ff.) = NJW 1958, 1819.

[107] *OLG Koblenz* NJW-RR 1989, 363; *OGH* ÖBl. 1979, 70 – Glasware.

[108] BGHZ 124, 230 (237) = NJW 1994, 730 – Warnhinweis; *BGH* LM § 13 UWG Nr. 54 = NJW 1990, 3204 = GRUR 1990, 1039 = WRP 1991, 79 – Anzeigenauftrag; LM § 267 (Fa) BGB Nr. 114 (Bl. 2) = NJW 1995, 715 = GRUR 1995, 167 – Kosten bei unbegründeter Abmahnung; str.

[109] *BGH* GRUR 2011, 543 (544 Tz. 14 f.) = WRP 2011, 749 – Änderung der Voreinstellung III (für sog Reseller).

oder scheidet aus einem anderen Grund ein Verstoß gegen § 3 oder § 7 UWG aus, so ist auch kein Raum für die Anwendung des § 8 Abs. 2 UWG.[110]

VIII. Abwehreinwand

59 Eine an sich wettbewerbswidrige Handlung kann im Einzelfall doch erlaubt sein (sodass ein Unterlassungsanspruch entfällt), wenn ein Rechtfertigungsgrund besteht. Der wichtigste Fall ist **Notwehr** (§ 227 BGB). Notwehr liegt vor, wenn die fragliche Handlung der Abwehr eines rechtswidrigen Angriffs dient (sog **Abwehreinwand**).[111] Voraussetzung ist, dass sich die Handlung, gegen die der Täter vorgeht, gerade auf ihn bezieht und dass er sich erkennbar gegen sie wehren will.[112] Die Abwehrmaßnahme muss außerdem auf das Maß des unumgänglich Notwendigen beschränkt werden und ein *taugliches und adäquates Mittel* zur Verteidigung gegen den Angriff darstellen. Sie darf daher nicht über das erforderliche Maß hinaus ausgedehnt werden oder in die Interessen unbeteiligter Dritter oder der Allgemeinheit eingreifen.[113]

Ein **Beispiel** für das Vorliegen dieses Rechtfertigungsgrundes ist die Verteilung von Informationsblättern an Patienten durch einen Pharmahersteller, der von Tierschutzorganisationen zuvor im Hinblick auf seine Herstellungsmethoden wegen angeblicher Tierquälerei angegriffen worden war.[114]

60 Wegen der genannten engen Voraussetzungen (→ Rn. 59) greift der Abwehreinwand tatsächlich nur selten. Insbesondere Verstöße gegen das Irreführungsverbot der §§ 5 und 5a UWG, durch die gewöhnlich (auch) das *Interesse der Allgemeinheit* an dem Schutz vor Irreführungen verletzt wird, können grundsätzlich *nicht* unter Berufung auf den Abwehreinwand gerechtfertigt werden.[115] Sofern *gerichtliche Hilfe* zur Abwehr ausreicht, scheiden gleichfalls andere Maßnahmen, zumindest im Regelfall, aus.[116] So verhält es sich zB, wenn sich der Betroffene gegen eine rechtswidrige Sperre bereits mit einer Klage aufgrund der §§ 20 Abs. 1 und 33 GWB wehren kann.[117]

[110] *BGH* LM § 3 UWG Nr. 379 (Bl. 2 R f.) = GRUR 1996, 398 (800) = WRP 1996, 894 – Lohnentwesungen; Harte-Bavendamm/Henning-Bodewig/*Bergmann/Goldmann,* § 8 Rn. 316f.; Köhler/Bornkamm/*Köhler,* § 8 Rn. 2.38; Ohly/Sosnitza/*Ohly,* § 8 Rn. 146.

[111] BGHZ 140, 134 (141ff.) = NJW 1999, 2737 – Hormonpräparate; *BGH* LM § 1 UWG Nr. 227 = NJW 1971, 804 = GRUR 1971, 259 = WRP 1971, 222 – W.A.Z.

[112] *BGH* LM § 1 UWG Nr. 109 = NJW 1961, 1916 = GRUR 1962, 45– Beton-Zusatzmittel; LM § 1 UWG Nr. 234a = NJW 1971, 1749 = GRUR 1971, 582; LM § 1 UWG Nr. 317 = GRUR 1979, 157 = WRP 1979, 117 – Kindergarten-Malwettbewerb; *OLG Hamm* NJW-RR 1986, 920f.

[113] BGHZ 23, 365 (376) = NJW 1957, 748 – SUWA; BGHZ 111, 188 (191) = NJW 1990, 2468 = JuS 1991, 252 Nr. 12 – Anzeigenpreis I; *BGH* LM § 1 UWG Nr. 179 = GRUR 1967, 430; *OGH* SZ Bd. 50 (1977) Nr. 129, S. 669 (679); ÖBl. 1979, 97.

[114] BGHZ 140, 134 (141ff.) = NJW 1999, 2736 – Hormonpräparate.

[115] *BGH* LM § 3 UWG Nr. 196 = GRUR 1983, 335; LM § 1 UWG Nr. 496 = NJW-RR 1988, 1441 (1442) = GRUR 1988, 916 – Schleichbezug.

[116] Vgl. BGHZ 111, 188 (191) = NJW 1990, 2468 = JuS 1991, 252 Nr. 11; BGHZ 140, 134 (144) = NJW 1999, 2736 – Hormonpräparate.

[117] *BGH* LM § 1 UWG Nr. 496 = NJW-RR 1988, 1441 (1442) = GRUR 1988, 916 – Schleichbezug.

§ 22. Klagebefugnis

I. Überblick

1 Eine für das Sanktionssystem des UWG kennzeichnende Besonderheit ist die großzügige Ausdehnung der Klagebefugnis (nur) für die Abwehransprüche des § 8 Abs. 1 des Gesetzes durch Abs. 3 der Vorschrift über die durch einen Wettbewerbsverstoß unmittelbar betroffenen Mitbewerber hinaus (Abs. 3 Nr. 1; → Rn. 6ff.) auch auf rechtsfähige Verbände zur Förderung gewerblicher oder selbständiger beruflicher Interessen (Abs. 3 Nr. 2; → Rn. 10ff.), auf bestimmte qualifizierte Einrichtungen (womit die in eine Liste eingetragenen Verbraucherverbände gemeint sind; Abs. 3 Nr. 3; → Rn. 26ff.) sowie auf die Industrie-, Handels- und Handwerkskammern (Abs. 3 Nr. 4, → Rn. 31). Entsprechende Regelungen fanden sich bereits in dem ersten UWG von 1896 (§ 1 S. 2) sowie in dem zweiten UWG von 1909 (§ 13 Abs. 2). Eine vergleichbare Regelung enthält seit 2013 auch das GWB in § 33 Abs. 1 und Abs. 2.

2 Mit der Ausdehnung der Klagebefugnis über die durch einen Wettbewerbsverstoß (§§ 3 und 7 UWG) unmittelbar betroffenen Mitbewerber hinaus auf verschiedene Verbände und Kammern (§ 8 Abs. 3) wird bezweckt, nach Möglichkeit die **Durchsetzung** der wettbewerbsrechtlichen Verbote auch ohne behördliche Intervention sicherzustellen.[1] Dahinter steht die Überlegung, dass bei einer Beschränkung des Klagerechts auf die unmittelbar verletzten Konkurrenten (s. heute § 8 Abs. 3 Nr. 1 UWG) keineswegs sichergestellt wäre, dass es auch nur in der Mehrzahl der Fälle eines Wettbewerbsverstoßes tatsächlich zu einer Klageerhebung käme, da Mitbewerber viele Grunde haben können, auf eine Klage gegen ihre Konkurrenten zu verzichten. Aus diesem Grunde wurde bereits 1896 der Kreis der Klagebefugten auf weitere Personen in der Hoffnung ausgedehnt, dass zumindest in den wichtigen Fällen **wenigstens einer** der danach Klagebefugten schließlich Unterlassung fordern und notfalls *klagen* werde, um dem UWG Beachtung in der täglichen Praxis zu verschaffen.

3 Die **Erfahrungen** mit der Ausdehnung der Klagebefugnis durch (heute) § 8 Abs. 3 sind zwiespältig. Zwar stammt mittlerweile bereits *mehr als die Hälfte der Wettbewerbsklagen* von den Verbänden des § 8 Abs. 3 Nr. 2 UWG, wodurch tatsächlich die Durchsetzung des UWG in der täglichen Praxis (weitgehend) sichergestellt sein dürfte. Auf der anderen Seite ist jedoch auch nicht zu übersehen, dass das Klagerecht der Verbände jedenfalls früher vielfach *missbraucht* wurde, nicht zuletzt, um schlicht „Gebühren zu schinden".

4 Der Gesetzgeber hat auf diese Entwicklung widersprüchlich reagiert: Einerseits wurde noch 1965 der Kreis der Klagebefugten durch die Einbeziehung der **Verbraucherverbände** erneut ausgedehnt (jetzt § 8 Abs. 2 Nr. 3 UWG; → Rn. 26ff.), anschließend jedoch, da in der Folgezeit die Kritik an dem sogenannten **Abmahnunwesen** ständig zunahm, die Klagebefugnis insbesondere der Wirtschaftsverbände in mehreren Schritten wieder deutlich eingeschränkt (s. jetzt insbesondere § 8 Abs. 4 UWG; → Rn. 32ff.).

---

[1] Vgl. schon die Begr. z. RT-Vorlage von 1895 (bei *Lobe,* Der unlautere Wettbewerb, Bd. 3, 1907, S. 60); die Begr. zu den RegE von 2003 (BT-Drs. 12/7345), S. 5f.

Gestrichen wurde 2004 außerdem die frühere Klagebefugnis der nur abstrakt betroffenen, auf demselben Markt tätigen Gewerbetreibenden aufgrund des früheren § 13 Abs. 2 Nr. 1 UWG von 1909, an deren Stelle heute die Klagebefugnis der unmittelbar betroffenen Mitbewerber getreten ist (§ 8 Abs. 3 Nr. 1 UWG und dazu → Rn. 6 ff.).

5 Der Anwendungsbereich des § 8 Abs. 3 UWG beschränkt sich auf die **Abwehransprüche** des § 8 Abs. 1 UWG, dh auf die Unterlassungs- und Beseitigungsansprüche bei Verstößen gegen die §§ 3–7 UWG (dazu → § 21 Rn. 1 ff.). *Nicht* erfasst werden dagegen Verstöße gegen die §§ 16–19 UWG (solange nicht zugleich ein Fall der §§ 3–7 UWG vorliegt) und ebenso wenig die sonstigen Ansprüche, insbesondere also nicht Schadensersatz- und Bereicherungsansprüche (→ § 23). Weitere **Einschränkungen** des offenbar zu weit geratenen Anwendungsbereichs des § 8 Abs. 3 des Gesetzes können im Einzelfall geboten sein, wenn sich die fragliche geschäftliche Handlung allein *gegen einen einzigen Konkurrenten* richtet. Der wichtigste Fall ist die gezielte *Behinderung* einzelner Mitbewerber im Sinne des § 4 Nr. 4 UWG (→ § 6). In derartigen Fällen muss es dem betroffenen Mitbewerber überlassen bleiben, ob er sich überhaupt gegen die nur gegen ihn gerichtete geschäftliche Handlung eines anderen Unternehmers auf dem Klagewege wehren will oder nicht, sodass daneben für ein Klagerecht der Verbände, der qualifizierten Einrichtungen und der Kammern nach § 8 Abs. 3 Nr. 2–4 UWG kein Raum ist.[2] Ebenso zu behandeln sind die Fälle der *Anschwärzung* (§ 4 Nr. 2 UWG)[3] und der sklavischen *Nachahmung* fremder Produkte (§ 4 Nr. 3 UWG), in denen allein der verunglimpfte Unternehmer sowie der Hersteller der nachgeahmten Produkte als unmittelbar verletzt gelten, sodass auch nur ihnen ein Klagerecht zugebilligt werden kann, nicht dagegen zB etwaigen Vertriebsunternehmen.[4] Anders behandelt werden dagegen nach überwiegender Meinung die Fälle der vergleichenden Werbung (§ 6 UWG; → § 7 Rn. 45).

II. Mitbewerber

6 Das UWG billigt in der Nr. 1 des § 8 Abs. 3 (nur) die Abwehransprüche des § 8 Abs. 1 UWG (→ Rn. 5) als erstes „jedem Mitbewerber“ zu. Mitbewerber ist nach § 2 Abs. 1 Nr. 3 UWG jeder *Unternehmer*, der mit einem anderen Unternehmer als Anbieter oder Nachfrager von Waren oder Dienstleistungen in einem *konkreten Wettbewerbsverhältnis* steht. Aus dieser Regelung folgt zweierlei: erstens dass die Klagebefugnis aufgrund des § 8 Abs. 3 Nr. 1 UWG allein **Unternehmern** im Gegensatz zu Verbrauchern zusteht (§ 2 Abs. 1 Nr. 6 und Abs. 2 UWG), und zweitens, dass auch Unternehmer nur klagebefugt sind, wenn zwischen ihnen und dem Täter ein **konkretes Wettbewerbsverhältnis** in Bezug auf das Angebot oder die Nachfrage von Waren oder Dienstleistungen besteht (s. dazu schon → § 3 Rn. 18 ff.).[5]

---

2 *BGH* GRUR 2011, 543 Tz. 8 = WRP 2011, 749 – Änderung der Voreinstellung III; Köhler/Bornkamm/*Köhler*, § 8 Rn. 3.5 f.; Ohly/Sosnitza/*Ohly*, § 8 Rn. 88.

3 *OLG Hamburg* GRUR 1995, 130; 1995, 438 = NJW-RR 1995, 1449; NJW-RR 1995, 1509 (1510).

4 → § 11 Rn. 39 ff.; *BGH* LM § 1 UWG Nr. 565 = NJW 1991, 1485 = GRUR 1991, 223 – Finnischer Schmuck; NJW 1994, 1958 (1961) = GRUR 1994, 630 = WRP 1994, 519 – Cartier-Armreif (insoweit nicht in BGHZ 125, 323 [334] abgedruckt).

5 Ebenso zB schon früher die Begr. zu dem Änderungsgesetz von 1994, BT-Drs. 12/7345, S. 3, 12 sowie zB *BGH* LM § 3 UWG Nr. 440 (Bl. 1 R f.) = NJW 2001, 73 (74) = GRUR 2001, 78 – Falsche Herstellerpreisempfehlung; LM § 3 UWG Nr. 435 = NJW-RR 2001, 620 (621) = GRUR 2001, 907 – Filialleiterfehler; LM § 43 b BRAO Nr. 12 (Bl. 1 R) = NJW 2002, 2642 = GRUR 2002, 902 – Vanity-Num-

Nach § 8 Abs. 3 Nr. 1 und § 2 Abs. 1 Nr. 3 UWG hängt die Klagebefugnis eines Unternehmens in erster Linie davon ab, ob zwischen ihm und dem Beklagten ein **konkretes Wettbewerbsverhältnis** besteht. Die Anforderungen an die Annahme eines konkreten Wettbewerbsverhältnisses haben in der Rechtsprechung geschwankt.[6] Heute stellt der BGH in der Regel darauf ab, ob beide Parteien *gleichartige* Waren oder Dienstleistungen innerhalb *desselben* Abnehmerkreises abzusetzen versuchen mit der Folge, dass das beanstandete Wettbewerbsverhalten des einen Unternehmers den anderen beeinträchtigen, dh im Absatz behindern oder stören kann. Für übertriebene Anforderungen ist kein Raum, sodass es ausreicht, wenn sich der Verletzer, im Rechtsstreit also der Beklagte durch seine Wettbewerbshandlung im konkreten Fall in irgendeiner Weise in Wettbewerb zu dem Betroffenen, dh dem Kläger, stellt.[7] 7

Im Einzelfall können auch Unternehmen *aus unterschiedlichen Branchen* miteinander in ein konkretes Wettbewerbsverhältnis treten, sofern sie sich nur mit austauschbaren Angeboten an denselben Abnehmerkreis wenden.[8] Eine Klagebefugnis aufgrund des § 8 Abs. 3 Nr. 1 kommt daher zB in Betracht, wenn der Inhaber eines Schutzrechtes, der Lizenzen für die Herstellung eines bestimmten Produktes vergibt, gegen die irreführende Werbung eines anderen Herstellers derartiger Produkte vorgehen möchte,[9] wenn sich ein Unternehmer durch die Behauptung der Gleichstellung an den guten Ruf anderer fremder Produkte anhängt oder wenn ein Unternehmer seine Produkte als Substitute oder Ergänzungen zu fremden Produkten „bewirbt“,[10] sowie, wenn der Inhaber eines online-Reisebüros, der zugleich ein Hotelbewertungsportal betreibt, auf diesem negative Bewertungen Dritter über ein Hotel verbreitet.[11] Ein konkretes Wettbewerbsverhältnis wurde außerdem zB angenommen zwischen Fernsehsendern und den Anbietern von Werbeblockern oder von Geräten zur Aufnahme von Fernsehsendungen,[12] zwischen Verbrauchermärkten in benachbarten Städten,[13] zwischen Rechtsanwälten und einem Versicherer, der im Einzelfall Rechtsrat erteilt,[14] sowie zwischen einem Bordellbetreiber und werbungstreibenden Prostituierten.[15] 8

---

mer; LM § 1 UWG Nr. 854 (Bl. 2 R) = NJW-RR 2002, 38 = GRUR 2002, 75 – Sooo … billig?; *Bornkamm,* GRUR 1996, 527 (530f.); *Schindler,* WRP 2004, 835; *Wilhelm,* FS Musielak, 2004, S. 675.

6 S. ausführlich *Sack,* WRP 2009, 1330 und GRUR 2011, 953 (956ff.).

7 So *BGH* NJW 2009, 2958 Tz. 9 = GRUR 2009, 980 = WRP 2009, 1246 – E-Mail- Werbung II im Anschluss an *BGH* NJW 2009, 3511 (3516 Tz. 40) = GRUR 2009, 845 = WRP 2009, 1001 – Internet-Videorecorder, sowie sodann *BGH* GRUR 2012, 193 Tz. 17 = WRP 2012, 201 (203) – Sportwetten im Internet II; GRUR 2014, 573 Tz. 15ff. = WRP 2014, 552 (553f.) – Werbung für Fremdprodukte; GRUR 2014, 1114 Tz. 24ff. = WRP 2014, 1307 (1308f.) – nickelfrei; NJW 2015, 3443 Tz. 19f. = GRUR 2015, 1129 = WRP 2015, 1326 (1328 mN) – Hotelbewertungsportal.

8 *BGH* GRUR 2014, 1114 Tz. 30ff. = WRP 2014, 1307 (1308f.) – nickelfrei.

9 *BGH* GRUR 2014, 1114 Tz. 33, 35 = WRP 2014, 1307 (1308f.) – nickelfrei.

10 *BGH* GRUR 2014, 1114 Tz. 33 = WRP 2014, 1307 (1308f.) – nickelfrei.

11 *BGH* NJW 2015, 3443 Tz. 19f. = GRUR 2015, 1129 = WRP 2015, 1326 (1328 mN) – Hotelbewertungsportal.

12 *BGH* NJW 2004, 3032 (3033) = GRUR 2004, 877 – Werbeblocker; NJW 2009, 3511 (3516 Tz. 40) = GRUR 2009, 845 = WRP 2009, 1001 – Internet-Videorecorder.

13 *BGH* LM § 3 UWG Nr. 440 (Bl. 2) = NJW 2001, 73 = GRUR 2001, 73 – Falsche Herstellerpreisempfehlung; auch *BGH* NJW 2005, 1644 = GRUR 2005, 520 = WRP 2005, 738 – Optimale Interessenvertretung.

14 *BGH* NJW 2007, 3570 (3571 Tz. 17) = GRUR 2007, 978 = WRP 2007, 1334 – Rechtsberatung durch Haftpflichtversicherer.

15 BGHZ 168, 314 (317 Tz. 15f.) = NJW 2006, 3490 = GRUR 2006, 1042 = JuS 2007, 398 Nr. 16 – Kontaktanzeigen.

9 Ein konkretes Wettbewerbsverhältnis besteht dagegen *nicht* zwischen den Anbietern von Grundstücken in weit voneinander entfernten Städten[16] oder zwischen einer Anwaltskanzlei und einem Anbieter von Newslettern, weil sie sich an unterschiedliche Endverbraucherkreise wenden.[17] Ebenso ist es zu beurteilen, wenn ein Unternehmer lediglich eine Werbeplattform für andere Unternehmer bereitstellt, die mit dritten Unternehmern ihrerseits konkurrieren.[18] In Grenzfällen bleibt – entgegen der Auffassung der Gesetzesverfasser[19] – immer noch die Anwendung des **§ 823 BGB** möglich, sei es unter dem Gesichtspunkt des Eingriffs in den Gewerbebetrieb (§ 823 Abs. 1 BGB),[20] sei es aufgrund des § 823 Abs. 2 BGB in Verbindung mit den Verboten des UWG als Schutzgesetze, wichtig insbesondere für die (unentbehrliche) Klagebefugnis auch der Verbraucher (s. schon → § 14 Rn. 74), wie sie etwa in Österreich und der Schweiz allgemein anerkannt ist.

III. Wirtschafts- und Berufsverbände

1. Überblick

10 Klagebefugt sind nach **§ 8 Abs. 3 Nr. 2 UWG** (= § 13 Abs. 2 Nr. 2 UWG von 1909) neben den Mitbewerbern (→ Rn. 6ff.) ferner bestimmte rechtsfähige Verbände zur Förderung gewerblicher oder selbständiger beruflicher Interessen, soweit ihnen (1.) eine erhebliche Zahl von Unternehmern angehört, die Waren oder gewerbliche Leistungen gleicher oder verwandter Art auf demselben Markt wie der Verletzer vertreiben, soweit sie insbesondere (2.) nach ihrer personellen, sachlichen und finanziellen Ausstattung imstande sind, ihre satzungsmäßigen Aufgaben der Verfolgung gewerblicher oder selbständiger beruflicher Interessen tatsächlich wahrzunehmen, und soweit (3.) die Zuwiderhandlung die Interessen ihrer Mitglieder berührt.

Beispiele für nach § 8 Abs. 3 Nr. 2 UWG klagebefugte Verbände sind insbesondere die bekannten Wettbewerbsvereine, ferner die Fachverbände der Wirtschaft, der Landwirtschaft und der freien Berufe einschließlich ihrer Spitzenverbände sowie insbesondere noch die Kammern der freien Berufe.[21]

11 Ergänzend bestimmt § 8 Abs. 5 S. 1 UWG in der Fassung von 2009, dass § 13 des Unterlassungsklagengesetzes (UKlaG) von 2001 entsprechende Anwendung findet. **§ 13 UKlaG** begründet (nur) für die Verbände und Kammern des § 8 Abs. 3 Nr. 2–4 UWG (nicht also für die Mitbewerber) **Auskunftsansprüche** gegen Post-, Telekommunikations- und Telemediendienste hinsichtlich des Namens und der Adresse ihrer Kunden, Dadurch soll verhindert werden, dass sich insbesondere Werbungstreibende, die gegen das UWG verstoßen haben, hinter ihrer Postanschrift oder hinter ihrer Telefonnummer verstecken können, wenn Verbände oder Kammern gegen sie vorgehen wollen.[22]

---

[16] *BGH* LM § 1 UWG Nr. 831 = NJW 2001, 522 = GRUR 2001, 258 – Immobilienpreisangaben.

[17] *BGH* NJW 2009, 2958 Tz. 9 = GRUR 2009, 980 = WRP 2009, 1246 – E-Mail- Werbung II.

[18] *BGH* GRUR 2014, 573 Tz. 15ff. = WRP 2014, 552 (553f.) – Werbung für Fremdprodukte; ein weiteres Beispiel in *OLG Frankfurt* WRP 2016, 367.

[19] Begr. von 2003, BT-Drs. 15/1487, S. 22.

[20] Dafür ausdrücklich *BGH* NJW 2009, 2958 Tz. 9 = GRUR 2009, 980 = WRP 2009, 1246 – E-Mail-Werbung II.

[21] ZB *BGH* WRP 2016, 41 = GRUR 2015, 1237 Tz. 15 – Erfolgspramie für Kundengewinnung; Harte-Bavendamm/Henning-Bodewig/*Bergmann/Goldmann,* § 8 Rn. 343ff.; Ohly/Sosnitza/*Ohly,* § 8 Rn. 96.

[22] Harte-Bavendamm/Henning-Bodewig/*Bergmann/Goldmann,* § 8 Rn. 402ff.; Ohly/Sosnitza/*Ohly,* § 8 Rn. 188f.

Entsprechende Anwendung findet in den Fällen des § 8 UWG ferner **§ 4a UKlaG** (§ 8 Abs. 5 S. 2 UWG). § 4a UKlaG begründet eine Klagebefugnis nach dem UKlaG bei **grenzüberschreitenden Verstößen** gegen Verbraucherschutzvorschriften. § 8 Abs. 5 S. 2 UWG besagt somit, dass in derartigen Fällen auch § 8 UWG anwendbar ist, vorausgesetzt, dass zugleich ein Verstoß gegen die §§ 3 und 7 UWG vorliegt, wobei insbesondere an § 3a UWG in Verbindung mit den Verbraucherschutzvorschriften zu denken sein dürfte.[23] 12

Seinem **Umfang** nach entspricht das Verbandsklagerecht dem Klagerecht der Mitbewerber (→ Rn. 6ff.). **Ob und gegen wen** ein Verband vorgehen will, ist allein seine Sache; er handelt nicht missbräuchlich (§ 8 Abs. 4 UWG), wenn er aus einer Vielzahl von Gesetzesverletzern nur einzelne herausgreift und gegen diese Klage erhebt.[24] 13

2. Rechtsnatur

Die Rechtsnatur des den Verbänden durch § 8 Abs. 3 Nr. 2 UWG verliehenen Klagerechts wird unterschiedlich erklärt. Vertreten werden vornehmlich eine **materiell-rechtliche Interpretation** der Vorschrift als Begründung eigener Ansprüche der Verbände (woraus dann ohne Weiteres ihr Klagerecht – als Berechtigter – folgt),[25] ein **prozessrechtliches Verständnis** der Vorschrift im Sinne der Begründung einer Prozessführungsbefugnis der Verbände nach Art der Prozessstandschaft[26] sowie eine *Verbindung* dieser beiden „Theorien", wonach § 8 Abs. 3 Nr. 2 UWG sowohl die materiell-rechtliche Anspruchsberechtigung als auch die Prozessführungsbefugnis der Verbände regelt. Herrschend ist die zuletzt genannte **Theorie der Doppelnatur** des § 8 Abs. 3 Nr. 2 UWG als Anspruchsgrundlage *und* als Prozessvoraussetzung.[27] 14

Das auch prozessrechtliche Verständnis des § 8 Abs. 3 Nr. 2 UWG (→ Rn. 14) hat erhebliche **Konsequenzen.** Denn danach regelt § 8 Abs. 3 Nr. 2 UWG mit der Prozessführungsbefugnis auch die Voraussetzungen der **Zulässigkeit** der Klage, sodass die Klage als unzulässig (und nicht etwa als unbegründet) abzuweisen ist, wenn die Voraussetzungen der Klagebefugnis nach § 8 Abs. 3 des Gesetzes im Einzelfall nicht erfüllt sind. Eine weitere Folge ist, dass die Voraussetzungen des § 8 Abs. 3 Nr. 2 UWG im Prozess jederzeit **von Amts wegen,** dh gegebenenfalls auch noch in der Revisionsinstanz, im Wege des Freibeweises geprüft werden müssen. Auf der anderen Seite folgt aus dem auch materiell-rechtlichen Verständnis der Vorschrift zB, dass es sich bei den Unterlassungsklagen verschiedener Verbände um **unterschiedliche Streitgegenstände** handelt, selbst wenn sie sich gegen denselben Wettbewerbsverstoß richten.[28] 15

---

23 Str., s. Köhler/Bornkamm/*Köhler,* § 2 UKlaG Rn. 11b und § 4a Rn. 4.

24 *BGH* LM § 1 UWG Nr. 733 = NJW-RR 1997, 931 = GRUR 1997, 537 – Lifting; LM § 286 (C) ZPO Nr. 98 = NJW 1997, 2757 (2758) = GRUR 1997, 681 = WRP 1997, 715 – Produktwerbung; NJW 2012, 1514 Tz. 19ff. = GRUR 2012, 411 = WRP 2012, 453 (455ff.) – Glücksspielverband.

25 *Greger,* NJW 2000, 2457 (2461f.); Köhler/Bornkamm/*Köhler,* § 8 Rn. 3.10f.

26 *Hadding,* JZ 1970, 310; *Marotzke,* ZZP 98 (1985), 160.

27 BGHZ 170, 18 (25f. Tz. 23) = GRUR 2007, 624; *BGH* GRUR 2006, 873 (874 Tz. 14) = WRP 2006, 1118 – Brillenwerbung; GRUR 2007, 610f. Tz. 14 = WRP 2007, 778 – Sammelmitgliedschaft V; NJW-RR 2005, 1128 (1129) = GRUR 2005, 689 = WRP 2005, 1007 – Sammelmitgliedschaft III; NJW 2012, 1514 Tz. 12 = GRUR 2012, 411 = WRP 2012, 453 – Glücksspielverband; NJW 2012, 1812 Tz. 10 = GRUR 2012, 415 = WRP 2012, 467 – Überregionale Klagebefugnis; *Hinz,* FS Piper, 1996, S. 257 (261f.); Ohly/Sosnitza/*Ohly,* § 8 Rn. 91; *Wilhelm,* FS Musielak, 2004, S. 535.

28 *BGH* LM § 13 UWG Nr. 58 = NJW-RR 1991, 1138 = GRUR 1991, 684 – Verbandsausstattung; LM § 13 UWG Nr. 76 = NJW 1996, 3276 = GRUR 1996, 804 – Preisrätselgewinnauslobung.

Die Unterlassungsklage eines Verbandes schließt daher die parallele Klage eines anderen nicht ohne weiteres aus. Lediglich nach rechtskräftiger Verurteilung des Beklagten auf die eine Klage hin kann die Begründetheit (nicht die Zulässigkeit) der anderen Klage wegen der Beseitigung der Wiederholungsgefahr entfallen (→ § 21 Rn. 10, 14).

3. Voraussetzungen

a) Rechtsfähigkeit, Zweck

16 Die Klagebefugnis der Wirtschafts- und Berufsverbände hängt nach der Nr. 2 des § 8 Abs. 3 UWG im Wesentlichen von der Erfüllung von insgesamt **fünf Voraussetzungen** ab. Es sind dies der Reihe nach (1.) die Rechtsfähigkeit des Verbandes und (2.) dessen Zweck, die gewerblichen oder selbstständigen beruflichen Interessen seiner Mitglieder zu fördern (→ Rn. 18), weiter (3.) eine erhebliche Anzahl von Mitgliedern, die mit dem Verletzer auf dessen Markt konkurrieren (→ Rn. 19ff.), (4.) die Fähigkeit des Verbandes zur Verfolgung seiner satzungsmäßigen Aufgaben aufgrund seiner Ausstattung (→ Rn. 24) sowie (5.) die Berührung der Interessen der Mitglieder durch die fragliche Zuwiderhandlung des Verletzers (→ Rn. 25).

17 Die **Beweislast** für das Vorliegen aller genannten Voraussetzungen trägt der klagende Verband. Jedoch wird ihre Erfüllung in der Regel bei einem ordnungsgemäß gegründeten und aktiv tätigen Verband *vermutet,* sodass der Beklagte zunächst die Vermutung der Klagebefugnis des Verbandes entkräften muss, bevor die Beweislast wieder den klagenden Verband trifft.[29]

18 Erste Voraussetzung der Klagebefugnis eines Verbandes ist seine **Rechtsfähigkeit.** Rechtsfähige Verbände in diesem Sinne sind insbesondere sämtliche juristischen Personen des privaten und des öffentlichen Rechts einschließlich insbesondere der Kammern der freien Berufe (→ Rn. 31). Hinzu kommen muss zweitens, dass der **satzungsmäßige Hauptzweck** des Verbandes in der Förderung gewerblicher oder selbständiger beruflicher Interessen der Mitglieder besteht, und zwar eben insbesondere auch durch die *Verfolgung von Wettbewerbsverstößen,* wobei es genügt, dass sich dieser Zweck konkludent aus der Satzung in Verbindung mit den gesamten Umständen ergibt.[30] Durch die 2004 in das Gesetz eingefügte Erwähnung des Zwecks der Förderung *selbständiger beruflicher Interessen* wurde außerdem klargestellt, dass zu den Verbänden iSd § 8 Abs. 3 Nr. 2 UWG auch die verschiedenen *Fachverbände* (als Berufsvertretungen) sowie die Berufsorganisationen der Landwirte gehören.[31]

b) Erhebliche Zahl

19 Nächste Voraussetzung der Klagebefugnis eines Verbandes ist nach § 8 Abs. 3 Nr. 2 UWG, dass dem Verband eine erhebliche Zahl von Unternehmern angehört, die Waren oder gewerbliche Leistungen gleicher oder verwandter Art auf demselben Markt, dh auf dem Markt des Verletzers vertreiben, gegen den der Verband vorgehen will. Durch dieses Erfordernis soll sichergestellt werden, dass nicht jeder x-beliebige Verband, sondern nur solche Verbände gegen den angeblichen Verletzer vorgehen

[29] *BGH* LM § 13 UWG Nr. 104 (Bl. 3) = NJW-RR 2001, 36 = GRUR 2000, 1093 – Fachverband; *OLG Nürnberg* GRUR 1995, 279 (280f.) = WRP 1995, 338 (340f.); *OLG Stuttgart* NJW-RR 2009, 913 (914).

[30] Ohly/Sosnitza/*Ohly,* § 8 Rn. 98.

[31] S. *Schindler,* WRP 2004, 835 (838f.); früher str.

können, bei denen sichergestellt ist, dass ihre *Mitglieder* auch tatsächlich durch dessen Handlungen *wettbewerblich betroffen* sein können. Um dies zu feststellen, muss zunächst der durch die umstrittene geschäftliche Handlung betroffene **relevante Markt** in räumlicher und sachlicher Hinsicht möglichst exakt abgegrenzt werden, weil es darauf ankommt, ob der Verband gerade auf *diesem* (relevanten) Markt über eine „erhebliche Zahl" von Mitgliedern verfügt (→ Rn. 20).[32] Als nächstes ist sodann zu prüfen, ob dem Verband überhaupt Mitglieder angehören, die auf dem fraglichen Markt mit dem Verletzer, im Rechtsstreit mit dem Beklagten, konkurrieren, und schließlich, ob deren Zahl erheblich ist (dazu im Einzelnen → Rn. 21 ff.).

Die Rechtsprechung neigt – im Interesse eines möglichst weitgespannten Klagerechts der Verbände – durchweg zu einer weiten Auslegung der genannten Merkmale (→ Rn. 19). Deshalb kommt es für die Frage, ob die Mitglieder des Verbandes **Waren oder Dienstleistungen gleicher oder verwandter Art** wie der Verletzer auf demselben Markt vertreiben (§ 8 Abs. 3 Nr. 2 UWG), nur darauf an, ob sich die Waren oder Dienstleistungen der Beteiligten so nahe stehen, dass der Absatz des einen durch ein wettbewerbswidriges Handeln des anderen beeinträchtigt werden kann. Ausreichend ist mit anderen Worten die Zugehörigkeit zur *selben* oder zu *einer verwandten Branche* in demselben Gebiet, in dem der Verletzer tätig ist.[33] In diesem Sinne bilden zB die gesamte Unterhaltungselektronik oder der ganze Kraftfahrzeugmarkt *eine* Branche und damit (für § 8 Abs. 3 Nr. 2 UWG) den relevanten Markt.[34] Auf den so umgrenzten Markt ist somit für die Beurteilung der in der Regel am meisten umstrittenen Frage abzustellen, ob dem Verband eine erhebliche Zahl von Konkurrenten des Verletzers als Mitglieder angehört (→ Rn. 21 f.). 20

Die **Zahl** der auf dem relevanten Markt (→ Rn. 20) durch die unlautere geschäftliche Handlung des Verletzers betroffenen Mitglieder des Verbandes muss nach § 8 Abs. 3 Nr. 2 UWG **„erheblich"**, dh nicht ganz unbedeutend sein. Das ist „absolut", nicht relativ, dh im Verhältnis zu anderen Zahlen zu verstehen. Es kommt mit anderen Worten nicht auf das Verhältnis der Zahl der Verbandsmitglieder, die auf dem betreffenden Markt tätig sind, zu der der Mitglieder des Verbandes insgesamt oder zu der der Branchenangehörigen auf dem betreffenden Markt an; entscheidend ist vielmehr allein, ob (absolut, dh für sich genommen) durch die Zahl dieser Mitglieder sichergestellt ist, dass der Verband auch ihre Interessen wahrnimmt, ob mit anderen Worten die Mitglieder des Verbandes **nach Zahl und Gewicht für** den betreffenden **Markt** als **repräsentativ** (im Verband) angesehen werden können, sodass gewährleistet ist, dass ein missbräuchliches Vorgehen des Verbandes allein im Verbandsinteresse „über die Köpfe der Mitglieder hinweg" ausgeschlossen ist.[35] Die **Beweislast** trifft auch insoweit den 21

[32] *BGH* LM § 13 UWG Nr. 110 (Bl. 3) = GRUR 2001, 529 = NJW-RR 2001, 1406 – Herz-Kreislauf-Studie; NJW 2004, 854 (855) = GRUR 2004, 251 = WRP 2004, 348 – Hamburger Auktionatoren; wegen der Einzelheiten s. *Derleder/Zänker,* GRUR 2002, 490 ff.; Harte-Bavendamm/Henning-Bodewig/*Bergmann/Goldmann,* § 8 Rn. 349 ff.

[33] *BGH* GRUR 2006, 778 (779 Tz. 19) = WRP 2006, 1023 – Sammelmitgliedschaft IV; GRUR 2007, 610 (611 Tz. 17) = WRP 2007, 778 – Sammelmitgliedschaft V.

[34] *BGH* NJW 2009, 1886 Tz. 7 ff. = GRUR 2009, 692 = WRP 2009, 811 – Sammelmitgliedschaft VI; *OLG Stuttgart* NJW-RR 2009, 913 (914).

[35] Begr., BT-Drs. 15/1487, S. 22 u./23 o.; *BGH* LM § 13 UWG Nr. 89 (Bl. 2 R) = NJW 1998, 1148 = GRUR 1998, 417 – Verbandsklage in Prozeßstandschaft; LM § 13 UWG Nr. 100 (Bl. 2 R f.) = NJW 2000, 74 = GRUR 1999, 1116 – Wir dürfen nicht feiern; NJW 2004, 854 (855) = GRUR 2004, 251 = WRP 2004, 348 – Hamburger Auktionatoren; GRUR 2007, 610 (611 Tz. 18) = WRP

Verband, sodass er im Rechtsstreit gegebenenfalls eine aktuelle und überprüfbare *Liste* seiner Mitglieder vorlegen muss.[36]

22 Bei der Prüfung der Frage, ob einem bestimmten Verband eine **erhebliche Zahl** von Mitgliedern auf einem bestimmten Markt angehört, verfahren die Gerichte in der Regel ausgesprochen *großzügig*. Häufig wird bereits eine *einstellige* Zahl von Mitgliedern eines Verbandes aus derselben Branche wie der Verletzer als ausreichend für die Bejahung der Klagebefugnis ihres Verbandes angesehen.[37] Obendrein werden dabei nicht etwa allein die Mitglieder berücksichtigt, die dem Verband unmittelbar angehören; mitgezählt werden vielmehr auch **mittelbare Mitglieder** des Verbandes, dh solche, deren Mitgliedschaft über einen anderen Verband vermittelt wird, der seinerseits Mitglied desjenigen Verbandes ist, um dessen Klagebefugnis es geht. Nicht erforderlich ist, dass dieser Verband ebenfalls klagebefugt ist. Es genügt vielmehr, wenn er seine Mitglieder in dieser Beziehung repräsentiert, dh mit der Wahrnehmung ihrer gewerblichen Interessen beauftragt ist *und* die Befugnis besitzt, dem klagenden Verband zu dem Zweck der Wahrnehmung der Interessen seiner Mitglieder beizutreten.[38]

23 Die genannten Voraussetzungen für die Zurechnung der Mitglieder eines Verbandes zu einem anderen Verband, um dessen Klagebefugnis es geht (→ Rn. 22), erfüllen vor allem die **Fachverbände** und gleichstehende Organisationen, sodass über deren Mitgliedschaft in einem Verband auch dem zuletzt genannten Verband die Klagebefugnis vermittelt werden kann.[39] Die (unerwartete) Folge ist, dass Verbände, zu deren Mitgliedern die Industrie- und Handelskammern oder die Handwerkskammern gehören, nahezu in jedem Fall klagebefugt sind.[40]

c) Ausstattung

24 Die Klagebefugnis eines Verbandes setzt außerdem noch voraus, dass er nach seiner personellen, sachlichen und finanziellen Ausstattung überhaupt imstande ist, seine satzungsmäßigen Aufgaben bei der Verfolgung gewerblicher Interessen tatsächlich wahrzunehmen. Durch dieses zusätzliche Erfordernis sollen solche Verbände vom Klagerecht ausgeschlossen werden, die nur „auf dem Papier stehen“ und deshalb ihre gesamten Geschäfte durch Anwälte erledigen lassen, für die sie im Grunde als bloße Gebührenbeschaffer tätig werden. Erforderlich ist mithin, dass der Verband nach sei-

2007, 778 – Sammelmitgliedschaft V; NJW 2009, 1886 Tz. 12 = GRUR 2009, 692 – Sammelmitgliedschaft VI; *OLG Stuttgart* NJW-RR 2009, 913 (914); *Schindler,* WRP 2004, 835 (837).

[36] BGHZ 131, 90 (92ff.) = NJW 1996, 391 – anonymisierte Mitgliederliste; *BGH* LM § 13 UWG Nr. 74 = NJW-RR 1996, 362 (364) = GRUR 1996, 292 – Aknemittel; NJW-RR 2005, 839 = GRUR 2005, 522 – Sammelmitgliedschaft III.

[37] S. *BGH* NJW 2009, 1886 Tz. 11f. = GRUR 2009, 692 – Sammelmitgliedschaft VI: 9 Mitglieder, *OLG Stuttgart* NJW-RR 2009, 913 (914): 14 Mitglieder; Harte-Bavendamm/Henning-Bodewig/*Bergmann/Goldmann,* § 8 Rn. 350; – enger aber zB *BGH* LM § 13 UWG Nr. 86 (Bl. 3) = NJW-RR 1998, 111 = GRUR 1998, 170 = WRP 1997, 1070 – BMW-Händlervereinigung.

[38] *BGH* NJW-RR 2005, 839 = GRUR 2005, 522 – Sammelmitgliedschaft II; NJW-RR 2005, 1128 (1129f.) = WRP 2005, 1007 = GRUR 2005, 689 – Sammelmitgliedschaft III; GRUR 2006, 873 (874 Tz. 15, 17, 19) = WRP 2006, 1118 – Brillenwerbung; GRUR 2007, 610 (611 Tz. 15, 21) = WRP 2007, 778 – Sammelmitgliedschaft V.

[39] *BGH* LM § 1 UWG Nr. 671 = NJW 1995, 724 (725) = GRUR 1995, 122 – Laienwerbung für Augenoptiker; LM § 1 UWG Nr. 679 = NJW 1995, 1361 (1362) = GRUR 1995, 358 – Folgeverträge II; LM § 13 UWG Nr. 100 (Bl. 2 R f.) = NJW 2000, 74 = GRUR 1999, 1116 – Wir dürfen nicht feiern; GRUR 2003, 454 = WRP 2003, 514 = NJW-RR 2003, 831 (832) – Sammelmitgliedschaft I.

[40] So in der Tat *OLG Köln* GRUR 1995, 284; kritisch zu Recht *OLG Bremen* NJW 1995, 1036.

ner Ausstattung *personell und finanziell selbst in der Lage* ist, das Wettbewerbsgeschehen zu beobachten sowie *Verstöße* zu erkennen und zu *verfolgen.*[41] Dafür dürfte in der Regel erforderlich sein, dass der Verband über eigene Mittel und ein eigenes Büro verfügt, das ständig besetzt ist.[42] Jedoch soll es, wenn zB zB ein Verband nebeneinander zahlreiche Prozesse führt, bereits ausreichen, wenn er über genügend flüssige Mittel verfügt, um wenigstens den Verlust einiger seiner Rechtsstreitigkeiten zu verkraften.[43]

d) Berührung von Mitgliederinteressen

Letzte Voraussetzung der Klagebefugnis eines Verbandes ist, dass die Zuwiderhandlung die Interessen der Mitglieder des Verbandes berührt (§ 8 Abs. 3 Nr. 2 UWG). Mit diesem Kriterium ist gemeint, dass die fragliche geschäftliche Handlung *konkret in die Interessen der* auf demselben Markt tätigen (unmittelbaren und mittelbaren) *Verbandsmitglieder eingreifen* muss, wenn der Verband die Klagebefugnis besitzen soll. Es muss folglich ein **konkretes Wettbewerbsverhältnis** zwischen einzelnen Verbandsmitgliedern und dem Beklagten vorliegen, sodass die betroffenen Mitglieder auch selbst nach § 8 Abs. 3 Nr. 1 UWG klagebefugt wären.[44] 25

IV. Qualifizierte Einrichtungen

Die Klagebefugnis steht nach der Nr. 3 des § 8 Abs. 3 UWG ferner sogenannten qualifizierten Einrichtungen zu, die nachweisen, dass sie in die **Liste qualifizierter Einrichtungen** nach § 4 UKlaG in der Fassung von 2006 oder in das entsprechende Verzeichnis der Europäischen Kommission eingetragen sind. § 4 UKlaG bestimmt, dass das Bundesamt für Justiz eine Liste führt, in die auf Antrag rechtsfähige Verbände eingetragen werden, zu deren satzungsmäßigen Aufgaben es gehört, die Interessen der Verbraucher durch Aufklärung und Beratung nicht gewerbsmäßig und nicht nur vorübergehend wahrzunehmen, sofern ihnen als Mitglieder in diesem Aufgabenbereich tätige Verbände oder mindestens 75 natürliche Personen angehören. Hinzukommen muss noch, dass der Verband seit mindestens einem Jahr besteht und aufgrund seiner bisherigen Tätigkeit die Gewähr für eine sachgerechte Aufgabenerfüllung bietet (§ 4 Abs. 1 und 2 S. 1 UKlaG). Liegen die genannten Voraussetzungen vor, so stehen dem Verband gemäß § 8 Abs. 3 Nr. 3 UWG **eigene Ansprüche** und damit zugleich die nötige prozessuale **Klagebefugnis** zu.[45] 26

Beispiele für Verbraucherverbände sind der ADAC[46] sowie die Mietervereine.[47]

---

[41] *BGH* LM § 13 UWG Nr. 100 (Bl. 2 R f.) = NJW 2000, 74 = GRUR 1999, 1116 – Wir dürfen nicht feiern; LM § 13 UWG Nr. 104 (Bl. 2ff.) = NJW-RR 2001, 36 = GRUR 2000, 1093 – Fachverband; NJW-RR 2004, 856 (857); NJW 2012, 1514, Tz. 13ff. = GRUR 2012, 411 = WRP 2012, 453 – Glücksspielverband.

[42] *Derleder/Zänker,* GRUR 2002, 490 (492f.); *Schindler,* WRP 2004, 835 (836).

[43] *BGH* NJW 2012, 1514, Tz. 13ff. = GRUR 2012, 411 = WRP 2012, 453 – Glücksspielverband.

[44] Str., s. Harte-Bavendamm/Henning-Bodewig/*Bergmann/Goldmann,* § 8 Rn. 366.

[45] → Rn. 15; BGHZ 170, 18 (25 Tz. 23) = NJW 2007, 593 = GRUR 2007, 624 mwN; *BGH* NJW 2012, 1812 Tz. 15, 20ff. = GRUR 2012, 415 Tz. 10 = WRP 2012, 467 – Überregionale Klagebefugnis.

[46] *BGH* LM § 3 UWG Nr. 277 = NJW-RR 1988, 1443 = GRUR 1988, 832 = WRP 1988, 663 – Benzinwerbung.

[47] *OLG Hamm* NJW-RR 1993, 685; *OLG Hamburg* NJW-RR 1993, 1867 – Greenpeace.

Praktische Bedeutung hat die Klagebefugnis etwa der Verbraucherverbände bisher nicht erlangt.

27 Die komplizierte gesetzliche Regelung (→ Rn. 26) geht letztlich auf die **Unterlassungsklagen-Richtlinie von 1998**[48] zurück, mit der bezweckt wurde, den Verbraucherverbänden in der Europäischen Union ein Klagerecht in sämtlichen Mitgliedstaaten, also nicht nur im Inland, zu verleihen.[49] Zu diesem Zweck ist die Institution der qualifizierten Einrichtungen geschaffen worden, die in entsprechende Listen beim Bundesamt für Justiz oder bei der Europäischen Kommission eingetragen werden. Die Eintragung in diese Listen hat **konstitutive Wirkung** und begründet ohne weitere Voraussetzungen die Klagebefugnis des eingetragenen Verbandes nach dem UWG (§ 8 Abs. 3 Nr. 3) ebenso wie nach dem UKlaG (§ 3 Abs. 1 S. 1 Nr. 1). Ein ordentliches Gericht, vor dem der Verbraucherverband Klage erhebt, hat nicht die Befugnis, die Berechtigung der Eintragung des Verbandes in die genannte Liste nachzuprüfen, wohl aber die Befugnis zur Prüfung, ob sich die Klage im Einzelfall im Rahmen des satzungsmäßigen Zwecks des Verbandes hält.[50] Im Übrigen erfolgt die Korrektur der (zu) weiten Erstreckung der Klagebefugnis der Verbände durch § 8 Abs. 3 UWG aufgrund des § 8 Abs. 4 UWG, dh im Rahmen der Missbrauchsprüfung (→ Rn. 32ff.).

28 Zu den **satzungsgemäßen Aufgaben** des rechtsfähigen Verbandes muss es gehören, (ua auch) die Interessen der Verbraucher im Allgemeinen und nicht nur die seiner Mitglieder, und zwar gerade *durch Aufklärung und Beratung* wahrzunehmen.[51] Hinzukommen muss, dass der Verband die Aufgaben der Verbraucheraufklärung und -beratung auch *tatsächlich wahrnimmt,* wozu vor allem eine entsprechende finanzielle, sachliche und personelle Ausstattung gehört.[52] Ziel und Zweck des Verbandes muss folglich in erster Linie die *Information der Verbraucher* über die Märkte sowie über die Qualität und die Preise der Waren sein. Dem Verband steht es zwar frei, neben der Verbraucheraufklärung noch **andere Ziele** zu verfolgen. Überwiegen diese jedoch, stehen etwa gesundheitspolitische Anliegen im Vordergrund der Verbandstätigkeit, so ist kein Raum für eine Eintragung des Verbandes nach § 4 Abs. 2 UKlaG.[53] Von der Eintragung ausgeschlossen sind ferner die sogenannten **Mischverbände,** die gleichberechtigt gewerbliche *und* Verbraucherinteressen verfolgen.

29 Die genannten Voraussetzungen für die Anerkennung von Verbraucherverbänden werden im Allgemeinen im Interesse des umfassenden Verbraucherschutzes *weit* ausgelegt.[54] Ergibt sich aus der Satzung eines regionalen Verbraucherverbandes nicht eindeutig das Gegenteil, so wird zB angenommen, dass ihm die Klagebefugnis nicht nur in seiner Region, sondern grundsätzlich im gesamten Bundesgebiet zusteht.[55] Da-

[48] ABl. 1998 L 166/51.
[49] S. *Baetge,* ZZP 112 (1999), 329; *Greger,* NJW 2000, 2457.
[50] → Rn. 29; Harte-Bavendamm/Henning-Bodewig/*Bergmann/Goldmann,* § 8 Rn. 370, 372.
[51] *BGH* LM § 13 UWG Nr. 25 = NJW 1972, 1988 = GRUR 1973, 78 – Verbraucherverband.
[52] *OLG Hamburg* NJW 1993, 1867; *OVG Münster* GRUR 2004, 347 (348).
[53] *BGH* LM § 239 ZPO Nr. 12 = NJW 1984, 668 = GRUR 1984, 675 – Ärztlicher Arbeitskreis; LM § 3 UWG Nr. 333 = NJW 1992, 2231 = GRUR 1992, 450 – Beitragsrechnung; LM § 1 UWG Nr. 683 = NJW-RR 1995, 808 = WRP 1995, 591 – Gewinnspiel II.
[54] So ausdrücklich BGHZ 170, 18 (25 Tz. 21) = NJW 2007, 593 = GRUR 2007, 624.
[55] *BGH* NJW 2012, 1812 Tz. 15, 20ff. = GRUR 2012, 415 = WRP 2012, 467 – Überregionale Klagebefugnis.

gegen versteht es sich von selbst, dass ein Verbraucherverband keine Klagebefugnis besitzt, wenn sich eine geschäftliche Handlung ausschließlich gegen bestimmte Mitbewerber richtet, ohne dass dadurch zugleich Verbraucherinteressen betroffen sind.[56]

V. Kammern

Das Klagerecht steht schließlich gemäß der Nr. 4 des § 8 Abs. 3 UWG noch den Industrie- und Handelskammern sowie den Handwerkskammern zu. Den Gegensatz bilden die **Kammern der freien Berufe,** also die Architekten- Ärzte-, Anwalts- und Steuerberaterkammern, deren Klagebefugnis sich nicht nach der Nr. 4 des § 8 Abs. 3 UWG, sondern nach der engeren Nr. 2 der Vorschrift richtet.[57] Die Klagebefugnis der Kammern nach § 8 Abs. 3 Nr. 4 UWG setzt voraus, dass durch den fraglichen Wettbewerbsverstoß überhaupt ihr *Aufgabenkreis berührt* ist, da sie – als Körperschaften des öffentlichen Rechts – jenseits ihres gesetzlichen oder satzungsmäßigen Aufgabenkreises nicht tätig werden dürfen. 30

Aus dem Gesagten (→ Rn. 30) folgt insbesondere, dass die Handwerkskammern lediglich gegen Wettbewerbsverstöße von Handwerkern und die Industrie- und Handelskammern allein gegen Wettbewerbsverstöße von Industrie- und Handelsunternehmen vorgehen können. Die praktische Bedeutung der Regelung ist gering, obwohl sie an sich den Kammern die Möglichkeit eröffnet, gegen die Berufsangehörigen im Falle unlauteren Wettbewerbs nicht nur mit berufsrechtlichen Mitteln (die durchweg Verschulden voraussetzen), sondern auch aufgrund des UWG mit einer Unterlassungsklage (die kein Verschulden erfordert) vorzugehen.[58] Im Ergebnis könnten daher die Nr. 3 und die Nr. 4 des § 8 Abs. 3 UWG ohne Bedenken gestrichen werden. Für die Durchsetzung des Gesetzes genügte vollauf die ohnehin zu weit geratene Klagebefugnis der Verbände nach der Nr. 2 des § 8 Abs. 3. 31

VI. Missbrauch

1. Zweck

Nach § 8 Abs. 4 S. 1 UWG ist die Geltendmachung der wettbewerbsrechtlichen Abwehransprüche, dh des Unterlassungs- und des Beseitigungsanspruchs (§ 8 Abs. 1 UWG), durch die in § 8 Abs. 3 UWG genannten Personen, Verbände und Institutionen (→ Rn. 6–31) „unzulässig“, wenn sie unter Berücksichtigung der gesamten Umstände missbräuchlich ist; ein derartiger Missbrauch ist „insbesondere“ anzunehmen, wenn die Geltendmachung des Anspruchs vorwiegend dazu dient, gegen den Zuwiderhandelnden einen Anspruch auf Ersatz von Aufwendungen oder Kosten der Rechtsverfolgung entstehen zu lassen (im Einzelnen → Rn. 35 ff.). S. 2 des § 8 Abs. 4 32

[56] → Rn. 9; Ohly/Sosnitza/*Ohly,* § 8 Rn. 140.

[57] So zB BGHZ 109, 153 (156 f.) = NJW 1990, 578 Anwaltswahl durch Mieterverein; *BGH* LM § 1 UWG Nr. 790 (Bl. 1 R f.) = NJW 1999, 2444 = GRUR 1999, 748 – Steuerberaterwerbung auf Fachmesse; LM § 13 UWG Nr. 88 (Bl. 2) = NJW 1998, 822 = GRUR 1998, 487 – Prof.-Bezeichnung in Arztwerbung III; NJW 2002, 2039 (2040) = GRUR 2002, 717 – Vertretung der Anwalts-GmbH; GRUR 2015, 1237 Tz. 15 = WRP 2016, 41 – Erfolgsprämie für Kundengewinnung; Harte-Bavendamm/Henning-Bodewig/*Bergmann/Goldmann,* § 8 Rn. 275, 374, str.

[58] BVerfGE 111, 366 = NJW 2004, 3765; *BGH* NJW 2002, 2039 (2040) = GRUR 2002, 717 – Vertretung der Anwalts-GmbH; NJW 2006, 2481 (2482 Tz. 12–14) = GRUR 2006, 598 – Zahnarztbriefbogen.

UWG fügt hinzu, dass der durch einen Missbrauch betroffene Anspruchsgegner Ersatz der für seine Rechtsverteidigung erforderlichen Aufwendungen verlangen kann. Weitergehende Ersatzansprüche bleiben nach S. 3 der Vorschrift unberührt (→ Rn. 40).

33 § 8 Abs. 4 UWG geht auf § 13 Abs. 5 UWG von 1986 zurück, mit dem bezweckt worden war, dem damals grassierenden **Unwesen der Abmahnvereine** einen Riegel vorzuschieben. Man hatte dabei in erster Linie Praktiken im Auge, die eine Zeitlang insbesondere auf dem Immobiliensektor zu beobachten waren, wo sogenannte Unternehmer, häufig in enger Zusammenarbeit mit Rechtsanwälten, in großem Umfang wegen geringfügiger Verstöße in Anzeigen Abmahnungen aussprachen, um Aufwendungsersatz und Rechtsanwaltsgebühren geltend machen zu können, obwohl bereits die Eigenschaft der betreffenden Personen als Unternehmer häufig zweifelhaft war (Paradigma: der Bürovorsteher eines ständig klagenden Anwalts).[59] Heute steht dagegen – neben der Bekämpfung evidenter Missbräuche – der Zweck im Vordergrund, eine *Korrektur* der in einzelnen Beziehungen wohl zu weit geratenen Klagebefugnis der Mitbewerber, der Verbände und der Kammern nach § 8 Abs. 3 UWG zu ermöglichen.[60]

2. Anwendungsbereich

34 Der Anwendungsbereich des § 8 Abs. 4 UWG umfasst jede Form der Geltendmachung der Abwehransprüche (nur) des § 8 Abs. 1 UWG durch die in § 8 Abs. 3 UWG als klagebefugt bezeichneten Personen, Verbände oder Einrichtungen, und zwar einschließlich der unmittelbar verletzten *Mitbewerber* des § 8 Abs. 3 Nr. 1 UWG.[61] Das Missbrauchsverbot des § 8 Abs. 4 UWG betrifft außerdem nicht nur die gerichtliche Verfolgung der Abwehransprüche, sondern ebenso die außergerichtliche Geltendmachung, wobei in erster Linie an **Abmahnungen** im Sinne des § 12 Abs. 1 UWG zu denken ist.[62] Die Vorschrift findet dagegen keine Anwendung auf die Verfolgung *vertraglicher* Unterlassungsansprüche, zB aufgrund einer Unterwerfungserklärung (→ § 21 Rn. 29ff.) oder auf Abwehransprüche aus dem MarkenG, aus dem PatG oder aus dem UrhRG; an die Stelle des § 8 Abs. 4 UWG tritt hier das allgemeine Missbrauchsverbot des § 242 BGB, in dessen Rahmen freilich im Wesentlichen dieselben Erwägungen wie bei § 8 Abs. 4 UWG angestellt zu werden pflegen.[63]

[59] S. die Begr. zum RegE, BT-Drs. 10/4741, S. 17ff.; Harte-Bavendamm/Henning-Bodewig/*Bergmann/Goldmann*, § 8 Rn. 387; *Pastor*, GRUR 1982, 330 (333f.); *Sack*, BB 1986, 2218.

[60] *BGH* NJW 2012, 3577 Tz. 20 = GRUR 2012, 949 = WRP 2012, 1086 – Mißbräuchliche Vertragsstrafe; GRUR 2012, 730 Tz. 14 = WRP 2012, 930 – Bauheizgerät.

[61] BGHZ 149, 371 (373) = NJW 2002, 1494 = JuS 2002, 927 Nr. 9 – Missbräuchliche Mehrfachabmahnung; *BGH* LM § 3 UWG Nr. 448 (Bl. 3) = NJW 2002, 1122 = GRUR 2002, 715 – Scanner-Werbung; seitdem unstr.

[62] BGHZ 149, 371 (373) = NJW 2002, 1494 = JuS 2002, 927 Nr. 9 – Missbräuchliche Mehrfachabmahnung; *BGH* LM § 3 UWG Nr. 448 (Bl. 3) = NJW 2002, 1122 = GRUR 2002, 715 – Scanner-Werbung; GRUR 2012, 730 Tz. 13 = WRP 2012, 930 – Bauheizgerät; GRUR 2013, 307 Tz. 11 = NJW-RR 2013, 369 = WRP 2013, 329 – Unbedenkliche Mehrfachabmahnung; *Hantke*, FS Erdmann, 2002, S. 831 (833f.); *Jackowski*, WRP 2010, 38; früher str.

[63] *BGH* NJW 2012, 3577 Tz. 20f. = GRUR 2012, 949 = WRP 2012, 1086 – Mißbräuchliche Vertragsstrafe; GRUR 2013, 307 Tz. 14f. = NJW-RR 2013, 369 = WRP 2013, 329 – Unbedenkliche Mehrfachabmahnung.

3. Begriff

Das Gesetz wendet sich in § 8 Abs. 4 S. 1 gegen die missbräuchliche Geltendmachung der Abwehransprüche des § 8 Abs. 1 unter Berücksichtigung der gesamten Umstände und fügt hinzu, dass ein Missbrauch insbesondere anzunehmen ist, wenn die Geltendmachung vorwiegend dazu dient, gegen den Zuwiderhandelnden einen Anspruch auf Ersatz von Aufwendungen oder Kosten der Rechtsverfolgung entstehen zu lassen. Aus dieser Regelung folgt, dass ein Missbrauch immer dann anzunehmen ist, wenn mit der Rechtsverfolgung überwiegend **sachfremde Ziele** oder Zwecke verfolgt werden.[64] Maßgebend sind die Umstände des Einzelfalls insbesondere Art und Schwere des Wettbewerbsverstoßes, das Verhalten des Gläubigers und des Schuldners sowie die von ihnen verfolgten Zwecke.[65] Die wichtigsten **Missbrauchsfälle** sind nach den bisherigen Erfahrungen die vorrangige Verfolgung des Interesses, hohe Vertragsstrafen, Aufwendungsersatz nach § 12 Abs. 1 S. 2 UWG oder Gebühren zu erzielen (→ Rn. 38), sowie der Zweck, den Gegner zu schädigen (→ Rn. 36 f.). Es genügt, wenn derartige Zwecke überwiegen. Die Annahme eines Missbrauchs scheidet dagegen aus, wenn bei der Rechtsverfolgung das Interesse an der Lauterkeit des Wettbewerbs im Vordergrund steht und für die Art der Vorgehensweise wie zB die selektive Vorgehensweise allein gegen einzelne (von mehreren) Verletzern sachliche Gründe sprechen.[66] Der Sache nach kommt es letztlich immer darauf an, ob nach den Umständen des Einzelfalles in den Augen der Gerichte die *Indizien* überwiegen, die für die Verfolgung sachfremder Zwecke sprechen.[67] 35

In der Wettbewerbspraxis haben bisher die Fälle der Schädigung des Gegners durch die sogenannte **Mehrfachverfolgung** im Vordergrund des Interesses gestanden.[68] Kern des Missbrauchsvorwurfs ist in diesen Fällen die unnötige Kostenbelastung des oder der Beklagten durch die Verfolgung desselben Wettbewerbsverstoßes oder doch im Wesentlichen identischer Wettbewerbsverstöße eines Unternehmers in mehreren getrennten Prozessen, oder gleichzeitig im Verfügungs- und im Hauptsacheverfahren oder durch mehrere meistens eng verbundene Kläger oder gegen mehrere Beklagte in getrennten Verfahren, obwohl der Rechtsstreit ohne Weiteres in einem einzigen Verfahren und damit deutlich billiger erledigt werden könnte, immer vorausgesetzt, dass der oder die Kläger nicht sachliche Gründe für ihre Vorgehensweise anzuführen vermögen, wie es zB der Fall ist, wenn die Beweislage für den oder die Kläger bei den in 36

[64] BGHZ 144, 165 (170 ff.) = NJW 2000, 3566 – Missbräuchliche Mehrfachverfolgung; BGHZ 149, 371 (373 ff.) = NJW 2002, 1495 = JuS 2002, 927 Nr. 9 – Missbräuchliche Mehrfachabmahnung; *BGH* NJW-RR 2006, 474 (475 Tz. 16) = GRUR 2006, 243 = WRP 2006, 354 – Mega Sale; GRUR 2009, 1180 Tz. 20 f. = WRP 2009, 1510 (1512) – 0,00 Grundgebühr; GRUR 2010, 454 Tz. 19 f. = WRP 2010, 640 (642) – Klassenlotterie; GRUR 2015, 694 Tz. 16 = WRP 2015, 856 (857) – Bezugsquellen für Bachblüten; *OLG Frankfurt* WRP 2016, 368; *Hantke,* FS Erdmann, 2002, S. 831 (834 ff.); *Jackowski,* WRP 2010, 38; *Roth/Hausen,* WRP 2007, 133; *Schulte-Franzheim,* WRP 2001, 745.

[65] *BGH* GRUR 2015, 694 Tz. 16 ff. = WRP 2015, 856 (857 f.) – Bezugsquellen für Bachblüten.

[66] *BGH* GRUR 2009, 1180 Tz. 20 f. = WRP 2009, 1510 (1512) – 0,00 Grundgebühr; GRUR 2010, 454 Tz. 19 f. = WRP 2010, 640 (642) – Klassenlotterie; NJW-RR 2012, 499 = GRUR 2012, 286 Tz. 13 = WRP 2012, 464 – Falsche Suchrubrik; NJW 2012, 1514 = GRUR 2012, 411 Tz. 19 ff. mAnm *Ohly* – Glücksspielverband; GRUR 2013, 307 = NJW-RR 2013, 369 = WRP 2013, 329 – Unbedenkliche Mehrfachabmahnung.

[67] Vgl. zB *BGH* GRUR 2015, 694 Tz. 16 ff. = WRP 2015, 856 (857 f.) – Bezugsquellen für Bachblüten.

[68] S. dazu insb. *Borck,* WRP 2006, 1425; Harte-Bavendamm/Henning-Bodewig/*Bergmann/Goldmann,* § 8 Rn. 392 ff.; *Jackowski,* WRP 2010, 38; *Roth/Hausen,* WRP 2007, 133.

unterschiedlichen Verfahren verfolgten, obzwar im Wesentlichen identischen Wettbewerbsverstößen doch verschieden ist.[69]

37 Ein Missbrauch in Gestalt der **Mehrfachverfolgung** desselben Wettbewerbsverstoßes ist gleichermaßen auf der Aktiv- wie auf der Passivseite eines Rechtsstreits vorstellbar. Auf der **Aktivseite,** insbesondere also auf der Seite des Klägers, nimmt die Rechtsprechung bei Verfolgung desselben Verstoßes oder doch im Wesentlichen identischer Verstöße durch *mehrere Kläger* oder Antragsteller in getrennten Verfahren einen Missbrauch insbesondere an, wenn *mehrere, zu demselben Konzern* gehörende Unternehmen unabhängig voneinander, jedoch vertreten in aller Regel durch denselben Anwalt, dieselben Verstöße eines Mitbewerbers *in getrennten Verfahren* verfolgen, obwohl sie ohne Weiteres die Möglichkeit hätten, ihre Vorgehensweise über ihren gemeinsamen Prozessvertreter zu koordinieren und dadurch die zusätzlichen Kosten getrennter Verfahren zu vermeiden.[70] Ebenso zu beurteilen ist regelmäßig die grundlose Verfolgung desselben Wettbewerbsverstoßes *gleichzeitig* durch ein Verfügungs- *und* ein Hauptsacheverfahren. – Vergleichbare Regeln gelten auf der **Passivseite,** dh bei der Verfolgung desselben Verstoßes oder weitgehend identischer Verstöße *gegen mehrere Beteiligte in getrennten Verfahren.* Weil dadurch die Beklagten oder Antragsgegner in jedem Fall mit vermeidbaren Kosten belastet werden, neigt hier die Rechtsprechung heute durchweg zur Annahme eines Missbrauchs.[71]

38 Neben der Schädigungsabsicht kann nach § 8 Abs. 4 S. 1 UWG insbesondere auch das Überwiegen des Interesses, **Geldzahlungen,** insbesondere in Gestalt von Vertragsstrafen, Aufwendungsersatz oder Gebühren zu **erlangen,** zur Annahme eines Missbrauchs führen. Dieser Fall spielt vor allem bei den Verbänden des § 8 Abs. 3 Nr. 2 UWG eine Rolle.[72] Anzeichen für einen derartigen Missbrauch sind die Forderung eindeutig überhöhter Vertragsstrafen in Verbindung mit dem Verlangen, auf Verschulden als Voraussetzung der Vertragsstrafe und auf den Einwand des Fortsetzungszusammenhangs zu verzichten,[73] weiter eine übermäßige Kontrolltätigkeit, eine Vielzahl gleichartiger Klagen, die Aufspaltung desselben Vorgangs in mehrere einstweilige Verfügungen oder Klagen sowie die enge Zusammenarbeit mit immer denselben Anwälten.[74]

---

[69] *BGH* GRUR 2009, 1180 Tz. 20 = WRP 2009, 1510 (1512) – 0,00 Grundgebühr; GRUR 2010, 454 Tz. 21 = WRP 2010, 640 (642) – Klassenlotterie; GRUR 2013, 307 Tz. 19, 22 = NJW-RR 2013, 369 = WRP 2013, 329 – Unbedenkliche Mehrfachabmahnung.

[70] BGHZ 144, 165 (170ff.) = NJW 2000, 3566 – Mißbräuchliche Mehrfachverfolgung; BGHZ 149, 371 (373ff.) = NJW 2002, 1494 = JuS 2002, 927f. Nr. 9 – Missbräuchliche Mehrfachabmahnung; *BGH* NJW 2004, 290 (291) = GRUR 2004, 70 – Preisbrecher; NJW 2008, 2995 (2996 Tz. 11f.) = GRUR 2008, 915 = WRP 2008, 1326 – 40 Jahre Garantie; *OLG Frankfurt* WRP 2016, 368 (369); *Hantke,* FS Erdmann, 2002, S. 831 (838ff.); *Jackowski,* WRP 2010, 38; *Roth/Hausen,* WRP 2007, 133 (135ff.).

[71] BGHZ 144, 165 (170ff.) = NJW 2000, 3566 – Mißbräuchliche Mehrfachverfolgung; *BGH* LM § 3 UWG Nr. 440 (Bl. 2 R) = NJW 2001, 73 (74f.) = GRUR 2001, 78 – Falsche Herstellerpreisempfehlung; LM § 13 UWG Nr. 109 = NJW 2001, 371 (372) = GRUR 2001, 260 – Vielfachabmahner; LM § 3 UWG Nr. 448 (Bl. 3f.) = NJW-RR 2002, 1122 = GRUR 2002, 715 – Scanner-Werbung; NJW 2004, 290 (291) = GRUR 2004, 70 – Preisbrecher; NJW-RR 2006, 474 (475 Tz. 16f.) = GRUR 2006, 243 = WRP 2006, 354 – Mega Sale; *OLG Nürnberg* GRUR-RR 2005, 169; *Hantke,* FS Erdmann, 2002, S. 831 (836ff.); *Roth/Hausen,* WRP 2007, 133 mwN.

[72] S. die Begr., BT-Drs. 10/4741, S. 17; *BGH* LM § 13 UWG Nr. 48 = NJW-RR 1990, 102 = GRUR 1990, 282 – Wettbewerbsverein IV; *OGH* SZ Bd. 58 (1985) Nr. 20, S. 958ff.; *Jackowski,* WRP 2010, 38 (39f.).

[73] *BGH* GRUR 2012, 730 Tz. 17, 19 = WRP 2012, 930 – Bauheizgerät.

[74] *OLG Hamm* GRUR 1991, 694; NJW 1992, 1333; *OLG München* GRUR 1992, 324; *OLG Köln* GRUR 1993, 570; *OLG Frankfurt a. M.* BB 1995, 167; *OLG Hamburg* GRUR 1995, 822; *OLG Karls-*

Ebenso ist es zu beurteilen, wenn ein Verband in großer Zahl Abmahnungen ausspricht, ohne bei Ausbleiben einer Unterwerfung auch tatsächlich eine gerichtliche Klärung herbeizuführen,[75] oder wenn der Verband sich mit seiner Klage überhaupt nicht gegen ein wettbewerbswidriges Verhalten eines Konkurrenten seiner Mitglieder wendet, sondern zB wettbewerbsbeschränkende Vertragssysteme durchsetzen will.[76] Missbräuchlich ist es schließlich auch, wenn ein Rechtsanwalt die Verfolgung zahlreicher zum Teil unbedeutender Wettbewerbsverstöße, durch die er überhaupt nicht betroffen ist, zu einem zweiten Schwerpunkt seiner Tätigkeit macht, nur, um dadurch weitere Gebühren verdienen zu können.[77]

4. Rechtsfolgen

Im Falle des Missbrauchs ist die Geltendmachung der Abwehransprüche nach § 8 Abs. 4 UWG „unzulässig". Die Rechtsprechung zieht daraus den Schluss, dass eine etwaige **Klage** unter den Voraussetzungen des § 8 Abs. 4 UWG als **unzulässig** und nicht etwa als unbegründet abzuweisen ist.[78] Die Folge ist zB, dass der Einwand der Missbräuchlichkeit der Klage auch noch in der Revisionsinstanz von Amts wegen, gegebenenfalls im Wege des Freibeweises, zu prüfen ist.[79] Erweist sich bereits die **Abmahnung** als missbräuchlich, so zieht dies ebenfalls die Unzulässigkeit einer nachfolgenden Klage nach sich.[80] Stellt sich die Missbräuchlichkeit einer Abmahnung erst nachträglich heraus, so muss außerdem ein etwa schon gezahlter Aufwendungsersatz aufgrund des § 12 Abs. 1 S. 2 UWG erstattet werden (§ 812 Abs. 1 S. 1 BGB); eine bereits abgegebene Unterwerfungserklärung kann nach § 314 BGB gekündigt werden.[81] Die **Beweislast** für einen Missbrauch trifft an sich den Beklagten; trägt er jedoch im Rechtsstreit genügend Indizien für einen Missbrauch vor, so ist es sodann Sache des Klägers, diese Umstände zu widerlegen.[82] 39

Ergänzend bestimmt seit 2013 § 8 Abs. 4 S. 2 UWG, dass im Falle des Missbrauchs der Anspruchsgegner **Ersatz der** für seine Rechtsverteidigung erforderlichen **Aufwendungen** verlangen kann. Weitergehende Ansprüche, insbesondere also Schadensersatzansprüche aufgrund des UWG (§ 4 Nr. 4 und § 9) und nach Deliktsrecht (§§ 823 Abs. 1 und 826 BGB) bleiben unberührt (§ 8 Abs. 4 S. 3).[83] 40

---

ruhe NJW-RR 1990, 425 (426); *OGH* SZ Bd. 58 (1985) Nr. 20, S. 958ff.; *Jackowski,* WRP 2010, 38 (39f.).

[75] *BGH* LM § 13 UWG Nr. 100 (Bl. 2 R) = NJW 2000, 74 = GRUR 1999, 1116 – Wir dürfen nicht feiern.

[76] *KG* NJW-RR 2000, 497 – Börsenverein.

[77] *BGH* LM § 13 UWG Nr. 109 = NJW 2001, 371 (372) = GRUR 2002, 260 – Vielfachabmahner.

[78] ZB *BGH* NJW-RR 2006, 474 (476 Tz. 22) = GRUR 2006, 243 = WRP 2006, 354 – Mega Sale; *Roth/Hausen,* WRP 2007, 133 (138); dagegen mit guten Gründen *Köhler,* FS Schricker, 2005, S. 725 (726ff.).

[79] *BGH* GRUR 2015, 694 Tz. 15 = WRP 2015, 856 (957) – Bezugsquellen für Bachblüten.

[80] BGHZ 149, 371 (379f.) = NJW 2002, 1494 = JuS 2002, 927 Nr. 9 – Missbräuchliche Mehrfachabmahnung; *BGH* LM § 3 UWG Nr. 448 (Bl. 3f.) = NJW-RR 2002, 1122 = GRUR 2002, 715 = WRP 2002, 977 – Scanner-Werbung; Köhler/Bornkamm/*Köhler,* § 8 Rn. 4.6; *Hantke,* FS Erdmann, 2002, S. 831 (842f.); kritisch Harte-Bavendamm/Henning-Bodewig/*Bergmann/Goldmann,* § 8 Rn. 381.

[81] *Jackowski,* WRP 2010, 38 (39).

[82] *BGH* NJW-RR 2006, 474 (476 Tz. 21) = GRUR 2006, 243 = WRP 2006, 354 – Mega Sale; *Jackowski,* WRP 2010, 38 (43); *Roth/Hausen,* WRP 2007, 133 (138).

[83] Köhler/Bornkamm/*Köhler,* § 8 Rn. 4.6.

§ 23. Schadensersatz und Gewinnabschöpfung

Literatur: *Aicher/Holoubek* (Hrsg.), Der Schutz von Verbraucherinteressen, 2000; *Augenhofer* (Hrsg.), Die Europäisierung des Kartell- und Lauterkeitsrechts, 2009; *Alexander,* Schadensersatz und Abschöpfung im Lauterkeits- und Kartellrecht, 2010; *v. Falckenstein,* Schäden der Verbraucher durch unlauteren Wettbewerb, 1979; *Glöckner,* Europäisches Lauterkeitsrecht, 2006; *Krejci/Kessler/Augenhofer* (Hrsg.), Lauterkeitsrecht im Umbruch, 2005, S. 193; *Leistner,* Richtiger Vertrag und lauterer Wettbewerb, 2007; *Micklitz/Stadler,* Unrechtsgewinnabschöpfung, 2003; *Teplitzky,* Wettbewerbsrechtliche Ansprüche und Verfahren, 11. Aufl. 2016; wN vor → Rn. 20 und → Rn. 27.

I. Überblick

1 Zu den im UWG geregelten Rechtsfolgen von Wettbewerbsverstößen gehören außer den im Vordergrund des Interesses stehenden Abwehransprüchen des § 8 Abs. 1 UWG (→ § 21 Rn. 10ff.) insbesondere noch der Anspruch auf Schadensersatz (§ 9 UWG und dazu → Rn. 8ff.) sowie der Anspruch auf Gewinnabschöpfung (§ 10 UWG und dazu → Rn. 27ff.).

2 Die Besonderheit der gesetzlichen Regelung besteht darin, dass das Gesetz in § 9 S. 1 UWG Schadensersatzansprüche allein den *Mitbewerbern* im Sinne des § 2 Abs. 1 Nr. 3 UWG zubilligt. Keine Ersatzansprüche stehen nach § 9 S. 1 UWG dagegen den sonstigen Marktteilnehmern einschließlich namentlich der *Verbraucher* zu (§ 2 Abs. 1 Nr. 2 UWG). Auch ein Rückgriff auf § 823 Abs. 2 BGB wurde daneben bereits unter der Geltung des UWG von 1909 überwiegend mit der Begründung abgelehnt, die gesetzliche Regelung sei *abschließend.*[1] Die Verfasser des UWG von 2004 haben dieses enge Gesetzesverständnis ausdrücklich gebilligt, um eine übermäßige und deshalb in ihren Augen unzumutbare Belastung der Wirtschaft mit Ersatzansprüchen zu verhindern.[2] Trotz ihrer Billigung durch den BGH[3] fehlt für diese unnötig enge Auslegung des Gesetzes nach wie vor jede Begründung (s. schon → § 21 Rn. 7).

3 Richtiger Meinung nach hindert somit nach wie vor tatsächlich nichts die Zubilligung von Schadensersatzansprüchen insbesondere an Verbraucher bei schuldhaften Wettbewerbsverstößen von Unternehmern aufgrund des § 823 Abs. 2 BGB. Ebenso wird die Rechtslage zu Recht in unseren Nachbarländern Österreich und Schweiz eingeschätzt.[4] Die Erfahrungen in diesen Ländern machen aber zugleich deutlich, dass die praktische Bedeutung derartiger Ersatzansprüche der Verbraucher angesichts der üblichen Passivität der Verbraucher vermutlich gering bleiben dürfte. Verbreitet wird deshalb, insbesondere auf der Grundlage einer Empfehlung der Kommission aus dem Jahre 2013,[5] über die Einführung von Systemen zur **kollektiven Durchsetzung** etwaiger Ersatzansprüche der Verbraucher aufgrund des UWG diskutiert.[6]

---

1 *BGH* LM § 249 (D) BGB Nr. 14 = NJW 1974, 1503 = WRP 1974, 489 = GRUR 1975, 150 = JuS 1975, 52 Nr. 3 – Prüfzeichen.

2 S. Begr., BT-Drs. 15/1487, S. 22 („Zu § 8“ 2. Abs.).

3 BGHSt 52, 227 Tz. 87 = WRP 2008, 1071 (1079).

4 *OGH* SZ Bd. 71 (1998) Nr. 36, S. 207 (210) = WRP 1998, 798 = GRURInt 1989, 181 – 1. Hauptpreis; Art. 10 Abs. 1 schweiz. UWG.

5 Kommission, Empfehlung über kollektive Unterlassungs- und Schadensersatzverfahren v. 26.7.2013, ABl. 2013 Nr. L 201/60.

6 *Fezer,* FS Bornkamm, 2014, S. 335; *Henning-Bodewig,* GRUR 2015, 731 (735, 738f.), beide mN.

Hintergrund dieser Überlegungen ist nicht zuletzt das bisher ungelöste Problem der sogenannten **Bagatell- und Streuschäden.** Man versteht darunter Schäden der Verbraucher infolge von Wettbewerbsverstößen, die zwar für die einzelnen Verbraucher infolge ihrer Geringfügigkeit kaum fühlbar sind (sodass mit Reaktionen der Verbraucher nicht ernsthaft zu rechnen ist, da wegen eines Schadens in Höhe weniger Euro niemand einen Prozess führt), die aber infolge ihrer Häufigkeit und Verbreitung *insgesamt* doch einen *erheblichen Schaden* für die Verbraucher bedeuten. 4

Die Liste der **Beispiele** derartige Streuschäden ist lang (und wird immer länger). Hervorzuheben (und besonders ärgerlich) sind die üblichen Praktiken von Banken und Telekommunikationsunternehmen, von ihren Kunden ohne weiteres überhöhte Gebühren zu verlangen.[7] Weitere Fälle sind die gängigen Missbräuche von 0190-Nummern, die verbreiteten Mogelpackungen, dh die Bemessung der Füllmenge von Flaschen und Behältern geringfügig niedriger als auf der Packung angegeben, weiter Internetgeschäfte, bei denen der Anbieter ohne Rechtsgrund kleinere Beträge einzieht oder abbucht, Gebühren, die sogenannte Sexhotlines für nie stattgefundene Telefongespräche abrechnen, sowie etwa noch die Täuschung über Wirkstoffe in Arznei-, Heil- oder Lebensmitteln.[8]

Um hier (ein wenig) gegenzusteuern hat sich der Gesetzgeber 2004 entsprechend verbreiteten Forderungen des Reformschrifttums[9] zur Einführung eines Anspruchs auf **Gewinnabschöpfung** entschlossen. Die Einzelheiten regelt der § 10 UWG indessen so kompliziert, dass durchaus fraglich ist, ob die Vorschrift jemals praktische Bedeutung erlangen wird (→ Rn. 27 ff.). Überhaupt keine zusammenhängende Regelung gefunden haben schließlich bislang trotz ihrer praktischen Bedeutung, **Auskunftsansprüche** der Verletzten, sodass sich derartige Ansprüche immer nur unter besonderen Voraussetzungen im Einzelfall aus § 242 BGB ergeben können (→ Rn. 20 ff.). 4a

II. Schadensersatzanspruch

1. Voraussetzungen

Nach § 9 S. 1 UWG in der Fassung von 2008 ist ein Unternehmer, der vorsätzlich oder fahrlässig eine nach § 3 oder nach § 7 UWG unzulässige geschäftliche Handlung vornimmt, (nur) den Mitbewerbern zum Ersatz des daraus entstehenden Schadens verpflichtet. Eine (wichtige) Ausnahme gilt jedoch nach § 9 S. 2 UWG zugunsten der verantwortlichen Personen von periodischen Druckschriften; sie können allein bei einer *vorsätzlichen* Zuwiderhandlung auf Schadensersatz in Anspruch genommen werden (sogenanntes **Presseprivileg;** s. schon → § 14 Rn. 71 ff.). Der Anwendungsbereich des § 9 UWG beschränkt sich außerdem auf schuldhafte Verstöße eines Unternehmers gegen § 3 oder gegen § 7 des Gesetzes. Keine Anwendung findet dagegen § 9 des Gesetzes bei schuldhaften Verstößen gegen die Strafvorschriften der §§ 16–19 UWG, da sich hier die Ersatzpflicht des Täters bereits unmittelbar aus § 823 Abs. 2 BGB ergibt. 5

[7] Ausführlich *Micklitz,* in: Krejci/Kessler/S. Augenhofer (Hrsg.), Lauterkeitsrecht im Umbruch, S. 125 (135 ff.); *ders./Stadler,* Unrechtsgewinnabschöpfung, S. 25 ff.; *dies.,* WRP 2003, 559.

[8] Fezer/*v. Braunmühl,* § 10 Rn. 202 ff.; Harte-Bavendamm/Henning-Bodewig/*Goldmann,* § 10 Rn. 43 ff.; MüKoUWG/*Micklitz,* § 10 Rn. 9, 71 ff.

[9] S. *Aicher/Holoubeck,* Der Schutz der Verbraucherinteressen, 2000; *Augenhofer,* WRP 2006, 169; *v. Falckenstein,* Schäden der Verbraucher, 1979; *Leistner,* Richtiger Vertrag; *Micklitz,* in: Krejci/Kessler/S. Augenhofer (Hrsg.), Lauterkeitsrecht, S. 125; *ders./Stadler,* Unrechtsgewinnabschöpfung, S. 14 ff.; *Sack,* GRUR 2004, 625.

6 Die Schadensersatzpflicht eines Unternehmers aufgrund des § 9 S. 1 UWG wird nur durch schuldhafte Verstöße gegen die Vorschriften der §§ 3 und 7 UWG, dh durch **geschäftliche Handlungen** im Sinne des § 2 Abs. 1 Nr. 1 UWG ausgelöst.[10] Rein private oder hoheitliche Handlungen eines Unternehmers scheiden dagegen aus dem Anwendungsbereich des § 9 UWG aus. Sie unterfallen allein dem allgemeinen Deliktsrecht, vor allem also den §§ 823, 826 und 839 BGB.[11]

7 Die Art des Verstoßes gegen die §§ 3 und 7 UWG bleibt gleich. Es ist insbesondere nicht erforderlich, dass sich die fragliche geschäftliche Handlung gerade gegen denjenigen Mitbewerber richtete, der später Schadensersatz verlangt; vielmehr stehen zB Mitbewerbern auch bei unlauteren geschäftlichen Handlungen gegen Verbraucher Schadensersatzansprüche aufgrund des § 9 S. 1 UWG zu, vorausgesetzt, dass die betreffende geschäftliche Handlung einen der Tatbestände der §§ 3 und 7 UWG erfüllt und dass dem Kläger daraus ein Schaden iSd §§ 249–252 BGB entstanden ist. Anders zu entscheiden ist lediglich in den seltenen Fällen, in denen bereits die Abwehransprüche – unter Ausschluss aller anderen Mitbewerber – nur einzelnen unmittelbar betroffenen Mitbewerbern zugebilligt werden, gegen die sich gezielt eine unlautere geschäftliche Handlung richtete (→ § 22 Rn. 5). In diesen Fällen stehen dann (natürlich) auch Schadensersatzansprüche aufgrund des § 9 S. 1 UWG nur diesen konkret betroffenen Mitbewerbern und nicht beliebigem sonstigen Konkurrenten zu. Wichtig ist das vor allem in den Fällen des § 4 Nr. 1–4 UWG.[12]

8 Das UWG bildet einen Teil des **Deliktsrechts.** Soweit das UWG keine Regelung enthält, bleibt es daher bei der Regelung des entsprechenden Fragenkreises im BGB. Das gilt insbesondere für die Haftung für Dritte (§§ 31, 831 BGB; → § 21 Rn. 49ff.), für den Umfang des Schadensersatzes (§§ 249–252 BGB; → Rn. 10ff.) sowie für die Frage des Verschuldens (§ 276 BGB).

9 Durch die Fassung des § 9 S. 1 UWG ist klargestellt, dass die Haftung in jedem Fall **Verschulden** im Sinne des § 276 BGB voraussetzt. Der Täter hat folglich ebenso wie sonst grundsätzlich (nur) Vorsatz und Fahrlässigkeit zu vertreten. **Vorsatz** erfordert wegen der im Zivilrecht geltenden Vorsatztheorie außer der Kenntnis der Tatumstände auch das Bewusstsein der Unlauterkeit, dh des Verstoßes gegen § 3 oder gegen § 7 UWG,[13] sodass den Täter in Ausnahmefällen auch einmal ein **entschuldbarer Irrtum** über die Zulässigkeit seiner Handlung zu entlasten vermag.[14]

10 Hauptschadensposten wird in der Regel der dem Verletzten **entgangene Gewinn** sein (§ 252 BGB).[15] Ersatzfähig sind außerdem im Regelfall die **Kosten der Rechtsverfolgung,** wobei im Wettbewerbsrecht in der Regel *großzügig* verfahren wird, um die ohnehin schwierige Rechtsverfolgung in Wettbewerbssachen nicht noch weiter unnötig zu erschweren. Ersatzfähig sind deshalb grundsätzlich – über § 12 Abs. 1 S. 2 UWG hinaus (→ § 25 Rn. 13ff.) – die Kosten der **Abmahnung** oder Verwarnung des Täters,

---

10 S. zum Folgenden ausführlich *Alexander,* Schadensersatz, S. 190ff.

11 → § 4 Rn. 7ff.; *Henning-Bodewig,* GRUR 2013, 26 mN.

12 *Alexander,* Schadensersatz, S. 226ff.

13 Begr., BT-Drs. 15/1487, S. 23 (r. Sp. o.); *Alexander,* Schadensersatz, S. 195ff.; im Einzelnen str.

14 BGHZ 17, 266 (295f.) = NJW 1955, 1276 – Magnettonband; BGHZ 27, 264 (273) = NJW 1958, 1486 – Programmheft; *BGH* LM § 1 UWG 181 = GRUR 1967, 596 – Kuppelmuffenverbindung; *Köhler,* NJW 1992, 1477 (1478).

15 Wegen der Einzelheiten s. *Alexander,* Schadensersatz, S. 289ff.

soweit erforderlich,[16] sowie noch die Kosten der **Ermittlung** des Sachverhalts.[17] Bedeutung hat dies insbesondere in den Fällen einer *vergeblichen* Abmahnung, sofern der Abgemahnte durch sein unlauteres Verhalten Anlass zu der Abmahnung gegeben hatte.[18]

Ersatzfähig ist ferner grundsätzlich der sogenannte **Marktverwirrungsschaden.**[19] 11
Man versteht darunter in erster Linie den Aufwand des durch eine irreführende Werbung betroffenen Wettbewerbers zur *Aufklärung* des Publikums über den wahren Sachverhalt; Voraussetzung ist, dass die Aufwendungen konkret nachgewiesen werden können und in einem erkennbaren Zusammenhang mit der Verletzungshandlung stehen.[20] Ersatzfähig sind ferner noch die *Werbungskosten,* die erforderlich sind, um gegebenenfalls einen auch nach Schadensbeseitigung verbleibenden Ansehensverlust des Verletzten auszugleichen.[21]

3. Objektive Schadensberechnung

Die Berechnung des dem Verletzten entgangenen Gewinns (→ Rn. 10) setzt die Er- 12
mittlung der hypothetischen Situation ohne den Wettbewerbsverstoß des Verletzers voraus (§ 252 BGB). Dafür fehlen indessen häufig sämtliche Anhaltspunkte, weil völlig offen ist, wie sich die Marktverhältnisse ohne den betreffenden Wettbewerbsverstoß entwickelt hätten.[22] Dies der wohl wichtigste Grund für die geringe praktische Bedeutung von Schadensersatzansprüchen in Wettbewerbssachen. Lediglich in einigen wenigen Fallgruppen „hilft" die Rechtsprechung hier dem Verletzten schon seit langem durch die Zulassung der sogenannten objektiven oder auch dreifachen Schadensberechnung. Man versteht darunter die Berechnung des Schadens anstatt nach dem dem Verletzten entgangenen Gewinn (§ 252 BGB; → Rn. 10) nach einer angemessenen Lizenzgebühr *oder* nach dem vom Verletzer selbst durch den Eingriff erzielten Gewinn. Bei der sogenannten **Lizenzanalogie** handelt es sich im Grunde um eine besondere Erscheinungsform der Eingriffskondiktion des § 812 Abs. 1 S. 1 Fall 2 BGB, während der Anspruch auf **Herausgabe des Verletzergewinns** letztlich auf einer Analogie zu § 687 Abs. 2 BGB unter Verzicht auf das Vorsatzerfordernis beruht. Der **Anwendungsbereich** dieser Vergünstigung war indessen von Anfang an beschränkt. Er umfasst bis heute im Wesentlichen allein die Fälle der Zeichenverletzung sowie des wettbewerbsrechtlichen Leistungsschutzes und des Geheimnisverrats.[23] Im Übrigen verbleibt es somit bei der alleinigen Anwendbarkeit des § 252 BGB.

---

16 *BGH* NJW 2004, 2448 = GRUR 2004, 789 = WRP 2004, 903 – Selbstauftrag.

17 S. *Fischer,* Schadensberechnung, S. 68ff.; *Köhler,* NJW 1992, 1477 (1478ff.); *Teplitzy,* Ansprüche, Kap. 34.

18 *Alexander,* Schadensersatz, S. 291ff.

19 S. dazu *Alexander,* Schadensersatz, S. 278ff.; Harte-Bavendamm/Henning-Bodewig/*Goldmann,* § 9 Rn. 138ff.; *Köhler,* NJW 1992, 1477 (1478); *Ohly,* GRUR 2007, 926 (930ff.).

20 *BGH* LM § 3 UWG Nr. 188 = NJW 1982, 2774 = GRUR 1982, 989 – Korrekturflüssigkeit; LM § 242 (Be) BGB Nr. 56 = NJW-RR 1987, 876 = GRUR 1987, 363 = WRP 1987, 466 – Vier Streifen-Schuh; LM § 242 (Cc) BGB Nr. 45 = NJW 1988, 2469 (2471) = GRUR 1988, 776 = WRP 1988, 665 – PPC.

21 *BGH* LM GerätesicherheitsG Nr. 4 = NJW-RR 1991, 1445 = GRUR 1991, 921 = WRP 1991, 708 – Sahnesiphon; im Einzelnen str.

22 *Fischer,* Schadensberechnung, S. 35ff.

23 BGHZ 57, 116 (120ff.) = NJW 1972, 102 – Wandsteckdose II; BGHZ 60, 168 (172f.) = NJW 1973, 800 – Modeneuheit; BGHZ 60, 206 (208ff.) = NJW 1973, 622 = JuS 1973, 448 Nr. 6 – Miss Petite; BGHZ 119, 20 (23ff.) = NJW 1992, 2753 – Tchibo/Rolex II; BGHZ 122, 262 (266ff.) = NJW 1993,

13 Vorbild der objektiven Schadensberechnung war das **Immaterialgüterrecht,** in dem sie schon lange gewohnheitsrechtlich anerkannt war.[24] Mittlerweile ist indessen fraglich geworden, ob an dieser überkommenen Praxis noch festgehalten werden kann, da sich seit 2008 teilweise abweichende gesetzliche Regelungen des Fragenkreises im UrhRG, im PatG, im Gebrauchsmuster- und Geschmacksmustergesetz sowie im MarkenG finden,[25] mit denen Art. 13 der **Durchsetzungsrichtlinie** von 2004 umgesetzt wurde[26], nach der die Gerichte im Immaterialgüterrecht bei der Festsetzung des Schadens *entweder* (1.) die Gewinneinbußen des Verletzten und den vom Verletzer zu Unrecht erzielten Gewinn (Art. 13 lit. a) der Richtlinie von 2004 *oder* (2.) pauschal die Vergütungen oder Gebühren berücksichtigen, die der Verletzer bei ordnungsmäßiger Einholung einer Erlaubnis des Berechtigten hätte entrichten müssen (Art. 13 lit. b) der Richtlinie von 2004.

14 Entsprechend heißt es jetzt auch in den genannten Vorschriften zur Umsetzung der Durchsetzungsrichtlinie in deutsches Recht nur noch, dass bei der Entscheidung über den Umfang des Schadens der „Gewinn", den der Täter jeweils durch den Rechtsverstoß oder durch die Rechtsverletzung erlangt hat, „berücksichtigt" werden könne (s. zB § 14 Abs. 6 S. 3, § 15 Abs. 5 S. 2 MarkenG).[27] Die Konsequenzen der genannten Gesetzesänderungen sind noch nicht endgültig geklärt. Überwiegend wird bisher angenommen, dass die herkömmliche *dreifache* Schadensberechnung des deutschen Rechts im Ergebnis weiterhin mit der Richtlinie vereinbar sei.[28]

15 Der Anwendungsbereich der Richtlinie beschränkt sich auf die verschiedenen Erscheinungsformen des Rechts des geistigen Eigentums einschließlich der gewerblichen Schutzrechte (Art. 1 der Richtlinie),[29] während die Ausdehnung des Anwendungsbereichs der Richtlinie auf den unlauteren Wettbewerb den Mitgliedstaaten vorbehalten wurde.[30] Eine entsprechende gesetzliche Regelung fehlt indessen bisher, sodass nach wie vor offen ist, ob die bisherige Rechtsprechung, die in bestimmten Fällen unlauteren Wettbewerbs die dreifache oder jetzt richtiger: zweifache Schadensberechnung zuließ (→ Rn. 12), noch aufrechterhalten werden kann; überwiegend wird die Frage bisher bejaht, obwohl insoweit auch die zweite Novelle von 2015 keine Klarheit gebracht hat.[31]

16 Zwischen den verschiedenen Methoden der Schadensberechnung hat der Verletzte die **Wahl;** sein Wahlrecht *erlischt* erst, wenn ein Anspruch erfüllt oder rechtskräftig zuer-

1989 – Holiday; *BGH* LM § 17 UWG Nr. 8 = NJW 1977, 1062 = GRUR 1977, 539 = WRP 1977, 332 – Prozeßrechner; LM § 1 UWG Nr. 680 (Bl. 3ff.) = NJW 1995, 1420 = GRUR 1995, 349 – Objektive Schadensberechnung; NJW 2007, 1524 (1525 Tz. 21) = GRUR 2007, 431 = WRP 2007, 533 – Steckverbindergehäuse; zu dem entsprechenden Bereicherungsanspruch s→ Rn. 44.

24 Grdl. war 1895 RGZ 35, 63 – Ariston; s. *Alexander,* Schadensersatz, S. 257ff.; *Pfeifer,* WRP 2008, 48; *Stieper,* WRP 2010, 624.

25 Zu den §§ 14, 15, 128 und 135 MarkenG s. schon → § 15 Rn. 54f., → § 18 Rn. 39; *Alexander,* Schadensersatz, S. 254f.; *Dörre/Maaßen,* GRUR-RR 2008, 217, 263; *Czychowski,* GRUR-RR 2008, 265.

26 ABl. 2004 L 195/16.

27 Vgl. auch § 33 Abs. 3 S. 2 GWB und dazu Immenga/Mestmäcker/*Emmerich,* § 33 Rn. 65–73 mN.

28 *Alexander,* Schadensersatz, S. 270ff.; Harte-Bavendamm/Henning-Bodewig/*Goldmann,* § 9 Rn. 145, 168; *Stieper,* WRP 2010, 624 (626ff.).

29 S. Erwägungsgrund Nr. 13 S. 1 zu der Richtlinie.

30 S. Erwägungsgrund Nr. 13 S. 2 zu der Richtlinie.

31 Anders zB *Stieper,* WRP 2010, 624 (628ff. mN).

kannt ist.[32] In der Wettbewerbspraxis wurde bisher deutlich die Lizenzanalogie bevorzugt, während der Anspruch auf Herausgabe des Verletzergewinns bis vor wenigen Jahren wegen der nur schwer lösbaren Berechnungsprobleme nahezu keine Rolle spielte. Deshalb hat der BGH in den letzten Jahren die objektive Schadensberechnung in einzelnen Beziehungen erleichtert. Seitdem gilt Folgendes:

Wählt der Verletzte die Schadensberechnung nach dem Verletzergewinn, so geht sein 17 Anspruch auf Herausgabe des gesamten von dem Eingreifer oder Verletzer erzielten Gewinns ohne Rücksicht darauf, ob er selbst in der Lage gewesen wäre, einen Gewinn in dieser Höhe zu erzielen. Von diesem Betrag darf der Verletzer lediglich die unmittelbar mit der Herstellung und dem Vertrieb der rechtswidrig hergestellten Gegenstände verbundenen **Kosten** einschließlich insbesondere der Transport-, Energie-, Material- und Lohnkosten abziehen.[33]

Herauszugeben ist der Gewinn außerdem nur insoweit, wie er gerade auf der Rechts- 18 verletzung beruht; dieser sogenannte **Kausalitätsabschlag** kann nur im Einzelfall (grob) nach § 287 ZPO geschätzt werden.[34] In einer **Verletzerkette** (Importeur, Groß- und Einzelhändler) kann der Verletzte dagegen (kumulativ) gegen *jeden* Verletzer auf Gewinnherausgabe vorgehen, sodass er seinen Schaden gegebenenfalls mehrfach ersetzt bekommt; lediglich Ersatzleistungen, die ein Händler in der Verletzerkette seinen von dem Verletzten bereits in Anspruch genommenen Abnehmern erbracht hat, darf er, wenn er anschließend gleichfalls in Anspruch genommen wird, von seinem Gewinn wieder abziehen.[35]

3. Konkurrenzen

Ersatzansprüche aufgrund des § 9 iVm § 3 und § 7 UWG treffen häufig mit Delikts- 19 ansprüchen des Verletzten aufgrund der §§ 823 und 826 BGB zusammen, insbesondere unter dem Gesichtspunkt des Eingriffs in den Gewerbebetrieb (§ 823 Abs. 1 BGB) oder der Schutzgesetzverletzung (§ 823 Abs. 2 BGB). Für diese Konkurrenzfälle gibt es **keine Einheitslösungen.** Der angeblich abschließende Charakter der §§ 8–11 UWG (s. → Rn. 2) ist eine Erfindung der Verfasser des UWG von 2004 und sachlich durch nichts begründet. Infolgedessen bleibt nichts anderes übrig, als in jedem Einzelfall sorgfältig zu prüfen, ob die jeweils verletzte Bestimmung des UWG, wie es der BGH ausgedrückt hat, „als eine erschöpfende und deshalb andere ausschließende Regelung der jeweiligen Teilfrage anzusehen ist."[36] Besonderer Beachtung bedürfen in

[32] BGHZ 119, 20 (23 ff.) = NJW 1992, 2753 – Tchibo/Rolex II; BGHZ 122, 262 (264 f.) = NJW 1993, 1989 = GRUR 1993, 757 – Bedingte Unterwerfung; BGHZ 173, 374 (378 ff. Tz. 8 ff.) = NJW 2008, 373 – Zerkleinerungsvorrichtung.

[33] BGHZ 145, 366 (371 ff.) = NJW 2001, 3273 – Gemeinkostenanteil; BGHZ 173, 269 (276 ff. Tz. 25 ff.) = GRUR 2007, 877 = WRP 2007, 1187 – Windsor Estate; BGHZ 181, 98 (111 ff. Tz. 36 ff.) = NJW 2009, 3722 – Tripp-Trapp-Stuhl; *BGH* NJW 2007, 1524 (1525 Tz. 24, 1526 f. Tz. 31 ff.) = GRUR 2007, 43 – Steckverbindergehäuse; Immenga/Mestmäcker/*Emmerich*, § 33 Rn. 68; *Loschelder*, NJW 2007, 1503; *Meier-Beck*, GRUR 2005, 617; *Pross*, FS Tilmann, 2003, S. 881; *Tilmann*, GRUR 2003, 647.

[34] BGHZ 181, 98 (113 ff. Tz. 40 ff.) = NJW 2009, 3722 – Tripp-Trapp-Stuhl; *Alexander*, Schadensersatz, S. 551 ff.

[35] BGHZ 181, 98 (120 ff. Tz. 59 ff.) = NJW 2009, 3722 – Tripp-Trapp-Stuhl; dazu sehr kritisch *Arnold/Slopek*, NJW 2009, 3694.

[36] So wörtlich BGHZ 188, 326 (342 f. Tz. 56) = EuZW 2011, 444 = GRUR 2011, 444 – Flughafen Frankfurt-Hahn; Harte-Bavendamm/Henning-Bodewig/*Schulz*, § 11 Rn. 58–61.

diesem Zusammenhang die Sonderregelungen des UWG für die Verjährung (§ 11 UWG) und für den Gerichtsstand (§ 14 UWG). Daraus folgt, dass jedenfalls in der Mehrzahl der Fälle Ansprüche aus dem **UWG** tatsächlich den **Vorrang** vor Deliktsansprüchen wegen eines Eingriffs in den Gewerbebetrieb (§ 823 Abs. 1 BGB) und wegen Schutzgesetzverletzung (§ 823 Abs. 2 BGB) haben, da sonst den genannten Sonderregelungen kein eigener Anwendungsbereich verbliebe.[37] Dasselbe gilt in der Regel für das Verhältnis von Ansprüchen aus dem UWG zu Ansprüchen aus dem GWB (→ § 20 Rn. 17). Dagegen stehen Ansprüche aus dem UWG und aus den **§§ 824 und 826 BGB** grundsätzlich selbständig nebeneinander.[38] Ebenso verhält es sich generell bei Verstößen gegen **Marktverhaltensregelungen** iSd § 3a UWG, die zugleich Schutzgesetze sind, sofern der Schwerpunkt des Unrechtsgehalts der verletzten Norm außerhalb des Lauterkeitsrechts liegt.[39]

III. Auskunftsanspruch

Literatur: *Fischer,* Schadensberechnung im gewerblichen Rechtsschutz, Urheberrecht und unlauteren Wettbewerb, 1961; *Lüderitz,* Ausforschungsverbot und Auskunftsanspruch bei Verfolgung privater Rechte, 1966; *Oppermann,* Der Auskunftsanspruch im gewerblichen Rechtsschutz und Urheberrecht, 1997; *Stürner,* Die Aufklärungspflicht der Parteien des Zivilprozesses, 1976.

1. Überblick

20 Bei Wettbewerbsverstößen ist der Verletzte häufig zur Vorbereitung seiner Ansprüche auf Auskünfte des Verletzers angewiesen, da er in dessen geschäftliche Verhältnisse typischerweise keinen Einblick besitzt. In besonderem Maße gilt das im Falle der Verfolgung von Schadensersatzansprüchen, etwa wegen entgangenen Gewinns (§ 252 BGB) oder in Höhe des von dem Verletzer selbst erzielten Gewinns (→ Rn. 10, 12ff.). In diesen Fällen fragt es sich immer wieder, ob der Verletzte, wenn er selbst nicht über die nötigen Informationen zur Bezifferung seiner Ansprüche verfügt, dann wenigstens von dem anderen Teil, dem Verletzer Auskunft über die genannten Punkte verlangen kann. Im Einzelnen hat man selbstständige und unselbstständige Auskunftsansprüche zu unterscheiden. Während der **unselbstständige** (oder akzessorische) Auskunftsanspruch der Bezifferung von Schadensersatzansprüchen gerade *gegen den Verletzer* dient (→ Rn. 21f.), sollen **selbstständige** Auskunftsansprüche dem Verletzten die nötigen Kenntnisse über die Beziehungen des Verletzers zu *Dritten,* insbesondere also zu Lieferanten oder Abnehmern verschaffen, um anschließend gegebenenfalls auch gegen diese vorgehen zu können (→ Rn. 25f.).

20a Eine zusammenhängende gesetzliche Regelung der Problematik im Wettbewerbsrecht fehlt bisher bedauerlicherweise. Das UWG begründet lediglich für abgelegene Sonderfälle Ansprüche auf Drittauskünfte in § 8 Abs. 5 UWG iVm § 13 UKlaG gegen Post- und Telekommunikationsunternehmen (→ § 22 Rn. 11) sowie in § 10 Abs. 4 S. 1

---

[37] BGHZ 36, 252 (254ff.) = NJW 1962, 1103 = JuS 1962, 238 Nr. 6 – Gründerbildnis; *BGH* LM § 21 UWG Nr. 3 = NJW 1973, 2285 = GRUR 1974, 99 – Brünova; s. *Katzenberger,* Recht am Unternehmen, 1967, S. 131, 159ff.

[38] S. für die Verletzung eines fremden Firmenrechts *BGH* LM § 198 BGB Nr. 15 = NJW 1985, 1023 = GRUR 1984, 820 = WRP 1984, 678 – Intermarkt II.

[39] BGHZ 188, 326 (343f. Tz. 57ff.) = EuZW 2011, 444 = GRUR 2011, 444 = WRP 2011, 596 – Flughafen Frankfurt-Hahn für Verstöße öffentlicher Unternehmen gegen die Beihilfevorschriften des AEUV.

UWG gegen Verbände und Kammern hinsichtlich ihrer Erfolge bei der Durchsetzung von Ansprüchen auf Gewinnabschöpfung (→ Rn. 41 f.), beides wohl Regelungen, die noch nie praktisch geworden sein dürften. Als Grundlage für Auskunftsansprüche im Wettbewerbsrecht blieb daher der Rechtsprechung nur der Rückgriff auf **§ 242 BGB** in Verb. mit verschiedenen Regelungen im Immaterialgüterrecht, die durchweg auf das Gesetz von 2008 zur Umsetzung der Durchsetzungsrichtlinie von 2004 zurückgehen (→ Rn. 13). Vor allem bei der Zubilligung von Ansprüchen auf Drittauskünfte verfährt die Rechtsprechung dabei in jüngster Zeit immer großzügig, auf manchen Gebieten inzwischen wohl zu großzügig (→ Rn. 26).

2. Unselbständiger Auskunftsanspruch

Der unselbständige Auskunftsanspruch soll dem Verletzten in erster Linie die Bezifferung seines Schadensersatzanspruchs gegen den Verletzer ermöglichen (→ Rn. 20). Er setzt deshalb einen schuldhaften Verstoß des auf Auskunft in Anspruch genommenen Unternehmers gegen die §§ 3, 7 und 16–19 UWG voraus. Da Anspruchsgrundlage § 242 BGB ist, muss noch hinzukommen, dass der Verletzte in entschuldbarer Weise über den Bestand und den Umfang seines Rechts im Ungewissen ist, während der Verletzer unschwer Auskunft zu erteilen vermag und die Auskunft ihm nach den ganzen Umständen außerdem zuzumuten ist, weil das Interesse des Berechtigten an der Auskunftserteilung das Interesse des Verletzers an der Geheimhaltung deutlich überwiegt.[40] 21

Der **Umfang** der Auskunftspflicht richtet sich nach ihrem Zweck (§ 242 BGB) und damit insbesondere nach der Art des von dem Gläubiger (berechtigterweise) verfolgten Anspruchs. Die Auskunftspflicht des Schuldners hat infolgedessen einen anderen Inhalt, je nachdem, ob der Gläubiger Ersatz des ihm entgangenen Gewinns verlangt oder ob er den objektiven Schadensersatzanspruch geltend gemacht.[41] In jedem Fall können aber grundsätzlich nur solche Auskünfte verlangt werden, die zur Berechnung des Schadensersatzes tatsächlich *erforderlich* sind.[42] Auskunft muss daher nur über Umfang und Intensität der Verletzungshandlung erteilt werden, zB über Umfang und Inhalt der Werbung des Verletzers,[43] etwa über die Höhe der Auflage und das Verbreitungsgebiet einer Zeitschrift, in der wettbewerbswidrige Anzeigen veroffentlicht wurden, wenn und soweit die Auskunft zur Berechnung des Schadens nach der jeweils gewählten Berechnungsmethode erforderlich ist.[44] Keine Auskunft kann dagegen in aller Regel über *Geschäftsgeheimnisse* wie Umsätze, Preise, Lieferanten oder Abnehmer verlangt werden. 22

[40] BGHZ 10, 385 (387) = NJW 1954, 70 – Kalkstein; BGHZ 148, 26 (30ff.) = GRUR 2001, 841 = WRP 2001, 918 – Entfernung der Herstellungsnummer II; *BGH* LM § 1 UWG Nr. 880 (Bl. 3ff.) = NJW-RR 2002, 1119 = GRUR 2002, 709 – Entfernung der Herstellungsnummer III; NJW 2010, 2354 (2357f. Tz. 43ff.) = GRUR 2010, 623 = WRP 2010, 927 – Restwertbörse; Harte-Bavendamm/Henning-Bodewig/*Bergmann/Goldmann,* Vorbem. zu § 8 Rn. 14ff.

[41] S. Harte-Bavendamm/Henning-Bodewig/*Bergmann/Goldmann,* Vorbem. zu § 8 Rn. 21 ff.; *Schaffert,* FS Erdmann, 2002, S. 719; *Teplitzky,* FS Tilmann, 2003, S. 913 (914, 920ff.).

[42] BGHZ 125, 322 (331) = NJW 1994, 1958 – Cartier-Armreif; *BGH* LM § 242 (Be) BGB Nr. 56 = NJW-RR 1987, 876 = GRUR 1987, 364 = WRP 1987, 466 – Vier Streifen-Schuh; LM § 1 UWG Nr. 648 (Bl. 2 R) = NJW-RR 1994, 944 = GRUR 1994, 635 – Cartier-Pullover; *OLG Frankfurt a. M.* GRUR 2007, 1189 (1190f.).

[43] BGHZ 173, 269 (280 Tz. 36) = GRUR 2007, 877 – Windsor-Estate.

[44] *BGH* LM § 242 (Be) BGB Nr. 59 = NJW-RR 1987, 1521 = GRUR 1987, 647 = WRP 1987, 554 – Briefentwürfe; ausführlich *Teplitzky,* FS Tilmann, 2003, S. 913 (914, 920ff.).

23 Insgesamt tendiert die Rechtsprechung auch im vorliegenden Zusammenhang deutlich zu einer ständigen **Ausdehnung** der Auskunftspflicht des Verletzers. Zwar beschränkt sich seine Auskunftspflicht nach wie vor grundsätzlich auf den *konkreten* Wettbewerbsverstoß, so das im Regelfall keine Auskunft über mögliche *weitere* Wettbewerbsverstöße erteilt zu werden braucht (sog **Akzessorietät** des unselbstständigen Auskunftsanspruch).[45] Jedoch wird heute der Auskunftsanspruch auch auf solche Handlungen erstreckt, in denen das Charakteristische der Verletzungshandlung ebenfalls zum Ausdruck kommt, dh auf den gesamten zusammenhängenden **Tatkomplex.**[46] Außerdem wird bei einem über längere Zeit **andauernden Wettbewerbsverstoß,** zB durch die unlautere Nachahmung fremder Produkte, der *gesamte Zeitraum* der Nachahmung von dem Auskunftsanspruch umfasst. Entgegen der früheren Rechtsprechung ist die Auskunftspflicht ferner nicht mehr beschränkt auf die Zeit *nach* der ersten von dem Verletzten vorgetragenen Verletzungshandlung, sondern erstreckt sich auch auf *vorausgegangene* Verstöße, jedenfalls, wenn diese insgesamt eine natürliche Handlungseinheit bilden.[47]

24 Betrifft die Auskunft schutzwürdige **Betriebsgeheimnisse** des Verletzers, so wird die unselbständige Auskunftspflicht (nur) gelegentlich durch einen sogenannten **Wirtschaftsprüfervorbehalt** eingeschränkt, vor allem um allzu offensichtlichen Versuchen der Konkurrenz zu begegnen, über ausufernde Auskunftsansprüche Wettbewerber auszuspionieren (§ 242 BGB).[48] Dies bedeutet, dass der Verletzer in solchen Fällen „nur" verpflichtet ist, die Auskünfte einem zur Verschwiegenheit verpflichteten neutralen Sachverständigen, zB einem Wirtschaftsprüfer oder einem Anwalt, zu erteilen, der daraus dann die für die Schadensschätzung erforderlichen Daten ableiten kann.[49] Die **Kosten** der Auskunftserteilung muss der Schuldner tragen. Sobald er aber einmal Auskunft erteilt hat, ist der Auskunftsanspruch des Gläubigers erfüllt, sodass der Letztere jetzt nur noch die Abgabe einer **eidesstattlichen Versicherung** analog den §§ 259 Abs. 2 und 260 Abs. 2 BGB verlangen kann, wenn er Zweifel an der Richtigkeit der Auskunft hat. Eine **Klage** auf Auskunftserteilung kommt nur in Betracht, wenn der Schuldner die Auskunftserteilung (nahezu) ganz verweigert.[50]

3. Selbständiger Auskunftsanspruch

25 Der selbständige Auskunftsanspruch dient insbesondere zur Vorbereitung von Abwehransprüchen **gegen Dritte,** die (möglicherweise) ebenfalls einen Wettbewerbsverstoß begangen haben. Er setzt ebenso wie der unselbstständige Anspruch einen eigenen Wettbewerbsverstoß des in Anspruch genommenen Unternehmers voraus und findet seine Grundlage (nach dem Vorbild vor allem des § 19 Abs. 3 MarkenG) letzt-

[45] BGHZ 148, 26 (35f.) = GRUR 2001, 841 = WRP 2001, 918 – Entfernung der Herstellungsnummer II; *BGH* LM § 3 UWG Nr. 435 = NJW-RR 2001, 620 (623) = GRUR 2000, 907 – Filialleiterfehler.

[46] BGHZ 166, 233 (243ff. Tz. 34ff.) = NJW-RR 2006, 1048 – Parfümtestkäufe; *BGH* NJW 2010, 2354 (2358 Tz. 48ff.) = GRUR 2010, 623 – Restwertbörse.

[47] BGHZ 173, 269 (276ff. Tz. 25ff.) = GRUR 2007, 877 – Windsor-Estate; s. dazu zB *Beyerlein,* WRP 2007, 1310; *Dilly,* WRP 2007, 1313; Harte-Bavendamm/Henning-Bodewig/*Bergmann/Goldmann,* Vorbem. zu § 8 Rn. 21ff.

[48] S. *Teplitzky,* FS Tilmann, 2003, S. 913 (916f., 921f.); viel zu eng dagegen Harte-Bavendamm/Henning-Bodewig/*Bergmann/Goldmann,* Vorbem. zu § 8 Rn. 24.

[49] S. schon BGHZ 10, 385 (387f.) = NJW 1954, 70 – Kalkstein.

[50] Harte-Bavendamm/Henning-Bodewig/*Bergmann/Goldmann,* Vorbem. zu § 8 Rn. 25; Köhler/Bornkamm/*Köhler,* § 9 Rn. 4.36ff.

lich in § 242 BGB. Der Anspruch ist in erster Linie gerichtet auf Auskünfte über die **Lieferanten** und die **Abnehmer** des Auskunftspflichtigen sowie über den **Umfang** der Lieferungen von und an diese Personen,[51] vor allem zu dem Zweck der Vorbereitung von Abwehransprüchen gegen die Genannten. Als **Anwendungsbereich** kommen insbesondere Verstöße gegen § 4 Nr. 2 und 3, gegen die §§ 16 und 17 sowie gegen § 4 Nr. 4 UWG bei Angriffen auf zulässige Preis- und Vertriebsbindungssysteme in Betracht (→ § 6 Rn. 24ff.).

Die bisherigen Ausführungen (→ Rn. 21ff. und → Rn. 24) machen deutlich, dass die 26
Auskunftspflichten im Wettbewerbsrecht immer weiter ausgedehnt werden. Das ist wegen der damit verbundenen Gefahr der Ausspionierung der Wettbewerber und der daraus resultierenden Gefahren für den Wettbewerb **nicht unproblematisch.** Es mag vielleicht noch vertretbar sein, Drittauskünfte in Fällen des wettbewerbsrechtlichen Leistungsschutzes oder der unlauteren Rufausbeutung zuzulassen. Auch in bestimmten Fallgestaltungen der Anschwärzung (§ 4 Nr. 2 UWG) sind Drittauskünfte vertretbar, hier insbesondere über diejenigen Personen, denen gegenüber der Verletzer unwahre Behauptungen aufgestellt hat.[52] Soweit die Rechtsprechung indessen Drittauskünfte auch bei einer Verletzung von **Preis- oder Vertriebsbindungssystemen,** und zwar selbst *gegen Außenseiter* im Falle der Entfernung von Kontroll- oder Herstellungsnummern gewährt, neuerdings sogar in Verbindung mit dem Anspruch auf Vorlage von Belegen,[53] ist ihr *nicht* mehr zu folgen, schon deshalb nicht, weil Außenseiter nicht unlauter handeln, wenn sie lediglich fremden Vertragsbruch ausnutzen, woran die etwaige Entfernung von Kontrollnummern nichts ändert (→ § 6 Rn. 24ff.). Ebenso inakzeptabel ist die Ablehnung eines Wirtschaftsprüfervorbehalts bei selbständigen Auskunftsansprüchen über die Beziehungen zu Dritten, eine sachlich durch nichts mehr zu rechtfertigende, weitere Belastung des Auskunftspflichtigen.[54]

IV. Gewinnabschöpfung

Literatur: S. vor → Rn. 1 sowie *Bauer,* Der Gewinnabschöpfungsanspruch der Verbände nach § 10 UWG, 2007; *Gärtner,* Der Gewinnabschöpfungsanspruch nach § 10 UWG, 2006; *Leicht,* Gewinnabschöpfung bei Verstößen gegen die lauterkeitsrechtliche Generalklausel, 2009; *Leistner,* Richtiger Vertrag, 2007, S. 1053ff.; *Neuburger,* Der wettbewerbsrechtliche Gewinnabschöpfungsanspruch im europäischen Rechtsvergleich, 2006; *van Raay,* Gewinnabschöpfung als Präventionsinstrument im Lauterkeitsrecht, 2012; *Sieme,* Der Gewinnabschöpfungsanspruch nach § 10 UWG, 2009 sowie zuletzt *Emmerich,* FS Fezer, 2016, S. 1011; *Fezer,* FS Bornkamm, 2014, S. 335.

---

51 BGHZ 125, 322 (328ff.) = NJW 1994, 1958 – Cartier-Armreif; BGHZ 148, 26 (30ff.) = GRUR 2001, 841 – Entfernung der Herstellungsnummer II; *BGH* LM § 719 ZPO Nr. 40 = NJW 1996, 197 = GRUR 1996, 78 – Umgehungsprogramm; LM § 1 UWG Nr. 881 (Bl. 3ff.) = NJW-RR 2002, 1119 = GRUR 2002, 709 = WRP 2002, 947 – Entfernung der Herstellungsnummer III.

52 RGZ 158, 377 (379f.); *BGH* LM § 824 BGB Nr. 4 = NJW 1962, 731 = GRUR 1962, 382 – Konstruktionsbüro; LM § 17 UWG Nr. 7 = NJW 1976, 193 = GRUR 1976, 367 – Ausschreibungsunterlagen; LM § 14 UWG Nr. 19 = NJW 1995, 1965 = GRUR 1995, 427 – Schwarze Liste.

53 BGHZ 148, 26 (30ff.) = GRUR 2001, 841; *BGH* LM § 1 UWG Nr. 881 (Bl. 3ff.) = NJW-RR 2002, 1119 = GRUR 2002, 709 – Entfernung der Herstellungsnummern II und III.

54 So ausdrücklich *BGH* LM § 1 UWG Nr. 881 (Bl. 5 R) = NJW-RR 2002, 1119 = GRUR 2002, 709 – Entfernung der Herstellungsnummer III; *Teplitzky,* FS Tilmann, 2003, S. 913 (916f.); ganz unkritisch zB auch Harte-Bavendamm/Henning-Bodewig/*Bergmann/Goldmann,* Vorbem. zu § 8 Rn. 29.

1. Überblick

27 Das UWG regelt in § 10 seit 2004 erstmals das eigenartige Rechtsinstitut der Gewinnabschöpfung zu Gunsten des Bundeshaushalts. Die Vorschrift ist ohne Vorbilder im UWG. Nach § 10 Abs. 1 UWG kann, wer eine nach § 3 oder nach § 7 UWG unzulässige geschäftliche Handlung vornimmt und hierdurch „zu Lasten einer Vielzahl von Abnehmern einen Gewinn erzielt", von den in § 8 Abs. 3 Nr. 2–4 UWG genannten Verbänden, Einrichtungen und Kammern, insbesondere also von den Verbraucherverbänden (Nr. 3 des § 8 Abs. 3), auf Herausgabe dieses Gewinns *an den Bundeshaushalt* (nicht etwa an den klagenden Verband) in Anspruch genommen werden. Auf den herauszugebenden Gewinn sind Schadensersatzleistungen an Dritte ebenso wie an den Staat gezahlte Strafen (s. § 16 UWG) anzurechnen (§ 10 Abs. 2 S. 1 UWG). Konkurrieren *mehrere* Anspruchsberechtigte, wie es die Regel sein dürfte, so richtet sich ihr Verhältnis untereinander nach den §§ 428–430 BGB (§ 10 Abs. 3 UWG). Nach Abführung des Gewinns an den Bundeshaushalt kann der Gläubiger, der den Anspruch auf Gewinnabschöpfung erfolgreich durchgesetzt hat, von der zuständigen Stelle des Bundes, dem Bundesamt für Justiz (s. § 10 Abs. 5 UWG), Erstattung der für die Geltendmachung des Anspruchs „erforderlichen Aufwendungen" verlangen, soweit er vom Schuldner keinen Ausgleich erlangen kann (§ 10 Abs. 4 S. 2 UWG). Die Obergrenze des Aufwendungsersatzanspruchs wird jedoch durch den an den Bundeshaushalt abgeführten Gewinn markiert (§ 10 Abs. 4 S. 3 UWG; zur Verjährung s. noch → Rn. 51).

28 Für **Kartellverstöße** findet sich eine vergleichbare Regelung in den §§ 34 und 34a GWB.[55] Nach § 34 Abs. 1 GWB kann zunächst die Kartellbehörde, in erster Linie also das **Bundeskartellamt** in Bonn, die Abschöpfung des wirtschaftlichen Vorteils anordnen, den Unternehmen durch einen schuldhaften Verstoß gegen die Verbote des GWB sowie gegen die Wettbewerbsregeln des AEUV erzielt haben. (Nur) bei vorsätzlichen Verstößen kann dieser Anspruch außerdem nach § 34a Abs. 1 GWB von den in § 33 Abs. 2 des Gesetzes genannten **Verbänden** verfolgt werden, sofern der Täter durch den Verstoß einen „wirtschaftlichen Vorteil" zulasten einer Vielzahl von Abnehmern *oder* Anbietern erlangt hat. Unter dem „wirtschaftlichen Vorteil" des Verstoßes wird im GWB meistens die Differenz zwischen den tatsächlichen Einnahmen des betreffenden Unternehmens aufgrund des Kartellverstoßes und denjenigen (niedrigeren) Einnahmen verstanden, die das Unternehmen in demselben Zeitraum vermutlich ohne den Verstoß erzielt hätte, dh jeder in Geld kalkulierbare Vorteil des Verstoßes, indessen gekürzt um die auf den Vorteil bezogenen Aufwendungen, nicht dagegen um die anteiligen Gemeinkosten (sogenanntes *Nettoprinzip*), ermittelt in der Regel, aber nicht nur und nicht immer, nach dem zeitlichen *Vergleichsmarktkonzept,* dh durch Vergleich insbesondere der Kartellpreise (um die es nahezu ausschließlich geht) während der Praktizierung des Kartells mit den Preisen vor und nach dem Kartellverstoß.[56]

29 Mit den genannten Vorschriften (§ 10 UWG, §§ 34 und 34a GWB) wird der **Zweck** verfolgt, Unrechtsgewinne abzuschöpfen, um zu verhindern, dass sich Wettbewerbs-

---

[55] S. dazu Kartellrecht, § 43 Rn. 15ff.

[56] BGHSt 52, 1 Tz. 13ff. = NJW 2007, 3792; s. Immenga/Mestmäcker/*Emmerich,* § 34 Rn. 10, 15ff. mN.

verstöße für den Täter letztlich trotz ihrer Aufdeckung und Verfolgung doch „lohnen", eine Gefahr, die zumal bei **Streu- und Bagatellschäden,** immer droht, da der Täter hier höchstens längere Zeit nach dem Wettbewerbsverstoß mit der Geltendmachung von Unterlassungsansprüchen für die *Zukunft* zu rechnen braucht, während Schadensersatzansprüche für die Vergangenheit gewöhnlich nicht geltend gemacht werden, sodass er in der Zwischenzeit die „Früchte" seines Wettbewerbsverstoßes, zB einer unlauteren Werbung, weitgehend ungestört „ernten" kann (schon → Rn. 3). Bei den Streu- und Bagatellschäden besteht somit unverkennbar eine ernste **Sanktionslücke,** deren Schließung vor allem mit § 10 UWG sowie mit § 34a GWB bezweckt wird.[57]

Die Eigenart der dafür vom Gesetzgeber im UWG (§ 10) und im GWB (§ 34a) gewählten Lösung besteht darin, dass der bei dem Täter abgeschöpfte Gewinn nicht etwa den betroffenen Verbrauchern, sondern dem **Bundeshaushalt** zugutekommt (§ 10 Abs. 1 UWG, § 34a Abs. 1 GWB), sodass der Anspruch auf Gewinnabschöpfung im Ergebnis weniger dem Interessenausgleich als der **Prävention** dient.[58] Der Sache nach handelt es sich bei der Gewinnabschöpfung damit um eine eigenartige Form **privater Strafverfolgung** bei vorsätzlichen Verstößen gegen das UWG (und das GWB). Die sachliche **Berechtigung** der vom Gesetzgeber gewählten Lösung in § 10 UWG war und ist daher umstritten.[59] Auf der anderen Seite bleibt aber auch richtig, dass sich unlauterer Wettbewerb „nicht lohnen darf", sodass die Sanktionslücke bei Bagatell- und Streuschäden tatsächlich geschlossen werden muss und sei es auch durch eine (freilich operationale) Gewinnabschöpfung[60] – woran es bisher eindeutig fehlt. 30

Die Vorschrift des § 10 UWG hat bislang in der **Praxis** nur eine marginale Rolle gespielt, wobei sich das Vorsatzerfordernis sowie die unübersehbaren Schwierigkeiten bei der Berechnung des zulasten der Abnehmer erzielten Gewinnes als besonders hinderlich für eine effektive Durchsetzung der Vorschrift erwiesen haben.[61] Hinzu kommen die großen Risiken, die die anspruchsberechtigten Verbände, Einrichtungen und Kammern (§ 10 Abs. 1 S. 1 iVm § 8 Abs. 3 Nr. 2–4 UWG) mit der Klageerhebung eingehen, da sie (höchstens) eine Herausgabe des Gewinns an den Bundeshaushalt gegen Aufwendungsersatz erreichen können, aber immer Gefahr laufen, bei Scheitern ihrer Klage oder doch der Vollstreckung des von ihnen erfochtenen Urteils auf Gewinnherausgabe gegebenenfalls auf den gesamten Kosten „sitzen" zu bleiben 31

[57] So statt aller Köhler/Bornkamm/*Köhler,* § 10 Rn. 4.

[58] So die Begr., BT-Drs. 15/1487, S. 24 (l. Sp. 1. Abs.).

[59] Zur Kritik s. *Engels/Salomon,* WRP 2004, 32 (42f.); *Leistner/Pothmann,* WRP 2003, 815 (829f.); *Micklitz,* in: Krejci/Kessler/S. Augenhofer (Hrsg.), Lauterkeitsrecht im Umbruch, S. 137ff.; *Mönch,* ZIP 2004, 2032; *Sack,* WRP 2003, 549; *ders.,* BB 2003, 1073 (1080f.); *Schaub,* GRUR 2005, 918; *Sosnitza,* GRUR 2003, 739 (745f.); *Stadler/Micklitz,* WRP 2003, 559; *Wimmer-Leonhardt,* GRUR 2004, 12.

[60] *Alexander,* Schadensersatz, 2010, S. 501ff.; *ders.,* WRP 2012, 1190; *Emmerich,* FS Fezer, 2016, S. 1011; *Fezer,* FS Bornkamm, 2014, S. 335; *Henning-Bodewig,* GRUR 2015, 731; Fezer/*v. Braunmühl,* § 10 Rn. 106ff.; Harte-Bavendamm/Henning-Bodewig/*Goldmann,* § 10 Rn. 3, 12ff.; Köhler/Bornkamm/*Köhler,* § 10 Rn. 2, 4; *Leistner,* Richtiger Vertrag, 2007, S. 1053ff.; MüKoUWG/*Micklitz,* § 10 Rn. 39ff.; Ohly/Sosnitza/*Ohly,* § 10 Rn. 1.

[61] S. → Rn. 33f. sowie zB *OLG Hamm* GRUR-RR 2008, 435 (437); *LG Bonn* GRUR-RR 2006, 11; ein Gegenbeispiel in *OLG Frankfurt a. M.* GRUR-RR 2009, 265 (268); Darstellung der bisherigen Rechtsprechung bei *Alexander,* Schadensersatz, S. 505–515; *ders.,* WRP 2012, 1190; Harte-Bavendamm/Henning-Bodewig/*Goldmann,* § 10 Rn. 3, 12ff.: „totes Recht"; *Henning-Bodewig,* GRUR 2015, 731 (734f.); *Stadler,* in: Augenhofer, Europäisierung, S. 117ff.

(→ Rn. 41 f.). Die nahezu zwangsläufige Folge ist, dass bisher nur in ganz wenigen Fällen eine Gewinnabschöpfung gelungen ist.[62]

2. Vorsätzlicher Verstoß

32 Der Anspruch der in § 8 Abs. 3 Nr. 2–4 UWG genannten „Gläubiger" auf Gewinnabschöpfung setzt nach § 10 Abs. 1 UWG voraus, dass der Schuldner vorsätzlich § 3 oder § 7 UWG zuwidergehandelt und hierdurch zu Lasten einer Vielzahl von Abnehmern einen Gewinn erzielt hat. Erste Voraussetzung des Anspruchs ist mithin der *vorsätzliche* Verstoß eines Unternehmers, des sogenannten Schuldners oder Täters, durch eine geschäftliche Handlung (§ 2 Abs. 1 Nr. 1 UWG) gegen eines der Verbote der §§ 3–7 des Gesetzes, wobei zum Vorsatz mit Rücksicht auf die im Zivilrecht geltende Vorsatztheorie auch das Bewusstsein der Unlauterkeit der Handlung gehört.[63] Vor allem dies hat sich als besonderer „Engpass" bei der Durchsetzung des § 10 UWG in der Wettbewerbspraxis erwiesen, weil das Bewusstsein der Unlauterkeit häufig nicht nachgewiesen werden kann;[64] anders verhält es sich aber zB, wenn der Täter den fraglichen Wettbewerbsverstoß trotz einer berechtigten Abmahnung fortsetzt, weil er dann zumindest mit bedingtem Vorsatz handelt.[65]

33 Handelt es sich um einen Fall der irreführenden Werbung, so wird häufig zugleich ein Verstoß gegen die Strafvorschrift des § 16 Abs. 1 UWG vorliegen, sodass dann der **Strafanspruch** des Staates mit dem Anspruch auf Gewinnabschöpfung konkurriert.[66] Gemäß § 10 Abs. 2 S. 1 UWG hat in diesem Fall der Strafanspruch den Vorrang (→ Rn. 38), während die Anordnung des **Verfalls** des Gewinns nach den §§ 73ff. StGB ihrerseits subsidiär gegenüber der Gewinnabschöpfung nach § 10 UWG ist.[67]

3. Der erzielte Gewinn zu Lasten einer Vielzahl von Abnehmern

34 Die zentrale Frage, die die Anwendung des § 10 Abs. 1 UWG aufwirft, lautet natürlich, was das Gesetz hier unter dem durch eine unzulässige geschäftliche Handlung zu Lasten einer Vielzahl von Abnehmern erzielten Gewinn versteht.[68] Die Gesetzesverfasser haben dazu bemerkt, für die Erfüllung des Tatbestandes des § 10 Abs. 1 reiche es aus, wenn bei einer Vielzahl von Abnehmern „eine wirtschaftliche Schlechterstellung" eingetreten ist, während der Nachweis von Nachteilen im Einzelfall entbehrlich sei;[69] eine Schlechterstellung fehle freilich, wenn der Preis der Leistung immer noch angemessen sei und den Abnehmern auch keine sonstigen Nachteile entstanden seien. Der „Gewinn" ergebe sich aus den *Umsatzerlösen* abzüglich der Herstellungskosten und anteiliger Vertriebskosten, aber ohne Gemeinkostenanteil.[70] Diese Ausführungen,

---

[62] Nachw. bei Ohly/Sosnitza/*Ohly*, § 10 Rn. 1.

[63] → Rn. 11; die Begr., BT-Drs. 15/1487, S. 23 (r. Sp. o.); *OLG Stuttgart* GRUR 2007, 435 (436) = WRP 2007, 350: *OLG Hamm* GRUR-RR 2008, 435 (437); *OLG Frankfurt a. M.* GRUR-RR 2009, 265 (268); *LG Bonn* GRUR-RR 2006, 111.

[64] → Rn. 31; *Alexander*, WRP 2012, 1190 (1194f. mN).

[65] *OLG Frankfurt a. M.* GRUR-RR 2010, 482f.

[66] S. dazu *Alexander*, WRP 2004, 407 (417ff.); *Sack*, WRP 2003, 549 (552f.).

[67] Str., anders BGHSt 52, 227 Tz. 135 = WRP 2008, 1071 (1084); wie hier dagegen *Alexander*, WRP 2004, 407 (418f.).

[68] Dazu ausf. auch *Emmerich*, FS Fezer, 2016, S. 1011ff.

[69] So der Ausschussbericht, BT-Drs. 15/2795, S. 21 (r. Sp. „Zu § 10 Abs. 1").

[70] So die Begr., BT-Drs. 15/1487, S. 24 (r. Sp. 3. Abs.).

obwohl im Schrifttum vielfach gebilligt,[71] verdienen keine Zustimmung. Weder gibt es einen Maßstab für die „wirtschaftliche Schlechterstellung“ einer Vielzahl von Abnehmern; noch ist die Vorschrift praktikabel, wenn es eine Rolle spielen soll, ob der Preis der Leistung angemessen ist oder nicht, weil das Gesetz in § 10 Abs. 1 den Gerichten offenkundig weder die Befugnis noch auch nur die Möglichkeit zu einer weitreichenden Preiskontrolle über alle Märkte hinweg verleiht.[72] § 10 Abs. 1 UWG ist vielmehr nur praktikabel, wenn man unter dem „Gewinn“ hier die gesamten **Umsatzerlöse** nach der Vornahme der unzulässigen geschäftlichen Handlung bis zu deren Aufgabe versteht, abzüglich der anteiligen Vertriebskosten. Herauszugeben ist mit anderen Worten der *gesamte* Gewinn (und nicht nur der etwaige *Mehrerlös* infolge des Wettbewerbsverstoßes).

Hinzukommen muss noch, dass der Gewinn gerade **zu Lasten einer Vielzahl von Abnehmern** erzielt wurde (§ 10 Abs. 1 UWG, ebenso § 34a Abs. 1 GWB). Umstritten ist, ob das Gesetz bei den „Abnehmern“ allein die *unmittelbaren* Vertragspartner des Täters oder Schuldners, bei einer irreführenden Herstellerwerbung also nur den Großhandel im Auge hat, oder ob unter den Abnehmern auch die *weiteren* Abnehmer, in dem Beispiel folglich vor allem die Verbraucher zu verstehen sind. Hier sollte man, entgegen der hM,[73] von dem zuletzt genannten **weiten Verständnis** des Abnehmerbegriffs (unter Einbeziehung der Verbraucher auf der letzten Marktstufe) ausgehen. 35

Erforderlich ist nach § 10 Abs. 1 UWG außerdem, dass der Gewinn durch einen Wettbewerbsverstoß gerade zu Lasten einer **Vielzahl** von Abnehmern (in dem genannten Sinne; → Rn. 35) erlangt wurde.[74] Die Vorschrift des § 10 ist deshalb nach hM nur anwendbar, wenn sich die betreffende geschäftliche Handlung nicht nur gegen einen einzelnen Abnehmer richtet, vielmehr müssten durch sie mehr oder weniger zufällig *mehrere* Abnehmer betroffen sein, wobei die Zahlenangaben zwischen 2 und 50 Abnehmern schwanken.[75] Paradigma ist eine irreführende Werbung in den Massenmedien wie zB dem Internet.[76] 36

Über die Praktikabilität des Gesetzes entscheidet letztlich, ob die Formulierung des Gesetzes in § 10 Abs. 1 dahin zu verstehen ist, dass zwischen der unzulässigen geschäftlichen Handlung und dem herauszugebenden Gewinn obendrein auch noch ein **Kausalzusammenhang** bestehen muss, sodass eine Gewinnabschöpfung immer nur in Betracht käme, wenn der Nachweis gelingt, dass der Gewinn tatsächlich ganz oder doch teilweise auf der vorsätzlichen Zuwiderhandlung des Täters gegen eines der Verbote der §§ 3–7 UWG beruht und nicht andere Ursachen wie zB eine günstige Konjunktur hat.[77] Ein derartiger Beweis ist jedoch tatsächlich in aller Regel, zumal bei einer Vielzahl von Abnehmern, nicht zu erbringen. Die Kaufentscheidungen der Abnehmer können die unterschiedlichsten Gründe haben; meistens beruhen sie auf 36a

[71] ZB Köhler/Bornkamm/*Köhler*, § 10 Rn. 7, 9f.; Ohly/Sosnitza/*Ohly*, § 10 Rn. 6.

[72] S. Harte-Bavendamm/Henning-Bodewig/*Goldmann*, § 10 Rn. 112ff.; MüKoUWG/*Micklitz*, § 10 Rn. 103ff.

[73] So insbesondere BGHSt 52, 227 Tz. 135 = WRP 2008, 1071 (1084).

[74] S. dazu zB *Alexander*, Schadensersatz, S. 523ff.; Immenga/Mestmäcker/*Emmerich*, § 34a Rn. 11ff.

[75] Harte-Bavendamm/Henning-Bodewig/*Goldmann*, § 10 Rn. 99; Fezer/*v. Braunmühl*, § 10 Rn. 209ff.; MüKoUWG/*Micklitz*, § 10 Rn. 116ff.; Ohly/Sosnitza/*Ohly*, § 10 Rn. 11; *Mönch*, ZIP 2004, 2032.

[76] Beispiele in *OLG Frankfurt a. M.* GRUR-RR 2009, 265 (268) – Abo-Falle; GRUR-RR 2010, 482 – heute gratis.

[77] *OLG Frankfurt a. M.* GRUR-RR 2009, 265 (267) – Abo-Falle.

einem überhaupt nicht zu entwirrenden Motivbündel. Jede andere Behauptung bedeutet eine Anmaßung von Wissen. Als Ausweg bleibt daher hier nur, sich mit einem bloßen äußeren *zeitlichen Zusammenhang* zwischen der unzulässigen geschäftlichen Handlung und den fraglichen Gewinnen zu begnügen[78] – oder doch wenigstens die Beweislast für die fehlende Kausalität dem ja vorsätzlich handelnden *Täter* aufzuerlegen (→ Rn. 37).

4. Beweislast, Auskunftsanspruch

37 Die **Beweislast** für die genannten Voraussetzungen des Anspruchs auf Gewinnabschöpfung (→ Rn. 33ff.) tragen – von der Frage der fehlenden Kausalität zwischen Gesetzesverstoß und Gewinnen abgesehen (→ Rn. 36a) – die Verbände und Kammern, die den Anspruch aus § 10 UWG geltend machen. Über die ungewöhnlichen **Schwierigkeiten,** auf die sie dabei notwendigerweise stoßen werden, darf man sich keinen Illusionen hingeben.[79] Als Ausweg wird in der Regel auf die Möglichkeit der Gläubiger verwiesen, vom Täter nach § 242 BGB **Auskunft** zu verlangen (→ Rn. 20ff.).[80] Jedoch darf damit nicht den Verbänden des § 8 Abs. 3 Nr. 2 UWG die Möglichkeit für einen totalen **Ausforschungsbeweis** zu Lasten des Täters und zugunsten ihrer Mitglieder eröffnet werden, sodass hier in allen kritischen Fällen von der Möglichkeit eines Wirtschaftsprüfervorbehalts Gebrauch gemacht werden sollte.

38 Die Berechnung des abzuführenden Gewinns wird weiter dadurch erschwert, dass etwaige **Schadensersatzleistungen** an Dritte sowie **Geldstrafen,** etwa nach § 16 Abs. 1 UWG, wieder von dem abzuführenden Gewinn **abzuziehen** sind (§ 10 Abs. 2 S. 1 UWG; → Rn. 33). Anders sollen freilich die Kosten der aufgrund der Zuwiderhandlung geführten Rechtsstreitigkeiten zu behandeln sein,[81] ohne dass indessen diese Restriktion im Gesetzeswortlaut zum Ausdruck gekommen wäre.[82]

5. Gläubigermehrheit

39 Anspruchsberechtigt sind nach § 10 Abs. 1 UWG nebeneinander die Verbände, Einrichtungen und Kammern des § 8 Abs. 3 Nr. 2–4 UWG. Die Folge dieser eigenartigen Regelung ist, dass bei vorsätzlichen Verstößen eines Unternehmers gegen die Verbote des UWG (§§ 3–7) häufig die Ansprüche mehrerer Berechtigter konkurrieren, zB die der Wirtschaftsverbände (§ 8 Abs. 3 Nr. 2 UWG), der Verbraucherverbände (Nr. 3) und der verschiedenen Kammern (Nr. 4).

40 Zur Lösung der daraus resultierenden Probleme verweist das Gesetz auf die analoge Anwendung der §§ 428–430 BGB (§ 10 Abs. 3 UWG, ebenso § 34a Abs. 3

[78] *Emmerich,* FS Fezer, 2016, S. 1011 (1016f.); ebenso zB Harte-Bavendamm/Henning-Bodewig/*Goldmann,* § 10 Rn. 130; Fezer/*v. Braunmühl,* § 10 Rn. 220ff.; im Ergebnis auch MüKoUWG/*Micklitz,* § 10 Rn. 230ff.

[79] Ebenso schon der Bundesrat Begr., BT-Drs. 15/1487, S. 34, sowie *Engels/Salomon,* WRP 2004, 32 (43); *Köhler,* GRUR 2003, 265 (266); *Leistner/Pothmann,* WRP 2003, 815 (830); *Mönch,* ZIP 2004, 2032; *Schaub,* GRUR 2005, 918; *Sack,* WRP 2003, 549 (553f.); *ders.,* BB 2003, 1073 (1080); *Sosnitza,* GRUR 2003, 739 (746); *Stadler/Micklitz,* WRP 2003, 559 (561f.).

[80] Begr., BT-Drs. 15/1487, S. 43 (r. Sp. 1. Abs.); *OLG Frankfurt a. M.* GRUR-RR 2009, 265 (267); *OLG Stuttgart* GRUR 2007, 435 (436) = WRP 2007, 350; Köhler/Bornkamm/*Köhler,* § 10 Rn. 14; *Mönch,* ZIP 2004, 2032 (2036).

[81] Begr., BT-Drs. 15/1487, S. 24 (r. Sp. „Zu Abs. 2").

[82] Zu diesen Problemen s. *Sack,* WRP 2003, 549 (554).

GWB).[83] Die (problematische) Folge ist, dass, wenn der Täter den (angeblich) zu Lasten der Abnehmer erzielten Gewinn auf Verlangen eines der Gläubiger an den Bundeshaushalt abgeführt hat, die Klagen aller anderen abzuweisen sind, selbst wenn sie möglicherweise bereits erhebliche Aufwendungen zur Vorbereitung einer Klage gemacht hatten. Als Ausweg bleibt hier nur eine vorherige Abstimmung aller als Kläger in Betracht kommenden Verbände und Einrichtungen über die Frage, wer gegebenenfalls das Risiko einer Klage auf sich nehmen soll und kann.

6. Aufwendungsersatz

Die Besonderheit der in § 10 Abs. 1 UWG gewählten Lösung besteht darin, dass die abgeschöpften Gewinne nicht etwa bei dem jeweils klagenden Gläubiger, zB bei einem Verbraucherverband verbleiben, sondern alsbald in voller Höhe an den **Bundeshaushalt abzuführen** sind, eben als zusätzliche „Strafe" für vorsätzliche Verstöße gegen die Verbote der §§ 3–7 UWG. Der Gläubiger, der den Anspruch durchgesetzt hat, kann zum Ausgleich vom Bund lediglich Erstattung der „erforderlichen Aufwendungen" verlangen, soweit er vom Schuldner, etwa aufgrund des § 91 ZPO, keinen Ausgleich zu erlangen vermag (§ 10 Abs. 4 S. 2 UWG). Die **Obergrenze** des Aufwendungsersatzes bildet aber der abgeführte Gewinn (§ 10 Abs. 4 S. 3 UWG). 41

Der Aufwendungsersatzanspruch des erfolgreichen Gläubigers gegen den Bund entfällt folglich, wenn die Geltendmachung des Anspruchs erfolglos war (§ 10 Abs. 4 S. 3 UWG). Dies bedeutet der Sache nach, dass der Gläubiger (§ 8 Abs. 3 Nr. 2–4 UWG) nicht nur von der Geltendmachung des Anspruchs nichts hat, weil nämlich der gesamte Erlös an den Bund fließt, sondern dass er obendrein auch noch das **Prozessrisiko** tragen muss, da er leer ausgeht, wenn sich kein abzuschöpfender Gewinn nachweisen lässt oder wenn die Zwangsvollstreckung ins Leere geht.[84] Diese Regelung gilt allgemein als missglückt und dringend reformbedürftig, wobei verschiedene Lösungen diskutiert werden, insbesondere natürlich eine angemessene Beteiligung des klagenden Verbandes an den etwaigen Gewinnen des Täters.[85] 42

V. Bereicherungsanspruch

Literatur: *Büsching,* Der Anwendungsbereich der Eingriffskondiktion im Wettbewerbsrecht, 1992; *Ellger,* Bereicherung durch Eingriff, 2002; *Fournier,* Bereicherungsausgleich bei Verstößen gegen das UWG, 1999; *Haines,* Bereicherungsansprüche bei Warenzeichenverletzungen und unlauterem Wettbewerb, 1970; *Jenny,* Die Eingriffskondiktion bei Immaterialgüterrechtsverletzungen, 2005.

Der Schadensersatzanspruch setzt noch § 9 S. 1 UWG in Verbindung mit den §§ 249 und 276 BGB den häufig schwierigen Nachweis eines Schadens des Verletzten *und* eines Verschuldens des Täters voraus (→ Rn. 8 ff.). Deshalb liegt die Überlegung nahe, gegebenenfalls auf Ansprüche auszuweichen, die vom Nachweis eines Schadens oder eines Verschuldens unabhängig sind. Der Blick fällt dabei mit Notwendigkeit in 43

[83] Dazu sehr kritisch *Alexander,* Schadensersatz, S. 566 ff.; Immenga/Mestmäcker/*Emmerich,* § 34a Rn. 25 f.

[84] Immenga/Mestmäcker/*Emmerich,* § 34a Rn. 29.

[85] S. *Alexander,* Schadensersatz, S. 576 ff.; *ders.,* WRP 2004, 407 (419); 2012, 1190 (1195 f. mN); *Fezer,* FS Bornkamm, 2014, S. 335; *Henning-Bodewig,* GRUR 2015, 731; *Mönch,* ZIP 2004, 2032 (2034); *Schaub,* GRUR 2005, 918 (924); *Stadler,* in: Augenhofer, Europäisierung, S. 132 ff.; *dies./Micklitz,* WRP 2003, 559 (562); *Wimmer-Leonhardt,* GRUR 2004, 12 (16).

erster Linie auf die Eingriffskondiktion des § 812 Abs. 1 S. 1, 2. Alt. BGB. Voraussetzung ist ein Eingriff durch eine unzulässige geschäftliche Handlung in Positionen mit einem entsprechenden **Zuweisungsgehalt.**

44 Die genaue **Abgrenzung** der geschützten Positionen im Wettbewerb ist noch nicht endgültig geklärt.[86] Die Parallele zur objektiven Schadensberechnung zeigt indessen, dass hier in erster Linie wohl an Eingriffe in **Namens- und Zeichenrechte** sowie in nach den §§ 17 und 18 UWG geschützte Betriebs- und **Geschäftsgeheimnisse** oder in gleichstehende **Leistungsschutzrechte** zu denken ist.[87] Der Anspruch geht grundsätzlich (nur) auf Zahlung einer angemessenen **Lizenzgebühr** (§ 818 Abs. 2 BGB).[88] Der Sache nach entspricht dann der kein Verschulden voraussetzende Bereicherungsanspruch dem Schadensersatzanspruch, berechnet nach einer angemessenen Lizenzgebühr im Rahmen der in den genannten Fällen gleichfalls zulässigen objektiven Schadensberechnung (→ Rn. 15 f.). Der Anspruch unterliegt jedoch nicht der kurzen Verjährungsfrist des § 11 Abs. 1 UWG für Schadensersatzansprüche, – worin vor allem sein Charme liegt (→ Rn. 46).

VI. Verjährung

1. Überblick

45 Im Interesse der zügigen Wiederherstellung des Rechtsfriedens bestimmt § 11 Abs. 1 UWG (im Anschluss an § 21 UWG aF), dass (nur) die Abwehransprüche aus § 8 Abs. 1 UWG, der Schadensersatzanspruch aufgrund des § 9 UWG und der Aufwendungsersatzanspruch nach einer Abmahnung (§ 12 Abs. 1 S. 2 UWG) in sechs Monaten verjähren (→ Rn. 49 ff.). Nach Abs. 2 der Vorschrift beginnt die Verjährungsfrist, wenn (1.) der Anspruch entstanden ist und (2.) der Gläubiger von den den Anspruch begründenden Umständen und der Person des Schuldners Kenntnis erlangt *oder* ohne grobe Fahrlässigkeit erlangen müsste (→ Rn. 50). Ohne Rücksicht auf die Kenntnis oder grob fahrlässige Unkenntnis des Gläubigers verjähren außerdem Schadensersatzansprüche in zehn Jahren von ihrer Entstehung und spätestens in dreißig Jahren von der den Schaden auslösenden Handlung an (§ 11 Abs. 3 UWG), während alle anderen Ansprüche spätestens in drei Jahren von der Entstehung an verjähren (§ 11 Abs. 4 UWG; → Rn. 51).

46 Soweit das UWG keine Sonderregelung enthält, bleibt es bei der Anwendbarkeit der Vorschriften des BGB über die Verjährung. Wichtig ist das vor allem für die **Hemmung** und den **Neubeginn** der Verjährung (§§ 203 ff., 212 BGB) sowie für deren **Wirkungen** (§ 214 BGB). Anwendbar ist außerdem § 852 BGB, sodass selbst nach Verjährung eines Schadensersatzanspruchs aus dem UWG immer noch Herausgabe

[86] S. Harte-Bavendamm/Henning-Bodewig/*Bergmann/Goldmann,* Vorbem. zu § 8 Rn. 4; Köhler/Bornkamm/*Köhler,* § 9 Rn. 3.2; Ohly/Sosnitza/*Ohly,* § 9 Rn. 31 f.

[87] BGHZ 99, 244 (246 ff.) = NJW 1987, 2869 – Chanel Nr. 5; BGHZ 107, 117 (121) = NJW 1990, 52 – Forschungskosten; *BGH* NJW 2015, 3165 (3167 Tz. 32) = WRP 2015, 972 – Motorradteile; *OGH* SZ Bd. 49 (1976) Nr. 63, S. 283 (295 ff.) = ÖBl. 1976, 124 = GRURInt 1977, 337 – Smile; ebenso Harte-Bavendamm/Henning-Bodewig/*Bergmann/Goldmann,* Vorbem. zu § 8 Rn. 4; *Büsching,* Anwendungsbereich; *Ellger,* Bereicherung, S. 803 ff.; *Haines,* Bereicherungsansprüche, S. 93 ff.; *Köhler,* FS Lorenz, 2001, 167 (174 ff.); *Koppensteiner/Kramer,* Ungerechtfertigte Bereicherung, 2. Aufl. 1988, S. 81 f.; *Loewenheim,* Bereicherungsrecht, 2. Aufl. 1997, S. 91 ff.

[88] BGHZ 99, 244 (248) = NJW 1987, 2869; *Teplitzky,* Ansprüche, Kap. 40 Tz. 9 ff.

des Erlangten nach **Bereicherungsrecht** verlangt werden kann.[89] Soweit **Deliktsansprüche** mit Ansprüchen aus dem UWG konkurrieren, verjähren sie grundsätzlich selbständig nach dem BGB, soweit nicht das UWG eine abschließende Regelung enthält (→ Rn. 19).

2. Anwendungsbereich

Die kurze Verjährungsfrist von sechs Monaten seit Kenntnis (§ 11 Abs. 1 und 2 UWG) gilt gleichermaßen für die **Abwehr**- wie für die **Schadensersatzansprüche** aus dem UWG (§§ 8, 9). Gleich steht der vorbeugende Unterlassungsanspruch, wobei die Verjährungsfrist hier beginnt, sobald der Gläubiger Kenntnis von den Umständen hat oder haben muss, aus denen sich die Erstbegehungsgefahr ergibt. Hinzu gekommen ist im Jahre 2004 (nur) der Anspruch auf Ersatz der erforderlichen Aufwendungen für eine berechtigte **Abmahnung** (§ 12 Abs. 1 S. 2 UWG). Die Verjährung eines **Unterlassungsanspruchs** bedeutet nicht, dass der Verletzer den fraglichen Wettbewerbsverstoß in Zukunft begehen dürfte; gemeint ist damit nur, dass er wegen des einen konkreten Verstoßes, Wiederholungsgefahr unterstellt, wegen der Verjährung des daraus folgenden Unterlassungsanspruchs nicht mehr auf Unterlassung in Anspruch genommen werden kann. Im Übrigen bleibt es bei dem gesetzlichen Verbot, solange es in Kraft ist.[90] 47

§ 11 UWG ist entsprechend auf Ansprüche wegen der Verletzung einer vertraglich übernommenen Unterlassungsverpflichtung anzuwenden ist, namentlich also auf Ansprüche wegen des Verstoßes gegen eine **Unterwerfungserklärung.**[91] Keine Anwendung findet § 11 Abs. 1 UWG dagegen auf Ansprüche auf eine **verwirkte Vertragsstrafe,** für die es bei der Geltung des § 195 BGB bleibt.[92] Dasselbe gilt für Bereicherungsansprüche (→ Rn. 44, 46). Noch nicht endgültig geklärt ist schließlich die Behandlung **unselbstständiger Auskunftsansprüche** (→ Rn. 21 ff.). Während die Rechtsprechung sie gelegentlich der kurzen Verjährungsfrist des § 11 UWG unterworfen hat, wie sie auch für die Abwehr- oder Schadensersatzansprüche gilt, zu deren Vorbereitung der Auskunftsanspruch dient,[93] setzt sich das Schrifttum heute überwiegend mit Rücksicht auf den Wortlaut des § 11 UWG für die Anwendung der §§ 195 und 199 BGB ein.[94] 48

Bei **wiederholten Wettbewerbsverstößen** löst grundsätzlich jeder Verstoß neue Abwehr- und Schadensersatzansprüche aus, die selbständig verjähren können.[95] *Anders* behandelt werden lediglich Abwehransprüche aus einer sogenannten **Dauerzuwider-** 49

---

[89] → Rn. 44; *BGH* LM § 1 UWG Nr. 791 (Bl. 6) = NJW 1999, 984 = GRUR 1999, 751 = WRP 1999, 816 – Güllepumpe; NJW 2015, 3165 (3167 Tz. 30) = WRP 2015, 972 – Motorradteile.

[90] S. *Fritzsche,* Unterlassungsanspruch, S. 475 f.; Köhler/Bornkamm/*Köhler,* § 11 Rn. 1.15.

[91] → § 21 Rn. 29 ff.; BGHZ 130, 288 (293 ff.) = NJW 1995, 2788 – Kurze Verjährung; Harte-Bavendamm/Henning-Bodewig/*Schulz,* § 11 Rn. 31; Köhler/Bornkamm/*Köhler,* § 11 Rn. 1.15; Ohly/Sosnitza/*Sosnitza,* § 11 Rn. 7.

[92] BGHZ 36, 252 (254 ff.) = NJW 1962, 1103; BGHZ 115, 210 (212 f.) = NJW 1992, 429; *BGH* LM § 1 UWG Nr. 582 (Bl. 3 R) = NJW-RR 1991, 1318 = GRUR 1992, 61 – Preisvergleichsliste.

[93] *BGH* LM § 1 UWG Nr. 241 (Bl. 3) = GRUR 1972, 558 (560) = WRP 1972, 198 – Teerspritzmachinen.

[94] Harte-Bavendamm/Henning-Bodewig/*Schulz,* § 11 Rn. 25 mN.

[95] BGHZ 71, 86 (94) = NJW 1978, 1377 – Fahrradgepäckträger II; *BGH* LM § 1 UWG Nr. 791 (Bl. 5 R) = NJW-RR 1999, 984 = GRUR 1999, 751 = WRP 1999, 816 – Güllepumpe; NJW 2015, 3165 Tz. 23 = WRP 2015, 972 – Motorradteile; *Fritzsche,* Unterlassungsanspruch, S. 490 ff.

handlung, worunter man eine fortwährende, vom Verletzer pflichtwidrig aufrechterhaltene Störung versteht (sogenannte *natürliche Handlungseinheit*). Beispiele sind die Anbringung eines täuschenden Reklameschildes oder die Eintragung einer nach Wettbewerbsrecht, zB nach § 5 oder § 5a UWG, unzulässigen Firma ins Handelsregister.[96] In solchen Fällen wird **ein einheitlicher Wettbewerbsverstoß** angenommen mit der Folge, dass die (endgültigen) Abwehransprüche erst *mit Abschluss* der Handlung entstehen, sodass sie auch erst jetzt verjähren können (vgl. § 20 Abs. 2 öUWG). Anders behandelt werden dagegen **Schadensersatzansprüche** aufgrund einer Dauerzuwiderhandlung, soweit es sich um abgeschlossene Schadenskomplexe handelt.[97]

3. Beginn

50 Die kurze Verjährungsfrist von sechs Monaten beginnt nach § 11 Abs. 2 UWG, wenn (1.) der Anspruch entstanden ist und (2.) der Gläubiger von den den Anspruch begründenden Umständen und der Person des Schuldners Kenntnis erlangt oder ohne grobe Fahrlässigkeit erlangen müsste. **Kenntnis** von den den Anspruch begründenden Umständen und der Person des Schuldners wird herkömmlich angenommen, wenn der Gläubiger über so viele Informationen verfügt, dass er mit Aussicht auf Erfolg zumindest eine Feststellungsklage erheben kann.[98]

51 *Ohne Rücksicht* auf die *Kenntnis* oder grobfahrlässige Unkenntnis des Gläubigers von der Handlung und der Person des Verpflichteten verjähren die **Schadensersatzansprüche** aus dem UWG in zehn Jahren von ihrer Entstehung und spätestens dreißig Jahre von der den Schaden auslösenden Handlung an (§ 11 Abs. 3 UWG). Bei den **anderen Ansprüchen,** also den Abwehransprüchen (§ 8 Abs. 1 UWG), dem Anspruch auf Gewinnabschöpfung (§ 10 UWG) sowie dem Anspruch auf Aufwendungsersatz nach einer Abmahnung (§ 12 Abs. 1 S. 2 UWG), beträgt die entsprechende Frist nach § 11 Abs. 4 UWG drei Jahre von der Entstehung des Anspruchs an.[99]

---

[96] RGZ 134, 335 (341); *BGH* LM § 21 UWG Nr. 3 = NJW 1973, 2285 = GRUR 1974, 99 – Brünova.

[97] *BGH* NJW 2015, 3165 Tz. 23 = WRP 2015, 972 – Motorradteile; *Teplitzky,* Ansprüche, Kap. 32 Tz. 5; offengelassen in *BGH* LM § 1 UWG Nr. 582 (Bl. 3 R) = NJW-RR 1991, 1318 = GRUR 1992, 61 – Preisvergleichsliste.

[98] BGHZ 6, 195 (202) = NJW 1952, 1090; *BGH* LM § 21 UWG Nr. 2 = NJW 1964, 493 = GRUR 1964, 218 – Düngekalkhandel; LM § 3 UWG Nr. 277 = NJW-RR 1988, 1443 (1444) = GRUR 1988, 832 – Benzinwerbung.

[99] Köhler/Bornkamm/*Köhler,* § 11 Rn. 1.36; Ohly/Sosnitza/*Sosnitza,* § 11 Rn. 32; Harte-Bavendamm/Henning-Bodewig/*Schulz,* § 11 Rn. 37ff.

§ 24. Strafrechtliche Sanktionen

Literatur: *Horn,* Strafbare Werbung, Erscheinungsformen und Gegenstrategien im ökonomischen Kontext, 1991; *Kämpfner,* Der strafrechtliche Schutz des Geschäfts- und Betriebsgeheimnisses, 1978; *Kunkel,* Zur Strafwürdigkeit unwahrer, irreführender Absatzwerbung im Sinne des § 16 Abs. 1 UWG, 2007; *Otto,* Die strafrechtliche Bekämpfung unseriöser Geschäftstätigkeit, 1990; *Schmidt,* Die trügerische Reklame, 1965; *Tiedemann,* Wettbewerb und Strafrecht, 1976.

Der Gesetzgeber sieht eine Reihe von Wettbewerbsverstößen als derart gravierend an, 1 dass er sie zu Straf- oder Ordnungswidrigkeitstatbeständen ausgestaltet hat. Die einschlägigen Vorschriften finden sich in den §§ 16–20 UWG. Die **praktische Bedeutung** der genannten Vorschriften ist freilich gering geblieben, da Strafverfahren aufgrund des UWG nur noch ganz selten eingeleitet werden und noch seltener zu einer Verurteilung des Täters führen.[1]

Straftatbestände sind seit der Reform von 2004 nur noch die §§ 16–19 UWG. § 16 2 Abs. 1 UWG stellt die irreführende Werbung durch unwahre Angaben in öffentlichen Bekanntmachungen oder in Mitteilungen für einen größeren Personenkreis unter Strafe (→ § 14 Rn. 76–80), während sich § 16 Abs. 2 UWG gegen sogenannte Schneeballsysteme wendet (→ § 13 Rn. 11). Die § 17 und 18 UWG regeln die einzelnen Tatbestände des strafbaren Verrats von Geschäfts- und Betriebsgeheimnissen sowie der unbefugten Verwertung von Vorlagen. Ergänzt werden diese Straftatbestände durch das Verbot der versuchten Anstiftung (§ 19 Abs. 1 UWG) sowie des Erbietens zum Verrat (§ 19 Abs. 2 UWG; dazu → § 10). Um eine **Ordnungswidrigkeit** handelt es sich schließlich seit 2009 bei der unzulässigen Telefonwerbung gegenüber Verbrauchern unter Verstoß gegen § 7 Abs. 2 Nr. 2 UWG (§ 20 UWG; → § 13 Rn. 32 ff.).

Für alle im UWG nicht geregelten Fragen ist ergänzend auf das StGB, die StPO und 3 das OWiG zurückzugreifen. Im UWG finden sich lediglich noch Vorschriften über das Erfordernis eines **Strafantrags** (§§ 17 Abs. 5, 18 Abs. 3 und 19 Abs. 4 UWG) sowie über die entsprechende Anwendbarkeit des § 5 Nr. 7 StGB hinsichtlich der Verfolgung von **Auslandstaten** (s. §§ 17 Abs. 6, 18 Abs. 4 und 19 Abs. 5 UWG).

Mit Ausnahme des § 16 UWG sind die Straftatbestände des UWG **Antragsdelikte** 4 (§§ 17 Abs. 5, 18 Abs. 3 und 19 Abs. 4 UWG). Antragsberechtigt ist nach § 77 StGB grundsätzlich nur der unmittelbar Verletzte, dh der beeinträchtigte *Mitbewerber* (→ § 22 Rn. 6 ff.). Dagegen haben die *Verbraucher* kein Antragsrecht, dies sicher einer der wichtigsten Gründe für die geringe praktische Bedeutung der Strafvorschriften des UWG. Daran ändert auch nichts der Umstand, dass die Verstöße gegen das UWG seit 1986 gemäß § 376 StPO außerdem **von Amts wegen** verfolgt werden können, weil die notorisch überlasteten Staatsanwaltschaften von dieser Möglichkeit tatsächlich kaum jemals Gebrauch machen. Voraussetzung ist ein *öffentliches Interesse an der Strafverfolgung,* dessen Bejahung im pflichtgemäßen Ermessen der Staatsanwaltschaft liegt und das regelmäßig verneint wird, in erster Linie unter Hinweis auf die zivilrechtlichen Sanktionen für Verstöße gegen das UWG.[2]

Straftaten nach dem UWG können gemäß § 374 Abs. 1 Nr. 7 StPO ferner im Wege 5 der **Privatklage** verfolgt werden (vgl. § 20 Abs. 3 UWG). Zur Erhebung der Privat-

---

1 → Rn. 4; Zahlen bei *Kunkel,* WRP 2008, 292 f.

2 S. *Alexander,* WRP 2004, 407 (416); *Kunkel,* WRP 2008, 292 (293 f.).

klage sind wiederum grundsätzlich allein die unmittelbar Verletzten, dh die *Mitbewerber* befugt. Die Privatklage kann in jeder Lage des Verfahrens, dh bis zu dessen rechtskräftigem Abschluss, wieder zurückgenommen werden (§ 391 StPO). Die Rücknahme der Klage enthält in der Regel zugleich eine Rücknahme des Strafantrags (§ 77d StGB).

6. Kapitel. Verfahrensfragen

§ 25. Abmahnung

Literatur: *Ahrens,* Der Wettbewerbsprozess, 8. Aufl. 2014, Kap. 2–19; *Nieder,* Außergerichtliche Konfliktlösung im gewerblichen Rechtsschutz, 1998; *Teplitzky,* Wettbewerbsrechtliche Ansprüche und Verfahren, 11. Aufl. 2016; *Wilke/Jungeblut,* Abmahnung und Schutzschrift, 2. Aufl. 1995.

I. Überblick

Nach § 12 Abs. 1 S. 1 UWG sollen die zur Geltendmachung eines Unterlassungsan- 1
spruchs nach § 8 Abs. 3 Nr. 1–4 UWG Berechtigten den Schuldner vor der Einleitung eines gerichtlichen Verfahrens abmahnen und ihm Gelegenheit geben, den Streit durch Abgabe einer mit einer angemessenen Vertragsstrafe bewehrten Unterlassungsverpflichtung beizulegen. S. 2 der Vorschrift fügt hinzu, dass der Abmahnende Ersatz der erforderlichen Aufwendungen verlangen kann, soweit die Abmahnung berechtigt ist. Die Abmahnung ist ein **Mittel der außergerichtlichen Streitbeilegung** in Wettbewerbssachen, durch das heute der bei weitem größte Teil der Wettbewerbsstreitigkeiten erledigt wird.

Unter einer **Abmahnung** versteht man die Mitteilung eines nach § 8 Abs. 3 UWG 2
Klagebefugten (→ § 22 Rn. 6–31) an einen Unternehmer, den sogenannten Täter oder Schuldner, dass er sich durch eine genau bezeichnete Handlung wettbewerbswidrig verhalten habe, verbunden mit der Aufforderung, dieses Verhalten in Zukunft zu unterlassen und binnen einer bestimmten Frist eine strafbewehrte Unterlassungs- oder Unterwerfungserklärung (→ § 21 Rn. 29 ff.) abzugeben.[1] Die Bedeutung der Abmahnung liegt vor allem auf kostenrechtlichem Gebiet. Denn kommt der Abgemahnte der Aufforderung zur Abgabe einer strafbewehrten Unterwerfungs- oder Unterlassungserklärung rechtzeitig nach, so hat sich der Streit **außergerichtlich** (und damit kostengünstig) **erledigt.**[2] Der abmahnende Teil, der sogenannte Gläubiger, ist fortan durch die Unterwerfungserklärung des Schuldners wirksam gegen eine Wiederholung des Wettbewerbsverstoßes geschützt ist, da er im Falle der Wiederholung der Handlung allein aufgrund des mit dem Schuldner abgeschlossenen Vertrages eine häufig recht hohe Vertragsstrafe von dem Schuldner verlangen kann (→ § 21 Rn. 29 ff.).

Falls der Schuldner dagegen der Aufforderung zur Abgabe einer strafbewehrten Unter- 3
lassungserklärung binnen der vom Gläubiger gesetzten, angemessenen Frist *nicht* nachkommt, kann der Gläubiger nunmehr den Erlass einer einstweiligen Verfügung beantragen (→ § 26) oder Klage erheben, ohne befürchten zu müssen, im Falle eines sofortigen Anerkenntnisses des Schuldners nach § 93 ZPO zur Tragung der Kosten verurteilt zu werden, weil die Gerichte in aller Regel davon ausgehen, dass der Schuldner durch sein Verhalten **Veranlassung zur Klageerhebung** gegeben hat, wenn er auf eine vorausgegangene Abmahnung des Klägers oder Antragstellers negativ reagiert hat. Dies deshalb, weil dann Tatsachen vorliegen, die bei dem letzteren vernünftigerweise

---

1 So die Begr., BT-Drs. 15/1487, S. 25 (r. Sp. o.).

2 So zB *BGH* NJW-RR 2010, 1130 Tz. 17 = GRUR 2010, 257 = WRP 2010, 258 (259) – Schubladenverfügung; NJW 2010, 1208 Tz. 8 = GRUR 2010, 354 = WRP 2010, 525 – Kräutertee; NJW-RR 2011, 335 Tz. 15 = GRUR 2010, 1130 = WRP 2010, 1495 (1496) – Vollmachtsnachweis.

die Überzeugung hervorrufen mussten, er werde ohne Antrag auf Erlass einer einstweiligen Verfügung (→ § 26) oder Klageerhebung nicht zu seinem Recht kommen.[3] Gleichsam die Kehrseite der Medaille ist, dass der Schuldner für den Regelfall im Sinne des § 93 ZPO **keine Veranlassung** zur Klage gegeben hat, wenn der Kläger Klage ohne vorherige Abmahnung erhebt und der Schuldner daraufhin *sofort anerkennt,* sodass er dann die Kosten nicht zu tragen braucht.[4] N*ach Einleitung* eines gerichtlichen Verfahrens ist dagegen für eine Abmahnung mit den genannten kostenrechtlichen Folgen grundsätzlich kein Raum mehr; maßgebend sind dann vielmehr allein die §§ 91, 91 a und 93 ZPO.[5]

4 Aus dem Gesagten (→ Rn. 2f.) darf *nicht* der Schluss gezogen werden, dass der Anspruchsberechtigte (§ 8 Abs. 3 Nr. 1–4) in jedem Fall geradezu *verpflichtet* wäre, den anderen Teil vor Beantragung einer einstweiligen Verfügung oder vor Erhebung einer Unterlassungsklage abzumahnen. Er kann vielmehr **auch sofort** den Antrag stellen oder Klage erheben, läuft dann aber eben Gefahr, die Kosten tragen zu müssen, wenn der andere Teil den Anspruch sofort anerkannt (§ 93 ZPO; → Rn. 3). § 12 Abs. 1 S. 1 UWG bringt diese Zusammenhänge dadurch zum Ausdruck, dass nach ihm die nach § 8 Abs. 3 des Gesetzes Anspruchsberechtigten den Schuldner vor Einleitung eines gerichtlichen Verfahrens abmahnen „sollen" (nicht müssen). Eine echte Rechtspflicht zur vorherigen Abmahnung besteht mithin nicht; es handelt sich vielmehr um eine **bloße Obliegenheit** im Interesse des Abmahnenden selbst zur Vermeidung von Kostennachteilen.

5 Neben den kostenrechtlichen hat die Abmahnung von Fall zu Fall auch **materiellrechtliche Konsequenzen.** Die wichtigste ist, dass die Abmahnung im Falle einer Wiederholung des gerügten Wettbewerbsverstoßes (spätestens) die Voraussetzungen für einen Schadensersatzanspruch gegen den Verletzer schafft, da dieser sich jetzt *nicht mehr* auf einen entschuldbaren *Rechtsirrtum* berufen kann (§ 9 S. 1 UWG, § 276 BGB). In vielen Fällen *begründet* eine erfolglose Abmahnung außerdem überhaupt erst die *Wiederholungsgefahr* für einen nachfolgenden Unterlassungsanspruch (→ § 21 Rn. 10ff.), weil häufig, insbesondere bei einmaligen, gelegentlichen Verstößen gegen die Wettbewerbsgesetze, eine Wiederholungsgefahr nur angenommen werden kann, wenn der Verletzer das Verlangen des anderen Teils ablehnt, sich für die Zukunft zur Unterlassung solcher Handlungen zu verpflichten.

6 Durch eine berechtigte Abmahnung wird nach Meinung des BGH außerdem das allgemeine Wettbewerbsverhältnis zwischen den Parteien so weit konkretisiert, dass zwischen ihnen ein neues (gesetzliches) Schuldverhältnis entsteht, aus dem sich zusätzliche **Antwort- und Aufklärungspflichten** für den Abgemahnten ergeben können (§§ 241 Abs. 2, 311 Abs. 2 BGB).[6] Hervorzuheben sind die Pflicht des abgemahnten

[3] RGZ 118, 262 (264); *BGH* LM § 767 BGB Nr. 13 = NJW 1979, 2040 (2041).

[4] *BGH* NJW-RR 2010, 1130 Tz. 17 = GRUR 2010, 257 = WRP 2010, 258 (259) – Schubladenverfügung; *Fritzsche,* Unterlassungsanspruch, S. 289ff.

[5] *BGH* NJW-RR 2010, 1130 Tz. 8ff. = GRUR 2010, 257 = WRP 2010, 258 (259) – Schubladenverfügung; GRUR 2010, 855 Tz. 25 = WRP 2010, 1035 (1039) – Folienrollos.

[6] *BGH* LM § 242 (Be) BGB Nr. 55 = NJW-RR 1987, 225= GRUR 1987, 1987, 54 = WRP 1986, 672 – Aufklärungspflicht; LM § 242 (Be) BGB Nr. 58 = NJW 1987, 3251 = GRUR 1987,646 – Wiederholte Unterwerfung II; LM § 242 (Be) BGB Nr. 63 = NJW-RR 1988, 1066 = GRUR 1988, 716 – Aufklärungspflicht; LM § 242 (Be) BGB Nr. 70 = NJW 1990, 1905= GRUR 1990, 381 – Antwortpflicht; LM § 242 (Be) BGB Nr. 71 = NJW 1990, 1906 = GRUR 1990, 542 = WRP 1990, 670 – Aufklärungs-

Schuldners, binnen angemessener Frist auf die (berechtigte) Abmahnung zu *reagieren,* insbesondere durch die Mitteilung, ob er zur Abgabe einer Unterlassungserklärung bereit ist, sowie die Pflicht, den anderen Teil über etwaige, schon gegenüber Dritten abgegebene Unterlassungserklärungen zu *informieren,* durch die die Wiederholungsgefahr entfallen sein kann, sodass eine nachfolgende Klage des Abmahnenden keinen Erfolg mehr verspricht. Eine Verletzung dieser Pflichten soll eine **Schadensersatzpflicht** des abgemahnten Teils nach sich ziehen, in erster Linie gerichtet auf Ersatz der vom Abmahnenden unnötig aufgewandten Kosten (§§ 276, 280 Abs. 1, 249, 311 Abs. 2 BGB). Durch eine unberechtigte oder grundlose Abmahnung kann der andere Teil dagegen naturgemäß nicht mit irgendwelchen Pflichten belastet werden (→ Rn. 19ff.).

II. Erforderlichkeit

Das Gesagte (→ Rn. 1ff.) gilt nicht ausnahmslos; unter bestimmten Voraussetzungen kann der Kläger oder Antragsteller vielmehr auch auf eine dem Gerichtsverfahren vorausgehende Abmahnung verzichten, ohne – anders als im Regelfall (→ Rn. 4) – Kostennachteile befürchten zu müssen. Die wichtigsten Fälle sind die Zwecklosigkeit oder Unzumutbarkeit der Abmahnung (→ Rn. 8f.).[7] 7

Zwecklosigkeit der Abmahnung wird angenommen, wenn von vornherein feststeht, dass der andere Teil, der Schuldner, sie unbeachtet lassen wird, sodass ihre Absendung als sinnlose Formalität erscheinen müsste, wobei auf die Sicht des Gläubigers und Abmahnenden im Augenblick der Abmahnung abzustellen ist.[8] So verhält es sich **zB,** wenn es sich bei dem Schuldner um einen besonders hartnäckigen Gesetzesverletzer handelt, der den fraglichen Wettbewerbsverstoß schon wiederholt trotz Verurteilung oder Unterwerfungserklärung begangen hat, oder wenn sich der Schuldner ausdrücklich des Rechts zur Vornahme dieser Wettbewerbshandlung berühmt. Entgegen einer verbreiteten Meinung[9] – gibt es dagegen keinen Rechtssatz, dass bei *schweren und vorsätzlichen Wettbewerbsverstößen* generell ohne Kostennachteile auf einer Abmahnung verzichtet werden könne. Auch in diesen Fällen bleibt es vielmehr bei dem regelmäßigen Erfordernis einer Abmahnung, sofern nicht eine der genannten Ausnahmen eingreift.[10] 8

Eine Abmahnung ist ferner entbehrlich, wenn das Verlangen einer vorherigen Abmahnung für den Kläger oder Antragsteller nach den Umständen des Falles **unzumutbar** ist (§ 242 BGB). Das ist insbesondere anzunehmen, wenn die Angelegenheit derart *eilbedürftig* ist, dass nur durch den *sofortigen Antrag* auf Erlass einer einstweiligen Ver- 9

pflicht; LM § 276 (Fa) BGB Nr. 140 = NJW 1995, 715 = GRUR 1995, 167 – Kosten bei unbegründeter Abmahnung; Harte-Bavendamm/Henning-Bodewig/*Brüning,* § 12 Rn. 67ff.; *Fritzsche,* Unterlassungsanspruch, S. 270ff.; *Köhler,* FS Piper, 1996, S. 309ff.

7 → Rn. 8f.; Harte-Bavendamm/Henning-Bodewig/*Brüning,* § 12 Rn. 6ff.; Ohly/Sosnitza/*Sosnitza,* § 12 Rn. 5ff.

8 *OLG Hamm* WRP 1977, 349; *OLG München* WRP 1971, 77f.; 1971, 78f.; *OLG Stuttgart* NJW-RR 1987, 246.

9 ZB *OLG Düsseldorf* GRUR 1979, 191; NJW-RR 1997, 1064f.; *OLG Frankfurt a. M.* GRUR 1985, 240.

10 *OLG Oldenburg* NJW-RR 1990, 133; Harte-Bavendamm/Henning-Bodewig/*Brüning,* § 12 Rn. 9; Köhler/Bornkamm/*Bornkamm,* § 12 Rn. 1.52f.; Ohly/Sosnitza/*Sosnitza,* § 12 Rn. 7; *Fritzsche,* Unterlassungsanspruch, S. 302f.

fügung ein Rechtschutz möglich erscheint. Gewöhnlich wird dies nur bei ganz zeitgebundenen Verstößen, etwa während eines Saisonschlussverkaufes, sowie dann der Fall sein, wenn im Falle einer Abmahnung die Gefahr drohte, dass der andere Teil noch Gelegenheit erhielte, die Rechtsverfolgung des Abmahnenden zu verhindern, zB indem er nachgeahmte Produkte beiseiteschafft oder zerstört.[11]

III. Inhalt

10 In der Abmahnung muss, wenn sie die ihr zugedachten Aufgaben erfüllen soll (→ Rn. 2f.), als erstes neben den **Parteien** der behauptete **Wettbewerbsverstoß** so genau beschrieben werden, dass der andere Teil ohne weiteres zu erkennen vermag, weshalb von ihm die Abgabe einer Unterlassungserklärung verlangt wird. Außerdem muss die Abmahnung nach § 12 Abs. 1 S. 1 UWG die Aufforderung enthalten, *binnen* einer angemessenen *Frist* (str.) wegen des behaupteten Wettbewerbsverstoßes eine unbedingte, **strafbewehrte Unterlassungserklärung** abzugeben. Schließlich ist noch erforderlich, dass dem Gegner *angedroht* wird, bei Verweigerung der Unterlassungserklärung den Erlass einer einstweiligen Verfügung zu beantragen oder Klage zu erheben, sofern sich diese Konsequenz nicht nach den Umständen ausnahmsweise von selbst versteht.[12]

11 Eine besondere **Form** ist für die Abmahnung nicht vorgeschrieben. Schon aus Beweisgründen wird sie jedoch gewöhnlich schriftlich erfolgen.[13] Eine telefonische Abmahnung kommt nur bei ganz eilbedürftigen Angelegenheiten in Betracht.[14] Heute wird die Abmahnung wohl in der Regel elektronisch übermittelt.

IV. Rechtsnatur

12 Die Abmahnung enthält im Regelfall (→ Rn. 10) den Antrag auf Abschluss eines Unterwerfungsvertrages (→ § 21 Rn. 29ff.), sodass es sich bei ihr meistens um eine **rechtsgeschäftliche Willenserklärung** handelt (§ 145 BGB).[15] In den wenigen verbleibenden Fällen wird die Abmahnung gewöhnlich als rechtsgeschäftsähnliche Handlung eingestuft, sodass auf sie jedenfalls die Mehrzahl der Vorschriften über Rechtsgeschäfte Anwendung findet.[16] Die Abmahnung ist folglich – entgegen einer verbreiteten Meinung[17] – insbesondere empfangsbedürftig (§§ 130, 145 BGB);[18] dagegen ist im Regelfall kein Raum für die Anwendung des § 174 BGB.[19]

---

[11] *OLG Hamburg* GRUR 1969, 483 (484); 1975, 39f.; *OLG Düsseldorf* NJW 1970, 335; NJW-RR 1997, 1064; *OLG Hamburg* WRP 1972, 262.

[12] *BGH* NJW 2006, 3781 (3782 Tz. 12) = GRUR 2007, 164 – Telefax-Werbung II; *KG* NJW 2005, 2239.

[13] *OLG Hamburg* GRUR 1975, 39 (40); 1975, 41.

[14] *OLG München* NJW-RR 1988, 680.

[15] *BGH* NJW-RR 2010, 1127 Tz. 18 = GRUR 2010, 355 = WRP 2010, 649 (650) – Testfundstelle; NJW-RR 2011, 335 Tz. 15 = GRUR 2010, 1120 = WRP 2010, 1495 (1496) – Vollmachtsnachweis.

[16] Ohly/Sosnitza/*Sosnitza,* § 12 Rn. 3.

[17] *OLG Frankfurt a. M.* BB 1988, 1907; *OLG Braunschweig* NJW 2005, 372f. = GRUR 2004, 887.

[18] *KG* DB 1982, 1611; 1982, 1612; *Fritzsche* Unterlassungsanspruch, S. 291ff.

[19] *BGH* NJW-RR 2011, 335 Tz. 14ff. = GRUR 2010, 1120 = WRP 2010, 1495 (1496) – Vollmachtsnachweis, früher sehr str.

Lange Zeit war umstritten, was aus den Gesagten für die Verteilung der Beweislast folgt, wenn der Schuldner und Beklagte im Rechtsstreit den **Zugang** der Abmahnung bestreitet.[20] Taucht wie in der Regel diese Frage erst im Rahmen der Auseinandersetzung um die Verteilung der Kosten nach § 93 ZPO auf, so trifft grundsätzlich den *Beklagten,* dh den Abgemahnten, die Beweislast für den fehlenden Zugang der Abmahnung, wenn er bestreitet, Veranlassung zur Klage gegeben zu haben.[21] Jedoch verlangt die Rechtsprechung von dem Kläger auf das Bestreiten des Beklagten hin einen substantiierten Vortrag über die Umstände der Absendung der Abmahnung, dem der Beklagte dann erst seinerseits durch das Angebot eigener Beweise entgegentreten kann. 13

V. Kosten

Nach § 12 Abs. 1 S. 2 UWG kann der Abmahnende Ersatz der erforderlichen Aufwendungen verlangen, *soweit* die Abmahnung berechtigt ist. Mit dieser Bestimmung wollte der Gesetzgeber einen Schlussstrich unter die ausufernde Diskussion über die Erstattungsfähigkeit der Abmahnungskosten unter dem UWG von 1909 ziehen. Das Problem rührte daher, dass eine Erstattung der Abmahnkosten aufgrund der §§ 91 ff. ZPO nur möglich war, wenn es nach der Abmahnung zu einem Rechtsstreit kam.[22] War der andere Teil zum **Schadensersatz** verpflichtet (s. jetzt § 9 S. 1 UWG), so konnte man sich außerdem auf § 249 BGB stützen, sofern man bereit war, die Kosten der Abmahnung generell oder doch zumindest in Ausnahmefällen als Teil des Schadens des Verletzten anzuerkennen.[23] 14

Jenseits dieser Sonderfälle (→ Rn. 14) fehlte dagegen eine gesetzliche Grundlage für eine Kostentragungspflicht des abgemahnten Schuldners. Die Rechtsprechung verfiel deshalb schließlich – faute de mieux – auf den Ausweg, das Rechtsinstitut der **Geschäftsführung ohne Auftrag** zu bemühen, und zwar mit der (kühnen) „Begründung", der Abmahnende werde letztlich auch im Interesse des Abgemahnten tätig, indem er ihm eine kostspielige gerichtliche Auseinandersetzung erspare (§§ 677, 683 S. 1, 670 BGB).[24] Heute ist die Frage gesetzlich geregelt (§ 12 Abs. 1 S. 2 UWG), sodass sich im der Mehrzahl der Fälle ein Rückgriff auf die Geschäftsführung ohne Auftrag erübrigt. 15

Nach § 12 Abs. 1 S. 2 UWG hat der Aufwendungsersatzanspruch des Abmahnenden gegen den Schuldner **zwei Voraussetzungen:** Erste Voraussetzung ist, dass die Abmahnung berechtigt war; hinzukommen muss noch zweitens, dass die Aufwendungen 16

---

[20] S. Köhler/Bornkamm/*Bornkamm,* § 12 Rn. 1.31 ff.; Harte-Bavendamm/Henning-Bodewig/*Brüning,* § 12 Rn. 28 ff.; Ohly/Sosnitza/*Sosnitza,* § 12 Rn. 12 f.

[21] *BGH* GRUR 2007, 629 (630 Tz. 10 ff.) = WRP 2007, 781 = NJW 2007, 3645 Nr. 10 (nur Leitsatz) – Zugang des Abmahnschreibens.

[22] *BGH* LM § 1 UWG Nr. 403 = GRUR 1984, 129 (131) – shop-in-the-shop; str.

[23] → § 23 Rn. 12 ff.; *BGH* GRUR 2007, 631 (632 Tz. 21) = WRP 2007, 783 = NJW 2007, 3645 Nr. 9 (nur Leitsatz) – Abmahnaktion; *OLG Köln* NJW 1969, 935; *OLG Frankfurt a. M.* GRUR 1985, 249; *OLG Koblenz* NJW-RR 1996, 748; zur Kritik s. *Köhler,* FS Erdmann, 2003, S. 845 f.

[24] BGHZ 52, 393 (399 f.) = NJW 1970, 243 – Fotowettbewerb; BGHZ 115, 210 (212) = NJW 1992, 429 – Abmahnkosten-Verjährung; *BGH* NJW-RR 2001, 1329 (1332) = GRUR 2001, 450 = WRP 2001, 542 – Franzbranntwein-Gel; NJW 2006, 3781 (3782 Tz. 12) = GRUR 2007, 164 – Telefax-Werbung II ebenso heute noch *BGH* NJW-RR 2010, 1130 Tz. 11 = GRUR 2010, 257 = WRP 2010, 258 (259) – Schubladenverfügung; – kritisch zu Recht *Fritzsche,* Unterlassungsanspruch, S. 395 f.; *Köhler,* FS Erdmann, 2003, S. 845 (846 ff.); *Oppermann,* AcP 193 (1993), 497 (516 ff.).

zur Rechtsverfolgung erforderlich gewesen sind. Die Abmahnung ist **berechtigt,** wenn ihr ein Unterlassungsanspruch zu Grunde liegt und wenn sie dem Schuldner einen Weg eröffnet, den Gläubiger ohne Inanspruchnahme der Gerichte klaglos zu stellen.[25] Die Abmahnung ist dagegen (natürlich) unbegründet, wenn sich der Abgemahnte überhaupt keines Wettbewerbsverstoßes schuldig gemacht hat oder wenn der Gläubiger vor der Abmahnung bereits ein gerichtliches Verfahren, insbesondere durch Antrag auf Erlass einer einstweiligen Verfügung, eingeleitet hatte. Dasselbe gilt, wenn der Abmahnende überhaupt nicht anspruchsberechtigt war (§ 8 Abs. 3 UWG).

17 Auch im Falle einer berechtigten Abmahnung (→ Rn. 16) beschränkt sich die Ersatzpflicht des abgemahnten Schuldners nach § 12 Abs. 2 S. 2 UWG auf die **(objektiv) erforderlichen Aufwendungen.** Soweit es um die Kosten der Beauftragung eines *Rechtsanwalts* geht, muss man unterscheiden: Bei **Unternehmen** (§ 8 Abs. 3 Nr. 1 UWG) werden die Kosten eines von ihnen beauftragten Rechtsanwalts grundsätzlich als erstattungsfähig anerkannt, selbst wenn sie über eine eigene Rechtsabteilung verfügen, weil Unternehmen nicht verpflichtet seien, ihre Rechtsabteilung gerade für die Abmahnung von Mitbewerbern einzusetzen.[26] Hat der abmahnende Gläubiger seinen Anwalt selbst noch gar nicht bezahlt, so kann er freilich von dem anderen Teil grundsätzlich auch nur Freistellung von der Belastung mit den Anwaltskosten im Wege der Bezahlung des Anwalts verlangen, also keine Zahlung an sich.[27]Anders beurteilt wird die Rechtslage dagegen bei den **Verbänden** und **Kammern** des § 8 Abs. 1 Nr. 2–4 UWG, weil bei ihnen in der Regel mit einer Personal- und Sachausstattung gerechnet werden darf, die es ermöglicht, bei einfachen Fällen und wohl auch bei solchen „mittleren Schwierigkeitsgrades" ohne einen Rechtsanwalt die Ansprüche außergerichtlich geltend zu machen.[28]

18 In der Praxis bewegt sich die **Höhe** der üblichen Kostenpauschale für eine Abmahnung (mit steigender Tendenz) in einer Größenordnung von 200 EUR.[29] Im Falle der (gerechtfertigten) Einschaltung von Anwälten entstehen dagegen durchweg wesentlich höhere Kosten. Die **Verjährung** des Aufwendungsersatzanspruchs richtet sich nach § 11 Abs. 1 UWG.[30]

---

[25] So *BGH* NJW 2010, 1208 Tz. 8 = GRUR 2010, 354 = WRP 2010, 525 (526) – Kräutertee; NJW-RR 2011, 335 Tz. 16 = GRUR 2010, 1120 = WRP 2010, 1495 (1496) – Vollmachtsnachweis.

[26] *BGH* NJW 2008, 2651 (2652 Tz. 14) mAnm *Möller* = GRUR 2008, 928 = WRP 2008, 1188 – Abmahnkostenersatz; NJW-RR 2011, 335 Tz. 26 = GRUR 2010, 1120 = WRP 2010, 1495 (1497) – Vollmachtsnachweis; GRUR 2010, 1038 = WRP 2010, 1169 (1171 Tz. 32f.) – Geschäftsgebühr für Abschlußschreiben; Köhler/Bornkamm/*Bornkamm,* § 12 Rn. 1.93ff.; Harte-Bavendamm/Henning-Bodewig/*Brüning,* § 12 Rn. 85; anders noch *BGH* NJW 2004, 2448 = GRUR 2004, 789 – Selbstauftrag; NJW-RR 2007, 713 (714 Tz. 11) = GRUR 2007, 621 = WRP 2007, 428 – Anwaltskosten für Abschlußschreiben.

[27] *Hess,* FS Bornkamm, 2014, S. 375 (mit Erörterung der Ausnahmen).

[28] Begr., BT-Drs. 15/1487, S. 25 (r. Sp. 2. Abs.); *BGH* LM § 683 BGB Nr. 42 = NJW 1984, 2525 = GRUR 1984, 691 – Anwaltsabmahnung; NJW 2008, 2651 (2652 Tz. 15) = GRUR 2008, 928 – Abmahnkostenersatz.

[29] *KG* WRP 1986, 384; GRUR 1987, 540; Köhler/Bornkamm/*Bornkamm,* § 12 Rn. 1.93ff.

[30] → § 23 Rn. 47ff.; BGHZ 115, 210ff. = NJW 1992, 429; *KG* NJW-RR 1991, 1520.

VI. Unberechtigte Abmahnung[31]

Eine Abmahnung kann aus unterschiedlichen Gründen unberechtigt (oder unbegründet) sein, in erster Linie natürlich, wenn der Abgemahnte tatsächlich nicht gegen das UWG verstoßen hatte (→ Rn. 16). Klar ist, dass der Abmahnende dann von dem Abgemahnten keinen Aufwendungsersatz verlangen kann (§ 12 Abs. 1 S. 2 UWG; → Rn. 16). Offen ist dagegen, wie sich umgekehrt der *Abgemahnte* gegen die unberechtigte Abmahnung wehren kann. 19

Eine unberechtigte Abmahnung ist im Regelfall *nicht* wettbewerbswidrig, sodass sich der Abgemahnte dagegen nicht mit der Unterlassungsklage, etwa auf der Grundlage der § 4 Nr. 4 und § 8 Abs. 1 UWG, wehren kann, weil es sich bei der Abmahnung um die Vorstufe zu einem gerichtlichen Verfahren handelt, dessen Einleitung grundsätzlich jedermann freistehen muss, solange er nicht geradezu unredlich handelt.[32] Ebenso wenig löst daher eine unberechtigte Abmahnung in der Regel eine **Schadensersatzpflicht** aus; die Grundsätze über die unberechtigte Schutzrechtsverwarnung (§ 9 Rn. 18) sind hier nicht, auch nicht entsprechend anwendbar.[33] Eine Ausnahme gilt nur, wenn der Täter **unredlich,** dh vorsätzlich und bösgläubig handelt (§ 826 BGB; § 4 Nr. 4, § 9 UWG). 20

Davon zu trennen ist die Frage, wie der grundlos Abgemahnte **verfahrensrechtlich** auf die Abmahnung vernünftigerweise reagieren sollte. Auszugehen ist davon, dass er (natürlich) *nicht zu antworten* braucht.[34] Stattdessen steht es ihm aber auch frei, **Feststellungsklage** zu erheben, dass die gegen ihn erhobenen Vorwürfe unberechtigt sind (§ 253 ZPO). Die Klage erledigt sich, wenn der Abmahnende anschließend seinerseits Leistungsklage erhebt (§ 91 a ZPO).[35] Eine vorherige **Gegenabmahnung** ist grundsätzlich entbehrlich.[36] 21

[31] S. dazu insb. Harte-Bavendamm/Henning-Bodewig/*Brüning,* § 12 Rn. 104 ff.; *Lindacher,* FS v. Gamm, 1990, S. 83; *Omsels,* WRP 2004, 136.

[32] *BGH* LM § 1 UWG Nr. 838/839 = NJW 2001, 2089 (2090 unter II. 1.c) = GRUR 2001, 354 = WRP 2001, 225 – Verbandsklage gegen Vielabmahner; GRUR 2011, 152 Tz. 62 = WRP 2011, 223 – Kinderhochstühle im Internet; Harte-Bavendamm/Henning-Bodewig/*Brüning,* § 12 Rn. 113.

[33] *BGH* GRUR 2011, 152 Tz. 63 = WRP 2011, 223 – Kinderhochstühle im Internet.

[34] *BGH* GRUR 2011, 152 (157 Tz. 63) = WRP 2011, 223 – Kinderhochstühle im Internet; zur Einreichung einer Schutzschrift → Rn. 25 ff.

[35] *BGH* LM § 256 ZPO Nr. 135 = NJW 1986, 1815 = GRUR 1985, 571 – Feststellungsinteresse; LM § 256 ZPO Nr. 184 = NJW 1994, 3107 = GRUR 1994, 846 = WRP 1994, 810 – Parallelverfahren II; LM § 243 ZPO Nr. 113 = NJW-RR 1995, 1379 (1381) = GRUR 1995, 697= WRP1995, 815 – Funny Paper.

[36] *BGH* GRUR 2004, 790 (792) = WRP 2004, 1032 – Gegenabmahnung.

§ 26. Einstweilige Verfügung

I. Überblick

1 Nach § 12 Abs. 2 UWG (= § 25 UWG aF) können zur Sicherung (nur) der im UWG bezeichneten Ansprüche auf Unterlassung einstweilige Verfügungen auch ohne Darlegung und Glaubhaftmachung der in den §§ 935 und 940 ZPO bezeichneten Voraussetzungen erlassen werden, dh auch dann, wenn es an dem normalerweise erforderlichen Verfügungsgrund der Dringlichkeit oder der Eilbedürftigkeit des einstweiligen Rechtsschutzes fehlt (→ Rn. 5ff.).

2 § 12 Abs. 2 UWG bedeutet eine weitgehende Erleichterung des Erlasses einstweiliger Verfügungen in Wettbewerbssachen. In der Praxis hat dies zu einer deutlichen **Bevorzugung des Verfügungsverfahrens** vor dem Klageverfahren geführt hat, wozu nicht zuletzt die zunehmende Verbreitung des sich vielfach anschließenden Abschlussverfahrens beigetragen hat (→ Rn. 20ff.). Daher die große praktische Bedeutung der Materie.[1]

II. Anwendungsbereich

3 § 12 Abs. 2 UWG gestattet unter gegenüber der ZPO erleichterten Voraussetzungen einstweilige Verfügungen (nur) zur Sicherung der im UWG bezeichneten **Ansprüche auf Unterlassung.** Den Gegensatz bilden *Schadensersatz-, Bereicherungs-, Aufwendungsersatz- und Auskunftsansprüche,* für die folglich das Verfügungsverfahren nach § 12 Abs. 2 UWG im Regelfall nicht zur Verfügung steht. Der wichtigste Grund ist, dass das Verfügungsverfahren grundsätzlich nur eine *vorläufige* Regelung bezweckt, sodass eine einstweilige Verfügung unzulässig ist, wenn sie zu einer *endgültigen* Regelung führte wie eben bei einer Verurteilung des Antragsgegners zur Leistung von Schadensersatz oder zur Erteilung von Auskünften (vgl. aber § 19 Abs. 7 MarkenG).[2] Ebenso zu behandeln sind ferner *Beseitigungs- und Widerrufsansprüche,* wiederum, soweit ihre Durchsetzung zu einer endgültigen Regelung führte. Die Folge ist zB, dass der Anspruch auf Löschung einer Firma oder einer Marke in aller Regel nicht durch einstweilige Verfügung durchgesetzt werden darf, weil die Löschung zum endgültigen Verlust der Priorität führte.

4 Die Dringlichkeitsvermutung des § 12 Abs. 2 UWG ist nach § 5 UKlaG entsprechend auf Verfahren nach diesem Gesetz anwendbar, vor allem also in **AGB-Sachen** (§ 1 UKlaG). Umstritten ist, ob auch in anderen Fallgestaltungen Raum für eine entsprechende Anwendung des § 12 Abs. 2 UWG ist. Von einer verbreiteten Meinung wird dies nach wie vor mit Rücksicht auf die identische Interessenlage für wettbewerbsrechtliche **Unterlassungsansprüche aus** dem **MarkenG** und aus den **§§ 12 und 1004 BGB** bejaht, indessen wohl zu Unrecht[3] Unanwendbar ist § 12 Abs. 2 UWG dagegen unstreitig auf Ansprüche aus dem GWB, aus dem PatG und aus dem UrhRG.[4]

---

[1] Alle Einzelheiten bei Köhler/Bornkamm/*Köhler,* § 12 Rn. 3.1ff.; Harte-Bavendamm/Henning-Bodewig/*Retzer,* § 12 Rn. 245–605; Ohly/Sosnitza/*Sosnitza,* § 12 Rn. 109ff.

[2] Str., wie hier Köhler/Bornkamm/*Köhler,* § 12 Rn. 3.10f.; Harte-Bavendamm/Henning-Bodewig/*Retzer,* § 12 Rn. 334ff.; Ohly/Sosnitza/*Sosnitza,* § 12 Rn. 111ff.; vermittelnd *Teplitzky,* FS Tilmann, 2002, S. 913 (917ff.).

[3] S. *OLG Hamburg* WRP 2010, 953; Köhler/Bornkamm/*Köhler,* § 12 Rn. 3.14 mN; Harte-Bavendamm/Henning-Bodewig/*Retzer,* § 12 Rn. 335f.

[4] *KG* NJW-RR 2001, 1201; *Berneke,* Die einstweilige Verfügung in Wettbewerbssachen, 2. Aufl. 2003, Tz. 62 (S. 48ff.); *Traub,* WRP 2000, 1046.

III. Dringlichkeitsvermutung

Der Erlass einer einstweiligen Verfügung hat nach den §§ 916ff., 935 und 940 ZPO grundsätzlich *zwei* Voraussetzungen, für die sich die Bezeichnungen Verfügungsanspruch und Verfügungsgrund eingebürgert haben. Mit **Verfügungsanspruch** meint man den Anspruch, um dessen Sicherung oder Regelung es geht, während mit **Verfügungsgrund** die Dringlichkeit oder Eilbedürftigkeit der Maßnahme bezeichnet wird, von deren Vorliegen die §§ 935 und 940 ZPO im Regelfall den Erlass einer einstweiligen Verfügung zusätzlich abhängig machen. In beiden Beziehungen genügt **Glaubhaftmachung;** ein voller Beweis ist nicht erforderlich (§§ 936, 920 Abs. 2 und 294 ZPO). 5

Keinerlei Besonderheiten gelten zunächst hinsichtlich des **Verfügungsanspruchs,** da (natürlich) auch in Wettbewerbsstreitigkeiten der Erlass einer einstweiligen Verfügung ebenso wie sonst einen Verfügungsanspruch aufgrund eines Wettbewerbsverstoßes voraussetzt. § 12 Abs. 2 UWG bezieht sich entsprechend seinem Wortlaut ebenso wie sein Vorläufer, die Vorschrift des § 25 UWG von 1909, allein auf den **Verfügungsgrund.** Die genaue Reichweite der durch die beiden genannten Vorschriften angeordneten Ausnahme von der Anwendung der §§ 925 und 940 ZPO war und ist umstritten. Der Wortlaut sowohl des § 25 UWG von 1909 als auch des § 12 Abs. 2 UWG von 2004 legt an sich ein Verständnis der Regelung im Sinne eines *generellen Verzichts* auf das Erfordernis eines Verfügungsgrundes in Wettbewerbssachen für den Erlass einer einstweiligen Verfügung nahe. Dabei würde jedoch übersehen, dass § 25 UWG von 1909 seinerzeit allein deshalb eingeführt worden war, weil die Gesetzesverfasser der Meinung waren, dass Wettbewerbssachen (nur) *grundsätzlich* eilbedürftig seien. Daraus wurde schon früh verbreitet der Schluss gezogen, dass § 25 UWG von 1909 lediglich eine **gesetzliche Vermutung** für das Vorliegen eines Verfügungsgrundes in Wettbewerbssachen enthalte, die im Einzelfall durchaus auch widerlegt werden könne. In diesem Fall war dann in Wettbewerbssachen ebenso wie in anderen Verfügungsverfahren abweichend von § 25 UWG aF doch zusätzlich eine Glaubhaftmachung der Dringlichkeit iSd §§ 935 und 940 ZPO erforderlich.[5] Gelang diese nicht, so war hier ebenso wenig wie sonst Raum für den Erlass einer einstweiligen Verfügung. 6

An dieser Auslegung der Vorschrift wird überwiegend auch unter dem *neuen* Recht festgehalten, da mit § 12 Abs. 2 UWG von 2004 keine Änderung der Rechtslage bezweckt war. In der Begründung zu der Vorschrift heißt es vielmehr ausdrücklich, die Eilbedürftigkeit oder Dringlichkeit werde in Wettbewerbssachen (nur) „vermutet".[6] Es bleibt daher dabei, dass ebenso wie früher von Fall zu Fall durchaus auch eine **Widerlegung** der Dringlichkeitsvermutung in Betracht kommt.[7] 7

Wann von einer Widerlegung der Dringlichkeitsvermutung auszugehen ist, wird von den Gerichten *unterschiedlich beantwortet.*[8] Überwiegend wird die Vermutung vor allem dann als widerlegt angesehen, wenn das Interesse des Antragstellers an einer be- 8

---

[5] *BGH* NJW-RR 2000, 209 = GRUR 2000, 151 (152) – Späte Urteilsbegründung; *Ahrens,* Wettbewerbsverfahrensrecht, S. 303, 327ff.; *Traub,* GRUR 1996, 707.

[6] Begr., BT-Drs. 15/1487, S. 25 (r. Sp. „Zu Abs. 2").

[7] ZB Harte-Bavendamm/Henning-Bodewig/*Reckert,* § 12 Rn. 303.

[8] Übersicht bei Köhler/Bornkamm/*Köhler,* § 12 Rn. 3.15f.; Harte-Bavendamm/Henning-Bodewig/*Reckert,* § 12 Rn. 304, 942ff.; Ohly/Sosnitza/*Sosnitza,* § 12 Rn. 117ff.; *Traub,* GRUR 1996, 707.

schleunigten Entscheidung des Falles offenbar nur gering ist, weil sein Verhalten selbst bereits erkennen lässt, dass es ihm in Wirklichkeit „gar nicht so eilig ist".[9] Der wichtigste Fall ist der, dass der Antragsteller *trotz positiver Kenntnis* des Wettbewerbsverstoßes längere Zeit mit dem Antrag auf Erlass einer einstweiligen Verfügung *zuwartet,* wobei auf die Kenntnis der Geschäftsführer eines Unternehmens und nicht auf die beliebiger Mitarbeiter abzustellen ist.[10]

9 Über die **Fristen,** nach deren Ablauf gewöhnlich mit Rücksicht auf das Zuwarten des Antragstellers die Eilbedürftigkeit der Sache zu verneinen ist, besteht keine Einigkeit.[11] Während einige Gerichte schon nach wenigen Wochen die Eilbedürftigkeit der Sache verneinen, verfahren andere großzügiger. Neuerdings wird vielfach bereits nach Ablauf von **vier Wochen** die Vermutung des § 12 Abs. 2 UWG als widerlegt angesehen.[12] Erst recht wird ein Zuwarten von fünf bis sechs Monaten in der Mehrzahl der Fälle zur Verneinung der Eilbedürftigkeit führen, zumal mit Ablauf dieser Frist bereits die Verjährung des Anspruchs droht (§ 11 Abs. 1 UWG).[13]

10 Die Dringlichkeitsvermutung ist ferner als widerlegt anzusehen, wenn der Antragsteller sofort **Klage in der Hauptsache** erhebt, sodass er dann nicht später noch den Antrag auf Erlass einer einstweiligen Verfügung nachschieben kann,[14] oder wenn er den Rechtsstreit ausgesprochen **zögerlich betreibt.**[15] Die Dinglichkeitsvermutung ist schließlich noch als widerlegt anzusehen, wenn es sich bei dem Wettbewerbsverstoß um eine *einmalige, befristete Aktion* handelte, deren Wiederholung auf absehbare Zeit nicht zu besorgen ist.[16]

11 Ausgesprochen kritisch stehen die Gerichte außerdem dem Versuch des Antragstellers gegenüber, die **Frist für die Berufung** und die Berufungsbegründung ganz auszuschöpfen.[17] Das ist nicht unbedenklich, da die volle Ausnutzung dieser Fristen grundsätzlich jeder Partei offenstehen muss.[18] Die **Beweislast** für die Umstände, die zur Widerlegung der Vermutung des § 12 Abs. 2 UWG führen, trifft den Antragsgegner, da das Gesetz in § 12 Abs. 2 für den Regelfall von der *Vermutung* der Dringlichkeit ausgeht.[19]

---

9 *BGH* NJW-RR 2000, 209 = GRUR 2000, 151 (152) – Späte Urteilsbegründung; *OLG Köln* NJW-RR 1999, 694; *OLG München* WRP 2008, 97222 (975 f.); *OLG Hamburg* GRUR-RR 2010, 57; *Traub,* GRUR 1996, 707 ff. mwN.

10 *BGH* NJW-RR 2000, 209 = GRUR 2000, 151 (152); *OLG München* WM 1990, 2055 (2057) = NJW-RR 1991, 624; *Traub* GRUR 1996, 707 ff. mwN.

11 Übersicht bei Köhler/Bornkamm/*Köhler,* § 12 Rn. 3.15; Harte-Bavendamm/Henning-Bodewig/*Reckert,* § 12 Rn. 942 ff.

12 *OLG Hamm* NJW-RR 1994, 48; *OLG München* WRP 2008, 972 (976); *OLG Koblenz* NJW-RR 2011, 624 = GRUR 2011, 624 mAnm *Demuth,* GRUR 2011, 404.

13 → § 23 Rn. 45 ff.; *OLG Hamburg* GRUR 1983, 134; 1987, 721; *OLG Nürnberg* GRUR 1987, 727.

14 *OLG Hamm* GRUR 1985, 454.

15 *BGH* NJW-RR 2000, 209 = GRUR 2000, 151 – Späte Urteilsbegründung; *OLG Hamm* NJW-RR 1993, 366.

16 *OLG Koblenz* GRUR 1978, 718 (719).

17 *OLG München* NJW-RR 1991, 624; *OLG Hamm* NJW-RR 1993, 366.

18 Zutreffend *KG* NJW-RR 1993, 555; wohl auch *BGH* NJW-RR 2000, 209 = GRUR 2000, 151 (152).

19 *OLG München* WRP 2008, 972 (976).

IV. Verfahren

Die **Zuständigkeit** zum Erlass einstweiliger Verfügungen richtet sich nach den allgemeinen Vorschriften. Grundsätzlich zuständig ist mithin das *Gericht der Hauptsache* (§§ 937 Abs. 1, 943 ZPO iVm § 13 UWG). In dringenden Fällen besteht daneben eine Zuständigkeit des *Amtsgerichts* (§ 942 ZPO). Unter denselben Voraussetzungen kann der Vorsitzende allein an Stelle der Kammer entscheiden (§ 944 ZPO). Die Dringlichkeit richtet sich in beiden Fällen nach den allgemeinen Regeln; § 12 Abs. 2 UWG findet keine Anwendung. Für die *örtliche* Zuständigkeit gilt § 14 UWG. 12

Der Antrag muss auch im Verfügungsverfahren dem **Bestimmtheitsgrundsatz** des § 253 Abs. 2 Nr. 2 ZPO genügen. Dazu ist erforderlich, dass der Antrag so bestimmt ist, dass sich aus der stattgebenden Verfügung eindeutig ergibt, welches Verhalten dem Anspruchsgegner verboten ist. Möglich, wenn auch nicht notwendig ist, dass in der Verfügung außerdem mit Rücksicht auf § 890 Abs. 3 ZPO für den Fall, dass der Antragsgegner die Verfügung unbeachtet lässt, bereits **Ordnungsmittel** angedroht werden. Dies kann auch von Amts wegen geschehen[20] und ist dringend zu empfehlen, weil eine **Vollziehung** von Unterlassungsverfügungen durch Zustellung im Parteibetrieb (→ Rn. 17) nur wirksam ist, wenn in der Verfügung selbst bereits Ordnungsmittel nach § 890 ZPO angedroht sind.[21] 13

Über den Antrag auf Erlass einer einstweiligen Verfügung ist grundsätzlich aufgrund mündlicher Verhandlung durch **Urteil** zu entscheiden (§ 922 ZPO), gegen das es nur die Berufung, nicht dagegen die Revision gibt (§ 542 Abs. 2 S. 1 ZPO). Lediglich in dringenden Fällen sowie dann, wenn der Antrag auf Erlass einer einstweiligen Verfügung (als unzulässig oder unbegründet) zurückzuweisen ist, kann ohne mündliche Verhandlung entschieden werden (§ 937 Abs. 2 ZPO). Die Entscheidung ergeht dann durch **Beschluss** (§ 922 Abs. 1 S. 1 ZPO). Von der Möglichkeit zur Entscheidung durch Beschluss ohne mündliche Verhandlung wird in der Praxis, obwohl vom Gesetz offenkundig als Ausnahme gedacht, verbreitet Gebrauch gemacht. Zur Abwendung der damit für den anderen Teil möglicherweise verbundenen, Nachteile dient das in der Praxis entwickelte Rechtsinstitut der **Schutzschrift** (→ Rn. 20 ff.). 14

V. Vollziehung

Nach § 929 Abs. 2 ZPO (iVm § 936 ZPO) gilt für die „Vollziehung" von Unterlassungsverfügungen eine Frist von einem Monat seit Verkündung oder Zustellung der Verfügung. Mit Vollziehung meint die ZPO hier an sich die **Vollstreckung** der Verfügung (s. § 928 ZPO).[22] Durch diese Regelung soll sichergestellt werden, dass die (angeblich) eilbedürftige einstweilige Verfügung auch tatsächlich kurzfristig durchgesetzt wird. Wird die Vollziehung der Verfügung binnen der Monatsfrist versäumt, so **verliert** die Verfügung ihre **Wirksamkeit,** sodass sie auf Widerspruch des Schuldners (§ 924 ZPO), aufgrund des Antrags nach § 927 ZPO oder bei Urteilen aufgrund der Berufung aufzuheben ist.[23] Die Folge ist dann, dass der Gläubiger die Kosten des Verfahrens zu tragen hat (§ 91 ZPO). 15

---

[20] *OLG Hamburg* GRUR-RR 2008, 31 (32 r. Sp. u.); Köhler/Bornkamm/*Köhler*, § 12 Rn. 3.37; str.
[21] BGHZ 131, 141 = NJW 1996, 198 f.; Ohly/Sosnitza/*Sosnitza*, § 12 Rn. 132.
[22] BGHZ 131, 141 = NJW 1996, 198.
[23] ZB Harte-Bavendamm/Henning-Bodewig/*Reckert*, § 12 Rn. 509.

16 Aus dieser Regelung haben sich in Wettbewerbsstreitigkeiten Schwierigkeiten ergeben, da eine **Unterlassungsverfügung** anders als sonstige einstweilige Verfügungen im Regelfall nicht vollstreckt werden kann, solange der Schuldner das Unterlassungsgebot freiwillig beachtet; Zwangsmaßnahmen kommen vielmehr erst in Betracht, wenn der Schuldner gegen das Unterlassungsgebot verstößt (§ 890 ZPO). Würde man deshalb § 929 Abs. 2 ZPO hier wortgetreu anwenden, so hätte es der Antragsgegner in der Hand, durch bloßes einmonatiges Zuwarten der einstweiligen Verfügung in der Mehrzahl der Fälle ihre Wirksamkeit zu nehmen.

17 Welche Folgerungen aus diesem Befund (→ Rn. 16) zu ziehen sind, ist umstritten. Die heute überwiegende Meinung geht dahin, dass eine „Vollziehung“ von Unterlassungsverfügungen gleichermaßen durch die Einleitung von Vollstreckungsmaßnahmen nach **§ 890 ZPO** wie durch die **Zustellung der Verfügung im Parteibetrieb** gemäß §§ 191 ff. ZPO möglich ist, wobei die Vollziehungsfrist bei Urteilsverfügungen mit Verkündung des Urteils zu laufen beginnt.[24] Nicht ausreichend ist dagegen die Amtszustellung der Verfügung.[25]

VI. Rechtsbehelfe[26]

18 Wird der Antrag auf Erlass einer einstweiligen Verfügung **durch Beschluss abgelehnt,** so hat der Gläubiger die sofortige Beschwerde (§ 567 ZPO). Gegen ein **Urteil,** durch das sein Antrag zurückgewiesen wird, steht ihm dagegen (nur) die **Berufung** offen. Eine Revision ist nicht möglich (§ 542 Abs. 2 S. 1 ZPO).

19 Wird dem Antrag **stattgegeben,** so muss unterschieden werden, ob die Verfügung durch Urteil oder durch Beschluss erlassen wird. Das normale Rechtsmittel gegen ein **Urteil** ist wiederum (nur) die **Berufung** (§ 542 Abs. 2 S. 1 ZPO). Zusätzlich kommen hier noch die besonderen Rechtsbehelfe der §§ 926 und 927 ZPO in Betracht. Nach **§ 926 ZPO** hat das Gericht auf Antrag anzuordnen, dass der Antragsteller binnen einer bestimmten Frist die Hauptsacheklage erheben muss, während nach **§ 927 ZPO** wegen veränderter Verhältnisse jederzeit die Aufhebung der Verfügung beantragt werden kann. Ist die Unterlassungsverfügung dagegen durch **Beschluss** erlassen worden, so steht dem Schuldner (an Stelle der Beschwerde) der **Widerspruch** zu, über den durch Urteil zu entscheiden ist (§§ 936, 924 ZPO). In den Fällen des § 93 ZPO kann der Widerspruch auch auf die Kosten beschränkt werden. Daneben sind auch hier die besonderen Rechtsbehelfe der §§ 926 und 927 ZPO möglich.

VII. Abschlussverfahren

20 Als Abschlussverfahren bezeichnet man ein in der Praxis entwickeltes weiteres Verfahren zur außergerichtlichen und damit in die Regel kostengünstigen *Streitbeilegung nach* Erlass einer *einstweiligen Verfügung* in Wettbewerbssachen. Es handelt sich dabei

[24] BGHZ 120, 73 (77 ff.) = NJW 1993, 1076; BGHZ 131, 141 = NJW 1996, 198 (199); BGHZ 180, 72 (75 f. Tz. 15) = GRUR 2009, 890; *BGH* LM § 750 ZPO Nr. 4 = NJW 1990, 122; Köhler/Bornkamm/*Köhler,* § 12 Rn. 3. 62 f.; Harte-Bavendamm/Henning-Bodewig/*Reckert,* § 12 Rn. 520 ff.; Ohly/Sosnitza/*Sosnitza,* § 12 Rn. 166 f.

[25] Anders *OLG Stuttgart* NJW-RR 1998, 622 (623) = WRP 1997, 875.

[26] Wegen der Einzelheiten s. Köhler/Bornkamm/*Köhler,* § 12 Rn. 3.38 ff.; Ohly/Sosnitza/*Sosnitza,* § 12 Rn. 147 ff.

um eine besondere Erscheinungsform der Abmahnung, bestehend aus einem sogenannten Abschlussschreiben des Antragstellers und der darauf folgenden Abschlusserklärung des Antragsgegners im Verfügungsverfahren.[27] Inhalt des **Abschlussschreibens** des Antragstellers ist die Aufforderung an den Antragsgegner, die einstweilige Verfügung als endgültig anzuerkennen und auf Rechtsbehelfe gegen die Verfügung zu verzichten.[28] Es geht dabei um die **Rechtsbehelfe** aus § 936 ZPO in Verbindung mit den §§ 924, 926 und 927 ZPO (→ Rn. 18f.), bei § 927 ZPO freilich mit Ausnahme derjenigen Einwendungen, auf die auch bei einem rechtskräftigen Titel nach § 767 ZPO die Vollstreckungsabwehrklage gestützt werden kann, wobei in erster Linie an Änderungen der Gesetzgebung und der höchstrichterlichen Rechtsprechung zum Wettbewerbsrecht zu denken ist.[29]

21 Um die Funktion einer Abschlusserklärung zu verstehen, muss man sich vergegenwärtigen, dass eine Unterlassungsverfügung grundsätzlich **nur** einen **vorläufigen Titel** schafft, durch den im Regelfall das Rechtsschutzbedürfnis für eine gleichzeitige oder nachfolgende Unterlassungsklage *nicht* ausgeschlossen wird, weil für die Rechtsbehelfe des Widerspruchs (§§ 936 und 924 ZPO) und der Anordnung der Klageerhebung (§§ 936 und 926 ZPO) *keine Fristen* bestehen (→ Rn. 18f.), sodass nach dem Erlass einer einstweiligen Verfügung immer noch damit gerechnet werden muss, dass der Schuldner von den genannten Rechtsbehelfen Gebrauch macht. Einen endgültigen Titel, der das Rechtsschutzbedürfnis für eine nachfolgende Klage entfallen lässt, kann der Antragsteller folglich nur erreichen, wenn der Antragsgegner nach Erlass der Verfügung auf die genannten Rechtsbehelfe verzichtet, wozu bei einer Urteilsverfügung noch der Verzicht auf die Berufung hinzukommen muss, sofern die Berufungsfrist noch läuft (§ 515 ZPO). Erforderlich ist außerdem, dass die Abschlusserklärung *unbedingt* ist und genau dem *Inhalt der* einstweiligen *Verfügung entspricht,* weil sie nur dann geeignet ist, in Verbindung mit der Verfügung einen Titel zu schaffen, der ebenso effektiv wie ein Titel in der Hauptsache ist.[30]

22 Die **Wirkung** einer ordnungsgemäßen Abschlusserklärung besteht in erster Linie darin, dass für eine nachfolgende Klage in der Hauptsache das *Rechtsschutzbedürfnis entfällt.*[31] Zugleich beseitigt sie in Verbindung mit der vorausgegangenen einstweiligen Verfügung genauso wie eine strafbewehrte Unterlassungserklärung die *Wiederholungsgefahr,* weil der durch die Verfügung erlangte Titel jetzt endgültig ist, und zwar wohl auch im Verhältnis zum **Dritten,** sodass diese jetzt ebenfalls keine Unterlassung mehr verlangen und daher auch nicht Unterlassungsklage erheben können.[32]

---

[27] Wegen der Einzelheiten s. zB Köhler/Bornkamm/*Köhler,* § 12 Rn. 3.69ff.; Harte-Bavendamm/Henning-Bodewig/*Retzer,* § 12 Rn. 634ff.; Ohly/Sosnitza/*Sosnitza,* § 12 Rn. 183ff.

[28] *Lüke,* FS Jahr, 1993, S. 293 (294ff.).

[29] BGHZ 181, 373 (377ff. Tz. 16ff.) = NJW 2009, 3303 – Mescher weiß.

[30] BGHZ 181, 373 (377 Tz. 14) = NJW 2009, 3303 – Mescher weiß; *BGH* NJW 2005, 2550 (2552) = GRUR 2005, 692 = WRP 2005, 1609 – „statt"-Preis; GRUR 2010, 855 Tz. 13 = WRP 2010, 1035 (1037) – Folienrollos.

[31] BGHZ 181, 373 (376 Tz. 12) = NJW 2009, 3303 – Mescher weiß; *BGH* LM § 25 UWG Nr. 1 = NJW-RR 1991, 297 = GRUR 1991, 76 = WRP 1991, 97 – Abschlußerklärung; GRUR 2010, 855 Tz. 16 = WRP 2010, 1035 (1037) – Folienrollos; *Lüke,* FS Jahr, 1993, S. 293 (296f.); Harte-Bavendamm/Henning-Bodewig/*Retzer,* § 12 Rn. 647ff.

[32] Harte-Bavendamm/Henning-Bodewig/*Retzer,* § 12 Rn. 648; str.

23 Die **Kosten** des Abschlussschreibens gehören nicht mehr zum Verfügungsverfahren. Soweit erforderlich, werden sie heute gleichwohl allgemein dem **Antragsgegner** auferlegt. Das ist unproblematisch nur, soweit dieser zugleich schadensersatzpflichtig ist (§ 9 S. 1 UWG iVm § 249 BGB). In den restlichen Fällen stützt man sich entweder auf eine Analogie zu § 12 Abs. 1 S. 2 UWG[33] oder ebenso wie unter dem UWG von 1909 (→ Rn. 15) auf die Grundsätze über die Geschäftsführung ohne Auftrag (§§ 677, 683 und 670 BGB).[34]

24 Bei einem **Verzicht** auf das Abschlussschreiben drohen dem Antragsteller (nur) *kostenrechtliche Nachteile,* da der Antragsteller, der nach Erwirkung einer einstweiligen Verfügung ohne Abschlussschreiben sogleich zur Klageerhebung schreitet, nach § 93 ZPO die Kosten tragen muss, wenn der Beklagte in der ersten mündlichen Verhandlung über die Klage den Unterlassungsanspruch anerkennt. Anders verhält es sich nur, wenn einer der Ausnahmefälle vorliegt, in denen auch eine Abmahnung entbehrlich ist (→ § 25 Rn. 7ff.).

VIII. Schutzschrift

25 Abmahnung und anschließendes Verfügungsverfahren sind für den Betroffenen deshalb so gefährlich, weil in der Praxis – entgegen § 937 Abs. 2 ZPO – sehr häufig über den Antrag auf Erlass einer einstweiligen Verfügung in Wettbewerbssachen durch Beschluss ohne Anhörung des Gegners entschieden wird (→ Rn. 14). Die Rechtsbehelfe des Widerspruchs (§§ 924f., 936 ZPO) und des Antrags auf Anordnung der Klageerhebung binnen einer angemessenen Frist (§§ 926, 936 ZPO; → Rn. 16f.) sind kein vollwertiger Ausgleich für die mangelnde Anhörung des Betroffenen noch *vor* Erlass der einstweiligen Verfügung, weil sie nichts daran ändern, dass zunächst einmal die den Betroffenen möglicherweise erheblich belastende Verfügung in der Welt ist und deshalb auch beachtet werden muss.

26 Um hier gegenzusteuern, hat die Praxis als weiteres Rechtsinstitut, von dem verbreitet Gebrauch gemacht wird, die **Schutzschrift** entwickelt.[35] Es handelt sich dabei um einen *Schriftsatz,* den der Abgemahnte *vorsorglich* bei dem oder den Gerichten einreicht, bei denen vermutlich der Antrag auf Erlass einer einstweiligen Verfügung ohne mündliche Verhandlung gestellt wird (vgl. § 945a ZPO von 2015). Der Abgemahnte will sich dadurch die Möglichkeit eröffnen, auf jeden Fall noch selbst rechtzeitig vor Erlass der einstweiligen Verfügung zu Wort zu kommen. **Mindestinhalt** der Schutzschrift ist deshalb der Antrag, über den erwarteten Antrag des Abmahnenden auf Erlass einer einstweiligen Verfügung *nicht ohne mündliche Verhandlung* zu entscheiden. Die Schutzschrift sollte zugleich auch sachlich zu der Berechtigung des erwarteten Antrags Stellung nehmen, um das Gericht zu veranlassen, in die sachliche Prüfung der Argumente der Parteien einzutreten.[36]

---

[33] Köhler/Bornkamm/*Köhler,* § 12 Rn. 3.73.

[34] *BGH* WRP 2008, 805 Tz. 5ff. – Abschlußschreiben eines RA; GRUR 2010, 855 Tz. 26 = WRP 2010, 1035 (1039) – Folienrollos; GRUR 2010, 1038 = WRP 2010, 1169 (1171 Tz. 26) – Geschäftsgebühren für Abschlußschreiben; Ohly/Sosnitza/*Sosnitza,* § 12 Rn. 186.

[35] S. dazu insbesondere *Hilgard,* Die Schutzschrift im Wettbewerbsrecht, 1985; *May,* Die Schutzschrift im Arrest- und einstweiligen Verfügungsverfahren, 1983; Köhler/Bornkamm/*Köhler,* § 12 Rn. 3.40f.; *Lücke,* FS Jahr, 1993, S. 293; Harte-Bavendamm/Henning-Bodewig/*Retzer,* § 12 Rn. 606ff.; Ohly/Sosnitza/*Sosnitza,* § 12 Rn. 135ff.; *Schlingloff,* WRP 2016, 301.

[36] *Teplitzky,* NJW 1980, 1667.

Obwohl die ZPO das Rechtsinstitut der Schutzschrift bis 2015 nicht kannte, folgte doch schon immer aus Art. 103 Abs. 1 GG, dass das Gericht eine einmal eingereichte Schutzschrift zur **Kenntnis nehmen** und bei seiner Entscheidung über den Antrag auf Erlass einer einstweiligen Verfügung berücksichtigen musste.[37] Im Anschluss an diese bewährte Praxis finden sich seit 2015 eine entsprechende gesetzliche Regelung in den neuen **§§ 945a und 945b ZPO** in Verbindung mit der **Verordnung** über das Schutzschriftenregister (SRV). Kern der gesetzlichen Regelung ist die Einrichtung eines **elektronischen Schutzschriftenregisters,** bei dem ab dem Jahre 2017 alle Schutzschriften von Rechtsanwälten einzureichen sind und das den Gerichten bundesweit vor Erlass einer einstweiligen Verfügung ohne mündliche Verhandlung die Prüfung ermöglichen soll, ob irgendwo eine Schutzschrift eingereicht wurde, die dann auch vor Erlass der Entscheidung zu berücksichtigen ist.[38] Hält das Gericht die vom Antragsgegner in der Schutzschrift vorgebrachten Einwendungen für erheblich, so sollte es grundsätzlich von dem Erlass der beantragten einstweiligen Verfügung ohne mündliche Verhandlung absehen und dem Antragsteller Gelegenheit geben, seinerseits zu der Schutzschrift Stellung zu nehmen (Art. 103 GG).[39] 27

Die Einreichung einer Schutzschrift verursacht, auch bei Wahl des neuen elektronischen Weges, **Kosten.** Diese Kosten sind grundsätzlich *nach § 91 ZPO erstattungsfähig,* wenn später tatsächlich ein Antrag auf Erlass einer einstweiligen Verfügung bei Gericht eingeht, und zwar selbst dann, wenn dieser Antrag abgelehnt oder wieder zurückgenommen wird, ohne dass eine mündliche Verhandlung stattgefunden hat. Anders verhält es sich nur, wenn die Schutzschrift erst *nach* Rücknahme des Antrags auf Erlass einer einstweiligen Verfügung bei Gericht eingereicht wird.[40] 28

[37] *Lüke,* FS Jahr, 1993, S. 293 (300f.); Harte-Bavendamm/Henning-Bodewig/*Retzer,* § 12 Rn. 617 mN.

[38] *Bacher,* MDR 2015, 1329; *Schlingloff,* WRP 2016, 301.

[39] Im Einzelnen str., s. Harte-Bavendamm/Henning-Bodewig/*Retzer,* § 12 Rn. 614ff.

[40] *BGH* NJW 2003, 1257 (unter II. 2.a) = GRUR 2003, 456 = WRP 2003, 516 – Kosten einer Schutzschrift I; NJW-RR 2007, 1575 = GRUR 2007, 727 (728 Tz. 15–17) = WRP 2007, 786 – Kosten einer Schutzschrift II; NJW-RR 2008, 1093 Tz. 10 = GRUR 2008, 640 = WRP 2008, 951 (952) – Kosten einer Schutzschrift III; Köhler/Bornkamm/*Köhler,* § 12 Rn. 3.41; Harte-Bavendamm/Henning-Bodewig/*Retzer,* § 12 Rn. 627ff.; Ohly/Sosnitza/*Sosnitza,* § 12 Rn. 135.

§ 27. Sonstige Verfahrensfragen

I. Einigungsstellen

1 Nach § 15 Abs. 1 UWG errichten die Landesregierungen bei den Industrie- und Handelskammern Einigungsstellen zur Beilegung von bürgerlichen Rechtsstreitigkeiten, in denen ein Anspruch aufgrund des UWG geltend gemacht wird. Derartige Einigungsstellen waren bereits unter der Geltung des ersten UWG von 1896 in zahlreichen Fällen auf freiwilliger Basis geschaffen worden, um nach Möglichkeit auf eine *gütliche Beilegung* von Wettbewerbsstreitigkeiten hinzuwirken und so gerichtliche Auseinandersetzungen zu vermeiden. Ihre Erfolge bei der Vermeidung von Wettbewerbsprozessen hatten den Gesetzgeber schließlich veranlasst, den Einigungsstellen eine gesetzliche Basis zu schaffen. Zu diesem Zweck wurde 1932 durch eine Verordnung ein neuer § 27a in das UWG von 1909 eingefügt. Bei der UWG-Reform im Jahre 2004 ist § 27a UWG aF sodann im Wesentlichen unverändert als § 15 in das neue UWG übernommen worden.

2 Die Einigungsstellen haben die **Aufgabe,** auf einen gütlichen Ausgleich von bürgerlichen Rechtsstreitigkeiten aufgrund des UWG hinzuwirken (§ 15 Abs. 6 S. 1 UWG). Ziel des Verfahrens ist der Abschluss eines **Vergleichs,** aus dem ebenso wie aus einem Gütestellenvergleich die Zwangsvollstreckung möglich ist (§ 15 Abs. 7 S. 2 UWG iVm §§ 794 Nr. 1, 797a ZPO). Entscheidungsbefugnisse besitzen die Einigungsstellen nicht.

3 Die **Zuständigkeit** der Einigungsstellen richtet sich nach § 15 Abs. 1 und 3 UWG. Sie sind danach zuständig bei allen bürgerlichen Rechtsstreitigkeiten, in denen ein Anspruch aufgrund des UWG geltend gemacht wird, vor allem also bei Klagen auf der Grundlage der §§ 8 und 9 UWG in Verbindung mit den §§ 3–7 UWG. Das **Verfahren** vor den Einigungsstellen ist in § 15 UWG nur in seinen Grundzügen geregelt. Die Einzelheiten finden sich in den **Durchführungsverordnungen** der Länder aufgrund des § 15 Abs. 11 UWG.[1] Über die Tätigkeit der Einigungsstellen sind nur lückenhafte Statistiken verfügbar.[2] Danach dürften jährlich um die 1.000 Verfahren vor den Einigungsstellen durchgeführt werden, die häufig tatsächlich mit einem Vergleich enden. Die Verfahrensdauer beläuft sich offenbar durchschnittlich auf 3–6 Wochen.

II. Zuständigkeit

1. Sachliche Zuständigkeit

4 Die §§ 13 und 14 UWG enthalten Vorschriften über die sachliche und die örtliche Zuständigkeit in Wettbewerbssachen. § 13 Abs. 1 UWG bestimmt eine *ausschließliche* sachliche Zuständigkeit der *Landgerichte* für bürgerliche Rechtstreitigkeiten, mit denen ein Anspruch auf Grund des UWG geltend gemacht wird. Aus dem Verweis auf § 95 Abs. 1 Nr. 5 GVG in § 13 Abs. 1 S. 2 UWG ergibt sich zugleich, dass es sich bei diesen Rechtsstreitigkeiten grundsätzlich um **Handelssachen** handelt, die funktionell

---

1 Fundstellen bei Köhler/Bornkamm/*Köhler,* § 15 Rn. 4; MüKoUWG/*Ottofühling,* § 15 Rn. 35; Harte-Bavendamm/Henning-Bodewig/*Retzer,* § 15 Rn. 2; Ohly/Sosnitza/*Sosnitza,* § 15 Rn. 3; Texte der EinigungsstellenVOen bei MüKoUWG/*Ottofühling,* § 15 Rn. 155 (S. 1993ff.).

2 S. MüKoUWG/*Ottofühling,* § 15 Rn. 25ff.

vor die Kammern für Handelssachen gehören. Anders als früher beginnen mithin jetzt sämtliche bürgerlichen Rechtsstreitigkeiten aufgrund des UWG vor den Landgerichten. Eine Zuständigkeit der Amtsgerichte besteht im Interesse der Entlastung der Amtsrichter nicht mehr.

2. Örtliche Zuständigkeit

5 Die Regelung der örtlichen Zuständigkeit ergibt sich aus § 14 UWG. Für Klagen aufgrund des UWG bestehen danach *zwei* ausschließliche Gerichtsstände im Sinne des § 40 Abs. 2 ZPO:[3] an dem Ort der gewerblichen oder selbständigen beruflichen *Niederlassung* oder des Wohnsitzes des Beklagten (§ 14 Abs. 1 S. 1 UWG) sowie außerdem, grundsätzlich aber nur für den unmittelbar verletzten Mitbewerber im Sinne des § 8 Abs. 3 Nr. 1 UWG, am *Begehungsort* (§ 14 Abs. 2 UWG).[4]

6 Der Anwendungsbereich des § 14 UWG beschränkt sich auf **Klagen aufgrund des UWG,** wobei nicht zwischen Abwehr- und Schadensersatzansprüchen unterschieden wird. Das danach zuständige Gericht prüft dann aber den Rechtsstreit unter *allen* in Betracht kommenden materiell-rechtlichen Gesichtspunkten, also zB auch auf der Grundlage des Deliktsrechts (§§ 823ff. BGB) oder anhand des GWB (§ 33).[5] Anders verhält es sich nur im Falle der *Klagehäufung;* in diesem Fall muss die örtliche Zuständigkeit des Gerichts für jeden selbständigen Streitgegenstand gesondert geprüft werden. Fehlt es für einen der verschiedenen Streitgegenstände an der Zuständigkeit des angegangenen Gerichts, so ist der Rechtsstreit insoweit auf Antrag an das örtlich zuständige Gericht zu verweisen (§ 281 ZPO).[6]

6a Eine Einschränkung des Anwendungsbereichs des § 14 UWG ergibt sich für **Kennzeichenstreitsachen** iSd § 140 Abs. 1 MarkenG aus § 141 MarkenG. Selbst wenn sich der Kläger hier auf das UWG stützt (s. § 2 MarkenG), hat er doch die Wahl zwischen den besonderen Gerichtsständen des § 14 UWG und den allgemeinen Gerichtsständen der ZPO.

7 Der regelmäßige Gerichtsstand für Klagen aufgrund des UWG ist der Ort der gewerblichen oder selbständigen beruflichen **Niederlassung** oder hilfsweise des **Wohnsitzes** des Beklagten (§ 14 Abs. 1 S. 1 UWG). (Nur) der unmittelbar verletzte *Mitbewerber* iSd § 8 Abs. 3 Nr. 1 UWG kann die Klage gemäß § 14 Abs. 2 S. 1 UWG außerdem im Gerichtsstand des **Begehungsortes** erheben (s. § 14 Abs. 2 S. 2 UWG). Dieser Begriff wird allgemein weit ausgelegt. Als Begehungsort gilt grundsätzlich jeder Ort, an dem ein Merkmal des fraglichen Tatbestandes unlauteren Wettbewerbs verwirklicht wurde.[7] Begehungsort ist infolgedessen sowohl der Ort, wo der Täter gehandelt hat, als auch der Ort, wo der Erfolg des Wettbewerbsverstoßes eingetreten ist. Vielfach wird es darüber hinaus auch schon als ausreichend angesehen, wenn an dem betreffenden Ort lediglich Vorbereitungshandlungen vorgenommen wurden.

8 Im Falle der Verbreitung wettbewerbswidriger Anzeigen durch Zeitschriften ist die Folge der Zuständigkeitsregelung des § 14 UWG ein sogenannter **fliegender Gerichtsstand** an sämtlichen Orten im Bundesgebiet, an denen die fragliche Druck-

---

[3] S. § 14 Abs. 2 S. 1 UWG: „... nur ...".
[4] Zur Geschichte s. *Emmerich,* FLF 1995, 32 (36).
[5] BGHZ 153, 173 = NJW 2003, 828; Harte-Bavendamm/Henning-Bodewig/*Retzer,* § 14 Rn. 21.
[6] Harte-Bavendamm/Henning-Bodewig/*Retzer,* § 14 Rn. 22; Ohly/Sosnitza/*Sosnitza,* § 14 Rn. 4.
[7] Harte-Bavendamm/Henning-Bodewig/*Retzer,* § 14 Rn. 59ff.

schrift bestimmungsgemäß verbreitet wurde, sodass der Kläger dann die Wahl zwischen einer Vielzahl von Gerichtsständen hat (sog *forum-shopping*).[8] Die hierin liegende Begünstigung des Klägers bei der Wahl der Gerichtsstandes gilt seit 1994 nach § 14 Abs. 2 S. 2 UWG freilich generell nur noch für Klagen des **unmittelbar verletzten Mitbewerbers** iSd § 8 Abs. 3 Nr. 1 UWG,[9] dagegen grundsätzlich nicht mehr für Klagen der **Verbände,** Einrichtungen und Kammern iSd § 8 Abs. 3 Nr. 2–4 UWG. Diese Regelung, durch die der Gesetzgeber einen Beitrag zur Eindämmung des Abmahnunwesens leisten wollte, kann auch nicht dadurch umgangen werden, dass die Verbände in Prozessstandschaft für ihre Mitglieder klagen.[10]

III. Streitwert

9 Die Berechnung des Gebührenstreitwerts, nach dem sich die Gerichts- und Anwaltskosten richten (§§ 39ff. GKG; § 23 RVG), wirft in Wettbewerbssachen in einer Vielzahl von Fällen besondere Probleme auf. Der Grund ist, dass in Wettbewerbssachen Zahlungsklagen mit einem *bezifferten* Antrag, nach dem sich dann der Streitwert richtet, selten sind; Beispiele sind Klagen auf Schadensersatz (§ 9 UWG), auf Aufwendungsersatz (§ 12 Abs. 1 S. 2 UWG) oder auf Zahlung einer Vertragsstrafe. In der großen Mehrzahl der Fälle, in denen mit der Klage dagegen ein Anspruch auf *Unterlassung* oder auf Beseitigung verfolgt wird (§ 8 Abs. 1 UWG), fehlt es an einem bezifferten Antrag. In diesen Fällen war früher bei der Berechnung des Streitwerts allein von § 3 ZPO auszugehen, nach dem das Gericht den Streitwert nach *freiem Ermessen* festsetzt, – mit der notwendigen Folge großer Unterschiede bei der Streitwertbemessung in der Praxis der Gerichte (→ Rn. 10). Deshalb ist die ganze Materie 2013 durch das Gesetz gegen unseriöse Geschäftspraktiken[11] neu gestaltet worden. Die Streitwertberechnung richtet sich seitdem nach § 3 ZPO in Verbindung mit § 51 GKG und § 12 Abs. 4 und Abs. 5 UWG.[12]

10 Gemäß § 3 Hs. 1 ZPO wird der Streitwert in den fraglichen Fällen, vor allem also bei Erhebung einer Unterlassungsklage, grundsätzlich vom Gericht nach freiem *Ermessen* festgesetzt, wobei unterschiedliche **Kriterien** Anwendung finden. In Betracht kommen in erster Linie Art und Auswirkungen sowie Intensität und Dauer des Wettbewerbsverstoßes, weiter der Verschuldensgrad des Beklagten, der Schaden des Klägers sowie die Umsätze der Parteien.[13] Ergänzend bestimmt seit 2013 zunächst § 51 Abs. 2 GKG, dass bei der Ausübung des gerichtlichen Ermessens (§ 3 ZPO) in erster Linie auf die sich aus dem Antrag des *Klägers* für diesen ergebende **Bedeutung der Sa-**

---

[8] S. *v. Maltzahn,* GRUR 1983, 711; Ohly/Sosnitza/*Sosnitza,* § 14 Rn. 11; *Stapenhorst,* GRUR 1989, 176.

[9] → § 22 Rn. 6ff.; *OLG Düsseldorf* NJW 1995, 60 = GRUR 1994, 837; *OLG Hamburg* GRUR 1995, 130; NJW-RR 1995, 1449 = GRUR 1994, 438; NJW-RR 1995, 1509 (1510); *OLG Zweibrücken* GRUR 1997, 77.

[10] *BGH* LM § 13 UWG Nr. 89 (Bl. 3) = NJW 1998, 1148 = GRUR 1998, 417 = WRP 1998, 175 – Verbandsklage in Prozeßstandschaft; *Hinz,* FS Piper, 1996, S. 257 (267ff., 270f.); *Ulrich,* WRP 1995, 441 (443ff.).

[11] BGBl. 2013 I 3714; s. dazu die Begr., BT-Drs. 17/13057.

[12] S. zum Folgenden im Einzelnen Köhler/Bornkamm/*Köhler,* § 12 Rn. 5.5ff.; Harte-Bavendamm/Henning-Bodewig/*Retzer,* § 12 Rn. 815, 906ff.; MüKoUWG/*Schlingloff,* § 12 Rn. 632, 660ff.; Ohly/Sosnitza/*Sosnitza,* § 12 Rn. 231ff.

[13] *BGH* LM § 3 ZPO Nr. 95 = NJW-RR 1998, 1421 = GRUR 1998, 958 = WRP 1998, 741 – Verbandsinteresse; *OLG Stuttgart* NJW-RR 1987, 429 (430); *Ahrens,* Wettbewerbsverfahrensrecht, S. 227ff.

che abzustellen ist. Da sich daraus jedoch, etwa bei Klagen von Großunternehmen, sehr hohe Streitwerte ergeben können, fügt § 51 Abs. 3 S. 1 GKG einschränkend hinzu, dass der Streitwert angemessen zu *reduzieren* ist, wenn die Bedeutung der Sache für den *Beklagten* erheblich *geringer* als der nach § 51 Abs. 2 GKG ermittelte Streitwert zu bemessen ist; das ist etwa der Fall, wenn es sich um einmalige geringfügige Wettbewerbsverstöße kleiner Unternehmen handelt, aus denen diese keine besonderen Vorteile gezogen haben.[14]

Die geschilderte Regelung (→ Rn. 10) hat zur Voraussetzung, dass der Sach- und Streitstand für die Bestimmung des Streitwerts hinsichtlich des Beseitigungs- und Unterlassungsanspruchs genügend Anhaltspunkte bietet (§ 51 Abs. 2 S. 2 GKG). Fehlt es daran, so ist seit 2013 von dem sogenannten **Auffangstreitwert** von (nur) 1.000 EUR nach § 51 Abs. 3 S. 2 GKG auszugehen. Damit soll ein weiterer Beitrag zur Bekämpfung des Abmahnunwesens bei geringfügigen Wettbewerbsverstößen mit oft unverhältnismäßig hohen Streitwerten geleistet werden. 11

Auch bei Berücksichtigung der Regelung des § Abs. 3 S. 1 GKG (→ Rn. 10f.) kann es im Einzelfall doch noch zu **besonders hohen Streitwerten** kommen, die für den Beklagten eine kaum tragbare Belastung darstellten. Für derartige Ausnahmefälle sah das Gesetz früher in § 12 Abs. 4 von 2004 die Möglichkeit eine Herabsetzung des Streitwerts vor.[15] Im Jahre 2013 wurde sodann diese wenig effektive Regelung durch die Möglichkeit einer **Streitwertbegünstigung für den Beklagten** aufgrund der neuen Vorschriften des § 12 Abs. 4 und Abs. 5 UWG ersetzt. Die Möglichkeit der Streitwertbegünstigung gilt seitdem für alle Fälle der Streitwertberechnung in Wettbewerbssachen, also auch bei Erhebung einer bezifferten Zahlungsklage, hat jedoch nur Bedeutung für den *Gebührenstreitwert,* nicht also für den Rechtsmittelstreitwert (s. §§ 511 Abs. 2 Nr. 1, 667 Abs. 2 ZPO).[16] 12

Die Streitwertbegünstigung (→ Rn. 12) wird dem Begünstigten nur auf **Antrag** gewährt (§ 12 Abs. 4 S. 1 und Abs. 5 UWG). Voraussetzung ist, dass der Beklagte in dem Antrag glaubhaft macht, dass die Belastung mit den Prozesskosten nach dem vollen Streitwert aufgrund des § 3 ZPO iVm § 51 Abs. 2 GKG seine **wirtschaftliche Lage erheblich gefährdete** (§ 12 Abs. 4 S. 1 UWG). Ist dies der Fall, so kann das Gericht anordnen, dass sich die Verpflichtung des Beklagten zur Zahlung von Gerichtskosten nach einem seiner wirtschaftlichen Lage angepassten *Teil* des Streitwerts bemisst (§ 12 Abs. 4 S. 1 UWG). Entsprechend werden dann auch die Anwaltskosten ermäßigt (§ 12 Abs. 4 S. 2 Nr. 1 UWG). Die weiteren Wirkungen der Streitwertbegünstigung ergeben sich aus § 12 Abs. 4 Nr. 2 und 3 UWG. 13

---

[14] MüKoUWG/*Schlingloff,* § 12 Rn. 662.
[15] S. Voraufl., S. 426.
[16] Köhler/Bornkamm/*Köhler,* § 12 Rn. 5.17; MüKoUWG/*Schlingloff,* § 12 Rn. 636, str.

Stichwortverzeichnis

Die fett gesetzten Zahlen verweisen auf die Paragrafen dieses Buches, die mageren auf deren Randnummern.

Abkürzungen, Schutz von 18 34
Abmahnung 25
– Begriff **25** 1
– Entbehrlichkeit **25** 7
– Erforderlichkeit **25** 7
– grundlose **25** 19
– Inhalt **25** 10
– Kosten **25** 13
– Schutzschrift **26** 25
Abschlussschreiben/Abschlussverfahren 26 20
Abwehr
– ~-ansprüche **21**
– ~-boykott **6** 22
– ~-einwand **21** 59
Abwerbung von Arbeitnehmern 6 42
– von Kunden **6** 33
Aggressive Geschäftspraktiken 12
Aktivlegitimation 22
Alleinstellungswerbung 14 14; **15** 60
Allgemeinheit, Interessen der 3 5, 9
Alterswerbung 15 67
Angaben in der Werbung 14 11
Angestellte 21 53
Anlocken, übertriebenes 12 25
Anschwärzung 9 15
– Abgrenzung **9** 5
– Behauptung **9** 23
– Beweislast **9** 25
– geschäftliche Handlung **9** 9
– Konkurrenzen **9** 4
– Rechtsfolgen **9** 29
– Tatsachen **9** 16
Ansprechen von Passanten 6 47; **13** 15
Anstandsformel 5 5
Antragsdelikt 24
Anwendungsbereich des UWG 4
– bei der öffentlichen Hand **4** 20
Anzapfen 8 17
Anzeigenblätter 19 17
Arbeitnehmer 6 42; **10** 40; **21** 53
Aufforderung zum Kauf 14 43
Aufklärungspflichten in der Werbung 14 35
Ausbeutung fremden Rufs 11 25
Ausbeutung fremder Leistungen 11
– Herkunftstäuschung **11** 11, 22
– Leistungsschutzrechte **11** 42
– Nachahmung **11** 20
– Nachahmung fremder Werbung **11** 28
– Rechtsfolgen **11** 45
– Rufausbeutung **11** 30
– Rufbeeinträchtigung **11** 35
– Täuschung der Abnehmer **11** 23
– unredliche Kenntniserlangung **11** 36
– wettbewerbliche Eigenart **11** 14
Auskunftsanspruch 23 20
– selbständiger **23** 25
– unselbständiger **23** 22
Auskunftsvergleich 7 36
Ausländer, Schutz von ~n 4 36; **18** 5
Ausländisches Recht 2 5
Ausnutzung
– der Spiellust **15** 76
– der Unerfahrenheit **12** 14
– fremden Vertragsbruchs **6** 24, 35
– von Angst **12** 15
– von Beeinträchtigungen **5** 39; **12** 15
– von Jugendlichen **12** 16
– von Kindern **12** 18
– von Unglücken **12** 12
– von Zwangslagen **12** 14
Außenseiterproblematik 6 27
Ausspähung 10 20
Ausspannen 6 33, 42
– von Arbeitnehmern **6** 42
– von Kunden **6** 33
Ausverkäufe 17 6, 9

Bagatellklausel 5 40
Beauftragte 3 16; **21** 56
Bedeutungswandel 14 61
Begehungsort 4 36; **27** 4
Behinderung, gezielte, von Mitbewerbern 6 1
– Begriff **6** 4
– Fälle **6** 8
bekannte geschäftliche Bezeichnungen 18 78
– Anwendungsbereich **18** 81
– Begriff **18** 81
– Rufausbeutung **18** 83
– Rufbeeinträchtigung **18** 84
– Schutz **18** 82
– Verwässerung **18** 86
Belästigungen 12 8; **13**
– Begriff **13** 10
– Beispiele **13** 12
– Briefwerbung **13** 21
– E-Mail Werbung **13** 30
– Telefonwerbung **13** 24
Belgien 2 13

Bereicherungsanspruch 23 43
Berufe, freie 20 32
Berufsbezeichnungen in der Werbung 15 69
Berufsrecht 20 32
Berühmte geschäftliche Bezeichnungen 18 81
Beschaffenheit 15 12
Beseitigungsanspruch 21 21
Bestechung 8 5
Bestechungsähnliche Maßnahmen 8 14
Betriebsgeheimnis 10 6
Betriebsspionage 10
Bewusstsein der Unlauterkeit 5 37
Bezeichnungen, geschäftliche 18
Bezugnehmende Werbung 7
Blickfangwerbung 14 54
Boykott 6 18
Briefwerbung 13 21

Defizite, persönliche 5 39; **12** 15
Direktverkauf 8 5
Diskriminierungsverbot 2 2
Domaingrabbing 18 30
Domainnamen 18 19
– Kollisionen **18** 26
Dreifache Schadensberechnung 23 15
Drittauskunft 23 20
Dritte, Haftung für 21 49
Drittunterwerfung 21 38
Drohung 12 8
Druckausübung 12 8

Eigenart, wettbewerbliche 11 14
Eigenschaften in der Werbung 15 14
Eigenvergleich 7 20
Einfluss, unangemessener, unsachlicher 11 16
Einfluss des GWB auf das UWG 5 28
Einflussnahme in menschenverachtender Weise 12 20
Eingriffskondiktion 23 43
Einigungsstellen in Wettbewerbssachen 27 1
Einschieben in fremde Serie 11 32
Einstweilige Verfügung 26
– Anwendungsbereich **26** 3
– Dringlichkeitsvermutung **26** 5
– Fristen **26** 5
– Rechtsbehelfe **26** 19
– Verfahren **26** 12
– Vollziehung **26** 15
Eintrittsgelder 8 17
E-Mail-Werbung 13 30
Erheblichkeitsschwelle 5 40
Ersatzteile 7 44; **11** 39
Erstbegehungsgefahr 21 19
Etablissementsbezeichnung 18 10

Fachausdrücke in der Werbung 14 64
Fachmann 15 69
Fachzeitschriften, Verteilung von 19 17
Firma, täuschende 15 65
– Abkürzungen **18** 32
– Bestandteile **18** 34
– Schlagworte **18** 32
Firmenzusätze 15 65
Fliegender Gerichtsstand 27 7
Fortwirkung 14 59
Frankreich 2 9
Funktionales Verständnis der Generalklausel 5 20
Funktionsverlagerung 8 17

Gattungsbezeichnungen 15 42
Gefühlsbetonte Werbung 12 53
Geheimnishehlerei 10 26
Geheimnisschutz 10
– Ausspähung **10** 22
– Betriebsgeheimnis **10** 6
– Dauer **10** 14
– Geheimnishehlerei **10** 26
– Geheimnissicherung **10** 26
– Geheimnisverrat durch Beschäftigte **10** 11
– Geschäftsgeheimnis **10** 6
– Mitteilung **10** 16, 26
– Richtlinie **10** 4
– Verrat **10** 11
– Verschaffung des Geheimnisses **10** 23
– Verwertung **10** 26
– Vorlagenfreibeuterei **10** 33
– Zivilrechtlicher Schutz **10** 39
Geheimnisverrat durch Beschäftigte 10 11
Generalklausel 5 13, 19, 24
Genussmittelwerbung 15 21
Gepflogenheiten, anständige 5 6
Geschäftliche Bezeichnungen 18
– Ausländer **18** 17
– Beginn **18** 6, 47
– Beispiele **18** 68
– Bekannte geschäftliche Bezeichnungen **18** 78
– Beseitigungsanspruch **18** 89
– Besondere Geschäftsbezeichnungen **18** 10
– Dauer **18** 47
– Domaingrabbing **18** 30
– Domainnamen **18** 19
– Ende **18** 49
– Firmenabkürzungen **18** 32
– Firmenbestandteile **18** 34
– Firmenschlagworte **18** 32
– Gebrauch
– namensmäßiger **18** 55
– unbefugter **18** 64
– Geschäftlicher Verkehr **18** 54
– Geschäftsabzeichen **18** 35
– Geschichte **18** 1
– Gleichgewichtslagen **18** 70
– Gleichnamigkeit **18** 73

- Interessenverletzung **18** 68
- Kollision **18** 26
- Lizenzen **18** 66
- Platzgeschäft **18** 17
- Prioritätsgrundsatz **18** 64
- Rechtsfolgen **18** 87
- Schadensersatzanspruch **18** 90
- Schutzobjekt **18** 8
- Schutzsubjekt **18** 5
- Titel **18** 37, 62
- Unterlassungsanspruch **18** 87
- Unterscheidungskraft **18** 12
- Verkehrsgeltung **18** 14
- Verwässerungsgefahr **18** 86
- Verwechslungsgefahr **18** 50

Geschäftliche Handlung 4
- aggressive **12** 7
- einer Person **4** 10
- Irreführung **14** 9
- Medien, Wissenschaft **4** 16
- objektiver Zusammenhang **4** 11
- öffentliche Hand **4** 20
- Tatbestandsmerkmale **4** 3
- Zeitpunkt **4** 14

Geschäftliche Verhältnisse 15 58
Geschäftlicher Verkehr 4 7
Geschäftsabzeichen 18 35
Geschäftsbezeichnungen, besondere 18 10
- Abgrenzung **9** 5
- Herabsetzung **9** 12
- Rechtsfolgen **9** 14

Geschäftsehrverletzung 9 12
Geschäftsgeheimnis 10 6
Geschichte des UWG 1 6ff.
Gesetzesverletzungen im Wettbewerb 20
Gesundheitswerbung 15 22
Gewerbetreibende 3 14
Gewinnabschöpfung 23 27
- Anwendungsbereich **23** 33
- Aufwendungsersatz **23** 41
- Berechnung **23** 33
- Gewinn **23** 33
- Gläubigermehrheit **23** 39
- Vielzahl von Abnehmern **23** 33
- Voraussetzungen **23** 33

Gewinnspiele 15 76
Gleichgewichtslagen 18 70
Gleichnamigkeit 18 73
Grundbegriffe 3

Haftung für Angestellte und Beauftragte 18 90; **21** 51
Haustürwerbung 13 19
Heilmittelwerbung 15 22
Herabsetzung von Konkurrenten 7 46; **9** 12
Herkunftsangaben 15 26, 37
- betriebliche **15** 51
- einfache/qualifizierte **15** 40
- Irreführung/Herkunftstäuschung **15** 45
- mittelbare/unmittelbare **15** 37

Herkunftslandprinzip 4 38
Herkunftstäuschung 11 11

Industriespionage 10
Interessenabwägung 14 80
Interessenverbände, Klagerecht der 22 10
Internationales Privatrecht 4 30
Internationales Wettbewerbsrecht 2
Irreführung 14–16
- Angaben **14** 11
- Aufklärungspflichten **14** 35
- Beispiele **15**
- Beweis **14** 87
- durch Unterlassen **14** 32
- Eignung **14** 61
- Geschäftliche Handlung **14** 9
- Informationen, wesentliche **14** 41
- Interessenabwägung **14** 80
- Irreführungsquote **14** 29
- Preiswerbung **16**
- Rechtsfolgen **14** 88
- Relevanz **14** 45, 77
- Richtlinie **14** 4
- Sonderveranstaltungen **17** 4
- Strafbarkeit **14** 94
- Unrichtigkeit **14** 16
- --squote **14** 29
- Verbraucherleitbild **14** 24
- Verbraucherschutz **14** 40
- vergleichende Werbung **7** 50

Italien 2 11

Jugendliche 12 16

Kammern, Klagerecht der 22 30
Kaufzwang 12 35
Kenntnis der Tatumstände bei § 3 UWG 5 37
Kennzeichen, geschäftliche 18
Kennzeichnungseignung 18 10
Kinder 12 11, 18
Kirchen 4 16; **9** 9
Klagebefugnis 22
- der Interessenverbände **22** 10
- der Kammern **22** 31
- der Mitbewerber **22** 6
- der Verbraucherverbände **22** 26
- des Verletzten **22** 6
- der Wirtschaftsverbände **22** 10
- Missbrauch **22** 31
- qualifizierter Einrichtungen **22** 26

Kontrollnummern, Entfernung von 6 31
Koppelungen 12
Kosten der Abmahnung 25 13
Krankenkassen 3 17; **4** 26, 27

Kredit 16 28
Kritisierende vergleichende Werbung 7
Kundenfang 6 40
Kunststoffe 15 16

Laienwerber 12 33
Lebensmittel in der Werbung 15 18
Leistungsschutzrechte 11 42
Leistungsübernahme, unmittelbare 11 42
Leistungswettbewerb 5 15
Lockvogelangebote 15 5
Lückenlosigkeit 6 26

Marken 18
Marktbehinderung, allgemeine 19
- Tatbestand **19** 5
- Verteilung von Originalware **19** 9
- Verteilung von Presseerzeugnissen **19** 17

Marktort 4 32
Marktstörungen 19
Marktteilnehmer 3 22
Marktverwirrungsschaden 23 11
Medien 4 16; **12** 32
mehrdeutige Angaben 14 57
Merkmale, wesentliche 15 12
Missbrauch der Nachfragemacht 8 2, 17
- des Klagerechts **22** 31
- von Zeichenrechten **6** 48

Mitarbeiter und Beauftragte, Haftung für 21 51
Mitbewerber 3 18

Nachahmung fremder Werbung 11 28
Nachfragemacht 8 17
Namensschutz 18
Niederlande 2 15
Normen, Bruch von 20
Nötigung 12 7, 11

Objektive Schadensberechnung 23 12
Öffentliche Hand 4 20
- Anwendungsbereich **4** 24
- Fallgruppen **4** 28
- Schranken **4** 26
- Unlauterer Wettbewerb **4** 26, 28
- Zulässigkeit **4** 20

Organhaftung 21 41
Originalware, massenweise Verteilung von 19 9
Österreich 2 5

Pariser Verbandsübereinkunft 2 1
Persönliche Werbung 7 24
Platzgeschäfte 18 17
Preisangaben in der Werbung 16
Preisangabenverordnung 16 16
- Angabe von Preisen **16** 21
- Angebot **16** 20
- Anwendungsbereich **16** 18
- Kredite **16** 28
- Rechtsfolgen **16** 33
- Zinsen **16** 28

Preisausschreiben 15 76
Preisbindung 6 22
- Ausnutzung des Vertragsbruchs **6** 28f.
- Außenseiter **6** 27
- Kontrolle **6** 25, 31
- Lückenlosigkeit **6** 26
- Schleichbezug **6** 28
- Zulässigkeit **6** 24

Preise, Irreführung über 16 4
Preisempfehlungen 16 9
Preissenkungen 16 12
Preisunterbietung 6 8
- der öffentlichen Hand **4** 34

Preisvergleiche in der Werbung 7 29, 50; **16** 9
Preiswahrheit 16 4
Preiswerbung 16
Presse 4 16; **9** 9; **14** 72; **19** 17; **20** 40
Prioritätsgrundsatz 18 64
Privatklage 24
Progressive Kundenwerbung 13 11
Psychischer Kaufzwang 18 28

Qualifizierte Einrichtungen 22 26

Rabatt 6 8; **8** 17f.; **12** 40
Räumungsverkäufe 17 6
Rechtsanwälte 20 32
Rechtsbehelfe gegen Unterlassungsverfügungen 26 19
Rechtsbruch 20
- Beispiele **20** 26, 36
- Berufsrecht **20** 32
- Gesetzesverstoß **20** 15
- Rechtsanwälte **20** 32
- Regelung der Marktverhältnisse **20** 20;
- Relevanzklausel **5** 33; **20** 26
- Tatbestandsmerkmale **20** 15
- Verschulden **20** 25
- Verstoß **20** 25
- Wettbewerbsrichtlinien **20** 41

Rechtsgut 3
Rechtsschutzbedürfnis 21 10
Rechtsvergleichung 2 5
Relevanzkriterien 5 33, 37; **14** 45, 77; **20** 26
Richtlinie über unlautere Geschäftspraktiken 1 25
- Richtlinienkonforme Auslegung **1** 27

Rom II-VO 4 31, 34
Ruf
- -ausbeutung **11** 30; **18** 83
- -ausnutzung **7** 41
- -beeinträchtigung **7** 41; **11** 35
- -schädigung **18** 84

Rundfunkanstalten 4 25

Sanktionen 21–24
Schadensberechnung 23 12, 15
Schadensersatzanspruch 14 90; **23** 8
Schaufenstermiete 8 18
Schleichbezug 6 28
Schleichwerbung 12 32
Schmiergelder 8 7
Schneeballsysteme 15 79
Schutzbedürftige Verbraucher 12 12
Schutz
– ~-gut **3** 5
– ~-objekt **3** 5
– ~-rechtsbehauptung **15** 73
– ~-rechtsverwarnung **9** 18
– ~-schrift **26** 25
– ~-subjekt **3**
– ~-zwecktrias **3** 8
Schweiz 2 8
Sittenwidrigkeit 5
Sklavische Nachahmung 11
Sonderveranstaltungen 17 1
Spanien 2 16
Spiellust, Ausnutzung der 15 76
Spitzenstellungswerbung 15 60
Störer 21 43
Strafrechtliche Sanktionen 14 94; **16; 24**
Streitwert 27 9
– ~-begünstigung **27** 11
Stufenwettbewerb 8
Suggestivwerbung 12 29

Tarnung der Werbung 12 32
Täter 21 40
Tatsachenbehauptung 9 16
Täuschung 14–16
Teilnehmer 21 42
Telefonwerbung 13 39
Test
– ~-ergebnisse **15** 55
– ~-käufe **6** 25
Titelschutz 18 37, 62
Transparenzgebot 12 49; **13** 49
TRIPS 2 4; **10** 6

Übertriebenes Anlocken 12 28
UGP-Richtlinie 1 25
Umsetzung der Richtlinie 1 27
Umweltwerbung 14 62
Unbestellte Waren 13 17
Unerfahrenheit, Ausbeutung der 12 12
Unionsrecht 1 23
Unlauterkeit 5
Unmittelbar Verletzter 22 6
Unrichtigkeit von Werbebehauptungen 14 32; **9** 15
Unterlassen, Irreführung durch 14 32
Unterlassensanspruch 21 f.
– vorbeugender ~ **21** 19
Unternehmensbezogene Werbung 7 25
Unternehmenskennzeichen 18
Unternehmer 3 14
Unterscheidungskraft von Kennzeichen 18 12
Unterwerfungserklärung 21 29
– Begriff **21** 29
– einseitige **21** 34
– Erklärung zugunsten/gegenüber Dritten **21** 38
– Rechtsnatur **21** 29
– Unterlassungsanspruch **21** 35
– Vertragsstrafe **21** 36
– Zustandekommen **21** 29
Ursprung 15 26
Ursprungsbezeichnungen 15 26
– Begriff **15** 37
– betriebliche ~ **15** 51
– Entlokalisierende Zusätze **15** 43
– Gattungsbezeichnung **15** 42
– Irreführung **15** 45
– qualifizierte ~ **15** 39
– Unionsrecht **15** 31
– Völkerrecht **15** 30

Verbraucher 3 12
– besonders schutzbedürftige **5** 39; **12** 12
Verbrauchergeneralklausel 5 24
Verbraucherleitbild 14 24
Verbraucherverbände 22 26
Verdeckte Werbung 12 37; **14** 69
Vereinigtes Königreich 2 17
Verfahrensfragen 25–27
Verfügung, einstweilige 26
Vergleichende Werbung 7
– anlehnende **7** 25
Auskunftsvergleich **7** 36
– Austauschbarkeit **7** 29
– Begriff **7** 8
– Bezugnahme **7** 14
– Champagnerklausel **7** 28
– Eigenvergleich **7** 20
– Geschichte **7** 1
– Herabsetzung **7** 46
– Irreführungsverbot **7** 4, 50
– Konkurrenzen **7** 6
– kritisierende **7** 23
– Nachahmung **7** 48
– Nachprüfbarkeit **7** 34
– Parfumklausel **7** 28, 48
– persönliche **7** 24
– Preisvergleich **16** 9
– Rechtsfolgen **7** 53
– Rufausbeutung/Rufbeeinträchtigung **7** 40; **11** 30
– Systemvergleich **7** 20
– Unionsrecht **7** 4

– unternehmensbezogene **7** 25
– Vergleich **7** 18
– Verwechslungen **7** 38
– Vollständigkeit **7** 13
– Wahrheitsgebot **7** 31
– Zulässigkeitsvoraussetzungen **7** 29–49
Verhaltenskodex 20 41
Verhältnisse, geschäftliche 15 58
Verjährung 23 45
– Anwendungsbereich **23** 47
– Beginn **23** 50
– Hemmung **23** 52
Verkauf, unter Einstandspreis/Selbstkosten 6 10
Verkaufsprämien 8 14
Verkaufsveranstaltungen, besondere 17
Verkehr, geschäftlicher 4 6
Verkehrsgeltung 18 14
Verleitung zum Vertragsbruch 6 28, 37
Vernichtungsabsicht 6 13
Verrat von Geheimnissen 10
Verschulden 23 8
Verteilung, massenweise
– von Originalware **19** 9
– von Presseerzeugnissen **19** 17
Vertragsbruch, Verleitung zum 6 28, 37
Vertreterbesuche 13 19
Vertriebsbindung 6 22; *s. Preisbindung*
Verwässerungsgefahr 18 86
Verwechslungsgefahr 18 50
Verweisende Verbrauchervorstellungen 14 62
Verwertung von Geheimnissen 10 21
Völkerrechtstäuschung 15 45
Vollharmonisierung 1 26
Vollziehung einer einstweiligen Verfügung 26 15
Vorenthalten von Informationen 14 41
Vorlagenfreibeuterei 10 33
Vorräte 15 5
Vorschriften, Bruch von 20 26
– berufsspezifische **20** 27
– produktspezifische **20** 28
– vertriebsspezifische **20** 29
Vorsprung durch Rechtsbruch 20

Wahrnehmung berechtigter Interessen 9 26
Waren
– ~-proben **12** 43
– unbestellte **13** 17
Wechselwirkungen zwischen UWG und GWB 5 33
Werbegeschenke 12 40
Werbung 14 9
– anlehnende **7** 25
– Begriff **7** 10; **14** 9
– Belästigung **13**
– bezugnehmende **7**
– diskriminierende **12** 24
– gefühlsbetonte **12** 29
– geschmacklose **12** 20
– irreführende **14–16**
– menschenverachtende **12** 20
– Nachahmung fremder ~ **11** 28
– persönliche **7** 23
– Preis- ~ **16** 1
– schockierende **12** 24
– verdeckte **14** 69
– vergleichende **7**
Werturteile 9 15
Wettbewerb 1
Wettbewerbshandlung 4
Wettbewerbsverhältnis, konkretes 3 19; **17** 16; **22** 7
Widerrufsanspruch 9 29; **21** 26
Wiederholungsgefahr 21 10
WIPO 2 3
Wirtschaftliche Betätigung des Staates 4 21; *s. öffentliche Hand*
Wirtschaftsverbände 22 10

Zeichenrechte, Missbrauch der 6 48
Zeitungen, Verteilung von 19 17
Zinsen 16 28
Zugaben 6 9; **12** 10, 44
Zusendung unbestellter Ware 13 17
Zuständigkeit 27 4
Zweck des UWG 1 9; **3**